Geschichte
des deutschen Fernsehens

Knut Hickethier

Geschichte des deutschen Fernsehens

unter Mitarbeit
von Peter Hoff

Verlag J. B. Metzler
Stuttgart · Weimar

Die Deutsche Bibliothek – CIP-Einheitsaufnahme

Hickethier, Knut:
Geschichte des deutschen Fernsehens / Knut Hickethier unter Mitarb.
von Peter Hoff. – Stuttgart ; Weimar : Metzler, 1998
  ISBN 3-476-01319-7

Gedruckt auf chlorfrei gebleichtem, säurefreiem
und alterungsbeständigem Papier

ISBN 3-476-01319-7

Dieses Werk einschließlich aller seiner Teile ist urheberrechtlich geschützt.
Jede Verwertung außerhalb der engen Grenzen des Urheberrechtsgesetzes
ist ohne Zustimmung des Verlages unzulässig und strafbar. Das gilt insbesondere für Vervielfältigungen, Übersetzungen, Mikroverfilmungen und die
Einspeicherung und Verarbeitung in elektronischen Systemen.

© 1998 J. B. Metzlersche Verlagsbuchhandlung
und Carl Ernst Poeschel Verlag GmbH in Stuttgart

Einbandgestaltung: Willy Löffelhardt
Satz: Typomedia Satztechnik GmbH, Ostfildern
Druck und Bindung: Franz Spiegel Buch GmbH, Ulm
Printed in Germany
Verlag J. B. Metzler Stuttgart · Weimar

Inhalt

1. **Einleitung: Fernsehgeschichte als Mediengeschichte** 1
   1.1 Fernsehen und Medienkultur 2
   1.2 Zum Stand der Fernsehgeschichtsschreibung 4
   1.3 Die Zäsuren der Programmgeschichte 6
   1.4 Danksagung 6

2. **Die Mühen der technischen Erfindungen – Fernsehen von 1884 bis 1933** 8
   2.1 Visionen und Träume 9
   2.2 Dispositive der Wahrnehmung 10
   2.3 Bastler und Erfinder: bewegte Bilder und Bildspeicher 13
       Elektrische Übertragungsbeschleunigung 14
   2.4 In den Laboratorien der Industrie 16
       Militärische Interessen als Geburtshelfer des Rundfunks 16 – Radioentwicklung im Krieg 18
   2.5 Organisation des Radios als Programmmedium 19
   2.6 Technische Weiterentwicklung des Fernsehens in den zwanziger Jahren 22
       Der Weg zum elektronischen Fernsehen 27
   2.7 Die Programmdiskussion von 1930 bis 1932 29
   2.8 Der Fernsehversuchsbetrieb der Post 31

3. **Im Windschatten der Propaganda – Fernsehen während der Zeit des Nationalsozialismus von 1933 bis 1945** 33
   3.1 Erprobung eines neuen Wahrnehmungsdispositivs 33
   3.2 Die Fernsehentwicklung in den USA und Westeuropa in den zwanziger und dreißiger Jahren 35
   3.3 Das Fernsehen in Deutschland nach der Machtübernahme der Nationalsozialisten 36
       Der Programmbeginn 1935 37 – Fernsehzuschauen im Kollektivempfang 39 – Die Übertragung der Olympiade 1936 41
   3.4 Das NS-Fernsehen von 1936 bis 1938: Die Dunkelbühne 43
       Das zusammengesetzte Programm 44 – Die Fernsehspielproduktion 46 – Die Ära Nierentz 1937 bis 1939 47 – Das Fernsehen von 1938 bis 1939: der Umzug ins erleuchtete Studio 48 – Unterhaltung und Fernsehshows 50 – Aktuelles und Belehrendes: Live vom Parteitag und der Ausbau des Zeitdienstes 50 – Fernsehrezeption: vom kollektiven zum individuellen Empfang 52 – Das Entstehen der Fernsehpublizistik 52
   3.5 Deutsches Fernsehen im Krieg 1939 bis 1944 53
       Exkurs: Der deutsch-französische Besatzungssender in Frankreich 57
   3.6 Die unzureichende Erprobung des neuen medialen Dispositivs 59

4. Der Neubeginn – Das NWDR-Fernsehen: 1948 bis 1954 60
4.1 Das Ende des Krieges und die Veränderung der dispositiven Struktur 60
    Fernsehen als Symbol einer sich amerikanisierenden Welt 61 – Fernsehen in Europa 63
4.2 Der Aufbau des Rundfunks in den Westzonen 64
    Die kulturkritische Debatte von Rundfunk und Fernsehen 65 – Der Beginn des Fernsehens in der Bundesrepublik Deutschland 66
4.3 Das NWDR-Fernsehen 68
    Die technischen Voraussetzungen der Fernsehproduktion 69 – Der Aufbau des NWDR-Fernsehens 70 – Die beiden NWDR-Fernsehprogramme: Hamburg und Berlin 73 – Unterschiedliche Programmkonzeptionen 79
4.4. Die Entstehung der Programmgenres 80
    Die Welt im Gehäuse 81 – Fernsehen als Schaltstelle zur Welt: Live dabeisein 85 – Unterhaltung und Fiktion als Teil des Programms 88
4.5 Frühes Zuschauen und erste Erfahrungen 91
    Zuschauen als Erlebnis 92 – Medium der Biederkeit 92
4.6 Das Ende des NWDR 93

5. Fernsehen als ›kollektiver Organisator‹ – Anfänge des DDR-Fernsehens: 1947 bis 1956 (von Peter Hoff) 95
5.1 Der Neubeginn des Rundfunks in der Sowjetischen Besatzungszone 96
5.2 Politische und administrative Bedingungen für den Aufbau des Rundfunks und des Fernsehens in der SBZ 97
5.3 Vorbereitungszeit und Fernsehversuchsprogramm 1952–1955 99
    Technik und Programm 100 – Die erste Adlershofer Fernsehredaktion und das ›inoffizielle Versuchsprogramm‹ 100 – Programmaufbau 103
5.4 Das ›offizielle Versuchsprogramm‹ von 1952–1956 104
    Das Entstehen der Programmsparten 105
5.5 Fernsehwahrnehmung und -rezeption des neuen Mediums in der DDR 107

6. Die Industrialisierung der Fernsehproduktion – Fernsehen in der Bundesrepublik von 1954 bis 1962 110
6.1 Im Zeichen des ›Wirtschaftswunders‹ – zwischen Restauration und Modernisierung 110
    Zwischen Verhäuslichung und Mobilitätssteigerung 112 – Das Fernsehen als Instrument der Modernisierung 114
6.2 Die institutionelle Konsolidierung des Rundfunks 114
    Der Bund-Länder-Streit um das Fernsehen 115 – Die Freies Fernsehen GmbH (FFG) 117 – Die Gründung des Zweiten Deutschen Fernsehens (ZDF) 118 – Vorbereitung des Programmbetriebs des ZDF 119
6.3. Veränderungen in den Produktions- und Distributionsstrukturen 120
    Von der Live-Produktion zur Magnetaufzeichnung 122 – Ausbau der Sende- und Übertragungsnetze 124
6.4 Von der Programmimprovisation zur Programmplanung 125
    Die Vorbereitungen des Gemeinschaftsprogramms bei den anderen ARD-Anstalten 126 – Die Organisation des ARD-Gemeinschaftspro-

gramms 129 – Das Entstehen der Programmstrukturen im ARD-Programm 130

6.5 Die Ausweitung des Programms 133
    Der Aufbau von regional- und Werbeprogrammen 135 – Der europäische Gestus: Die Eurovision 136 – Das Programm für die »Brüder und Schwestern in der Zone« 137 – Das zweite ARD-Programm 1961–1963 138

6.6. Die Entfaltung der Programmgenres 142
    Ausbau und Differenzierung der Unterhaltung 142 – Fernsehspiele zwischen Kino und Theater, Live und Film 148 – Mehrteilige Fernsehspielproduktionen 155 – Die Vorläufer serialisierter Familienunterhaltung 158 – Kinder- und Jugendfernsehen und die Welt des Wissens 160 – Lebenshilfesendungen 163 – Sport- und Live-Übertragungen 165 – Die journalistischen Sendungen: Nachrichten 167 – Der entstehende Fernsehdokumentarismus 168 – Die Politisierung des Fernsehens – die Magazine 171

6.7 Fernsehen als Modernisierungsinstrument 175
    Zwischen Statik und Dynamik, Restauration und Innovation 175 – Modernisierungseffekte des Fernsehens der fünfziger Jahre 177 – Das Entstehen eines öffentlichen Diskurses über das Fernsehen 178

7. Auf dem Wege zum Massenmedium – Der Ausbau des DDR-Fernsehens von 1956 bis 1961 (von Peter Hoff) 181

7.1 Die Besonderheiten des Dispositivs Fernsehen in der DDR 182
7.2 Das Ende der ›Studiozeit‹ des Deutschen Fernsehfunks 183
7.3 Der politisch-administrative Ausbau des DDR-Fernsehens 184
7.4 Der Ausbau des Programms 186
7.5 Fernsehspielästhetik als Programmästhetik 193
7.6 Das Ende der ›Experimentierphase des DDR-Fernsehens 196

8. Zwischen Lebenshilfe und politischer Aufklärung – Fernsehen in der Bundesrepublik von 1963 bis 1973 198

8.1 Gesellschaft im Aufbruch 198
8.2 Die Veränderungen des Zuschauens in den sechziger Jahren 200
    Mediale Verdichtung als Basis neuen Rezeptionsverhaltens 201 – Fernsehen als Integrationsmedium 202 – Verhäuslichung und Familienrezeption 203 – Dynamisierung der Wahrnehmung und Ritualisierung des Zuschauens 204 – Programmauswahl und Nutzungsvorlieben 206 – Fernsehen als kulturelles Forum 207

8.3 Die administrative Stabilisierung der Fernsehorganisation 208
    Vom Verdrängungswettbewerb zum Medienverbund 210 – Gebührenerhöhungen und politische Einflußmöglichkeit 212

8.4. Verbesserungen der Fernsehtechnik: die Einführung des Farbfernsehens 212

8.5 Der Ausbau der Programme 215
    Programmphilosophie: Lebenshilfe zwischen Bildung und Unterhaltung 216 – Koordinierung und Kontrast 217 – Ausbau der Hauptprogramme: ARD und ZDF 220 – Regionalprogramme 223 – Kooperation beim gemeinsamen Vormittagsprogramm 224 – Ausbau der Dritten Programme 225

8.6 Die Entwicklung der Programmgenres und -sparten – Lebenshilfe, Bildung und Unterhaltung 227
    Bildung, Ausbildung, Lebenshilfe, Service – Ratgeber- und Bildungsangebote 227 – Kinder- und Jugendsendungen 232 – Die Fernsehserien und ihre programmprägende Funktion 234 – Fernsehspiel und Fern-

sehfilm, Theater und Dokumentarspiel 242 – Kinospielfilme im Fernsehen 253 – Unterhaltung: Quiz und Musical, vom ›Goldenen Schuß‹ zu ›Wünsch Dir was‹ 255 – Vom Sport im Fernsehen zum ›Fernsehsport‹ 262 – Informationssendungen: »Tagesschau« und »heute« – von den Einzelsendungen zum Programmgitter 265 – Der Streit um die politische Berichterstattung der Magazine 268 – Feature, Dokumentarfilm und Live-Berichterstattung 271

8.7 Das Fernsehen als Öffentlichkeitsort und Programmfluß 275
   Programmfluß und Informationsband 277 – Programmästhetik 278

9. Zwischen Mauerbau und VIII. Parteitag – Das Fernsehen in der DDR von 1961 bis 1971 (von Peter Hoff) 281

9.1 Auf der Suche nach einer neuen Funktionsbestimmung 281 – »Rote Optik« und »Schwarzer Kanal« – Klassenkampf auf Ätherwellen 282

9.2 Differenzierung der publizistischen Angebote 283
   Die Mauer und ihre Folgen 283 – Das ›wachsende‹ DFF-Programm 285 – Einrichtung eines politischen Magazins: »Prisma« 286 – Differenzierung der publizistischen Formen 287 – Verfehlte Regionalisierung und unzureichende Auslandsberichterstattung 289 – Mischformen zwischen Information und Unterhaltung 290

9.3 Die Fernsehkunst des DFF Anfang der sechziger Jahre 290
   Das Fernsehspiel zwischen Theater und Film 291 – Fernsehmehrteiler und ausführliches Erzählen 292 – Politische Indienstnahme der Fiktion, Zensur und Verbot 295 – Der Sozialismus nur als Genre der Fernsehdramatik realisierbar? 296

9.4 Die Programmentwicklung des DFF nach 1963 297
   Der Fernseh-Dokumentarfilm in der Systemkonfrontation 299

9.5 Das 11. Plenum des ZK der SED und der Deutsche Fernsehfunk 300

9.6 Die Bildung des Staatlichen Komitees für Fernsehen 303
   Der Ausbau des DFF-Programms 304 – Die Fernsehromane der späten sechziger Jahre – der ›Volksheld‹ in ›Staatsaktion‹ 305 – Die Unterhaltung der »sozialistischen Menschengemeinschaft« 307

9.7 Das Farbfernsehen und ein zweites DFF-Programm 311
   Das zweite DFF-Programm als Farbprogramm 311 – Das Fehlen alternativer Programmkonzeptionen 312

10. Im Vorfeld der Kommerzialisierung – Fernsehen in der Bundesrepublik von 1973 bis 1983 314

10.1 Die polarisierte Gesellschaft 315
10.2 Ausbau der Distributionstechniken 317
   Die Debatte der medientechnologischen Perspektiven 320
10.3 Politische und administrative Veränderungen des Fernsehens 322
   Organisatorische Änderungen innerhalb der Anstalten 323
10.4 Veränderungen des Zuschauens 326
10.5 Programmausbau: Umgewichtungen und Neustrukturierungen 331
   Koordinierung und Konkurrenz 332 – Abschied von programmphilosophischen Gesamtkonzepten 334 – Konzepte durch Fernsehdesign 335 – Zwischen Zielgruppenorientierung und Integrationsanspruch 336 – Versuchte Neuorientierung der Regionalprogramme 338 – Absetzen kritischer Sendungen 339 – Wachsende Unterhaltungsorientierung 340

10.6 Der Umbau der Dritten Programme   342
10.7 Sparten und Genres unter wachsendem Unterhaltungszwang   344
　　　Fernsehspiel und Fernsehfilm   345 – Das kleine Fernsehspiel – Labor der Avantgarde   348 – Filmisch erzählte Welten   349 – Kinderfernsehspiele und Jugendfilme   351 – Kino-Fernseh-Koproduktionen – Erfolg und Kritik   352 – »Holocaust«   355 – Die Entfaltung der Genreunterhaltung durch die Serien   356 – Das Programm als Kinoersatz: Der Einsatz der Spielfilme   363 – Theater im Fernsehen auf dem Weg zum Theaterfilm   365 – Kulturmagazine und die Ausweitung des Kulturbegriffs   367 – Magazinvielfalt   368 – Kritischer Dokumentarismus und Anpassungsdruck   369 – Politischer Magazinjournalismus   372 – Visualisierung und Ausbau der Nachrichtengebung   374 – Sportinformation – Sportunterhaltung   376 – Krise der Unterhaltung im Unterhaltungsmedium   377
10.8 Veränderte Fernsehöffentlichkeit Anfang der achtziger Jahre   382

11. Zwischen neuem Aufbruch und Untergang – Fernsehen in der DDR von 1971 bis 1989 (von Peter Hoff)   383

11.1 Der VIII. Parteitag der SED und die Programmreform von 1972   383
　　　Anpassung an die veränderten Nutzungsgewohnheiten Anfang der siebziger Jahre   384 – Modernisierungsversuche des DDR-Fernsehens   386
11.2 Veränderungen der Programme in den siebziger und achtziger Jahren   387
　　　Die Entwicklung der Spartenverteilungen innerhalb der Programme   387
11.3 Entwicklungen in den einzelnen Programmsparten   388
　　　Unterhaltung als Hauptfunktion des Fernsehens   388 – Kriminalgeschichten vom »Blaulicht« zum »Polizeiruf 110«   391
11.4 Die politische Fernsehberichterstattung ab 1975   396
　　　Die neue außenpolitische und innerdeutsche Berichterstattung   396 – Die innenpolitische Berichterstattung als Propaganda des eigenen Wohlstands   397
11.5 Aufbruch und Abbruch des DDR-Fernsehspiels   400
11.6 Die Programmreform von 1983 – die »alternative Programmpolitik«   405
　　　Administrative Zentralisierung   406 – Jugendsendungen und das Entstehen von »Elf99«   407 – Das »Flaggschiff Fernsehdramatik« läuft auf Grund   408

12. Zeiten des Übergangs – Fernsehen in der Bundesrepublik von 1984 bis 1991   414

12.1 Die Veränderungen des Dispositivs   414
　　　Dispositiv und gesellschaftliche Kontexte   415
12.2 Die Veränderungen des medienpolitischen Rahmens   416
12.3 Die neuen technischen Entwicklungen: Fernsehen per Kabel und Satellit   418
12.4 Die institutionelle Entwicklung der Sender   422
　　　Neue Anbieter und Aufbau kommerzieller Programme   425 – Gründung und Aufbau von RTL   426 – Aufbau von SAT.1   427 – Das Auftreten weiterer Anbieter   428

12.5 Programmstrukturen und -konzepte   430
　　　Quantitativer Ausbau öffentlich-rechtlicher und kommerzieller Programme   431 – Internationalisierung des Angebots   433 – Neue Programmkonzepte?   433 – Adaption vorhandener Programmstrukturen durch die kommerziellen Programme   435 – Programmstripping   436 – Spartenkanäle – Tendenz zur Homogenität   438 – Konzentrische Programmkonzepte   441 – Straffung der vertikalen und horizontalen Gliederungen bei den öffentlich-rechtlichen Hauptprogrammen   444 – Offene Kanäle: das Prinzip der Schlange   445

12.6 Nischensuche und Ausreizen der Programmformen   446
　　　Die »erotische Nische«   446 – Die Nische ›Action und Gewalt‹   446 – Emotionalisierung und Dramatisierung   447 – Monopolisierung spektakulärer Programmereignisse   448 – Innovation und Kontinuität   448

12.7 Veränderungen der Programmgattungen und -genres   448
　　　Markante Erzählungen in Fernsehfilm und Fernsehspiel   449 – Geschichte und Geschichten im Fernsehfilm   451 – Vom Fernsehfilm zum TV-Movie und zurück   459 – Serielle Unterhaltung: von ›durcherzählten Geschichten‹ zu den Daily Soaps   460 – Serielles Erzählen im Kinderfernsehen   466 – Dokumentarfilm, Dokumentation und ein sich veränderndes Realitätsverständnis   468 – Veränderungen im Magazinjournalismus   469 – Nachrichten und Information   472 – Auf dem Wege zum Confrontainment: Talkshows und Diskussionssendungen   475 – Fernsehsport als Sportverwertung   478 – Von der ›ordentlichen‹ zur ›schrillen‹ Unterhaltung   480 – Von der Integrationsunterhaltung zum unterhaltsamen Training neuer Anpassungsfähigkeit   484

12.8 Die Veränderungen des Zuschauens – Switchen und Zappen   485
　　　Neue Auswahlstrategien der Zuschauer   486 – Der Telefaneur als Switcher   487 – Switching, Zapping und Recording   489 – Fernsehen als Restzeitnutzung   490 – Radikale Individualisierung und neue Stiftung von Verhaltensmilieus   490 – Der desillusionierte Zuschauer   491

13. Auf dem Wege zur Einheit – Fernsehen in Deutschland 1989 bis 1991   493

13.1. Herbst 1989 – eine »Fernsehrevolution«?   493

13.2 Vom Staatsfernsehen zum Fernsehen in den neuen Bundesländern   494
　　　Das Ende des Staatsfernsehens   495 – Hoffnung auf innere Erneuerung   495 – Neue Konzepte für eine Föderalisierung   498 – Von der deutschen Einheit zur Fernseheinheit   501 – Gründung neuer Landesrundfunkanstalten   503 – Unterschiedliche Informations- und Kommunikationsstrukturen   504

13.3 Programme und Programmformen   504
　　　Veränderungen in der Informationsvermittlung durch den DFF   505 – Versäumnisse der Berichterstattung durch ARD und ZDF?   508 – Das Ende der DDR-Unterhaltung   509 – Fernsehfilm und Fernsehspiel   510

13.4 Veränderungen in der Rezeption   512
　　　Verlusterfahrungen   513 – Das Sichtbarwerden der Mentalitätsdifferenzen   514

14. Am Ende einer Epoche – Vom analogen zum digitalen Fernsehen in Deutschland Ende der neunziger Jahre 517

14.1 Ökonomischer Druck und der Umbau des Fernsehens 518
　　　Gewichtsverschiebungen in der Balance des Dualen Systems 519 – ›Deregulierung‹ und ›Regulierung‹ 521

14.2 Mehrfachvernetzung und Digitalisierung 522
　　　Digitalisierung der Programmproduktion 523 – Die Hoffnung auf ein interaktives Fernsehen 524 – Fernsehen und Internet 525

14.3 Die Formatierung der Programme 526
　　　Format statt Genre 526 – Konsum- und Werbeorientierung 527 – Beschleunigung und Intensivierung 529 – Differenzierung und Entdifferenzierung 530

14.4 Veränderungen des Zuschauens und Wahrnehmens 531
　　　Flexibilisierung des Zuschauens 532 – Medienkultur und Medienmilieus 533 – Fernsehen als Instrument der Subjektstabilisierung 534 – Fernsehen als Befriedungsinstrument 536

14.5 Funktionen des Fernsehens: Stimulation und Sedation 537
　　　Aufsplitterung der Öffentlichkeit – neue Formen der Integration? 537 – Fernsehen als Stimulationsinstanz 539 – Irritation und Vibration der gesellschaftlichen Kommunikation 540 – Globalisierung und Internationalisierung 542

15. Anhang 544

15.1 Literatur 544
15.2 Namensregister 575
15.3 Register der Sendungen und Reihen 583
15.4 Bildquellenverzeichnis 593

1. Einleitung
Fernsehgeschichte als Mediengeschichte

Die Geschichte des Fernsehens ist Teil der Geschichte der Durchsetzung der Moderne und zugleich ihrer Überwindung, wenn wir der Rede vom Ende der Moderne Glauben schenken dürfen. Sie entspringt den großen Veränderungen, die im 19. Jahrhundert mit der Industrialisierung und Urbanisierung einsetzen, die mit der Freisetzung von jahrhundertelangen Traditionen die grundlegende Umwälzung des Innen und Außen des Menschen zur Folge haben und eine Revolutionierung der Wahrnehmung und Neukonstituierung von Kultur bedeuten. Fernsehen stellt – nicht nur weil es erst in einer späten Phase der Moderne zur vollen Entfaltung gelangt – die avancierteste und deshalb auch die umstrittenste Form der Moderne dar und es trägt, vor allem in seinen Entwicklungen im letzten Fünftel des 20. Jahrhunderts zu deren Überwindung bei.

Fernsehen ist ein Produkt der gesellschaftlichen Modernisierungen und zugleich Transmissionsriemen sozialer Veränderungen. Wird mit Max Weber Modernisierung als das prozeßhafte Entstehen einer neuen Welt verstanden, so ist damit nicht nur die Veränderung von Staat und Gesellschaft, sondern auch die Veränderung der Subjekte, ihrer Auffassungen, Vorstellungen und ihres Verhaltens, ja der Art, wie sie Welt verstehen und konstruieren, gemeint. Das Fernsehen als Kommunikationsmittel hat zu diesen Veränderungen wesentlich beigetragen, nicht zuletzt auch, indem es die Strukturen der Kommunikation selbst wesentlich verändert hat.

Fernsehen als Produkt gesellschaftlicher Modernisierungen

Transmissionsriemen sozialer Veränderungen

Fernsehen betreibt als Agent des sozialen Wandels eine kulturelle Modellierung der Zuschauer, ist Instrument von Anpassungsprozessen und gleichzeitig Institution des Widerspruchs. Modernisierung wird hier im Gegensatz zu zahlreichen Modernisierungstheorien (vgl. Wehler 1975, Lepsius 1977, Flora 1974) als ein multilinearer, multikausaler, durch Gegenläufigkeiten, Widersprüche und Ungleichzeitigkeiten bestimmter Prozeß verstanden. Gerade die Vieldimensionalität und Multifunktionalität der Fernsehkommunikation, wie sie sich spätestens in den fünfziger Jahren herausbildet, prädestiniert das Fernsehen zu seiner Rolle in den gesellschaftlichen Modernisierungsprozessen (vgl. auch Schneider 1994, Schmidt/Spieß 1996).

Instrument von Anpassungsprozessen

Institution des Widerspruchs

Zur Modernisierung der Lebensweisen und Kommunikationsformen, so zeigt es die Geschichte des Fernsehens, gehört immer auch die Neuformulierung traditionaler Formen und Inhalte. Gerade der Versuch des Fernsehens, sich in das Ensemble der bereits bestehenden Künste und Medien einzufügen, sich diesen anzupassen und deren Formen und Inhalte zu übernehmen, begünstigte die durch das Fernsehen betriebene kulturelle Transformation. Denn durch die technische Adaption der bestehenden Formen erschienen die in den technischen Medien präsentierten ›Derivate‹ oft funktionaler und ›moderner‹ im Sinne der Flexibilisierung der Zuschauerdispositionen und stellten damit auch die alten Medien und ihre Vermittlungsformen in Frage. Die tradierten Formen, ihre Inhalte, Wertsetzungen und vor allem auch ihre Dramaturgien und Erzählkonzepte, erwiesen sich aber vielfach auch resistent gegen eine grundlegende Transformation: In der

Neuformulierung traditionaler Formen und Inhalte

Adaption fand deshalb nicht nur eine Anpassung an die Bedingungen der neuen Distributions- und Speicherformen statt, sondern vor allem die populären Formen behaupteten sich und schrieben ihre Konzepte dem neuen Medium ein.

Ambivalenzen prägen deshalb die Fernsehgeschichte auf vielen Ebenen. Modernisierungseffekte stellen sich dabei auch dort ein, wo sie nicht unbedingt intentional angelegt sind. Oft entstanden quer zu programmatischen Vorstellungen von Programmverantwortlichen Effekte der Fernsehkommunikation, die nicht vorhersehbar waren. Sie sind vor allem dort zu suchen, wo es um die Organisation von Wahrnehmung, Beobachtung und Verhalten geht. Fernsehen als ein Dispositiv der Wahrnehmung (Paech 1994, Hickethier 1995a, 1997) entsteht innerhalb dieser Modernisierungsprozesse, aber es entwickelt auch eine Eigendynamik, die sich nicht immer funktional zur Rolle des Fernsehens als Agenten des soziokulturellen Wandels verhält. Die Geschichte des Fernsehens hat die dabei zu beobachtenden Ungleichzeitigkeiten und Gegenläufigkeiten festzuhalten.

Dispositiv der Wahrnehmung

Fernsehgeschichte beginnt als Technikgeschichte und als Geschichte der kulturellen Wahrnehmung, sie hat ihren Anfang in der Verflüssigung tradierter Wahrnehmungsanordnungen (Dispositive), wie sie sich im 19. Jahrhundert abzeichnet und zur Herausbildung neuer technischer Wahrnehmungsinstrumente führt. Die Fotografie, der Film, das Radio – in der Genealogie steht das Fernsehen nach diesen Medien und vor dem Entstehen eines neuen Mediums, des Computers, an dessen machtvoller Ausbreitung wir gegenwärtig teilhaben und dessen Mediengestalt sich noch nicht endgültig ausformuliert hat.

Technik und kulturelle Wahrnehmung

Zu diesem Zeitpunkt, am Beginn eines weithin so verstandenen Aufbruchs in ein neues digitales Zeitalter, eine Geschichte des Fernsehens zu schreiben, erscheint wie ein Abgesang auf ein untergehendes Medium, so wie er bereits 1989 von Siegfried Zielinski in seinem Buch »Audiovisionen« angestimmt wurde, der Kino und Fernsehen zu einem neuen Medium der Audiovision verschmelzen sah. Doch die Zukunft ist ungewisser denn je, und wie sich das Fernsehen in ihr ausnehmen wird, ist nicht vorhersagbar. Alle Phasen des Umbruchs sind von großen Visionen eines neuen Medienzeitalters begleitet worden und immer zeigte sich die Zukunft anders als vorhergesagt. Um so wichtiger ist es, sich der Geschichte zu vergewissern und die Leistungen eines Mediums festzuhalten, das selbst so wenig Erinnerung an seine eigenen Möglichkeiten zu besitzen scheint.

1.1 Fernsehen und Medienkultur

Wird Fernsehen mit Raymond Williams als »technology und cultural form« verstanden, bedeutet dies für seine Geschichtsschreibung die Darstellung seiner technischen Entwicklung, seiner kulturellen Dimensionen und sozialen Funktionen (Williams 1974). Eine Fernsehgeschichte hat die Genese der Technik und ihrer gerade in den ersten Jahrzehnten oft eigentümlichen Wege zu umfassen, sie beschreibt als Kommunikationsgeschichte aber auch den kommunikativen Umgang mit dem Medium, meint die Geschichte der Programme und deren Wahrnehmung, Rezeption, Nutzung durch ein Publikum, ist ›Textgeschichte‹ der einzelnen Sendungen und Angebote. Sie ist Mediengeschichte eines einzelnen Mediums und kann nicht geschrieben werden ohne gelegentliche Blicke auf die Geschichte der anderen Medien, insbesondere der anderen technischen Medien.

Fernsehgeschichte als Kommunikationsgeschichte

Grundlegend hat sich Kultur durch das Fernsehen verändert. Die Frontstellungen von Technik und Kultur, wie sie unter lebensphilosophischen Vorzeichen noch die Etablierung des Kinos begleitet haben, und wie sie sich unter bewahrpädagogischen Maximen in den fünfziger und sechziger Jahren aktualisierten, sind einer medialen Durchdringung der meisten Lebensbereiche gewichen. Die Ausweitung des Kulturbegriffs in den siebziger Jahren steht im engen Zusammenhang mit der ›Mediatisierung‹ von Kultur. Dahinter werden gewaltige Umschichtungsprozesse der kulturellen Produktion sichtbar, die diese zu einem expandierenden Wirtschaftssektor machen. Kultur ist in wachsendem Maße zu einer Vermittlung gesellschaftlicher Orientierung und Stabilisierung der handelnden Subjekte geworden, die über die audiovisuellen Medien Integration und Desintegration leistet, zur Identitätsgewinnung und kulturellen Distinktion beiträgt, Anpassung und Widerstand herausfordert, Mobilisierung und Befriedung ermöglicht, Glücksgefühl und Krisenbewußtsein formulieren hilft. Kultur ist am Ende des 20. Jahrhunderts eine Medienkultur, gerade auch dort, wo sie in scharfer Frontstellung gegen Film, Fernsehen und Video sich formuliert. Auch in der Negation der Medien sind alle kulturellen Diskurse durch die Medien, vor allem durch das dominante Medium Fernsehen, präfiguriert. Als Bestandteil der Kultur ist das Fernsehen Teil der Realität, so wie es Bilder, Konstruktionen, Darstellungen von dieser vermittelt.

Kultureller Wandel durch das Fernsehen

Medienkultur

Die Entwicklung des Fernsehens hat im internationalen Rahmen stattgefunden. Das Fernsehen selbst hat wesentlich zur Aufhebung nationaler Fixierungen beigetragen, befördert die Europäisierung und im weiteren die Internationalisierung der Kommunikation generell. Daß diese internationale Vernetzung nicht alle Teile der Welt in gleichem Maße betrifft, sondern vor allem zu einer kulturellen Durchdringung der westlichen Industriekulturen beiträgt, ist augenfällig. Viele Regionen der Dritten Welt sind uns nur durch Krisenmeldungen präsent, manche selbst noch nicht einmal als Gegenstand einer Konfliktberichterstattung wert. Umgekehrt ist auch Europa für andere Kulturen nur am Rande Gegenstand der Kommunikation. Das durch Fernsehen geschaffene »globale Dorf«, wie es Marshall McLuhan in den sechziger Jahren sah, grenzt immer noch zu viele aus, ist vorrangig amerika- und eurozentriert. Noch existieren allerdings weiße Flecken im Innersten des medialen Taifuns, wissen wir selbst über die Kommunikation, die diese Globalisierung befördern soll, wenig. Auch die Geschichte des deutschen Fernsehens gehört dazu.

Europäisierung und Internationalisierung der Kommunikation

Eine Geschichte des deutschen Fernsehens zu schreiben, bedeutet keine ›Nationalisierung‹ des Mediums, soll aber die spezifischen Wege, die sich vor allem in der Herausbildung des Fernsehens als Programmedium in Deutschland abgezeichnet haben, ins Blickfeld rücken. Internationale Bewegungen sind besser zu begreifen, wenn man sich der eigenen Mediengeschichte vergewissert hat. Die hier vorgelegte Darstellung versteht sich deshalb als ein Versuch, die Fernsehentwicklung nach 1945 in beiden deutschen Staaten zusammenzubringen, die Phase der unterschiedlich gegangenen Wege als eine Phase in der deutschen Medienentwicklung zu begreifen und die Divergenz der beiden Linien als – zumindest in Teilen – aufeinander bezogen zu verstehen.

Programmedium

Fernsehen stellt ein kulturelles Forum, einen Ort der gesellschaftlichen Selbstverständigung dar. Die Metapher des televisuellen Lagerfeuers, um das herum sich die Gesellschaft versammelt, sich austauscht, miteinander ins Reden kommt, steht für diese Identität stiftende oder doch zumindest Zugehörigkeit verstärkende Funktion des Fernsehens. Forum zu sein bedeu-

Kulturelles Forum

Öffentlichkeit

tet auch, Öffentlichkeit herzustellen. Fernsehöffentlichkeit war innerhalb der Fernsehgeschichte ständigen Wandlungen unterworfen, und es ist vielleicht richtiger zu sagen, daß sich im Fernsehen mehrere Teilöffentlichkeiten gebündelt haben und mit der Vervielfachung der Programme wieder auseinandertreten.

Öffentlichkeit heißt aber auch, von den großen Themen zu sprechen, die das Fernsehen zur Sprache gebracht hat und immer noch bringt, von der ›großen Erzählung‹ einer kulturellen Erfahrungsgesellschaft. Sie liefert eine große nationale Erzählung, ein ›national narrative‹ (Michael Geißler), an der wir teilhaben und in dem bei aller inhaltlichen Meinungsverschiedenheit ein Konsens des gesellschaftlichen Diskurses immer wieder gestiftet wird. Das Medium bildet eine Institution des permanenten ›rewriting‹ der bewegenden Probleme und Konflikte, der Befindlichkeiten, Normen und Tabus, der wiederholten Durchbrechung und Erneuerung von Konventionen und Regelhaftigkeiten. Fernsehgeschichte in diesem Sinne – und anders als die tradierte Nationalgeschichte der Literatur – stellt eine Art Erinnerung an die eigene Identität her, weil das Fernsehen diese große Erzählung auch auf emotionale Weise in die Subjekte einschreibt. Die deutsche Einigung als ein auch durch die Medien verstärkter und begleiteter Prozeß ist z.B. als Ereignis nachhaltig durch die Fernsehbilder den Subjekten präsent. Nicht zuletzt die Einigung hat damit die ungeheure Öffentlichkeitsfunktion dieses Mediums sichtbar gemacht.

Große Erzählung

Doch generell gilt auch, daß die Zuschauer im wesentlichen selbst den Gebrauch des Mediums bestimmen, daß sie Fernsehen erst zu dem Medium gemacht haben, das heute Alltag, Lebenswelt und Kultur prägt. Im Umgang mit dem Fernsehen haben sich im Laufe der Geschichte unterschiedliche Formen des Zuschauens herausgebildet, sie sind wesentlicher Teil der Fernsehgeschichte, weil das Medium erst durch den kollektiven und individuellen Gebrauch seine Bedeutung gewinnt. Von ritualisierten Formen des Zuschauens bis zum Switchen und Zappen reicht das Spektrum, es erweitert sich, denn auch die Geschichte des Zuschauens ist zur Zukunft hin offen.

Geschichte des Zuschauens

1.2 Zum Stand der Fernsehgeschichtsschreibung

Den technischen Medien Film, Radio und Fernsehen eignet insgesamt eine Neigung zum Ahistorischen, zum Vergessen der eigenen Geschichte. Noch bis in die fünfziger Jahre hinein ist beispielsweise Filmgeschichte ein Thema allein für Spezialisten. Ein breites, auch intellektuelles Publikum sah den Film als ein im Grunde unhistorisches Phänomen an. Beim Fernsehen war dies in beiden deutschen Staaten bis in die siebziger Jahren hinein der Fall (vgl. Hoff 1977, Hickethier 1977).

Mediengeschichts-schreibung

Unter Mediengeschichte verstand man bis in die sechziger Jahre hinein innerhalb der Publizistikwissenschaft vor allem Pressegeschichte. Rundfunk und Fernsehen kamen als historische Gegenstände erst Ende der sechziger Jahre in den Blick, als sich – gegen den Trend des Faches, das sich zur Soziologie hin orientierte – der ›Studienkreis Rundfunk und Geschichte‹ gründete. Dieser verstand Rundfunkgeschichte vor allem und lange Zeit fast ausschließlich als Geschichte des Hörfunks und seiner Institutionen. Erst in den siebziger Jahren wurde mit Rundfunkgeschichte auch das andere Rundfunkmedium, das Fernsehen, mitgemeint. In dieser Zeit setzte sich auch in den Literaturwissenschaften eine historische Bewußtwerdung der Medien durch.

Daß Fernsehen auch eine Geschichte hat, wurde in den Fernsehanstalten lange Zeit verdrängt. Man sah sich immer am Puls der Aktualität und interessierte sich nicht für die Sendung von gestern. Man verdrängte – zumindest in Deutschland – auch die Geschichtlichkeit der Medien, weil man sich an bestimmte Zeitabschnitte, z.B. an das Fernsehen im Dritten Reich, ungern erinnern wollte.

Geschichtlichkeit der Medien

Dabei hat es durchaus immer wieder Arbeiten zur Fernsehgeschichte gegeben. Sie boten zum einen populärwissenschaftliche Einführungen zu den Anfängen des Mediums (Rhein 1954, Mühlbauer 1959), dann auch technikgeschichtliche Darstellungen (vor allem von Goebel 1953, Bruch 1967, 1969), schließlich institutionsgeschichtliche Abrisse der Rundfunkentwicklung (Lerg 1970, Bausch 1980, Winker 1994), sowie Beschreibungen zu einzelnen Anstalten, etwa zum WDR (Först 1974), NDR (Deiters 1973), ZDF (Wehmeier 1979, Prüsse 1997), SDR (Dussel/Lersch/Müller 1995), SWF (Dussel u.a. 1995). Programmgeschichtliche Darstellungen ganz unterschiedlicher Art liegen als Chronik (Bleicher 1993) und für einzelne Gattungen und einzelne Phasen vor, Sammelbände (Kreuzer/Prümm 1979; Gangloff/Abarbanell 1994) zeigen unterschiedliche Zugangsweisen und mit dem fünfbändigen Sammelwerk des Sonderforschungsbereichs ›Bildschirmmedien‹ (Kreuzer/Thomsen 1993f.) wurde eine materialreiche Darstellung der Fernsehgeschichte nach einzelnen Aspekten gegeben. Eine zusammenhängende Gesamtdarstellung, die auch die Geschichte des Zuschauens, der Rezeption einbezieht, steht seit langem aus. Sie wird mit diesem Buch vorgelegt.

Spärlich sind im deutschsprachigen Raum zusammenfassende Darstellungen über das Fernsehen in anderen Ländern. Eine Geschichte des Fernsehens in den USA, die über einige Absätze in beschreibenden Darstellungen hinausgeht, ist in deutscher Sprache bislang nicht zu finden, ebenso auch keine des britischen und des französischen Fernsehens. Eine Darstellung, wie wir sie für den Film in der Welt zumindest überblickshaft mit dem mehrbändigen Werk von Jerzy Toeplitz bis 1953 besitzen, liegt für das Fernsehen nicht vor. Die von Joachim-Felix Leonhard herausgegebene »Programmgeschichte des Hörfunks in der Weimarer Republik« (Leonhard 1997) erschien erst nach der Fertigstellung dieses Buches.

Für die Skizzierung des internationalen Rahmens sind vor allem die Arbeiten von Albert Abramson (1987), William Boddy (1990) und Max Wilk (1976) von Bedeutung, sowie die Sammelbände zur amerikanischen Fernsehgeschichte »American Broadcasting« von Lawrence W. Lichty und Malachi C. Topping (1975), »Broadcasting in America« von Sydney W. Head (1972) und »British Broadcasting« von Anthony Smith (1974).

Die hier vorgelegte Fernsehgeschichte bietet eine zusammenhängende Sicht des deutschen Fernsehens. Sie versteht sich als eine programmgeschichtlich akzentuierte Darstellung. Steht das Programm im Zentrum der Fernsehkommunikation, werden die Institutionen der Sender, Technik und Produktion zur Voraussetzung und die Rezeption zur Folge des Programms. Die Erinnerung an einzelne Programmleistungen des Fernsehens kann individuelle Erinnerungen im Leser wachrufen. Viele Namen bleiben zu Unrecht unerwähnt. Doch dieses Buch versteht sich nicht als Katalog von Sendungen, nicht als Chronik, sondern als ein Beitrag zu einer durchaus auch wertenden Geschichtsschreibung. Andere Akzentsetzungen sind denkbar, in Auseinandersetzung mit dem hier vorgelegten Entwurf sind auch andere Darstellungen vorstellbar.

Programm im Zentrum der Fernsehgeschichte

1.3 Zäsuren der Programmgeschichte

Große Phasen der Fernsehgeschichte

Die Geschichte des Fernsehens läßt sich in großen Phasen gliedern (vgl. auch abweichend Bessler 1978). Der Phase der technischen Visionen und ihrer Umsetzung bis Mitte der dreißiger Jahre folgt eine Phase der Erprobung und Durchsetzung des Programmediums Fernsehen in der Zeit des Nationalsozialismus. Der Wiederaufbau des Fernsehens setzte erst 1947/48, der Beginn des Gemeinschaftsprogramms »Deutsches Fernsehen« am 1. 11. 54 und der des regulären Fernsehprogramms der DDR erst 1956 ein. Damit befindet sich das Fernsehen in beiden Teilen Deutschlands auf den Weg zum Massenmedium. Diese Phase der Entwicklung wurde durch die grundlegende Umstellung der Produktionstechniken und den Ausbau der Programme geprägt. Den Wechsel von den fünfziger zu den sechziger Jahren bestimmt im Westen die Klärung der institutionellen Organisation des Fernsehens durch das Erste Fernsehurteil des Bundesverfassungsgerichts und der Programmbeginn des Zweiten Deutschen Fernsehens am 1. 4. 63. Man kann zumindest für das bundesdeutsche Fernsehen diese Phase als einen Übergang von vorindustriellen zu industriellen Produktionsweisen verstehen.

DDR-Fernsehgeschichte

In der DDR bildet der Bau der Mauer und die damit veränderte gesellschaftliche Kommunikationssituation einen Einschnitt. Eine weitere Zäsur bildet im DDR-Fernsehen die veränderte politische Aufgabenstellung durch den SED-Parteitag von 1971, auf dem auch der politische Wechsel von Ulbricht zu Honecker vollzogen wurde. In der Bundesrepublik bildet das Erreichen der Sättigungsphase in der Fernsehausbreitung und die innere Neuorganisation des Fernsehens ab 1973 eine sicherlich eher weiche Zäsur, da sie nicht durch einen Programmbeginn markiert ist.

Einen weiteren Einschnitt bringen die neuen Distributionstechnologien (Kabel und Satellit) in den siebziger und achtziger Jahren, die die technischen Voraussetzungen für die Einführung kommerzieller Fernsehprogramme ab 1984 und der Etablierung des ›Dualen Systems‹ ab 1987 bereitstellen. Sie beeinflussen durch die neuen Programme und die neue (Satelliten-)Verbreitung auch die DDR. Je mehr sich die Darstellung der Gegenwart nähert, desto vorläufiger ist jede Phasenbildung, weil die historische Distanz noch zu gering ist. Die Phasen werden kleinteiliger, weil sich Entwicklungen in den letzten Jahren exponential beschleunigt haben. Ob mit der Digitalisierung des Fernsehens eine neue Zäsur gesetzt wird oder ob der große Epochenbruch auch in der Mediengeschichte nicht doch durch das Ende des planwirtschaftlichen Sozialismus und des ›Ostblocks‹ bestimmt wird, wird erst die Zukunft zeigen.

1.4 Danksagung

Die vorliegende Darstellung der Fernsehgeschichte ist nur durch die Mitwirkung von Peter Hoff möglich gewesen, der sich als profunder Kenner der DDR-Fernsehgeschichte der Kapitel über das DDR-Fernsehen angenommen hat. Als eine vor allem programmgeschichtlich orientierte Darstellung wäre sie auch nicht realisierbar gewesen ohne die zahlreichen Vorarbeiten, die im Zusammenhang des DFG-Sonderforschungsbereichs Bildschirmmedien Siegen/Marburg entstanden sind und für die ich den dort beteiligten Kollegen Dank sage, allen voran Helmut Kreuzer, Christian W. Thomsen und Helmut Schanze. Helmut Kreuzer insbesondere hat wie kein zweiter innerhalb der jungen Disziplin der Medienwissenschaft die historische und programmbezogene Fernsehforschung durch Anregungen, Zuspruch und Kritik vorangetrieben.

Dank gilt der DFG, die dieses Buch durch die Unterstützung eines Projekts gefördert hat, und ganz besonders auch den Mitarbeitern und Mitarbeiterinnen des DFG-Projekts ›Fernsehen in den neunziger Jahren‹ in Hamburg, Joan Kristin Bleicher, Norbert Mengel, Rüdiger Maulko, Klaas Klaassen und Sven Schirmer für zahlreiche kritische Einwürfe, Hinweise und Ergänzungen, aber auch für Recherche nach verstreutem Material und vielfältige Hilfestellung. Zu danken ist auch dem Deutschen Rundfunkarchiv und seinem Leiter Joachim-Felix Leonhard für die Unterstützung und Peter Christian Hall vom ZDF bei der Bildbeschaffung.

Bei der Herstellung der Druckfassung half Erica Özkan, ohne sie hätte die Fertigstellung noch länger gedauert, sowie Ute Hechtfischer vom Metzler-Verlag für die geduldig-drängende Begleitung des Vorhabens. Dank gilt vor allem jedoch meiner Frau, die viele Stunden, die ihr gehörten, dem Zustandekommen dieser Fernsehgeschichte geopfert hat.

Programmgeschichte ist immer noch ein oft vergeblicher Versuch, in der Vielzahl und Vielfalt der Sendungen Zusammenhänge, Strukturen und Ereignisse zu erkennen und beschreibbar zu machen, es ist auch der Versuch, damit gegen das Vergessen anzuarbeiten. Daß dennoch viele Programmleistungen ungenannt bleiben, und aus Platzgründen auch unerwähnt bleiben müssen, führt dazu, daß der Leser manches vermissen wird, was in den individuellen Erinnerungen an die Geschichte des deutschen Fernsehens prägend gewesen ist. Vielleicht findet er dafür anderes, was ihm bislang unbekannt war.

2. Die Mühen der technischen Erfindungen Fernsehen von 1884 bis 1933

Keine Geschichte einzelner Erfinder, sondern Industriegeschichte

Die technische Geschichte der neueren Kommunikationsmedien Film, Radio und Fernsehen läßt sich nicht mehr als eine Geschichte einzelner Erfinder schreiben. Albert Abramson hat für das Fernsehen die Fülle der einzelnen Erfindungen nachgezeichnet, die sich in einer Vielzahl von Patenten niederschlagen. Viele haben sich als Irrwege erwiesen, oft auch wurde erst später auf frühere Erfindungen zurückgegriffen (Abramson 1987). Beim Fernsehen als einer industriellen Produktentwicklung kombinieren sich die einzelnen technischen Erfindungen erst langsam zu etwas ganz Neuem. Die lange ›Inkubationszeit‹ des Mediums im Vergleich zur Entstehungsgeschichte des Films markiert denn auch die Differenz: Kommen im Kino die Traditionen der Projektionskünste, wie sie sich seit dem 17. Jahrhundert entwickelt haben, zu einem fulminanten Abschluß, beginnt mit der Genese der elektrischen Medien, von Radio und Fernsehen, eine völlig andere Medienwelt, die gleichwohl angetrieben wird von alten Vorstellungen und Sehnsüchten der Menschen.

Fernsehen ist keineswegs im Brechtschen Sinne eine »nicht bestellte Erfindung«, sondern in ihm verwirklicht sich, wie auch in der Erfindung neuer Verkehrsmittel, ein alter Menschheitstraum nach Wahrnehmungserweiterung. Im Fernsehen begegnen wir deshalb, wie in jedem anderen Medium, nicht nur einer tatsächlich stattfindenden Kommunikation, son-

Wunschkonstellation Fernsehen

dern immer auch einer Wunschkonstellation (vgl. Winkler 1997, 16 f.), die sich mit diesem Medium verbindet: weiter sehen zu können, mehr von der Welt zu erfahren, in Traumwelten abtauchen zu können usf.. Wunschkonstellationen verbrauchen sich im Verlauf der Geschichte, werden durch andere, die sich mit anderen Medien verbinden, abgelöst.

Welche Stationen zur technischen Genese des Fernsehens gerechnet werden, hängt davon ab, was als konstitutiv für das Fernsehen angesehen wird.

Medien als technische Wahrnehmungsprothese

Fernsehen gilt einerseits als eine apparative Verlängerung der menschlichen Sinne, also instrumentell als eine technische Prothese unzulänglicher menschlichen Wahrnehmungsorgane, andererseits als ein technischer Speicher und Distributionsmedium. Daraus folgt, daß Fernsehen als ein Medium verstanden wird, das Öffentlichkeit herstellt und ein Forum bildet für gesellschaftliche Kommunikation. Fernsehen ist zudem ein Programmedium, das vorstrukturierte Angebote an ein Publikum abgibt. Allen Ansätzen gemeinsam ist, daß sie Konstruktionen begründen, durch die unterschiedliche Linien in den Vergangenheitsraum geworfen werden.

Was sich in den Geschichtsentwürfen als Kette aufeinander abfolgender Stationen darstellt und damit auch Abfolge und Kausalität impliziert, ist von den Zeitgenossen so nicht wahrgenommen worden. Daß die Schaffung eines Mediums ›Fernsehen‹, wie wir es heute kennen, das Ziel war, ist den Intentionen der Bastler, Erfinder und Ingenieure zumeist nicht zu entnehmen. Oft blieb zunächst undeutlich, ob die einzelne Erfindung und

Albert Robida:
Vision vom Fernsehen:
Die Pariser beobachten
den Krieg in China (1892)

technische Entdeckung überhaupt zum Komplex ›Fernsehen‹ gehört, denn mit einer technischen Idee wurden oft ganz andere Ziele angestrebt. Die Frühgeschichte des Fernsehens ist zudem eine Geschichte im Verborgenen, sie wurde erst interessant, als man sich nicht mehr damit begnügte, sie auf die singuläre Erfindung eines Ingenieurs oder ›Genius‹, etwa auf die Erfindung des Studenten der Naturwissenschaften, Paul Nipkow, zu beschränken.

Geschichte im Verborgenen

2.1 Visionen und Träume

In die Ferne zu sehen, ist als ein uralter Wunsch durch Geschichten und Märchen vielfach belegt. Scheherazade erzählt in der 598. Nacht von einem Rohr mit Gläsern, durch das man die Ferne sehen kann. Die Brüder Grimm

instrumentelles Fern-Sehen

überlieferten das Märchen vom Meerhäschen, in dem die Königstochter in einem Turm durch zwölf Fenster sehen konnte, »was über und unter der Erde war«, so daß es der Zauberei bedurfte, daß irgend etwas vor ihrem Blick durch diese Fenster unsichtbar blieb. Es ist ein instrumentell gedachtes Fern-Sehen, das in diesen Träumen auftaucht. Noch 1892 beschreibt der französische Schriftsteller Albert Robida in seiner Zukunftsvision des 20. Jahrhunderts ein Fernsehen, daß große Distanzen überbrückt und den Betrachter teilhaben läßt an Ereignissen am weit entfernten Ort.

»Mit dem Telephonoskop sieht man und hört man. Der Dialog wird übertragen wie von einem gewöhnlichen Telephon, aber zur gleichen Zeit erscheint die Szene selbst mit ihrer Beleuchtung, ihren Darstellern ihren Dekorationen, ihren Darstellern auf der Kristallscheibe mit der Deutlichkeit der direkten Sicht. (...) Man konnte also, o Wunder, in Paris Augenzeuge eines Ereignisses werden, daß sich in tausend Meilen von Europa entfernt abspielte.« (Albert Robida: Le vingtième Siècle. Paris 1892)

Daß solche Visionen den Ehrgeiz der Erfinder anstachelten, hängt mit dem zeitgenössischen Glauben an die unbegrenzten Möglichkeiten der Technik zusammen, derartige Zielvorstellungen zu verwirklichen und die Welt von Grund auf verändern zu können. Solche Visionen des instrumentellen Fernsehens zielten in der Technikgeschichte über die Erfindung der Telegrafie und des Telefons auf die Konstruktion des Bildfunks und des Bildtelefons, wie sie dann in den zwanziger Jahren technisch erprobt wurden. Sie führen aber auch zu den in den siebziger Jahren an verschiedenen gesellschaftlichen Orten installierten Überwachungskameras und zum Videoauge im Raketenkopf, das einer militärischen Leitstelle Bilder seines Angriffsziels vermittelt, bevor es dieses zerstört.

Von der Telegrafie zum Videoauge

2.2 Dispositive der Wahrnehmung

Industrialisierung, Urbanisierung, Modernisierung

Die Wurzeln des Fernsehens als Wahrnehmungstechnologie und kulturelle Praxis liegen in den grundlegenden Veränderungen, die die Industrialisierungs-, Urbanisierungs- und Modernisierungsprozesse des 18. und 19. Jahrhunderts hervorgebracht haben. Die Erfindungen und Entwicklungen der »Sinnestechnologie« (Hick 1996, 8) sind Resultate einer fundamentalen lebensweltlichen Umwälzung; sie sind zugleich ihr Teil und Voraussetzung für weitere Transformationen. Die Mediengeschichtsschreibung hat sich in den letzten Jahren verstärkt mit den optischen Sehmaschinen und Bildapparaten vor der Erfindung des Kinematographen beschäftigt und diese nicht länger nur als Vorformen des Kinos verstanden, sondern ihre je eigene mediale Konstruktion sichtbar gemacht (vgl. Buddemeier 1970, Oettermann 1980, Scheurer 1987, Möbius/Berns 1990, Füsslin 1995, Hick 1996, Segeberg 1996).

Illusionierung durch technische Bilder

Einerseits lassen sich dabei durchgehende Tendenzen wie die der Perfektionierung des Realitätsscheins feststellen sowie der Illusionierung mit Hilfe technischer Bilder, in andere Welten eintauchen zu können, andererseits bildeten sich apparative Anordnungen heraus, die sich in der Art, wie sie Wahrnehmung organisieren, wesentlich voneinander unterscheiden und damit der allzu linearen Vereinheitlichung in der Geschichtsschreibung widersetzen. So wie immer wieder ein Bestreben zur Kombination der verschiedenen medialen Techniken (mit dem Ziel der erneuten Steigerung der Effekte) festzustellen ist, haben sich den Verschmelzungsabsichten zum Trotz Eigenarten und selbständige Anordnungsstrukturen behauptet. Es ist,

Nebelbild-Doppelprojektion des 19. Jahrhunderts

historisch gesehen, mit der Erfindung von jeweils neuen Bildapparaten allein nicht getan, es mußten für sie auch jeweils entsprechende Anordnungsstrukturen von Mensch und Apparat neu entwickelt werden, um aus ihnen ein Medium zu machen. Solche Anordnungen, Dispositive der Wahrnehmung, umfassen mit Foucault (1976) dabei nicht nur die jeweiligen Apparate und Techniken, sondern auch die räumlichen, architektonischen, situationalen und lebensweltlichen Bedingungen sowie auch die juristischen, ethischen und sonstigen normsetzenden Rahmungen (vgl. Deleuze 1991). In ihnen konstituiert sich das Subjekt, wird dessen mediale Wahrnehmung präformiert.

Dispositive der Wahrnehmung

Nicht zufällig wird der Dispositiv-Begriff im Rückgriff auf die Zentralperspektive der Renaissance entwickelt (Baudry 1970, 1975) und von dort auf das Kino angewendet: als sinnfällige, manifeste Anordnung von Projektionsapparat und projiziertem Bild, in die der Zuschauer im abgedunkelten Raum ›eingespannt‹ ist (vgl. auch Paech 1994). Das Kino setzt als Dispositiv den Betrachter vor das Bild und stellt hinter ihm die Bilderzeugungsmaschine auf, damit diese ihm unsichtbar bleibt, er nur dem Bild ausgesetzt ist.

Bilderzeugungsmaschine Kino

Im Betrachter müssen umgekehrt die Wahrnehmungsweisen so ausgebildet sein, daß er die technischen Bilder verstehen kann: Die Prinzipien ihrer Erzeugung müssen Erfahrungsstrukturen entsprechen, die der Betrachter in seiner nichtmedialen Lebenswelt entwickelt hat. Die technische Zerlegung des Visuellen und Akustischen und deren Synthetisierung zu etwas Neuem wird zu einem Grundprinzip in der Entwicklung der technischen Bildermaschinen; sie korrespondieren mit Erfahrungen der Parzellierung, Addition und Transformation in verschiedenen Bereichen des Lebens (Arbeitsvorgänge, Freizeitgestaltung etc.).

Im Fernsehen formulieren sich dann neue Anordnungen aus, die die Dispositivstruktur des Kinos voraussetzen. Die Bilderzeugungsmaschine

Neue Anordnungen des audiovisuellen Dispositivs

Fernsehen erzeugt die Bilder auf dem Schirm, Kathodenstrahl und Zuschauerblick treffen auf diesem frontal aufeinander. Die individuelle Aufstellung der Fernsehapparatur im privaten Raum erhöht die Mobilität des Zuschauers im Raum, erfordert durch die Lösung vom Veranstaltungscharakter des Kinos ganz andere Programmstrukturen (vgl. Hickethier 1995a).

Kino als Dispositiv

Das Kino als Dispositiv bildet mediengeschichtlich eine Art Endpunkt einer Entwicklung: Ihm voran geht die Laterna magica, die Projektion von Bildern in einem dunklem Raum. Es sind zumeist statische Bilder, aber eben auch bereits Bilderfolgen, die damit das Erzählen von Geschichten ermöglichen. Hick hat überzeugend dargestellt, wie in der Laterna magica und vor ihr bereits in der Camera obscura die Apparatur sich bereits tendenziell unsichtbar macht und damit eine scheinbar unmittelbare Beziehung von Bild und Betrachter herstellt. In den Guckkästen wird die ganze Welt ihren spektakulären Ereignissen dem staunenden Betrachter zur Schau gestellt, werden Betrachter und apparativ Dargestelltes über das Guckloch mit seinen Linsen miteinander verschmolzen (Hick 1996).

Panoramen und Dioramen

In den Panoramen und Dioramen (vgl. auch Oettermann 1980) des frühen 19. Jahrhunderts wird der Blick des Betrachters in den 360-Grad-Rundumbildern entgrenzt, werden die Dunkelheit und der enge Guckkastenraum aufgehoben, wird ein neues Dispositiv konstituiert. Der »panoramatische Blick« (Schivelbusch 1977), den das Panorama ermöglichte, steht im Zusammenhang mit den realen Erfahrungen der Beschleunigung der Raumdurchquerung durch die Eisenbahn, die das zuvor langsam ›Erfahrene‹ zum flüchtigen Ereignis werden ließ. Die Rahmungen, die die Laterna magica dem Bild noch gab, waren nun scheinbar aufgehoben, richtiger: sie rückten außerhalb des Blickfeldes; die »Exklusivität der Zentralperspektive« wurde überwunden (Hick 1996, 193). Dem neuen Dispositiv mit seinem »expansionistischen Blick« (ebd., 194) lag ein Bestreben nach Besitzergreifung von Welt zugrunde, und es ist müßig zu ermitteln, ob dieser Blick das Resultat kolonialen Denkens ist oder ob sich im imperialen europäischen Gestus eine neue Art, Welt zu betrachten, ausdrückte.

Beherrschung des Raums

Strukturierung von Zeit

Waren die Dispositive der Wahrnehmung von der Laterna magica bis zum Panorama auf die Neustrukturierung des medialen Wahrnehmungsraums gerichtet, zielte das Bemühen um neue dispositive Konstruktionen im 19. Jahrhundert vor allem auf die Strukturierung von Zeit in den medialen Bildern. Zahlreich sind die Erfindungen, die nicht nur den Eindruck von Räumlichkeit steigern (z. B. die Stereoskopie), sondern auch Bewegungen vortäuschen und erzeugen (Nebelbilder, Laufbilder usf.). In diese Entwicklung schiebt sich mit der Erfindung der Fotografie und dann des Films die technische Bildproduktion: Sie beschleunigt und intensiviert die Bemühungen um die Erzeugung der Bewegungsillusion. Neben sie tritt, anfangs zunächst durchaus erfolgreicher als die Konstruktion des Fernsehens, die Technisierung der Schrift und der Akustik (Segeberg 1997, 283 ff.).

Öffentlichkeit und Privatheit

Zwei Tendenzen lassen sich dabei erkennen: Einerseits werden kleine, individuell nutzbare, mobile Apparaturen geschaffen, die technische Bilder und Bildeffekte erzeugen, andererseits entstehen Apparaturen, die in großen Räumen fest installiert werden, in die sich der Betrachter hineinzubegeben hat und in ihnen in bestimmte Positionen zum Dargestellten versetzt wird. Zielte die eine Entwicklung auf die Implantierung der neuen Wahrnehmungstechnologien im privaten Bereich, betraf die andere Entwicklung den öffentlichen Raum. Das Kino schuf eine neue Öffentlichkeit, wie vorher schon das Panorama und Diorama. Im Kino fand um die Wende vom 19. zum 20. Jahrhundert die institutionalisierte Form der Bildapparatur ihren manifesten und zugleich auch ungeheuer massenwirksamen Ausdruck, so daß nicht nur etablierte Öffentlichkeiten sondern auch bestehende Darstellungs- und Illusionierungsinstitutionen (wie z.B. das Theater) unter Konkurrenzdruck gerieten.

Mit dem Fernsehen wurde an einem medialen Dispositiv gearbeitet, das auf eine Verankerung des Mediums im Privaten ausgerichtet ist und damit Öffentlichkeit völlig neu konstituiert. In ihm verbinden sich technikgeschichtlich die Tradition der Projektionskünste und der technischen Bildapparate mit den neuen Technologien der elektrischen Übertragung von Informationen.

2.3 Bastler und Erfinder: bewegte Bilder und Bildspeicher

Fernsehen bildet damit eine Station in der Entwicklung der technischen Bildermedien. Fotografie und Film als Formen apparativer Bildherstellung und Bildprojektion gehen der Television voraus. Die Grundlagen der Fotografie wurden bereits im 18. Jahrhundert gelegt. 1727 entdeckte Johann H. Schulz die chemische Reaktion von Sonnenlicht und Silbersalz. Die Fotografie selbst entstand in der ersten Hälfte des 19. Jahrhunderts. 1839 stellten Joseph Niépce und Louis Jacques Mandé Daguerre die ersten Fotografien auf Platten her, Henry Fox Talbot fertigte die ersten Fotografien auf Silberchloridpapier. 1871 gelang es R. L. Maddox, Silberbromid mit Gelatine zu verbinden und damit Bildplatten zu beschichten. Gleichzeitig entstand mit der Ausbreitung der Presse und dem technisch verbesserten Verlagswesen ein wachsender Bedarf nach Illustration und Bebilderung von Texten, richtete sich die entstehende Warenkultur der Kaufhäuser auf visuelle Präsentation und sinnliche Verführung aus, bestimmen Dynamisierung und Visualisierung auch andere Aspekte der urbanen Kultur. Die neuen Erfindungen und Bildtechniken fanden Einsatz, sie veränderten nicht nur die Künste, sondern Kultur insgesamt.

Apparative Bildherstellung und Bildprojektion

Dynamisierung und Visualisierung

Ab 1877 experimentierte Eadweard Muybridge mit der Herstellung von Reihen- und Phasenbildern, Jules Marey, der ebenfalls an Reihenbildern arbeitete, benutzte ab 1887 Papierrollfilme, ab 1888 Zelluloidfilme. Im gleichen Jahr setzte George Eastman den Rollfilm durch, und Thomas Alva Edison begann damit, die ersten kleinen Spielfilme für seinen Kinetoskop, einen Betrachtungsapparat, zu produzieren. Von hier war es nur noch ein kleiner Schritt zur Herstellung von Filmen für die kinematographische Projektion der Lumières. Es ist kein Zufall, daß die Entwicklung hin zum Kinofilm heute als eine Art technisch vereinfachte Abkürzung auf dem Wege zum Fernsehen (Abramson 1987) oder gar als ein »Umweg« (Uricchio 1996) verstanden wird. Die optisch-chemische Technik des Films bildete eine Vorstufe zur elektro-chemischen Bildspeicherung. Die Speicherung von bewegten fotografischen Bildern im Film war dem technischen Stand an der Wende zum 20. Jahrhundert hin angemessen, während sich die Technik für die Erzeugung der elektrisch produzierten Bilder erst noch entfalten mußte.

Das erste Projektionsgerät von Louis Lumière aus dem Jahr 1895. Der Apparat diente zunächst gleichzeitig zur Aufnahme, zum Kopieren und zur Wiedergabe.

Die elektrische Übertragungsbeschleunigung

Neben die technische Erzeugung von Bildern, die fixiert werden und den Eindruck von Bewegung erwecken können, wird an der Beschleunigung der Informationsweitergabe und des Transports sowohl sprachlicher Mitteilungen als auch bewegter Bilder gearbeitet. Die Entwicklung von Telegrafie und Telefon bis hin zum Fernsehen bildete eine optisch-elektrische Linie der zunächst vorrangig akustisch-elektrisch angelegten Informationssysteme heraus. 1837 entwickelte Samuel Morse ein Gerät, mit dem auf elektrischem Wege Informationen gesendet und empfangen werden konnten. Damit wurde die Telegrafie begründet. Über die in den folgenden Jahrzehnten rund um den Globus verlegten Kabelnetze konnten Informationen in kurzer Zeit weitergegeben und die bis dahin übliche Transportzeit von Wochen und Monaten drastisch verkürzt werden.

Telegrafie

1876 stellte Alexander Graham Bell einen elektromagnetischen Apparat vor, der Schallwellen in elektrische Schwingungen umsetzte, sie über Draht weitertransportierte und beim Empfänger wieder in Schallwellen zurückverwandelte. Das Telefon bildete eine Form des Fern-Hörens und Fern-Sprechens und stellte für die Wahrnehmung ähnlich der Telegrafie eine gewaltige Veränderung dar. Man konnte mit jemandem sprechen, der weit entfernt war, den man nicht sehen und auf dessen Rede man sofort antworten konnte. »Die menschliche Stimme auf Reisen« verwirklichte einen alten Menschheitstraum – auch wenn anfangs die Vorstellung vorherrschend war, man könne via Telefon vor allem an kulturellen Ereignissen, z. B. Opernaufführungen, teilnehmen (Genth/Hoppe 1986, 36).

Telefon

Bereits der Morseapparat hatte die technischen Phantasien beflügelt, nicht nur sprachliche Informationen, sondern auch Bilder zu übertragen. Man mußte die Bilder nur in einzelne Punkte zerlegen, diese auf elektrischem Wege nacheinander übertragen und dann wieder in der richtigen Abfolge zusammensetzen. Schon 1843 entwarf der Schotte Alexander Bain einen Apparat für Bildtelegrafie, einen sogenannten ›Kopier-Telegraphen‹ (Riedel 1985, 16). Weitere Versuche zur Bildtelegrafie brachte die zweite Hälfte des 19. Jahrhunderts hervor.

Bildtelegrafie

1873 entdeckte man bei der Verlegung von Atlantikkabeln eher zufällig die Fähigkeit des chemischen Elements Selen, Licht in Elektrizität umzuwandeln. Werner von Siemens baute zwei Jahre später die erste Selenzelle, mit der Helligkeitsveränderungen in unterschiedliche Stromstärken verwandelt werden konnten. Daran knüpften Überlegungen an, mit Selenzellen komplexe visuelle Bilder in elektrische Impulse zu übersetzen und diese an einen beliebigen Ort zu übertragen. Die ›elektrischen Teleskope‹ des portugiesischen Physikers Adriano de Paiva und des französischen Advokaten Constantin Senlecq von 1878 waren frühe Konstruktionen, um Bildvorlagen in Zeilen und Punkte zu zerlegen und diese dann in elektrische Impulse umzuwandeln.

Licht und Elektrizität

Die vielfältigen Vorschläge der Folgezeit, zu denen die Konzepte von Carlo Mario Perosino in Italien, George B. Carey und Graham Bell in den USA, von Shelford Bidwell, William Edmond Ayrton und John Perry in Großbritannien und Maurice Le Blanc in Frankreich gehörten, zeigen, daß an der Fernsehentwicklung in verschiedenen Ländern gearbeitet wurde. Es ging um die Weiterentwicklung der Selentechnik und ihren Einsatz innerhalb einer Kamera.

frühe technische Erfindungen

Ab 1880 häuften sich die technischen Erfindungen. Graham Bell entwickelte die Idee eines Photophons, LeBlanc erörterte den Einsatz verschiedener lichtempfindlicher Zellen; Adriano de Paiva verfaßte 1880 eine Broschüre über die elektrische Teleskopie. Hier reiht sich auch die Idee des Berliner Studenten der Naturwissenschaften, Paul Nipkow, von 1884 ein, eine rotierende Scheibe mit spiralförmig angeordneten Löchern zur Zerlegung eines Lichtstrahls in Lichtpunkte einzusetzen. Sie wurde 1885 von Shelford Bidwell aufgegriffen und in eine neuen Versuchsanordnung umgesetzt. 1889 entwickelte Lazare Weiller die Nipkow-Scheibe zum Spiegelrad weiter und Ottomar Anschütz konstruierte 1887 einen sogenannten ›Elektrischen Schnellseher‹, der den Stroboskop-Effekt ausnützte.

1887 entdeckte Heinrich Hertz etwas, was zunächst mit den Bildern gar nichts zu tun hatte: den Zusammenhang von Lichtwellen, insbesondere von UV-Licht, und Elektrizität. Die Ausbreitung elektromagnetischer Schwingungen in der Luft mit großer Geschwindigkeit wurde zur Voraussetzung für die Entwicklung des Rundfunks. Philipp Lenhard 1891 erforschte die Kathodenstrahlen, Ferdinand Braun konstruierte um die Jahrhundertwende die Kathodenstrahlröhre (Ohnsorge/Roemmer 1953, 54 ff.). Die Kette neuer Entdeckungen und Erfindungen war nicht abgerissen. R. Ed. Liesegang verwendete in seiner Broschüre über das ›Phototel‹ zum ersten Mal den Begriff des ›electrischen Fernsehens‹ (Liesegang 1891). Er faßte die Bereiche zusammen, um die es beim Fernsehen nun ging: Leitungsfähigkeit von chemischen Elementen, Photoelektrizität, Radiophonie, Licht und Magnetismus. 1900 sprach Constantin Perskyi auf einem Kongreß in Paris zum ersten Mal von der ›Television‹ und Otto Bronk meldete 1902 bereits ein erstes Patent für farbiges Fernsehen an (Riedel 1985, 24).

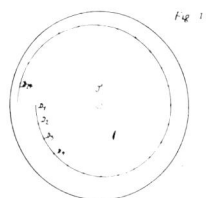
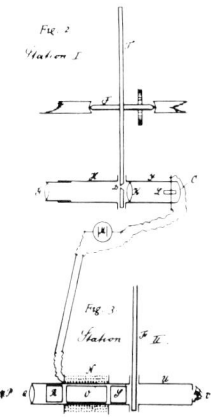

Patentschrift von Paul Nipkow, 1884

Die meisten dieser frühen technikgeschichtlichen Stationen waren theoretische Konstruktionen. Der Technikhistoriker Gerhart Goebel spricht deshalb auch vom »spekulativen Zeitalter« (Goebel 1953). Paul Nipkow z. B., der in der frühen deutschen Fernsehgeschichtsschreibung gern als der Erfinder des Fernsehens gefeiert wird (vgl. Rhein 1954), hatte seine Erfindung nur auf dem Papier entworfen, sie aber selbst nicht gebaut, geschweige denn erprobt. Die Patentschrift von 1885 begann mit dem Satz, der die Aufgabe des ›Elektrischen Teleskops‹, wie er das Gerät nannte, beschrieb: »Der hier zu beschreibende Apparat hat den Zweck, ein am Ort A befindliches Object an einem beliebigen anderen Orte B sichtbar zu machen; derselbe wird durch die beiliegende Zeichnung des Näheren dargestellt« (Riedel 1985, 21). Ob dieser Apparat wirklich funktionierte, hat ihn wenig interessiert.

Nach der Jahrhundertwende zeigte sich, daß die technische Weiterentwicklung nicht mehr von einzelnen Bastlern und Tüftlern voranzutreiben war, sondern eine systematische Versuchsdurchführung und einen höheren Material- und Kapitaleinsatz erforderte. In den großen Industrien bestand die Bereitschaft zur systematischen Erforschung aller Phänomene, die mit der Elektrizität zusammenhingen, hatte diese doch bereits in zahlreichen Industriebereichen zu revolutionären Veränderungen geführt. Elektromotoren waren in vielen Formen einsetzbar, die Elektrifizierung der Beleuchtung hatte sich durchgesetzt, das Telefonwesen begann sich auszudehnen, die Telegrafie war inzwischen zu einem weltweiten Informationssystem ausgebaut.

Elektrifizierung der technischen Wahrnehmung

Das technische Modell des neuen Mediums zeigte sich in seinen ersten Umrissen als ›mechanisches‹ Fernsehen. Die Herstellung bewegter technischer Bilder war vorerst durch den Film, also durch ein optisch-mechanisches Verfahren, gelöst. Für die schnelle Bildübermittlung über große Distanzen gab es jedoch noch keinen überzeugenden Weg. Sie stand deshalb im Vordergrund technischer Bemühungen und wirkte auf die Bildherstel-

Mechanisches Fernsehen

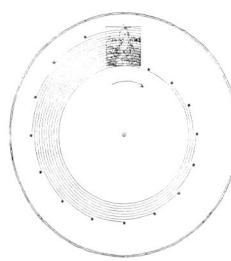

Der mechanische Bildzerleger: die spiralig gelochte Scheibe

lung zurück, weil für die Übertragung eine spezifische Transformation der Bilder in elektrische Signale notwendig war. Zur Zerlegung von Bildern in Bildpunkte dienten optisch-mechanische Verfahren, die jedoch nicht befriedigten.

Die Lösung des Übertragungsproblems erhielt um die Jahrhundertwende durch eine Entwicklung in einem anderen Bereich einen neuen Impuls: Durch die Übertragung von elektrischen Signalen mittels Radiowellen über den Atlantik hinweg (von Poldhu in Cornwall, England, nach St. John's in Neufundland in Kanada) setzte Guiglielmo Marconi 1902 nicht nur einen Anfang in der Radiotechnik, die zum Hörfunk führte, sondern wies der Entwicklung des Fernsehens einen neuen Weg.

2.4 In den Laboratorien der Industrie

Expandierende Industrien

In der zweiten Hälfte des 19. Jahrhunderts waren die imperialen Mächte für ihr globales Handeln zunehmend auf schnelle und detaillierte Informationen angewiesen. Die expandierenden Industrien brauchten aktuelle Nachrichten vom Geschehen auf fernen Märkten und über drohende politische Krisen bei Rohstofflieferanten und Endabnehmern. Deshalb war der Bedarf an neuen Informationssystemen immer dringlicher geworden. Die durch den Atlantik verlegten Telefon- und Telegrafiekabel reichten längst nicht mehr aus. Auch hatte sich in den entstehenden Industrienationen das *Bedürfnis nach Information* auf breite Schichten der Bevölkerung ausgedehnt. Massenzeitungen setzten sich durch, die Boulevardpresse entstand. Sie konnte dank der Telegrafie aktuell von den Geschehnissen in anderen Teilen der Welt berichten. Die Aktualität gewann mit ihrer Ausformung als Sensation ihren unterhaltenden Charakter.

Funk- und Elektroindustrie

Mit dem Wechsel des Fernsehens in die Labors der Elektroindustrie standen andere ökonomische und personelle Ressourcen zur Verfügung. Für die nun einsetzende Entwicklung spielte die entstandene und expandierende Kinoindustrie weniger eine Rolle als die Funk- und Elektroindustrie, die sich bereits mit dem Fernsehen verwandten Problemen, wie z. B. der elektrischen Übertragung von akustischen Informationen, beschäftigte. In den USA konzentrierte sich die Fernsehentwicklung vor allem auf die Telefongesellschaften und Elektrokonzerne Westinghouse, die American Telephone and Telegraph (AT&T) sowie die Radio Corporation of America (RCA). RCA war aus der American Marconi Company entstanden, die sich mit der Weiterentwicklung der Funktechnik beschäftigten. In Großbritannien waren es die Electronic Marconi Industries (EMI) und dann die British Broadcasting Company (BBC, später British Broadcasting Corporation). In Deutschland bildeten die AEG und Siemens, dann auch Telefunken und Bosch sowie später die Reichsrundfunkgesellschaft den Mittelpunkt in der Fernsehentwicklung.

Militärische Geburtshelfer des Rundfunks

Industrie und Militär

Das Interesse der Großindustrie und staatlicher Instanzen an den neuen Kommunikationsmedien hatte handfeste ökonomische und politische Hintergründe (vgl. Reiss/Zielinski 1976). Industrie und Militär waren bereits im Ersten Weltkrieg im Bereich der Funkentwicklung eine enge Verbindung eingegangen, und auch sie war bereits Resultat einer in den Jahrzehnten zuvor eingeleiteten Entwicklung. Die imperialen Interessen der Industrieländer wurden zu Geburtshelfern des Rundfunks, neben und mit dem zusammen sich dann das Fernsehen entwickelte.

»Das Ringen um die Vorherrschaft in der Welt macht die enge Verbindung zu den auf fernen Weltmeeren operierenden Kriegsschiffen und den Kolonien zu einer entscheidenden Frage.« Neben dem Ausbau der Marine und der Handelsflotte war für ein »Weltreich, dessen Einzelteile über die ganze Erde zerstreut liegen« ein Zusammenhalt »auf die Dauer nur durch ein schnelles Nachrichtennetz möglich«. (Bredow, 1954, Bd.1, 307, 246)

Ausgangspunkt war der Funkverkehr. In Großbritannien war 1897 die Marconi Company und 1899 in den USA die Marconi Wireless Telegraphic Company of America gegründet worden. 1902 stellte Marconi die erste Funkverbindung zwischen den USA und Großbritannien her (Abramson 1987). Marconi ging es jedoch primär um eine kommerzielle Nutzung der neuen Kommunikationstechniken. Er besaß die Schlüsselpatente für den angloamerikanischen Raum, dann auch für andere Regionen und errang damit eine Art Weltmonopol für den Schiffsfunkverkehr (Reiss/Zielinski 1976, 164).

Marconi Company

Gegen diese Dominanz setzte sich vor allem die deutsche Elektroindustrie zur Wehr. 1887 war die Allgemeine Elektrizitätsgesellschaft (AEG) gegründet worden, in der 1899 eine Abteilung für den Funkverkehr eingerichtet wurde, die bald darauf die ersten Marine-Aufträge erhielt. Ebenso entwickelte das Siemens-Unternehmen ab 1897 »in enger Zusammenarbeit mit der deutschen Armee und Marine« (Bredow 1954, Bd.1, 359) Aktivitäten im Funkbereich. 1903 entstand – um die Konkurrenz der beiden Konzerne zu beenden – durch Intervention des deutschen Kaisers und durch die Vermittlung militärischer Stellen die gemeinsame Tochtergesellschaft Telefunken, in der die Funkaktivitäten unter deutlich erhöhtem Kapitaleinsatz verstärkt wurden.

Allgemeine Elektrizitätsgesellschaft (AEG)

Telefunken

Von Telefunken gingen nun auf deutscher Seite die wesentlichen Bemühungen um die Funktechnik aus. Mit der Gründung des Internationalen Telefunkenbetriebs für die Schiffahrt 1907 sowie weiterer regionaler Funkgesellschaften in der Welt brach Telefunken das englische Monopol der Marconi-Gesellschaft. 1909 kam ein Vertrag zwischen Telefunken und Marconi über die Gleichberechtigung zustande, 1912 wurde das Monopol durch den Internationalen Funktelegrafenvertrag (auf der International Radiotelegraph Conference in London) endgültig beseitigt.

Eine ähnliche Entwicklung hatte es auch in Frankreich gegeben. Dort wurde vom Eiffelturm in Paris aus ab 1903 ein Funkverkehr mit den französischen Kriegsschiffen installiert, in der Folgezeit wurde eine unterirdische Sendestation gebaut und der Plan, den ursprünglich nur für eine Weltausstellung gebauten Eiffelturm wieder abzureißen, ad acta gelegt. Aus der Compagnie Générale Radiotélégraphique entstand nach dem ersten Weltkrieg 1922 die erste private Rundfunkstation in Frankreich.

Der Zusammenhang von militärischem Interesse und ökonomischem Potential der Industrie wurde während des ersten Weltkrieges noch offenkundiger, als in Großbritannien, Frankreich und Deutschland das Militär sofort die Kontrolle über die Funkeinrichtungen übernahm und ihren Ausbau forcierte. In England kontrollierte die Admiralität die Marconi Company, in Frankreich entstand ein französischer Militärfunk.

Zusammenhang von militärischem Interesse und ökonomischem Potential

In Deutschland unterstellte sich das Militär ebenfalls die über 500 in- und ausländischen Seefunkstationen und über 300 Küsten- und Landstationen, die der Telefunken AG gehörten (Reiss/Zielinski 1976, 166 f.). Die Basis dafür gab das deutsche Telegrafenrecht, in dem sich das Deutsche

Postregal und Telegrafenrecht

Reich schon bei seiner Gründung 1871 das Recht auf die Errichtung und Betreibung von telegrafischen Einrichtungen gesichert hatte. Aus diesem im Postregal verankerten Recht entstand das staatliche Monopol zur Errichtung und Betreibung von Rundfunkstationen. Es prägte die deutsche Fernsehgeschichte bis in die Gegenwart. In Frankreich bezog sich das staatliche Vorbehaltsrecht nur auf den Sendevorgang, so daß darin bereits eine deutliche Einschränkung zu erkennen ist. In den USA war ebenfalls nur die Ausstrahlung der staatlichen Lizenzierung vorbehalten. Die in diesen Ländern gegenüber Deutschland stärker privatwirtschaftlich ausgerichtete Rundfunkproduktion hat darin einen ihrer Gründe. Die staatliche Reglementierung begründete sich damit, daß die telegrafische Nutzung von Radiowellen einer letztlich internationalen Vereinbarung bedurfte, um Frequenzverteilungen zu regeln und ein Übertragungschaos zu vermeiden. Auch ging es bei der nationalen Regulierung um die Durchsetzung nationaler Patente im internationalen Zusammenhang, die staatlicher Unterstützung bedurfte.

Nationale Formierung der Telegrafendienste

Schließlich zeigten die Pressekonzerne der einzelnen Ländern ein wachsendes Interesse an der nationalen Formierung der Telegrafendienste, um auf diese Weise schnell an internationale Informationen zu gelangen. Die Gründung von Nachrichtenagenturen (1835 Havas in Frankreich, 1841 das Wolffsche Telegraphenbüro in Deutschland, 1848 Associated Press in den USA, 1851 Reuter in England sowie 1871 die Central News Company und 1872 die Exchange Telegraph Company in den USA) steht für das frühe Erkennen der Bedeutung nationaler Präsenz auf dem Informationsmarkt.

Bedeutete Telegrafie um die Jahrhundertwende die Übertragung von Nachrichten in schriftlich codierter Form, so begann man in den zehner Jahren mit der akustischen Übertragung von gesprochener Sprache zu experimentieren. Ab 1915 kam es zur ersten Erprobung von Radioröhren, mit denen die zu sendenden Funkzeichen nicht mehr gesondert codiert werden mußten. Der direkte Empfang durch Geräte, die elektrische Signale automatisch in gesprochene Sprache transformierten, war für die Beschleunigung der Informationsweitergabe von zentraler Bedeutung.

Radioentwicklung im Krieg

Militärfunk

Die Kriegsjahre brachten einen gewaltigen Ausbau des Militärfunks, sowohl auf der Seite der Geräteausstattung als auch in der Qualifizierung von Funkern. Nach dem Ende des Ersten Weltkriegs entstand nun eine neue Situation, die schließlich innerhalb weniger Jahre zur Etablierung des Rundfunks führte. Zum einen lag mit dem Ende des Krieges das industrielle Potential brach, die durch die Kriegsproduktion gewaltig expandierte Industrie hatte schlagartig einen lukrativen Markt verloren und suchte nun nach neuen Möglichkeiten, die Technik industriell zu nutzen. Die zahlreichen Militärfunker hatten an der neuen Technik Gefallen gefunden, so daß

Amateurfunk-Bewegungen

daraus in allen Ländern Amateurfunk-Bewegungen entstanden. Das deutsche Heer entließ 1918 immerhin 185.000 qualifizierte Funker, von denen sich ein Teil in einem Funkerbund zusammenschloß, aus dem dann wiederum die Arbeiter-Radio-Bewegung hervorging. Daß Arbeiter und Soldaten 1918 einen Aufruf über Funk »An alle« erließen, sich der Revolution anzuschließen, ist dafür nur ein – wenn auch spektakuläres – Beispiel gewesen.

Die Technik des Rundfunks war vom Prinzip her einfach, so daß mit einigen technischen Grundkenntnissen Amateure aus Zubehörteilen selbst

Geräte basteln konnten. Dabei konnten die Geräte als Empfangs- und als Sendegeräte genutzt werden – ein technischer Umstand, der noch in Bertolt Brechts Radiotheorie mitschwingt, in der er zum produktiven Umgang mit dem Medium Rundfunk aufrief. In der unkontrollierten Nutzung des Rundfunks sah der Staat ein großes Gefahr. Schien doch gerade in den revolutionären Nachkriegsjahren bis 1923 damit die Möglichkeit gegeben, die Bevölkerung gegen den Staat zu mobilisieren. Die im Krieg geschaffene Heerschar an Funkern wurde von den staatlichen Vertretern als beunruhigend empfunden (Bredow 1954, Bd. 2, 188).

Angst vor unkontrollierter Nutzung

Der Staat war aufgrund allgemeiner ordnungspolitischer Vorstellungen daran interessiert, diese Entwicklung unter Kontrolle zu bekommen. Daß für einen durch den Rundfunk ausgerufenen Umsturz die technischen Voraussetzungen nicht gegeben waren, wurde nicht gesehen – denn nur wenige Menschen besaßen einen Detektor als Empfänger, auch waren die Reichweiten eines solchen Kleinsenders gering und es hätte im Falle der tatsächlichen Benutzung vieler solcher Kleinsender einen ›Wellensalat‹ gegeben. Technische Unkenntnis einerseits und grenzenlose Überschätzung der Wirkungsmöglichkeiten des Rundfunks andererseits kamen den staatlichen Instanzen zupaß, einen stark reglementierten Rundfunk zu etablieren und die ›Teilnahme am Rundfunk‹ durch die Hörer zu lizenzieren. Die Einrichtung eines staatlich kontrollierten Rundfunks konnte nämlich die verschiedenen Bedürfnisse der Industrie und eines potentiellen Publikums befriedigen.

2.5 Organisation des Hörfunks als Programmmedium

Als ein politisches Instrument zur Beeinflussung der Bevölkerung ließ sich das Radio im Sinne der Stabilisierung der politischen Verhältnisse einsetzen. Wesentlich an der Etablierung des Radios war, daß aus dem Kommunikationsmedium, an dem sich zumindest potentiell alle aktiv beteiligen konnten, ein Medium wurde, dessen Inhalte einer Kontrolle unterworfen waren. Das Funkmedium, bis dahin noch an der wechselseitig möglichen telegrafischen Kommunikation orientiert, mußte mediale Angebotsstrukturen entwickeln, in denen die Kontrolle bereits selbstverständlicher Bestandteil war. Dies war mit einer Organisation des Radios als Programmveranstaltung möglich. Programmcharakter, also ein vorstrukturiertes, geplantes Angebot, besaßen Medien wie die Zeitung mit ihren täglich gedruckten, in Rubriken unterteilten Informationen, ebenso auch die Unterhaltungsmedien wie Theater, Varieté, Zirkus und Kabarett, die ihr Angebot vorab ankündigten und damit ihr Publikum anzogen. Von den theatralen Medien hatte auch das Kino seine Programmstrukturen übernommen. Kulturell waren solche Programmmedien als gesellschaftliche Formen im Bewußtsein der Menschen fest verankert, die interaktive Struktur, wie sie das Telefon als technisches Medium gerade zu etablieren begann, galt als eher der individuellen, privaten, nicht aber der gesellschaftlichen, öffentlichen Kommunikation zugehörig.

Instrument zur Beeinflussung

Rundfunk als Programmveranstaltung

Daß sich Radio ganz selbstverständlich und ohne gesellschaftliche Debatte als Programmmedium etablierte, lag daran, daß auch die Technik den Programmcharakter scheinbar zwangsläufig vorzugeben schien. Um angesichts zahlenmäßig begrenzter Frequenzen eine breit gestreute Zuhörerschaft erreichen zu können, bedurfte es starker Sendeanlagen, die wiederum ein inhaltliches Angebot vermitteln mußten, das für viele attraktiv war. Das Angebot mußte also die Interessen möglichst vieler berücksichtigen, und dies war am einfachsten dadurch zu realisieren, daß man unterschiedliche Sendungen anbot. Wie ein ›gemischtes‹ Angebot aussehen konnte, zeigten wiederum die bestehenden Medien: Die Kombination der Formen der Zeitung und der theatralen Unterhaltungsmedien zusätzlich mit denen der Bildungseinrichtungen lag deshalb als Programmstruktur des Rundfunks nahe.

Programmstruktur des Rundfunks

»Die beste Kraft des Rundfunks geht daher verloren, wenn sein Programm einseitig nach dem Schema der Speisekarte ausgebaut wird, aus der je nach Geschmack gewählt wird. Gerade durch die fortgesetzte Kette ist es möglich, das Weltgeschehen umfassend darzustellen. Am besten ist eine gewisse Analogie zur Tageszeitung vorhanden, so wenig eines für das andere vorbildlich sein kann. Der Rundfunk hat seinen Rahmen nicht nur viel weiter gespannt, so daß er alles geistige Leben in seine kontinuierliche Darbietung mit einbezieht – er wirkt vor allem auch bei weitem direkter, weil er die Ereignisse selbst übertragen kann.« (Megaphon 1926)

Rundfunk in den USA

Wie Radio als Programmveranstaltung zu organisieren war, dafür gab es Anfang der zwanziger Jahre zwei Vorbilder: zum einen in den USA, zum anderen in Großbritannien. In den USA hatte am 2. 11. 20 die Firma Westinghouse in Pittsburgh, Pennsylvania mit einer ersten Lizenz des Wirtschaftsministeriums einen Programmbetrieb begonnen. Man vermutete einen Markt und es bestätigte sich rasch, daß ein Bedarf nach Radiosendungen vorhanden war, so daß bald darauf General Electric, AT&T und die Radio Corporation of America (RCA) Lizenzen beantragten und erhielten. 1920 wurden 20 Lizenzen vergeben, 1922 waren es bereits 200 und 1923 sogar 576 (Lerg 1970, 122). Das bald entstandene Wellenchaos führte zur Einsetzung des Hoover Committees, das regulierend eingriff und die Sendegebiete begrenzte.

Rundfunk in Großbritannien

In Großbritannien hatte Marconis Wireless Telegraph Company am 14. 1. 1922 begonnen, mit einer staatlichen Lizenz Sendungen auszustrahlen, nur wurde hier bereits vorweg die Sendeberechtigung stark eingeschränkt. Die interessierten 24 Firmen kamen im britischen Postministerium zusammen und einigten sich schließlich darauf, nicht unterschiedliche Programme, sondern eine gemeinsame Gesellschaft zu gründen, die den Programmdienst über die Sender London (Marconi), Manchester (Metropolitan-Vickers) und Birmingham (International Western Electric) betreiben sollte. Die Gesellschaft wurde am 15. 12. 22 unter dem Namen ›The British Broadcasting Company‹ ins Handelsregister eingetragen, am 18. 1. 23 erhielt sie die Sendelizenz (Lerg 1970, 124). Die staatliche Reglementierung der Organisation des Rundfunks, der Zahl der Sendeanstalten, der Reichweiten und Frequenzen, sowie die Festlegung von Rahmenbestimmungen für das Programm (z.B. des Verbots von Werbung), und die Schaffung von Hörergebühren wurden schließlich zum Vorbild auch für die deutsche Rundfunkorganisation (ebd., 123) Nicht nur in den Rahmenbedingungen, auch in den Strukturen des Angebots selbst orientierte man sich an anderen Medien.

Verwertungs- orientierte Erprobung

Das Vorgehen ist im Prinzip immer ähnlich: Weil diejenigen, die ein neues Medium etablieren, nicht von einem kommunikativen Impuls, sondern von Verwertungsüberlegungen getrieben werden, sind sie nicht, wie z.B. Medienkünstler, an der Erprobung gänzlich neuer Kommunikationsformen interessiert. Sie versprechen statt dessen Variationen und Differenzierungen des schon Bestehenden, nur besser, schöner, andersartiger soll alles werden. Die Adaption erfolgreicher Muster und Strukturen ist deshalb Grundprinzip bei jeder Etablierung neuer Medien.

In Deutschland wurde der öffentliche Rundfunk auf Betreiben Hans Bredows, der von seinem Posten als Telefunken-Direktor in ein Staatssekretärsamt der neuen Reichsregierung gewechselt war, am 23. 10. 23 eröffnet. Bredow selbst übernahm das Amt des Reichskommissars für das Rundfunkwesen. Die Kommunikationsrichtung des neuen Programmediums war einseitig ausgerichtet: Es lieferte ein Programm, das bestimmten Auflagen unterworfen war und von einer staatlich kontrollierten Sendeanstalt an alle ausgestrahlt wurde. Es hatte unterhaltend und belehrend zu sein, politische Informationen waren auf eine Nachrichtensendung beschränkt, die ihr Material von einem halbamtlichen Agenturendienst beziehen mußte. Damit war zugleich der institutionelle Charakter des neuen Mediums etabliert. Man konnte sich darüber streiten, wie diese Institution auszusehen hatte, unstrittig aber war, daß es dazu überhaupt einer Institution bedurfte.

Deutschland

1923 waren bei der Eröffnung des deutschen Programmbetriebs die schlimmsten politischen Auseinandersetzungen der Nachkriegszeit vorbei, die Münchner Räterepublik war wieder beseitigt, die Unruhen im Mitteldeutschen Gebiet niedergeschlagen, der rechtsradikale Kapp-Putsch war dank eines Generalstreiks in Berlin erfolglos geblieben. Die Zeit der Inflation und des wirtschaftlichen Elends ging mit der Einführung der Rentenmark zu Ende, auch begann sich das Deutsche Reich außenpolitisch langsam wieder zu etablieren. Zu diesem Zeitpunkt glaubte man, einen Rundfunk einrichten zu können, der nicht zur Gefahr für die junge Republik werden würde. Denn es gab nicht nur eine Gefahr von links, sondern auch Befürchtungen, daß sich konservative Kräfte des Rundfunks bedienen und z. B. eines Tages über den Rundfunk die Monarchie wieder ausrufen könnten (Lerg 1970, 140).

Eröffnung des deutschen Programmbetriebs

Die Etablierung des Rundfunks als Programmedium (vgl. dazu Leonhard 1997) hatte auch einige Prämissen der Fernsehentwicklung entschieden. Um aus der Technik ein gesellschaftliches Medium zu machen, war diese institutionalisiert und mit dem Programmprinzip verknüpft worden. Der Rundfunk setzte die akustische Übertragung durch Radiowellen als neue Distributionsform durch, so wie das Kino die technische Erzeugung bewegter fotografischer Bilder eingeführt hatte. Beide Medien waren auf ein wachsendes Publikumsinteresse gestoßen und hatten gezeigt, daß damit Geld zu verdienen war.

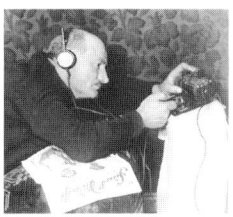

Mit dem Detektor auf der Suche nach dem Sender (1925)

Dabei waren die Interessen der programmproduzierenden Firmen nicht unbedingt die gleichen wie die der geräteproduzierenden Industrie; die künstlerisch für die Medien Schaffenden hatten wieder andere Interessen am Radio als die Programmveranstalter, und wiederum andere hatte der Staat als regulierende Machtinstanz. Die Zuhörer und Zuschauer standen noch auf einer anderen Seite. Da sie zum ›Publikum‹ erklärt wurden, mußte ihnen der Status als bloße ›Abnehmer‹ anderswo konzipierter Angebote schmackhaft gemacht werden. Daß auch andere mediale Formen der neuen Techniken denkbar waren, galt es diesem Publikum gegenüber eher zu verschleiern. Ließen sich die verwertungsorientierten Interessen der Firmen am leichtesten über den zu erhoffenden Gewinn koordinieren, so war das staatliche Interesse eindeutig auf Machtsicherung und Machterhalt und damit letztlich auf eine Reglementierung der Benutzer der Medien ausgerichtet. Diese hatten jedoch gerade daran am wenigsten Interesse. Diese widersprüchliche Interessenlage bestimmte die weitere Medienentwicklung.

Unterschiedliche Interessen an der Rundfunkkommunikation

2.6 Technische Weiterentwicklung des Fernsehens in den zwanziger Jahren

Medienindustrie

Angesichts der erfolgreichen Etablierung des Films und des Radios lag die forcierte Weiterentwicklung des Fernsehens nahe. Die Medienindustrie war in den zwanziger Jahren bereits ein prosperierender Wirtschaftszweig. Die technische Entwicklung des Fernsehens ließ die Schlußfolgerung zu, daß die elektrische Übertragung bewegter Bilder möglich sein müßte. Doch die Entwicklung dauerte viel länger als die meisten Zeitgenossen annahmen.

An der Technischen Hochschule Berlin war es dem Wissenschaftler Arthur Korn 1904 gelungen, eine Fotografie von München nach Nürnberg zu übermitteln, 1907 von München nach Berlin und 1910 von Berlin nach Paris. Er bediente sich dazu elektrischer Leitungen. Damit war die elektrische Bildübertragung über weite Strecken, wenn auch vorerst nur mit stehenden Fotografien, erprobt und schien eine Art Kabelfernsehen möglich zu machen.

Dénes von Mihály

Von diesen Entwicklungen hörte in Ungarn Dénes von Mihály, Mitarbeiter der Telefonfabrik Budapest, der bereits 1914 mit dem Bau eines Apparates begonnen hatte, den er ›Telehor‹ nannte (von tele = in die Ferne; horán = schauen) und der mit dem Prinzip der Selenzelle, einem oszillografischen Lichtrelais und einem um zwei Achsen schwingenden Spiegel als Bildzerleger arbeitete. 1919 soll es ihm gelungen sein, erste Fernsehbilder zu erzeugen. Er berichtete darüber 1922 in einem Buch »Das elektrische Fernsehen und das Telehor«, über das Eugen Nesper in Berlin auf ihn aufmerksam wurde und ihn mitsamt der Apparatur 1924 nach Berlin holte (Bruch 1967, S. 22).

August Karolus

Leitender Mitarbeiter bei Telefunken war zu dieser Zeit Fritz Schröter, der den Physiker und Elektrotechniker August Karolus aus Leipzig für Telefunken gewann. Dieser hatte 1924 ein Patent für die Lichtsteuerung bei der Fernbildübertragung erworben. Er hatte sich dabei der Nipkow-Scheibe bedient und einen ›Großen Fernseher‹ konstruiert. Karolus übertrug mit seiner Apparatur erstmals bewegte Bilder.

Hans Bredow

Auch Hans Bredow interessierte sich für diese technische Weiterentwicklung und war beeindruckt. Bei der Eröffnung des Königsberger Radiosenders am 14. 6. 24 sah er – noch mit der Etablierung des Hörfunks beschäftigt – bereits die weitere Entwicklung zum Fernseh-Rundfunk voraus. Bredow wollte damit den Anspruch, mit der neuen Technik ein neues Medium zu etablieren, an den Rundfunk binden.

»Wenn bislang das Ohr der Vermittler ist, so wird es die Technik in kurzer Zeit dahin gebracht haben, daß auch das gedruckte Wort auf diesem Wege übermittelt werden kann. In absehbarer Zeit werden wir auch die Bewegungen der Darsteller als Bilder auf beliebige Entfernungen übertragen können. Die Möglichkeit, seine eigene Zeitung und seinen Kinematographen im Hause haben zu können, ist für die Weiterentwicklung der Menschheit von geradezu ungeheurem Wert.« (zit. n. Goebel 1953, 278)

Karolus entwickelte für Telefunken die Nipkow-Scheibe weiter, kam von 24 auf 48, schließlich durch Verdoppelung der Lochreihen auf 96 Bildzeilen. Zwar mußten die Löcher dabei verkleinert werden, und der Lichteinfall wurde damit geringer, doch waren die Ergebnisse, wie Fritz Schröter in seinem »Handbuch der Bildtelegraphie und des Fernsehens« 1932 schrieb, »recht befriedigend«. Karolus allerdings war mit der Bildqualität weniger zufrieden. Das Kino hatte mit seinen technischen Bildern einen hohen Standard gesetzt. Auch wenn dieser für das Fernsehen auf absehbare Zeit nicht erreichbar war, hatte das Kino damit doch die Zumutbarkeitsgrenze für ein Publikum hochgesetzt. Karolus setzte nun das Spiegelrad ein, das mit 48 Spiegeln vor allem einen etwa 100-fach stärkeren Lichtstrom erzeugen konnte, so daß er seine Bilder auf einer Fläche von etwa 1 qm Fläche (eine in der Literatur allerdings widersprüchliche Angabe) projizieren konnte. Karolus hielt sich mit einer öffentlichen Präsentation seiner Konstruktion jedoch zurück, weil er das System noch nicht für ausgereift genug hielt, denn die vergrößerte Projektion – Mihály konnte ein Bild von 4 × 4 cm Größe übertragen – ließ die Schwächen der geringen Zeilenzahl deutlich hervortreten.

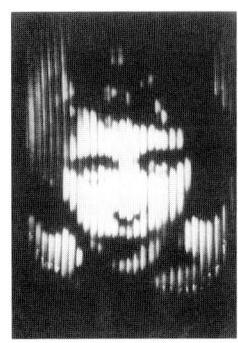

Empfangsbild mit 30-Zeilen-Spiegelrad-Empfänger

Anders dagegen der schottische Erfinder John Logie Baird, der ab 1924 in London immer wieder mit neuen Präsentationen seiner Erfindungen in London Aufsehen erregte – und mit solchen Vorführungen seine Weiterarbeit finanzierte. Baird gründete eine eigene Firma, die Baird Television Developement Company, und sandte 1927 erste Fernsehbilder über eine Fernsehsprechleitung nach Glasgow, 1928 sogar nach New York. Im gleichen Jahr zeigte er bereits eine erste Form des Farbfernsehens: Er stattete zwei Nipkow-Scheiben, für 17 Zeilen bei 10 Bildwechseln pro Sekunde ausgerüstet, mit je drei Lochspiralen aus. Eine der Spiralen war mit einem roten, die zweite mit einem blauen und die dritte mit einem grünen Farbfilter versehen. Beim Abtasten wurde jede der drei Grundfarben des zu übertragenden Objekts für sich aufgenommen (Riedel 1985, 32). Baird erzeugte ein 30-Zeilen-Bild. Die BBC verhielt sich den Versuchen Bairds gegenüber jedoch distanziert. Obwohl er am 5. 3. 29 die Gelegenheit erhielt, auf einer Hörfunkfrequenz Fernsehen auszustrahlen, kam es zu keiner weiteren Zusammenarbeit. Im Mai 1929 bekam Baird dann in Berlin eine neue Chance, seine Konstruktion zu realisieren.

Kleiner Spiegelrad-Empfänger für 30-Zeilen-Bilder

Auch in den USA wurde Ende der zwanziger Jahre intensiver an der technischen Realisierung des Fernsehens gearbeitet. Charles Jenkins entwickelte eine eigene Variante des mechanischen Fernsehens, doch blieben auch hier die Ergebnisse noch unbefriedigend (Head 1972, 188). Auch in den Bell Laboratories kam es zu Versuchen, bei RCA experimentierte Philo Farnsworth und bei Westinghouse Allen B. Dumont. Die Versuche waren aufgrund der begrenzten Auflösung der Bilder nicht sehr erfolgreich.

In Deutschland wurde die Entwicklung dadurch intensiviert, daß es Mihály gelungen war, die staatliche Seite für das Fernsehen zu interessieren. Der Oberpostrat im Reichspostzentralamt (RPZ) in Berlin, Fritz Banneitz, und August Kruckow, der spätere Präsident des Telegraphentechnischen Reichsamtes (TRA), setzten sich ab 1925/26 für das Fernsehen ein, obwohl sich die Post zu dieser Zeit noch offiziell distanziert zeigte. Banneitz erhielt schließlich 1926 den offiziellen Auftrag, sich auch mit dem Fernsehen zu beschäftigen und auf dem laufenden zu bleiben und »durch Anregungen und regelmäßige Übertragungen den Fortschritt zu fördern« (zit. n. Riedel 1985, 33). Auch Karolus und Telefunken arbeiteten nun enger zusammen. 1928 wurde ein regelrechter Fernsehvertrag zwischen Karolus und Telefunken geschlossen, der die kommerzielle Auswertung der Erfindungen regelte. Mihály gründete dagegen mit einem privaten Geldgeber eine eigene Firma, die Telehor AG, und begann auf einer Postleitung die ersten 30-Zeilen-Bilder zu übertragen.

August Karolus mit dem 96er Spiegelrad (Funkausstellung 1928)

1928 schien sich die Entwicklung zu forcieren. Man hat den Eindruck, daß die Beteiligten nun einen Durchbruch erzielen wollten. Mihály wagte im Mai 1928 einen großen Demonstrationsversuch in Berlin. Von seinem Privathaus in Berlin-Wilmersdorf in der Hildegardstraße übertrug er Bilder

Bildschreiber von Mihály (für 30 Zeilen Bilder) auf der 5. Großen Deutschen Rundfunkausstellung in Berlin am 31.8.1928 (Bildgröße 4x4 cm)

in das Privathaus seines Mäzens, des Weinhändlers Kressmann, das in der zweieinhalb Kilometer entfernten Hardenbergstraße am Bahnhof Zoo stand. Zur Vorführung lud er prominente Vertreter von Telefunken, der Post, der Industrie und der Presse ein. Zu sehen war ein vier mal vier Zentimeter großes Bild mit der Wiedergabe einer Fotografie. Mihály benutzte zudem einen Trick, um den Eindruck eines bewegten Bildes hervorzurufen: er ließ die Dias, u. a. mit einem Bild der Schauspielerin Pola Negri, leicht hin- und herbewegen, so daß ein Bewegungseffekt entstand.

Funkausstellung 1928

Vier Monate später stellten Karolus und Mihály ihre Systeme erstmals auf der großen Funkausstellung aus, die seit 1924 alljährlich als Werbeschau des Rundfunks und der Rundfunkindustrie in den damals neuerbauten Messehallen unter dem Berliner Funkturm stattfanden. Karolus führte sein 96-Zeilen-Bild mit Hilfe von Diapositiven, der Übertragung von Filmen (als eine Art »Fernkino«) und mit Direktaufnahmen vor. Die Fachwelt war begeistert.

Versprechungen eines neuen Mediums

Die Ausstellungsbesucher dagegen fanden Mihálys Apparat, den dieser auf dem Stand der Reichspost vorführte, sehr viel interessanter. Der Grund für die unterschiedliche Reaktion lag darin, daß Mihály das Publikum Glauben machte, das Fernsehen würde mit seinem Apparat bald, wie der fünf Jahre alte Hörfunk, zur »Wohnzimmerrealität« werden, während Karolus mit Versprechungen sehr viel zurückhaltender blieb (Riedel 1985, 38).

»Neues, noch nie Dagewesenes bahnt sich an. Das Fernsehen! Der große Apparat des Dr. Karolus, der die Bilder auf eine Fläche von 75 Zentimeter im Quadrat wirft. Dort der Fernseher von Mihály in mehrfacher Ausführung. Eine kleine Einrichtung für den Hausgebrauch, ähnlich der, die wir vielleicht schon in Bälde mit unserem Rundfunkempfänger verbinden werden. Tonfilm, Rundfunk und Fernsehen werden vielleicht früher als wir es selbst zu hoffen wagen, eine Einheit sein. Dann bringt uns der Rundfunk das sprechende, singende, das von Musik begleitete lebende Bild auf den Wellen des Äthers ins Haus. Es zeigt uns die Wasserfälle des Niagaras und läßt uns ihren Ton hören. Er führt uns durch die Stätten der Weltindustrie und übermittelt uns in gleichzeitigem Geschehen ihre Melodien.« (BZ am Mittag v. 1. 9. 28)

Die Presse sah in den Apparaten von Mihaly bereits einen ausgereiften ›Volksapparat‹ verwirklicht. Sie schwärmte von der baldigen Verbreitung des Fernsehens, während in Wirklichkeit grundlegende Probleme noch nicht gelöst waren. Die Erwartungen des Publikums stiegen. Das Fernsehen war plötzlich zum öffentlichen Thema geworden – und blieb es nun für längere Zeit. Man verband damit verschiedene Utopien, alles schien plötzlich denkbar – und vor allem schnell realisierbar – zu sein.

Auf der Funkausstellung im Sommer 1929 war das Fernsehen wieder beherrschendes Thema, doch die Fortschritte hielten sich in engen Grenzen. Im Mai 1929 war der Schotte Baird mit seiner Apparatur nach Berlin gekommen und führte, von der Post unterstützt, weitere Versuche durch. Das Fernsehen, das Mihály vorstellte, bestand aus einer Aufnahmeapparatur, bei der ein von einem Bildgeber abgetasteter Film durch eine Nipkow-Scheibe in Lichtpunkte und Zeilen aufgelöst und von Selenzellen in elektrische Impulse übersetzt wurde. Diese Bilder wurden übertragen und von einer speziellen Glimmlampe via einer zweiten Nipkow-Scheibe in ein Zeilenbild zurückübersetzt. Auch das Fernsehen von Karolus war im Prinzip nicht viel anders, nur daß er statt der einfachen Nipkow-Scheibe das verbesserte ›Weiller-Rad‹ benutzte. Sehr viel näher an einer Etablierung des Fernsehens als Massenmedium war man damit jedoch noch nicht.

Die Post engagierte sich verstärkt. Mihaly hatte am 8. 3. 29 die erste drahtlose Fernsehübertragung vom Berliner Funkturm aus bewerkstelligt, nachts von 23.10 bis 0.30 Uhr auf der Welle 475,4 Meter. 50 Gäste waren zur Besichtigung eingeladen worden. Es waren eher schwache Bilder, über die sich der Rundfunkautor Eugen Nesper eher skeptisch äußerte: »Wir sahen nicht allzu viel [...] es waren nur auf Glasstreifen gezeichnete Buchstaben [...] sowie eine sich öffnende und schließende Zange, die in den Strahlengang gehalten, und dergleichen« (Bruch 1969, 78).

Vom 14. 3. 29 ab sendete die Post gemeinsam mit Mihaly offiziell Versuchssendungen, allerdings noch ohne Ton und ohne Programmzusammenhang. Bei der Funkausstellung 1929 strahlte der Sender Witzleben vom Funkturm bereits vormittags von 9.00–10.00 Uhr und mittags von 13.00–13.25 Uhr mehrere Sendungen aus. Auch in der Folgezeit wurden immer häufiger Sendungen ausgestrahlt, dazu bediente man sich der Hörfunk-Pausen des Senders, so daß man auf der Frequenz des Senders Witzleben im Berliner Raum – so man ein Empfangsgerät besaß – entweder Rundfunk hören oder stumme Fernsehbilder sehen konnte. Erst mit dem Bau eines zweiten Senders konnten dann auch sprechende Fernsehbilder ausgestrahlt werden.

Die Post legte im Juli 1929 eine einheitliche Fernsehnorm von 30 Zeilen fest, um so für den Bau von Empfängern einen Standard vorzugeben und einen Empfang zu ermöglichen. Erste Bastelanleitungen für Fernsehempfänger wurden bereits von Kundigen publiziert, doch war es nicht ungefährlich, Apparate mit der Hochspannungstechnik selbst zu bauen. 1930 konnte das Publikum bereits die ersten Fernsehgeräte kaufen, ebenso auch ganze Bastelsätze der Telehor AG.

Aufgrund der öffentlichen Begeisterung für das Fernsehen gründete sich 1929 ein Allgemeiner Deutscher Fernsehverein, der jedoch von der Post und der Industrie dominiert wurde. Sein Organ war die von Fritz Banneitz herausgegebene Fachzeitschrift »Fernsehen«, in der man sich über die technischen Probleme verständigte und die Öffentlichkeit über Fernsehprobleme informieren wollte.

Die an der Fernsehentwicklung interessierten Firmen (Bosch, Zeiss Ikon,

Extrablatt vom 9.3.1929

Luxus-Empfänger für Bild und Ton (Telehor)

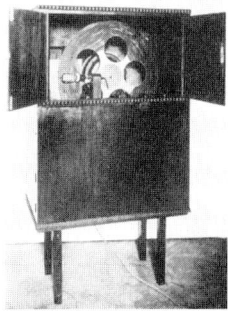

Der gleiche Empfänger von hinten; die Nipkow-Scheibe und die Glimmlampe ist zu sehen

Fernsehbild in der Auflösung von 30 Zeilen

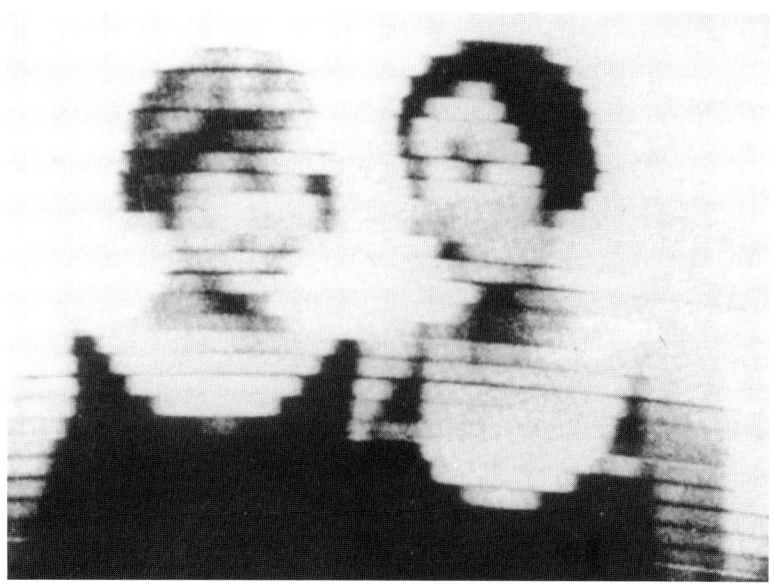

Baird Television, Loewe) gründeten als Konkurrenz zu Telefunken die Fernseh AG, um die Entwicklung der Technik zu beschleunigen und die kommerzielle Auswertung voranzutreiben. Damit wurde die Ära der Bastler und Erfinder endgültig beendet. Mihály mußte bald auch seine Telehor AG an die TeKaDe verkaufen, die Arbeit von Karolus wurde bei Telefunken auf eine Beraterfunktion reduziert (Winker 1994, 25).

1931 legte die Post einen neuen Standard von 48 Zeilen fest; diesen Standard hatten Karolus und Telefunken favorisiert. Die Techniker verbesserten den mechanischen Bildzerleger durch eingebaute Linsen (zum sogenannten Linsenkranzabtaster) und setzten für die Wiedergabe eine Natriumdampflampe ein, so daß ein helleres Bild erzeugt und damit die vermehrten Bildpunkte besser zur Wirkung kamen.

Dennoch waren die Fortschritte, gemessen an den einstigen Versprechungen von Mihály, eher bescheiden, so daß schließlich anläßlich der Funkausstellung 1931 von der Presse an der Fernsehentwicklung enttäuscht Kritik geübt wurde.

Enttäuschte Erwartungen

»Es ist noch gar nicht lange her, da hörte man fast täglich von irgendeiner ›völlig umwälzenden‹ Fernseherfindung, deren Einführung nur noch eine Frage von wenigen Wochen sei. Aber aus den Wochen wurden Monate, aus den Monaten wurden Jahre und dann wurde es still ... Alle Beteiligten(die an vielen falschen Anschauungen, die jetzt beim Publikum vorherrschen, nicht ganz unschuldig sind) müssen aber zugeben, daß es noch lange dauern kann, bis wir einwandfrei Fernsehen können.« (Berliner Tageblatt 1931)

Fernsehen war bis Anfang der dreißiger Jahre vor allem ein Thema für Technikfans und Fachleute, es war Ereignis auf den Funkausstellungen und noch nicht wirklich ein Medium. Daß das Publikumsinteresse begrenzt blieb, lag auch daran, daß sich seit Oktober 1929 mit der Weltwirtschaftskrise und der dann folgenden großen Arbeitslosigkeit in Deutschland andere Probleme in den Vordergrund schoben. In den Krisenjahren bis zur Machtübernahme Hitlers zeigte das Radio mit seinen aktuellen Informa-

Fernsehbild in der Auflösung von 96 Zeilen

tionen über die jeweils neuen Notverordnungen, Regierungsentscheidungen und Wirtschaftsentwicklungen etc., daß die noch unausgereifte Technik ›Fernsehen‹ mit dem eingeführten Medium Radio noch nicht konkurrieren konnte.

Unausgereifte Technik

Schon 1930 hatte der Publizist Eduard Rhein in der Fachzeitschrift »Fernsehen« den »weiten Weg« des Fernsehens kritisiert. Die Entwicklung trat auf der Stelle. Man konnte die Apparatur zwar immer noch verfeinern, kam aber über gewisse Grenzen nicht hinaus. Man arbeitete im Prinzip immer noch mit den Ideen, die vor der Jahrhundertwende (z. B. mit der Nipkow-Scheibe) entwickelt worden waren. Doch die Trägheit dieses mechanischen Fernsehens, wie es später genannt wurde, führte zu einer Begrenzung der Zeilenzahl, die unterhalb der Schwelle eines akzeptierbaren Bewegungsbildes lagen. Man mußte an anderer Stelle ansetzen.

»Da stehen wir nun – die wir zu dem neuen kommenden Wunder mit großen Augen aufgeschaut – ziemlich enttäuscht, vielleicht verärgert. Was uns die Tagespresse mit reißerischen Schlagworten zugerufen, waren Phrasen. Die Hoffnungen, die man uns gemacht – Phrasen. Es ist nichts. Zwei Jahre liegen zwischen der ersten Enttäuschung und der letzten.« (Rhein 1930a)

Der Weg zum elektronischen Fernsehen

Die Lösung der technischen Probleme lag in einer Erfindung, die bereits seit der Jahrhundertwende existierte. Der Physiker Ferdinand Braun hatte bei der Röntgenstrahlforschung eine später nach ihm benannte Röhre entwickelt, in der in einem Vakuum zwei Elektroden mit einer Spannungsquelle verbunden wurden. Von dem beheizten negativen Pol, der Kathode, bewegten sich nun die Elektronen zur Anode. Mit diesen Kathodenstrahlen konnte man über magnetische Felder sehr genau Stromschwankungen aufzeigen, die in der fluoreszierenden Schicht auf dem Boden der Röhre eine Spur hinterließen.

Braunsche Röhre

1906 hatte bereits Dieckmann und Glage den Einsatz einer solchen

Braunsche Röhre
für Fernsehzwecke

Röhre in der Fernsehtechnik empfohlen, doch hatten sie sich damit nicht durchsetzen können. 1910 unternahm Boris Rosing in St. Petersburg ähnliche Versuche damit und meldete auch Patente dafür an, doch wurden sie ebenfalls nicht beachtet. Einer seiner Schüler, Vladimir Kosma Zworykin, wanderte in die USA aus und wurde dort Mitarbeiter bei Westinghouse. Ihm gelang es 1923, ein erstes Bild, das Schattenbild eines Kreuzes mit Hilfe einer Kathodenstrahlröhre (Braunsche Röhre) zu übertragen.

Zworykin entwickelte daraus einen neuen Bildabtaster, das Ikonoskop. Das Verfahren bestand darin, daß die Röhre eine dünne gut isolierte Glimmerplatte aus Millionen feiner Cäsium-Silber-Tröpfchen besaß, die durch Zwischenräume voneinander isoliert waren. Auf diese wurde ein Bild projiziert, das sich in unterschiedlich großen elektrischen Ladungen in diesen einzelnen Tröpfchen zusammensetzte. Die Ladungen wurden von einem abtastenden Elektronenstrahl punktweise aufgenommen, einem Verstärker zugeführt und übertragen. Dieses elektronische Aufnahmeverfahren wurde nun zur neuen Grundlage des Fernsehens – im Prinzip ist es das heute noch geltende Verfahren.

Zworykins Idee, von der Braunschen Röhre auszugehen, wurde in Deutschland von dem jungen Wissenschaftler Manfred von Ardenne aufgegriffen. Dieser hatte mit 18 Jahren im Jahre 1925 die für die Rundfunktechnik geniale Erfindung der Mehrfachröhre 3 NF entwickelt, die eine erste integrierte Schaltung enthielt und die Ära des Detektorhörens beendete. Der mit Ardenne verbundene Industrielle Siegmund Loewe brachte mit dieser Röhre ein konkurrenzlos billiges Radio, den Loewe 0E 333, unters Volk und verhalf nicht zuletzt damit dem Radio zum Durchbruch. Von den Lizenz-Einnahmen seiner Erfindung baute sich Ardenne ein Labor auf und experimentierte mit der Braunschen Röhre, um sie für den Fernsehbetrieb einzusetzen.

1931 schrieb Manfred von Ardenne erstmals über seine Versuche. Er berichtete, daß mit der Braunschen Röhre Bilder in ganz neuer Lichtstärke erzeugt und projiziert werden konnten. Eine erste öffentliche Vorführung fand noch im gleichen Jahr statt. Telefunken, die Fernseh AG und die Post folgten der Anregung von Ardennes. 1932 wurden bereits erste Empfangsgeräte mit der Röhre auf der Funkausstellung vorgestellt. Während Zworykins Ikonoskop vor allem als Aufnahmesystem funktionierte, also als Kameraauge eingesetzt werden konnte, war Ardennes Idee auch auf die Empfangsseite ausgerichtet. Ardenne konnte bereits ein 100-Zeilen-Bild erzeugen.

So ergab sich 1932 folgende Situation: In den Versuchsanlagen konnten die Bilder elektronisch mit Hilfe einer Braunschen Röhre erzeugt und projiziert werden. Dabei bediente man sich vorgefertigter Filme und lichtstarker Bildgeber. Die Post stand jedoch weiterhin zur mechanischen Fernsehapparatur, weil ihr die elektronische Technik für die direkte Aufnahme von Ereignissen im Studio noch nicht einsetzbar erschien. Auf der Seite der Bildaufnahme mußten die Bilder weiterhin mit einer nun geringfügig modifizierten Nipkow-Scheibe erfaßt werden.

Für die Übertragung hatte sich gegenüber dem Kabel der drahtlose Transport über Wellen durchgesetzt. Der Vorteil war, daß man mit den Radiowellen die elektrischen Impulse sehr viel optimaler übertragen konnte. Man hatte außerdem im Bereich der Ultrakurzwellen, also den Wellen unter 10 m Länge, einen idealen Frequenzbereich gefunden, dessen Wellen in der Atmosphäre nicht zur Erdoberfläche reflektiert werden, sondern gradlinig weiterstrahlen. Dadurch gab es keine Überlagerungen mit

V. K. Zworykin vor seiner
Sammlung elektronischer
Bildabtaströhren

anderen Sendern, auch wurde der Frequenzbereich durch den Hörfunk, der zu dieser Zeit im Bereich der Lang-, Mittel- und Kurzwelle sendete, nicht tangiert. Mit diesem Stand der technischen Entwicklung ging man nun an die Vorbereitungen für einen Programmbetrieb.

Vorbereitungen für einen Programmbetrieb

2.7 Die Programmdiskussion von 1930 bis 1932

Bereits während der Versuche mit dem mechanischen Fernsehen war der Eindruck entstanden, daß es das Fernsehen als reguläres Medium bald geben werde. Eine der Folgerungen aus dieser Annahme war, daß eine Diskussion darüber entstand, was denn nun mit dieser technischen Einrichtung überhaupt zu machen sei. Das fortwährende Betrachten von Porträtbildern via Fernsehen war auf Dauer mehr als unbefriedigend. Zwar warnten gerade nach den überhitzten Erwartungen der Funkausstellung von 1928 einige davor, sich schon jetzt mit der Frage nach Sendeinhalten zu beschäftigen, doch die Programmdiskussion war nicht mehr zu verhindern. Mit ›Programm‹ wurde das Gesamtangebot an Sendungen gemeint, bald auch die zeitliche Abfolge unterschiedlicher Sendungen.

Programmdiskussion

Von Anfang an schien es den meisten Diskussionsteilnehmern selbstverständlich, daß die Nutzung der technischen Einrichtung Fernsehen darin bestand, daß man ein Programm produzierte und sendete. Das war durchaus nicht selbstverständlich. Fernsehen hätte auch als eine Art Bildtelefon, als eine neue Form audiovisueller Kommunikation vieler miteinander eingeführt werden können. Daß man sich Fernsehen nur als ein Programm-Medium vorstellte, lag nicht zuletzt auch daran, daß es als »Bild-Rundfunk« im Kontext der Hörfunkdebatten stand und die im Rundfunk entstandene Form des Programms daher auch für das Fernsehen selbstverständlich schien.

Die anderen damals neuen technischen Medien bedienten sich ebenfalls des Programmbegriffs. Die Schallplatte war zunächst als Tonspeicher eines Einzelstücks konzipiert, später dann auch einer Abfolge von einzelnen Musik-Nummern. Das Kino präsentiert eine Abfolge kurzer Filmstreifen, in der Frühzeit 10 bis 15 kurze Filme, oft nur drei Minuten lang. Selbst mit dem Entstehen längerer Spielfilme ab 1911/12 bleibt die Kinoveranstaltung als Präsentation mehrerer Filme in der Folgezeit selbstverständlich. Dazu gehörte bis zur Einführung des Tonfilms oft auch noch die Präsentation von Schaudarbietungen, sogenannter Bühnenschauen mit artistischen Darbietungen, Gesangnummern, Conferencen etc. im Kino mit dazu (vgl. Berg 1989). Mit dem Tonfilm verschwanden diese Mischformen aus dem Kino. 1934 reglementierte die Reichsfilmkammer die Programmabfolge im Kino, indem sie die Ende der zwanziger Jahre auch in Deutschland aufgekommene Form des Doppelfeatures (also zwei Spielfilme nacheinander in einer Veranstaltung) verbot und als Norm die Abfolge ›Wochenschau, Kulturfilm und Spielfilm als Hauptfilm‹ verordnete. Diese Programmform hat sich dann im Kino der Bundesrepublik bis in die sechziger Jahre hinein gehalten und ist erst durch das Ende der Wochenschau-Produktion einerseits und durch das Aufkommen der Programmkinos mit ganz anderen Programmformen abgelöst worden.

Frühes Löwe-Fernsehgerät

Im Radio wurde der Programmbegriff noch selbstverständlicher als im Kino angewendet. Hier meinte er die Gesamtheit der verschiedenen Sendungen. Programm war und ist hier Ankündigung dessen, was gesendet wird,

Programmbegriff

und zugleich die Sendeabfolge selbst, und in den zwanziger Jahren hat sich der Programmbegriff in den Rundfunkzeitschriften allgemein durchgesetzt.

Fernsehen als Weiterentwicklung des Hörfunks

Es war also mehr als naheliegend, auch beim Fernsehen vom Programmbegriff auszugehen. Das Fernsehen als Weiterentwicklung des Hörfunks zu verstehen, bedeutete eben auch, es als Programmmedium aufzufassen. Außer Frage schien zu stehen, so schrieb der Medienhistoriker Winfried B. Lerg über die Entstehung des Fernsehens in Deutschland, »daß ein ›Medium‹ Fernsehen als publizistisches Mittel in enger Nachbarschaft zur bestehenden Institution ›Hörfunk‹ zu organisieren sei. Selbst in England stand außer Frage, daß ein öffentlicher Fernsehdienst allein von der BBC eingerichtet würde« (Lerg 1967, 355). Auch die technische Entwicklung der letzten Jahre lief auf ein dem Hörfunk analog geformtes Medium hinaus. Hatte man doch dadurch, daß man für die Übertragung der Fernsehbilder Radiowellen anstelle des Kabels benutzte, die Nähe des Fernsehens zum Hörfunk noch verstärkt und gleichzeitig die Distanz zum Telefon vergrößert.

Eigene Gesetze des Fernsehens

Der Ingenieur und Publizist Rudolph Thun sprach in der Programmdebatte 1930 davon, daß das Fernsehen seine eigenen ›Gesetze‹ finden müsse. »Jedes Ausdrucksmittel hat seine Regeln und Gesetze, die seine Anwendungsmöglichkeiten bestimmen« (Thun 1930, 103). Und er schlug nach einem Vergleich der Medien Film, Hörfunk und Presse für das Fernsehen den Heimempfang vor. Fernsehen war für Thun eine Ergänzung des Hörfunkprogramms, bei dem Zuhörer bzw. Zuschauer nach Bedarf von der Tonübertragung auf die Bildübertragung umschalten sollten, bzw. das Programm von der Ton- zur Bildübertragung wechselte. Thun empfahl Sendungen über »Gymnastik, Tanzunterricht und Sport«, Vorträge über »Handfertigkeiten« wie die Pflanzenveredelung, Sprachunterricht, eine Wetterkarte, Sportübertragungen, dann auch Übertragungen von Spielfilmen. Gegen die Vorstellung vom Mischprogramm wandte sich Hans Philipp Weitz (Weitz 1930).

Gemeinsamkeiten und Differenzen

Während die Idee des Mischprogramms in der weiteren Diskussion bald fallen gelassen wurde, blieb die inhaltliche Orientierung am Hörfunkprogramm erhalten. Rudolf Thun sah 1932 nach den Erfolgen des Tonfilms eine entsprechende Entwicklung für das Fernsehen: So wie beim stummen Film der Ton hinzugekommen sei und das Kino damit eine neue Entwicklungsstufe erreicht habe, müsse nun auch der bildlose Rundfunk zu Bildern durch das Fernsehen kommen (Thun 1932). Allerdings hielt er 1935 in einem Vortrag vor dem Club der Kameratechnik das Fernsehen für keine Gefahr für den Tonfilm, denn Tonfilm und Fernsehen seien »zwei grundverschiedene Gattungen«, zwischen denen ein »künstlerischer und programmatischer Unterschied« bestünde (Thun 1935, auch Lerg 1967, 358). Hier wurden also schon die später immer wieder wirksamen Vorstellungen formuliert: Fernsehen habe sich stärker am Rundfunk zu orientieren und stehe im fundamentalen Gegensatz zum Kino.

Erkundung außergewöhnlicher Ereignisse

Utopischer äußerte sich Seboldt 1930. Er wollte keine »alltäglichen Vorgänge« im Fernsehen sehen, sondern eine Erkundung außergewöhnlicher Ereignisse.

»Ein Riesenflugzeug mit Sendestation könnte uns aus weiter Ferne die herrlichen Landschaftsbilder übermitteln, welche seine Insassen beispielsweise über unerforschten brasilianischen Urwäldern und dem gewaltigen Gebirgskamm der Kordilleren erblicken. Unmittelbar folgend genießen wir im bewegten Bild besser wie durch den gewandtesten Sportreporter den Endkampf eines internationalen Fußballspiels aus einem Londoner Stadion. Ein berühmter Redner mag sodann seinen fesselnden Vortrag durch seine sichtbare Gebärde noch anregender gestalten und eine Opernübertragung durch gleichzeitige Sichtbarmachung der belebten Bühne den Abend überaus genußreich beschließen.« (Seboldt zit. n. Riedel 1985, 54)

Andere Beiträge zur Programmdiskussion erörtern das Verhältnis von Fernsehprogramm und Hörfunk, von Musik und Fernsehen, die mögliche Bedeutung aktueller Berichte und die Rolle des Films im Fernsehen. Das Ergebnis der Diskussion war weniger eine scharf umrissene Programmkonzeption, sondern mehr ein allgemeines Bewußtsein dafür, daß für das Fernsehen so etwas wie ein Programm entwickelt werden müsse. Die Programmdebatte schlief nach 1930 ein, weil die Lösung der technischen Probleme nicht vorankam und das Forum der Diskussion, die Fachzeitschrift des Fernsehvereins, sich bald nur noch mit technischen Problemen beschäftigte.

2.8 Der Fernsehversuchsbetrieb der Post

Die Post war als staatliche Institution durch Gesetz für die Übertragungswege zuständig, folglich organisierte sie auch die Übertragungsversuche. Nach den ersten Sendungen 1929 kam es 1930 zu regelmäßigen Versuchsausstrahlungen stummer Bilder vom Sender Berlin-Witzleben aus, dann auch zu Tonversuchen vom Sender Döberitz aus. Dafür brauchte man unterschiedliche Sendungen, die man ausstrahlen konnte und an denen man die technischen Probleme, die natürlich weiterhin im Vordergrund des Versuchsbetriebes standen, erörtern konnte.

Organisation regelmäßiger Übertragungsversuche

Von den drei Möglichkeiten, zu Bildern zu kommen, der Direktaufnahme mit Hilfe eines Bildabtasters und einer Nipkow-Scheibe in einem kleinen Studio, der Direktaufnahme im Freien (die noch völlig unerprobt war, weil dazu die technischen Voraussetzungen auf der Aufnahmeseite noch nicht entwickelt waren) und dem Einsatz eines Films, war der Filmeinsatz die problemloseste, aber auch die am wenigsten zukunftweisende. Einen Filmabtaster hatte man bereits Ende der zwanziger Jahre gebaut, er setzte (zunächst mit Hilfe einer Nipkow-Scheibe, dann mit Sondenröhren, einem Ikonoskop und schließlich Ende der dreißiger Jahre mit einer Braunschen Röhre) (Below 1950a) die direkt aus dem Projektor kommenden, sehr lichtstarken Bilder in Rasterpunkte um.

Studioproduktion Direktaufnahme im Freien Filmeinsatz

Man bediente sich dabei zunächst filmischen Materials. Die Fernseh AG beschaffte sich für ihre Experimente Ausschnitte aus Tobis-Spielfilmen und setzte sie ein. Das war jedoch auf Dauer wenig befriedigend. 1930 gingen Post und die von ihr dominierte Reichsrundfunkgesellschaft daran, den ersten eigenen Fernsehfilm zu drehen. Hintergrund war ein technisches Problem: Man wollte dabei die notwendigen Kontraste für den Fernseheinsatz erkunden, der ließ sich aber mit den Kinofilmausschnitten nicht optimal testen.

Erster eigener Fernsehfilm

Der Film hieß »Morgenstunde hat Gold im Munde« und Eduard Rhein hat über die Dreharbeiten berichtet (Rhein 1930b). Ein dürftiges Drehbuch lieferte eine übliche Familienszene: Die Frau deckt den Kaffeetisch, er rasiert sich, ist in Eile. Ein Tagesablauf beginnt. Er fährt mit dem Auto weg. Hauptdarsteller waren Walter Kuhle und Imogen Orkutt. Der Film wies einige Besonderheiten auf, die von Rhein als frühe Form einer Fernsehästhetik beschrieb, die aber mehr das Ergebnis der noch recht bescheidenen technischen Möglichkeiten des Fernsehens waren. Die Szenen mußten langsam gespielt werden, da das Auge des Zuschauers Zeit brauchte, »die Dinge überhaupt zu erkennen«. »Der Schauspieler darf also erst später aufstehen,

»Morgenstunde hat Gold im Munde«

muß länger schimpfen, langsamer Hut und Mantel nehmen«, konstatierte Rhein. Die »große leicht verständliche Geste ist notwendig«, schrieb er, Gegenstände mußten groß und leicht erkennbar sein, die Kleidung der Schauspieler hatte sich deutlich vom Hintergrund abzuheben, bei den Darstellerinnen wurden »groß und kontrastreich gemusterte Stoffe« empfohlen, bei Männern sollten »besonders Frack und Smoking« gut wirken (Rhein 1930b, 159). Immer deutlicher arbeitete man sich mit einem solchen Film und mit anderen Versuchssendungen an einen Programmbeginn heran.

Fernsehreferat der Reichspost

Das Fernsehreferat der Reichspost bezog im Frühjahr 1932 drei Räume im gerade fertiggestellten Haus des Rundfunks an der Masurenallee gegenüber dem Funkturm. Auch wenn dies auf Anweisung Hans Bredows erfolgte, kann darin noch keine Zusammenarbeit zwischen der Reichspost (Reichspostzentralamt) und der Reichsrundfunkgesellschaft auf der einen und dem Rundfunk (hier der Funkstunde) gesehen werden. Die Intendanten der Rundfunksender verhielten sich weiterhin gegenüber diesem technischen Versuchsunternehmen der Post distanziert (Winker 1994, 24).

3. Im Windschatten der Propaganda – Fernsehen während der Zeit des Nationalsozialismus von 1933 bis 1945

Mit der Machtergreifung der Nationalsozialisten am 30. 1. 33 veränderte sich die deutsche Medienlandschaft grundlegend. Im Kalkül der NS-Diktatur hatten die Medien eine zentrale Funktion bei der Beeinflussung der Bevölkerung. Der Schaffung eines Ministeriums für Volksaufklärung und Propaganda mit der Aufgabe der Gleichschaltung und Lenkung der Medien in möglichst allen Bereichen des Lebens kam deshalb große Bedeutung zu.

3.1 Die Erprobung eines neuen Wahrnehmungsdispositivs

Die politische Zäsur des Jahres 1933 überdeckt, daß sich im Wechsel von den zwanziger zu den dreißiger Jahren in den Medien auch Dispositivverschiebungen beobachten lassen, die bereits vor der Machtübernahme einsetzen (z. B. der Wechsel vom Stummfilm zum Tonfilm) und die sich nur teilweise mit der Funktionalisierung der Medien im Herrschaftsapparat der Nationalsozialisten erklären lassen. Zum einen wurden bereits in den zwanziger Jahren angelegte technische Entwicklungen realisiert, zum anderen aber auch soziale Entwicklungen aufgegriffen, die sich bereits vor der Machtergreifung vorbereiteten. Die Verstaatlichung des Rundfunks war z. B. bereits 1932 von der Regierung von Papen eingeleitet worden, das Radio selbst bereits ein Massenmedium mit Millionenpublikum, das nach 1933 konsequent in den Dienst der Propaganda gestellt wurde.

Herrschaftsapparat der Nationalsozialisten

In der ideologischen Indienstnahme insbesondere des Radios und des Films zeigte sich ein neues Medienverständnis. Die Medien übernahmen eine formierende Funktion im Sinne der Integration der Bevölkerung in den Staat, der sich selbst als ›Volksganzes‹ ausgab. Es ging um die Unterordnung der einzelnen unter die Zielsetzung der hierarchisch nach dem Führerprinzip organisierten Partei, bei gleichzeitiger Ausgrenzung politisch Andersdenkender, ethnischer Minderheiten und ganzer Bevölkerungsgruppen wie der Juden. Ziel dieser Formierung war der Umbau der Gesellschaft zu einem straff geführten Gemeinwesen, das auf Expansion und Unterwerfung anderer Staaten und letztlich auf Krieg und Vernichtung ausgerichtet war. Die Medien hatten die ideologische Basis zu schaffen und der Bevölkerung die jeweiligen aktuellen Notwendigkeiten der Anstrengungen und Opfer zu vermitteln.

Formierende Funktion der Medien

Die gesellschaftliche Formierung bediente sich sowohl repressiver und reaktionärer (insbesondere massiv demokratiefeindlicher und antiaufklärerischer) Motive als auch Modernisierungsstrategien, die auf Beseitigung überkommener Vorstellungen und Verhaltensweisen gerichtet waren, um industriestaatliche Erfordernisse durchzusetzen. »Reaktionärer Modernismus« ist deshalb eine der Grundformeln auch des neuen Mediendispositivs (vgl. Elsaesser 1994).

Reaktionärer Modernismus

Die Zentrierung der politischen Medienorganisation auf die mediale Formierung der Gesellschaft zielte auf

Inszenierung von Repräsentationsöffentlichkeiten

– die Schaffung neuer machtbestimmter Formen von Repräsentationsöffentlichkeiten (Inszenierung von Ereignissen wie die Parteitage, Aufmärsche und die Olympiade) sowie die Mediatisierung des öffentlichen Raums (Rundfunkübertragungen durch Lautsprecheranlagen, Lichtinszenierungen etc.);

Kontrolle des privaten Raums

– das Eindringen der Medien in bislang abgeschottete private Bereiche (›Volksempfänger‹), die Kontrolle des privaten Raums (Bespitzelung durch Blockwarte, Denunziantentum etc.) und die Disziplinierung des privaten medialen Gebrauchs (Bestrafung des Abhörens von ausländischen Sendern);

Neustrukturierung der Medieninstitutionen

– die Neustrukturierung der Medieninstitutionen und ihre stärkere Anbindung an Staat und Partei, die Formierung der Medienutzer in gesellschaftlich neu organisierten Verbänden und Kammern (Reichskulturkammer ab Oktober 1933), wobei die organisatorische Kontrolle der Medienproduzenten im Vordergrund stand;

Formierung der Inhalte

– die Formierung der Inhalte der Medienproduktion im Sinne der NS-Ideologie, wobei dies nicht allein die Durchsetzung offenkundiger politischer Propaganda in den Programmen meinte, sondern vor allem ab 1935/36 auch eine schleichende Ideologisierung durch Unterhaltungsangebote.

Neue dispositive Strukturen

Die neuen dispositiven Strukturen zielten auf eine Monumentalisierung von Staat und Partei als übergeordnetem Ganzen und die Unterdrückung individueller Neigungen und Wünsche. Sie gaben ein gemeinsames Selbstverständnis vor und lieferten Sinnvorgaben, die sich zu einem homogenen Weltbild ergänzten. Sie bezogen sich vor allem auf die Medien, die bereits in der Weimarer Republik als Massenmedien existierten und deren Funktionalisierung die Nationalsozialisten bereits vor 1933 ins Auge gefaßt hatten.

Das Fernsehen war davon eigentümlicherweise wenig betroffen. Auch nach dem Programmbeginn des Berliner Fernsehsenders 1935 waren die NS-Machthaber zurückhaltend und zögerlich, das Fernsehen in ihr Medienkonzept einzubeziehen. Es schien nicht den in Film und Radio entwickelten Prinzipien von Machtrepräsentation zu entsprechen. Gleichwohl bedeutet dies nicht, daß das Fernsehen nicht ideologisch auf Linie gehalten wurde. Die nach 1945 wiederholt vertretene Behauptung, das Fernsehen sei im Dritten Reich unpolitisch gewesen und habe eine Nische für widerstandsorientierte Mitarbeiter dargestellt, ist nachweislich nicht richtig. Sowohl auf der Ebene der festangestellten Mitarbeiter, die mehrheitlich Parteimitglieder waren und oft aktive Aufgaben in der Partei übernahmen (vgl. Winker 1994), als auch auf der Ebene des Programms, das zahlreiche deutlich politisch ausgewiesene Sendungen brachte, finden sich Belege für die ideologische Indienstnahme des neuen Mediums.

3.2 Die Fernsehentwicklung in den USA und Westeuropa in den zwanziger und dreißiger Jahren

War das Kino durch seine Distributionsform von Anfang an international, war auch das Radio durch die Benutzung der Mittel- und Langwellen über die jeweiligen Landesgrenzen hinaus zu empfangen, blieb das Fernsehen in den dreißiger und vierziger Jahren durch die Benutzung der UKW-Frequenzen auf Reichweiten innerhalb der nationalen Grenzen und hier auch noch auf einige wenige Großstädte beschränkt.

In den USA hatten sich in den zwanziger Jahren drei große Radiosysteme (die Networks NBC, RCA und CBS) sowie zahlreiche lokale Sender herausgebildet, die sich allein durch Werbung finanzierten und in ihrer Frequenzbenutzung und Technik von der ab 1927 bestehenden Federal Communications Commission (FCC) kontrolliert wurden. Die Networks begannen Ende der zwanziger Jahre mit dem Fernsehen zu experimentieren, wobei sich die Fernsehversuche ab 1930 zunächst auf New York konzentrierten. CBS richtete hier 1931 einen Versuchsbetrieb mit der Fernsehstation Columbia ein (Neuberger 1931). 1932 erprobte RCA ein 343-Zeilen-Bild mit 30 Bildern pro Sekunde auf elektronischer Basis, startete aber erst 1936 mit Versuchssendungen vom Empire State Building.

Fernsehgerät aus den USA, 1936

Versuchssendungen in anderen Städten (z. B. Los Angeles mit 300 Zeilen und 24 Bildern pro Sekunde) folgten. Sie fanden jedoch kein großes Publikum. Auch in New York erreichte RCA nicht mehr als 100 Empfänger (Abramson 1987, 230). Bis 1938 erprobten die Networks, neben ihnen auch Farnsworth Television und Philco Television, den Fernsehbetrieb, jedoch jeweils in anderen Fernsehnormen. Das neu gegründete National Television Standards Committee (NTSC) empfahl im Januar 1941, die Norm von 441 Zeilen und 30 Bildern pro Sekunde, die sich dann als Standard durchsetzte. In diesem Jahr sendeten bereits etwa 20 Fernsehsender zumeist auf lokaler und regionaler Ebene, unter ihnen die Networks RCA, CBS und NBC sowie die Konzerne Farnsworth, General Electric, Philco und DuMont.

In Großbritannien hatte sich der Rundfunk mit der BBC als ›public service‹ etabliert, der sich aus Hörergebühren finanzierte. Als John Baird 1929 mit seinen Fernsehversuchen nach Berlin ging, stellte ihm die BBC in London ebenfalls eine Frequenz für Versuchssendungen zur Verfügung. Am 14. 7. 1930 wurde versuchsweise ein erstes Fernsehspiel (»The Man with a Flower in his Mouth« nach Pirandello) ausgestrahlt. Bei einem Wettbewerb zwischen Baird und dem von der Marconi Company betriebenen elektronischen Fernsehversuchen wurden 1933/34 die Vorteile des elektronischen Systems deutlich. Ein Television Advisory Committee unter dem Vorsitz von Lord Snelsdon informierte sich sowohl in den USA als auch in Deutschland über die Fernsehentwicklung. Die Briten strebten ein System mit einer Zeilenzahl über 240 Zeilen bei 24 bzw. 25 Bildwechsel pro Sekunde an und lehnten den von den Deutschen bevorzugten 180-Zeilen-Betrieb als »low definition«-Betrieb ab. Das Snelsdon-Committee empfahl im Januar 1935 einen »high definition service« durch die BBC, wobei das Baird- und das Marconi-System im Probebetrieb getestet werden sollten. Vom 2. 11. 36, dem Beginn des regulären Programmbetriebs, bis zum 5. 2. 37 wurden beide Systeme (Baird mit 240 Zeilen und Marconi mit 405 Zeilen) von einer Fernsehstation im Alexandra Palace in London im Sendebetrieb erprobt.

Großbritannien

Beginn des regulären Programmbetriebs

1937 entschied sich die BBC dann für das 405-Zeilen-System. Das Fernsehprogramm der BBC, zu deren Höhepunkten die Krönungsprozession von George VI. am 12. 3. 37 sowie zahlreiche Adaptionen von Radiosendungen gehörten, wurde bis 1939 im Umkreis von etwa 70 km auf etwa 20.000 Fernsehgeräten empfangen (Lazell 1991, 39).

3.3 Das Fernsehen nach der Machtübernahme der Nationalsozialisten

Neuorganisation des Rundfunks

Nach der politischen Machtübernahme der Nationalsozialisten am 30. 1. 33 wurde der Rundfunk mit der Verordnung vom 30. 6. 33 als publizistische Institution dem Reichsministerium für Volksaufklärung und Propaganda (RMVP) unter der Leitung von Joseph Goebbels unterstellt (Lerg 1967, 356). Die regionalen Rundfunkgesellschaften wurden aufgelöst und als Gliederungen der Reichs-Rundfunkgesellschaft angeschlossen. Die für den Rundfunk zuständige Abteilung des RMVP leitete Horst Dreßler-Andreß, der aus dem Reichsbund Deutscher Rundfunkteilnehmer kam. Für jeden Sender entstand zusätzlich eine Reichssendeleitung, die die ideologische Kontrolle des Senders übernahm. Reichssendeleiter für Berlin wurde der ehemalige Gaufunkwart Eugen Hadamovsky. Die Fernsehzuständigkeit blieb zunächst ungeklärt. Dies führte dazu, daß Hadamovsky die Initiative an sich zog. Er bemühte sich darum, das Fernsehen auch in die kontrollierende Kammerstruktur (und hier in die Reichsrundfunkkammer) einzubinden (vgl. Winker 1994, 46ff.).

Programmbezogene Fernsehversuche

Im Frühjahr 1934 begann die Reichsrundfunkgesellschaft (RRG) mit eigenen technischen und programmbezogenen Fernsehversuchen. Die vom Reichspostzentralamt genutzten Räume in der Masurenallee wurden von der RRG übernommen, die Post bezog neue Räume in der postnahen Deutschen Fernkabelgesellschaft in der Rognitzstraße 8 in Berlin-Charlottenburg, nur wenige Querstraßen vom Haus des Rundfunks und von den Sendeanlagen am Funkturm entfernt. Beide, Post und Reichsrundfunkgesellschaft, trieben nun die Versuche so weit voran, daß der Betrieb eines Versuchsprogramms in absehbarer Zeit aufgenommen werden sollte. Es entstand auch ein Programmplan, der allerdings vorerst nur sehr grob die Verteilung der Bild- und der Tonsendungen regelte und mehr als Absichtserklärung denn als tatsächliches Programm anzusehen ist.

Bei der Funkausstellung im August 1934 kündigte Reichssendeleiter Eugen Hadamovsky in seiner Schlußansprache den baldigen Beginn eines Fernsehbetriebs an. Seine Versprechungen wurden jedoch bald danach von der Post gedämpft (Winker 1994, 54ff.). Diese trieb die Entwicklung zum Fernseh-Livebetrieb durch ein erstes Engagement von Mitarbeitern voran. Am 1. 11. 34 wurde die erste Ansagerin, Ursula Patzschke, engagiert, ihre Dienstbezeichnung war deshalb ›Postfacharbeiterin‹.

Die beiden ersten deutschen Fernseh-Sprecherinnen, Ursula Patzschke (links) und Annemarie Beck, in der Abtast-Kabine des DRP-Fernseh-Studios

Die Reichsrundfunkgesellschaft begann mit der Zusammenstellung von »Bildtonprogrammen«, Manfred von Ardenne sah darin den ersten Schritt für die ›offizielle Einführung‹ und für den Bau von Empfängern für ein breites Publikum. Der damalige Staatssekretär im Postministerium Wilhelm Ohnesorge führte am 18. 12. 34 Hitler in der Reichskanzlei eine Versuchssendung vor (Lerg 1967, 357ff. Winker 1994, 55).

Dennoch darf man sich nun nicht vorstellen, daß sich das NS-Regime forciert um die Entwicklung des Fernsehens bemühte. Es waren vor allem die Verantwortlichen auf mittlerer Ebene, die das Fernsehen protegierten:

z. B. Fritz Banneitz im Reichspostzentralamt sowie der Reichssendeleiter Eugen Hadamovsky, der sich dadurch zusätzlichen Ruhm erhoffte. Die obere NS-Führung blieb auf Distanz. Die Ursachen lagen auf der Hand: Für die Beeinflussung der Bevölkerung war das Fernsehen noch nicht weit genug entwickelt, auch schien es als Medium im Sinne der Propagandavorstellungen der Nazis wenig geeignet. Für die schnelle und reichsweite Übertragung der Reden war der Hörfunk sehr viel besser einsetzbar, auch wurde sein Ausbau ab 1933 forciert, als die Industrie zum Bau des billigen ›Volksempfängers‹ verpflichtet worden war (vgl. Hoff 1991).

Für die Propaganda der Nazis wenig geeignet

Für die Repräsentation und Inszenierung von Macht war das Kino wirkungsvoller als das noch unerprobte Fernsehen zu nutzen. Für Filme, wie sie Leni Riefenstahl von den Reichsparteitagen oder von der Olympiade drehte, war das Fernsehen mit seinem winzigen Bildschirm denkbar ungeeignet. Die Gloriole, die sich im Kinofilm so optimal entfalten ließ, konnte dort nur übertrieben und lächerlich wirken.

Vor der »Verzwergung« der Menschen auf dem Bildschirm, wie sie in den fünfziger Jahren Theodor W. Adorno und Günther Anders beklagten, scheuten auch die Machthaber des Dritten Reiches zurück. In der nationalsozialistischen Rundfunkzeitschrift »NS-Funk« hatte 1937 Manfred von Ardenne beispielsweise Bildstörungen am Beispiel der Übertragung von NS-Symbolen dokumentiert, die nicht unbedingt dazu angetan waren, an einen propagandistischen Nutzen des Fernsehens zu glauben.

Als es am 22. 3. 35 schließlich etwas überstürzt zur Eröffnung eines »Fernsehversuchsbetriebes für Berlin« durch das Reichspostzentralamt und die Reichsrundfunkgesellschaft kam, waren deshalb die obersten Machthaber nicht anwesend. Reichssendeleiter Hadamovsky bezog sie bei der Eröffnung dennoch ein, in dem er Grußbotschaften an Hitler und Goebbels verlas. Hadamovsky versprach, einen «nationalsozialistischen Fernsehrundfunk» zu schaffen. Ziel müsse es sein, das Bild des Führers in alle deutschen Herzen zu pflanzen. Hitler und Goebbels bedankten sich – gemessen am damals üblichen Sprachschwulst – eher kühl.

Eröffnung eines »Fernsehversuchsbetriebes für Berlin«

Der Programmbeginn 1935

Hadamovsky wollte dem möglichen Beginn eines BBC-Fernsehens (am 2. 11. 36) zuvorkommen und beweisen, daß «Deutschland in der Entwicklung des Fernsehens an erster Stelle steht», wie es schon 1933 in der Zeitschrift «Funk und Bewegung» geheißen hatte. Fernsehen sollte als eine nationalsozialistische Errungenschaft gelten.

Der Präsident der Reichsrundfunkkammer Horst Dreßler-Andreß hoffte, mit dem neuen Medium 1936 die Olympischen Spiele in Berlin übertragen und damit vor der Weltöffentlichkeit die technische Potenz des NS-Staates demonstrieren zu können. Dreßler-Andreß, der auch die Herstellung von Volksempfängern forciert hatte, wollte das Fernsehen massenhaft verbreiten und verfolgte das Ziel, »daß Deutschland das erste Land der Welt wird, in dem alle Volksgenossen fernsehen werden« (zit. n. Hempel 1991, 34). Dazu spannte er ab 1934 die Freizeitorganisation »Kraft durch Freude« ein, deren Amtsleiter er auch war.

Dreßler-Andreß hatte vor, im Mai 1935 einen großen Fernsehkongreß zu veranstalten und auf ihm noch bestehende Fernsehprobleme der Lösung näher zu bringen, um danach ungestört mit dem Aufbau des Versuchsbetriebes zu beginnen. Die Verbindung des Fernsehens mit dem Verband der Rundfunkteilnehmer sowie der Kraft-durch-Freude-Organisation sollte das

Fernsehen als Medium entstehen lassen, das durch die Massenorganisationen mitgestaltet wurde.

Diesem Konzept standen vor allem die Interessen des Luftfahrtministeriums unter Hermann Göring entgegen, das das Fernsehen als Kriegstechnologie nutzen wollte und deshalb auf die technische Oberhoheit der Post insistierte. Dreßler-Andreß verlangte die Erprobung von Freilichtaufzeichnungen, im Gegensatz zum Reichspostzentralamt, das sich um studiogebundene Versuche eines Programmfernsehens bemühte. Der Medienhistoriker Manfred Hempel vermutet, die Vertreter der Post wollten mit dem Studio-Betrieb von den gleichzeitig bereits stattfindenden militärischen Einsatzversuchen des Fernsehens ablenken (ebd.). Diese gegensätzlichen Interessen blieben jedoch im Hintergrund, während das Fernsehen seinen studiogebundenen Betrieb aufnahm.

Erprobung von Freilichtaufzeichnungen

Studiogebundene Versuche des Programmfernsehens

Mit der offiziellen Programmeröffnung erhob der NS-Staat den Anspruch, als erstes Fernsehland der Welt mit einem Programmdienst begonnen zu haben. Es war vor allem dieser ideologische Nutzen, sich mit dem Fernsehen als modernes und technologisch avanciertes Land auszuweisen, der herausgestellt wurde. Hadamovsky bediente sich dabei der Forderungen von Dreßler-Andreß, indem er die Durchsetzung des Fernsehens durch eine Bewegung von unten für möglich hielt.

Ideologischer Nutzen des Fernsehens

»Schließt Euch überall zusammen und bildet Fernsehgemeinschaften! Sorgt durch Euren organisierten Willen dafür, daß diesen Empfangsgemeinschaften der praktische Apparatebau und der Senderbau auf der Stelle folgt! – Arbeitet für die Einführung des Fernsehens und Ihr arbeitet damit für den endgültigen und vollkommenen Sieg der nationalsozialistischen Idee! Tragt das Bild des Führers in alle deutschen Herzen! Verkündet es allen jenseits der deutschen Grenzen! Kämpft dafür, daß Deutschland das erste Land der Welt wird, in dem alle Volksgenossen fernsehen können! – Es lebe der Führer! Es lebe unsere herrliche Bewegung! Es lebe das erwachte und sehend gewordene Deutschland!« (Funk und Bewegung 1935)

Zwar war die Resonanz auf den Programmbeginn vor allem bei den um den Stand der deutschen Fernsehentwicklung kundigen Journalisten eher zurückhaltend, doch zeigten die Zeitungsberichte von der Präsentation des Programmstarts durch Hadamovsky Wirkung, wenn die in Rom herausgegebene und von Rudolf Arnheim redigierte Zeitschrift »Intercine« bemerkte: »Es ist sehr wohl denkbar, daß wir unter dem Vorwand von Propagandasendungen einem Krieg der Gehirne beiwohnen werden, der nichts anderes ist, als die Vorbereitung auf den wirklichen Krieg, sobald zum Wort, das bisher allein wirkte, das Bild tritt« (zit. n. Winker 1994, 73).

Am 1. 5. 35 verkündete Reichspropagandaminister Goebbels auf einer Sitzung der Reichskulturkammer, daß »die große ideelle und materielle Förderung, die wir der revolutionierenden technischen Neuerung des Fernsehens angedeihen lassen, (...) in kurzer Zeit auch hier zu greifbaren und heute noch gar nicht übersehbaren Resultaten führen (werde)« (zit. n. Lerg 1967, 359). Am nächsten Tag gründete der Präsident der Reichsrundfunkkammer, Horst Dreßler-Andreß, eine spezielle Arbeitsgemeinschaft zur Unterstützung des neuen Mediums.

Auf dem Fernsehkongreß Ende Mai 1935 kam es zur Enthüllung einer Ehrentafel für Paul Nipkow im Haus des Rundfunks und der Taufe eines Filmabtasters der Reichsrundfunkgesellschaft auf den Namen »Fernsehsender Paul Nipkow«. Er bürgerte sich als Bezeichnung für den Programmdienst ein und wurde als Sendersignet verwendet (ebd.).

Stations-Dia des Fernsehsenders Paul Nipkow

»Und das wird Fernsehen sein. Da wird der Führer eine große Parade abnehmen, aber da wird er eine seiner großen Reden halten, bei denen ihm die ganze Welt zuzuhören gewöhnt ist. Da wird dann dieses elektrische Auge stumm und unscheinbar hinter dem Platz vom Führer stehen. Es wird still zuschauen, wie das politische Deutschland in Nürnberg aufmarschiert, wie die Liebe des Volkes diesseits und jenseits der Grenzen ihm entgegenschlägt, wie z. B. in Breslau beim Sängerfest. Dann werden wir nicht mehr nur mit dem Ohr unmittelbar dabei sein, sondern auch mit dem Auge.« (Nationalsoz. Rundfunkkorrespondenz v. 11. 8. 37)

Am 12. 7. 35 hatte nach vorausgegangenen Versuchen, den Fernsehsender ganz in die Einflußsphäre des Propagandaministers zu bringen, ein Führererlaß auf Betreiben des Post- und des Luftfahrtministeriums das Fernsehen dem Luftfahrtministerium unterstellt und dem Postministerium Mitspracherechte eingeräumt. Auf Intervention von Goebbels wurde dieser Erlaß im Dezember 1935 durch einen neuen Führererlaß ersetzt, der die Fernsehzuständigkeiten neu regelte: Für die Technik, einschließlich des Betriebs und des Personals, waren Post und Luftfahrtministerium, für das Programm war die Reichsrundfunkgesellschaft und damit das Propagandaministerium zuständig. Der militärische Bereich verblieb beim Luftfahrt- und Kriegsministerium.

Führererlaß

Erster Intendant des Fernsehens wurde (für den Zeitraum von 1935–1936) Carl Heinz Boese, der als Kinoregisseur durch Militärkomödien, als Hörspielsprecher und durch tontechnische Übertragungsdienste bei den Wahlkämpfen Hitlers aufgefallen war. Er war zugleich auch stellvertretender Reichssendeleiter. Aufgrund dieser und anderer Aufgaben konnte er sich jedoch nur in begrenztem Umfang dem Fernsehen widmen (Winker 1994, 84).

Carl Heinz Boese als Fernsehintendant

Mitarbeiter der ersten Stunde waren Waldemar Bublitz, Günter Greiner und Willi Bai. Zusätzliche Mitarbeiter und Künstler wurden für einzelne Sendungen engagiert. Der Programmbeginn war zunächst eher bescheiden, oft mehr der Not gehorchend als tatsächlich einer wie auch immer geplanten Programmgestaltung folgend. Es waren vor allem Auftritte von Kleindarstellern, die einzelne Nummern ihres Repertoires anboten. Der Programmbetrieb wurde jedoch durch die Querelen zwischen der Post und dem Rundfunk erschwert (ebd.). Im August 1935 führte ein Brand auf der Funkausstellung zum Ausfall des Senders. Ein Notbetrieb kam zwar mit sehr geringer Reichweite bereits Ende August wieder in Gang, doch wurde der reguläre Programmbetrieb mit neuen Anlagen erst nach dem zweiten Führererlaß am 15. 1. 36 wieder aufgenommen.

Auftritte von Kleindarstellern

Der interne Machtkampf ging jedoch weiter. Goebbels löste den Reichsverband Deutscher Rundfunkteilnehmer auf, der immerhin ca. 485.000 Mitglieder hatte. Damit war der Idee der aktiven Mitwirkung der Verbandsmitglieder an der Fernsehentwicklung der Boden entzogen. Dreßler-Andreß wurde am 19. 3. 37 als Präsident der Reichsrundfunkkammer durch Hans Kriegler abgelöst, ebenso mußte Eugen Hadamovsky gehen. An die Stelle des Reichssendeleiters trat Heinrich Glasmeier als Reichsintendant des Deutschen Rundfunks.

Fernsehzuschauen im Kollektivempfang

Mit der Programmaufnahme stellte sich die Frage nach den Empfangsmöglichkeiten. Zwar gab es von der Industrie Fernsehempfänger, doch wurden sie nicht in größeren Serien gebaut. Die Industrie wartete wegen der schlechten Bildqualität mit der Serienproduktion ab, auch schien die

Fernsehstelle im Postamt Berlin-Charlottenburg, 1936

Fernsehstellen

180-Zeilen-Norm noch nicht die endgültige Norm zu sein. Die Post bemühte sich deshalb um die Schaffung sogenannter Fernsehstellen, in denen das Programm kollektiv gesehen werden konnte. Einerseits stellte man dafür in Postämtern Räume zur Verfügung, andererseits mietete man leerstehende Läden an. Die erste Fernsehstelle wurde am 9. 4. 35 im Berliner Reichspostmuseum eröffnet. Nicht nur in den Berliner Stadtbezirken, sondern auch in Potsdam und Neuruppin wurden solche Empfangsstellen eingerichtet. Zumeist fanden etwa 25 bis 30 Personen Platz, es wurden kostenlos Eintrittskarten ausgegeben, um einen ordentlichen Ablauf zu gewährleisten. Dennoch blieb die Zahl der Fernsehstellen, die bald ›Fernsehstuben‹ genannt wurden, gering. Anfang 1936 gab es 11 Empfangsstellen. Vor allem das Propagandaministerium wehrte den weiteren Ausbau ab, um keine Konkurrenz zu den Filmtheatern entstehen zu lassen.

Zuschauerinteresse an einer neuen Technik

Von den Zuschauern und ihrem Verhalten in diesen Fernsehstuben wissen wir relativ wenig. In der Rundfunkzeitschrift »Die Sendung« erschien 1935 ein Bericht über eine Fernsehstube im Berliner Wedding, einem Arbeiterbezirk. Der Zuschauerraum wird als ein »kahler, schmuckloser Raum in der Reinickendorfer Straße, unmittelbar am Bahnhof Wedding« beschrieben. »Es werden um 8 Uhr hundert Menschen gewesen sein, die auf die Öffnung der Fernsehstube warteten, um halb neun waren es schon hundertundfünfzig, und es waren Arbeiter mit ihren Frauen, Jungarbeiter und Arbeiterinnen, Handwerker, Gewerbetreibende dieser Gegend, die einmal sehen wollten, was man schon fernsehen kann.« (Hg 1935, 546)

Kollektiver Fernsehempfang

»Es ist halb neun Uhr abends. In einem mittelgroßen Raum, einem früheren Ladengeschäft, sitzen oder stehen etwa siebzig Menschen und sehen durch die Dunkelheit angestrengt und erwartungsvoll auf den großen Apparat, der vor den Sitzreihen aufgebaut ist und sich von einem gewöhnlichen Radioapparat äußerlich nur dadurch unterscheidet, daß er drei- oder viermal so groß ist und über seinen Einstellknöpfen einen rechteckigen Ausschnitt von etwa 25 × 30 Zentimeter zeigt, in dem das Fernsehbild erscheinen soll.

Vorläufig ist in diesem Ausschnitt nur eine bewegte Helligkeit sichtbar, ein Flimmern, genau so wie auf einer Kinoleinwand, wenn das Licht durch die Linse des Apparates fällt, ohne daß das Filmbild läuft. Ein Herr dreht am Einstellknopf des

Apparates, die Musik wird leiser, lauter, jetzt ist sie klar, das leise Rauschen des Apparates kennen wir auch von zu Hause, es zeigt nur, daß die Lampen brennen, daß alles in Ordnung ist und es gleich losgehen wird.

Und schon ist auch die Stimme des Ansagers wieder da, kaum daß der letzte Ton der Marschmusik verklungen ist. Sie kündigt, laut und klar vernehmlich, die Ufa-Bild- und Tonwochenschau an. Der Film beginnt zu laufen, die Bilder, ob sie den Führer bei der Eröffnung der Münchner Autobahnstrecke zeigen, das Olympiatraining der Läufer und Schwimmer oder das Tagwerk auf einem Segler, sind klar und deutlich zu erkennen, die Laut- und Musikwiedergabe ist ausgezeichnet, aber das Merkwürdige ist, daß man doch keinen Augenblick den Eindruck hat, etwa in einem Kino zu sitzen. Nicht etwa nur, weil hier, vor dem Fernsehapparat, daß Bildformat kleiner ist als in einem Kino, hier ist tatsächlich jenem Zuschauer das Wunder bewußt, etwas zu sehen, was weit, sehr weit außerhalb dieses Raumes abspielt. Und jeder, der hier schweigend und erwartungsvoll Fern-Sehenden ist ja mit der Absicht gekommen, sich von dem neuen Wunder der Technik zu überzeugen.« (Hg 1935, 546)

Auch wenn die zeitgenössischen Berichte häufig propagandistisch gefärbt sind, geben sie doch einen Eindruck der kinoähnlichen Fernsehrezeption wieder. Die Berichte über das Zuschauen dienten vor allem dazu, die Bereitschaft des Publikums, sich auf dieses neue Medium einzulassen, deutlich zu machen, auch wenn vielleicht viele Zuschauer die Fernsehstuben nur zum Aufwärmen oder wegen des freien Eintritts nutzten.

Die Übertragung der Olympiade 1936

Die Fernsehübertragung der Sommer-Olympiade vom 1.–16. 8. 36 warf vor allem technische Probleme auf. Zwar war die elektronische Kamera bereits als Konstruktion durch Zworykin und Farnsworth in den USA realisiert, doch durfte diese ›amerikanische‹ Erfindung, die auch von der Post nachgebaut worden war, nicht öffentlich präsentiert werden. Erst ab Dezember 1935, als diese Bedenken zurückgestellt wurden, begann man mit der Erprobung der elektronischen Kamera bei Sportübertragungen von verschiedenen Spielstätten.

Sommer-Olympiade

Von Telefunken wurde eine Kamera für die Außenübertragung gebaut. Diese sogenannte Telefunken-Kanone war mit drei Objektiven unterschiedlicher Brennweite ausgestattet. Das Objektiv besaß einen Durchmesser von 40 cm und die Kamera hatte bei Einsatz des Teleobjektivs eine Länge von 2,20 Meter. Das Teleobjektiv wog allein 45 kg. Zusätzliche Probleme gab es, weil es für diese riesige Kamera keinen Platz im Stadion gab und sie den Blick der anwesenden Zuschauer nicht verstellen sollte. Dennoch wurden schließlich zehn verschiedene Standplätze für die Übertragungen der Spiele gefunden. Im Olympiastadion übertrug man aus einem dreiviertel Meter tiefen Umgang, der rings um die Kampfbahn herum lief. Dadurch hatte man »nicht etwa einen Überblick über das Feld, sondern sah das Ganze aus der Froschperspektive« (Bruch 1956, 442).

Telefunken- »Fernsehkanone«

Zusätzlich wurde ein Übertragungswagen eingesetzt, der mit dem sogenannten Zwischenfilmverfahren arbeitete. Mit einer großen Kamera, die auf dem Wagen fest montiert war, wurde das Sportgeschehen auf Film aufgenommen, dieser Film lief nach der Belichtung durch ein Entwicklungs- und Fixierbad innerhalb des Wagens, wurde danach von einem Filmabtaster abgelesen und in elektrische Bildpunkte aufgelöst und dann übertragen. Der Effekt war, daß man ein Fernsehbild mit nur wenigen Minuten Verzögerung übertragen konnte. Da die Bilder des Zwischenfilmabtasters und der Telefunken-Kamera nicht synchronisiert waren, mußte jedesmal eine Umschalt-

Zwischenfilmverfahren

Aufbau eines Zwischen-film-Fernsehempfängers

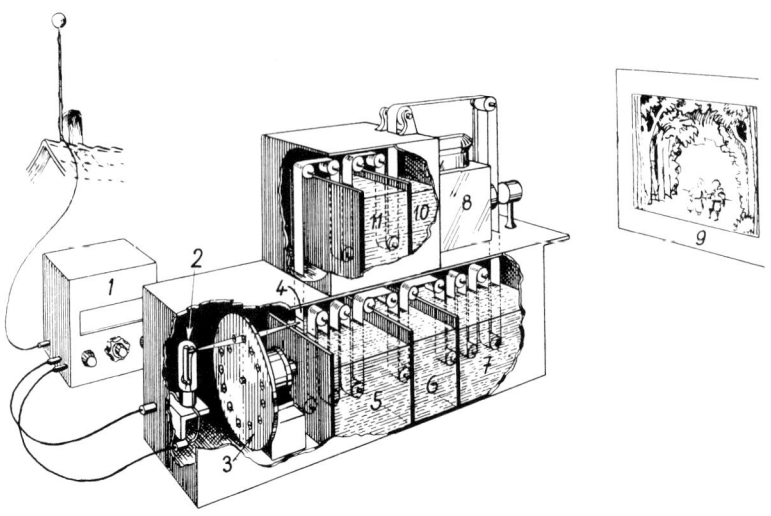

pause eingelegt werden, wenn man von einer Kamera zur anderen schaltete.

Als Fernsehreporter berichteten zahlreiche Radioreporter, unter ihnen Paul Laven, Roderich Dietze, Hugo Murero, Fred Krüger, Kurt Krüger-Lorenzen, u.a. Täglich wurde in der Zeit von 10.00 bis 12.00 Uhr und von 15.00 bis 19.00 Uhr direkt vom Reichssportfeld gesendet. Die Übertragungen wurden von Fall zu Fall durch Filmberichte und Live-Sendungen aus dem kleinen Fernsehstudio der Reichspost in der Rognitzstraße ergänzt. Das Publikum war begeistert. Das Fernsehen ermöglichte zum ersten Mal eine Teilhabe an einem gleichzeitig entfernt stattfindenden Ereignis – das also, was als mediale Besonderheit des Fernsehens immer wieder gefordert worden war. Der offene Ausgang der Wettkämpfe erhöhten die Spannung, und der am Radio orientierte Reportagestil (alles wurde in Sprache übersetzt) überdeckte die immer noch schlechte Bildqualität.

Mediale Besonderheit des Fernsehens

Die Übertragungen der Spiele hatten den Zweck erfüllt, den Dreßler-Andreß damit verbunden hatte. Sie machten das Fernsehen bekannt und trotz seiner technischen Mängel populär. »Vielfach wurden die Besucher der Fernsehstellen von den Vorführungen der Kampfhandlungen so gefesselt, daß sie ebenso wie die Besucher im Reichssportfeld bei guten sportlichen Leistungen ihren Beifall kundtaten«, heißt es in einem zeitgenössischen Bericht. Immer wieder mußten die Fernsehstuben »wegen Überfüllung kurzzeitig geschlossen werden« (Goebel 1956, 441). Und auch für die Entwicklung der Fernsehtechnik waren die Übertragungen von Bedeutung. Walter Bruch resümierte 1956: »Die Erfahrung der Olympiasendung hat uns zwei bis drei Jahre vorangebracht. Die durch die Ereignisse und die einmalige Gelegenheit dieser ersten großen öffentlichen Sportberichte gegebene Notwendigkeit, Unreifes oder Halbfertiges trotzdem einzusetzen, zwang uns, nicht nur Schritte, sondern Sprünge vorwärts zu machen. Olympia 1936 wurde so ein starker Antrieb für das deutsche Fernsehen der Vorkriegsjahre« (Bruch 1956, 445).

Die Telefunken-Kanone im Einsatz bei der Olympiade von Berlin, 1936.

3.4 Das NS-Fernsehen von 1936 bis 1938: Die Dunkelbühne

1936 konsolidierte sich der Programmbetrieb. Neue Mitarbeiter wurden engagiert, darunter Martha Krüger als Redaktionssekretärin, die u. a. auch Kriminalromane und später Fernsehspiele für den Fernsehsender unter dem Pseudonym Lore Weth schrieb. Als Dramaturg und Programmmitarbeiter kam der Dramatiker Arnolt Bronnen hinzu, der nach Jahren sozialistischer Überzeugungen und einer Zusammenarbeit mit Bertolt Brecht zum Nationalsozialismus übergewechselt war, gleichwohl in der Partei als politisch unzuverlässige Person galt. Neben anderen arbeitete Phil(lip) Jutzi als Kameramann für den Sender, der am Ende der Weimarer Republik bei einer Reihe sozialistischer Filme (z. B. »Hunger in Waldenburg«) Regie geführt hatte. Jutzi war 1933 in die NSDAP eingetreten.

Programmbetrieb

Auch wenn später vielfach behauptet wurde, das Fernsehen sei eine Nische für unerwünschte Personen gewesen, so war der Fernsehbetrieb kein Hort des Widerstands oder Insel des Unpolitischen; gerade von den festangestellten Mitarbeitern hatten viele (z. B. Waldemar Bublitz, Günter Greiner, Jochen Richert, Heinz Monnier, Hans Mänz-Junkers) das Parteibuch in der Tasche: »Gemeinsam war fast allen die Mitgliedschaft in der NSDAP und das zum Teil aktive Bekenntnis zu ihr oder einer ihrer Gliederungen« (Winker 1994, 118).

Kein Hort des Widerstands

In der Phase bis zum Beginn des Jahres 1938 wurden Fernsehsendungen mit einem mechanischen Bildabtaster hergestellt. Das Fernsehstudio in der Rognitzstraße muß man sich sehr klein, eher als eine Art Kasten vorstellen. Diese sogenannte Fernsehabtastzelle war 1935 1,5 × 1,5 m groß, in ihr hatte nur eine Person Platz. Diese Fläche wurde im Sommer 1936 auf etwa sechs Quadratmeter erweitert, so daß maximal fünf bis sechs Personen auftreten konnten, 1937 wurde der Aufnahmeraum sogar auf ca. 9 qm erweitert.

Fernsehstudio in der Rognitzstraße

Otto Gebühr
als Friedrich der Große
auf der Dunkelbühne

In dieser Abtastzelle, die auch »Dunkelbühne« genannt wurde, hatten die Personen im Dunkeln zu agieren. Ein Lichtstrahl, durch einen Linsenkranzabtaster geschickt, tastete die Person auf dieser Bühne ab. Die dabei erzeugten Helligkeitssignale nahm eine Selen-Anlage auf und gab sie als elektrischen Impuls weiter. Die Selenzellen, die quasi die Kamera bildeten, waren anfangs unbeweglich an der Wand angebracht. Sollte jemand größer im Bild erscheinen, mußte er sich vorbeugen bzw. näher an sie heranrücken, trat er einen Schritt zurück, war er im Bild kleiner zu sehen. Die Szenerie bei Spielhandlungen bestand, um den geringen Raum nicht noch weiter einzuengen, aus gemalten Kulissen, die Temperatur stieg oft rasch auf 45 bis 50 Grad an.

»Der Umbau ging so vor sich, daß die Darsteller ganz nach vorn an die Apparatur herankamen, deren Optik auf NAH eingestellt wurde, so daß der Hintergrund nur schwach als grau-verschwommenes Etwas sichtbar blieb. Während die Schauspieler vorn agierten, trugen hinten Männer auf dicken Filzsohlen die ›Dekoration‹ hinaus und bauten eine neue auf. Wurde das Gerät dann wieder auf Totale umgestellt, dann hatte ein Wald sich in ein Hotelzimmer verwandelt, und alle Beteiligten atmeten (oft sogar recht hörbar) auf.« (Hoepner-Flatow 1939, 675)

Bewegungen waren ganz leise auszuführen, weil überall Mikrofone postiert waren. Um das Geschehen zu beeinflussen und den Darstellern Hinweise zu geben, schob sich der Aufnahmeleiter im Dunkeln auf dem Boden an die Darsteller heran und gab ihnen ein Zeichen. Kompliziertere ästhetische Darbietungen konnten unter solchen primitiven Bedingungen nicht realisiert werden (vgl. Hickethier 1991b).

Primitive technische Produktionsbedingungen

»Es war so, daß in einem mittelgroßen, als Atelier bezeichneten Zimmer absolute Nacht herrschte. (...) In dieser Stockfinsternis zogen wir nun ein ganzes Varieté-Programm von einer Stunde Länge ab. Zwei Akrobaten schleuderten einander in die Höhe und vollführten komplizierte Salti. Ein völlig glatzköpfiger älterer Mann, dessen Schädel bei diesen Lichtverhältnissen natürlich nicht mehr strahlte, spielte auf einer singenden Säge. Die Tänzerinnen – gleich zwei auf einmal –, denen die Musik über Lautsprecher eingespielt wurde, hatten ungeheure Schwierigkeiten mit dem Raumgefühl, da es ja keinen wahrnehmbaren Raum mehr für unsere Augen gab und Paul Nipkows Lichtstrahl so dünn war, daß die beiden Damen meist im Dunkeln tanzten und auf dem Bildschirm der Fernseher dann vermutlich nur ein Bein oder eine Feder an ihren Hüten zu sehen war.« (Ambesser 1988, 136 ff)

Das zusammengesetzte Programm

1935 kam das Programm dreimal wöchentlich, ein Jahr später lief es bereits täglich. Die zeitliche Beschränkung auf eine Stunde Dauer (20.00–21.00 Uhr) sowie eine Wiederholung desselben Programms von 21.00 bis 22.00 Uhr nahm auf die besondere Rezeptionssituation in den Fernsehstuben und den Publikumsandrang Rücksicht. Um die Zahl der Zuschauer zu erhöhen, hatte man das Programm halbiert, so daß nach einer Stunde das Publikum in den ›Fernsehstuben‹ ausgetauscht werden konnte. Das Programm wurde eine Woche lang ›en suite‹ gespielt, danach gewechselt. Es orientierte sich in seiner Zusammensetzung deutlich an der seit 1934 vorgeschriebenen Struktur der Kinoprogramme mit ihren Bestandteilen von Wochenschau (Information), Kulturfilm (Belehrung) und Spielfilm (Unterhaltung). Rundfunkbezogen waren die Ansage und die Differenzierung zwischen der nichtfiktionalen Unterhaltung (der Darbietung von Musiknummern) und der fiktionalen Unterhaltung (Spielfilm oder Fernsehspiel).

Rezeptionssituation

Fernsehsender Witzleben – Programmstruktur 1936

1. Aktueller Bildbericht
2. Künstler stellen sich vor
3. Querschnitt aus Tonfilmen (oder ein einzelner Tonfilm)
4. Kulturfilm

Quelle: Berlin hört und sieht 1936

Im Herbst 1936 ging man zu einem täglichen Programmwechsel über, offenbar hatte der Publikumsandrang nachgelassen, auch setzten sich bei den Programmachern stärker rundfunkbezogene Vorstellungen vom Programm durch. Die Programmzusammensetzung veränderte sich jedoch nicht wesentlich.

Täglicher Programmwechsel

Der »Aktuelle Bildbericht« wurde aus Wochenschaumaterial zusammengestellt, erst später kamen eigene Berichte hinzu, die sich zunächst auf besondere Anlässe beschränkten. Der ›Filmtrupp‹ des Fernsehsenders orientierte sich in der Themenwahl und Aufbereitung vor allem an den großen Hörfunkübertragungen der Sendeleitung: 30. Januar: Tag der Machtergreifung; Gründungsfeier der Partei in München im Februar, ›Heldengedenktag‹ im März, 20. April: Hitlers Geburtstag, usf. Die Filmbeiträge des Filmtrupps wurden auch in Livesendungen eingeblendet. Solche Live-Film-Mischsendungen nannten sich »gezahnte Sendungen« (vgl. Hickethier 1990b).

In der Rubrik »Künstler stellen sich vor« traten vor allem vom Radio bekannte Darstellerinnen und Darsteller auf: Else Elster und Carl de Vogt (er sang Soldatenlieder zur Klampfe), Willi Schaeffers (ein Entertainer des Unterhaltungskabaretts), Käte Jöken König (Kabarettistin), Inge Vesten (Schauspielerin), Ernst Petermann und Harry Gondi (Conferenciers), Ingrid Larsen (Saxophonspielerin), Edith Delbrück, Erna Ernani, Lisa Claron, Joe Alex, Paul Beckes und viele andere. Es handelte sich hier vor allem um Kleinkunstdarsteller, wie sie zu dieser Zeit in vielen Unterhaltungsetablissements der Reichshauptstadt beschäftigt waren und im Rundfunk ihr Repertoire darboten. Ihre Darbietungen konnten sie offenbar dank vorhandener Routine auch im Dunkel der Fernsehaufnahmebühne präsentieren.

»Künstler stellen sich vor«

Die Kulturfilme entstammten dem Bestand der Verleihgesellschaften und großen Produktionsgesellschaften wie der Ufa, der Tobis sowie der NSDAP und ihrer Gliederungen. Die nationale Thematik überwog in der Auswahl der gezeigten Filme. Filme wie »Deutschland kreuz und quer«, »Sieg für Deutschland«, »Mit der Reichsbahn durch die deutsche Landschaft« oder »Vom Marschenland zum Friesenstrand« wurden gezeigt, aber auch »Kampf mit dem Bären«, »Der rote Faden«, »Das Ohr der Welt« oder »Briefe fliegen über den Ozean«. Gerade auch in den sich betont unpolitisch gebenden Sendungen war – ähnlich wie im angeblich unpolitischen Kinospielfilm des Dritten Reichs – ideologisches Gedankengut enthalten: in der Darstellung von Heimat, Ehe und Familie, von Werten wie Treue und Pflichtbewußtsein, Opferwillen und Zugehörigkeit wurde die gleiche Ideologie wie in den sogenannten offiziellen Propagandafilmen vertreten.

Kulturfilme im Programm

Mit dem Übergang zum täglichen Programmwechsel im Herbst 1936 veränderte sich die Schwerpunktsetzung, es kamen verstärkt Filme der NS-Propaganda-Institutionen ins Programm: »Jugend ans Werk« beispielsweise, ein Film über die »Berufsarbeit der Hitler-Jugend«; ein Film des Reichsbundes der deutschen Beamten mit dem Titel »Das Buch der Deut-

Filme der NS-Propaganda-Institutionen

schen« zeigte die Herstellung eines Luxusexemplars von Hitlers »Mein Kampf«, das dem Führer geschenkt wurde. Zu sehen waren auch ein Film der Reichs-Propagandaleitung der NSDAP mit dem Titel »Ewige Wache. Der 9. November 1935« über die Erinnerung an den Putschversuch von 1923, der Film der Reichsführung SS »Deutsche Vergangenheit wird lebendig« sowie Filme der Wehrmacht wie »Waffenträger der Nation« oder der Marine »Stander Z«. Dazu gehörten Filme, die auf völkische Einbindung, auf Blut-und-Boden-Ideologie abzielen wie »Jagd in Trakehnen« oder »Kunstgewerbliches Grenzlandschaffen« (vgl. Hickethier 1990b).

Für die Zeit ab 1937, als sich der Programmaufbau veränderte und mehr sogenannte ›Direktsendungen‹ (selbstproduzierte Live-Sendungen) gezeigt wurden, übernahmen die Filme eine Überbrückungsfunktion zwischen zwei Direktsendungen. Während die Filme gezeigt wurden, konnten Kulissen gewechselt und die neuen Akteure vor die Kamera gebracht werden.

Spielfilm-Zusammenschnitte

Spielfilm-Zusammenschnitte (Dauer ca. 30 Minuten) stellten die Filmproduktionsgesellschaften von im Kino bereits abgespielten Filmen her, bevorzugt wurden ›leichte‹ Unterhaltungsfilme: »Krach im Forsthaus« heißt es beispielsweise 1936, oder »Königswalzer«. Mit der Bezeichnung »Querschnitt aus Tonfilmen« und »Querschnitt aus Tonfilm-Operetten« erinnerte man in der Anfangszeit an das Kinogenre der gleichnamigen Kompilationsfilme, auch wurden solche »Querschnittsfilme« des Kinos, wie z.B. »Von deutschem Heldentum«, gezeigt.

Die Fernsehspielproduktion

Aus dem Programmangebot der ersten Zeit, das überwiegend vom Kino übernommen wurde, entwickelte sich langsam ein eigenständiges Fernsehprogramm, in dem die filmischen Formen durch fernseheigene bzw., wie man damals in Anlehnung an Rassebegriffe sagte, »arteigene« Formen ersetzt wurden (Wagenführ 1937a).

Szenenfolgen und Sketche

Aus den Auftritten der Kleinkünstler, die aus den Conferencen und Gesangsnummern mehr und mehr zu Rezitationen und kleinen Sketchen übergegangen waren, entstanden Reihen unterschiedlich gemischter »Bunter Abende«. Nummern wurden zu einzelnen Folgen verbunden, für die man schließlich einen thematischen Rahmen suchte und eine kleine Geschichte erfand, die die einzelnen Nummern miteinander verband. Solche Szenenfolgen und Sketche wurden nun Fernsehspiele genannt.

»Das Schaukelpferd«

Das erste in den Programmankündigungen nachweisbare Fernsehspiel stammt von Adolf Weber, Regie führte Willi Bai, der als Redakteur 1935 zum Sender gekommen war. Darsteller waren Hildegard Fränzel, Otto Wollmann und Waldemar Bublitz. Das etwa zehn Minuten dauerndes Dreipersonenstück trug den Titel »Das Schaukelpferd«, ein »Kurzspiel aus dem Fernsehlabor«. Es wurde am 7.11.36 gesendet. Die Szene war von Willi Bai aus einer größeren Auswahl von Winterhilfs-Propagandamaterial der Gauleitung Berlin ausgewählt worden.

»Die Dekoration des Spiels bestand aus einem kleinen Tisch mit zwei Stühlen vor einem silbergrauen Samtvorhang. Die Handlung war primitiv und wollte zeigen, wie man Winterhilfe nicht ausüben soll. Ein begüterter Mann sucht in seiner Bodenkammer etwas, womit er seinen Beitrag zur Winterhilfe leisten könnte, und er findet ein ausgedientes Schaukelpferd. Von der NSV [Nationalsozialistischen Volkswohlfahrt] läßt er sich eine Adresse geben, und dann beginnt die eigentliche Fernsehszene: Ein altes, verarmtes Ehepaar sitzt am Heiligen Abend in seiner trostlosen Stube und sinniert über sein trauriges Los, da öffnet sich plötzlich die Tür und der Mann mit dem Schaukelpferd erscheint. Der peinliche Irrtum wird zunächst mit der Enttäuschung quittiert, dann aber nehmen beide Seiten die verfahrene Winterhilfsaktion mit Humor auf. Der begüterte Herr besinnt sich eines besseren und stellt für die beiden Alten einen Scheck aus.« (Bublitz 1979a, 41)

Weitere Produktionen von 1936 tragen Titel wie »Die Nachtigall«, »Im ›roten Ochsen‹«, »Der Weihnachtsmarkt«, dann hieß es 1937 auch »Die Begegnung« oder »Der Stift hat das Wort. Ein kleiner Krach im Setzersaal« oder »Junge Dame mit künstlerischem Einschlag gesucht«. Es handelt sich um eher locker gefügte Handlungsfolgen mit musikalischen Einlagen. »Erika im Schwalbennest«, »Der Stein des Schreckens«, »Junge Dame mit künstlerischem Einschlag gesucht« stammten aus der Schreibmaschine der Redaktionssekretärin Lore Weth, ebenso 1940 das am häufigsten gespielte Stück dieser Saison »Ali und die Lausejungs«. Lore Weth nahm bereits vorweg, was später die Erfahrung vieler Autoren prägte: Aus genauer Kenntnis der Produktionszusammenhänge und der Redaktionsanforderungen, wie sie Lore Weth zwangsläufig genau kannte, waren solche Drehbücher schnell und effizient zu schreiben.

Die Ära Nierentz 1937 bis 1939

Im Frühjahr 1937 kam es zur Neuorganisation des Rundfunks. Eugen Hadamovsky wurde als Reichssendeleiter entmachtet, Goebbels setzte mit der Position des Reichsintendanten das Führerprinzip im Rundfunk durch und besetzte die Position mit dem Kölner Intendanten Heinrich Glasmeier, der gleichzeitig Generaldirektor der Reichsrundfunkgesellschaft wurde. In diesem Zusammenhang verlor auch der Hadamovsky-Stellvertreter Carl Boese die Leitung des Fernsehens. Sein Nachfolger, der sich als erster Fernseh-Intendant bezeichnen durfte, war Hans Jürgen Nierentz. Der 27jährige Nierentz war 1930 in die Partei eingetreten, ein Lyriker, vielbeachteter Hörspiel-Autor und Journalist, dann auch Redakteur des »Angriffs«, ab 1936 Reichsfilmdramaturg. In dieser Position hatte er offenbar das Vertrauen von Goebbels verloren, so daß er auf den Fernsehposten abgeschoben wurde. Mit ihm wurde das Fernsehen aufgewertet und einem Rundfunksender gleichgestellt. Nierentz begann sich jedoch bald mit seinen Mitarbeitern, vor allem mit Arnolt Bronnen, zu zerstreiten und fand auch keinen Draht zu dem ihm vorgesetzten Reichsintendanten Heinrich Glasmeier, der oft über seinen Mitarbeiter Adolf Raskin direkt in die Fernseharbeit eingriff.

Fernseh-Intendant Hans Jürgen Nierentz

Nierentz, der sich profilieren wollte, sah vor allem in der Fernsehspielproduktion eine Chance, da das Feld der Außenübertragung und des Bildberichts bereits erprobt war. Im Juni 1937 schrieb er in der »Nationalsozialistischen Rundfunk-Korrespondenz«, daß die Beteiligten an einem solchen Spiel es als ihr ›Glück‹ ansähen, »den Menschen, für die sie senden, einen Abend bereitet zu haben, der Entspannung und Spannung gebracht hat, Freude, Zuversicht und – hoffentlich – auch Begeisterung für ein so schönes Instrument, wie der Fernsehfunk es darstellt« (zit. n. Hickethier 1991b, 88).

Fernsehspielproduktion

Nierentz holte den theater- und rundfunkerprobten Regisseur Leopold Hainisch zum Fernsehfunk. Hainisch wurde »Oberspielleiter« und führte bald auch bei vielen Fernsehspielen Regie. Paradox daran war, daß Hainisch als Leiter der Opernabteilung der Berliner Funkstunde bei zahlreichen Großveranstaltungen Regie geführt hatte, darunter auch beim »Tanz der Völker« bei den Olympischen Spielen. Hainisch habe hier, so Kurt Wagenführ, »Massen funkgerecht einzusetzen« gewußt. Nun hatte der Massenregisseur als Regisseur für den kleinen Bildschirm zu arbeiten und wurde beim Fernsehspiel auf das »Kammerspiel« verpflichtet: »acht Personen und ein Zimmer von 2 mal 3 Metern« (Wagenführ 1937c).

Fernsehspiele von Hörfunkautoren

Im Fernsehspiel wurde ab 1937 verstärkt experimentiert und diese Programmform gewann ein erstes eigenes Profil. Hainisch und Nierentz holten vom Hörfunk einige Autoren, die dort auch weiterhin arbeiteten und häufig nach 1945 als Hörfunkautoren weiterhin erfolgreich waren. W. E. Hintz, Alfred Prugel und Kurt Heynicke z. B., dann auch Werner Oelschläger und Günter Neumann, die beide später im RIAS den Kalten Krieg mit Durchhaltestücken und aufbauender Unterhaltung musikalisch unterfütterten. Günter Neumanns Kabarett ›Die Insulaner‹ beispielsweise baute nach 1945 auf den Unterhaltungserfahrungen des Autors in der NS-Zeit auf. Musikstücke waren gefragt. »Im Grunewald, im Grunewald«, eine Musikrevue (Oelschläger/Neumann) oder Willi Kollos »Nachts ging das Telefon« waren beliebte Unterhaltungsfernsehspiele (Hickethier 1989a).

Fernsehsender »Paul Nipkow« – Fernsehprogramm Donnerstag, 23. 12. 37

20.00 Uhr:	Unmittelbare Sendung: »**Die Speisekarte**«. Ein kleines Fernsehspiel von A. Weber. Er: Frieder Drost; Sie: Lucie Lemm; der Sammler: L. Delsan. Bühnenbild: H. Monnier; Regie: W. Neusch.
20.05 Uhr:	Filmsendung: **Aktueller Bildbericht**.
20.18 Uhr:	Unmittelbare Sendung: »**Das Knecht-Ruprecht-Spiel**«. Eine kleine Kantate von C. Bresgen.
20.40 Uhr:	Filmsendung: »**Das gestohlene Herz**«. Ein Scherenschnittfilm von Lotte Reiniger. Regie: K. Koch; Musik: W. Geißler.
20.52 Uhr:	Unmittelbare Sendung: »**Iha, der Esel**«. Ein Rüpelspiel von H. Steguweit. Bühnenbild: H. Monnier; Spielleitung: Leopold Hainisch.
21.12 Uhr:	Filmsendung: »**Wie Till Eulenspiegel zu Marburg den Landgrafen malte**«. Regie: Theo Lingen, Musik: Künneke.
21.32 Uhr:	Unmittelbare Sendung: »**Lieder der HJ**«.
21.38–21.51 Uhr:	Filmsendung: »**Trau, schau, wem.**« Ein Kriminalfilm aus dem Jahre 1933. Spielleitung Dr. A. Elling.

Quelle: Berlin hört und sieht 1937

Das Fernsehen von 1938 bis 1939: Der Umzug ins erleuchtete Studio

Technische Veränderungen

Die Spielproduktion drängte nach größeren Formen – und war zugleich gebremst durch die Technik des mechanischen Fernsehens. Noch 1937 wurde auf der primitiven Dunkelbühne gearbeitet. War 1936 auf der Funkausstellung bereits ein 375-Zeilen-Fernsehen vorgestellt worden, so hatte man sich nun auf eine 441-Zeilen-Norm eingerichtet. Zwar hatte die geräteproduzierende Fernseh-GmbH schon auf der Funkausstellung 1938 ein 729-Zeilen-Bild vorgeführt und dann während des Krieges sogar eine Fernseheinrichtung für 1029 Zeilen gebaut, doch kamen sie im zivilen Fernsehen nicht zum Einsatz (Below 1950b, 342 f.). Statt dessen legte die Post die 441-Zeilen-Norm fest.

Umzug ins Deutschlandhaus

Das von der Funkausstellung 1937 übertragene dreistündige Fernsehprogramm wurde nun bereits von drei Elektronenkameras übertragen. Für den Programmalltag wurde der Bau eines neuen Fernsehstudios im Deutschlandhaus am damaligen Adolf-Hitler-Platz (dem heutigen Theodor-Heuß-

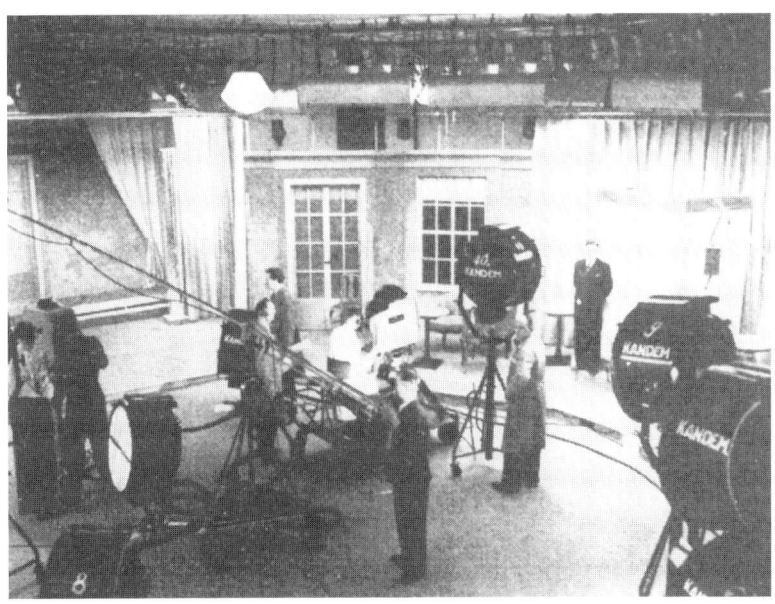

Fernsehstudio im Deutschlandhaus, 1939

Platz) geplant, das hell ausgeleuchtet sein sollte. Bereits im Herbst 1937 hatte man, noch während des Studiobaus, die Dunkelbühne aus der Rognitzstraße in das Deutschlandhaus verlegt. Doch der Umbau verzögerte sich, so daß das neue, kreisrunde Studio erst im November 1938 in Betrieb genommen werden konnte.

Fernsehsender »Paul Nipkow« – Fernsehprogramm Donnerstag, 8. 12. 38

20.00 Uhr: Unmittelbare Sendung: **Zeitdienst.**
20.15 Uhr: Filmsendung: **Aktueller Bildbericht.**
20.30 Uhr: Unmittelbare Sendung; «**Nachts ging das Telefon**». Groteske Szene. Text und Musik v. W. Kollo. Orchester W. Rambour; Bühnenbild: H. Monnier. Spielleitung: W. Oelschläger.
21.10 Uhr: Filmsendung: »**Der andere Mann**«.
21.26 Uhr: Unmittelbare Sendung: »**Tanzmusik**« (bis 21.55 Uhr)

Quelle: Berlin hört und sieht 1938

Das Studio orientierte sich jedoch weiterhin an einer Theaterraum-Konzeption. In dem großen Rund waren kreisförmig mehrere Bühnenpodeste aufgebaut, auf denen Spielszenen arrangiert werden konnten. In der Mitte stand eine Kamera, die das Geschehen aufnahm und dabei zwischen den Bühnen hin- und herwechselte. Auch wenn später mehrere Kameras zum Einsatz kamen, erwiesen sich diese kleinen Studiobühnen als hinderlich, so daß sie 1939 abgeräumt wurden und das Studio flexibel genutzt werden konnte.

Das Fernsehspiel wagte sich nun an größere Stoffe, bekannte Namen tauchten auf. Otto Rombachs damals populärer Roman »Adrian, der Tulpendieb« kam als Fernsehspielbearbeitung ins Programm, Joseph Conrads Erzählung »Die Schattenlinie« und Stevensons »Das Flaschenteufelchen« wurden adaptiert. Das Fernsehspiel begann sich in einzelnen Genres zu

Theaterraum-Konzeption des Studios

differenzieren, vielfach wurden Komödien gespielt, vor allem solche, die nicht nur auf der Bühne, sondern auch als Kinoverfilmung und als Hörspiel erfolgreich waren. Auf diese ohnehin multimedial genutzten Stoffe griff man jetzt beim Fernsehspiel besonders gern zurück.

Prototyp war Jochen Huths Fernsehspiel »Die vier Gesellen«, das, als Theaterstück geschrieben, auch als Spielfilm mit Ingrid Bergman und Ursula Herking in den deutschen Kinos erfolgreich gewesen war. Bei der Fernsehinszenierung von Huths Spiel verzichtete man erstmals auf die Bühnenkonzeption im Rundstudio. Die Kameras fuhren jetzt in die Kulissen hinein – so wie es später in den fünfziger Jahren praktiziert wurde. 1939 hat sich damit eine Inszenierungsweise des Fernsehspiels gefunden, wie sie unter den Bedingungen des elektronischen Live-Spiels als einigermaßen ausgereift gelten konnte.

Elektronisches Live-Spiel

Die Spiele wurden innerhalb einer Spielzeit häufig mehrfach wiederholt, es gab ja keine elektronische Aufzeichnungsmöglichkeit, jede Wiederholung bedeutete: Es wurde noch einmal gespielt und gesendet (vgl. dazu ausführlicher: Hickethier 1991b).

Unterhaltung und Fernsehshows

Die Fiktionalisierung der Kleinkunst und ihre Transformation hin zum Fernsehspiel wirft die Frage nach den anderen unterhaltenden Genres auf. Aus den Kleinkunstdarbietungen entwickelten sich größere musikalische Formen wie die Operette, die Revue, der Bunte Abend. Die Nummernprogramme standen zumeist unter verschiedenen thematischen Schwerpunkten und wurden vor allem am Sonnabend gesendet: »Vom Alex bis zu den Wies'n« heißt beispielsweise eine als »magisches Kabarett« betitelte Sendung von Kurt Sievers (Regie: Arnolt Bronnen). Oder: »Ein Schubert-Abend in Alt-Wien«, »Fröhlicher Faschings-Samstag« und »Ich möchte mehr sein, als ich bin« von Günter Neumann sind weitere Titel. Das Titellied von Neumanns Sendung sang die Schauspielerin Blandine Ebinger. Die geringen finanziellen Mittel des Fernsehbetriebs und die kurze Dauer seiner Existenz verhinderten jedoch, daß sich hier wirklich neue Formen entwickelten. Man orientierte sich an den vorhandenen Unterhaltungsformen, insbesondere die Radiounterhaltung gab ein Vorbild ab. Unterhaltung wurde aber auch geboten, wenn die SA- und SS-Chöre im Fernsehen sangen. Daß diese Form der Unterhaltung zugleich auch Politik darstellte und daß diese Sendungen zumeist in Rahmenprogrammen eingebunden waren, die insgesamt einem politischen Thema galten, macht deutlich, daß es eine unpolitische Unterhaltung in dieser Zeit nicht gab.

Nummernprogramme

SA- und SS-Chöre im Programm

Aktuelles und Belehrendes: Live vom Parteitag und der Ausbau des Zeitdienstes

Auch in anderen Programmbereichen wurde nach fernseheigenen Programmformen gesucht. Vor allem der Zeitdienst stand im Vordergrund. Mit seinem Aufbau war Waldemar Bublitz betraut worden. Der Fernsehbetrieb stellte in der Kulturfilmtradition des Kinos eigene kleinere Fernsehfilme her, beispielsweise »Das Leben wird schöner« über ein NSV-Kinderheim, oder »Bräute auf Schwanenwerder«, ein Film über die »Reichsbräuteschule« der NS-Frauenschaft auf einer Berliner Insel. Daraus entwickelten sich längere Sendungen im Sinne eines ›Features‹, die von Kurt Krüger-Lorenzen, Hugo

Kleinere Fernsehfilme

Landgraf, Fritz Schwiegk und Fritz Jannecke hergestellt wurden. Dabei gab es bereits erste thematische Spezialisierungen.

Die eigentliche Aufgabe des Filmtrupps bestand darin, kurze Beiträge für den »Aktuellen Bildbericht« zu liefern, der etwa 15 Minuten dauernden Informationssendung, mit der das Programm eröffnet wurde. Es waren vor allem Beiträge über »hochkarätige Ereignisse des NS-Regimes«, die gezeigt wurden und für die Willi Bai mit seinen Beziehungen zum politischen Apparat verantwortlich war (Winker 1994, 223). Eine besondere Rolle spielten auch die Berichte von den Nürnberger Parteitagen, die mit großem Aufwand produziert wurden.

Aufgaben des Filmtrupps

1936 war z. B. der Filmtrupp zum Reichsparteitag nach Nürnberg gefahren und hatte dort die Eröffnung aufgenommen. Der Film wurde mit dem Flugzeug nach Berlin geflogen und entwickelt, so daß er am Abend noch im Fernsehsender gezeigt werden konnte. Es handelte sich um eine »Schnellreportage, die mit allen nur möglichen Mitteln durchgeführt wurde«, wie der Kritiker Kurt Wagenführ im »Berliner Tageblatt« schrieb. 1937 war man schon weiter, weil inzwischen ein Breitbandkabel von Berlin über Leipzig nach Nürnberg verlegt worden war – natürlich nicht in erster Linie für derartige Fernsehübertragungen, sondern mit dem Ziel der militärischen Nutzung sowie zur Erprobung von Fernseh-Sprecheinrichtungen. Kurt Wagenführ feierte die Parteitagsberichterstattung als »Großtat deutscher Technik«: »Die Darbietungen selbst fesselten so stark, daß sie ohne Zweifel als ein großes Erlebnis gelten dürfen. Die Übertragungen aus Nürnberg sind einmalig auf der Welt, kein Land, das sein Fernsehen selbst entwickelt hat, kann einen solchen Versuch aufweisen« (Wagenführ 1937d).

Berichte vom Reichsparteitag

Ab 1938 entstand mit der Produktion im erleuchteten Studio die täglich ausgestrahlte Sendereihe »Zeitdienst«, die im Studio produziert wurde. Die Sendung »bestand aus unmittelbaren Sendungen [live] aus dem Studio und aktuellen Filmberichten« (Bublitz 1979b). Über diese Sendereihe wurden zahlreiche Radioreporter zu regelmäßigen Mitarbeitern des Fernsehens, unter ihnen Roderich Dietze, Paul Laven, Wolf Mittler und auch Heinz Riek, der als junger »HJ-Kamerad« vor allem für Jugendbeiträge eingesetzt wurde (Winker 1994, 228). Sie holten ihre Interviewpartner, die für den Hörfunk gewonnen waren, oft auch gleich ins Fernsehstudio. Kurt Krüger-Lorenzen soll, den Erinnerungen Bublitz zufolge, einmal den Zirkusdirektor Krone ins Fernsehstudio gebeten haben, der einen Elefanten mitbrachte – eine Praxis, die auch in den fünfziger Jahren nicht selten war. Alles war natürlich vorher abgesprochen. Als die Zirkustiere auf dem Kurfürstendamm entlang liefen und Werbung für den Zirkus machten, trugen die Elefanten große Transparente mit der Aufschrift »Heute kommt der Zirkus Krone im Fernsehen«. Eine Institution warb für die andere, die Möglichkeit der wechselweisen Medienverstärkung deutete sich hier bereits an. Die Fernsehstuben, so Bublitz, »waren brechend voll, und das Studio auch, obwohl nur ein Bruchteil der Mitwirkenden im Senderaum war; die meisten mußten auf der Straße warten, bis Mensch und Tier wieder herauskamen« (Bublitz 1979c).

Regisseur Karl-Heinz Uhlendahl als Nachrichtensprecher

Immer wieder war es die Suggestion der Teilhabe, die die Zuschauer trotz der im Vergleich zu den Wochenschauen im Kino schlechteren Bilder am Fernsehen faszinierte (Wagenführ 1937d). Trotz solcher spektakulären Ereignisse, wie sie die Krone-Aktion darstellte, entwickelte sich der »Zeitdienst« immer deutlicher zu einer allein im Studio gestalteten Sendung. Sportübertragungen mit elektronischen Kameras wurden nur noch vereinzelt versucht. Die Außenwelt kam hauptsächlich per Film über den Sender.

Suggestion der Teilhabe

Bei aller scheinbaren Spontaneität und Improvisation in der Realisierung war das Programm abgeschottet, bildete ein von nur wenigen Mitwirkenden veranstaltetes Darbietungsprogramm, bei der fiktionalen Bereiche deutlich im Vordergrund standen.

Fernsehrezeption:
vom kollektiven zum individuellen Empfang

Die Zahl der einzelnen Empfangsgeräte in Deutschland war außerordentlich gering und kam nie über wenige Hundert hinaus, die zudem bei Technikern, Funktionären und Programm-Mitarbeitern standen. Auch der kollektive Empfang in den Fernsehstellen blieb begrenzt, nicht zuletzt weil Goebbels ihre Ausweitung verhinderte. Zwar war 1938 in der Fernsehstube Turmstraße in Berlin 1938 ein Projektor aufgestellt worden, der ein 10 qm großes Bild projizieren konnte, doch trat man damit noch deutlicher in eine für das neue Medium Fernsehen nachteilige Konkurrenz zum Kino. (Below 1950b, 343).

Der Telefunken-Fernseher FE IV, 1935

Der Besuch der Fernsehstellen verlor jedoch beim Publikum trotz des verbesserten Programms an Reiz. Das Sensationelle der Fernsehübertragung als einer technischen Besonderheit hatte sich verloren. Der Kollektivempfang wurde nur als eine Notlösung verstanden, bis ein ›Heimempfang‹ möglich gemacht werden sollte. Ein Empfang im privaten Bereich war jedoch aufgrund der fehlenden Geräteproduktion noch nicht möglich.

»Wenn wir – als Übergangsstadium gewissermaßen – vorläufig den Gemeinschaftsempfang in den Fernsehstuben pflegen, wissen wir, daß diese Einrichtung nur eine Vorstufe für den Heimempfang ist. Dieser wird sich allerdings wesentlich von dem Rundfunk-Einzelempfang unterscheiden. (...) Man kann eben nicht – wie zum Beispiel beim Rundfunk – einen Teil einer Sendung ›nebenher‹ laufen lassen, man kann nicht sagen: ich unterbreche einmal und sehe nachher wieder hin. (...) Es gibt keine ›Klangtapete‹, die in Form von leichter Unterhaltungsmusik irgendeine unwichtige Beschäftigung begleitet. Das Bild ist zwingend!« (Wagenführ 1937b)

Nachdem sich Post und Industrie 1938 auf den elektronischen Standard von 441 Zeilen verständigt hatten, drängte die Industrie auf die Produktion von Heimempfängern. Der Absatz an Radiogeräten stagnierte inzwischen, weil sich die Ausbreitung des Hörfunks der Sättigungsgrenze näherte. Die Industrie wollte auch eine Amortisation der seit zehn Jahren geleisteten Investitionen in die Fernsehtechnik sehen. Eine 1937 ins Leben gerufene Forschungsanstalt der Deutschen Reichspost hatte den Auftrag erhalten, mit der Rundfunkindustrie einen solchen Empfänger zu entwickeln. Doch die Produktion verzögerte sich.

Telefunken-Fernsehempfänger FE VI, 1937 mit senkrecht eingebauter Bildröhre

Am 28. 7. 39 kam der FE 1 schließlich auf den Markt und wurde auf der Funkausstellung im August 1939 als ›Volks-Fernseh-Empfänger‹ der Öffentlichkeit vorgestellt. Man wollte mit einer Produktion von 10.000 Empfängern beginnen (Winkler 1994, 203). Der Preis sollte bei 650 Reichsmark liegen. 50 Stück wurden ausgeliefert, dann wurde die Produktion gestoppt. Am 1. September 1939 hatte Hitler mit dem Überfall auf Polen den Zweiten Weltkrieg begonnen, die Industrie brauchte die Produktionskapazitäten für die Rüstung.

Das Entstehen der Fernsehpublizistik

Zum Werden des Programmediums Fernsehen gehört auch das Entstehen der Fernsehkritik als Teil des publizistischen Diskurses über das Medium. Dabei war die Fernsehkritik in Deutschland in doppelter Weise benachteiligt. Zum einen konnte sie, auf der Theater- und Filmkritik aufbauend, die neuen Formen der Fernsehkritik nicht vorab definieren, sondern mußte diese in der Auseinandersetzung mit dem Programm des Fernsehens ab 1935 erst entwickeln. Dazu blieb bis 1939 wenig Zeit. Zum anderen gab es durch das Verbot der Kunstkritik durch Goebbels im November 1936 auch nicht die Möglichkeit, durch kontroverse Diskussionen Maßstäbe für die Kritik und damit auch für die Programmbetrachtung entstehen zu lassen (vgl. Hickethier 1994d, 33 ff.). So besitzen die meisten Pressetexte über das Fernsehen nur Ankündigungscharakter.

Vor allem zwei Publizisten versuchten dennoch, eine Fernsehkritik zu entwickeln. Kurt Wagenführ, der als Pressesprecher der Deutschen Welle 1933 entlassen worden war, begann danach in verschiedenen Zeitungen und Zeitschriften (u.a. im »Berliner Tageblatt«) über den Rundfunk und dann auch über das Fernsehen zu publizieren. Er arbeitete später auch am Institut für Zeitungskunde unter Emil Dovifat wissenschaftlich über den Rundfunk. Gerhard Eckert, der bei Dovifat studiert hatte und schließlich 1941 die Habilitationsschrift »Der Rundfunk als Führungsmittel« vorlegte, schrieb vor allem im »Berliner Lokalanzeiger« und in der Zeitschrift »Literatur«. Die Kritiker verstanden sich dabei als »Kollaborateure« der Macher, suchten diese durch publizistische Begleitung zu unterstützen und damit auch die Öffentlichkeit über ein Medium zu unterrichten, das die Mehrheit der Zeitungsleser nicht aus eigener Anschauung betrachten konnte.

Kurt Wagenführ

»Kollaborateure« der Macher

Fernsehkritik blieb jedoch in der gleichgeschalteten Öffentlichkeit der Nationalsozialisten ein eher kümmerlicher Versuch, der schon 1939 an sein Ende gekommen war. Zwar knüpften Eckert und Wagenführ nach dem Kriege an ihren ersten Positionen wieder an, dennoch kann von einer wirklichen Begründung einer eigenständigen kritischen Tradition vor 1945 nicht gesprochen werden.

3.5 Deutsches Fernsehen im Krieg 1939 bis 1944

Mit Kriegsbeginn wurde die Zahl der deutschen Fernsehtechniker verstärkt und für die Kriegszeit dauerhaft »in Programme zur Entwicklung von sogenannten Wunderwaffen involviert« (Hoppe 1996, 55). Schon seit 1933 hat es seitens des Reichspostministers Kontakte mit dem Reichsluftfahrtministerium gegeben, doch mit Kriegsbeginn wurden beträchtliche Mittel in das Projekt gesteckt, eine »sehende Bombe« (Ohnsorge) zu entwickeln, die durch Fernsehbilder ferngesteuert wird. Im Oktober 1942 waren die Vorarbeiten durch die Fernseh GmbH soweit gediehen, daß in Peenemünde Versuche durch Mitarbeiter der Reichspostfernsehgesellschaft stattfanden. Zudem arbeitete man an Fernsehköpfen für Raketen, Kameras mit 1029 Zeilen (hochauflösendes Fernsehen) für die Fernaufklärung, »Schnellbildanlagen« für die Übermittlung von Karten und Skizzen, Fernsehkameras für Nachtjäger u.a.m. Die Fernseh GmbH ging 1943 daran, im tschechischen Tannwald und Morchenstern (heute Smrzoka) eine Serienproduktion für Fernsehtechnik aufzubauen, auch wenn die meisten der Kriegsprojekte nicht technisch ausgereift zum Einsatz kamen. Nach 1945 wurden die Anlagen der Fernseh GmbH demontiert und in die Sowjetunion verbracht, ebenso auch eine in Thüringen noch 1948 durch Mitarbeiter der Fernseh GmbH aufgebaute Fertigungsstrecke für Fernsehgeräte. Viele Mitarbeiter mußten den demontierten Werken in die Sowjetunion folgen, kehrten aber 1950 nach Deutschland zurück und »bekamen zum großen Teil Arbeit in

Fernsehköpfe für Raketen

den zwischenzeitlich entstandenen Fernsehstudios in Berlin und Hamburg oder bei der Fernseh GmbH« (Hoppe 1996, 83).

»Das Elitebewußtsein der Fernsehtechniker ließ sich anscheinend ohne besondere Friktionen mit den Visionen der Waffenentwickler in den verschiedenen beteiligten Ministerien verkoppeln. Der Wunsch, mit großen Hoffnungen gegründete Firmen wie die Fernseh GmbH und die in ihr arbeitenden Menschen nicht für den Krieg aufgeben zu müssen, kann heute verständlich erscheinen, er war aber nur erfüllbar durch die Unterordnung unter ein alles erfassendes Rüstungsprogramm, das der Rettung eines schon früh verlorenen Krieges dienen sollte. Auch im Bewußtsein vieler beteiligter Fernsehtechniker hatte damit ihre bis dahin auf friedliche Zwecke ausgerichtete Arbeit die Unschuld verloren.« (Hoppe 1996, 84)

Fernsehen bei Kriegsbeginn

Mit Kriegsbeginn wurde der Programmbetrieb des Fernsehsenders »Paul Nipkow« vorläufig eingestellt und die Sendefrequenz als potentieller Störsender für feindliche Flugzeuge vom Luftfahrtministerium reklamiert. Die Sendepause war jedoch von kurzer Dauer, die Post drängte auf Wiedereröffnung des Fernsehbetriebs, der dann im Oktober 1939 mit Filmsendungen, ab November wieder mit einem regulären Sendebetrieb begann. Man wollte zu diesem Zeitpunkt, als Polen bereits besiegt war und es im Westen noch ruhig blieb, zeigen, wie stark das Deutsche Reich war, daß es sich sogar während eines solchen Krieges noch den Betrieb eines Fernsehprogramms leisten konnte. Die BBC hatte am 1. 9. 39 ihr Fernsehprogramm für die Dauer des Krieges eingestellt, auch in Frankreich wurden die ab 1938 angelaufenen Fernsehversuche gestoppt.

Fernsehsender »Paul Nipkow« – Fernsehprogramm Sonnabend, 25. 2. 39

20.00 Uhr: Unmittelbare Sendung: **Zeitdienst**.
20.20 Uhr: Hugo Murero: **Der Sport am Sonntag**.
20.30 Uhr: Filmsendung: **Aktueller Filmbericht**.
20.45 Uhr: Unmittelbare Sendung: **Aus neuen Operetten**. Mitwirkende: Betty Sedlmeyer, Soubrette; Jadwiga Kenda, Sopran u. a.; das Ballett Tatjana Gsovsky; ein musikalisches Ensemble; Leitung: Rio Gebhardt.

Quelle: Berlin hört und sieht 1939

Intendant Herbert Engler

Im Umfeld des Kriegsbeginns kam es auch zu organisatorischen Veränderungen. Bereits im Juni 1939 war Herbert Engler, bis dahin Oberspielleiter beim Breslauer Rundfunk, zum Oberspielleiter für das Fernsehen ernannt worden, Leopold Hainisch war zur Filmproduktionsfirma Tobis gegangen. Engler übernahm am 1. 2. 40 nach einigen Querelen kommissarisch die Intendanz des Senders, weil Nierentz zu einem Frontsender wechselte. Bublitz, Greiner, Monnier, Richert und andere erprobte Fernsehmitarbeiter wurden eingezogen, an ihre Stelle traten Ivo Veit, Heribert Grüger, Kurt Hinzmann, Hannes Küpper, Hanns Farenburg, Peter A. Horn, Kurt Tetzlaff, Gerhard Wahnrau und andere. Sie kamen vor allem auf Initiative Raskins zum Sender. Engler strukturierte die Arbeit durch die Bildung von drei Produktionsabteilungen (Zeitgeschehen, Kunst und Unterhaltung, Film und Bild) neu.

Änderungen des Programmbetriebs

Der Programmbetrieb veränderte sich: Die Fernsehausstrahlung wurde vorverlegt: von 20.00–22.00 Uhr auf 19.00–21.00 Uhr, schließlich auf die Zeit von 18.00–20.00 Uhr. Der Grund ist unklar. Die Verdunkelung war anfangs noch kein Thema und bei dem kollektiven Fernsehstubenempfang, der in geschlossenen, fensterlosen Räumen stattfand, stellte er ohnehin kein Problem dar. Nach Aussagen von Kurt Wagenführ nahm man an, daß feindliche Flugzeuge nur nachts kommen würden, das Fernsehen sollte dann beendet sein (Wagenführ u. a. 1989, 693).

Fernsehsender »Paul Nipkow« – Fernsehprogramm Sonntag, 10. 3. 40

15.00 Uhr: »Feldzug in Polen«. Film.
16.10 Uhr: Pause
18.00 Uhr: »Feldzug in Polen«. Film.
19.10–   »Bereitschaft – Opfergang – Vermächtnis«. Ein Mahnmal der Gefallenen
20.10 Uhr: des Weltkrieges und der Bewegung. Spielleitung: Herbert Engler.

Quelle: Berlin hört und sieht 1940

Auch die Sendungen änderten sich. Im Vordergrund stand unter Englers Ägide der Zeitdienst. Engler sah die Hauptaufgabe des Fernsehens »in der Aktualität«: »Das, was heute draußen geschieht, soll dem Zuschauer gezeigt werden« (Engler 1940, S. 368). Verstärkt wurden jetzt militärische Ertüchtigungsfilme und Propagandafilme gezeigt, weiterhin entstand eine Sendereihe, die sich mit ernährungswissenschaftlichen Tips in Kriegszeiten, mit Sparempfehlungen und Kriegsvorsorgemaßnahmen beschäftigte. *Militärische Ertüchtigungsfilme*

»Aktuelle Dinge des Alltags in lustiger Form behandelt« – so versprach es der Winterspielplan des NS-Fernsehens und man wollte vor allem in kurzen Szenen den Durchhaltewillen und das Wehrbewußtsein der Daheimgebliebenen steigern. Die »Nationalsozialistische Rundfunk-Korrespondenz« empfahl, eine Reihe von Spielen zu produzieren, die zwar Serie genannt wurden, aber mehr eine Reihe locker miteinander verknüpfter Einzelproduktionen darstellte.

»In lockeren, lustigen Szenen entstehen auf der Bühne [gemeint ist die Fernsehbühne] Spiele, die in den Alltag hineinblenden. Wir nennen nur die Spiele ›Haben Sie das gewußt, Frau Miesner?‹ oder ›Ich hab's ja gleich gesagt‹. In heiterer Form wird auf die vielen Sünden hingewiesen, deren wir uns gerade jetzt immer wieder zu erwehren haben. Frau Miesner ist ja nichts anderes als eine Frau, die bei jeder Gelegenheit zu kritisieren und zu meckern versucht. Indem ihr der Giftzahn gezogen wird, wird auch vielen anderen Volksgenossen gezeigt, wie sie sich in der Gegenwart zu verhalten haben.« (zit. n. Hickethier 1991b, 106)

An der Sendung »Ich hab's ja gleich gesagt«, wurde hervorgehoben, daß sie mit ihren Szenen vom Luftschutzkeller, Hamsterern und am Stammtisch »dem Zuschauer eine gute Lehre zu vermitteln« weiß. »Handfeste und einprägsame Verse sorgen dafür, daß sie in der Erinnerung haften bleiben, gleichgültig, ob es sich um den Bezugschein, um Verdunkelung oder andere wichtige Dinge handelt« (ebd., 106).

Mit solchen Einübungsspielen in das richtige Verhalten der »Volksgenossen« war eine handfeste Drohung verbunden. Man hoffte, damit die Kritiker ruhig stellen zu können, nur wenig später wurden sie wegen »Wehrkraftzersetzung« mit dem Tode bedroht. Im Fernsehspiel bemühte man sich aber auch um große ideologische Aufgaben. Das NS-Fernsehen, das jetzt mit den Produktionsmöglichkeiten im hellen Rundstudio für damalige Verhältnisse optimale Produktionsbedingungen hatte, produzierte ideologische Aufbaustücke. »Vertrag um Karakat« heißt ein dann oft aufgeführtes Fernsehspiel, das von einem Bauvorhaben am Fluß Karakat in der Wüste Asiens handelt, bei dem durch eine Intrige der Engländer die Deutschen um eine ihnen in Aussicht gestellte Ölkonzession gebracht werden. »Britischer Neid« und »britische Habgier«, so hieß es in der Programmzeitschrift, wurden hier vorgeführt. Zu diesen ideologischen *Ideologische Fernsehspiele*

Fernsehspielen gehörten auch Produktionen wie »Station D im Eismeer«, bei dem es um Opferwillen und Einsatz des eigenen Lebens im Dienste einer Sache ging.

Kinderprogramm

In dieser Zeit entstand auch das Kinderprogramm, wurden Jugendsendungen verstärkt ausgestrahlt. Es gab Turnstunden mit den ganz Kleinen, aus dem Rundfunk wurde die Bastel- und Spielstunde übernommen. Eine der Mitarbeiterinnen war Ilse Obrig (vgl. Hickethier 1991d).

Fernsehsender »Paul Nipkow« – Fernsehprogramm Sonntag, 9. 3. 41

17.00 Uhr: Jugendsendung: »**Rheinsberg**«. Das Schiller-Theater für die Jugend, Leitung: Wilhelm Schweimer.
17.45 Uhr: »**Fallschirmjäger**«. Film.
18.00 Uhr: »**Jugend im Landjahr**«. RRG-Film.
18.20 Uhr: »**Unser Junge will Kapitän werden**«. Film.
18.35–
19.00 Uhr: Deutsche Wochenschau.

Quelle: Berlin hört und sieht 1941

Soldaten- und Verwundetenbetreuung

Das Ziel, mit dem Betreiben des Fernsehprogramms Deutschlands Kraft und Größe demonstrieren zu können, wurde durch wehrkraftstärkende Programme ergänzt. Das Fernsehen zur Soldaten- und Verwundetenbetreuung einzusetzen, war eine Idee von Engler, der damit auch die Uk-(unabkömmlich)-Stellung seiner Mitarbeiter sicherte, so daß sie nicht an die Front mußten. Wurden die ersten Unterhaltungssendungen »Verwundete spielen für Verwundete« Ende 1940 im Studio des Deutschlandhauses mit wenigen eingeladenen Zuschauern als Studiogästen durchgeführt (Winker 1994, 286), zog man bald in den großen Kuppelsaal am Olympiastadion um, aus dem auch das Radio Unterhaltungskonzerte sendete. Die erste offizielle Übertragung eines solchen Wunschkonzertes fand in Anwesenheit des Reichsintendanten Heinrich Glasmeier und des Reichskulturwalters Hans Hinkel am 14. 3. 41 statt. In dieser großen regelmäßig ausgestrahlten Unterhaltungssendung »Wir senden Frohsinn, wir spenden Freude« traten die großen Unterhaltungsstars des Dritten Reichs auf, von Zarah Leander bis Marika Rökk, von Johannes Heesters bis Grete Weiser und vor allem Lale Andersen, die ihren Radio-Belgrad-Song »Lili Marleen« mehrfach zum Besten gab (vgl. auch Reiss 1979). Vor allem dieser Truppenbetreuung, die sich zunehmend großer Beliebtheit erfreute, war es zu verdanken, daß der Fernsehsender 1942, als bei den Rundfunksendern zahlreiche Stellen eingespart wurden, nicht geschlossen wurde (Winker 1994, 291).

»Wir senden Frohsinn, wir spenden Freude«

Harry Moss als Intendant

Dennoch gab es in den Kriegsjahren eine hohe Personalfluktuation; zusätzlich beherrschten Intrigen und Machtkämpfe den Sender (ebd., S. 301ff.). Zum 21. 4. 43 wurde dem Intendanten Engler gekündigt. Dieser wurde durch Harry Moss ersetzt, der jedoch gleichzeitig auch mit anderen Aufgaben bei der Reichs-Rundfunkgesellschaft beschäftigt war.

Zur Umstellung des Fernsehens von einem öffentlichen Betrieb zur Truppenbetreuung begann man die öffentlichen Vorführungen in den Fernsehstuben zu beschränken. Statt dessen wurden die Berliner Lazarette ab 1941 mit Geräten ausgestattet, im August 1942 standen in 34 Lazaretten Empfänger. Damit erreichte der Sender mehr Zuschauer als in den ersten Kriegsjahren. Ab Frühjahr 1943 war das Berliner Publikum »gänzlich von den Fernsehsendungen ausgeschlossen« (Winker 1994, 315ff.). Als am 23. 11. 43 der Sender durch britische Bomber zerstört wurde, übertrug man

> Fernsehsender »Paul Nipkow« – Fernsehprogramm Freitag, 4. 4. 41
>
> 17.00 Uhr: Übertragung aus dem Kuppelsaal des Reichssportfeldes: »**Wir senden Frohsinn – Wir spenden Freude!**«
> 18.30–
> 19.00 Uhr: »Deutsche Wochenschau«.
>
> Quelle: Berlin hört und sieht 1941

das Fernsehprogramm noch eine Weile über Telefonleitungen, bis der Programmbetrieb am 21. 6. 44 schließlich ganz eingestellt wurde.

Lazarettfernsehen

Einige Programmmitarbeiter zogen nun von März bis September 1943 als eine »mobile Spielschar« von Lazarett zu Lazarett (Winker 1994, 420 f.). Fernsehen war dies jedoch nicht mehr. Man arbeitete an der Wiederherstellung des Senders und kündigte die Wiederaufnahme des Fernsehbetriebs für Dezember 1944 an, so daß auch die noch verbliebenen Programmmitarbeiter nicht entlassen bzw. zum Volkssturm abkommandiert wurden. Einige Techniker und Programmmitarbeiter kümmerten sich weiter um die Technik, lagerten sie teilweise aus und retteten sie vor der Zerstörung. Sie hofften auf einen Neuanfang eines deutschen Fernsehens nach dem Krieg.

Exkurs:
Der deutsch-französische Besatzungssender in Frankreich

Eine besondere Episode der Fernsehgeschichte während des Krieges stellt die Entwicklung des deutschen Fernsehens in Frankreich dar. Bis 1938 war die Entwicklung des französischen Fernsehens über erste Versuchssendungen von René Barthelmy nicht hinausgekommen, danach begann man, einen Programmbetrieb vom Eiffelturm aus zu betreiben. Mit der Eroberung Frankreichs durch die Deutschen 1940 kamen diese Fernsehversuche zum Erliegen. Die deutsche Militärregierung des besetzten Landes wollte wegen der Rohstoffknappheit den Fernsehsender auf dem Eiffelturm und seine Antennenanlage abbauen und die Materialien der Firma Telefunken zur Verfügung zu stellen. Bei Telefunken war man darüber nicht sehr erfreut, weil man nicht genau wußte, was man mit dem Material hätte machen sollen. Also kamen Fritz Schröter und Kurt Diels von Telefunken zur Auffassung, diesen Plan zu verhindern. Nicht etwa aus Würdigung des kulturellen Bauwerks, sondern weil man weitergehende Vorstellungen hatte. Telefunken hatte seit den zwanziger Jahren in Frankreich mit der französischen Rundfunkfirma Compagnie des Compteurs zusammengearbeitet und war an einer langfristigen Zusammenarbeit und Sicherung des Marktes und nicht an Zerstörung interessiert.

Deutsches Fernsehen in Frankreich

Eingeschaltet wurden Alfred Bofinger, Gruppenleiter der Abteilung Rundfunk innerhalb der Propaganda-Abteilung des Militärbefehlshabers in Frankreich (vor 1933 und danach war er Intendant und Generaldirektor des Reichssenders Stuttgart gewesen), und Kurt Hinzmann (der vor dem Krieg beim NS-Fernsehen in Berlin Produktionsleiter war). Man kam auf die Idee, vom Eiffelturm in Paris aus ein Fernsehprogramm zu senden. Dem Militärbefehlshaber gegenüber wurde der Bau des Senders mit der Möglichkeit der Truppenbetreuung schmackhaft gemacht und auf Berlin verwiesen. Der Plan, den Eiffelturm abzureißen, wurde daraufhin fallengelassen.

Alfred Bofinger

Kurt Hinzmann

Die Radiodiffusion Française (RNF) wurde beteiligt. Norm sollte die deutsche 441-Zeilen-Zahl werden, der sich auch schon Italien angeschlossen hatte. Hier ging es nicht allein darum, wie einer der Beteiligten, Kurt Hinzmann, in seinen Erinnerungen schreibt, »auf friedlicher und freundschaftlicher Basis den Grundstein für das Europäische Fernsehen zu setzen«, (Poinsignon/Hinzmann 1990, 639), sondern auch technische und ökonomische Einflußstrukturen aufzubauen. Ebenfalls beteiligte sich die Reichs-Rundfunk-Gesellschaft, die die Studioausrüstung, Fernsehkameras und Filmgeber bereitstellte. Die Sendeanlagen wurden repariert, es handelte sich um eine unterirdisch unter dem Eiffelturm installierte Sendeanlage eines 10 kW-Tonsenders und eines 30 kW-Bildsenders. Nachdem man eine Zeitlang ein Versuchsstudio im Haus des Funkeinsatztrupps 60 (FET 60) in der Avenue Charles Floquet untergebracht hatte, suchte man nach einem passenden Studiogebäude und fand es schließlich in einem leerstehenden ehemaligen Vergnügungs-Establissement mit dem Namen ›Magic City‹ in der Rue de l'Université No.180. Hinzu kam eine Großgarage in der Rue Cognacq-Jay No. 13/15. Im Tanzsaal des ›Magic City‹ baute man ein Großraumstudio von 70 × 30 Metern und einen Theatersaal mit Sitzplätzen für 300 Zuschauern. Leiter des Fernsehsenders wurde Kurt Hinzmann, künstlerischer Leiter Peter A. Horn. Beide gingen nach 1945 zum neu aufgebauten Südwestfunk nach Baden-Baden in die französischen Besatzungszone.

›Magic City‹

Der Sender war als Modellfall und Ausgangsbasis für ein nach dem Kriege aufzubauendes deutsches Auslandsfernsehen gedacht. 1942 entstanden bereits Pläne zur Schaffung einer ›Europäischen Rundfunk- und Fernsehkammer‹, um »Einflußpositionen zu schaffen, die eine Steuerung der europäischen öffentlichen Meinung auf direktem Wege (zu) ermöglichen« (zit. n. Winker 1994, 383).

Deutsches Auslandsfernsehen

Am 7. 5. 43 begann ein regelmäßiger Programmdienst, der 3 bis 4 Stunden tägliche Sendezeit umfaßte. Hinzu kam später noch ein auf der gleichen Frequenz gesendetes Radioprogramm von etwa 10 Stunden Dauer. Wie viele Empfänger es gab und wer das Programm sehen konnte, ist heute nicht mehr feststellbar.

Regelmäßiger Programmdienst

Das Programm wurde auf französisch und deutsch gesendet, zahlreiche französische Darsteller wirkten mit. Die Zusammensetzung des Programms war, nach den wenigen Angaben, die es darüber gibt, vom Programm des Berliner Senders vertraut: Studiosendungen, Unterhaltungsdarbietungen von Kleindarstellern, unterhaltsame Fernsehspiele, u.a. mit Schauspielern der Comédie Française, sowie Tanzdarbietungen. Das Programm unterlag der genauen Zensur der Propagandaabteilung der Militärregierung, bevorzugt wurden »konfliktscheue« Sendungen (Winker 1994, 398 ff.). Der Programmbetrieb bestand bis zum 16. 8. 44. Die Deutschen verließen zu diesem Zeitpunkt Paris, weil die Alliierten auf die Stadt vorrückten, eine befohlene Sprengung fand nicht statt. Insbesondere Kurt Hinzmann hat nach 1945 wiederholt die kollegiale und freundschaftliche Zusammenarbeit von Deutschen und Franzosen im Sendebetrieb hervorgehoben (Poinsignon/Hinzmann 1990, 674). Dabei ging es ihm und anderen jedoch weniger darum, Oppositionelle zu verstecken, sondern ein aus technischer und programmlicher Sicht möglichst optimales Fernsehen herzustellen.

Zensur

3.6 Die unzureichende Erprobung eines neuen medialen Dispositivs

Das NS-Fernsehen bildet innerhalb der deutschen Fernsehgeschichte einen relativ abgeschlossenen Bereich, auch wenn es anschließend keine ›Stunde Null‹ gegeben hat und personelle und programmliche Kontinuitäten über 1945 hinaus bestanden. Dennoch stellt sich das Dispositiv Fernsehen in der Zeit bis 1945 als spezifische Verbindung von überzogenen Versprechungen und nur langsam realisierten Kommunikationsleistungen dar, die mit unklaren und häufig wechselnden Konzepten zwischen Rundfunkorientierung und Kinonähe angeboten wurden. Das Fernsehen dieser Zeit war geprägt durch einen permanenten Konflikt der beteiligten Institutionen von Post und Rundfunk einerseits, der zugehörigen Ministerien andererseits. Es litt aufgrund des Frühstarts seines Programms in der Realisierung seiner Angebote lange unter technischen Mängeln, mehr jedoch noch daran, daß es als ein neues gesellschaftliches Medium kaum Zuschauer erreichte und sich ein gesellschaftlicher Diskurs über das Medium nur unzureichend entfalten konnte. Vor allem dieses Fehlen der gesellschaftlichen Auseinandersetzung über Aufgabe und Zweck des neuen Mediums, das Ausbleiben einer kontroversen Debatte über die gesellschaftliche Form des Mediums haben seine Entwicklung behindert.

Überzogene Versprechungen

Fehlen der gesellschaftlichen Auseinandersetzung mit dem Fernsehen

Als neues mediales Wahrnehmungsdispositiv hatte sich das Fernsehen damit noch nicht etabliert, schon gar nicht als ein industriell oder postindustriell produzierendes Medium. Die Voraussetzungen dafür waren gesellschaftlich noch nicht gegeben, Vorrang hatte zu dieser Zeit die nachhaltige Etablierung der Mediendispositive des Radios und des Tonfilms.

4. Der Neubeginn – Das NWDR-Fernsehen: 1948 bis 1954

Am 8. Mai 1945 war der Zweite Weltkrieg in Europa, am 17. August in Asien zu Ende. Er hatte in Europa sechs Jahre gedauert, hatte mehr als 50 Millionen Tote gekostet und ungeheure Verwüstungen gebracht. Die Weltordnung der Zwischenkriegszeit, der zwanziger und dreißiger Jahre, ohnehin nicht sonderlich stabil, bestand nicht mehr. Einzig die USA war aus dem Zweiten Weltkrieg gestärkt hervorgegangen. Sie und die Sowjetunion waren die neuen Hegemonialmächte, die von ihnen aufgebauten Machtblöcke, in Europa die Nato und der Warschauer Pakt, prägten die neue Weltordnung, die mit ihrer ›Balance des Schreckens‹ bis zum Ende der achtziger Jahre, also immerhin fünfundvierzig Jahre hielt. Diese Balance hatte bereits in den sechziger Jahren auf eigentümliche Weise den Schein von Unveränderbarkeit gewonnen.

4.1 Das Ende des Krieges und die Veränderung der dispositiven Struktur

Neue kommunikative Bedürfnisse

Mit dem Krieg hatten sich die kommunikativen Dispositionen verändert, die sich auch als neue Informationsbedürfnisse beschreiben lassen. Der Erste Weltkrieg war durch die Fotografie und das Kino begleitet worden. Wochenschauen hatten Bilder des Kriegsgeschehens gezeigt und mit ihnen Propaganda für den Krieg gemacht, Bevölkerungen mobilisiert und diese mit dem Schrecken und dem Elend der Vernichtung konfrontiert.

Der Zweite Weltkrieg wurde nicht nur im Film gezeigt, sondern auch durch das Radio begleitet. Die schnell vermittelte Information über das, was kurz zuvor andernorts geschah, prägte, selbst wenn sie zensiert und gefälscht war, die Informationslage über diesen Krieg, der rund um den Globus stattfand. Informationen ließen sich nur begrenzt unterdrücken, man konnte sich auch bei den Programmen der Gegner informieren. Das Hören der Nachrichten wurde im Krieg zu einer weitverbreiteten Form des ›Sich-auf-dem-Laufenden-Haltens‹. Jeder Ort konnte tendenziell von einem Augenblick zum anderen zu nächsten Schlachtfeld werden. Wer wissen wollte, was geschah, wurde durch das Radio mit dem Weltgeschehen verkoppelt. Das Informationsbedürfnis verstärkte sich durch die ›Entwurzelung‹ der Menschen. Millionen Menschen bewegten sich im Krieg durch die unterschiedlichsten Gegenden der Welt, die erzwungene ›Mobilität‹ setzte sich im Flüchtlingsschicksal von ca. 12 Millionen Menschen nach dem Krieg fort.

Das Bedürfnis, sich medial zu orientieren, blieb auch nach dem Krieg erhalten und wurde vor allem durch das Radio befriedigt. Der heraufkommende ›Kalte Krieg‹, dessen Umschlagen in einen ›heißen‹ Krieg von weiten Teilen der Bevölkerung noch Mitte der sechziger Jahre erwartet wurde, ließ dieses Bedürfnis zu einer festen Rezeptionshaltung werden. Die

Neue Epochenerfahrung

rasche Veränderung der Welt stellte eine neue Epochenerfahrung dar. Das

Radio reagierte darauf, indem es eine Teilhabe an der Ferne versprach, während zugleich Nähe und Privatheit (in der eigenen Wohnung) erhalten blieben. Es brachte die Informationen in den privaten Bereich der Hörer, das Empfangsgerät bildete ein zur Welt hin geöffnetes ›Ohr‹.

Im Krieg gab es bereits 16,1 Mio. Rundfunkgenehmigungen (Stichtag: 1. 1. 43) im Deutschen Reich (Schildt 1995, 211). Nach der kriegsbedingten Zerstörung zahlreicher Empfangsanlagen stieg die Rundfunkdichte allein im Sendegebiet des Nordwestdeutschen Rundfunks von 2,3 Mio. Teilnehmern Anfang Mai 1945 (1939 waren es 2,9 Mio. gewesen) auf 5,0 Mio. im Februar 1951 an (ebd., 212).

Gegenüber dem dominanten Radio erschien das Fernsehen zunächst als wenig konkurrenzfähig. Den meisten Bürgern war das Medium unbekannt, in der Anschaffung zunächst nur teuer und schien deshalb noch Anfang der fünfziger Jahre angesichts des allgemein niedrigen Lebensstandards entbehrlich. Als sich bald darauf das Fernsehen als Programmbetrieb etablierte, waren die dringendsten materiellen Nöte vieler Menschen bereits behoben und der Koreakrieg hatte den Deutschen in der Bundesrepublik ein erstes ›Wirtschaftswunder‹ beschert. Die politische Neuordnung im Zuge des Kalten Krieges mit der Berlin-Blockade und der Gründung der beiden deutschen Staaten war abgeschlossen. Das Fernsehen traf auf bereits definierte Verhältnisse.

Als Erweiterung des Radios bot das Fernsehen eine Verbindung der radiospezifischen Beschleunigung der Nachrichtenüberlieferung und der filmischen Visualisierung von Ereignissen. Es verstärkte die Verschränkung von Öffentlichkeit und Privatheit, wie sie bereits das Radio als spezifische Vermittlungsform hervorgebracht hatte. Die Privatisierung der Fernsehrezeption brachte durch die Entkollektivierung des Fernseh-Zuschauens viele Freiheiten: Man konnte ungehemmt auf das Angebot reagieren, mußte nicht bestimmten Kleidungs- und Verhaltensnormen gehorchen, konnte – so das populäre Bild vom fernsehenden Zuschauer – unrasiert, in Pantoffeln und im Hemd, mit einer Flasche Bier in der Hand, dem Präsidenten ins Auge sehen, sich eine Oper anschauen oder einer Sportveranstaltung folgen.

Verschränkung von Öffentlichkeit und Privatheit

Die Zuschauer (und vor allem auch die Zuschauerinnen) konnten audiovisuell teilhaben am Weltgeschehen – und zugleich ganz privat sein. Sie waren in der Öffentlichkeit, wenn auch einer Medienöffentlichkeit, und zugleich für diese unsichtbar. Sie konnten ihre Unterhaltungsbedürfnisse befriedigen und den Wunsch nach Information erfüllen, sie konnten Bildungsangebote nutzen und sich Rat holen für die kleinen Dinge des Alltags. Für alle diese Wünsche, zumindest tendenziell und dem Anspruch nach, bot dieses Medium etwas.

Fernsehen als Symbol einer sich amerikanisierenden Welt

Am Ende des Zweiten Weltkrieges waren die USA das einzige Land, in dem es Fernsehen gab. Alle anderen Länder hatten das Fernsehen bei Kriegsbeginn, während des Krieges eingestellt oder noch gar nicht aufgebaut. Fernsehen stellte sich von nun an für die meisten Menschen als ein Medium dar, das zum Ausdruck einer modernen, technischen, fortschrittsgläubigen Welt avancierte und den »american way of life« verkörperte. Die Erinnerungen an das NS-Fernsehen verblaßten. Als Carl Haensel, der Justitiar des Südwestfunks, 1952 sein Buch »Fernsehen – nah gesehen« veröffentlichte, begann er mit dem Satz, »Was mir an den Amerikanern auffiel ...«. Haen-

Ausdruck einer modernen Welt

Die erste Fernsehbühne in Schenectady bei New York

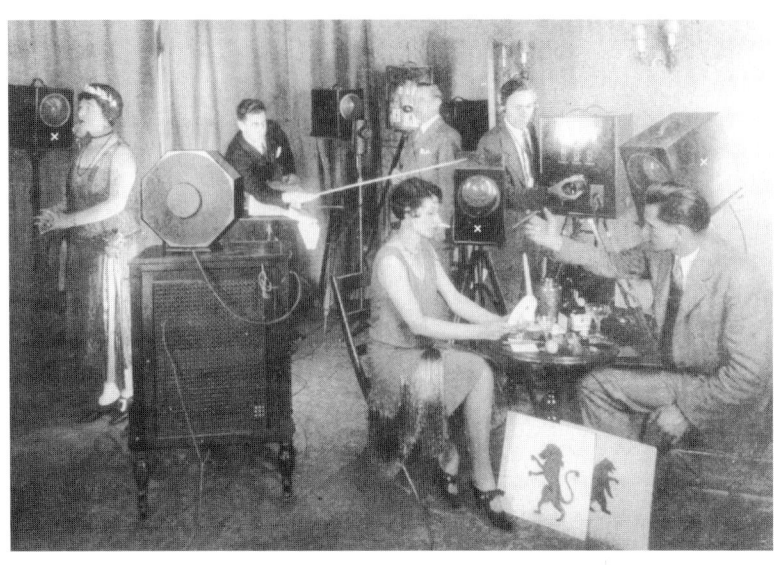

Expansion des Fernsehens in den USA

Ausbau der Fernsehnetworks

sel stellt die These auf, daß man »dem Fernsehen nur näher auf den Leib rücken kann, wenn man das Fernsehvolk, die Bewohner der USA, versteht« (Haensel 1952, 7f.). Haensel hatte zuvor die USA bereist und sich dort das Fernsehen angeschaut. Für ihn war – wie für viele andere – Fernsehen ein kulturelles Produkt der amerikanischen Gesellschaft.

1945 existierten in den USA neun Fernsehstationen: drei in New York, jeweils zwei in Chicago und in Los Angeles, je eine in Schenectady und Philadelphia (Castleman/Podrazik 1982, 20). Ca. 7.000 Fernsehempfänger waren zu dieser Zeit im Einsatz, der Bau von Fernsehgeräten war während des Krieges eingestellt worden. 1946 wurden in den ersten acht Monaten nur 225 neue Fernsehgeräte gebaut, dann stieg die Produktion aufgrund der wachsenden Nachfrage rapide an. Über 3.200 Geräte entstanden im September 1946, dann ging die monatliche Produktionsrate rasch in die Höhe. Carl Haensel nennt als Produktionszahlen neuer Fernsehgeräte für das Jahr 1946 6.500 Geräte, für 1947 bereits 178.000, für 1948 867.000 und für 1949 2.412.000. 1950 wurden 7 Millionen Geräte gebaut (Haensel 1952, 140). Die Zuschauerzahl wuchs entsprechend schnell an. Die Größe des Publikums lag 1947 bei etwa einer Million Zuschauer, 1948 bei 3,8 Millionen, 1952 bei 18 Millionen (Castleman/Podrazik 1982, 30, 71). In der Bundesrepublik gab es 1952, zum offiziellen Beginn des NWDR-Fernsehens, ca. 2.000 Teilnehmer. Daran wird der Unterschied der Fernsehentwicklungen deutlich. Die Entwicklung der ersten Jahre nach 1945 war jedoch in den USA überschattet durch die immer noch ungelösten Fragen der technischen Standards (Zeilenzahl, Farbfernsehnorm). Eine staatlich verordnete ›Einfrierung‹ des Zustands von 1948 sollte eine Klärung dieser Probleme erzwingen. 1952 kam es zur Festlegung der Zeilenzahl und des Farbfernsehstandards mit der NTSC-Norm.

Die Jahre von 1948 bis 1952 führten durch die damit verbundene Marktabschottung zu einer Konsolidierung der bestehenden Konzerne und zum Ausbau der Fernsehnetworks. Am 4. 9. 51 reichte das ›Network Television‹ von der Ost- bis zur Westküste. Fernsehprogramme wurden von nun ab quer durch die USA von der Ostküste bis zur Westküste übertragen (coast-to-coast-network television). Immerhin 45 Prozent der Fernsehzuschauer konnten am 4. 9. 51 bereits diese Programme empfangen (Castleman/Podradzik 1982, 63). Als im April 1952 die Regulationszeit durch die Verkündung neuer Richtlinien durch die FCC endete, wurden nicht nur die technischen Normfragen abschließend geregelt, sondern durch einen neuen Frequenzzuschnitt 1.400 neue Sender ermöglicht. Das Fernsehen expandierte explosionsartig. Mit Ausbreitung und Ausbau der Networks gaben die Major Companies in Hollywood ihre Verweigerung gegenüber dem neuen Medium auf, begannen mit dem Fernsehen zu kooperieren und für die Networks zu produzieren.

Fernsehen in Europa

Großbritannien knüpfte beim Wiederbeginn des Fernsehens 1946 am Vorkriegsstandard (405 Zeilen) an, Frankreich benutzte ab 1945 die durch die Deutschen eingeführte Norm von 441 Zeilen weiter, um sich dann per Gesetz von 1948 auf eine neue Norm von 819 Zeilen festzulegen (Eckert 1965, 22 f.). Der Sendebetrieb lief bis 1956, als es zu einem Brand des 441-Zeilen-Senders auf dem Eiffelturm kam, in beiden Normen parallel.

Unterschiedliche Fernsehnormen

In der CCIR (Comité Cosultatif International des Radiocommunications) empfahl die Studienkommission für Fernsehrundfunk unter Leitung des Schweizers Walter Gerber den europäischen Mitgliedsländern die von den Deutschen vorgeschlagene 625-Zeilen-Norm als Grundlage für die Einführung des Fernsehens. Sie wurde von der überwiegenden Zahl der europäischen Länder akzeptiert. Großbritannien und Frankreich, die an ihren alten Normen festgehalten hatten, übernahmen die neue Norm allerdings erst mit der Einführung des Farbfernsehens.

Die Einführung des Fernsehens selbst war in den meisten europäischen Ländern unstrittig, unterschiedlich waren nur Zeitpunkt, Form der Organisation und Programmentwicklung. In den Nachkriegsjahren, in denen europaweit die Beseitigung der Kriegsschäden, der Wiederaufbau und die Bekämpfung des Elends im Vordergrund standen, besaß die Einführung des Fernsehens nicht die höchste gesellschaftliche Priorität. Das dringende Informationsbedürfnis befriedigte das Radio, das Fernsehen galt lange Zeit als Medium des Wohlstands.

In Großbritannien nahm die BBC den Fernsehprogrammbetrieb am 7. 6. 46 wieder auf. Sie begann auf der Programmebene dort, wo sie am 1. 9. 39 aufgehört hatte. Der Fernsehstart wurde durch die erste Olympiade nach dem Zweiten Weltkrieg forciert, die 1946 in London stattfand. In Frankreich begann das Nachkriegsfernsehen staatlich organisiert am 29. 3. 45. Doch es breitete sich im Gegensatz zu Großbritannien und den USA hier nur langsam aus. 1950 hatte das Fernsehen nach fünfjährigem Betrieb erst 3.000 Teilnehmer gewonnen. In anderen europäischen Ländern setzte die Fernsehentwicklung erst in den fünfziger Jahren ein: in der Schweiz 1951, in Italien 1952, in Dänemark 1953, Schweden 1954 und Norwegen 1958. Diese Entwicklungen wirkten sich jedoch auf Deutschland kaum aus.

Vorbild BBC-Fernsehen

Die institutionelle Organisation des Fernsehens in Großbritannien wurde zum Vorbild der europäischen Fernsehentwicklung, weil hier mit der Einführung eines zweiten (kommerziellen) Kanals (ITV) ab 1954 ein Doppelsystem eingeführt wurde, wobei das öffentlich-rechtliche Fernsehen der BBC unangefochten blieb. Das französische Fernsehen hatte aufgrund seiner staatlichen Organisation im Gegensatz zum amerikanischen und britischen nur einen geringen Einfluß auf das deutsche Fernsehen.

4.2 Der Wiederaufbau des Rundfunks in den Westzonen

Mit der Neuetablierung sollte der Rundfunk als ein Instrument der Demokratisierung Deutschlands eingesetzt werden. Da er im Dritten Reich als staatliches Propagandainstrument der nationalsozialistischen Herrschaftssicherung gedient hatte, war er neu zu organisieren. Dafür waren unbelastete Mitarbeiter zu gewinnen. Andere Programme mit anderen Inhalten sollten Denkweisen, Vorstellungen und Haltungen der Menschen im Sinne einer Entnazifizierung und Demokratisierung beeinflussen. ›Re-education‹ war das Programm der frühen Jahre und dem Rundfunk kam dabei eine große Aufgabe zu. Auch später blieb die Vorstellung erhalten, mit dem Rundfunk ›volksbildnerisch‹ umzugehen. Diese Auffassung, daß das Publikum ›erzogen‹ werden mußte, resultierte aus der Haltung der Programmacher, daß man nicht einfach nur das machen durfte, was das Publikum haben wollte, sondern daß man dem Publikumswillen etwas entgegenzusetzen habe.

Die ersten Sendungen von Radio Stuttgart kamen aus einem Studiowagen der 7. US-Armee; Sendebeginn 3. 6. 1945

Die alliierten Siegermächte unterstellten die Radiosender ihrer Militäradministration und begannen, den Sendebetrieb neu zu organisieren. Am 4. 5. 45 sendete unter britischer Regie Radio Hamburg, am 13. 5. 45 nahm der Berliner Sender unter sowjetischer Aufsicht den Betrieb auf, die Amerikaner setzten von verschiedenen Städten aus (München am 12. 5. 45, Stuttgart am 3. 6. 45, Frankfurt am 4. 6. 45, Bremen am 23. 12. 45) den Rundfunk in ihrer Zone wieder in Gang (vgl. Bausch 1980, 43 ff.). Die Franzosen hatten in ihrer Zone, nachdem sie seit dem 14. 10. 45 Radio Koblenz betrieben hatten, am 31. 3. 46 mit einem regelmäßigen Sendebetrieb aus Baden-Baden begonnen.

Neuaufbau des Rundfunks

Der Neuaufbau des Rundfunks folgte unterschiedlichen Organisationsprinzipien: In der britischen Besatzungszone nahm mit Radio Hamburg nach dem Vorbild der BBC eine zentralistische Rundfunkanstalt für die gesamte Besatzungszone ihren Betrieb auf; in der amerikanischen Besatzungszone wurden dezentral mit Radio Bremen, Radio Frankfurt, Radio Stuttgart und Radio München verschiedene Sendeanstalten aufgebaut, in der französischen Zone entstand in Baden-Baden ebenfalls zentralistisch ein Sender für die gesamte Zone. Bei allen Unterschieden waren die westlichen Alliierten der gemeinsamen Auffassung, daß der Rundfunk nicht staatlich organisiert werden sollte. Daß er nicht nach amerikanischem Vorbild als kommerzielles Unternehmen zu begründen sei, verbot sich angesichts der allgemeinen wirtschaftlichen Notlage. Die Form einer öffentlich-rechtlichen Anstalt, in der die sechs Rundfunkeinheiten dann organisiert wurden, mußten die Alliierten gegenüber den deutschen Landesregierungen bis 1947 mühsam durchsetzen, viele deutsche Politiker empfanden den öffentlich-rechtlichen Rundfunk noch lange danach als ein »Besatzungsdiktat« (Bausch 1980, 19).

Hugh Carleton Greene

Treibende Kraft der Rundfunkentwicklung war der britische Leiter des Senders Hamburg, der von der BBC kam und dort den Deutschen Dienst geleitet hatte: Hugh Carleton Greene. Der deutsche Rundfunk sollte wie die BBC unabhängig von Staat und Parteien sein, sollte sich als kritische Instanz der Öffentlichkeit verstehen und auch Regierung und Parlament beurteilen dürfen. Es erstaunt, wie nachdrücklich dieses Verständnis gegen obrigkeitsstaatliche Vorstellungen in den deutschen Parteien durchgesetzt werden mußte. Für diese war es noch in den fünfziger Jahren unverständlich, daß der Rundfunk staatliche Verwaltungen kritisieren durfte (vgl. Tracey 1982, 52 f.).

Als Vehikel einer staatlich orientierten Rundfunkauffassung erschien vielen deutschen Vertretern lange Zeit die Post, die aufgrund der Geschichte der Fernmeldegesetzgebung für die Technik zuständig war. Mehrere Kontrollratsbeschlüsse der Alliierten entzogen der Post deshalb ab 1946 die Sendertechnik (Bausch 1980, 24 ff.). Beharrlich versuchte die Post jedoch noch in den fünfziger Jahren die Besitzfrage im Rundfunk über die Zuständigkeitsfrage für die Übertragungstechnik zu ihren Gunsten zu verändern. 1961 beschloß das Bundesverfassungsgericht in seinem Ersten Fernsehurteil u. a., daß die Rundfunkanstalten im Besitz der rundfunktechnischen Anlagen blieben, die Post jedoch das Recht erhielt, neue Netze zu bauen. Diese Einschränkung führte dann im Jahr 1982 dazu, daß die Post eine intensive Verkabelung der Republik begann und damit die Voraussetzungen für die Einführung des kommerziellen Fernsehens schuf (vgl. Kap. 10).

Hugh Carleton-Greene

Die Unabhängigkeit des Rundfunks im Sinne der westlichen Alliierten sollten deshalb 1947/48 deutsche Rundfunkgesetze sichern (vgl. Clay 1950, 321). Staatsferne einerseits und Unabhängigkeit von wirtschaftlichen Gruppierungen und Unternehmen (Nicht-Kommerzialität) andererseits wurden zu den wesentlichen Prinzipien des Rundfunks, die durch die ab 1948 von den Länderparlamenten verabschiedeten Rundfunkgesetze verankert wurden. Noch vor der Gründung der Bundesrepublik entstanden damit der Nordwestdeutsche Rundfunk (NWDR), Radio Bremen (RB), der Hessische Rundfunk (HR), der Südwestfunk (SWF), der Süddeutsche Rundfunk (SDR) und der Bayerische Rundfunk (BR) als Landesrundfunkanstalten. »Bei der Gründung der Bundesrepublik Deutschland 1949 waren bereits die Weichen für die Rundfunklandschaft gestellt.« (Diller 1997, 338)

Unabhängigkeit des Rundfunks

Wie umstritten die Ausgestaltung der gesellschaftlichen Konstitution des Rundfunks in den Gründungsjahren der Bundesrepublik war, hat der ehemalige Intendant des SDR, Hans Bausch, in seiner umfangreichen Darstellung der Rundfunkpolitik nach 1945 gezeigt (Bausch 1980). Die Alliierten behielten sich deshalb auch nach der Gründung der Bundesrepublik Deutschland (mit dem Inkrafttreten des Grundgesetzes am 24. 5. 49) die Rundfunkhoheit bis 1955 vor.

Die kulturkritische Debatte von Rundfunk und Fernsehen

Neben der machtpolitischen Diskussion um die organisatorische Ausgestaltung des Rundfunks, die im wesentlichen in Kommissionen und Gremien stattfand, war ein publizistischer Diskurs entstanden, der den Standort des Rundfunks – und dann mit Beginn der fünfziger Jahre auch zunehmend des Fernsehens – öffentlich zum Thema machte (vgl. Hickethier 1990a). Er begründete sich in der vielfach beschworenen »geistigen Not« der Nachkriegszeit, wie es der konservative Publizist Hans Zehrer 1948 formulierte. Die konservative Kritik bediente sich im wesentlichen der lebensphilosophischen Positionen in der Tradition Ludwig Klages', den bürgerlichen Massentheorien (Ortega y Gasset und Gustave le Bon) und findet sich in den Schriften z. B. von Hans Zehrer (1948) und Max Picard (1948) sowie in den Beiträgen von Rundfunkkritikern und späteren Programmverantwortlichen wie Heinz Schwitzke (1950) und Clemens Münster (1950). Kritisiert wurde

Publizistischer Diskurs über den Rundfunk

am Radio vor allem, daß es die innere Leere des Menschen nicht aufhebe und beseitige, sondern noch verstärke, ja daß die »ununterbrochene Zusammenhanglosigkeit« der Rundfunkprogramme (Picard 1948, 213) die »schweigende Tiefe des Menschenherzens, in der der eigentliche schöpferische Kern ruhe«, zerstöre (Programmfrage 1949, 2).

Kulturkonservative Kritik am Rundfunk

Aus der »geistigen Leere der Programme«, der »Mechanisierung der Kultur« (Münster 1950, 45) und der »Zerstückelung der Menschen durch die seelenlose Technik«, so die vorherrschenden Topoi der Debatte, leiteten Programmverantwortliche die Praxis ab, in den Programmen Sendungen anzubieten, die in der »verrinnenden Zeit« die Hörer zur Selbstbesinnung führten (Schwitzke 1950, 2 ff.). Für den Rundfunkredakteur Heinz Schwitzke waren solche Sendungen z. B. anspruchsvolle Hörspiele und Fernsehspiele.

> »Der Rundfunk kann zwar nichts dagegen tun, daß er seiner Natur nach immer wieder Diskontinuierliches senden muß; aber er könnte und müßte es als seine allervordringlichste Aufgabe ansehen, wenigstens daran unermüdlich zu arbeiten, daß das Diskontinuierliche nicht in das trostlose Grau-in-Grau der wertnivellierenden Kontinuität eingeht. Nur wenn er so handelt, ist er wirklich ein Kulturinstitut.« (Programmfrage, Kifu 18/1949)

»Was früher der Kamin war, wie einst die Petroleumlampe den Familienkreis vereinte, das muß im deutschen Haus der Rundfunk werden: der Mittelpunkt der inneren Sammlung« (Grimme 1952).

Adolf Grimme

Mit dem Beginn des Fernsehens verschärfte sich die Diskussion. Ängste wurden wach, daß sich die Menschen durch das Fernsehen »von Geistesmenschen zu Augenmenschen zurückentwickelten« (Wettstreit 1949, 2). Die Kritik gipfelte in der Forderung an das Fernsehen, wie sie der kirchliche Radiomann Paul Gerhardt in einer Auseinandersetzung mit Kurt Wagenführ 1951 formulierte, das Fernsehen dürfe »nicht dazu beitragen, daß der Mensch noch zerfahrener, noch flattriger, noch nervöser und unruhiger wird, als er ohnehin schon ist«. Fernsehen müsse statt dessen »wenig und dies gut und vor allem mit Ruhe« bringen (Gerhardt 1951/52, 369 ff.).

Es scheint kein Zufall zu sein, daß Adolf Grimme als Generaldirektor des Nordwestdeutschen Rundfunks auf ähnliche Formulierungen zurückgriff, als er 1953 feststellte, daß Fernsehen habe nur dann eine tiefere Bedeutung, wenn »der Mensch auf den Umweg über das Sehen der Ferne wieder zu sich selbst kommt« und das Fernsehen selbst an der »Überwindung der Vermassung« mitarbeite und gegen die »Entpersönlichung« des einzelnen wirke (Grimme 1955a, 78). Beim Fernsehen käme es darauf an, so Grimme an anderer Stelle, »daß das Getränk dieser Schale ein Heiltrank wird« (ders. 1955b, 63 f.). Die volkspädagogische Aufgabenstellung ist unverkennbar als ein Reflex auf die kulturkritische Diskussion des Mediums zu sehen.

Der Beginn des Fernsehens in der Bundesrepublik Deutschland

Vorbereitungen für den Wiederbeginn des Fernsehens

Noch während der Phase der Rundfunkgesetzgebung 1947/48 beschloß der Verwaltungsrat des Nordwestdeutschen Rundfunks mit Zustimmung der britischen Militärregierung 1948, Vorbereitungen für den Wiederbeginn des Fernsehens zu treffen. Zwei Gründe lassen sich dafür erkennen: In Hamburg hatten sich nach 1945 zahlreiche ehemalige Mitarbeiter des NS-Fernsehens eingefunden. Werner Nestel, der 1937 bei Telefunken an der Fernsehentwicklung mitgearbeitet hatte, war 1947 Technischer Direktor des NWDR geworden. Hans Joachim Hessling, der 1938 in der Forschungsstelle der Reichspost arbeitete und dort die Reichspost-Fernseh-Gesellschaft vorbereitet hatte, war nach 1945 mit einigen Fernsehapparaturen, darunter zwei Kameras, nach Hamburg gekommen. Er fand eine Anstellung in der NWDR-Verwaltung. In Bargteheide, nahe Hamburg, saßen bei der Post zahlreiche Fernsehspezialisten; unter der Leitung von Friedrich Gladenbeck, der vor 1945 für Kabelangelegenheiten des Fernsehens zuständig gewesen war, wurde hier die Idee des Fernsehens hochgehalten. Die Publizisten Kurt Wagenführ und Eduard Rhein lebten ebenfalls in Hamburg und propagierten die Fernsehidee, ebenso Gerd Krollpfeiffer als Journalist. Auf der Programmebene stießen von den Fernsehmitarbeitern vor 1945 Hanns Farenburg, der Regieerfahrungen besaß, und die Reporter Hugo Murero und Roderich Dietze dazu, Herbert Kutschbach als Kameramann, Karl Joksch als Bühnenbildner, Waldemar Bublitz, Peter A. Horn, Hannes Küpper und viele andere (vgl. Hickethier 1989b, Winker 1994).

Materielle Bedingungen für den Fernsehbeginn

Der NWDR bot nicht nur personell, sondern auch von den materiellen Gegebenheiten her die besten Bedingungen für den Wiederaufbau des Fernsehens. Mit seinem großen Sendegebiet – es umfaßte etwa die Hälfte der Bevölkerung der drei Westzonen – stellte er die finanziell potenteste Anstalt dar. Dennoch stürzte sich der NWDR nach dem vom Verwaltungsrat getroffenen Beschluß nicht mit allem Eifer in den Wiederaufbau des Fernsehens. Auch wenn bereits im September 1948 in Hamburg eine Normenkonferenz stattfand, auf der sich die Fernsehleute der Industrie, der Post und dem Sender auf die 625-Zeilen-Norm und einige weitere Standards festlegten, setzte die Beschäftigung mit der Fernsehtechnik nur langsam ein. Denn die Probleme, die auf den Hörfunk zukamen, standen im Vordergrund.

Internationale Wellenkonferenz

1948 fand in Kopenhagen eine internationale Wellenkonferenz statt, die die in Europa zur Verfügung stehenden Radio-Frequenzen neu ordnete. Zu Lasten des besiegten Deutschlands wurden die knappen Mittel- und Langwellen neu verteilt, wodurch vor allem die föderative deutsche Rundfunklandschaft in Frequenznot geriet. Die deutschen Sender erhielten für ihre ehemaligen reichweitenstarken Frequenzen andere, zum Teil ungünstigere Wellen mit einer Reichweitenbegrenzung oder gar nur für eine tageszeitlich begrenzte Nutzung. Für den NWDR mit seinem großen Empfangsgebiet stand auf diese Weise nur eine Mittelwelle zur Verfügung, was 1954 bei der Aufteilung des NWDR in den WDR und NDR dazu führte, daß man für die Mittelwellenfrequenz weiterhin (bis heute) ein gemeinsames Programm produzieren mußte.

Die Verschlechterung der Mittelwellen-Freqenzen hatte zur Folge, daß sich die deutschen Rundfunkanstalten verstärkt dem Ausbau des UKW-Bereichs zuwandten. Aufgrund der begrenzten Reichweite der nur gradlinig abstrahlenden UKW-Wellen mußten jedoch zahlreiche neue Sender innerhalb eines Sendegebietes gebaut werden. Die Rundfunkanstalten investierten deshalb bis Mitte der fünfziger Jahre vorrangig in den Ausbau des UKW-Netzes. Für die Hörer bedeutete der Umstieg auf UKW, daß sie sich langfristig neue Radioempfangsgeräte zulegen mußten. Dafür erhielten sie im UKW eine qualitative Verbesserung der Akustik und in der Folge auch zusätzliche Programme. Der Umstieg auf UKW bedeutete letztlich eine technische Modernisierung des Radiohörens und damit eine Verbesserung der Radiokultur.

Konstituierung des NWDR

Die anstehende Konstituierung des NWDR führte ebenfalls zu einer weiteren Verzögerung des schnellen Fernseh-Aufbau. 1947 wurde ein deutscher Beirat aus prominenten Persönlichkeiten verschiedener Gruppierungen gewählt, der sich ›Hauptausschuß‹ nannte (der spätere Rundfunkrat)

Adolf Grimme

und einen Verwaltungsrat wählte, in dem unter anderem Adolf Grimme (SPD-Kultusminister des Landes Niedersachsen), Heinrich von der Gablentz (Vorsitzender der Wirtschaftskommission der CDU), Heinrich Raskop (Industrieller und CDU-Mitglied), und Emil Dovifat (Berliner Publizistik-Ordinarius, auch schon in der Zeit vor 1945) saßen. Zum Generaldirektor des NWDR (in den anderen Rundfunkanstalten hieß diese Funktionstelle Intendanz) wurde Grimme gewählt.

Grimme wird keine glückliche Hand in der Personalpolitik nachgesagt. Er brachte aus Hannover seinen Berater Werner Pleister mit, der aufgrund seiner Vergangenheit (er war im Dritten Reich Parteimitglied gewesen und hatte im Berliner Sender gearbeitet) Anstoß erregte (Tracey 1982, 77). Grimme machte ihn zum Programmdirektor. Er gewann auch den in Hamburg ansässigen Kurt Wagenführ als Berater, den Greene 1946/47 wegen seiner Vergangenheit im Dritten Reich als Leiter der Pressestelle entlassen hatte. Weitere Konflikte gab es um andere Mitarbeiter wie z. B. Herbert Blank, so daß schließlich einige leitende Mitarbeiter, unter ihnen auch Ernst Schnabel, mit der Kündigung drohten.

Vor allem parteipolitische Querelen zwischen der CDU und der SPD sowie die Auseinandersetzung zwischen den im Sendegebiet des NWDR zusammengefaßten Bundesländern behinderten die Arbeit des NWDR. Vor allem der nordrhein-westfälische Ministerpräsident Karl Arnold (CDU) betrieb die Auflösung des NWDR und strebte eine eigene Landesrundfunkanstalt für Nordrhein-Westfalen an. Am Ende der Auseinandersetzungen stand deshalb 1954 die Auflösung des NWDR.

4.3 Das NWDR-Fernsehen

Emil Dovifat

Werner Nestel

Das Fernsehen begann nicht in der vornehmen Hamburger Rothenbaumchaussee, wo der NWDR damals und der NDR heute sein Verwaltungszentrum hat, sondern auf dem Heiligengeistfeld in einem vom Kriege übriggebliebenen Hochbunker. Werner Nestel war Ende 1947 mit Hans Joachim Hessling und der Post in Kontakt getreten, man überlegte einige Modelle eines gemeinsamen Entwicklungsunternehmens. Am 19. 7. 48 kam die Genehmigung der britischen Militärbehörde, einen Fernsehversuchsbetrieb aufzubauen. Am 13. 8. 48 faßte der Verwaltungsrat des NWDR einen entsprechenden Beschluß. Der NWDR übernahm die noch vorhandenen Mitarbeiter der alten Reichsfernsehgesellschaft. Nestel schätzte die Kosten des Versuchsbetriebes auf jährlich 300.000 bis 500.000 DM. Im Hochbunker begann man mit fernsehtechnischen Versuchen, doch der Aufbau ging aufgrund der finanzieller und technischer Beschränkungen nur relativ langsam voran. Am 29. 9. 49 wurde das erste Standfoto per Kabel von einem Raum des Bunkers in einen anderen übertragen. Im März 1950 erhielt man den ersten Filmabtaster, am 29. 5. 50 wurde der erste Fernsehsender mit einer Leistungsstärke von 0,25 kW in Betrieb genommen. Im Anschluß an den gelungenen Einzelversuch begann man am 17. 6. 50 um 11 Uhr vormittags mit einem inoffiziellen Versuchsbetrieb.

Die technischen Voraussetzungen der Fernsehproduktion

Ein Teil der Fernsehtechniker der Fernseh AG (später Fernseh GmbH), die vor 1945 an der militärischen Verwendung der Fernsehtechnik gearbeitet hatten, waren nach 1945 zum Firmensitz des Bosch-Konzerns, zu dem die Fernseh AG gehörte, ins bayerische Taufkirchen gelangt. Sie bildeten auf Initiative von Frithjof Rudert, Rudolf Urtel und Rolf Möller, dem Geschäftsführer der Fernseh AG, den sogenannten ›Ettlinger Kreis‹, der sich mit Normfragen auseinandersetzte. Dabei ging es den Ingenieuren vor allem um die Schaffung einer »länderübergreifenden« Fernsehnorm (Rudert 1992, 90). Es ist auffällig, daß die bereits vor 1945 in militärischen Verwendungszusammenhängen eingebundenen und deshalb geopolitisch weiträumig denkenden Ingenieure auch nach 1945 europaweit planten. Sie einigten sich auf eine Fernsehnorm von 625 Zeilen, weil diese den Frequenzbedingungen am optimalsten angepaßt war (Klaassen 1997, 29 ff.). *Ettlinger Kreis*

Fernsehnorm von 625 Zeilen

Zum Ettlinger Kreis hielt der technische Direktor des NWDR, Werner Nestel Kontakt, der im Spätsommer 1948 zahlreiche Experten, darunter Mitglieder des ›Ettlinger Kreises‹, zu einer Fernsehkonferenz nach Hamburg einlud (Rindfleisch 1985, 168). Die Fernsehkonferenz schloß sich den Normüberlegungen des Ettlinger Kreises an. Auch auf einem Internationalen Fernsehkongreß im Herbst 1949 in Mailand wurde über diesen neuen Normvorschlag diskutiert. Nun war es in diesen Nachkriegsjahren natürlich verständlicherweise unmöglich, daß sich Europa auf eine deutsche Fernsehnorm festlegte. Nestel trat deshalb an die Schweizer Post mit der Bitte heran, »als politisch neutrale Behörde einen Weg zu einer einheitlichen europäischen Fernsehnorm zu finden« (Rudert 1992, 91). Der Leiter der Studienkommission Fernsehen im Rahmen der Internationalen Fernmeldeunion, der Schweizer Walter Gerber, brachte deshalb den technisch inzwischen leicht modifizierten Normvorschlag von 625 Zeilen ein und er wurde neben der englischen und französischen Norm als sogenannte ›Gerber-Norm‹ festgeschrieben (Klaassen 1997, 31 ff.).

›Gerber-Norm‹

Auch in der technischen Ausstattung der Kameratechnik, Fernsehstudios und der Sendetechnik knüpfte der NWDR zunächst an die Überlegungen des ›Ettlinger Kreises‹ an, verselbständigte sich jedoch davon und orientierte sich an internationalen Entwicklungen. Von der Kriegstechnik der Ikonoskop-Kamera ging man relativ rasch über das Super-Ikonoskop zur Orthikon und zur Super-Orthikon über, die universell einsetzbar war. (ebd., 35 ff.). Damit wurden zahlreiche Verbesserungen in der Produktion erreicht. Die Steigerung der Lichtempfindlichkeit der Kameras machte eine geringere Beleuchtung notwendig, dies erleichterte wegen der geringeren Hitze im Studio den Schauspielern und Sprechern die Arbeit. Bis Mitte 1951 kamen drei Kameras zum Einsatz, zu diesem Zeitpunkt begann man auch mit komplexeren Produktionen wie z. B. der Inszenierung von Fernsehspielen. In der zweiten Hälfte des Jahres 1951 wurden die Kameras mit sogenannten Objektivrevolvern ausgestattet, so daß ein schneller Wechsel der Einstellungsgrößen und damit ein dem Filmischen angenäherter Eindruck in den Aufnahmen entstand (ebd., 40 f.)

Ikonoskop-Kamera Super-Orthikon

Der Studioaufbau in Hamburg-Lokstedt orientierte sich in der Studioanlage, anders als der Studioneubau des DDR-Fernsehens in Berlin Adlershof (vgl. Kap. 5.3), an der Praxis der Filmstudios. Vier unterschiedliche Studioräume (der größte Raum hatte eine Fläche von 600 Quadratmetern) wurde gebaut, mit einer durchgehenden Beleuchtungsbühne und einer Kli-

Studiobau in Hamburg-Lokstedt

Erste Übertragungswagen

maanlage (Spyra 1954). Im September 1951 wurde der erste Übertragungswagen in Betrieb genommen, der vom NWDR, der Fernseh GmbH und der Autobusfirma Büssing entwickelt worden war. Er erlaubte Außenübertragungen in einem 20-km-Umkreis des Senders. Daraus erklärt sich auch, daß sich die ersten Außenübertragungen auf das Gebiet zwischen Planten un Blomen, Curio-Haus und Ernst-Merck-Halle, Hamburger Hafen und Fußballplatz des FC St. Pauli beschränkten.

Erster Filmgeber

Die Fernseh GmbH lieferte im März 1950 einen ersten Filmgeber, der bald durch einen zweiten ergänzt wurde und damit die bruchlose Übertragung von Spielfilmen ermöglichte. Der Filmgeber erlaubte auch einen besseren Wechsel zwischen zwei Live-Darbietungen, weil mit ihm ein kurzer Film dazwischengeschoben werden konnte. Hier kam es gegenüber der Vorkriegstechnik zu ersten Verbesserungen. Da die Kosten für den Betrieb des Filmgebers nur halb so hoch waren wie für die elektronische Kamera, lag es nahe, vor allem in den finanziell knappen Anfangsjahren verstärkt Filme im Programm einzusetzen. Die Fernseh GmbH lieferte schließlich im

Filmaufzeichnungsgerät

Frühjahr 1952 ein Filmaufzeichnungsgerät, mit dem von einem lichtstarken Spezialempfänger Livesendungen auf Film (35mm) aufgezeichnet werden konnten (Klaassen 1997, 55). Aufgezeichnet wurden jedoch nur aufwendige Produktionen (vor allem Fernsehspiele), die Magnetaufzeichnung kam erst 1957/58 zum Einsatz (vgl. Kap. 6.3). Der 16mm-Film (Schmalfilm) erwies sich aufgrund seiner groben Körnung und anderen Schwächen noch als wenig tauglich für den Fernseheinsatz. Dies änderte sich ebenfalls erst in der zweiten Hälfte der fünfziger Jahre.

Der Aufbau des NWDR-Fernsehens

Im August 1950 kam es zu einer gemeinsamen Sitzung der European Broadcasting Union (EBU) über Fernsehfragen in London. Dabei wurde deutlich, wie weit andere Länder, insbesondere England und Frankreich, mit der Entwicklung ihres Fernsehens waren. Nestel machte innerhalb des NWDR Druck, denn inzwischen waren Pressemeldungen erschienen, wonach die DDR ebenfalls begann, sich mit dem Fernsehen zu beschäftigen. Bezeichnenderweise waren es nicht Meldungen über den Aufbau eines Programmbetriebs, sondern über die Konstruktion von Empfangsgeräten in dem als sowjetische AG firmierenden ›Oberspreewerk‹ sowie über den Aufbau des ›Rundfunk- und Fernsehtechnischen Instituts‹ in Berlin-Adlershof, in dem mit der in der Bundesrepublik verwendeten 625-Zeilen-Norm gearbeitet wurde (Kifu v. 8. 5. 50).

Um zu verhindern, daß die DDR vor der Bundesrepublik mit dem Fernsehen begann und aus Angst, den Anschluß an die westeuropäische Entwicklung zu verlieren, forcierte Nestel den Aufbau des NWDR-Fernsehens. Mit Werner Pleister arbeitete er einen ersten internen Fernsehbericht aus, der am 17. 8. 50 vorgestellt wurde. Dieser Bericht sprach sich dafür aus, ab 1. 12. 50 mit Versuchssendungen zu beginnen und ab Herbst 1951 ein »Publikumsfernsehen« (Pfeifer 1986, 39) auszustrahlen.

Gleichzeitig sollte ein Leitungsnetz aufgebaut werden, das alle Sender im NWDR-Gebiet und darüber hinaus alle Rundfunkanstalten miteinander verband. Denn den verschiedenen Verantwortlichen schien aufgrund der Kosten und der für das Programm benötigten ›Stoffe‹ selbstverständlich, daß ein Fernsehprogramm nicht vor einer Anstalt allein, sondern nur von allen gemeinsam produziert werden konnte. Kritik am Fernsehplan kam vor allem vom NWDR-Hauptausschußvorsitzenden Heinrich Raskop und dem

Hanns Hartmann

Intendanten des Kölner Senders, Hanns Hartmann, denn die Fernsehpläne bedeuteten eine weitere Stärkung der Hamburger Zentrale.

Am 25. 9. 50 stellte der NWDR den Fernseh-Versuchsbetrieb der Presse vor. Grimme, der anfangs gegen das Fernsehen eingenommen war, setzte sich schließlich dafür ein, weil er eine besondere kulturelle Aufgabe darin sah, das Fernsehen verantwortungsvoll zu gestalten. Er kündigte für den 27. 11. 50 den Beginn öffentlicher Versuchssendungen des NWDR-Fernsehens an. Auch der Verwaltungsratsvorsitzende Dovifat betonte vor der Presse die kulturellen Aspekte des Fernsehens: »Ein uralter Menschheitstraum erfüllt sich« (zit. n. Pfeifer 1986, 44). Es gelte, die »zauberische Entwicklung« zu beherrschen. Er grenzte das NWDR-Fernsehen von dem in der deutschen Öffentlichkeit negativ eingeschätzten amerikanischen Fernsehen ab: Man wolle sich nicht von »massenpsychologischen Kräften oder Forderungen überrennen zu lassen«. Volkstümlichkeit und politische Unabhängigkeit sollten zu einer kulturellen Gesamtleistung verbunden werden. Das Programm habe »wahrhaftig und ansprechend, packend und gehaltvoll« zu sein, weil das Fernsehen den Zuschauer »in seiner Häuslichkeit treffen werde« (zit. n. ebd., 44f.). Zudem sei ein gesamtdeutscher Fernsehfunk mit europäischen Austauschverbindungen das Ziel. In der Presse wurde die Öffentlichkeit auf eine erweiterte Weltwahrnehmung eingestimmt, da sich, so hieß es, »einer der ältesten Sehnsüchte der Menschheit zu erfüllen beginnt, daß man sich zur gleichen Zeit an mehreren Orten befindet: Siebenmeilenstiefel und Tarnkappe zugleich« (Anonym 1950a).

Logo des NWDR

Zu diesem Zeitpunkt beschäftigte sich auch ein anderes Gremium bereits mit dem Fernsehen: die Arbeitsgemeinschaft der Rundfunkanstalten Deutschlands (ARD), ein eher lockerer Zusammenschluß der Landesrundfunkanstalten, der 1950 zur besseren Koordinierung der Technik, des Programmaustausches und weiterer Entwicklungsplanung in Rundfunkfragen gegründet worden war. Die ARD diskutierte die Möglichkeiten des Fernsehens, begrüßte das Angebot des NWDR an die anderen Landesrundfunkanstalten, sich am Fernsehen zu beteiligen, auch wenn sich diese dazu aus finanziellen Gründen noch nicht imstande sahen. Eine Fernseh-Kommission der ARD wurde gegründet, die aus dem Intendanten des Hessischen Rundfunks Eberhard Beckmann, dem Technischen Direktor des NWDR Werner Nestel und dem Justitiar des Südwestfunks Carl Haensel bestand. Diese Fernseh-Kommission sollte die Fernsehinteressen der ARD-Anstalten koordinieren, technische Zuständigkeiten klären und für eine Abstimmung mit Industrie und Post sorgen. Die Fernseh-Kommission begann sich als erstes im Ausland zu informieren und Kontakt mit den westeuropäischen Fernsehsystemen aufzunehmen. Man erwartete von einem europäischen Fernsehen einen regen Programmaustausch und dadurch eine Senkung der Unkosten.

Arbeitsgemeinschaft der Rundfunkanstalten Deutschlands (ARD)

Fernseh-Kommission der ARD

Nestel, Haensel und das NWDR-Verwaltungsratsmitglied Küstermeier fuhren im Dezember 1950 nach Paris und im März 1951 nach London. Im April 1951 war auch Heinrich von der Gablentz in London, der angesichts des BBC-Fernsehens seine skeptische Haltung dem Fernsehen gegenüber aufgab. Im Mai 1951 berichtete Nestel über eine Reise nach Spanien, Küstermeier flog in die USA, und im Juli und August reiste die Fernsehkommission ebenfalls dorthin (Pfeifer 1986, 53). Trotz der Reiseaktivitäten setzte die Beschäftigung mit dem Fernsehen bei den anderen ARD-Anstalten erst langsam ein.

In Hamburg baute man den Fernsehversuchsbetrieb weiter aus, bezog im zweiten Hochbunker ein Fernsehstudio und plante den Bau eines größeren Studiobetriebs in Hamburg-Lokstedt, das im Herbst 1953 in Betrieb

Ausbau des Fernsehversuchsbetriebs in Hamburg

Die Hochbunker auf dem Heiligengeistfeld in Hamburg, in dem der NWDR den Fernsehbetrieb aufnahm.

Werner Pleister

genommen wurde. Obwohl einige Mitglieder des Verwaltungsrats immer noch das Fernsehen unter Verweis auf das abschreckende Beispiel des amerikanischen Fernsehens ablehnten, plädierten Pleister, Grimme und im Verwaltungsrat auch Dovifat für das neue Medium und verwiesen auf das britische Fernsehen, das es als Vorbild zu nehmen gelte. Grimme selbst hatte allerdings für Irritationen gesorgt, als er im September 1950 die Kosten für eine Sendeminute auf ca. 500 DM bezifferte, was Kritiker als zu hoch zurückwiesen (Anonym 1950b).

Als Ergebnis der Planungen entstand eine Studie mit dem Titel »Programm für den Aufbau und die Durchführung des öffentlichen Fernsehens beim NWDR«. Diese Studie, nach ihrem Verfasser, dem ehemaligen Bochumer Stadtdirektor Dr. Franz Schmidt, auch Schmidt-Plan genannt, war ein Dreijahresplan für den Fernsehaufbau, der dann in dieser Form beschlossen wurde und die weitere Fernsehentwicklung entscheidend bestimmte (Pfeifer 1986, 69f.). Aufgrund des Gutachtens erhielt das Fernsehen den Status einer selbständigen Gliederung innerhalb der NWDR-Organisation. Am 1. 4. 52 wurde Werner Pleister, der bis dahin auch noch für den Hörfunk Programmdirektor war, zum ersten deutschen Fernsehintendanten nach 1945 ernannt.

Pleister gründete drei Hauptabteilungen: ›Sendung und Programm‹, ›Betriebstechnik‹ und ›Verwaltung‹. ›Sendung und Programm‹ wurden dem Oberspielleiter Hanns Farenburg unterstellt, die ›Betriebstechnik‹ Gerhard Schulz, der zuvor bei der Rundfunkindustrie der Lorenz AG, gearbeitet hatte, die ›Verwaltung‹ übernahm Hans Joachim Hessling. Als Sendeleiter wurde Walter Tjaden, der von der Münchner Arena-Film kam, verpflichtet; als Dramaturgen engagierte man Heinz Sawatzki und für Außenaufnahmen Roderich Dietze. Damit waren auch eine Reihe ehemaliger Mitarbeiter des NS-Fernsehens beim NWDR-Fernsehen etabliert. Diese zogen weitere Fernseh-Mitarbeiter aus der Zeit vor 1945 nach Hamburg.

Die beiden NWDR-Fernsehprogramme: Hamburg und Berlin

Am 27. 11. 50 startete ein Versuchsprogramm unter dem Namen »Nordwestdeutscher Fernsehdienst« (NWDF): dreimal wöchentlich: montags, mittwochs und freitags von 20.00 bis 22.00 Uhr wurde gesendet. Schon vor Programmbeginn hatte Pleister verkündet, man dürfe «das amerikanische Beispiel nicht nachahmen: nämlich von morgens bis abends pausenlos zu senden; sondern das englische Beispiel muß auch für uns maßgebend sein: nämlich ein Zweistunden-Programm abends muß gestaltet werden» (Pleister, zit. n. Der Spiegel 1/1953). Die Beschränkung erschien also nicht als Resultat begrenzter Möglichkeiten, sondern als Ergebnis kulturell verantwortlichen Handelns.

Nordwestdeutscher Fernsehdienst

Die Sendungen wurden produktionsbezogen danach unterschieden, ob es sich um eigene, im Studio hergestellte Sendungen handelte, die dann wegen ihres Live-Charakters auch ›unmittelbare‹ Sendungen hießen, oder ob es Filmsendungen waren, für die Filme verschiedener Produzenten zur Ausstrahlung erworben wurden. Bereits Ende 1950 hatte der NWDR Hamburg, wie es in einer Pressemitteilung hieß, »30.000 Meter Kulturfilm« eingekauft, die er vor allem einsetzte, um zwischen zwei im Studio hergestellten Live-Sendungen einen Übergang und eine Umbaupause zu schaffen. Später setzte man dafür auch Zeichnungen ein, um die zunehmend als lästig empfundenen ›Pausen‹ zwischen den ›Kleinstsendungen‹ zu überbrücken. Anfang 1953 nahm der Zeichner Mirko Szewczuk diese Überleitungen in Regie. Nur die ›unmittelbaren‹ Sendungen galten als ›echtes‹ Fernsehen, während man die Filme als Notbehelf ansah und sich darum bemühte – darin nicht zuletzt von Kritikern wie Kurt Wagenführ immer wieder angeregt – den Anteil der Filme am Programm zu senken und den der ›direkten‹ Sendungen zu erhöhen.

›Unmittelbare‹ Sendungen und Filmeinsatz

Die Struktur des Programms war zunächst von den Produktionserfordernissen bestimmt: Man begann mit den kleineren Sendungen wie dem »Bild zum Tage«, dann dem »Aktuellen Filmbericht«, stellte einen Studiogast vor, um nach einem Film noch einmal ins Studio zurückzukommen, das während der Zeit der Filmausstrahlung umdekoriert worden war. Ein Fernsehspiel erforderte oft den Hauptteil der Sendezeit, so daß nur noch ein oder zwei andere Sendungen zusätzlich gezeigt wurden. Ein Bunter Abend füllte in der Regel die gesamte Sendezeit eines Abendprogramms aus. Die Festlegung von bestimmten Anfangszeiten der Sendungen entfiel anfangs ganz, man kündigte auch nur die Reihenfolge der Sendungen an, weil man davon ausging, daß das Publikum das gesamte Programm sah. Häufig wurden Sendungen in letzter Minute noch ausgetauscht, was dazu führte, daß die Angaben in den Funkzeitschriften nicht sehr zuverlässig das wirklich gesendete Programm wiedergeben. Auch die Festlegung einzelner Sendungen auf bestimmte Wochentage bzw. Tagessendungszeiten fand noch nicht statt. Ein Programmschema gab es noch nicht.

Struktur des Programms

Eine Übersicht über das erste halbe Jahr Versuchsprogramm gab Kurt Wagenführ 1951:

»Von den 181 Tagen [vom 27. 11. 50 bis 26. 5. 51] wurde an 60 Tagen gesendet, und zwar im ganzen über 116 Stunden mit rd. 325 Einzelprogrammen. In dieser Zeitspanne wurden an mehreren Tagen im Rahmen zweistündiger Programme nur 10 bis 15 Minuten Filme verbreitet, der Kinderfunk ist mit 8 einstündigen unmittelbaren Sendungen vertreten. Wir sahen viermal das ›Vorspiel auf dem Theater‹, an drei Abenden die ›Hohnsteiner Puppenspieler‹, 29 Kabarettsendungen, 7 Tanzabende, 44 größere oder kleinere Sendungen, die unter die Gruppe Vorträge und Interviews fallen, und 58 Programme, die zeitdienstähnlichen Charakter hatten. Es wurden 31

Wochenschauen, 31 Spielfilme und 63 Kultur- bzw. Kurzfilme gesendet. Wenn in den ersten vier Wochen das Verhältnis (nach Minuten) von Filmsendungen zu unmittelbaren Sendungen 89 Prozent zu 11 Prozent war, so wandelte es sich im Mai in 21 Prozent zu 79 Prozent; im gesamten Zeitraum des Halbjahres nahmen die Filmsendungen 60 Prozent ein.« (Wagenführ 1951a)

Der bemerkte Anstieg der Zahl der Studio-Sendungen hielt jedoch offenbar nicht an, denn als Wagenführ im Dezember 1951 vor dem Hamburger Presseclub das erste Jahr NWDR-Versuchsprogramm (27. 10. 50–27. 10. 51) resümierte, stellte er fest, daß von 195 Stunden Programm an 103 Tagen knapp zwei Drittel mit Filmsendungen gefüllt wurden (Wagenführ 1951b). Für den Versuchsbetrieb des Jahres 1951 stellte der NWDR folgende Programmstatistik (ohne die Sendungen auf der Industrieausstellung in Berlin) auf:

Programmstatistik

NWDR-Versuchsprogramm Hamburg 1951

Betriebsstunden insgesamt	123.910 min	100,0%
Versuchs- und Probesendungen	60.622 min	50,0%
Industriesendungen (vormittags, früher Nachm.)	47.514 min	38,0%
Programmsendungen	15.774 min	12,0%
von den Programmsendungen:		
Diasendungen	3.410 min	21,6%
Filmsendungen	7.060 min	44,8%
Unmittelbare Sendungen	5.262 min	33,3%
Störungen (Senderausfall)	42 min	0,3%
Filmsendungen	7.060 min	100,0%
55 Spielfilme	4.708 min	66,7%
113 Kurz- und Kulturfilme	1.582 min	22,4%
55 Wochenschauen	536 min	7,5%
12 Tagesschauen	60 min	0,9%
9 Filmreportagen	27 min	0,3%
Einblendungen in Reportagen, Sendespiele etc.	147 min	2,1%
Unmittelbare Sendungen	5.262 min	100,0%
46 unterhaltende Darbietungen	1.250 min	23,8%
81 Reportagen, 1 Übertragung Landwirtschaftsausst.	922 min	17,5%
16 Kinderstunden	808 min	15,4%
21 Sendungen Kunst, Wissenschaft, 8 Mikroprojekt.	432 min	8,2%
552 An- und Absagen (ohne Zwischenansagen)	243 min	4,6%
11 Darbietungen künstlerischer Tanz	199 min	3,8%
45 Wetterkarten	152 min	2,9%
6 Sendespiele	132 min	2,5%
6 Darbietungen Karikaturen, Porträts zeichnen	131 min	2,5%
33 Sendungen »Gedenkminuten«	123 min	2,3%
28 Sendungen »Bilder des Tages«	111 min	2,1%
9 Sendungen »Für die Frau«	111 min	2,1%
5 Tanzstunden	80 min	1,5%
Sonstiges	566 min	10,8%

(Quelle: Fernseh-Informationen 3. Jg. (1951) 2. März-Ausg., eigene Berechnungen)

Für die gesamte Versuchszeit des NWDR-Fernsehens vom 27. 11. 50 bis 24. 12. 52 ergibt eine Programmstatistik der NWDR-Generaldirektion 31.188 Min. Programm, davon 33 Prozent Filmsendungen (Fremdproduktionen), 19 Prozent Reportagen, 12 Prozent Kinderfernsehen, 8 Prozent Unterhaltung, 5 Prozent »Tagesschau« usf. (zit. n. Klaassen 1997, 81).

Kleinteiligkeit der Sendungen und die Thematisierung des Kleinen kennzeichnete das Programm. Puppenspiele gab es nicht nur in den Kinderstunden, sondern auch im Abendprogramm. Man glaubte zunächst, auf diesem kleinen Bildschirm seien kleine Figuren, wie sie von der Kasperlebühne her vertraut waren, optimal. 15-Minuten-Sendungen waren häufig, Fernsehspiele von 60 Minuten oder Kinofilme von 90 Minuten Dauer galten als Ausnahme innerhalb des zweistündigen Abendprogramms. Die Kritik forderte schon 1953 eine »große Linie« des Programms bzw. eine »Dramaturgie des Fernsehens« (Eckert 1953), in der es eine Höhepunkt im Tagesprogramm geben sollte, den andere Sendungen vor- und nachbereiteten. Die verschiedenen Sendungen wurden durch eine Ansagerin, zuerst Irene Koss, später auch Dagmar Späth und viele andere, zusammengehalten. Sie verband die oft disparaten Teile miteinander und bildete für den Zuschauer einen Bezug zum Studio und zum Sender.

Auf der vom 6. bis 21. 10. 51 in Berlin veranstalteten ›Deutschen Industrieausstellung‹ stellten der NWDR und die Rundfunkindustrie das Fernsehen einer breiteren Öffentlichkeit vor. Diese Praxis lag ganz in der Vorkriegstradition. Auch damals hatte man auf den Funkausstellungen jährlich das Fernsehinteresse immer wieder neu stimuliert und zugleich das erwartungsvolle, aber ungeduldige Publikum immer wieder vertröstet. Jetzt kam das Fernsehen wieder an den historischen Ort zurück und präsentierte sich als NWDR-Versuchsbetrieb. Eine sogenannte Fernsehstraße aus den verschiedenen Empfängern der Industrie war aufgebaut worden, der NWDR präsentierte mit seinem gerade erst gelieferten Ü-Wagen, der von Hamburg nach Berlin geschickt worden war, ein Programm, das sich aus Reportagen, Übertragungen von einer Live-Bühne und Filmen zusammensetzte. In den 16 Tagen der Ausstellung wurde ein Programm von täglich 10.00 bis 19.00 Uhr gesendet. Aus den USA kommend, stellten die amerikanischen Networks RCA, NBC und CBS in einer Gemeinschaftsaktion amerikanisches Schwarzweiß- und »programmreifes Farbfernsehen in Sendung und Empfang« (Wagenführ 1951d) vor und erregten damit große Aufmerksamkeit.

Die Fernsehansagerin Irene Koss

Besondere Beachtung fand auf der Ausstellung das Team der Berliner NWDR-Station, das vor allem aktuelle Sendungen und Außenreportagen zeigte. Hörfunkmitarbeiter hatten unter Leitung von Heinz Riek und Udo Bläser einige Kameras organisiert und damit Sendungen improvisiert. Riek und Bläser waren vor 1945 schon beim NS-Fernsehen dabeigewesen und ihr Fernsehengagement zielte über die Industrieausstellung hinaus. Als diese beendet war, stellte NWDR Berlin seinen Programmbetrieb nicht ein, sondern sendete weiterhin täglich ein eigenes Zwei-Stunden-Programm. Mitarbeiter dieses Programms waren neben Hugo Murero, Waldemar Bublitz, Herbert Victor, Günther Piecho, die teilweise als Radioreporter arbeiteten, auch Eva Baier-Post, die sich vor allem mit Themen der privaten Haushaltsführung und der Mode beschäftigte (vgl. Piecho 1953).

Berliner NWDR-Station

Die Kritik (vor allem Kurt Wagenführ) lobte das eigenmächtige Verhalten der Berliner um Heinz Riek, weil sie sich davon eine Beschleunigung des Fernsehaufbaus und eine Anknüpfung an die Vorkriegsvergangenheit versprach. »Das erste tägliche Fernseh-Abendprogramm der Nachkriegszeit begann in Berlin« erinnerte sich deshalb Heinz Riek stolz noch 1972 (Riek 1972, 7). Doch es gab für diesen Programmbetrieb bald auch die Rückendeckung der NWDR-Führung.

Eva Baier-Post

Die Hamburger Fernsehleute gaben sich gelassener, sie wollten vor allem einen langfristig funktionierenden Betrieb aufbauen. Hamburg sendete deshalb nur an drei Tagen in der Woche, oft fielen wegen Umbauarbeiten die

Sendungen auch ganz aus. Die vom NWDR für dieses Berliner Programm bereitgestellten Mittel waren gering, noch 1951 wurden monatlich ca. 7.000 DM für die Programmproduktion bewilligt, während der Gesamtetat für die Programmproduktion des NWDR-Fernsehens nach dem Schmidt-Plan für die ersten beiden Jahre ca. 1 bis 1,5 Mio. DM jährlich vorsah.

Zwei Fernsehprogramme des NWDR

Es gab damit also zwei Fernsehprogramme des NWDR: eines, das im Hamburger Raum ausgestrahlt wurde, und ein zweites, das der NWDR in Berlin zeigte. Im Grunde sah man die Produktion des Berliner NWDR-Fernsehens vor allem unter ideologischen Gesichtspunkten: Aus Furcht, die DDR könne der Bundesrepublik mit dem Beginn eines Fernsehprogramms zuvorkommen, begrüßte man die Präsenz eines NWDR-Programms in West-Berlin, quasi als ›Schaufenster des Westens‹ zur DDR hin. So demonstrierte der Westen doch augenfällig, daß er schon längst Fernsehen betrieb, während man in Berlin-Adlershof, dem vorgesehenen Standort des DDR-Fernsehens, noch an den Voraussetzungen für einen Programmbetrieb arbeitete. Die Zahl der Zuschauer war in Berlin anfangs noch sehr begrenzt. 400 Fernsehgeräte-Besitzer sollen am 9. 2. 52 die 100. Sendung des Berliner NWDR-Fernsehens gesehen haben.

Richtfunkstrecken und Fernsehnetz

Da Fernsehprogramme im UKW-Frequenzband ausgestrahlt werden, war die Reichweite eines Senders eng begrenzt, der Senderadius reichte nur ca. 25 Prozent über die optische Sicht hinaus. Um ein Programm über das gesamte Bundesgebiet zu verbreiten, mußten viele Einzelsender gebaut werden, die durch eine Verbindungsstrecke miteinander verbunden wurden. Dieses Prinzip der Richtfunkstrecken, im Krieg bereits für militärische Zwecke erprobt (Tetzner 1952, 146), wurde für den Aufbau des Fernsehnetzes eingesetzt. Die Richtfunkstrecke, auch Dezimeterstrecke genannt, wurde von Hamburg über Hannover-Langenfelde, Köln nach Frankfurt, Stuttgart und München und Nürnberg gebaut. Um allein innerhalb des NWDR-Gebiets Hamburg und Köln miteinander zu verbinden, mußten acht Relaisstationen errichtet werden, von denen eine 500.000 DM kostete (Klaassen 1997, 59ff.).

Offizielles Fernsehprogramm ab 25.12.52

Der NWDR plante 1951, auf der Fernseh- und Rundfunkausstellung, die im Herbst 1952 in Düsseldorf stattfinden sollte, sein Programm groß zu propagieren und dafür die neu gebaute Dezimeterstrecke zu verwenden. Doch die Post teilte im Frühjahr 1952 mit, daß die Strecke erst im Frühjahr 1953 fertig werden würde. Die Industrie sagte die Ausstellung daraufhin ab. Nachdem es zwischen NWDR, Industrie und Post zu zahlreichen Kontroversen gekommen war, versprach die Post schließlich die Fertigstellung zum 1. 1. 53, konnte nach nochmaliger Debatte sogar die Fertigstellung für Weihnachten 1952 zusagen. Das verärgerte wiederum den Rundfunkhandel, der durch diese weihnachtlichen Fernsehaktivitäten Einbußen beim Radiogeschäft befürchtete. Doch der NWDR blieb stur und begann das offizielle NWDR-Fernsehprogramm am 25. 12. 52. In seiner Eröffnungsrede sagte der Fernsehintendant Werner Pleister:

»Wir versprechen Ihnen, uns zu bemühen, das neue, geheimnisvolle Fenster zu ihrer Wohnung, das Fenster in die Welt, Ihren Fernsehempfänger, mit dem zu erfüllen, was Sie interessiert, Sie erfreut und Ihr Leben schöner macht. Man hat das Fernsehen eine neue Form menschlicher Verständigung genannt. In der Tat: Es kann dazu führen, daß die Menschen einander besser verstehen. Man hat auch die Befürchtung geäußert, das Fernsehen könne dem Menschen schaden, da es im Zuge der Technisierung der Schöpfung sein Leben weiter mechanisiert. Es kommt auf uns an, ob dieses technische Mittel schadet oder nützt.« (Pleister: Eröffnungsansprache 25. 12. 52)

Eröffnungsprogramm des NWDR-Fernsehens 1952

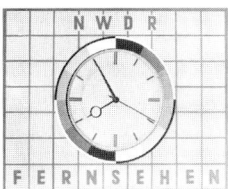

Pausenbild des NWDR-Fernsehens

Donnerstag, den 25. 12. 52
20.00 Uhr Ansprachen des NWDR-Fernsehintendanten, Dr. Werner Pleister und des Technischen Direktors des NWDR, Prof. Dr. Werner Nestel
20.10 Uhr »**Stille Nacht, Heilige Nacht**« – Fernsehspiel von Johannes Kai; Regie: Hanns Farenburg.
20.45 Uhr Fernsehsender aus aller Welt mit Grüßen zum deutschen Fernseh-Start.
21.15 Uhr »**Max und Moritz**«, ein Tanzspiel in 7 Streichen von Norbert Schultze n. d. Bilderbuch von Wilhelm Busch; Regie: Hanns Farenburg.

Freitag, den 26. 12. 52
14.15 Uhr Übertragung des Wiederholungsspiels um den DFB-Pokal (FC St. Pauli/ Hamborn 07), Sprecher Paul Reymann; Dr. Harry Storz.
20.00 Uhr **Tagesschau, Wetterkarte; Wer tippt mit?** (Toto); **Der Doktor hat Ihnen was zu sagen ...**
20.30 Uhr »Was machen wir heute abend?« Ratschläge, wie Gäste zu unterhalten sind von Hannspeter Rieschel.
21.00 Uhr »**Eine nette Bescherung**« – ein Weihnachtsstollen – der Teig angerührt von Günter Keil, knusprig gebacken von Erwin Fuchs und zum Kaffee serviert von Peter Frankenfeld, Alice Treff, Erna Nitter, Cornelia Froboess, Gisela und Harald Martens. Weitere Mitwirkende: Ilse Werner; Friedl Hensch und die Cypris, Geschwister Schmid, Helmuth Zacharias u.a.

Sonnabend, den 27. 12. 52
(Übernahme des Programms aus Berlin)
20.00 Uhr **Wetterkarte, Wir stellen vor ...**
20.15 Uhr **Zwischen Nylon und Chemnitz** – ein Kabarettprogramm der »Stachelschweine«
21.00 Uhr Fritz Schulz-Reichel spielt mit kleiner Besetzung; Gesang: Rita Paul und Bully Buhlan; Conférence: Günter Keil.
21.25 Uhr **Das klingende Filmmosaik.**

Quelle: Programmankündigung in: Die Ansage 1952

Auch wenn der NWDR nun offiziell ein Programm ausstrahlte, waren die Meinungen über das neue Medium nicht nur positiv. Am bekanntesten wurde die Reaktion des Bundestagspräsidenten Hermann Ehlers, der in einem Telegramm an Werner Pleister geschrieben hatte: »Sah eben Fernsehprogramm. Bedaure, daß Technik uns kein Mittel gibt, darauf zu schießen« (zit. n. Der Spiegel 7/1953, 32). Die Kritik richtete sich, wie es auch ein ›Arbeitskreis für Rundfunkfragen‹ formulierte, gegen ein als anspruchslos empfundenes Programm. Doch hinter dieser Kritik standen auch politische Absichten, weil die CDU sich bemühte, das ungeliebte NWDR-Fernsehen aus dem SPD-geführten Hamburg unter bundesstaatlichen Einfluß zu bringen. Zur Freude der Fernsehleute hatte eine über drei Monate geführte Publikumsbefragung des NWDR-Meinungsforschers Wolfgang Ernst ergeben, daß das Publikum mehrheitlich mit dem Angebot zufrieden war: »Wie beim deutschen Film amüsieren sich die Zuschauer bei fast jedem Programm, bei dem die Kritiker die Hände ringen,« stellte die Kritik ironisch fest (Der Spiegel 19/1953, 30).

Der NWDR hatte die Absicht, bereits mit dem offiziellen Beginn des NWDR-Fernsehens ein gemeinsames NWDR-Programm von Hamburg aus zu senden. Diese Hoffnung erfüllte sich aufgrund technischer Probleme jedoch nicht. Nach einer Zusammenschaltung der drei Sender in Hamburg,

Fernseh-Übertragungsnetz der Deutschen Bundespost, November 1954

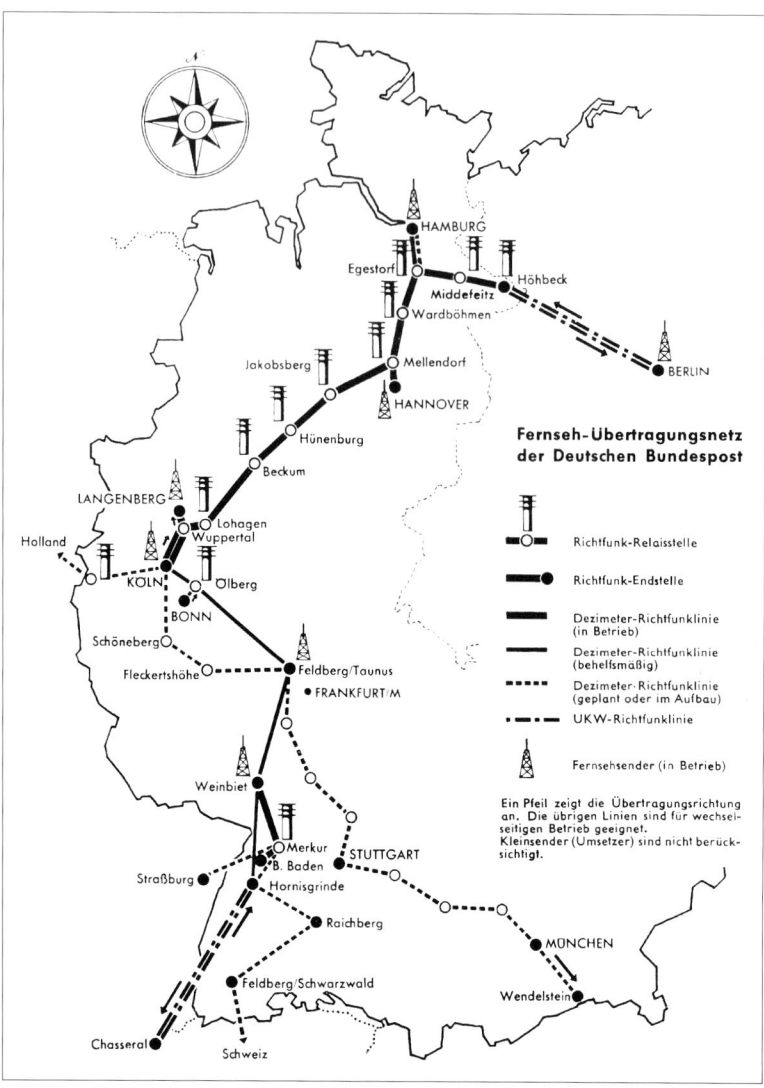

Technische Übertragungsprobleme

Köln und Berlin wurde Berlin am 22.1. 53 wieder abgekoppelt, weil die Richtfunkstrecke zwischen Hamburg und Berlin keine ausreichende Übertragungsqualität lieferte.

Zwischen Hamburg und Berlin mußte wegen des dazwischen liegenden Territoriums der DDR ein relativ großer Abstand überbrückt werden. Die ›Fernsehbrücke‹ wurde deshalb auf einer UKW-Frequenz und nicht wie auf den anderen Strecken mit Dezimeterwellen zwischen den beiden Sendern im Dannenberger Raum (auf der 75 m hohen Anhöhe bei Höhbeck) und in Berlin-Nikolassee über eine Distanz von 120 km hergestellt. Da der Berliner Sender relativ leistungsstark war (10 kW) konnten die Bilder des Berliner Programms bis nach Dannenberg und von dort nach Hamburg gut übertragen werden; der Dannenberger Sender war jedoch zu schwach, um die Hamburger Sendungen in ausreichender Qualität nach Berlin auszustrahlen. So sahen zwar bereits im Herbst 1952 die Hamburger das Berliner

Programm, die Berliner jedoch nicht das Hamburger Programm. Erst zur Düsseldorfer Funk- und Fernsehausstellung im Herbst 1953, also nach fast einem dreiviertel Jahr offiziellen Fernsehbetriebs durch den NWDR, war schließlich die Sendeleistung derart verbessert, daß man ein einziges Programm über alle Sender ausstrahlen konnte.

Die Kölner sendeten vor allem zwischen dem 25. 12. 52 und dem 1. 1. 53 ein eigenes Programm, weil die Post den Bau der Richtfunkstrecke von Hamburg zum Kölner Sender Langenberg noch nicht fertiggestellt hatte. Später schaltete sich Köln aus dem NWDR-Gemeinschaftsprogramm aus, um die Kölner Fastnacht zu übertragen, die bei den Norddeutschen auf wenig Gegenliebe stieß.

Die Richtfunkstrecken quer durch die Republik wurden bis Ende Oktober 1954 fertiggestellt, so daß ab 1. 11. 54 bundesweit das gemeinsame ARD-Programm »Deutsches Fernsehen« auf Sendung gehen und damit das NWDR-Fernsehen ablösen konnte.

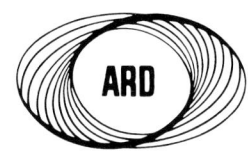

Das erste ARD-Logo

»Deutsches Fernsehen«

Unterschiedliche Programmkonzeptionen

Deutlich lassen sich in den Anfangszeiten unterschiedliche Programmkonzeptionen zwischen dem Hamburger und dem Berliner Programm erkennen. Während sich das Berliner NWDR-Programm mit der Gliederung ›Nachrichtensendung – Kulturfilm – Spielfilm‹ stärker am Prinzip der Kinovorstellung orientierte (die Berliner konnten offenbar auch alliierte Filmbestände nutzen), orientierte sich das Hamburger Programm stärker am Hörfunkmodell mit seiner Vielteiligkeit ganz unterschiedlicher Sendungen.

An den Tagen, an denen weder Hamburg noch Berlin Programm sendeten, waren Standbilder (Dias), Industriefilme oder Testbilder zu Test- und Meßzwecken zu sehen.

Aufgrund der geringen finanziellen Mittel bemühte sich das Berliner Fernsehteam unter Heinz Riek verstärkt um eine aktuelle Berichterstattung, die mit einigen 16mm-Kameras durchgeführt wurde. Sie gewann als »Aktueller Filmbericht« eine eigene Form gegenüber den in Hamburg produzierten Sendungen, die anfangs nur aus Wochenschaumaterial bestanden. Die Bedeutung dieser eigenen Filmberichte wuchs vor allem bei Berlin-spezifischen Themen, z. B. am 17. Juni 1953, als der NWDR-Filmtrupp den Aufstand in Ost-Berlin filmte und damit Bildinformationen lieferte, die sonst kein anderes Medium bot und die dann über Hamburg hinaus bei zahlreichen anderen Sendestationen Verbreitung fanden.

Berliner Fernsehteam

Diese Berichterstattung über den 17. Juni 1953 wurde später immer wieder gerühmt, und in der Tat gab sie – auch wenn sie vorrangig aus Filmberichten bestand – einen ersten Vorgeschmack davon, was Fernsehen sein konnte: Teilhabe an den Brennpunkten des Weltgeschehens und dies per Augenschein und nicht nur per radiophoner Darstellung.

Die Fernsehansagerin Ruth Breitag

»Am Mittwoch [17. 6. 53] gingen die Schmalfilmberichter des Fernsehdienstes in den Ostsektor hinein oder postierten sich unmittelbar an der Sektorengrenze, um die Vorgänge aufzunehmen. Was bis in die späten Mittagsstunden geschah, konnten wir in einem, halbstündigen Bildbericht um 20 Uhr sehen; die Ereignisse der Nachmittagsstunden wurden den Zuschauern ab 22 Uhr im bewegten Bild und Kommentar vermittelt. In Zusammenarbeit mit dem Rias konnte auch ein Interview mit Otto Nuschke gesendet werden: der Fernsehdienst hatte auf (stummen) Schmalfilm aufgenommen, wie ein Rias-Reporter Nuschke befragte; das Band wurde dem Bild unterlegt. Erschütternd ein Interview im Studio mit einem der beiden jungen Menschen, die die rote Fahne vom Brandenburger Tor entfernt hatten. Sein Name wurde nicht genannt, er trug eine dunkle Brille, neben ihm stand der West-Berliner, der ihm Unterkunft gewährt hatte. Am Donnerstag wurden (die angeschlossenen Sender hatten sofort ihr Programm geändert und die Sendezeit bis zu drei Stunden erweitert) wie auch schon am Mittwoch Abend die Berichte wiederholt und durch neue erweitert.« (Wagenführ 1953, 2)

Hamburger Programm

Das Hamburger Programm, finanziell besser ausgestattet als das Berliner Programm, orientierte sich an den Sendeformen des Hörfunks und adaptierte diese für das Fernsehen. Es entstand ein vorzugsweise im Studio produziertes Fernsehen. Es war zwangsläufig, daß das NWDR-Fernsehen aufgrund seines Produktionsstandortes eine starke Hamburger Färbung des Programms zur Folge hatte, was die Abneigung der nordrhein-westfälischen Fraktion im NWDR und die grundsätzlichen Vorbehalte des Kölner Intendanten gegenüber dem Fernsehen bestärkte. Doch dieser Hamburger Akzent resultierte nicht zuletzt auch aus der Not der begrenzten Mittel.

Neben den Sendungen, die im Studio hergestellt wurden, brachte der NWDR wiederholt ›abendfüllende‹ Filme. Einerseits wurden ältere Filme wie z.B. der Dokumentarfilmklassiker »Nanuk, der Eskimo« (»Nanook of the North«) gezeigt (Februar 1951), andererseits aktuelle Filme präsentiert, wie z.B. »Der fallende Stern« (1951), der bereits vor seiner Kinoerstaufführung in Hamburg auf dem Bildschirm zu sehen war. Noch war die Filmauswahl stark vom Zufall bestimmt, noch störte sich die Kinoindustrie nicht daran, daß die geschätzten 50 Hamburger Zuschauer auf diese Weise auch Spielfilme sahen. Die unterschiedlichen Ausgangspositionen der beiden NWDR-Programme glichen sich im Laufe der Jahre 1952 und 1953 sehr stark an, so daß die Unterschiede nur noch graduell waren.

Die publizistischen Debatten um das Fernsehen wie auch die entstehenden Programme erweckten den Eindruck, daß hier zunächst ein eher unpolitisches Medium entstand und daß die politischen Instanzen sich wenig um das Fernsehen kümmerten. Als Werner Pleister 1959 den NDR verließ, sagte ihm der »Spiegel« nach, unter seiner Ägide habe das zur »Keimzelle des Deutschen Fernsehens« gewordene NWDR-Programm einen »Programmstil von gepflegt provinziellem Zuschnitt« (Der Spiegel v. 15. 7. 59) hervorgebracht. Doch nicht zuletzt die Bundesregierung unter Konrad Adenauer verfolgte sehr genau die Aktivitäten der ARD-Anstalten und hatte die potentielle politische Bedeutung des Fernsehens bereits erkannt. So wie sie gegen ungeliebte Radio-Kommentatoren vorging, behielt sie auch die Fernsehaktivitäten, insbesondere auch die Berichterstattung über Bonn, im Auge (vgl. Steinmetz 1996, 47 ff.).

4.4 Die Entstehung der Programmgenres

»Spiegelbild des Lebens«

»Nach meiner Ansicht aber ist das Spiegelbild des Lebens, das das Fernsehen mit seinen Mitteln geben kann, viel wichtiger als die Produktion einer Traumwelt auf der Bühne, wie sie im Film reichlich genug gebracht wird,« formulierte 1951 Werner Pleister über das Programm (Kifu v. 19. 11. 51).

Welche Sendungsformen dem neuen Medium entsprachen, wurde in der Praxis des Versuchsbetriebs erkundet. Zwar gab es 1953 mit der von Gerhard Eckert verfaßten und sich normativ gebenden Poetik »Die Kunst des Fernsehens« (Eckert 1953) den Versuch einer systematischen Programmformenbeschreibung, doch litt sie daran, daß sie die noch sehr im Experiment und der Veränderung befindlichen Sendeformen verabsolutierte. Im Hintergrund der Entwicklung standen das Radioprogramm mit

Eine der ersten westdeutschen Versuchssendungen aus dem Bunkerstudio, 1951

seinen Sendeformen des Bunten Abends, des Quizspiels, des Hörspiels und des Features, der Reportage und Live-Übertragung, der Diskussionssendung, des Vortrags und der Nachrichtensendung und anderer Formen mehr, die Zeitung mit ihren journalistischen und kulturellen Textformen, das Kino mit Spielfilm, Dokumentarfilm und Wochenschau und das Theater mit seinen unterschiedlichen Varianten vom Zirkus über das Kabarett bis zur großen Drameninszenierung.

Drei Grundhaltungen in der Entstehung von Programmsparten lassen sich ausmachen, wobei von Programmgenres, wie sie sich in späteren Zeiten verfestigten, noch nicht die Rede sein kann, ebensowenig von Programmformaten. Zum einen waren es Studiosendungen, in denen etwas erzählt und dargestellt, später auch gesungen, getanzt und vorgeführt wurde oder geladene Gäste etwas von draußen mitbrachten. Das Gezeigte stellte sich als Welt im Gehäuse dar. Eckert beschreibt solche Sendungen als »das tägliche Brot des Fernsehens« (ebd., 78).

Grundhaltungen der Programmentstehung

Zum anderen ging das Fernsehen nach draußen, berichtete vor Ort dem Zuschauer daheim, live oder gefilmt. Der Sender erschien als Schaltstelle zwischen der Welt draußen und dem Wohnzimmer der Zuschauer, beide wurden via Fernsehen miteinander verbunden. Welt als Öffentlichkeit, als Fremdheit, als Natur prallte mit der Privatheit des Zuschauer zusammen.

Schaltstelle zwischen der Welt draußen und dem Wohnzimmer der Zuschauer

Schließlich war es die Fiktion, die ausgedachte, vorgespielte Welt, die sich als Künstliches, Erfundenes offen ausstellten. Fernsehen gab sich als Bühne und als Erzählinstanz. Alle Haltungen vermischen sich in der Programmpraxis. Die Formen und Genres, die daraus entstanden, nahmen unterschiedliche Aspekte dieser Haltungen in ihre Form auf.

Die Welt im Gehäuse

Fernsehen zeigte sich zunächst und vor allem als eine Welt im Gehäuse. Was anderswo geschah, wurde, vertreten durch einzelne Persönlichkeiten, ins Studio an einen Tisch geholt: Darsteller, Entertainer, Kleinkünstler, aber

Welt im Gehäuse

auch Wissenschaftler, Politiker, Vertreter der verschiedenen Berufe und Tätigkeiten kamen auf diese Weise ins Fernsehen. Ein dem Publikum vertrauter Fernsehreporter plauderte mit ihnen und ließ sich von der großen weiten Welt draußen erzählen. Die Gäste brachten Bildmaterial, Gegenstände, oft auch Tiere ins Studio mit, boten einzelne Unterhaltungsnummern oder wissenschaftliche Vorträge, spielten Szenen vor oder berichteten von ihren Reiseerlebnissen. Aus der Reportertätigkeit für den Hörfunk entwickelte besonders Jürgen Roland Fernsehsendungen über Hamburger Lokalereignisse. Er führte *Prominentengespräche* (»Was ist los in Hamburg?«) mit gerade in Hamburg anwesenden Gästen und schuf in Zusammenarbeit mit der Polizei ab 5. 10. 1953 eine präventiv gedachte Aufklärungsreihe: »Der Polizeibericht meldet«, in der es zunächst um reale Fälle (in der ersten Sendung um den letzten Mord des sogenannten ›Autobahnmörders‹) ging und sich der Hamburger Kriminaldirektor Paul Breuer mit der Bitte um Mithilfe an das Publikum wandte.

Das Studio schuf Überschaubarkeit und einen abgegrenzten Aktionsort. Hannspeter Rieschel lud Schauspieler und Autoren ins Studio ein. Er ließ z. B. Richard Billinger von seinem literarischen Schaffen erzählen. Nach einem einleitenden Gespräch trat er aus dem Bild, fragte aus dem Off weiter, so daß die Zuschauer den Eindruck gewinnen konnten, sie seien mit dem Autor »wirklich allein« und der in die Kamera hinein erzählende Billinger spreche direkt zu ihnen. »Billinger sprach über sein Leben und sein Werk«, »ganz einfach und klar, er lachte, er suchte nach Worten, dann deklamierte er ein Gedicht und in jedem Satz war er natürlich und ganz nah. In einer Viertelstunde zeigte der Fernsehrundfunk, was er kann, und daß er mehr kann als Rundfunk und Film« (Wagenführ 1952a, 6). Ähnlich wurde auch z. B. eine Sendung mit dem Hörfunkredakteur und Gruppe 47-Autor Ernst Schnabel beschrieben, der von seinem »Weltflug« 1950 erzählte. Schnabel zeigte dazu 80 Fotos, die er mit ins Studio gebracht hatte (ebd.). Viele andere Reisende kamen, Heinz Ladiges berichtete von seiner Expedition nach Bankok, Erich Schmidt von seiner Bolivien-Reise, Kapitän Kirchheiß von seiner Reise »Allein über den Atlantik« und Max Rehbein über seine Reise »Mit dem Segelschiff ›Pamir‹ nach Rio de Janeiro« (4. 6. 52). Eine Senderreihe hieß »Aus dem Stegreif«, in der verschiedene Gäste wie z. B. Jürgen Eggebrecht, Emil Bischoff oder Irene von Meyendorff erzählten.

Suggeriert wurde den Zuschauern eine Art Besuch bei ihnen zu Haus, als sei Schnabel zu ihnen persönlich in die Wohnstube gekommen, um seine Reiseerlebnisse zu erzählen. Der Tisch im Studio geriet auf diese Weise zu einer Verlängerung des Wohnzimmertisches des Zuschauers. Intimität, Privatheit wurde als Aura inszeniert, obwohl es sich um eine öffentliche Darbietung handelte.

Dabei wurden auch Themen verhandelt, die als *politisch* galten. Als »erste politische Sendung« rühmte z. B. der Mediendienst »Kirche und Rundfunk« (Kifu) im Februar 1951 ein »Interview mit Teilnehmern an einer Hamburger Studentenkundgebung gegen zwei neue Todesurteile in der Ostzone«. Doch im Vordergrund standen Gespräche mit eher als unpolitisch geltenden, aber ›interessanten‹ Persönlichkeiten wie z. B. dem Zoodirektor Hagenbeck, dem Boxer Höppner, Schauspielern und Regisseuren, die gerade in der Stadt waren und von denen der Zuschauer in der Tageszeitung gelesen hatte. Schaut man sich Hamburger Tageszeitungen mit ähnlichen Rubriken an, scheint eine solche Gesprächssendung in dieser Stadt naheliegend gewesen zu sein. Interviewpartner waren neben Rieschel vor allem der junge Hörfunkreporter Jürgen Roland und der schon im NS-Fernsehen tätige Kurt Krüger-Lorenzen.

Aus diesen Gesprächssendungen entstanden dann auch Sendungen, die den späteren Talk-Shows ähnelten, damals allerdings noch nicht so genannt wurden. Die beiden Journalisten Hans Rudolf Berndorff und Josef Müller-Marein plauderten über Alltagsthemen, ähnlich konzipiert war auch eine Sendung »Unsere ersten Gäste im neuen Jahr«, in der Anfang Januar 1954 ein Reeder, zwei Professoren, ein Verleger, der Kultursenator und Schauspieler (darunter Hildegard Knef, Hans Söhnker und Lieselotte Pulver) zusammentrafen und von drei Moderatoren befragt wurden.

Gesprächssendungen

Kinderfernsehstunden organisierte Ilse Obrig seit dem 11. 4. 51 in Hamburg und dem 21. 1. 52 in Berlin. Sie hatte bereits seit 1928 im Mitteldeutschen Rundfunk Bastelstunden veranstaltet, aus der sich dann die Form der auf das Mitmachen der Kinder vor dem Radio ausgerichteten »Spiel- und Beschäftigungsstunden« entwickelt hatte. Ab 1936 arbeitete sie auch für den Deutschlandsender und den Berliner Rundfunk, 1941/42 auch für den Berliner Fernsehsender. Ilse Obrig kannte deshalb auch viele der für das neue Fernsehen zuständigen Verantwortlichen und so ist es kein Zufall, daß sie ab 1951 auch für die »Kinderstunde« des NWDR-Fernsehens verantwortlich war. Da sie die Sendungen für das Hamburger und das Berliner Programm organisierte, mußte sie oft mehrfach pro Woche zwischen Berlin und Hamburg hin- und herfliegen. 1951 wurde die Kinderstunde mittwochs zwischen 16.00 und 17.00 gebracht, 1952 auch dienstags und donnerstags (vgl. Hickethier 1991d).

Kinderfernsehstunden

Ilse Obrig, Leiterin des Kinder-Fernsehfunks mit ihren Fernsehkindern

Sie organisierte vor allem Mitmach- und Beschäftigungsstunden, es wurde gebastelt, gesungen, das Fernsehen zeigte Kasperlespiele und gab Verhaltensmaßregeln. Es waren autoritative, anders gesagt: moderationszentrierte Formen: Die Spielleiterin hatte alles in der Hand und je selbstverständlicher und scheinbar spontan die Kinder reagierten, um so größer erschien ihre Autorität. Kindertümelnde Gesten hatte Ilse Obrig eher zurückgedrängt, im Gegensatz zu vielen ihrer Kolleginnen, die in diesen und den folgenden Jahren auf dem Bildschirm erschienen (Rosemarie Schwerin, Sybille Coulmas, Paula Walendry u. a.). Doch der bewahrpädagogische Impetus der Sendungen war unverkennbar. Es ging in diesen stark durch Konzepte der ›Musischen Erziehung‹ und pädagogischen Märchenalter-Theorien geprägten Sendungen um die Bewahrung einer heilen Welt, und neben den Spiel- und Bastelanregungen, die gegeben wurden, etablierte sich eine Welt der Spielfiguren wie z. B. der »Blumentopfmännchen«, der Bärenfamilie, an die dann später im Programm die zahlreichen Puppentheaterspiele der Augsburger Puppenkiste, der Hohnsteiner und anderer Spielgruppen anknüpften, die im Fernsehen zu sehen waren (vgl. ebd.).

Die »ganz eigene Kinderwelt« des Fernsehens wurde den damaligen kindlichen Zuschauern oft auch von Gastwirten, Radiohändlern etc. in eigenen »Kinderveranstaltungen« geboten, in denen sie das Zuschauen kollektiv organisierten. Ein Hamburger Gastwirt auf St. Pauli organisierte z. B. eine zeitlang solche Nachmittage und es lag nahe, daß viele Erwachsene darin eine positive Leistung des Fernsehens sahen, daß es die Kinder auf diese Weise ›von der Straße‹ holte.

Kinderveranstaltungen

»›Ilse! Ilse! rufen die Kinder in dem St. Pauli-Lokal ›Meeresgrund‹ begeistert, sobald Ilse auf dem Bildschirm des Empfängers erscheint. In Hamburgs weltbekanntem Vergnügungs-Zentrum hat ein Gastwirt eine Oase harmlosen Kinder-Vergnügens geschaffen. Für die Jugend des Umkreises ist ›Fernsehen‹ zum Zauberwort geworden. [...] Gebannt und gespannt sitzen die Fernseh-Kinder vor dem Empfänger. Ihre

Ratgebersendungen

Teilnahme ist so lebhaft, daß sie mitsingen, wenn auf dem Bildschirm kleine Sänger erscheinen und ihre frischen Stimmen zu hören sind.« (Hör Zu 1952, H.11)

Nicht nur für Kinder und ab August 1952 auch für Jugendliche (mit dem Moderator Franz Thomale), sondern auch für andere Bevölkerungsgruppen wurde Sendungen angeboten, die sich mit spezifischen Themen beschäftigten und oft den Charakter von Ratgebersendungen und Übungskursen annahmen. Es waren Sendungen vor allem »Für die Frau« oder »Nichts für Männer«, wie entsprechende Sendereihen hießen: Es gab Kochrezepte in der Sendung »Die perfekte Fischköchin« oder dann in den berühmt gewordenen Küchentips (»Bitte in 10 Minuten zu Tisch«) von Clemens Wilmenrod. »Schlank und elastisch mit Gymnastik« konnte die Hausfrau sich mit der gleichnamigen Sendung halten, an Gespräche über »Chirurgische Kosmetik« mit einem Dr. Sommer teilnehmen, einen Tanzkurs bei Ursula und Herbert Heinrici belegen, Modeschauen verfolgen und Einrichtungsratschläge beherzigen. Einen Zeichenkurs bot Werner Knoth an, eine »Autofahrschule« organisierten Carl Lunau und Udo Langhoff, einen Judokurs führte der damalige Deutsche Judomeister Hölzel und einen Billardkurs der Hamburger Meister Werner Sorge durch. Der Sternenhimmel wurde erklärt, aber auch die Welt der Kleinstlebewesen durch Dr. Fehse (»Mikroprojektion«). Nicht alles bewährte sich, aber man erprobte auf diese Weise Darstellungsmöglichkeiten und Vermittlungsformen.

Clemens Wilmenrod

Tiersendungen

Als besonderes Genre entfaltete sich die Form der Tiersendungen. Vor allem über die einheimische Fauna gab es belehrende und informierende Sendungen. »Die nachbarliche Nähe von Hagenbeck« zum Fernsehstudio bot »reiche Möglichkeiten, zumal da Tiersendungen in den Fernsehdiensten aller Länder zu den beliebtesten Programmen zählen«, konstatierte die Fernsehkritik (Kifu v. 7. 4. 52). Den Besuch eines Schlangenbesitzers (Willy Mandry) mit einem halben Dutzend Schlangen im Studio (»Von der Kreuzotter bis zur Boa constrictor«) rühmte die Kritik, im August 1952 waren Paul Eipper und im Januar 1953 Konrad Lorenz (»Das Leben der Graugans«) im Studio. Eipper hatte auch »zwei Tigerbabies« mitgebracht, ebenso vier Kinder, denen er zeigte, wie man mit den Tigerjungen umzugehen hatte. Im Winter 1953 kam auch der Direktor des Frankfurter Zoos, Bernhard Grzimek mit einem zahmen Gepard ins hessische Kinderfernsehen. »Im Fernseh-Zoo«, so der Titel einer Reihe, die am 3. 10. 53 im NWDR-Fernsehen begann, konnten die exotischen Tiere aus sicherer Distanz betrachtet und damit ungefährdet einen Blick ›nach draußen‹ wagen. Die Tierwelt war zudem unpolitisch und kündete von einer letztlich noch existenten gesunden Welt.

Nachrichten

Ganz selbstverständlich war für die damaligen Programm-›Macher‹, daß zum Programm des neuen Mediums, das sich als ein universelles verstand, Nachrichten gehörten. Sie wurden zunächst nur verlesen (z.B. wenn sie unter den Sendungstitel »Nachrichten« am Ende des Programmtages kamen), dann auch aus Standbildern und Filmaufnahmen (»Aktueller Filmbericht«) hergestellt. Materiallieferant war die »Neue Deutsche Wochenschau«. Der Hörfunkpublizist Martin S. Svoboda erhielt Ende 1951 den Auftrag, diese als wenig aktuell empfundene Form der Berichterstattung zu einer eigenen Form zu entwickeln. Ab Januar 1952 entstand eine Sendung, die dreimal wöchentlich (montags, mittwochs, freitags) kam, zuerst »Fernsehfilmbericht« hieß und auf Anregung des Fernsehchefredakteurs Heinz von Plato ab 20. 12. 52 den Titel »Tagesschau« erhielt, auch wenn sie weiterhin nur dreimal wöchentlich erschien. Eine erhöhte Aktualität als bei

»Tagesschau«

der Wochenschau entstand dadurch, daß die Filmaufnahmen live kommentiert wurden. Erster »Tagesschau«-Sprecher war Cay Dietrich Voss: »Er war kein lauter Kinosprecher, er sprach zur Familie« (Svoboda 1983, 129). Geräusche, Musik etc. wurden auf einem zweiten Band (Zweibandverfahren) aufgenommen, eine Praxis, die später durch das Cordbandverfahren abgelöst wurde.

Gegenüber der nur 11 Minuten dauernden Wochenschau benötigte die »Tagesschau« sehr viel mehr Material, da sie 15 Minuten umfaßte und mit jeder der drei Ausgaben pro Woche neu zu sein hatte. Svoboda nutzte dazu nicht nur das von der »Neuen Deutschen Wochenschau« nicht verwendete Material, sondern Wochenschau-Reporter drehten extra für die »Tagesschau« und diese erhielt schließlich ein eigenes Kamerateam. Erst am 1. 4. 55 löste man die Zusammenarbeit mit der Wochenschau, die »Tagesschau« stellte dann auch ihre Filmtechnik von dem bis dahin benutzten 35mm- auf 16mm-Film um (vgl. Svoboda 1983). Erster redaktioneller Mitarbeiter von Svoboda wurde Horst Jaedicke. Die »Tagesschau«-Redaktion wurde nach und nach ausgebaut. Ab 1953 kamen Filmberichte hinzu, die das Filmteam des NWDR Berlin aufnahm. 1954 begleitete z.B. ein NWDR-Team mit Schmalfilmkameras die Außenministerkonferenz 1954 in Berlin. Roderich Dietze, Werner Höfer und Dagmar Späth waren die Reporter, Dolf Sternberger, der 1953 auch Wahlanalysen erstellt hatte, kommentierte die Ereignisse.

Von der Wochenschau zur »Tagesschau«

Die Plazierung der »Tagesschau« am Anfang des Abendprogramms setzte sich ebenfalls durch, nachdem zuvor noch der »Aktuelle Filmbericht« erst nach einem, allerdings nur zwei Minuten dauernden »Bild des Tages« gesendet worden war. Weil in der Programmabfolge die Kindersendung durch eine bis zu zweistündige Sendepause deutlich vom Abendprogramm abgetrennt war, eröffnete die Tagesschau damit für die meisten Zuschauer das Programm um 20.00 Uhr. Schon in den fünfziger Jahren hatte sich dieser Termin damit im Fernsehverhalten der Zuschauer als ein Fixpunkt verankert. Er blieb selbst dann erhalten, als das Programm ununterbrochen vom Nachmittag in den Abend hineinging und die Eröffnungsfunktion für das Programm verloren gegangen war.

Fernsehen als Schaltstelle zur Welt: Live dabeisein

Fernsehen als Vermittlungsinstanz zur Welt nach draußen, zur ›Wirklichkeit‹, zum Fremden und Anderen, präsentierte sich vor allem in den Live-Übertragungen. Sie waren der besondere Stolz des noch jungen Fernsehens, konnte es doch hier etwas bieten, wozu die anderen Medien nicht fähig waren. Die erste Außenübertragung kam von der Gartenschau auf dem Heiligengeistfeld. Sportübertragungen eigneten sich dafür besonders, weil sie eine vorab festgelegte und damit für die Übertragung kalkulierbare Form besaßen. Am 26. 12. 52 übertrug der NWDR ein Fußballspiel zwischen dem FC St. Pauli gegen Hamborn 07. Vom Boxkampf ten Hoff/Jones berichtete Jürgen Roland 1951 noch mit Standfotos und Filmausschnitten, am 9. 2. 52 übertrug der NWDR bereits einen Kampf live aus der Hamburger ETV-Halle, Tennismeisterschaften kamen im August 1952 live auf den Bildschirm, ebenso ein Fußballspiel (HSV gegen Altona 93), auch die »vierzigste Alsterstaffel« des Sportbundes sowie Pferderennen. Am 29. 6. 52 übertrug das Fernsehen von der Horner Rennbahn in Hamburg ein Derby. Drei Kameras wurden eingesetzt und verschiedene Situationen gegeneinander gesetzt, so daß der Zuschauer den Eindruck hatte, an meh-

Vermittlungsinstanz zur Welt: die Live-Übertragungen

Sport

reren Stellen des Derbys zugleich zu sein. Reporter waren wieder Jürgen Roland, Roderich Dietze und andere, Regisseure am Mischpult Hanns Farenburg und Günther Meyer-Goldenstädt. Weil das Zusammenspiel so gut klappte, feierte der Kritiker Wagenführ die Übertragung als erneuten »Sieg des Fernsehens«: »Wir glauben nicht, daß ein Besucher der Horner Rennbahn ein gleich geschlossenes Bild vom Rennverlauf gehabt hat wie der Zuschauer vor seinem Empfänger daheim« (Wagenführ 1952b, 4). Das Fernseherlebnis wurde von ihm dem nicht medial vermittelten Erlebnis vorgezogen und die mediale Realität schien gegenüber der vormedialen vollständiger zu sein.

Außenübertragungen

Weil Außenübertragungen besonders aufwendig und insgesamt schwerer planbar als Studiosendungen waren, kamen sie seltener ins Programm und hatten, glaubt man den Berichten, immer den Hauch des Abenteuers. Doch galten sie deshalb auch als Höhepunkte des Fernsehens. Als von der Winterolympiade im Frühjahr 1952 in Oslo nur in kurzen Statements im Studio und durch Filmberichte vom Vortage berichtet wurde, nahm man dies noch als Notlösung hin, nicht mehr jedoch bei den Sommerspielen in Helsinki. Konnte doch die BBC schon 1948 live von den Olympischen Spielen in London berichten. Die Finnen hatten jedoch auch hier nur Filmaufnahmen durch ein eigenes Team zugelassen, so daß die ›Olympia-Redaktion‹ in Hamburg (Jürgen Roland, Roderich Dietze, die Kommentatoren Storz und Bramfeld, sowie als Unterstützung Martin Svoboda und H. Seifart) in der täglichen Sendung »Fernseh-Chronik der XV. Olympischen Spiele« (19. 7. 52 bis 4. 8. 52) mit Tabellen hantierte, Standbilder einblendete, Archivaufnahmen und Filmberichte vom Vortage zeigte. Schon hier wurde – wie dann später mit den Möglichkeiten der elektronischen Aufzeichnung – in solchen Fällen der tatsächliche Live-Bericht eines Geschehens durch eine Art Quasi-Live-Präsentation im Studio ersetzt. Wenn der Zuschauer schon nicht die Spannung des augenblicklichen medialen Dabeiseins geboten bekam, sollte er zumindest den Eindruck des Dabeiseins durch eine Live-Sendung aus dem Studio erhalten.

»Seit der Nordwestdeutsche Fernsehfunk den regulären Programmbetrieb aufgenommen hat, gehören die Übertragungen von Fußballspielen am Sonntagnachmittag zu den beliebtesten Sendungen. Im Kreise der Familie und der Sportfreunde können die Fernseher alle Phasen eines Oberligakampfes genauer verfolgen als von einem Stehplatz auf den überfüllten Tribünen: Zwei oder drei an der Längsseite des Spielfeldes auf einem Turm postierte Kameras verfolgen den Ball von der ersten bis zur letzten Spielminute und blenden im rechten Augenblick, wenn es vor den Toren brenzlig wird, zur Großaufnahme über.

Die Fußballvereine erblicken in den Sonntagssendungen keine Gefahr für ihre Tageskassen und gestatten die Übertragung gegen geringe Gebühren (1000 bis 2500 Mark). Erfreut über das leicht (und billig) zu beschaffende Programm, brachten die NWDR-›Zauberspiegler‹ seit Weihnachten 1952 insgesamt 24 Übertragungen: von Punktspielen der Oberliga Nord und West und von so beachtlichen Kämpfen wie dem Fußball-Länderspiel Deutschland – Österreich (Köln), dem Endspiel um die Deutsche Fußballmeisterschaft (Berlin) und dem Länderspiel Deutschland – Norwegen (Hamburg).« (Der Spiegel v. 17. 3. 54)

Kirchliche Sendungen

Neben den Sportübertragungen erprobte das NWDR-Fernsehen auch Übertragungen aus anderen Lebensbereichen: Das Fernsehen übertrug aus Kunstausstellungen (»Die Industrie als Kunstmäzen«, 1952), Veranstaltungen aus Planten und Blomen, dem Hamburger Curio-Haus und vom Hamburger Hafen. Vor allem kirchliche Sendungen konnten das besondere kulturelle Verständnis des bundesdeutschen Fernsehens sinnfällig werden lassen und Kritiker, wie sie gerade in den Kirchen vertreten waren, besänftigen. Ostern 1953 hatte bereits der evangelische Landesbischof Lilje im Fernsehen zum Karfreitag gesprochen. Am 6. 6. 53 wurde ein evangelischer Gottesdienst übertragen und am 28. 6. 53 ein katholischer, der sehr viele Diskussionen darüber auslöste, ob ein Gottesdienst überhaupt in dem technischen Medium Fernsehen gesendet werden dürfe. Im August zeigte der NWDR mehrere Gottesdienste des Evangelischen Kirchentages (12. bis 16. 8. 53). Am 6. 10. 53 brachte das NWDR-Fernsehen die erste Übertragung einer Bundestagsdebatte. Der im Radio bereits eingeführte »Parlamentsberichter« Hans Wendt kommentierte die Übertragung und interviewte im Anschluß daran den in dieser Sitzung wiedergewählten Bundeskanzler Konrad Adenauer.

Übertragung von Bundestagsdebatten

Die Live-Übertragungen hatten einen Nebeneffekt, der für die Programmentwicklung nicht unerheblich war: Weil sie an die Zeiten der zu übertragenden Veranstaltungen gebunden waren, fanden sie im Fernsehen zumeist außerhalb der üblichen Programmzeiten von 20.00 bis 22.00 Uhr statt – und machten durch die Resonanz, die sie fanden, deutlich, daß das Programm nicht an die von Theoretikern wie Gerhard Eckert und von Programmverantwortlichen wie Werner Pleister postulierten maximalen Zwei-Stunden-Dauer gebunden war.

Spektakulärstes Live-Ereignis war die am 2. 6. 53 durchgeführte Übertragung der Krönung Elizabeth II. von England. Von London war eine Richtfunkstrecke über Dover (mit Abzweig nach Paris), Lille, Brüssel, Antwerpen, Eindhoven, Wuppertal aufgebaut, von dort verzweigte sie sich nach Hamburg, Berlin und Frankfurt. Von 10.15 Uhr bis 17.15 Uhr ging die Live-Übertragung über den Bildschirm; Kameras der BBC standen entlang des Weges, den der Krönungszug nahm, und in der Westminster Abbey. Die Krönung wurde auch im Radio übertragen, Filmberichte flog man noch am gleichen Tag in die USA und nach Kanada, um sie dort im Fernsehen zu zeigen. Auch das NWDR-Fernsehen brachte nach den Live-Übertragungen von 20.00 bis 23.30 Uhr noch Filmaufnahmen aus London und ließ die Ansprache der Königin als reine Tonaufnahme über den Sender laufen. Das Eindrucksvolle der Übertragung bestand in der technischen Überwindung der dem Zuschauer bewußten Distanz, die das Fernsehen live herstellte, in der Märchenhaftigkeit des Ereignisses und eben auch in der Dauer der Berichterstattung von insgesamt elf Stunden.

Krönung Elizabeth II. von England

Damit hatte das Fernsehen einem breiten Publikum zum ersten Mal eine Teilhabe an einem weltweit interessierenden Ereignis durch eine internationale Schaltung quer durch Westeuropa bis nach London ermöglicht. Auch wenn die mediale Distanz unabweisbar blieb, bestand das Neue in der Zeitgleichheit von Ereignis und Wahrnehmung des Ereignisses auf den Bildschirmen.

Coronation Times, Sondernummer der Radio Times mit den Sondersendungen über die Krönung von Elisabeth II.

»Zum ersten Mal in der Geschichte sahen Millionen Menschen in ihrer guten Stube den mittelalterlichen Pomp und Prunk einer Krönung. In Bonn saßen Bundeskanzler Adenauer und die Kabinettsmitglieder vor dem Fernsehgerät. Weitere hunderttausend Deutsche verfolgten den Ablauf der Zeremonie an Heimgeräten, an Projektionstruhen in Gaststätten, Radiogeschäften, Warenhäusern und im Düsseldorfer Apollo-Theater (Eintrittskarten von 3 bis 10 Mark). Was sie sahen, war abwechselnd so faszinierend und so ermüdend wie die Wirklichkeit selbst.« (Der Spiegel v. 10. 6. 53)

Carl Haensel schrieb am 6. 6. 52 in der »Frankfurter Allgemeinen«: »Ein wesentlicher Teil der Welt war am 2. Juni zu einem Gesamterleben vereint.« H. Christiansen kommentierte in der »Welt« vom 3.6.: »Und Elizabeth in ihrer goldenen Staatskutsche blickte aus dem Fenster und lächelte – und es war in diesem Augenblick, als ob dieses Lächeln nur uns allein galt.« Hans

Helmut Kirst sah es im Münchner Merkur vom 5. 6. ähnlich: »Das Erregende beim Fernsehen ist das: man spürt die Hautnähe der Ereignisse. Was gesehen wird, geschieht jetzt, in diesem Augenblick unmittelbar vor dir.«

»Fast rauschhaft wurde eben jene Allgegenwärtigkeit, die das Gefühl für räumliche wie geistige Grenzen, für eine Orts-Gebundenheit im doppelten Wortsinne aufzuheben scheint, ausgekostet. Und es zeigt sich eindeutig, daß die größten Fernseh-Wirkungen vom aktuellen Bericht ausgehen: die Linsen der Kameras sehen für hunderttausend Augenpaare, die sich gleichsam vom Körper loslösen und wie die Fühler eines Fabeltieres den Raum nach Schaubarem abtasten.« (Krönung 1953, 291)

Die Krönung war ein singuläres Ereignis und als Programmveranstaltung so schnell nicht wiederholbar. Deshalb bildeten in den Jahren danach vor allem Sportübertragungen einen wirksamen Anziehungspunkt für das Publikum, konnte es doch hier immer wieder ein spannendes Ereignis live erleben. Einen weiteren Höhepunkt stellten die Übertragungen der Fußballweltmeisterschaft im Sommer 1954 aus der Schweiz dar. Sie lockten Tausende in die Gaststätten, die ein Fernsehgerät aufgestellt hatten. Viele nahmen die Übertragung nun zum Anlaß, ein eigenes Empfangsgerät zu erwerben. Solche Sportübertragungen führten auch in der Folgezeit immer wieder dazu, daß ein meist schon länger bestehender Wunsch nach einem eigenen Gerät realisiert wurde. Spektakuläre Übertragungen führten wiederholt zu einem spürbaren Anwachsen der Teilnehmerzahlen.

Unterhaltung und Fiktion als Teil des Programms

Fernsehen als Unterhaltungs- und Erzählinstanz fing klein an. Die Spannung zwischen selbstgewählter Begrenzung in einer Welt im Gehäuse und dem Blick in die große Welt (hier in die der Weltliteratur und der internationalen Unterhaltungsprominenz) bestimmte auch in der Fiktion die Entwicklung. Es begann den beengten Studioverhältnissen entsprechend zunächst mit *Kleinkunstdarstellungen* und musikalischer Unterhaltung. Nummernprogramme wie »April! April! Mit Kleinkunst fällt man leichter rein« (2. 4. 52) oder »Maientanz« (»Kleinkunst-Auftakt zum schönsten Monat des Jahres«) wurden bald durch länger dauernde Sendungen wie »Hey-Ba-Be-Ri-Ba« (»Ein Abend mit Kurt Widmann, seinem Orchester und Solisten«) und anderen musikalischen Unterhaltungsabende ergänzt. Chris Howland (damals Disk-Jockey beim britischen Militärsender BFN) legte im Februar 1953 erstmals Schallplatten im Fernsehstudio auf und »Mit Musik geht alles besser« hieß eine Fernseh-Revue, die viele Nachahmungen fand. Eine »amerikanische Rollschuhrevue« wurde 1952 aus der Ernst-Merck-Halle in Hamburg übertragen, Ausschnitte aus der Inszenierung »Wolken sind überall« des Thalia-Theaters (Regie: Karl Heinz Schroth), eine »Zauber-Revue« des »Magiers Kalanag« aus dem Hamburger Flora-Theater, dann auch Tanzturniere und klassische Tanzdarbietungen gezeigt.

Der Begriff des »Bunten Abends« fand Eingang ins Fernsehen, der Aufwand für diese meist samstäglichen Sendungen wurde immer größer, weil internationale Gäste akquiriert und als Conférenciers prominente Schauspieler wie z.B. Axel vom Ambesser gewonnen wurden. Nicht mehr ein musikalisches Trio spielte auf, sondern schon 1952 das NWDR-Radioorchester unter Alfred Hause. Die amerikanische Variante des Ratespiels wurde als Quiz im Fernsehen etabliert: »Hell und Schnell« hieß eine der ersten Sendungen, die Zuschauer konnten sich beteiligen und die »Fragekiste« öffnete ein ›Senatsdirektor Erich Lüth‹ (1. 4. 53). Noch konnte man sich offenbar den großen Unterhaltungswert solcher, im Radio durchaus schon populären Sendungen nicht ganz vorstellen, sondern suchte sich durch einen ›amtlichen‹ Charakter abzusichern. Ab 21. 11. 53 gab es ein Fernsehquiz »Er oder Sie« mit Hannspeter Rieschel im Programm und auf der Düsseldorfer Funkausstellung 1953 präsentierte Peter Frankenfeld sein erstes Fernsehquiz »Wer will, der kann«, bei dem sich ›junge Talente‹ bewähren konnten.

Auch das Kabarett fand seinen Platz im Programm, Lore Lorentz vom »Kom(m)ödchen« gastierte z.B. am 23. 6. 52 im Studio, im Berliner Programm waren die ›Insulaner‹ mit Tatjana Sais und Günter Neumann zu sehen, 1953 kamen die Berliner ›Stachelschweine‹ und zahlreiche andere Kabaretts ins Programm, aber auch andere Entertainer brachten kabarettistische Darbietungen, weil diese sich als besonders fernsehgemäß erwiesen: sie waren aktuell, da sie oft zeitbezogene Anspielungen enthielten, und kamen mit wenig Präsentationsraum aus. Ähnlich ist auch eine Karikaturen-Sendereihe von Mirko Szewczuk zu verstehen. Mit solchen Sendungen, in denen Karikaturen oder auch Porträts gezeichnet wurde, etablierte sich eine eigene, die fünfziger Jahre kennzeichnende Programmform, die in den sechziger Jahren bereits unterging. Sie war einerseits aufgrund ihres oft aktuellen Themas sowie der im Mittelpunkt stehen Karikatur dem Medium Zeitung verpflichtet, forderte vom Zuschauer die Geduld ein, dem Entstehen einer Zeichnung zuzusehen und dabei zu spekulieren, was es denn werden könnte. Diese Form war andererseits an den Fernsehstudioraum gebunden und lebte davon, daß sie in der Regel in anderen Misch- oder Magazinformen integriert wurde.

Kabarett

Szenische Produktionen blieben dagegen zunächst selten, weil ihre Produktion aufwendig war. Das aus Goethes »Faust« entnommene »Vorspiel auf dem Theater«, eine 15 Minuten dauernde Inszenierung von Hanns Farenburg mit Olaf Thorsten, Fritz Scheffers, Bernhard Thieme und Udo Langhoff, wurde viermal live aufgeführt (zuerst am 2. 3. 51) und besaß einen programmatischen Charakter für das Fernsehen überhaupt (beim ZDF-Beginn am 1. 4. 63 eröffnete es ebenfalls in einer eigenen Inszenierung den Sendebeginn, ebenso im Österreichischen Fernsehen). Nach einem Text von Wolfgang M. Schede wurde am 6. 10. 51 ein weiteres Fernsehspiel gezeigt, und ab 1952 nahm die Zahl der Fernsehspiele ebenso wie die der Theaterübertragungen stark zu.

»Vorspiel auf dem Theater«

»Die Dramaturgie des Fernsehens wird an bester deutscher Kulturtradition anknüpfen. Ihr Wegzoll darf nie und nimmer darin bestehen, den deutschen Menschen innerlich ärmer und nervöser zu machen oder ihn gar zu entseelen. Ihre Hauptaufgabe wird darin beruhen, ein Spiel zu schaffen, das nicht weiter auflöst, zerstreut, verflacht, unsere besten Impulse atomisiert; denn das oft sichtbar werdende Sehnen unserer Zeit strebt letztlich Verinnerlichung, Vertiefung, Sammlung an.« (Berger 1953)

Die Bezugnahme auf das Theater schien aufgrund der Studio-Liveproduktion naheliegend. Das Fernsehstudio war nicht sehr viel anders als eine Kleinsttheaterbühne organisiert, nur daß die Zuschauer entfernt an ihren Bildschirmen saßen. Das Fernsehspiel sei dem Theater verpflichtet, war eine weitverbreitete Meinung, und diese Auffassung bestimmte bald die Fernsehspielpraxis der fünfziger Jahre insgesamt. Theaterübertragungen wurden zum selbstverständlichen Programmbestandteil. Daß die Theaterbesucher gegen eine Live-Übertragung protestierten und diese deshalb abgebrochen werden mußte, wie Ostern 1953 in Hamburg, als Franz Lehars »Lustige Witwe« aus dem Operettentheater in St. Pauli gesendet werden sollte, blieb die Ausnahme. Auch das Theaterpublikum gewöhnte sich langsam an die mitschauenden Kameras.

Anknüpfung an das Theater

»Familie Schölermann«

Große Oper

»Mitmach-Krimis«

Familienserie

Am 9. 12. 53 sendete das Fernsehen zum ersten Mal »La Traviata« als große Oper, in der Regie von Herbert Junkers (im Januar hatte eine holländische Truppe bereits in einem Gastspiel »Amahl und die nächtlichen Besucher« gezeigt). Die Zuschauer waren begeistert, so daß der NWDR schon am Neujahrstag die auf Film aufgezeichnete Aufführung wiederholte. Bei der Inszenierung hatte man den musikalischen Part vorab auf Tonband gespeichert. Auch setzte man Schauspieler ein, so daß eine größere darstellerische Intensität erreicht wurde, weil nicht mehr direkt zum Zuschauer hin gespielt wurde.

Ab 15. 10. 53 produzierte der NWDR eine Reihe von »Mitmach-Krimis« von Kurt Paqué (erster Fall »Der Fall Sieveking«, Regie: Waldemar Bublitz), bei denen der Zuschauer den Täter erraten durfte. Die Zuschauer konnten sich bei der ersten Sendung mit Lösungsvorschlägen telefonisch beim Sender melden, nach einer zwanzig Minuten dauernden Pause wurde die Lösung vorgespielt. Später legte man Tage zwischen das Spiel und die Verkündung der Lösung, da das Publikumsinteresse enorm war. Damit war der Einstieg in ein publikumswirksames Fernsehspielgenre gefunden. Paqué entwickelte dann ab Mitte der fünfziger Jahre die Reihe »Wer hat Recht?«, in der es um knifflige Rechtsprobleme ging und das Publikum beteiligt wurde.

Am 15. 9. 54 begann mit »Unsere Nachbarn heute Abend: Familie Schölermann« die erste langlaufende Familienserie des deutschen Fernsehens, die zunächst gar nicht auf die dann schließlich produzierten 111 Folgen angelegt war. Sie wurde wegen ihres Erfolges aber so lange fortgesetzt, bis die Darstellerin der Familienmutter 1960 aus privaten Gründen ausstieg. Das Familiengenre erwies sich deshalb als so tragfähig, weil es sich optimal in den Rezeptionsrahmen des Privaten einpaßte. Die familiäre Situation der Zuschauer fand eine mediale Ergänzung, in deren Rahmen sich die verschiedensten gesellschaftliche Themen fiktional integrieren und erörtern ließen. Auch hier, wie bei vielen anderen Programmgenres, hatte das Radio bereits mit vergleichbaren Formen der Radiofamilienserie vorgearbeitet.

Mit der Aufnahme des täglichen Programmbetriebs ab 1953 etablierten

Die erste Fernseh-Übertragung des »Internationalen Frühschoppen« am 30.8.1953

sich in stärkerem Maße Sendereihen. Die »Tagesschau« eröffnete montags, mittwochs und freitags, wenn die Hamburger für das Programm verantwortlich waren, das Abendprogramm. Hugo Murero präsentierte »Die Runde Sport«, Günter Neumann (vom Berliner Kabarett ›Die Insulaner‹) gestaltete von Berlin aus Unterhaltungsabende, Wolfgang Neuss »kabarettelte« zur allgemeinen Lage, Günter Piecho veranstaltete einen »Berliner Rundblick« und Herbert Victor fragte in einem unterhaltenden Magazin regelmäßig: »Wußten Sie schon?« usf. Die Reihenproduktion prägte sich im Berliner Programm stärker als in dem in Hamburg produzierten aus, doch auch dort hatten Sendungen zur Wirtschaft mit Dr. Julia Nussek, Tanzkurse (Ursula und Herbert Heinrici) oder Küchentips mit Clemens Wilmenrod einen Reihencharakter.

Reihencharakter der Sendungen

Das Abendprogramm von 20.00 bis 22.00 Uhr bildete den Kern des Angebots, hinzu kamen die Nachmittagssendungen der Kinderstunden, unregelmäßig plazierte Live-Übertragungen und ab 30. 8. 53 am Sonntag Mittag die aus dem Hörfunk übernommene Diskussionssendung »Der Internationale Frühschoppen« mit Werner Höfer.

4.5 Frühes Zuschauen und erste Fernseherfahrungen

Das NWDR-Fernsehen wurde zunächst von vergleichsweise wenigen Zuschauern gesehen. Neben einer kleinen Gruppe von Zuschauern, die das Programm zu Hause auf einem eigenen Schirm betrachten konnten (wie z. B. der Fernsehpublizist Kurt Wagenführ, der keinen Tag des Programms verpaßte und das Programm in Tagebüchern kommentierte), konnte eine größere Öffentlichkeit das Programm in zwei Fernsehstuben verfolgen, die das »Hamburger Abendblatt« und die »Hamburger Freie Presse« eingerichtet hatten.

Rezeption in Fernsehstuben

»Vor dem Schaufenster stehen an jedem Abend Trauben von Menschen und starren auf das Fernsehprogramm, wobei sie sich durch den meist auf der Straße schlecht ankommenden Ton nicht stören lassen. Es regnet jetzt fast immer abends, aber das vertreibt die Menschen nicht. Die Händler ringen die Hände, daß nur an jeden zweiten Tag gesendet wird, und sie haben viele Wünsche zum Programminhalt selbst.« (Wagenführ Nov. 1951c)

Damit hatte man an die Zuschaupraxis der Vorkriegszeit angeknüpft, wobei jedoch deutlich war, daß dieser Kollektivempfang nur übergangsweise gedacht war, bis die Fernsehindustrie genügend Geräte für den Privatgebrauch hergestellt hatte.

Zuschauen als Erlebnis

Das Beispiel des amerikanischen Fernsehens mit seiner explosionsartigen Ausbreitung hatte gezeigt, daß der individuelle und private Empfang dem Medium Fernsehen angemessener war. ›Kollektives‹ Sehen gewann gegenüber diesem amerikanischen und damit ›modernen‹ Vorbild den Ruch des Totalitären, im Dritten Reich praktiziert, aber auch unter anderen ›totalitären‹ Regimen denkbar. Der private Empfang stand dagegen für ein Fernsehen in der sozialen Marktwirtschaft.

Privater Empfang

Kollektiv wurde jedoch noch weiterhin gesehen. In den Gastwirtschaften rechnete man bei Sportübertragungen mit 25 bis 30 Zuschauern, bei den Fernsehhändlern mit 6 bis 7 Neugierigen. 44 Prozent der Befragten einer NWDR-Umfrage gaben 1953 an, sie würden sich gern ein Fernsehgerät kaufen, aus Neugier, weil man Zeitgeschehen miterleben wollte oder als Ersatz für Kino und Theater (Ernst 1953, 564).

Doch noch waren die Fernsehgeräte teuer. 1953 kostete ein Fernsehgerät zwischen 1.000 und 4.000 DM für unterschiedlich ausgestattete Geräte: vom einfachen Tischgerät bis zur sogenannten Luxustruhe mit Radiogerät, Plattenspieler und Hausbar. Über 80 Prozent der Bevölkerung verdienten jedoch nicht mehr als 400 DM im Monat, viele konnten sich ein Gerät nur durch Ratenzahlung bzw. einen Kredit leisten (vgl. Klaassen 1997, 90). Anfang 1953 sanken die Preise für die einfachen Tischgeräte von 1.000 auf 800 DM, weil die Käufer das sehr kleine Bild von 36 cm Durchmesser zugunsten der größeren von 43 cm bei den etwas teureren Geräten verschmähten. Wenn man schon so viel Geld ausgab, wollte man auch ein größeres Bild erhalten. Die Entwicklung ging deshalb schon in den fünfziger Jahren zu noch größeren Bildschirmen und damit zu einem verstärkten Illusionierungseindruck hin.

Einführung von Fernsehgebühren

Mit dem offiziellen Beginn des NWDR-Fernsehens erhob die Bundespost ab dem 1. 1. 53 Fernsehgebühren von monatlich 5 DM. Damit wurden die Kosten des Fernsehens jedoch nicht gedeckt. Der Hörfunk alimentierte den Fernsehbetrieb noch einige Jahre. Mit den Fernsehgebühren gewann das Fernsehen auch den Charakter eines offiziellen Mediums, weil kaum ein Zuschauer den genauen institutionellen Zusammenhang zwischen der die Gebühren eintreibenden staatlichen Institution der Post und dem öffentlich-rechtlichen Fernsehen durchschaute.

Medium der Biederkeit

Fernsehen war zunächst vor allem ein von den Männern favorisiertes Medium. So wie sie sich in der Regel innerhalb der Haushalte für die Technik zuständig fühlten, so setzten sie die Anschaffung eines Fernsehgeräts oft noch vor der Ausstattung des Haushalts mit einer Waschmaschine durch (Andersen 1997, 121).

In den Erinnerungen der Zuschauer gibt es zahlreichen Beschreibungen über den frühen Fernsehgebrauch. Daß das Fernsehgerät »furchtbar kompliziert einzustellen war«, erinnern sich z.B. eine Zuschauerin an die fünfziger Jahre, »eigentlich waren es nur zwei, drei Knöpfe, aber trotzdem, bis man den Sender hatte, hat es furchtbar lange gedauert« (Hickethier 1980b, 59, auch Hickethier 1982, Kübler 1982, Raumer-Mandel 1990).

Erinnerungen der Zuschauer

Zunächst verschob sich mit der Anschaffung eines Fernsehgeräts die Form der kollektiven Nutzung wieder in den Familienzusammenhang hinein: Freunde und Bekannte wurden zum gemeinsamen Fernsehabend eingeladen, die gemeinsame Betrachtung des Programms stiftete Geselligkeit. Im Grunde wurde das Fernsehen zu einem Vehikel einer sich verstärkenden Technisierung der Haushalte, denn es zeigte, wie bequem man es jetzt mit Unterhaltungsgeräten haben konnte.

Kollektive Nutzung im Familienzusammenhang

Daß die Zuschauer nun nicht, wie Günther Anders wenig später befürchtete (Anders 1956, 105ff.), als »Massenmenschen« zu Eremiten vor dem Gerät wurden, lag vor allem daran, daß die Etablierung des Geräts eingebunden war in die allgemeine Technisierung der Haushalte, in denen zahlreiche Geräte die Hausarbeit erleichterten und zeitlich verkürzten und andere wie das Telefon und das Auto die sozialen Kontakte nach außen stärkten. Daß das Fernsehen dagegen zur »Verbiederung« des Lebens beitrug, wie Anders ebenfalls mutmaßte (ebd.), war nach den angeblich ›heroischen‹ Zeiten vor 1945 vielen Bürgern gar nicht so unwillkommen. Zu vermuten ist deshalb, daß nicht das Fernsehen diese Verbiederung ausgelöst hat, sondern daß ein allgemeiner mentaler Trend nach dem Zweiten Weltkrieg und im Zuge des Wirtschaftswunders auch zu einem bieder wirkenden Angebot des Fernsehens führte.

Ab 1953 breitete sich das Fernsehen auch außerhalb des Sendegebiets des NWDR aus. Am 1.1.54 gab es 11.658 angemeldete Fernsehteilnehmer, davon allein 7.977 im Sendegebiet des NWDR, 2.157 im Sendegebiet des HR und 1.438 im Gebiet des SWF. Das Medium expandierte nun immer schneller, wobei die Zuschauerzahlen im Senderbereich des NWDR noch einige Zeit lang den größten Zuwachs zeigten.

4.6 Das Ende des NWDR

Das NWDR-Fernsehen bildete mit seinen Versuchssendungen und der langsamen Entwicklung von Programmformen sowie mit seinen zunächst noch unsystematischen und ständig wechselnden Programmstrukturen einen Nucleus des bundesdeutschen Programmfernsehens, der die weitere Entwicklung entscheidend bestimmte. Die Art und Weise, wie Fernsehen zu machen war, wurde – gerade auch dort, wo es sich um wenig reflektierte ›Selbstverständlichkeiten‹ handelte – für eine längere Zeit definiert. Neben dem Einfluß der Vergangenheit, den Kenntnissen und Erfahrungen der alten Mitarbeiter des NS-Fernsehens stand von Anfang an der Experimentierwille der jüngeren Mitarbeiter, zudem wirkten sich ihre Erfahrungen und Bilder der Reisen in die USA und Großbritannien aus. Auch wenn Publizisten wie Kurt Wagenführ immer daran erinnerten, daß es ein Fernsehen vor dem Kriege gegeben hatte (vom Nationalsozialismus war in diesem Zusammenhang nie die Rede), das Vorbild aus der Zeit vor 1945 blieb insgesamt eher marginal und verlor sich bald ganz. Was hier entstand, war ein neues

Der Berliner Funkturm mit drei SFB-Sendern

Eröffnungsansage des SFB, 1954

Pausenbild des NWRV

deutsches Fernsehen, das ganz der neuen bundesdeutschen Lebensweise und Mentalität verbunden war.

Die wesentliche Differenz des neuen NWDR-Fernsehens gegenüber dem Fernsehen vor 1945 bestand jedoch vor allem darin, daß jetzt ein wachsender gesellschaftlicher Diskurs über das Fernsehen entstand, daß über Sinn und Aufgabe, über Organisation und Folgen des Mediums öffentlich gestritten wurde. Von der Vergangenheit des Mediums wollte man bald nichts mehr wissen, als Paradigma taugte das NS-Fernsehen nicht, weil in der sich verändernden Gesellschaft der fünfziger Jahre auch das Fernsehen sich selbst definieren und zentrale Aufgaben im Modernisierungsprozeß übernehmen mußte.

Auch ohne diese Fernsehentwicklung war der NWDR an ein Ende gekommen. Rundfunkpolitisch entfernten sich die im Sendegebiet des NWDR zusammengefaßten Länder voneinander. Ab 1952 hatte der Berliner Senat bereits die Schaffung einer eigenständigen Berliner Landesrundfunkanstalt betrieben und das Berliner Abgeordnetenhaus deren Gründung mit einem Gesetz am 5. 11. 53 beschlossen. Der Sender Freies Berlin (SFB) nahm am 1. 6. 54 seinen Programmbetrieb im Hörfunkbereich auf (Bausch 1980, 187 ff.). Der nordrhein-westfälische Landtag hatte am 12. 5. 54 ein Gesetz zur Errichtung des »Westdeutschen Rundfunks« verabschiedet und damit die Auflösung des NWDR eingeleitet. Ein entsprechender Staatsvertrag zur Liquidierung des NWDR trat am 31. 3. 55 in Kraft, am 31. 3. 56 hörte der NWDR auf zu existieren. Seine Nachfolge traten der Westdeutsche Rundfunk (WDR) und der Norddeutsche Rundfunk (NDR) an, das Fernsehen der beiden neuen Landesanstalten wurde neben einigen anderen Aufgaben einem neu gegründeten Dachverband, dem »Nordwestdeutschen Rundfunkverband« (NWRV) übertragen, dies nicht zuletzt deshalb, weil der Kölner Intendant Hartmann dem Fernsehen immer noch zutiefst skeptisch gegenüberstand und ihm keine Chancen einräumte. Als eine eigenständige Aufgabe des WDR erschien ihm das Fernsehen zu unerheblich. Die Institution des NWRV erlaubte einen abgefederten Übergang, verhinderte jedoch in der Folgezeit nicht die eigenständige Fernsehentwicklung von NDR und WDR, so daß der NWRV 1961 aufgelöst wurde und die NWDR-Entwicklung damit endgültig ihren Abschluß gefunden hatte.

Die frühe Verselbständigung des Senders Freies Berlin war innerhalb dieser Entwicklung wenig strittig gewesen, weil für den SFB ein besonderer politischer Auftrag Konsens war und er durch die organisatorische Selbständigkeit besser auf die Bedingungen seines Sendegebiet West-Berlin und die Entwicklungen in der DDR eingehen konnte, denn der Aufbau des DDR-Fernsehens forderte verstärkte Anstrengungen auf westlicher Seite heraus.

5. Fernsehen als ›kollektiver Organisator‹ Anfänge des DDR-Fernsehens: 1947 bis 1956

Die durch den Krieg veränderten Kommunikationsdispositionen (vgl. Kap. 4.1) bestimmten auch die Entwicklung in der Sowjetischen Besatzungszone (SBZ) bzw. ab 1949 in der DDR. So wie in den Westzonen war auch hier die Besatzungsmacht an der raschen Inbetriebnahme des Hörfunks interessiert, waren die Menschen, nicht zuletzt auch die zahlreichen Flüchtlinge aus den nun zu Polen geschlagenen deutschen Gebieten, die in die SBZ kamen, auf aktuelle Informationen angewiesen. Diese lieferte vor allem das Radio.

Für die Neuorganisation des Rundfunks wurde, ähnlich der Entwicklung in der britischen und französischen Zone, ein zentralistisches Modell gewählt. In der Fernsehentwicklung begann man sich – auch darin ist die Entwicklung mit der in den Westzonen vergleichbar – an den Organisationsformen und dem Medienverständnis der Besatzungsmacht auszurichten. Das Nebeneinander von Berliner Rundfunk (unter sowjetischer Oberhoheit), RIAS (amerikanische Aufsicht) und NWDR (britische Aufsicht) im Berliner Raum erschien zunächst als besondere Chance, weil es den kommunikativen Dispositionen nach mehr Information entgegenkam.

Neuorganisation des Rundfunks

Erst mit Beginn und ständiger Verschärfung des Kalten Krieges zwischen der Sowjetunion und den Westmächten sowie der wachsenden Konfrontation zwischen den Besatzungszonen entwickelte sich aus dem Nebeneinander ein Gegeneinander, weil dieser Kalte Krieg vor allem auch über die grenzüberschreitenden Rundfunkmedien ausgetragen wurde. Während das Radio mit seinen Mittelwellenprogrammen zu einer Versorgung mit akustischen Informationen über die Zonen- und später innerdeutschen Grenzen hinweg führte und lange Zeit die UKW-Programme mit ihrer geringeren Reichweite in den Hintergrund treten ließ, war die Reichweite des Fernsehens zunächst begrenzt.

Kalter Krieg als Medienkrieg

Nachteilig in dem nun entstehenden Kommunikationskrieg war für die DDR, daß Berlin mit seinen Westzonen in der Mitte der DDR lag, so daß die Westprogramme rundum in die DDR abgestrahlt werden konnten. Eine vergleichbare Situation bestand für die DDR-Programme nicht. Die Entwicklung des Fernsehens stand im Schatten des Kalten Krieges, sie wurde im Osten wie Westen auch dadurch mitbestimmt, daß die jeweils andere Seite ein Fernsehen aufbaute und daß in ihm eine propagandistische Gefahr gesehen wurde. Aufgrund der geringen Ausbreitung stand die Entwicklung des Fernsehens jedoch zunächst im Schatten des Hörfunks. Der Kalte Krieg war auf der Medienebene in den ersten Jahren vor allem ein Radiokrieg.

5.1. Der Neubeginn des Rundfunks in der Sowjetischen Besatzungszone

Sowjetische Militäradministration

Nur eine Woche nach Unterzeichnung der Kapitulationsurkunde, am 14.5.45, lud der erste sowjetische Stadtkommandant von Berlin, Generaloberst Bersarin, Vertreter des Bürgermeisteramtes Berlin-Friedrichsfelde und Künstler zu einer Besprechung in das in der Nähe der Kommandantur gelegene Busch-Kino, Alt-Friedrichsfelde 3. Neben Maßnahmen zur Wiedereröffnung von Kinos, Einrichtung von Volksbibliotheken, Wiederaufnahme des öffentlichen Nahverkehrs durch U- und S-Bahnen und Milchversorgung der Berliner Kinder (die russische Kommandantur stellte 10.000 requirierte Milchkühe bereit) wurde unter Punkt 13 und 14 des Protokolls auch die Wiederaufnahme des Rundfunks in Direktsendungen (»über das Mikrophon, nicht durch Schallplatte«) und das Ende der Beschlagnahmungsaktion für Rundfunkgeräte erwähnt: »in absehbarer Zeit« sollten auch »die beschlagnahmten Rundfunkgeräte den Eigentümern wieder zurückgegeben werden« (Bericht 1945).

Bersarin erfüllte damit einen Befehl des Chefs der Sowjetischen Militäradministration in Deutschland (SMAD), Marschall Shukow, zur Normalisierung des Alltagslebens in der zerstörten Reichshauptstadt. Shukow war sich wohl des Umstandes bewußt, daß die Wiederherstellung der Kommunikationsbeziehungen und des soziokulturellen Grundgefüges Voraussetzungen für die Normalisierung des täglichen Lebens in Berlin war. Der Rundfunk hatte tatsächlich schon einen Tag zuvor, am 13.5.45, seinen Sendebetrieb über einen Notsender begonnen und konnte am 15.5. in das

Haus des Rundfunks

Haus des Rundfunks an der Masurenallee umziehen, das zwar unzerstört geblieben war, aber Kriegsflüchtlingen als Unterschlupf diente.

Daß die sowjetische Militäradministration die Wiederaufnahme der Rundfunkarbeit so dringlich machte und dafür selbst Weisungen der Moskauer KPD-Führung außer Kraft setzte, mag in der hohen Bewertung der »Zeitung ohne Papier und ohne Entfernungen« (Lenin) begründet gewesen sein, wie sie in Sowjet-Rußland seit Beginn der zwanziger Jahre gebräuchlich war. Lenin sah in den elektronischen Medien – noch zu seinen Lebzeiten fanden in einem Experimentallabor in Nishni Nowgorod, dem späteren Gorki, auch Fernsehversuche statt – Möglichkeiten, ein großes zersplittertes Gebiet politisch-organisatorisch zu koordinieren.

Fernsehen als kollektiver Organisator

Gemäß seiner Bemerkung von 1901, die Zeitung sei »nicht nur ein kollektiver Propagandist und Agitator, sondern auch ein kollektiver Organisator« (Lenin 1955, 11), sah er auch im Rundfunk ein Mittel zur koordinierten Organisation von Massenaktivitäten, glichen doch die Kommunikationsmittel für Lenin dem um einen Bau herum errichteten Gerüst: «Es zeigt die Umrisse des Gebäudes an, erleichtert den Verkehr zwischen den einzelnen Bauarbeitern, hilft ihnen, die Arbeit zu verteilen und die durch die gemeinsame organisierte Arbeit erzielten Resultate zu überblicken» (ebd.). Bei Bersarins Befehl, den Rundfunkbetrieb in Berlin so schnell als möglich aufzunehmen, mögen solche Überlegungen eine Rolle gespielt haben.

5.2. Politische und administrative Bedingungen für den Aufbau des Rundfunks und des Fernsehens in der SBZ

Bersarin beauftragte am 12.5.45 den deutschen Kommunisten Hans Mahle mit dem Wiederaufbau des Rundfunks. Mahle, Mitglied der Gruppe Ulbricht, war mit dem Auftrag der Moskauer KPD-Führung nach Berlin gekommen, die Jugendarbeit in der Sowjetischen Besatzungszone zu organisieren. Dem sowjetischen Stadtkommandanten schien aber die Wiederaufnahme des Sendebetriebs einer deutschen Rundfunkstation (unter sowjetischer Aufsicht) wichtig genug, um Mahle von seinem ursprünglichen Parteiauftrag zu entbinden.

Mahle kannte die Rundfunkarbeit aus seiner Tätigkeit als Redakteur für die deutschsprachigen Sendungen von »Radio Moskau«, später als stellvertretender Chefredakteur des Senders »Freies Deutschland« des Nationalkomitees Freies Deutschland. Das Studio für die internationalen Programme von »Radio Moskau« war im ehemaligen Moskauer Fernsehstudio untergebracht worden, nachdem dort der Fernsehbetrieb mit Kriegsbeginn im Juli 1941 eingestellt worden war. Hier hatte sich Mahle nach eigenem Bekunden über die technischen Möglichkeiten des Fernsehens informiert. Als er 1946 zum Leiter des Rundfunkreferats und der Abteilung für kulturelle Aufklärung der Zentralverwaltung für Volksbildung der SBZ ernannt wurde, widmete er sich mit großem Engagement dem Aufbau eines Fernsehzentrums in Ost-Berlin.

Generalintendant Hans Mahle

Walter Ulbricht zeigte nach Mahles Erinnerung weder Interesse am Fernsehen noch Verständnis für dessen informative oder propagandistische Möglichkeiten. Er ließ jedoch Mahle gewähren, stand hinter ihm doch die Besatzungsmacht. Mahle wiederum versicherte sich der Mithilfe erfahrener deutscher Techniker. Ernst Augustin, Rundfunk- und Fernsehpionier der zwanziger und dreißiger Jahre und spätere technischer Leiter des Fernsehzentrums Berlin-Adlershof, machte Mahle auf Walter Bruch aufmerksam, der schon seit Mitte der dreißiger Jahre im Entwicklungslabor von Telefunken mit dem Fernsehen befaßt gewesen war und der dann in den sechziger Jahren, wiederum bei Telefunken, das Farbfernsehverfahren PAL erfand (vgl. Kap. 8.4).

Ernst Augustin

Mahle holte Bruch mit einem der seinerzeit üblichen Einzelverträge aus West-Berlin an das Entwicklungslabor nach Oberschöneweide in Ost-Berlin. Mahle: »Der Rundfunk in der DDR war damals reich. Wir hatten viele Einnahmen. Ich zahlte Bruch ein Gehalt von 3000 Mark im Monat. Ich selbst bekam als Generalintendant [seit 1949] nur 2000 Mark« (Mahle 1995).

Bruchs Mitarbeit an der Projektierung des Fernsehzentrums endete mit der Berlin-Blockade 1948, denn Bruch, der in West-Berlin wohnte, war durch die sowjetischen Grenzsperrungen von seinem Arbeitsplatz abgeschnitten. Die Arbeit des Entwicklungslabors aber ging weiter. Als der Deutsche Wirtschaftsrat, das höchste deutsche Verwaltungsorgan in der Sowjetischen Besatzungszone, 1949 beschloß, in Ostdeutschland das Fernsehen einzuführen, waren wichtige Vorarbeiten schon geleistet. Am 30.10.49 begann offiziell die Projektierung eines Fernsehzentrums in Berlin-Adlershof.

Projektierung eines Fernsehzentrums

Bei der sowjetischen Förderung der Fernseharbeit in der SBZ spielte die politische Überlegung eine Rolle, in den drei westlichen Besatzungszonen könnten die deutschen Fernsehversuche der Vorkriegs- und Kriegszeit wieder aufgenommen werden, denn daß die grenzüberschreitenden Rundfunkmedien im eben begonnenen Kalten Krieg wichtige Rollen spielen würden, war abzusehen. Die SED-Führung freilich übte sich noch längere Zeit in medienpolitischer Zurückhaltung gegenüber dem Fernsehen.

In der offiziellen Mediengeschichtsschreibung der DDR wird die Vorgeschichte des DDR-Fernsehens mystifiziert. Schriftliche Unterlagen für die Frühzeit waren bislang nicht auffindbar. Spätere historische Darstellungen erwähnten immer wieder das »sowjetische Vorbild« für die Adlershofer Fernseharbeit und nannten einen Befehl der SMAD zum Aufbau eines ostdeutschen Fernsehzentrums (z.B. Glatzer/Hempel 1977), der jedoch nicht nachzuweisen war. Hans Mahles Aktivitäten durften seit den frühen fünfziger Jahren nicht mehr erwähnt werden. Der ehemals mächtige SED-Funktionär war am 14. 7. 51 – im Zusammenhang mit den Auseinandersetzungen um das bei Ulbricht in Ungnade gefallene Politbüromitglied Paul Merker – unter dem Vorwurf, «mit dem Klassenfeind kooperiert» zu haben, als Generalintendant des Rundfunks abgesetzt worden. Im Mai 1952 wurde er auch als Leiter des für die Fernsehentwicklung zuständigen Zentrallaboratoriums in Berlin-Adlershof entlassen und «zur Bewährung in der Produktion» nach Schwerin verbannt. So tauchten Name und Person von Hans Mahle bis zum Ende der DDR in der ostdeutschen Fernsehgeschichte nicht mehr auf.

Ob es sich bei der Berufung auf das sowjetische Vorbild in der DDR-Fernsehgeschichtsschreibung nur um die übliche rituelle Verbeugung vor dem »Mutterland der Großen Sozialistischen Oktoberrevolution« handelte oder ob tatsächlich Erfahrungen des sowjetischen Fernsehens für das Adlerhofer Projekt herangezogen wurden und welche dies gewesen sein könnten, läßt sich nur noch ansatzweise rekonstruieren.

Nachweisbar ist, daß am 16. 7. 51 Techniker der Adlershofer Projektierungsgruppe unter Leitung von Ernst Augustin in das Fernsehzentrum Moskau reisten. Das Studio auf dem Gelände des ehemaligen Komintern-Senders in der Ulica Sabalova 53 im Zentrum Moskaus verfügte seinerzeit schon über eine moderne technische Ausstattung. Als einer der ersten Fernsehsender in Europa hatte das Moskauer Fernsehen im Dezember 1945 seinen Programmbetrieb nach der Kriegsunterbrechung wieder aufgenommen, allerdings auf der Grundlage der technisch veralteten Norm von 343 Bildzeilen. Das Programm konnte 1946 im Moskauer Raum auf 420 Empfangsgeräten der Vorkriegsproduktion empfangen werden. Im September 1948 wurde der Programmbetrieb für etwa ein Dreivierteljahr eingestellt, um das Fernsehzentrum zu modernisieren.

Wichtigste Neuerung war die Umstellung auf die seinerzeit technisch am weitesten entwickelte ›Gerber-Norm‹ von 625 Bildzeilen. Die Wiederaufnahme des Sendebetriebs erfolgte am 16. 6. 49. Aleksandr Jurovskij nennt das Moskauer Fernsehzentrum nach der Rekonstruktion sogar das »bestausgestattete der Welt« (Jurovskij 1975, 68). Mag dies vielleicht auch übertrieben sein – in jedem Fall fanden die Berliner Fernsehtechniker ein auf hohem technischem Standard arbeitendes Studio in Moskau vor, so daß am informativen Wert jener Studienreise in die Sowjetunion kaum zu zweifeln ist. Skepsis ist jedoch gegenüber der behaupteten Beispielfunktion des sowjetischen Fernsehens für Konzeption und Programm des ostdeutschen Fernsehens angebracht.

Das sowjetische Fernsehen – die beiden Vorkriegsstudios in Moskau und Leningrad sowie die neuen Einrichtungen der späten vierziger und frühen fünfziger Jahre – arbeitete mit eigenen, aus der Tradition der russisch-sowjetischen Publizistik gespeisten Formen. So widmete sich das Studio in Leningrad vorwiegend kulturellen Aufgaben, während des Moskauer Studio hauptsächlich journalistische Aufgaben wahrnahm.

Für die Konzeption des Fernsehzentrums Berlin-Adlershof spielte jedoch die späte Einführung mobiler elektronischer Übertragungstechnik im sowjetischen Fernsehen eine Rolle. Das Moskauer Fernsehen verfügte erst seit Ende der vierziger Jahre über mobile Übertragungstechniken, konnte also erst von diesem Zeitpunkt an Übertragungen von Originalschauplätzen durchführen. Bis dahin mußte das Fernsehen Künstler und Interviewpartner in sein Studio laden. Auch bei der Projektierung des Berliner Fernsehzentrums rechnete man offensichtlich damit, daß das Fernsehen sich nicht aus seinem Studio hinaus bewegte, daß es folglich Künstler und Publikum für öffentliche Veranstaltungen oder Theateraufführungen zu sich, in seinen Großen Sendesaal, laden müßte. Der dafür konzipierte ›Theatersaal‹ nahm diese Funktion freilich nie wahr. Als er fertiggestellt war, hatte die Fernsehleitung eben zwei Übertragungswagen erworben und das Fernsehen begab sich seinerseits an die Ereignisorte.

Einführung mobiler elektronischer Übertragungstechnik

Der Berliner Sendesaal war freilich keine Moskauer Erfindung, wie bisweilen behauptet wird, kein ›Mehrzweckstudio‹, als das Fernsehmitarbeiter damals das Moskauer Fernsehstudio beschrieben (vgl. Müncheberg/Hoff 1984, 119 f.). Er war aufgrund der rundfunktechnischen Erfahrung von Ernst Augustin konzipiert, der Form und Funktion aus der Rundfunkarbeit der zwanziger und frühen dreißiger Jahre herleitete. Weil der Rundfunk seinerzeit noch nicht über eine belastbare mobile Übertragungstechnik verfügte, die Live-Sendungen größeren Ausmaßes von Originalschauplätzen erlaubt hätte, wurde das Publikum ins eigene Haus eingeladen. In diesem Sinne war auch das Adlershofer Fernseh-Funkhaus als Sendezentrum konzipiert, in dem sich Zuhörer und Interpreten trafen.

Adlershofer Fernseh-Funkhaus

5.3 Vorbereitungszeit und Fernsehversuchsprogramm 1952–1955

Am 13. 5. 50 beschloß die Generalintendanz des DDR-Rundfunks noch unter der Leitung von Hans Mahle, im Fernseh-Zentrallabor Berlin-Adlershof Sendeversuche aufzunehmen. Einen Monat später erfolgte die Grundsteinlegung für den Studiokomplex. Am 17. 7. 51 fand das Richtfest für den ersten Bauabschnitt des Fernsehzentrums statt. Diese Aktivitäten standen unter dem politischen Druck, der von der bevorstehenden Aufnahme des Fernsehprogrammbetriebes in Westdeutschland und vor allem der politischen Insel West-Berlin ausging.

Erste Sendeversuche des DDR-Fernsehens

Ernst Augustin, der spätere Technische Direktor des Deutschen Fernsehfunks, griff mit der Konzeption des großen Sendesaals für das Fernsehzentrum Adlershof die architektonische und technische Idee des ›Hauses des Rundfunks‹ in der Berliner Masurenallee auf. Auch das Haus des Rundfunks, zu einer Zeit projektiert, als der Rundfunk noch ein ›Live-Medium‹ war, verfügte neben einem geschlossenen Studio-, Redaktions- und Verwaltungskomplex über einen repräsentativen öffentlich zugänglichen Bereich (Großer Sendesaal und Kleiner Sendesaal).

So bekam auch das Adlershofer Fernsehzentrum seinen öffentlich zugänglichen Bereich, den Theatersaal mit seiner im sachlichen architektonischen Stil der fünfziger Jahre gestalteten Schaufront, seinen zwei Foyers

Öffentlich zugänglicher Bereich des Fernsehzentrums

und seinem Rang. Dieser Sendesaal, später ›Studio V‹, war als publikumsoffenes Studio offenbar sehr früh entworfen worden, denn es war nicht für fahrbare Kameras und eine anspruchsvolle Beleuchtungstechnik eingerichtet. An der Rückseite dieses Studios schloß sich, durch einen gesonderten Eingangsbereich von ihm getrennt, ein nichtöffentlicher Komplex mit den Studios I bis IV an. Auf dem für die Öffentlichkeit nicht zugänglichen Studiogelände befanden sich in weiteren Gebäuden die Technik- und Archivräume.

Die Studios I bis IV waren dem laufenden aktuellen Sendebetrieb vorbehalten. Deshalb blieben sie der Öffentlichkeit unzugänglich und wurden durch besondere Einlaßkontrollen gesichert. In den kleinen Studios I und II (57 m^2 und 120 m^2) wurden die aktuellen informativen und publizistischen Sendungen einschließlich Studiodiskussionen produziert, das größere Studio III (315 m^2) war für diverse andere Sendeanforderungen verwendbar, während das große Studio IV (615 m^2) dem Fernsehspiel vorbehalten blieb. Für die Entwicklung des Fernsehspiels, bis Ende der sechziger Jahre die wichtigste Sparte im Programm des Deutschen Fernsehfunks (DFF), war die Einrichtung dieses speziellen Studios von großer Bedeutung, weil hier in den fünfziger Jahren in der Regel wöchentlich zwei Fernsehspiele produziert und gesendet wurden.

Technik und Programm

Das Fernsehzentrum war für den Live-Betrieb eingerichtet, der sowohl in öffentlichen Veranstaltungen als auch in Studiosendungen realisiert werden sollte. Nach den Erinnerungen der Fernsehmitarbeiter an das ›nichtoffizielle‹ (ab 4. 6. 52) und das nachfolgende ›offiziellen‹ Versuchsprogramms (vom 21. 12. 52 bis zum 2. 1. 56) wurden unterschiedlichste Sendeformen erprobt. Sie hatten ihre Vorbilder zumeist im Hörfunk. Als der erste Leiter des Fernsehzentrums Hermann Zilles auf einer Pressekonferenz am 14. 12. 52 zur Aufnahme des offiziellen Versuchsprogramms erklärte, neben »Filmübertragungen soll auch ein ›Fernsehspiel‹ entwickelt werden, bei dem verschiedenartige Probleme mit den Mitteln des Fernsehens behandelt werden«, stand wohl auch bei der Vorstellung, die man sich von einem ›Fernsehspiel‹ machte, das Hörspiel Modell. Eine wie auch immer geartete Planungsprogrammatik oder ein Konzept für den Aufbau des Fernsehens in der DDR sind als Dokumente nicht überliefert. Sie waren wahrscheinlich in dieser Form auch nie vorhanden. Die Programmstruktur der frühen fünfziger Jahre, wie sie aus zufällig aufgefundenen Sendeprotokollen bekannt ist, erlaubt den Rückschluß, daß das DDR-Fernsehen als ›Bewegtbild-Rundfunk‹ projektiert war.

Vorbilder im Hörfunk

›Bewegtbild-Rundfunk‹

Die erste Adlershofer Fernsehredaktion und das ›inoffizielle Versuchsprogramm‹

Die Programmkonzeptionen des Adlershofer Studiobetriebes hatten mit jenen des Moskauer Sendezentrums nichts gemein. In diesem Punkt kann das ›sowjetische Vorbild‹ mit Sicherheit ausgeschlossen werden. Das ostdeutsche Fernsehen orientierte sich am Hörfunk und an dessen Programmstrukturen mit seinem Schwerpunkt auf der Kultur. Daran richtete sich auch die Personalauswahl aus.

Der britische Stadtkommandant von Westberlin, General Coleman, ließ am 3.6.1952 das Funkhaus Masurenallee hermetisch abriegeln.

Gleichzeitig mit dem Aufbau des technischen Instrumentariums begann die Suche nach geeigneten Mitarbeitern für den Adlershofer Programmbetrieb. Heinz Adameck, Personalchef (später ›Kaderleiter‹) des ›Demokratischen Rundfunks‹ (seit August 1952: ›Staatliches Rundfunkkomitee‹), war zeitweilig Sekretär einer Vorbereitungskommission für das Fernsehen, die in der Generalintendanz des Rundfunks gebildet worden war und von Wolfgang Kleinert geleitet wurde. Durch diese Kommission wurde der Personalstamm des künftigen Fernsehbetriebs rekrutiert. Die Aufnahme des Programm-Versuchsbetriebes war wiederum von politischen Bedingungen diktiert.

Heinz Adameck

Im Frühsommer 1952 verschärften sich die politischen Auseinandersetzungen im geteilten Berlin. Im Juni hatten britische Militäreinheiten als Vergeltungsmaßnahme für die Abschnürung West-Berliner Exklaven durch die sowjetische Militäradministration den Sitz des (sowjetisch kontrollierten) Berliner Rundfunks, das Haus des Rundfunks in der Masurenallee (britischer Sektor), in einem Umkreis von 500 m abgeriegelt. Der Berliner Rundfunk sendete deshalb aus einem provisorischen Sendezentrum in Ost-Berlin (Grünau) weiter. Das Funkhaus in der Ost-Berliner Nalepastraße befand sich noch im Bau. Hans Mahle hatte vorgeschlagen, die Ruine des ›Hauses der Technik‹ im Stadtzentrum, zwischen Friedrichstraße und Oranienburger Straße, als Ostberliner Funkhaus auszubauen. Dieser Vorschlag war von der SED-Führung abgelehnt worden. Das abgelegene Gelände in Oberschöneweide schien im Krisenfall leichter zu sichern.

Politische Konflikte um den Rundfunk in Berlin

In dieser Situation erfolgte die Weisung zur Aufnahme des inoffiziellen Fernseh-Versuchsprogramms aus dem Zentrallaboratorium und Fernsehzentrum in Berlin-Adlershof am 4. 6. 52. Wolfgang Kleinert wurde am 3. 6. 52 – es war Pfingsten – in die Generalintendanz des Rundfunks zu Kurt Heiß, dem Nachfolger Hans Mahles als Generalintendant des Demokratischen Rundfunks, bestellt, der ihn anwies, vom 5. 6. 52 ab den Sendebetrieb des Fernsehens aufzunehmen: »als ob wir ein richtiges Programm haben! Wir müssen jetzt jeden Tag mit mehr als einer Stunde ›draußen‹ sein zu einer feststehenden Zeit, um die Frequenz zu belegen, die uns auf der

Fernseh-Versuchsprogramm

Internationalen Wellenkonferenz zugeteilt worden ist« (zit. n. Kleinert in: Müncheberg/Hoff 1984, 14f.). Die Konkurrenz mit dem Westen wurde aufgenommen, denn im Anschluß an die in West-Berlin stattfindende Industrieausstellung im Oktober 1951, auf der der NWDR erstmals sein Fernsehprogramm einer größeren Öffentlichkeit präsentiert hatte, hatte der NWDR Berlin die Ausstrahlung des Programms mit eigenen Beiträgen fortgesetzt (vgl. Kap. 4.3).

Aktuelle Nachrichtensendung

Die politischen Umstände provozierten kreative Leistungen wie z.B. die ad-hoc-Entwicklung eines Konzeptes für eine aktuelle Nachrichtensendung, die dem Fernsehen in Ostdeutschland half, sich von der Kinowochenschau als wichtigstem aktuellen Informationsdienst im Fernsehprogramm zu lösen und ihr eine eigene Informationssendung entgegenzusetzen. An eine Filmberichterstattung, wie sie einem Medium mit kinematographischer (Bild-)Sprache angemessen gewesen wäre, dachte damals jedoch noch niemand. Fernsehen war im Verständnis seiner Produzenten Rundfunk plus Bild, und da schien es einstweilen noch gleichgültig, ob dieses sekundierende Bild statisch oder ›bewegt‹ war.

»Wir haben abgesprochen, was wir machen. Wir waren uns klar [hier spricht Kleinert von seinem kleinen Redaktionsstab], wir machen eine Bildnachrichtensendung von mindestens zehn Minuten, und dann spielen wir die vorhandenen Filme. Ich habe dann den Fotoreporter der ›Täglichen Rundschau‹ [der zuerst von der sowjetischen Besatzungsmacht herausgegebenen, dann in deutsche Hand übergebenen offiziellen Staatszeitung], Erich Zülsdorf, gebeten, daß er uns jetzt jeden Tag mit aktuellem Fotomaterial versorgen möchte. An diesem Pfingstmontag [1952] war das Bild von dem blockierten Funkhaus in der Masurenallee das Bild Nummer Eins unserer ersten ›Aktuellen Kamera‹.« (Wolfgang Kleinert zit. n. Müncheberg/Hoff 1984, S. 15)

»Aktuelle Kamera«

»Aktuelle Kamera« hieß diese Wortnachrichtensendung mit illustrierenden Standfotos allerdings erst ca. zwei Wochen nach diesem improvisierten Start. Zunächst wurden »Bilder aus dem Zeitgeschehen« gezeigt, eine Nachrichtensendung vor allem mit lokalen Bild(serien)berichten aus Berlin, dazu einigen Fotos zu internationalen Ereignissen von »Zentralbild«, der Bildagentur des DDR-Pressedienstes ADN, die vom Diapositiv abgetastet und von einem Off-Sprecher kommentiert wurden. Nicht nur in der Personalbesetzung – Rundfunkredakteur und Bildreporter – war sie ein Kind des Radios und der Presse.

Bemerkenswert ist der tagesaktuelle Anspruch, mit dem diese erste ostdeutsche Fernsehsendung (und überhaupt die erste originäre regelmäßige deutsche Fernseh-Nachrichtensendung nach dem Kriege) antrat. Denn anders als die Defa-Wochenschau »Der Augenzeuge«, die ebenfalls noch einmal wöchentlich vom Adlershofer Fernsehzentrum ausgestrahlt wurde, umfaßten die täglichen Bildnachrichten einen engeren Berichtszeitraum. Tagesaktualität war gefragt, ähnlich wie bei Tagespresse und Radio.

Da sich die Stammredaktion für das (inoffizielle) Versuchsprogramm vor allem aus Rundfunkmitarbeitern zusammensetzte, waren die ersten Versuchssendungen auf das gesprochene Wort gestellt. Von den journalistischen und künstlerischen Fernsehmitarbeitern in Adlershof verfügte zu diesem Zeitpunkt kein einziger über Erfahrungen mit dem neuen Medium. Das Vorbild des Hörfunks prägte die Programmvorstellungen der ersten Fernsehredakteure, aber auch die frühe Einsicht, daß sich mit dem Fernsehen ein neues Unterhaltungsmedium etablieren werde. So experimentierte man bereits im inoffiziellen Fernsehprogramm mit magazinähnlichen Unterhaltungsformen.

Programmaufbau

Bereits im Sommer 1952 wurde den Fernsehmitarbeitern in einer Belegschaftsversammlung im Theatersaal des Fernsehzentrums durch Hermann Axen, als Mitglied des SED-Politbüros für das Fernsehen verantwortlich, der Beginn des ›offiziellen Versuchsprogramms‹ für den 21. 12. 52, den 73. Geburtstag J. W. Stalins angekündigt. »Redaktionen würden gebildet, in den nächsten Tagen bereits werden Journalisten und Künstler einziehen, die ersten Schritte zum Fernsehen der DDR sind getan« (Kleinert zit. n. Müncheberg/Hoff 1984).

Im Adlershofer Fernsehzentrum befanden sich die Studios zum Jahresende 1952 noch im Rohbau und waren für den Sendebetrieb noch nicht einsetzbar. Der einzige sendetüchtige Raum lag damals direkt neben der Schaltzentrale im dritten Stock des ›Studiokomplexes‹, dem spätere Hauptschaltraum. Es war ein kleines Sprecherstudio und wurde während der Dauer seines Bestehens als ›Ansagestudio‹ bezeichnet.

Aus der Vorsicht, mit der das ›inoffizielle‹ Versuchsprogramm betrieben wurde, ist zu schließen, daß in dieser Zeit (zwischen dem 4. 6. und dem 20. 12. 52) auf den Einsatz von Ansagen, also einen Sprecher vor der Kamera, noch verzichtet wurde und nur Filme (besser: Filmausschnitte) und die schon erwähnten Dia-Ton-Vorträge auf den Bildschirm kamen. Sie dienten dazu, die technische Leistungsfähigkeit des neuen Mediums zu erproben und gleichzeitig Grundelemente eines Programmzusammenhanges nach dem Vorbild des Rundfunks zu testen.

Dia-Ton-Vorträge

Das ›inoffizielle Versuchsprogramm‹ wurde in der zweiten Jahreshälfte 1952 nach einem bestimmten Strukturschema ausgestrahlt, das vor allem technische Erfordernisse bediente. Neben diesen in erster Linie technisch intendierten Sendeversuchen, die sich im wesentlichen auf Dia-Ton-Übertragungen der Nachrichtensendungen und anderer aktueller publizistischer Sendeformen in der Standbild-Kommentar-Montage und das Abspielen von Filmen beschränkten, kamen bereits erste Filmreportagen mit unzulänglicher 35-mm-Kameratechnik von politischen ›Großereignissen‹ wie der 2. SED-Parteikonferenz und dem II. Pioniertreffen in Dresden auf den Bildschirm. Diese Filmreportagen waren jedoch nicht für das aktuelle Programm bestimmt, sondern dienten dem Aufbau eines Grundstocks für das geplante ›offizielle Versuchsprogramm‹.

Für dieses Programm wurden im Herbst 1952 (bühnen-)dramatische Werke aufgezeichnet. Es handelte sich dabei um die russischen Einakter »Die Spieler« von Nikolai Gogol und »Der Bär« von Anton Tschechow, deren Originalinszenierungen der Hallenser Theaterintendant Kurt Jung-Alsen am Theater am Schiffbauerdamm besorgt hatte. Die Aufzeichnung der beiden kurzen (damit dem Programmraster des frühen Fernsehens angemessenen) Stücke erfolgte auf konventionellem 35-mm-Film. Die (verschollenen) Aufzeichnungen, die am 16. 1. und am 18. 3. 53 erstgesendet wurden, können sicher noch nicht als Beispiele für die künstlerische Kreativität des Fernsehens gelten, denn das Fernsehen bediente sich, wie alle Medien der technischen Reproduktion, zunächst der traditionellen Künste und ihrer Werke als ›Vorlagen‹. Es verwendete zunächst auch eine traditionelle Technologie, den Film, als Zwischenträger.

(bühnen-)dramatische Werke

Wenn diese Kurzfilme auch nicht als Beginn des Fernsehspiels anzusehen sind, so haben sie doch ihre Bedeutung für die Entwicklung des Programms. In den wenigen Monaten des ›inoffiziellen‹ Versuchsprogramms hatten die Programmacher unterschiedliche Genres und Formen, von der aktuellen

»Der Bär« mit Franz
Kutschera und Maria Axt,
1953

Information über publizistische Sendeformen, Sportreportagen und Kindersendungen, unterhaltende Filmmagazine bis hin zu diesen dramatischen Spielformen, erprobt.

5.4 Das ›offizielle Versuchsprogramm‹ von 1952–1956

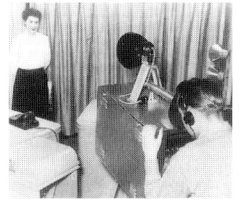

Die erste Fernsehansage
am 21.12.1952

Daß das ›offizielle Versuchsprogramm‹ am 21. 12. 52, dem 73. Geburtstag des sowjetischen Diktators Jossif Wissarionowitsch Stalin, gestartet werden sollte, darf nicht überinterpretiert werden. Es gehörte quasi zur ›politischen Folklore‹ der Sowjet-Satelliten, daß jedes bedeutende Ereignis in der Geschichte dieser von Moskau ferngesteuerten Staaten dem ›großen Stalin‹ zu widmen war. Die Legende, daß das DDR-Fernsehen auf dem sowjetischen Fernsehmodell basiere, legte diesem Termin in der nachfolgenden Legendenbildung jedoch eine zusätzliche Bedeutung bei.

Daß sich der Deutsche Fernsehfunk/Fernsehen der DDR in der Folgezeit dieses Datums schämte und den Beginn des ›offiziellen Programmbetriebs‹ auf den 13. 12. 52 vorverlegte (den Tag, an dem das Politbüro des Zentralkomitees der SED den Termin für den Beginn des Versuchsprogramms bestimmte), ist lediglich ein pikantes Detail ostdeutscher Fernsehgeschichtsschreibung. Die Sendungen, mit denen das Fernsehzentrum Berlin-Adlershof am 21. 12. 52 um 20.00 Uhr sein ›offizielles Versuchsprogramm‹ eröffnete, trugen dem politischen Anlaß kaum Rechnung.

Der Leiter des Fernsehzentrums, Hermann Zilles, hatte für die Sprecherin Margit Schaumäker den Ansagetext geschrieben. Mit ihr trat wahrscheinlich zum ersten Mal in Adlershof ein Mensch vor die Kamera. Danach stellte sich Zilles in seiner Funktion vor. Dann las der Regisseur und Schauspieler Gottfried Herrmann aus dem »West-Östlichen Diwan« von Goethe. Danach folgte die »Aktuelle Kamera« als Standbildfolge mit Off-Kommentaren (Herbert Köfer). Ein von Fernsehmitarbeitern produzierter Kurzfilm »Fernsehen aus der Nähe betrachtet« stellte das Fernsehzentrum

DFF-Fernsehversuchs-programm im Januar 1953. Arbeitsaufnahmen mit Chefregisseur G. Hermann

und die ersten Mitarbeiter vor. In einem sowjetischen Kurzfilm entboten Volkskünstler Stalin zu dessen Geburtstag ihren Gruß – der einzige direkte Bezug auf dieses Datum im Programm. Das Programm beschloß der sowjetische Dokumentarfilm »Stalingrad«.

Das Entstehen der Programmsparten

Die Zahl der Fernsehgeräte, auf deren Bildschirmen Zuschauer am 21. 12. 52 die Sendung zur Eröffnung des offiziellen Versuchsprogramms des Fernsehzentrums Berlin-Adlershof sahen, wird auf etwa 70 geschätzt. Während der drei Jahre des versuchsweisen Programmbetriebs erhöhte sich die Anzahl der angemeldeten Fernsehempfänger (bis zum Jahresende 1955) auf 13 600. Das Sendezentrum strahlte wöchentlich durchschnittlich 15 Stunden Programm aus, das entsprach einem zweistündigen Tagesprogramm. Hinzu kamen Sonderprogramme (beispielsweise anläßlich der Leipziger Messe, zu Staatsfeiertagen usw.). Der Montag wurde anfangs ›fernsehfrei‹ gehalten, denn dieser Tag gehörte der »gesellschaftlichen Arbeit« in den Parteien und Organisationen.

Das Programmangebot des Fernsehzentrums Berlin-Adlershof, wie sich der ostdeutsche Sender in den drei Jahren des Versuchsbetriebs nannte, setzte sich im Jahr 1955 aus unterschiedlichen Sparten zusammen:

Zuschauer

Hermann Zilles

Programmsparten des Deutschen Fernsehfunks (DFF) 1955		
Informationspolitische Sendungen	74	9,4%
Fernsehpublizistik	113	14,4%
Sport	23	2,9%
Fernsehdramatik (einschl. Spielfilm)	362	46,1%
Unterhaltungssendungen	129	16,4%
Kindersendungen	47	6,0%
Jugendsendungen	11	1,4%
Sonstiges	27	3,4%
Summe	**786**	**100,0%**

Quelle: Statistisches Jahrbuch der DDR 1955

Das Schema für das Wochenprogramm, wie es dann für die sechziger Jahre verbindlich wurde, war in seinen Grundzügen bereits angelegt. Es entwickelte sich aber erst in der zweiten Hälfte der fünfziger Jahre zum verbindlichen Konzept, als das Fernsehprogramm aus dem Versuchsstadium herausgetreten war. Der Betrieb des »offiziellen Versuchsprogramms« diente vor allem der Erprobung der Programmformen. Neue Reportageformen entstanden. Um die Mobilität der Technik, die für ein tagesaktuelles Medium wie das Fernsehen unabdingbar war, zu steigern, wurden Anregungen Ernst Augustins aufgegriffen, die Filmaufnahmen von der ›Friedensfahrt‹ direkt vom Negativfilm zu senden, der elektronisch positiv ›gewandelt‹ wurde, um damit das umständliche Kopierverfahren zu umgehen. Augustin griff damit Erfahrungen des ›Zwischenfilmverfahrens‹ des deutschen Vorkriegsfernsehens auf (vgl. Kap. 3).

Reportageformen

»Deine Freunde sind mit dir«, 1954

Fernsehspiel

In der Unterhaltung bewährte sich die Zusammenarbeit mit dem Radio. So übernahm das Fernsehen ab dem 2. 11. 55 als erste ›große‹ Unterhaltungssendung die Rundfunkshow »Da lacht der Bär« vom Berliner Rundfunk, nachdem schon eigene Sendeformen der ›kleinen‹ Studiounterhaltung erprobt worden waren. Auch im Kinderfernsehen orientierte man sich am Radio, und mit fast fünfzig Minuten wöchentlich nahmen die Sendungen des Kinderfernsehens einen beträchtlichen Platz im Programm ein.

Größtes Gewicht gewann das Fernsehspiel mit fast sieben Stunden wöchentlicher Sendezeit, Erstsendungen und (Live-)Wiederholungen zusammengezählt. Hans Müncheberg, Fernsehdramaturg der ersten Stunde und Fernsehhistoriker, betont aus späterer Sicht die Genrevielfalt der ›dramatischen Fernsehkunst‹ (Fernsehspiel und Fernsehfilm) in der ›Livezeit‹, d.h. in den Jahren bis 1957, in denen man noch nicht auf einen Fundus von Konserven, Aufzeichnungen von Sendungen oder Sendereihen, zurückgreifen konnte. Als Beispiele nennt er:

– »Fernsehoper-Versuche, Singspiele,- musikalische Mischformen im E- und U-Bereich,
– Fernsehspiele nach der Kammerspielform des Theaters,
– filmisch-optisch aufgebaute Sendefolgen,
– dokumentarische Fernsehspiele mit und ohne Dokumentarfilmteilen,
– dramatische Parabeln, zum Teil mit abstrakten Dekorationen,
– realistische Fernsehspiele vor bewußt gemalten Wänden,
– Fernseherzählungen (mit deutlich epischem Aufbau),
– szenische Balladen,
– Mono-Dramen, szenische Monologe,
– Theater im Fernsehen ab 15. 12. 53 mit Eigeninszenierungen, ab 16. 5. 54 mit Studiogastspielen, ab 13. 11. 55 mit Direktübertragungen.« (Müncheberg/Hoff 1984)

Die Vielfalt der fiktionalen Formen (Fernsehspiel und Kinofilm) und ihr unverhältnismäßig großer Anteil am Gesamtprogramm des ostdeutschen Fernsehens läßt sich daraus erklären, daß in jenen Jahren der »dramatische Fernsehkunst« auch Funktionen zugewiesen wurden, die später publizistische Formen wie Dokumentationen und Reportagen übernahmen.

5.5 Fernsehwahrnehmung und -rezeption des neuen Mediums in der DDR

Die Dauer des Versuchsprogramms bis zum Jahreswechsel 1955/56 war ähnlich der Entwicklung in der Bundesrepublik vom Aufbau eines Richtfunknetzes bestimmt, mit dem die Fernsehsender quer durch die Republik miteinander verbunden wurden. Vom Sendezentrum in Berlin-Adlershof wurde zunächst eine Dezimeter-Richtfunkstrecke über Stülpe und Oschatz nach Leipzig aufgebaut, so daß am 1. 8. 53, noch vor Beginn der Leipziger Herbstmesse am 28. 8. 53, der Leipziger Sender den Betrieb aufnehmen konnte. Von dort wurde die Strecke nach Dresden gebaut. Zu Beginn des Jahres 1954 gingen die Sender Grünau (bei Berlin) und Dresden in Betrieb. Im Verlauf des Jahres 1955 wurden die südlichen Richtfunkstrecken des DDR-Fernsehens Leipzig-Brocken-Inselsberg und Oschatz-Katzenstein (Juli bis August) und die Nordstrecke Berlin-Helpterberg-Marlow ausgebaut. Damit waren die wichtigsten Sender für einen grenzüberschreitenden Fernsehbetrieb in die Bundesrepublik installiert. Am 1. Mai des gleichen Jahres nahm der Versuchssender Hartmannsdorf seine Sendetätigkeit auf. Der Sender Inselsberg (für den grenzüberschreitenden Sendebetrieb) wurde am 8. 9. 55 in Dienst gestellt, am 6. 10. folgten die Sender Helpterberg und Marlow bei Schwerin. Am 15. 12. wurde der provisorische Sender Hartmannsdorf abgeschaltet, an seiner Stelle übernahm der Sender Katzenstein die Fernsehversorgung des Raumes Karl-Marx-Stadt. Der erste Berliner Fernsehsender auf dem Turm des Stadthauses wurde am 21. 12. durch den Band-3-Sender in Berlin-Prenzlauer Berg abgelöst, der allerdings nur ein Jahr genutzt wurde. Am 22. 12. 56 wurde der Sender Berlin-Köpenick in Betrieb genommen. Nachdem auf diese Weise fast alle Regionen der DDR mit Fernsehsendern erreichbar waren, fand in der Zeit nach dem offiziellen Programmbeginn ab 1956 – auch das ist der Entwicklung in der Bundesrepublik vergleichbar – eine Verdichtung des Sendernetzes in den folgenden Jahren durch kleinere Sender und Fernseh-Kanalumsetzer (vor allem in den hügeligen und bergigen südwestlichen Gebieten der DDR) statt (vgl. Heil 1967, 40 ff.).

Aufbau eines Richtfunknetzes

Sollte das Fernsehen im Sinne des Leninschen Begriffs als kollektiver Organisator der Bevölkerung eingesetzt werden, war es notwendig, daß die Menschen auch Zugang zum Medium hatten. Der Bau von Fernsehgeräten wurde deshalb frühzeitig in Angriff genommen. Ab 1950 wurde im Sachsenwerk Radeberg mit der Produktion von Fernsehgeräten des Typs ›Leningrad T2‹ (17 cm Bildröhre) begonnen und 1951 bereits über 40.000 Geräte hergestellt. Ab 1955/56 produzierte das Werk auch 32- und 43-cm-Bildröhren (vgl. Heil 1967, 58 f.).

Bau von Fernsehgeräten

Der Individualempfang war – nicht zuletzt mit Blick auf die internationale Fernsehentwicklung – von vornherein das Ziel. Die meisten Geräte wurden dabei in den ersten Jahren mit Hilfe eines Sparvertrages erworben, da der Preis, verglichen mit den Einkommens- und Lebens-

Der erste in der DDR produzierte Fernsehempfänger »Leningrad«, 1951/52

Kollektiver Fernsehempfang

haltungskosten, relativ hoch lag (vgl. Heil 1967, 53). Deshalb wurde – zumindest für eine Übergangszeit – auch der kollektive Fernsehempfang propagiert. Der Gemeinschaftsempfang, wie er bereits in der Zeit von 1935 bis 1944 betrieben worden war (vgl. Kap. 3.3), erschien deshalb in den ersten Jahren ebenfalls als eine Möglichkeit der Fernsehkommunikation. In Ost-Berlin konnte man deshalb in 75 ›Fernsehkabinetten‹ das Programm kostenlos verfolgen, so lange Fernsehgeräte noch nicht für den Verkauf zur Verfügung standen (vgl. Heil 1967, 38).

Doch auch in den folgenden Jahren war die Ausbreitung des Fernsehens in der DDR von der Einrichtung von ›Fernsehkabinetten‹ begleitet, die von der ›Nationalen Front‹ betrieben wurden. Man versprach sich dabei vom Fernsehen eine Unterstützung der politischen Arbeit. In den politischen Gremien wurde das Fernsehen gezielt eingesetzt.

»Im Dorfausschuß werden die wichtigsten Fernsehprogramme [gemeint sind Sendungen], wie zum Beispiel Anwendung von Neuerermethoden in der Landwirtschaft, mit öffentlichen Kleinstversammlungen verbunden. [...] Jede Veranstaltung wird durch einen Mitarbeiter des Dorfausschusses eingeleitet. Anschließend an die Sendung wird diskutiert.« (Das Volk v. 3. 2. 56, zit. n. Heil 1967, 39)

Noch 1954 waren die über die DDR verteilten Fernsehgeräte relativ leicht zu zählen: In der DDR gab es 2.231 Fernsehgeräte, davon 650 in Berlin, 288 in Leipzig, 169 in Halle, 96 in Potsdam und 72 in Dresden. Nur 10 waren in Magdeburg, 8 in Schwerin, 6 in Neubrandenburg, 5 in Erfurt, 4 in Gera und 2 in Rostock angemeldet.

Geräteausstattung der einzelnen Regionen

Die Unterschiede in der Geräteausstattung der einzelnen Regionen waren durch den Bau des Sendernetzes begründet. War ein Gebiet durch einen Fernsehsender erschlossen, setzte in der Bevölkerung der Sturm auf die Fernsehapparate ein. Die Geräteindustrie kam lange Zeit nicht nach, den Bedarf auch nur annähernd zu befriedigen. Die Wartezeiten für Fernsehapparate waren damals durchaus mit denen für Autos vergleichbar.

Ende des Jahres 1955 waren 13.600 Fernsehempfänger angemeldet. Die wöchentliche Programmzeit betrug 15 Stunden und 27 Minuten. Das Territorium der DDR war zu rund 90 Prozent für den Fernsehempfang (in

Gemeinschaftsempfang mit dem Fernsehempfänger »Dürer«, 1957

unterschiedlicher technischer Qualität, je nach Lage und Leistungskraft der Sendeanlagen) erschlossen.

Im Jahr des offiziellen Programmbeginns 1956 gab es bereits 70.607 angemeldete Teilnehmer. Vor allem in den grenznahen Gebieten bestand durch den individuellen Empfang auch die Möglichkeit, das westdeutsche Fernsehen zu nutzen. So war deshalb die offizielle Propagierung des Fernsehempfangs zwiespältig: Man wollte damit ein kollektives Organisationsinstrument gewinnen, erhielt jedoch auch ein Medium, in dem der ›Klassenfeind‹ Zugang zu den Köpfen der Zuschauer erhielt.

6. Die Industrialisierung der Fernsehproduktion – Fernsehen in der Bundesrepublik von 1954 bis 1962

In der Bundesrepublik leitete der Beginn des gemeinsamen Programms »Deutsches Fernsehen« der ARD-Anstalten am 1. 11. 54 eine neue Phase der deutschen Fernsehgeschichte ein, die über das Ende der fünfziger Jahre hinaus reichte. Sie reichte bis zum Programmbeginn des Zweiten Deutschen Fernsehens am 1. 4. 63. In diesen knapp achteinhalb Jahren etablierte sich das Fernsehen als Massenmedium. Die Durchsetzung des Fernsehens in den Bundesländern und die innere Organisation des Gemeinschaftsprogramms standen in dieser Zeit zunächst im Vordergrund. Die Landesrundfunkanstalten sendeten für die Bürger der Bundesrepublik, wobei das Fernsehen auch die Berichterstattung über die »SBZ«, wie die DDR in fast allen Medien hieß, zu einem selbstverständlichen, wenn auch in seinem Umfang begrenzten Teil seines Programms machte. Mit der Verschärfung der Konfrontationen um Berlin Ende der fünfziger Jahre wuchs auch die Zuwendung des Fernsehens zu Themen der DDR.

6.1 Im Zeichen des ›Wirtschaftswunders‹ – zwischen Restauration und Modernisierung

Die Fernsehausbreitung ist im Kontext der Veränderungen der bundesrepublikanischen Gesellschaft in dieser Zeit zu sehen. Die fünfziger und frühen sechziger Jahre brachten mit dem westdeutschen ›Wirtschaftswunder‹ eine »beispiellose industrielle Expansion, allerdings ohne technische Revolution« (Ambrosius 1993, 107) hervor. Die Sozialgeschichtsschreibung bezeichnet diese Zeit als ambivalent, in ihren Tendenzen als »modern und restaurativ, dynamisch und statisch« (ebd.) zugleich: Sie galt sowohl als eine »bleierne Zeit« als auch als eine Phase gesellschaftlicher »Modernisierungen« (Schildt 1995).

Wirtschaftliche Entwicklung

Das Statisch-Restaurative bestand im wesentlichen darin, daß sich die wirtschaftliche Entwicklung innerhalb des »Rahmens eines traditionellen Industrieprofils« entfaltete. Die Beschäftigung nahm in der Industrie zu und in der Landwirtschaft ab. Der industrielle Ausbau verstärkte vor allem die Bereiche der chemischen und elektrotechnischen Industrie sowie den Maschinen- und Fahrzeugbau. Neben der privaten Inlands-Nachfrage kurbelte besonders seit dem Koreakrieg eine sprunghaft ansteigende Auslandsnachfrage die industrielle Produktion an. Anfang der sechziger Jahre hatte sich die Bundesrepublik dadurch zu dem am höchsten industrialisierten Land Europas entwickelt (Ambrosius 1993, 107 ff.). Doch dieses Wirtschaftswachstum fand in einer Gesellschaft statt, die sich selbst als »Provisorium« verstand und, nach einem »Magnum«-Heft »Woher, wohin – Bilanz der Bundesrepublik« von 1961, als »einen gemächlichen Staat, in dem sich gemächlich leben läßt«.

Das gesellschaftliche Klima der fünfziger Jahre war weitgehend technikabstinent. Das Desinteresse an der Technik in der Nachkriegszeit hing nicht zuletzt auch damit zusammen, daß sich mit dem »technischen Fortschritt« Erinnerungen an die Kriegstechnologie verbanden (Radkau 1993, 141). Erst mit dem Inkrafttreten der Europäischen Wirtschaftsgemeinschaft (EWG), der Gründung von Euratom, mit der Kohlenkrise und dem »Sputnik-Schock« (die Sowjetunion hatte vor den USA 1957 einen ersten Satelliten in eine Umlaufbahn um die Erde gebracht) begann man in der Bundesrepublik in größerem Umfang über die Notwendigkeit technischer Innovationen nachzudenken. Die Durchsetzung des technischen Apparats ›Fernsehen‹ im privaten Bereich der Menschen kann deshalb als ein metaphorischer Vorbote der Technisierung ganzer Lebensbereiche verstanden werden, wie sie sich in den fünfziger Jahren bereits mit der beginnenden Elektrifizierung der Haushaltstechnik und damit verbunden einer neuen Konsumkultur durchsetzte (Andersen 1997).

Desinteresse an der Technik

Vom »restaurativen Charakter der Epoche« hatte bereits Walter Dirks 1950 in den Frankfurter Heften gesprochen und damit die fünfziger Jahre gekennzeichnet (Dirks 1950). Darin formulierte sich die Enttäuschung über den verpaßten politischen und kulturellen Neuanfang und Bruch mit der Vergangenheit, wie sie die politische Linke die fünfziger Jahre hindurch wiederholt beklagt hatte. Auch wenn es keinen radikalen Neuanfang gegeben hat, läßt sich ebensowenig eine einheitliche ideologische Anknüpfung der »Ära Adenauer« (Dönhoff 1963) bzw. des »CDU-Staates« (Schäffer/Nedelmann 1967) an die konservativen Grundströmungen der Weimarer Republik behaupten.

Restaurativer Charakter der Epoche

Der ökonomische Aufstieg ab 1950 führte zu einer ›Nivellierung‹ alter ideologischer Positionen sowie zur Abgrenzung gegenüber dem Osten ab 1947/48 und der Integration der Bundesrepublik in die ›westliche Gemeinschaft‹. Der Antikommunismus entwickelte sich zur bestimmenden neuen »Integrationsideologie« (Schildt 1993, 630). Die Politik der Westeinbindung, wie sie die CDU-geführte Bundesregierung betrieb, fand ihre alltagspraktische Bestätigung in der neu entstehenden Konsumgesellschaft, die alle gesellschaftlichen Schichten erfaßte und zur Nivellierung der Klassengegensätze beitrug. Die Opposition verlor trotz eines an Protesten reichen Jahrzehnts (Kraushaar 1996) an Überzeugungskraft, als nach Nato-Beitritt und Aufbau der Bundeswehr die befürchtete Remilitarisierung des Alltags ausblieb. Im Vergleich mit den vorangegangenen Jahrzehnten deutscher Geschichte brachten die fünfziger Jahre eine für die Deutschen neue Phase der Zivilisierung. Gerade die Krisen vom Chruschtschow-Ultimatum 1959 bis zum Bau der Mauer 1961 bestätigten diese Tendenz.

Antikommunismus

Die Kritik am restaurativen Charakter der Gesellschaft wurde von intellektueller Seite geführt, weil die ökonomische Veränderung der Republik kulturell nicht zu größerer Weltoffenheit, Liberalität und Freisetzung von traditionalen Zwängen führte. Dafür war die Gesellschaft noch nicht bereit. Das Festhalten an überkommenen kulturellen Wertsetzungen und ›bewährten‹ Erzähl- und Darstellungsmustern versprach vielen Menschen eine, wenn auch nur scheinbare, Sicherheit und bildete ein Gegengewicht zu der sich ökonomisch rasant verändernden Welt. Der Schein möglicher kultureller Kontinuität zerbrach spätestens Anfang der sechziger Jahre (vgl. Richter 1962). Die bereits in den fünfziger Jahren einsetzende »Amerikanisierung der Kultur« als eine »Geburt der Gegenwart« (Amery 1961) stellte die kulturellen Traditionen zunehmend in Frage und leitete einen kulturellen Umbruch ein, der Ende der sechziger Jahre seinen Höhepunkt fand. Mit der neu entstehenden Jugendkultur der endfünfziger Jahre, ihrer Rock'n' Roll-

Soziale Entwicklung

Musik und der kulturellen Auflehnung wurden die ersten Verwerfungen im kulturellen Gefüge der Republik sichtbar.

Im Gegensatz dazu stand die soziale Entwicklung der fünfziger Jahre, die durch den Rückgang der Arbeitslosigkeit gekennzeichnet ist. 1956/57 überstieg die Zahl der offenen Stellen erstmals die der gemeldeten Arbeitslosen. Gleichzeitig sank die durchschnittliche Wochenarbeitszeit von 1952 bis 1963 bei Männern von 48,5 auf 45,4 Stunden und bei Frauen von 44,7 auf 41,9 Stunden. Die durchschnittlichen Brutto-Stundenverdienste stiegen in dieser Zeit bei Männern von 1,71 DM auf 3,79 DM und bei Frauen von 1,07 auf 2,59 DM. Dem standen nur geringe Steigerungen der Lebenshaltungskosten gegenüber; die Preise der Konsumgüter fielen sogar. Der Preis für ein Fernsehgerät, der noch 1953 zwischen 950 bis 2.200 DM betrug, fiel bis 1956 auf unter 600 DM für das billigste Gerät (Schildt 1993, 480).

Zwischen Verhäuslichung und Mobilitätssteigerung

Das Fernsehen breitete sich zwischen 1952 und 1963 in enormer Geschwindigkeit aus, wobei die Ausbreitung entsprechend den Prognosen verlief, die sich an der Durchsetzung des Fernsehens in den USA und Großbritannien orientierten (vgl. Bonus 1968). Von den 11.658 angemeldeten Teilnehmern im Jahre 1954 stieg die Zahl auf 1.211.935 im Jahr 1958 und 3.375.003 im Jahr 1960. 1963, als das ZDF mit seinem Programmbetrieb begann, gab es bereits 7.213.486 Teilnehmer. Damit war innerhalb von ca. zehn Jahren eine Fernsehdichte von ca. 35 Prozent der Haushalte erreicht.

Soziale Differenzierung des Fernsehpublikums

Anfang der fünfziger Jahre konnte noch eine deutliche soziale Differenzierung des Fernsehpublikums festgestellt werden. Danach setzten sich 1953 die Teilnehmer zu 25,3 Prozent aus Gastwirten, 21,6 Prozent aus Rundfunkhändlern, 31,3 Prozent aus Selbständigen (Ärzte, Handwerksmeister, Kleinhändler u.a.), 10,1 Prozent aus Angestellten, 4,8 Prozent aus Arbeitern, 2,2 Prozent aus Beamten und 0,9 Prozent aus Landwirten zusammen (Goebel 1954). Am Ende der fünfziger Jahre hatte sich das Fernsehen in fast allen sozialen Schichten etwa gleich stark durchgesetzt; der Besitz eines Fernsehgeräts war nicht mehr Ausdruck einer bestimmten Schichtzugehörigkeit. Nur die Etablierung des Fernsehens bei der Landbevölkerung blieb noch 1963 deutlich hinter dem statistischen Durchschnitt zurück. War der Anteil der Arbeiterhaushalte auf Fernsehpublikum von 31 Prozent 1957 auf 53 Prozent 1963 gestiegen (Anteil an der Gesamtbevölkerung 47 Prozent); der der Angestellten und Beamten von 39 Prozent 1957 auf 26 Prozent 1963 gefallen (Anteil an der Gesamtbevölkerung 22 Prozent) und der der Selbständigen von 21 Prozent auf 14 Prozent (12 Prozent Anteil an der Gesamtbevölkerung), so blieb der Anteil der Landwirte 1957 wie 1963 bei 6 Prozent konstant, während ihr Anteil an der Gesamtbevölkerung immerhin 18 Prozent betrug (Jahrbuch für Demoskopie 1963, 107). »Die geringste Zahl von Fernsehgeräten findet sich in stadtfernen Gemeinden der rein landwirtschaftlichen Räume, so in Niedersachsen, Westfalen, Bayern und Württemberg«, konstatierte der Landwirt Horst Soeldner von der Studiengruppe ›Fernsehen auf dem Lande‹ (Soeldner 1957, 395).

›Städtisches‹ Medium auf dem Lande

Fernsehen stellte damit bis in die frühen sechziger Jahre ein letztlich ›städtisches‹ Medium dar, wobei sich die Fernsehabstinenz auf dem Lande durch die längeren und von Witterungsverhältnissen abhängigen Arbeitszeiten in den agrarischen Betrieben erklären läßt. Mit der Ausbreitung des Fernsehens auch auf dem Lande wurde es zum Agenten der Anpassung an die urbanen Konsumgewohnheiten, wie sie in den Städten als Ausdruck veränderter Lebensverhältnisse entstanden waren. Die endgültige Durchsetzung des Fernsehens in den sechziger Jahren auf dem Lande führte deshalb auch zu einer starken Nivellierung der Stadt-Land-Unterschiede.

Zur Durchsetzung urbaner Lebensverhältnisse gehört die zunehmende Ausstattung des täglichen Lebens mit technischen Geräten. Zum einen sollten Kühlschränke, Waschmaschinen, Staubsauger und andere Küchengeräte (Mixer, Kaffeemaschine) die Hausarbeit erleichtern, weil immer mehr Frauen arbeiten gingen. Damit verbunden war die Veränderung zahlreicher Verhaltensweisen: vom Einkaufen bis zur Haushaltsführung, von der Energieverwendung bis zur Verwaltung des Geldes und der Organisation zeitlicher Abläufe im privaten Bereich (vgl. Andersen 1997). Sie stehen in Verbindung mit der Zunahme der Erwerbstätigkeit der Frauen. Ihr Anteil an den Erwerbstätigen insgesamt stieg allein von 1950 bis 1961 von 19,7 Prozent auf 35,7 Prozent (Wildt 1993, 283).

Das erste tragbare Fernsehgerät wurde auf der Hamburger Campingausstellung 1960 präsentiert

Zum anderen setzten sich die der Freizeitgestaltung und der Kommunikation dienenden Geräte wie Radiogeräte, Schallplattenspieler, Tonbandgeräte, Telefon und nicht zuletzt das Fernsehgerät durch. Neben der mit dieser Technisierung der Privatsphäre betriebenen ›Verhäuslichung‹ trat eine entgegengesetzte Tendenz der Mobilisierung durch die Anschaffung des Kraftrads und seine Ablösung durch das Auto: Der Volkswagen wurde zum Symbol des deutschen Wirtschaftswunders.

»Auf keinen Fall ist der in Millionen von Exemplaren reglos zu Hause in seinem Fauteuil hingegossene Radio- und Fernseh-Konsument, der die Welt in effigie von dort aus regiert: sie anschaltet, vor sich auffahren läßt und wieder ausschaltet – auf keinen Fall ist dieser Herr der Bildscharen untypischer für uns als der Flieger und Automobilist ...« (Günther Anders 1956, 115)

Diese Polarisierung von Häuslichkeit und Mobilität kann man als eine Intensivierung der Freizeitnutzung verstehen und, damit verbunden, einer Mediatisierung der Wahrnehmung. Sie wird als »Epochenscheide der technischen Kultur« verstanden und auf die Zeit um 1960 datiert (Radkau 1993, 145). Wenn es zutrifft, wie der Zeithistoriker Arnold Sywottek behauptet, daß sich die Konsumgesellschaft von der Gesellschaft der Mangelverwaltung und Bedarfsdeckung dadurch unterscheidet, daß sich die Verbraucherwünsche nicht mehr länger auf »Entbehrtes«, sondern statt dessen auf »Begehrtes« richteten (Sywottek 1993, 273), dann spielten die Medien, die diese Begehren stimulierten und modulierten, eine entscheidende Rolle.

Häuslichkeit und Mobilität

Zu den für die Konsumkultur zentralen Alltagsgegenständen gehörte nun der Fernsehschrank, der zum Symbol für einen »modernen Haushalt« und eine »moderne Lebensweise« wurde (Ruppert 1993). Der Aufstellung des Fernsehgeräts im privaten Raum galt besondere Aufmerksamkeit. Der Fernseher wurde mehrheitlich in den Wohnzimmern plaziert, weil diese kulturgeschichtlich weitgehend funktionsentleerten Räume (Warnke 1979, 683 ff.) hauptsächlich durch eine Sitzgruppe bestimmt wurden. Der Einzug des Fernsehers in die Wohnzimmer veränderte deren Nutzung und bald auch die Gestaltung der Räume. Er brach die Geschlossenheit der Couchecke auf. In der Folge wurde die Wohnzimmereinrichtung passend ausgebaut, um den Fernsehkonsum problemlos zu ermöglichen und dieser entwickelte sich zur zentralen Funktion dieses Raumes (vgl. Hickethier 1994a, 256 ff.).

Zum richtigen Fernsehgenuß gehörte die richtige Anordnung der Zuschauer vor dem Apparat. Er sollte nicht zu schnell ermüden, das Licht sollte im Raum nicht ganz gelöscht werden, der Apparat in der richtigen Höhe stehen, damit keine Genickstarre einsetzte: »Erst vom gemütlichen Sessel aus läßt sich eine Fernseh-Sendung genußreich verfolgen.« Und: »Der leicht geneigte Blick bei lockerer Kopfhaltung wird immer der beste sein,« riet ein Fernsehpublizist (Kettelhack 1954, 250f.).

Das Fernsehen als Instrument der Modernisierung

In der eigentümlichen Ambivalenz der fünfziger Jahre zwischen Restauration und Modernisierung übernahm das Fernsehen, zunächst weitgehend unreflektiert, Begleitaufgaben innerhalb der unterschiedlichen Prozesse der gesellschaftlichen Modernisierungen. Es trug zur Orientierung der Individuen in der Welt bei und prägte Weltbilder, es führte langfristig zu Verhaltensmodellierungen der Zuschauer und bereitete sie auf kommende Anpassungszwänge innerhalb der Modernisierung der Gesellschaft vor. Das Fernsehen wirkte, gerade weil es als etwas Neues gesellschaftlich zunächst wenig ›verortet‹ war, für die verschiedenen gesellschaftlichen Gruppierungen und Schichten der bundesrepublikanischen Gesellschaft integrativ.

Verhaltensmodellierungen der Zuschauer

Dabei veränderte sich das Fernsehen selbst. Das Medium baute sich von einem bei einer Landesrundfunkanstalt angesiedelten Versuchsbetrieb zu einem föderativen System aus und sah sich als ein strukturelles Abbild der Bundesrepublik. Es modernisierte sich selbst durch Weiterentwicklung seiner Produktions- und Distributionstechniken, es baute sein Programm aus, fand zu neuen Angebotsstrukturen und veränderte grundlegend seine Produktionspraxis. Man kann diesen Prozeß, bildhaft formuliert, als eine ›Industrialisierung‹ des Fernsehens verstehen, zumindest aber als einen gewaltigen Umbau des Mediums begreifen.

›Industrialisierung‹ des Fernsehens

Dieser Umbau des Fernsehens erfolgte auf mehreren Ebenen, zeitlich oft parallel, nicht immer als bewußter Prozeß ineinandergreifend, oft durch gegensätzliche Motive vorangetrieben und dann wieder durch Ungleichzeitigkeiten geprägt. Er ist zu beobachten

– in der Veränderung und Sicherung der institutionellen Rahmenbedingungen (Rundfunkpolitik), der Konsolidierung der Rundfunkanstalten (als Teil und Folge des Bund-Länder-Streits) und der Neugründung einer Anstalt (ZDF);
– in der technischen Ausgestaltung und Verbesserung des Fernsehbetriebs (Herstellung eines Verbreitungsnetzes, Einführung neuer Speichertechniken);
– in der Veränderung der Programmkonzepte (beginnende Normierung und Schematisierung) und
– in der Ausgestaltung und Differenzierung der Programmformen.

Der Industrialisierung des Mediums auf der Produktions- und Distributionsebene entsprachen Veränderungen des Zuschauens, die zeitversetzt eintraten und stärker die sechziger als die fünfziger Jahre prägten.

6.2 Die institutionelle Konsolidierung des Rundfunks

ARD-Fernsehen

Aufbau und Konsolidierung der Fernsehorganisation fanden parallel zur Einführung des von den ARD-Anstalten gemeinsam betriebenen Programms »Deutsches Fernsehen« statt und dauerten letztlich bis zum ersten Fernsehurteil des Bundesverfassungsgerichts und der ZDF-Gründung 1961.

Sie bestanden zunächst darin, daß die rundfunkpolitischen Kompetenzen zwischen Bund und Ländern geklärt werden mußten. Eher nebenbei wurde damit auch das Verhältnis der Rundfunkanstalten untereinander und im Verhältnis zu den Landesregierungen geregelt (vgl. Bleicher 1993).

Der Bund-Länder-Streit um das Fernsehen

Als die Bundesregierung 1953 einen Gesetzentwurf zu einer Bundesregelung der Rundfunkfrage vorlegte und damit die Rundfunkhoheit der Länder in Frage stellte, kam es zu einem massiven Bund-Länder-Konflikt. Anlaß waren die verfassungsrechtlich nicht eindeutig verteilten Kompetenzen im Rundfunkbereich, die zwar den Ländern die Kulturhoheit und damit die Rundfunkhoheit zusprachen, der Post, und damit einer Bundesbehörde, Rechte in der Fernmeldetechnik einräumten. Hinzu kamen ordnungspolitische Vorstellungen vom Rundfunk, wie sie der damalige Bundeskanzler Konrad Adenauer und mit ihm die CDU besaßen, die sich an einem Modell eines staatlichen Verlautbarungsorgans orientierten (vgl. Steinmetz 1996, 35 ff.). Weder die Länder noch die Landesrundfunkanstalten besaßen zunächst ein einheitliches Gegenkonzept (Bausch 1980, 307). Verwirrend wurde die Lage dadurch, daß einzelne Rundfunkintendanten mit der Bundesregierung kooperierten, weil sie sich dadurch Vorteile erhofften und weil die Errichtung von Auslandssendern auf Kurz- und Langwelle in den Streit einbezogen wurde. Insbesondere den Langwellensender wollte die Bundesregierung »als wertvollstes Instrument für die Beeinflussung der Ostzonenbevölkerung« nicht den Landesregierungen (und nicht dem als ›rot‹ denunzierten NWDR) überlassen.

Bund-Länder-Konflikt

Nachdem der Entwurf eines Bundesrundfunkgesetzes sich 1953 nicht durchsetzen ließ, weil er innerhalb der Legislaturperiode zu spät vorgelegt worden war und die Alliierten ihr Vetorecht geltend machten, verlegte sich die Bundesregierung in der zweiten Legislaturperiode des Bundestags (1953–1957) auf Verhandlungen mit den Ländern. Diese scheiterten jedoch daran, daß auch die CDU-geführten Landesregierungen unter Wortführung des rheinland-pfälzischen Ministerpräsidenten Peter Altmeier die verfassungsrechtlichen Positionen der Länder über die parteipolitische Räson stellten. Nachdem die CDU/CSU 1957 bei der Bundestagswahl die absolute Mehrheit errungen hatte, setzte sie in einem dritten Anlauf auf eine neue rundfunkpolitische Initiative. Drei neue Aspekte traten dabei in den Vordergrund:

Plan eines Bundesrundfunkgesetzes

1) Nachdem 1957 die erste Teilnehmermillion erreicht worden war und das Fernsehen sich als zugkräftiges Medium erwiesen hatte, wurde die Bundespost (als bundesstaatliche Einrichtung) medienpolitisch aktiv, weil sie 1955 mit dem Deutschlandvertrag die Funkhoheit für das Fernmeldewesen wieder erhalten hatte.
2) Der Aufbau eines zweiten, kommerziellen Programms in Großbritannien (ITV) hatte gezeigt, daß ein privatrechtliches Programm neben einem öffentlich-rechtlichen Programm (der BBC) erfolgreich bestehen konnte.
3) Deutsche Wirtschaftsverbände waren an dem neuen Werbemedium stark interessiert. Der BR brachte seit dem 3. 11. 56 werktäglich bis zu 6 Minuten Werbung in seinem regionalen ›Fenster‹. Damit gewann die Debatte um das Werbefernsehen ihr Anschauungsobjekt.

Nach intensiven Vorverhandlungen kündigte Bundesinnenminister Gerhard Schröder am 3. 6. 59 ein Bundesrundfunkgesetz an, das den Aufbau eines zweiten Fernsehprogramms auf bundesstaatlicher Ebene regeln sollte. Dar-

Fernseh-Treuhänder Fritz Schäffer

Erstes Fernsehurteil des Bundesverfassungsgerichtes

Verbot eines bundesstaatlich kontrollierten Fernsehens

auf antworteten die Ministerpräsidenten der Länder mit den Kieler Beschlüssen vom 19./20. 6. 59 zur Errichtung eines Fernsehverbands auf der Ebene der Länder. Kompromißvorschläge, die unter anderem die Schaffung von drei Fernsehprogrammen vorsahen, blieben erfolglos.

Vor allem die Bundesregierung wurde aktiv und beschloß ein eigenes Fernsehen zu gründen. Weil dieses auf dem Wege eines Bundesgesetzes nicht durchsetzbar schien, setzte die Bundesregierung auf eine privatwirtschaftliche Lösung. Die vorgesehene Bundesanstalt wurde »Deutschland-Fernsehen« genannt. Programmproduktion und -ausgestaltung sollte auf kommerzieller Basis eine »Freies Fernsehen GmbH« betreiben und durch Werbeeinnahmen finanzieren. Nachdem es am Freitag, den 22. 6. 60, bei einem Gespräch zwischen dem Bundeskanzler Konrad Adenauer und dem rheinland-pfälzischen Ministerpräsidenten Altmeier zu keiner Einigung gekommen war, gründeten am Montag, den 25. 6. 60, der Bundeskanzler und der Bundesjustizminister Fritz Schäffer eine »vom Staat beherrschte privatrechtliche Gesellschaft« (Bausch 1980, 420), die »Deutschland-Fernsehen GmbH«, wobei der Bundeskanzler die Anteile der Bundesregierung und der Justizminister treuhänderisch die Anteile der Bundesländer hielten. Ein Fernsehteam der ARD hielt dieses Ereignis für die »Tagesschau« fest.

Nicht nur die Intendanten der ARD-Anstalten, sondern auch die Ministerpräsidenten der Bundesländer empörten sich über dieses Vorgehen. Der hessische Ministerpräsident Georg Zinn sprach von einem »Husarenstreich« und Mißbrauch der Kompetenzen. Am 19. 8. 60 reichte das Land Hamburg, einen Monat später Hessen eine Klage gegen dieses Vorgehen beim Bundesverfassungsgericht ein, Bremen und Niedersachsen traten der Hamburger Klage bei. Am 28. 2. 61 verbot das Bundesverfassungsgericht das sogenannte »Adenauer-Fernsehen« und bekräftigte die Rundfunkhoheit der Länder, schrieb den öffentlich-rechtlichen Charakter und die Staatsferne des Fernsehens fest und verordnete Bund und Ländern ein länder- bzw. bundesfreundliches Verhalten. Damit hatte das dann später so benannte ›Erste Fernsehurteil‹ eine über das Fernsehen hinausgehende verfassungspolitische Bedeutung für die Bundesrepublik. Als »Magna Charta des Rundfunks der Bundesrepublik Deutschland« bezeichnete der Rundfunkhistoriker und SDR-Intendant Hans Bausch deshalb das Urteil, weil »es die weitere Richtung der Rundfunkentwicklung bestimmt hat« (ebd., 429). Der öffentlich-rechtliche Charakter des Rundfunks wurde mit der Beschränkung auf die begrenzte Zahl von Programmen durch die technisch bedingte Frequenzknappheit begründet und der Bundespost das Recht zugestanden, weitere Fernsehnetze aufzubauen. Diese Begründungen sollten dann für die Fernsehentwicklung in den achtziger Jahren ausschlaggebend werden, weil mit der Weiterentwicklung der Technik das Argument der Frequenzknappheit hinfällig und damit die Einführung des kommerziellen Fernsehens ermöglicht wurde.

Das Verbot eines bundesstaatlich kontrollierten Fernsehens galt als schwere Niederlage Adenauers. Zusammen mit dem Debakel seiner mißglückten Kandidatur für das Amt des Bundespräsidenten 1959 und dem späteren unglücklichen Verhalten Adenauers im Zusammenhang mit dem Mauerbau 1961 trug sie 1963 zum Ende seiner Kanzlerschaft bei.

Die Ministerpräsidenten beschlossen bereits am 17. 3. 61, für die Ausstrahlung des zweiten Fernsehprogramms eine eigene öffentlich-rechtliche Anstalt zu gründen. Am 6. 6. 61 unterzeichneten sie einen Staatsvertrag zur Gründung des Zweiten Deutschen Fernsehens (ZDF) mit Sitz in Mainz. Den ARD-Anstalten, die an dieser Anstalt nicht beteiligt wurden, gestanden sie

Die Freies Fernsehen GmbH (FFG)

Die von der Bundesregierung für die Programmproduktion des Deutschland-Fernsehens in Aussicht genommene »Freies Fernsehen GmbH« hatte eine längere Vorgeschichte, deren Skizze die rundfunkpolitischen Aktivitäten der fünfziger Jahre beleuchtet (ausführlich bei Steinmetz 1996). Im Mai 1951 war von den Rundfunkpublizisten Gerhard Eckert und Kurt Wagenführ sowie anderen Medienpublizisten und Interessierten (u. a. dem »Hör Zu«-Chefredakteur Eduard Rhein, dem Münsteraner Publizistikprofessor Walter Hagemann, dem Leiter der Volkshochschule Marl, Bert Donnepp) der »Arbeitskreis für Rundfunkfragen« gegründet worden, der sich u. a. für einen privaten Rundfunk und eine bundesgesetzliche Rundfunkregelung einsetzte. Mit dieser Zielsetzung publizierte Eckert, der intensiv mit dem Bundespresseamt zusammenarbeitete und für zahlreiche Zeitungen und Zeitschriften schrieb (u. a. im »Spiegel«, in »Hör Zu«, »Welt«, »Zeit« und in »epd/Kirche und Rundfunk«), eine Reihe von Kampfschriften, die vom Bundespresseamt finanziert wurden (z. B. Eckert 1958).

Im August 1956 gründeten Zeitungsverleger, Werbeagenturen, der Markenverband und der Bundesverband der deutschen Industrie (BDI) die »Studiengesellschaft für Funk- und Fernsehwerbung«, sie sollte die Einführung des Werbefernsehens propagandistisch vorantreiben. Als Mitgeschäftsführer wurde Gerhard Eckert engagiert, der sich für ein Werbefernsehen im Rahmen eines zweiten Programms aussprach. Die Studiengesellschaft wirkte als Lobbyistin. Bereits im März 1957 beantragte sie beim Bundespostminister Sendeanlagen für ein privatwirtschaftlich betriebenes Fernsehnetz. Dennoch dauerte es aufgrund interner Streitigkeiten bis zum 5. 12. 58, bis eine Gruppe von Zeitungsverlegern die Freies Fernsehen GmbH (FFG) gründete. Anträge auf Vermietung von Sendeanlagen sowie die Übernahme von Bürgschaften durch die Bundesregierung in Höhe von zunächst 20 Mio. DM wurden gestellt und am 30. 12. 59 vom Leiter des Bundespresseamtes Felix von Eckhardt zugesagt. Zum Geschäftsführer bestellte man den Staatssekretär des Bundespostministeriums Friedrich Gladenbeck. Der Programmbetrieb sollte am 1. 1. 61 beginnen, die Vorbereitungen dazu wurden jedoch bereits durch die Einstweilige Verfügung des Bundesverfassungsgerichts im November 1960 gestoppt und der Programmbetrieb durch das Erste Fernsehurteil des BVerfG ganz verhindert.

Für den Aufbau des Programmbetriebs der FFG hatte man eine illustre Mischung von Mitarbeitern engagiert, zwischen denen es bald zu heftigen Konflikten kam: Zum einen waren es Mitarbeiter um den zum stellvertretenden Programmleiter und Chefdramaturgen ernannten Gerhard Eckert, die mit Günter Meyer-Goldenstädt, Günter Piecho, Hans Sester und Hans Joachim Hessling bereits Erfahrungen beim NS-Fernsehen gesammelt hatten. Zum anderen hatten sich um den aus England kommenden Programmleiter Ernest Bornemann Mitarbeiter wie Peter von Zahn, Joachim-Ernst Behrendt, Helmut Ringelmann und andere gesammelt, die sich erst in den fünfziger Jahren dem Fernsehen zugewandt hatten. Mitarbeiter wie Otto F. Gmelin, Elmar Gunsch, Klaus Morgenstern, Joachim Kaiser im Umkreis von Bornemann besaßen überhaupt noch keine Erfahrungen in der Fernsehproduktion. Für diese Gruppe bedeutete die Arbeit bei der FFG einen Einstieg ins Fernsehen, der sie nach dem Scheitern der FFG mehr-

»Freies Fernsehen GmbH«

Gerhard Eckert, Geschäftsführer des Arbeitskreises für Rundfunkfragen

Aufbau des Programmbetriebs der FFG

Folgekosten einer gescheiterten Politik der Bundesregierung

heitlich zu den öffentlich-rechtlichen Anstalten bzw. zur Medienpublizistik führte.

Das Ende der FFG verursachte Kosten von ca. 35 Mio. DM, die durch Bundesbürgschaften gesichert waren und nun fällig wurden. Die politischen Kosten des Unternehmens bestanden im Glaubwürdigkeitsverlust der Bundesregierung. Der ›Gewinn‹ aus diesem Konflikt bestand darin, daß mit dem Bundesverfassungsgerichtsurteil zumindest für eine begrenzte Zeit das öffentlich-rechtliche Prinzip des Fernsehens festgeschrieben und damit den Programmachern für die sechziger Jahre eine gewisse Unabhängigkeit gewährt wurde. Daß der Zugriff des Staates »auf demokratische Weise verhindert werden konnte, spricht wiederum für das Funktionieren des politischen Systems der Bundesrepublik« (Steinmetz 1996, S. 429).

Interesseloser und überparteilicher Status des Fernsehens

Der Fernsehstreit hatte damit einen politischen und konstitutionellen Rahmen hervorgebracht, der für die weitere Fernsehkommunikation entscheidend war. Er verschaffte dem Fernsehen innerhalb der gesellschaftlichen Modernisierungsprozesse und der politischen und gesellschaftlichen Konflikte eine Art interesselosen und überparteilichen Status – bei allen Einflußnahmen, die es dennoch immer wieder gab. Damit befähigte er das Fernsehen in besonderer Weise zur Begleitung der Modernisierungsprozesse. Auch wenn die ARD in vielem als ›offiziös‹ galt, war sie doch nicht staatlich und konnte damit Kritik am Staat üben und zum Sprachrohr gesellschaftlichen Mißmuts und Unbehagens werden. Das Fernsehen konnte umgekehrt der Bevölkerung Veränderungen als notwendig propagieren, gerade weil es nicht offenkundig als Parteigänger einer wirtschaftlichen Interessengruppe galt.

Die Gründung des Zweiten Deutschen Fernsehens (ZDF)

ZDF-Staatsvertrag

Der von den Ministerpräsidenten der Länder vereinbarte ZDF-Staatsvertrag legte einige Besonderheiten gegenüber den ARD-Anstalten fest, die wesentlich zum damaligen Konzept der Medienmodernisierung gehörten. Während die ARD-Anstalten für die Ausstrahlung ihrer Werbesendungen noch gesonderte Werbe-Tochtergesellschaften benötigten, wurde jetzt die Ausstrahlung von Werbung gleich in den ZDF-Staatsvertrag hineingeschrieben und war nun selbstverständliche Aufgabe des ZDF. Das öffentlich-rechtliche Prinzip erfuhr damit bereits eine erste Kommerzialisierung. Der Umfang der Werbeausstrahlung wurde auf maximal 20 Minuten täglich in der Zeit von 18.00 bis 20.00 Uhr begrenzt. Produktion und Programmorganisation des neuen Senders waren nicht mehr föderativ konstruiert, sondern erfolgten zentral.

Am 12.3.1962 wurde Karl Holzamer zum Intendanten des ZDF gewählt

Die Finanzierung der Anstalt erfolgte aus den Gebühren, zusätzlich waren Werbeeinnahmen als mögliche Finanzquelle vorgesehen. Das ZDF erhielt 30 Prozent des Gebührenaufkommens, die die ARD-Anstalten an das ZDF abzuführen hatten. Insbesondere die kleineren Landesrundfunkanstalten Bremen und Saarland hatten unter dieser Klausel zu leiden. Der darüber einsetzende Finanzierungsstreit zwischen ARD und ZDF zog sich letztlich bis Anfang der siebziger Jahre hin. Die Ratifizierung des ZDF-Staatsvertrages, der schließlich am 14. 6. 61 von den Ministerpräsidenten unterzeichnet wurde, wurde etwas verzögert, weil die Zustimmung Bayerns lange Zeit als unsicher galt, bis schließlich am 26. 6. 62 auch der bayerische Landtag die ZDF-Gründung absegnete. Damit war das ZDF gegründet. Der Programmbeginn wurde auf den 1. 7. 62 festgelegt.

Das erste Studio des ZDF 1962 in Eschborn, genannt »Telesibirsk«

Vorbereitung des Programmbetriebs des ZDF

Der rheinland-pfälzische Ministerpräsident Altmeier bemühte sich, bereits 1961 eine provisorische Geschäftsleitung aufzubauen. Diese sollte unter anderem die Übernahme der von der FFG in Eschborn aufgebauten Technik sowie der dort bereits hergestellten Sendungen leisten. Doch die Vorbereitungen zogen sich hin. Erst im Dezember 1961 kam es zur Besetzung des ZDF-Fernsehrats. Ihm gehörten 15 Vertreter der Länder und des Bundes an, neun Vertreter der Parteien, zwei Vertreter der evangelischen und zwei der katholischen Kirche, ein Vertreter des Zentralrats der Juden in Deutschland, drei Gewerkschaftsvertreter, zwei Vertreter der Arbeitgeberverbände, ein Vertreter der Landwirtschaft, einer des Handwerks, zwei Vertreter der Zeitungsverleger, zwei Vertreter des Journalistenverbandes, vier Vertreter der Wohlfahrtsverbände, vier Vertreter der Kommunen, zehn Vertreter des Bereichs Erziehung und Bildung, Wissenschaft und Kunst, je einer aus den Bereichen Sport, Vertriebenen, Freie Berufe, Familienarbeit, Frauenarbeit, Jugendarbeit. Diese 66 Mitglieder organisierten sich relativ rasch in sogenannten Freundeskreisen des Fernsehrates, ausgerichtet nach der parteipolitischen Zugehörigkeit.

Besetzung des ZDF-Fernsehrats

Zum Vorsitzenden wählte man den Vertreter des Sportbundes Dr. Walter Wülfing, weil er zwischen den beiden großen Parteiblöcken stand und in Fernsehfragen als unerfahren galt. Die einzelnen Freundeskreise glaubten, ihre Ziele auf diese Weise leichter durchsetzen zu können. Der Verwaltungsrat, der in der Einführungsphase entscheidende Bedeutung besaß, weil er nämlich den Intendanten zu wählen hatte, wurde dagegen politisch hochkarätig besetzt: Vorsitzender wurde Peter Altmeier, Ministerpräsident von Rheinland-Pfalz.

Zum ersten Intendanten wurde nach einigem Hin und Her der Pädagogikprofessor Karl Holzamer gewählt, der über publizistische Erfahrung verfügte und lange Jahre Vorsitzender des SWF-Rundfunkrates gewesen war. Für die Leitung der FFG war er im Gespräch gewesen, hatte jedoch davon Abstand genommen. Holzamer fand schließlich eine Mehrheit von 44 der 58 abgegebenen Stimmen. Er ging sofort daran, einen entsprechen-

Erster ZDF-Intendant Karl Holzamer

den Führungsstab aufzubauen und Personal für die neue Fernsehanstalt zu engagieren. Dazu warb er Mitarbeiter von der ARD ab. Einer seiner engsten Mitarbeiter wurde Dieter Stolte, den er zum persönlichen Referenten (später Leiter der Programmplanung) machte und der ihm nach Karl-Günther von Hase auf dem Intendantenposten folgte.

Programmproduktion

Das gravierendste Problem für das ZDF bestand in der Programmproduktion. Wofür bei der ARD insgesamt acht Landesrundfunkanstalten tätig waren und sich in mehreren Jahren ihre eigenen Fernsehabteilungen aufgebaut hatten, sollte nun innerhalb eines halben Jahres ein Fernsehbetrieb zentral an einem Ort errichtet werden. Die Vorstellung, ein vollständiges Programm – auch wenn es zunächst im Umfang geringer als das ARD-Programm sein sollte – innerhalb eines Jahres aus dem Boden stampfen zu können, war von vornherein unrealistisch. Die ARD war nur begrenzt bereit einzuspringen, profitierte sie doch letztlich davon, wenn der Programmbetrieb verspätet aufgenommen wurde. Die Sendungen, die die FFG vorproduziert hatte, erwiesen sich nur im begrenzten Umfang als sendbar, die ARD hatte schon zuvor, nach einer Besichtigung der Sendungen, ihren Erwerb abgelehnt. Als Lösung bot sich für das ZDF letztlich an, was schon die FFG geplant hatte: die Vergabe von Auftragsproduktionen an freie Produzenten, also eine letztlich kommerzielle Produktion.

Niederlage und langfristiger Erfolg der Politik

Damit war mit dem ZDF ein Fernsehen etabliert worden, das sich trotz der Niederlage der Bundesregierung nicht so grundsätzlich von deren Intentionen unterschied. Im ZDF besaß die Bundesregierung Einfluß, aufgrund der zahlreichen Staats- und Parteivertreter in den Aufsichtsgremien war die Anstalt deutlich an den politischen Apparat gekoppelt. Das zweite Programm war zentralistisch konzipiert und wurde zumindest in Teilen und unter den besonderen Bedingungen der Auftragsproduktion kommerziell hergestellt.

6.3 Veränderungen in den Produktions- und Distributionsstrukturen

Film- und Fernsehwirtschaft

Die Kontroversen um das zweite Programm hatten mittelbar zu strukturellen Verschiebungen innerhalb der Film- und Fernsehwirtschaft geführt. Neben der FFG waren andere Firmen wie die Westdeutsche Fernseh-AG, die Radio Film Compagnie mbH und die Beta Film GmbH (Leo Kirch) gegründet worden, die sich ebenfalls um Sendelizenzen beworben hatten. Vor allem im Produktionsbereich waren zudem zahlreiche neue Film-Fernseh-Produktionsgesellschaften entstanden, die auf ein kommendes Geschäft mit dem Fernsehen spekulierten. Auch wenn traditionelle Filmproduzenten, wie z. B. der Realfilm-Chef Walter Koppel, den Rückgang der Kinobesucherzahlen (1956: 817 Mio.; 1963: 366 Mio.) und die dadurch entstandene Kinokrise dem Fernsehen anlasteten und deshalb das Fernsehen boykottieren wollten (»Keinen Meter Film dem Fernsehen!«), versprachen sich andere ein Geschäft mit dem expandierenden Medium. In der Filmbranche brach ein ›Gründungsfieber‹ aus. Als das ZDF für sein Programm nach Auftragsproduzenten Ausschau hielt, fanden sich über 200 Produzenten bereit, von denen 80 als Zulieferer für den Programmbereich herangezogen wurden (vgl. Hickethier 1989c). Als Produzenten traten dabei u. a. auf:

›Gründungsfieber‹

– Kinofilmproduzenten, die, wie z. B. die UFA, Bavaria Filmkunst, Neue Deutsche Filmproduktion und die Hans Oppenheimer Filmproduktion/ Gloria, zur Herstellung von Fernsehfilmen übergingen,

- Fernsehfilmproduktionsfirmen, die von Autoren (wie z. B. Peter von Zahn mit der Windrose Fernsehproduktion), Fernsehregisseuren (wie z. B. Frank Wisbar mit der Frank-Wisbar-Produktion) und anderen (z. B. der Ringelmann-Fernsehproduktion, TV-60, Diestel-Film) neu gegründet wurden;
- Fernsehfilmproduzenten, die von anderen Medienkonzernen übernommen bzw. neu gegründet worden waren (Bertelsmann-Filmproduktion, CCC-Television, Intertel-Television, TV-Union);
- Produzenten aus anderen Kulturbereichen, die ihre Theateraufführungen, Zauberkunststücke (Kalanag-Produktion) selbst verwerten wollten;
- und nicht zuletzt die den Anstalten selbst verbundenen Film-Fernsehproduktionsfirmen (wie z. B. die Bavaria Atelierbetriebsgesellschaft und Studio Hamburg).

Ausgangspunkt für das Entstehen gerade dieser letztgenannten Produzentengruppe war eine Zusammenarbeit zwischen der 1955 neu gegründeten Filmproduktionsfirma UFA und dem NWRV, BR und HR, die 1956 zur Herstellung von sechs Fernsehfilmen führte, bei denen die Fernsehanstalten nur ein Drittel der Produktionskosten gezahlt hatten, weil die neue UFA damit einen Wiedereinstieg in die Filmproduktion suchte. Nachdem die in dieser Koproduktion hergestellten Filme bei den Fernsehanstalten auf Kritik stießen (nur vier von ihnen wurden gesendet) gab es zwar keine Fortsetzung solcher Koproduktionen, dem Fernsehen erschien jedoch der Einstieg in die Filmproduktion selbst als eine Alternative, aus den eigenen Produktionsengpässen herauszukommen.

Filmproduktionsfirma UFA

1958/59 kam es zu Verhandlungen zwischen der Bavaria Filmkunst, die bereits zwei Fernsehstudios gebaut und dem SWF vermietet hatte, und den Werbetöchtergesellschaften des SDR und des WDR, die für den Ausbau ihrer Programmproduktion Studiokapazitäten suchten. Am 19. 7. 59 gründeten die Verhandlungspartner die Bavaria Atelierbetriebsgesellschaft, an der die Rundfunkanstalten über ihre Werbetöchter Mehrheitsgesellschafter waren. Erster Geschäftsführer wurde der Fernsehdirektor des SDR Helmut Jedele, der damit aus dieser Funktion ausschied (Nachfolger Horst Jaedicke). Helmut Pigge, Hanns Gottschalk, Franz-Peter Wirth, die mit Jedele zusammen das SDR-Fernsehen aufgebaut hatten (vgl. Kap. 6.4), gingen mit ihm zur Bavaria, vom WDR kam Walter Pindter als Herstellungsleiter.

Helmut Jedele

Bavaria und Studio Hamburg

In ähnlicher Weise war der NDR in Hamburg eine Zusammenarbeit mit der Real-Film von Walter Koppel und Gyula Trebitsch eingegangen und hatte als Mehrheitsgesellschafter die Real-Film Atelierbetriebsgesellschaft (später Studio Hamburg) gegründet. Die Werbetochter des HR wurde 1959 Mitbesitzerin der Taunus-Film Wiesbaden, der SR legte sich die Telefilm Saar zu. Das öffentlich-rechtliche Fernsehen hatte sich damit ein kommerzielles Standbein zugelegt, wobei sich die Bavaria und Studio Hamburg rasch zu großen Filmproduzenten und Dienstleistern für andere Filmproduktionsfirmen entwickelten.

Die nun einsetzende Auftragsproduktion, bei der die Fernsehanstalten die gesamte Produktion initiierten, finanzierten und damit alle Rechte erwarben, wurde zum Kennzeichen des bundesdeutschen Fernsehens der sechziger Jahre (vgl. Hickethier 1989c). Vor allem das ZDF vergab die Herstellung nicht-aktualitätsgebundener Produktionen außer Haus, 1976 erhielten 42 Produzenten Aufträge für 108 Mio. DM, davon allein sechs in einer Höhe von jeweils 5–10 Mio. DM. Zu den größten Auftragnehmern gehörte neben Helmut Ringelmann, Mohr von Chamier, Leo Kirch und Gyula Trebitsch auch Bertelsmann, die Fernsehproduktion Berlin und die Bavaria (Prüsse 1997, 156).

Zwischenhandel mit Filmen und Filmrechten

Degeto

Entscheidend an dieser Entwicklung war, daß damit die einst selbstverständliche Einheit von Produzieren und Senden nachhaltig aufgeweicht wurde. Zwar hatten die Fernsehanstalten ihr Programm noch nie ganz alleine herstellen können, doch galt die Ausstrahlung von Filmen lange Zeit nur als Notbehelf und als nicht fernsehgemäß. Nun jedoch wurde es selbstverständlich, daß die Herstellung von Sendungen nicht unbedingt vom Sender betrieben wurde, sondern daß dieser nur einen Teil des Programms in Eigenregie erstellte.

Damals, von der Öffentlichkeit noch weitgehend unerkannt, begann sich auch der Zwischenhandel mit Filmen und Filmrechten als ein neuer Faktor innerhalb der Programmbeschaffung zu etablieren. Die ARD gründete am 11. 3. 59 die Degeto als Institution für die Filmbeschaffung, doch neben ihr und in Zusammenarbeit mit ihr fanden kommerzielle Zwischenhändler die Gelegenheit, mit dem öffentlich-rechtlichen Fernsehen ins Geschäft zu kommen. Ein findiger Student der Betriebswirtschaft begründete mit dem Erwerb von Kinofilmrechten, die er an die ARD weiterverkaufte, seinen späteren Medienkonzern: Leo Kirch. 1956 hatte er die erste Lizenz für Fellinis »La Strada« erworben, 1960 hielt er bereits an über 600 Spielfilmen die Lizenzen (vgl. Radtke 1994, 6ff.). Wenn seit dieser Zeit von einer Fernsehindustrie die Rede ist, dann wurden durch die arbeitsteilige Aufteilung in Programmproduktion, -vertrieb und -ausstrahlung die Weichen für deren weitere Entwicklung gestellt.

Von der Live-Produktion zur Magnetaufzeichnung

Technische Innovationen

Für diese neue Arbeitsteilung im Fernsehen waren technische Veränderungen die Voraussetzung: Die Fernsehproduktionen mußten in einen den Kinofilmen vergleichbaren Produktstatus gebracht werden, der sie beliebig einsetzbar, wiederholbar und damit mehrfach verwertbar machte. Fernsehen war bis 1958, wenn es nicht Film als Speichermaterial einsetzte, eine Live-Veranstaltung. Die von einer oder mehreren elektronischen Kameras im Studio aufgenommenen Bilder wurden im Regieraum in einem, dem Film nachempfundenen Wechsel der Einstellungen ›gemischt‹ und sofort gesendet. Damit war das Gezeigte zugleich unwiederholbar verschwunden. Wollte man etwas aufzeichnen, mußte es mit Film gedreht oder vom Bildschirm abgefilmt werden. Diese Form der Bildschirmaufnahme nannte man Filmaufzeichnung (FAZ), und sie wurde hauptsächlich bei künstlerischen Produktionen und auch dort wegen ihrer hohen Kosten nur selten eingesetzt. Das Live-Prinzip erwies sich in der Unterhaltungs- und Spielproduktion als zunehmend hinderlich. Wollte man beispielsweise eine Spielsendung wiederholen, mußte sie wieder aufgeführt und Kulissenaufbau, Schauspieler, Techniker, Regie etc. wie im Theater für das Stück neu eingesetzt werden. Jedes Live-Fernsehspiel war deshalb im Prinzip ein Unikat, was sich auf die Produktionskosten nachteilig auswirkte. Vor allem aber war es nicht möglich, für den steigenden Programmbedarf Sendungen in Reserve zu halten. Dies erwies sich für den zeitlichen Ausbau der Programme als hinderlich. Die Einführung der Magnetaufzeichnung 1959 beendete die Liveproduktion vor allem in den nichtaktuellen Programmsparten.

Seit Ende der dreißiger Jahre war die Möglichkeit der Aufzeichnung elektrischer Signale und Impulse durch Magnetisierung bekannt, in Deutschland hatte die Industrie mit dem Tonband ein Verfahren entwickelt, auf einem Plastikband Eisenpulver zu fixieren, das durch unterschiedliche Magnetisierung die elektrischen Signale speichern konnte. Die Qualität

Ab März 1959 beim SWF im Einsatz: die erste auf die deutsche Fernsehnorm umgerüstete Magnetband-Bildaufzeichnungsanlage (MAZ) des Ampex-Typs

gegenüber anderen Speichermöglichkeiten (Schallplatte, Wachsmatrize, Stahlband) war hörbar besser. Das Tonband wurde seit 1940 im Rundfunk eingesetzt. Es lag nahe, die akustische Speicherung zur Speicherung elektrischer Bildsignale zu erweitern. Dazu kam es im ›Dritten Reich‹ jedoch nicht. Einer der amerikanischen Offiziere, die 1945 einige Tonbandgeräte in die USA gebracht hatten, Jack Mullin, konnte die kleine, erst 1944 gegründete Ampex Electric Corporation dazu überreden, solche Tonbandgeräte herzustellen. Weil sich der Einsatz dieser Geräte in der Radioproduktion bewährte, finanzierte der Entertainer und Programmproduzent Bing Crosby 1948 die erste Ampex-Serienproduktion. Die weitere Durchsetzung dieser Technik geschah dann innerhalb weniger Jahre (Zielinski 1986, 70 ff.).

Ampex

Diese Technik auch für das Fernsehen einzusetzen, hatte in den USA einen naheliegenden Grund: Die Networks sendeten ab 1952 Fernsehprogramme von der Ostküste bis zur Westküste, und eine Sendung, die in New York um 20.00 Uhr live ausgestrahlt wurde, war in Kalifornien bereits um 16.00 Uhr Ortszeit zu sehen. Zu diesem Zeitpunkt saßen aber noch keine Publikumsmehrheiten vor dem Bildschirm. Die Sendung nach dem Kinescope recording vom Bildschirm abzufilmen, verschlechterte die Bildqualität und war umständlich. Mit Hochdruck ging deshalb Ampex daran, die Magnetaufzeichnung für Fernsehbilder zu entwickeln. 1956 setzten die Networks die ersten Geräte ein.

In Deutschland wurden die ersten Anlagen 1958/59 beim Südwestfunk, dann auch bei anderen ARD-Anstalten von der Ampex-Vertragsfirma Siemens aufgestellt. Anfangs nahm man die Technik nur als Hilfsmittel, um bei einer Panne im Live-Spiel auf die bei der Generalprobe hergestellte Magnetaufzeichnungs-Aufnahme umschalten zu können. Davon kam man jedoch bald ab und setzte die Technik als vollwertiges Produktionsmittel ein. Wie beim Film wurde nun in einzelnen, wenn auch längeren Takes aufgezeichnet. Man konnte einzelne Szenen so lange aufnehmen, bis man mit der Qualität zufrieden war. Die Aufnahmen wurden am Schluß am Schneidetisch montiert (bzw. auf ein neues Band überspielt). Die auf diese Weise hergestellte elektronische Fernsehproduktion war wie ein Film beliebig einsetzbar und wiederholbar. Ebenso konnte man Bundestagssitzungen, Sportveranstaltungen aufnehmen, um daraus für die Sendung Höhepunkte zusammenzuschneiden. Diese Veränderung der Speichertechnik revolutionierte den Produktionsbetrieb, weil sie letztlich filmähnliche Verfahren ermöglichte. In den großen Studiobetrieben, wie z. B. bei der Bavaria Atelierbetriebsgesellschaft, wurde jedoch auch an Kombinationen von Film- und Fernsehkameras gearbeitet, um die Vorteile elektronischer Produktion (lange, durchgespielte Szenen) und Film (bessere Bildqualität) miteinander zu verbinden.

MAZ als eigenständiges Produktionsmittel

Veränderung des Produktionsbetriebes

Für das Publikum blieben diese neuen Techniken weitgehend unsichtbar, weil sich daraus ergebende Veränderungen in den Präsentationsweisen und Inszenierungsstilen erst langfristig durchsetzten. Einige Regisseure klagten über den angeblichen Verlust der Intensität des Spiels, den die Abkehr vom Live-Spiel mit sich brachte (Noelte 1966). Den Übergang zur MAZ-Produktion konnten sie jedoch nicht verhindern.

Abkehr vom Live-Spiel

Eher randständig blieben dagegen die Versuche, die Fernsehkameras selbst beweglicher zu machen, sie also vom Studio zu entkoppeln. Günter Meyer-Goldenstädt und Günter Siefarth berichteten 1957 von Versuchen, drahtlose Bildübertragungen von Fernsehkameras aus einem Luftschiff (bei dem Bericht von der Kölner Bundesgartenschau) einzusetzen, doch war die Mobilität begrenzt und der Einsatz solcher »fliegender Kameras« beschränkt (Siefarth 1957).

»Fliegende Kameras«

12 Fernseh-Operetten

Nichts kennzeichnet die Veränderung der Produktion deutlicher als das Musiktheaterprojekt des Fernsehregisseurs Kurt Wilhelm, der 1961 für das Deutsche Fernsehen in Wien 12 Fernseh-Operetten produzierte. Da er sie en bloc herstellte, benötigte er statt der üblichen sechs nur fünf Millionen DM für die Produktion. »Das Deutsche Fernsehen muß endlich auf Fabrikbetrieb umschalten«, verkündete er (zit. n. Der Spiegel 22/1961). Er erreichte die ›industrielle‹ Produktionsweise dadurch, daß er ein Atelier außerhalb der Saison mietete, Kulissen aus Bauelementen herstellen ließ, die mehrfach verwendbar waren, in den Zwangspausen der Produktion Programmfüller wie Wiener Kabarett-, Ballett- und Musiksendungen mit produzierte und ein kombiniertes Double- und Playback-Verfahren benutzte. So kam er mit 15 statt der üblichen 25 Drehtagen aus. Zwar erregte diese synthetische Produktion den Widerspruch der Kritik (der »Zauber des Menschlichen« ginge verloren), doch hatten die hier eingesetzten Rationalisierungsverfahren Folgen für die Fernsehproduktion insgesamt, weil sie den Impuls gaben, die Produktionsabläufe neu zu konzipieren.

Rationalisierungsverfahren

Ausbau der Sende- und Übertragungsnetze

Ausbau des Fernsehnetzes

Eine weitere technische Verbesserung brachte der Ausbau des Fernsehnetzes. Neben der Errichtung zusätzlicher Füllsender, die die letzten Gebiete der Bundesrepublik erfaßten und damit eine flächendeckende Ausstrahlung des Fernsehprogramms ermöglichten, baute man die Richtfunkstrecke mehrgleisig aus und schloß weitere Sender an die Hauptrichtfunkstrecke an. Anlaß dafür war nicht nur der erhöhte Umschaltbedarf bei den bundesdeutschen Anstalten, sondern auch der Umstand, daß die Bundesrepublik infolge ihrer geografischen Lage Transitland für Austauschsendungen im Rahmen der Eurovision zwischen Nord-, Süd- und Westeuropa war. Vor allem die Hauptstrecke Hamburg-Köln-Frankfurt-Stuttgart-München mußte deshalb mehrgleisig gefahren werden können. Mit dem Ausbau reduzierten sich die oft 15 Minuten dauernden Umschaltpausen.

»Ruck-Zuck-Umschaltungen«

Die ab 1957 möglichen »Ruck-Zuck-Umschaltungen« führten zu Überlegungen, wie man diese neue Möglichkeit, zwischen den verschiedenen Sendern hin- und herschalten zu können, für das Programm nutzen konnte. Eines der ersten konzeptionellen Resultate war eine sogenannte »Ringsendung«, bei der aus den verschiedenen Fernsehhäusern halbstündige Unterhaltungssendungen zusammengebunden wurden. Es handelte sich dabei um eine Veranstaltung, die in den Jahren zuvor vom NWRV als Fernsehlotterie für Berliner Kinder annonciert worden war (28. 4. 56: »Die große Chance: Nr. 100.000« und 28. 3. 57: »Die Reise ins Glück«) und nun als Gemeinschaftssendung der ARD kam.

Gemeinschaftssendung der ARD

War zunächst innerhalb des Gemeinschaftsprogramms immer eine Sendeanstalt für den technischen Ablauf des Programms verantwortlich, so baute die ARD Ende der fünfziger Jahre eine technische Schaltzentrale auf, um die wachsende Zahl von Sendungen aus den verschiedenen Anstalten für den täglichen Programmbetrieb zu koordinieren und den technischen Ablauf des Tagesprogramms zu gewährleisten. Am 1. 3. 60 nahm in Frankfurt/M.

Fernseh-Sternpunkt

der sogenannte Fernseh-Sternpunkt seine Arbeit auf und war nun für die technische Realisierung der bundesweiten Programmzulieferung und -ausstrahlung verantwortlich. Gegenüber dem bis dahin üblichen Prinzip der Sendekette wurden nun die Sendungen von den einzelnen Anstalten über von der Bundespost angemietete Richtfunkketten und Kabel nach Frankfurt

Programm Deutsches Fernsehen am Sonnabend, 12.4.1958

16.00–23.00 Uhr	1. Ringsendung des Deutschen Fernsehens Kleine Leute – große Reise. Das Deutsche Fernsehen sucht Ferienfreiplätze für Berliner Kinder. (Zuschauer in den Sendegebieten können Freiplätze für Berliner Kinder anmelden). Organisation: Jochen Richert
16.00–19.10 Uhr	Von der Spree bis an den Rhein
16.00 Uhr (SFB):	Es spricht der Regierende Bürgermeister Willy Brandt Anschließend: Uraufführung des Liedes »Kleine Leute – große Reise« Gruß aus Berlin: Kabarettistische Schau mit Günter Neumann, Willi Kollo, Edith Schollwer, Bully Buhlan, Bruno Fritz, Brigitte Mira u.a.
16.35 Uhr (BR):	Probe beim Schützenfest. Spiel von Ludwig Schmidt-Wildy mit Liesl Karlstadt, Bally Prell u.a.
17.00 Uhr (SWF):	Sängerwettstreit. Leitung: Klaus Überall. Mit Kurt Dehn, August Heinrich, den Pfälzer Weinkehlchen u.a.
17.25 Uhr (NWRV Hamburg):	An der Reeling ... Übertragung vom Seebäderschiff »Bunte Kuh« aus dem Hamburger Hafen: Döntjes, Shanties und Seemannsgarn
17.50 Uhr (HR):	Zum blauen Bock. Mit Otto Höpfner
18.15 Uhr (SDR):	Immer mit der Ruhe. Mit Willy Reichert
18.40 Uhr (NWRV Köln):	Echt Kölsch. Regie: Alexander Arnz
20.00 Uhr:	Tagesschau
20.15 Uhr:	Es spricht der Bundespräsident Dr. Theodor Heuß
20.25–23.00 Uhr	Stelldichein beim Deutschen Fernsehen
20.25 Uhr (BR):	Unterm Holzhammer
20.50 Uhr (HR):	Berolina Bar. Mit Hans Joachim Kulenkampff
21.15 Uhr (NWRV Köln):	Stars und Schlager. Übertragung aus der Rot-Weiß-Halle in Köln-Müngersdorf (Leitung: Günter Hassert)
21.40 Uhr (SWF):	Gelernt ist gelernt. Kleine Artistenparade. Leitung: Klaus Überall
22.05 Uhr (SDR):	Fräulein pardon ... Dritte Stippvisite in die 20er Jahre. Leitung: Bernard Thieme
22.30 Uhr (NWRV Hamburg):	Toi toi toi -Verkehrt. Dem Nachwuchs eine Chance bei Peter Frankenfeld Anschließend: Das Wort zum Sonntag. Es spricht Caritas-Direktor Dr. Ludwig Marizy

Quelle: Hör Zu v. 6. 4. 58

überspielt und von dort als Programm strahlenförmig an die 42 Fernsehsender im Bundesgebiet weitergereicht, die es dann terrestrisch ausstrahlten.

6.4 Von der Programmimprovisation zur Programmplanung

Die Einführung der Magnetaufzeichnung bedeutete nicht, daß alle Sendungen vorproduziert wurden. Im aktuellen Bereich blieben Live-Produktionen (»Tagesschau«, Studiodiskussionen, Übertragungen) weitgehend erhalten. Im Bereich der Fiktion verdrängte sie jedoch rasch die Live-Produktion. Diese Produktionsumstellung führte in den sechziger Jahren zu einer Ausweitung der Spielproduktionen innerhalb der Programme. Der Vorteil der

Der Frankfurter Stern

leichtere Planbarkeit

Vorausproduktion von Sendungen (ironisch ›Konserven‹ genannt) bestand für die Anstalten in der leichteren Planbarkeit von Herstellung und Einsatz. Sie bildeten damit eine ideale Voraussetzung für die Ausweitung des Programmumfangs.

Die Vorbereitungen des Gemeinschaftsprogramms bei den anderen ARD-Anstalten

Hatte der NWDR bis 1953/54 die Fernsehentwicklung in der Bundesrepublik im wesentlichen allein vorangetrieben, so war von Anfang an allen ARD-Anstalten klar, daß Fernsehen, anders als der Hörfunk, nur gemeinsam betrieben werden konnte. Werner Pleister formulierte 1953, was Konsens zwischen den Rundfunkanstalten war:

»Die Fernsehkommission der Arbeitsgemeinschaft der Rundfunkanstalten erarbeitet die Möglichkeiten für die Einführung des Fernsehens in der Bundesrepublik, wobei man davon ausgeht, daß es nur ein deutsches Fernsehen geben kann, und nicht ein hessisches, bayerisches, schwäbisches, hamburgisches oder nordrhein-westfälisches. Bei den großen Aufwendungen, die das Fernsehen erfordert, wären kleine Einzelbetriebe zum Scheitern verurteilt. Man muß beim Fernsehen mit einer großen räumlichen Konzeption auch eine große inhaltliche Konzeption verbinden. Wir sind der Meinung, daß Fernsehen von Haus zu Haus oder von Städtchen zu Städtchen ein Spielzeug ist. Fernsehen ist eine Sache der weiten Welt, und es ist fast schon nicht richtig, von einem *deutschen* Fernsehen zu sprechen; wir müssen auf ein *europäisches* Fernsehen hinstreben.« (Pleister 1954, 40 – Hervorhebung im Original – KH)

Eberhard Beckmann, Intendant des HR

Zugang zur Welt außerhalb Deutschlands vermitteln

Pleisters Wort von einer *deutschen* Fernsehorganisation meinte allein eine bundesrepublikanische, so weit waren die beiden deutschen Teilstaaten mit ihren divergierenden politischen Orientierungen bereits auseinander. Und mit ›europäisch‹ meinte er ›westeuropäisch‹. In diesem Sinne verhielten sich die öffentlich-rechtlichen Rundfunkanstalten staatskonform und spiegelten die Haltung der weit überwiegenden Mehrheit der bundesdeutschen Bevölkerung wieder. Neben der Kostenfrage, die für ein gemeinsam betriebenes ARD-Programm sprach, spielte Pleister auf eine räumliche Vorstellung an, die sich mit dem Fernsehen verband: Es sollte den Zugang zur Welt außerhalb Deutschlands vermitteln und sich auf einen europäischen, wenn nicht globalen Rahmen ausrichten. Daran knüpften dann Bemühungen um Programmkooperation und -austausch im europäischen Rahmen an.

Dennoch bezogen sich die westlichen Probleme zunächst auf die Organisation eines gemeinsamen Programmbetriebs im bundesdeutschen Rahmen. Die Gründung einer Bundesanstalt für das Fernsehen, wie sie ab 1953 von einigen Publizisten gefordert wurde, besaß keine Chance einer Realisierung, weil weder die Länder noch die ARD-Anstalten Kompetenzen abgeben wollten (Beckmann 1954, Hess 1954). Der Entwurf eines Rundfunkgesetzes der Bundesregierung beschleunigte nur den Abschluß einer vertraglichen Vereinbarung zwischen den Rundfunkanstalten, in der die gemeinsame Durchführung eines Programms beschlossen wurde und zu dem die Rundfunkanstalten Beiträge liefern sollten.

Fernsehvertrag der ARD

Dieser Fernsehvertrag der ARD, der schließlich am 12. 6. 53 von den Intendanten unterzeichnet wurde, legte die Anteile der Anstalten am Programm fest: NWDR: 50 Prozent; BR 20 sowie HR, SDR und SWF jeweils 10 Prozent, Radio Bremen konnte sich mit bis zu 5 Prozent am Gemeinschaftsprogramm beteiligen. Die Folge war, daß sich jede Anstalt einen mehr oder weniger kompletten Fernsehbetrieb für die gesamte Programm-Bandbreite aufbaute. Die Festlegung der an das Gemeinschaftsprogramm zu liefernden Anteile richtete sich teilnehmerbezogen nach der Größe der Einzugsbereiche und wurde im Laufe der Zeit immer wieder den neuen Gegebenheiten angepaßt. Mit dem Hinzukommen neuer Rundfunkanstalten (SFB 1954, SR 1958) und der Aufteilung des NWDR veränderten sich die Anteile bis 1964 folgendermaßen: WDR 25 Prozent, NDR 20 Prozent, BR 17 Prozent, HR, SDR, SWF und SFB jeweils 8 Prozent, RB und SR jeweils 3 Prozent (Bausch 1980, S. 282 ff.). Diese Anteile wurden den Anstalten nicht genre- und spartenspezifisch zugeordnet, so daß sich jede Anstalt an allen Programmsparten zu beteiligen hatte.

Auch wenn die Einschätzungen des neuen Mediums in den einzelnen Rundfunkhäusern durchaus unterschiedlich waren, begann man frühzeitig in allen Anstalten (bei Radio Bremen erst ab Mitte der fünfziger Jahre) mit dem Aufbau eines eigenen Fernsehbetriebs. Die Wahrung der Eigenständigkeit innerhalb des föderativen Verbandes führte dazu, dem großen NWDR nicht die alleinige Kompetenz im Fernsehen zu überlassen. Da man in München, Stuttgart, Baden-Baden und Frankfurt auf keine Fernseherfahrungen zurückgreifen konnte, assistierten Teams der anderen Anstalten beim NWDR, die anderen Anstalten steuerten ab Ende 1953 Filmbeiträge zum NWDR-Programm bei und kamen mit »Gastspielen« in die NWDR-Studios (Beckmann 1952).

Wahrung der Eigenständigkeit

Der Bayerische Rundfunk engagierte im Mai 1952 Wilm ten Haaf als Oberspielleiter. BR-Fernsehdirektor wurde am 1. 4. 54 Clemens Münster, bis dahin Radio-Chefredakteur für Kultur und Erziehung. Anfängliche Bedenken gegen eine Eingliederung des bayerischen Fernsehens in das deutsche Fernsehnetz wurden bald aufgegeben. Beim Hessischen Rundfunk übernahm der Leiter der Hörfunk-Hauptabteilung ›Kulturelles Wort‹, Hans Joachim Lange, die Leitung der neu gegründete Hauptabteilung Fernsehen. HR-Intendant Beckmann weihte am 29. 5. 52 in Frankfurt den hessischen Fernsehsender (10 kW) auf dem Feldberg ein. In München-Feldmann, am Frankfurter Dornbusch und in Stuttgart entstanden Fernsehstudios.

Der Südwestfunk, der sich unter seinem Intendanten Friedrich Bischoff häufig für bundesstaatliche Regelungen einsetzte, blieb anfangs noch auf Distanz. Als die anderen Anstalten ihre Fernsehabteilungen aufbauten, verpflichtete Bischoff den ehemaligen Mitarbeiter des deutschen Besatzungssenders in Paris, Kurt Hinzmann, zum 1. 12. 53 mit dem Aufbau einer Fernsehabteilung (Hinzmann ging später zum BR). Im Sommer 1953 wurde der Fernsehreporter Roderich Dietze engagiert, der ebenfalls bereits im NS-Fernsehen Erfahrungen gesammelt hatte.

Clemens Münster, Fernsehdirektor des BR

In Stuttgart beauftragte der SDR-Intendant Fritz Eberhard den frisch promovierten Helmut Jedele mit dem Fernsehaufbau. Zu seinem »jungen unkonventionellen Team« gehörten Martin Walser und Hanns Gottschalk, die gerade vom Germanistikstudium der Universität kamen. Mit anderen zusammen entstand hier ein »kreatives Potential« für die gesamte ARD (Müller 1995, 249). Sie bewiesen, daß man beim Aufbau des Fernsehprogrammbetriebs nicht unbedingt auf die Erinnerungen und Erfahrungen an das NS-Fernsehen angewiesen war, sondern im Gegenteil ein neues experimentierendes, kritisches Fernsehen mit jungen Mitarbeitern machen konnte, wie die Programmentwicklung der fünfziger Jahre dann zeigte.

Neben der Verpflichtung zum Gemeinschaftsprogramm betonten einige Intendanten, so z. B. der HR-Intendant im März 1952, daß man neben dem Gemeinschaftsprogramm jeweils ein »Heimatprogramm von kurzer Dauer« senden wolle. Vorerst blieb es jedoch bei diesen Bekundungen, weil die Schaffung des Gemeinschaftsprogramms im Vordergrund stand. Nachdem

Fritz Eberhard, Intendant des SDR

*ARD-Gemeinschafts-
programm »Deutsches
Fernsehen«*

der HR bereits auf der Funk- und Fernsehausstellung in Düsseldorf 1953 mit dem Quiz »Wer gegen wen« auftrat, bestritt der HR, der inzwischen an der Richtfunkstrecke des NWDR angeschlossen war, am 7. 11. 53 einen ganzen Abend im Rahmen des NWDR-Programms. Hilde Nocker war die hessische Ansagerin, Kurt Krüger-Lorenzen interviewte den Privatsekretär von Ibn Saud und Hans Joachim Kulenkampff und Hans-Otto Grünefeldt präsentierten das Städte-Quiz »Wer gegen wen«. Mit dem Aufbau des Programmbetriebs in den anderen ARD-Anstalten häuften sich deren ›Gastspiele‹ im NWDR-Programm, bis schließlich am 1. 11. 54, nachdem München an der Richtfunkstrecke angeschlossen war, offiziell das ARD-Gemeinschaftsprogramm »Deutsches Fernsehen« begann.

*Praxis wechselnder
Programm-
verantwortung*

Mit dem Gemeinschaftsprogramm setzte sich auf anderem Niveau die bereits beim NWDR (Hamburg und Berlin) eingeführte Praxis wechselnder Programmverantwortung fort. Dabei bemühte man sich, ganze Programmblöcke an die einzelnen Anstalten zu vergeben, weil die Richtfunkstrecke zwischen Hamburg und München bis 1956 immer nur in eine Richtung zu fahren war, so daß, wenn das Programm von einem anderen Sender kam, eine längere Umschaltpause entstand, weil die Sender der Richtfunkstrecke neu justiert werden mußten.

ARD Programm vom 24. 10. 1954 (Sonntag)

12.00 Uhr (vom NWDR):	**Der Internationale Frühschoppen** mit sechs Journalisten aus fünf Ländern; Gastgeber: Werner Höfer.
12.30 Uhr – 13.15 Uhr:	**Wir brauchen Gewißheit.** Gedenkstunde zum Tag der deutschen Kriegsgefangenen.
15.00 Uhr –16.30 Uhr:	**Schwimmen: Deutsches Mannschaftsschwimmen.** Eine Übertragung aus der Schwimmhalle. Sprecher: Heinz Maegerlein u. a.
17.00 Uhr – 19.00 Uhr (vom SWF):	**Tischtennis-Länderkampf.** Übertragung aus Baden-Baden. Sprecher: Roderich Dietze.
20.00 Uhr – 21.45 Uhr (vom HR):	**Wer gegen wen – ferngesehen.** Ein öffentliches Fragespiel zwischen Mannschaften aus acht deutschen Städten und dem Frankfurter Publikum. Fragemeister: Hans Joachim Kulenkampff. Zusammenstellung und Leitung: Hans Otto Grünefeldt. Regie: Fritz Umgelter.
21.45 Uhr	Umschaltung.
21.50 Uhr (vom NWDR):	**Zusammenfassung der Tagesschauberichte** der vergangenen Woche.

Quelle: Hör Zu v. 24.–30. 10. 1954

ARD-interne Konkurrenz

Ganz ohne Zweifel führte die föderale Struktur des Fernsehens zu einer internen Konkurrenz und damit zu einer Beschleunigung der Programmentwicklung. Daß dabei Eitelkeiten und landsmannschaftliche Differenzen eine Rolle spielten, erscheint für die Gesamtentwicklung unerheblich. Besonders positiv erwies sich in der Folgezeit, daß Regionen zu Fernsehproduktionsstandorten wurden, die sich zuvor weder durch eine ausgebaute Filmwirtschaft noch als kulturelle Ballungsgebiete hervorgetan hatten. Stuttgart und Baden-Baden trugen z. B. in der Folgezeit neben den bereits etablierten Zentren wie Berlin, Hamburg und München wesentlich zur Ausgestaltung des Programms bei.

Wiederholt hat sich in der Rundfunkgeschichtsschreibung die Frage gestellt, ob in diesen Jahren eine Neuordnung der sehr ungleich verteilten Sendegebiete möglich gewesen wäre, die zu etwa gleich großen Sendeanstalten geführt hätte. Wenn eine Option in dieser Richtung bestanden hatte, scheiterte sie an den Vorbehalten der Alliierten, die bis zu den Pariser Verträgen 1955 in Rundfunkfragen bestanden. Aber auch die Länderregierungen wollten sich ihren Einfluß auf die Rundfunkmedien nicht nehmen lassen. Der alle denkbaren Neuordnungen überschattende Bund-Länder-Streit über die Rundfunkhoheit ließ Zusammenlegungen ebenfalls nicht als opportun erscheinen. Die Entwicklung zeigt, daß in der Folgezeit Zusammenlegungen kleinerer Anstalten nur schwer zustande kamen (erst 1997/98 kam es mit der Fusion von SDR und SWF zum SWR zu einer ersten Zusammenlegung).

Die Organisation des ARD-Gemeinschaftsprogramms

Die Arbeitsgemeinschaft der Rundfunkanstalten Deutschlands (ARD) war 1950 gegründet worden, um ein gemeinsames Handeln der Rundfunkanstalten in Verhandlungen mit Dritten (z.B. in Urheberrechtsfragen) und zur Repräsentanz nach außen (z.B. in der EBU) gewährleisten zu können. In dem 1950 geschlossenen ARD-Vertrag war von Fernsehen noch nicht die Rede, erst der Fernsehvertrag von 1953 regelte die Zusammenarbeit in dem neuen Medium.

Arbeitsgemeinschaft der Rundfunkanstalten Deutschlands

Um die Programmzulieferungen zu koordinieren, entstand eine neue Kommission, die für die Gestaltung des Programms zuständig war: die Ständige Programmkonferenz. In ihr waren alle Anstalten durch Programmverantwortliche vertreten. Sie wurde zunächst vom NWDR-Fernsehintendanten Werner Pleister geleitet, 1956 von Hans Joachim Lange, 1957 von Clemens Münster, 1958 von Helmut Jedele und 1959 wieder von Clemens Münster. Im Jahr 1960 entschloß man sich, dieses Amt hauptamtlich zu besetzen: Erster hauptamtlicher Koordinator war der ehemalige Staatssekretär des Landes Nordrhein-Westfalen und NWDR-Hauptausschuß-Vorsitzender Karl Mohr. Programmdirektoren oder Intendanten wechselten in der Folge in diese Leitungsstelle, die im Grunde wenig Kompetenzen und bis heute keinen eigenen programmproduzierenden Apparat hinter sich hat. Mohrs Nachfolger wurde 1966 Lothar Hartmann vom SWF, nach ihm hatte von 1973 bis 1978 Hans Abich, ehemaliger Intendant von Radio Bremen, das Amt inne. Sein Nachfolger wiederum wurde Dietrich Schwarzkopf, stellvertretender Intendant des NDR, den am 1. 5. 92 WDR-Programmdirektor Günter Struve ablöste. Die Ständige Programmkonferenz nannte sich seit Mitte der sechziger Jahre ARD-Programmdirektion, ihr Koordinator erhielt ab 1966 den Titel ›Programmdirektor Deutsches Fernsehen‹.

Ständige Programmkonferenz

Mit dem Fernsehvertrag von 1953 hatten die Anstalten bereits ein Mindestmaß an Organisation und Institutionalisierung des Gemeinschaftsprogramms geschaffen. In der Ständigen Programmkonferenz wurde nicht nur das Programm erstellt, sondern nach und nach auch auf die Produktion der Sendungen Einfluß genommen. Weitere Unterkommissionen zur Planung einzelner Sparten entstanden. Die Anstalten betrieben den Aufbau der gemeinsamen Organisation jedoch eher zurückhaltend. Die Intendanten wollten die Eigenständigkeit der Fernsehabteilungen der einzelnen Rundfunkanstalten so weit es irgend ging erhalten. Prägend war die Furcht vor einer möglichen institutionellen Verfestigung und Autonomieeinbuße der Landesrundfunkanstalten. So sicherten die Ministerpräsidenten der Länder den Fernsehbetrieb erst 1959 angesichts der drohenden bundesgesetzlichen Regelung durch das Abkommen über die Koordinierung des Ersten Fernsehprogramms rechtlich ab.

Fernsehvertrag von 1953

Erprobung der Zusammenarbeit

Die Jahre zwischen 1954 und 1958 standen unter dem Zeichen der Erprobung der Zusammenarbeit, dem Auf- und Ausbau der Fernsehabteilungen in den verschiedenen Rundfunkanstalten. Die Ständige Programmkonferenz organisierte das Programm nicht nur nach dem Prinzip des Wechsels zwischen den verschiedenen Programmformen, Darstellungsweisen und Schwerpunkten, sondern auch danach, wie sich die einzelnen Häuser der ARD am Programm beteiligten. Das Bemühen in der Anfangsphase, das Programm eines Abends möglichst komplett von einer Anstalt kommen zu lassen, erleichterte die technische Organisation und die interne ›Abrechnung‹, ließ sich jedoch nicht auf Dauer durchhalten. Zudem überlagerten rundfunkpolitische Querelen die Koordination. Gegenüber dem dominierenden NWDR, der mit 50 Prozent Anteil das Programm erheblich prägte, reagierten die süddeutschen Anstalten mit einem starken Profilierungsbedürfnis. Die Auflösung des NWDR in WDR und NDR (der SFB entstand als selbständige Anstalt schon Ende 1953) beseitigte das ARD-interne Konkurrenzdenken nicht grundsätzlich. Jede Anstalt wollte sich mit ihren Programmanteilen gegenüber den anderen profilieren, nicht unbedingt nur durch ›landsmannschaftliche‹ Themen und Inhalte, wie es das föderale Prinzip vorsah, sondern durch allgemeine Beiträge. Darin ist vielleicht die größte Transformation des föderalen Programmprinzips zu sehen: In der Spannung zwischen regionalen und lokalen Themen einerseits und großen weltumspannenden Inhalten andererseits gab es in den Beiträgen der einzelnen Anstalten eine Tendenz zu den großen und eher allgemeinen Programmsujets.

Angebotsausbau

Modernisierung des Fernsehens

Angebotsausbau und -differenzierungen auf der Programmebene bildeten eine Voraussetzung dafür, daß das Fernsehen Begleitfunktionen für die gesellschaftlichen Modernisierungsprozesse übernahm. Modernisierung des Fernsehens meint, daß die in den fünfziger Jahren entwickelten Konzeptionen der Selbstbeschränkung und Außenorientierung an den tradierten Kunstformen und Medien – Literatur und Theater vor allem – neu entworfen wurden: Fernsehen mußte sich spätestens ab 1957/58 als Massenmedium zu einer eigenständigen Gestalt bekennen. Das bedeutete auf der Programmebene:
– Ausbau des Angebots, um die Kontaktflächen zum Publikum hin zu vergrößern, ein stärkeres Eingehen auf unterschiedliche Zuschauerbedürfnisse und deren Bindung an televisuelle Angebote;
– Herstellung eines zusammenhängenden Programmangebots, d. h. Schließung der Vorabendlücke im Programm zwischen Nachmittag und Abend;
– stärkere Betonung und Entwicklung fernseheigener Formen, insbesondere durch die Entwicklung von Reihen und die Schaffung periodisch wiederkehrender gleicher Angebote;
– insgesamt eine stärkere Gliederung und Strukturierung des Programms, um es für die Zuschauer übersichtlicher und damit leichter in den eigenen Zuschaueralltag integrierbar zum machen.

Das Entstehen der Programmstrukturen im ARD-Programm

Doppelte Konstruktion

Programm bedeutete in den Anfängen des bundesdeutschen Fernsehens etwas doppelt Zusammengesetztes: ein Angebot, zu dem die verschiedenen Landesanstalten Beiträge lieferten, und ein Konglomerat unterschiedlicher Programmformen, die für die Zuschauer verschiedene Funktionen besaßen. An dieser doppelten Konstruktion knüpften die Programmdebatten an, die

ARD Programm am Montag, den 1. 11. 54
Eröffnungsprogramm des »Deutsches Fernsehens«

16.30–17.30 Uhr: vom NWDR:
1630 Uhr	Kinderstunde: **Der verlorene Schuh** Ein Spiel der Marionettenbühne Schloß Lensahn.
17.00 Uhr	**Wir helfen suchen**. Vermißtensuchdienst des DRK.
17.10 Uhr	**Wochenspiegel**. Zusammenfassung der Tagesschauberichte der vergangenen Woche, anschließend: Vorschau auf das Abendprogramm.

Nur über Sender Feldberg, Stuttgart und Weinbiet: vom SWF:
19.15–1945 Uhr:	**Der Sport am Wochenende**

20.00–21.00 Uhr: vom NWDR:
20.00 Uhr	**Tagesschau.** Leitung: Martin S. Svoboda, danach Wetterkarte.
20.20 Uhr	«**Wenn die Blätter fallen in des Jahres Kreise –** » Erinnerung und Hoffnung zu Allerheiligen und Allerseelen.
20.45 Uhr	**Kunst der Gotik**. Ein Kulturfilm.
21.00 Uhr	Umschaltung.
21.15–22.00 Uhr	vom englischen Fernsehen BBC: **Internationale Eislauf-Veranstaltung.** Übertragung aus Richmond. Deutscher Sprecher: Harry Valerien.

Quelle: Hör Zu v. 1. 11. 1954

immer wieder eine große »Programmlinie« oder einen »Gestaltungsbogen« (Eckert 1953, 355 ff.) einforderten bzw. eine »große Programmform« (Pleister 1954, 17) und »einen großen einheitlichen Programmbogen« (Schwitzke 1952b, 2) hergestellt wissen wollten. Der Charakter des Zusammengesetzten sollte damit überspielt, Homogenität suggeriert werden. Eine beschränkte Dauer von zwei Stunden schien deshalb wünschenswert. Gegenüber solchen Vorstellungen wurde die Praxis jedoch durch das Prinzip der Addition und die ständige Umfangserweiterung bestimmt. Deutlich ist für 1954 bereits die Abkehr vom propagierten Zweistundenprogramm festzustellen, hinzu kamen zwischen 16.00 und 17.00 Uhr ein Kinderprogramm und tagsüber zusätzliche Veranstaltungen am Wochenende.

Großer Programmbogen

Pleister formulierte bereits Ende 1953 in der Ständigen Programmkonferenz, ganz im Gegensatz zu seiner öffentlich geäußerten These von der »großen Programmform«, als Ziel des Gemeinschaftsprogramms, »zu einer auch im zeitlichen Aufbau mosaikartigen Aufteilung« zu kommen (zit. n. Hickethier 1984, 448). Die mosaikartige Programmgliederung widersprach der sich konzentrisch um eine Hauptsendung gliedernden Anordnung. Die Festlegung von Aufteilungsrastern unterblieb jedoch vorerst, auf eine »zeitlich schematische Aufteilung« verzichtete man zugunsten einer vordergründig biologischen Vorstellung eines ›gewachsenen‹ Programms: »Der Programmaufbau muß organisch erfolgen entsprechend der inhaltlichen und formalen Art des Angebots« (ebd.). Der Vorschlag des NWDR-Vertreters in der Ständigen Programmkonferenz Heinz von Plato, Programmsparten festzulegen, die dann verrechnet werden konnten, wurde noch 1954 als Festschreibung eines »starren Schemas« abgelehnt.

Mosaikartige Programmgliederung

Die Streuung der Programmformen über den Sendetag schien eher dem Zufallsprinzip zu folgen. Erkennbare Programmschwerpunkte wurden von außen gesetzt: durch besondere Ereignisse, insbesondere Sportveranstaltungen, die übertragen wurden, dann durch kirchliche und politische Feiertage,

Zyklische Gliederung

also durch den zyklischen Gang mit dem Kirchenjahr und andere jahreszeitliche Feste. Es lag nahe, diese zyklische Gliederung in die Wochenstruktur einzubringen und jedem Wochentag einen »spezifischen Programmakzent« zu geben, wie es der HR-Intendant Eberhard Beckmann im August 1957 forderte. Dafür sprachen auch produktionsbezogene Gründe, mußten doch die Fernsehabteilungen der Anstalten längerfristig planen und ihre Produktion so terminieren, daß der tägliche Programmbedarf gedeckt wurde.

»Das Fernsehen ist insgesamt vergleichbar mit einer komplizierten, aus vielen, vielen Gliedern bestehenden Maschine, und solche Maschinen sind verhältnismäßig empfindlich. Und das Fernsehprogramm einer einzigen Woche besteht aus so viel verschiedenen Elementen, Theater-Übernahmen, langgeprobten Fernsehspielen, heißen Aktualitäten usw. Wenn nun bei der Realisierung *einer* Sendung etwas Unvorhersehbares eintritt, dann ist nicht nur dieser Abend gestört in seinem Aufbau, sondern auch das wohlüberlegte Gleichgewicht der Programme der ganzen Woche kann dadurch ins Wanken geraten.« (Jedele 1958)

Schemabildung

Die nicht immer geglückte Koordinierung der Produktionsplanungen der Häuser hatte dazu geführt, daß es gelegentlich zu ungewollten Häufungen von Sendungen einer Sparte gekommen war (vgl. Der Spiegel 36/1955). Sechs Fernsehspiele, eine Oper und eine Operette innerhalb von neun Tagen (bei einem immer noch zweistündigen Abendprogramm) erschienen 1956 einigen Kritikern zuviel. Verzögerungen einzelner Sendungen um bis zu einer halben Stunde wurden öffentlich moniert. Fehlende Programmangebote an Nachmittagen des Wochenendes und die sogenannte ›Sommerflaute‹ (das Fernsehen hatte vom Theater das Prinzip der Sommerpause übernommen und die Produktion neuer Sendungen in dieser Jahreszeit reduziert) erregten Anstoß.

Gleichbleibende Angebotsmischung

Die Kritik formulierte damit eine in der Öffentlichkeit vorhandene Vorstellung vom Programm als einer gleichbleibenden Angebotsmischung, die die verschiedenen Einzelangebote in einem regelmäßigen Wechsel und in etwa gleichbleibender Qualität zu präsentieren hatte. Daß diese Kritik oft auch dazu benutzt wurde, das föderale ARD-Programmodell abzuwerten und ein zentralistisches, wie es das Bundesfernsehen Adenauers versprach, als optimale Lösung erscheinen zu lassen, war den Lobbyisten wie Eckert ein nicht unerwünschter Effekt solcher öffentlichen Debatten.

Der HR-Programmdirektor Hans Joachim Lange legte deshalb 1957 in der Ständigen Programmkonferenz ein Konzept vor, für die schwerpunktbildenden Sendungen im Abendprogramm drei Bereiche Feature (F), Fernsehspiel (S) und Unterhaltung (U) zu unterscheiden und daraus ein Schema für vier Wochen zu entwerfen. Mit einer Schemabildung reagierte man auch auf öffentliche Kritik. Als »Technik des Programmentwurfs« wurde dieses erste Programmschema dann leicht modifiziert für die Zeit ab 1. 4. 58 festgelegt (vgl. Schema S. 133).

Eine solche Programmstrukturierung lag angesichts der ARD-internen Planungen für ein zweites Programm mit dem dadurch erhöhten Bedarf an Sendungen nahe. Sie war als produktionssteuernde Maßnahme gedacht. Das zunächst noch recht vage Programmschema wurde jedoch nicht immer eingehalten (vgl. ausführlicher Hickethier 1984, 452 ff.). Vom Nordwestdeutschen Rundfunkverband (NWRV) kamen deshalb bereits 1957 weitergehende Planungen, da sich innerhalb des NWRV die beiden Anstalten NDR und WDR auf eine gemeinsame Produktion einigen mußten. Dafür wurde der Begriff der »Programmfarben« gewählt. Die Produktionsplanung des NWRV unterschied deshalb zwischen

Hans Joachim Lange, Programmdirektor des HR

»Programmfarben«

1. anspruchsvolle Information: *gelb*,
2. leichte Information: *braun* (innerhalb 1. und 2. gab es die Form des Dokumentarspiels)
3. anspruchsvolle Unterhaltung: *blau* (Spiel, Oper, Film, Ballett)
4. leichte Unterhaltung: *rot* (Spiel, Operette, Film, Musical und die Formen Bunter Abend, Quiz, Kabarett, Zirkus). (NWRV o. J.)

Produktionsplanung des NWRV

Daraus leitete der NWDR eine Skala von Sendetypen ab. In der internen Sprache der Ständigen Programmkonferenz setzte sich diese Bezeichnung der Programmfarben durch, so etwa wenn z.B. Clemens Münster (BR) monierte, die »gelben Abende« seien »reichlich trocken« (22./24. 8. 60). Später etablierte sich ein eher metaphorischer Sprachgebrauch, wenn von Programmfarben die Rede war.

ARD Programmschema 1958

	1. u. 3. Woche	2. u. 4. Woche
Montag	F	F
Dienstag	U	S
Mittwoch	F	U
Donnerstag	S	S
Freitag	F	F
Sonnabend	S	U
Sonntag	U	S

»Die Buchstaben (...) bezeichnen die Sendung, die dem Abend den Charakter und den Schwerpunkt gibt; es muß nicht unbedingt die längste Sendung des Abends sein. Die weiteren Sendungen des Abends können ganz oder teilweise von einer anderen Station übernommen werden. Es dürfte jedoch zweckmäßig sein, an nicht mehr als der Hälfte der Abende von der Schnellumschaltung Gebrauch zu machen, da sonst die Produktionskapazität der Anstalten zu stark belastet wird.« (Technik 1957)

Obwohl sich dieses Schema zunächst kaum erkennbar auswirkte, hatte man damit den Grundstein zu der in der Folgezeit immer strikteren Planung der Programme gelegt. Für die Nachmittagssendungen etablierte Clemens Münster als Programmkoordinator eine weitere ständige Koordination der verschiedenen Familienprogramm-Redaktionen mit einem eigenen Programmschema. Insgesamt fügten sich die einzelnen Programmteile, wenn auch noch in getrennter Organisation hergestellt, damit bereits zu einem weiter ausgreifenden Gesamtprogramm.

Striktere Planung der Programme

6.5 Die Ausweitung des Programms

Kennzeichen des Programmausbaus ist nicht das sukzessive Wachsen der Programme vom Kern des Abendprogramms aus, sondern die Schaffung von Programminseln, die zum einen produktionsbedingt waren (Live-Übertragungen von Sportereignissen und anderen zeitlich fixierten Ereignissen, meist sonntags) und zum anderen sich an bestimmte Zielgruppen richteten bzw. an spezifische Gewohnheiten anknüpften (Frühschoppen, Kindernachmittage). Zwischen diesen inselhaft über den Tag verteilten Angeboten bestanden große Lücken, die nicht immer durch Testbilder oder sogenannte Industriefilme gefüllt wurden (diese waren für den Rundfunkhandel gedacht, um für den Verkauf von Fernsehgeräten diese mit einem Bild zu Tageszeiten vorführen zu können, an denen es kein Programm gab).

Programmerweiterung von Programminseln aus

»permanentes Programm«

»pausenloses Programm«

Die Programmentwicklung ist in den fünfziger Jahren und in der Folgezeit durch die Schließung dieser Lücken bestimmt, wobei die Verbindung vom Nachmittags- und Abendprogramm im Vordergrund stand sowie der Ausbau der Wochenendprogramme (vgl. Hickethier 1984). Anfang der fünfziger Jahre hatte Heinz Schwitzke noch abwehrend das »permanente Programm« als etwas beschworen, wogegen ein der Kultur verpflichteter Rundfunk Marksteine, also Haltepunkte, zu setzen habe. Nun arbeitete das Fernsehen – und es folgte mediengeschichtlich damit den Prinzipien des Programmwachstums des Rundfunks der Weimarer Republik – daran, überhaupt erst einmal zusammenhängende Angebotsflächen vom Nachmittag bis zum Abend zu schaffen. Das »pausenlose Programm«, wie es Erich Kuby 1950 bereits beschworen hatte, war für die Praxis des Fernsehens weiterhin ein Schreckbild.

ARD Programmstatistik

Gemeinschaftsprogramm (Erstes Programm)	1959	in %	1960	in %	1961	in %
Aktuelle Sendungen	8.034	7,4	7.638	6,7	10.028	7,7
Nachrichten	8.236	7,6	8.309	7,2	11.534	8,9
Dokumentar-, Inform.send.	12.211	11,3	12.522	10,9	18.998	14,6
Unterhaltung	15.817	14,7	13.857	12,1	18.312	14,1
Fernsehspiele	14.228	13,2	16.039	14,0	18.530	14,2
Filme v. Verleihern	4.910	4,6	7.495	6,5	5.137	3,9
Sport	11.214	10,4	12.906	11,3	14.377	11,0
Kind.-,Jugend-, Frauenfunk	*17.554	16,3	17.161	15,0	17.364	13,3
Eurovisionssendungen**	8.548	7,9	11.696	10,2	8.689	6,7
Religiöse Sendungen	1.387	1,3	1.164	1,0	1.879	1,4
Programmverbindungen***	5.756	5,3	5.830	5,1	5.450	4,2
Insgesamt	107.895	100	114.617	100	130.298	100

* Nachmittagsprogramm; ** Nur Auslandsübertragungen; *** Ansagen, Pausen, Inserts (ohne II. ARD-Programm, Regional-, Werbe- und Vormittagsprogramm)

Quelle: Statistisches Jahrbuch 1960 ff.

Betonung der regionalen Aspekte

Europäische Akzente

Die Programmausweitung zielte in vier verschiedene Richtungen und bediente sich dabei unterschiedlicher Formen. Die Betonung der regionalen Aspekte erfolgte in speziellen Regionalprogrammen, die sich, gekoppelt mit Werbeprogrammen, um eine größere Nähe des Programms zum Sendegebiet bemühten und diese Nähe oft schon allein daraus ableiteten, daß sie ihr Angebot nur für das Sendegebiet der jeweiligen Anstalt bereitstellten. Dabei handelte es sich nicht um separate Programme, die in einem eigenen Kanal ausgestrahlt wurden, sondern um Fensterprogramme, die innerhalb des Gemeinschaftsprogramms alternativ zueinander in den verschiedenen Sendegebieten empfangen werden konnten. Sie leiteten ihre Eigenständigkeit nicht zuletzt daraus ab, daß sie dem Planungszugriff der Ständigen Programmkonferenz entzogen blieben.

Die Ausweitung des Programms in Richtung einer stärkeren Beachtung europäischer Aspekte, seit Beginn des bundesdeutschen Fernsehens immer wieder programmatisch eingefordert, erfolgte innerhalb des Gemeinschaftsprogramms und in Zusammenarbeit mit der europäischen Rundfunkorganisation EBU bzw. unabhängig davon mit anderen europäischen Sendern. Ziel war es, europäische Akzente im Programm zu setzen und durch Kooperationsvorhaben mit anderen europäischen Sendern zu ermöglichen. Die spektakulärste Form dieser Kooperation waren die Sendungen der Eurovision.

Die Ausstrahlung eines Vormittagsprogramms ab 4. 9. 61 sollte die DDR-Zuschauer zusätzlich über die Bundesrepublik informieren. Dieses Vormittagsprogramm bestand aus Wiederholungen und war vor allem für Schichtarbeiter gedacht, die wegen ihrer Arbeitszeit das abendliche Westprogramm nicht sehen konnten. Das Programm wurde in Berlin und von den Sendern entlang der innerdeutschen Grenze abgestrahlt, war also nicht in allen Teilen der Bundesrepublik zu empfangen. Diese Programminitiative stand im Zusammenhang mit der Krise der innerdeutschen Verhältnisse um den Bau der Mauer am 13. 8. 61.

Vormittagsprogramm

Waren diese Ausweitungen des Angebots im Zusammenhang des Programms »Deutsches Fernsehen« zu sehen, so bildete die letzte Ausweitung eine Vorstufe für das Programm des ZDF. Das von der ARD zwischen dem 1. 6. 61 und 31. 3. 63 veranstaltete II. ARD-Programm wurde auf neuen Frequenzen ausgestrahlt. Hier erprobten die ARD-Anstalten neue Formen und starteten einen kritischen Fernsehjournalismus.

II. ARD-Programm

Der Aufbau von Regional- und Werbeprogrammen

Wichtigste Neuerung in der Fernsehentwicklung Mitte der fünfziger Jahre war das Entstehen von Regional- und Werbeprogrammen. Bei den Regionalsendungen ging die Entwicklung nicht vom NWDR bzw. seinen Nachfolgeanstalten NDR und WDR aus, sondern von den südlichen Anstalten. Schon seit dem 23. 4. 55 zeigten der HR, SDR und SWF gemeinsam zweimal wöchentlich die Regionalsendung »Von Rhein, Main und Neckar«, der SDR hatte zuvor schon mittwochs eine Regionalsendung in seinem Sendegebiet ausgestrahlt. Montags zeigten die drei seit dem 4. 10. 54 (SWF allein seit dem 5. 7. 54) eine regionale Sportsendung (vgl. Müller 1995, 225). Die Regionalsendungen verstanden sich dabei als Gegenpol zum norddeutschen Akzent der Nachrichtenberichterstattung durch die »Tagesschau«. Mit der »Münchner Abendschau« und anderen regionalen Nachrichtensendungen sollten landesspezifische Schwerpunkte gesetzt und eine größere Nähe zur Bevölkerung gesucht werden. 1959 hatten alle ARD-Anstalten (mit Ausnahme des neu hinzugekommenen SR) eine eigene Regionalsendung oder betrieben mit anderen Sendern zusammen ein gemeinsames Regionalprogramm.

»Von Rhein, Main und Neckar«

»Münchner Abendschau«

Daneben begann ab 1956 der Bayerische Rundfunk mit der Ausstrahlung eines Werbeprogramms. In der drei Stunden dauernden Vorabendlücke zwischen den Kinder- und Jugendsendungen am Nachmittag und dem Abendprogramm ab 20.00 Uhr plazierte man neben der Regionalsendung ein in sich geschlossenes Werbeprogramm von 19.30 bis 20.00 Uhr mit verschiedenen Unterhaltungsformen: halbstündige Ratgebersendungen, Quizspiele, Kindersendungen, schließlich auch kleine Fernsehspiele. Um diese Sendungen herum wurden insgesamt sechs Minuten lang Werbespots gezeigt.

Anlaß für die Schaffung des Werbeprogramms war das verstärkte Interesse der werbetreibenden Industrie an dem immer attraktiver werdenden Medium. Seit Beginn des Gemeinschaftsprogramms entstand eine Diskussion um vermeintliche Schleichwerbung (daß nämlich Produkte und Markennamen in Fernsehsendungen demonstrativ erkennbar waren) in den Programmen. Zudem hatte der NWDR 1952 schon einmal die »Verpach-

Hanns Joachim Friedrichs begann seine Karriere als Journalist bei »Hier und Heute«, 1959

ARD Regionalprogramme 1959–1963 (in Minuten)

	1959	1960	1961	1962	1963
BR	11.899	11.234	2.494[6]	3.884[7]	2.339[10]
HR	7.821[1]	2.998[3]	10.267[4]	5.783	6.690
NDR[2]	13.124	12.604	27.910	28.566	28.243
SDR		2.320[3]	2.935[5]	3.936[5]	4.204[5]
SWF		2.286[3]	3.199[5]	3.949[5]	4.176[5]
SFB	6.640	6.144	9.210	9.252	8.821
SR				10.320	8.845
WDR	14.130	13.789	12.062	21.202[8]	22.202[9]

[1] Gemeinschaftsprogramm HR, SWF, SDR;
[2] mit Radio Bremen;
[3] Anteil am Gemeinschaftsprogramm von HR, SDR, SWF;
[4] davon 4.713 Minuten II. Programm im Mai;
[5] Anteil am Gemeinschaftsprogramm von SDR und SWF;
[6] ab 1961 »Abendschau« Teil des Werbeprogramms;
[7] davon 1.675 im II. ARD-Programm;
[8] davon 8.061 Minuten (»Prisma des Westens«) im II. ARD-Programm;
[9] davon 8.520 Minuten (»Prisma des Westens«) im II. ARD-Programm;
[10] davon 401 Minuten im II. ARD-Programm;

Quelle: Statistisches Jahrbuch 1960 ff.

tung« von 30 Minuten Sendezeit für Werbezwecke geplant, die Idee aber mangels Interesse der Wirtschaft wieder fallen gelassen.

›Bayerische Werbefernseh-GmbH‹

Da der BR als öffentlich-rechtliche Anstalt selbst keine Sendezeit verkaufen durfte, gründete er am 28. 6. 56 die ›Bayerische Werbefernseh-GmbH‹. Dafür suchte er zunächst noch andere Mitgesellschafter, u.a die Zeitungsverleger-Verbände, die bayerische Wirtschaft, die Bundespost, doch diese lehnten eine Beteiligung wegen der beabsichtigten Majorität der Rundfunkanstalt ab. Seit dem 3. 11. 56 begann er deshalb allein ein zunächst schmales Werbeprogramm auszustrahlen. Sechs Werbespots vom Haus Neuerburg (Zigaretten), Oetker (Backmittel), Riz (Parfüm), Blendax (Zahnpasta), Arwa (Strümpfe) und Borsalino-Hüte waren am Eröffnungsabend zu sehen. Der Verband der Zeitungsverleger, der sich zu diesem Zeitpunkt bereits mit seiner ›Studiengesellschaft für Funk- und Fernsehwerbung‹ um ein eigenes werbefinanziertes Fernsehprogramm bemühte, protestierte gegen die Ausstrahlung dieses Werbeprogramms und zog vor Gericht. Die Klage wurde jedoch abgewiesen.

Die ARD hatte bereits im Mai 1956 eine prinzipielle Bereitschaft zur allgemeinen Einführung des Werbefernsehens erklärt, doch hielten sich die anderen Anstalten wegen der juristischen Auseinandersetzung in Bayern erst einmal zurück. Als die gerichtliche Bestätigung der Werbefernsehpraxis 1957 erfolgt war, legten sich andere Sendeanstalten ebenfalls ein eigenes Werberahmen- und Regionalprogramm zu bzw. übernahmen übergangsweise das Bayerische Programm. Als letzte Anstalten begannen WDR, NDR und Radio Bremen ein Werbeprogramm auszustrahlen (vgl. Tabelle S. 137).

Der europäische Gestus: Die Eurovision

Eurovision

Ging es bei der Schaffung der Regionalprogramme um eine größere regionale Verbundenheit mit den Zuschauern, war die Eurovision auf eine Zusammenarbeit mit anderen Sendern über den bundesstaatlichen Rahmen

ARD Werbeprogramme 1959–1963 (ohne ZDF) (in Minuten, in Klammern: reine Werbezeit)

	1959	1960		1961		1962		1963	
BR	8.954[1]	16.108	(2.790)	23.974[4]	(3.681)	24.561	(4.142)	24.417	(4.800)
HR		11.998	(2.955)	14.577	(4.475)	21.142	(4.947)	21.189	(5.674)
NDR[3]	6.690	10.593	(2.770)	25.529	(5.609)	26.859	(6.716)	27.486	(5.977)
SDR		5.025[2]	(1.235)	8.857[2]	(2.160)	8.907[2]	(2.326)	9.948[2]	(2.894)
SWF		5.103[2]	(1.237)	9.158[2]	(2.162)	8.941[2]	(2.284)	10.325[2]	(2.796)
SFB		11.208	(3.656)	13.967	(4.485)	20.108	(5.088)	20.410	(6.007)
SR		9.827	(2.813)	14.071	(5.379)	14.590	(5.914)	16.867	(6.306)
WDR	7.398	9.860	(2.313)	12.090	(3.769)	12.926	(4.025)	13.081	(4.019)

[1] zusammen mit HR, SWF, SDR, SFB;
[2] Anteil am Gemeinschaftsprogramm von SDR und SWF;
[3] mit Radio Bremen;
[4] davon 445 Minuten im II. ARD-Programm;

Quelle: Statistisches Jahrbuch 1960 ff.

hinaus angelegt. Das entsprach den politischen Intentionen der Westintegration der Bundesrepublik, nicht zuletzt nachdem sich gegenüber dem östlich dominierten europäischen Rundfunkverband OIRT die European Broadcasting Union (EBU) gebildet hatte (vgl. Kap. 4). Weitgehend unabhängig von dieser in den Bereichen der Technik, des Rechts und der Verwaltung arbeitenden Vereinigung hatte sich eine informelle Zusammenarbeit der wichtigsten europäischen Fernsehländer im Programmaustausch ergeben (vgl. Dehnhardt u. a. 1996).

Für die Live-Übertragung der Krönung Elizabeth II. hatte man 1953, weitgehend unter Führung des Schweizers Marcel Bezençon, ein europäisches Fernsehnetz etabliert, das man nun ausbaute. 1954 wurde bereits ein gemeinsames Sommerprogramm von 18 Sendungen (31 Programmstunden) der verschiedenen beteiligten Fernsehsender ausgestrahlt, in deren Mittelpunkt die Übertragungen der Fußballweltmeisterschaft 1954 aus der Schweiz standen (Bellac 1963). Unter dem Label »Eurovision« bemühte man sich weiterhin um den Ausbau solcher Programme, besonders im Bereich der Dokumentationen, Quiz- und anderer Unterhaltungssendungen. 1955 kam z.B. eine Übertragungsreihe »Die großen Städte Europas« zustande. Nicht immer waren es in der Folgezeit die Anlässe wert, Sendungen europaweit »live« zu verbreiten. So übertrug z.B. die Eurovision u.a. aus Italien »Lieder aus dem Süden« aus Genua (3. 5. 55), aus Frankreich eine »internationale Studenten-Wallfahrt« nach Chartres (15. 5. 55) und aus Belgien einen Besuch im Rubens-Haus, und die Kritik bemängelte, daß das Interesse an der Eurovision gering sei, wenn derartige Live-Sendungen »nicht viel mehr zu bieten vermochten als Blumenkorsos, Truppenparaden und Trachtenspiele« (Der Spiegel 36/1955, 35).

Live-Übertragung der Krönung Elizabeth II

Da politische ›Großereignisse‹, wie die Viermächtekonferenz in Genf (18.–23. 7. 55), über die in europaweiten Schaltungen berichtet wurde, selten blieben, standen neben dem Schlagerfestival des »Grand Prix d'Eurovision« zunehmend Sportübertragungen und der Nachrichtenaustausch im Vordergrund der Eurovision. Leichtathletik-Länderkämpfe, Tischtennis- und Fechtmeisterschaften, Eislauf-Wettkämpfe, Schanzspringen und Fußball-Länderspiele wurden immer wieder übertragen. Der Tod von Papst Pius XII. am 9. 10. 58 führte zur ersten Nachrichten-Liveschaltung dieses europäischen Netzes.

»Grand Prix d'Eurovision«

Fernmeldesatelliten Telstar

Das Netz erhielt eine zusätzliche Ausweitung durch den 1962 in die Umlaufbahn um die Erde gebrachten, nichtstationären amerikanischen Fernmeldesatelliten Telstar, mit dem sich kurze Übertragungen in die USA und von dort nach Europa (max. 18 Minuten alle zweieinhalb Stunden) herstellen ließen, weil sich bei dem schnell umlaufenden Satelliten nur periodisch ein von Amerika und Europa gemeinsam anvisierbares Zeit-›Fenster‹ öffnete.

»Größtes Theater der Welt«

Europäisches Programm

Ein 1962 begonnenes Projekt, das »Größte Theater der Welt«, sollte den Eurovisionsgedanken im Fernsehspielbereich verankern. Ein Dramatiker schrieb ein Stück für die EBU, und dessen Inszenierung wurde dann in alle beteiligten Länder übertragen, so daß fast ganz Westeuropa das Stück zur gleichen Zeit sehen konnte. Doch dem Vorhaben blieb ein dauerhafter Erfolg versagt. Auch die Idee eines gemeinsamen europäischen Programms, immer wieder gefordert, wurde nicht realisiert. Die sprachlichen und mentalen Differenzen zwischen den Europäern waren (noch) zu groß.

Die Eurovision beschränkte sich deshalb weitgehend auf die Übertragung von Nachrichten und Sportwettkämpfen bzw. wenige groß herausgestellte Unterhaltungsereignisse. Für das deutsche Publikum der fünfziger und sechziger Jahre war die Eurovision gleichwohl bedeutend, weil sie ein Symbol für den Kontakt zur großen Welt durch das ›Fenster nach draußen‹ darstellte. Auch wenn die Mehrheit der Zuschauer Konzept und Struktur der Eurovision wohl nicht durchschauten, gaben die Eurovisionssendungen der Europäischen Idee anschaulichen Ausdruck.

Das Programm für die »Brüder und Schwestern in der Zone«

Ostdeutsche Programme

Der Programmausbau in der zweiten Hälfte der fünfziger Jahre war unter anderem von der Furcht geprägt, die bundesdeutsche Bevölkerung könnte durch ostdeutsche Programme beeinflußt werden. Schon 1956 zeigte sich die Bundesregierung darüber irritiert, daß bundesdeutsche Zuschauer die Übertragung der Olympischen Winterspiele »auf sowjetzonalen Fernsehkanälen empfangen haben« und erwog, Umsetzsender aufstellen zu lassen, »um die östlichen Wellen abzuschirmen und der Pankow-Regierung dieses gerade in den Grenzgebieten wirksame Propagandamittel zu entziehen« (Kife 6/1956, 3).

Pausen-Logo

Seit Anfang 1956 bestanden Ost-Berliner Initiativen, gezielt Programme für den Westen anzubieten. Der Fernsehsender in Berlin-Adlershof hatte dafür sogar Empfangsgeräte zu West-Berliner SED-Genossen gebracht, damit diese den Empfang im Westen testen konnten.

»Vornehmlich an den Tagen, an denen der ›bayerische Rundfunk‹ das westdeutsche Fernsehprogramm mit seinen ermüdenden pädagogischen Museumssendungen bestreitet, senden die Adlershofer italienische, französische, tschechische und auch alte deutsche Spitzenfilme, wie etwa den Heinz-Rühmann-Film ›Wenn wir alle Engel wären‹. An solchen Tagen schalten viele Berliner, denen es heute schon möglich ist, auf Ostkanal 10. In einer Jubiläumssendung im Dezember ließen die Ostberliner ihrem Programm sogar eine Ankündigung vorausgehen: ›Wenn Sie in Westberlin den Ton unzureichend empfangen, schalten Sie bitte an Ihrem Rundfunkgerät auf Langwelle ...‹ [...]

Und ein Stab von fast 2000 Technikern, Künstlern und Angestellten wartet in Adlershof auf den Abschluß der technischen Vorbereitungen, die es ermöglichen sollen, daß die bäuerlich-anmutigen und deftig dauergewellten FDJ-Ansagerinnen des Ost-›Deutschen Fernsehfunks‹ auch auf Hamburger und hannoverschen Bildschirmen auftauchen und den Zuschauern in der Bundesrepublik ankündigen: ›Guten Abend!

Wir bringen Ihnen heute eine Sondersendung für Westdeutschland ....« (Der Spiegel v. 1. 2. 56)

1957/58 begann das DDR-Fernsehen am Sonntagnachmittag, wenn das ARD-Fernsehen Kindersendungen oder »Kulturfilme über Nagetiere« ausstrahlte, das für West-Zuschauer konzipiertes Magazin »Telestudio West« auszustrahlen, so daß im Westen befürchtet wurde, die »Sendungen des ›Telestudio West‹ (würden) in absehbarer Zeit zu einem regelrechten zweiten Programm für westdeutsche Fernsehsender ausgebaut werden« (Der Spiegel v. 19. 1. 58).

1958 äußerte der damalige CSU-Bundestagsabgeordnete Friedrich Zimmermann in einer Debatte über das SDR-Fernsehspiel »Besuch aus der Zone« den Verdacht, einzelne bundesdeutsche Anstalten würden der Ost-Infiltration durch kritische Sendungen Vorschub leisten. Weil die DDR ebenso wie die Bundesrepublik an den innerdeutschen Grenzen leistungsstarke und weitreichende Fernsehsender errichtet hatte, befürchteten bundesdeutsche Politiker eine entsprechende Unterwanderung durch die DDR-Medien. Immer wieder ist seit 1957 von einem »Westplan« die Rede, mit dem das DDR-Fernsehen die bundesdeutschen Zuschauer erreichen wolle. Noch 1959 wurde z. B. von Bonner Politikern mit einer »Fernsehoffensive« der DDR gerechnet (Infratest 1959, 3).

Debatte über das SDR-Fernsehspiel »Besuch aus der Zone«

Eine Nutzungsstudie von Infratest ergab jedoch, daß vom leistungsstarken DDR-Sender Brocken eine Einstrahlung für einen Bereich von max. 200 km in der Norddeutschen Tiefebene gegeben war, die deutschen Mittelgebirge jedoch eine Ausbreitung in den Westen und Süden der Bundesrepublik weitgehend verhinderten. 4 Prozent aller westdeutschen Zuschauer konnten 1959 das DDR-Fernsehen gut, weitere 5 Prozent nur mangelhaft empfangen (ebd., 61). Unter den gelegentlichen Westzuschauern waren vor allem Arbeiter zu finden, genutzt wurden besonders Unterhaltungsangebote. Die politische Ausrichtung der Sendungen lehnten die bundesdeutschen Zuschauer mehrheitlich ab. Eine zweite Untersuchung vom März 1961 kam zu ähnlichen Befunden (Infratest 1961, 85).

Gelegentliche Westzuschauer

Sicherten die deutschen Mittelgebirge die Westdeutschen vor der DDR-Infiltration, so bemühten sich umgekehrt die bundesdeutschen Anstalten darum, mit Sendungen in die DDR hinein zu wirken. Zahlreiche Sendungen, insbesondere des SFB in Berlin, beschäftigten sich mit den Verhältnissen in der DDR. Nach dem Mauerbau am 13. 8. 61 wurde es zur bundesdeutschen Pflicht, den nun von einer direkten Anschauung des ›goldenen Westens‹ abgeschnittenen DDR-Bürgern Fernsehbilder vom Westen zu liefern. Das Vormittagsprogramm der ARD sollte deshalb dem zu dieser Zeit schon am Vormittag sendenden DDR-Fernsehen Paroli bieten.

Das zweite ARD-Programm 1961–1963

Der Fernsehstreit 1958 bis 1961 hatte in der Bevölkerung die Erwartung auf den baldigen Empfang eines zweiten Fernsehprogramms geweckt. Die ARD-Anstalten kündigten am 14. 3. 61 den Programmbetrieb zweiter Fernsehprogramme an. Der Ministerpräsidentenbeschluß am 17. 3. 61, eine zentralistisch organisierte neue Fernsehanstalt zu gründen, nahm die ARD dann in die Pflicht, für eine Übergangszeit zunächst bis zum 30. 6. 62, dann bis zum 31. 3. 63 ein zweites Programm in Kontrast zum »Deutschen Fernsehen« anzubieten. Koordinator wurde Hans Joachim Lange (inzwischen WDR-Programmdirektor). Das vom HR seit dem 1. 5. 61 ausgestrahlte zweite hessische Programm (Koordinator war der zuvor zum

Zweites Fernsehprogramm der ARD

Fernsehdirektor ernannte Pfarrer Werner Hess) ging in dem am 1. 6. 61 beginnenden zweiten ARD-Programm auf. Unabhängig von diesem Stellvertreterprogramm bekräftigten die ARD-Anstalten, unterstützt von den Landesregierungen, die Absicht, eigene regionale Fernsehprogramme aufzubauen. Zuerst erhoben öffentlich der Bayerische Rundfunk sowie der Münchner Landtag am 24. 3. 61 diesen Anspruch.

Regionales Fernsehprogramm

Dieses II. ARD-Programm wurde auf zwei Stunden (20.00 bis 22.00) Uhr begrenzt, enthielt keine Kindersendungen und keine Werbung. Ziel war es, dem Publikum eine Alternative zum Ersten Programm zu bieten, diese aber gleichzeitig nicht dem Ersten Programm zu entfremden. Es konnte der ARD ja nicht darum gehen, die Zuschauer an eine ganz andere Programmstruktur zu gewöhnen. Es mußte deutlich bleiben, daß das Erste Programm weiterhin das bessere Angebot darstellte. Das zweite ARD-Programm war deshalb durch die zeitgleiche Ausstrahlung der »Tagesschau« auf das Erste Programm bezogen, aber geringer in seinem Umfang, damit der Zuschauer den Unterschied zwischen dem ersten als dem gewichtigeren und dem zweiten als dem später dazugekommenen Programm nicht aus den Augen verlieren sollte. Hinter einer solchen Programmkonstruktion stand der Gedanke, daß dadurch die Rezeption des künftigen ARD-unabhängigen Programms vorgeprägt wurde. Konkurrenz war unerwünscht, *Kontrast* war für das abgemilderte Nebeneinander die treffendere Bezeichnung.

Programmschema des II. ARD-Programms

Hans Joachim Lange beschrieb am 12. 5. 61 das Programmschema des II. ARD-Programms. Danach sollte auf Ansagerinnen verzichtet werden. Am Montag bildete ein Spielfilm den Schwerpunkt, am Dienstag ein Auslandsbericht mit anschließender kleiner Unterhaltung, am Mittwoch zeigte man ein Kulturmagazin (14tägig), eventuell Kurzopern, Ballett oder neuartige Sendungen (z. B. für junge Zuschauer), der Donnerstag war der großen Unterhaltungssendung oder einem action-orientierten Kriminalstück aus fremder Produktion vorbehalten, der Freitag brachte ein großes Fernsehspiel, der Samstag: Produktionen der Studio-Bühne, Theateraufführungen der Avantgarde, Werke aus der Pionierzeit des Films. Für den Sonntag war ein politisches Magazin und eine Sportsendung sowie kleine Unterhaltung vorgesehen. Nach diesem Schema wurde bis Ende 1961 gesendet. Nach dem 1. 1. 62 kam am Sonntag eine Sportveranstaltung ins Programm. Der Mittwoch bleibt als »Kulturtag« mit dem Magazin »Spectrum« im Wechsel mit dem »Filmclub« und dem »Studio« bestehen. Das II. ARD-Programm ließ sich dafür nutzen, neue Programmformen auszuprobieren, die dann später ins Erste Programm übernommen werden konnten. Es stellte damit eine Art Testversuch für Programm-Modernisierungen dar. Man konnte neue Sende-Ideen realisieren, die sich aufgrund des begrenzten Rahmens des Ersten Programms noch nicht durchsetzen ließen. So schuf man nach britischem Vorbild das aktuelle politische Magazin »Panorama«, das sonntags zu sehen war. Weiterhin kamen Sendungen für jüngere Leute (»Einen Abend für junge Leute«), eine »Fernsehpressekonferenz« nach amerikanischem Vorbild (»Meet the Press«) ins Programm und als neue Gemeinschaftssendung wurde die aktuelle Sportsendung »Die Sportschau« eingeführt und beim WDR angesiedelt. Weitere Magazine entstanden, so »Die Zone hat das Wort«, 14-tägig montags gesendet, dienstags ein Magazin für die Auslandsberichterstattung, und mittwochs ein Magazin für Kultur. Donnerstag, Freitag und Samstag waren der Unterhaltung und dem Film vorbehalten.

Testversuch für Programm-Modernisierungen

»Panorama«

»Filmclub«

Als neue Reihe wurde der »Filmclub« eingeführt, der Avantgardefilme präsentierte, die in den deutschen Kinos keine Chance hatten. Auf den

Freitagabend wurde eine Krimiserie plaziert, die man in den USA gekauft hatte: »77 Sunset Strip«, im 14-tägigen Wechsel mit »Der Mann mit der Kamera«. Ebenso entstand eine Slapstick-Reihe (mit Werner Schwier): »Es darf gelacht werden!«. Viele dieser Neuerungen übernahm nach dem Ende des II. ARD-Programms das ARD-Hauptprogramm. Das Konzept, Filmkultur zu vermitteln, das den Weg ins Fernsehprogramm gefunden hatte, wirkte sich in der Folgezeit auf die entstehende Programmkino-Kultur aus.

Das zweite ARD-Programm gab sich um eine Nuance ›intellektueller‹ als das Erste Programm, wollte kritisch und aufgeschlossen sein. Damit wurde etwas betrieben, was dem Modernisierungsvorhaben des Fernsehens entgegenkam: eine Differenzierung der Angebote auf unterschiedliche Publikumsschichten hin. Die Ansprache eines kulturell anspruchsvollen Publikums war dringend notwendig, weil bei dieser Publikumsschicht die größten Vorbehalte gegenüber dem Fernsehen bestanden. Es galt nach den kulturkritischen Worten von Theodor W. Adorno bis Günther Anders, von Max Picard bis Hans Zehrer als Instrument des Kulturverfalls und der Kulturvernichtung. Indem das Programm gerade für diese Publikumsschichten Angebote machte, versuchte man, sie für das Fernsehen einzunehmen.

Das ›intellektuelle‹ Programm

Die Fernsehofferten an das Kulturbürgertum stehen im Kontext anderer Fernseh-Aktivitäten im Kulturbereich, die die neue Bedeutung des Fernsehens bei Intellektuellen sichtbar machten. Gegen das Adenauer-Fernsehen hatte Martin Walser 1960 die Literaten der ›Gruppe 47‹ mobilisiert. In den Tageszeitungen, im Feuilleton und in anderen Bereichen der kulturellen Öffentlichkeit begann sich in dieser Zeit eine breite Fernsehberichterstattung durchzusetzen. Das Fernsehen galt nun als kritikwürdig, als ein Faktor des gesellschaftlichen Lebens, auf den man zumindest ein Auge haben mußte.

Programmstatistik ARD und ZDF
Fernsehen in der Bundesrepublik Deutschland 1959–1963 (in Minuten)

	I. ARD	II. ARD	Vorm.Pr.	ARD insg.	StI*	ZDF
1959	107.895			107.895	100.0	
1960	114.617			114.617	106.2	
1961	130.298	29.571	19.329	179.198	166.1	
1962	135.904	52.778	43.668	232.350	215.4	
1963	148.995	13.473	44.903	207.371	192.2	79.365

(ohne Regional- und Werbeprogramme)
*StI = Steigerungsindex (1959 = 100)

Quelle: Statistisches Jahrbuch, eigene Berechnungen

Die Statistik zeigt den enormen quantitativen Ausbau des Fernsehangebots innerhalb von fünf Jahren. Allein zwischen 1960, also dem Jahr vor dem BVerfG-Urteil, und 1962, dem Jahre danach, stieg der Angebotsumfang um über hundert Prozent. Damit wird deutlich, welch einen gewaltigen Schub das Fernsehen in diesen Jahren erfuhr. Er war eine Folge der strukturellen Veränderungen auf allen Ebenen der Programmproduktion, -organisation und -distribution und wirkte auf die kulturelle Bedeutung des Fernsehens insgesamt und seine Nutzung zurück.

Ausbau des Angebots

6.6 Die Entfaltung der Programmgenres

Der Ausbau und Umbau des Fernsehens in den fünfziger und frühen sechziger Jahren auf den verschiedenen politischen, technischen und programmorganisatorischen Ebenen bildete den Rahmen für die Veränderungen der Sendungen. Die Ambivalenz von Statik und Dynamik, die Mischung von Restaurativem und Innovativem, die für die fünfziger Jahre steht, wurde gerade im Programm besonders auffällig.

Alle Programmsparten knüpften an tradierte Formen und Muster an, die andere Medien – Theater, Varieté, Kabarett, Zirkus, Konzert, Kino, Zeitung, Zeitschrift, Buch, Vortragswesen etc. – entwickelt hatten und die im Fernsehen auf ihre Verwendbarkeit hin erprobt und dann in der Folge nach und nach den fernsehspezifischen Bedingungen angepaßt wurden. Das entsprach der später von McLuhan entwickelten These, daß die neuen Medien die älteren zu ihrem Thema machten (McLuhan 1964).

Zusätzliches Forum für Medien und Künste

Fernsehen bildete damit gerade in den fünfziger und sechziger Jahren zunächst für die bestehenden Künste und Medien ein zusätzliches Forum. Wenn z. B. die ARD eine Aufführung von Shakespeares »Was ihr wollt« aus dem Göttinger Staatstheater (Regie: Heinz Hilpert) 1954 im Fernsehen übertrug, dann bedeutete dies, daß das Fernsehen dem Publikum eine Aufführung zugänglich machte, die es sonst nie gesehen hätte. Das Fernsehpublikum sah dabei zwar nicht Theater selbst, sondern eine Übertragung der Theateraufführung (mithin eine Fernsehsendung), doch dies schien angesichts der neuen Möglichkeit, durch das Fernsehen sinnlich anschaulich Theater zu erfahren, zunächst nebensächlich. Solch eine breite Teilhabe an örtlich begrenzter Kultur gab es ebenso in anderen Programmsparten, ja sogar für den Spielfilm wurde das Fernsehen zu einer neuen Öffentlichkeit, zu einer Art Kino en miniature, einem ›Pantoffelkino‹, wie es bald spöttisch hieß.

Teilhabe an örtlich begrenzter Kultur

Das Fernsehprogramm bildete damit eine Art Vergrößerung und Erweiterung dessen, was sich den Zuschauern sonst an kultureller Öffentlichkeit bot. Gerade in den Erprobungen und experimentellen Erkundungen neuer Programmformen bot es immer wieder Neues, wobei es als Gesamtangebot überschaubar blieb. Noch konnte man sich das Programm insgesamt ansehen, noch konnte man die intendierte Programmphilosophie *des* Fernsehens (mit seinem einen Programm) am realisierten Angebot nachvollziehen.

Ausbau und Differenzierung der Unterhaltung

Eine wachsende Rolle innerhalb der Fernsehunterhaltung spielten dabei in den fünfziger Jahren die Rate- und Gewinnspiele, die nach amerikanischem Vorbild über den Hörfunk ins Fernsehen kamen und als Quizspiele Ausdruck einer neuen westlichen Unterhaltungswelt wurden. Dabei waren sie nicht als Lizenzausgaben amerikanischer Varianten erkennbar, weil die Mehrheit des Publikums die amerikanischen Originale nicht kannte, sie in ihrem Erscheinungsbild den deutschen Gewohnheiten angepaßt wurden und mit deutschen Beteiligten agierten.

Quizspiele

Mehrere Showmaster traten dabei in den Vordergrund. Beim NWDR versuchte sich Hanspeter Rieschel, der als Reporter und Allroundgenie zum NWDR gekommen war, mit »Er oder Sie«, einem Rate- und Geschicklichkeitsspiel. Er mußte jedoch damit gleich wieder aufgeben, weil er, nachdem bei der ersten Folge im November 1953 die Beteiligung des Saalpublikums zurückhaltend geblieben war, die Kandidaten des zweiten Spiels präpariert hatte. Rieschel mußte gehen und konnte seine Fernsehkarriere erst nach einigen Zwischenstationen 1962 beim ZDF als Hauptabteilungsleiter »Theater und Musik« fortsetzen. Vom Hörfunk kam Just Scheu, der auch als Lustspielautor für das Fernsehen arbeitete. In den Jugendsendungen erprobte Franz Thomale 1953 ein Ratespiel »Kennst Du Europa?« und Dagmar Späth »Ich sehe etwas, was Du nicht siehst«. War in diesen Sendungen noch die Nähe zu den frühen Gesprächssendungen erkennbar, so ist die weitere Entwicklung dadurch bestimmt, daß sich eigene Genres der Unterhaltung herausbildeten und diese sich durch häufige Präsenz im Programm in der Erwartungshaltung der Zuschauer etablierten. Daran waren besonders die beiden Showmaster Peter Frankenfeld und Hans Joachim Kulenkampff beteiligt, die die »ersten Stars des deutschen Fernsehens« wurden (Hallenberger 1994, 36 ff.).

Peter Frankenfeld

Peter Frankenfeld kam vom Kabarett, kannte aus seiner Kriegsgefangenschaft die amerikanische Radiounterhaltung und wurde wie kein anderer zum Prototyp der Fernsehunterhaltung der fünfziger und frühen sechziger Jahre. Auf der Düsseldorfer Funk- und Fernsehausstellung gab er 1953 seinen Einstieg ins Fernsehen mit der Sendung »Wer will – der kann«, einer Talentshow, an die sich dann die Reihe »1:0 für Sie« anschloß.

»Frankenfeld wählte aus dem Saalpublikum einige Kandidaten, diese absolvierten ein Spiel, meist einen Geschicklichkeitswettbewerb, anschließend wurden sie mit Preisen bedacht, worauf entweder das nächste Spiel oder eine Musik- bzw. Artistennummer folgte. Frankenfelds Erfolgsgeheimnis war, was er aus diesem simplen Schema machte. Mehr als andere Moderatoren gab er sich Mühe, bei ihrer Vorstellung auf die Kandidaten einzugehen und sie den Fernsehzuschauern nahezubringen; die Spiele waren oft originell bis skurril – so wurden beispielsweise in ›1:0 für Sie‹ Luftballons rasiert und Zigaretten in Boxhandschuhen angezündet, Türen ausgehakt und Bierfässer um die Wette gerollt.« (Hallenberger/Kaps 1991, 25 f.)

Mit kleinen wiederkehrenden Details, einer großkarierten Jacke, dem Verlesen der Zuschauerpost zu Beginn der Sendung (der »Beweisaufnahme moderner Massenverehrung« – Der Spiegel 36/1955, 29), dem jedesmal auftretenden (echten) Briefträger Spahrbier aus Hamburg-Lokstedt und anderem mehr band Frankenfeld das Publikum an eine periodische Wiederkehr der Sendungen. Weitere von ihm moderierten Quizreihen waren 1956/57 »Bitte recht freundlich!«, 1957/58 »Viel Vergnügen!«, 1959 »Heute Abend Peter Frankenfeld« und »Guten Abend!« (1960/61).

Hans Joachim Kulenkampff

Von Radio Frankfurt kam Hans Joachim Kulenkampff, der zum populären Showmaster der sechziger und siebziger Jahre aufstieg. Er begann mit der Quizsendung »Wer gegen wen«, mit der er den HR in das ARD-Programm einbrachte. Auch er betreute laufend weitere Quizreihen im Fernsehen: 1956/57 »Zwei auf einem Pferd«, 1957/58 »Die glücklichen Vier« (1957/58), »Sieben auf einem Streich« (1958/59), das »Quiz ohne Titel« (fortgesetzt unter »Der große Wurf«) (1959/60) und »Kleine Stadt – ganz groß« (1961). Während Frankenfeld weitgehend ein in seinen Reihen im wesentlichen gleiches Grundkonzept verfolgte, das er mit variierenden Elementen anreicherte, wartete Kulenkampff mit wechselnden Konzepten auf, die von einem Unterhaltungsteam um Hans-Otto Grünefeldt erarbeitet wurden.

Robert Lembke

Vom BR kam ab 7. 5. 55 ein »psychologisches Extemporale mit sieben unbekannten Größen« »Was bin ich?« mit Robert Lembke ins Programm, es nannte sich später angemessener ein »heiteres Beruferaten«. Ein Wissens-Quiz »Hätten Sie's gewußt?« startete Heinz Maegerlein: Beide Moderatoren kamen aus der Sportberichterstattung. Maegerlein wurde dadurch populär,

»Wer gegen wen - ferngesehen« Endrunde. Ratemannschaft aus Paris, ganz links: Hans Joachim Kuhlenkampff

daß er sich beständig seine wenigen Haare aus dem Gesicht strich und in seiner Moderation häufig Stilblüten produzierte. Lembke gab sich dagegen eher als seriöser Conferencier, der seinem Rate-»Kollegium« schwierige Aufgaben stellte. Für diese Sendungen gab es amerikanische Vorbilder, ebenso wie bei den im Werbeprogramm etablierten Quizreihen »Die ideale Frau« mit Fred Rauch, »Alles oder nichts« mit Heinrich Fischer und dem »Tick-Tack-Quiz« mit Fritz Benscher. 1958 versuchte sich der NWRV Köln mit einem Quizturnier »Hart auf hart« mit Guido Baumann, stieß damit jedoch beim Publikum eher auf Ablehnung, weil die Dramaturgie der Sendung zu kompliziert und spannungslos war.

Die für das deutsche Publikum neue (amerikanische) Form der Quiz-Unterhaltung wurde dadurch adaptiert, daß sie mit einem eher didaktischen Charakter versehen wurde. Zwar gab es in der großen Abendunterhaltung, insbesondere mit Frankenfeld, eine leichte, in den Nonsense reichende Unterhaltung, doch es überwog die pädagogische Note, wenn der Bildungsstand abgefragt wurde und ein gewisser volksbildnerischer Ernst waltete. Eines der Wissensgebiete in Heinz Maegerleins »Hätten Sie's gewußt?« hieß bezeichnenderweise »Was man weiß, was man wissen sollte«. Das »Pfennigquiz« mit Helmut M. Backhaus wurde 1959 mit dem Text angekündigt: »Ein heiteres Examen über Dinge, die man weiß oder die man wissen sollte«.

Heinz Maegerlein

Die Höhe der Preise in den bundesdeutschen Quiz-Spielen blieb im Vergleich mit den amerikanischen Vorbildern in Grenzen, so daß ein Skandal, wie er im Sommer 1958 um die Manipulationen der Kandidaten im 100 000 Dollar-Quiz »Twenty-One« in den USA entstanden war, nicht eintreten konnte (vgl. Hallenberger 1994, 42 ff.). Die spezifische Spanne zwischen Neuem und Bewährtem kann in der Übernahme amerikanischer Unterhaltungskonzepte und ihrer auf eine deutsche Mentalität ausgerichteten Adaption gesehen werden, die die Fernsehunterhaltung der fünfziger Jahre prägte. Neue Unterhaltungsformen erschienen den deutschen Zuschauern oft durch einen gewissen biederen Inszenierungsstil vertraut oder doch zumindest nicht fremd.

Fernsehunterhaltung bestand jedoch nicht allein aus den sogenannten ›Preisrätseln‹ und Quiz-Reihen, sondern auch aus Bunten Abenden, die sich aus Radiosendungen entwickelt hatten, und aus dem musikalischen Nummerprogramm. Sendungen wie »Der blaue Bock« mit Otto Höpfner (HR 1957 ff.), »Heute gehen wir ins Maxim« mit Lou van Burg und Undine von Medwey (NWDR/NDR 1955) oder »Rendezvous vom Killesberg« mit Bernhard Thieme (SDR 1955), »Sie können sich sehen lassen« (SWF 1955, Regie: Peter A. Horn) oder »Charivari« (BR 1955, Regie: Kurt Wilhelm) stehen für die Anfänge der großen Musikunterhaltung im Fernsehen. Sie wurde ab 1957/58 durch stärker Star-dominierte Abende wie »Gewürfelte Musik« mit Wolfgang Lukschy (SFB 1957) und »Bon soir, Kathrin!« mit Caterina Valente (SDR 1957), »Fräulein, pardon« mit Helen Vita (SDR 1957) und »Musik, Musik und nur Musik« mit Margot Hielscher (BR 1957) abgelöst. Seit 1955 war jedes Jahr die Karnevalssendung »Mainz wie es singt und lacht« im Programm.

Kurt Wilhelm

Jede Anstalt wollte mit einem für sie als spezifisch geltenden ›großen Unterhaltungsabend‹ im Programm vertreten sein, wenngleich die Spezifik häufig nur im Veranstaltungsort bestand, der durch entsprechende Außenaufnahmen kenntlich gemacht wurde. Stars wie Caterina Valente, Ilse Werner, Peter Kreuder, Friedel Hensch und die Cypris waren nicht sendergebunden, sondern traten überall auf. Diese Saalveranstaltungen, zu denen das Fernsehen an ein Saalpublikum Karten verkaufte, entwickelten sich zur spektakulären Form der Fernsehunterhaltung. Ab Mitte der fünfziger Jahre nahm die Tendenz zu, sich internationaler Stars zu versichern, zunächst europäischer Provenienz, am Ende der fünfziger Jahre auch amerikanischer Herkunft. Josephine Baker kam beispielsweise als viel gefeierter Star des

›Großer Unterhaltungsabend‹

»Bonsoir Kathrin« mit Caterina Valente und Peter Frankenfeld

Die Stuttgarter »Caterina Valente-Schau«

»Der Tanz und mehr noch das Ballett füllen den imaginären Raum, in den uns das wunderbare technische Gerät von unserem Zimmer aus einen Blick gestattet.« (Backer 1957)

Michael Pfleghar

Fernsehens Anfang 1959 auf den deutschen Bildschirm. Sie hatte sich zudem noch karitativen Aufgaben verschrieben.

Daneben gab es kleinere Musiksendungen, die in der Regel aus den Fernsehstudios kam und in ihrer Dauer zeitlich begrenzter waren. Zum einen versuchten diese Sendungen Volksmusik oder Unterhaltungsmusik televisuell aufzubereiten, wie z.B. »Holledauer Volksmusik« (BR 1955), »Das kleine ABC. Ein Quintett, als Scherzo zu spielen«, »Die kleinen Vier« (mit vier Unterhaltungskünstlern) oder »Stellen Sie sich mal vor … und draußen regnets« (SWF 1955). Zum anderen versuchten sie, experimentell andere Unterhaltungsformen zu erkunden und z.B. ironisch Schlager zu präsentieren und über sie zu berichten: »Schlag auf Schlager« (SDR 1955) von Hans Weigel, Vring Wiemer und Martin Walser: »satirisch, mit einem Schuß Selbstpersiflage, frech, doch dabei immer um Anschauung bemüht, szenisch einfallsreich, musikalisch schußsicher« urteilte die Kritik (Kife 8/1955). Martin Walser, der während und nach seiner Studienzeit als Kabelträger, Dramaturg, Moderator, Regisseur gearbeitet hatte, bevor er 1957 den SDR verließ, um sich ganz dem literarischen Schreiben zu widmen, galt als »Chefexperimentator« des SDR-Fernsehens. Er war sowohl als Autor und Regisseur verschiedener Unterhaltungsproduktionen der mittfünfziger Jahre tätig: z.B. zusammen mit Michael Pfleghar bei »Eine kleine große Reise« (SDR 15.11.56), in dem u.a. das Hazy-Osterwald-Sextett auftrat, einer Musikgruppe, die ebenso wie das Orchester Max Greger durch das Fernsehen berühmt wurde und zugleich die Fernsehunterhaltung der Zeit mit ihrem ›modern‹ wirkenden Stil prägte (Müller 1995, 212). Man versuchte, diese ›kleinen‹ Formen stärker ›gegeneinander‹ zu profilieren und aus der Gemengelage verschiedener Formen herauszubringen, die die improvisationsreiche Anfangszeit des Fernsehen gekennzeichnet hat.

»Eine kleine große Reise« mit Hazy Osterwald, seinen Männern und Germaine Damar

»An diesem Freitag erlebten wir großartigstes Fernsehen (…). Wir erlebten am Bildschirm die Aussprache zur dritten Lesung des Wehrpflichtgesetzes, also ein Ereignis, dem wahrhaft geschichtlicher Rang zukommt. (…) Während auf den Bildschirmen die Politiker um eine entscheidende Frage unserer deutschen Zukunft rangen, rasselten in Hamburg und in Köln unentwegt die Telefone in den Fernsehhäusern. Selbst im Hessischen Rundfunk, dem Sitz des Koordinators des Deutschen Fern-

»Häberle und Pfleiderer«, 1959

sehens, wurden 89 Anrufe von empörten Zuschauern gewählt, die unter wildesten Beschimpfungen verlangten, man solle das Programm endlich abbrechen und die vorgesehene Übertragung vom Sommerfest aus Travemünde bringen! So ist es wahr und wahrhaftig geschehen. Dabei sind die Übertragungen aus Travemünde noch vom Vorjahr bekannt als leichteste, um nicht zu sagen seichteste Kost eines sommerlich dünnen Varietéprogramms. Dies also ist unsere westdeutsche Wirklichkeit. (...) Es ist dämmrig geworden im christlichen Abendland, und sehr wahrscheinlich verdienen wir all das, was wir durchgemacht haben und all das, was auf uns zukommen mag, nur allzu gut.« (Pfarrer Werner Hess, späterer HR-Intendant, in: Kife 15/1956)

Kleinkunst und Kabarett behielten ihren Platz im Programm, wobei sich ab Mitte der fünfziger Jahre eine Tendenz beobachten läßt, von der Darbietung im Fernsehen zur Darbietung auf den Kleinkunst- und Kabarettbühnen zu wechseln, von denen das Fernsehen dann Programme bzw. Zusammenschnitte übertrug. Das Kabarett galt ja als genuin fernsehgemäß, weil es pointiert, wortbetont und mit wenig Aktionsraum auskam, so daß eine weitere spezifische Ausrichtung auf das Fernsehen überflüssig erschien. Im Gegenteil versuchte man, die spezifische ›Färbung‹ eines Kabarettangebots, die sehr stark von der Person des Kabarettisten abhängig ist, dadurch zu konturieren, daß man stärker auf die Übertragung aus den angestammten Räumen der Kabaretts setzte und weniger im Studio produzierte. Man wollte »den originalen Duft und Mief eines Brettl-Abends« (Friedrich Luft) einbeziehen.

Kleinkunst und Kabarett

Die Ensembles »Kleine Fische«, »Die Zwiebel« und das Studenten-Cabaret »Die Namenlosen« brachten ihre Sketche 1955 noch im BR-Fernsehstudio vor die Kamera. Die Reihe »Cabareportage« mit Titeln wie »Der ›Kleinen Freiheit‹ Reise in die Zeit!« oder »Bier unter Palmen« präsentierte Texte von Martin Morlock u.a. Das Düsseldorfer Kom(m)ödchen, Wolfgang Neuss (»Der Mann mit der Pauke«), »Die Stachelschweine«, dann die »Münchner Lach- und Schießgesellschaft« und andere Kabaretts kamen ins Fernsehen. Dabei entstanden – wie in anderen Unterhaltungssegmenten des Fernsehens – Wechselwirkungen: Das Fernsehen bezog aus der Spezifik der

Wolfgang Neuss' politische Paukenschläge, 1961

Zirkus

Kinospielfilme im Fernsehen

Jürgen Roland

verschiedenen Kabaretts (und anderen Unterhaltungsstars) seine Vielfarbigkeit, die Kabaretts gewannen durch das Fernsehen umgekehrt bundesweite Bekanntheit.

In Ansätzen gab es in der Kabarettunterhaltung bereits politisch Akzente, wobei die Befürchtung auf seiten der Programmverantwortlichen größer war als die tatsächliche politische Wirkung. Als Wolfgang Neuss sein Programm vor Bundestagsabgeordneten als »politische Paukenschläge« ankündigte, fingierte der sein Programm live übertragende SFB eine Tonstörung (Rosenstein 1994, 167). Doch war hier, wie in vergleichbaren anderen Fällen, der Schaden, den der Sender durch eine solche Selbstzensur nahm, größer als die befürchtete Gefährdung der Zuschauer.

Die Fernsehmacher verstanden die Vielfarbigkeit und Unentschiedenheit in den Kleinformen der Unterhaltung als eine Art Reservoir für die Programmentwicklung, aus dem die großen Unterhaltungsformen wie der Unterhaltungsabend, die Revue oder das Quiz neue Ideen bezogen. Kritiker monierten jedoch in der zweiten Hälfte der fünfziger Jahre die »bunt zusammengewürfelte« Mischung von Elementen des Cabarets und der Revue mit solchen des Kabaretts« und forderten die Schaffung eines fernseheigenen Kabarettensembles (zit. n. Rosenstein 1994, 165). Es ist jedoch zu vermuten, daß zu diesem Zeitpunkt eine frühzeitige Festlegung von Formen und Sparten eher unproduktiv gewesen wäre.

Der Zirkus war Mitte der fünfziger Jahre als große Abendunterhaltung zumeist sonnabends im Fernsehen zu Gast: »Fernseh-Zirkus Hagenbeck« (NWDR 1955, Leitung: Erwin Fuchs), »Saisonbeginn« Varieté »Kaiserhof« aus Köln (NWDR 1955) oder »Circus Boy« (NWRV 1957), doch zeigt sich deutlich gegen Ende der fünfziger Jahre, daß auch diese Unterhaltungssparte Veränderungen erfuhr. Da seit 1955/56 im Fernsehdokumentarismus die Filmberichte aus exotisch wirkenden Ländern zunahmen und damit die Tierwelt ferner Länder immer häufiger zum Sujet dieser Filme wurde, verlor im Fernsehen die Manege als Ort der Zurschaustellung wilder Tiere an Reiz.

Fernsehspiele zwischen Kino und Theater, Live und Film

Im Schnittpunkt der Programmformenentwicklung zwischen Tradition und Innovation stand in besonderer Weise das Fernsehspiel. Zwar gab es seit den frühen fünfziger Jahren Kinospielfilme im Fernsehen, doch blieben sie nach dem Selbstverständnis der Fernsehmacher eher randständig. Quantitativ bilden sie nur einen Programmpunkt neben anderen. Pro Woche wurde nicht mehr als ein Spielfilm gezeigt; er gehörte zu den »eher unregelmäßigen Programmereignissen« (Schneider 1994a, 251). Sein Erwerb war jedoch preiswerter als die Produktion eines Fernsehspiels. Der Meterpreis für Kinospielfilme lag bei 1,00 DM bis 1,50 DM (Faupel 1979, 244). Es dominierten im Programm deutsche Spielfilme, besonders die aus der Zeit vor 1945. Erst ab 1958 begann sich dies zu ändern: Am 13. 11. 58 wurde erstmals ein Film gezeigt, der zuvor im bundesdeutschen Kino nicht zu sehen gewesen war. Francesco Rossis Film »Freunde fürs Leben« hatte in Deutschland keinen Kinoverleiher gefunden, so daß die Münchner Sirius-Film (Geschäftsführer Leo Kirch), die den Film importiert hatte, ihn an das Fernsehen verkaufte. Dennoch war dies in den endfünfziger Jahren noch nicht der Regelfall.

Auffällig ist jedoch, daß das Fernsehen gleichwohl am Kino-Glamour zu partizipieren hoffte. Jürgen Roland hatte 1954 eine Reihe mit Hinweisen auf aktuelle Kinospielfilme begonnen, die sich großer Beliebtheit erfreute (»Der Hauptfilm hat noch nicht begonnen«). Zahlreiche Unterhaltungssendungen bezogen sich immer wieder auf das Kino, schmückten sich mit Kinostars und inszenierten Musiksendungen um populäre Filmmusiken.

Ab Mitte der fünfziger Jahre sind – so als wollten sie eine Art ›Markenzeichen‹ für das Fernsehen der fünfziger Jahre bilden – die Filme von Karl Valentin und Liesl Karlstadt im Programm zu sehen gewesen, so wie auch Liesl Karlstadt in zahlreichen Fernsehspielen und Unterhaltungssendungen auftrat, z. B. in der Familienserie »Vater Seidl und sein Sohn« (BR).

Die Fiktionsproduktion des Fernsehens orientierte sich jedoch nicht am Film und seinen ästhetischen Möglichkeiten, sondern am Theater. Die Gründe dafür liegen zum einen in der Technik-Diskussion der dreißiger und fünfziger Jahre, die das Fernsehen als eigenständiges Medium über die elektronische Bildvermittlung definierte, zu der die elektronische (und eben nicht die filmische) Kamera gehörte. Zum anderen fußte das Konzept ›Fernsehspiel‹ in der ästhetischen Mediendebatte der gleichen Zeit, nach der sich die mediale Besonderheit des Fernsehens durch dessen Kunstfähigkeit begründete, also mithin das ›Fernsehspiel‹ die Eigenständigkeit analog dem ›Hörspiel‹ als radioeigene Form zu beweisen hatte. Da die elektronischen Kameras zu dieser Zeit an das Studio gebunden waren und die Live-Produktion bis Ende der fünfziger Jahre die Regel war, lag es nahe, sich an den Traditionen des Theaters zu orientieren, das grundsätzlich ›live‹, wenn auch nicht technisch vermittelt, spielte.

Fernsehspiel

Strukturell ist deshalb der Weg vorgezeichnet von der Theaterübertragung zur Studioinszenierung von Theaterstücken über die Benutzung von Filmaufnahmen im Livespiel bis hin zum Studiospiel als Magnetaufzeichnung und zum Fernsehfilm. Historisch ist der Weg vielfältiger und verschlungener, weil zu Beginn die Studioinszenierung von Theaterstücken und Hörspieltexten und erst danach Theaterübertragungen zustande kamen. Auch nahm die Zahl der Theaterübertragungen in den sechziger Jahren noch zu, als bereits parallel mit der Magnetaufzeichnung und dem Film gearbeitet wurde. Die Gründe dafür liegen wie bei der Entwicklung der Unterhaltung darin, daß sich mehrere Aspekte in der Programmentwicklung überschnitten.

Theaterübertragung

So ist auffällig, daß von den fünfziger bis weit in die achtziger Jahre innerhalb der Theaterübertragungen das sogenannte Volkstheater einen besonders großen Zuspruch seitens des Fernsehpublikums erfuhr. Das Millowitsch-Theater zeigte am 23. 10. 53 den »Etappenhasen« und gab damit den Startschuß für das sogenannte Volkstheater. Das Millowitsch-Theater in Köln und das Ohnsorg-Theater in Hamburg erfreuten sich seit 1953 mit ihren mundartlich gefärbten Stücken besonderer Beliebtheit, hinzu kam das Frankfurter Boulevard-Theater der Fritz-Remond-Bühnen. Das Münchner »Komödienstadl« ist dagegen eine Erfindung des BR, durch die ab 1959 das bayerische Dialektstück ins Fernsehen gebracht wurde, ohne daß es dafür eine fernsehunabhängige Bühne gegeben hätte. Diese Theateraufführungen im Fernsehen zählten für das Publikum erkennbar zur Unterhaltung (sie wurden ab 1958 zumeist am Sonnabend gesendet), im Gegensatz zu den anderen Theaterübertragungen wie z.B. Heinz Hilperts Inszenierung von »Was ihr wollt« des Deutschen Theaters in Göttingen am 31. 10. 54 (dem Vorabend des Beginns des gemeinsamen ARD-Programms), die für den Bildungsanspruch des Fernsehens standen.

Volkstheater

Die dargebotenen Stücke zeichnen sich durch Dialektreduktion aus und waren damit auch außerhalb des Dialektbereichs verständlich. Paradoxerweise läßt sich gerade daran die sprachnormierend wirkende Funktion des Fernsehens erkennen, die sich auf alle regionalen und lokalen Sprachbesonderheiten auswirkte. Die sonst durchgängige Verwendung der deutschen Hochsprache im Fernsehen führte mit der Ausbreitung des Fernsehens dazu, daß die Verwendung des Dialekts zu etwas Nichtzeitgemäßem und Unmodernem wurden. Indem selbst in solchen Dialektstücken, die ja von der sprachlichen Eigenheit lebten, Verständlichkeit für die Zuschauer außerhalb des Sprachraums des Dialekts gefordert wurde, ›verwässerte‹ man die Dialekte. Erst in den siebziger Jahren, in denen es zu kulturellen Gegenbewegungen zum vereinheitlichenden Fernsehen kam, setzte eine Renaissance des Dialektsprechens ein.

Der Erfolg dieser Volkstheaterinszenierungen führte dazu, daß in den Fernsehstudios Lustspiele, Schwänke und Komödien inszeniert wurden. Stücke der Autorenteams Bach/Arnold, Laufs/Jacoby, Scheu/Nebhut, und anderen, die ihre Lustspielproduktion teilweise seit der Jahrhundertwende betrieben hatten, wurden aufgeführt. In der zweiten Hälfte der fünfziger Jahre traten die Komödienautoren der Weltliteratur in den Vordergrund: Shakespeare, Goldoni, Molière, Gogol, Tschechow, Thoma, Shaw, Molnar, Goetz, Guitry, Saroyan, Anouilh (vgl. Rosenstein/Seibert/Gompper 1994).

Zugang zur Weltliteratur

In der sich an das Theaterrepertoire anlehnenden Fernsehspielproduktion griff man in der zweiten Hälfte der fünfziger Jahre immer entschiedener auf die Klassiker und die Autoren der Moderne zurück. Man sah darin die besondere, ja die eigentliche Erfüllung des Bildungsanspruchs, den deutschen Zuschauern durch das Fernsehen einen Zugang zur Weltliteratur zu vermitteln. Auf diese Weise kamen die Autoren des modernen amerikanischen Theaters wie Thornton Wilder, Tennessee Williams, Eugene O'Neill, die englischen Autoren Bernhard Shaw, John B. Priestley, Christopher Fry, die französischen Autoren Jean Anouilh, Jean Giraudoux, Marcel Pagnol und viele andere ins Programm (vgl. Hickethier 1980a). In der zweiten

Deutsche Gegenwartsautoren

Hälfte der fünfziger Jahre waren deutsche Gegenwartsautoren mit dramatischen Stücken zu sehen, Sternheim, Kaiser, Hauptmann wurden gezeigt, dann auch Ödön von Horváth, den das Fernsehen *vor* seiner Bühnenrenaissance wiederentdeckte und dem Publikum präsentierte. Ebenso waren die Stücke von Bertolt Brecht im Fernsehen zu sehen, obwohl sie im Zeichen des Kalten Krieges als nicht spielbar galten, weil Brecht in Ost-Berlin lebte und sich zur DDR bekannt hatte.

Ludwig Bergers Shakespeare-Zyklus

Von den Inszenierungen der Dramen der Weltliteratur ist besonders das Projekt des Regisseurs Ludwig Berger bemerkenswert, der 1958 für den SFB fünf Komödien von William Shakespeare in einer sehr verkürzten und bearbeiteten Form inszenierte. Hatte sich das Fernsehspiel bis dahin nicht selbst an Shakespeares Stücke gewagt, sondern nur Theaterübertragungen von ihm gebracht, so spielte man ihn jetzt im Monatsabstand in einer Weise, die das Spielgeschehen in eine Art fiktives frühes 19. Jahrhundert, also in die Zeit des Shakespeare-Übersetzers Schlegel, versetzte. Was einige Kritiker als besonders mutig feierten, war anderen ein deutliches Beispiel dafür, wie das Fernsehen die Kultur auf einen Tiefstand bringe und den Klassiker verhunze. Der Theaterkritiker Henning Rischbieter sprach 1962 am Beispiel anderer gefeierter Fernsehspiele von einer »Hinmordung unserer größten Theaterstücke im Fernsehen«. Bergers Inszenierungskonzept war jedoch letztlich nur eine – wenn auch nicht immer geglückte – auf das Fernsehen bezogene Vorwegnahme des Regietheater-Prinzips der sechziger und siebziger Jahre, die eine Neuinterpretation der Texte anbot.

Im Sinne der fernsehästhetischen Debatten der Zeit, die auf eine strikte

»Was Ihr wollt«
mit Theo Lingen

Unterscheidung zwischen Theater und Film ausgerichtete waren und eine ästhetische Alleinstellung des Fernsehspiels forderten, fehlte dem Fernsehspiel die definitorische Reinheit. Im Sinne des Übergangs von den vortechnischen Künsten zu den medialen Kunstformen, deren Vielfalt sich erst am Ende des 20. Jahrhunderts abzeichnete, war das Fernsehspiel etwas wirklich Neues, auch wenn die Innovation in dieser Zeit noch nicht erkannt wurde. Hier trat zum ersten Mal das Prinzip der Vermischung und Überlagerung der tradierten Formen durch einen ganz anders gearteten technischen Apparat hervor, präsentative und narrative Formen vermischten sich zu neuen Kombinationen.

Eine eigene Ästhetik des Fernsehspiels war Mitte der fünfziger Jahre noch nicht zu formulieren, weil sich die Technik des Fernsehens selbst in kurzer Zeit noch laufend veränderte. Hatte Heinz Schwitzke, der Hörspiel- und

Fernsehspielästhetik

Fernsehspieldramaturg des NWDR und NDR, noch 1952 das »Tempo und Klima des Fernsehens als ungleich viel menschlicher als das Tempo und Klima des Films« empfunden (Schwitzke 1952a, 28), stellte sich bereits in den fünfziger Jahren heraus, daß diese »Geruhsamkeit« und dieses »innere Tempo des Fernsehspiels« (ebd.) oft nicht viel mehr war als Betulichkeit und Langatmigkeit.

Welt der Innenräume

Von den Inszenierungen her ist erkennbar, daß das Fernsehspiel von der Tendenz des Fernsehens der frühen fünfziger Jahre noch lange bestimmt wurde, die Welt aus Innensichten darzustellen, sie als eine Welt der Innenräume zu inszenieren, als eine Welt, die im Privaten spielt und dort die großen Konflikte austrägt. Mimik und Gestik der Darsteller sollten das seelische Erleben sichtbar machen. Der Regisseur Rolf Hädrich betonte diese Grundhaltung noch 1958, als er unter Berufung auf Balzac sagte: »Die Dramen stürmischer Meere werden erst in der Mikrodramatik der Matrosengesichter zum Erlebnis« und mit Blick auf das Fernsehspiel schlußfolgerte, daß man das Meer dazu im Grunde nicht brauchte: »Wie sollte man im engen Studio das Meer toben lassen? Das Telegene hockt in seinen vier Wänden« (Hädrich 1958, 358).

»Unsere kleine Stadt«

In »Unsere kleine Stadt« von Thornton Wilder (SWF 1954; Regie: Harald Braun) – die Produktion ist durch eine Filmaufzeichnung vom Bildschirm erhalten – wird beispielsweise der Umraum des Geschehens im Studio nur imaginiert, es gibt nur angedeutete Kulissen, alles soll durch das Spiel der Darsteller selbst wirken. Mathias Wieman, ein damals prominenter Filmschauspieler, tritt als Regisseur auf, der mit verhaltener Stimme ins Spiel einführt und die Zuschauer durch das Spiel leitet. Darin wird die für das Jahrzehnt typische Spielweise deutlich: eine gewisse Innerlichkeit, die sich in der Verhaltenheit der Stimme, der Bewegungen, einem tiefen Moralisieren und Ergründen der inneren Bewegungen der ›Seele‹ manifestiert. Es geht nicht um Anklage, nicht um Provokation, sondern darum, den Zuschauer zu einer inneren Besinnung kommen zu lassen.

»Unruhige Nacht«

In Franz-Peter Wirths Inszenierung der Novelle »Unruhige Nacht« (SDR 1956) von Albrecht Goes, einem in den fünfziger Jahren zum Schulbuchkanon zählenden Text, ist diese Tendenz noch deutlicher zu erkennen. Ein Kriegspfarrer (gespielt von Peter Lühr) wird in der Nähe von Stalingrad zur Hinrichtung eines jungen Soldaten gerufen, der eine desolate Jugend hinter sich hat, im Strafbataillon war und wegen Lebensmitteldiebstahls zum Tod verurteilt wurde. Der Pfarrer spricht Trost zu, der Zuschauer empfindet tiefes Mitleid. Die Aufarbeitung des Krieges geschieht in einer Art Zwiesprache mit dem Inneren, die Botschaft zielt auf Betroffenheit, ohne daß der Krieg ins Bild kommt, und ohne daß nach Ursachen und dem Zusammenhang mit dem Nationalsozialismus gefragt wird. Das studiogebundene Fernsehspiel scheint für solche Innerlichkeitsspiele die ideale Form gefunden zu haben: alles geschieht in engen Räumen, selbst die Außenräume (ein Geländewagen fährt vor einer Studiokulisse) scheinen nur etwas nach außen gerückte Innenräume zu sein.

Stuttgarter Stil

Es waren besonders die Fernsehspiele des SDR, die in der zweiten Hälfte der fünfziger Jahre dieses Konzept ausreizten, die aus den spezifischen Möglichkeiten des Fernsehens eine neue Bildästhetik, eben jenen dann berühmt gewordenen »Stuttgarter Stil«, entwickelten. Räume wurden nur grafisch angedeutet, oft suggerierten perspektivische Verkürzungen in den Bühnenmalereien einen tieferen Raum. In den architektonischen Chiffren, wie sie der Bühnenbildner Gert Richter entwickelte, der Akzentuierung der Details und der Konzentration auf die Gesichter der Darsteller, fand eine, wie sich der ZDF-Redakteur Hajo Schedlich noch Jahrzehnte später erinnerte, «stilbildende Besinnung auf den begrenzten Bildschirm» statt (Schedlich 1974, 9). Als beispielhaft wurde immer wieder Franz Peter Wirths Inszenierung von Jean Anouilh: »Jeanne oder Die Lerche« gerühmt, in der Robert Graf, Lieselotte Pulver, Ludwig Anschütz, Robert Meyn und andere spielten.

Diese Tendenz korrespondierte mit der Orientierung am zeitgenössischen Theater mit seinem parabelhaften, beschwörenden und oft verklärenden Inszenierungsstil, wie ihn die führenden Intendantenregisseure der Zeit, Sellner, Stroux und Schalla, pflegten (vgl. Rischbieter 1983). Höhepunkt dieses auf magische Verrätselung zielenden Fernsehspielstils und zugleich sein Ende markierend war die Inszenierung von August Strindbergs »Ein Traumspiel« (NWRV Köln 15. 10. 59) durch Wilhelm Semmelroth. Semmelroth, der ein Konzept des ›Sichtbarmachens der Seele‹ durch Gesicht und Gebärde vertrat, nutzte hier das Medium durch den Einsatz von Maske, gezielte Ausleuchtungen und ein magisch wirkendes Bühnenbild zur Darstellung von Traumwelten. Doch es war ein Abgesang, weil das Programmumfeld das Fernsehspiel immer stärker zum Fernsehrealismus drängte.

Orientierung am zeitgenössischen Theater

Hanns Gottschalk wurde als SDR-Dramaturg zum führenden Theoretiker des Fernsehspiels in den fünfziger Jahren. Gottschalk hatte mit Wirth das Theaterstück von Jean Anouilh »Jeanne oder Die Lerche« eingerichtet. Er wirkte als Dramaturg an zahlreichen Produktionen mit, äußerte sich aber auch schon 1954 und in den Folgejahren theoretisch über das Fernsehspiel. Er nahm einerseits zu produktionsbezogenen Fragen (über den ›Live‹-Eindruck beim Fernsehspiel) Stellung, andererseits auch zu grundsätzlichen Fragen der Fernsehkunst, deren Bestimmung er in Auseinandersetzung mit Heideggers ästhetischen Positionen definierte (Gottschalk 1956). Von ihm ging eine Erneuerung gegen das von ihm selbst anfangs mitinitiierte Innerlichkeitsspiel aus.

Hanns Gottschalk

Als Mitte der fünfziger Jahre die Zahl der Literaturadaptionen im Fernsehspiel stieg, forderte er, den »Kahlschlag im Zauberwald der Literatur« (Gottschalk 1955) zu beenden und zeitgenössische Autoren zu gewinnen, direkt für das Fernsehen Stücke zu schreiben. Der Ruf nach dem ›Originalfernsehspiel‹ führte jedoch nur sehr langsam zu neuen Fernsehspieltexten. Erst Anfang der sechziger Jahre kamen Autoren wie Karl Wittlinger (»Seelenwanderung«, WDR 1962), Jürgen Gütt (»Geliebt in Rom«, BR 1953), Benno Meyer-Wehlack (»Stück für Stück«, SWF 1962) ins Programm und setzten neue Akzente im Sinne des ›Originalfernsehspiels‹.

In der Fernsehspielpraxis fand eine Hinwendung zu einer eher realistischen Darstellung statt. Gerade die Stuttgarter Fernsehspielredaktion förderte diese Entwicklung zum Fernsehrealismus frühzeitig.

Fernsehrealismus

»Man kann [den Realismus der Kulisse im Fernsehen – KH] verdünnen, man kann ihn mit Kreide, Latten und Pappe verraten lassen, daß man ihn nicht so ernst zu nehmen gedenkt, wie es vielleicht erwartet wird, aber jeder noch so artistische Entwurf hat erzählenden Charakter. Kein Kerkerraum etwa ist auf dem Fernsehbild bis hin zur blanken Chiffre zu kürzen, weil das Fernsehen ein wiedergebendes und nicht ein darstellendes Medium ist.« (Helmut Krapp 1957, 517)

Die Tendenz zum Fernsehrealismus war eng verbunden mit der Tendenz zum Film. Bei der Fernsehinszenierung von Friedrich Dürrenmatts »Der Richter und sein Henker« (SDR 1957) stellt die Dramaturgie fest, daß die notwendigen Außenszenen sehr viele Filmeinblendungen erforderten, so daß das Zusammenspiel mit dem Live-Spiel zu kompliziert gewesen wäre.

Tendenz zum Film als Produktionsmittel

»Besuch aus der Zone«

Man entschloß sich deshalb, das Stück ganz auf Film zu produzieren. Der erste bundesdeutsche Fernsehfilm entstand, Rolf Hädrich führt Regie.

Der zweite Fernsehfilm entstand als Verfilmung eines Hörspiels von Dieter Meichsner: »Besuch aus der Zone« (SDR 1958). Er schildert den Besuch eines ostdeutschen Chemiefaserfabrikanten, der in den Westen kommt und dort entdeckt, daß sein in den Westen geflohener ehemaliger Kompagnon die Produktionsherstellung einer neuartigen Faser der Konkurrenz verraten hat. Im Zwiespalt zwischen dem Wunsch, im Westen zu bleiben, und dem Pflichtgefühl, wieder in den Osten zurückkehren zu müssen, um Betrieb und Mitarbeiter zu schützen, kehrt er zurück.

Doch es war weniger die filmische Realisierung, die dann die Produktion für die Fernsehgeschichte bedeutsam machte, sondern der öffentliche Konflikt, den dieser Film hervorrief. Obwohl sich über das ein Jahr zuvor gelaufene Hörspiel keiner erregt hatte, kam es über das Fernsehspiel zu einer Bundestagsdebatte, in der sich die Abgeordneten Friedrich Zimmermann (CSU) und Heinz Kühn (SPD), der spätere Ministerpräsident von Nordrhein-Westfalen, über die mögliche Ostinfiltration auseinandersetzten, die Zimmermann befürchtete. Die Kritik am Fernsehspiel zielte dabei auch auf den SDR-Intendanten Fritz Eberhard, der als SPD-Mitglied und ehemaliger Emigrant das Fernsehen als ein Instrument der Aufklärung verstand und sich für eine nüchterne Berichterstattung über den Osten einsetzte, wie sie z.B. der Dokumentarist Jürgen Neven DuMont in dieser Zeit für den SDR pflegte. 1958 wurde Eberhard in seinem Amt nicht wiedergewählt und durch den jungen CDU-Abgeordneten Hans Bausch ersetzt, der sich als Intendant zum vehementen Verfechter des öffentlich-rechtlichen Rundfunks entwickelte.

»Besuch aus der Zone«

»So weit die Füße tragen«. Clemens Forell (Heinz Weiss) bei seiner Flucht aus der russischen Gefangenschaft

Mehrteilige Fernsehspielproduktionen

In der zweiten Hälfte der fünfziger Jahre waren die neuen Möglichkeiten des Fernsehens gegenüber dem Kino deutlich geworden. Hatte der Dokumentationsbereich gezeigt, daß mehrteilige Berichte beim Publikum gut ankamen, so zeigten im Spielbereich Geschichten, die einen Reihencharakter anstrebten (»Die großen Detektive«, SWF 1954/55, Regie: Peter A. Horn) oder selbst Fortsetzungen nach sich zogen (Alfred Gehri: »Im sechsten Stock«, NWDR 1954 ff, Regie: John Olden), daß das Fernsehen seine Erzählungen über einen sehr viel größeren Zeitraum als der Kinofilm (und damit auch über die Länge eines normalen Fernsehspiels) ausdehnen konnte.

1958/59 drehte Fritz Umgelter auf dem Bavariagelände und an Außendrehorten den ersten sechsteiligen Fernsehfilm für den WDR. Der Kölner Sender hatte sich gerade mit der Bavaria ein neues Produktionsgelände in München zugelegt und nun beschlossen, in die Fernsehspielproduktion einzusteigen, die er bis dahin weitgehend Hamburg überlassen hatte. Umgelters Fernsehfilm entstand nach dem Roman-Bestseller von Josef Martin Bauer: »So weit die Füße tragen« (NWRV Köln 1959). Er handelt vom Schicksal der deutschen Kriegsgefangenen in Sibirien (1955 hatte Konrad Adenauer bei seinem Besuch in Moskau die Rückkehr der noch lebenden deutschen Kriegsgefangenen vereinbart). Bauer hatte daraus ein Epos über die heldenhafte Flucht eines Kriegsgefangenen gemacht, der sich quer durch Asien bis in den Iran schlägt und schließlich heimkommt. Der Weg durch Asien wurde zugleich zu einem filmischen Anschauungsunterricht über die stalinistischen Verhältnisse, jedenfalls so, wie es Autor und deutsches Publikum gern sahen. Die Mischung aus politischem Anspruch (1959 war das Jahr des Chruschtschow-Ultimatums und der beginnenden Krise um Berlin) und filmisch-narrativem Gestus, mit dem die Außenwelt dargestellt und Sibirien erzählt wurde, war für das Fernsehen neu.

»So weit die Füße tragen«

»Am grünen Strand der Spree«, Szenenfoto der ersten Folge »Das Tagebuch des Gefreiten Wilms«

Umgelters Fernsehfilm faszinierte das Publikum und machte den ›Fernseh-Roman‹, wie er nun genannt wurde, zu einer neuen Form einer ›großen Fernseherzählung‹. In ihm konnten Nebenfiguren ausführlich dargestellt, einzelne Handlungsstränge ausgeführt und damit für ein differenziertes Publikum eine Vielzahl neuer Anknüpfungsmöglichkeiten geschaffen werden. Allerdings wurden zu Recht Längen und filmische Ungeschicktheiten kritisiert, die nicht zuletzt dadurch entstanden waren, daß Umgelter noch an der letzten Folge drehte, als die ersten schon gesendet wurden.

»Am grünen Strand der Spree«

Der zweite Mehrteiler, ebenfalls von Fritz Umgelter für den WDR bei der Bavaria produziert, entstand nach der Vorlage von Hans Scholz, der sein Buch »Am grünen Strand der Spree« (NWRV Köln 1960) selbst bereits in Episoden gegliedert hatte. Die Geschichte spielt in einer Bar, einige Gäste kommen ins Gespräch und erzählen sich gegenseitig ihre Erlebnisse aus dem Krieg. In jeder Folge wird also eine Geschichte erzählt. Der Sechsteiler war im Gegensatz zu »So weit die Füße tragen« eine Reihe, bei der nur eine Rahmenhandlung die einzelnen Geschichten zusammenhielt. Vor allem die erste Folge wurde in der Öffentlichkeit besonders heftig diskutiert. Ein ehemaliger Soldat erzählt hier von einer miterlebten Massenerschießung von Juden in Polen. Abgesehen von dokumentarischen Aufnahmen wurde hier zum ersten Mal innerhalb eines fiktionalen Films im Fernsehen ausführlich die Ermordung der Juden gezeigt. Die anderen fünf Folgen waren weniger gewichtig, doch diese eine blieb – lange Zeit vor »Holocaust« und »Schindlers Liste« – in der Diskussion und irritierte die bundesdeutschen Zuschauer nachhaltig.

Krimimehrteiler
»Das Halstuch«
von Francis Durbridge

Der dritte Mehrteiler dieser Art war die Verfilmung des autobiografischen Bestsellers von Wolfgang Leonhard: »Die Revolution entläßt ihre Kinder«. 1962, ein Jahr nach dem Mauerbau, wurde hier, nach einem Drehbuch von Claus Hubalek und in der Regie von Rolf Hädrich, in drei Teilen die Geschichte der Kommunisten in der sowjetischen Besatzungszone gezeigt: wie die ›Gruppe Ulbricht‹ 1945 aus Moskau kam und die Schaltstellen der von der Sowjetunion besetzten Zone einnahm und die Schaffung der DDR vorbereitete. »Mit diesem Stoff haben wir den einzig möglichen Blick in die Werkstatt für Funktionäre,« meinte der Drehbuchautor Hubalek, und Hädrich sah den pädagogischen Effekt des Dreiteilers: »Und deshalb machen wir das – für alle Leute, die das Buch nicht gelesen haben«.

Der Film zeigte das Moskau der Stalinzeit, gibt also eine Innensicht eines sonst nicht zugänglichen politischen Bereichs – wenngleich in der Fiktion. Leonhard, der selbst zu der Gruppe Ulbricht gehört hatte und 1945 als junger Mann nach Deutschland zurückkehrte, hatte sich 1948/49 von den moskautreuen Kommunisten abgewandt und war nach Jugoslawien und von dort in die Bundesrepublik gegangen. Auch bei diesem Mehrteiler bildete die Mischung aus Politik und Fiktion in Kombination mit dem Prinzip des Fortsetzungserzählens das Faszinosum für das Publikum. Der Zuschauer wußte, der Film hatte einen ›authentischen‹ Kern und war trotzdem Fiktion. Auf dem Höhepunkt des Kalten Krieges – 1962 kam es zur Krise um die Stationierung von sowjetischen Raketen auf Kuba –, sah man so mußte es vielen Zuschauern erscheinen, mit Hilfe des Fernsehens in das Vorzimmer der Hölle.

»Die Revolution entläßt ihre Kinder«

Kriminalunterhaltung

Der andere Strang mehrteiliger Fiktionsproduktionen setzte bei der bereits in den fünfziger Jahren immer populärer werdenden Kriminalunterhaltung an. Im bundesdeutschen Radio der fünfziger Jahre war der englische Autor Francis Durbridge mit seinen Kriminalhörspielserien um den Helden Paul Temple außerordentlich populär geworden. Temple löste erfolgreich die unmöglichsten Kriminalfälle, ganz in der Machart des Altvaters Edgar Wallace, allerdings weniger blutrünstig und sehr viel stärker als die Wallace-Krimis durch Dialoge bestimmt. An der Radio-Bekanntheit des Autors knüpften die zumeist sechsteiligen Krimi-Mehrteiler von Durbridge an. 1959 war er mit dem Mehrteiler »Der Andere« (NWRV Hamburg) zu sehen, 1961 mit »Es ist so weit« (NWRV Köln), 1962 schließlich kam sein großer Durchbruch mit dem Mehrteiler »Das Halstuch« (WDR).

»Das Halstuch«

Fast 90 Prozent der Geräte waren eingeschaltet, als »Das Halstuch« lief, die Nation saß begierig vor dem Bildschirm, der Fernsehfilm wurde zum ›Straßenfeger‹. Man fieberte den weiteren Folgen entgegen, und als der Kabarettist Wolfgang Neuss in einer Tageszeitung verriet, daß Dieter Borsche den Mörder spielte, brach ein Sturm der Entrüstung los, weil sich die Fernsehnation um das Fernseherlebnis gebracht sah. Mehrteiligkeit der Produktion, Kriminalsujet und Markenzeichen ›Durbridge‹ kamen hier zusammen. Dabei handelte es sich bei diesen Kriminalfilmen um höchst konventionelle und eher leicht durchschaubare Rätselkrimis nach dem ›whodunnit‹-Muster. Aber gerade in ihrer Mischung aus konventioneller Geschichte und neuer massenmedialer Form kamen sie den Wünschen des Fernsehpublikums entgegen und boten damit den Einstieg in neue, sehr stark durch das Krimigenre geprägte Unterhaltungsstrukturen der sechziger Jahre.

»Stahlnetz«

In diese Richtung arbeitete auch ein anderes Fernsehprojekt, das 1958 aus der didaktisch ausgerichteten Reihe »Der Polizeibericht meldet« von Jürgen Roland entstanden war. Die erste Folge der Reihe »Stahlnetz« (13. 4. 58) wurde noch unter »Der Polizeibericht meldet« angekündigt. Das »Stahlnetz«-Konzept entsprach mit dem griffigen Titel und der Spannung erregenden Titelmusik mehr dem Unterhaltungsbedürfnis des Publikums und reihte sich in das durch zahlreiche Einzelfilme etablierte Krimigenre ein. Bis 1968 schrieb ihr Autor Wolfgang Menge insgesamt 22 Folgen.

Die Vorläufer serialisierter Familienunterhaltung

Bereits bei Alfred Gehris in drei Folgen produzierter Geschichte »Im sechsten Stock« war deutlich geworden, daß es neben den Kriminalgeschichten noch ein anderes Genre gab, daß im Fernsehen seinen optimalen Rahmen fand und sich mehrteilig über viele Folgen hin erzählen ließ: Die Familiengeschichte. Bereits 1954 war eine lang laufende Serie ins Programm genommen worden, die an die Radiofamilien Meierdierks bei Radio Bremen, Hesselbach beim HR und Staudemaier beim SDR anknüpfte: »Unsere Nachbarn heute abend: Die Schölermanns« (NWDR 1954–1960; Autoren Rolf und Alexandra Becker, Regie: Ruprecht Essberger).

Familiengeschichten in Serien

Erklärtes Ziel der Serie war, nach einem Bericht der Kritikerin Renate Urban (d. i. Andrea Brunnen-Wagenführ), die Einbeziehung der Zuschauer durch größtmögliche Alltagsnähe der Darsteller (Willy Krüger als Vater, Lotte Rausch als Mutter, Charles Brauer als Sohn Heinz) und ihrer Handlungen. Gleichzeitig sollte das Familienpersonal möglichst repräsentativ und vielfältig zusammengesetzt sein, so daß sich zahlreiche Anknüpfungspunkte und Wiedererkennungseffekte für die Zuschauer ergaben. »Im Blick auf die

Zusammensetzung der Fernsehteilnehmer, die recht gut bekannt ist, entschied man sich deshalb für eine Familie mit bürgerlichem Lebensstandard, mit einem zwar guten, aber nicht zu hohem Einkommen und mit mehreren Kindern« (Urban 1954, 654).

Im Fokus dieser Familie wurden diverse Alltagsprobleme thematisiert und zugleich unterschiedliche Verhaltensweisen zur Diskussion gestellt. Über das Mietshaus, in dem die Schölermanns wohnen, später eröffneten sie eine Pension, dadurch ließen sich weitere Figuren mit der Serie verknüpfen. In den wenigen Folgen, die von dieser zumeist live ausgestrahlten Serie erhalten sind, ist noch erkennbar, wie die ›richtige‹ Art und Weise zu leben immer wieder debattiert wird. So hat z. B. in einer Folge (7. 1. 59) der Nachbar und Buchhalter Federlein eine Heiratsanzeige aufgegeben und die aus Berlin angereiste Kandidatin zeigt, was eine honorige Frau in den fünfziger Jahren eben nicht durfte, um akzeptiert zu werden: Zigaretten rauchen, einen Cognac verlangen, sich ungeniert aufdrängen und nach den Vermögensverhältnissen fragen. Entsprechend wird sie durch die anderen Serienfiguren abgestraft. »Die Schölermanns«

Die Serie stellte also eine in der Fiktion verpackte Benimm-Anweisung dar, sie betrieb damit insgesamt eine Verhaltensmodellierung der Zuschauer (vgl. Hickethier 1991e, 40ff.). Dementsprechend würdigte die Kritik die »Schölermanns« gegenüber der ebenfalls 1954/55 ins Programm gebrachten, aber nur eine kurze Zeit laufenden BR-Serie »Vater Seidl und sein Sohn« (mit Michl Lang, Liesl Karlstadt und Hans Sedlmayr): »Es sind Sorgen, die jede Familie kennt, und es werden keine billigen Lösungen gegeben, es bleibt vielmehr bei möglichen Antworten, die zum fruchtbaren Nachdenken anregen« (Kife 3/1955). Und 1956 hieß es appellativ an den Zuschauer gerichtet: »Was bei den Schölermanns passiert, passiert auch in ungezählten anderen Familien. Oder ist der Alltag bei Ihnen vielleicht anders? Haben Sie nicht die gleichen Freuden und Sorgen?« (Hör Zu v. 23. 11. 56) »Vater Seidl und sein Sohn«

»Der unkomplizierte Mensch braucht Möglichkeiten der Identifikation und der Selbstbetätigung, die ihm die meisten Fernsehspiele vorläufig noch nicht gewähren. Diese Möglichkeiten boten ihm die Schölermanns fast unabhängig vom (recht unterschiedlichen) Wert der einzelnen szenischen Ein- und Zufälle. Die Familie wurde zum festen Begriff in dem Maße, als Regisseur Ruprecht Essberger und die Darsteller, denen für ihr ernstes Bemühen und ihrer Liebe zur Sache gedankt sei, mit ihren Rollen und miteinander zur Familie verschmolzen.« (Fernseh-Rundschau 1958, 173)

Im Verlauf ihres Serienlebens erlebten die »Schölermanns« die Durchsetzung des ›Wirtschaftswunders‹ in der Bundesrepublik mit. Spielte die Serie anfangs nur in der Wohnküche, zog man bald in andere Räume der Wohnung um und erlebte schließlich Situationen außerhalb der Wohnung. Ein anfangs vom Sohn erworbener alter und defekter Wagen wird bald durch einen besseren Gebrauchtwagen ersetzt, der Vater fährt schließlich einen Geschäftswagen. Verlebte die Familie die Ferien im Sommer 1955 noch im Schrebergarten, fuhr sie 1956 »nach schweren Jahren« schon an die Ostsee und 1957 an die Nordsee. 1958 machte das Elternpaar eine Schiffsreise nach Las Palmas, die es in einem Preisausschreiben gewonnen hatte. 1960 war die Serie nach insgesamt 111 Folgen endgültig beendet, weil die Darstellerin der Mutter Schölermann sich selbst privat veränderte und nicht mehr zur Verfügung stand (vgl. Wichterich 1979).

1960 begann dann der Hessische Rundfunk mit einer weiteren Familienserie, die auf direkte Radiovorläufer (1949–56) zurückging. Von und mit Wolf Schmidt: »Die Firma Hesselbach«, deren ersten 24 Folgen 1960/61 liefen, 1961–63 mit 18 weiteren Folgen als »Familie Hesselbach« fort- »Die Firma Hesselbach«

Die Folge »Das Dreckrändchen« aus der Serie »Familie Hesselbach« mit Wolf Schmidt und Liesel Christ

geführt und mit 9 Folgen »Herr Hesselbach« 1966/67 beendet wurde. Hier verband sich die Familiengeschichte mit dem Geschehen in einer Firma, so daß aus dem Verbund von Arbeitswelt und Familienproblemen eine neue Mischung entstand, wobei die Arbeitswelt jedoch zumeist nur die Folie abgab für die Thematisierung zwischenmenschlicher Probleme (vgl. Giesenfeld/Prugger 1994).

Beginnende Differenzierung der Fernseh-Fiktion

Serien blieben im Fernsehangebot zunächst quantitativ und qualitativ begrenzt. Sie galten als Unterhaltung, nicht als eine dem Fernsehspiel mit seinem Kunstanspruch gleichwertige Form. Gleichwohl zeigt sich bereits in dieser Phase der Fernsehentwicklung eine beginnende Differenzierung der Fiktion im Fernsehen, die neben die Einzelsendung die serielle Unterhaltung setzte. Deren Ausbau wurde zum einen durch den begrenzten Programmumfang und zum anderen durch das Selbstverständnis der öffentlich-rechtlichen Sender gebremst. Daß gerade in der Serienform das periodische Zeit-Medium Fernsehen eine adäquate Form (natürlich nicht die einzige) besaß, blieb unerkannt. Dazu stand die Verpflichtung der Serien auf Alltagsnähe und Unterhaltung allzu sehr im Ruch des Trivialen und Banalen.

Innerhalb der vom Fernsehen entwickelten Fiktionsformen blieb in den fünfziger Jahren das Fernsehspiel als elektronisches Einzelspiel dominant, andere Formen waren angelegt, aber waren noch randständig: die Mehrteiler blieben spektakuläre Ausnahmen, die Serie galt noch als marginale Form.

Kinder- und Jugendfernsehen und die Welt des Wissens

Das Fernsehen hatte als Instrument der Verhäuslichung der Familie umgekehrt den Effekt, daß die bis dahin im bürgerlichen Verständnis geschützte Welt des Privaten und der Kindheit nun gerade für die Kinder aufgebrochen wurde und das Fernsehen Kinder mit Bildern von der Welt ›draußen‹ konfrontierte. Die Kinder- und Jugendpädagogik sah in den Medien insgesamt kritisch zu beobachtende Gefährdungen. Eine kinderpsychologische Schule um Martin und Margarete Keilhacker in München beschäftigte sich mit dem Kino und nahm von dort aus das Fernsehen ins Visier (vgl. Keilhacker 1954). Die im Juli 1957 beschlossene Novellierung des Jugendschutzgesetzes verbot den Filmbesuch für Kinder unter sechs Jahre und führte so zum Ende der Märchenfilmproduktion. Das Fernsehen fühlte sich vom Jugendschutzgesetz zunächst nicht angesprochen, strich lediglich Alterseinstufungen in den Sendungsangaben.

Bewahrpädagogik und Musische Bildung

Seit 1955 wurden Befürchtungen von kirchlicher Seite laut, daß das Fernsehen Intimität und Wertmaßstäbe der Familie zersetze, zur Oberflächlichkeit verführe und zu »Schockerlebnissen mit unabsehbaren Auswirkungen« führen könne (vgl. Erlinger/Stötzel 1991, 149 ff.). Das Fernsehen reagierte darauf nicht in besonderer Weise. Interessant ist, daß es auf den Terminen der Jugendstunde schon medienpädagogische Sendungen gab, in denen einschlägige Pädagogen, wie z. B. Prof. Horst Wetterling, vor dem verderblichen Film («Der Schnulzenfilm und sein Rezept», 14. 7. 58) warnten. Ohnehin brachte man doch hauptsächlich Bildendes und Belehrendes in den Kinderstunden, selbst die Puppentheateraufführungen waren immer mit einem belehrenden Ergebnis ausgestattet.

Die seit dem 19. 1. 55 gesendete und bald sehr beliebte Gymnastik- und Turnsendung für die Kleinen, »Fünf Minuten mit Adalbert Dickhut« (später wurden es zehn Minuten) vom NWDR, blieb weiterhin im Programm. Die tägliche Kinderstunde teilte sich in der zweiten Hälfte der fünfziger Jahre auf, wurde altersmäßig differenziert, bis diese Unterteilung Ende der fünfziger Jahre wieder aufgegeben wurde.

»Fünf Minuten mit Adalbert Dickhut«

Ab April 1958, mit Beginn des Programmschemas für den Abend, kam am Sonntag nachmittag, meist ab 16.30 Uhr, manchmal früher, die Reihe »Corky und der Zirkus«, Geschichten von Tom Sawyer und Märchen-Ballette ins Programm. Ab Sommer 1958 zeigte die ARD die ersten Filme der amerikanischen Tierserie »Fury« und begann damit, die Zuschauer für die sechziger Jahre auf ein unterhaltungsbetontes Wochenende zu verpflichten. Die von Ilse Obrig und anderen eingeführten Mitmach- und Bastelstunden des NWDR bestanden weiter, Irene Koss und Christian Dietrich Hahn stießen dazu, schließlich auch Moderatorinnen von anderen Anstalten. Die Mitspielsendungen wurden nach und nach durch Puppenspielaufführungen und Marionettentheater (z. B. »Fiete Appelschnut«), Bilderbuchgeschichten und kurze Filme mit Spielhandlungen etc. verdrängt.

»Corky und der Zirkus«

Neben den erzählten Geschichten gab es viele gezeichnete Sendungen. Dabei handelte es sich nicht um Vollanimationen, sondern um ganz unterschiedlich bewegte Zeichengeschichten, die bei den kindlichen Zuschauern auf Phantasie und Vorstellungskraft setzten. Rainer Zimniks Sendungen vom »Lektro« (BR 1958) dagegen kamen im Abendprogramm.

Die Jugendstunden boten belehrende Informationen über Wissenswertes an: Technik, Naturkunde und Verkehr standen im Vordergrund. Das führte dazu, daß viele der kleinen belehrenden Sendungen, die zu Beginn der fünfziger Jahre zum Hauptprogramm gehörten, am Ende des Jahrzehnts in das Nachmittagsprogramm wanderten. Dr. Fehses Mikroprojektionen stehen exemplarisch für diese Neuortierung. Das hatte zur Folge, daß umgekehrt das Abendprogramm auf diese Weise Teile seiner belehrenden Sendungen verlor und sich stärker auf Unterhaltung und Fiktion und am Ende der fünfziger Jahre auf politische Information ausrichtete. Dieses aus der

Jugendstunden Technik, Naturkunde und Verkehr

Literaturgeschichte vertraute ›Absinken‹ von Formen und Inhalten aus der Erwachsenen- in die Kinder- und Jugendunterhaltung rührte im Fernsehen vermutlich daher, daß sich am Nachmittag leichter kleinformatige Sendungen plazieren und auf diese Weise adressatenspezifische Angebotskreise bilden ließen.

Wissenschafts-
journalismus
im Abendprogramm

Neben der jugendspezifisch ausgerichteten Wissensvermittlung blieb der Wissenschaftsjournalismus im Abendprogramm erhalten, der sich an Erwachsene richtete. Er setzte sich weiterhin mit Alltagsproblemen auseinander, wandte sich aber auch in dem Maße, wie die Berichte über das Leben im Mikrokosmos in die Nähe der Kinder- und Jugendsendungen rückten, den großen, ›weltbewegenden‹ Themen zu. Mit den Möglichkeiten der Raumfahrt und der friedlichen Möglichkeiten der Atomnutzung begann sich das Fernsehen Ende 1954 zu beschäftigen. Vor allem die Astronomie stieß im Zusammenhang der Welterkundung durch Satelliten ab 1957 auf besonderes Interesse und wurde vom »Fernseh-Astronomen« Rudolf Kühn (BR ab 1955) bearbeitet. Zu diesen »Dolmetschern der Wissenschaft« (Wagenführ) gehörte ab 1957 auch Heinz Haber.

»Fernsehen heißt:
ins Innere sehen«

Die Wissenschaftsberichterstattung zeigte wie kaum ein anderer Bereich, wie sich das föderale Prinzip in der Anfangszeit aus einer Konkurrenz gegenüber dem NWDR heraus entwickelte. Wo sich dieser mit Dr. Fehses »Mikroprojektionen« in die Welt der Kleinstlebewesen begab – der naturwissenschaftlichen Auslegung von Pleisters Programmverständnis »Fernsehen heißt: ins Innere sehen« –, wandten sich die anderen den ganz großen Dingen zu, blickten in das Weltall und prophezeiten, wie Ernst von Khuon im ersten SWF-Beitrag zum Gemeinschaftsprogramm »Der Schritt ins Weltall« am 26. 11. 54, daß die Menschen in zwanzig Jahren den Mond erreichen würden. Als diese 15 Jahre später dort waren, berichtete von Khuon ebenfalls darüber. In den Weltraum-Sendungen der fünfziger Jahre war bereits der Gestus einer Vermittlung eines epochalen Aufbruchs zu erkennen: Die friedliche Eroberung der Welt stand auf dem Programm. Die Sendereihe »Macht euch die Erde untertan ... Der Mensch und die Naturwissenschaften« mit dem Fernseh-Astronomen Rudolf Kühn (BR 1958/59) konnte deshalb als ein zeittypisches Angebot gelten. Hier überschnitten sich die Sparten, wurde die Wissenschaftsberichterstattung von den Prinzipien des in den fünfziger Jahren entstehenden Fernsehjournalismus mitgeprägt.

Thematisierung
der Tierwelt

Auch die Thematisierung der Tierwelt im Fernsehen differenzierte sich weiter aus und verfestigte sich zugleich zu einem eigenständigen Genre. Gegenüber den ins Kinderprogramm verschobenen Sendungen der ›Tier-Erzähler‹, wie z.B. Paul Eipper, blieben andere Tierdokumentaristen, die mit größeren Berichten und Aufnahmen aus den Wildnissen der Welt aufwarten konnten, im Abendprogramm verankert. Hans Hass lieferte zahlreiche Berichte von seinen Unterwasseraufnahmen im Roten Meer und anderen Weltmeeren, der Frankfurter Zoo-Direktor Bernhard Grzimek berichtete von seinen Erlebnissen in der Serengeti oder über Koalas in Australien in der Sendereihe »Ein Platz für Tiere« (HR 1957ff.), die an den Titel seines spektakulären Kinofilms »Keinen Platz für wilde Tiere« anknüpfte und für den Erhalt von Schutzzonen für Tiere in Afrika plädierte. Für den Kinofilm hatte Grzimek auch den ersten deutschen »Oscar« bekommen und damit Walt Disneys »Die Wüste lebt« überrundet. Dennoch gab es neben solchen spektakulären Reihen weiterhin eine Beschäftigung mit der Kleintierwelt in diversen Einzelsendungen wie z.B. den »Murmeltieren im Engadin« (BR 1957).

»Ein Platz für Tiere« -
in den Armen
von Professor Grzimek

Die Filmberichte von fernen Naturlandschaften und Tierwelten ließen

Herbstanfang - Eva Baier-Post mit Dahlienzüchtern

eine andere Darstellungsform der Tierwelt altmodisch erscheinen: den Zirkus. Als Unterhaltungsangebot verlor er an Bedeutung, weil die Weite der Naturlandschaften Afrikas ungestellter und weniger künstlich erschien als die Zirkusdressuren, und weil sie dem Trend, sich via Fernsehen hinaus in die Welt zu begeben, stärker entsprachen.

Lebenshilfesendungen

Das Spektrum an Sendungen, das aus der NWDR-Zeit überliefert war und den Zuschauern Lebenshilfe versprach, entfaltete sich in der zweiten Hälfte der fünfziger Jahre. Die wichtigste Reihe dieses Jahrzehnts war eine über die Jahre hinweg im wesentlichen gleichbleibende Sendung, deren Bedeutung jedoch mit der Zeit abnahm: Die Sendereihe »Wir helfen suchen« (Beginn: 30. 11. 53), später »Vermißtensuchdienst« genannt, in der in Zusammenarbeit mit dem Deutschen Roten Kreuz nach Kriegsvermißten gesucht wurde. Das Fernsehen konnte hier, anders als das Radio, das diese Aufgabe in der unmittelbaren Nachkriegszeit übernommen hatte, mit Hilfe des Bildes eine bessere Anschauung geben und in vielen Fällen weiterhelfen. Die zehn Minuten dauernde Sendung kam anfangs dreimal die Woche, später an wechselnden Wochentagen einmal wöchentlich, meist um 18.00 Uhr. Sie wurde im März 1958 eingestellt, bevor das erste Programmschema in Kraft trat. Die Sendung paßte zu diesem Zeitpunkt offenbar nicht mehr in ein auf Weltoffenheit sich ausrichtendes Programm; der Vermittlungserfolg nahm auch mit der wachsenden Distanz zum Kriegsende ab.

»Vermißtensuchdienst«

In der sich durch den wirtschaftlichen Aufstieg rasch verändernden Gesellschaft spielte die angemessene Bewältigung der Alltagsprobleme eine wichtige Rolle. Eine spezifische Programmsparte, die sich in den sechziger Jahren mit den Ratgebersendungen entwickelte, bestand in den fünfziger Jahren noch nicht, weil diese Orientierungs- und Belehrungsaufgaben in vielen Sendungsformen als ein zeittypischer Gestus eingearbeitet waren.

Adressatenspezifische Sendungen für Kinder, Jugendliche und Frauen deckten im Prinzip Teilbereiche ab. Die Sendungen für die Frau, wie sie

Sendungen für die Frau

Anfang der fünfziger Jahre Eva Baier-Post vom SFB moderiert hatte, informierten und belehrten über Haus und Garten, Kindererziehung und Mode. Sie richteten sich auf ihrem Programmplatz um 17.30 Uhr in erster Linie an die Hausfrau und weniger an die berufstätige Frau, die um diese Zeit in den fünfziger Jahren noch arbeitete oder gerade erst vom Einkauf zurückkam und sich um ihre Familie zu kümmern begann. Die Sendungen wurden ab 1958 auf die einzelnen Anstalten verteilt. Der BR bot z. B. Yogaübungen an, häufiger jedoch gab es Informationen über Mode, ein auch bei anderen Sendeanstalten immer wieder beliebtes Thema. Die wechselnden Modeexpertinnen vom NWRV Köln sprachen darüber, wie die geschickte Hausfrau günstig Stoffe für die Herstellung eigener Kleider zuschneidet oder das modische Strickkleid für den Winter anfertigt. Christa de Vries plauderte häufig über den »Berliner Chic« (SFB).

Der SFB (Redaktion Eva Baier-Post) beschäftigte sich gegen Ende der fünfziger Jahre eher mit allgemeinen Themen wie Recht, Leben im Hochhaus oder das Verhältnis von Mensch und Tier. Diese Sendungen hielten zwar am traditionellen Rollenbild fest, ließen jedoch ahnen, daß es in ›Frauensendungen‹ andere als die klassischen Themen von Küche, Kind und Kleidung geben könnte. An die sich hier andeutenden Differenzierungen in Sendungen über verschiedene Einzelprobleme und Lebensbereiche knüpften dann Programmentwicklungen in den sechziger Jahren an.

Tanzkurs

Eine der beliebtesten Sendungen des Fernsehens war überraschenderweise ein Tanzkurs. Das Ehepaar Heinrici bot seit Beginn der NWDR-Programme im Fernsehen solche Tanzkurse an, sie hielten sich bis zum Ende der fünfziger Jahre, obwohl man auf dem kleinen Bildschirm der Anfangsjahre großen Körperbewegungen wirklich nicht gut folgen konnte. Offensichtlich erhofften sich hier viele Zuschauer doch eine Verbesserung ihrer eigenen gesellschaftlichen Fähigkeiten, ohne deshalb gleich eine teure Tanzschule besuchen zu müssen. Daß eine Sendung wie »Bitte in 10 Minuten zu Tisch«, die Kochtips für »eilige Feinschmecker« anbot, populär war, lag nicht nur daran, daß sie von dem sich selbst am besten inszenierenden Clemens Wilmenrod angeboten wurde, sondern auch daran, daß sie einen Einstieg in die moderne Lebensweise versprach. Denn Wilmenrod stand nicht für Eisbein mit Sauerkohl oder Leipziger Allerlei, was sicherlich die Mehrheit der Bevölkerung bevorzugte, sondern empfahl ›Hawaii-Toast‹ und ›Tessiner Koteletts‹ und verbreitete damit den ›Duft der großen weiten Welt‹, wie ihn die zeitgenössische Peter-Stuyvesant-Reklame so erfolgreich versprach. Sendungen wie der »Tele-Knigge« waren deshalb beliebt, weil sie tausend Tips für eine bessere Gestaltung des Lebens vermittelten. Aus den Botschaften der Lebenshilfe-Sendungen ergab sich ein Syndrom von Verhaltensweisen, das nicht nur individuell positiv besetzt, sondern auch gesellschaftlich erwünscht war: Mit-der-Zeit-gehen, Sich-den-Innovationen-anpassen, Konsumieren, Einen-neuen-Stil-pflegen.

Clemens Wilmenrod

Kirchliche Sendungen

Lebenshilfe boten auch die kirchlichen Sendungen an. Neben Verkündigungssendungen (Gottesdienste im Fernsehen), wie sie bereits die NWDR-Programme gebracht hatten, traten zunehmend allgemein gehaltene Sendungen, in denen kirchliche Lebenshilfe geboten wurde. Die Kirchen hatten sich sehr frühzeitig in die Fernsehprogrammarbeit involviert. Wenn sie dieses Medium, das sie als eine starke Konkurrenz empfanden, nicht verhindern konnten, wollten sie es zumindest in ihrem Sinne beeinflussen und mitgestalten. Man wollte Fernsehen – als »Schlüsselloch für Ungläubige« (Der Spiegel v. 23. 12. 53) verstanden – als Zugang zum kirchlichen Leben nutzen. Am 1. 5. 54 wurde die wöchentliche Reihe »Das Wort zum Sonntag« eingerichtet, zuvor bereits hatte es eine von Rüdiger Proske geleitete Diskussionsreihe mit Kirchenvertretern gegeben: »Die Antwort der Mönche«. Dennoch gab es weiterhin starke Vorbehalte auf der Seite der Kirche gegenüber dem Fernsehen. Die evangelischen und katholischen Fernsehtagungen der fünfziger Jahre geben ein Zeugnis davon, wie sich hier erst nach und nach ein entspannteres Verhältnis entwickelte (vgl. Bleicher 1994). Mit dem Programmausbau verlor sich jedoch der latente christliche Gestus des Gesamtprogramms, kirchliche Positionen kamen in den sechziger Jahren in erster Linie durch die neu geschaffenen Kirchenredaktionen in den Sendeanstalten ins Programm.

Sport und Live-Übertragungen

Neben den auf Häuslichkeit ausgerichteten Angeboten für Frauen und den Lebenshilfeangeboten standen weiterhin die Sendungen, die auf eine Vermittlung von Außen und Innen, von der Welt draußen und der Welt daheim ausgerichtet waren. Dies waren die Live-Übertragungen insbesondere aus der Welt des Sports, die sich in erster Linie an männliche Zuschauer wandten. Sport bildete eine gesteigerte Form der Unterhaltung. Hugo Murero hatte es bereits Anfang der fünfziger Jahre formuliert: »Eine Sportübertragung bedeutet Aktion und Spannung auf dem Bildschirm« (zit. n. Hackforth 1975, 44). Nach den ersten Versuchen, live über Sportereignisse vor Ort zu berichten – Hugo Murero kommentierte noch am 25. 7. 54 die Deutsche Meisterschaft im Seifenkisten-Rennen –, gab es Mitte der fünfziger Jahre dank der Eurovisionsverbindungen eine Fülle von Sportübertragungen, Wettkampfberichten und anderen Live-Übertragungen im internationalen Rahmen. Besonders der Sonntagnachmittag entwickelte sich zum zentralen Sendeplatz der Sport-Übertragungen. Ab 1956 war kaum ein Sonntag ›sportfrei‹. Oft wurde nach Werner Höfers »Frühschoppen« nicht nur von einem, sondern von mehreren Sportwettkämpfen berichtet.

Live-Übertragungen

Sport-Übertragungen

ARD-Programm am Sonntag, 24. 6. 1956

12.00–12.30 Uhr (NWRV):	Der Internationale Frühschoppen.
14.40–15.45 Uhr (SFB):	Endspiel um die Deutsche Fußball-Meisterschaft der Amateure, 2. Halbzeit, aus dem Olympia-Stadion.
15.45 Uhr	Umschaltung
15.50–16.20 Uhr (NWRV):	Deutsches Derby in Hamburg-Horn.
16.20 Uhr	Umschaltung
16.25–18.15 Uhr (SFB):	Endspiel um die Deutsche Fußball-Meisterschaft der Vertragsspieler. Aus dem Olympia-Stadion.
20.00–21.30 Uhr (NWRV):	Von der Kunst des Hellsehens. Mit Wilhelm Gubisch.
21.30 Uhr	Umschaltung
21.35 Uhr	Deutschland-Rundflug 1956. Eine Filmreportage.
22.00 Uhr	Umschaltung
22.05–22.20 Uhr (SFB):	Sonderbericht von den VI. Internationalen Filmfestspielen in Berlin.

Quelle: Hör Zu v. 24.6.–30. 6. 56

Weil die Wettkämpfe oft einen internationalen Charakter hatten, wurden sie zu Instrumenten gemeinschaftsstiftender Identitätsbildung. Wenn Hans Günther Winkler auf Halla im Internationalen Reit- und Springturnier in Aachen ritt, ritt er für Deutschland. Wenn Marika Kilius und Hans Jürgen Bäumler im Eiskunstlauf Europameister wurden, wurde dies als eine natio-

Nationale Aufwertung

nale Aufwertung empfunden. Und wenn das Fernsehen solche Erfolge übertrug, war nicht nur das Publikum vor Ort dabei, sondern die Zuschauer in der gesamten Republik. Die in der Nachkriegszeit isolierten Deutschen sahen darin häufig eine Form der eigenen Selbstbestätigung. Dabei fand eine Differenzierung der Vorlieben statt. Was für die einen das Reitturnier war, war für die anderen das Eislaufen, wo sich die einen für den Fußball begeisterten, interessierten sich die anderen für Fechten, Tanzen oder Tischtennis. Zu den sich dabei milieubedingt ergebenden Präferenzen kamen jahreszeitliche Variationen. Auffällig ist jedoch, daß es Ende der fünfziger Jahre kaum einen Monat gab, in dem nicht irgendwelche Turniere und Wettkämpfe gezeigt wurden. Dabei waren die Übertragungen von Widrigkeiten nicht geschützt. Bei den Olympischen Spielen klappten die Live-Übertragungen oft nicht. So konnte man zwar bei den Winterspielen 1956 aus dem italienischen Cortina d'Ampezzo live berichten, mußte sich aber bei Wettkämpfen aus Stockholm noch mit Filmberichten begnügen. Von den Spielen im australischen Melbourne 1956 gab es nicht einmal Filmberichte (Hackforth 1972, 52).

In dem Maße, wie sich ab 1958 erste Schematisierungen und eine längerfristige Vorplanung der Programmzeiten abzeichneten, kollidierten diese mit den Live-Übertragungen, die sich an die Zeitvorgaben der Veranstaltungen zu halten hatten. Häufig wurde deshalb das Programmschema, das ja ohnehin eher vage war, außer Kraft gesetzt. Besonders an den Nachmittagen verdrängten Sportübertragungen oft die Sendungen für Kinder, Jugendliche und die Frauen.

Diese Praxis stieß zunehmend an ihre Grenzen. Programmschematisierung bedeutete ja letztlich auch eine Begrenzung von Sendezeiten, selbst wenn in den fünfziger Jahren der Umgang mit der Programmzeit noch sehr generös gehandhabt wurde. Weil das Programm immer noch aus vielen Lücken bestand, konnte man noch ausweichen, hatte disponible Zeit zur Verfügung. Viele Sportveranstaltungen hatten jedoch einen Umfang, der tagesfüllend angelegt war. Reit- und Springturniere zogen sich über den ganzen Tag, Eiskunstlaufen füllte ganze Abende, Tennismeisterschaften dauerten Stunden. Autorennen, wie z.B. das von Le Mans, gingen über 24 Stunden. Darüber war live nicht in vollem Umfang zu berichten, dazu bot das fortdauernde Fahren als Fernsehveranstaltung zu wenig Abwechslung. Jürgen Roland hatte Anfang der fünfziger Jahre mit der Übertragung des Derbys von Hamburg-Horn Abwechslung durch Zwischeninterviews, Berichte etc. erzeugt, doch eine solche vorbereitete Programmgestaltung ließ sich über einen Zeitraum von 24 Stunden nicht verwirklichen.

Das Fernsehen suchte deshalb nach Lösungen, um »dem Zwang, ein Ereignis in seiner ganzen ermüdenden Breite« (Der Spiegel, 36/1955) miterleben zu müssen, zu entgehen. Für das Autorennen von Le Mans am 11./12. 5. 55 sah man deshalb vor, den Start am Samstag von 15.30 bis 16.30 Uhr zu übertragen, dann am Abend von 22.30 bis 22.45 Uhr einen Zwischenbericht zu geben und am Sonntag von 14.30 bis 16.30 Uhr die Schlußrunden zu zeigen. Reporter dieser vom französischen Fernsehen RTF übernommenen Bilder war Hugo Murero. Dabei zeigte sich jedoch, daß dabei wesentliche Momente des Rennens, in diesem Beispiel ein Unfall, nicht auf dem Bildschirm zu sehen gewesen waren. Das Moment der Teilhabe trat nicht mit dem gewünschten Effekt ein: Im entscheidenden Augenblick war das Fernsehen nicht auf Sendung.

1955 gab es deshalb bereits Versuche, Sportsendungen in ein programmgemäßes Fernsehformat zu bringen. Hugo Murero startete an

Begrenzung von Sendezeiten

Robert Lembke

Autorennen von Le Mans

24. 7. 55 (15.30–17.15 Uhr) mit einem Magazin »Die bunte Sportschau« in der über verschiedene Sportereignisse berichtet und Sportbeiträge aus verschiedenen Bundesländern koordiniert wurden. Von der Radrennbahn in Bonn gab es eine Übertragung, eine Vorführung der Polizei zum Tag des deutschen Schäferhundes, der Europameister der Kunstradfahrer kam zu Wort, ein Vorführspiel der Deutschen Meister im Badminton, Rollschuhläufer, verschiedene Meister im Steher-Lauf, der Straßenfahrer etc. waren zu sehen.

Frühes Logo der ARD-Nachrichten

Die Einführung der Schnellumschaltung erlaubte im Prinzip ab 1956 sogenannte ›Konferenzschaltungen‹ zu Sportplätzen an verschiedenen Orten. Die Sendung, die mit diesem Prinzip arbeiten sollte (»Der Sport am Sonntag«) kam jedoch nicht zustande. Zwar wurden diese Konferenzschaltungen sonntags praktiziert, aber ein Sportmagazin entstand nach einigen weiteren Vorläufern (z.B. 1959 mit »Sport-Spiel-Spannung« mit Klaus Havenstein) erst 1961 mit der Gründung der »Sportschau« (ab 11. 7. 61). Sie wurde sonntags zunächst von 22.30–23.00 Uhr, 1962 bereits 19.30–20.00 Uhr gesendet und später zeitlich ausgebaut. Diese Sendereihe entwickelte sich »zu einer Institution im Leben der sportbegeisterten Zuschauer« und bestimmte »die Gestaltung der Sonntagabende und ab 1965 vor allem der Samstagspätnachmittage« (Foltin/Hallenberger 1994, 118 f.).

»*Sportschau*«

Die journalistischen Sendungen: Nachrichten und Dokumentationen

Die »Tagesschau« war als Nachrichtensendung bereits etabliert, ihr Ausbau von der nur am Montag, Mittwoch und Freitag erfolgenden Ausgabe zu einer täglichen Sendung (montags bis sonnabends) vollzog sich ab 1. 10. 56, die Wiederholungen der »Tagesschau« am Programmende an den Wochentagen dazwischen entfiel schon Ende Oktober 1954. Noch 1959 gab es aber sonntags keine aktuelle Ausgabe der »Tagesschau«, sondern nur, vorgezogen auf 19.30 Uhr, den »Wochenspiegel« (eine Zusammenstellung von »Tagesschau«-Meldungen der vorangegangenen Woche). Diese Zusammenfassung von Meldungen wurde am 14. 5. 61 in »Chronik der Woche« umbenannt. 1960 kamen dann am Sonntag noch fünf Minuten verlesene Nachrichten hinzu, die 1961 zu einer vollen »Tagesschau«-Sendung erweitert wurden. Bereits 1961 wurde eine »Spätausgabe« der »Tagesschau« als Ende des Tagesprogramms gebracht, so daß sich hier schon die Nachrichtensendung aus ihrer Einmaligkeit als Programmeröffnung löste und eine Art Rahmenfunktion für das Abendprogramm übernahm. Damit wurde die Bedeutung des Fernsehens insgesamt als ein durch seine Aktualität bestimmtes Medium unterstrichen.

»*Tagesschau*«

Tagesschau-Sprecher Wilhelm Stöck

Der Ausbau der »Tagesschau« betraf auch die Produktionsweise und die Verselbständigung vom Produktionsapparat der Wochenschau durch den Aufbau eigener Kamerateams und den Wechsel zum 16mm-Film. Mit dem Beginn des Gemeinschaftsprogramms lieferten die anderen Sendeanstalten Beiträge aus ihren Gebieten zu. An dieser Praxis wurde auch nach dem Aufbau regionaler Nachrichtensendungen festgehalten. Dabei war der Status der »Tagesschau« als eine Gemeinschaftssendung in den fünfziger Jahren durchaus nicht unumstritten. Die Fernsehabteilungen der anderen Sendeanstalten hatten eigene »Tagesschau«-Teams aufgebaut (Ludes 1994). Erst Ende 1960 erklärten die ARD-Anstalten die »Tagesschau« zur zen-

Austausch von Nachrichten

tralen Nachrichtenredaktion und Martin S. Svoboda wurde in der Leitung durch Hans-Joachim Reiche abgelöst.

Berichte aus dem Ausland lieferten amerikanische und britische Filmdienste, ab 1958 betrieb die Eurovision einen europäischen Austausch von Nachrichten. Eine eigene Kopieranstalt entstand innerhalb des NDR, die Schnitt- und Montagetechnik wurde vereinfacht. Ziel aller Bemühungen war die Beschleunigung der Informationsvermittlung. Gegenüber der Wochenschau bildete die Aktualität den entscheidenden Vorteil des Fernsehens. Da die technischen Bildspeicher- und -distributionsmöglichkeiten noch unterentwickelt waren, wurde ein weiteres Ziel, eine weitgehende Visualisierung der Nachrichten erst sehr viel später erreicht. Zwar war man sich von Beginn an klar darüber, daß es keine »Hörfunknachrichten« im Fernsehen geben könne (vgl. Svoboda 1983), doch bedeutete dies noch lange nicht, daß es von Beginn an eine durchgehende Visualisierung mit aktuellen Bildern gab.

Der entstehende Fernsehdokumentarismus

Peter von Zahn in den 50er Jahren

Die Nachrichtenvermittlung konnte sich auf Dauer in der Darstellung der Welt nicht allein auf ausländische Filmdienste und Eurovisions-Zulieferungen verlassen, sondern brauchte zusätzliche Korrespondenten vor Ort. Einer der ersten war Peter von Zahn, der ab Oktober 1955 aus den USA eine Reihe von Filmberichten betreute, die »Bilder aus der Neuen Welt« hieß und bis März 1958 im Programm war. Diese Reihe wurde von der Tagesschau-Redaktion in Hamburg mitbetreut. Das Presseamt der USA hatte sie zunächst gesponsert, da der NWDR die Kosten nicht vollständig tragen wollte, die amerikanische Regierung jedoch an einem positiven Amerikabild in der Bundesrepublik interessiert war. Man stellte die Zuschüsse ein, als von Zahn kritische Beiträge über die USA (z. B. über Rassendiskriminierung) brachte (Zimmermann 1994, 224). Als von Zahn für die kommerzielle Freies Fernsehen GmbH die Auslandsberichterstattung übernehmen sollte, kam es zu Differenzen mit dem NDR. Nachdem sich die FFG aufgrund des Verbots des »Adenauer-Fernsehens« auflöste (vgl. Abschnitt 6.2), arbeitete von Zahn mit einer neu gegründeten Firma unter dem Label »Die Reporter der Windrose berichten« für den WDR. Die erste Sendung lief am 2. 10. 61 im Ersten Programm.

Neben den Reportagen von Zahns gab es ab 1960/61 noch weitere Sendungen, in denen regelmäßig Reporter aus den anderen westlichen Zentren der Welt berichteten. Hans Walter Bergs Sendungen »Gesichter Asiens« wurden bald legendär, Werner Baecker kam 1961 mit der Sendereihe »Treffpunkt New York« ins Programm, dann gab es das »Londoner Tagebuch« (NDR 1961f.) und nicht zuletzt Georg Stefan Trollers »Pariser Journal« ab 1962 vom WDR (vgl. Schumacher 1994).

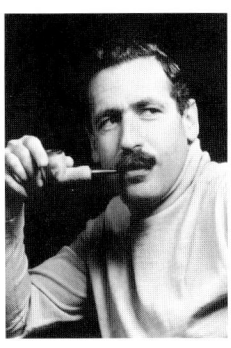

Das »Pariser Journal« mit Georg Stefan Troller

An diese Entwicklung knüpfte die Etablierung von Korrespondenten in verschiedenen Zentren der Welt an, die das ARD-Fernsehen regelmäßig mit Beiträgen belieferten. Schon seit 1955/56 gab es die ersten Korrespondenten, mit Klaus Mehnert, Gerd Ruge und Klaus Bölling war der Anfang gemacht. Das Netz wurde weiter ausgebaut, es wuchs »nicht nach einem vorgefaßten gemeinsamen Konzept, sondern organisch, geprägt von Einzelinteressen der Anstalten, von überragenden Persönlichkeiten, die Kontinente häufig zu Namen werden (ließen) und von wechselnden Überlegungen innerhalb der ARD-Gremien«. (Plog 1987, 21) Die ARD-Anstalten schlossen über die Zuordnung der Korrespondenten zu einzelnen Anstalten am

21. 5. 63 einen Vertrag und institutionalisierten auf diese Weise diese Einrichtung (vgl. Schwarzkopf 1970).

Doch der Fernsehdokumentarismus fing nicht erst mit Peter von Zahn an. Im NWDR bemühten sich Jürgen Roland und der Kameramann Carsten Diercks darum, Fernsehdokumentarismus auf filmischer Basis aufzubauen, in Berlin waren es Herbert Viktor und Günther Piecho, beim SDR Heinz Huber, Martin Walser, Dieter Ertel und beim SWF Wolfgang Brobeil. Wenn die Metapher vom ›Fenster zur Welt‹ brauchbar sein sollte, dann versuchten die Dokumentarfilmer des Fernsehens, sie umzusetzen. Kennzeichnend für diese Entwicklung ist, daß sie sich dabei von der Ufa-Kulturfilm-Tradition, wie sie aus der Zeit vor 1945 stammte, absetzten und eine eigene, neue Ästhetik begründeten (vgl. Hickethier 1990b). Dazu gehörte wesentlich die Außenorientierung, die die Dokumentarfilmer zu Reportern machte. Es waren hauptsächlich Reiseberichte, die in den fünfziger Jahren ins Programm kamen. Die Zuschauer reisten auf diese Weise per Filmkamera durch die Welt, die sie sonst kaum besuchen konnten.

Fernsehdokumentarismus

Heinz Huber

Über die Ausweitung des dokumentarischen Raums durch »reisebeflissene Fernsehmänner« macht sich bereits 1955 die Kritik lustig und zählt auf, daß allein im August dieses Jahres Filmberichte über Argentinien, Australien, Island, Indochina, Hongkong, Bagdad und New York im ARD-Programm zu sehen waren (Der Spiegel, 36/1955). Soviel Welt auf dem Bildschirm erschien der Zeitschrift dann doch zuviel.

Standen 1954/55 noch Städtebilder im Mittelpunkt des Fernsehdokumentarismus: Hannover, Darmstadt, Düsseldorf, Pforzheim oder Neugablonz, weitete sich der Blick immer mehr, vor allem durch die Eurovisionsübertragungen, die nun an Unterhaltungsabenden oder landschaftlichen Fahrten durch andere europäische Länder teilhaben ließen. Der Kameramann Carsten Diercks drehte zusammen mit Jürgen Roland eine Reihe von Dokumentarfilmen über Städte und Regionen im Sendegebiet des NWDR – und man entfernte sich dabei immer weiter von Hamburg. Dabei wurde auf 16mm-Film gedreht und man erprobte, um damit aktueller und schneller zu werden, eine neue Technik: den Pilotton, um auf diese Weise Bild und Ton synchron zu erhalten und eine größere Wirkung von Unmittelbarkeit und teilhabender Beobachtung zu ermöglichen (vgl. dazu Diercks 1995, Zimmermann 1994).

Unmittelbarkeit und teilhabende Beobachtung

Auffällig ist das häufige Reisen der Fernsehreporter mit dem Flugzeug, so als wollte das Fernsehen seine Übertragung per Radiowellen als Metapher verstehen für eine filmische Reise über die Kontinente. 1955 gab Herbert Viktor einen »Atlantikflug-Bericht« (SFB 1955), Günther Piecho berichtete in einem mehrteiligen Bericht über Auswanderer nach Australien und folgte ihnen mit der Filmkamera (SFB 1955). Ein Filmbericht von Ludwig Schubert hieß »... und unter uns die Wolken« (NWRV Hamburg 1958). »Unter uns die Erde« kam dann wenig später vom BR (1958), etwas gefährlicher: »Atomstaub über uns« von Jürgen Neven-Dumont (HR 1958). »Wohin die Erde rollt« nannte sich eine mehrteilige »Bilanz einer Weltreise« von A. E. Johann im Oktober 1958, »Auf dem Wege zum Mond« hieß dann im November 1958 ein Bericht von Max H. Rehbein, Rüdiger Proske und Carsten Diercks mit Aufnahmen, die sie in den USA hergestellt hatten. Aber es ging auch per Schiff über die Meere oder im Faltboot unbekannte bolivianische Flüsse entlang. Ab 1958 war mit seinen Unterwasserberichten Hans Hass für das SDR-Fernsehen unterwegs, seine Sendereihen wurden durch seine Bücher ergänzt, in denen er von seinen Abenteuern im Roten Meer und anderswo berichtete.

Carsten Diercks,
Rüdiger Proske
und Max H. Rehbein

Aus den eher touristischen Reisebildern entwickelte sich ein Reportage-Journalismus, der die Welterkundung auch als eine politische Vermittlung der Welt verstand und die Zuschauer zu Hause mit den politischen Verhältnissen anderswo konfrontieren wollte, in dem er vor Ort aufnahm und die Filmberichte dann oft in Reihen präsentierte. Man wollte, gerade angesichts der politischen Konflikte zwischen Ost und West (Ungarn-Aufstand, Suez-Krise 1956), über die »Schwerpunkte der westlichen Verteidigung« berichten. Rüdiger Proske, Max H. Rehbein und Carsten Diercks brachten 1957 für den NWRV Hamburg im Frühjahr die Reihe »Auf der Suche nach Frieden und Sicherheit« und im Spätsommer die Fortsetzung »Pazifisches Tagebuch« ins Programm. Diese Reihen zeigten bis dahin nicht gesehene Filmaufnahmen von den weltweiten Stützpunkten der USA, Bombengeschwader, die in der Luft aufgetankt werden, sich aufrichtende Raketen, Atompilze, die am Horizont ›aufblühen‹ und Flottengeschwader, um auf diese Weise mit dem gigantischen militärischen Apparat den Eindruck von Sicherheit im westlichen Bündnis zu vermitteln. Das Fenster der Welt verstand sich hier als »Schaufenster westlicher Militärmacht« (Zimmermann 1994, 226 ff.).

»Auf der Suche nach Frieden und Sicherheit«

»Pazifisches Tagebuch«

Proske wurde nicht zuletzt aufgrund dieser beiden spektakulären Reihen Leiter der im Rahmen der Auflösung des NWRV neu geschaffenen NDR-Hauptabteilung Zeitgeschehen und begann ab 1960 einen kritischen Fernsehjournalismus aufzubauen, der sich von einer regierungskonformen konservativen Berichterstattung abwandte. Proske stellte den als Auslandsspezialisten bekannten ehemaligen »Welt«-Redakteur Gert von Paczensky ein, der mit seinen Dokumentationen über den französischen Algerienkrieg (»Der siebenjährige Krieg«) und über den Tod des UN-Generalsekretärs Hammarskjöld (»Der Tod kam wie bestellt«) für politische Konflikte sorgte. Damit war eine »kolonialkritische« Wende in der Auslandsberichterstattung eingeleitet, die neue »Leitperspektiven« vermittelte (Zimmermann 1994, 229 f., Heller/Zimmermann 1995).

Dokumentationen über politische Konflikte

Das Spektakuläre des NDR-Dokumentarismus zu Beginn der sechziger Jahre darf nicht verdecken, daß es bereits seit 1954 eine andere Dokumen-

Dreharbeiten zu »Die deutsche Bundeswehr«; Heinz Huber im Gespräch mit Offizieren.

tarfilmtradition im Fernsehen gab, die der Süddeutsche Rundfunk aufgebaut hatte und die als »Stuttgarter Schule« in die Fernsehgeschichte eingegangen ist (vgl. Steinmetz/Spitra 1989). Heinz Huber war einer der ersten Dokumentaristen, der mit Filmen u. a. über die Bundeswehr (1956) Aufsehen erregte. Die erste Sendung der Reihe »Zeichen der Zeit«, eine Studioproduktion mit Texten und Musik, fand unter Regie von Martin Walser am 22. 11. 54 statt. »Ein Wille und kein Weg« von Huber, Walser und Dieter Raabe behandelte z. B. 1955 die Problematik entlassener Strafgefangener. Unter der Redaktion von Dieter Ertel entwickelte sich diese Reihe mit Sendungen von Jürgen Neven-DuMont, Peter Dreessen, Corinne Pulver, Wilhelm Bittorf und Roman Brodman rasch zu einem Markenzeichen des bundesdeutschen Dokumentarfilms. Aus dieser ›Schule‹ gingen Dokumentaristen wie Helmut Greulich, Elmar Hügler und Peter Nestler hervor. »Zeichen der Zeit« beschäftigte sich mit den bundesdeutschen Verhältnissen, die Dokumentarfilmer sahen sich als »skeptische Beobachter einer Zeit, die in der Aufschwungphase von Wiederaufbau und ›Wirtschaftswunder‹ die eigene Vergangenheit zu verdrängen drohte, ohne deren autoritäre und militärische Traditionen wirklich überwunden zu haben« (Zimmermann 1994, 239).

Corinne und Lieselotte Pulver

Die Politisierung des Fernsehens – die Magazine

Als Rüdiger Proske die Hauptabteilung Zeitgeschehen beim NDR gründete, baute er auch eine neue Sendung auf, die die aktuellen Tagesmeldungen mit Hintergrund versehen und kritisch das politische Geschehen beleuchten sollte. Mit »Panorama« wurde das erste politische Magazin des bundesdeutschen Fernsehens begründet, adaptierte dabei eine gleichnamige Vorgänger-Sendung von Josef Müller-Marein, die dieser 1957 zwölfmal als Monatsüberblick moderiert hatte. Das erste Magazin im deutschen Fernsehen allerdings war es nicht. Schon vorher hatte es Sendungen gegeben, die sich aus verschiedenen Beiträgen zusammensetzten und durch Moderatoren

»Panorama«

kommentiert und moderiert wurden. Seit 1955 hatte der NWDR das monatliche »bunte Fernsehmagazin« »Kaleidoskop« (Moderation Marianne Kegler) ins Programm gesetzt, der SDR strahlte im gleichen Jahr das von Egon Jameson moderierte Magazin »Guter Rat ist billig« aus, und auch in der Folgezeit wurden viele Sendungen als Magazin angekündigt (z. B. »Mitgebracht aus New York« mit Werner Baecker – NWRV Hamburg 1958).

Zum Vorfeld des politischen Magazins gehören Sendungen, die sich in Diskussionen mit Experten und gelegentlichen Filmeinblendungen konfliktträchtigen Themen der Zeit widmeten. Schon Mitte der fünfziger Jahre erprobte der NWDR eine Sendung »Im Kreuzfeuer«, in der Journalisten Persönlichkeiten des öffentlichen Lebens befragten. Unter dem irreführenden Titel »Das Filmstudio« kam eine andere Sendung vom NWRV Hamburg, in der satirisch und kritisch auf bundesdeutsche Verhältnisse eingegangen wurde. Die Leitung der Sendung hatte Ursula Klamroth, die Gespräche führte Eugen Kogon. Es ging um »Das zweigeteilte Deutschland« (21. 7. 58), »Heroen der öffentlichen Meinung« (22. 9. 58), um die Wirtschaftsbosse um das Mädchen Rosemarie (12. 11. 58) und ähnliche kulturkritische Themen. Da im Prinzip das ganze Programm selbst eine Art Magazin darstellte, war die Ausbildung der Magazinsendung als spezifische Sendungsform naheliegend, weil sie das Prinzip der Zusammenfassung des Verschiedenen, die Einheit des Zusammengesetzten nur in kleineren Einheiten wiederholte und dann zu bestimmten Mustern standardisierte (vgl. Hickethier 1988).

Magazincharakter besaßen dagegen bereits Sendungen, die ab 1957/58 verstärkt ins Programm kamen und sich mit den deutsch-deutschen Verhältnissen beschäftigten. Es waren neben zahlreichen Einzelsendungen, die über die ›Zone‹ und die dortigen Verhältnisse berichteten, vor allem Reihen, die den Anspruch erhoben, regelmäßig über die Veränderungen zu informieren. Die Krise, die am Ende der fünfziger Jahre durch das Chruschtschow-Ultimatum und das Infragestellen des Berlin-Status entstand, ließ ein verstärktes Bedürfnis nach Informationen über die DDR und die dortigen Absichten entstehen. Bereits seit Mitte der fünfziger Jahre gab es beim SFB ein »Mitteldeutsches Tagebuch«, von Günther Lincke moderiert, in dem es gelegentlich gespielte Szenen (von den Kabarettisten Jo Herbst und Inge Wolffberg) und von ihm kommentierte Ausschnitte aus Defa-Wochenschauen gab.

Thilo Kochs »Die rote Optik« ab 1958 und die Reihe »Diesseits und jenseits der Zonengrenze« informierten ebenfalls über die DDR, wobei sich die zwischen 1958 und 1960 hergestellten 10 Sendungen der »Roten Optik« bereits filmischer Materialien des DDR-Fernsehens bedienten, so wie – als Antwort darauf – Karl-Eduard von Schnitzler im DDR-Fernsehen in seiner Sendung »Der schwarze Kanal« Materialien aus dem Westfernsehen verwandte (vgl. Kap. 9.1). Schnitzlers »Schwarzer Kanal« kam jedoch wöchentlich ins Programm, während Kochs »Rote Optik« nur vier Mal im Jahr zu sehen war. »Mit diesen Sendungen«, so reagierte Koch auf den »Schwarzen Kanal«, »ist der innerdeutsche Fernsehkrieg offensiv geworden« (zit. n. Der Spiegel 16/1960).

Die Politisierung der Berichterstattung gründete sich also zunächst im Ost-West-Verhältnis und vertrat eine im Gestus eher CDU-nahe Politik des Antikommunismus (vgl. Koch 1995). Ergänzend kamen die Sendungen von Peter von Zahn, Werner Baecker und Georg Stefan Troller dazu, die als »Tagebuch«- oder »Journal«-Sendungen zwar durchgängig von einem

»Im Kreuzfeuer«

Thilo Koch

»Mitteldeutsches Tagebuch«

»Die rote Optik«

Politisierung der Berichterstattung

Reporter zusammengehalten wurden, aber auch einen inneren Magazincharakter besaßen. Die Vielzahl der Magazine und magazinähnlichen Sendungen zeigt, wie sich eine neue Form erst durch zahlreiche Versuche herausbildete und die Bedürfnisse nach einer politischen Fernsehberichterstattung erst langsam Gestalt annahmen.

Das Neue an »Panorama« war sein durchgehend politischer Charakter und seine entschieden kritische Haltung gegenüber den politischen Verhältnissen in der Bundesrepublik. »Panorama« begann am 4. 6. 61 im II. ARD-Programm mit dem Untertitel »Zeitgeschehen – ferngesehen« und wurde ab 1. 7. 62 mit dem Untertitel »Berichte – Analysen – Meinungen« im Ersten Programm fortgesetzt und widmete sich den Konfliktfällen der Republik. Es war besonders die im Stil unversöhnliche Kritik, die zu heftigen Reaktionen führte. Hier verhielt sich eine Fernsehsendung nicht mehr im Sinne der offiziellen Regierungspolitik, sondern wagte es sogar, diese offen und deutlich zu kritisieren. Was als Beweis einer funktionierenden demokratischen Öffentlichkeit hätte verstanden werden können, galt vielen als Staatsgefährdung.

»Panorama«

demokratische Öffentlichkeit

Ausgangspunkt war paradoxerweise eine Entwicklung beim Springer-Verlag gewesen. Springer hatte Anfang der fünfziger Jahre die überregionale Zeitung »Die Welt« erworben, die sich als eine kritisch-liberale Zeitung etabliert hatte. In ihr schrieben Autoren wie Erich Kuby, Gösta von Uexküll, Gert von Paczensky, Paul Sethe und viele andere. Springer ließ die Zeitung gewähren, obwohl er mit seinen anderen Zeitungen (wie z. B. dem »Hamburger Abendblatt«, »Bild« und der Berliner »BZ«) eher einen konservativen Kurs fuhr. Chefredakteur der »Welt« war Hans Zehrer, auch er konservativ, aber von einem kritischen Konservativismus gegenüber den Verhältnissen des »Adenauer-Staates« durchdrungen. Ende der fünfziger Jahre überkam Springer plötzlich der missionarische Drang, selbst in Moskau die deutsche Frage lösen zu wollen. Die Mission mißlang natürlich und Springer suchte die Schuld dafür auf der Seite des Ostens. In seinen Blättern, auch in der »Welt«, setzte er danach einen strammen antikommunistischen Kurs durch. Dies führte zu Widerspruch in der Redaktion.

Für zahlreiche Journalisten, die die »Welt« verließen, bildete der NDR ein Auffangbecken. Rüdiger Proske baute gerade die Redaktion ›Zeitgeschehen‹ auf und brauchte kritische Journalisten. Als »Panorama« im Juli 1962 ins Erste Programm wechselte und mehr Geld bereitgestellt wurde, begann die Zeit intensiver politischer Eigenbeiträge. Realisatoren waren u.a. Klaus Wildenhahn, Lothar Janssen, Albert Krogmann, Autoren waren Gösta von Uexküll, Otto Wilfert, Rüdiger Lauschke u.a.

Fünf Schwerpunkte der »Panorama«-Berichterstattung lassen sich in der ersten Zeit feststellen: die Kolonialismus-Frage, die sozial Benachteiligten in der Bundesrepublik, die Verteidigungs-, Rüstungs- und Raumfahrtprobleme, die innenpolitischen Affären der Bundesrepublik und schließlich die Auseinandersetzung mit der NS-Vergangenheit. Paczensky hatte schon in der »Welt« zahlreiche Beiträge über die koloniale Frage gebracht und war damit häufig angeeckt, weil man glaubte, den alliierten Schutzmächten doch nicht an den Wagen fahren zu dürfen. Paczensky zeigte Verständnis für die Länder der Dritten Welt und ergriff für die damaligen Kolonialvölker Partei.

Schwerpunkte der »Panorama«-Berichterstattung

Als sich »Panorama« Anfang November 1962 mit der sogenannten »Spiegel-Affäre« auseinandersetzte, die im Grunde eine Affäre des Verteidigungsministers Franz Josef Strauß war, zeigte sich die politische Macht der neuen Öffentlichkeitsinstanz Fernsehen. Wegen eines Artikels über ein Bun-

»Spiegel-Affäre«

deswehr-Manöver waren in einer »Nacht- und Nebelaktion« die »Spiegel«-Redaktion durchsucht und der Herausgeber Rudolf Augstein und andere Mitarbeiter verhaftet worden. Strauß, der für eine solche Aktion gar nicht zuständig gewesen war, wollte hier offenbar eine Stimme der Opposition mundtot machen. »Panorama« berichtete in zwei Sendungen ausführlich darüber. Die »Spiegel«-Affäre führte zu einer Regierungskrise, Franz Josef Strauß mußte sein Amt aufgeben und die Regierung umgebildet werden.

»Panorama hatte in zwei Sendungen hintereinander mehr dazu beigetragen, die Öffentlichkeit über das skandalöse Vorgehen der Bundesregierung aufzuklären, mit mehr Zuschauern und mehr Durchschlagkraft, als das irgendeine Zeitung gekonnt hätte – und als die Regierungspartei nahm das als eine Art Kriegserklärung auf. [...] Die erste Hauptsendung habe ich in besonders heiterer Erinnerung: Wir produzierten und zeichneten einzelne Teilstücke noch auf, als der Anfang schon über den Sender ging; ich hatte ein Stückwerk aus vielen kleinen Einzelheiten zusammengesetzt, und in einer Ecke des Studios hatte ich zwei ungewohnte Redakteure sitzen: Der Intendant und der Justitiar des Senders lasen mein Manuskript genauso hastig durch, wie ich es schrieb, und sie milderten auch manche meiner Formulierungen – ich hielt das keineswegs für Zensur, sondern für hilfreich. Mir war auch lieber, mit einem hieb- und stichfesten, juristisch unanfechtbaren Text auf Sendung zu gehen.« (Paczensky 1980, 120)

Instrument der Öffentlichkeit

Das Fernsehen hatte hier als Instrument der Öffentlichkeit plötzlich neue Wirkungen hervorgerufen. Es war zu einer Instanz geworden, die in das politische Geschehen eingreifen konnte. Der Widerstand, der sich nach diesen »Spiegel«-Sendungen auf der CDU-Seite organisierte und sich gegen Gert von Paczensky richtete, war deshalb grundsätzlich und richtete sich gegen die kritische Dimension des Fernsehens. Die Zeitungen des Springer-Verlages, insbesondere »Bild« unter ihrem Chefredakteur Peter Boenisch, forderten, unter Anspielung auf Paczenskys Bart (und mit der Assoziation zu Walter Ulbricht): »Der Spitzbart muß weg«. »Das war Fernsehhetze. Panorama – Geschäft für Ulbricht«, hieß es z.B. in der Schlagzeile am 13. 2. 63. Der politische Druck auf den NDR wuchs und Paczenskys Vertrag wurde im Mai 1963 nicht mehr verlängert, im Herbst 1963 mußte auch der Redaktionsleiter Rüdiger Proske gehen. Was sich an politischem Journalismus mit »Panorama« im Fernsehen herausgebildet hatte, ließ sich damit jedoch nicht mehr rückgängig machen. Wie keine zweite Sendung hatte »Panorama« mit seiner Berichterstattung das Medium grundlegend verändert, hatte neue Dimensionen an ihm sichtbar gemacht, die dann die sechziger Jahre wesentlich bestimmten. »Die Polarisierung zwischen ›Panorama‹ und der Springerpresse bildete den Ausgangspunkt für die in den nachfolgenden Jahren immer lauter werdende Kritik an der Macht der Medienkonzerne, die dann in den Anti-Springer-Demonstrationen der Endsechziger Jahre kulminierte« (Lampe/Schumacher 1991, 69).

Auseinandersetzung mit der deutschen Vergangenheit

»Das Dritte Reich«

Die Politisierung im Fernsehen beschränkte sich jedoch nicht allein auf die Magazinsendungen. So wie sich die Reiseberichte zu Dokumentationen und diese sich zu politischen Features entwickelten, so wurden zunehmend mehr historische Themen aufgegriffen. Zu den zentralen Themen der Politisierung gehörten in den fünfziger und sechziger Jahren – neben dem Ost-West-Konflikt und der damit verbundenen Westanbindung – die inneren Verhältnisse in der Bundesrepublik und eben auch die Auseinandersetzung mit der deutschen Vergangenheit vor 1945. Nachdem es in den fünfziger Jahren nur wenige Sendungen gegeben hatte, die sich umfangreich mit der Zeit zwischen 1933 und 1945 auseinandergesetzt hatten, sendete die ARD 1960/61 eine vierzehnteilige Reihe »Das Dritte Reich«, eine Gemeinschaftsproduktion von WDR und SDR, an der u.a. Heinz Huber (vom

SDR), Gerd Ruge und Hannes Hoff (vom WDR) und als wissenschaftlicher Berater Waldemar Besson mitarbeiteten. Als »ambitiösester Geschichtsunterricht, den das Deutsche Fernsehen jemals seinem Publikum erteilte« (Der Spiegel 45/1960) trug diese Reihe wesentlich dazu bei, daß sich in den sechziger Jahren in der Bundesrepublik eine neue Haltung der deutschen Vergangenheit gegenüber durchzusetzen begann.

Auch in anderen Programmsparten begann ein bis dahin ungewohnter politischer Unterton hörbar zu werden: 1960 hatte der Schauspieler und Regisseur Fritz Kortner ein Fernsehspiel »Die Sendung der Lysistrata« inszeniert, in dem er die Aristophanes-Geschichte mit einer aktuellen Rahmenhandlung versah, in der Barbara Rütting, Romy Schneider, Wolfgang Kieling u.a. über die Möglichkeiten einer pazifistischen Haltung in der Gegenwart streiten. Die Sendung erregte Anstoß, weil Romy Schneider sich für die damaligen Verhältnisse etwas zu freizügig zeigte (man konnte angeblich etwas von ihrem Busen sehen), doch war es mehr der politische Anspruch, der Clemens Münster vom BR dazu brachte, daß sich der Sender aus der mitternächtlichen Ausstrahlung des Stücks ausschaltete.

»Die Sendung der Lysistrata«

Romy Schneider als Myrrhine in »Lysistrata« (mit Peter Arens als Kinesias)

Selbst wenn das Kortner-Stück vorerst noch eine Ausnahme bildete, zeigte sich damit, daß sich die Veränderungen innerhalb des Programms nicht allein auf die politische Berichterstattung bezogen, sondern das Medium insgesamt betrafen. Die hier einsetzende Dynamik entwickelte sich in den verschiedenen Sparten unterschiedlich schnell, sie betraf auch unterschiedliche Aspekte. Diese Ungleichzeitigkeit bestimmte die Programmentwicklung der sechziger Jahre.

6.7 Fernsehen als Modernisierungsinstrument

Wenn es stimmt, daß gesellschaftliche Kommunikation sich zwischen Oppositionen bewegt (Schmidt 1994, 278 ff.), dann muß eine Programmgeschichte des Fernsehens nach den grundlegenden Dichotomien fragen, die die einzelnen Phasen der Programmentwicklung bestimmen. Gerade in den fünfziger Jahren läßt sich dies besonders deutlich zeigen, nicht zuletzt deshalb, weil das Fernsehen innerhalb eines Jahrzehnts von einem Versuchsbetrieb zum Massenmedium ›hochgefahren‹ wurde und deshalb die Gegensätzlichkeiten, die durchschritten wurden, besonders deutlich werden ließ.

Gegensätzlichkeiten

Zwischen Statik und Dynamik, Restauration und Innovation

Hatte Werner Pleister am Anfang des NWDR-Betriebs programmatisch definierte: »Fernsehen heißt: ins Innere sehen« und damit der ›Oberfläche‹ des Fernsehens »das innere Gesicht« geben, so meinte er damit, das Fernsehen könne »zeigen, was hinter den Dingen ist und was die Menschen sonst nicht sehen können« (Pleister 1951). Dies bedeutete ein Fernsehen, das auf Innerlichkeit abzielte. Damit korrespondierte die kleine Form, das Gespräch im Studio, die Darstellung der Welt im Gehäuse, letztlich mit einer gewissen Provinzialität, die am Ende der fünfziger Jahre der Programmarbeit Pleisters nachgesagt wurde. Am anderen Ende des Fernsehverständnisses stand in den fünfziger Jahren ein Medium, das sich als ›Fenster zur Welt‹ verstand und diesen Blick nach draußen immer großräumiger verstand, immer weiter in die Welt ausgriff. Es ist das Fernsehen der Eurovision, des Reisefeatures, der großen Dokumentationen, der

Innerlichkeit

›Fenster zur Welt‹

Erkundung der Serengeti und Unterwasserwelten, des »Pazifischen Tagebuchs« und der »Gesichter Asiens«. Der Innerlichkeit stand die Außenorientierung gegenüber, der Provinzialität die Internationalität, zunächst nur in den Handlungsorten, dann auch in der Dimension der Themen.

Unterhaltung zwischen lokaler Kleinkunst und Internationalisierung

In der Unterhaltung bedeutete diese Tendenz, daß die Entwicklung von der Kleinkunst ortsansässiger Künstler zum Unterhaltungsprogramm im europäischen Rahmen ging – nicht nur im Programmaustausch, sondern auch in der Besetzung der großen Fernsehunterhaltung. Caterina Valente und Lou van Burg stehen schon in den fünfziger Jahren für diese Internationalisierung, ihr Höhepunkt ist Ende der fünfziger Jahre das Auftreten Josephine Bakers in den Unterhaltungsveranstaltungen des Deutschen Fernsehens. Im Fernsehspiel gab es einen parallelen Zug in der Autorenentwicklung: vom wenig bekannten Hörspielautor zum literarischen Klassiker der Moderne, von deutschsprachigen Texten zur modernen Weltliteratur.

Industrialisierung der Produktionstechniken

Damit korrespondiert eine weitere Dichotomie der Programmentwicklung, das sich aus der Industrialisierung der Produktionstechniken ergab: Von der improvisierenden Handwerkelei im Hochbunker auf dem Heiligengeistfeld oder in den Studios in Hamburg-Lokstedt, dem Live-Spiel im Studio, ging die Entwicklung zur Produktion auf einen Träger, die Magnetaufzeichnung bzw. den Film. Damit wurde eine Produkteigenschaft eingeführt, die die Sendungen beliebig wiederverwertbar machte, sie in ihrer Gestaltung perfektionierte und den Standards anderer Medien (dem Kinofilm, dem Hörspiel) anglich. Diese Entwicklung war Ende der fünfziger Jahre in den verschiedenen Programmformen unterschiedlich weit vorangetrieben. Unter dem Aktualitätsdruck behielten große Bereiche des Programms die Live-Produktion weiterhin bei, andere führten die an einen Speicher gebundene Produktion nur für einzelne Sendungsteile ein und entwickelten, wie z. B. die Magazine, daraus neue Mischformen.

»Fahrplangesinnung«

Die Speicherbarkeit der Produkte war Voraussetzung für die Einführung einer genauen Programmplanung, für die Entwicklung von Programmschemata und Raster, auch wenn hier das Fernsehen der fünfziger Jahre noch weit hinter den technischen Möglichkeiten zurückblieb. Die Abwehr des »Schematismus« und der »Fahrplangesinnung«, die Anfang der fünfziger Jahre noch Adolf Grimme prägte (Grimme 1949), war am Ende der fünfziger Jahre noch nicht überwunden. Doch der Weg zu einer differenzierten Programmplanung war durch die am Ende dieser Phase der Fernsehgeschichte stehenden Konkurrenz mit dem ZDF vorgezeichnet.

Öffentlichkeitsinstitution Fernsehen

Das Fernsehen der Innerlichkeit Anfang der fünfziger Jahre sah seine Aufgabe in der Verantwortung für den Einzelnen, in dem es diesen »auf sich selbst« verwies und sich selbst dabei letztendlich in eine höhere kulturelle Verantwortung stellte. Am Ende des Jahrzehnts sind diese Tendenzen zumindest zurückgedrängt zugunsten eines klaren politischen Bewußtseins von den gesellschaftlichen Aufgaben der Öffentlichkeitsinstitution Fernsehen. Die »Panorama«-Konflikte stehen exemplarisch für diese neue Auffassung vom Fernsehen. Mit der Politisierung war ein neuer Realismus in den Darstellungen von Welt verbunden, sowohl in den Fiktionen wie in den Dokumentationen. Wer politisch aufklären wollte, mußte von den Realitäten der Gesellschaft ausgehen, mußte sie deutlich und unverschlüsselt benennen und darstellen.

Die Geschichte der Programmformen wird durch Ungleichzeitigkeiten und Widersprüchlichkeiten geprägt. Doch die sich zunehmend differenzierende Vielteiligkeit der Programme war nicht richtungslos. Die gezeigten Tendenzen lassen sich als main stream der Entwicklung verstehen. Neben den neuen Formen blieben die alten Formen häufig erhalten, wenn auch in anderen Kontexten und unter veränderten Vorzeichen.

Modernisierungseffekte des Fernsehens der fünfziger Jahre

In der spezifischen Verschränkung von Öffentlichkeit und Privatheit gründen die Modernisierungseffekte des Fernsehens. In der Abgeschlossenheit des privaten Raums war ein Apparat implantiert, der die große Welt zur Anschauung brachte. Die Live-Berichte aus der ›Welt draußen‹, die Filmreportagen aus den Ländern rund um den Globus öffneten scheinbar ein ›Fenster‹; doch viel gravierender war, daß die Wahrnehmung der Zuschauer sich durch die Fernsehbilder erweiterte. Bei den Kinowochenschauen war der Zuschauer noch an den besonderen Ort des Kinos geeilt, hatte sich dort die Welt vorführen lassen, hatte diese als Vorstufe zu der fiktionalen anderen Welt des Spielfilms aufgenommen. Mit dem Fernsehen wurde dieser Blick in die Welt außerhalb seines alltäglichen Erfahrungsraums zum alltäglichen Ereignis.

Modernisierungseffekte des Fernsehens

Wahrnehmung der Zuschauer

Televisuell vom Leben anderswo zu erfahren, wurde zum Habitus. Damit relativierten sich langfristig die in unmittelbarer Umgebung erfahrenen Anschauungen und Auffassungen – stärker bei den jüngeren als bei den älteren Zuschauern, weil sich die jüngeren ein Weltverständnis erst aufbauten und dabei die neuen ›Fernseherfahrungen‹ als selbstverständliche Bestandteile der Welt integrierten. Welt wurde nun grundsätzlich als größer, umfassender erfahren als dies noch bei den Generationen davor der Fall war.

Langfristig setzte sich eine Pluralisierung der Sichtweisen durch, verstärkt noch durch die filmische Technik des Pilottons, die den Fernsehdokumentarismus prägte. Vom früheren Kulturfilm des Kinos, aber auch vom Kulturfilmeinsatz in den frühen NWDR-Programmen unterschied ihn die neue Beweglichkeit (vgl. Hickethier 1990b). Wenn frühe Fernsehkritiken, etwa im Medienfachdienst »Fernseh-Informationen«, das etwas langweilige, oft bieder und verstaubt wirkende NWDR-Programm kritisierten, dann auch deshalb, daß man eine andere als die getragene Kulturfilmsicht auf die Welt erwartete.

Pluralisierung der Sichtweisen

Als der NWDR-Dokumentarismus Reportagen aus der Welt brachte, und die Kameraleute um Carsten Diercks ab 1954 mit dem Pilotton experimentierten, der lippensynchrone Darstellungen ermöglichte (lange bevor Richard Leacock und das Direct Cinema daraus ein Programm machten), wurde dieser ›neue Realismus‹ von der Kritik begrüßt. Er verstärkte diesen Pluralisierungseffekt der Sicht- und Anschauungsweisen, weil er eine scheinbar unmittelbare Teilhabe an einer anderen Welt – ohne den alles erklärenden Off-Ton eines Erzählers – ermöglichte. Man sah als Zuschauer, in seinem eigenen Wohnzimmer sitzend, die Leute aus einer anderen Welt – scheinbar direkt – sprechen und rückte ihnen durch die Kamera in wechselnden Perspektiven nah.

Reportagen aus der Welt

Karl Prümm hat überzeugend gezeigt, wie zu diesem neuen Dokumentarismus des Fernsehens, insbesondere in der Reihe »Zeichen der Zeit«, gegen Ende der fünfziger Jahre auch eine ironische Haltung trat, die damit einen »ironischen Subjektivismus« vermittelte. Ironisierung und Distanzierung sind Mittel der Moderne, die zu einer Relativierung tradierter Formen und Entautorisierung des Vermittelten beitragen und damit einen strukturellen und langfristig wirkenden Modernisierungseffekt erzeugen (Prümm 1997). Es ist auffällig, wie ambitionierte Fernsehkritiken (etwa bei Morlock, aber

Ironisierung und Distanzierung

auch bei Luft) ebenfalls einen ironischen Ton entwickelten (vgl. Hickethier 1994d).

Wechsel vom Ernsten zur Unterhaltung

Modernisierung der Anschauungen im Sinne der Bereitschaft, anderes zuzulassen, wurde auch durch das Programm selbst erzeugt, indem es ganz Unterschiedliches im Wechsel nacheinander rückte. Den Wechsel vom Ernsten zur Unterhaltung, vom Fiktionalen zum Dokumentarischen, zwischen den Genres und Programmformen milderten zwar immer wieder die An- und Absagen, doch diese traditionelle Form der Rahmungen verhinderte nicht die im Programmfluß stattfindende ständige Brechung und Relativierung des in den einzelnen Sendungen Gezeigten. Der Eindruck vieler Zuschauer nach einem langen Fernsehabend, alles habe sich bis zur Gleichgültigkeit relativiert, der von der Kulturkritik immer als Indiz der Verflachung von Kultur verstanden wurde, nahm jedem noch so ambitionierten Vorhaben das Pathos, schwächte jedes Überreden und Überzeugen. Es galt immer nur, was gezeigt wurde, Meinungen waren immer weniger verbindlich. Damit konnten sich auf der Basis dieser strukturellen Relativierung kritische Haltungen entwickeln und den Boden für langfristige Formen der Distanzierung bereiten.

Strukturelle Relativierung

Das Entstehen eines öffentlichen Diskurses über das Fernsehen

Die »Spiegel-Affäre« und der »Panorama«-Konflikt machten 1962/63 deutlich, daß es im Gefüge zwischen staatlichem Apparat, Medien und Gesellschaft zu Veränderungen gekommen und ein anderes Verständnis von Öffentlichkeit und ihren Medien entstanden war. Nach dem ersten Jahrzehnt bundesrepublikanischen Fernsehens war die Republik – nicht *durch* das Fernsehen, aber *mit* ihm – eine andere geworden. Von einem »feindlichen Fernsehklima« in der Gesellschaft hatte Kurt Wagenführ noch 1955 gesprochen, davon konnte nun angesichts der sich ausbreitenden »Fernseh-Lawine« (Bellac 1958) nicht mehr die Rede sein.

Kulturkritik

Anfang der fünfziger Jahre hatte eine skeptische Grundhaltung die Kulturkritik sowohl rechter wie linker Provenienz bestimmt, war die konservative Kulturkritik von einem grundsätzlichen Mißtrauen gegenüber der Technik geprägt, sah die linke Kritik den faschistischen Mißbrauch der Medien vor 1945 als ein Beispiel einer jederzeit wieder möglichen Manipulation der »Kulturindustrie«. Theodor W. Adorno beispielsweise, aus dem amerikanischen Exil zurückgekehrt, hatte unter dem Eindruck der amerikanischen Medien und den Erinnerungen an den Nationalsozialismus 1947 zusammen mit Max Horkheimer »Die Dialektik der Aufklärung« veröffentlicht, 1953 einen »Prolog zum Fernsehen« in der neu beginnenden Fachzeitschrift »Rundfunk und Fernsehen« geschrieben, ein Jahr später dort noch einen Aufsatz über »Fernsehen als Ideologie« veröffentlicht. Günther Anders schrieb 1956 ein Buch, das alle kulturkritischen Vorbehalte bündelte: »Die Antiquiertheit des Menschen« und rechnete in ihm mit Radio und Fernsehen unter der Überschrift »Die Welt als Phantom und Matrize« ab. Die angebliche Verkümmerung des einzelnen durch die Medien malte er überdeutlich aus: Der Einzelne verlerne das Sprechen und Sehen durch die Medien, er werde zur Monade im Gehäuse, zum Eremiten, der sich gleichwohl als in der Welt zu Hause fühle, er könne keine Erfahrungen mehr machen und die Welt erscheine nur verbiedert, verzwergt, verzerrt.

Kulturbetrieb

Der Kulturbetrieb fand seine eigenen Vorurteile gegenüber dem Fernsehen bestätigt, das als Medium für den traditionellen Kulturbetrieb zunächst eine Konkurrenz bildete. Massenhaftigkeit des Fernsehkonsums und die Unterhaltungsorientiertheit wurden kritisiert, weil sie dem herrschenden Kulturverständnis widersprachen. Kaum einer der Schriftsteller und Künstler, Kritiker und Kulturpublizisten besaß zu dieser Zeit einen Fernseher, den meisten erschien das Medium mediokre und keiner Erwähnung wert. Martin Walser erregte sich Ende der fünfziger Jahre über die Vorurteile seiner Kollegen gegenüber dem neuen Medium:

»Meine Freunde haben keinen Fernsehapparat. Sie sind darauf ein bißchen stolz. Zumindest lassen sie mich fühlen, daß sie von mir alles andere erwartet hätten, als in meinem Wohnzimmer diesen Glanzkasten mit dem blöden Zyklopenauge anzutreffen. Zuweilen versuche ich, mich und meinen Fernsehapparat zu verteidigen, aber dann werden auch meine toleranten Freunde nervös, als mutete ich damit unserer Freundschaft einfach zuviel zu. Wer hat denn einen solchen Apparat? Fragen sie. Doch nur vergnügungssüchtige und zu gut bezahlte Facharbeiter, schandhaft verdienende Metzgermeister, Süßwaren-Generalvertreter, Fabrikanten, vor allem Leute eben, die einen Zweihundertzwanziger fahren. Den Zweihundertzwanziger mögen meine intellektuellen Freunde ebensowenig wie den Glanzkasten.« (Walser 1959, 60)

Dennoch begann sich der Kulturbetrieb mit dem Fernsehen zu arrangieren. Als die wichtigsten Medienfachdienste – ab 1949 »epd/Kirche und Rundfunk« (später auch »epd/Kirche und Fernsehen«), ab 1950 »Fernseh-Informationen« und ab 1953 die »Funk-Korrespondenz« – sich kritisch mit dem Fernsehen auseinandersetzten, entstand ein nach und nach breiter werdender medienpublizistischer Diskurs. Ab Mitte der fünfziger Jahre begannen sich auch die Tageszeitungen regelmäßig mit dem Fernsehen auseinanderzusetzen – nicht nur über Organisation und Technik, sondern über das Programm, die Sendungen, die mit dem Fernsehen hergestellte gesellschaftliche Kommunikation.

Medienpublizistischer Diskurs

Die erste Fernsehkritik, von Kurt Wagenführ initiiert, erschien am 9.3.50 im »Hamburger Echo«; in der »Süddeutschen Zeitung« schrieb ab 8./9.6.55 der Kabarettist, Reporter und Filmkritiker Günther Goercke unter dem Pseudonym Martin Morlock bissige Kritiken, die er ab 1958 unter dem Pseudonym Telemann im »Spiegel« fortsetzte. In der »Welt« verfaßte seit dem 14.12.1957 der Schriftsteller Christian Ferber Fernsehkritiken, in der »Frankfurter Allgemeinen Zeitung« war es der Autor Ernst Johann, der ab Juli 1960 mit Kritiken präsent war. Die Reihe läßt sich fortsetzen, es waren dann vor allem Frauen (Ponkie, Anne Rose Katz), die zur Fernsehkritik fanden, weil sich die Kritik der Fernsehsendungen, wie es Anne Rose Katz einmal formulierte, trefflich mit der Hausarbeit und der Kinderaufzucht verbinden ließ und Fernsehen als Gegenstand der Kritik ganz am Ende der kulturellen Wertsetzung stand (vgl. Hickethier 1994d).

Martin Morlock

Daß sich dabei viele Kritiker, wie beispielsweise der Autor Christian Ferber oder der Theaterkritiker Friedrich Luft in der »Hör Zu«, als »kulturelle Wächter« am Bildschirm verstanden, die die Interessen der Kultur gegenüber dem Fernsehen und nicht unbedingt die Interessen des Fernsehens innerhalb der Kultur zu vertreten hatten, gehört mit zu dieser neuen Entwicklung. Auch in der Folgezeit ist es auffällig, daß sich dieses neue Interesse der Kulturbürger verstärkte. In der »Zeit« beispielsweise, kulturelles Führungsblatt der Republik, begann ab Juli 1963 Walter Jens unter dem Pseudonym »Momos« (der antike Gott des Tadels) mit seinen regelmäßigen Kritiken. Im »Berliner Tagesspiegel« schrieb der Autor Uwe Johnson für einige Zeit Fernsehkritiken. Und in vielen anderen Blättern bemühte man sich, namhafte Autoren für das Verfassen von Fernsehkritiken zu gewinnen.

Neue Interesse der Kulturbürger am Fernsehen

Kulturelle Transformation

Daß dies nur begrenzt gelang, zeigt, daß im Kulturbetrieb noch nicht wirklich begriffen wurde, was für ein neues Medium mit dem Fernsehen entstanden war, wie es begonnen hatte, die tradierte Kultur zu transformieren und daß die Verweigerung dem Medium gegenüber diesen Prozeß in keiner Weise aufhielt.

»Vom Fernsehen als einer neuen Kunstform zu sprechen, wäre im Augenblick geradezu tollkühn. Wozu auch? Der Apparat, den wir in unsere Stube stellen ließen, hat noch andere Möglichkeiten. Zunächst einmal ist er ein verbessertes Rundfunkgerät, das uns aktuelle Geschehnisse auch optisch vermittelt – womit er seine Daseinsberechtigung schon hinreichend bewiesen hat, zum anderen eine Filmleinwand, eine Kabarett- und Varietébühne, eine Manege und nicht zuletzt ein wirksames Mittel, um lebhafte Kinder still zu beschäftigen (besonders dann, wenn sie bereits im Bett liegen sollten). Vor allem aber ist es ein Guckloch, das uns die lieben Nachbarn in Situationen zeigt, die früher als peinlich galten. Hierbei denke ich weniger an das Nasenbohren (welches heimlich zu ›schießen‹ für unsere Fernsehkameraleute schon an Reiz verloren hat) als an die mannigfachen Fehlleistungen der Verlegenheiten und des Geltungstriebes ...« (Morlock in der »Süddeutschen Zeitung« am 8./9. 6. 55)

Als Instrument der gesellschaftlichen Modernisierung hatte sich das Fernsehen Ende 1962 in der Bundesrepublik etabliert und seit den Anfängen des Gemeinschaftsprogramms strukturell auf den verschiedenen Ebenen der Institution, der Technik, der Programmorganisation, der Programmformen grundlegend verändert. Dabei zeigte es sich zu Beginn der sechziger Jahre als politischer Faktor. Auch wenn viele Politiker noch meinten, das Fernsehen sei nur ein Objekt ihrer Politik, so waren sie umgekehrt inzwischen selbst zum Objekt des Fernsehens geworden. Als kulturelle Instanz erwies sich das Fernsehen ebenfalls, selbst wenn viele im Kulturbetrieb dies noch nicht wahrhaben wollten. Es breitete sich nun in den sechziger Jahren in rasanter Geschwindigkeit aus und veränderte den Alltag großer Zuschauermehrheiten.

7. Auf dem Wege zum Massenmedium – Der Ausbau des DDR-Fernsehens von 1956 bis 1961

Der Aufbau des DDR-Fernsehens entsprach nicht nur der Notwendigkeit, auf das Medienangebot des ›Klassenfeindes‹, des Westens, zu reagieren, dessen Programm im Umkreis von Berlin und entlang der innerdeutschen Grenze gut zu empfangen war und dessen Reichweite ständig ausgebaut wurde. Er entsprach auch dem wachsenden Bedarf an gesellschaftlichen Informationsmitteln angesichts zahlreicher Modernisierungsbemühungen der DDR. Der selbstgestellte Anspruch, die fortschrittlichste Gesellschaftsformation auf deutschem Boden zu sein und die »Grundlagen für den Sozialismus« zu schaffen (Riedel 1977, 13), spiegelte sich auf zahlreichen Ebenen wider: In der dem Sozialismus inhärenten pädagogischen Zielsetzung der Verbesserung der Menschen zu einer ›allseits entfalteten sozialistischen Persönlichkeit‹ in der staatlichen Planwirtschaft sollte die Produktion optimiert, Krisenphasen, wie sie dem Kapitalismus eigen waren, ausgeschaltet und die Welt insgesamt sozialistisch missioniert werden. Die Modernisierungsvorhaben der DDR zeigten sich auf der Ebene der industriellen Produktion (dem Aufbau einer Schwerindustrie in Eisenhüttenstadt und Schwedt, der chemischen Industrie in Bitterfeld und der Bau eines Überseehafens in Rostock) sowie in der Herstellung industrieller Produktionsverhältnisse in der Landwirtschaft durch Kollektivierung der Bauern.

Modernisierungsbemühungen

Diese Modernisierungsvorhaben erzeugten einen erhöhten gesellschaftlichen Kommunikationsbedarf. Das Fernsehen mit seinen besonderen medialen Möglichkeiten der audiovisuellen Veranschaulichung, der aktuellen Information, der Form der Teilhabe und des medialen Dabeiseins bei gesellschaftsintegrierenden Ereignissen sowie der Verbindung von Information und Unterhaltung hätte für die Vermittlung großer gesellschaftlicher Vorhaben ein ideales Medium geboten. Daß es in diesem Sinne nicht als ›kollektiver Organisator‹ (vgl. Kap. 5) funktionierte, lag zum einen an seinem – gemessen an den gesellschaftlichen Modernisierungsvorhaben – verspäteten Einsatz. 1961, als mit dem Bau der Mauer das Scheitern des Modernisierungskonzepts eines Aufbaus des Sozialismus bereits sichtbar war, besaßen erst 1,5 Millionen DDR-Haushalte einen Fernsehempfänger.

Gesellschaftlicher Kommunikationsbedarf

Zum anderen waren gesellschaftliche Modernisierungen in den entwickelten Industrieländern nicht mehr per Dekret von oben durchsetzbar, sondern bedurften komplexer Vermittlungsprozesse mit den individuellen und kollektiven Bedürfnissen. Dazu war ein staatlich reglementiertes Fernsehen – noch dazu wenn das Gegenmodell immer präsent war – nur sehr begrenzt fähig.

Staatlich reglementiertes Fernsehen

Zum dritten, und dies war entscheidend, war die staatssozialistische Vorstellung von der gesellschaftlichen Kommunikation obrigkeitsstaatlich ausgerichtet, man hatte also nicht wirklich eine Erweiterung der bestehenden gesellschaftlichen Öffentlichkeitsformen im Sinn, sondern etablierte eine letztlich vorbürgerliche Repräsentationsöffentlichkeit, an der die einzelnen Bürger nicht eigenständig partizipieren konnten. Schließlich fehlte dem Staat die Legitimation durch den Willen der Bürger. Er stellte sich einer

Repräsentationsöffentlichkeit

Mehrheit der Bevölkerung als ein Oktroi der Besatzungsmacht dar und war von dieser hochgradig abhängig. Dies bewies nicht nur die Niederschlagung der Arbeiterunruhen des 17. Juni 1953, sondern auch die in vielen Lebensbereichen wirksamen Kontrollen des Staates, insbesondere des Staatssicherheitsdienstes.

Ausbreitung des Fernsehens

Gleichwohl ist erstaunlich, daß die Ausbreitung des Fernsehens, gemessen an der Bevölkerung, in etwa mit der in der Bundesrepublik Schritt hielt. 1960 war in der DDR eine Fernsehdichte (gemessen an der Bevölkerungszahl) von 6,1 Prozent und in der Bundesrepublik von 8,2 Prozent erreicht. 1966 hatte sie in beiden deutschen Staaten 20,6 Prozent erreicht. Ungleich größer waren die Anstrengungen der DDR-Programmproduktion, wiederum gemessen an den gesellschaftlichen Ressourcen, mußte doch das DDR-Fernsehen auf der Basis von 17 Millionen Bürgern und Bürgerinnen ein Programm produzieren, während die Bundesrepublik ein Programm für 56 Millionen Bürgerinnen und Bürger (1960) herstellte.

7.1 Die Besonderheit des Dispositivs Fernsehen in der DDR

Angesichts der Systemkonkurrenz mit dem Kapitalismus, die für viele Bürger durchaus nicht von vornherein entschieden war, bestand ein erhöhter Kommunikationsbedarf, der sich im Stellenwert niederschlug, der den Medien beigemessen wurde. Das Fernsehen spielte dabei anfangs aufgrund seiner mangelnden Ausbreitung noch eine geringe Rolle. Dennoch zeigte sich bereits in der Zeit bis 1961, daß die medial vermittelte Welt von den Menschen in direkter Relation zu ihren Alltagserfahrungen gesetzt wurde. Die Diskrepanzen zwischen der von Staat und Partei wiederholt versprochenen besseren Welt und den tatsächlichen Lebensverhältnissen wirkten sich negativ auf die Einschätzung von Staat und Medien aus.

Alltagserfahrungen

Innerhalb dieses Rahmens etablierte sich deshalb eine besondere Variante des Dispositivs Fernsehen. Angesichts des gesellschaftlichen Modernisierungsdrucks, der sich in erhöhten Arbeits- und Leistungsanforderungen ausdrückte, entwickelten die DDR-Medien eine eher homogene Angebotsstruktur, die die individuellen Kommunikationsbedürfnisse sowohl im unterhaltenden wie informativen Bereich nicht befriedigte. Mediale Differenz und Vielfalt wurde von den Medien angeboten, die von außen (aus der Bundesrepublik) kamen und auf Grund der gemeinsamen Sprache und kulturellen Tradition der beiden deutschen Staaten nicht als ›fremd‹ empfunden wurden. Da diese Angebote jedoch nicht frei zugänglich waren, sondern ihre Nutzung durch den Staat mit Sanktionen bedroht war, entstand für weite Teile der DDR-Gesellschaft eine doppelbödige Medienkommunikation: einerseits die Nutzung staatlich betriebener Medien mit ihren auf Legitimation staatlichen Handelns ausgerichteten Angeboten, andererseits die Nutzung der westlichen (grenzüberschreitenden) Programme mit dem Angebot individueller Bedürfnisbefriedigung.

Doppelbödige Medienkommunikation

Die westlichen Programme boten nicht nur Kritik an der DDR, sondern zeigten auch – paradoxerweise – die von der sozialistischen Ideologie gegebenen Versprechen einer besseren Gesellschaft, zumindest auf der individuellen Ebene des ›guten‹ Lebens als im Westen bereits möglich und gegeben. Damit veränderte sich zwangsläufig auch der Blick auf die eigene Gesellschaft des DDR-Staates. Die mangelnde Identifikation mit den eigenen Medien wurde noch dadurch reduziert, daß die DDR-Medien ein Bild von der Bundesrepu-

Mangelnde Identifikation mit den eigenen Medien

blik zeichneten, das von sozialen Spannungen und Unterdrückung bestimmt war. Da die DDR-Bürger von den sozialen Problemen im eigenen Land in den DDR-Medien nichts erfuhren, schien dieses Bild wenig glaubwürdig zu sein und wurde als Feindbildpropaganda verstanden. Alles, was das DDR-Fernsehen über die Bundesrepublik berichtete, schien unglaubwürdig.

Wie wenig funktional die DDR-Medien für die Gesellschaft waren, zeigte sich Ende der fünfziger Jahre, als das Chruschtschow-Ultimatum zum Status von West-Berlin und die forcierte Durchführung der Kollektivierung eine Krisensituation erzeugten. Diese führte dazu, daß bis zum Bau der Mauer immer mehr Bürger – allein im ersten Halbjahr 1961 waren es über 130.000 – die DDR verließen. Die DDR-Medien hatten darauf keine Antworten, sie konnten das für den DDR-Staat negative ›Klima‹ bei seinen Bürgern nicht wesentlich verändern.

7.2 Das Ende der ›Studiozeit‹ des Deutschen Fernsehfunks

Am 3. 1. 56, dem achtzigsten Geburtstag des Präsidenten der Deutschen Demokratischen Republik, Wilhelm Pieck, beendete das ›Fernsehzentrum Berlin-Adlershof‹ sein offizielles Versuchsprogramm und begann – mit der verspäteten Neujahrsansprache des Präsidenten der DDR – als ›Deutscher Fernsehfunk‹ die Ausstrahlung eines regulären Fernsehprogramms. Der Name ›Deutscher Fernsehfunk‹ war Programm. Das ostdeutsche Fernsehen vertrat einen gesamtdeutschen Anspruch, es verstand sich als Konkurrent zum ›Deutschen Fernsehen‹ der Bundesrepublik Deutschland. Als Logo war das Brandenburger Tor in Berlin gewählt worden, das von beiden deutschen Staaten propagandistisch als Symbol der deutschen Einheit beansprucht wurde.

Logo des Deutschen Fernsehfunks bis 1955

Das eigentliche Versuchsstadium des ostdeutschen Fernsehens war faktisch schon mehrere Monate früher zu Ende gegangen. Waren die zwei Jahre des ›offiziellen Versuchsprogramms‹ noch vollständig auf den Studiobetrieb ausgerichtet, so begann mit dem Herbst 1955 eine Zeit der Mobilität. Das Fernsehen hatte Anfang Oktober 1955 zwei Übertragungswagen (aus britischer Produktion) in Dienst gestellt. Damit endete die ›Studiophase‹ des Fernsehbetriebes. Am 6. 10. 55 übertrug das Fernsehen die Festveranstaltung zum Gründungsjubiläum der DDR live mit mobiler Technik aus der Deutschen Staatsoper Berlin. Am 7.10., dem eigentlichen Feiertag, wurden beide Ü-Wagen in einer Konferenzschaltung von zwei Veranstaltungsorten in Berlin – dem Marx-Engels-Platz und dem einige hundert Meter entfernten August-Bebel-Platz neben der Deutschen Staatsoper – in einer Live-Sendung eingesetzt. Mit der Direktübertragung der Rundfunk-Unterhaltungsreihe »Da lacht der Bär« am 2. 11. 55 aus der Deutschen Sporthalle an der Stalinallee begab sich das Fernsehen erstmals auch im Unterhaltungsbereich nach ›draußen‹ und begründete damit nicht nur eine ungewöhnlich erfolgreiche Unterhaltungsreihe, sondern gleichzeitig auch eine Tradition, die es bis zu seinem Ende beibehalten hat: die Unterhaltungs-Livesendung von verschiedenen Orten in der DDR, die zu einem ›gesamtgesellschaftlichen Ereignis‹ wurde.

Offizielles Versuchsprogramm

Übertragungswagen des Deutschen Fernsehfunks

Die Deutsche Post hatte als Trägerbetrieb für die technischen Anlagen des Rundfunk- und Fernsehbetriebes – am 23. 2. 56 wurde ein Bereich ›Rundfunk und Fernsehen‹ im Ministerium für Post- und Fernmeldewesen der DDR gebildet – das Territorium der DDR mit einem Netz von Fernseh-

Netz von Fernsehsendern

sendern und Relaisstationen überzogen, die das Land mehr oder weniger für das neue Medium erschlossen. Nachdem das Sendernetz des Fernsehens das gesamte Territorium der DDR erfaßt hatte, ging das Fernsehen, dank der Übertragungswagen und durch den Aufbau der UKW-Richtfunkstrecken ›mobil‹ geworden, seinerseits zu seinen Zuschauern. Die mobile Übertragungstechnik provozierte Experimente. Am 7. 6. 58 beispielsweise wurde aus der Sächsischen Schweiz eine Sendung (nach der Idee des Reporters Wolfgang Reichardt) übertragen, die auch heute noch durch ihre Kühnheit Respekt abnötigt:

Mobile Übertragungstechnik

»Ein Ü-Wagen war auf einem Dampfer der Weißen Flotte, ein Ü-Wagen auf der Bastei [einem hohen Felsen in der Sächsischen Schweiz]. Es gab ein Programm auf dem Schiff mit Heinz Quermann, einer Kapelle und einigen Sängern. Aber es gab auch oben am Bastei-Hotel ein Programm mit einem Orchester, mit Sängern, darunter Lou van Burg. Der Höhepunkt des Programms war jedoch die Traber-Truppe, eine Gruppe von Hochseilartisten, die über die Schlucht zum Basteifelsen hinüberbalancierten. Diese Sendung hatte einen Nachteil: Sie kam am Abend, das Überqueren der Schlucht brachte wenig Effekt, weil man die Schlucht nicht sah!« (Wolfgang Stemmler in Müncheberg/Hoff 1984, 186).

Viele dieser Unterhaltungssendungen, die sich bewußt des Live-Effekts bedienten, beruhten auf Improvisation und auf der Zusammenarbeit mit den Zuschauern im Lande. Das Fernsehen genoß damals jedoch noch seine ursprüngliche Attraktivität – nicht *was* gesendet wurde, war entscheidend, sondern *daß* gesendet wurde. Das Medium wurde, gerade in seinen unterhaltenden Angeboten, in der zweiten Hälfte der fünfziger Jahre von der Mehrheit der Zuschauer in der DDR angenommen.

7.3 Der politisch-administrative Ausbau des DDR-Fernsehens

Staatliches Rundfunkkomitee

Das Fernsehen unterstand zunächst dem Staatlichen Rundfunkkomitee, ab 1968 dem selbständig geführten Staatlichen Komitee für Fernsehen. Die Komitees waren ›staatliche Organe beim Ministerrat der DDR‹ für bestimmte Belange. Sie unterstanden direkt dem Vorsitzenden des Ministerrates, dem Ministerpräsidenten der DDR. Damit war die Position des Fernsehens als Staatsfernsehen eindeutig definiert. Im zweiten Unterstellungsverhältnis war das Fernsehen der SED untergeordnet und unterstand der Abteilung für Agitation und Propaganda des Zentralkomitees der SED. Diese Abteilung wurde von 1954 bis 1963 von Horst Sindermann, dem späteren Volkskammerpräsidenten und Vorsitzenden des Ministerrates geleitet.

Desinteresse der politischen Führung am Fernsehen in den ersten Jahren

Das Fernsehen erfreute sich in den fünfziger Jahren noch des weitgehenden Desinteresses der politischen Führung. Die SED ließ die Fernsehmitarbeiter in der Regel gewähren, wenn nicht gar zu heftige Verstöße gegen politische Doktrinen zu verzeichnen waren. Das Interesse der Parteiführung am Fernsehen setzte mit dessen wachsender Ausbreitung ein. Dabei fällt auf, daß dem Fernsehen anfangs kaum konkrete politische Aufgaben zugewiesen wurden. In entsprechenden Parteibeschlüssen der fünfziger Jahre wurde besonders die Verbesserung der Empfangsbedingungen, eine bessere Versorgung der Bevölkerung mit Empfangsgeräten und die Erweiterung des Programmangebotes gefordert.

Heinz (Heinrich) Adameck

Intendant war seit 1954 der 1921 im thüringischen Silberhausen geborene Heinz (Heinrich) Adameck. Adameck war nach zwei Jahren Tätigkeit als Personalverantwortlicher der Landesregierung Thüringen 1951 als Personalchef, später Kaderleiter in die Generalintendanz des Rundfunks gekommen. Als 1953 gegen den ersten Leiter des Fernsehzentrums Berlin-Adlershof, Hermann Zilles, ein Verfahren wegen ›feindlicher Tätigkeit‹ angestrengt wurde, leitete Heinz Adameck die entsprechende Untersuchungskommission. Im Spätherbst 1953 wurde Zilles von seiner Funktion abberufen.

Hans Müncheberg sprach im Zusammenhang mit der ›Affäre Zilles‹ von einer »üblen Intrige höchster Parteiinstanzen« (Müncheberg 1990/91). Hinter dem Verfahren standen die Bemühungen der SED-Führung, ähnlich wie in anderen sozialistischen Ländern, politische Prozesse gegen sogenannte ›Westemigranten‹ vorzubereiten. Zilles, seit 1930 KPD-Mitglied, nach Frankreich emigriert, von den Nazis in Buchenwald inhaftiert, war als Delegierter des Rheinlands Teilnehmer am Vereinigungsparteitag von KPD und SPD zur SED im April 1946 gewesen. Er gehörte dem Parteitagspräsidium an und wurde in den Parteivorstand gewählt. Er war vor seiner Fernseharbeit Intendant des (nach Westen wirkenden) Deutschlandsenders und Stellvertreter des Generalintendanten Hans Mahle bzw., nach dessen Absetzung, von Kurt Weiß gewesen.

›Affäre Zilles‹ Ausschaltung der Westemigranten

Zilles sei, wie die Fernsehregisseurin Elly Boraucke-Heyden sich erinnerte, ein »lebenslustiger, aufgeschlossener Mensch« gewesen, der eine unorthodoxe Leitungspolitik vertreten und der politischen Führung »nicht in den Kram gepaßt« habe. Als offizielle Begründung für die Absetzung des Gründungsintendanten wurden neben »moralischen Verfehlungen« angebliche Kontakte einer Sekretärin von Zilles zu »westlichen Geheimdiensten« genannt (Boraucke-Heyden, Ms. o. J., 5/6).

Nach einer Interimszeit, in der Gerhard Probst, Leiter der Betriebstechnik des Fernsehens und Veteran der Arbeiterradiobewegung, das Fernsehen leitete, wurde Heinz Adameck 1954 Intendant des Deutschen Fernsehfunks. Die Fernsehintendanz war zunächst lediglich ein Intendanzbereich neben jenen der anderen Rundfunksender. Ihre Bedeutung wuchs mit der des Fernsehens im politischen und gesellschaftlichen Leben der DDR. So wurde Adameck ab 1959 auch Stellvertretender Vorsitzender des Staatlichen Rundfunkkomitees.

Die technische Entwicklung des DDR-Fernsehens war durch das westliche Embargo im Bereich der elektronischen Technologien äußerst erschwert. So konnte eine leistungsfähige elektromagnetische Aufzeichnungstechnik in Adlershof erst Mitte der sechziger Jahre in Betrieb genommen werden, während das Ampex-Verfahren schon 1957/58 in die Studiotechnik der meisten amerikanischen und westeuropäischen Fernsehstationen Eingang fand (vgl. Kap. 6.3). Das DDR-Fernsehen benutzte statt dessen für den laufenden Sendebetrieb das BFA-(Betriebs-Film-Aufzeichnungs-) Verfahren, bei dem das live produzierte Programm von einem Bildschirm mit einer zuerst 35mm-, später 16mm-Kamera aufgenommen wurde. Die Filme wurden dann für die Wiederholungen verwendet. Für die Produktion erprobte man diverse Film-Elektronik-Mischtechnologien, um den Fernsehproduktionen aus dem Studio hinauszuhelfen. Sie gewannen hauptsächlich für die Fernsehspielproduktion Bedeutung.

Westliches Embargo für Fernsehtechnologie

Die Geräteproduktion war auf wenige Werke beschränkt, die Entwicklungsarbeit der Sendetechnik konzentrierte sich auf das Rundfunk- und Fernsehtechnische Zentralamt RFZ, die Nachfolgeeinrichtung des Rundfunk- und Fernsehtechnischen Zentrallabors in Adlershof, das auf dem DFF-Gelände untergebracht war. Dementsprechend war die Nachfrage grös-

Begrenzte Geräteproduktion

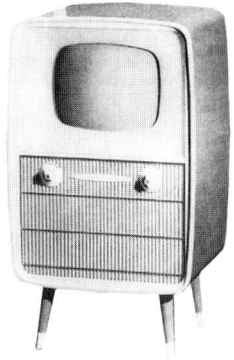

Empfänger »Atelier«, 1957

ser als das Angebot. Dennoch hielt die Ausbreitung des Fernsehens – relativ zur Zahl der Haushalte gesehen – mit der Ausbreitung des Fernsehens in der Bundesrepublik Schritt.

Fernsehteilnehmer in der DDR von 1952–1961

Jahr	Fernsehgeräte
1952	72
1953	600
1954	2.213
1955	13.575
1956	70.607
1957	159.490
1958	317.604
1959	593.479
1960	1.035.030
1961	1.459.251

Quelle: Statistisches Jahrbuch der DDR

7.4 Der Ausbau des Programms

Vielfältiges Programmangebot

Die Mitte der fünfziger Jahre neu gebildeten Fernsehredaktionen des DFF bemühten sich um ein vielfältiges Programmangebot. Das Programmspektrum war bereits relativ weit differenziert:

DFF Programmsparten 1955 (in Sendestunden)

	absolut	prozentual
Informationspolitische Sendungen	74	9,4
Fernsehpublizistik	113	14,4
Sport	23	2,9
Fernsehdramatik (einschl. Spielfilm)	362	46,1
Unterhaltungssendungen	129	16,4
Kindersendungen	47	6,0
Jugendsendungen	11	1,4
Sonstiges	27	3,4
Summe	786	100,0

Quelle: Statistisches Jahrbuch der DDR 1955

Das feststehende Schema für das Wochenprogramm, wie es dann für die sechziger Jahre als verbindlich zu betrachten war, entwickelte sich jedoch erst in der zweiten Hälfte der fünfziger Jahre.

vom Versuchsbetrieb zum Massenmedium

Mit dem Überschreiten der Millionengrenze der angemeldeten Fernsehgeräte am Jahresende 1960 war das Fernsehen in der DDR zu einem Massenmedium geworden. Nun erwies es sich als notwendig, das Programmangebot des Deutschen Fernsehfunks weiter auszubauen. Ähnlich den Programmvorstellungen im bundesdeutschen Fernsehen wurde auch in der DDR die mediale Eigenart des Fernsehens und seine Programm-Funktion erkannt und betont.

»Treffpunkt Berlin«, 1960 – mit (von rechts) Gerhart Eisler, Walter Ulbricht und Karl-Eduard von Schnitzler

»Dieser ständige Strom lebendiger Abbilder der gesellschaftlichen Wirklichkeit, der durch das Zusammenwirken von Anschauung, Umfang, Intensität und Wirklichkeitstreue eine Kraft entfalten kann, wie sie kein anderes Massenmedium kennt, wird zu einer umfassenden Reportage der Lebensweise, des Lebensstils und des Lebensrhythmus der Gesellschaft. [...] Ununterbrochen und tausendfältig zeigt uns das Fernsehen, wie die Menschen wohnen, wie sie sich kleiden, wie sie ihre Freizeit verbringen, welche Formen der Geselligkeit sie pflegen, wie sie arbeiten, wie sie denken, wie sie fühlen und empfinden, wie sie leben: alle Formen und Äußerungen der materiellen und geistigen Kultur – ein ständiges umfassendes Abbild, das zum Leitbild wird. (Glatzer 1965, 24).

Die Nachrichtensendung »Aktuelle Kamera« war seit dem 15. 11. 54, als sie zum ersten Mal aktuelle Filmberichte und Bildberichte gebracht hatte (Heil 1967, 99), stetig ausgebaut worden. Seit Anfang 1960 gab es neben der Hauptausgabe um 19.30 Uhr eine Spätausgabe mit ›letzten Nachrichten‹. Seit dem 8. 10. 58 wurde die Hauptausgabe der »AK« am nächsten Morgen im Vormittagsprogramm für Schichtarbeiter wiederholt. Im Sinne des Verständnisses des Fernsehens als ›kollektiver Organisator‹ gab es in den Beiträgen auch direkte Aufforderungen zur Aktion. Dabei handelte es sich jedoch zumeist um Kampagnen gegen die Bundesrepublik, wenn z.B. bei der Verhaftung eines KPD-Funktionärs Protestbriefe an bundesdeutsche Behörden geschrieben werden sollten (vgl. ebd., 100).

Vertiefende Information gab es in der Sendereihe »Im Blickpunkt«, die im Anschluß an die Hauptausgabe der »AK« um 19.50 Uhr gesendet wurde. Sie behandelte ein Schwerpunktthema, nahm also die Kurzform des Magazins auf. Es gab allerdings keine Mischung verschiedener Themen, sondern ein Thema sollte sich den Zuschauern einprägen. In der Reihe »Treffpunkt Berlin«, die seit dem 2. 5. 56 jeden Mittwoch ausgestrahlt

»Aktuelle Kamera«

»Treffpunkt Berlin«

wurde, kamen unter der Leitung von Karl-Eduard von Schnitzler mehrere politische Experten zusammen und diskutierten ein Thema mit einem weitgehend vorher festgelegten Ergebnis. Diese Form der Diskussion, in der es nach Heinz Adameck um »Kernprobleme des politischen Kampfes und des gesellschaftlichen Lebens« (in: Einheit 11/1962, 81) ging, war als eine Art ›Lehrgespräch‹ konzipiert, die den Zuschauer durch ein genau kalkuliertes Für und Wider zu einer bestimmten vorgefaßten Position bringen sollte.

»Der schwarze Kanal«

Eine weitere Sendung erlangte wegen ihres agitatorischen Charakters besondere Berühmtheit: Karl-Eduard von Schnitzlers »Der schwarze Kanal«. Diese seit dem 21. 3. 60 ausgestrahlte Sendereihe wurde montags im Anschluß an den Spielfilmtermin »Für den Filmfreund«, der sich auch bei westdeutschen Zuschauern großer Beliebtheit erfreute, von 21.30 bis 22.00 Uhr gebracht. Schnitzler kommentierte hier Ausschnitte aus dem bundesdeutschen Fernsehen und stellte an ihnen seine Sicht des Westens dar. Das Pendant dazu war Thilo Kochs »Die rote Optik« im NDR (vgl. Kap. 9.1).

Die mobile elektronische Fernsehtechnik erlaubte die Weiterentwicklung einzelner aktueller Programmsparten, die sich wie die Fernsehpublizistik auf den Effekt des ›Dabeiseins‹ stützten, auch wenn der Film noch vielfach das bevorzugte Produktionsmittel blieb.

Auslandskorrespondenten

Ein Netz von Auslandskorrespondenten entstand nur mit Verzögerungen und unter vielen Hemmnissen. Die ›Hallstein-Doktrin‹ der Bundesregierung, benannt nach ihrem Begründer, dem Staatssekretär im Bonner Auswärtigen Amt, Walter Hallstein, drohte seit 1955 auswärtigen Regierungen, die offizielle Beziehungen zur DDR aufzunehmen bereit waren, mit dem Abbruch der Beziehungen seitens der Bundesrepublik Deutschland. So war der Einrichtung von Auslandsstudios des Deutschen Fernsehfunks vorerst Grenzen gesetzt, nur in den Ländern des ›sozialistischen Lagers‹ konnten sie unangefochten eingerichtet werden. In den fünfziger Jahren berichteten vor allem Reisekorrespondenten aus den Ländern des Ostblocks, aber auch aus der Vereinigten Arabischen Republik, Österreich, Belgien, Italien, der Schweiz und einigen anderen Ländern. Über Nachrichtenbüros und von seinen Korrespondenten bezog der DFF täglich durchschnittlich 35 Beiträge für die aktuelle Berichterstattung der »Aktuellen Kamera«. Im internationalen Programmaustausch versandte der DFF im Austausch 1961 mehr als 100.000 Filmmeter Nachrichtenmaterial.

Aktuelle Berichterstattung

Die DFF-Statistik nennt als ›Höhepunkte‹ der aktuellen Berichterstattung des DDR-Fernsehens die Berliner Außenministerkonferenz 1954 (23 Sondersendungen), den Staatsbesuch von Chruschtschow 1959 (4 Direktübertragungen), die Genfer Außenministerkonferenz 1959, an der erstmals auch die beiden deutschen Außenminister teilnahmen (68 Sonderberichte) sowie den Staatsbesuch Chruschtschows 1960 in Frankreich und Österreich (27 Sondersendungen). In 70 Direktübertragungen berichtete das Fernsehen live von Ereignissen in der DDR, wobei sich der Einsatz der mobilen Aufnahme- und Übertragungstechnik zunächst auf die Direktübertragung von spektakulären Politveranstaltungen wie der III. Parteikonferenz 1956 oder des V. Parteitages der SED 1958 konzentrierte. Am 1. 5. 61 übernahm das DDR-Fernsehen zum ersten Mal live die Übertragung der Maiparade auf dem Roten Platz in Moskau.

Intervision

Besondere Bedeutung gewann das Pendant zur westeuropäischen Eurovision, die osteuropäische Intervision, die auf einer Tagung der Organisation Internationale de Radiodiffusion et Télévision (OIRT) vom 28.–30. 1. 1960 in Bukarest gegründet worden war. Intervision stellte zunächst den Zusammenschluß der Fernsehorganisationen Polens, der Tschechoslowakei,

Ungarns und der DDR dar, die einen der Eurovision vergleichbaren Programmaustausch bewerkstelligen sollte. 1962 kam nach einem entsprechenden Netzausbau die Sowjetunion hinzu; später weitere Staaten des ›sozialistischen Lagers‹. Am 14. 4. 61 übertrug der DFF die Ankunft des Kosmonauten Jurij Gargarin auf dem Moskauer Flughafen. Über die skandinavischen Länder war dabei auch eine Verbindung zur Eurovision hergestellt worden.

»Zum ersten Mal hatten [...] Millionen Menschen in der Deutschen Demokratischen Republik und in Westdeutschland Gelegenheit, ein historisches Ereignis in einer Originalsendung aus Moskau auf dem Bildschirm mitzuerleben [...] Der Deutsche Fernsehfunk wird auch künftig Originalübertragungen aus Moskau in sein Programm aufnehmen.« (Neues Deutschland v. 15. 4. 61).

Filmreportagen holten – wie im bundesdeutschen Fernsehen – die ›Welt ins Haus‹. Eine Fernsehfilmreportage lieferte Bilder aus Ägypten (»Reise zum Nil«, DFF 1957), aus Südamerika (»Tagebuch einer Südamerikareise«, DFF 1957, »Unter den Gipfeln der Anden«, DFF 1957), aus Afrika (»Afrika – links und rechts der großen Autostraße«, DFF 1957) und von anderen Orten der Welt. *Filmreportagen*

Wichtigster Nutznießer der mobilen elektronischen Bild- und Tontechnik war jedoch der Sport. Seit dem 3. 5. 56 übertrug der DFF täglich den Verlauf der IX. Internationalen Friedensfahrt. Schon das Versuchsprogramm hatte diesem sportlichen Großereignis publizistische Aufmerksamkeit gewidmet, indem es von den einzelnen Etappen Filmberichte auf 16mm-Negativfilm aufzeichnete, die im Abendprogramm gesendet wurden. Das Filmmaterial wurde elektronisch positiv gewandelt, ein Verfahren, das auf das Zwischenfilmverfahren des deutschen Vorkriegsfernsehens zurückzuführen ist, das nach der gleichen Methode arbeitete. Nun wurden die Filmberichte, inzwischen auf 16mm-Umkehrfilm, mit Live-Übertragungen von wichtigen Etappenzielen gekoppelt. Dabei arbeitete das DDR-Fernsehen auch erstmals mit den Fernsehzentren der Tschechoslowakei und Polens zusammen. *Sport*

Seit dem 11. 7. 56 wurde als ständige Rubrik die Direktübertragung von Spielen der Fußball-Oberliga eingerichtet. Auch andere Sportarten fanden im Fernsehprogramm bald Beachtung. So wurde am 22. Juli des gleichen Jahrs erstmals eine Meisterschaft aus dem Leipziger Schwimmstadion übertragen, gewissermaßen eine programmwirksame Generalprobe für die Live-Übertragung der Eröffnung des II. Deutschen Turn- und Sportfestes aus dem Stadion der Hunderttausend in Leipzig, einer Sportveranstaltung mit starkem politischen Wert. *Fußball-Oberliga*

Das DDR-Fernsehen bemühte sich im Sport auch um den Blick über die Grenzen. Seit dem 23. 11. 56 sendete es tägliche Filmberichte von den XVI. Olympischen Spielen unter der Rubrik »Melbourne meldet ...« und erzielte damit erstmals Beachtung über die innerdeutschen Grenzen hinaus. Sie steigerte sich noch beim nächsten »Olympiastudio« vier Jahre später aufgrund der größeren Verbreitung des Fernsehens. Als der Deutsche Fernsehfunk ab dem 25. 8. 60 wiederum in täglichen Sendungen von den Olympischen Spielen in Rom berichtete, widmete der »Spiegel« (Nr. 37/1960) der westdeutschen Presseresonanz auf die DDR-Olympiaberichterstattung einen größeren Kommentar. *»Olympiastudio«*

»Das Studio in Berlin-Adlershof informiert seine Zuschauer nicht allein vor und nach jeder Sendung mit den jeweils jüngsten Nachrichten aus Rom, seine Reporter und Redakteure verfügen darüber hinaus auch über sorgfältig zusammengestellte Übersichten, die es ihnen ermöglichen, ereignisarme Bildmomente mit anschaulichen sporthistorischen Berichten zu garnieren. So konnte der DDR-Sprecher etwa vor Beginn

Radweltmeisterschaft, 1960 – Fernsehübertragung

der Ausscheidungskämpfe im 200-Meter-Brustschwimmen der Herren alle Goldmedaillengewinner seit 1912 aufzählen und auch die stilistischen Besonderheiten dieser Schwimmart erläutern.« (Abend zit. n. Der Spiegel 37/1960).

Seit der Indienststellung der mobilen Übertragungstechnik im Herbst 1955 brachte das DDR-Fernsehen bis zum 15. 11. 62 insgesamt 1028 Direktübertragungen von Sportereignissen, davon 528 aus der DDR und 446 aus dem Ausland (ermöglicht durch Kooperationsverträge mit den Fernseheinrichtungen anderer Länder). Das Fernsehen in Berlin-Adlershof übertrug live: 213 Fußballspiele, 135 Radsportveranstaltungen, 94 Leichtathletikkämpfe, 78 Eissportveranstaltungen, 60 Boxkämpfe, 57 Schwimmwettkämpfe und 47 Turnveranstaltungen. Der Deutsche Fernsehfunk berichtete in diesem Zeitraum in großen Originalübertragungen von den beiden Olympischen Winterspielen und Sommerspielen 1956 und 1960, 23 Weltmeisterschaften, 19 Europameisterschaften und 7 Friedensfahrten.

Programminitiative

Im Frühherbst 1958 startete das DDR-Fernsehen eine große Programminitiative. Seit dem 1. 9. 58 sendete es für die rund 320.000 Teilnehmerhaushalte ein durchgehendes Sonntagsprogramm und begann am 8. 10. 58 mit einem Vormittagsprogramm ›für Schichtarbeiter‹. Gleichzeitig begann eine erste Serialisierung des Programms durch die Einrichtung von Sendereihen im publizistischen, bildungspolitischen und populärwissenschaftlichen Bereich. Aber auch in der Fernsehunterhaltung produzierte man nun Reihen, wie z. B. seit dem 20. 9. 58 die Talente-Show »Herzklopfen kostenlos« und seit dem 22. 3. 59 die Reihe »Das Meisterwerk« (über ernste Musik). In der Fernsehdramatik begann mit dem 25. 11. 58 die Reihe »Weimarer Pitaval« von Friedrich Karl Kaul und Walter Jupé, in der

»Herzklopfen kostenlos«

»Weimarer Pitaval«

Radweltmeisterschaft, 1960 – Foto- und Fernsehreporter bei der Arbeit

historische Kriminalfälle szenisch dargestellt wurden. Am 20. 8. 59 eröffnete der Film »Blaulicht« von Günter Prodöhl die gleichnamige Kriminalreihe im geteilten Berlin.

Am 8. 10. 58 brachte das Kinderfernsehen seinen ersten »Abendgruß«, der von der Puppentrickserie »Unser Sandmännchen« umrahmt wurde. »Meister Nadelöhr« hatte schon seit dem 23. 11. 55 im DFF Märchen erzählt, und ab 1959 kamen Kinderfernsehreihen wie »Fritzchen Spurtefix« und »Pfiffikusse hereingeschaut!« sowie die Reihe »Bei Professor Flimmrich« ins Programm.

Das Fernsehen steigerte die Zahl der Sendestunden zwischen 1953 und 1962 auf mehr als das Vierfache:

Programmumfang Deutscher Fernsehfunk 1953–1962 (in Stunden)

Jahr	wöchentlich	täglich
1953	14	2,0h
1954	15	2,1h
1955	15	2,1h
1956	22	3,1h
1957	28	4,0h
1958	36	5,1h
1959	49	7,0h
1960	58	8,3h
1961	63	9,0h
1962	65	9,3h

Quelle: Statistisches Jahrbuch der DDR 1953 ff.

»Blaulicht: Der Tunnel an der Grenze«, 1959

»Unser Sandmännchen«

Das Wochenprogramm umfaßte 1960 durchschnittlich 58 Stunden, die jährliche Sendezeit betrug 3007 Stunden, die sich nach Sendearten folgendermaßen gliederten:

DFF Programmsparten 1960 (in Sendestunden)

Art der Sendung	absolut	prozentual
Informationspolitische Sendungen	476	15,8
Fernsehpublizistik	390	13,0
Sport	455	15,1
Bildung	89	3,0
Fernsehdramatik (inkl. Kinofilme)	690	22,9
Unterhaltung	491	16,3
Kindersendungen	267	8,9
Jugendsendungen	63	2,1
Sonstiges	86	2,9
Summe	3007	100,0

Quelle: Statistisches Jahrbuch der DDR 1960

Ein Vergleich mit der Programmzusammensetzung von 1955 weist ein ausgewogeneres Verhältnis der Sendearten zueinander aus. Die Fernsehdramatik (inkl. Kinospielfilme) hatte die Anzahl ihrer Sendestunden fast verdoppelt, doch ihr prozentualer Anteil am Gesamtprogramm hatte sich verringert. Nur noch 22,9 Prozent der Sendezeit entfielen auf fiktionale Sendungen, hingegen hatte sich der Programmanteil des Sports fast verzwanzigfacht. Feste Programmsparten wurden installiert wie z. B. das quantitativ wie auch qualitativ bemerkenswerte Kinderfernsehen (8,9 % 1960 gegenüber rund 6 % im Jahre 1955), das im Fernsehprogramm zu einer festen Rubrik geworden war.

Feste Programmsparten

Hans Müncheberg beschrieb die Struktur des Wochenprogramms des Deutschen Fernsehfunks (DFF) Ende der fünfziger bis Mitte der sechziger Jahre folgendermaßen:

»Am *Montagabend* nach der AK [«Aktuellen Kamera»] lief der Montagsfilm als Hauptprogrammbeitrag.

Der *Dienstagabend* sah ein Gegenwartsfernsehspiel als Hauptbeitrag.

Der *Mittwoch* stand im Zeichen des Sports und aktueller Magazine, es gab auch kürzere Unterhaltungssendungen.

Am *Donnerstag* boten wir Fernsehspiele des unterhaltend-spannenden Genres, Krimis aber auch entsprechende Literaturadaptionen.

Der *Freitagabend* gehörte dem neuen Spielfilm. Der Kinofilm wurde als etwas Besonderes, aber als Gast auf dem Bildschirm empfunden.

Am *Samstagabend* gehörte der Bildschirm nach der AK fast ausschließlich der großen Unterhaltungssendung. Zum Abschluß, da unsere Zuschauer sonnabends noch arbeiten mußten [bis Ende 1965], der Freitag also noch nicht das Wochenende einleitete, folglich nur der Samstagabend vom Programm her ›lang‹ sein durfte, konnte oft noch eine rein musikalische Sendung eingeplant werden.

Der *Sonntagabend* gehörte vom Prinzip her dem großen künstlerischen Erlebnis, also einem Theaterklassiker in Eigeninszenierung, einer bedeutenden Literaturadaption, einer seltenen Filmeigenproduktion oder der Direktübertragung einer guten Inszenierung von einer wichtigen Sprech- oder Musikbühne unseres Landes.« (Müncheberg/Hoff 1984).

Drei Sendeabende wöchentlich waren dem originalen Fernsehspiel/-film für Erstsendungen reserviert.

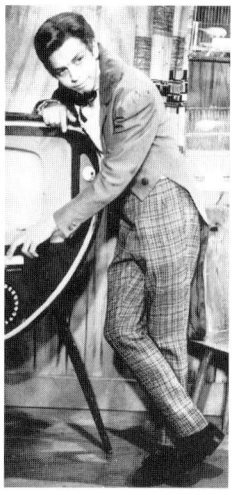

»Spuk in Villa Sonnenschein«, 1959

7.5 Fernsehspielästhetik als Programmästhetik

Für die Entwicklung des Fernsehspiels war die Inbetriebnahme des Studios IV in Berlin-Adlershof mit einer Grundfläche von 651 qm von Bedeutung. Mit diesem relativ großen Fernsehstudio erhielt die Fernsehdramatik ihre eigentliche ›Heimat‹ und eine Produktionsstätte für eine fast schon industriell zu nennende Produktion im Deutschen Fernsehfunk. Damit konnte sich die Anzahl der jährlichen Fernsehspielproduktionen verdoppeln und erhöhte sich bis Ende 1962 auf fast 100 Erstsendungen pro Jahr.

Großes Fernsehstudio

Das Fernsehspiel war die Programmsparte, die dem DDR-Fernsehen von Anfang an die stärkste Resonanz verschaffte. Als Hermann Zilles im Dezember 1952 auf einer Pressekonferenz zur bevorstehenden Eröffnung des ›offiziellen Versuchsprogramms‹ mitteilte, neben Filmübertragungen solle im Adlershofer Fernsehen »auch ein ›Fernsehspiel‹ entwickelt werden, bei dem verschiedenartige Probleme mit den Mitteln des Fernsehens behandelt werden« (Vorwärts, 295/1952), war allerdings den Fernsehmitarbeitern noch nicht klar, was mit diesem Begriff des ›Fernsehspiels‹ gemeint war. Nur mit Mühe ist es heute möglich, unter dem Legendengewirr, das sich über die Frühgeschichte des Deutschen Fernsehfunks ausgebreitet hatte, die Wurzeln der Fernsehspielentwicklung freizulegen.

Lange Zeit galt das am 9. 5. 53 erstgesendete Fernsehspiel »Der hessische Landbote« als erstes ostdeutsches Fernsehspiel. Recherchen ergaben jedoch, daß bereits am 22. 1. 53 als Teil eines Literaturmagazins »Des Vetters Eckfenster«, die Dramatisierung einer Erzählung von E. T. A. Hoffmann, unter der Regie von Charlotte Sommerfeldt gesendet worden war. Die beiden Rollen in diesem Kurzdrama spielten Werner Peters und der junge Michael Degen. Es folgten in der gleichen Sendereihe Szenen um Georg Forster, eine Eichendorff-Sendung und eine Szene um Karl Marx.

»Der hessische Landbote«

Das Büchner-Spiel »Der hessische Landbote« war bereits das fünfte Spiel in dieser Reihe. Als »erstes Fernsehspiel« wurde es deshalb geführt, weil es ein revolutionäres Thema gestaltete und weil einer der großen deutschen

Schauspieler, der damals hoch in den Achtzigern stehende Max-Reinhardt-Darsteller Eduard von Winterstein, mitwirkte.

Diese frühen Fernsehspiele wurden noch im provisorischen ›Ansagestudio‹ vor einer unbeweglichen Kamera inszeniert, die lediglich eine starre Einstellungsgröße, eine halbnahe Einstellung, erlaubte. Als am 1. 7. 53 das (immer noch sehr kleine) Studio I in Betrieb genommen wurde, erlaubte die neue Fernsehkamera QP 13 erste Experimente in der Bildgestaltung, denn diese Kamera war fahrbar und gestattete Einstellungsgrößen von der Großaufnahme bis zur Totalen. Im August 1954 nahm man das 315 qm große Studio III in Betrieb, das mit zwei Kameras ausgestattet war und die elektronische Bildmontage durch die Mehrkameratechnik möglich machte.

Live-Spiele und Studiobetrieb

Die Live-Spiele der ersten Jahre wurden häufig mehrfach gezeigt, jedes Mal live gespielt und gesendet. So kam »Der hessische Landbote« acht Mal, »Ein Heiratsantrag« sieben Mal, »Der Glücklichste auf Erden« sechs Mal, »Neun steigt für uns der Mond«, »Taillenweite 68«, »Frühstück um Mitternacht«, »Die schwarze Liste«, »Morgendämmerung« und »Öl aus Venezuela« je vier Mal ins Programm. Diese Live-›Wiederholungen‹ erübrigten sich mit der Einführung der Betriebsfilmaufzeichnung (BFA).

Den entscheidenden Fortschritt für das Fernsehspiel brachte jedoch die Indienststellung des schon erwähnten Studios IV mit der erweiterten Grundfläche. Der Einsatz einer dritten Kamera in die Inszenierungsarbeit ermöglichte eine industriemäßige Produktion von Fernsehspielen. Man teilte das Studio längs; während in der einen Studiohälfte die Dekorationen eines bereits gesendeten Fernsehspiels aus- oder die des übernächsten eingebaut wurden, fanden in der anderen die Endproben des jeweils aktuellen Stücks und dessen Live-Sendung statt. Dann wechselten die Studiohälften, und der Produktionsrhythmus setzte von neuem ein. ›Halbes Studio IV‹ war zu jener Zeit eine verbindliche Produktionsnorm für ein Fernsehspiel. Für Schwerpunktprojekte wurde allerdings auch gelegentlich das ganze Studio für eine Produktion belegt.

Dramatische Fernsehproduktionen

Die Programmstatistik weist die Steigerung der dramatischen Fernsehproduktionen in den fünfziger Jahren deutlich aus:

Fernsehspielproduktion des Deutschen Fernsehfunks 1953–1962

Jahr	Zahl der Fernsehspiele (Erstsend.)
1953	14
1954	23
1955	35
1956	22
1957	40
1958	62
1959	64
1960	96
1961	94
1962	99

Quelle: Hempel 1978

Auftragsproduktion durch die Defa

Die Steigerung auf bis zu 147 dramatische Erstsendungen im Jahr 1968 war das Ergebnis der Auftragsproduktion von Fernsehfilmen durch die Defa, eine Zusammenarbeit, die ebenfalls Ende der fünfziger Jahre begann. Am 13. 7. 59 wurde der erste Fernsehfilm gesendet, der bei der Defa gedreht worden war, »Spuk in Villa Sonnenschein«. Im selben Jahr folgten noch die

Komödie »Wie die Wilden« und das politische Psychodrama »Die Dame und der Blinde«. Filmproduktionen, gedreht mit der Filmtechnik des Fernsehens und auf dem Adlershofer Studiogelände, waren vorausgegangen (z. B. »Die Entscheidung des Tilmann Riemenschneider« und »Der verschenkte Leutnant«, beide 1955), die aber ästhetisch wenig befriedigten.

Mit der Ausweitung der fernsehdramatischen Arbeit des Fernsehens ergab sich auch eine Differenzierung der Fernsehspieldramaturgie in vier Arbeitsgruppen gemäß besonderer Aufgaben:

1. die Abteilung ›Fernsehspiele‹, verantwortlich für alle Stoffe nach epischen Vorlagen der Weltliteratur und zeitgenössischer Autoren sowie für alle Eigenentwicklungen zur Imperialismuskritik und im unterhaltend-spannenden Genre (Leiter: Dr. Günter Kaltofen);
2. die Abteilung ›Sozialistische Gegenwartsdramatik‹, verantwortlich für entsprechende Eigenentwicklungen im Fernsehen einschließlich der Adaption sozialistischer Epik (Leiter: Hans Müncheberg, später Hans Kohlus);
3. die Theaterabteilung, verantwortlich für die Eigeninszenierungen von Schauspielen, für Studiogastspiele und Direktübertragungen aus Theatern (Leiter: Helmut Schiemann, später Maximilian Jäger);
4. die Abteilung ›Musik und Tanz‹, verantwortlich für alle Formen der Musikdramatik, für alle Sendungen der E-Musik und für tänzerische Gestaltungsformen (Leiter: Wolfgang Nagel) (nach Müncheberg/Hoff 1984, 145).

»Spuk in Villa Sonnenschein«, 1959

Ratgebersendungen im DFF: Der Fernsehkoch, 1959

Günter Kaltofen, der Chefdramaturg der Abteilung ›Fernsehspiele‹, wurde zum ersten Theoretiker des Fernsehens in der DDR. Er verfolgte mit seinen seit Mitte der fünfziger Jahre veröffentlichten Überlegungen, ähnlich anderen Fernsehmitarbeitern (dem Dramaturgen Hans Müncheberg oder dem Regisseur Erich-Alexander Winds), das Ziel, die Erfahrungen und Erkenntnisse aus der eigenen Arbeit im Fernsehen und mit dem Fernsehen zu verallgemeinern.

Schon Ende des Jahres 1953 oder Anfang 1954 (das Manuskript ist undatiert) hatte die Schauspielerin, Regisseurin und Schriftstellerin Inge von Wangenheim, die 1953 eine Reihe von Regiearbeiten im Fernsehzentrum übernommen hatte, der Intendanz ein umfangreiches Diskussionspapier unter dem Titel »Einige Gedanken zur Tätigkeit und Wirkung unserer Sprecher« unterbreitet. Zunächst bestimmte sie die Funktion des Fernsehzentrums als die eines »politischen Publikationsorgans unseres Staates, unserer Arbeiter- und Bauernmacht«, das die Aufgabe habe, den »gesellschaftlichen Organen und Organisationen bei dem Zweck zu dienen, den Standpunkt der fortschrittlichen und darum führenden Kräfte innerhalb unserer demokratischen Ordnung in der Friedensfrage, in der nationalen Frage unsres Aufbaus und unserer unteilbaren nationalen Kultur mit den Mitteln der Aufklärung, Erziehung und Unterhaltung vor aller Augen und Ohren zu popularisieren, wie auch die Werktätigen selbst für die Gesamtziele unseres Aufbaus zu mobilisieren und zu begeistern« (Wangenheim o. J., 1/2). Sie formulierte damit eine propagandistische Aufgabenstellung. Im Fernsehen sah sie ein besonders optimales Medium dafür, weil alles, »was dort gesprochen, kommentiert und demonstriert wird«, vom »lebendigen Menschen mit seinem individuell geprägten Körper und seiner individuell geprägten Persönlichkeit« abhing (ebd., 2/3). Wangenheim wirft dem Fernsehen in seinem ersten Jahr die Unterschätzung der Sprechertätigkeit vor, die sich auf den Mangel gründet, »daß innerhalb unseres Kollektivs noch immer nicht geklärt ist, welche Zuschauersituation wir als die Aus-

Propagandistische Aufgabenstellung für das Fernsehen

Haltung der Sprecher

gangsposition unserer Wirkungsmöglichkeiten annehmen« müssen. Sie fordert deshalb eine der Kommunikationsspezifik des Fernsehens entsprechende Diktion und Haltung der Sprecher. Ihre Überlegungen blieben unveröffentlicht. Interessant ist jedoch, daß der Gedanke, Kommunikationsbeziehungen zwischen den Menschen auf dem Bildschirm und den Zuschauern vor dem Fernsehgerät herzustellen, auch die späteren Überlegungen zur Fernsehästhetik bestimmte.

Dem Problem der Fernsehästhetik näherte sich Günter Kaltofen von seinem Arbeitsfeld, dem Fernsehspiel, her. Während er anfangs noch von den Möglichkeiten der Adaption dramatischer Werke für den Bildschirm ausging (Kaltofen 1958), entwickelte er 1962 die Grundgedanken einer Fernsehästhetik.

Fernsehästhetik

»Die Vielfalt der Möglichkeiten in der jungen Gattung des Fernsehspiels und Fernsehfilms ist bei weitem nicht erschöpft. Das intime, dem Kammerspiel angeglichene Fernsehspiel ist eine ideale, aber nicht die einzige Form. Von Fernsehspielen erzählenden, dokumentarischen Charakters, szenischen Reportagen, gedrängten wirkungsstarken Kurzspielen wird noch zu wenig Gebrauch gemacht. Der große Formenreichtum des dramatischen Spiels am Bildschirm in Wort, Bild und Szene gibt Autoren und Regisseuren noch einen weiten Spielraum echter, spezifischer Fernsehwirksamkeit.« (Kaltofen 1962, 51).

Er beruft sich hier nachdrücklich auf »Erfahrungswerte« aus der fernsehdramaturgischen Arbeit (Kaltofen 1962, 18) und geht von der Frage aus: »Wie erreicht ein Fernsehspiel seinen Zuschauer?« Die Bedingungen sieht er in der »privaten, häuslichen, persönlichen Atmosphäre« des Zuschauers. Dieser wolle »persönlich angesprochen werden. Er ist der Besuchte« (ebd., 27). Kaltofen schließt daraus, daß die »auf dem Bildschirm zu erzählenden Geschichten [...] dichter, im Handlungsbogen einfacher und geradliniger sein« müßten: »Das Fernsehspiel braucht die starke Handlung, die Kunstform des Bildschirms ist in ihrer Grundtendenz viel mehr eine dramatische als eine erzählende, episch breite, weitschweifende« (ebd., 35). Mit dieser

Fiktives Gespräch im Spiel

Vorstellung eines fiktiven Gesprächs zwischen Bildschirmakteuren und Zuschauern begründete Kaltofen eine ›Schule‹, die nicht allein in der DDR, sondern auch in anderen Ländern des ›sozialistischen Lagers‹ Verbreitung fand. Es korrespondierte mit Vorstellungen vom »Zwiegespräch durch den Äther«, wie sie Heinz Schwitzke und Gerhard Eckert Anfang der fünfziger Jahre in der Bundesrepublik entwickelt hatten. Kaltofens Modell des fiktiven Gesprächs wurde in der Folgezeit auch für andere Programmsparten übernommen und die Ansprache des Zuschauers auf den ›Kammerton‹ abgestimmt.

7.6 Das Ende der ›Experimentierphase‹ des DDR-Fernsehens

Wenn auch das Versuchsprogramm des Fernsehzentrums Berlin-Adlershof schon am Jahresanfang 1956 endete, können doch die gesamten fünfziger Jahre als ›Experimentierphase‹ des Fernsehens in Ostdeutschland definiert werden. Am Ende der fünfziger Jahre hatte sich auch in der DDR das Fernsehen breit etabliert. Die Geräteproduktion steigerte sich bis zum Beginn der sechziger Jahre, so daß die Nachfrage allmählich befriedigt werden konnte: Das Netz der Fernsehsender war lückenlos geknüpft und ermöglichte eine ›Allgegenwärtigkeit‹ des Fernsehens durch die Direktübertragung. Das Live-Prinzip bestimmte weitgehend die Fernseharbeit und wurde vereinzelt durch den Einsatz von Aufzeichnungstechniken ergänzt.

Gleichzeitig stieg der Programmumfang und die verschiedenen Sparten – von der Information über die Unterhaltung, der Bildung bis hin zur künstlerischen ›Erbauung‹ – differenzierte sich, ließen einzelne Genres entstehen, deren Formen sich gegeneinander abgrenzten. Zu Beginn der sechziger Jahre hatte sich das Fernsehen der DDR zu einem Programm-Medium mit eigenem politischen und künstlerischem Profil entwickelt. Dabei hatten sich jedoch, unabhängig von den politischen Inhalten, eine Reihe struktureller Ähnlichkeiten mit dem bundesdeutschen Fernsehen ergeben. So war der Programmausbau so weit gediehen, daß sich auch hier ein kontinuierlicher Programmfluß ergab, der sich aus einer Mischung verschiedener Sendungen unterschiedlicher Sparten zusammensetzte. Die Programmstruktur wies ein mehr oder weniger deutlich eingehaltenes Schema auf, einzelne Sendungen verfügten über einen festen Programmplatz, Nachrichtensendungen begannen bereits, rahmenbildend das Programm zu strukturieren.

»Der verschenkte Leutnant«, 1955

In beiden deutschen Fernsehsystemen spielte in den fünfziger Jahren die Vermittlung der Welt außerhalb des Studios eine wesentliche Rolle. War es zunächst der technische Ehrgeiz, Probleme der Außenübertragung zu meistern, so kam schließlich das Moment der Welterkundung hinzu, wobei das bundesrepublikanische Fernsehen rasch ausgreifender wurde und Reporter bis zum Pazifik reisten, um Bilder für die Zuschauer einzusammeln, während das DDR-Fernsehen in engerem Rahmen verblieb. Kuba galt dem DDR-Fernsehen als Inbegriff exotischer Welt. Das dokumentarische Fernsehen als ›Fenster zur Welt‹ wurde gegen Ende der fünfziger Jahre durch eine steigende Zahl fiktionaler Sendungen ergänzt.

Vermittlung der Welt

Das Fernsehen als erzählende Instanz etablierte sich in Ost und West auf gleiche Weise, selbst in den Formen des Fernsehspiels gab es parallele Entwicklungen: Von der Fernsehinszenierung der Weltdramatik bis zum Kammerspiel und dem Fernsehroman gab es Ähnliches. Auf die politischen Fernsehmehrteiler wie »So weit die Füße tragen« und »Am grünen Strand der Spree« im Westen reagierte Hans Olivas »Gewissen in Aufruhr« (DFF 1961) nach dem autobiografischen Bericht des Wehrmachtsoffiziers Rudolf Petershagen, der 1945 die Stadt Greifswald vor der Zerstörung bewahrt und sie an die anrückende Rote Armee übergeben hatte.

Erzählende Instanz

Eine wechselweise Beeinflussung der Programme, die selbstredend keine der beiden Seiten zugegeben hätte, war nicht auszuschließen, da die Kenntnis des jeweils anderen Programms zumindest bei den an den ›Schnittstellen‹ zwischen den beiden Systemen arbeitenden Programm-Mitarbeitern vorausgesetzt werden kann. Ähnlichkeiten insbesondere struktureller Art lassen sich jedoch auch dadurch erklären, daß der Ausbau des Fernsehens unabhängig von der politischen Indienstnahme in dieser Zeit einer gewissen inneren Logik des Mediums folgte und daß keine wesentlich anderen Optionen zur Verfügung standen. Auch das Fernsehen der DDR hatte, wenn auch in einen anderen gesellschaftlichen Rahmen eingebunden, eine Art ›Industrialisierung‹ erfahren.

Innere Logik des Mediums

8. Zwischen Lebenshilfe und politischer Aufklärung – Fernsehen in der Bundesrepublik von 1963 bis 1973

Die Ausbreitung des Fernsehens und seine Verankerung in den Lebensgewohnheiten der Bevölkerung bestimmten die sechziger Jahre. Das tägliche Programmangebot wurde zur Alltagsgewißheit, seine regelmäßige Produktion prägte den Fernsehbetrieb, der durch die wachsenden Gebühreneinnahmen ausgebaut wurde. Es ist, wenn man so will, die Phase der Professionalisierung der Fernseharbeit. Die Fernsehausbreitung führte zur Diskussion der Wirkungen des Mediums, diese sollten, nach den Vorstellungen der Fernsehverantwortlichen, der Bildung und Förderung eines staatsbürgerlichen Bewußtseins dienen. Das Dispositiv Fernsehen als Wahrnehmung prägende Instanz wurde allgemein und begann – auf eine zunächst unmerkliche Weise – auch die Vorstellungen der Menschen zu verändern. Das Medium übernahm damit strukturell die Synchronisation von gesellschaftlichen Erfordernissen und individuellem Verhalten und trug zur Konsumorientierung und zu Verhaltensanpassungen bei.

8.1 Gesellschaft im Aufbruch

Politische Veränderungen in der Bundesrepublik

Die fernsehgeschichtliche Phase von 1963 bis 1973 begann mit dem Start des ZDF-Programms. Sie endete, als die Fernsehausbreitung an ihre Sättigungsgrenze stieß. Die Folge war eine interne Neuorganisation der Fernsehanstalten innerhalb einer kulturellen Umbruchzeit. Diese Phase der Fernsehgeschichte überdauerte den Regierungswechsel von der CDU- zur SPD-geführten Bundesregierung 1969. Weil die Bundesregierung nicht mehr direkt auf die Fernsehbedingungen einwirkte, stehen zu Beginn und am Ende der Phase eher zufällig ›kleinere‹ Regierungswechsel: 1963 von Konrad Adenauer zu Ludwig Erhard, der das Ende des ›CDU-Staats‹ einläutete, 1973/74 der Wechsel von Willy Brandt zu Helmut Schmidt. Die von Teilen der Gesellschaft mit der sozialliberalen Koalition verknüpften Hoffnungen auf eine Veränderung der Gesellschaft waren 1973 weitgehend einer nüchternen Stimmung gewichen. Die beginnende neue Arbeitslosigkeit, der Ölschock, die Verkündung des Endes des Wachstums durch den Club of Rome sowie Terrorismus und Terroristenbekämpfung stehen für die sozialliberale Ära Helmut Schmidts. Eingebettet in diese mediengeschichtliche Phase von 1963 bis 1973 ist das Ende des sogenannten ›Wirtschaftswunders‹ durch die erste größere Rezession 1967, bei der es zu Betriebsschließungen und Entlassungen kam. Gleichzeitig setzten sich in den sechziger Jahren zunehmend «marktorientierte Unternehmenskonzeptionen» durch, die sich zur Steuerung der Firmenpolitik zunehmend der Werbung bedienten. Der Markt wandelte sich von einem Anbieter- zum Käufermarkt. (Schmidt 1996, 31 f.)

Stand zu Beginn der sechziger Jahre die Zementierung der deutschen Teilung mit dem Bau der Mauer, so kam es nach 1961 im Westen zur Neudefinition der deutsch-deutschen Verhältnisse; ein ›Wandel durch Annäherung‹ wurde angestrebt. Ihr Zielpunkt waren die Ostverträge, ihr Ergebnis die Konferenz für Sicherheit und Zusammenarbeit in Europa (KSZE) in den siebziger Jahren. Diese Veränderung der europäischen Situation fand ihre Resonanz nicht nur in den Medien, die Medien selbst trugen zu diesem ›Klimawechsel‹ mit bei. Das Fernsehen thematisierte immer wieder den Ost-West-Gegensatz, bot sich als Ort der Kontroversen um die neue Politik an und zeigte in Dokumentation und Fiktion Visionen eines möglichen Neubeginns.

Die Phase der sechziger Jahre ist insgesamt durch Aufbruchsstimmung und Veränderungswillen geprägt. Die Vorstellung, mit dem Medium Fernsehen auf die Gesellschaft einzuwirken und sie damit verändern zu können, setzt sich mit dessen Ausbreitung durch. »Mehr Demokratie wagen«, dieser Leitspruch Willy Brandts zu Beginn seiner Kanzlerschaft, formuliert die gesellschaftlich dominante (d.h. aber auch durchaus nicht in allen Teilen der Gesellschaft vorhandene) Stimmung dieses Zeitraums. Diese von der Politik entworfenen Visionen eines neuen Anfangs trafen auf ein Medium, das sich selbst – allerdings auf ganz andere Weise – als eine Institution einer neuen, modernen Zeit verstand.

Aufbruchstimmung und Veränderungswillen

Die sechziger Jahre sind auch durch eine neue Technikeuphorie geprägt. Modernität, von breiten Teilen der Bevölkerung akzeptiert und gewünscht, führte zu der Auffassung, ›Fortschritt‹ durch Technik zu ermöglichen. In vielen Lebensbereichen wurde auf Technik gesetzt. Selbst im Bildungsbereich leitete das Wort von der drohenden »Bildungskatastrophe« den Ausbau des Bildungswesens ein, führende Pädagogen wie z.B. Paul Heimann, setzten auf Bildung durch die neuen Medien. Das Kulturverständnis veränderte sich – nicht allein *durch*, aber doch *mit* der Ausbreitung des Fernsehens – bei einem Teil der Gesellschaft radikal. Ein kultureller ›Umbruch‹ fand statt, der sich am spektakulärsten in der Studentenbewegung und ihren neuen Lebensstilen formulierte.

Technikeuphorie

Zu Beginn der sechziger Jahre war die ›Industrialisierung‹ des Fernsehens zu einem ersten Abschluß gekommen. Mit dem Programmbeginn des ZDF am 1. 4. 63 entstand der neue Gegensatz zwischen dem ARD-Programm ›Deutsches Fernsehen‹ und dem ZDF-Programm ›Zweiten Deutschen Fernsehen‹. Durch diese – durch Vereinbarungen gemilderte – Konkurrenz gewannen die Einschaltquoten, wenn auch deutlich begrenzt, eine neue Bedeutung. Damit bestimmten in stärkerem Maße als bis dahin die Zuschauerbedürfnisse Programmverständnis und Programmpraxis. Es wäre jedoch falsch, vom Ende eines ARD-Monopols zu sprechen, weil mit der marktwirtschaftlichen Kategorie des Monopols die auf das Gemeinwohl ausgerichtete öffentlich-rechtliche Konstruktion nicht gefaßt werden kann, die zudem noch durch eine starke Binnenkonkurrenz der einzelnen Landesrundfunkanstalten geprägt war. Mußte sich das Fernsehen Anfang der sechziger Jahre noch innerhalb des Kulturbetriebs durch eine Bezugnahme auf tradierte Bildungsaufgaben legitimieren, so galt das Fernsehen am Ende der sechziger Jahre als ›Leitmedium‹ der gesellschaftlichen Kommunikation. Die Öffentlichkeiten hatten sich teilweise neu organisiert. Der *Dynamik* auf der Programmebene stand die *Verfestigung* auf der Seite der Fernsehinstitutionen gegenüber.

Victoria Voncampe, ZDF-Ansagerin der ersten Stunde

Die Jahre 1973/74 bilden in der Fernsehgeschichte eine eher weiche Zäsur. Sie ist nicht vergleichbar mit der von 1963, die durch den Start des ZDF-Programms gesetzt wurde. Dennoch ist es sinnvoll, hier einen Einschnitt anzunehmen, weil er für das Ende der forcierten Wachstumsphase des Fernsehens steht. Ein neues Planungsverhalten in der Fernseh-

Ansprache des Intendanten Karl Holzamer zum ersten Sendetag des ZDF, am 1.4.1963

produktion setzte ein sowie ein von nun an fortdauerndes Krisenbewußtsein.

8.2 Die Veränderungen des Zuschauens in den sechziger Jahren

Verallgemeinerung des Fernsehens in der Bevölkerung

In den sechziger Jahre wurde das Fernsehen zum Allgemeingut. Wie kaum eine Phase der Fernsehgeschichte veränderten sich bei großen Bevölkerungsgruppen Lebensweisen und Mediennutzung auf fast unbemerkte Weise, als das Fernsehen in die Wohnzimmer einzog. Hatten zu Beginn des Jahres 1963 knapp sechs Millionen Haushalte ein Fernsehgerät, so waren es zu Beginn des Jahres 1973 bereits über 18 Millionen. Die Zuwachsraten von jährlich 1,1 bis 1,4 Mio. Zuschauern verringerten sich jedoch ab 1969 deutlich, so daß vom Erreichen der Sättigungsgrenze gesprochen wurde. 1969 war bereits eine Fernsehdichte von 84 Prozent erreicht, sie erhöhte sich bis 1975 auf 93 Prozent. Damit war nur noch eine kleine Minderheit nicht im Besitz eines Fernsehgerätes. Die soziale Zusammensetzung des Publikums hatte sich der der Gesamtbevölkerung so weitgehend angenähert, daß sie in den Debatten der Zeit keine Rolle mehr spielte. Wichtiger als die soziale Zusammensetzung des Fernsehpublikums wurden die Differenzierungen des Fernsehpublikums nach fernsehbezogenen Aspekten.

Die Ausbreitung des Fernsehens auf dem Lande glich sich in den sechziger Jahren der in den Städten an. Das hing mit anderen strukturellen Veränderungen, insbesondere der langfristigen Veränderung der bäuerlichen Arbeit im Rahmen der Europäisierung durch die EWG zusammen. Durch die Schaffung anderer Infrastrukturen und nicht zuletzt durch die Ausbreitung der Funkmedien schien eine weitgehende Nivellierung des Stadt-Land-Gegensatzes und eine ›Verstädterung‹ ländlicher Lebensweisen möglich.

Mediale Verdichtung als Basis neuen Rezeptionsverhaltens

In der öffentlichen Diskussion entstand der Eindruck, daß sich mit der Ausbreitung des Fernsehens auch das Verhalten der Zuschauer anderen Medien gegenüber änderte. Weil vor allem diejenigen, die ein Fernsehgerät neu erwarben, ihren gesamten Alltag der Nutzung des neuen Gerätes unterordneten, schien die Verdrängung anderer Medien durch das Fernsehen naheliegend. Bei längerem Besitz eines Fernsehgeräts ließ jedoch die Faszination am Neuen spürbar nach, die Fernsehnutzung reduzierte sich, mit dem Entstehen von Fernsehgewohnheiten gewannen die anderen Medien wieder ihre Bedeutung zurück. Die statistischen Erhebungen zur Medienentwicklung zeigen, daß – abgesehen vom Kino – kein anderes Medium in seiner quantitativen Entwicklung behindert wurde. Der Niedergang des Kinos, der zeitlich mit dem Aufstieg des Fernsehens parallel ging, hatte jedoch auch andere Ursachen als die Fernsehausbreitung und ist nicht zuletzt ein Ergebnis einer Strukturschwäche der deutschen (Kino-)Filmwirtschaft, die auf Funktionsverschiebungen zwischen den Massenmedien nicht mit einer angemessenen Veränderung ihrer Angebote reagieren konnte.

Medienentwicklungen in der Bundesrepublik Deutschland 1952–1995

	Buch[1]	Theater[2]	Kino[3]	Radio[4]	Fernsehen[4]	Zeitung[5]	Zeitschr.[6]
1952	13.913	15,4 Mio.	614,5 Mio.	10,2 Mio.	0,0003 Mio.	12,3 Mio.	33,5 Mio.
1955	16.660	16,8 Mio.	766,1 Mio.	12,1 Mio.	0,08 Mio.	14,4 Mio.	–[7]
1960	22.524	19,2 Mio.	596,0 Mio.	15,7 Mio.	3,4 Mio.	16,7 Mio.	–[7]
1965	27.247	20,3 Mio.	294,0 Mio.	17,9 Mio.	10,0 Mio.	21,4 Mio.	61,3 Mio.
1970	47.096	18,0 Mio.	160,1 Mio.	19,4 Mio.	15,1 Mio.	21,8 Mio.	60,3 Mio.
1975	43.649	17,4 Mio.	114,3 Mio.	20,9 Mio.	18,9 Mio.	23,3 Mio.	69,7 Mio.
1980	67.176	17,3 Mio.	143,8 Mio.	22,8 Mio.	20,8 Mio.	25,9 Mio.	84,6 Mio.
1985	57.623	16,4 Mio.	104,2 Mio.	25,0 Mio.	22,4 Mio.	26,9 Mio.	96,1 Mio.
1990	61.015	20,1 Mio.	102,5 Mio.	27,4 Mio.	24,1 Mio.	26,5 Mio.	109,7 Mio.
1995[8]	74.174	20,6 Mio.	124,5 Mio.	36,2 Mio.	32,3 Mio.	32,4 Mio.	124,8 Mio.

[1] Zahl der gemeldeten Erst- und Neuauflagen
[2] Zahl der Theaterbesuche rückwirkend für die vorangegangene Spielzeit (1952 für die Spielzeit 1951/52)
[3] Zahl der Kinobesuche
[4] angemeldete Teilnehmer. Die Daten wurden zur Jahreswende erhoben und gelten rückwirkend
[5] Tages- und Wochenzeitungen, verkaufte Auflage
[6] nur Publikumszeitschriften, ohne Fachzeitschriften, verkaufte Auflage
[7] in den Statistischen Jahrbüchern nach einem anderen Schlüssel erhoben, nicht vergleichbar
[8] mit den neuen Bundesländern; für das Kino: 105,6 Mio. Zuschauer in den alten Bundesländern

Quelle: Statistische Jahrbücher, Media Perspektiven Basisdaten 1996

Der Ausbau der Massenmedien führte langfristig zu einer zunehmenden Präsenz der Medien und Verdichtung des Medienkonsums im Alltag der Zuschauer. Dieter Prokop hat für die USA und England für den Zeitraum seit den dreißiger Jahren ähnliche Tendenzen nachgewiesen und gezeigt, daß die Ausweitung der Medienrezeption auf Kosten anderer (nicht-medienbezogener) Aktivitäten geschah (Prokop 1979, 9 ff.). Ebenso trugen zur Veränderung der Mediennutzung die Ausweitung der Nicht-Arbeitszeit und die Herausbildung der Fähigkeit bei, mehrere Medien (z. B. Fernsehen und

Zeitunglesen) gleichzeitig bzw. parallel nebeneinander zu nutzen bzw. Medienrezeption und andere Tätigkeiten miteinander zu kombinieren.

Fernsehen und Radio als Basismedien

Fernsehen und Radio schufen durch ihre Integration im privaten Bereich und dem problemlosen Zugang zu ihren Angeboten eine Art medialen Grundstock, von dem sich Veranstaltungsmedien (Theater und Kino) durch kontrastierende Angebote abzuheben hatten, um genutzt zu werden. Die Betonung des Besonderen, Exklusiven und Ereignishaften war die Folge und wirkte sich auf die Angebotsformen dieser ›Zusatz‹-Medien aus.

Die Reichweite der Medien Fernsehen, Radio und Zeitung stieg von Mitte der sechziger Jahre bis Anfang der siebziger Jahre auf 67–72 Prozent und blieb von da ab weitgehend konstant, so daß drei Viertel bis vier Fünftel der Bevölkerung allein durch diese drei Medien erreicht wurden. Die Durchdringung des Alltags mit Medien und die damit verbundene Ankoppelung des Einzelnen an gesellschaftliche Informationsflüsse und mediale Repräsentationen bildete damit – in bezug auf die ›Industrialisierung‹ des Fernsehens – die Ergänzung zu den im vorigen Kapitel gezeigten Veränderungen der Produktionsbedingungen des Mediums.

Fernsehen als Integrationsmedium

Die Ausbreitung des Fernsehens und seine Einbettung in die Alltagsrituale begünstigte den gesellschaftlichen Integrationseffekt. Den Zuschauern im gesamten Bundesgebiet bot das Fernsehen gleiche Einsichten in ihnen bislang wenig zugängliche Lebensbereiche durch die ›Lieferung‹ von Bilder aus vielen Teilen der Welt. Indem das Fernsehen sie zu einem Programm zusammenband, bildete es à la longue eine Art neue ›große Erzählung‹ heraus:

Erzählung einer weiträumigen, global ausgerichteten Welt

einerseits die Erzählung einer weiträumigen, global ausgerichteten Welt und westlich ausgerichteten Moderne und andererseits die einer unterhaltsamen Welt der deutschsprachigen Welt des Kleinen und des provinziellen Glücks. Über die Themen und ihre Darstellung bot damit das Fernsehen ein kommunikatives Angebot, auf das sich die Kulturgemeinschaft der Bundesrepublik beziehen konnte.

Vermittlungsagentur gesellschaftlicher Modernisierungsprozesse

Als Vermittlungsagentur gesellschaftlicher Modernisierungsprozesse lieferte das Fernsehen nicht nur Teilhabe am gesellschaftlichen Leben in vielen Varianten, sondern wirkte nun in besonderem Maße integrativ auf das föderative Gemeinwesen, indem es bei großen Bevölkerungsmehrheiten Themen für die gesellschaftliche Selbstverständigung stiftete, gemeinsame emotionale Erlebnisse schuf und neue Vorstellungen popularisierte. Modernität meint hier im Sinne der bereits im Abschnitt über die fünfziger Jahre dargestellten Modellierung von Verhaltensweisen neben der Freisetzung von tradierten Normen und Werten die Anpassung und Zweckorientierung von Arbeits- und Verhaltensweisen in den auf Beschleunigung und Rationalisierung angelegten wirtschaftlichen Prozessen. Die Funktion des Fernsehens als Begleitinstrument gesellschaftlicher Modernisierung umschließt auch die medial transformierte kulturelle ›Bewahrung‹ von Traditionsresten (etwa in der volkstümlichen Unterhaltung), die die Anpassungsleistungen in anderen Bereichen abfederten und das Gefühl von ›Geborgenheit‹ im Bewährten und Bekannten vermittelte.

›Bewahrung‹ von Traditionsresten

Die in den Programmen latent enthaltene Erwartung an Anpassung wurde auf einer ›vernünftigen‹ mittleren Ebene gehalten und als ein Konsens suchendes Verhalten von Exaltiertheiten des ›Hypermodernen‹ und des ›Altmodischen‹ in gleicher Weise abgesetzt. Wenn in späteren Phasen der Fernsehgeschichte vom ›main stream‹ des Fernsehens die Rede ist, so begann er sich bereits in den sechziger Jahren herauszubilden. Mit ihm ist der Versuch gemeint, im Modernisierungsstrom eine moderate Mitte zwischen Anpassung und Widerstand, zwischen Veränderung und Beharrung zu halten.

Moderate Mitte zwischen Anpassung und Widerstand

Es ist deshalb kein Zufall, daß sich in den sechziger Jahren mit der rasanten Ausbreitung des Mediums auch die Fernsehwerbung innerhalb der beiden Hauptprogramme durchsetzte. Waren die von den Ministerpräsidenten 1963 jeweils 20 Minuten Werbung in den beiden Programmen als Obergrenze gedacht, so zeigte sich schon bald, daß die Nachfrage seitens der werbetreibenden Wirtschaft sehr viel höher war und daß das Fernsehen nicht so viel Werbezeit anbieten konnte, wie von der Wirtschaft benötigt wurde. Die Werbung diente aber wiederum der Stimulierung der Nachfrage und damit der Modellierung des Konsumverhaltens. Werbung bildete damit eine Form der ›main stream‹-Kommunikation, die auf eine eher unauffällige, zwischen den ›eigentlichen‹ Sendungen integrierte Weise den gesellschaftlichen Integrationsprozeß beförderte und neue Leitbilder, z. B. der »Profilierung durch Besitz« und der »erfolgreichen Selbstdarstellung durch Äußerlichkeiten« propagierte (Schmidt 1996, 33 ff.). Es ist kein Zufall, daß gerade diese Funktion des Fernsehens am Ende der sechziger Jahre auf heftige Kritik stieß: Selbst wenn der Umfang der Fernsehwerbung im Vergleich zum sonstigen Programmangebot marginal war, wurde ihre Rolle in der Transformation gesellschaftlicher Werte erkannt und im Diskurs über das Fernsehen problematisiert. (Schneider 1972, Dröge 1972, 135 ff. Dahlmüller/Hund/Kommer 1973, 163 ff.)

Modellierung des Konsumverhaltens

Die Integrationsleistung des Fernsehens bestand außerdem in der Vermittlung der Mechanismen demokratischer Entscheidungsprozesse. Daß das Fernsehen selbst Austragungsort gesellschaftlicher Kontroversen über die politischen Konzeptionen wurde, als ein Medium der öffentlichen Meinungsbildung selbst aktiv in die Debatte eingriff und nicht nur über schon vorhandene Kontroversen berichtete und umgekehrt selbst Gegenstand heftiger publizistischer Kampagnen anderer Medien wurde, gehörte mit zu dem sich erst langsam durchsetzenden Selbstverständnis.

Integrationsfunktion des Fernsehens

Verhäuslichung und Familienrezeption

Der Fernsehapparat etablierte sich in den sechziger Jahren als selbstverständlicher Einrichtungsgegenstand. Die bereits in den fünfziger Jahren einsetzende ›Verhäuslichung‹ der Menschen nahm weiter zu. Fernsehen als eine neue Form »sozialen Handelns« (Teichert 1972, 1973) ging in einen Gewöhnungszustand über. In den Arbeiterhaushalten, so beschrieb es der Leiter des Sozialamtes der Evangelischen Kirche von Westfalen und spätere WDR-Intendant, Klaus von Bismarck, 1957, spiele »die Inneneinrichtung für das Prestige und Selbstbewußtsein eine große Rolle. Infolgedessen haben die Musiktruhe mit Radiogerät und der Fernsehschrank schon als Möbelstück in der Arbeiterwohnung besondere Bedeutung« (Bismarck 1957, 73).

Neue Form »sozialen Handelns«

Das Gesamtprogramm werde gerade in Arbeiterhaushalten als ein »breit fließender Unterhaltungsstrom hingenommen, ohne die dem Fachmann geläufigen Unterschiedlichkeiten des Programms überhaupt wahrzunehmen. Man erinnert schon von der Sendung des gestrigen Tages kaum noch Themen oder gedanklichen Inhalt. Aber man erinnert Personen, Gefühle und Bilder. Das Menschliche und Gefühlsmäßige tritt also in der Nachwirkung stark hervor.« (Bismarck 1957, 73)

Die Auswirkungen des Fernsehens auf den Familienzusammenhang rückte in den fünfziger und sechziger Jahren in den Blick, weil die Familie als

Unterschiedliches Fernsehverhalten

Gemeinschaftsgefühl durch Fernsehen

›Keimzelle‹ der Gesellschaft galt und sie im Selbstverständnis der konservativ ausgerichteten Bundesrepublik besondere Wertschätzung fand. Die positiven wie negativen Vermutungen über den Einfluß des Fernsehens auf die Familie sind im Kontext der allgemeinen Veränderungen der Gesellschaft zu sehen. Das Wochenendangebot spielte eine wachsende Rolle. »Das Wochenende beginnt am Freitag« hieß eine vielzitierte Devise, auch wenn die tatsächliche Arbeitszeitverkürzung aufgrund von Überstunden zunächst nur gering war und der Sonnabend erst für einen kleineren Teil der arbeitenden Bevölkerung arbeitsfrei wurde (vgl. Schmidtchen 1962).

Vorherrschend blieb in den sechziger Jahren das Gemeinschaftsgefühl, mit Millionen anderer Menschen dieselben Sendungen zu sehen, wobei die ab 1963 einsetzende Programmkonkurrenz zwischen ARD und ZDF zunächst nur eine geringe Rolle spielte. Wenn bei einem Krimi-Mehrteiler wie »Das Halstuch« 1962 mehr als 90 Prozent aller Geräte eingeschaltet waren, saßen ca. 30 Millionen Zuschauer vor dem Bildschirm und sahen demselben Geschehen zu. Die Kraft des Mediums, die Menschen in dieser Zahl vor dem Bildschirm zu bündeln, erschien deshalb nicht nur positiv, sondern wirkte auch bedrohlich. Zwangsläufig beschlich einige Kritiker ein tiefes Unbehagen angesichts einer solcher Suggestionskraft. Gerhard Prager vom SDR z. B. fragte deshalb nach der Verantwortung des Fernsehens, als sich im Anschluß an die Sendung zwei Morde und ein Mordversuch ereigneten, in denen ebenfalls ein Halstuch eine Rolle spielte (Prager 1962). Vom »Niedersitz der Massen« sprach Egon Netenjakob (1966) anläßlich eines späteren Durbridge-Krimis, und in der Tat war die Bindungskraft des Fernsehens besonders durch die Unterhaltungsangebote enorm.

Dynamisierung der Wahrnehmung und Ritualisierung des Zuschauens

Das Einfügen des Fernsehers in den innerfamiliären Kommunikationsraum führte dazu, daß das Zuschauen mit den Lebensabläufen in Einklang gebracht werden mußte. Das Zuschauen mußte sich den Alltagsgewohnheiten mit ihren festen und weniger festen Zeiten, Rhythmen und individuellen Eigenheiten anpassen, bzw. diese paßten sich den Gewohnheiten der Zuschauer an. Fernsehen begann zu einer Kette von Ritualen zu werden, die durch die regelmäßige Wiederkehr gleicher Angebote gestützt wurden (Beginn der Hauptnachrichtensendung, der wöchentliche Freitagabend-Krimi, die sonnabendliche Unterhaltungsshow, sogar das wöchentliche ›kleine Fernsehspiel‹).

Steiles Fernseh-Design der sechziger Jahre

Fernsehen als Ritual meint nicht nur die Teilhabe an televisuell vermittelten Ritualen religiöser wie profaner Art (Messen, Bundestagsdebatten, Amtseinsetzungen), bei der die Vermittlungen sakral aufladbarer Bilder eine Rolle spielt, sondern auch die Etablierung von wiederkehrenden festen Nutzungsformen bei bestimmten Sendungen, die in besonderer Weise als sinnstiftend und Orientierung schaffend angesehen wurden (z. B. Nachrichtensendungen). Rituelle Zeremonien können sich um Sendungen bilden, die in besonderer Weise als visuelle Mythen verstanden werden, indem sie Motive der Gemeinschaft ansprechen (Goethals 1981, 33 ff.).

Zum Ausbau der Fernsehrituale trug die Verfestigung der Programmschemata mit den nun regelmäßig wiederkehrenden Terminen von Sendereihen und Serien gleichen Inhalts bei. Damit strukturierte sich die Freizeit der Zuschauer um. Waren Interesse und Bindung an einen Fernsehtermin besonders groß, sagten Zuschauer andere Verpflichtungen ab. Das Programm organisierte auf diese Weise die Zuschauerwoche als eine Fernseherlebniswoche.

Fernsehen als Ritual

Ritualisierungen des Fernsehens, häufig durch Zusammenlegung des Fernsehens mit schon vorhandenen Ritualen des Alltags (gemeinsamen Mahlzeiten z. B.) unterstützt, führten zu Funktionsverschiebungen: Das regelmäßige Fernsehen gewann selbst eine eigenständige Funktion innerhalb des individuellen Alltagslebens; die regelmäßige Wiederkehr eines gleichen oder doch gleich strukturierten Angebots wurde bedeutsamer als die dabei vermittelten Inhalte. Wichtigstes Beispiel dafür war die »Tagesschau«-Rezeption, bei der es vielen Zuschauern vor allem um das Gefühl ging, informiert zu sein, und weniger um die wirkliche Auseinandersetzung mit Themen des Weltgeschehens. Das Informationsinteresse erschöpfte sich häufig in einer Art ›Kontrollsehen‹, man wollte erfahren, daß ›nichts Bedeutsames geschehen sei‹. Das auffallend starke Vergessen der »Tagesschau«-Inhalte unmittelbar nach der Sendung, seit Anfang der siebziger Jahre viel diskutiert, steht für diese Form ritualisierter Wahrnehmung.

»Tagesschau«-Rezeption

Zum Fernsehen gehörte nun auch, daß man als Zuschauer bestimmte Sendungen gesehen haben mußte, weil sie der Gesellschaft Gesprächsstoff lieferten. Dadurch entstand ein spezieller sozialer Rezeptionszwang. Flüchtigkeit und Einmaligkeit der Ausstrahlung sowie die Gefahr, etwas zu verpassen, erzeugten zusätzlich einen zeitlichen Konformitätsdruck. Gleichzeitig zeigte sich, daß das Zuschauen eigene Regeln entwickelte und sich nicht unbedingt an die volkspädagogischen Wunschvorstellungen der Programmverantwortlichen hielt.

Fernsehen als Gesprächsanlaß

»Hierbei soll durchaus nicht die Enttäuschung verschwiegen werden, daß das Publikum häufig nicht den rechten Gebrauch von diesem Medium macht. In seiner großen Zahl benimmt es sich nicht fernsehgerecht. Die Realitätsgewandtheit des Fernsehens geht über die im Publikum weit verbreitete Neigung zum Traumsurrogaten hinaus. Die breiten Schichten der Zuschauer beteiligen sich [...] mehr an beiläufigen Fernsehsendungen als an solchen Darstellungen, in denen das Wesen dieses Mediums ausgeschöpft wird.« (Karl Holzamer 1964a, 268 f.)

Gleichzeitig schritt jedoch die Pluralisierung der Wahrnehmung voran, als sich nun die Filmisierung im Fernsehen durchsetzte, die Programme ausweiteten und damit der Wechsel der Ansätze und Konzepte, der Anschauungen und Positionen verstärkte. Die explizit in den Programmen formulierte politische Kritik trug zur Erschütterung autoritärer Formen bei, führte zu Vervielfachung der Perspektiven und ließ mit der Zunahme ironischer und satirischer Darstellungen (z. B. in »Panorama«, »Hallo Nachbarn«, in Fernsehproduktionen von Wolfgang Menge und anderen) bei vielen Zuschauern auch eine moderne, testende Haltung dem Weltgeschehen gegenüber entstehen. Modernisierungseffekte, die schon in den fünfziger Jahren angelegt waren (vgl. Kap. 6.7), setzten sich fort und verstärkten sich.

Programmauswahl und Nutzungsvorlieben

Differenzierung des Zuschauens durch Auswahl

Der durchschnittliche Fernsehkonsum pro Tag lag 1964, nach den Erhebungen der Langzeitstudie »Massenkommunikation«, bei 1 Std., 10 Min. Dauer (Berg/Kiefer 1978, 77), ausgestrahlt wurden in den ersten beiden Programmen jedoch durchschnittlich täglich etwa 14 Stunden. Deutlich traten Programmangebotszeit und Nutzungszeit auseinander. Die hier bereits erkennbare Schere sollte sich in den folgenden Jahrzehnten noch weiter öffnen. Die Differenzierung des Angebots hatte zur Folge, daß die Zuschauer stärker auswählten, ja auswählen mußten. Da das Fernsehangebot den Umfang der Zeit überstieg, die die Zuschauer dem Fernsehen durchschnittlich widmen konnten, bildeten sich unterschiedliche Gebrauchsformen des Fernsehens heraus.

›Kanaltreue‹

Zwar bestand eine Neigung zur ›Kanaltreue‹, so daß Zuschauer aus unterschiedlichen Gründen dem Angebot eines Programms folgten, doch nahm diese Neigung langfristig ab, weil die Möglichkeit, Vorlieben für einzelne Genres zu bilden, zum Wechsel der Programme verführte. Mitte der sechziger Jahre wurde, von den Programmverantwortlichen – mit negativem Unterton – die Herausbildung eines ›Unterhaltungsslaloms‹ der Zuschauer diskutiert, die bei ernsten Sendungen auf unterhaltsamere im anderen Kanal umschalteten. In der Diskussion des ›Slaloms‹ der Zuschauer formulierte sich die Irritation der Programmacher darüber, daß sich die Zuschauer das Programm nicht in der Weise zu eigen machten, wie es die Programmverantwortlichen gern gehabt hätten. Das Entstehen unterschiedlicher Nutzungspräferenzen begann die Zuschauerforschung in den siebziger Jahren zu thematisieren. Mit Erreichen der Sättigungsgrenze wurde die Auseinandersetzung um die Zuschauergebühren und die Neuorientierung der Programme härter.

›Unterhaltungsslalom‹

»Die abendlichen Slalomläufe bleiben freilich nicht ohne Reaktion. Dieses Sich-Hindurchwinden von Krimi zu Krimi, vom Quiz-Spiel zum Western hinterläßt einen faden Geschmack auf der Zunge, schafft ein schlechtes Gewissen bei vielen Zuschauern, das sich dann in einer Art Dauerkritik am Fernsehen entlädt. Auch die Infratam-Kurve demonstriert: die Zuschauer wären durchaus verführbar. Oft fällt die Entscheidung für den Serienkrimi nur zögernd, eher widerwillig.« (Rohrbach 1971, 2)

Freizeitnutzung der Zuschauer

Um aus der Sicht der Fernseh-Macher die televisuellen Angebote besser auf die veränderten Freizeitgewohnheiten abzustimmen, bedurfte es genauerer Kenntnis der Freizeitnutzung der Zuschauer. Zwar hatte sich schon in den fünfziger Jahren die NWDR-Hörerforschung mit dem Fernsehzuschauer beschäftigt und waren bei anderen Anstalten kommerzielle Demoskopie-

Institute (z. B. beim SDR das Institut für Demoskopie in Allensbach) mit der Publikumsforschung beauftragt worden (vgl. Bessler 1980). Doch die Programmkonkurrenz von ARD und ZDF erzeugte einen größeren Bedarf an regelmäßig erhobenen Zuschauer-Daten, die nun Infratest, Infratam und andere Umfrage-Unternehmen lieferten.

Bernward Frank, Leiter der ZDF-Zuschauerforschung, zeigte zu Beginn der siebziger Jahre, wie sich deutliche ›Profile‹ bei den Zuschauern herausgebildet hatten. Es ist kein Zufall, daß sich die Formulierung solcher unterschiedlichen ›Zuschauersegmente‹ an Modellen der Werbeindustrie orientierte. Das Fernsehangebot wurde ›konsumiert‹, also entstanden Konsumenten-Profile. Frank unterschied beim Fernsehen zwischen folgenden Zuschauersegmenten, die er aus Alter, Geschlecht, Nutzweisen und Programminteressen bildete:

Erste Zuschauerprofile

a) älteres männliches Publikum mit breitem Interessenspektrum und hoher Fernsehnutzung (13 Prozent),
b) männliches Publikum mit unspezifischen Programminteressen (17 Prozent),
c) jüngere männliche Zuschauer mit spezifischem Unterhaltungsinteresse (15 Prozent),
d) jüngeres männliches Publikum mit sehr geringem Interesse am Fernsehangebot (4 Prozent),
e) weibliche unterhaltungsorientierte Vielseher (11 Prozent),
f) einseitig unterhaltungsorientiertes weibliches Publikum (16 Prozent),
g) Oberschichtsangehörige mit selektivem Informationsinteresse (11 Prozent),
h) ältere weibliche Zuschauer mit unterdurchschnittlichem Interesse am Fernsehangebot (12 Prozent) (Frank 1975, 46 ff.).

Auffallend an dieser Typologie ist, daß Frank für jüngere weibliche Zuschauer offenbar kein eigenes Profil fand.

Die Studie beschreibt eine Entwicklung, die bereits in den sechziger Jahren begonnen hatte. Sichtbar wurde damit, daß sich subjektbezogene und sozial differente Nutzungsweisen entwickelt hatten. Erstaunlich war, daß es neben den durchschnittlichen Zuschauern auch sogenannte ›Vielseher‹ und entsprechend ›Wenigseher‹ gab. Die Ausbreitung des Fernsehens hatte offenbar nicht zu einer großen Vereinheitlichung geführt, vor der seit den fünfziger Jahren die Kulturkritiker immer wieder gewarnt hatten. Die Zuschauer blieben ›rätselhafte Wesen‹ und waren offenbar nicht in der Weise manipulierbar, wie es die Kulturkritik zur gleichen Zeit befürchtete.

Subjektbezogene und sozial differente Nutzungsweisen

Fernsehen als kulturelles Forum

Blieb zwar die kurzfristige Beeinflußbarkeit durch das Fernsehen zweifelhaft, so zeichneten sich doch langfristig Veränderungen und kulturelle Umschichtungen durch das Fernsehen ab, die ab Ende der siebziger Jahre in breiterem Umfang diskutiert wurden. Da das Fernsehen Einblick in viele Lebensbereiche gab, die den Zuschauern früher größtenteils nicht zugänglich waren, fanden geschlechts- und altersspezifische Entgrenzungen statt. Die Verwischung der Grenzen zwischen Kindheit und Erwachsensein begann sich abzuzeichnen, ebenso die Problematisierung der Geschlechterverhältnisse. Frauen blieben von bestimmten Themen und Lebensbereichen nicht weiter ausgeschlossen, sondern konnten sich via Fernsehen Einblick in Sachverhalte verschaffen, die ihnen anderweitig nicht zugänglich waren. Es wäre zu untersuchen, inwiefern das Entstehen der neuen Frauenbewegung

Kulturelle Umschichtungen durch das Fernsehen

Geschlechts- und altersspezifische Entgrenzungen

durch die Ausbreitung des Fernsehens unterstützt wurde. Eine langfristige Umwertung der politischen Repräsentation fand durch das Fernsehen statt, weil es die Politiker den Zuschauern nahe rückte und dadurch ›entauratisierte‹ (vgl. Meyrowitz 1987, Postman 1983). Diese ›Entauratisierung‹ fand nicht nur in der Politik, sondern auch in anderen Bereichen statt: Das Ende des Kinostars in den sechziger Jahren ist nicht nur Folge des Niedergangs des Mediums Kino (vgl. Patalas 1967), sondern ebenso eine der immer häufigeren Präsenz der Kinostars in den Fernsehprogrammen. Umgekehrt fanden allerdings langfristig neue Grenzziehungen und neue Aurabildungen durch das Fernsehen (Stichwort ›Telegenität‹ der Politiker) statt.

Funktion des kulturellen Forums

Diese Funktion des kulturellen Forums gewann das Fernsehen zu dem Zeitpunkt, als es ein Medium wurde, das nicht mehr nur Teilgruppen, sondern tendenziell die gesamte Bevölkerung zu erfassen begann. Das Fernsehen lieferte Bewältigungshilfen und Verarbeitungsformen, die gesellschaftliche Konflikte zwar nicht immer lösbar machten, sie aber durchzustehen halfen.

Konflikte um Lebensweisen

Die sechziger Jahre waren die Zeit, in der zwischen den Generationen zahlreiche Konflikte um Lebensweisen und Alltagsgewohnheiten (Frisuren, Kleidung, Wohnungseinrichtungen, Beziehungen) aufbrachen. Dem »Orientierungssyndrom der fünfziger Jahre (Nüchternheit, Ordnung, Fleiß, Sauberkeit, Sparsamkeit, Unterordnung, Ehrfurcht vor dem Alter und der deutschen Tradition)« wurde eine »kreative Alternative« mit »Luststreben, Selbstbestimmung, Eigenverantwortung, natürliche Lebensweise« entgegengesetzt (Schmidt 1996, 33). Diese Konflikte sind nicht zuletzt darauf zurückzuführen, daß die vormals voneinander abgegrenzten Lebensbereiche jetzt durch das Fernsehen miteinander verbunden wurden: Das Fernsehprogramm zeigte immer wieder – vor allem den jugendlichen Zuschauern, die auf der Suche nach eigenen Positionen waren – andere als die im eigenen Alltag erfahrenen Lebens- und Verhaltensweisen und regte damit zumindest

Lebensstile

an, die Lebensstile der eigenen Umwelt in Frage zu stellen. In den sechziger Jahren gehörten Kinder zum Fernsehpublikum, die, wie es später hieß, durch das Fernsehen und nicht mehr primär durch Buch, Kino und Radio sozialisiert wurden. Die Existenz von ›Fernsehkindheiten‹ begann sichtbar zu werden.

8.3 Die administrative Stabilisierung der Fernsehorganisation

Mit Gründung, Aufbau und Programmbeginn des ZDF war die durch das erste Fernsehurteil des BVerfG eingeleitete Konsolidierung des Fernsehens in der Bundesrepublik im wesentlichen abgeschlossen. Zwei unterschiedliche öffentlich-rechtliche Fernsehsysteme standen sich nun gegenüber: das zentralistisch organisierte ZDF, das nur Fernsehen produzierte und sich bald zu einem der finanzstärksten Fernsehunternehmen Europas entwickelte. Daneben die ARD, die sich mit ihren Hörfunkprogrammen, einem gemeinsamen Fernsehprogramm und den in den sechziger Jahren entstandenen Dritten Programmen zu einem vielfältigen und differenzierten, in den Ländern stark verankerten Rundfunkunternehmen entwickelte (wobei der Rundfunkbegriff in Deutschland traditionell Hörfunk und Fernsehen umfaßt). Damit war sowohl die »nationale Repräsentanz« (Bausch) als auch die die Bundesrepublik kennzeichnende föderale Struktur im Fernsehen vertreten.

Hans Bausch

Die von den Alliierten einst angestrebte vollständige Unabhängigkeit des

Rundfunks vom Staat war nur noch in beschränktem Umfang vorhanden, weil in den Aufsichtsgremien Landespolitiker und beim ZDF zusätzlich Bundespolitiker saßen. Politisch Einfluß zu nehmen war in der zentralistischen Anstalt ZDF leichter möglich als bei der vielköpfigen ARD, in der sich die einzelnen politischen Einflüsse oft neutralisierten, gelegentlich allerdings auch kumulierten. Aufgrund der vielfältigen Gremienstruktur wurden politische Pressionen bei der ARD leichter abgefedert, was umgekehrt dazu führte, daß sich das ZDF oft schon im Vorfeld um eine mögliche politische Zustimmung zu seiner Gesamtlinie bemühte. Deshalb richteten sich wiederum direkte politische Angriffe häufiger gegen die ARD als gegen das ZDF.

Die durch den ZDF-Staatsvertrag politisch sanktionierte Ausstrahlung von Werbung führte zu einer gemischten Finanzierung der beiden öffentlich-rechtlichen Fernsehsysteme aus Gebühren und Werbung. Damit wurde zum einen das öffentlich-rechtliche Prinzip tendenziell unterhöhlt (vom »täglichen Sündenfall« der Fernsehwerbung war 1972 die Rede (Schneider 1972)), zum anderen machte es den Medienkonzernen deutlich, daß sich aus dem Fernsehen ein lukrativer Markt entwickeln ließe, wenn man denn das durch das Bundesverfassungsgericht festgeschriebene öffentlich-rechtliche Prinzip weiter aufweichen könnte. Das Endziel der Schaffung eines kommerziellen Fernsehens verloren die Medienkonzerne deshalb nicht aus den Augen.

ZDF-Staatsvertrag

Das Bemerkenswerte der institutionellen Entwicklung der sechziger Jahre war, daß es dem ZDF gelang, innerhalb weniger Jahre sich zu einer leistungsfähigen Anstalt zu entwickeln (vgl. Prüsse 1997, 48 ff.). Dazu trug bei, daß der Aufbau in die Ausbreitungsphase des Fernsehens fiel und damit aus den steigenden Gebühreneinnahmen ein jährlich wachsender Etat zur Verfügung stand. Das ZDF hatte unter seinem Intendanten Karl Holzamer auf die Unabhängigkeit des ZDF gesetzt und sich Integrationsbemühungen seitens der ARD (Beitritt zur ARD, Schaffung einer übergeordneten Organisation IRD – Interessengemeinschaft der Rundfunkanstalten Deutschlands) verschlossen. Das ZDF sah sich mit seinem Auftrag, ein Vollprogramm etwa im gleichen Umfang wie das ARD-Programm zu schaffen, als gleichwertiger Partner gegenüber der ARD insgesamt, als »gleichberechtigte ›Summe‹ aller Landesrundfunkanstalten« (Bausch 1980, 580).

ZDF als leistungsfähige Anstalt

Die Unabhängigkeit der neuen Fernsehanstalt ZDF wurde anfangs noch durch einige Probleme behindert. So hatten die Ministerpräsidenten der Länder das ZDF dazu verpflichtet, Regionalsendungen der ARD-Anstalten in einem Programmfenster auszustrahlen. Der rheinland-pfälzische Ministerpräsident Peter Altmeier, zugleich Vorsitzender des ZDF-Verwaltungsrats, konnte dies jedoch verhindern, nur die WDR-Regionalsendung »Prisma des Westens« wurde bis zum 30. 9. 63 im Rahmen des ZDF-Programms gebracht (ebd., 509 ff.). Die Ausstrahlung der Münchner »Abendschau« hatte Altmeier mit dem Argument abgewehrt, die finanzielle Ausstattung des ZDF sei mangelhaft. Es müsse aus den laufenden Einnahmen den institutionellen Aufbau finanzieren und sei deshalb besonders auf die Werbeeinnahmen und damit auf die Sendezeit vor 20.00 Uhr angewiesen. Die vom ZDF von Anfang an als unzureichend gesehene Beteiligung an den Gebühren gab auch in den Folgejahren ständig Anlaß zu Konflikten. Ein weiterer Streitpunkt bestand darin, daß die Finanzbehörden vom ZDF die Zahlung der Umsatzsteuer verlangten, die das ZDF mit dem Hinweis auf die ARD, die keine Umsatzsteuer zahlte, dauerhaft verweigerte. Erst 1976 wurde das Steuerbegehren endgültig niedergeschlagen.

Unabhängigkeit der neuen Fernsehanstalt ZDF

Finanznot des ZDF

Damit war die Finanznot des ZDF in den ersten Jahren jedoch keineswegs behoben. Um den Programmbetrieb zu starten, hatte das ZDF bis Ende 1964 durch Aufnahme von Krediten Schulden in Höhe von 100 Mio. DM angesammelt. Die Ministerpräsidenten der Länder einigten sich darauf, daß die ARD bis 1970 für die Kreditzinsen aufzukommen habe, was nach einem längeren Rechtsstreit, den der BR gegen die Bayerische Landesregierung führte, geschah. Der Abbau der Schulden erfolgte dann durch die Steigerung der Werbeeinnahmen. Deren Anteil an den Einnahmen lag 1972 bei 45 Prozent, also knapp der Hälfte des Etats.

ARD-System der Zusammenarbeit

Gegenüber dem zentralistisch organisierten ZDF hatte die föderal strukturierte ARD ihr System der Zusammenarbeit verbessert und gestrafft. Die Intendanten der Landesrundfunkanstalten trafen sich regelmäßig, um ihr weiteres Vorgehen abzustimmen, das Fernsehprogramm wurde durch den seit 1960 hauptamtlichen ARD-Programmdirektor und die Ständige Programmkonferenz koordiniert, wobei für die einzelnen Programmsparten nebenamtliche Koordinatoren tätig waren. Für einige Aufgaben waren zentrale Redaktionen (»Tagesschau«, »Sportschau«) und besondere Einrichtungen (z. B. die Degeto für den Filmeinkauf) entstanden. Das gemeinsam bundesweit ausgestrahlte Erste Programm besaß ›Fenster‹ von 18.00 bis 20.00 Uhr, in denen Werbung, Werberahmensendungen und Regionalsendungen ausgestrahlt wurden. Die einzelnen Anstalten konnten sich, wenn ihnen eine Sendung partout nicht zusagte, aus dem Gemeinschaftsprogramm ausschalten, was jedoch höchst selten geschah. Selbst der BR, der sich viel auf seine Eigenständigkeit zugute hielt, blendete sich in der Phase bis 1972 nur dreimal aus, um eigene Sendungen zu bringen: Neben der schon 1961 gesendeten Kortner-Inszenierung »Lysistrata« waren es das satirische Fernsehspiel Rainer Erlers »Das Bohrloch oder Bayern ist nicht Texas« am 8. 3. 68; die Jugendsendung »Zoom« am 12. 3. 71 und Rosa von Praunheims Fernsehfilm »Nicht der Homosexuelle ist pervers, sondern die Gesellschaft, in der er lebt« am 15. 1. 73. Noch einmal schaltete er sich 1977 bei dem Fernsehfilm »Die Konsequenz« von Alexander Ziegler und Wolfgang Petersen aus. Das scheinbar lockere Verbundsystem erwies sich trotz vieler Krisendebatten als sehr beständig (Bausch 1980, 590 ff.).

Vom Verdrängungswettbewerb zum Medienverbund

Interesse der Verleger an einem kommerziellen Fernsehen

War das Interesse der Bundesregierung am Fernsehen nach ihrem verfassungsrechtlichen Debakel (vgl. Kap. 6) auf Jahre hinaus reduziert, so hatte die Wirtschaft, insbesondere die Zeitungsverleger, ihr Interesse an einem kommerziellen Fernsehen nicht verloren und versuchte weiterhin, es auf verschiedenen Wegen durchzusetzen. Dabei gab es unterschiedliche Interessen. Die werbetreibende Wirtschaft hatte die Bedeutung des Werbefernsehens für die Stimulierung der nachfrageorientierten Märkte erkannt und besonders die Markenartikelindustrie arrangierte sich mit dem öffentlich-rechtlichen Fernsehen. Anders dagegen die Medienkonkurrenz. Schon im Juni 1961 hatte Axel Cäsar Springer die Beteiligung der ›Gesamtverlegerschaft‹ am Fernsehen verlangt. Als das ZDF 1964 in Finanznöte geriet, bot er an, das ZDF samt seiner Schulden zu übernehmen, was von den Ministerpräsidenten abgelehnt wurde. Die »Kommerzialisierung des ZDF« war dennoch eine seit 1964 ständig wiederkehrende Forderung (Der Spiegel 42/1964).

Ein anderes Ziel war die Durchsetzung eines Werbeverbots für ARD und ZDF mit Hilfe des Parlaments. Der Bundesverband Deutscher Zeitungsverleger (BDZV), deren Vorsitzender seit 1961 Axel Cäsar Springer war, sprach deshalb, durch publizistische Kampagnen der Presse lautstark unterstützt, von einer Wettbewerbsverzerrung zwischen Presse und Rundfunk, die zu einer Verdrängung und Vernichtung der Presse führen würde. Aufgrund des Drucks des BDZV kam es nach einer Anfrage des Bundestagsabgeordneten Berthold Martin zur Einsetzung einer Sachverständigenkommission unter Vorsitz des Generaldirektors der Salamander AG, Elmar Michel. Ein 1965 von der CDU gestarteter Gesetzentwurf zum Werbeverbot im Fernsehen und zur Neuordnung des Rundfunks wurde jedoch in der im gleichen Jahr zu Ende gehenden Legislaturperiode nicht mehr entschieden. Die Michel-Kommission kam 1967 zu dem Ergebnis, daß der Rundfunk zu keiner Wettbewerbsverzerrung geführt habe. Die eigentliche Wettbewerbsverzerrung im Bereich der Presse entstand in diesen Jahren durch den Konzentrationsprozeß auf dem Zeitungsmarkt selbst, an dem gerade der BDZV-Vorsitzende Springer aktiven Anteil hatte (Zoll 1971, 48). Eine 1967 eingerichtete, nach ihrem Vorsitzenden, dem Präsidenten des Bundeskartellamtes, Eberhard Günther, benannte Kommission zur Pressekonzentration riet deshalb, die Marktanteile der Konzerne gesetzlich zu begrenzen, was jedoch nicht geschah. Der Schaffung eines kommerziellen Fernsehens waren die Zeitungsverleger damit jedoch noch nicht näher gerückt. 1967 beantragten Springer und andere Verleger nach einer Änderung des saarländischen Rundfunkgesetzes, die die Möglichkeit kommerziellen Fernsehens zuließ eine Konzession für einen kommerziellen Sender (›Verlegerfernsehen‹). Sie wurden jedoch vom Bundespostministerium mit dem Hinweis auf fehlende Frequenzen abgewiesen.

Wettbewerbsverzerrung zwischen Presse und Rundfunk

Michel-Kommission

Zwischen den Medien hatte sich nicht nur eine Arbeitsteilung ergeben, sondern auch eine Zusammenarbeit, durch die sie sich gegenseitig ergänzten und voneinander profitierten. Die Zeitungen beispielsweise kündigten Fernsehprogramme an, informierten über bestimmte Fernsehsendungen und verstärkten so den sozialen Druck, an diesen Ereignissen teilzuhaben. Die Zuschauer verließen sich darauf, daß die Printmedien die Fernsehprogramme begleiteten und sie darüber informierten. Sie nutzten dabei sowohl die Tageszeitungen als auch die Programmpresse, die wiederum von den Rundfunkanstalten ihr Material, die Programmankündigungen, Informationen und Abbildungen, kostenlos bezogen. Der Erfolg von Rundfunkzeitschriften wie »Hör Zu«, »Gong«, »Funk-Uhr«, »TV Hören und Sehen« widerlegte nachhaltig den Vorwurf, die Presseverlage würden durch die Rundfunkmedien geschädigt. Um sie herum waren nämlich die neuen Konzerne entstanden, sie bildeten den profitablen Kern einiger Pressehäuser, die zugleich die Konzentration im Pressebereich vorantrieben: Springer mit der »Hör Zu«, der Bauer-Verlag mit »TV Hören und Sehen« usf. Die Auflagen stiegen mit der Ausbreitung des Fernsehens beträchtlich, die »Hör Zu« steigerte die Auflage von 3,5 Millionen wöchentlich verkaufter Exemplare im Jahre 1960 auf 4,0 Millionen 1970, die »Funk-Uhr« von 0,4 Millionen auf 1,3 Millionen, »TV Hören und Sehen« von 1,1 Millionen auf 1,7 Millionen, der »Gong« von 0,3 auf 0,8 Millionen. Die »Hör Zu« erreichte mit ihrer Auflage 1972 14,4 Millionen Leser und damit 30 Prozent der Gesamtbevölkerung über 14 Jahre (Honsowitz 1975, 29). Sie war damit zugleich die auflagenstärkste bundesdeutsche Zeitschrift.

Arbeitsteilung zwischen den Medien

Erfolg von Rundfunkzeitschriften

Gebührenerhöhungen und politische Einflußmöglichkeit

Abgesehen von dieser von den Zeitungsverlegern herbeigeführten Diskussion gab es in den sechziger Jahren keine grundsätzlichen Herausforderungen an das Fernsehen. Rückblickend entsteht deshalb für die sechziger Jahre der Eindruck, als ob sich in der Medienpolitik dieser Zeit ein Bedürfnis nach Ruhe breit machte. Erst am Ende des Jahrzehnts setzte wieder eine neue medienpolitische Debatte ein.

Erhöhung der Rundfunkgebühren

Am 6. 2. 69 beschlossen die Ministerpräsidenten der Länder die Erhöhung der Rundfunkgebühren: für das Fernsehen von 5 auf 6 DM und für den Hörfunk von 2 auf 2,50 DM. Dieser scheinbar marginale Vorgang steht exemplarisch für die Veränderungen des Fernsehens zu Beginn der siebziger Jahre. Die Zuwachsraten bei den Teilnehmerzahlen wurden geringer, damit stagnierten die Einnahmen – bei gleichzeitig weiterwachsenden Produktionskosten. Die drohenden Defizite konnte nur eine Gebührenerhöhung auffangen. Weil diese aber von den Ministerpräsidenten beschlossen werden mußte, bot sich den Politikern damit ein Druckmittel an, gegen einen allzu kritischen Rundfunk vorzugehen und eigenen politischen Auffassungen Gehör zu verschaffen. Diese neue Konstellation traf den Rundfunk in einer gesellschaftlich besonders kontroversen Phase, in der mit Beginn der sozialliberalen Koalition die CDU die Macht in Bonn verloren hatte und die bis dahin geltenden gesellschaftlichen Werte in Frage gestellt wurden.

8.4 Verbesserungen der Fernsehtechnik: die Einführung des Farbfernsehens

Das ZDF litt in den ersten Jahren darunter, daß sein Programm nur von 43 Prozent der Zuschauer empfangen werden konnte. Die Bundespost baute zusätzliche Sender, so daß zu Beginn der siebziger Jahre eine Vollversorgung erreicht war. Die Besitzer älterer Fernsehgeräte mußten für den Empfang einen Adapter kaufen und ihre Antenne umrüsten. Die Fernsehindustrie forcierte jedoch stärker den Kauf neuer Empfänger. Insgesamt führte der ZDF-Programmbeginn zu einem neuen Schub in der Fernsehgeräteproduktion.

Einführung des Farbfernsehens

Ab 1962 kamen in Europa die Vorbereitungen zur Einführung des Farbfernsehens in Gang. In den USA war ein nach dem Prinzip der additiven Farbmischung arbeitendes Farbfernsehen entstanden und 1954 eingeführt worden, das nach der Normkommission ›National Television System Committee‹ (NTSC) benannt wurde. Jeder Bildpunkt wurde in drei Farbpunkte zerlegt, die unterschiedlich stark aufleuchteten und durch deren Mischung im Auge des Zuschauers der Eindruck der einzelnen Farben entstand. Ein zentrales Problem bestand in der Forderung nach Kompatibilität der Farb- und Schwarzweiß-Bilder. Farbfernsehen mußte auf Schwarzweiß-Empfängern als klares Schwarzweiß-Fernsehen zu sehen sein, Farbfernsehgeräte wiederum mußten schwarzweiß produzierte Sendungen als Schwarzweiß-Bilder ohne Farbflimmern zeigen können. Das NTSC-Farbfernsehen hatte den Nachteil, bei Übertragungsschwankungen, die durch natürliche Einflüsse leicht zustande kamen, die Farbtöne augenfällig zu verschieben, so daß die Bilder in der Regel einen erheblichen Farbstich aufwiesen.

Um diese Fehler zu vermeiden, entwickelte der französische Fernsehtechniker Henri de France ein Verfahren, in dem die Signale für Farbton und Farbsättigung abwechselnd mit den Zeilen übertragen, gespeichert und nach der Übermittlung der zweiten Zeile aus dem Speicher (der ›Erinnerung‹) abgerufen wurden. Auf diese Weise entstand ein ›natürlich‹ wirkendes Farbbild. Das System wurde ›Séquentielle couleur à mémoire‹ (SECAM) genannt. Eine Weiterentwicklung von NTSC- und SECAM-Technik stellte das vom Telefunken-Ingenieur Walter Bruch entwickelte PAL-System (›Phase Alternation Line‹) dar.

NTSC
SECAM
PAL

Auf europäischer Ebene war 1962 eine Arbeitsgruppe ›Farbfernsehen‹ gegründet worden, die die europäische Entscheidung für ein einheitliches System vorbereiten sollte. Nach zahlreichen Testversuchen bei den verschiedenen Sendeanstalten sollte 1965 eine Entscheidung fallen. Die französische Regierung versuchte, die Entscheidung dadurch zu beeinflussen, daß sie am Vorabend der entscheidenden Tagung der CCIR (vgl. Kap. 4.1) in Wien mit der Sowjetunion vertraglich die Einführung des SECAM-Systems vereinbarte (Bruch 1967, 110 ff.). Doch das politische Kalkül ging nicht auf. Auch die Spekulation, das bundesdeutsche Fernsehen würde sich, um die DDR-Bewohner farbig zu erreichen, nun für das vom Ostblock übernommene SECAM-System entscheiden, erfüllte sich nicht. Die Mehrheit der europäischen Staaten, darunter die Bundesrepublik, entschied sich 1966 in Oslo für die Einführung des PAL-Systems. Für die Techniker war die technische Zuverlässigkeit des Systems ausschlaggebend. Bruch selbst verwies darauf, daß die Illusionssteigerung durch die Farbe dem PAL-Farbfernsehen zum Durchbruch verhalf: Gegenüber dem NTSC-System, bei dem die Zuschauer die Farbe ständig nachregulieren mußten, wollte man, daß die Farbgebung so »vollkommen« werde, daß das Farbfernsehen als Technik »gar nicht mehr auffällt« (ebd., 109). Das Fernsehen sollte also in seiner Materialität nicht in Erscheinung treten, sondern möglichst unsichtbar bleiben. Das Medium Fernsehen sollte wie ein Transparent wirken, durch das man in eine andere Welt schauen konnte – die eben farbig war.

Die Umrüstung der Fernsehproduktion der Anstalten begann ab 1966, dabei ging das ZDF mit seinen Münchner Riva-Studios voraus. ARD-Überlegungen, bei dieser Umrüstung die schon in den fünfziger Jahren diskutierte spartenbezogene Arbeitsteilung zwischen den Anstalten doch noch einzuführen und nicht alle Sender mit Farbe auszurüsten, wurden verworfen, weil man einsah, daß über kurz oder lang das gesamte Programm in Farbe ausgestrahlt werden würde. Kernstück der ersten Ausrüstung waren drei Farb-Übertragungswagen: je einer beim ZDF, NDR und beim WDR. Am Anfang der »ersten Buntphase« bereitete die Kompatibilität den Programmschaffenden noch Schwierigkeiten, so daß ARD und ZDF zunächst hauptsächlich »Konserven« einsetzten, »die als erste Farbversuche teilweise schon vor Jahren hergestellt« worden waren. Farbe sollte nach der Auffassung des ZDF-Intendanten Karl Holzamer dort eingesetzt werden, »wo es auf Schau und auf die Entfaltung barocker Pracht« ankomme (zit. n. Gandela 1975, 13). Daneben erschienen Unterhaltungssendungen, die hoch in der Zuschauergunst standen, in Farbe: Kulenkampffs »Einer wird gewinnen«, Frankenfelds »Vergißmeinnicht« und die Serie »Mit Schirm, Charme und Melone« (Der Spiegel 22/1967).

*Umrüstung
der Fernsehproduktion*

Als am 25. 8. 67 mit einem Knopfdruck Willy Brandts auf der Funkausstellung das Farbfernsehen in der Bundesrepublik begann, wurde ein gleitender Übergang gewählt. Waren zunächst nur einige Stunden in Farbe zu sehen, stieg der Anteil der Farbsendungen bis zum Beginn der siebziger Jahre so stark an, daß Farbe zur Programmnormalität wurde. Die anfangs penibel beachtete Kompatibilität zwischen Farbe und Schwarzweiß wurde zunehmend weniger eingehalten. Auch auf der Seite der Empfangsanlagen

*Kompatibilität von Farbe
und Schwarzweiß*

Auf der Funkausstellung 1967 drückt Willy Brandt auf den Knopf: Die Ära des Farbfernsehens beginnt

fand ein gleitender Übergang statt. Die meisten Zuschauer tauschten ihr Gerät erst bei einer ohnehin geplanten Neuanschaffung aus.

Farbkonflikt im Ost-West-Gegensatz

Der Ost-West-Gegensatz war fernsehästhetisch dadurch verschärft, daß sich die DDR für SECAM und die Bundesrepublik für PAL entschieden hatten. Doch die Auswirkungen hielten sich in Grenzen. Für die Westzuschauer wurde das Ost-Programm, weil es nun nur als Schwarzweiß-Fernsehen zu empfangen war, unattraktiver, da nur wenige Zuschauer im Westen sich einen SECAM-Adapter zulegten. Das Westfernsehen verlor dagegen für die Ostzuschauer nicht an Bedeutung, weil das Interesse sich weniger an der ›Buntheit‹ des Unterhaltungsangebots entzündete als an der politischen Berichterstattung, die auch schwarzweiß ihre Gültigkeit behielt. Durch das Vorschalten eines Decoders waren die Farbdifferenzen (auch für die DDR-Zuschauer) nach einiger Zeit leicht zu überwinden.

Die Einführung der Farbe bedeutete eine ästhetische Aufwertung des Fernsehens im Medienensemble. Der Film hatte schon seit den vierziger Jahren die Farbe zur zusätzlichen Illusionssteigerung eingesetzt und in den fünfziger Jahren zur Selbstverständlichkeit werden lassen (obwohl es lange vorher im Kino mit der Virage und anderen Colorierungstechniken schon Farbe gegeben hatte). In den frühen sechziger Jahren hatte im Zeitschriftenwesen der Vierfarbdruck für ein neues Erscheinungsbild gesorgt, gleichzeitig zog in der Privatfotografie die Farbe ein, so daß der Schwarzweiß-Bildschirm medienästhetisch vergleichsweise armselig erschien. Ähnlich galt der Fernsehton gegenüber den inzwischen verfeinerten akustischen Techniken (Stereo) der Unterhaltungselektronik als etwas zurückgeblieben. Die Einführung des Farbfernsehens stellte deshalb 1967 einen längst überfälligen Schritt dar. Den Stereoton begann das Fernsehen in den siebziger Jahren zu erproben.

Ästhetische Farbexperimente

Ästhetische Farbexperimente entstanden zunächst in der Unterhaltung und im Fernsehspiel. Beim WDR setzte sich Roland Freyberger intensiv mit neuen Gestaltungsweisen auseinander. Farbe erlaubt nicht nur eine Illusionssteigerung, sondern ganz neue bildästhetische Gestaltungsmöglichkeiten wie das Ausstanzen und Einfügen von Bildern sowie deren unterschiedliche Einfärbung. Im sogenannten Blue-Box-Verfahren konnten verschiedenen Bilder ineinander ›gestanzt‹ werden. Personen nahm man vor einer tiefblauen Studiowand auf, filterte das sie umgebende Blau aus dem Bild (›ausstanzen‹) und fügte an gleicher Stelle andere Bilder, z.B. eine

Postkartenfotografie oder ein Filmbild, ein. Auf dem Bildschirm schienen die Personen dann in der anderen Bildwelt zu agieren (vgl. Freyberger 1971).

»Von den Beat-Rhythmen zu psychedelischer Tätigkeit am Mischpult hingerissen verwandelt [Michael Leckebusch im ›Beat-Club‹] mit Hilfe der Ampex-Elektronik Positiv in Negativ, Weiße in Schwarze, er bietet Trunkenheitsperspektiven und verwischt die Beatszene so radikal, als gelte es, den Betrachtern Reise-Eindrücke von traumhaften LSD-Trips zu übermitteln. Die Realität wackelt, blubbert, huscht und quillt in phantasmagorischen Zuckungen, doch niemals willkürlich, über den Bildschirm.« (Der Spiegel 35/1968)

Die Einsatzmöglichkeiten solcher Stanztechniken waren vielfältig. In der Fernsehspielpraxis traf die neue Technik jedoch auf eine Ende der sechziger Jahre verstärkte Realismus- bzw. Naturalismusorientierung, so daß es nur zu wenigen Erprobungen kam. Zwar entwickelte Peter Zadek neuartige Collagetechniken mit dem Blue-Box-Verfahren bei Tollers »Rotmord« (WDR 1969) und O'Caseys »Der Pott« (WDR 1971), doch hauptsächlich konzentrierten sich diese Versuche auf die Musik- und Show-Unterhaltung, da bei Studioproduktionen verschiedene Lichttechniken und neue farbige Gestaltungsweisen erprobt werden konnten. Blue Box-Verfahren setzten z. B. Michael Leckebusch im »Beat Club« bei Radio Bremen, Jean-Christophe Averty in seiner »Idea«-Reihe im ZDF, und Bob Rooyens in seiner »Dusty-Springfield-Show« im WDR ein. Der eher naturalistische Einsatz der Farbe bestimmte auf Dauer jedoch in den siebziger Jahren und in der Folgezeit das Farbfernsehen.

Elektronische Stanztechniken

8.5 Der Ausbau der Programme

Mit dem Start des ZDF-Programms am 1. 4. 63 (»Zum Ersten das Zweite«) war das ZDF-Programm darum bemüht, den Abstand, der zum Ersten Programm durch mangelnde Bekanntheit, geringeren Umfang und fehlende Reichweite vorhanden war, zu verringern und vom Publikum als vollwertige Alternative anerkannt zu werden. Programmausbau und -konkurrenz bestimmten deshalb die ZDF-Strategien. Die ARD war wiederum darum bemüht, ihren Vorsprung aufrechtzuerhalten und insbesondere durch den Aufbau der Dritten Programme Vielfältigkeit innerhalb der eigenen Angebote zu bieten. In der Programmplanung (das ZDF richtete als erste Anstalt dafür eine eigene Hauptabteilung ein) gewann die Orientierung auf die Wünsche von Publikumsmehrheiten an Gewicht, die Zuschauerforschung erhielt einen neuen Auftrieb.

»Zum Ersten das Zweite«

Die sechziger Jahre sind durch Verfestigung der Programmstrukturen und ständige Detailrevisionen gekennzeichnet. War die Programmentwicklung in den fünfziger Jahren durch ihre Ambivalenzen zwischen Restauration und Innovation gekennzeichnet, so sind die sechziger Jahre auf der Strukturebene durch die Ambivalenz zwischen Schemabildung und -durchbrechung, Ritualisierung und Aufhebung der Rituale geprägt. Das ZDF beispielsweise mußte, sollte es als Programmalternative Bestand haben, versuchen, das Ritual des Programmeinstiegs mit der »Tagesschau« aufzubrechen und durch andere, mit dem eigenen Programm verbundene Ritualisierungen zu ersetzen. Dies gelang nur in begrenztem Umfang.

Verfestigung der Programmstrukturen

Programmphilosophie: Lebenshilfe zwischen Bildung und Unterhaltung

Das Logo des ZDF

Versuche, die strukturellen Modernisierungseffekte des Mediums in einem hegemonialen Konzept zu fassen

»Der stete Fluß muß Unterhaltung sein, in die alles andere eingebettet wird oder daraus emporragt.« (Holzamer 1963a, 337).

»Im weitesten Sinn verstandene politische Bildung«

Um eine ›programmphilosophische‹ Fundierung des Fernsehens hat sich in den sechziger Jahren besonders der ZDF-Intendant Karl Holzamer bemüht. Weil er als Intendant für ein Gesamtprogramm verantwortlich war, fühlte er sich im Gegensatz zu seinen ARD-Kollegen dazu besonders berufen. Die hauptamtlichen ARD-Programmdirektoren hielten sich mit der Formulierung von Grundsätzen eher zurück. In der ersten Hälfte der sechziger Jahre äußerte sich allerdings auch der HR-Intendant Werner Hess über die Funktionen des Fernsehens und die »Probleme der Multiplikation« des Mediums (Hess 1963), gegen Ende des Jahrzehnts war es der WDR-Intendant Klaus von Bismarck, der von den »gesellschaftskritischen« Aufgaben des Fernsehens sprach (Bismarck 1969). Auch von Bismarck kam aus dem Lager der Kirchenvertreter.

Gleichwohl blieb es ein eigentümliches Unterfangen, ein Programm mit seinen ungezählten Sendungen auf ein einziges Konzept, auf eine programmatische Absicht verpflichten zu wollen. Es war letztlich ein Versuch, die strukturellen Modernisierungseffekte des Mediums, die in der Pluralisierung der Positionen, einer Flexibilisierung des Zuschauens und einer Toleranz gegenüber Verschiedenem und Differentem bestanden, in einem hegemonialen Konzept zu fassen.

Die konkrete Programmarbeit entzog sich zwangsläufig einem solchen Vorhaben durch die Vielzahl der Beteiligten, die Unüberschaubarkeit der Themen und die Vielfalt der Darstellungsweisen. Holzamers Versuch, die kommunikative Dynamik und mediale Virulenz eines Programms mit theoretischen Grundsätzen bändigen zu wollen, mußte deshalb scheitern. Dennoch wurde Holzamer Mitte der sechziger Jahre nicht müde, seine Vorstellungen vom Fernsehen in den öffentlichen Diskurs einzubringen. »Der stete Fluß muß Unterhaltung sein, in die alles andere eingebettet wird oder daraus emporragt.« (Holzamer 1963a, 337).

Holzamer betonte in Anlehnung an Karl Jaspers den pädagogischen Aspekt des Fernsehens, wobei er allen Programmsparten, auch der Unterhaltung, eine bildende Funktion abgewann. »Ein Massenmedium müsse ohne ein gewisses Bildungsziel bei seinem Bildungsauftrag im Dunkeln tappen«, schrieb er 1964 und betonte, daß es sich beim Fernsehen keineswegs um eine »Fortsetzung der Schulbildung« handeln dürfe, sondern um eine »Volksbildung«, die dort anfange, »wo die institutionalisierten Bildungseinrichtungen [aufhörten]«, die er als eine »im weitesten Sinn verstandene politische Bildung« ansah (Holzamer 1964a).

Fernsehen als Erwachsenenbildung, dieses Konzept hing sicherlich auch mit Holzamers persönlicher Herkunft zusammen. Er war seit 1952 Ordinarius für Philosophie und Pädagogik an der Universität Mainz. Dem Fernsehen wies er die Verantwortung dafür zu, daß das Publikum vom Fernsehen »nicht den rechten Gebrauch« machte. Hinter diesem Vorwurf steckte die programmplanerische Intention, durch eine geschickte Programmgestaltung das Publikum zu eben diesem »rechten Gebrauch« zu erziehen.

Holzamer erhoffte sich, durch ein volksbildendes Fernsehen den »Horizont unseres Volkes verändern und erweitern« zu können, so daß die »kulturtragende Schicht« vielleicht »um 10 Prozent vermehrt werden könnte« (ebd.). Folgerichtig stellte deshalb das erste ZDF-Jahrbuch das Fernsehen als ein Bildungsprogramm dar und sah dessen zentrale Aufgabe darin, »geistige Orientierung in einer sich wandelnden Welt« zu geben. »So verstanden wird Bildung zur Lebenshilfe im weitesten Sinn« (ZDF-Jahrbuch 1964, 65).

»Das Fernsehen ist ein Instrument der Augenweide, und darum bejahe ich durchaus, daß auch die Unterhaltung nicht einen bestimmten Zweck haben soll, außer dem, daß sie den Menschen einfach entspannt, sich fallen lassen, sich ausruhen läßt. Daneben gibt es allerdings auch Unterhaltungsformen, durch die wieder Unterhaltung in selbsttätigem Sinne zugespielt wird.« (Holzamer 1963b, 62)

Auch auf der ARD-Seite wurde von Lebenshilfe gesprochen. Der WDR-Programmdirektor Hans Joachim Lange sah z.B. das Fernsehprogramm 1964 zwischen »Amüsierbetrieb, Kulturfabrik und Lebenshilfe« angesiedelt. Er hielt die Mischung für sinnvoll und glaubte dafür einen breiten Konsens in der Gesellschaft vorhanden. Mit normativen Ansprüchen hielt er sich jedoch deutlich zurück. Er vermied jede Festlegung auf eine das Programm in seiner Gesamtheit festschreibende Definition. »Das Programm ist immer ein Spiegel der Organisationsform, in der es entsteht« (Lange 1964, 152). Daß das pädagogische Konzept, wie es Holzamer formulierte, besonders mit der Auffassung, Fernsehen sei Unterhaltung, kollidierte, war vielen Programmverantwortlichen durchaus bewußt, selbst wenn sie vielleicht noch auf eine pädagogische Formung der Unterhaltung hofften.

»Amüsierbetrieb, Kulturfabrik und Lebenshilfe«

»Man kann gar nicht oft genug darauf hinweisen, daß das Fernsehen immer eine bildende Wirkung ausübt, ob es nun Bildungsfernsehen ist oder nicht. Es besteht daher die Gefahr, daß die Gründung eines besonderen Bildungsprogrammes den übrigen Fernsehprogrammen etwas von ihrer Bildungsverantwortung abnimmt. Vor jeder Gründung eines solchen Bildungsfernsehprogramms muß daher festgestellt werden, daß die Bildungsverantwortung für jedes Fernsehen unverändert bleibt.« (Becker 1963, 261)

In dieser eigentümlichen Ambivalenz zwischen Erwachsenenbildung und Unterhaltung als Entspannung bewegten sich die Programmformen und -inhalte in den sechziger Jahren. Bildung im Sinne von Lebenshilfe, Belehrung, Aufklärung und Kritik zielte auf eine ›Hebung‹ des Bewußtseins des Publikums, setzte Anforderungen, gab sich anspruchsvoll. Dagegen stand die Unterhaltung, die dem Zuschauer ein Recht zugestand, so sein zu dürfen, wie er war, die ihn nicht bilden, sondern Entspannung bieten wollte. Das Konzept ›Lebenshilfe‹ schien eine Brücke zu bilden, weil es als ›Orientierungshilfe‹ verstanden wurde. Die »Lebenshilfe, die ein so gesehenes Fernsehen leistet«, sollte, mit Holzamers Worten, »in der Eingewöhnung in die verwandelte technische Welt, in ihren kritischen Gebrauch, in dem Durchdringen ihres letztlich doch den Menschen dienenden Netzwerkes« bestehen (Holzamer 1965, 2).

Das Konzept ›Lebenshilfe‹ als Programmidee

Damit war die Funktion des Fernsehens, Begleitinstrument gesellschaftlicher Modernisierungsprozesse zu sein, selbst als Programmauftrag formuliert, war die aus den fünfziger Jahren stammende Ambivalenz von Dynamik und Statik, Innovation und Restauration in Programmkonzepte umformuliert worden.

Koordinierung und Kontrast

Die Erfahrungen mit dem Experiment eines II. ARD-Programms prägten die Verhandlungen der ARD mit dem gerade gegründeten ZDF. Die Ministerpräsidenten hatten in ihrem Staatsvertrag dem ZDF ins Aufgabenheft geschrieben, sich mit der ARD in der Programmgestaltung abzustimmen.

›Kontrast‹

Klaus von Bismarck, Intendant des WDR von 1961–1976

›Schutzzonen‹

Gleiche Bauprinzipien der Programme

Die Koordinierung der Programme sollte das Entstehen einer Konkurrenz zwischen beiden Programmen verhindern und statt dessen einen ›Kontrast‹ erzeugen. Der Kontrast sollte das Angebot von politisch bildenden und informativen Sendungen vor einer harten Konkurrenz durch Fiktion und Unterhaltung im anderen Programm schützen. Dahinter steckte die Annahme, daß das Publikum immer lieber zu Spiel und Unterhaltung neige, und deshalb ein pädagogisches Konzept vonnöten sei, um ihm durch die geschickte Programmkonstruktion den rechten Programmgebrauch beizubringen. Es handelte sich auch um eine unbewußte Sicherung der Einheitlichkeit des Angebots innerhalb des Dispositivs Fernsehen; man wollte von seiten der Politik eine unkontrollierte Konkurrenz verhindern, weil man ihre Folgen für die Darstellung und Vermittlung staatlicher Machtinteressen noch nicht abschätzen konnte.

Die Koordinierung der Programme setzte bereits 1962 durch eine Kommission ein, der auf der einen Seite der ZDF-Intendant Karl Holzamer und ZDF-Mitarbeiter und auf der anderen Seite der WDR-Intendant Klaus von Bismarck und andere ARD-Programmverantwortliche angehörten. Die Programmstrukturen sollten aufeinander abgestimmt werden. Nach vielfältigen Kontroversen einigte man sich schließlich auf eine begrenzte Zahl von Umschaltterminen. Auf einen gemeinsamen Beginn des Abendprogramms ließ sich das ZDF jedoch nicht ein, sondern plazierte seine Nachrichtensendung auf 19.30 Uhr, um auf diese Weise zwischen der Nachrichtensendung und dem Hauptabendprogramm noch Werbung schalten zu können.

Die Koordinierung zwischen den Programmen blieb die Jahre hindurch kontrovers. Das zweite Abkommen für 1964 wurde z. B. erst zum 1. 4. 64 unterzeichnet, weil man sich nicht hatte vorher einigen können. Man vereinbarte deshalb ab 1964 Laufzeiten der Abkommen für jeweils zwei Jahre. Die Vereinbarungen wurden immer dann durchbrochen, wenn sich ein Fernsehsystem davon einen Vorteil beim Publikum erhoffte, oder wie es der Leiter der ZDF-Planungskommission, Hans Kimmel, 1969 beschrieb, daß »der eine dem anderen hin und wieder einen Doppelnelson ansetzt, um die Zuschauermajorität zu kriegen« (Kimmel 1969, 11). »Die große strukturelle Ästhetik des Programmschemas hat nur einen einzigen Fehler: den Umstand nämlich, daß es nicht alleine auf der Welt ist.« (Kimmel 1969)

Die Vereinbarung des Kontrastes sollte in erster Linie dazu dienen, Unterhaltung nicht gegen politische Dokumentation zu setzen, nicht die leichte Musiksendung gegen das ambitionierte Fernsehspiel. Bestimmte Programmsparten (insbesondere die politischen Informationssendungen) wurden durch ›Schutzzonen‹ gegen andere (z. B. Unterhaltung) abgegrenzt.

Allen Abgrenzungsbemühungen zum Trotz war das ZDF-Programm nach den gleichen Bauprinzipien wie das Erste Programm konstruiert. Den Angelpunkt des Abendprogramms bildete die Eröffnung durch eine Nachrichtensendung, danach kam ein Abendprogramm, das täglich einen anderen Schwerpunkt besaß, der im wöchentlichen oder zweiwöchentlichen, manchmal nur monatlichen Rhythmus wiederkehrte. Die Schwerpunkte lagen im fiktionalen Fernsehfilm, der Unterhaltung, der Dokumentation und der politischen Information, Sport wurde meist tagsüber in Direktübertragungen ausgestrahlt.

Vor dem Abendprogramm war ein Werberahmenprogramm plaziert, das mit unterschiedlichen Sendeformen von der Unterhaltung bis zur Dokumentation gefüllt wurde. Donnerstags erschien z. B. ein halbstündiger Film in der Reihe »Das kleine Fernsehspiel«. Diese im Vorabendprogramm präsentierten Filme wurden aus dem internationalen Kurzfilmschaffen

»Tim Frazer«
Max Eckard und
E. F. Fürbringer

besorgt. Am Nachmittag gab es Familien- und Kindersendungen, bis Mitte der sechziger Jahre allerdings in sehr begrenztem Umfang. Eine grundsätzlich andere Programmstruktur bedeutete dies nicht, sondern nur eine Variante des bestehenden gewachsenen ARD-Musters.

Der Kontrast in den Tagesprogrammen war für die Mehrheit der Zuschauer auf den ersten Blick nicht leicht zu erkennen. In der zweiten Januarwoche 1964 wurden bei ARD und ZDF gezeigt: Montags im Ersten um 20.15 Uhr ein Reisefeature über Deutschland, im Zweiten ein Kulturfilm über Samoa, spätabends im Ersten: der deutsche Spielfilm »Die Mücke« mit Gustav Knuth und Hilde Krahl, im Zweiten ein Spielfilm aus der englischen Pater-Brown-Serie. Am Dienstag im Ersten ein politisches Feature über den Zweiten Weltkrieg, im Zweiten ein Film über De Gaulle, danach im Ersten der Spielfilm »Hiroshima mon amour« und im Zweiten die Übertragung eines Mozart-Konzerts. Am Mittwoch im Ersten eine Slapstickserie mit Werner Schwier »Es darf gelacht werden« und eine Unterhaltungsreihe mit Marianne Koch, im Zweiten ein Fernsehspiel über Alltagsverwechslungen mit Bruni Löbel. Am Donnerstag umgekehrt ein ernstes Fernsehspiel im Ersten Programm: »Haben« von Julius Hay, im Zweiten eine nordische Musikimpression und Korrespondentenberichte. Am Freitag im Ersten der Krimi-Mehrteiler von Francis Durbridge »Tim Frazer« und im Zweiten eine Komödie von Goldoni in der Regie von Wolfgang Liebeneiner. Sonnabends im Ersten eine Übertragung der Vorauswahl für den Chanson-Wettbewerb des Grand Prix d'Eurovision und 45 Minuten Artistik, im Zweiten ein historischer Hollywoodfilm über Emile Zola mit Paul Muni in der Regie von William Dieterle. Am Sonntag im Ersten schließlich der zweite Teil von »Tim Frazer« und im Zweiten eine Operettenübertragung »Die schöne Galathee«.

Von einem Gegensatz konnte nicht die Rede sein. Beide Programme

*Kontrast
in den Tagesprogrammen*

*Weitgehend
homogenes Angebot*

traten zwar gegeneinander an, bildeten aber, vom Zuschauer aus gesehen, keine wirklichen Alternativen, sondern hatten nur die Fläche eines weitgehend homogenen Angebots verbreitet. Da der Programmplanung ein gemeinsames Instrumentarium der Zuschauerforschung (infratest und infratam) zugrunde lag und das Ziel, eine möglichst große Zuschauerzahl an das eigene Programm zu binden, ebenfalls identisch war, mußten sich die Positionen im Laufe der Zeit annähern. Die Variationsmöglichkeiten des Programmschemas reduzierten sich weiter, da dessen Grunddaten durch institutionelle Vorgaben (Werbezeitbegrenzungen, Jugendschutzgrenzen) oder durch die Begrenzungen des Zeitbudgets der Zuschauermehrheit nur wenig veränderbar waren. Hinzu kamen neben institutionellen Vereinbarungen auch Kooperationsabkommen zwischen ARD und ZDF, die zu weiteren Annäherungen, besonders in der Außenvertretung in den internationalen Gremien, der Sportberichterstattung von Großveranstaltungen (Fußballweltmeisterschaften und Olympiaden) führten. Die Bemerkung im ZDF-Jahrbuch 1966 über die Programmplanung kann stellvertretend für die Entwicklung stehen: »Die praktische Koordinierungsarbeit« habe sich »atmosphärisch bewährt und methodisch verfeinert« (ZDF 1967, 46).

Prinzip des Wechsels

*Schwerpunkt
des Abendprogramms*

Die Verpflichtung zum Kontrast führte zu einer Struktur, die durch eine vertikale Gliederung bestimmt war, wobei die Nachmittagssendungen aus der Koordinierung ausgenommen waren. Die Abfolge der Sendungen wurde noch in unregelmäßiger Weise durch die Nachrichtensendungen strukturiert, dabei war das Prinzip erkennbar, nicht zwei spartengleiche Sendungen aufeinander folgen zu lassen, so daß sich hier das Prinzip des Wechsels durchsetzte. Die horizontale Gliederung wurde dadurch bestimmt, daß der Schwerpunkt des Abendprogramms ebenfalls von Tag zu Tag spartenweise wechselte, so daß durch dieses Prinzip des ständigen Wechsels eine Art teppichartiges Muster entstand, deren Raster bei ARD und ZDF zwar nicht identisch waren, sich aber doch auffallend glichen.

Ausbau der Hauptprogramme: ARD und ZDF

Die quantitative Entwicklung der beiden Hauptprogramme zeigt, wie auf der einen Seite das ZDF den Programmumfang kontinuierlich bis 1972 steigerte und danach die erreichte Höhe beibehielt, die ARD dagegen nach einem Anstieg 1964/65 ihren Programmumfang etwas reduzierte und danach etwa gleichbleibend auf einem Niveau stabilisierte. Nimmt man jedoch die Dritten Programme hinzu, ist auch für die Programme der ARD-Anstalten insgesamt eine grundlegende Tendenz zum Ausbau zu erkennen, selbst wenn die Zuschauer nur die Möglichkeit hatten, je ein Drittes Programm zu empfangen. Selbst wenn man berücksichtigt, daß für die Dritten Programme ein oft reduzierter Aufwand – im Sinne einer kargen Ästhetik des Didaktischen – betrieben wurde, ist erkennbar, daß sich in den ARD-Anstalten bereits in den sechziger Jahren die Gewichtung in der Programmproduktion auf die Dritten Programme zu verschieben begann.

Der Eindruck von Kontinuität und Gleichförmigkeit in den Programmen der sechziger Jahre ist Ausdruck der Schemadurchsetzung, also einer Formalisierung der Angebotsfolgen. Er wird durch die statistische Darstellung der Programmzusammensetzung aus den verschiedenen Sparten bestätigt. Bis auf eine Zunahme der Informationssendungen bei der ARD und eine Zunahme der Fiktionssendungen im ZDF ist die Zusammensetzung der Programme erstaunlich konstant.

Testbild

Quantitative Entwicklung der Fernsehprogramme ARD und ZDF 1963 bis 1973

	ARD[1] Min/Jahr	tgl. Std.[2]	ZDF[3] Min/Jahr	tgl. Std.	Dritte Progr. insg.[4] Min/Jahr	tgl. Std.
1963	229.573[5]	10,5	79.365	4,8		
1964	246.782	11,3	118.512	5,4	23.526[6]	3,9
1965	247.734	11,3	130.802	6,0	130.881	6,0
1966	233.292	10,7	174.452	8,0	211.727	9,7
1967	233.889	10,7	180.262	8,2	267.734	12,2
1968	237.757	10,9	190.336	8,7	300.051	13,7
1969	232.085	10,6	200.383	9,1	372.949	17,0
1970	228.952	10,5	212.233	9,7	441.785	20,2
1971	228.230	10,4	219.266	10,1	450.882	20,6
1972	235.001	10,7	226.406	10,3	501.070	22,9
1973	233.058	10,6	222.935	10,2	613.752	28,0

[1] ARD-Programm inkl. Regional- und Werbeprogramm des WDR (stellv. für andere Regional- und Werbeprogramme), Vormittagsprogramm bis 1965 allein, danach der ARD-Anteil;
[2] im Jahresdurchschnitt;
[3] inkl. ab 1966 ZDF-Anteil am Vormittagsprogramm;
[4] Die Dritten Programme sind aufgrund ihrer regionalen Ausstrahlung jedoch für die Zuschauer nie alternativ zueinander angeboten worden, allenfalls gab es Überschneidungen an den Grenzen der Sendegebiete.
[5] inkl. II. ARD-Programm;
[6] Beginn mit dem III. Programm des BR am 22. 9. 64.

Quelle: Statistische Jahrbücher, eigene Berechnungen

Programmzusammensetzung ARD und ZDF 1964 bis 1972[1] (Prozentanteil am Gesamtprogramm)

	ARD					ZDF				
	1964	1966	1968	1970	1972	1964	1966	1968	1970	1972
Information	31,5	34,2	34,1	36,9	36,2	28,6	27,6	26,4	25,7	26,6
Unterhaltung	15,9	14,2	14,7	14,6	16,4	15,8	15,4	15,4	16,9	14,8
Fernsehsp./Film	17,0	18,8	17,8	19,1	19,1	18,0	21,6	24,6	24,1	24,8
Sport	8,5	7,5	14,4	9,8	11,2	18,8	13,3	11,0	9,4	11,0
Kind./Jugends.[2]	11,8	12,8	12,0	13,3	11,7	8,2	11,9	12,8	14,3	14,0
Programmverb.	8,9	8,5	7,0	5,7	4,7	8,1	6,0	6,0	6,3	5,7
Sonstiges	6,4	4,0	--	0,6	0,7	2,5	4,2	3,8	3,3	3,1

[1] Da die Programmstatistik der Fernsehsysteme unterschiedliche Kategorien verwenden, wurden hier Sparten zusammengefaßt; dabei sind ARD und ZDF untereinander nicht vergleichbar.
[2] Beim ZDF sind hier Kultursendungen, ab 1966 Kultursendungen inkl. Kinder- und Jugendsendungen erfaßt; die ARD faßt dagegen Kinder- und Jugendsendungen mit dem sonstigen ›Familienprogramm‹ zusammen.

Quelle: Statistische Jahrbücher, eigene Berechnungen

Die beiden Hauptprogramme wurden, nachdem es dazu in den fünfziger Jahren bereits Entwicklungen gegeben hatte, in den sechziger Jahren zu dauerhaft präsenten, kontinuierlich neue Angebote liefernden »Kulturmaschinen« (Schwengler 1956), an die sich die Zuschauer nach Bedarf anschließen konnten. Sah der erste ZDF-Intendant noch 1964 im »Programmfließband« nicht das »eigentliche Wesen des Fernsehens«, sondern in

Vielteiligkeit und Zusammengesetztheit des Programms

der »Aktualitätskraft« des Ereignisses (Holzamer 1964a, 267), so zeigt der quantitative Ausbau der Programme, daß es so viele besondere Ereignisse gar nicht geben konnte, sondern Vielteiligkeit und Zusammengesetztheit des Programms bestimmend waren. Der Kulturwissenschaftler Abraham Moles sah deshalb schon im gleichen Jahr wie Holzamer das Fernsehen als eine Addition und Synthese von Informationsbruchstücken, sogenannten »Wissensschnipseln«, die er mit Claude Lévi-Strauss als »Kulturbestandteile« (»culturmes«) bezeichnete (Moles 1964, 146). Die fortdauernd neue Montage der Kulturbestandteile im Programmfluß wurde zum Kennzeichen des Fernsehens, auch wenn Programmverantwortliche Konzepte des sinnhaften Ganzen propagierten.

»Rundfunk und Fernsehen tragen am stärksten dazu bei, das Denken mit Wissensbrocken anzureichern, mit Mosaiksteinchen, mit Denkeinheiten, und sie liefern so den Rohstoff zu Ideenverbindungen und vielleicht auch für unsere eigenen geistigen Beiträge. Schon längst Gedachtes wird so zu neuen Gedanken aufbereitet, aus Komponenten von Gemeinplätzen wird ein neues Mosaik zusammengesetzt.« (Moles 1964, 146)

Ausbau der Regional- und Werbeprogramme

Mit dem Ausbau der Regional- und Werbeprogramme hatte die ARD den Programmfluß zwischen dem Nachmittags- und dem Abendprogramm hergestellt und noch vorhandene Lücken geschlossen. Eine Lücke bestand noch zwischen dem Vormittagsprogramm (10.00–13.00 Uhr) und dem Nachmittagsprogramm (ab 17.00 Uhr), die nur vereinzelt durch Sportübertragungen gefüllt wurde. Das ZDF begann sogar erst ab 18.40 Uhr mit dem Programm. Im Wochenendprogramm, das ab 1961 sonnabends um 13.00 bzw. 14.00 Uhr und sonntags ab 11.00 bzw. 12.00 Uhr begann, gab es ab Mitte der sechziger Jahre keine Programmlücken mehr. Sendeschluß war wochentags in der Regel zwischen 23.00 und 24.00 Uhr, gegen Ende der sechziger Jahre reichten die Sendungen am Freitag- und Samstagabend über Mitternacht hinaus.

Unvergessene Clementine

Der Sonntag begann mit einer die sechziger Jahre hindurch relativ unverändert bleibenden Struktur: Zur Programmeröffnung kam ab 1963 eine halbstündige Vorschau auf die Programmwoche. Sie war insbesondere für die Fernsehzuschauer in der DDR gedacht, die in ihrer Programmzeitschrift keine Angaben über das Westfernsehen fanden. Nach der Vorschau gab es einen Gottesdienst und danach Werner Höfers »Internationalen Frühschoppen«. Es waren Sendungen, die an Sonntagsrituale des Kirchgangs und des Frühschoppens anknüpften und für diese einen televisuellen Ersatz boten, der ein Zuhausebleiben ermöglichte und gleichzeitig den Schein der Tradition wahrte. Ähnlich lassen sich andere Anknüpfungen an tradierte Rituale, insbesondere an zyklische Jahresereignisse im Programmjahr und ihren Ersatz durch Fernsehangebote finden.

Familienprogramm im weitesten Sinne

Ein Familienprogramm im weitesten Sinne galt am Wochenende als erwünscht, bunte Unterhaltungsnachmittage wie »Samstagnachmittag zu Hause: Ein buntes Allerlei« bildeten den Anfang eines solchen unterhaltungsorientierten Programmausbaus in den frühen sechziger Jahren, bald abgelöst und ergänzt durch Programmeinkäufe aus den Archiven amerikanischer Fernsehsysteme: Serien wie »Fury«, »Am Fuß der Blauen Berge«, »Wyatt Earp greift ein«, dann auch Aufzeichnungen der »Perry-Como-Show« und andere, die durch ihre amerikanische Unterhaltungsfärbung die Spannung in der Programmgestaltung gegenüber den traditionsbezogenen didaktischen Formen von Gottesdienst und politischem Stammtisch deutlich machten.

»Greife lieber ... «

Das ZDF-Programm begann am Samstag und Sonntag bis 1965 erst um

17.00 Uhr. Ab 1966 baute das ZDF ein Nachmittagsprogramm am Wochenende auf, so daß bereits im gleichen Jahr ein dem ARD-Programm vergleichbares Sonntagnachmittagsangebot besonders für Kinder bestand. Der Sendeschluß näherte sich dem des ARD-Programms an. Dabei nahm man Rücksicht auf die arbeitende Bevölkerung, die werktags früh zur Arbeit ging.

Sehr früh schon bildete sich in der Kritik und im Kulturbetrieb insgesamt die Meinung heraus, das Zweite Deutsche Fernsehen sei von seiner Haltung eher CDU-freundlich, während die ARD mehr zur SPD neige; das ZDF sei betulicher, biederer, zeige mehr Unterhaltung, während die ARD stärker für ein journalistisches, weltoffenes, kritisches Programm stand. Die Kritik, etwa von Wolf Jobst Siedler in der »Zeit« 1963, zielte auf den Gegensatz von intellektueller Weltläufigkeit im Ersten und biederer Provinz im Zweiten: »Wenn man den Knopf bedient, wechselt man seinen Wohnort – plötzlich ist die Provinz bei einem im Wohnzimmer« (Zeit v. 7. 6. 63). Diese Einschätzung blieb lange erhalten, nicht immer berechtigt, aber schon in den sechziger Jahren nicht völlig unbegründet.

›Weltläufigkeit‹ vs. ›biedere Provinz‹

Regionalprogramme

So wie das ZDF aufgrund des ZDF-Staatsvertrages ganz selbstverständlich Werbung zu seinem Programmauftrag machte und Werbesendungen in seine Programmstruktur integrierte, baute die ARD das Vorabendprogramm aus, das von den Werbetochtergesellschaften, die die Landesrundfunkanstalten Ende der fünfziger Jahre mit der Einführung des Werbefernsehens gegründet hatten, betreut wurde. Die regionalen Nachrichtensendungen waren in diesem Vorabendblock integriert, organisatorisch jedoch nicht in der Verantwortung der Werbetöchter.

Vorabendprogramm und Werbefernsehen

Dabei ergab sich beim Ersten Programm eine eigentümliche Konstellation: In den Programmteilen, die aufgrund ihrer föderalen Vielfältigkeit thematisch und von ihrer Darstellung her den Zuschauern besonders nah waren, wurde die Werbung angesiedelt. Damit verstärkte das Fernsehen aufgrund der Anordnung bereits die Funktion der Werbung der Modellierung der Zuschauerbedürfnisse, weil es mit den eher alltäglichen Informationen in Verbindung gebracht wurde, während im Abendprogramm etwas kulturell Anspruchsvolles zu erwarten war. Die ›Nähe‹ zum Zuschauer und seinem Alltag wurde noch dadurch unterstrichen, daß Werbung von montags bis freitags ausgestrahlt wurde, das Wochenende dagegen ›werbefrei‹ blieb. Die Form, in der die regionale Nachrichtensendung mit den Werberahmensendungen verkoppelt wurde, war bei den einzelnen Landesanstalten unterschiedlich. Darin unterschied sich die ARD vom ZDF, das ein bundesweit einheitliches Vorabendprogramm ausstrahlte. Das ZDF hatte zudem mit den Mainzelmännchen attraktive, bald zum Symbol für das gesamte Programm werdende Figuren gefunden. Analog dazu waren die Programmverbindungen bei den ARD-Anstalten regional unterschiedlich gestaltet (NDR: Seepferdchen, SDR/SWF: Äffle und Pferdle, HR: Otto; SFB: Telebär). Sie zielten auf eine stärkere Verbundenheit der Zuschauer mit ihrer jeweiligen Landesrundfunkanstalt und nicht unbedingt mit der ARD.

Bereits ab Mitte der sechziger Jahre läßt sich eine Tendenz beobachten, das Vorabendprogramm mit drei, statt wie bis dahin mit zwei Sendungen zu besetzen, so daß mehr Möglichkeiten entstanden, Werbung in unmittelbarer Nähe redaktioneller Beiträge zu plazieren. Ab 1966 gab es vereinzelt sogar vier Sendungen. Parallel zu dieser Aufteilung in kleinere Einheiten wurde es

Parzellierung aus Werbegründen

üblich, das Werbeprogramm mit Fernsehspielserien (meist staffelweise zu je 13 Folgen produziert oder in den USA, England oder Frankreich eingekauft) zu füllen: »Hafenpolizei«, »Kommissar Freytag«, »Sprung aus den Wolken«, »Mutter ist die Allerbeste« und »Jürgen Goslar erzählt: Unterwegs mit Jörg Preda« gehören zu den auf diese Weise gezeigten Serien. Amerikanische Serien wie »Oh, diese Bells«, »Meine drei Söhne«, »Kentucky Jones« traten an die Stelle der bis dahin gezeigten kleinen Dokumentationen (z. B. »Stationen einer abenteuerlichen Reise von München nach Kalkutta«), musikalische Unterhaltungssendungen (z. B. »Zu Gast in Essen: ein musikalischer Stadtbummel«) und kleinen Fernsehspielproduktionen (z. B. »Nachtbus 29« von Helmut Andresen).

Volkspädagogische Absichten und Werbung

Der Widerspruch des Werbefernsehens zu den volkspädagogischen Programm-Maximen trat gegen Ende der sechziger Jahre deutlicher hervor. Das Fernsehen diente der Konsumsteuerung und der Werbung, die in diesem Medium ihr optimales Persuasionsmittel fand. Es war damit zum Instrument kommerzieller Prozesse geworden. Der Kritik schien damit gegen Ende der sechziger Jahre der öffentlich-rechtliche Status unterminiert zu werden. Umgekehrt wurde jedoch aufgrund der staatsvertraglichen Begrenzungen die Fernsehwerbung in ihrer Entwicklung zunehmend gebremst und konnte besonders dann in den siebziger Jahren nicht mehr den gesteigerten Erfordernissen der Konsumsteuerung entsprechen. Diese Entwicklung führte dazu, daß sich die werbetreibende Wirtschaft in den siebziger Jahren für die Durchsetzung des kommerziellen Fernsehens verstärkt engagierte.

Kooperation beim gemeinsamen Vormittagsprogramm

Das seit dem 4. 9. 61 gesendete Vormittagsprogramm, das zunächst ein reines ARD-Programm war, wurde seit dem 3. 1. 66 als Gemeinschaftsprogramm von ARD und ZDF ausgestrahlt. Die Initiative für den gemeinsamen Betrieb ging vom Bundesminister für Gesamtdeutsche Fragen, Erich Mende, aus, der sich, vergeblich, mit der Durchsetzung eines solchen Programms die Etablierung einer direkten Ansprache an die DDR-Bevölkerung in Form eines ministerialen Drei-Minuten-Kommentars (»Das Wort an ganz Deutschland«) versprach (Trapmann 1966). Das Programm setzte sich ab 1966 aus Wiederholungen der beiden Sender zusammen (»Wiederholungsprogramm für Mitteldeutschland«).

»Wiederholungsprogramm für Mitteldeutschland«

Das Programm bestand hauptsächlich aus Informationssendungen. Es begann mit Kurznachrichten, gefolgt von der Wiederholung einer Nachrichtensendung (»Tagesschau«, »heute«) des Vortags, und wurde abgeschlossen von Montag bis Samstag durch die Sendung »Das aktuelle Magazin« von 12.00–13.00 Uhr (ab 1966 bis 13.30 Uhr). Dazwischen lag um 10.25 Uhr montags die »Sportschau« und dienstags (14-tägig) die vom NDR kommende »Schaubude«, donnerstags die »Drehscheibe« des ZDF. Das Vormittagsprogramm bildete auf diese Weise eine verknappte Kompilation des ARD- und ZDF-Programms. Das Programmschema ab 1966 sah zwischen 10.20 und 12.00 Uhr folgendermaßen aus:

So: ARD und ZDF (alternierend): leichtes Kulturfeature
Mo: ARD und ZDF (alternierend): Sport und Unterhaltung
Di: ARD: Kulturfeature
Mi: ZDF: Fernsehspiel bzw. Spielfilm
Do: ZDF: Sport, leichtes Kulturfeature
Fr: ARD: Fernsehspiel bzw. Spielfilm
Sa: ARD und ZDF (alternierend): Unterhaltung und Kulturfeature (Trapmann 1966).

Die Problematik dieses ›Programms für die DDR‹ bestand darin, daß es zwar politisch gewollt war, man daraus aber keine »Sondersendungen des Mitleids« (Klaus von Bismarck) machen wollte. Ein Konzept dafür, was innerhalb dieses Programmrahmens gesendet werden sollte, gab es nicht, auch waren die Informationen über die DDR eher dürftig. Gleichzeitig wußte man, daß dieses Programm auch von den westdeutschen Zuschauern gesehen wurde. Dies wurde nicht als Chance gesehen, sondern als Zielkonflikt verstanden.

Ausbau der Dritten Programme

Der Begriff des ›Dritten Programms‹ orientierte sich am Hörfunk, der seit 1955 in einigen Sendegebieten, einem britischen Modell folgend, Programme eingerichtet hatte, die sich nicht an die große Mehrheit der Hörer, sondern mit einem kulturell anspruchsvollen Programm an ›interessierte Minderheiten‹ richtete. Gegenüber dem ›Integrationsprinzip‹ der Hauptprogramme folgten die Dritten Programme, die die Ministerpräsidenten den ARD-Anstalten 1961 zugestanden hatten, einem »Differenzierungsprinzip«. Sie wollten »eine Gruppe gerade auf jene Bedürfnisse intensiv ansprechen, die sie von der Mehrheit des Publikums unterscheiden« (Roß 1967, 9).

Programmdirektor Werner Höfer stellt 1965 das WDR mit seinem Sendezeichen vor

»Bildungsnot«

Die Akzentuierung der neuen Programme lag auf Bildung und Kultur. Diese Ausrichtung ist vor dem Hintergrund der neu entfachten Bildungsdiskussion zu sehen, die bei den Pädagogen das bis dahin als pädagogisch kontraproduktiv verstandene Medium Fernsehen nun als ein für Bildungszwecke gezielt verwendbares Medium erscheinen ließ. Der Einsatz des Fernsehens als Unterrichtsmittel schien notwendig angesichts einer bevorstehenden »Bildungsnot«, wie sie der Pädagoge Georg Picht 1964 prognostiziert hatte, und einer »Bildungskatastrophe«, wie sie die Wirtschaft befürchtete. Mit der Zahl der Abiturienten und Studierenden lag die Bundesrepublik unter dem europäischen Durchschnitt und man befürchtete, eines Tages nicht mehr genügend qualifizierte Arbeitskräfte zu haben, um auf dem Weltmarkt Schritt halten zu können. Ein Drittes Programm als Bildungsprogramm schien deshalb hilfreich.

Mit dem Bildungsbegriff ließ sich außerdem ein kulturell anspruchsvolles Angebot verknüpfen, das man dem breiten Publikum in den Hauptprogrammen nicht zumuten wollte, wohl aber Zuschauern mit hoher formaler Bildung. Auf diese Weise hoffte man auch, die immer noch verbreitete fernsehfeindliche Haltung kultureller Eliten abbauen zu können.

Die regionalen Dritten Programme entwickelten unterschiedliche Programmprofile. Während das »Studienprogramm« des Bayerischen Rundfunks (Beginn: 22. 9. 64) sich in ein Lehrprogramm (Schulfernsehen und Kursprogramm) und ein eigentliches Studienprogramm (größere Themenbereiche aus Politik, Wissenschaft und Kultur) gliederte und damit den pädagogischen Aspekt deutlich hervorhob, legte das Dritte Programm des Hessischen Rundfunks (Beginn: 5. 10. 64) den Schwerpunkt – neben Kursreihen, Politik, Kunst und Literatur – auf die »intensive Behandlung regionaler Fragen« (Roß 1967, 21). Das Dritte Programm von NDR, RB und SFB lief zunächst in einer Versuchszeit vom 4. 1. bis 11. 4. 65 und dann ab 26. 9. 65 für ein weiteres Halbjahr. Daran schlossen sich Spielzeiten von 39 Wochen an, so daß jeweils eine größere Sommerpause entstand. Auch hier teilte sich das Programm in ein Kursusangebot (bis 20.00 Uhr) und ein Informations- und Kulturprogramm (ab 20.00 Uhr). Das Dritte Programm des WDR (Beginn: 17. 12. 65) bestimmte sich dagegen stärker durch regio-

Schulfernsehen und Kursprogramm

Ausbau der Dritten Programme (in Minuten)					
	BR	HR	NDR/RB/SFB[1]	WDR	SDR/SWF/SR
1964	16.590	6.936			
1965	50.520	22.443	40.391	17.527	
1966	53.880	35.906	45.770	76.171	
1967	79.214	41.169	62.166	85.185	
1968	107.123	43.631	63.140	86.157	
1969	107.515	52.222	67.581	104.054	41.577
1970	102.198	66.962	71.416	130.700	69.789
1971	108.720	63.199	71.768	128.848	78.347
1972	116.960	74.785[2]	72.181[3]	138.361	98.783
1973[4]	130.096	108.713[2]	91.614[3]	164.607	118.722

[1] 1964–66 inkl. regionale Sondersendungen
[2] zusätzlich Schulfernsehen auf den Sendern des Ersten Programms
[3] zusätzlich Schulfernsehen auf dem Sendern des Ersten Programms
[4] zusätzlich wurden 64.445 Minuten ausgestrahlt (NDR/RB/SFB 4.337 Min.; WDR: 1.403 Min.; SWF: 322 Min.; SDR: 326 Min.; BR: 81 Min.; SFB: 57.976 Min)

Quelle: Statistische Jahrbücher, eigene Berechnungen

nale Informationen aus Nordrhein-Westfalen vor 20.00 Uhr und »bildende« Sendungen ab 20.15 Uhr, »wobei die sachbezogenen Formen (Kursus, Dokumentation, Vortrag usw.) dominieren, ohne daß Spielformen (Film, Fernsehspiel, Theater, Unterhaltung) fehlen« (Roß 1967, 22). Als letztes begann das gemeinsame Dritte Programm von SWF, SDR und SR am 5. 4. 69 seinen Sendebetrieb. Schon zuvor hatten die Dritten Programme am 7. 9. 66 eine Verwaltungsvereinbarung über den gegenseitigen Programmaustausch getroffen. Auch beim Dritten Südwestprogramm stand eine Mischung von Kursusreihen und Kultursendungen im Vordergrund.

Literarische Kultur

Das Dritte Programm von NDR, RB und SFB z.B. etablierte zahlreiche Kulturreihen, die an die zeitgenössische literarische Kultur, (»Literarische Illustrierte« mit Ernst Schnabel, Sendungen in Zusammenarbeit mit Walter Höllerers Literarischem Colloquium in Berlin) und an die aktuelle Theaterdiskussion (Aufführungsreihe »Theater heute« mit Henning Rischbieter) anknüpften. Der »Teleclub« brachte Aufnahmen aus anderen, vor allem englischen und amerikanischen Fernsehprogrammen, eine Reihe »Die neue Bibliothek«, in der über wichtige Neuerscheinungen erschöpfend gesprochen wurde, das »Forum« mit kontroversen Debatten (z.B. unter Leitung von Harry Pross), ein Magazin »Studio III aus Kunst und Wissenschaft« und nicht zuletzt den »Filmclub«, in dem Klassiker von Vertov, Stroheim und anderen gezeigt wurden.

Standardisierung der Sendezeiten

Die Kursprogramme, die tagsüber bzw. im Vorabendprogramm liefen, waren in der Regel auf strikt eingehaltenen Zeitleisten plaziert, auch die Abendprogramme, die innerhalb der Woche täglich unterschiedliche Schwerpunkte setzten, zeichneten sich zu Beginn häufig durch gleichbleibende Anfangszeiten aus. Vertikale und horizontale Gliederungsmuster bestimmten hier also in einer deutlicheren Ausprägung als in den Hauptprogrammen das Angebot.

»Die gesamte Welt als Studienstoff«

Von den Dritten Programmen gewann besonders das Studienprogramm des Bayerischen Rundfunks ein eigenes Gewicht. Nicht nur weil hier, wie Hellmut Oeller es 1967 formulierte, »die gesamte Welt als Studienstoff angenommen und zum Gegenstand des Programms gemacht« wurde (Oeller 1967, 25), sondern weil mit dem im Studienprogramm ausgestrahlten Telekolleg ein von der Bayerischen Staatsregierung anerkannter Abschluß einer Fachschulreife erworben werden konnte (Flottau 1972, 69). Dieter Roß kam zu der Auffassung, daß erst die Dritten Programme einen wirklichen Kontrast zu den Hauptprogrammen darstellten (Roß 1967, 7), da sie eng begrenzte Zielgruppen anvisierten und diese unter weitgehendem Verzicht auf aktuelle Informationsangebote und Unterhaltung bedienten.

Mit den Dritten Programmen sollte bewußt keine Konkurrenz zu den beiden Hauptprogrammen aufgebaut werden (vgl. auch Langenbucher 1976). Die Programmplaner kamen auf der Suche nach Funktionen und Inhalten, die außerhalb eines ›allgemeinen‹ Fernsehens lagen, in Bereiche, die von anderen Medien und Institutionen »effektiver und rationeller bedient werden« konnten (Roß 1979, 339). Die Einschaltquoten waren dementsprechend niedrig, aber das spielte damals noch keine Rolle.

8.6 Die Entwicklung der Programmgenres und -sparten – Lebenshilfe, Bildung und Unterhaltung

Hatten die fünfziger Jahre die Voraussetzungen für eine ›Industrialisierung‹ des Fernsehens geschaffen, so konnte auf dieser Basis eine Entfaltung und Genrefizierung der Sendungen und ihrer Formen stattfinden. Die Durchsetzung der Programmschemata erforderte nun in sehr viel höherem Maße eine kontinuierliche Produktion, erzwang dadurch Reihenbildung, Standardisierung und Stereotypisierung im einzelnen. Daneben aber gab es – nicht nur in Randbereichen der Programme, sondern auch im Abendprogramm – Erprobungen neuer Sende- und Gestaltungsformen. Setzte die Entwicklung der Programmgenres zunächst mit bildungspädagogischen Intentionen ein, so gab es von Anfang an auch gegenläufige Entwicklungen. Die Sparten bewegten sich aus dem vorgesteckten ›programmphilosophischen‹ Rahmen heraus und setzten durch ihre Praxis andere, vor allem unterhaltungsbezogene Konzepte durch.

Kontinuierliche Produktion und neue Gestaltungsformen

Bildung, Ausbildung, Lebenshilfe, Service – Ratgeber und Bildungsprogramme

In der ersten Hälfte der sechziger Jahre rückte die Bildung ins Zentrum fernsehprogrammatischer Überlegungen. Daraus ergaben sich für das Programm unterschiedliche Konsequenzen. Zum einen wurden die bereits in den fünfziger Jahren etablierten Ratgebersendungen, die sich damals noch nicht so nannten, ausgebaut. Zum anderen kamen pädagogisch konzipierte Reihen ins Programm, die teilweise auf Weiterbildung und Erwerb beruflicher oder doch zumindest berufsstützender Qualifikationen angelegt waren. Zum dritten entstanden vor allem in den Dritten Programmen Sendungen, die naturwissenschaftliches und geisteswissenschaftliches Wissen vermittelten.

Bildung im Mittelpunkt

Die Ratgeber-Sendungen in den fünfziger Jahren hatten sich besonders an Frauen gerichtet und mit Problemen der Haushaltsführung, der Wohnungseinrichtung und gesellschaftlichen Umgangsformen beschäftigt. Sendungen wie das »Magazin für die Frau« (WDR), »Meine Groschen, Deine Groschen« (ARD) oder »Aus dem Alltag, für den Alltag« (ZDF) und »Für Haus

Ratgebersendungen

»Das Rasthaus« –
Günter Jendrich erläutert
neue Gesetze, Verkehrs-
schilder und Warnzeichen,
Antje Hagen assistiert

»Gesundheitsmagazins Praxis«

»Rasthaus«

und Haushalt« (ZDF) bestanden weiter. Daneben kamen neue Gegenstandsbereiche in den Blick. Der SWF entwickelte 1961 den Verkehrsratgeber »Das Rasthaus« mit Günter Jendrich, das ZDF zog mit »Tips für Autofahrer« 1963 nach. Die ARD richtete ein Magazin »Der Markt« über Wirtschaftsprobleme ein (Beginn 12. 10. 63), weitere Magazine folgten.

Eckpunkte der weiteren Entwicklung von Ratgebersendungen waren die Einrichtung des »Gesundheitsmagazins Praxis« (ZDF, Redaktion Hans Mohl), das zum ersten Mal am 3. 1. 64 ausgestrahlt wurde, der Verkehrs-Ratgeberspot »Der 7. Sinn« (ARD/WDR) ab Januar 1966 und der »ARD-Ratgeber« ab 1970, der sich von Sendung zu Sendung unterschiedlichen Themen zuwandte. Zu den Lebenshilfe vermittelnden Reihen gehörte auch die am 8. 11. 64 begonnene »Fernseh-Elternschule« (ZDF) am Sonntag, in deren 22 Folgen Grundkenntnisse moderner Kinderpsychologie und Pädagogik vermittelt wurden. Filmsequenzen zeigten Konfliktszenen und Tobias Brocher, Klaus Katz und Hertha Sturm interpretierten diese im Gespräch. Die große Resonanz der »Fernseh-Elternschule« zeigte, daß ein größerer Orientierungsbedarf in der sich verändernden bundesdeutschen Gesellschaft bestand.

Daß trotz der Existenz von Lebenshilfe- und Ratgeberfunktionen im Fernsehprogramm der fünfziger Jahre dem SWF-»Rasthaus« fernsehgeschichtlich das »Urheberrecht an Fernsehratgebern« zugebilligt wurde (Neumann-Bechstein 1994, 246), macht auf den Prozeß der Herausbildung von Fernsehgenres aufmerksam, der in ähnlicher Weise auch in anderen Programmsparten in den sechziger Jahren zu beobachten ist. Waren in den fünfziger Jahren die Rat gebenden und Orientierung stiftenden Funktionen in verschiedenen Sendeformen noch mit anderen Funktionen vermischt, und betreuten die Moderatoren und Redakteure in der Regel noch andere Sendungen, so trat jetzt eine Spezialisierung ein. Den Hauptanteil an der Entfaltung der Ratgebersendungen hatten die Dritten Programme, in denen sich Ratgeber wie »Die neue Bibliothek« (N3), »Teleclub« (über »Filme und Filmemacher«, H3), »Werden Sie schöner, bleiben Sie jung« (WDR 3) neben den Wissenschaftssendungen, den Sprachlernkursen und dem Schulfernsehen an ein allgemeines Publikum wandten.

Mit dem Ausbau der Programme wuchs der Umfang der Magazinsendungen. »Gesundheitsmagazin Praxis« und der »ARD-Ratgeber« waren auf monatliche Erscheinungsweise angelegt. Die Medizinsendung »Die Sprechstunde« von BR III kam bereits wöchentlich (52 mal 45 Min.). Bei diesen 30 bis 45 Minuten dauernden Folgen kam es rasch zur Herausbildung einer festen Dramaturgie sowie zur Entwicklung spezifischer Gestaltungselemente. Man konnte jetzt von einer Ratgeber-Dramaturgie sprechen, die sich zumeist aus der Magazinform entwickelt hatte (vgl. Mohl 1979).

»ARD-Ratgeber«

Daneben entstand mit dem »7. Sinn« der Ratgeberspot, der zwar die Kurzform früherer Ratgebertips aufnahm, aber eine ausgefeilte eigene, im wesentlichen von Folge zu Folge gleiche dramaturgische Konzeption aufwies. Sein prägnantes Erscheinungsbild resultierte daraus, daß er konsequent filmische Darstellungsformen verwendete und mit seiner drastischen Form der Unfalldidaktik Spannungsmomente einbaute.

Ratgeberspot

Das Entstehen einer spezifischen Ratgeberdramaturgie hängt auch damit zusammen, daß sich diese Ratgeber nicht mehr an eingeschränkte Zuschauergruppen richteten, sondern die erwachsenen Zuschauer insgesamt ansprechen wollten. Man könnte für die Einführung des »Rasthauses« sogar sagen, daß das Fernsehen hier eine Ratgebersendung hauptsächlich für männliche Zuschauer entwickelte und deshalb mehr Aufwand betrieb, während die Haushalts- und Mode-Magazine der fünfziger Jahre sich eben ›nur‹ an die Frauen richteten. Diese Unterteilung verschwand jedoch spätestens mit dem ZDF-»Gesundheitsmagazin Praxis«.

Ratgeberdramaturgie

Die Herausbildung der Ratgebersendung als neuem Genre läßt sich in Analogie zum Entstehen von Spielfilmgenres im amerikanischen Studiosystem begreifen, bei dem aus tradierten Formen und Elementen durch Institutionalisierung, serielle Produktion und Standardisierung neue Genres geformt wurden. Der Übergang im bundesdeutschen Fernsehen von der eher improvisierten Herstellung einzelner Sendungen zur Reihenproduktion mit weitgehend standardisierten Präsentationsweisen (bei wechselnden Inhalten) mußte in ähnlicher Weise zur Bildung von Programmgenres führen. Ihre Durchsetzung von Standards in einzelnen Programmsparten bedeutete umgekehrt, daß sich traditionelle Mischformen reduzierten.

Anders verhielt es sich bei der Entwicklung der Wissenschaftssendungen, die von Anfang an über einen höheren Status innerhalb der Hierarchie der Programmsparten verfügten. Auch sie entwickelten in den beiden Hauptprogrammen prominent besetzte ›Aushängeschilder‹ und wurden dann in den Dritten Programmen durch ein Spektrum ergänzender Reihen und Serien komplettiert, wobei es sich nicht immer nur um Eigenproduktionen der Anstalten, sondern häufig um eingekaufte Serien aus England und den USA handelte. Die ›Standardisierung‹ bestand hier in der Ausrichtung auf einen Wissenschaftsmoderator wie Ernst von Khuon, Hoimar von Ditfurth, Heinz Haber, Bernhard Grzimek oder Heinz Sielmann. Bei ihnen kam es, wie bei Fernsehstars häufig, zu Wechselwirkungen: Das Fernsehen machte die Wissenschaftsjournalisten durch ihre Reihen bekannt, und durch einen spezifischen Stil, Wissenschaft zu vermitteln, entwickelten sie sich selbst zu ›Markenzeichen‹ innerhalb ihrer Sparte. Indem sie ihre Bildschirmprominenz durch Bücher und andere publizistische Medien weiterverwerteten, steigerte sich ihre Bekanntheit, so daß wiederum das Fernsehen von ihnen profitierte.

Wissenschaftssendungen

»Querschnitt« durch ein Hirn mit Hoimar von Ditfurth

Wissenschaft bedeutete durchaus nicht nur Naturwissenschaft, in den mittsechziger Jahren standen gerade beim neugegründeten ZDF die Geistes- und Sozialwissenschaften im Vordergrund. »Die Römer sind unter uns« nannte sich eine vierteilige Reihe 1963. Geschichte wurde mit Sendungen wie »Die Rettung der Tempel am Nil« oder »Das antike Ephesus« behandelt, Kunstgeschichte kam mit Sendungen über Michelangelo, Kokoschka oder Barlach, die Soziologie mit Sendungen über »Prestigesorgen der heutigen Gesellschaft« oder »Ist der Mensch durch Tests meßbar?« ins Programm. Naturwissenschaft und Technik standen im Vordergrund des im Oktober 1964 gestarteten ZDF-Magazins »Aus Forschung und Technik« (Redaktion Heinrich Schiemann), in dem u.a. der angebliche deutsche Forschungsrückstand und dann zunehmend Weltraumprobleme diskutiert wurden.

»Unser blauer Planet«

»Ein Platz für Tiere«

In den Hauptprogrammen waren weiterhin große Wissenschaftsreihen plaziert, die sich mit der Erkundung eines Aspekts der Welt beschäftigten. Heinz Haber zeigte z.B. 1965 seine Reihe »Unser blauer Planet«, Bruno Vailati 1966 eine 13teilige Reihe »Die Eroberung des Meeres« (ZDF). Bernhard Grzimeks Reihe »Ein Platz für Tiere« (HR) z.B. machte deutlich, worin die Differenz zu den frühen Tiersendungen bestand. Er bediente sich der in den fünfziger Jahren eingeführten Form der sprecherzentrierten Studiosendung, brachte einen Schimpansen, Geparden oder Mungo ins Studio mit, während er frontal die Zuschauer mit »Kompetenz und menschlicher Wärme« ansprach (Miersch 1997). Doch er zeigte auch Aufnahmen aus der freien Wildbahn und begnügte sich nicht damit, nur angenehm über die Tierwelt zu plaudern. Grzimek warnte vor dem Abholzen der Regenwälder, dem Verschmutzen der Weltmeere und der Zerstörung der natürlichen Lebensräume für Tiere und Pflanzen und trat für die Unabhängigkeit der afrikanischen Staaten ein. »Er konnte scharf kritisieren, ohne daß die Zuschauer ihm dies übelnahmen. Er betrachtete die schönen und unverfänglichen Tierbilder als Mittel, um den Naturschutz zu transportieren, frei nach seinem Motto: ›Zwei Drittel Unterhaltung, ein Drittel Aufklärung‹« (ebd.). Grzimek erkannte, daß er Naturschutz und wirtschaftliche Entwicklung miteinander verbinden mußte und propagierte deshalb den Tourismus, weil sonst in den Staaten Ostafrikas die Naturgebiete in Agrarland umgewandelt werden würden. So bediente er sich eines Tricks, als er verkündete, es gebe Pauschalreisen nach Ostafrika. Als sich anschließend die Touristikunternehmen bei ihm erkundigten, welche Konkurrenz dahinter steckte, hielt er sich bedeckt, so daß es einige Wochen später diese Fernreisen wirklich im Angebot gab.

»Die Kinder des Wirtschaftswunders [...] wurden von dem scheinbar betulichen Fernseh-Onkel mit einem neuen Denken infiziert. Grzimeks Botschaft, daß die Natur nicht ausgebeutet und zerstört werden darf, war damals keineswegs selbstverständlich. Die Jugend der fünfziger Jahre, besonders die männliche, war von Autos, Flugzeugen und dem Sputnik fasziniert. [...] Doch der subtile Einfluß, den Grzimek und andere TV-Naturforscher (wie Hans Hass, Eugen Schumacher und Heinz Sielmann) auf die kindliche Seele ausübte, wirkte erst zwei Jahrzehnte später.« (Miersch 1997, 51)

Spracherwerbskurse

Bemühte sich das ZDF in seinem Verständnis von Bildung als Lebenshilfe um einen volkspädagogischen Aspekt, so suchten die Dritten ein anspruchsvolles Kulturprogramm dagegenzusetzen. Zum einen wurden Spracherwerbskurse angeboten: »Benvenuti in Italia« mit Ima Agustoni im WDR 3 beispielsweise, »Französisch im Fernsehen« mit Roger Défossez im N3 oder »Deutsch für Deutsche« ebenfalls im N3, sogar »Wir lernen Russisch« im HR 3, während der Englischkurs mit »Walter and Connie« vom NDR am

Sonntagvormittag im Ersten kam, damit möglichst viele Zuschauer sich in die Lingua franca der Gegenwart einübten.

Richtig akademisch aber ging es in anderen Teilen des Programms zu, wenn z.B. 1965 in einer Woche auf N3, dessen Programm hier stellvertretend betrachtet werden soll, Prof. Dr. Paul Bardt eine vielteilige »Einführung in die Soziologie« gab, Prof. Hans Schaefer über den »Menschlichen Körper« dozierte und sich Prof. Dr. Heinrich Lützeler über die Psychologie des Kölner Humors verbreitete. Ernst Schnabel präsentierte im Dritten eine »Akademie III« mit Literaturkritikern, -theoretikern und Autoren, etwa Hans Mayer und Marcel Reich-Ranicki. Hier wurde das pure Wort gepflegt, diffizil Literatur und Kunst verhandelt, z.B. mit Fritz Kortner über Samuel Beckett diskutiert oder mit Hans Werner Richter in dessen Domizil am Hasensprung im Berliner Grunewald über die deutsche Gegenwartsliteratur gestritten. Walter Jens interpretierte häufig Gedichte an einer Schultafel, an der er etwa Verse von Bertolt Brecht oder Ingeborg Bachmann minutiös auseinandernahm, so als halte er eine Vorlesung an der Tübinger Universität. Schnabel war dann in den späteren Jahren mit der »Literarischen Illustrierten« im Programm, einer »Lesebühne«, auf der die literarische Avantgarde, wie sie z.B. in den Spectaculum-Bänden des Suhrkamp-Verlages zu finden war, von Gerlach Fiedler u.a. vorgelesen wurde. 1965 durften die N3-Zuschauer mehrfach in einer Woche und die ganze Saison hindurch der Meisterklasse Casals beim Musizieren zuhören oder, samstags, dem Theaterkritiker Henning Rischbieter lauschen, der in Theateraufzeichnungen von Avantgarde-Inszenierungen erklärend einführte.

»Akademie III«

Ernst Schnabel

Alltagspraktische Reihen

Vielteilige alltagspraktische Reihen wie »Rechnen – schnell und richtig«, »Der Skilauf« oder die ironisch-humorige Reihe »Der Panne an den Kragen« mit Alexander Spoerl blieben die Ausnahme. Die Dritten Programme tauschten die Bildungsreihen untereinander aus, so daß verschiedene Reihen über Jahre hinweg nacheinander in mehreren Programmen liefen. Früh schon spielte sich eine andere Wiederholungspraxis ein, indem Sendungen vom Dritten ins Erste Programm wechselten und umgekehrt. N 3 richtete z.B. bereits 1966 die Reihe »Das Fernseh-Archiv« ein, in der Dokumentationen aus der Zeit ab 1959 wiederholt wurden.

Auch wenn sich der akademische Gestus beim III. Programm von NDR, RB und SFB in den Folgejahren etwas legte und Reihen wie »Ich bekomme ein Kind«, »Mathematik« oder »Laboratorium« ins Programm kamen, der didaktische Charakter des gesamten Programms blieb erhalten. Im WDR 3 und im HR 3 kamen zahlreiche historische Reihen wie »Deutsche Geschichte«, »Kapitel der Wirtschaftsgeschichte« oder »Die Besatzungszeit« ins Programm. Die verschiedenen Dritten Programme setzten unterschiedliche Akzente, doch gilt mit Dieter Roß, »daß sich offenbar kein Gegenstandsbereich einer belehrenden Darstellung a priori völlig entzieht«. Allerdings konstatiert er im gleichen Atemzug, daß Politik, Recht und Medizin so gut wie gar nicht berücksichtigt wurden (Ross 1967, 81). Die Bereiche also, bei denen sicherlich am meisten Orientierungsbedarf bei den Zuschauern bestand, wurden kaum behandelt. Die Dritten Programme schienen deshalb auf weite Strecken nur für die kulturell anspruchsvolleren Schichten zu sein. Daß sie dabei nur ein kleines Publikum ansprachen, irritierte wenige. Nach einer Erhebung erreichte 1971 WDR 3 insgesamt 2,5 Prozent seiner Zuschauer pro Wochentag, 34 Prozent mindestens einmal innerhalb eines Monats, der HR 3 immerhin täglich 3 Prozent und 42 Prozent mindestens einmal im Monat und der BR 3 täglich 6 Prozent und 50 Prozent einmal pro Monat (Merkert 1972).

Didaktischer Charakter des gesamten Programms

Schulfernsehen im BR

Eine Art Zwitter

»Telekolleg«

Volksbildung als Erwachsenenbildung

Von dem ursprünglichen Vorhaben, die Dritten Programme erst ab 19.00 Uhr bzw. 19.30 Uhr beginnen zu lassen, rückte man Ende der sechziger Jahre jedoch ab und begann, den Programmbeginn in den Tag hineinzuschieben. Diese Programmausweitung verband sich mit der Absicht, ein Schulfernsehen auszustrahlen. Damit wurde im Gegensatz zu anderen Ländern, in denen ein spezielles Educational Television oder ein schulinternes Fernsehen wie in den USA existierte, in der Bundesrepublik an ein für die Öffentlichkeit ausgestrahltes Schulfernsehen gedacht. Am 14. 9. 64 hatte bereits der BR 3 mit Lernkursen begonnen, war damit jedoch lange Zeit das einzige Dritte Programm geblieben. Vom 19. bis 24. 9. 66 führte der WDR mit 451 Klassen an 90 Schulen einen Schulversuch durch, am 1. 9. 69 begann er schließlich mit seinem Schulfernsehprogramm. Dabei entstanden unterschiedliche Integrationsmodelle, allerdings gab es grundsätzliche Schwierigkeiten durch die mangelnde Ausstattung der Schulen mit Fernsehgeräten (vgl. Bergmann 1969). Mit dem Schulfernsehen entstand eine Art Zwitter: Einerseits war es durch den didaktischen Charakter der Unterrichtsreihen direkt auf die Schule ausgerichtet, andererseits konnte es sich nicht auf die Schule und die individuellen Eigenheiten in den jeweiligen Klassen (mit ihren unterschiedlichen Lernfortschritten) einlassen.

Durch die Etablierung des Schulfernsehens fand eine Ausweitung der Dritten Programme in den Tag hinein statt. Der WDR 3 begann beispielsweise bereits um 8.20 Uhr, sein Schulfernsehprogramm zu senden, das bis Mittag reichte und anfangs unterschiedliche Themenreihen zunächst nur für die Hauptschulen aufwies. Damit wurde auf die seit den frühen sechziger Jahren in der Pädagogik geführte Diskussion über den Einsatz des Fernsehens in der Schule reagiert (vgl. Heimann 1963, Heimann/Frister/Schulz 1965). Die Themen der meist langen Sendereihen stammten überwiegend aus Technik und Naturwissenschaft: »Weltraumfahrt«, »Wirtschaftsgeografie«, »Technisches Englisch«, »Elektrotechnik«, »Einführung in die elektronische Datenverarbeitung« und anderes mehr. Auch das »Telekolleg« des Bayerischen Rundfunks gehörte zu den ambitionierten Vorhaben. Daran beteiligte sich ab 1969 das gemeinsame Dritte Programm der Südwestanstalten.

Die Dritten Programme begannen Ende der sechziger Jahre noch andere Aufgaben zu übernehmen. So brachte z. B. der WDR neben Gastarbeitersendungen in verschiedenen Sprachen auch die regionalen Informationssendungen »Das Neueste aus NRW« und »Hierzulande – Heutzutage: Prisma des Westens«.

Karl Holzamers Auffassung, Volksbildung im Fernsehen müsse da anfangen, wo die institutionalisierten Bildungseinrichtungen aufhörten, wurde Anfang der siebziger Jahre in den Dritten Programmen durch die Auffassung ersetzt, daß das Bildungsfernsehen wenn schon nicht in die Bildungsinstitutionen hinein gehen müßte, so doch zumindest in einen »Medienverbund« mit diesen Bildungseinrichtungen treten müßte.

Kinder und Jugendsendungen

Zur Spezifik des ZDF-Programmverständnisses gehörte, daß sich Holzamers Volksbildungskonzept auf ein Erwachsenen-Publikum ausrichtete und Kinder dabei nicht gesondert in den Blick kamen. So ist es kein Zufall daß spezielle Kindersendungen im ZDF-Programm erst ab 1966 und dort nur vereinzelt auftauchten. Bei der ARD standen Angebote für Kinder zwar ebenfalls nicht im Mittelpunkt, doch gab es sie regelmäßig. Der ARD

Fernsehbeirat konstatierte 1964, daß das Kinderprogramm »im Rahmen des Gesamtprogramms der Anstalten vorwiegend als Anhängsel, d.h. als eine nebensächliche Angelegenheit betrachtet wird«. Und er beklagte neben der »dürftigen Kärglichkeit« der Angebote, daß für die Kinder vor dem Bildschirm »die geistigen und erzieherischen Form- und Bildkräfte nicht besonders fruchtbar werden« (Empfehlungen 1964).

Geringschätzung der Angebote für Kinder

Eine Analyse des Kinderprogramms der ARD von Oskar Foerster und Hans Joachim Holz kam 1963 zum Ergebnis, daß das Fernsehen an einer »überholten idealisierten Auffassung vom ›Kind‹« festhalte, die nicht mehr den »Interessen einer Generation« entspreche, »deren Entwicklung infolge der Akzeleration, veränderter Umweltbedingungen und vielfältiger neuer Bildungsreize anderen Tendenzen und Gesetzen folge« (Foerster/Holz 1963, 62f.). Gerade in einer Zeit des «gesellschaftlichen Umbruchs» (ebd.) müsse das Fernsehen für die Heranwachsenden angemessenere Programmangebote liefern, die eine «zweckmäßigere Programmgliederung», «sorgfältig geplante Programme» und eine ›Qualität‹ vergleichbar den Sendungen für Erwachsene besäßen. Sie sollten «der Erhellung sozialer Grundverhältnisse und -regeln, typischer Umwelterscheinungen und Lebensforderungen in unserer Gesellschaft dienen» (ebd., 64f.). Fernsehen sollte sich, so war dies zu verstehen, auch im Kinderfernsehen seiner Funktion als Lebenshilfe, und dies bedeutete, als Sozialisationsinstanz, bewußt werden.

Besonders problematisch war das Angebot für die wachsende Gruppe der Drei- bis Sechsjährigen, die nach der Jugendschutzgesetz-Novellierung von 1957 vom Kinobesuch ausgeschlossen waren und für die analog keine speziellen Sendungen angeboten wurden, die aber dennoch vor dem Bildschirm saßen. Da die Forderung nach Fernsehabstinenz erfolglos blieb, kam es die sechziger Jahre hindurch bei ARD und ZDF zu heftigen Debatten, ob Kindersendungen stärker unter unterhaltenden oder pädagogisch-didaktischen Aspekten konzipiert werden sollten. Die Unterhaltungsorientierung blieb mit dem Einkauf vorwiegend amerikanischer Serien wie »Fury«, »Lassie« und »Flipper« oder europäischer Produktionen wie »Pippi Langstrumpf« oder »Pan Tau« weiterhin präsent. Daneben wurde versucht, die Qualität zu verbessern und neue pädagogische Konzepte mit Serien wie »Teleminchen und Telemekel« (SDR 1964), »Der Hase Cäsar« (WDR ab 1966), »Kinderopern« (SR 1968) oder »Der Spatz vom Wallrafplatz« (WDR ab 1969) zu entwickeln. Auch das ZDF zog hier mit »charakterbildenden« Filmfolgen wie »Tommy Tulpe«, »Till – der Junge von nebenan« und »Alles dreht sich um Michael« nach (vgl. Schmidbauer 1987). Deutlich zeigt eine Untersuchung, daß tierorientierte Sendungen bei Kindern und Jugendlichen besonders beliebt waren, daß sich die Zielgruppe jedoch mehr noch zu Sendungen hingezogen fühlte, die nicht speziell für sie gemacht waren, also etwa zur Kriminalfilm-Serie »Geheimauftrag für John Drake«, der Abenteuerserie »Sprung aus den Wolken« oder der Krimi-Serie »Shannon klärt auf« (Stückrath/Schottmayer 1967, 131ff.).

Jugendschutz und Fernsehen

»Fury«, »Lassie«, »Flipper«, »Pippi Langstrumpf«, »Pan Tau«

Der Hase Cäsar

Um die weitere Entwicklung der Kinderprogramme bemühten sich vor allem Siegfried Mohrhof vom WDR und Gertrud Simmerding vom BR. Während Simmerding zuerst auf Unterhaltung und Spannung und erst dann auf Anregung zur schöpferischen Eigentätigkeit und Information setzte (Simmerding 1967), propagierte Mohrhof die umgekehrte Reihenfolge von Information, Instruktion und Unterhaltung, wobei er auf eine kindangemessene Aufbereitung von Informationen setzte (Mohrhof 1967). Der HR bot deshalb ab 1970 eine Kinderunterhaltungssendung »Ich wünsch' mir was« an, die eine spezielle Kinder-Nachrichtensendung enthielt. Überlegungen zu einer selbständigen Kinder-Nachrichtensendung blieben jedoch ohne Ergebnis. Auch waren die Ambitionen der ARD-Nachmittagsredaktionen, die Kindersendungen sowohl »spaßiger und spannender« als auch informativer zu machen, begrenzt, weil die Fernsehmacher Anfang der siebziger Jahre erkannten, daß die kindlichen Zuschauer »süchtig nach falschen Spannungen und falschen Lösungen« waren und deshalb »gegen Karl May, gegen ›Lassie‹, gegen ›Flipper‹ kein Kraut« gewachsen sei (zit. n. Schmidbauer 1987, 79).

»*Die Spielschule*«

Für die Drei- bis Sechsjährigen strahlte der BR ab September 1969 in seinem Dritten Programm die 13teilige Reihe »Die Spielschule« aus. Im Juli 1970 wurde ein ARD-Termin für Kleinkinder (sonntags von 11.00 bis 11.30 Uhr) eingerichtet, auf dem die BR-»Spielschule«, die SFB-Reihe »Kwatschnich« und die WDR-Reihe »Sach- und Lachgeschichten mit der Maus« sowie einige andere Sendungen gezeigt wurden. Damit hatte man in der pädagogischen Ausrichtung der Kindersendungen eine neue Stufe erreicht. Das Fernsehen erschien als der »ideale Helfer, die Lernfähigkeit zu fördern, besonders der benachteiligten, weil in anregungsschwachen Familien aufwachsenden Kinder« (Merkert 1982, 111). ›Chancengleichheit‹ für Kinder herzustellen, schien nun eine notwendige Aufgabenstellung für das Fernsehen, wenn es denn schon als ›heimlicher Erzieher‹ in Konkurrenz zur Schule trat.

»*Sach- und Lachgeschichten mit der Maus*«

Im Brennpunkt der Diskussion stand ab 1970/71 die Frage, ob man nach amerikanischem Vorbild ein spezifisches Vorschulprogramm entwickeln und die amerikanische Serie »Sesame Street« adaptieren sollte. Dabei kam es in der von den ARD-Nachmittagsredakteuren eingerichteten Arbeitsgruppe ›Vorschulerziehung‹ zu Kontroversen zwischen den süddeutschen Redakteuren und denen des NDR, WDR und HR, nachdem der NDR die Serie entgegen den Empfehlungen der Ständigen Programmkonferenz, aber mit Unterstützung des WDR und HR erworben hatte. Für die »Sesamstraße« wurde in der Folge ein regelrechter ›Lernzielkatalog‹ erarbeitet, die eingekauften Folgen in ›Bausteine‹ zerlegt, synchronisiert und mit eigenproduzierten Elementen kombiniert. Die »Sesamstraße« lief deshalb ab 1973 nur im Rahmen einiger Dritter Programme, aber unter großer öffentlicher Anteilnahme und Diskussion.

Ab 1970 hatten einige Redaktionen außerdem neue Konzepte für Kindersendungen entwickelt, die sich zumeist der Magazinform bedienten: »Maxifant und Minifant« (NDR ab April 1972), »Das feuerrote Spielmobil« (BR ab Mai 1972) und »Die Sendung mit der Maus« (WDR ab Januar 1972). Die Zielvorstellungen waren u. a. Kinder zu befähigen, »Fragen zu stellen, neugierig oder kritisch zu sein« (»Maxifant und Minifant«), sie mit der alltäglichen Umwelt vertraut zu machen, eigene schöpferische Fähigkeiten zu entwickeln, ihr Verständnis für soziale Umfelder zu wecken (»Sendung mit der Maus«) und zum »kritischen ›Erleben‹« (»Feuerrotes Spielmobil«) zu erziehen (zit. n. Schmidbauer 1987, 97 ff.). Damit waren die Ausgangspositionen für ein ganz anderes Kinderfernsehen in den siebziger Jahren geschaffen.

Die Fernsehserien und ihre neue programmprägende Funktion

Die Konkurrenz, in der sich die pädagogisch ambitionierten Kindersendungen sahen, wurde durch die aus den USA stammenden Serien hergestellt, die in den Nachmittagsprogrammen, in den Werberahmenprogrammen und schließlich im Abendprogramm gezeigt wurden. Die ARD hatte in den fünfziger Jahren amerikanische Serienfolgen zunächst als Einzelsendungen ins Programm gebracht. Die Ausweitung des Angebots durch das II. ARD-Programm und schließlich das ZDF-Programm führten dazu, Serien als feste Bestandteile der Programmgestaltung beider Hauptprogramme zu verwenden.

Angesichts des Umbaus des Fernsehens in den fünfziger Jahren (›Industrialisierung‹ der Produktionsbedingungen) hätte auf der Programmebene eine sehr viel stärkere Nutzung der Serienform einsetzen müssen. Daß dies nicht geschah, lag an den bildungspädagogischen Programmvorstellungen und der herrschenden Auffassung, Serien seien so etwas wie audiovisuelle Heftchenliteratur, trivial und deshalb im Programm nicht zu verantworten. Daß sie dennoch eingesetzt wurden, bedeutete auch ein Zugeständnis an die Zuschauer.

Vorurteile über Serien

Im Gegensatz zu den Fernsehspielen, die als Einzelsendungen jeweils neue Sujets, Figuren und Situationen erst einführen mußten, lieferten die Serien auf regelmäßig wiederkehrenden Sendeplätzen einen in der Regel gleichbleibenden Stamm von Hauptfiguren, der sich mit jeweils neu hinzukommenden Nebenfiguren jedesmal und in immer ähnlicher Weise auseinandersetzte. Die dadurch geschaffene Vertrautheit bot einen Rahmen für Innovationen innerhalb einer Folge. Im Gegensatz zu den »Schölermanns«, die in einem eher biederen mittelständischen Milieu angesiedelt waren, zeigten die in den USA und Großbritannien eingekauften Serien jetzt als ›weltläufig‹ erachtete Milieus. Sie spielten, da es sich zudem um filmisch produzierte Serien handelte, sowohl in Innen- als auch in Außenräumen, besaßen also gegenüber den traditionellen deutschen Fernsehspielen eine andere erzählerische Beweglichkeit und wurden zudem stärker durch Aktion und Spannung bestimmt als die deutschen Fernsehgeschichten. Es handelte sich fast ausschließlich um Serien mit abgeschlossenen Folgenhandlungen. Bei ihnen erlebt das Stammpersonal, das sich in der Regel zu Beginn einer Folge in einem Zustand der Harmonie mit der Umwelt befindet, durch eine unerwartet eintretende Störung ein Abenteuer, in dem es sich bewähren muß und am Ende durch Beseitigung der Störung wieder den Zustand der Harmonie herstellt. Das Stammpersonal ändert sich dabei in Anlage und Charakterzeichnung nicht und kann deshalb mit den gleichen Voraussetzungen den nächsten Fall in der nächsten Folge bewältigen.

Serien mit abgeschlossenen Folgenhandlungen

Der Serientypus mit den abgeschlossenen Folgenhandlungen hatte zwei Vorteile: Zum einen kamen die Zuschauer, selbst wenn sie eine Folge verpaßt hatten, jedesmal mühelos wieder in das Seriengeschehen hinein, weil es keine von Folge zu Folge sich akkumulierenden Voraussetzungen gab. Damit wurde den Zuschauern die Gewöhnung an die Serienunterhaltung erleichtert. Zum anderen konnten die Fernsehanstalten, die sich aus einem größeren Reservoire amerikanischer Serienfolgen bedienten, leichter auswählen, die Reihenfolgen beliebig ändern und auf einzelne Folgen verzichten (vgl. Hickethier 1991a). Für die Fernsehanstalten war damit eine gewisse Planungsunabhängigkeit gegenüber den amerikanischen Fernsehunternehmen gewahrt – selbst wenn sie sich damit in eine Abhängigkeit von der globalen, amerikanisch dominierten, TV-Unterhaltung begaben.

Mit den Serien breitete sich eine deutlich ausgeprägte Genreunterhaltung in den deutschen Fernsehprogrammen aus. Während Tier-, Familien- und Abenteuerserien vor allem am Nachmittag (als indirektes Kinder- und Jugendprogramm) plaziert wurden, waren Familien-, Abenteuer- und Westernserien im Familienprogramm am Wochenende zu sehen und Krimi-

Genreunterhaltung

»Bonanza«
mit Dan Blocker,
Michael Landon
und Lorne Greene

Familienwestern
»Bonanza« und Co.

nalfilmserien hauptsächlich im Abendprogramm (Nowak/Schneider 1989). Mit der vom WDR produzierten Serie »Raumpatrouille Orion« gab es Mitte der sechziger Jahre eine Science-Fiction-Serie, sie blieb jedoch eine Rarität. Sie entwickelte sich, nicht zuletzt wegen ihrer bizarren Dekorationen, später zu einer ›Kultserie‹. Da viele Serien aus den USA kamen, vermittelten sie nicht nur ein spezifisches Bild von Amerika, sondern setzten auch ›Amerika-Stereotypen‹ vom ewigen Kampf für die richtige Sache, harter Männlichkeit, ständiger Handlungsbereitschaft u. a., wie sie sich in den Serien herausgebildet hatten, im allgemeinen Programm durch.

Vor allem auf zwei Programmplätzen bildeten sich besondere ritualisierte Wahrnehmungsweisen heraus. Zum einen am Sonntagnachmittag: um die Westernserie »Bonanza«, die ab 13. 10. 62 zunächst in der ARD gezeigt wurde und dort bis 1965 lief und dann von 1967 bis 1973 im ZDF, ebenfalls am Sonntagnachmittag. Andere, ähnlich gemachte Westernserien waren »High Chaparral« und »Big Valley«. Diese »Familienserien im Gewande des Western« (Pehlke 1971, 73) führten eine heile amerikanische Welt vor, in der sich, wie in »Bonanza«, die Cartwrights, ein Vater mit seinen drei Söhnen, auf ihrer Farm ›Ponderosa‹ patriarchal, aber andauernd für den Sieg des Guten einsetzten. Zum anderen wurde der Freitagabend im

Ersten Programm ein Ritualtermin, an dem, als Auftakt für das Wochenende, von 1964 bis 1973 regelmäßig amerikanische oder britische Kriminalfilmserien gezeigt wurden (Brandt 1989).

Die Serien beschafften sich die beiden Sendesysteme zumeist als Kaufserien in den USA: »77 Sunset Strip« (die durch ›Kookies‹ Synchronsprecher Hans Clarin berühmt wurde, der einen sprachlichen Kiekser einbaute), »Perry Mason«, »Preston & Preston«, »Amos Burke«, dann »Auf der Flucht«, »FBI«, »Der Chef«, »Mannix«, »Solo für O.N.C.E.L.«, »Hawaii Fünf Null«, »Tennisschläger und Kanonen« u.v.a.m. Neben der britischen Serie »Mit Schirm, Charme und Melone«, die das Genre bereits ironisch nahm, wurde 1964 die britische Serie »Kommissar Maigret« mit Rupert Davies prägend, weil sie das Vorbild abgab für die Eigenproduktion des ZDF »Der Kommissar« mit Erik Ode als Kommissar Keller.

Bei der Kriminalunterhaltung entstand in den sechziger Jahren rasch das Bedürfnis, aufgrund der doch unterschiedlichen Strafverfolgungsstrukturen in den USA und in Deutschland (z.B. in der Rolle des Privatdetektivs), Kriminalgeschichten im deutschen Milieu spielen zu lassen. Nachdem zahlreiche Kriminalfilme deutscher Autoren zunächst das englische und weniger das amerikanische Milieu adaptiert hatten, entstanden Kriminalfilme, die an deutschen Handlungsorten spielten und damit einen gewissen Wiedererkennungseffekt provozierten. Vorzugsweise wurden zunächst in den Werberahmenprogrammen Eigenproduktionen eingesetzt: z.B. »Hafenpolizei«, »Funkstreife Isar 12«, »Kommissar Freytag«, »Wagen 54 bitte melden«, »Gestatten, mein Name ist Cox«, »Graf Yoster gibt sich die Ehre«, »Alarm in den Bergen« und »Die seltsamen Methoden des Franz Josef Wanninger«. Bei diesen Serien ist auffällig, daß man im Kriminalgenre zunächst auch bei den deutschen Eigenproduktionen englische und amerikanische Milieus, Detektive und Polizisten einsetzte, sich dann zunehmend deutsche Kommissare und Polizisten der Normverletzungen ihrer Gegenspieler annahmen. Die vom ZDF ausgestrahlten deutschen Dokumentarspielserien »Das Kriminal-Museum«, »Interpol«, »Die fünfte Kolonne« setzten ebenfalls auf eine solche Heranführung des Genres an den deutschen Alltag. Spielten die von der ARD in den sechziger Jahren gezeigten Mehrteiler von Francis Durbridge weiterhin in England, so etablierte die »Stahlnetz«-Reihe von 1958 bis 1968 aktionsbetonte Handlungen an deutschen Tatorten.

Mit der Kriminalserie »Der Kommissar« (ZDF), die von 1969 bis 1976 in 97 Folgen monatlich auf den Bildschirm kam, wurde eine spezifisch deutsche Variante der Kriminalfilmserie etabliert. Autor Herbert Reinecker, der während des Krieges nationalsozialistische Durchhaltetexte geschrieben hatte, stieg zu einem bei Radio und Fernsehen vielbeschäftigten Drehbuchautor auf. Er schrieb alle Folgen dieser Serie, ebenso wie die der Nachfolgeserie »Derrick«. Nach dem Erfolg, den »Der Kommissar« beim Publikum hatte, entwickelte die ARD das Konzept der »Tatort«-Reihe (ab 1970), bei der die einzelnen Sender jeweils ›ihren‹ »Tatort« mit einem eigenen Kommissar zu einer monatlich erscheinenden Gesamtreihe beisteuerten. Damit wurde gegen den Verschleiß, den die Figur des Kommissars bei einer permanent gleichen Behandlung von Kriminalfällen zwangsläufig erleiden mußte, das Prinzip der institutionalisierten Variation eingeführt. Die Kommissare des »Tatort« erwiesen sich auf diese Weise als vielfältiger, die Geschichten realitätsnäher als die Geschichten des »Kommissars«. (Daß eine monoton gleiche Dramaturgie ebenfalls eine feste Zuschauergemeinde auf Dauer binden konnte, zeigte die ZDF-Serie »Derrick«.)

Der Ausbau des Krimigenres in der Fernsehunterhaltung macht deutlich,

Kriminalunterhaltung

Dokumentarspielserien

»Der Kommissar« und »Tatort«

»Der Kommissar« –
von links: Reinhardt
Glemnitz, Günter
Schramm, Erik Ode,
Fritz Wepper

daß der Fiktion im Fernsehen neue Funktionen zugewachsen waren: in Gestalt spannend erzählter Geschichten wieder und wieder Grenzsituationen menschlichen Verhaltens zu thematisieren und Lösungen zu präsentieren. Die Genres in ihrer jeweiligen amerikanischen oder deutschen Ausformung boten bereits Ausdifferenzierungen für unterschiedliche Zuschauererwartungen an, die zusätzlich noch durch Ausstattung, Besetzung und Handlungstypik der jeweiligen Serie weiter differenziert wurden. In den Fernsehkrimis ging es weniger darum, daß der Täter am Ende überführt wurde – dessen konnte sich der Zuschauer sicher sein – entscheidender war, daß Motivlagen und Handlungsweisen aufgedeckt und ausführlich nachvollziehbar erklärt wurden. Der Zuschauer sollte sehen, wie jemand dazu kam, aus dem gesellschaftlichen Normengefüge auszubrechen und welche Konsequenzen das hatte.

*Funktionen
des Krimi-Genres*

Daß sich die Fernsehnarration dabei standardisierter Handlungsmuster und Stereotypen bediente, wie die Kritik wieder und wieder angemerkt hat, war bei *serieller* Produktion zwangsläufig. Sie wurde von Zuschauermehrheiten zudem nicht negativ gesehen, weil eine solche Ausrichtung auf Standards Überschaubarkeit und Endlichkeit der diskutierten Verhaltensweisen garantierte. Für neue Variationen sorgten Einzelproduktionen des Genres (Kriminalfernsehspiele) in Ergänzung zur Serienunterhaltung. Spektakulärstes Beispiel war 1966 der Dreiteiler »Die Gentlemen bitten zur Kasse« (NDR), das nach einem Drehbuch des Illustriertenautors Henry Kolarz von John Olden und nach seinem Tod die Arbeit fortführend von Claus Peter Witt aufwendig inszeniert worden war. Das NDR-Fernsehspiel griff einen realen Kriminalfall, den englischen Postraub von 1963, auf, bei dem ca. 30 Mio. DM erbeutet worden waren. Ähnlich populär wurde zwei Jahre später der ZDF-Dreiteiler »Der Tod läuft hinterher«.

»Die Gentlemen
bitten zur Kasse«

Mentalitätsgeschichtlich ist die wachsende Attraktivität der Kriminalfilm-Serien im Fernsehen in den sechziger Jahren aufschlußreich. In einer Zeit, in der die Lebensverhältnisse großer Zuschauermehrheiten stabil

»Tatort« – »Taxi nach Leipzig« – Kommissar Trimmel (Walter Richter) wird von Landsberger (Paul Albert Krumm) bedroht

waren und ein allgemeiner Zukunftsoptimismus bestand, begann sich das Publikum für die Thematisierung von Bedrohung, Gewalt und Verbrechen in der Unterhaltung zu begeistern. Die Dramaturgie solcher Serien legt nahe, hier ein Wechselspiel zu vermuten zwischen dem Reiz der verbotenen Grenzüberschreitung durch den Verbrecher, die heimliche Wünsche der Zuschauer berührt, und den Sanktionen, die dem Verbrecher am Ende durch seine Entlarvung und die Bestrafung drohen: Der Zuschauer kann sich am Ende befriedigt auf den geordneten Gang der Welt und das Einhalten der Normen verlassen. Da der Alltag der Zuschauermehrheit eher spannungslos war, bot der Krimi für eine begrenzte und überschaubare Zeit Anspannung und Entspannung. Der Reiz des Außergewöhnlichen, der Ausbruch aus den Regeln wurde von einer medialen Unterhaltungsinstanz regelmäßig und in erwartbarer und genau dosierter Weise geliefert. Die Spannung selbst entstand innerhalb der Fiktion aus dem immer wieder neu variierten »Gegensatz zwischen dem Unheimlichen, Bodenlosen, Katastrophischen und der Sicherheit der Normalität«. Für die gesamte Geschichte der jeweiligen Folge war dabei, so verkündete es das Genre wieder und wieder, die Sicherheit der Normalität »unaufhebbar, nur gestört, nicht vernichtet« (Dingeldey 1972). Damit entsprach das Krimigenre in besonderer Weise jener, die Psyche der Zuschauer stabilisierenden Dramaturgie von ›Harmonie‹ – ›Störung‹ – ›Harmonie‹, die für dauerhafte Beliebtheit des Seriengenres im Fernsehen sorgte.

Reiz der verbotenen Grenzüberschreitung und Einhalten der Normen

Gegensatz zwischen dem Unheimlichen, Bodenlosen, Katastrophischen und der Sicherheit der Normalität

Eine erklärtermaßen didaktische Zielsetzung besaß eine andere Einrichtung des Fernsehens in diesem Genre: »Das Fernsehgericht tagt« (NDR) von Wolf Citron und Ruprecht Essberger. Diese Reihe griff aktuelle Streitfragen auf und verhandelte sie in einer fiktiven Gerichtsverhandlung (aber mit einem ›echten‹ Richter) auf dem Bildschirm. Die Zuschauer konnten sich in die Streitmaterie durch Für und Wider hineinversetzen, ihr eigenes Rechtsempfinden befragen und sahen danach, was in einem solchen Fall gängige Rechtsauffassung war. Der pädagogisch-belehrende Charakter der

»Das Fernsehgericht tagt«

»Aktenzeichen
XY ungelöst«
mit Eduard Zimmermann

Reihe, die sich bis in die achtziger Jahre im Programm hielt, wurde durch eine Spannungsdramaturgie gemildert, die auf die Urteilsverkündung ausgerichtet war. Sehr umstritten dagegen war von Anfang an eine andere Reihe, die versuchte, das Fernsehen als Mittel zur aktiven Verbrechensbekämpfung zu nutzen: Eduard Zimmermanns Reihe »Aktenzeichen XY ungelöst« (ZDF ab 20. 10. 67) griff ungelöste Kriminalfälle jüngeren Datums auf, stellte Szenen nach und forderte die Zuschauer auf, Hinweise und Tips an die Polizei (an eingeblendete Rufnummern) zu geben. »Millionen Fernsehzuschauer werden zu Kriminalisten« jubelte die »Hör Zu«. Als eine Aufforderung zur Denunziation wurde diese Sendereihe heftig kritisiert, eine von Wihelm Bittorf in der SDR-Dokumentarfilm-Reihe »Zeichen der Zeit« präsentierte filmische Analyse (»Zimmermanns Jagd«, 2. 10. 70) mußte jedoch eine Gegendarstellung Zimmermanns zulassen, weil Bittorf Filmausschnitte aus »XY« verwendet hatte. Unbeeindruckt von der Kritik blieb die Reihe eine dauerhafte Einrichtung des ZDF, obwohl die ethische Konstruktion zweifelhaft und die kriminalistische Erfolgsbilanz mager blieb.

Permanente Thematisierung von Verhaltensweisen in fiktionalen situativen Kontexten fand nicht nur im Kriminalfilm, sondern auch in dem anderen, im Fernsehen dominanten Genre der Familiengeschichte statt. Die frühen sechziger Jahre waren zum einen durch die »Hesselbach«-Serien geprägt, zum anderen durch Serien von Heinz Oskar Wuttig wie »Alle meine Tiere« (9 Folgen 1962) oder »Forellenhof« (8 Folgen 1965), in denen im Gegensatz zu den »Schölermanns« oder den »Hesselbachs« versucht wurde, Kinostars (Gustav Knuth, Tilly Lauenstein, Hans Söhnker, Karin Hardt) als Darsteller für das Fernsehen zu aktivieren und damit dessen Attraktivität zu steigern.

Genre der Familiengeschichte

Das Familiengenre als Thematisierungsort von Alltagskonflikten fand sich besonders in den Vorabendserien, die als Werberahmen dienten und sich gegen Ende der sechziger Jahre mehr und mehr gegenüber anderen Programmformen durchsetzten. Das Geschehen der Familienserien bot durch die verdichteten Erlebnissituationen ein optimales Umfeld für die Konsumgüterwerbung. Serien wie »Mein unmöglicher Engel« (ZDF 1963), »Meine drei Söhne« (NDR 1963), »Mutter ist die Allerbeste« (WDR 1964), »Meine Schwiegersöhne und ich« (SDR 1970) oder »Drüben bei Lehmanns« (NDR 1970) und vor allem »Jedermannstr. 11« (SFB 1971) stehen für diese Entwicklung. Ironisch-märchenhafte Brechungen des Genres in eine phantastische Welt zwischen Raumfahrtabenteuer und orientalischer Zauberkraft gab es z. B. in der ZDF-Serie »Bezaubernde Jeannie« mit Barbara Eden und Larry Hagman, der später als J. R. Ewing in »Dallas« TV-Karriere machte.

»Es ist – und wir sind damit im Kern der Bildungsproblematik im Fernsehen – kein Geheimnis, daß politische Wertvorstellungen des breiten Publikums etwa durch ein Fernsehspiel nachhaltiger modelliert werden können als durch eine gezielte ›politische‹ Sendung.« (Hans Kimmel, Leiter der ZDF-Planungskommission 1969)

»Die Unverbesserlichen«

Für das Ende der sechziger Jahre steht eine andere Serie, die zeigte, wie sich das Genre unter dem Einfluß veränderter Lebensauffassungen und neuer Fernsehspielkonzepte gewandelt hatte: Robert Strombergers »Die Unverbesserlichen« (NDR ab 1965). Sie zeigte mit Inge Meysel, Josef Offenbach, Monika Peitsch, Agnes Windeck u. a. eine Familie, in der die Konflikte übermächtig wurden, die Kinder aus dem Haus strebten und vor allem die Mutter vergeblich am Schein einer harmonischen Familie festzuhalten suchte. Auf amüsante und ironische Weise wurde in sieben Folgen (bis

»Die Unverbesserlichen« mit Monika Peitsch, Joseph Offenbach, Ralph Persson und Inge Meysel

1971) vorgeführt, wie das familiäre Zusammenleben immer weniger funktionierte. Gerade indem die Zuschauern eine solche ›zerrüttete Familie‹ erlebten, konnten sie sich auf sich und ihr eigenes familiäres Verhalten besinnen. Am Ende dieser Phase der Fernsehgeschichte stand der ambitionierte Versuch, eine Familienserie zu zeigen, die sehr viel stärker von den Erfahrungen großer Publikumsmehrheiten bestimmt und zugleich sehr viel eigenwilliger durch die Handschrift eines Autors geprägt war: Rainer Werner Faßbinders Serie »Acht Stunden sind kein Tag« (WDR 1972) mit Gottfried John, Hanna Schygulla, Luise Ullrich, Werner Finck u. a., in der es um Probleme des Zusammenlebens, widerständigen Verhaltens und gewerkschaftliche Tätigkeit ging. Die Serie kam jedoch über 5 Folgen nicht hinaus, weil die Programmverantwortlichen fürchteten, daß sich die Sendungen zu sehr von den Genrestandards entfernten und damit vom Publikum nicht akzeptiert werden würden.

»Acht Stunden sind kein Tag«

Mit dieser neuen Serie wurde unter anderem auf eine Diskussion reagiert, die Anfang der siebziger Jahre um den angeblich unpolitischen Charakter der Serien entstanden war. Die heimliche Funktion der Serien, gesellschaftliche Verhältnisse zu stabilisieren und den Zuschauern Verhaltensstandards zu vermitteln, stieß als verdeckte ideologische Botschaft auf heftige Kritik. Auf den Mainzer Tagen der Fernsehkritik 1971 hatten Kritiker und Wissenschaftler den latent politischen Charakter der Serien angegriffen (vgl. Knilli 1971) und damit viele Programmacher verunsichert. Eine ›Serienwerkstatt‹, an der Kritiker, Wissenschaftler, Autoren und Redakteure teilnahmen, führte dann zu neuen Impulsen, Serien »mit Widerhaken« zu produzieren (Netenjakob 1976). Damit war zumindest in Ansätzen ein neues Bewußtsein vom Fernsehen und seinen Möglichkeiten entstanden.

heimliche Funktionen der Serien

Fernsehspiel und Fernsehfilm, Theater und Dokumentarspiel

Robert Strombergers »Die Unverbesserlichen«, als Fortsetzungsfolgen wahrgenommen, waren im Grunde als Einzelfernsehspiele konzipiert, denn sie erschienen trotz ihres Fortsetzungscharakters pro Jahr nur in einer Folge. Sie entstanden in der Produktionspraxis des NDR-Fernsehspiels, aus der andere Reihen ähnlicher Art (z.B. die Komödienreihe von Horst Lommer und Peter Beauvais, von Helga Feddersen und die Mehrteiler von Robert Stromberger) kamen. Diese Reihenproduktion kennzeichnet die veränderte Fernsehspielsituation der sechziger Jahre.

Blütezeit des Fernsehspiels

Wenn die sechziger Jahre als eine Blütezeit des Fernsehspiels bezeichnet werden, dann ist damit der quantitative Ausbau der Fernsehspielproduktion und die Herausbildung eigenständiger ästhetischer Konzepte gemeint. Die Entwicklung hatte ihre Auslöser in einigen personellen Veränderungen in den Fernsehspielabteilungen. Das Ende des NWRV 1961 führte dazu, daß der NDR seine Fernsehproduktion neu ordnen mußte und der WDR eine eigene Fernsehproduktion aufbaute. Beim WDR übernahm der Regisseur Wilhelm Semmelroth die Leitung des Fernsehspiels. Er holte sich 1965 einen Chefdramaturgen, der u.a. Filmkritiken geschrieben, sich bei BBC umgetan hatte und voller Ideen war: Günter Rohrbach. Beim NDR war Egon Monk zum Leiter des Fernsehspiels ernannt worden. Er war Brecht-Schüler, theater-, hörspiel- und filmerfahren und besaß das entschiedenere Konzept. Beim SWF begann Hubert von Bechtolsheim, der zusammen mit Benno Meyer-Wehlack und Peter Lilienthal neue Ideen für die Fiktion im Fernsehen entwickelte. Zum SDR, dessen Fernsehmannschaft zur Bavaria gegangen war, kam Reinhart Müller-Freienfels, der sich zuvor durch Fernsehmehrteiler einen Namen gemacht hatte. Im ZDF leitete Gerhard Prager, vom SDR kommend, die Hauptabteilung Fernsehspiel und Film bis er 1973 die Nachfolge des Programmdirektors Joseph Viehöver antrat.

Egon Monk

Der Impuls, im Fernsehspiel einen neuen Anfang zu setzen, der durch die veränderten Produktionsmittel (Film, MAZ) möglich geworden war, korrespondierte mit der beginnenden Politisierung der Fernsehöffentlichkeit (vgl. Kap. 6.6). Sie traf sich mit fernsehdidaktischen Absichten insbesondere in der Arbeit von Egon Monk, der damit zum führenden Vertreter des Fernsehspiels in den sechziger Jahren wurde. Mit dem Lebenshilfe-Konzept, wie es Holzamer vertrat, hatte diese Entwicklung wenig zu tun. Fernsehen, wie es Monk und andere sahen, hatte eine moralische Institution zu sein, sollte Aufklärung bieten.

Didaktisch-aufklärerisches Konzept

Weil der NDR nicht mehr (wie bis 1960 der NWRV) knapp die Hälfte der Fernsehspiele im Ersten Programm zu stellen hatte, sondern nur noch 17 Prozent, sah sich Monk nicht mehr dazu verpflichtet, alle Aspekte des Fernsehspiels zu bedienen. Er wollte Akzente durch Engagement und Kritik setzen. Fernsehspiele sollten dazu beitragen, »an die Stelle des Glaubens an die Unfehlbarkeit staatlicher Ordnung die Kenntnis von ihrer Fehlbarkeit zu setzen« und »die Urteilsfähigkeit in gesellschaftlichen Fragen erhöhen« (Monk 1963). In den Fernsehspielen, bei denen er selbst Regie führte, entwickelte er ein didaktisch-aufklärerisches Konzept, indem er durch einen filmischen Rahmen zunächst eine Anknüpfung an zeitgenössische Motive gab, um dann in einem Studiospiel einer anfangs parabelhaften, später analytischen Dramaturgie zu folgen, die Sachverhalte durch Hervorheben und Betonen sichtbar machte.

In »Schlachtvieh« (NDR 1963, Buch: Christian Geissler) setzt er sich mit Werbeslogans und Atomschutzphrasen der Regierung auseinander, um

»Ein Tag« – Bericht aus einem deutschen Konzentrationslager, rechts: Gerd Haucke als KZ-Kommandant

dann zu zeigen, daß in dem in eine unbestimmte Zukunft rasenden Eisenbahnzug Bundesrepublik die scheinbar harmlosen Bürger entweder taten- und willenlos zusehen bzw. die Täter von morgen sind. In »Mauern« (NDR 1963) beschäftigt er sich mit der Berliner Mauer und zeigte, daß sie das Ergebnis der Rechts-Links-Konflikte in der deutschen Geschichte seit der Weimarer Republik war. In »Anfrage« geht es um die Verdrängung der nationalsozialistischen Vergangenheit. Mit »Wilhelmsburger Freitag« (NDR 1964) drehte er den ersten bundesdeutschen Fernsehfilm in Farbe (drei Jahre vor Einführung des Farbfernsehens) und beschäftigte sich erstmals abendfüllend mit dem Leben einer jungen Arbeiterfamilie. Thema ist unter anderem die Sprachlosigkeit der Arbeiterschaft in der Bundesrepublik. Das Fernsehspiel »Ein Tag« (NDR 1965) schildert einen Tagesablauf in einem Konzentrationslager und konfrontiert diesen am Ende mit dem sorglosen Leben der Deutschen, die in unmittelbarer Nähe des Lagers wohnen. Monks Bedeutung für das Fernsehspiel der sechziger Jahre lag in einem aller Sentimentalität entkleideten Blick auf die ungelösten Probleme der Gesellschaft, in seiner strengen Inszenierungsweise und in der immer wieder auf den Zuschauer zurückverweisenden Dramaturgie.

Gesellschaftskritik im Fernsehspiel

»Meine Art von Vergnügen richtet sich auf das Sehen, Betrachten, Beobachten, den Versuch, zu analysieren, was in der Gesellschaft vor sich geht. Ich würde das nicht ein besonderes Engagement nennen. Der ursprüngliche Gedanke unseres Programms ist vielmehr, daß wir mehr interessiert sind an dem, was in der Gesellschaft vor sich geht, als an dem, was im sogenannten Privatleben vor sich geht.« (Monk 1963, 56)

Monk wurde auch als Produzent und Anreger für zahlreiche weitere Produktionen wichtig. Horst Lommer und Peter Beauvais inszenierten beispielsweise für den NDR zwischen 1962 und 1967 jährlich ein Fernsehspiel (»Jeden Sommer einen Lommer«), das sich in der Form der Fernsehkomödie mit den Eigenheiten der deutschen Wirtschaftswunderzeit auseinandersetzte. Mit »Schönes Wochenende« (NDR 1962), »Das Glück läuft hinterher« (NDR 1963), »Ich fahre Patschold« (NDR 1964) und »Mach's

Fernsehkomödien über das Wirtschaftswunder

»Das Bohrloch oder Bayern ist nicht Texas«

Beste draus« (NDR 1965) wurde durch raschen Schnitt- und Szenenwechsel, eine bewegliche Kamera, den Einsatz von Kabarettdramaturgie und Couplets eine sehr dynamische, anspielungsreiche panoramatische Sicht bundesdeutscher Verhältnisse entwickelt und mit einem häufig identischen Schauspielerensemble dargestellt. So rasant die Fernsehkomödien gegenüber vielen anderen Fernsehspielen der Zeit wirkten, so verkündeten sie doch die Moral der sechziger Jahre: Sich selbst zu bescheiden, nicht hoch hinaus wollen, keinen Karrierismus betreiben.

Karrieristen wurden im Fernsehspiel durchweg negativ dargestellt (»Seelenwanderung«, WDR 1962), ironisch glossiert (»Das Bohrloch oder Bayern ist nicht Texas«, WDR 1966) oder kritisch gezeichnet (»Unternehmer« WDR 1970). Die Kritik am Wirtschaftswunder bestand in diesen und in vielen anderen, künstlerisch sehr unterschiedlich gestalteten Fernsehspielen der Zeit darin, daß man sich auf die Seite der Zu-kurz-Gekommenen schlug und zeigte, daß falscher Ehrgeiz nichts brachte und Reichtum nur hartherzig oder unglücklich machte. Solche Kritik am Wirtschaftswunder besaß in den frühen sechziger Jahren eine Trostfunktion für die Benachteiligten.

Interesse an sozialen Randgruppen

Darin mischte sich ein Mitte der sechziger Jahre bei verschiedenen Autoren aufkommendes Interesse an sozialen Randgruppen, mit denen man sich erstmals intensiver beschäftigte. Es waren zunächst die an den Rand der prosperierenden Gesellschaft gedrängten und in Altersheime abgeschobenen Alten und Gebrechlichen, die in den Blick kamen (»Nachrede auf Klara Heydebreck«, NDR 1969, »Altersheim«, ZDF 1972), dann auch andere soziale Gruppen wie in Peter Stripps »Im Reservat« (ZDF 1973), in dem Wolfgang Kieling einen alternden Transvestiten spielt, Strafgefangene (»Zuchthaus«, NDR 1967; »Alles Gute, Köhler«, ZDF 1973) und jugendliche Delinquenten (»Jugendprozeß«, SR 1966). Die Arbeitswelt rückte jetzt, Jahre nach Egon Monks Film »Wilhelmsburger Freitag«, wieder in das Blickfeld mit Dieter Meichsners »Der große Tag der Berta Laube« (NDR 1969) oder Dieter Waldmanns »Der Unfall« (WDR 1968) und »Schrott« (SWF 1969). Das Fernsehspiel verstand sich als eine moralische Instanz, die, fiktional verdichtet und überhöht, den Fernsehzuschauern das emotional nahezubringen versuchte, was ihnen an gesellschaftlichen Randbereichen die Dokumentarfilme der Reihe »Zeichen der Zeit« und andere Redaktionen dokumentarisch als Dunkelstellen der Republik vorführten (Koebner 1974).

Auseinandersetzung mit dem Nationalsozialismus

Stand die kritische Auseinandersetzung mit der Gegenwart der Bundesrepublik im Vordergrund, so bildete die Auseinandersetzung mit dem Nationalsozialismus einen anderen Strang der Entwicklung, die das Fernsehspiel nach dem Eichmann-Prozeß in Jerusalem und dem Auschwitzprozeß in Frankfurt beschäftigte. Mit ganz unterschiedlichen Stücken wie beispielsweise »Geliebt in Rom« (BR 1963) oder »Die Geschichte des Joel Brand« (WDR 1964), »Die Gegenprobe« (RB 1965) und »Über den Gehorsam« (NDR 1968) wurde versucht, die Frage nach der Schuld, nach Verfolgung und Widerstand auszuloten und den Zuschauern nahezubringen. »Mord in Frankfurt« (WDR 1968) setzte den Auschwitzprozeß mit den rüden Befragungen von ehemaligen KZ-Häftlingen durch die Verteidiger mit den Selbstjustizpraktiken von Taxifahrern nach einem Taxifahrermord in ein beziehungsreiches Gefüge zueinander. Das Fernsehspiel arbeitete mit solchen Thematisierungen immer wieder gegen das Verdrängen und Vergessen der deutschen Vergangenheit an. Ob es ihm im Rahmen des Angebotsflusses ganz unterschiedlicher Erzählungen und Darstellungen tatsächlich gelang, kann vielleicht bezweifelt werden, zumindest hielt das

»Geliebt in Rom«
mit Robert Graf
und Ingrid Andree

Fernsehspiel damit die Frage nach den unbewältigten Problemen offen, indem es immer wieder die Erinnerung daran aufrührte.

In welcher Weise das Fernsehen mit seinen fiktionalen Produktionen zur Verarbeitung von oft traumatischen kollektiven Erfahrungen beitrug, zeigte besonders das Ost-West-Stück. Schon im Vorfeld des Mauerbaus war es zu zahlreichen Fernsehspielen gekommen, die sich mit dem Ost-West-Konflikt auseinandersetzten. Berühmteste Beispiele waren neben »Romeo und Julia in Berlin« (NWRV 1957) und Dieter Meichsners »Besuch aus der Zone« (SDR 1958) nach dem Mauerbau »Nachruf auf Jürgen Trahnke« (NDR 1962), »Verspätung in Marienborn« (HR 1963) oder »Der Preis der Freiheit« (NDR 1966). Waren die Stücke in den ersten Jahren nach dem Mauerbau noch voller Tragik und Schmerz, so konnte Wolfgang Menge die innerdeutsche Grenze in »Die Dubrowkrise« (WDR 1969) nur noch ironisch sehen. Man begann sich Ende der sechziger Jahre zur innerdeutschen Grenze bereits komödiantisch in Distanz zu setzen, hatte von westlicher Seite aus längst andere Orientierungen in den Mittelpunkt gerückt. Die dunklen Seiten des Ost-West-Konflikts wurden zunehmend ins Krimi-Genre und ins Genre des Agententhrillers (z.B. in der ZDF-Reihe »Die fünfte Kolonne«, 1963–68) abgeschoben.

Ost-West-Stück

Am 20. 4. 66 war bereits eine andere Sendung über den Bildschirm gegangen: »Der deutsche Bund« (NDR) von Rüdiger Altmann, einem dem CDU-Bundeskanzler Ludwig Erhard nahestehenden Publizisten. Die Anregung zu dieser Produktion hatte der NDR-Redakteur Peter Merseburger gegeben. Altmann entwickelte in diesem Spiel die Vision einer deutschen Wiedervereinigung im Jahre 1976, die bereits 1966 in einem Allparteienkabinett vorbereitet wurde. Eingeleitet wurde sie in Altmanns Spiel durch eine Umkehr der Bonner Politik, so daß die DDR-Regierung, weil Bonn auf alle Pankower Forderungen einging, Verhandlungen nicht mehr verweigern konnte. Natürlich demonstrierte die Sendung dadurch indirekt, daß eine solche Wiedervereinigung in den sechziger Jahren nicht realisierbar war.

Die Vision der deutschen Einheit im Fernsehspiel

Doch sie war Ausdruck dafür, daß etwas in Bewegung kam. Daß noch im gleichen Jahr die Regierung Erhard stürzte und eine Große Koalition zustande kam, die langfristig zu einer Änderung der Ostpolitik führte, konnte Altmann allerdings ebensowenig vorhersehen wie die deutsche Einheit dreizehn Jahre nach dem von ihm gedachten Termin.

Stand das realistische Fernsehspiel im Mittelpunkt der sechziger Jahre, so darf nicht verkannt werden, daß die Adaption der Literatur und des Theaters weiterhin einen großen Raum einnahm. Zum einen begann besonders das ZDF aus der bereits von der ARD zuvor genutzten Form des ›Fernsehromans‹, der mehrteiligen Verfilmung von Romanen, mit »Robinson Crusoe« (ZDF 1964, Regie: Jean Sacha) und »Die Schatzinsel« (ZDF 1966, Regie: Walter Ulbrich) ein Subgenre von Abenteuerroman-Verfilmungen zu entwickeln. Zum anderen gewann das Theater im Fernsehen neues Gewicht.

Präsentation des Theaters im Fernsehen

Die Präsentation des Theaters im Fernsehen stellte nach der Auffassung des BR-Programmdirektors Helmut Oeller nicht nur »Chronistenpflicht des Fernsehens« dar, sondern eine »Dokumentationsaufgabe, die das künstlerische Dokument als Teil des Programms verlangt« und eine »Bildungsaufgabe des Fernsehens« (Oeller 1962, 84). Das ZDF hatte eine eigene Hauptabteilung ›Theater und Musik‹ eingerichtet, die es sich in einer regelmäßig wiederkehrenden Reihe »Und heute ins Theater« zum Ziel gesetzt hatte, »das deutsche Theater in seiner für Westeuropa einmaligen Vielfalt dem Fernsehpublikum vorzustellen« (Holzamer 1964b). Es bediente sich der Spielpläne der ca. 190 deutschen Stadt- und Staatstheater, Privat- und Festspielbühnen und präsentierte auf diese Weise nicht nur »Spitzenproduktionen«, sondern auch bewußt viel »Provinzialismus«. Henning Rischbieter versuchte, dieser Tendenz der »Mainzer Halbherzigkeiten und Gestrigkeiten«, wie er es 1971 nannte, im Dritten Programm von NDR/RB/SFB mit seiner Reihe »Theater heute« gegenzusteuern und bewußt avantgardistisches Theater zu zeigen, doch blieb das ZDF mit seiner raumgreifenden Reihe dominant.

Am reinen Dokumentationsvorhaben kamen jedoch bald Zweifel auf. Nach fernsehspezifischen Darbietungsweisen wurde zunehmend gesucht (vgl. Seibert 1996). Franz Peter Wirth hatte 1961/62 bereits mit spektakulärem Erfolg »Don Carlos« und »Wallenstein« inszeniert, auch wenn Rischbieter kritisch nach dem »Klassikertod im Fernsehen« fragte (Rischbieter 1962). Rolf Hädrich inszenierte 1964 für den HR Samuel Becketts »Warten auf Godot« in der Karstlandschaft Jugoslawiens. Aufgrund überschwenglicher Kritiken wurde die Inszenierung von Klassikern unter freiem Himmel Mode: »Tasso« inszenierte man in Italien, Lessings »Nathan den Weisen« in Jerusalem, den Orestes-Stoff in Griechenland. Rudolf Noelte produzierte 1966 für das ZDF Sartres »Fliegen« in der griechischen Tempelruine am Kap Sunion, nicht zuletzt um durch den Ort den Gestus von Erhabenheit in die Inszenierung zu bringen. Noelte ließ allerdings seinen Namen aus dem Abspann tilgen, weil den Aufnahmen zusätzlich die »zeusgesandten Fliegen von Argos« einkopiert worden waren. In die Richtung der Überhöhung bewegten sich die WDR-Inszenierungen von Peter Zadek »Der Kirschgarten«, »Rotmord« und »Der Pott«, die mit fernsehtechnischen Tricks wie Blue-Box und Einfärbung arbeiteten. Erstes in Farbe gesendetes Fernsehspiel war übrigens eine Theateradaption: Peter Weiss' »Die Verfolgung und Ermordung Jean Paul Marats ...«, die Peter Schulze-Rohr für den NDR inszeniert hatte und die am 23. 11. 67 ausgestrahlt wurde.

Der »Pott« von Peter Zadek

Auch wenn Theater im Fernsehen durch solche spektakulären Inszenierungen großartige Höhepunkte erreichte, zeigte sich bereits in den sechziger Jahren, daß es neben der Theaterorientierung eine Ausrichtung der Fernsehfiktion auf den Film und seine Gestaltungsformen gab, die zunehmend an Bedeutung gewann. Die fernsehspielinterne Entwicklung hatte bereits in den fünfziger Jahren deutlich gemacht, daß der Einsatz des Films das Spiel beweglicher werden ließ und damit einen größeren Realitätseindruck erreichte. Dieser kam dem Konzept entgegen, sich kritisch mit den bundesdeutschen Verhältnissen auseinanderzusetzen. Sichtung der Realität konnte ja nicht bedeuten, daß man diese im Studio nachstellte, während gleichzeitig jede Dokumentation im Programmkontext Bilder lieferte, die einen ungleich höheren Authentizitätsanspruch erhoben. Das Fernsehspiel mußte also das Studio verlassen, seine Geschichten in der Realität selbst ansiedeln und dadurch deren Wirkung zu steigern suchen. Das Fernsehspiel drängte deshalb zum Einsatz des Films und damit zur filmischen Gestaltung.

Zunehmende Ausrichtung der Fernsehfiktion auf den Film

Neben solchen produktionsästhetischen Überlegungen hatten die Zuschauer ihre Ansprüche an das Medium verändert. Ihr Interesse an Geschichten, die filmisch erzählt wurden, sich realitätsmächtig ausnahmen und mit Raum und Zeit ganz anders umgingen als es das Theater konnte, nahm in den sechziger Jahren stark zu. Dazu trug nicht nur die steigende Zahl der Kinospielfilme im Fernsehen bei, sondern auch die filmisch produzierten amerikanischen und britischen Serien. Sie etablierten eine andere Wahrnehmung, langsam zwar, aber mit dauerhaftem Erfolg.

Noch die sechziger Jahre hindurch war es durchaus nicht von vornherein ausgemacht, daß sich im Fernsehen der Film als Narrationstechnik durchsetzte. Der Blick auf die Unterhaltung zeigt, daß bei ihrer Inszenierung noch in den neunziger Jahren vom Prinzip der Veranstaltung, von einem letztlich theatralen Darstellungsvorgang ausgegangen wird, sicherlich vielfach televisuell modifiziert, aber eben nicht nach filmischen, Raum und Zeit vielfältig verknüpfenden Prinzipien gestaltet. Daß sich das Fernsehen in seinen Narrationen dem Film verschrieb, hatte auch ganz andere Gründe. Sie lagen z.B. darin, daß das Fernsehen den Kinospielfilm ausgiebig als Programmfüller benutzte und damit seine eigenen Produktionen in Zugzwang brachte, sich den durch die Spielfilme vermittelten Standards anzupassen. Weil die Kinospielfilme nicht nur auf großer Leinwand, sondern auch auf dem sehr viel kleineren Bildschirm funktionierten – d.h. unabhängig aller beklagten Verluste an optischer Brillanz, Schärfe und Valeurs immer noch Spannung, Identifikationserlebnisse etc. vermittelten – setzten sich nach und nach ihre Standards für die fernseheigene Fiktionsproduktion durch. In den sechziger Jahren war dies erst begrenzt der Fall, weil in dieser Zeit der Film erst begann, sich die Programme zu erobern und die theatralen Formen noch den Programmalltag bestimmten.

Film als Narrationstechnik im Fernsehspiel

Als der Kritiker der »Funk-Korrespondenz«, Egon Netenjakob, Mitte der sechziger Jahre eine Bestandsaufnahme der Arbeit der bundesdeutschen Fernsehspielredaktionen vorlegte und dabei dem WDR-Fernsehspiel Konzeptionslosigkeit vorwarf, reagierte wenig später Günter Rohrbach mit einem Konzept, wie sich das WDR-Fernsehspiel in Zukunft verstehen werde. Wichtigster Aspekt neben anderen war, daß der WDR auf den Film setzte. »Fernsehspiel ist Film!« hieß das Fazit der Neubestimmung, und damit wurde eine Richtung eingeschlagen, die zwangsläufig vom Theater wegführen mußte.

»Fernsehspiel ist Film!«

»Wer Zeitstücke machen will, muß in der Regel die Möglichkeit haben zu filmen. So sind denn auch nahezu alle wichtigen Fernsehspiele der vergangenen Jahre (wenn man von den Theaterstücken absieht) Filme gewesen. Die Entwicklung eines autonomen, auf die elektronische Technik ausgerichteten Fernsehspiels erscheint heute nicht mehr wahrscheinlich angesichts der Überlegenheit des Films, der sich zudem nicht nu künstlerisch, sondern auch wirtschaftlich gewandelt hat. [...] Dies ist ein Plädoyer fü den Film im Fernsehen. Es ist aber keine Absage an das Theaterstück.« (Rohrbach 1967)

Auch wenn Günter Rohrbach schwor, am Theaterstück festzuhalten, war damit langfristig ein Rückgang an Fernsehspielen in Gang gesetzt, die dem Theater verpflichtet waren. Dem entsprach ein Rückgang des Zuschauer interesses. Mitte der siebziger Jahre wurde der Zuschauerschwund be Theaterinszenierungen im Fernsehen so drastisch, daß sich die Fernseh spielredaktionen zu einer deutlichen Reduktion dieser Programmsparte in Fernsehen entschlossen (vgl. Canaris 1973, 1976).

Zuschauerschwund bei Theaterinszenierungen

Die Hinwendung zum Film führte dazu, daß bislang wenig filmerfah renen Autoren und Autorinnen ein Kamerateam zur Seite gestellt wurde damit diese sich mit der Realität auseinandersetzen konnten. Erika Rung beispielsweise, als Autorin der »Bottroper Protokolle« bekannt, kam au diese Weise zu ihrem ersten Fernsehfilm: »Warum ist Frau B. glücklich? (WDR 1968), in dem eine Arbeiterfrau vor laufender Kamera von ihre Problemen erzählt. Die Hinwendung zum Film erlaubte eine intensiver Auseinandersetzung mit den bundesdeutschen Verhältnissen. Rohrbach knüpfte mit dem WDR-Fernsehspiel, dessen Leitung er inzwischen über nommen hatte, an ähnlichen Positionen wie Egon Monk an: »Das Fernseh spiel sollte teilhaben an der Politisierung der Öffentlichkeit, statt für ent gangene Mitsprache erbauliche Kompensation zu schaffen« (Rohrbach 1968).

Günter Rohrbach

Mit solchen programmatischen Positionsbestimmungen war Rohrbach zum führenden Fernsehspielleiter der Bundesrepublik geworden. Egon Monk hatte 1968 seine Position beim NDR aufgegeben und die Leitung de Deutschen Schauspielhauses in Hamburg übernommen. Dort konnte er sich jedoch nicht durchsetzen. Die Leitung des führenden deutschen Theaters, an dem Gründgens gearbeitet hatte, in der Hand eines Fernsehmannes – da bedeutete für die Theaterkritik und das Hamburger Theaterpublikum einer kulturellen Affront sondergleichen. Monk wurde freier Regisseur, die NDR Fernsehspielleitung übernahm 1968 der Autor Dieter Meichsner, der bereit seit 1967 als Chefdramaturg beim NDR arbeitete.

Das Fernsehspiel hatte sich damit – wenn auch nicht bei allen Anstalten gleichermaßen – gewandelt. Es war einerseits fiktionale Aufbereitung von Alltagsproblemen und privaten Konflikten, bot durch das Spiel seiner Figu ren Verhaltensweisen an, mit denen sich der Zuschauer auseinandersetzen konnte. Es lieferte andererseits eine kritische Sicht auf Lebensbereiche und Konflikte, zu denen es dezidiert Stellung bezog und damit die Zuschauer in der Regel aufrührte und eine politische Haltung provozierte.

Studentenunruhen Generationenkonflikt

Diese Haltung machte sich gegen Ende der sechziger Jahre an Pro duktionen fest, die sich mit den Studentenunruhen und dem Generationen konflikt beschäftigten. Beispiele sind: Christian Geisslers »Altersgenossen« (WDR 1969), Klaus Lemkes »Brandstifter« (WDR 1969), dann auch Rein hard Hauffs »Die Revolte« (WDR 1969) und Peter Zadeks »Ich bin ein Elefant, Madame« (WDR 1970).

Tabuthemen im Fernsehspiel

In der Zuwendung zu anderen Themen verlor das Fernsehspiel nun seine Betulichkeit, die ihm in seinen Inszenierungsweisen oftmals angehafte hatte, es wurde provokativ, frech, aufrührerisch. Es griff Tabuthemen auf und setzte deutlich auf Politisierung. Solche Produktionen wurden kon trovers diskutiert, ebenso diejenigen, die sich erklärtermaßen gegen die füh

»Das Millionenspiel« moderiert von Dieter Thomas Heck

renden WDR-Produktionen richteten, wie z.B das Fernsehspiel von Dieter Meichsner »Alma Mater« (NDR 1971), das sich kritisch mit der Studentenbewegung und besonders den Studenten an der FU Berlin auseinandersetzte.

»Alma Mater«

Meichsners Fernsehspiel zeigte dabei, wohin die Annäherung der Fiktion an die Realität führen konnte. Meichsner und Rolf Hädrich hatten einen Film über die Studenten gedreht, der sich dokumentarischer Stilmittel bediente und durch eine geschickte Montage bei einem unaufmerksamen Publikum den Eindruck erwecken konnte, als handle es sich um eine Dokumentation und nicht um ein ausgedachtes Spiel. Meichsner selbst sah den Erfolg der Fernsehspiele im Programm nicht mehr in ihrem »hohen Grad an ›Fiktion‹«, der erreicht wurde, sondern in einer »Anschmiegung an die Realität« (Meichsner 1972).

»Wir Leute vom Fernsehspiel sind die einzigen, die immer zugeben, daß sie manipulieren, die diese Manipulation immer erkennbar halten. [...] Viele der fragwürdigen und verführerischen Verdummungen, die vom Medium ausgehen, rühren doch daher, daß vorgegeben wird, es sei gänzlich wertfreie, objektive Wiedergabe von Realität mit den sogenannten dokumentarischen Mitteln möglich. Dabei kann doch von einer Wiedergabe unzersetzter Wirklichkeit auf dem Wege der bloßen Kamera-Beobachtung kaum die Rede sein.« (Meichsner 1972)

Diese Mischung von Dokumentation und Fiktion, sowie das selbstreflexive Spiel mit den anderen Programmformen hatte allerdings schon Tradition. Eine Selbstthematisierung des Rundfunks fand bereits in den beiden Filmen von Dieter Hildebrandt/Rolf Hädrich, »Dr. Murkes gesammeltes Schwei-

Mischung von Dokumentation und Fiktion

gen« (HR 1964) und »Dr. Murkes gesammelte Nachrufe« (HR 1965), auf humorvolle Weise statt. Wolfgang Menge hatte sich in seiner Ost-West-Komödie »Die Dubrow-Krise« (WDR 1969) der Form einer fiktiven Fernsehreportage und Dokumentation bedient und dabei mit dem Schein des Möglichen einer deutschen Wiedervereinigung eines kleinen Grenzortes gespielt. Die satirische Darstellung einer kommerziellen Fernsehshow, bei der es um den Einsatz des Lebens gegen eine Million DM ging, machte diese Form einer fiktiven Unterhaltungssendung ganz anderer Art zu einem spektakulären Ereignis. Wolfgang Menges »Millionenspiel« (WDR 1971) führte auf spannende Weise vor, wie ein Kandidat (gespielt von Jörg Pleva) eine Woche lang vor Verfolgern flieht, die ihm zunächst vergeblich nach dem Leben trachten, bis er von ihnen am Ende im Studio doch noch angeschossen wird. Obwohl das Spiel auf eine Kritik des kommerziellen Fernsehens abzielte, hielten es viele Zuschauer für nicht so weit vom öffentlich-rechtlichen Fernsehen entfernt, und meldeten sich als Kandidaten für eine Fortsetzung der Show, um ihr Leben für den Preis von einer Million DM zu riskieren.

Spiel mit dem Möglichen

Das Spiel mit den Möglichkeiten, die Inszenierung eines Szenarios – was kommt, wenn in der Bundesrepublik ein kommerzielles Fernsehen Programm macht – zeigte damit eine neue Qualität des Fernsehspiels: Es machte nicht nur Verhältnisse am Beispiel einzelner Menschen anschaulich. Es übte nicht nur Kritik, indem es auf Folgen und Ursachen hinwies und beim Publikum Betroffenheit erzeugte, sondern es zeigte, was denn kommen könnte, wenn man nicht in der Gegenwart bereits den Anfängen wehrte. Spektakulär war deshalb ein weiteres Fernsehspiel von Wolfgang Menge mit einer solchen Konstruktion dokumentarisch-fiktionaler Mischung: »Smog« (WDR 1972). Es führte die Folgen der Luftverschmutzung vor, indem es zeigte, welche Folgen eine Smog-Wetterlage verschärften Ausmaßes haben kann, wie die Behörden, die Industrie darauf reagieren und welche gesundheitlichen Folgen der Smog für viele Menschen hat. Wieder bediente sich Menge dabei dokumentarischer Stilmittel, das Fernsehspiel benutzte die Form der Dokumentation und der Nachrichtensendung, um einen solchen Smogverlauf möglichst realistisch und damit wahrscheinlich vorzuführen. Wie schon bei Monk zielte das Fernsehspiel, nur jetzt mit anderen Gestaltungsmitteln, darauf, die Zuschauer zum Nachdenken zu bringen.

»Smog«

Der Zielsetzung, ein kritisches Bewußtsein bei den Zuschauern zu schaffen, hatten sich auch andere Fernsehanstalten, z. B. das ZDF, verschrieben. Unter Kritik verstand man dabei jedoch etwas ganz anderes, hatte unterschiedliche gesellschaftliche Notstände im Blick und bediente sich verschiedener Darstellungsformen. Wenn der Fernsehspielleiter des ZDF, Gerhard Prager, 1967 ganz in der Tradition Holzamers, das Fernsehen als »technisches Instrument« verstand, »dem Menschen zu helfen, sich in seiner Wirklichkeit zurechtzufinden« und das Fernsehspiel als Mittel zur ›Wirklichkeitsorientierung‹ verstand, dann war dies sehr viel allgemeiner und diffuser zu verstehen als die ›Realitätsorientierung‹ des WDR-Fernsehspiels.

Dokumentarspiel

Andere Zielsetzungen verfolgte das ZDF mit einer Fernsehspielsparte, die an der dokumentarisch-fiktionalen Form anknüpfte: dem Dokumentarspiel. Zwar hatte es schon Ende der fünfziger Jahre einige sogenannte ›Wirklichkeitsspiele‹ bei der ARD gegeben, doch hatte das ZDF für diese Richtung eine eigene Hauptabteilung geschaffen und sie zu einer eigenständigen Programmform aufgewertet. Geboren aus der Angst, irgendwann einmal keine Geschichten mehr erzählen zu können, war man auf den großen Bereich der Geschichte gekommen und spielte Prozesse, Skandale etc. nach: »Affäre Eulenburg« (ZDF 1965), »Bernhard Lichtenberg« (ZDF 1965), »Der Fall Mata Hari« (ZDF 1966) oder der »Bürgerkrieg in Rußland« (ZDF 1967/68) und »Die Mexikanische Revolution« (ZDF 1968). Dabei ging es dem Dokumentarspiel, so sein Leiter Wolfgang Bruhn, um die Vermittlung »staatsbürgerlicher Bildung und Staatsbürgerbewußtsein«, eine »ungewöhnliche Fülle von Informationen« mitzuteilen und »Gefühlsbrücken zum Publikum« zu schlagen (Bruhn 1967, 159 f.). Wo das kritische Fernsehspiel provozieren, herausfordern, aufklären wollte, suchte das ZDF-Dokumentarspiel eine »Illusion des Authentischen« zu erzeugen, den Eindruck zu vermitteln, »im Wohnzimmer Wilhelm dem Zweiten oder dem letzten Zaren persönlich zu begegnen, Augenzeuge der Affäre Meyerling oder des Attentats von Sarajewo zu werden, im Bewußtsein, daß alle Szenen authentisch sind« (ZDF-Journal 17/1967). Es liegt auf der Hand, daß durch eine solche oft am Sensationellen ausgerichtete Illusionierung, ja Täuschung der Zuschauer kein wirkliches Staatsbürgerbewußtsein entstehen konnte, wie dann die Kritik nach 1972 anmerkte (vgl. Delling 1976).

»*Illusion des Authentischen*«

Eine der ersten Produktionen dieser ZDF-Abteilung war der Dreiteiler »Der Fall Rohrbach« (Buch: Robert A. Stemmle), der einen Mordprozeß von 1957 wieder aufrollte. Schon hier wurde das auf Sensation abzielende Interesse des Dokumentarspiels sichtbar. Zu einer Kontroverse kam es 1966 um einen weiteren Mordfall, der 1962 vor Gericht verhandelt worden war: »Der Fall Vera Brühne«, gegen dessen fiktionale Aufbereitung im Dokumentarspiel sich die inhaftierte Angeklagte wehrte, weil sie ein Wiederaufnahmeverfahren betrieb. Das Aufgreifen aktueller Kriminalfälle geriet in Konflikt mit den Rechten Einzelner. Vor dem Bundesverfassungsgericht wurde dann ein weiteres Dokumentarspielvorhaben des ZDF von 1972 (»Der Lebach-Mord«) verhandelt: die Darstellung des Überfalls auf ein Bundeswehrdepot im Jahre 1969, bei dem Soldaten ermordet worden waren. Als das Bundesverfassungsgericht die Ausstrahlung des Dokumentarspiels nach einem zweijährigen Rechtsstreit verbot, um nicht die Resozialisierung der Täter zu gefährden, wurden gleichzeitig, über den aktuellen Fall hinausgehend, die Grenzen des Fernsehens gegenüber den Persönlichkeitsrechten definiert. Damit aber hatte der Streit um das »Lebach«-Dokumentarspiel das Genre endgültig in Mißkredit gebracht.

»Der Fall Rohrbach« – Anita Höfer als Maria Rohrbach

Die Differenz zu den von der ARD produzierten Dokumentarspielen (die dort zumeist ›szenische Dokumentationen‹ genannt wurden), bestand darin, daß man bei den ARD-Produktionen nicht die Illusion erwecken wollte, man sei bei einem nachgestellten historischen Ereignis tatsächlich dabei gewesen, sondern das Konzept vertrat, man habe mit der Darstellung nur *eine* von möglichen Deutungen der Geschichte erfahren. Wenn die Spiele von Walter Jens »Die rote Rosa« (BR 1966) über Rosa Luxemburg, von Michael Mansfeld (unter Mitwirkung von Klaus Kreimeier und Bernd Rhotert) »Der Reichstagsbrandprozeß« (HR 1967) oder von Dieter Meichsner »Novemberverbrecher« über die Sozialdemokraten in der Novemberrevolution 1918 gezeigt wurden, zielten sie auf Revision tradierter Geschichtsbilder, nicht auf ihre illusionierende Bestätigung.

›*Szenische Dokumentationen*‹

Die Hauptdifferenz zwischen den unterschiedlichen Dokumentarspielpraktiken bei ZDF und ARD lagen darin, daß das ZDF – nicht zuletzt weil es institutionell so eingerichtet war – systematisch die Geschichte nach verwertbaren Stoffen durchforstete und die Dokumentarspielproduktion letztlich seriell betrieb. Die Folge war eine gewisse Schematisierung und

Unterschiede zwischen dem ZDF und der ARD

»Der Lebach Mord«

Abnutzung der Form

Standardisierung, aber auch eine rasante Abnutzung der Form. Für die ARD bildete das Dokumentarspiel nicht mehr als eine ästhetische Variante des Fernsehspiels, und in diesem Kontext waren es immer einzelne Produktionen, die gestalterisch sehr unterschiedlich realisiert wurden. Als Anfang der siebziger Jahre im Kulturbetrieb eine Diskussion über den Dokumentarbegriff – und damit über das Dokumentarspiel – entstand, konnte sich das ARD-Fernsehspiel relativ rasch aus dieser heftig angefeindeten dokumentarisch-fiktionalen Mischform zurückziehen, während das ZDF durch den einmal dafür eingerichteten redaktionellen Rahmen gebunden war (vgl. dazu Hickethier 1979a). Anfang der siebziger Jahre ging beim ZDF die Produktion von Dokumentarspielen zurück, die Abteilung baute statt dessen stärker den Bereich der Kriminalspiele und -serien aus.

Damit wird noch ein anderer Gegensatz deutlich: Fernsehspiel und Dokumentarspiel sahen sich beim ZDF im Dienst des Gesamtauftrags des Programms, Lebenshilfe durch Bildung und Unterhaltung zu leisten. In der ARD bestand zwar zwangsläufig eine Integration des Fernsehspiels in das Programm, doch gab sich das Fernsehspiel den Anschein des Besonderen. In der Tradition von Heinz Schwitzkes Definition, daß Kunst im Programmfluß widerständig zu sein habe gegen das Zerrinnen der Zeit (vgl. Kap. 6.6), sah sich – auf andere Weise – das Fernsehspiel immer als etwas, was sich grundsätzlich von den anderen Programmformen unterschied. Günter Rohrbach formulierte schließlich 1972: »Fernsehspiele sind nicht Fernsehen«, um aus dieser These ein Widerstandspotential abzuleiten für subversive Produktionen, die sich gegen die »Geschmacksdiktatur des Kulturbetriebs« richteten, die den Menschen ihre »wahren Interessen« zeigten und ihnen »die Probleme der Welt nicht vorenthalten, sondern mit ihnen nach Wegen suchen, damit fertig zu werden« (Rohrbach 1972, 97). Gerade in solchen Versuchen, letztlich innerhalb des Programmflusses Sinn zu stiften, Welt zu erklären, Bedeutung zu vermitteln, lag die eigentliche Funktion des Fernsehspiels, die es für das Programm insgesamt wichtig machte.

Widerstandspotential des Fernsehspiels im Programm

»Lembke, das ist Fernsehen. Und Kulenkampff. Frankenfeld und Peter Alexander. Grzimek und Rudi Carrell. Die Cartwrights sind Fernsehen und Simon Templar, Mannix und der Mann mit dem Koffer. Und natürlich ist die Tagesschau Fernsehen und der Frühschoppen, Panorama und Monitor, der Weltspiegel und die Sportschau. Und selbstverständlich die Mainzelmännchen. Fernsehspiele dagegen sind der Kulturschutt von gestern, Spätblüten einer bürgerlichen Ästhetik. An ihnen bestätigt sich eine bevorzugte Klasse ihr Bildungsprivileg. Solange es Fernsehspiele gibt, werden wir das totale Fernsehen nicht erreicht haben. So besehen hätte das Fernsehspiel also eine Bremsfunktion. Mit ihm unterwandert ein Stück bürgerliche Kulturtradition das auf Vernichtung eben dieser Tradition abzielende Medium.« (Rohrbach 1972, 94)

Insgesamt führte die Fernsehspielentwicklung der sechziger Jahre nicht nur zu einer qualitativen Entfaltung und Ausdifferenzierung unterschiedlicher Formen und Darstellungsweisen, sondern auch zu einem quantitativen Ausbau. Durch die Existenz von zwei Hauptprogrammen und den Ausbau der Dritten Programme wurden ab Mitte der sechziger Jahre jährlich zwischen 210 und 260 Fernsehspiele hergestellt, Serien nicht eingerechnet (Hickethier 1980a, 74). Damit fand eine Häufung audiovisueller Erzählungen im Fernsehen statt, die sich in den folgenden Jahrzehnten noch drastisch steigern sollte und damit das Fernsehen immer mehr zu einem narrativen Medium machten.

Fernsehen als Erzähl-Medium

Kinospielfilme im Fernsehen

Der Start des ZDF-Programms führte zu einer Ausweitung des Spielfilmangebots im Fernsehen. Diese von der Filmwirtschaft preiswert (im Vergleich zur Eigenproduktion von Fernsehspielen) zu erhaltenden Filme füllten auf eine für das Publikum zumeist attraktive Weise Sendeplätze. Zeigte die ARD 1962 72 Spielfilme, waren es ein Jahr später zusammen mit dem ZDF bereits 176. Sukzessive erhöhte sich die Zahl der Spielfilme von Jahr zu Jahr, so daß ARD und ZDF 1970 zusammen bereits 304 Spielfilme zeigten und 1972 sogar 341 (Schneider 1994b, 299). Der Fernsehzuschauer konnte also 1962 in zwei Wochen etwa drei Spielfilme im Fernsehen sehen, zehn Jahre später war (zumindest statistisch gesehen) bereits fast jeden Tag ein Spielfilm im Programm.

Fernsehen als Vermittler des Spielfilms

Die verstärkte Präsentation von Spielfilmen zielte jedoch nicht (nur) auf preiswerte Programmfüllung, sondern man wollte ein ausgewogenes Spielprogramm anbieten: »Nur ja keine Lückenbüßerei, kein Heimkino für Bequeme; weder Schnulzenküche noch Cineastentempel; nicht Film für alle um jeden Preis und ebensowenig Kunstverrenkung für Snobs. Wohl aber redliche, der Unterhaltung wie der Bildung zugetane Vielseitigkeit« (ZDF-Jahrbuch 1962/64, 80). An der Spitze der ZDF-Hauptredaktion Spielfilm stand Klaus Brüne, Redakteur war Dieter Krusche. Die ARD richtete ab 1966 eine Spielfilmredaktion unter der Leitung des Filmkritikers Heinz Ungureit ein. Im Prinzip wollte man analog zu den Ende der fünfziger Jahre entstandenen Programmkinos ein breit gefächertes Filmangebot liefern, das vom Unterhaltungsfilm über Filmklassiker bis zum Avantgarde-Film reichte. Das ZDF zeigte die Reihe »Der besondere Film« (Redaktion Dieter Krusche), in der ungewöhnliche Filme wie der norwegische Spielfilm »Die Jagd« (1963) oder Bressons »Pickpocket« präsentiert wurden. Mit dieser Reihe nahm das ZDF die Idee der bereits im II. ARD-Programm angelaufenen und im Dritten Programm von NDR, RB und SFB fortgesetzten Reihe »Der Filmclub« auf. Hier waren Filme zu sehen, die zum überwiegenden Teil in den Kinos keine Chance hatten, in die Programme zu kommen.

Präsentation von Spielfilmen kein Heimkino für Bequeme; weder Schnulzenküche noch Cinéastentempel

»Das Fernsehen wurde hier zum Repräsentant aktueller internationaler Filmkunst.« (Irmela Schneider 1994b, 265)

»Das Fernsehen wurde hier zum Repräsentant aktueller internationaler Filmkunst.« (Irmela Schneider 1994b, 265).

Reihen wie »Der Kurzfilm« (N3) und »Der internationale Kurzfilm« (ZDF) kamen ab 1966 ins Programm, die ARD etablierte im gleichen Jahr »Das Film-Festival«, das einmal im Monat einen Film von Regisseuren wie Alfred Hitchcock, Jean Renoir, Carlos Saura u.a. zeigte. Wurden in dieser Reihe ungewöhnliche Filme mit bereits bekannten gemischt, so sollte mit der 1968 eingerichteten ARD-Reihe »Studio-Film« »die Chance des Experiments, der Provokation, des Erprobens in besonderem Maße« geboten werden. Hier liefen Filme u.a. von Alexander Kluge und Rainer Werner Faßbinder. ZDF-Pendant war »Das Nachtstudio«, das sich besonders der Präsentation historischer Filme verschrieb. Die Reihe »Der große Stummfilm« kam hier auf den Bildschirm, in der das ZDF mit der Bearbeitung und Rekonstruktion deutscher und internationaler Stummfilme begann. Weitere Akzente setzten ab 1970 im ZDF die Reihen »Der klassische Kriminalfilm«, »Der phantastische Film« oder »Der junge deutsche Film«.

Das Ziel, nicht nur Filme zu zeigen, sondern Filmbildung zu vermitteln, wurde zum einen mit Kurzinformationen über die aktuelle Kinoszenerie (»10 Minuten für den Kinogänger«, ZDF (später »Ratschlag für Kinogänger«); »Neues aus der Welt des Films«, ZDF) und zum anderen mit der Reihe »Filmforum« (ZDF) verfolgt, die Dokumentationen über zumeist historische Filmthemen wie »Hollywoods goldene Jahre«, über die Ursprünge des Vampirfilms oder »Kolberg – der ›letzte Film der Nation‹« brachte.

Es ist ein Verdienst des Fernsehens, daß durch die televisuelle Filmpräsentation und Information über die Filmgeschichte in größeren Teilen der Bevölkerung überhaupt erst ein Bewußtsein von Filmkunst entstand. Wurden in der Kinobranche noch in den fünfziger Jahren abgespielte Filme vielfach vernichtet, so entstand durch die Vermittlungsarbeit des Fernsehens ein Gespür für Filmkunst. Denn erstmals fanden die Zuschauer nun Filme aus den verschiedensten Epochen im laufenden Programm angeboten, erhielten Hintergrundinformationen und konnten sich durch Anschauung ein filmhistorisches Verständnis ausbilden. Diese televisuelle Förderung einer Filmbildung wurde von der zeitgenössischen Filmkritik nur selten erkannt. Diese sah im Fernsehen nur den Schuldigen an der Kinokrise.

Vermittlungsarbeit für Filmkunst

Deutsche und europäische Spielfilme im Fernsehen

Gegenüber den fünfziger Jahren, in denen hauptsächlich ältere deutsche Spielfilme im Fernsehen gezeigt wurden, weitete sich jetzt das Spektrum aus: Die Hauptprogramme zeigten den europäischen Film und machten das Publikum auf diese Weise mit den Produktionen anderer europäischer Filmländer bekannt. Der Anteil amerikanischer Filme stieg bei ARD und ZDF selten über 25 Prozent, erst ab 1969 zeigte sich bei der ARD ein Anstieg auf etwas über 35 Prozent. ZDF und ARD suchten also im Filmabspiel nicht nur die große Unterhaltung, sondern wollten mit ihren Angeboten die vorhandenen Filmkenntnisse erweitern, wollten Zugang schaffen zu einer Filmkunst, die der Mehrheit der Zuschauer eher verschlossen war. Monografisch angelegte Reihen mit Filmen von Regisseuren wie Howard Hawks, Elia Kazan, Robert Siodmak, Ernst Lubitsch, John Ford u.a. trugen dazu bei, viele der Regisseure zu »kanonisieren« (Schneider 1994b, 270).

Was die Filmkritiker in der Folge der »Cahiers de Cinema« und der »Filmkritik« theoretisch postuliert hatten – das Fernsehen vollzog es in der Praxis des Filmezeigens nach. Es ist kein Zufall, daß die Filmkritiker der achtziger Jahre, die mit dieser Filmabspielpraxis des Fernsehens groß geworden waren, zu Apologeten des Hollywoodfilms wurden. Irmela

Schneider hat darauf hingewiesen, daß das Fernsehen den Hollywood-Film entgegen der üblichen Haltungen des Kulturbetriebs nicht als bloße Unterhaltung, sondern als Filmkunst einführte und darüber sanktionierte. Das amerikanische Kino der dreißiger bis fünfziger Jahre wurde auf diese Weise beim deutschen Publikum populär gemacht.

»Das Fernsehen spielte eine entscheidende Rolle in dem Wandlungsprozeß, der Teile der jugendlichen Sub-Kultur aus den fünfziger Jahren im Laufe der sechziger Jahre zur generationenübergreifenden Alltagskultur werden ließ. Zugleich wurde die Rezeption der Produkte der amerikanischen Unterhaltungsindustrie – nicht nur ihrer Filme, sondern auch z. B. ihrer Musik – in das traditionell idealistische Kulturkonzept zuerst eingebaut und hat dieses dann seinerseits verändert.« (Schneider 1994b, 275)

Quiz und Musical, vom »Goldenen Schuß« zu »Wünsch Dir was«

Die große Fernsehunterhaltung, wie sie sich in den fünfziger Jahren mit Kulenkampff und Frankenfeld entwickelt hatte, unter einen Bildungsanspruch zu stellen, wie es Holzamer vorgehabt hatte, fiel naturgemäß schwer. Der Leiter der neu gegründeten ZDF-Unterhaltungsabteilung, Karlheinz Bieber, verließ nicht allein deshalb bereits im September den Sender, sein Nachfolger wurde Otto Meissner. Das ZDF setzte auf die musikalische Unterhaltung und forcierte die Lustspiel- und Musicalproduktion. Der Wechsel in der Leitung bedeutete, daß man ab Herbst 1963 die öffentlichen Veranstaltungsformen forcierte, die Meissner bis dahin schon betreut hatte: »Menschen, Tiere, Sensationen« kamen ins Programm, Musikunterhaltungen wie »Herzlich willkommen« (mit der das ZDF seine erste große öffentliche Unterhaltungsveranstaltung bestritt), »Berlin Melodie«, »Ich hab mich so gewöhnt an dich« (mit Bully Buhlan) oder »Heute Abend Premiere« und andere mehr. Man setzte auf die Schlagerbranche, die in dem neuen Medium ihre Stars groß herausbringen wollte. Die musikalische Unterhaltung wurde entsprechend ausgeweitet. Für Jugendliche kam die Reihe »Schlager des Monats« ins Programm, daraus wurde ab dem 18. 1. 69 die »Hitparade des ZDF« mit Dieter Thomas Heck als Moderator. Für den ›gehobeneren‹ Geschmack sangen Juliette Gréco, Hildegard Knef und andere Stars in großen Einzelsendungen. Eher kleinteilig war dagegen die musikalische Vorabendreihe »Soeben eingetroffen« (ZDF ab 1965) angelegt. Die Unterhaltung fächerte sich wie schon bei der ARD auf, stiftete unterschiedliche Formen, damit jeder Zuschauer etwas ›für seinen Geschmack‹ finden konnte.

Große Fernsehunterhaltung

öffentliche Veranstaltungsformen

Vor allem ab Mitte 1965, nachdem Josef Viehöver ZDF-Programmdirektor geworden war, entstand der Eindruck, daß das ZDF – entgegen seinen bildungspädagogischen Absichten bei Beginn des Programms – massiv auf Unterhaltung setzte. Hintergrund war die Finanznot des Senders, die ihn dazu brachte, verstärkt um Werbeeinnahmen zu kämpfen. Diese waren nur durch ein häufiges Erreichen von Publikumsmehrheiten zu erreichen. Durch einen forcierten Ausbau der Unterhaltung konnte das ZDF bereits 1965 an jedem dritten Abend die Mehrheit der Zuschauer zu sich ziehen. Dazu trugen Mischformen bei, die ab 1965 verstärkt im Programm etabliert wurden: »Schaufenster Deutschland« hieß z. B. eine Unterhaltungsreihe am Sonnabend mit Carlheinz Hollmann und Karin von Faber, die der »Schaubude« des NDR nachgeahmt war.

Die ARD baute ihre musikalische Unterhaltung mit »Werner Müllers Schlagermagazin« und anderen Musiksendungen aus. Dabei gab es neben

Musikalische Unterhaltung

»Meine Melodie« – der 20. Geburtstag der Musikshow, mit Marianne Koch; Regie: Truck Branss

Truck Branss

»Beat-Club«

der volkstümlichen Musikunterhaltung immer wieder Versuche, neue Formen zu erproben. Der Regisseur Truck (Kurt) Branss profilierte sich und den ARD-Sender SR, für den er produzierte, mit Star-Porträts (»Belina, Porträt einer Sängerin ...«) und Ballett-Darbietungen (»Die steinerne Blume« nach Prokofjew). Branss hatte die Armut des Kleinstsenders zur formalen Tugend gemacht: Er verzichtete auf großen Studio-Aufwand an Glitzerroben und Fernsehballetten, Treppen und Spiegelflächen, die sich in den großen WDR- und NDR-Shows eingebürgert hatten. »Bei Branss treten Stars in einfachsten Kostümen auf – etwa in schwarzem Rock und Pullover – und vor kärglichen Kulissen. Als Dekoration für die Don-Kosaken-Sendung beispielsweise diente ein einziges Großfoto vom Innern einer Kirche«, lobte der »Spiegel« (26/1964). Truck Branss betrieb auf diese Weise nicht nur eine ästhetische Differenzierung in der Musikpräsentation, er sprach damit ein eher intellektuelles Publikum an, das sich für solche, weniger ›kitschig‹ erscheinenden Inszenierungen populärer Musik begeistern konnte.

Zur »besten deutschen Pop-Show« (so der »New Musical Express« aus England) entwickelte sich die ab 1965 ins Programm genommene Musiksendung von RB »Beat-Club«, deren Regisseur Michael Leckebusch der englischen und amerikanischen Popmusik zu einem festen Platz im Programm verhalf: Neben The Birds, The Spencer Davis Group, Jimi Hendrix, The Who, Steppenwolf und vielen anderen zeigte der »Beat-Club« Mitte der sechziger Jahre Filmausschnitte von Beatles-Konzerten. Besonders durch seine fernsehästhetischen Neuerungen, durch Collagen und »Elektronik-Schocks« (Der Spiegel 12/1971) suchte er nach einer neuen visuellen Ausdrucksprache für die akustischen Reize. Eher konventionell war dagegen »Musik aus Studio B«, in dem Chris Howland (später Henning Venske) Schlager präsentierte und damit ebenfalls ein jugendliches Publikum begeisterte. Es war diese Pop-Unterhaltung im Fernsehen, die eine große ästhetische Innovation innerhalb des Medienangebots bedeutete und das qualitativ Neue des Fernsehens sichtbar machte. Die Form des Pop-Fernsehens stellte eine wirkliche Neuerung dar, die vor allem Jugendliche in ihrem Kulturverhalten prägte.

Das ZDF legte sich Ende der sechziger Jahre etwas anspruchsvollere Musiksendungen zu. Jean Christophe Averty zeigte beispielsweise ab 1968 eine mehrteilige Reihe von Shows (»Idea«), in der er eine »physisch-plastische Darstellung der Pop-Musik« versuchte und sich dafür von den Comic-Artisten Guy Pellaert eine Cartoon-Welt bauen ließ. Comic-Strip-Signale »AAHH« und »VOUGH«, surrealistisch montierte Flugzeugteile, rotierende Scheiben u.a. erzeugten – am Tricktisch montiert – eine neue Kunstwelt mit Julie Driscoll, The Bee Gees, Lill Lindfors u.a.

»Beat-Club« mit Dave Lee Travis und Uschi Nerke

Zum großen Unterhaltungsstar durch das Fernsehen in den sechziger Jahren wurde jedoch nicht Jimi Hendrix, sondern Peter Alexander, der als ein »positiver, den Massen verständlicher, vom Volk bejahter« Alleinunterhalter und als einer, der »in allem noch intakt ist«, »nett und bescheiden geblieben ist« gefeiert wurde (Der Spiegel 12/1972). Sein wienerischer Charme knüpfte an das seit den zwanziger Jahren durch den Film etablierte Flair Wiener Gemütlichkeit an und sorgte durch ein geschicktes Management (zeitweise planten zwölf Produktplaner seine Sendungen) und eine prominente Gästeschar (von Anneliese Rothenberger, Rudolf Schock bis zu Heintje und Heidi Kabel) für hohe Einschaltquoten. Daß er dabei gleichzeitig seine Fernsehsendungen als Promotionsendungen für seine Schallplatten benutzte, lag auf der Hand. Das Fernsehen rutschte damit, wie es der Kritiker Fritz Rumler formulierte, »in die Rolle, PR-Magd und Disc-Jockey der Industrie zu sein« (ebd.).

Eher in den Hintergrund geriet im Fernsehen der sechziger Jahre das Kabarett, auch wenn sich die Programmpräsenz zunächst ausweitete. Neben der ›Münchner Lach- und Schießgesellschaft‹, den ›Stachelschweinen‹ waren zahlreiche andere Kabaretts in den Programmen zu finden. Das Kabarett schien sich als Genre etabliert zu haben, selbst wenn es immer wieder zu Eingriffen seitens der Programmverantwortlichen kam. Als der NDR 1964 ein Programm des Heidelberger Kabaretts ›Bügelbrett‹ aufzeichnete, kürzte er die ihm nicht genehmen Passagen, u.a. einen Sketch »Was tun mit Ulbricht?«, weil ein Seitenhieb auf Springer das Publikum zu spontanem Beifall veranlaßt hatte. Auch der Song »Die Mauer«, nach der Einschätzung der Kabarettisten Kernstück des Programms, fiel der Schere zum Opfer, weil die Zeilen »Warum darf man es nicht laut und offen sagen? Das da drüben ist ein zweiter deutscher Staat« im öffentlich-rechtlichen Fernsehen zu dieser Zeit nicht ausgesprochen werden durften (Der Spiegel 30/1964).

Michael Leckebusch

Umstritten war die fernseheigene Satire-Sendung »Hallo Nachbarn«, die der NDR nach einer Idee von Joachim Roering und dem britischen Vorbild »That was the week that was« als ein Magazin ausstrahlte. Moderator Richard Münch hatte mit seiner Sendung eine fernsehspezifische Präsentationsform von Fernsehsatire entwickelt und dabei die ›Brettl-Atmosphäre‹ vermieden. Wegen ihrer oft harschen Kritik erregte die Sendung immer wieder Anstoß. Nachdem die Sendereihe 1965 bereits abgesetzt worden war und nur aufgrund eines Publikumsprotests noch einmal auf dem Bildschirm erschien, wurde sie schließlich 1966 endgültig aus dem Programm verbannt. Im gleichen Jahr erklärte der BR-Programmdirektor Clemens Münster, nicht mehr das Programm der ›Münchner Lach- und Schießgesellschaft‹ zu übertragen, weil sich Dieter Hildebrandt und Hans Jürgen Diedrich über den Bundespräsidenten Heinrich Lübke und dessen Hang zu Stilblüten lustig gemacht hatten.

Fernseh-Satire »Hallo Nachbarn«

»Der Goldene Schuß«
mit Lou van Burg

Große
Show-Unterhaltung
»Der goldene Schuß«

»Einer wird gewinnen«

Das Verhältnis von Fernsehen und Kabarett wurde immer dann problematisch, wenn das Fernsehen einerseits auf seine große Verbreitung verwies und glaubte, dem Publikum bestimmte satirische Äußerungen nicht ›zumuten‹ zu dürfen, andererseits die Kabarettisten von ihrer Kritik keine Abstriche machten. Das Fernsehen war umgekehrt immer wieder am Kabarett interessiert, weil diese Programmform beim Publikum beliebt war und die kabarettistische Kritik im Programm die Unabhängigkeit des Fernsehens bewies. Sogar in den Dritten Programmen gab es Kabarettsendungen. Mit Wolfgang Neuss' »Das jüngste Gerücht« begann N3 sein Programm.

Ende der sechziger Jahre gerieten die Kabaretts in eine Krise, weil ihre Kritik an den Verhältnissen von der Kritik der Studentenbewegung überholt wurde. Deren Kritik war entschiedener, auch hatten die oft sozialdemokratisch eingestellten Kabarettisten mit dem Ende der CDU-FDP-Koalition ihre Gegner verloren. Die »Münchner Lach- und Schießgesellschaft« löste sich auf, auch andere Kabaretts resignierten und wechselten das Genre (das Team des Berliner »Reichskabaretts« inszenierte unter dem neuen Namen »Grips-Theater« Kinderstücke). Erst am Ende der siebziger Jahre wurden dann einige Kabaretts wie die »Münchner Lach- und Schießgesellschaft« neu begründet.

Unangefochten blieb die große Show-Unterhaltung. Sie wurde im Gegenteil in Ausstattung und Aufwand beträchtlich ausgebaut. Ab Dezember 1964 startete das ZDF die Unterhaltungsshow »Der goldene Schuß« mit Lou van Burg (»Wunnebar!«), die sich rasch zu einer der erfolgreichsten Unterhaltungssendungen der Zeit entwickelte. Mit einer per Telefon gesteuerten Armbrust konnten sich Zuschauer am Spiel beteiligen. Lou van Burg, der zum populären Showmaster aufstieg, mußte die Sendung jedoch 1967 abgeben, weil das ZDF an seinem Privatleben Anstoß nahm. Van Burg lebte, obwohl verheiratet, mit einer anderen Frau, einer belgischen Schlagersängerin, zusammen und eine seiner Assistentinnen erwartete von ihm ein Kind (Hallenberger 1994, 49). Nachfolger wurde Vico Torriani, der bereits in der ARD mit seinen Musik-Shows (»Hotel Victoria«) Anklang gefunden hatte, zum ZDF wechselte und die Sendereihe bis zum ihrem Ende 1970 leitete.

Bei der ARD begann Hans Joachim Kulenkampff 1964 mit dem Quiz »Einer wird gewinnen« (HR), das sich als ein Turnier von acht Kandidaten aus acht Ländern darstellte und mit dem Kürzel EWG bewußt wortspielend an die Europäische Wirtschaftsgemeinschaft anlehnte. In mehreren Runden traten die Kandidaten gegeneinander an, bis am Ende ein Sieger gefunden war. Der Reiz dieser Reihe lag nicht nur in der Conference Kulenkampffs, der sich mit den Kandidaten auf individuelle Weise beschäftigte, sondern auch in anderen Besonderheiten: Innerhalb der Sendung gab es eine filmische Parodie auf ein kulturelles Ereignis, in der Kulenkampff selbst als Schauspieler auftrat (legendär sein Auftritt mit Bully Buhlan und Horst Wendlandt als Beatles) und am Ende kam sein Butler Martin Jente (es handelte sich dabei um den Produzenten der Show, Jente von Lossow) mit einigen anzüglich-komödiantischen Bemerkungen auf die Bühne, um ihm in den Mantel zu helfen. Bei jeder Sendung überzog Kulenkampff seine Sendezeit; damit machte er auf den Live-Charakter seiner Sendung aufmerksam und spielte dieses ›Überziehen‹ als ein Moment von Menschlichkeit, Wärme und Improvisation gegenüber einem starren Regelwerk von Programmschema und Routine aus. Die implizite Botschaft der Show war offenkundig: Für den europäischen Gedanken wurden geworben und Gastgeber war das »Deutsche Fernsehen«. Auf diese Weise wurde das immer noch latent

»Einer wird gewinnen« mit Hans Joachim Kulenkampff

existierende Gefühl bedient, man müsse etwas für die deutsche Aufwertung im europäischen Rahmen tun.

Ebenfalls am europäischen Gedanken knüpfte eine andere Spielshow-Reihe an, die aus Italien kam und ab 1965 als internationales Spiel mit deutscher Beteiligung im ARD-Programm lief: »Spiel ohne Grenzen«. Hier ging es unter der Moderation von Camillo Felgen (1965 bis 1973) um sportlich-phantasievolle Wettkämpfe zwischen Mannschaften aus europäischen Kleinstädten in aufwendigen Dekorationen (vor allem mit den Requisiten Wasser und Schmierseife), die sich als »Beitrag zur Völkerverständigung und zur europäischen Integration« verstanden, die jedoch oft zu »todernsten Kämpfen im Dienste der Fremdenverkehrswerbung für die eigene Gemeinde« wurden, bei denen sich bisweilen »Lokalpatriotismus mit unterschwelligem Nationalismus verband« (Hallenberger 1994, 50).

»Spiel ohne Grenzen«

»Spiel ohne Grenzen« - mit Camillo Felgen

»Vergißmeinnicht«
mit Peter Frankenfeld

*Thematisch
ausgerichteten
Quizsendungen*

Auch bei den ›kleineren‹ Unterhaltssendungen zeigten sich Veränderungen. Obwohl programmatisch viel vom Bildungsauftrag des Fernsehens die Rede war, traten die Quizsendungen, in denen Bildung abgefragt wurde, nach und nach in den Hintergrund. Die Programmausweitung führte zu Spezialisierungen und damit zu thematisch ausgerichteten Quizsendungen. Reisen stand dabei seit dem Anfang der sechziger Jahre im Vordergrund: »Freie Fahrt« hieß ein anfangs vom Autorennfahrer Huschke von Hanstein geleitetes Quiz, »(P)Reise auf Raten« (ARD 1964) ein weiteres, vom Rennfahrer Richard von Frankenberg moderiert. Wim Thoelke leitete beim ZDF von 1965 bis 1967 die Sendung »Rate mit – reise mit«, Otto Höpfner, sonst als Wirt der Unterhaltungssendung »Der blaue Bock« auf dem Bildschirm, moderierte das Quiz »Grünes Licht für helle Köpfe« (ZDF). Ein »Krimi-Quiz« (Leitung: Hagen Müller-Stahl) gab es im ZDF 1964–65, ein astrologisches Quiz mit Marianne Koch in der ARD (1964), ebenso 1966 ein Quiz, in dem sich das ZDF mit seinem Programm selbst zum Thema machte: »Bekannte Namen im Examen« mit Guido Baumann. Ähnlich war ein »Ratespiel für Intellektuelle« mit dem Titel »Spuren eines Prominenten« mit Gerhard Prause (es handelt sich hier um den »Zeit«-Autor ›Tratschke‹) vom SFB (1969–1973) angelegt, bei dem die Zuschauer einen Prominenten aufgrund verschlüsselter Hinweise erraten mußten.

Daneben gab es Geschicklichkeitsspiele verschiedenster Art, mit denen Joachim Fuchsberger sich als Spielleiter zu etablieren suchte, während umgekehrt Peter Frankenfeld, zum ZDF gewechselt, nach ähnlichen Abenden (»Und Ihr Steckenpferd?« ZDF 1964) und der Moderation von Clownerien (»Aller Unfug ist schwer«, ZDF 1963) stärker in die Präsentation von großen Varieté-Abenden und Spendenveranstaltungen »Aktion Sorgenkind« (ZDF 1964) einstieg. Zur erfolgreichen Unterhaltungsshow wurde sein Ratespiel um die neu eingeführten Postleitzahlen (»Vergißmeinnicht« ZDF 1965–1970). Mit »Gut gefragt ist halb gewonnen« war von 1964 bis 1970 im ZDF der populäre RIAS-Unterhaltungsmoderator Hans Rosenthal im Fernsehen präsent, der mit dieser Reihe das RIAS-Radio-Quiz »Wer fragt, gewinnt« fernsehgerecht aufbereitete.

»Vergißmeinnicht«

Gegen Ende der sechziger Jahre etablierten sich stärker spielerisch ausgerichtete Quizsendungen, die das Schnelligkeitsmoment im Begriffe-Raten herausstellten. Zu dem schon seit den frühen fünfziger Jahren erfolgreichen Spiel »Was bin ich?« mit Robert Lembke vom Bayerischen Rundfunk gab es zunächst wenig Alternativen. 1969 brachte der SWF die Spielreihe »Punkt, Punkt, Komma, Strich« in das Dritte Programm S3 ein, die dann ab 1974 unter dem Titel »Die Montagsmaler« im Ersten Programm zu sehen war. Hier mußten, zunächst unter der Leitung von Fred Sackmann, ab 1971 von Frank Elstner, Begriffe nach gezeichneten Hinweisen geraten werden. Ab 1971 kam im ZDF »Dalli Dalli« mit Hans Rosenthal ins Programm; hier ging es darum, Begriffe zu einem Thema zu nennen. Rudi Carrell war zwar schon 1967 als Nachfolger von Lou van Burg für die Show »Der goldene Schuß« im Gespräch und Ende der sechziger Jahre mit der »Rudi-Carrell-Show« im Programm, aber seinen großen Erfolg hatte er erst ab 1974 mit dem Ratespiel »Am laufenden Band« (ARD).

»Was bin ich?«

Spektakulärste Spiel-Show war jedoch die von Vivi Bach und Dietmar Schönherr geleitete ZDF-Sendung »Wünsch Dir was«, die erstmals am 20. 12. 69 auf Sendung ging und in der Familienspiele mit ungewöhnlichen Themen veranstaltet wurden. Man wollte mit pädagogischen Konzepten das Publikum herausfordern und Anstoß zur Veränderung geben. In der Show fanden Organisations-, Kommunikations-, Harmonie-, Delegations- und Rollenspiele statt, regelmäßig gab es kleine Skandale, z. B. wenn ein Teenager in durchsichtiger Bluse auftrat, eine sogenannte ›Normalfamilie‹ mit einer ›Kommune‹ konfrontiert wurde, ein simulierter Unterwasser-Autounfall stattfand, bei dem die Kandidaten in eine echte Gefahr gerieten oder der Moderator Schönherr mit einer roten Nelke am Revers seine Vorliebe für die Sozialistische Partei Österreichs bekundete. Dennoch hatte die Sendung keine politische Botschaft. Sie besaß allenfalls eine »pädagogisch gemeinte, aber vage Absicht, ›gewisse Dinge in irgendeiner Form bewußter zu machen‹«, nicht viel mehr als »eine Diskussion anregen« zu können, doch bereits darin bestand die Herausforderung (zit. n. Schreiber 1972). Als sich die Kritik mehrte, wurde die Sendung schließlich eingestellt.

»Wünsch Dir was« mit Dietmar Schönherr und Vivi Bach

»Das Ärgernis um ›Wünsch Dir was‹ hat natürlich auch politische Gründe, und es blieb nicht der kapitalistischen Minderheit von Farb-Fernsehern vorbehalten, über die tiefere Bedeutung der Nelke in Schönherrs Knopfloch zu räsonieren. Derart auf der rechten Netzhaut verletzt, nahm das Unheil seinen Lauf, als schließlich Kulenkampff einen ebenso einseitigen Schlag gegen die Trommelfelle unternahm und Nobelpreisträger [Willy] Brandt Grüße ins Haus schickte. ›Wünsch Dir was‹ definiert den Begriff Unterhaltung anders, weitläufiger‹, sagte Schönherr, und eben das irritiert die Masse. Hier ist ein selbstbewußtes Team angetreten gegen die Allen-recht-Macher, gegen die Index-Huberei von Alexander bis Rothenberger.« (Gerhard Krug in Die Zeit v. 2. 6. 72)

Als sich die Konflikte um »Wünsch Dir was« häuften, hatte sich im Fernsehen und im Publikum bereits ein Unterhaltungsbegriff durchgesetzt, der sich im weitesten Sinne auf eine Bestätigung des Gewohnten und damit des Bestehenden ausgerichtet hatte, der jede Veränderung ablehnte, die einen Anspruch erhob, über den Rahmen des Gefälligen hinauszugehen. Daß »Wünsch Dir was« mit einem diffusen Anspruch pädagogischer Absichten auftrat, erschien nun als eine Provokation. Die einstmals programmatischen Worte vom Bildungsauftrag des Fernsehprogramms, wie sie Anfang der sechziger Jahre formuliert worden waren, waren vergessen. Unterhaltung war trotz aller Bildungsintentionen zum wesentlichen Faktor

Unterhaltung durch Provokation

Die Sportschau-moderatoren stellen sich vor

des Programms geworden, das Publikum suchte geradezu nach ihr und umging häufig in einer Art ›Unterhaltungsslalom‹ Sendungen, die diese Unterhaltungsinteressen stören konnten.

Vom Sport im Fernsehen zum Fernsehsport

Die zunächst von Horst Peets und ab 1. 4. 64 von Willi Krämer geleitete Hauptabteilung Sport des ZDF suchte möglichst rasch mit der Sportberichterstattung der ARD gleichzuziehen. Man hatte fernseherfahrene Sportredakteure wie Harry Valerien und Wim Thoelke von der ARD gewonnen und baute ähnlich den anderen Sparten ein Geflecht verschiedener Reihen auf, in denen nicht nur Sport gezeigt wurde, sondern in denen über Sport informiert wurde. Die didaktische Komponente war in einer Sendereihe wie »Die Sport-Information« vertreten, in der über Hintergründe berichtet wurde oder in der Binnenreihe »Was ist eigentlich ...?«, in der Fachbegriffe von prominenten Sportlern erläutert wurden. »Das aktuelle Sportstudio« verstand sich als Pendant zur ARD-»Sportschau«: Samstags ab 21.30 Uhr und mit einer Dauer von ca. 80 Minuten ausgestrahlt, präsentierte es eine Mischung aus Filmberichten, Studio-Torwandschießen, Live-Interviews mit Prominenten, wobei es weniger auf die Informationen ankam, sondern auf ihre »Vertiefung« und unterhaltsame Aufbereitung (ZDF-Jahrbuch 1962/64, 110). Der »Sport-Spiegel« versuchte dagegen in Form von Dokumentationen »sportlichen Problemen auf den Grund zu gehen, Unbekanntes aus der bunten Welt des Sports zu präsentieren, Persönlichkeiten des Sports auch außerhalb der Arenen zu zeigen und bedenkliche Erscheinungen unter die Lupe zu nehmen« (ebd.).

»*Das aktuelle Sportstudio*« »*Sportschau*«

Die Redaktion des »Aktuellen Sportstudios« galt in den sechziger Jahren als ›experimentierfreudig‹, weil sie sich frühzeitig um neue Präsentationsformen bemühte. So fing sie schon 1966 an, Sendungen von anderen Orten (z.B. aus London vom Ort des Endspiels der Fußballweltmeisterschaft 1966) zu übertragen, oder sendete am 2. 9. 67 die erste europäische Sport-

Die drei Moderatoren des
»Aktuellen Sportstudios«:
Harry Valerien, Wim Thoelke
und Rainer Günzler

sendung in Farbe aus der Berliner Deutschlandhalle: Wim Thoelke präsentierte den fünftausend Zuschauern im Saal erstmals farbige Filmberichte von Spielen der Fußballbundesliga, Harry Valerien kommentierte einen Slalomwettbewerb, den Ski-Olympiasieger auf einer im Saal extra aufgebauten Kunststoffpiste austrugen, und Rainer Günzler interviewte acht prominente Fußballer, von denen einige direkt von ihren am Nachmittag ausgetragenen Spielen nach Berlin eingeflogen worden waren. »Mit derartigen Attraktionen ist das ›Sport-Studio‹ weltweit konkurrenzlos.« (Foltin/Hallenberger 1994, 123f.)

Was sich hier als neue Qualität der Sportberichterstattung auszeichnete, war die verstärkte Ausrichtung auf Unterhaltung. Schien die »Sport-Information« zunächst noch einem Bildungsgedanken verpflichtet zu sein, so entwickelte das »Sport-Studio« immer deutlicher eine Tendenz zum Spektakulären. Gerade die nun technisch möglich gewordene Form der Aufzeichnung und die Transformation der Sportereignisse in eine Kette von Ausschnitten mit sportlichen Höhepunkten begünstigte diese Tendenz zur Unterhaltung. Die noch in den fünfziger Jahren beklagten ermüdenden Längen bei Live-Übertragungen wurden beseitigt, der ›Fernsehsport‹ zeigte sich als eine Verdichtung und Komprimierung von sportlichen Ereignissen. Damit trat neben die weiterhin gesendeten Live-Übertragungen das Sportmagazin als zentrale, wöchentlich wiederkehrende Angebotsform, die sich aus mehreren Berichten verschiedener Sportereignisse zusammensetzte. Diese Entwicklung war sowohl beim »Aktuellen Sportstudio« wie bei der »Sportschau« zu beobachten, die anfangs noch damit zu kämpfen hatte, daß ihr Sendeplatz am Sonnabend mehrfach verschoben wurde.

Ausrichtung auf Unterhaltung

Daß den Sport-Magazinen eine feste Dramaturgie zugrunde lag, hat Karl Riha (1979) herausgearbeitet: In diese Dramaturgie gingen ältere Erfahrungen der Sportberichterstattung ein, daß z.B. für das Erzeugen gewünschter Stimmungen beim Zuschauer eine Berichterstattung notwendig war, daß sowohl Überblick (also Distanz) als auch größtmögliche Nähe zu liefern sei, die die wichtigsten Ergebnisse und weitere Höhepunkte in gedrängter Form

Feste Dramaturgie der Sportmagazine

vermittelte. Damit konnte der Fernsehzuschauer mehr als der Besucher eines Bundesligaspiels an einen Sonnabend-Nachmittag erleben: Hatte dieser zwar unmittelbar an einem Spiel teilgenommen, so war es nur ein Spiel, das er gesehen hatte, noch dazu von einem gleichbleibenden Beobachtungsstandpunkt aus. Der Fernsehzuschauer bekam dagegen die wichtigsten Spielereignisse des Tages in Ausschnitten und aus wechselnden Perspektiven gezeigt und dazu Reaktionen von Spielern und Trainer mitgeteilt, so daß er sich ein differenzierteres Bild über den sportlichen Stand mehrerer Spiele verschaffen konnte. Selbst wenn gegenüber der beim »Aktuellen Sportstudio« zu beobachtenden Tendenz zur Unterhaltung die ARD-»Sportschau« an der Formel »Berichterstattung und Information – vor Unterhaltung« (Schönermark 1972, 36) festhielt, so war auch hier die strukturelle Entwicklung zur Fernsehsportunterhaltung gegeben.

Schleichwerbung bei Sportübertragungen

Ab 1962 hatte bereits die Presse, insbesondere die Programmzeitschrift »Hör Zu«, eine Kampagne gegen die Schleichwerbung bei Sportübertragungen (z. B. durch die Bandenwerbung) geführt, wobei diese Kampagne im Zusammenhang mit der Diskussion um die Wettbewerbsverzerrung zwischen Presse und Fernsehen zu sehen ist. Gleichwohl wurden wegen der Möglichkeit unerlaubter Werbung wiederholt Übertragungen abgesetzt. Die Verquickung des Sports mit ökonomischen Interessen war damit jedoch nicht aufzuhalten. Die Einführung der Bundesliga 1963 führte durch die Übertragung der Spiele zu einer Steigerung der Funktionalisierung des Fernsehsports als Unterhaltung, ebenso die Übertragung der Olympiade 1964, die ARD und ZDF noch getrennt durchführten, bevor sie sich dann bei solchen sportlichen Großveranstaltungen auf eine Kooperation bei der Übertragung einigten.

Das Interesse des Fernsehens am Sport war von den Sportverbänden erkannt worden, so daß diese einerseits das Fernsehen beschuldigten, einen Rückgang der Besucherzahlen von Sportveranstaltungen (z. B. von Bundesligaspielen) herbeigeführt zu haben. Andererseits begannen die Sportverbände im Fernsehen eine neue Einnahmequelle zu entdecken und erhöhten ihre finanziellen Forderungen an das Fernsehen. Nachdem sich jedoch die Fernsehanstalten mehrere Male weigerten, die nach ihrer Meinung überzogenen Kosten zu zahlen (z. B. sollte die Übertragung des Boxkampfes Cassius Clay/Karl Mildenberger 1966 1,5 Mio. DM kosten), arrangierte man sich schließlich in Musterverträgen.

Olympiade, Fußballweltmeisterschaft

Deutlich wurde jedoch in den sechziger Jahren, daß das eher durch das zyklische Stattfinden von Sportereignissen determinierte Erscheinen von Sportberichten im Fernsehen, wie es noch in den fünfziger Jahren vorherrschend war, jetzt durch eine periodisch wiederkehrende, regelmäßige Berichterstattung ergänzt und überlagert wurde. Zwar bestimmten Großereignisse wie die Olympiade und die Fußballweltmeisterschaft weiterhin die Berichterstattung, doch gab es dazwischen ein regelmäßig erscheinendes ›Informationsband‹ über sportliche Ereignisse.

Politische Funktion des Sports

Daß Sport schon längst eine politische Funktion hatte, wurde in dem Maße deutlich, wie die DDR auf die weltweite sportliche ›Bühne‹ trat. Als bei den Berichten der Europameisterschaft der Leichtathleten 1966 in Budapest bei einer Siegerehrung die DDR-Nationalhymne erklang, ließ der ARD-Programmdirektor Lothar Hartmann den Ton ausblenden und ein Störungsdia einschieben. Das ZDF hatte dagegen den Ton nur stark abgedämpft. Aufgrund der ablehnenden Zuschauerpost verzichtete man jedoch in der Folgezeit auf solche politisch motivierten Eingriffe. Schon 1967 hatte die Übertragung von Ausschnitten der Weltmeisterschaften im Gewicht-

»heute«
mit Hans Joachim Friedrichs

heben, die aus einer Sendung des Deutschen Fernsehfunks vom gleichen Tage stammten, etwas Alltägliches. Der DFF hatte diese Übertragung als Sendung der Intervision (dem osteuropäischen Gegenstück der Eurovision) am 20. 10. 67 gesendet.

Informationssendungen: »Tagesschau« und »Heute« – von den Einzelsendungen zum Programmgitter

Die ZDF-Hauptabteilung Sport wurde bei der Gründung der Chefredaktion, nicht der für die Unterhaltung zuständigen Programmdirektion zugeordnet, dennoch war die Entwicklung zur Sportunterhaltung in den sechziger Jahren eindeutig. Daß in der Informationsvermittlung deutliche Zeichen gesetzt werden mußten, um als Programmalternative zur ARD vom Publikum nicht nur erkannt, sondern auch akzeptiert zu werden, sollte die Terminierung der »Heute«-Nachrichtensendung auf 19.30 Uhr und damit (abgesehen vom Werbeblock vor 20.00 Uhr) direkt vor der »Tagesschau« leisten. Daß diese Differenz offenbar nicht deutlich genug war, zeigte sich bald, so daß das ZDF den Beginn der »heute«-Sendung auf 19.45 Uhr an die »Tagesschau« heranschob und, da »heute« 30 Minuten dauerte, mit der »Tagesschau« teilweise in Deckung brachte.

»Tagesschau« und »heute«

Ab 1.1. 1973 wurde »heute« auf 19.00 Uhr vorverlegt, so daß sich eine echte zeitliche Alternative bot. Lag die Einschaltquote von »heute« 1964 um 11 Prozent und 1971 bei 19 Prozent, bei der »Tagesschau« 1964 um 65 Prozent und 1971 bei 54 Prozent, so hatte sich die Differenz 1974 zwischen der »Tagesschau« (48 Prozent) und »heute« (28 Prozent) bereits erheblich verringert und reduzierte sich in den Folgejahren weiter.

Die Akzentverschiebung des ZDF-Programms von einem volkspädagogisch verstandenen Ansatz zu einem stärker unterhaltungsorientierten Programm ab Mitte der sechziger Jahre bedeutete, daß das ZDF nicht ebenso dominant im Bereich der Information werden konnte. Die Programmstatistik zeigt (ungeachtet der Problematik des direkten Vergleichs unterschiedlich erhobener Daten) einen deutlichen Ausbau der Information bei der ARD. Auf der Ebene der Programmstruktur zeigten sich bei beiden

Ausbau der Information bei der ARD

Programmen vergleichbare Entwicklungen. Zur Hauptnachrichtensendung traten bei der ARD eine Spätausgabe der »Tagesschau«, in der Regel um 22.45 Uhr, mit einem anschließenden Kommentar, woran sich ab etwa 23.00 Uhr eine weitere Sendung, meist anspruchsvoller Art, anschloß. Das ZDF brachte außer der Hauptnachrichtensendung nach dem Fernsehspiel, der Unterhaltungsshow oder dem Spielfilm, die den Schwerpunkt des Abendprogramms bildeten, zwischen 21.10 und 22.00 Uhr Kurznachrichten und dann nach 22.00 Uhr weitere Kurznachrichten, die dann ab Mitte der sechziger Jahre zu einer zweiten Ausgabe der »heute«-Sendung umgestaltet wurden. Der eine Zeitlang gesondert ausgestrahlte Kommentar wurde wieder in die Nachrichtensendung integriert. So wie die »Tagesschau« bereits um 18.10 Uhr werktags etwa 10 Minuten »Nachrichten der Tagesschau« ausstrahlte, brachte die »heute«-Sendung ebenfalls bereits um 18.30 Uhr Nachrichten.

Nachrichtensendungen als Rahmung des Programms

Mit dieser Struktur war die bereits in den fünfziger Jahren begonnene Tendenz, Nachrichtensendungen zur Rahmung des Programms zu verwenden, weiter ausgebaut. Die Nachrichtensendungen in ihren ganz unterschiedlichen Längen legten sich jetzt wie ein strukturgebendes Gitter über das Programm eines Tages. Damit wurde der Aktualitätseindruck, der durch die Nachrichten entstand, auf das gesamte Programm ausgedehnt und umfaßte letztlich weniger aktuelle Sendungen wie die der Fiktion und Unterhaltung. Die Zuschauer konnte sich auf diese Weise sicher sein, daß sie, wenn sie aus einer Sendung bunter Melodienreigen entlassen wurden, wieder mit dem aktuellen Geschehen in der Welt verkoppelt waren.

Um diese ›Vernähung‹ der Nachrichten mit dem Programm möglichst dicht und weniger auffällig zu gestalten, mußten umgekehrt die Nachrichtensendungen sich – bei Beibehaltung ihrer Eigenheiten – stärker dem Programm als einem Fluß audiovisueller Attraktionen anpassen. Der Zwang zur Visualisierung der Nachrichten (auch der Kurznachrichten) hat darin seine programmbezogene Begründung. Das bloße Verlesen von Kurznachrichten wirkte sich als hemmend aus, was in den sechziger Jahren noch nicht in dem Maße wie in späteren Jahren bemerkt wurde, jedoch in den folgenden Jahrzehnten zu einer Ausstattung der Kurzformen der Nachrichtensendungen mit Bildberichten oder zumindest mit Standbildern führte.

Karl-Heinz Köpcke in der Tagesschau

Früh schon, so hat der Medienwissenschaftler Peter Ludes gezeigt, setzten sich in den sechziger Jahren in der »Tagesschau«, unter der Leitung von Hans Joachim Reiche, Strategien gezielter Institutionalisierung durch. Die »Tagesschau« blieb in ihrer redaktionellen Arbeit weitgehend anonym, Änderungen in der Sendungsgestaltung wurden in den Ferienzeiten vorgenommen, so daß sie von möglichst wenigen sofort bemerkt wurden. Bis auf den Sprecher (Karl-Heinz Köpcke) blieben die anderen Mitarbeiter anonym (Ludes 1994, 30). Der »Tagesschau«-Sprecher wiederum erschien manchen Zuschauern wie ein offiziöser Regierungssprecher, wobei die Präsentationsformen zu diesem nicht ungewollten Eindruck beitrugen. Die Hauptnachrichtensendung war trotz der Vergitterung des Programms durch weitere Nachrichtenpräsentationen zu einer festen Einrichtung im Leben vieler Zuschauer geworden. Um 20.00 Uhr jemanden anzurufen oder zu besuchen, galt in den sechziger Jahren als unhöflich, weil man mit Sicherheit störte. Der Termin stand für den täglichen Kontakt zum großen Weltgeschehen, der Zuschauer erfuhr in aller Kürze, was sich ereignet hatte, nicht nur im Wort, sondern zunehmend im Bild.

Vorspann-Dia der »Tagesschau«

Diese ritualisierte Pflichtübung der Nachrichtenabnahme knüpfte offenbar an der Furcht an, in dieser schnellebigen Zeit etwas zu verpassen.

Dahinter stand das unbestimmte Gefühl, die Nachrichten könnten einen selbst betreffen, und dann wäre es wichtig, sie möglichst frühzeitig zu erfahren. Nachrichten bildeten also ein Frühwarnsystem für mögliche Veränderungen, das man dann beruhigt wieder abschalten konnte, wenn man als Zuschauer für sich nichts Bedeutsames entdeckt hatte. Man kann in diesem Nachrichtengebrauch einen Ausdruck für die Funktionen der Medien in den gesellschaftlichen Modernisierungsprozessen sehen, in denen Veränderungen häufig von außen bzw. von denen ›da oben‹ kommen und der einzelne Zuschauer das Gefühl hat, wenig Einfluß zu haben und sich dem Geschehen nur anpassen zu können.

In den sechziger Jahren bauten ARD und ZDF ihre Auslandskorrespondentennetze aus und intensivierten damit die aktuelle Berichterstattung von den Zentren des Westens, aber auch aus anderen Regionen der Welt. 1963 erhielten die Auslandskorrespondenten mit dem Magazin »Weltspiegel« (ab 1964 sonntags 19.00–19.30 Uhr zwischen die »Sportschau«, später auf 18.30–19.00 und 19.30–20.00 Uhr gelegt) einen eigenen Sendeplatz im Programm (Redaktionsleitung ab 1964 Dieter Gütt und Dieter Kronzucker). Der erste Beitrag bestand in einem »transatlantischen Fernsehgespräch über einen Nachrichtensatelliten« zwischen Thilo Koch in Washington und Klaus Bölling in Deutschland, »eine technische Errungenschaft, die damals nicht wenig bestaunt wurde« (Loewy/Klünder 1973, 172). Ausführlich geriet die Berichterstattung über Vietnam. Zum ersten Mal bekam das Publikum von einem Kriegsschauplatz ausgedehnte und ausführliche Fernsehberichte geliefert. Allein im »Weltspiegel« kamen nach dem ersten Bericht über den Vietnam-Krieg am 12. 7. 63 von Lothar Loewe bis 1965 15 weitere Berichte. Peter Scholl-Latours »Interview mit dem nordvietnamesischen Staatsoberhaupt Ho Tschi-minh« (21. 6. 64) und Gerd Ruges Bericht »Die amerikanische Vietnam-Politik« (10. 1. 65) stellten dabei besonders markante Punkte der Berichterstattung dar (Schumacher 1994, 128).

1967 unterhielt die ARD bereits an elf Plätzen der Welt eigene Korrespondentenbüros, weitere arbeiteten für einzelne Anstalten für Radio und Fernsehen. 1970 empfahl eine Kommission unter dem SFB-Intendanten Walter Steigner, die Hörfunk- und Fernsehberichterstattung grundsätzlich zu trennen. Diese ›Steigner-Kommission‹ erhielt schließlich 1972 als ›Auslandskommission‹ die Aufgabe, Vorschläge zur besseren Koordination der Korrespondenten zu entwickeln und »die Verteilung der Korrespondenten mit Blick auf aktuelle Situationen und Erfordernisse zu überprüfen und ›weiße‹ Flecken auf der Weltkarte zu tilgen« (Plog 1987, 23). Es ging also um eine systematische Absicherung der Informationsbeschaffung, die mit den Korrespondentenberichten den ›eigenständigen‹ Informationsanteil neben den auf dem Nachrichtenmarkt der Agenturen und des Eurovisionsaustausches beschafften Informationen stärken sollte. Aus dem Aufbau solcher Netze resultierte die zur Schau gestellte Sicherheit der Fernseh-Nachrichtensendungen, ja der Programme insgesamt, über alles Wesentliche in der Welt schnell und zuverlässig informieren zu können. Es war nun möglich geworden, stärker als bis dahin üblich aus der Dritten Welt zu berichten und statt der »Revolutions-, Krisen- und Wahlgeschichten« nun »kontinuierlich und politisch hintergründig zu beobachten. Die Auslandsberichterstattung wurde dadurch umfassender und vor allem realistischer« (WDR-Information 22. 5. 73). Die Berichte der Korrespondenten fanden außerdem Eingang in die Nachrichtensendungen und weiteten sich zu selbständigen Dokumentationen aus.

»Weltspiegel«

...mit Gerd Ruge

Auslandsberichterstattung: Information über das Weltgeschehen

Der Streit um die politische Berichterstattung der Magazine

Eugen Kogon

Joachim Fest

Peter Merseburger

»Panorama«
»Monitor«

Der Konflikt um das vom NDR eingerichtete Magazin »Panorama« bestimmte die Diskussion um die politische Berichterstattung der frühen sechziger Jahre in starkem Maße. Die von Magazinleitern wie Gert von Paczensky permanent vorgetragene Kritik an der Regierungspolitik und zahlreichen politischen Phänomenen der späten Adenauer-Ära erregte deshalb so heftigen Widerspruch seitens der Betroffenen, weil sie ein solches publizistisches Verhalten allenfalls von der ohnehin verteufelten, aber auf Grund ihrer privatwirtschaftlichen und ökonomische erfolgreichen Konstitution unangreifbaren Wochenzeitschrift »Der Spiegel« gewohnt waren, nicht jedoch von einem öffentlich-rechtlichen Sender, von dem viele Politiker immer noch der Meinung waren, daß er sich den Regierenden gegenüber wenn schon nicht politisch willfährig, zumindest jedoch neutral zu verhalten habe. Die wachsende Reichweite des Mediums schien »Panorama« zudem besonders gefährlich zu machen, weil das Magazin nicht nur mit Worten, sondern mit Bildern von den Verhältnissen im Land Anschauung gab. Die Politik zielte deshalb auf eine Neutralisierung des Magazins.

Nach der Ablösung Gert von Paczenskys als Magazinleiter im Mai 1963 und der des Hauptabteilungsleiters Rüdiger Proske im Herbst 1963 schien mit Paczenskys Nachfolger Eugen Kogon ein prominenter Publizist gefunden, der eigenständig war und trotzdem den Streit um das Magazin dämpfen konnte. Kogon war Mitherausgeber der »Frankfurter Hefte«, Professor der Politikwissenschaft, Verfasser des Buches »Der SS-Staat« von 1946. Kogon setzte die Linie der Redaktion fort, beschäftigte sich in seiner Zeit mit der Thematisierung der NS-Vergangenheit und wandte sich gegen die Vorbereitung der Notstandsgesetze. Unter dem anhaltenden politischen Druck verließ Kogon jedoch bereits im Herbst 1964 wieder das Magazin. Sein Nachfolger Joachim Fest beschäftigte sich weiterhin mit der Behandlung (oder der ›Nicht-Behandlung‹) der NS-Vergangenheit in der Bundesrepublik, dem US-Engagement in Vietnam und vielen anderen kontroversen Themen. Auch er blieb nicht lange. Nachfolger von Fest wurde ab 1967 Peter Merseburger. Er hielt ebenso am politischen Profil des Magazins fest (vgl. Schumacher 1994). Der rasche Verschleiß der Moderatoren zeigt, wie umstritten diese Position innerhalb des NDR war.

Da die politische Disziplinierung erfolglos blieb, wurde »Panorama« durch andere politische Magazine aus anderen Anstalten und vor allem mit anderen politischen Grundansichten ergänzt. Aus dem 1960 gegründeten Magazin »Anno« war bereits 1962 »Report« entstanden, das bis 1964 vom BR, SDR und WDR im Wechsel produziert und alternierend mit »Panorama« im Ersten Programm ausgestrahlt wurde. Der WDR stieg aus »Report« 1964 aus und gründete mit »Monitor« 1965 ein eigenes Magazin. Der süddeutsche »Report« kam zum einen weiterhin vom BR, zum anderen vom SDR, SR, SWF und HR, ab Ende 1971 aber ausschließlich vom SWF. Waren beim BR bis 1970 Hans Heigert und danach Klaus Stephan Magazinleiter, so wechselte der Südwest-»Report« von Emil Obermann über Peter von Zahn, Günter Gaus zu Franz Alt. Magazinleiter von »Monitor« wurde Claus-Hinrich Casdorff, der abwechselnd mit Franz Wördemann moderierte. Auch hier etablierte sich eine kritische Grundhaltung, die sich mit der großen Koalition, den Notstandsgesetzen, der Studentenbewegung sowie der Deutschland- und Ostpolitik beschäftigte, nun aber in stärkerem Maße Politiker selbst zu Wort kommen ließ. Eine eigens dafür eingerichtete Form des Kreuzfeuer-Interviews, von Casdorff zusammen mit Rudolf Rohlinger durchgeführt, brachte ein neues journalistisches Moment in die Magazin-Berichterstattung.

Mit der Einrichtung des Magazins für Auslandskorrespondenten (»Weltspiegel«) wurde ein Teil der Auslandsberichterstattung aus den politischen Magazinen abgezogen, ein weiterer Bereich ging 1963 mit der Einrichtung des wöchentlichen »Berichts aus Bonn« (WDR) in eine eigenständige Sendung über. Ab 1964 kam es außerdem zur Einrichtung der Kulturmagazine, die sich ebenfalls bald auf eine konfliktträchtige Weise ihrer Themen annahmen.

Weil »Monitor« durch seine Berichterstattung nach Meinung der ARD-Intendanten immer stärker in die Nähe von »Panorama« rückte, beschlossen diese 1968, »Monitor«, »Panorama« und die beiden »Report«-Magazine (vom BR und SWF) alternierend auf einen Sendetermin zu legen. Damit war die Möglichkeit, aktuell und kritisch auf Ereignisse reagieren zu können, stark reduziert. Deutlich ist an diesen vielen Maßnahmen zu erkennen, wie an einer Neutralisierung der Kritik gearbeitet wurde. Ebenso deutlich wird dabei, daß die jeweils produzierenden Anstalten durchaus an dem kritischen Fernsehjournalismus festhielten, ja ihn so weit es ging, politisch schützten. Nicht zuletzt trugen diese Magazine zum Profil der Anstalten bei. Für viele Zuschauer hatten die ARD-Magazine, so resümiert Heidemarie Schumacher die Funktion der Magazine in den sechziger Jahren, »wenn nicht eine oppositionelle, so doch eine Avantgarde-Funktion«. Sie prägten »die öffentliche Diskussion in einer Weise, wie es später (...) nie mehr der Fall war« (Schumacher 1994, 125).

1972 forderte der SWF-Intendant Helmut Hammerschmidt, um Magazine wie »Panorama« und »Report« weiter zu entschärfen, in einem »Richtlinien-Entwurf für die politische Programmarbeit«, daß »alle relevanten Fakten, Indizien, Meinungen und deren Begründungen in ein und derselben Sendung abzuhandeln« seien. Die Realisierung dieser Forderung hätte bedeutet, immer ausführlich die Gegenmeinungen darzustellen, so daß pronocierte Stellungnahmen nicht mehr möglich gewesen wären. In abgeschwächter Form fand sich dieses Konzept dann in den »Grundsätzen für die Zusammenarbeit im ARD-Gemeinschaftsprogramm Deutsches Fernsehen« wieder, die die ARD-Intendanten beschlossen, und die dann unter dem Stichwort der ›Ausgewogenheit‹ öffentlich debattiert wurden. Entscheidend war, daß nun nicht mehr ein »Mindestmaß an inhaltlicher Ausgewogenheit, Sachlichkeit und gegenseitiger Achtung« (Grundsätze) für das Gesamtprogramm zu gelten hatten, wie es noch das Fernsehurteil des Bundesverfassungsgerichts von 1961 festgelegt hatte, sondern bereits innerhalb der einzelnen Sparten.

Das ZDF hatte 1963 mit dem politischen Magazin »In diesen Tagen« (Leitung: Heinz von Melitzky) begonnen, dessen Untertitel »Zeitgeschehen – nahgesehen« auf den ersten Untertitel von »Panorama« (»Zeitgeschehen – ferngesehen«) anspielte. 1966 wurde mit »Drüben« ein neues Magazin gegründet, das sich der innerdeutschen Thematik annahm und aus dem Berliner ZDF-Studio unter der Leitung von Hanns Werner Schwarze kam. Es wurde ab 1971 um das zeitlich umfangreichere Magazin »Kennzeichen D« ergänzt und nach einer Zeit alternierender Ausstrahlung beider Magazine zugunsten von »Kennzeichen D« 1973 eingestellt. Der Blick in die DDR stand bei beiden Magazinen im Mittelpunkt, es wurden ebenso bundesrepublikanische Themen behandelt, wenn sie deutsch-deutsche Verhältnissen betrafen. Die ARD zog 1968 mit dem vom SFB kommenden Magazin »Kontraste« nach, das sich als »Ost-West-Magazin« ebenfalls der

Hans Heigert

Günter Gaus

Claus H. Casdorff

»Kennzeichen D«

Berichterstattung aus der DDR und den osteuropäischen Ländern widmete. Das Ost-West-Verhältnis, so wurde hier sichtbar, war im Verlauf der sechziger Jahre zu einem Spezialthema geworden, das in gesonderten Magazinen verhandelt wurde. Obwohl sich die Ost-Verträge politisch zum großen Konfliktthema der Jahrzehntwende von den sechziger zu den siebziger Jahren entwickelten, war für große bundesdeutsche Zuschauermehrheiten eine permanente Auseinandersetzung mit der DDR unnötig, ja lästig geworden. Die Orientierungspunkte für die Mehrheit der Zuschauer lagen längst ausschließlich im Westen.

Gerhard Löwenthal

1969 gründete das ZDF das »ZDF-Magazin«, das schon von seinem Titel her den Anspruch erhob, *das* politische Magazin des ZDF zu sein. Die Leitung übernahm Gerhard Löwenthal, der sich in der politischen Berichterstattung als schärfster Widerpart zur kritischen Berichterstattung von »Panorama« und »Monitor« verstand. Löwenthal sah sich als *das* wesentliche kritische Organ des Fernsehens für die Auseinandersetzung mit der im gleichen Jahr an die Regierung gekommenen sozialliberalen Koalition. Insbesondere die Ostpolitik der Regierung Brandt/Scheel wurde von ihm wieder und wieder thematisiert und er machte sich hier zum Fürsprecher konservativer Positionen. Wie kein anderer verstand es Löwenthal, durch seine Person und seine Kommentare die politische Diskussion zu polarisieren. Als ehemaliger RIAS-Mitarbeiter war er, im Berlin der Nachkriegszeit vom Kalten Krieg und der Blockade geprägt, ein vehementer Verfechter des Antikommunismus, der auf Wahlkundgebungen und Parteitagen von CSU und CDU auftrat. Er hatte sich als Magazinleiter weitgehende Unabhängigkeit von den Leitungsstrukturen des ZDF ausbedungen und griff deshalb ungebremst in die aktuellen politischen Auseinandersetzungen ein.

Damit hatte sich in den sechziger Jahren eine Form der politischen Berichterstattung herausgebildet, die zwar nicht eine Ausgewogenheit in jeder einzelnen Sendung betrieb, wohl aber zu einer Balance zwischen ganzen Magazinreihen innerhalb der ARD und zwischen ARD und ZDF (Schumacher 1994, 134) gekommen war. Diese Form der Ausrichtung der Berichterstattung an den gesellschaftlich mächtigen Gruppen, vor allem unter parteipolitischen Proporz-Gesichtspunkten mußte auf Dauer jedoch das Fernsehen als Informationsmedium schwächen. In der Zeit bis 1973 wurde der von den Parteien ausgehende Druck auf das Fernsehen noch von den Journalisten in den Magazinen und in anderen Bereichen der Informationsvermittlung konterkariert, auch besaß die Thematisierung selbst eine politisierende Funktion. Später schwand dieser Gegendruck.

»Im Kreuzfeuer«

»Zu Protokoll«

»Pro und Contra«

Ergänzend zu den politischen Magazinen wurden die Interview-Sendungen ausgebaut: »Im Kreuzfeuer« mit Claus-Hinrich Casdorff und Rudolf Rohlinger war noch Teil eines Magazins, die Sendung »Unter uns gesagt« mit Kurt Wessel (später dann: »Die Fernseh-Diskussion«) vom BR und besonders die Sendereihe »Zu Protokoll« mit Günter Gaus vom SWF gewannen als eigenständige Sendungen Profil. Das etwas unterkühlte und beharrliche Nachfragen von Günter Gaus gewann als Kontrapunkt zu den oft emotional gefärbten Debatten innerhalb des Programms an Gewicht. Ritualisiert waren die Diskussionen zu aktuellen Streitpunkten in Emil Obermanns »Pro und Contra« vom SDR.

Kulturmagazine

Neben der Ausbreitung und Ausdifferenzierung der politischen Magazine kam es in den sechziger Jahren zur Einrichtung von Kulturmagazinen. Nachdem der HR 1964 mit »Studio Frankfurt« (Leitung: Swantje Ehrenreich, Moderation: Walter Hilsbecher) begonnen hatte, ein Kulturmagazin aufzubauen, das unter aktuellen Gesichtspunkten Kulturberichterstattung betrieb, kam es 1966 zu einer Titeländerung (in »Perspektiven«) und einem Wechsel in der Moderation (Peter Härtling) und 1967 zu einer weiteren Titeländerung in »Frankfurter Studio«. Im Mittelpunkt stand die Berichterstattung über die Bildende Kunst, Literatur, Theater und Musik, also die klassischen Künste, wobei aktuelle Tendenzen und Entwicklungen herausgestellt wurden. 1967 entstand das ARD-Magazin »Titel, Thesen, Temperamente«, in dem überregional über die wichtigsten Kunstereignisse informiert wurde. Zusammen mit dem Büchermagazin »Ex Libris« (1965–67) wurde das Magazin vom HR (Kurt Zimmermann, Swantje Ehrenreich und Hansgeorg Dickmann) betreut.

»Titel, Thesen, Temperamente«

Parallel zu dieser Entwicklung waren in den Dritten Programmen Kulturmagazine ganz unterschiedlicher Art (BR: »Horizonte«, »Almanach«, N 3: »Studio III«, WDR3: »Spectrum«) entstanden, die ihr Gegenstandsfeld jedoch sehr viel breiter anlegten. Über die studentischen Bewegungen wurde sowohl in »Studio III« als auch in »Spectrum« 1967 ausführlich berichtet. Das ZDF startete im Oktober 1965 mit einem wöchentlichen »Kulturbericht« (Leitung: Walther F. Schmieding), der bereits ab 1966 in »Aspekte« umbenannt wurde. Literatur, Kunst und Theater standen nach dem gängigen Kulturverständnis im Vordergrund. 1969 übernahm Reinhart Hoffmeister die Leitung und begann sukzessive aus dem »Feuilleton für Minderheiten« ein streitbares »Diskussionsforum« zu entwickeln.

»Aspekte«

Feature, Dokumentarfilm und Live-Berichterstattung

Der in der »Panorama«-Redaktion des Norddeutschen Rundfunks entwickelte »investigative Fernsehjournalismus« (Zimmermann 1994, 229) beschränkte sich zwangsläufig nicht auf die Produktion eines Magazins mit kürzeren Beiträgen zu den verschiedenen politischen Konflikten, sondern drängte zur größeren Form der Dokumentation. Gert von Paczensky selbst trat neben seiner Leitung des Magazins bereits mit spektakulären Dokumentationen über den Algerienkrieg (»Der siebenjährige Krieg«, NDR 1960) und über die Kongo-Krise (»Der Tod kam wie bestellt«, NDR 1961) hervor, daran knüpften andere Dokumentationen von Bernt Engelmann, Peter Schier-Grabowsky und Jürgen Neven-DuMont an. Auch Rüdiger Proske arbeitete nach seiner Ablösung als Hauptabteilungsleiter weiter für den NDR, etwa mit seiner mehrteiligen Reihe »Auf der Suche nach der Welt von morgen« (NDR 1968).

Aus der »Panorama«-Arbeit heraus gab es neue Impulse für den Dokumentarfilm. Aus der Technik der tragbaren Handkamera mit Synchronton, die bereits in den fünfziger Jahren beim NWDR in Hamburg von Carsten Diercks und anderen erfolgreich erprobt worden war, entwickelte sich nun unter dem Einfluß des ästhetischen Konzepts des Direct Cinema um Richard Leacock und des Cinéma Vérité um Jean Rouch und Chris Marker eine neuen Dokumentarfilmrichtung, die auf teilnehmende Beobachtung und Abkehr vom Interview-Journalismus setzte. Klaus Wildenhahn ist der wohl wichtigste deutsche Vertreter dieser Richtung, der aus der »Panorama«-Arbeit hervorgegangen ist. »In der Fremde« (1967), »Heiligabend auf St. Pauli« (1968), »Institutsommer« (1969) und »Harburg bis Ostern« (1972) stehen für diese neuartige Zuwendung zur Realität, die auf einer sich oft über Monate erstreckenden Langzeitbeobachtung basierte und gegenüber der raschen journalistischen Dokumentation ein geduldiges Einlassen von Arbeitsprozessen und Lebenszusammenhängen vorführte.

Neue Impulse für den Dokumentarfilm

Direct Cinema

Klaus Wildenhahn

Es war weniger ein dezidiert politisches Konzept im Sinne der politischen

Tageskontroversen als vielmehr eine grundlegend neue Haltung der Realität gegenüber, die das Besondere der Filme Wildenhahns ausmachte. Während sich das Fernsehen gerade in den sechziger Jahren durch eine neue informationelle Verkoppelung der Zuschauer mit den aktuellen politischen und gesellschaftlichen Prozessen in unterschiedlichen Programmformen bemühte, setzte Wildenhahn durch sein Insistieren auf ein ›langsames‹ Auseinandersetzen mit dem zu filmenden Gegenüber, suchte gerade die durch die Medien bedrängte direkte Erfahrung in seinen Filmen aufzufangen.

Als 1969 im NDR eine Feature-Redaktion (Leitung: Ludwig Schubert) von der »Panorama«-Redaktion abgespalten wurde, setzte sich diese Tradition fort. Jetzt waren es weniger die Auslandsdokumentationen als die Sendungen über die alten und neuen Lebensformen in der Bundesrepublik, die für Aufregung sorgten; wenn Rolf Schübel und Theo Gallehr über »Den deutschen Kleinstädter« (1969) oder »Zwischen Wohlstand und Klassenkampf« (1970) berichteten, Gerhard Bott Kommunen und Großfamilien (»Absage an das Leben zu zweit«) und antiautoritäre Kindergärten (»Erziehung zum Ungehorsam«, 1969) vorstellte und Jürgen Schröder-Jahn in einer Reihe »Beobachtungen in deutschen Betrieben« über Themen wie »Nachtschicht« (1971), »Akkord« (1972), »Arbeitsunfall« (1972) berichtete.

»Zeichen der Zeit«

Beim Süddeutschen Rundfunk war mit der von Heinz Huber aufgebauten Dokumentarfilm-Reihe »Zeichen der Zeit« bereits in den fünfziger Jahren eine eigenständige »Stuttgarter Schule« entstanden, die schon in dieser Zeit wegen ihrer präzisen Zuwendung zu sozialen Konfliktthemen gerühmt wurde. Sie setzte unter Dieter Ertel mit Roman Brodmann, Wilhelm Bittorf, Elmar Hügler und anderen die Arbeit fort und war mit Filmen wie »Die Borussen kommen« (Bittdorf, 1964), »Sechstagerennen« (Ertel, 1964), »Die Mißwahl« (Brodmann, 1966), »Eine Namensheirat« (Hügler, 1970) im Programm vertreten. Den zeitkritisch kommentierenden Stil des SDR-Dokumentarismus verband z. B. Brodmann mit den Praktiken des Direct Cinema. Er reduzierte die Off-Kommentare und wollte den Betrachter durch

»Der Polizeistaatsbesuch«

ein ausführliches Zeigen von Vorgängen sensibilisieren. Mit dem Film »Der Polizeistaatsbesuch« (SDR 1967) gelang ihm mit diesem Ansatz ein besonderes zeitgeschichtliches Dokument: Brodmann filmte den Schah-Besuch 1967 in Berlin und dokumentierte damit die Demonstrationen gegen den Besuch, den Polizeieinsatz und schließlich den Tod des Studenten Benno Ohnesorg, der zum Auslöser für eine Politisierungswelle unter den Studenten wurde. Mit dem Tod Heinz Hubers und dem Wechsel von Dieter Ertel und Elmar Hügler zu Radio Bremen löste sich die SDR-Dokumentarfilmabteilung weitgehend auf. Unter der Ägide der Chefredaktion von Helmut Hammerschmidt und seinem Nachfolger Heinz Obermann »gaben fortan Männer den Ton an, denen die antimilitaristische Haltung der Dokumentarfilmredaktion fremd war« (Zimmermann 1994, 249).

kritischer Dokumentarjournalismus und Dokumentarfilm

Beim Westdeutschen Rundfunk, der sich in den sechziger Jahren zum neuen Zentrum des Fernsehdokumentarismus zu entwickeln begann, war, ebenfalls aus dem Kontext des Magazin-Journalismus heraus, ein kritischer Dokumentarjournalismus und Dokumentarfilm entstanden. Peter Scholl-Latour berichtete über Probleme in den Dritte-Welt-Ländern (»Krieg mit vielen Fronten« 1967), über »Vietnam – Herbst 1968«; Gerd Ruge informierte über die USA, z. B. über die Ermordung Robert Kennedys (»Amerika, am 6. Juni 1968«) und über Rassenkonflikte (»Weiße Macht und schwarze Massen«, 1967). Rolf Schübel und Theo Gallehr drehten für den

WDR und RB den Film »Rote Fahnen sieht man besser« über die Stillegung der Krefelder Phrix-Werke, der kontroverse Debatten auslöste.

In der von Klaus Simon aufgebauten Kulturabteilung wurden Reihen wie ›Der Dichter und seine Stadt« und »Literarische Zentren« entwickelt, für die dann zahlreiche Dokumentarfilmer arbeiteten. Georg Stefan Troller produzierte mit seinem »Pariser Journal« von 1962 bis 1971 regelmäßig Dokumentarfilme. Er zeigte Außenseiter, Künstler und Menschen, die sich durch reine Besonderheit auszeichneten. In Trollers Filmen ging es um eine Rückgewinnung der Poesie für die dokumentarische Arbeit. Daß in diesen Filmen ein »synthetisch verkürztes Traumland« angeboten wurde und »der gewöhnliche‹ Mensch fehlte«, wie Klaus Wildenhahn später kritisch anmerkte, wurde jedoch in den sechziger Jahren vom Publikum nicht bemängelt, weil das Moment der Nuancierung und Ausdifferenzierung der dokumentarischen Handschriften im Vordergrund stand. Solche Beiträge wurden durch Sendungen anderer Filmemacher im Programm ergänzt. Gegen Ende der sechziger Jahre traten neue Filmemacher wie z. B. Erika Runge (»Warum ist Frau B. glücklich« WDR 1969; »Frauen an der Spitze« WDR 1969) hervor.

»Pariser Journal«

Dokumentarische Handschriften bildeten sich Ende der sechziger Jahre im Zusammenhang mit der Gründung der Filmhochschulen (Deutsche Film- und Fernsehakademie Berlin und der Hochschule für Fernsehen und Film in München) 1966/67, nachdem die Ulmer Hochschule für Gestaltung, an der Alexander Kluge und Edgar Reitz ein Institut für Film betrieben hatten, geschlossen worden war. Dokumentarfilm wurde zum Mittel, auf anderen Wegen Öffentlichkeit (z. B. als ›Gegenöffentlichkeit‹ zu den Massenmedien) herzustellen; vor allem jüngere, unabhängige Dokumentarfilmer suchten nun neue Wege zu gehen, auch wenn viele ihre Filme dann doch wieder mit den Fernsehanstalten produzierten oder ihre Arbeiten an diese verkauften.

Dokumentarische Handschriften

Unabhängig von der Entwicklung des Dokumentarfilms, dessen ästhetische Besonderheit sich vor dem Hintergrund eines sich ausdifferenzierenden Fernsehjournalismus und -dokumentarismus herausbildete, hatte das Fernsehen weiterhin auf seine spezifischen Möglichkeiten in der Vermittlung, insbesondere auf die Live-Berichterstattung, gesetzt. Dabei fand jedoch in den sechziger Jahren eine Integration der Live-Übertragungen in die einzelnen Programmsparten statt. Wurde in den fünfziger Jahren in den Programmstatistiken die »Übertragung« als eine besondere Sparte gewertet, so wurde sie in dem Maße, wie sie zur alltäglichen Praxis geriet, danach bewertet, *was* durch sie vermittelt wurde. Spektakuläre Übertragungen, wie z. B. die erste Direktübertragung einer Reportage von den Europameisterschaften der Amateurboxer aus Moskau (2. 6. 63), wurden in den sechziger Jahren selten, die Übertragungen gerieten zur Routine. Eine von der ARD veranstaltete weltweite Direktübertragung »Unsere Welt«, bei der am 25. 6. 67 über 300 Kameras in 14 Ländern beteiligt waren, brachten bei einem doch beträchtlichen Kostenaufwand von 8 Mio. DM keine Ergebnisse zustande, die nicht auch anders hätten hergestellt werden können.

Live-Berichterstattung

Politische Großereignisse, über die live berichtet wurden, wie z. B. der Deutschlandbesuch John F. Kennedys (17 Stunden am 23./24. 6. 63), waren selten. Über Kennedys Ermordung im gleichen Jahr berichtete das Fernsehen anhand filmischer Berichte, insbesondere durch die Filmaufnahmen eines Amateurs, die in der Folgezeit wieder und wieder gesendet wurden. Als zweites Ereignis erregte am 24. 10. 63 die Live-Berichterstattung der Bergung der Überlebenden des Grubenunglücks von Lengede die bundes-

Grubenunglück von Lengede

Das Apollo-Sonderstudio des WDR (16.–24.7.1969); im Vordergrund rechts ein Modell der Mondfähre

Landung des ersten Menschen auf dem Mond

deutschen Zuschauer. Zwar gab es noch weitere mediale Ereignisse, die live ins Programm kamen, doch traten sie in ihrer Bedeutung nicht als Medienereignisse hervor. Die Berichterstattung in der Mischung von live, MAZ-Aufzeichnungen und Film war zum selbstverständlichen Teil der Informationsvermittlung geworden.

Live war das Publikum dagegen am Ende der sechziger Jahre dabei, als der erste Mensch seinen Fuß auf den Mond setzte (21. 7. 69). Die dabei gesendeten Bilder wurden zum großen Fernsehereignis innerhalb einer ganzen Woche von Übertragungen des Apollo-11-Programms aus den USA (19 Stunden Weltraum-Programm bei der ARD, 21 Stunden beim ZDF). Da ARD und ZDF nur die von der NASA freigegebenen sieben Kurzsendungen mit insgesamt 90 Farb- und 40 Schwarzweiß-Minuten zeigen konnten, wurden die Sendungen mit zusätzlichen Interviews, Demonstrationsfilmen und -bildern, Expertenrunden in teuren Apollo-Studiodekorationen aufgefüllt.

Dieses Erlebnis hinterließ jedoch einen zwiespältigen Eindruck. Der Landung des ersten Menschen auf dem Mond war ein langer Wettlauf zwischen den Amerikanern und den Russen vorausgegangen, seitdem diese den ersten Sputnik 1957 ins All gestartet hatten. Mehr als ein Jahrzehnt danach saß fast die ganze Welt vor den Bildschirmen und verfolgte, wie der amerikanische Astronaut Neil Armstrong als erster Mensch den Fuß auf den Mond setzte. Man wußte um den epochalen Charakter des Ereignisses und empfand doch eine gewisse Enttäuschung.

»Viele aber, wohl die meisten, die das Fernsehbild von den Männern auf dem Mond empfingen, hatten Mühe, den Augen zu trauen. Wohl hundertmal hatten sie, ohne sonderliche Reaktion, die Filme vom Mond-Training auf der Erde gesehen, die gestellten Szenen aus den Fernsehstudios, die Trickzeichnungen, eben den ganzen dramatisch inszenierten TV-Schulfunk, der sie vorbereiten sollte. Und nun, da ihnen die wahre Mondlandung ›live‹ ins Haus gesendet wurde, überfiel sie plötzlich ein grundloser Zweifel. Fiktionen sind immer farbiger als die Wirklichkeit. Und verglichen mit den simulierten Szenen wirkte das echte Mond-Bild geisterhaft, fast abstrakt. Es war der Gipfelpunkt der Spannung und eine Antiklimax zugleich.« (Schreiber 1969, 100)

Das technische ›Wunder‹ einer solchen Bildübertragung über weite Distanzen hatte im Prinzip seine Faszination verloren, es interessierten mehr die Inhalte der Bilder als die Technik, die sie ermöglicht hatten. Die große Steigerung des Live-Dabeiseins durch eine Übertragung quer durch den Weltraum verpuffte auf eigentümliche Weise. Das Problem war, daß sie letztlich nur eine ›virtuelle‹ neue Erfahrung vermittelten. Keiner der Zuschauer verfügte über unmittelbare, nicht medial vermittelte Erfahrungen im Weltraum, und was zu sehen und zu hören war, wirkte eher enttäuschend. Konnte es nicht sogar sein, wie zu dieser Zeit intellektuelle Zuschauer spotteten, daß die Landung auf dem Mond mit ihrem riesigen materiellen Aufwand an Technik, an Geräten, an Menschen, an Energie nichts anderes war als eine phantasievolle Medien-Inszenierung, eine Konstruktion der Illusionsfabriken Hollywoods?

Abnutzung der Weltraumsensationen

»Als der Astronaut die ersten Schritte unternahm, zögernd und unbeholfen zunächst, dann sicherer werdend – wir nahmen an einem Prozeß des Gehenlernens teil! – schließlich weit ausschreitend und hüpfend sogar, da wollte es scheinen, als wäre dieses alles eine Szene aus einem der utopischen Filme, die man schon mehr als einmal gesehen hatte.« (Wagenführ 1969, 469)

Waren also die extraterrestrischen Welterkundungen mit dem Hauch des Fiktionalen behaftet, so waren andere Bilder zu dieser Zeit sehr viel wirksamer. Es provozierten vor allem die Bilder, die in besonders emotionaler Weise wirkten und das gewohnte Ordnungssystem der Vorstellungen ins Wanken brachten. Daß in Vietnam nicht die Verteidigung der westlichen Welt, und damit der Bundesrepublik betrieben wurde, sondern die Aggression einer Supermacht gegen ein kleines Volk stattfand, machte das Fernsehen durch seine Bilder – auch wenn die Kommentare etwas ganz anderes erzählten – immer wieder deutlich. Es waren Bilder, die das Bewußtsein eines Teils des Publikums veränderten: Aufnahmen vietnamesischer Napalm-Opfer auf den Straßen, Bilder der verletzten Kinder, die Darstellungen der technischen Übermacht der Ledernacken gegen einfach bewaffnete Vietnamesen, die Erschießung eines gefesselten Vietnamesen durch den Saigoner Polizeichef. Von diesen Bildern ging eine mobilisierende Wirkung aus, nicht von denen der Mondlandung.

Bilder vom Vietnam-Krieg

8.7 Das Fernsehen als Öffentlichkeit und Programmfluß

Als Medium der Öffentlichkeit entfaltete sich das Fernsehen in den sechziger Jahren in besonderer Weise. Seine politische Wirksamkeit zeigte sich bereits am Anfang des Jahrzehnts, trugen doch die »Panorama«-Beiträge zur »Spiegel«-Affäre zum Rücktritt des Verteidigungsministers Franz Josef Strauß bei. Die Fernsehöffentlichkeit wurde deshalb spätestens seit diesem

Medium der Öffentlichkeit

Zeitpunkt von den Parteien und gesellschaftlichen Gruppierungen heftig umkämpft. Dieser Kampf fand nun nicht mehr auf der gesetzgebenden Ebene, sondern in der publizistischen Öffentlichkeit, zwischen den Programmen, innerhalb der ARD und innerhalb der Anstalten selbst statt. Zugleich wurde der Bildschirm zum Ort politischer Kontroversen, und der Vorwurf der CDU/CSU-Politiker, die Medien, und insbesondere das Fernsehen, hätten sie durch die Berichterstattung um die (wie sie es sahen) ihnen eigentlich originär zugehörende Macht gebracht, verschärfte diesen Kampf in besonderer Weise.

Ort politischer Kontroversen

Gleichwohl sah der HR-Intendant Werner Hess das Fernsehen 1963 als eine »Institution zur nationalen Beruhigung« an, die, so ist seine Anmerkung zu verstehen, durch die ständige Thematisierung von Problemen zu Entschärfung der Konflikte beitrug, die Funktionen im demokratischen Staat übernahm, die »andere in Wirklichkeit nicht mehr zu vollziehen bereit sind« (Hess 1963, 53).

»Institution zur nationalen Beruhigung«

»Wir bekommen auch geschrieben: Sie haben DDR und nicht ›sogenannte DDR‹ gesagt. Man schreibt uns, die Wetterkarte müßte ganz Ostpreußen bringen und nicht nur im Anschnitt. Wir haben den 100. Todestag irgendeines völlig unbekannten Dichters zu feiern, den 75. Geburtstag irgendeines Komponisten, wir haben den 500. Jahrestag der Heiligsprechung einer Therese zu feiern und 40 Jahre deutschen Rundfunk. Wir feiern alles – und wehe, wenn wir es nicht feiern, dann bekommen wir genau nachgerechnet, daß wir hier wieder einmal öffentlich versagt haben. Wir empfinden für Sie stellvertretend, und die Nation achtet sehr darauf, daß das recht geschehe.« (Werner Hess 1963)

Der melancholische Unterton in einer solchen Funktionserkennung schwand jedoch spätestens Ende der sechziger Jahre, als der WDR-Intendant Klaus von Bismarck offensiv von den »gesellschaftskritischen« Aufgabenstellungen des Fernsehens sprach und ARD und ZDF als »eine Art abendlicher ›Bühne der Nation‹« beschrieb und die Funktion des Fernsehens, »öffentliches Gewissen« bzw. »Feuerwehr der Gesellschaft« zu sein, ablehnte (Bismarck 1969). Die Intention solcher Funktionsbeschreibungen lag auf Seiten der Intendanten darin, allzu hohe Erwartungen an das Fernsehen zu dämpfen, auch wenn er dem Fernsehen zugute hielt, notfalls durch einen Skandal in einer »Schocktherapie« wie bei den »Panorama«-Sendungen 1963/64 »verändernde und verbessernde Wirkung« ausgelöst zu haben (ebd.).

»Feuerwehr der Gesellschaft«

Das Fernsehen entwickelte sich in den sechziger Jahren zum Ort, an dem Meinungen, Ansichten, Selbstdarstellungen bundesweit präsentiert wurden, vorgetragen mit hohem Geltungsanspruch oder aber unterhaltend, durch Überspitzung, mit Komik, als Fiktion und Spiel, aber deshalb nicht weniger wirksam. Öffentlichkeit entstand also nicht allein in den Nachrichtensendungen, Magazinen, Dokumentationen, sondern auch in der Fiktion, der Unterhaltung, dem Sport. Die Fernsehöffentlichkeit war umfassender und zugleich vielfältiger angelegt als die anderen medialen Öffentlichkeiten. Einerseits grenzten sich zwar Sparten voneinander deutlich ab, unterschieden sich Genres und Präsentationsformen. Andererseits trafen sie innerhalb des Programmzusammenhangs immer wieder aufeinander, nur durch An- und Absage begrenzt vermittelt. Darin bestand die besondere Qualität des Fernsehens.

Umfassende Weltdarstellung

Die neue Fernsehöffentlichkeit war durch den Faktor der Zeit bestimmt. Man mußte sich als Zuschauer auf die Terminierungen des Programms einlassen, um an den Sendungen teilzuhaben und das Angebot wahrzunehmen. Darin war das Fernsehen strikt: Was gesendet war, hatte sich zugleich ›versendet‹ und wurde in der Regel nicht unmittelbar wiederholt. Es gab noch keine Aufzeichnungsmöglichkeiten im privaten Bereich, was den zeitlichen Druck zur Teilnahme erhöhte.

Zeitlicher Druck zur Teilnahme

Programmfluß und Informationsband

Die Vervielfachung der politischen Magazine, die zunächst unter dem Aspekt der politischen Disziplinierung von »Panorama« und »Monitor« betrieben wurde, hatte strukturell einen anderen Effekt. Indem nun die politischen Informationen, Stellungnahmen und Hintergrundberichte nicht mehr nur auf eine Sendung konzentriert waren, sondern sich mehr oder weniger gleichmäßig in Verbindung mit dem Ausbau der Nachrichtensendungen und den Dokumentationssendungen und Dokumentarfilmen über das gesamte Programmangebot verteilten, wurden sie zum selbstverständlichen Teil des Programmflusses. Die Politisierung durchzog damit das gesamte Angebot an Weltvermittlung, gab ihr damit ein spezifisches Gepräge. Welt wurde durchgängig als konfliktträchtig vermittelt, der Zuschauer erhielt durch das Fernsehprogramm die permanente Möglichkeit, sich in unterschiedlichen Formen der Darstellung immer wieder mit den politischen Brennpunkten des Weltgeschehens, sei es außerhalb Deutschlands oder innerhalb der deutschen Grenzen, in Verbindung zu setzen.

Programmfluß

An der Vernetzung der Informationen aus anderen Ländern durch die Auslandskorrespondenten wird der Unterschied zu den eher punktuellen Berichten der fünfziger Jahre deutlich: Das Fernsehen lieferte den Zuschauern einen Informationsfluß, in den von unterschiedlichen Orten der Welt immer wieder neue Informationen eingespeist wurden. Der Zuschauer partizipierte an diesem Strom und er gewann auf diese Weise den Eindruck, permanent auf dem Laufenden gehalten zu werden. Dieser strukturellen Veränderung der Informationsvermittlung durch ihre Vernetzung und Vergitterung im Programm kam in den sechziger Jahren eine zentrale Bedeutung für die Bewußtseinsveränderungen bei den Zuschauern zu, selbst wenn sie noch weitgehend unerkannt stattfanden. Noch galten auf Grund der geläufigen Massenkommunikationstheorien einfache Reiz-Reaktionsschemata, wenn man an Wirkungen des Fernsehens dachte. Doch die daraus resultierenden Manipulationstheorien, die mit Hans Magnus Enzensbergers »Baukasten zu einer Theorie der Medien« (1970) groß herausgestellt und gegen das Fernsehen angewandt wurden, verkannten gerade solche programmbezogenen Zusammenhänge.

Vernetzung der Informationen

Obwohl das Fernsehen unter Manipulationsverdacht stand, bezog der politische Protest der Studenten und der oppositionellen Bewegungen Ende der sechziger Jahre offenkundig viele seiner Informationen über die Dritte Welt aus dem Fernsehen. Der theoretisch an der Kulturkritik von Adorno, an der ökonomischen Kritik von Marx, der Kolonialismuskritik von Fanon und Nirumand geschulte Blick ließ die Fernsehbilder anders sehen als sie von den Korrespondenten kommentiert wurden. Wenn in dem frühen Bericht »Krieg ohne Fronten« (WDR 1962) von Hans Joachim Friedrichs Bilder einer endlosen Reihe von Toten, Gefangenen und Verletzten des Vietnamkrieges gezeigt werden, dann ist die Parteinahme in Friedrichs Kommentar für die Amerikaner eindeutig. Doch unabhängig vom Kommentar vermittelten die Bilder eine eigene Botschaft. Sie wirkten noch nach, als die Kommentare bereits vergessen waren und ließen andere als die gewünschte offizielle Interpretation zu. Das Fernsehen spielte dabei keine

Fernsehen unter Manipulationsverdacht

theoriebildende Rolle, wohl aber eine, die unbewußt vielleicht, aber dafür sinnlich anschaulich, Konkretionen und Anschauungsmaterial lieferte für die Thesen von der sozialen Unterdrückung, von den weltweiten Auseinandersetzungen zwischen Repression und Emanzipation, zwischen Unterdrückung und Aufbruch. Die Vermutung, daß die Fernsehbilder vom Vietnamkrieg den studentischen Protest gegen den Krieg, vor allem gegen die amerikanische Kriegsführung, auslösten, greift sicher zu kurz, weil dafür ein Zusammentreffen verschiedener Faktoren wirksam wurde. Doch die medialen Bilder lieferten der Politisierung immer wieder neues Anschauungsmaterial.

Neues Anschauungsmaterial für Politisierungen

Die mediale Bilderwelt entwickelte damit eine eigene Dynamik, eine eigene Sprengkraft, die sich in ihren Wirkungen nicht mehr in jedem Fall durch vorgefaßte Absichten und kommentierende Rahmen bändigen ließ. Die Zuschauer begannen, sich aus dem Medium Fernsehen das zu holen, was sie selbst für richtig hielten, unabhängig vom Gesamtplan eines Programms, vom Bildungsauftrag einer Sparte und von den Zielvorstellungen einzelner Produktionen. Und weil das Medium alltäglich geworden war, immer zur Verfügung stand, ging man als Zuschauer damit nach eigenem Belieben um.

Programmästhetik

Wurden die Weichen für die technische Revolutionierung der Fernsehproduktion in den fünfziger Jahren gestellt, so baute das Fernsehen in den sechziger Jahren das Programm zu einem vieldimensionalen Gefüge aus. Die technische Veränderung hin zum Farbfernsehen stellte sich als weiterer Schritt in dieser Entwicklung dar. Das Programmgefüge war nun zunächst auf der Ebene der Herkunft seiner Sendungen, seiner Bilder und Töne vielfältiger geworden. Der Programmfluß setzte sich aus den Materialien unterschiedlichster Herkunft zusammen, das steigerte gerade im Kontrast, in dem diese Materialien aufeinandertrafen, den Reiz der Programme. Ein Beispiel eines beliebigen Sendetages (ohne Vormittagsprogramm und hier für den Bereich des NDR) soll dies erläutern.

Vieldimensionales Gefüge

Programm ARD, Montag, 19.1.1970

16.35 Uhr	Tagesschau
16.40 Uhr	**Ali, der Meisterdieb.** Ein orientalisches Märchen v. S. v. Kamphoevener, mit Figuren von Florian Rödl (Kinderstunde)
17.05 Uhr	**Die Papiertaube.** Kurzfilm aus Bulgarien (Kinderstunde)
17.25 Uhr	**Teletechnikum.** Kurzberichte aus Naturwissenschaft und Technik (Erfindungen auf den Weg zum Fernsehen / Verwendung der Zellulose / Ein neues Fährschiff wird vorgestellt / Das erste deutsche Düsenverkehrsflugzeug)
17.55 Uhr	Tagesschau

Regionalprogramm (dazwischen Werbung)
18.00 Uhr	**Hafenpolizei** (deutsche Serie)
18.30 Uhr	**Berichte vom Tage**
18.45 Uhr	**Sandmännchen** (in Farbe): Beppo und Peppi: Die Waschmaschine
18.55 Uhr	**Die Sportschau der Nordschau**
19.26 Uhr	**Lieber Onkel Bill** (amerikanische Serie)

Abendprogramm
20.00 Uhr (DF)	**Tagesschau** mit Wetterkarte

20.15 Uhr (BR)	**Report München.**	Moderation Hans Heigert
21.00 Uhr (NDR)	**Liesbeth List.**	Musikshow von Bob Rooyens; Choreographie Robert Kaesen; Regie: Bob Rooyens (in Farbe)
21.35 Uhr (BR)	**Die Fernseh-Diskussion aus München.**	
22.20 Uhr (DF)	**Tagesschau**	mit Kommentar und Wetterkarte
22.40 Uhr (DF)	Der Studio-Film: **Eins plus eins**	(GB 1968) mit: The Rolling Stones, Anne Wiazemski, Iain Quarrier u. a. Regie: Jean-Luc Godard (Deutsche Erstaufführung) (in Farbe)
22.41 Uhr (DF)	**Tagesschau**	

Quelle: Hör Zu 1970

Zu sehen ist hier, wie ganz unvermittelt die selbstproduzierte Sendung neben der auf dem internationalen Markt eingekauften steht: Das Puppenspiel neben dem bulgarischen Kinderfilm, die regionalen Sportberichte neben der amerikanischen Serie im Werberahmenprogramm, der englische Spielfilm zwischen den »Tagesschau«-Sendungen. Aus mehreren Anstalten werden Sendungen in das gemeinsame Programm eingebracht. Nach der »Tagesschau« (für die als Gemeinschaftsausgabe hier DF – Deutsches Fernsehen – steht) aus Hamburg geht es nach München, von dort wieder nach Hamburg zur Show und von dort wieder nach München und zurück nach Hamburg. Der Spielfilm wird aus Frankfurt eingespeist. Das Programm ist nicht nur ein international zusammengesetztes, sondern auch eines, an dem in verschiedenen Städten der Bundesrepublik gewirkt wird und das ›irgendwo‹ zwischen diesen Städten, vermittelt über die Leitungsnetze der Bundespost und über den Frankfurter Sternpunkt, sich selbst zusammensetzend entsteht.

Vielfältig waren die Perspektiven im Weltverständnis: Zunächst die »Tagesschau«; als Einstimmung in die Weltlage mit zahlreichen Meldungen, dann der konservativ eingefärbte »Report« aus München, danach eine Musikshow des holländischen Regisseurs Bob Rooyens über die holländische Sängerin List, die in Montreux den Preis der Presse für ihre Schlager bekommen hatte. Eine Pop-Inszenierung, damals eher provokativ (»unkonventionell«) mit farbigem Licht, Raumobjekten und Ballett, anschließend wieder in eine eher konservativ ausgerichtete Diskussion nach München zurück, eher bieder im Studiodesign. Danach Meldungen zur Weltlage und ein Film von Jean-Luc Godard, in dem Aufnahmen von Probenarbeiten der Rolling Stones an ihrem Song »Sympathy for the Devil« mit Szenen der Black-Power-Bewegung verbunden werden. Es geht in dem Film um die Suche nach neuen Ausdrucksformen für die revolutionäre Aufbruchsstimmung nach dem Pariser Mai 1968. Nach dem Film wieder die Rückbindung in das Weltgeschehen durch die »Tagesschau«. Von einer Harmonie des Programms, wie sie einst dem ZDF-Intendanten Holzamer vorschwebte und den Diskurs der sechziger Jahre bestimmte, kann bei diesem ARD-Abend nicht mehr die Rede sein. Das Programm als Einheit stellte völlig Gegensätzliches unvermittelt nebeneinander. Schärfer war der Kontrast zwischen dem kulturellen Aufbruch und der Negation auf der einen und den konservativen Rettungsversuchen durch Magazin und Gesprächsrunde auf der anderen Seite kaum denkbar. Diametraler konnten die Weltsichten nicht sein, die hier in einem Programmfluß nacheinander erschienen. Dennoch: Die Welt im Programm abzubilden, war hier gelungen, gerade weil nichts geglättet und harmonisiert wurde – denn das hätte verlangt, einige Bausteine zum Programm nicht zuzulassen. Die Welt stellte sich in ihrer Widersprüchlichkeit und Gegensätzlichkeit im Programm dar.

Vielfältige Perspektiven im Weltverständnis

Das Programm als Einheit stellte völlig Gegensätzliches unvermittelt nebeneinander

Schließlich zeigt ein solcher Programmtag noch etwas anderes: Das Programm splitterte sich in immer kleinere Einheiten auf. Das »Teletechnikum« am Nachmittag setzt sich aus vier verschiedenen Berichten zusammen, die verschiedenen »Tagesschau«-Sendungen aus bis zu 12 Meldungen pro Sendung, »Berichte vom Tage« und »Sportschau der Nordschau« aus ähnlich vielen Meldungen, »Report München« enthielt durchschnittlich vier Beiträge, auch die Musikshow folgt einer Nummerndramaturgie. Einzig die fiktionalen Programme stellen sich als große durcherzählte Einheiten dar, wobei Godards Film hier herausfällt, weil er ebenfalls aus vielen disparaten Teilen zusammengesetzt ist. Das Programm insgesamt bildet also eine Kette vieler kleiner Bestandteile, Splitter geradezu, aus denen sich der Fluß des Mitgeteilten, Dargestellten, Vorgesungenen zusammensetzte, mehr oder weniger lose durch programminterne Klammern, Sendungen genannt, zusammengehalten.

Kette kleiner Bestandteile

Der Blick auf eine solche Tagesstruktur eines Programms läßt vielleicht noch erahnen, welch eine die Wahrnehmung revolutionierende Form von Angebotsverknüpfung das Fernsehprogramm am Ende der sechziger Jahre darstellte und welche artifizielle Verzahnung und Verschachtelung von Struktur sich hier herausgebildet hatte, die täglich mit größter Selbstverständlichkeit rezipiert wurde. Oskar Negt und Alexander Kluge versuchten 1972, die spezifische Form der Erfahrungstransformation durch das Fernsehen zu formulieren und wiesen dabei neben vielem anderen auf die Form der Verdichtung der Angebote, die sie als »Konzentrate«, »versinnlichte Gegenstände« und »geballte Existenz« beschrieben, die aus dem Widerspruch zwischen »Stoffülle und organisiertem Zeitmangel« entstünden. Die »Sendeproduktion eines hochindustrialisierten Mediums« treffe auf das »gelebte Leben« des Zuschauers, das »gewissermaßen noch nicht industrialisiert ist« (Negt/Kluge 1972, 201 ff.).

»Sendeproduktion eines hochindustrialisierten Mediums«

»Das Fernsehen hat in seiner geballten Form eine ›Geschwindigkeit‹, die dem Zeitdruck einer hochindustrialisierten Gesellschaft entspricht. Der Zuschauer verkehrt nicht mit den einzelnen Sendungen, seine Erfahrung korrespondiert nicht ohne weiteres mit den einzelnen Erfahrungen, die in den Sendungen fixiert sind, sondern er geht mit dem pluralistischen Gesamtangebot, einer hochindustrialisierten Leistung um.« (Negt/Kluge 1972, 200 f.)

Entscheidend an der Kritik Negt/Kluges an den neuen Fernsehstrukturen war das von ihnen erstmals bemerkte neue Phänomen der Ballung und Verdichtung der Kommunikationsangebote und ihrer Differenz zu den Erfahrungsstrukturen der Zuschauer, die zu spezifischen Formen des Umgangs mit diesen Angeboten führte. Negt und Kluge irrten jedoch darin, bereits einen *späten* Zustand einer kulturindustriellen Produktion erfaßt und beschrieben zu haben. Was sich hier als neue mediale Angebotsstruktur zeigte, stellte erst den Anfang weiterer Entwicklungen und noch ganz ungeahnter Steigerungen dar.

9. Zwischen Mauerbau und VIII. Parteitag – Das Fernsehen in der DDR von 1961 bis 1971

Die Schließung der Grenzen nach West-Berlin und zur Bundesrepublik am 13. 8. 61 veränderte schlagartig nicht nur das Leben der DDR-Bürger, sondern beeinflußte auch die Situation der Bewohner West-Berlins, die nun ›eingemauert‹ waren, und wirkte sich auch auf das politische Bewußtsein der Bundesrepublik aus. Das Fernsehen, schon vorher ein wichtiges Mittel in der andauernden ideologischen Auseinandersetzung des Kalten Krieges, wurde jetzt zum grenzüberschreitenden Vermittler von Anschauungen vom jeweils Anderen, die auf direktem Wege nicht mehr zu gewinnen waren. Dabei gewann diese Funktion der Fernsehbilder in der DDR eine ganz andere Bedeutung als in der Bundesrepublik, weil lebensweltlicher Rahmen, gesellschaftliche Organisation und staatliche Konstitution unterschiedlich waren.

Grenzüberschreitender Vermittler von Anschauungen

Bildete das Jahr 1961 den Höhepunkt des Kalten Krieges, so steht das Jahr 1971 für den Beginn deutsch-deutscher Verhandlungen und der Entspannungspolitik. Die Zeit zwischen diesen Jahren ist durch den damit verbundenen Wandel geprägt, wobei die entscheidenden Impulse nicht von der DDR ausgingen. Die Öffnung der Grenzen im Rahmen von Passierscheinabkommen seit Mitte der sechziger Jahre galt nur für die eine (bundesdeutsche) Seite und nicht für die DDR-Bürger. Diese Grenzöffnung war mit einem moralischen Problem verbunden, weil sie erkauft werden mußte, Menschlichkeit also nur gegen Devisen geboten wurde.

Die Rede von dem Mitte der sechziger Jahre erreichten »Übergang zur Etappe der entwickelten sozialistischen Gesellschaft« (Glatzer/Hempel/Schmotz 1977, 10) in der DDR wurde unglaubwürdig, weil große Teile der DDR-Bevölkerung an dieser Gesellschaft gar nicht teilhaben wollten und deshalb am Weggehen gehindert werden mußten. Offenbar gelang es Partei und Staat nicht, dem Volk die »große Aufgabe« (Ulbricht in: Zehn Jahre 1962, 1) zu vermitteln. Ein anderes Volk aber, um mit Brecht zu sprechen, konnte sich diese Regierung nicht suchen.

9.1 Auf der Suche nach einer neuen Funktionsbestimmung

Mit dem Fernsehen bot sich spätestens Ende der fünfziger Jahre, als das Fernsehen in der Bundesrepublik und in der DDR zum Massenmedium wurde, ein neues Kommunikationsinstrument, das die Vermittlung dieser »großen Aufgabe« hätte leisten können. Ende der fünfziger Jahre verschärfte sich der Kalte Krieg. Die Westintegration der Bundesrepublik einerseits und die Deutschlandpolitik der UdSSR unter Chruschtschow andererseits führten zu einer Zuspitzung der politischen Konfrontation an der Schnittstelle der beiden politischen Blöcke, die im Bau der Mauer durch Berlin am 13. 8. 61 ihren Endpunkt erreichte.

Fernsehen als neues Kommunikationsinstrument

In dieser Situation suchten die Fernsehverantwortlichen in der DDR nach einer Neubestimmung der gesellschaftlichen Funktion des neuen Mediums.

Neubestimmung der gesellschaftlichen Funktion

DFF-Gelände, 1967

Im Grunde handelte es sich darum, die gesellschaftlichen Modernisierungsvorhaben mit Hilfe der Medien zu vermitteln. Dazu mußten diese die Veränderungen in ihrem Für und Wider ausführlich zur Sprache bringen. In der Bevölkerung vorhandene Einwände und Widerstände durften nicht nur zum Anlaß genommen werden, um sie zu widerlegen. Die öffentliche Erörterung der Veränderungen der Gesellschaft mußte zumindest auch die Möglichkeit einschließen, einen anderen Weg der Modernisierung der Gesellschaft zu gehen oder ihn sogar ganz zu verwerfen. Aber gerade dies war mit dem Dogma von der Partei als der Avantgarde der gesellschaftlichen Entwicklung unvereinbar. Kommunikative Vermittlung der von ihr gesetzten Ziele konnte sich die SED nur in der Form vorstellen, daß ihre Vorgaben akzeptiert wurden; Aufgabe der Medien war es, diese Transformation zu leisten. In ihrer Medienvorstellung folgte sie damit einem eindimensionalen und damit letztlich erfolglosen Wirkungskonzept. Damit waren ihre Absichten letztlich zum Scheitern verurteilt.

Eindimensionales Wirkungskonzept

»Rote Optik« und »Schwarzer Kanal« – Klassenkampf auf Ätherwellen

Wie der Rundfunk in der Bundesrepublik, traten auch Hörfunk und Fernsehen in der DDR mit dem erklärten Anspruch auf, für das ganze Deutschland zu sprechen und alle Deutschen mit ihren Programmen erreichen zu wollen. Während aber das bundesdeutsche Fernsehen mit West-Berlin über einen sendetechnisch optimalen Standort mitten in der DDR verfügte, stand dem DDR-Fernsehen ein vergleichbarer geographisch bevorzugter Sender nicht zur Verfügung. Durch den Aufbau leistungsstarker Sendeeinrichtungen entlang der innerdeutschen Grenze wollte die DDR diese Differenz ausgleichen. So war bereits ab 1956 in der Bundesrepublik eine verstärkte Einstrahlung des DDR-Fernsehens in die Bundesrepublik zu beobachten (Kifu 6/1956), und darüber, daß der Schweriner Fernsehsender mit seiner 100 kW-Leistung das ARD-Programm in Schleswig-Holstein überlagerte, kam es 1957 zum Eklat. Dennoch blieb der Einfluß der DDR-Sender innerhalb der Bundesrepublik begrenzt (vgl. Kap. 6.5).

Propagandistische West-Offensive

Am 11. 9. 57 war das DDR-Fernsehen auch in die propagandistische Offensive gegangen und wandte sich mit der neuen Sendereihe »Telestudio West« an das bundesdeutsche Publikum. Die Reihe, ein Magazin mit unterschiedlichen Beiträgen, brachte Reportagen aus der DDR und dem sozialistischen Lager; es suchte sich auch Sujets im bundesdeutschen Fernsehprogramm, die neu kommentiert wurden; eine Methode, der sich später Karl-Eduard von Schnitzler bei seinem »Schwarzen Kanal« bediente. Die dafür benutzte Fernsehaufzeichnungsanlage (›Betriebs-Film-Aufzeichnung‹) hatte das DDR-Fernsehen in der Bundesrepublik für 100 000 DM gekauft. Das »Telestudio West« wurde zur festen Fernsehrubrik im DFF-Programm.

»Telestudio West«

Eine der Formen des »Telestudios« war 1959 ein »Fernseh-Tribunal« gegen Generäle der Bundeswehr mit NS-Vergangenheit. Die satirische Reihe »Tele-BZ« (Beginn: 29. 11. 59) beschäftigte sich mit kabarettistischen Mitteln mit der »Frontstadt« West-Berlin, ebenso die Reihe »Moabiter Miniaturen«, die in Fernsehspielen nach Szenarien des Journalisten Cobra in der Manier der »Pitaval«-Sendungen des DDR-Staranwalts und Autors Friedrich-Karl Kaul authentische Gerichtsprozesse nachstellte und kommentierte.

»Fernseh-Tribunal«

Am 21. 3. 60 startete der Deutsche Fernsehfunk schließlich jene Sendung, die bis zum Ende der DDR die Gemüter bewegte: »Der schwarze Kanal – von und mit Karl-Eduard von Schnitzler«. Die Sendung war als Gegenstück zu Thilo Kochs Sendungen »Die Rote Optik« konzipiert (vgl. Kap. 6.6). Schnitzler selbst grenzte sich gegenüber dem westdeutschen Vorbild ab: »Wir erzielen mit unserem Titel zwar auch einen Farbeffekt, haben aber mit der ›Roten Optik‹ nicht das Geringste zu tun. Thilo Koch will die Methoden unserer Meinungsbildung schildern. Wir wollen die Polemik.« (zit. n. Spiegel Nr.16/1960).

»Der schwarze Kanal«

Schnitzlers »Schwarzer Kanal« bekam nach dem Mauerbau, der Abgrenzungspolitik und nach der ab 1964 erfolgenden Abkehr der DDR von der Idee der Wiedervereinigung und deutsch-deutscher Gemeinsamkeit die Aufgabe, das von DDR-Bürgern im Westfernsehen Gesehene zu korrigieren. Die Zuschauer in West-Berlin und der Bundesrepublik wurden nicht mehr gezielt angesprochen. Mit dieser veränderten Konzeption war der »Schwarze Kanal« noch bis zum Herbst 1989 im DDR-Fernsehprogramm.

9.2 Die Differenzierung der publizistischen Angebote

Die Mauer und ihre Folgen

Am 13. 8. 61 sendete der Deutsche Fernsehfunk ein »Sonderprogramm aus Anlaß der Sicherung der Staatsgrenze« der DDR mit Nachrichten, Kommentaren, Unterhaltungsbeiträgen und Filmen (Glatzer/Hempel/Schmotz 1977, 97). Dieses Live-Programm mit Direktschaltungen zu exponierten Punkten der Grenze, an denen Künstler und andere Fernsehmitarbeiter mit Agitationsprogrammen vor den Soldaten und Kampfgruppenmitgliedern auftraten, wurde später immer wieder als Beispiel für die »operative Wirksamkeit« des DDR-Fernsehprogramms erwähnt. Heinz Quermann, Redakteur und Moderator der DDR-Fernsehunterhaltung, erinnerte sich noch in den achtziger Jahren an die große Live-Unterhaltungssendung am Sonnabend, dem 19. 8. 61, bei der Erika Radtke, Ansagerin des DFF, »bei unseren Soldaten Interviews machte, und wie ich eine Conference losließ: ›Bei Brandtgefahr‹, das war auf Willy Brandt gemünzt, [...] und wo die gesamte DDR-Spitze des Schlagers, der Artistik eine Veranstaltung machte, nennen wir es ruhig mal Solidaritätsveranstaltung, mit all denen, die unseren Schutzwall damals bewachten und die am 13. August aktiv wurden und Geschichte mitgemacht haben« (Quermann in Müncheberg/Hoff 1984, 212). Quermann sah darin einen »einen Riesenerfolg« (ebd.).

»Sonderprogramm aus Anlaß der Sicherung der Staatsgrenze«

*Befriedung
und Ablenkung
als Medienaufgabe*

Das Fernsehen hatte also die Aufgabe, nach außen hin Stärke und Entschlossenheit des DDR-Staates zu demonstrieren, nach innen den Überraschungscoup der plötzlichen Schließung der Grenze zu kaschieren und zugleich zu signalisieren, daß dagegen nichts zu machen war. Als »Erfolg« war z. B. für Quermann, aber auch für die SED-Führung, zu werten, daß es zu keinen spontanen Reaktionen gegen die Schließung der Grenzen kam. Befriedung herzustellen und Ablenkung zu bieten, war dem DFF damit gelungen, zugleich hatte das Fernsehen damit als Vermittlungsorgan einer Politik ›von oben‹ seine ›Feuertaufe‹ bestanden.

Der Mauerbau war für den Deutschen Fernsehfunk auch insofern von Bedeutung, weil die Mitarbeiter, die in West-Berlin wohnten, dadurch von ihrer Arbeitsstätte abgeschnitten waren. Der Aufforderung seitens der DDR-Führung, in den Osten umzuziehen, folgten nur wenige. Viele dieser Mitarbeiter fanden im Westen in ihrem Beruf keine weitere Beschäftigung. Der Schauspieler Gerhard Wollner z. B., einer der »Drei Mikrophonisten« aus »Da lacht der Bär«, mußte sich jahrelang mit dem Betrieb eines Waschsalons über Wasser halten.

Mit dem Mauerbau rückte die Absicht, ein zweites Fernsehprogramm einzurichten, in weite Ferne. Es sollte – ähnlich dem DDR-Hörfunkprogramm des ›Deutschlandsenders‹ – sein Publikum in Westberlin und in der Bundesrepublik finden. Finanzieren wollte man dieses zweite Fernsehprogramm mit jenen Beträgen, die den »Grenzgängern«, die in West-Berlin arbeiteten, aber in Ost-Berlin lebten, durch die Verpflichtung abgezapft wurden, ihre Mieten, Strom, Gas und andere Gebühren mit der westlichen DM zu zahlen.

*Grenzsicherung in den
Köpfen der Zuschauer*

Die gegen die Bundesrepublik gerichteten Sendungen traten nach dem Mauerbau in den Hintergrund. Wichtigste Absicht des Fernsehens war es jetzt, die Vorzüge der sozialistischen Gesellschaft herauszustellen. Alle Bemühungen richteten sich darauf, die DDR-Bürger, die durch die Mauer und die anderen militärischen Grenzsicherungsanlagen an der Flucht in den »Westen« gehindert waren, von der televisuellen ›Grenzüberschreitung‹ in westlicher Richtung abzuhalten. Viel mehr als moralische Ermahnungen und politischer Druck waren jedoch nicht möglich. FDJ-Aktionen wie das

*Unternehmen
»Ochsenkopf«*

Unternehmen »Ochsenkopf«, bei denen FDJ-Brigadisten die damals noch sehr sperrigen Dachantennen von West- auf Ostempfang umdrehten, blieben wirkungslos. Nicht selten lagen Ost- und Westsender so dicht beieinander, daß die Antennen nicht verstellt werden konnten, anderswo wurden die Antennen nur wenig später wieder in die ursprüngliche Richtung gebracht. Bei den Geräten in den öffentlichen Fernsehstuben, den Kulturräumen von Clubs oder Betrieben – Fernsehen in der DDR war damals häufig genug noch Gemeinschaftsempfang – waren die Kanalwähler durch Schlösser versperrt. Aber diese Sperren und Behinderungen wurden immer wieder schnell überwunden. Das Bedürfnis in der ›geschlossenen Gesellschaft DDR‹, mit dem Fernsehen ein ›Fenster nach draußen‹ öffnen zu können, war nicht zu unterdrücken.

Schon seit Ende der fünfziger Jahre ließ das SED-Zentralkomitee die Sendekapazitäten des »Deutschen Fernsehens« der ARD und des »Deutschen Fernsehfunks« gegeneinander aufrechnen. Bereits 1957 standen 10 DDR-Fernsehsender 28 bundesdeutschen Sendern gegenüber, hinzu kamen 30 Kleinsender, Frequenzumsetzer etc. Der Deutsche Fernsehfunk verfügte über ein Sendezentrum mit 4 Studios, das Deutsche Fernsehen über 6 Zentren mit 18 Studios, eine weitere Verschlechterung dieser Situation des DDR-Fernsehens war absehbar (Diskussionspapier 1957).

DFF-Logo, 1964

Als am 18. 10. 61 bekannt wurde, daß man in West-Berlin mit dem Bau von zwei Fernsehsendern begonnen hatte, löste diese Nachricht Unruhe aus. Die Reichweite dieser Sender wurde auf rund 200 km geschätzt. Außerdem bemühte sich der SFB, eine Aufhebung der Fünf-Jahres-Sperre für die Ausstrahlung von Spielfilmen zu erreichen, mit dem speziellen Ziel, neuere amerikanische Spielfilme für die Ausstrahlung in die DDR frei zu bekommen. Zu Recht befürchtete die SED-Führung dadurch eine verstärkte Beeinflussung der DDR-Bevölkerung.

Fernsehempfänger »Color 20«, 1969

Der ZK-Sekretär für Agitation Albert Norden ließ prüfen, ob durch »Störstrahlung« der Empfang westdeutscher Fernsehprogramme in das Territorium der DDR verhindert werden könnte. Die beauftragten Volkseigenen Betriebe Rundfunk und Fernsehen hielten kanalgebundene Antennen für wenig durchsetzbar, erfolgreicher sei die Errichtung von Gemeinschaftsantennen, bei denen der Westempfang unterbunden werden könnte. Bei den Empfangsgeräten sollten bei den zur Programmwahl benötigten Trommelkanalwählern ein Kanalsegment entfernt und bei Geräten mit durchstimmbaren Kanalwählern mechanisch ein Teil des Durchstimmbereiches gesperrt werden. Der nötige Eingriff sollte bei schon in Betrieb befindlichen Geräten durch eine gezielte Aktion, ansonsten aber bei Reparaturen vorgenommen werden. Als wirkungsvollste Maßnahme wurde die Errichtung einer Kette von Störsendern geringer Reichweite von jeweils 2 bis 3 km empfohlen, die den Empfang des Westfernsehens in der DDR unmöglich machten (vgl. Wedler 1963).

Obwohl diese »elektronische Mauer« kostengünstig herstellbar schien, wurde sie nicht realisiert. Die SED erkannte, daß für die ›geschlossene Gesellschaft‹ der DDR der Empfang des Westfernsehens als Ventil für den sozialen und politischen Unmut eine stabilisierende Funktion besaß. So blieb es bei politischen Appellen gegen den Empfang des Westfernsehens, bis ihn Honecker 1971 als ›Grundrecht‹ der DDR-Bürger (ausgenommen Polizei und Volksarmee sowie die Mitarbeiter der Volksbildung) freigab.

»elektronische Mauer« durch Störsender geplant

Das ›wachsende‹ DFF-Programm

Nach der Abriegelung der Grenzen bestand das Ziel des Fernsehens in der Phase der Konsolidierung der Gesellschaft darin, die dabei stattfindenden Veränderungen und notwendigen Anpassungsprozesse medial zu begleiten. Dazu mußte sich das Medium erst einmal gesellschaftlich ausbreiten, den Programmumfang ausweiten und seine Angebote differenzieren. Für die diversen Zuschauer mit ihren unterschiedlichen Interessen waren genügend Angebote zu schaffen, in denen sie sich und ihre aktuellen Probleme (die grundsätzlichen wurden ausgeklammert) wiederfanden.

Die Ausbreitung des Fernsehens hatte bereits Ende der fünfziger Jahre massiv eingesetzt und setzte sich in den sechziger Jahren weiter fort. Waren 1961 bereits 1.459.300 Fernsehgeräte zugelassen und damit 24 Prozent aller Haushalte mit einem Fernsehapparat ausgestattet, so stieg die Zahl der Geräte in den sechziger Jahren bis 1966 jährlich um fünf bis sieben Prozent und ab 1967 um jährlich drei bis vier Prozent an, so daß 1971 mit 4.648.900 zugelassenen Geräten 72 Prozent aller Haushalte einen Fernsehempfänger besaßen. Dies entsprach der Ausbreitungsgeschwindigkeit des Fernsehens in der Bundesrepublik, in der 1961 ebenfalls 24 Prozent und 1971 74 Prozent der Haushalte mit einem Fernseher ausgestattet waren.

Ausbreitung des Fernsehens in der DDR

Auch der Angebotsumfang des DDR-Fernsehens stieg von 1961 bis 1971 kontinuierlich. Von täglich 8,9 Stunden Programm im Jahr 1961 stieg der

Umfang auf 10,4 im Jahr 1963, auf 12,7 im Jahr 1968 und auf 16,5 Stunden im Jahr 1971, wozu ab 1969 auch die Sendeleistungen des zweiten DFF-Programms zählten.

Der Umfang des Fernsehangebots konnte Anfang der sechziger Jahre mit dem bundesdeutschen Fernsehen mithalten, ja überstieg es quantitativ noch. 1961 strahlte die ARD inkl. ihres eigenen zweiten Programms im Jahresdurchschnitt täglich 8,2 Stunden Programm aus, der DFF dagegen 8,9 Stunden. Durch den Aufbau des ZDF-Programms ab 1963 und der Dritten Programme wuchs der Umfang des bundesdeutschen Angebots jedoch sehr viel schneller als das des DFF. Den 16,5 Stunden Programm von DFF 1 und DFF 2 im Jahre 1971 standen bei ARD und ZDF im gleichen Jahr bereits 20,6 Stunden tägliches Programm und bei den Dritten noch einmal gemeinsam 28,0 Stunden gegenüber.

Größere Angebotsdifferenzierung

Die Umfangsvermehrung ermöglichte eine größere Angebotsdifferenzierung. Diese wiederum schuf den Raum, daß sich ein Medium im Prinzip detaillierter auf unterschiedliche Probleme und Konflikte einlassen konnte und damit zur gesellschaftlichen Kommunikation beitrug. Der potentiellen Differenzierung der Fernsehkommunikation innerhalb des DFF-Programmangebots stand jedoch die politisch-ideologische Entdifferenzierung gegenüber, da nämlich das Medium mit allen seinen Teilen einem einzigen ideologischen Auftrag zu folgen hatte.

Politisch-ideologische Entdifferenzierung

Mehrschichtige Kommunikationssituation

Allerdings stellte das in weiten Teilen der DDR empfangbare ARD-Programm (später auch das ZDF und die Dritten Programme) eine Alternative dar und trug damit dann doch zu einer vom SED-Regime nicht gewollten Differenzierung der Angebote bei. Da die Resultate dieser Fernsehkommunikation jedoch nicht in andere Bereiche der öffentlichen Kommunikation der DDR-Gesellschaft vermittelbar waren, sondern als Positionen des ›Klassenfeindes‹ abgewehrt werden sollten, ergab sich für die DDR-Gesellschaft eine mehrschichtige Kommunikationssituation, die die Verständigung über sich selbst komplex und widersprüchlich werden ließ. Neben einer offiziellen Kommunikationsebene entstanden nichtöffentliche und private Kommunikationsebenen, auf denen zunehmend auch allgemeine Probleme erörtert und gelöst wurden. Die offizielle öffentliche Kommunikation verlor damit an Bedeutung und wurde langfristig marginalisiert. Sichtbar wurde dies an der geringen Nutzung der politischen Sendungen des DDR-Fernsehens (einschließlich der »Aktuellen Kamera«), auch wenn es darüber offiziell keinerlei empirische Daten gab, weil die DDR-Führung den Nachweis mangelnder Resonanz des Fernsehens scheute.

Einrichtung eines politischen Magazins: »Prisma«

Heinz Adameck, Intendant des DFF

»Für die [nach dem Mauerbau] nunmehr Eingeschlossenen sprach zunächst viel dafür, daß ausgerechnet diese Mauer innenpolitisch neue Möglichkeiten eröffnen würde«, erinnerte sich der Journalist Gerhard Scheumann, der 1962 vom Hörfunk zum Fernsehen der DDR wechselte. »Waren wir nun schon unter uns, ohne die bisher schmerzhaften Störungen von außen, so wollten wir jetzt auch etwas daraus machen!« (Scheumann 1993, 132). Es gab in der Zeit zwischen dem Mauerbau im August 1961 und dem VI. Parteitag der SED im Januar 1963 eine »Aufbruchstimmung allenthalben, ein(en) Drang nach Reformen« (ebd.). Scheumann orientierte sich an dem ARD-Magazin »Panorama« und schlug in einem Brief vom 12. 12. 62 dem Fernseh-Intendanten Adameck ein Magazin vor, das sich auch mit innenpolitischen Themen beschäftigen sollte. Neu sollte vor allem die Form sein:

Der Redakteur »fährt die Sendung aus dem Originalstudio, wobei er die einzelnen Beiträge wenn immer möglich elegant und pointiert zueinander in Beziehung setzt. Die Diktion der Sendung ist sachlich, lakonisch, ›unterkühlt‹ – sie will nicht durch rhetorischen Qualm, sondern durch die Kraft der dargestellten Tatsachen wirken« (ebd.).

Die erste Ausgabe von »Prisma« wurde am 21. 3. 63 gesendet. »Prisma« brach mit dem Brauch der politischen Selbstbeweihräucherung und beabsichtigte eine Rückkopplung zwischen den Zuschauern und dem Sender, indem die Zuschauer sich direkt an die Redaktion wenden und ihr ›Fälle‹ mitteilen konnten. Der Fernsehkritiker des West-Berliner »Tagesspiegels«, Der Schriftsteller Uwe Johnson, konstatierte: »Immer wenn gesellschaftliche Störungen weder durch Gesetz noch durch Egoismus bereinigt werden, ist bald die Reihe ›Prisma‹ zur Stelle, nicht gerade wie die Feuerwehr, eher pädagogisch, wo möglich mit Humor, neugierig und sachlich, so daß mitunter Erzählung entsteht, mit dem Ergebnis einer Anekdote, die das Land auch für westliche Zuschauer deutlicher macht als das Eigenlob anderer Sendungen« (Johnson 1987, 85).

»Prisma«, 1963 – mit Gerhard Scheumann

Gerhard Scheumann gab die Leitung der Sendung am 30. 9. 65 ab. Gemeinsam mit Walter Heynowski, zu dieser Zeit Programmdirektor des DDR-Fernsehens, begann er mit der Produktion von Reportagen und Interviewfilmen, aus der sich dann das »Studio H & S« entwickelte. Seinen Nachfolgern im DFF hinterließ Scheumann einen Erfahrungsbericht über seine Arbeit an dem Magazin – das »›Prisma‹-Testament« – als »Grundlage einer theoretischen Diskussion im Deutschen Fernsehfunk«, aber diese »hat niemals stattgefunden« (Scheumann, 1993, 135). Auch in der Folgezeit blieb »Prisma« bei wechselnder Moderation trotz starker Behinderungen bis in die achtziger Jahre wegen seiner kritischen Grundhaltung, vor allem gegenüber der Wirtschaftspolitik der DDR, eines der populärsten Magazine des DDR-Fernsehens. Außenpolitische Themen, die zuerst auch von »Prisma« behandelt wurden, fanden seit dem 25. 2. 65 in der Magazinreihe »Objektiv: Tatsachen – Hintergründe – Kontraste« einen neuen Platz.

Kritische Grundhaltung des Magazins »Prima«

Differenzierung der publizistischen Formen

Mit dem Programmausbau in den sechziger Jahren war eine Differenzierung der Angebotsformen im publizistischen Bereich verbunden. Für die Vermittlung von Welt hatte der DFF neben der ›Filmdokumentation‹ und ›Fernsehfilmreportage‹ auch die ›Fernsehlivereportage‹ entwickelt. Während die Filmreportagen vor allem aus anderen Ländern berichteten, waren die Live-Reportagen der Erkundung der DDR-Gegenwart verpflichtet. Der Live-Charakter der Reportagen sollte den Eindruck des Dabeiseins und der Teilhabe verstärken. Filmreportagen waren z. B. »Reisenotizen aus Laos« (1962) oder »Sonaparanta« (1962), Live-Reportagen dagegen »Operation am offenen Herzen« (1961), »Der erste Tag« (1962) oder »Auf dem Lande, zur See und aus der Luft« (1963). Hier berichteten Reporter des Fernsehens per Übertragungswagen vor Ort vom Einsatz der Nationalen Volksarmee oder vom medizinischen Fortschritt in den DDR-Krankenhäusern.

Fernsehlivereportage als neue publizistische Form

Neben diesen großen Formen etablierten sich Magazinsendungen, die über verschiedene Bereiche des Alltagslebens informierten. Seit Anfang der sechziger Jahre gab es die »Tausend Teletips«, in der es auch um Werbung für bestimmte DDR-Produkte ging. Ab 1966 wurde ein »Wirtschaftsforum« ausgestrahlt, ab Mai 1966 ein »Verkehrsmagazin«. Als Kulturmagazin war das »Operettenmagazin« ab 1961 zu sehen. Der Ratgebercharakter

Magazinsendungen

»Tausend Teletips«

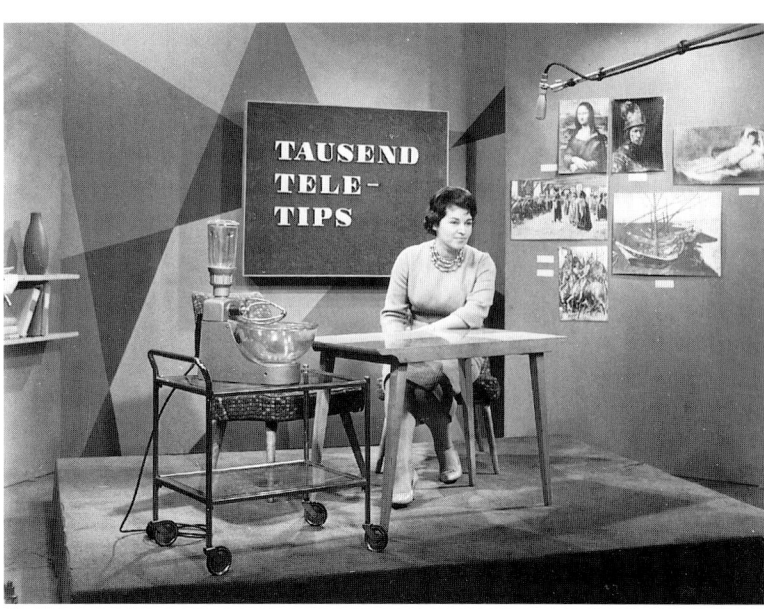

Ratgebersendungen

vieler Magazine führte dazu, daß sich diese Programmform mit der der Ratgebersendungen vermischte. Vor allem die Organisation des privaten Lebens mit seinen DDR-spezifischen Mangelerscheinungen stand im Vordergrund: »Ein Beruf für Dich« hieß z.B. ein Berufsratgeber ab 1961 (Fortsetzung der seit 1959 bestehenden Reihe »Regina berät Dich«), »Der Nächste bitte!« ab 1964 (Fortsetzung der seit 1961 ausgestrahlten Reihe »Tele-Doktor«) oder »Selbst ist der Mann«, ein Ratgeber für Heimwerker (ab 1966) und »Du und Dein Haushalt« (ab 1967).

Auch für die Bewältigung der Probleme innerhalb der Familie wurden Sendereihen angeboten, weil zahlreiche Frauen arbeiten gingen und deshalb viele Probleme des Zusammenlebens in der Gesellschaft der Regelung bedurften. »Journal für Sie« hieß 1964 ein Ratgeber für Familienpolitik und als Mitte der sechziger Jahre ein neues Familiengesetz beschlossen wurde, gab es eine gesonderte Reihe »Was Familien wissen sollen« (1965).

»Journal für Sie« als operative Sendereihe

Diese Reihe galt als »operative Sendereihe«, d.h. sie sollte bei konkreten aktuellen Problemen Hilfestellung leisten und wurde kurzfristig ins Programm genommen. ›Operative‹ Sendungen erschienen auch zur Vorbereitung von Wahlen (z.B. »Stippvisite – Heute Abend« 1965). Besonders häufig wurden sie jedoch für die Landwirtschaft eingesetzt. So präsentierte der Sender Mitte der sechziger Jahre im Sommer regelmäßig Reihen wie »Erntegeschehen – nah gesehen« (1963) oder »Aus dem Erntetagebuch« (1964), die als »operative agrarpolitische Sendungen« firmierten und der Mobilisierung und Begleitung von freiwilligen Ernteeinsätzen dienten. Ausführliche Darstellung von Problemen und Sachverhalten lieferten die sogenannten ›Fernsehuntersuchungen‹, es waren Dokumentationen wie z.B. »Ohne Rotstift geht es nicht« (1965) oder »Made in DDR« (1966), die sich wirtschaftspolitischen Problemen zuwandten.

»Fernsehuntersuchungen« zu wirtschaftspolitischen Themen

Fernsehakademie

Der Wissensvermittlung diente dann auch die »Fernsehakademie«, die ab 1963 mit Bildungsreihen eingerichtet und in den Folgejahren ausgebaut wurde. Sie machte sich die Weltraumbegeisterung angesichts der sowjetischen Raumfahrterfolge zunutze und bot verstärkt technisch-naturwissenschaftliche Kurse an.

Besonders die Jugendlichen wurden in zahlreichen Reihen angesprochen, zumeist auf unterhaltend-belehrende Art. »Aus der Schule geplaudert« hieß 1962 eine Magazinreihe für Oberschüler, andere hießen »Wer wenn nicht wir?« (1963), »Hallo, junge Leute!« (1965), »Palette der Jugend« (1966) oder »Quartett 68« (1968). 1965 wurde sogar eine ganze Programmsparte ›Jugendwelle Berlin‹ eingerichtet, mit Reihen wie »Impuls«, »Basar« und der schon erwähnten Reihe »Aus der Schule geplaudert«. Offenbar hatte die SED-Führung erkannt, daß die Jugend innerhalb der ›geschlossenen Gesellschaft‹ des DDR-Staates einer besonderen Ansprache bedurfte.

Magazinreihe für Oberschüler

»Jugendwelle Berlin«

Eine Sonderstellung nahmen auch die Sportsendungen ein, weil sich über den Sport am leichtesten eine Identifikation mit dem Staat herstellen ließ. Neben den großen Übertragungen von Leichtathletikwettkämpfen, Olympiaden und Fußballmeisterschaften wurde das seit 1956 gesendete Magazin ›Sportkaleidoskop‹ ab 1965 zum wöchentlichen »Sport aktuell« umgewandelt. Neben der Reihe »Sportmeridiane« (1961) gab es im gleichen Jahr auch die Reihe »Feuerzangenbowle«, die »sportpolitische Unterhaltung« brachte. Auch beim Sport suchte man die Kombination mit der Unterhaltung, indem Direktübertragungen mit Unterhaltungsdarbietungen verknüpft wurden (z. B. in »Patschnaß« 1962).

Sportsendungen

Verfehlte Regionalisierung und unzureichende Auslandsberichterstattung

Dem Ausbau der Berichterstattung sollte auch die Einrichtung regionaler Fernsehstudios dienen. Doch eine wirkliche Regionalisierung, die den unterschiedlichen landsmannschaftlichen Interessen und Bedürfnissen Rechnung getragen hätte, scheiterte an der durch die Partei bereits in den fünfziger Jahren verbindlich festgeschriebenen zentralistischen Leitungsstruktur von Staat und Gesellschaft. Zwar kam es in den sechziger Jahren zur Einrichtung von Studios in Halle, Dresden, Karl-Marx-Stadt (Chemnitz) und Rostock, doch verfügten diese über unterschiedliche technische Ausstattungen und personelle Besetzungen. Ihre Funktion beschränkte sich auf die Zulieferung von Sendungen, Sendereihen oder Programmteilen zum zentralistisch konzipierten und gesendeten Programm, das regionalen Interessen nur periphere Bedeutung zumaß.

Statt Regionalisierung Ausbau der Zentralisierung

In seiner Besonderheit, das Ferne nah heranholen zu können, war auch das DDR-Fernsehen für seine Zuschauer immer auch ein ›Fenster zur Welt‹. In einem Land, in dem zahlreiche Reisebeschränkungen bestanden und das westliche Ausland seit dem Mauerbau unerreichbar war, kam dem Fernsehen die besondere Aufgabe zu, eine kleine Kompensation für die mangelnde eigene Reisemöglichkeit zu schaffen. Die Filmreportagen Anfang der sechziger Jahre hatten deshalb diese Funktion, die Welt, und sei es nur die sozialistische, zu zeigen. Über Vietnam, Kuba und vor allem Afrika kamen zahlreiche Filmberichte ins DFF-Programm. 1962 zeigte der DFF z. B. eine Filmreihe über die afrikanischen Länder, 1964 war eine Tierfilmreihe »Auf afrikanischen Tierpfaden« in 29 Teilen im Programm. 1967 wurde sogar eine besondere wöchentliche Reihe »Der Reisefilm« eingerichtet.

Filmreportagen als Kompensation für die mangelnde eigene Reisemöglichkeit der Zuschauer

Der Reisefilm

Eine Schwachstelle im DDR-Fernsehen bildete seit dem Ende der fünfziger Jahre die Auslandsberichterstattung. Da die diplomatische Anerkennung der DDR weiter ausblieb, bestanden hier ernsthafte Hindernisse. Abhilfe bot der internationale Programmaustausch. Der ›Intervision‹, der osteuropäischen Organisation für den Austausch von Fernsehprogrammen, schlossen sich 1961 die UdSSR und 1963 Bulgarien und Rumänien an (vgl.

Auslandsberichterstattung

Intervision

Intervisions-Logo der DDR

Kap. 7.4). Technisches Kernstück der »Intervisions«-Verbindung war eine Kabeltrasse, später eine Richtfunkstrecke, zunächst zwischen Berlin und Warschau, die dann bis Moskau ausgebaut und in südlicher Richtung über Prag und Budapest nach Bukarest und Sofia weitergeführt wurde. Über Tallin führte eine Verbindung nach Helsinki, die, neben der Strecke nach Österreich und der deutschen Querverbindung über den Fernsehsender Brocken, die Intervision mit der Eurovision verband. Damit waren zwischen den europäischen Hauptstädten des sozialistischen Lagers, aber auch mit den westeuropäischen Ländern Direktschaltungen und Live-Übertragungen möglich. Während sich die Zusammenarbeit mit der Eurovision auf »bestimmte Formen der technischen Zusammenarbeit« (z.B. bei der Übertragung von Sportereignissen etc.) beschränkte, war der Leistungskatalog zwischen den Mitgliedern der Intervision weiter gespannt; er umfaßte den regelmäßigen Austausch von Nachrichtenfilmen, Dokumentationen aller Art, Kultur- und Unterhaltungssendungen, Kinder- und Jugendprogrammen sowie Sportübertragungen (Dusiska 1973, 112).

Mischformen zwischen Information und Unterhaltung

Zur Differenzierung der Angebotsformen gehörte gerade auch im DDR-Fernsehen die Vermischung vorhandener Genres. Zwischen den belehrenden und informierenden Formen auf der einen und den unterhaltenden auf der anderen Seite wurden häufig Übergänge gesucht. Für die ›Landjugend‹ sendete der DFF z.B. »Wissenswettbewerbe« wie »Gewußt? – Gewonnen!« (1964) oder »Köpfchen Köpfchen und Profil« (1967), in denen Wissen unterhaltsam vermittelt werden sollte. Warum dies speziell »Jugendliche in der Landwirtschaft« ansprechen sollte, und andere nicht, ist nicht zu ergründen. An die Form des Feuilletons knüpfte die Sendereihe »Mit offenen Augen« (1962) an, die sich als »publizistisch-feuilletonistische« Sendereihe mit Alltagsproblemen auseinandersetzte.

Wissenswettbewerbe

Fernseh-Feuilletons

Unterhaltungssendungen mit aktuellen journalistischen Themen

Gegen Ende der sechziger Jahre verschoben sich solche Mischformen stärker in den Unterhaltungsbereich, wobei Unterhaltungssendungen mit aktuellen journalistischen Themen gefüllt und mit journalistischen Formen kombiniert wurden. »7 treffen sich um 8« hieß z.B. eine Reihe von Spielsendungen »mit wirtschaftsjournalistischen Elementen« (1967) oder »Unbekannt bis heute« ein »Fernseh-Gesellschaftsspiel mit journalistischen Elementen«, einem Beruferaten nach Fernsehporträts.

Mit solchen Mischungen versuchten die DFF-Fernsehmacher vor allem, die noch unentdeckten Möglichkeiten des Fernsehens zu erkunden. Diese Mischformen reduzierten sich gegen Ende der sechziger Jahre und wurden durch deutlicher voneinander abgegrenzte Programmgenres ersetzt. Hier spielte auch immer die Seherfahrungen der Zuschauer eine Rolle, die zunehmend an westlichen Programmen geschult waren.

9.3 Die Fernsehkunst des DFF Anfang der sechziger Jahre

Fernsehen als künstlerische Institution

Wollte das Fernsehen sich als kulturelle Institution etablieren, mußte es sich zu den bereits vorhandenen kulturellen Medien verhalten: Abgrenzung oder Zusammenarbeit. Bedeutung erlangen konnte es auf jeden Fall nur, wenn es in den Augen der Zuschauer Leistungen anbot, die es von den anderen Medien unterschied. Die Fernsehkunst, also vor allem die fiktionale Dar-

Das Fernsehspiel zwischen Theater und Film

Die Verbreitung des Fernsehens, die Akzeptanz des neuen Mediums sowie die neuen Kunstformen des Fernsehens hatten bereits Ende der fünfziger Jahre unter den Vertretern der traditionellen darstellenden Künste Beunruhigung ausgelöst. In einer Diskussion der Zeitschrift »Theater der Zeit« forderte 1959 Fritz Erpenbeck »eine spezielle Dramaturgie des Fernsehspiels« und den »Verzicht auf alle Direktübertragungen aus Theatern«, die er als »eine kunstästhetische Barbarei« empfand. Er empfahl den Ausbau der Inszenierung von »eigens und nur für das Fernsehen« geschriebenen Spielen, die nicht auf der Bühne gezeigt werden können und den »Verzicht der Theater auf das Nachspielen von Fernsehspielen« (Erpenbeck 1959, 5 f.). Erpenbeck suchte damit eine deutliche Trennung von Theater und Fernsehen.

Deutliche Trennung von Theater und Fernsehen

Eine der ersten öffentlichen Auseinandersetzungen um die Funktionsteilung zwischen Kino und Fernsehen fand am 2. 6. 60 im Haus der Deutschen Presse in Berlin statt. Eingeladen hatte die kulturpolitische Wochenzeitung »Sonntag«, im Auditorium saßen Mitglieder des Verbandes Deutscher Journalisten (VDJ). Ihr war vom 27.–29.4. eine Kulturkonferenz des ZK der SED, des Ministeriums für Kultur und des Deutschen Kulturbundes vorausgegangen (der »Sonntag« wurde vom Deutschen Kulturbund herausgegeben). In seinem Referat über »Erfahrungen und Probleme sozialistischer Kulturarbeit« hatte der Kulturpolitiker Alfred Kurella das Fernsehen gleichberechtigt neben den anderen Medien Rundfunk und Film in das Arsenal der künstlerisch-publizistischen ›Waffen‹ im politisch-ideologischen Klassenkampf aufgenommen. Diese politische Wertung des Fernsehens bestimmte dann auch die Fachdiskussion der Journalisten.

Funktionsteilung zwischen Kino und Fernsehen

Während es dem Stellvertretenden Vorsitzenden des Staatlichen Rundfunkkomitees Gerhart Eisler »schiskojenno« (einerlei) war, ob ein Film im Kino oder im Fernsehen zur Ansicht gebracht wird, »weil eben alles wirksame Mittel sind zur Erziehung des sozialistischen Bewußtseins, des politischen Kampfes und auch der Vermittlung von Kultur« (Protokoll 1960, 7), war das dem Defa-Regisseur Kurt Maetzig keineswegs »piepegal« (ebd., 10). Er führte dafür die auch von anderen Filmleuten, wie z. B. René Clair, gegen das Fernsehen gebrauchten Argumente ins Feld: das kleine Bildschirmformat, das Schwarz-Weiß gegenüber der Farbe im Kinofilm, das fehlende Gemeinschaftserlebnis. Eisler sah dagegen im Fernsehen »ein unerhörtes Kulturvermittlungsinstitut«: »Das Fernsehen verhindert wirklich, daß ganze Generationen warten müssen, bis sie einmal in die Oper oder in die Komische Oper usw. kämen« (ebd., 5). Neben der Funktion der Überwindung des Kulturgefälles in der DDR-Gesellschaft, vor allem zwischen Stadt und Dorf, verwies Eisler auf die grenzüberschreitende Wirksamkeit des Mediums und daß »wir durch interessante Werke unserer Filmkunst 30 Prozent der westdeutschen Bevölkerung erreichen« (ebd., 25).

Wirksame Mittel zur Erziehung des sozialistischen Bewußtseins

Eigenständigkeit des Fernsehspiels

Die SED-Führung zog aus der behaupteten Eigenständigkeit des Fernsehspiels ihren eigenen Schluß und verkündete auf der Kulturkonferenz in einer »Entschließung«, daß die »Besonderheit [des Fernsehspiels] gegenüber Theater und Film vor allem darin [liege], schnell, wirkungsvoll und aktuell

»Nackt unter Wölfen« mit Johannes Wieke und Hans-Peter Minetti

Agitation und Propaganda als Aufgabe

mit den Mitteln der Kunst wichtige Aufgaben der Agitation und Propaganda zu erfüllen« (Grundsätze 1960, 432). Auch wenn dieser Parteibeschluß nie zur verpflichtenden Festlegung für die fernsehdramatische Arbeit in der DDR wurde, so orientierten sich doch Funktionäre häufig in ihrer Kritik einzelner Fernsehproduktionen an ihr, wenn sie den DFF auf Abwegen wähnten. Die Fernsehdramaturgie in Berlin-Adlershof besaß auch Ende der fünfziger Jahre noch eine größere Offenheit als die Defa. Arbeiten, die in Babelsberg abgelehnt worden waren, konnten oft im Deutschen Fernsehfunk realisiert werden.

Defa und Fernsehen

So lehnte die Defa z.B. das Drehbuch zu »Nackt unter Wölfen« von ihrem Dramaturgen Bruno Apitz ab, da es sich bei der (authentischen) Geschichte um die Rettung eines Kindes durch KZ-Häftlinge in Buchenwald nicht um ein Werk des »kämpferischen Antifaschismus« handelte, sondern das Leiden der Häftlinge im Vordergrund stand. Das filmisch konzipierte Fernsehspiel kam am 10.4.60 unter der Regie von Georg Leopold zur Sendung. Frank Beyers Kinofilm nach dem gleichen Szenarium konnte erst zwei Jahre später, 1962, gedreht werden.

Live produziertes Fernsehspiel

Das elektronisch live produzierte Fernsehspiel kam allerdings mit Projekten wie »Nackt unter Wölfen« an seine technischen Grenzen, da die Vielzahl der Personen und Handlungsorte beim Live-Spiel im Studio organisatorische Probleme aufwarf. Nur an wenigen Stellen waren Filmeinblendungen möglich. Um mögliche Pannen auszuschließen, wurde deshalb das Spiel am Vorabend der Sendung gleich zweimal live durchgespielt und sicherheitshalber auf Film aufgezeichnet. Die Live-Sendung wurde zu einem der größten Erfolge des DDR-Fernsehens in dieser Zeit.

Fernsehmehrteiler und ausführliches Erzählen

»Fernsehpitaval« »Blaulicht«

Noch erfolgreicher war der Mehrteiler »Gewissen in Aufruhr«. Die Möglichkeiten des seriellen Erzählens im Fernsehspiel waren mit der Sendereihe »Fernsehpitaval«, der Kriminalreihe »Blaulicht« sowie mit den in unregelmäßiger Folge gesendeten Episoden von Serien wie »Heute bei Krügers«

»Gewissen in Aufruhr« mit Erwin Geschonneck

oder »Das aktuelle Kurzspiel« bereits erprobt. Auch war 1960 mit »Die Flucht aus der Hölle« von Rolf Guddat und Hans-Erich Korbschmitt (DFF 1960) ein erster mehrteiliger Fernsehfilm produziert worden. Doch die Abenteuergeschichte um einen deutschen Fremdenlegionär (gespielt von Armin Müller-Stahl), dem mit Hilfe der algerischen Befreiungsbewegung die Flucht in die DDR gelingt, lag den persönlichen Erfahrungen der DDR-Fernsehzuschauer zu fern, um mehr zu sein als spannende Unterhaltung mit einem sozialismuskonformen Happy-End.

»Die Flucht aus der Hölle«

Vorbild für diese Mehrteiler war der bundesdeutsche Sechsteiler »So weit die Füße tragen« (WDR 1959). Man sei in »Adlershof völlig erschrocken« gewesen, erinnert sich der Regisseur Korbschmitt, als diese »Erfindung« vom Westen »losgelassen« worden sei: »Das Prinzip war uns nicht eingefallen, wie uns ja vieles erst später eingefallen ist.« »Die Flucht aus der Hölle« sei dazu ein »Konter-Programm« gewesen (Korbschmitt in Müncheberg/Hoff 1984, 207). Die Form des Mehrteilers wurde jedoch auch kritisch gesehen. So hielt z. B. der Fernseh-Intendant Adameck dem Regisseur vor, daß wegen solcher Fernsehmehrteiler »die Menschen nicht zu Parteiversammlungen gingen oder in die Gewerkschaft, also von wichtigen gesellschaftlichen Aufgaben abgehalten werden« (ebd.).

»So weit die Füße tragen«

»Konter-Programm« zum Westen

»Gewissen in Aufruhr«, der zweite Mehrteiler des DDR-Fernsehens, stellte sogar eine direkte Erwiderung auf »So weit die Füße tragen« (vgl. Kap. 6.6) dar. Im Mittelpunkt des Films stand der NS-Oberst Ebershagen, der bei Stalingrad schwer verwundet worden war, im letzten Augenblick aber noch ausgeflogen und als Stadtkommandant von Greifswald eingesetzt wurde. Die zur Festung erklärte Stadt wird von ihm in den letzten Kriegstagen kampflos an die Rote Armee übergeben. Er geht nach Westdeutschland, wird von seinen Standesgenossen geächtet, in einer von US-Leuten gesteuerten Geheimdienstaktion zum Spion erklärt und in der Festung Landsberg inhaftiert. Als sein Gesundheitszustand bedrohlich wird, ent-

»Gewissen in Aufruhr«

schließt man sich zu seiner Entlassung, und er geht in die DDR. Die letzten Filmbilder zeigen ihn, wie er das Brandenburger Tor passiert.

Autobiographisches Buch von Rudolf Petershagen

Das Filmszenarium von Hans Oliva-Hagen basierte auf dem gleichnamigen autobiographischen Buch von Rudolf Petershagen. Die Defa war nicht bereit gewesen, dieses Filmprojekt zu realisieren. Defa-Direktor Hans Rodenberg wandte sich heftig gegen das Ansinnen, einen hohen Wehrmachtsoffizier zum Helden eines antifaschistischen Films zu machen. Wenige Jahre zuvor hatte es in der DDR lebhafte Auseinandersetzungen um Zuckmayers Schauspiel »Des Teufels General« gegeben, dem der Versuch, das Offizierscorps der Wehrmacht weißwaschen zu wollen, unterstellt wurde. Zudem wurde in dieser Zeit die Nationale Volksarmee aufgestellt, und ein Film über militärische Insubordination erschien wenig opportun.

Die Möglichkeit, Geschichte episch breiter zu erzählen

Der Defa-Dramaturg Wenzel Renner verließ das Filmstudio, ging zum Fernsehen und brachte das Buch mit. Hier entschloß man sich, den Film zu drehen, denn mit dieser Geschichte war auch ein Publikum in Westdeutschland zu gewinnen. Zudem bot die fünfteilige Form die Möglichkeit, die Geschichte episch breiter zu entwickeln. Der Film wurde von zwei Regisseuren in parallelen Produktionen gedreht, von denen der eine, Günter Reisch (Teil 1, 3 und 5), bereits über mehrjährige erfolgreiche Filmerfahrung verfügte, während der andere, Hans-Joachim Kasprzik (Teil 2 und 4), mit dieser Arbeit debütierte. Die Hauptrolle spielte Erwin Geschonneck, der zuerst auch skeptisch war, ob er diese Rolle erfassen könne, besaß er doch als deutscher Kommunist, Emigrant und KZ-Häftling keine militärische Erfahrung.

Intervention der politischen Führung bei »Gewissen in Aufruhr«

Als die ersten Teile fertiggestellt waren, der Mehrteiler sollte im Frühjahr 1961 gesendet werden, intervenierte die politische Führung. Der Film wurde zeitweilig ›auf Eis‹ gelegt, bis das ZK der SED auf Drängen des Fernsehens sein Mitglied Hermann Matern mit der Prüfung des Films beauftragte. Matern fand an dem Material nichts auszusetzen, der Film konnte weiter gedreht werden. In diese Zeit fiel der Mauerbau. Wenige Tage vor der Schließung des Brandenburger Tores konnte noch die Schlußszene gedreht werden (Billy Wilder, der seinen Film »Eins, zwei, drei« drehte, bekam nur wenige Tage später schon keine Dreherlaubnis mehr).

»Wer ist ein guter Deutscher?«

In den Monaten nach dem Mauerbau kam der Film »Gewissen in Aufruhr« der DDR-Kultur- und Medienpolitik wie gerufen. Die Geschichte vom Wehrmachtsoffizier, der sich gegen seine Kaste entscheidet und in der DDR seine Heimat findet, wurde mit der Frage verknüpft: »Wer ist ein guter Deutscher?« (vgl. Münz-Koenen 1974, 49 ff.). »Gewissen in Aufruhr« errang einen in diesem Umfang nicht vermuteten Publikumserfolg. Um auch Zuschauer zu erreichen, die noch keinen Fernsehapparat besaßen, kam eine zweiteilige Fassung des Films in die Kinos. Wie bei späteren Fernsehromanen, z. B. »Wege übers Land« oder »Krupp & Krause«, wurde hier ein Generationserlebnis gestaltet. Viele Zuschauer hatten Stalingrad selbst erlebt und erlitten oder hatten Verwandte als Soldaten in Rußland verloren.

Fernsehen als Generationserlebnis

Dramaturgische Grundstruktur des Mehrteilers

»Gewissen in Aufruhr« gab für den »Fernsehroman« des DDR-Fernsehens die dramaturgische Grundstruktur vor. Am bürgerlichen Entwicklungsroman des 18. und 19. Jahrhunderts angelehnt, greift er dramaturgisch die fünfaktige Struktur des klassischen Dramas auf, wobei die beiden ersten Teile die Entwicklung des Helden unter kapitalistischen Gesellschaftsverhältnissen erzählen, der dritte ihn in die politisch-historische Krise führt, aus der er sich im vierten und fünften Teil durch seine Entscheidung für ein Leben im »neuen Deutschland«, also in der DDR, selbst erlöst. Diese

Struktur bestimmte auch alle weiteren fernsehdramatischen ›Entwicklungsromane‹.

Bis zum fünfteiligen Fernsehfilm »Dr. Schlüter« 1965 blieb der Mehrteiler allerdings den Spannungs- und Abenteuergenres vorbehalten. Der Dreiteiler »Tempel des Satans« von Wolfgang Schreyer und Georg Leopold (DFF 1962) ist eine Kolportagegeschichte über das Pressewesen in den USA. Der Fünfteiler »Das grüne Ungeheuer« von Paul-Herbert Freyer und Rudi Kurz gehört ins Genre des Abenteuerfilms, er handelt von dem vom CIA gesteuerten und von der US-amerikanischen United Fruit Company unterstützten Putsch in Guatemala (DFF 1962). Der Mehrteiler »Die Spur führt in den ›siebenten Himmel‹« von Hans-Georg Külb und Rudi Kurz (DFF 1963) schließlich gehört ins Genre des Kriminalfilms.

Produktion von Spannungs- und Abenteuergenres

Auch die Literaturverfilmung bediente sich des mehrteiligen Fernsehfilms, wie z. B. der Vierteiler »Wolf unter Wölfen« nach Hans Fallada von Klaus Jörn und Hans-Joachim Kasprzik (DFF 1965) oder die Episodenerzählung aus der Geschichte der deutschen Arbeiterbewegung »Geboren unter schwarzen Himmeln« von Gisela Bartus, Rudolf Böhm und Achim Hübner (DFF 1962).

Der Mauerbau selbst, dem die Defa eine ganze Reihe von Filmen widmete, wurde im Fernsehspiel oder -film nicht ausführlich behandelt. Lediglich in »Die Nacht an der Autobahn« von Walter Baumert und Wilhelm Gröhl wurde 1962 dieses Thema berührt. Die Handlung des Films setzt nach der Schließung der Grenzen ein und erzählt nach dem aus den fünfziger Jahren übernommenen Schema (alles Böse kommt aus dem Westen) von einer versuchten Abwerbung eines jungen Arztes.

»Kleiner Mann, was nun«, 1967 – mit Jutta Hoffmann und Arno Wyzniewski

Politische Indienstnahme der Fiktion, Zensur und Verbot

Schon 1960 war es zu ideologischen Auseinandersetzungen um das Fernsehspiel »Steine im Weg« von Helmut Sakowski und Wilhelm Gröhl (DFF 1960) gekommen, in dem eine Hauptfigur, um in der LPG die Leitung des Rinderstalls zu erhalten, droht, sie werde sonst die DDR verlassen. Daraufhin wurde den Autoren auf einer Plenartagung des ZK der SED »Parteifeindlichkeit« vorgeworfen. Eine zweite Fassung des Stückes entschärfte den Konflikt und lieferte die gewünschten »Schablonen«, wie der Regisseur Gröhl es später ausdrückte (Gröhl in Müncheberg/Hoff 1984, 182).

»Steine im Weg«

Zum öffentlichen Eklat um die DDR-Fernsehdramatik kam es im Dezember 1962. Günter Kunert, Kurt Schwaen und Günter Stahnke hatten aus Anlaß des zehnjährigen Sendebetriebs des Deutschen Fernsehfunks die Fernsehoper »Fetzers Flucht« produziert. Ihr wurde »Snobismus gegenüber dem Empfinden des Volkes« und »Nachäffung und Anbetung westlichen Modernismus« (Baumert 1962) vorgeworfen; Autor, Komponist und Regisseur waren schärfster Denunziation und Polemik ausgesetzt. Der danach zur Sendung vorgesehene lyrische Fernsehfilm »Monolog für einen Taxifahrer« von Günter Kunert und Günter Stahnke wurde noch vor der Sendung verboten.

»Fetzers Flucht«

»Monolog für einen Taxifahrer«

Bei »Fetzers Flucht« handelte es sich um eine Funkoper, die im Radio schon Jahre zuvor produziert, gesendet und international preisgekrönt worden war. Die Geschichte eines republikflüchtigen Grenzsoldaten, der bei seiner Flucht einen Menschen erschossen hatte und nun von seinem Gewissen geplagt wird, erschien nach der Grenzschließung in einem neuen Licht. Daß der Fernsehfilm als »der erste Versuch des Deutschen Fernsehfunks«

galt, »Konflikte unserer Zeit mit den Mitteln der modernen Oper zu gestalten« (Pressematerial DFF, Dezember 1962), war nun bereits gefährlich. »Der Stoff ist nicht von weit hergeholt, er lag auf der Hand, er wurde in unserer Situation geboren,« hatte der Autor Günter Kunert festgestellt (ebd., 31). Gerade deshalb war er für die SED nicht sendbar.

Fernsehspiele – für die SED nicht sendbar

Ein anderes Fernsehspiel, an dem Kunert arbeitete, sollte von einem Mann erzählen, »der alles dafür tut, um einen angenommenen Weltuntergang subjektiv zu überleben« und sich, »als dieser Weltuntergang nicht kommt, das Leben nehmen« will (ebd., 32). Doch eine künstlerische Diskussion von Endzeitstimmungen wollte die SED gerade zu dieser Zeit auf jeden Fall vermeiden. Das Fernsehspiel wurde nicht produziert.

Verbot von Fernsehfilmen vor dem 11. SED-Plenum

Diese Verbote der Fernsehfilme vom Dezember 1962 bildeten das Vorspiel zu jenen Aktionen gegen die Defa-Filme, die als Folge des 11. SED-Plenums 1965/66 verboten wurden. Thema der Filme war die Entfremdung der Menschen in einer Gesellschaft, die sie nebeneinanderher leben läßt, wo miteinander zu leben notwendig wäre. Mit dem Mauerbau, der Schaffung der ›geschlossenen Gesellschaft‹ in der DDR, war die Auseinandersetzung mit der inneren Widersprüchlichkeit der sozialistischen Gesellschaft unausweichlich geworden. Fehlverhalten ließ sich nicht mehr auf das Treiben von ›Agenten‹ und ›Saboteuren‹ des ›Gegners‹ zurückführen, jetzt mußten die Konflikte als sozialismusimmanent dargestellt werden. Viele der an der Gegenwartsdramatik interessierten Autoren, Dramaturgen und Regisseure hatten die Situation der ›geschlossenen Gesellschaft‹ nach dem Mauerbau als Herausforderung betrachtet und wollten mit ihren Arbeiten zur öffentlichen Meinungsbildung beitragen. Dem stellte sich die SED-Führung mit dem Verbot der Fernsehfilme entgegen, eine konfliktorientierte Darstellung war unerwünscht.

Der Sozialismus nur als Genre der Fernsehdramatik realisierbar?

Damit war zugleich ein Widerspruch zwischen der Fernsehkunst und ihrer Vereinnahmung durch Staat und Partei markiert, in dem sich auch die Fernsehautoren und -regisseure befanden, deren Produktionen ins Programm kamen. Denn immer bestand der Verdacht der Vereinnahmung für propagandistische Zwecke. Umgekehrt konnten sich Autoren, Dramaturgen und Regisseure nie ganz sicher sein, ob ihre Geschichten nicht ungewollt mit einer neuen Politik oder einer ihnen unbekannten politischen Strategie kollidierten und ihre Filme deshalb ungesendet blieben. Dieser Widerspruch prägte die Entwicklung der DDR-Fernsehkunst bis zum Zusammenbruch des Staates im Herbst 1989. Zeitweise ergab sich gegenstands- und themengebunden ein Konsens zwischen Fernsehproduzierenden und der Staatsführung, beispielsweise im antifaschistischen Engagement, zumeist aber bestand ein Dissens zwischen ihnen. Denn die Staatsführung verfiel zunehmend in ein politisches Wunschdenken und verhinderte unter Verkennung der Realität notwendige ökonomische und politische Reformen, während viele Autoren und Regisseure die Probleme der Wirklichkeit kannten und in ihren Arbeiten behandeln wollten.

Konsens und Dissens der Fernsehdramatik mit der staatlichen Propaganda

Ideologischer Eskapismus

Für den offiziell betriebenen ideologischen Eskapismus wurde zunehmend das Fernsehen und die Fernsehkunst eingespannt. Dabei entstand ein eigentümliches Paradox: Das politische Wunschdenken – sich unabhängig von den realen Konflikten und Widersprüchen eine schon bestehende sozialistische Gesellschaft herbeizuträumen – bediente sich in der Fernsehdramatik vor allem der Sparte der gegenwartsorientierten Produktionen, weil sich in diesen in der Gegenwart angesiedelten Geschichten – unter Ausblendung der wirklichen Konflikte und Probleme – die angestrebte neue Gesellschaft als schon existente ausgeben ließ. Gerade unter dem Etikett des Fernsehrealismus wurde also eine Ideologisierung betrieben. Damit ergab sich für die ›Modernisierungsagentur‹ Fernsehen eine besonders widersprüchliche Situation: Es sollte das Ziel schildern ohne die Probleme auf dem Wege dorthin.

Diese gegenwartsbezogenen Produktionen stellten einen wachsenden Teil der Fernsehdramatik dar. 1962 z. B. wurden an 148 Sendeabenden 135 fernsehdramatische Sendungen ausgestrahlt: 12 davon waren Theaterübertragungen und Studiogastspiele (8,1 %), bei 55 handelte es sich um Literatur- und Dramenadaptionen (37,2 %) und 81 waren sogenannte Original-Fernsehspiele und -filme (54,7 %) (Hempel 1978). Dieses Verhältnis zwischen den Fiktionsformen verschob sich in den Folgejahren noch weiter zugunsten der gegenwartsorientierten Fernsehdramatik.

Gegenwartsbezogene Produktionen

Die originäre Fernsehdramatik charakterisierte also Anfang der sechziger Jahre für die Öffentlichkeit das Fernsehspiel insgesamt und über sie auch das Fernsehen in der DDR. Mit ihrer Ausrichtung auf die ideologischen Zielvorstellungen schien es, als sollte die Fiktion die angestrebte neue Gesellschaft vorwegnehmen und sie einem zögernden Publikum ›ausmalen‹.

Originäre Fernsehdramatik

Es ist deshalb kein Zufall, daß für die SED-Führung die Fernsehdramatik einen »Vortrupp« bildete, wie es Walter Ulbricht anläßlich des zehnjährigen Bestehens des DFF 1962 formulierte:

Fernsehdramatik als ästhetische Avantgarde

»Bei der Erfüllung der großen interessanten und komplizierten Aufgabe des umfassenden Aufbaus des Sozialismus müssen alle wirksam werden. Die Wissenschaftler, Ingenieure, Techniker und Arbeiter, die Schriftsteller, Dramatiker und Bildhauer. Welche Rolle die Kunst bei der Lösung der großen Aufgaben spielt, wissen wir aus den verschiedensten Fernsehspielen. Wir wissen, daß sich auf dem Gebiete der Kunst eine große Wandlung in der DDR vollzieht. Im Fernsehen zeigt sich das am deutlichsten. Dort gibt es auch die wenigsten Hemmnisse. Die Zusammenarbeit mit der Leitung des Fernsehens und auch mit den dort wirkenden Künstlern ist gut. Sie sind gegenwärtig sozusagen der Vortrupp.« (Walter Ulbricht in: Zehn Jahre 1962, 1)

Die Parteiführung als ›Avantgarde‹ der Arbeiterklasse ernannte damit die Fernsehdramatik zur ›Avantgarde‹ der DDR-Kunst. Politbüromitglied Albert Norden sah aus dem gleichen Anlaß, bezogen auf die Programmleistungen des DFF, daß »unser Fernsehen das Westfernsehen auf vielen Gebieten längst überflügelt« habe (ebd., 14).

9.4 Die Programmentwicklung des DFF nach 1963

Wurde dem Fernsehen eine besondere Funktion für die Gesellschaft zugewiesen, so kam dem Programm in seiner Gesamtheit bewußtseinsbildende Funktion zu. Im propagandistischen Auftrag sah der Leipziger Journalistikwissenschaftler Robert Michel das Verbindende des Programms: »Das Gesamtprogramm bietet die Möglichkeit, einen Leitgedanken zu entwickeln: von der knappen tagesaktuellen Information über die vertiefende publizistische Wertung bis zum nachhaltigen künstlerischen Erlebnis« (Michel o. J., 60). Inhaltlich bestand dieser Leitgedanke für den DFF bis 1965/66 im gesamtdeutschen Auftrag und in der Herausbildung des Sozialismus.

Gesamtprogramm unter einem Leitgedanken

DFF Programmsparten 1965

Art der Sendung	Sendestunden	
Informationspolitische Sendungen	603	(16,0 %)
Fernsehpublizistik	498	(13,2 %)
Sport	463	(12,3 %)
Bildung	98	(2,6 %)
Fernsehdramatik (inkl. Kinofilme)	715	(18,9 %)
Unterhaltung	559	(14,8 %)
Kinderprogramme	194	(5,1 %)
Jugendprogramme	153	(4,1 %)
Sonstiges	491	(13,0 %)
Summe	3.774	(100,0 %)

Quelle: Statistisches Jahrbuch der DDR

Verglichen mit der Programmzusammensetzung im Jahr 1960 hatte der Anteil der journalistischen und publizistischen Sendungen zugenommen, er war von 866 Stunden (28,8 %) auf 1.101 Stunden (29,2 %) gestiegen. Der Anteil der Fernsehdramatik ging von 22,9 Prozent auf 18,9 Prozent zurück. Auch der prozentuale Anteil der Unterhaltungssendungen reduzierte sich von 16,3 Prozent auf 14,8 Prozent fünf Jahre später. Während der Anteil der Kindersendungen geringer wurde, nahm der der Jugendprogramme zu. Darin war eine Reaktion auf das »Jugendkommuniqué« des ZK der SED zu sehen.

Zunahme an publizistischen Sendungen

Die Zunahme an publizistischen Sendungen steht im Zusammenhang mit der Änderung der Wirtschaftspolitik der SED, die seit dem VI. Parteitag 1963 unter dem Begriff des »Neuen Ökonomischen Systems der Planung und Leitung der Volkswirtschaft« (NÖSPL) gefaßt wurde. Sie zielte einerseits auf die zunehmende wirtschaftliche Integration der RGW-Staaten, andererseits auf die teilweise Dezentralisierung der Planung und Verlagerung der Entscheidungen in die Betriebe und Wirtschaftseinrichtungen. Diese wirtschaftspolitischen Reformversuche, die freilich inkonsequent blieben, wurden vom DFF mit zahlreichen Reportagen, Fernsehuntersuchungen und Magazinsendungen begleitet. Ziel war eine Durchsetzung dieser neuen Politik; eine Übereinstimmung der Ziele der neuen Politik und der Wünsche und Vorstellungen der einzelnen Bürger sollte erreicht werden.

Nach dem Scheitern der neuen Wirtschaftspolitik war deutlich geworden, daß es auch dem Fernsehen nicht gelungen war, seine Ziele zu erreichen. Eine nüchterne Betrachtung des Mediums und eine realistische Einschätzung seiner begrenzten Wirkungen unterblieb. Von den publizistischen Senderreihen zur Durchsetzung der neuen Politik überdauerte als einzige die Reihe »Prisma: Probleme – Projekte – Personen«.

Koproduktionen des DDR-Fernsehens

Auch die Versuche, die ›ökonomische Integration‹ der sozialistischen Länder in Koproduktionen des DDR-Fernsehens mit den anderen Fernseheinrichtungen Osteuropas zu spiegeln, waren wenig dauerhaft und blieben meist in den ersten Anfängen stecken. »Die Brücke«, eine Gemeinschaftssendung des DFF mit dem Polnischen Fernsehen (Pilotsendung am 27. 2. 63, ab 1964 unter dem Titel »Freundschaft«), kam über einige wenige Sendungen nicht hinaus. Ebensowenig vermochten sich Gemeinschaftsproduktionen von Unterhaltungssendungen mit dem Zentralen Sowjetischen Fernsehen im Programm durchzusetzen. Die Widersprüche

Der Fernseh-Dokumentarfilm in der Systemkonfrontation

Zu einem besonderen Beitrag zur »Auseinandersetzung zwischen den beiden antagonistischen Gesellschaftsordnungen«, die nach dem Mauerbau an die Stelle der deutsch-deutschen Konfrontation getreten war, entwickelten sich die Filme der Fernsehpublizisten Walter Heynowski und Gerhard Scheumann. Sie stellten die einzige fernsehpublizistische ›Schule‹ dar, die das DDR-Fernsehen herausgebildet hat.

Walter Heynowski und Gerhard Scheumann durchbrachen mit ihren Dokumentationen ein Tabu des sozialistischen Journalismus der frühen Jahre: Sie sprachen nicht über den ideologischen Gegner, sondern ließen ihn selbst zu Wort kommen. Ihr erster Film, eine Reportage über das »Kommando 52« (1965), eine Einheit europäischer Söldner im Kampf gegen die Befreiungsbewegung im Kongo, basierte vorrangig auf Selbstzeugnissen – Fotos, Tagebüchern, Tonbändern und Filmen. Heynowski und Scheumann, deren Namenskürzel H & S bald zum Markenzeichen wurde, verzichteten auf die übliche Wortflut der damaligen Fernsehpublizistik und bedienten sich der Möglichkeiten der filmischen Montage. *Heynowski und Scheumann*

Aus den Recherchen zu diesem nur 37 Minuten langen Film entstand die Idee zum Interview mit dem aus Deutschland stammenden Söldnerführer Siegfried Müller, genannt ›Kongo-Müller‹, der Hauptgestalt von »Der lachende Mann« (1966), dem ersten internationalen Erfolg des Journalistenteams. Heynowski und Scheumann arbeiteten, und das wurde ihnen später häufig vorgeworfen, mit journalistischen Tricks, um ihre ›Selbstdarsteller‹ aus der Reserve zu locken. Kommandoführer Major Müller beispielsweise, war »getragen vom Hochgefühl jüngster Erfolgserlebnisse und gelockt von der Chance passabler Selbstdarstellung« (Hellmich 1978, 11). Die Filmemacher bedienten sich des Umstands, daß ›Kongo-Müller‹ Alkoholiker war und mit zunehmendem Martinikonsum immer mitteilsamer wurde. Der Söldner entlarvte sich selbst als Massenmörder, als Rassist, ja als Faschist. In einem »PS zum Lachenden Mann« (1966) wurde das Thema weitergeführt, gestützt auf Reaktionen, die der erste Film ausgelöst hatte. *»Der lachende Mann«*

Auf Grundlage der gleichen Methode, wie sie beim »Lachenden Mann« angewendet worden war, porträtierten Heynowski und Scheumann den Sprecher der Sudetendeutschen Landsmannschaft Walter Becher (»Der Präsident im Exil«, 1969) und den jungen Neonazi Horst Rudolf Übelacker (»Der Mann ohne Vergangenheit«, 1970). Zur Satire wurde der Interviewfilm mit der »Hellseherin von Bonn« Margarethe Goussantier, genannt Buchela (»Geisterstunde«, 1967), bevor die Fernsehjournalisten mit der knapp einstündigen Dokumentation »Der Zeuge« (1967) über den Kameramann, Regisseur und Leiter der Filmabteilung der Nationalen Befreiungsfront Südvietnams, Vu Nam, ihren Vietnamzyklus eröffnen, der gefangene US-Piloten in »Piloten im Pyjama« über ihren ›Job‹ berichten läßt (1968). *»Der Präsident im Exil«*

»Piloten im Pyjama«

Seit 1969 als ›Studio H & S‹ ein relativ selbständiges Produktionsteam, schufen sie unter dem institutionellen Dach der Defa bis zum Herbst 1989 mehr als ein halbes Hundert Dokumentarfilme, Filmdokumentationen und Filmspots, die operativ bei den unterschiedlichsten Gelegenheiten (u. a. auch in Aufführungen des Berliner Ensembles) eingesetzt wurden. Gegen die Interviewfilme von ›H & S‹ wurden seinerzeit ethische Bedenken vorgebracht, hatten die Filmemacher sich doch ihren Gesprächspartnern oft unter

Ansagerin in Studio 1

Eigenes Genre des Dokumentarfilms

Vorspiegelung falscher Identitäten genähert und in Montagen nicht selten problematische politische Beziehungsgeflechte hergestellt. Dennoch haben sie ein eigenes Genre des Dokumentarfilms begründet, das weltweit anregend und beispielgebend wirkte (beispielsweise auf die Arbeiten des US-amerikanischen Filmemachers Allan Frankovich oder die des Berliners Klaus Volkenborn).

9.5 Das 11. Plenum des ZK der SED und der Deutsche Fernsehfunk

11. Plenum des ZK der SED und das Fernsehen

Verglichen mit anderen kulturellen Institutionen kam das DDR-Fernsehen beim kulturpolitischen Autodafé des 11. Plenums des ZK der SED 1965 noch relativ glimpflich davon. Im »Bericht des Politbüros an die 11. Tagung des Zentralkomitees der SED«, mit dem sich der bisher als Politiker noch wenig profilierte Erich Honecker als Nachfolger des greisen Walter Ulbricht exponierte, war das Fernsehen lediglich innerhalb einer Kollektivschelte der Künste und der Literatur mit angesprochen, in der Honecker, sich auf »Volkes Stimme« berufend, »jenen« zustimmte,

> »die feststellen, daß die Ursachen für diese Erscheinungen der Unmoral und einer dem Sozialismus fremden Lebensweise [Jugendliche hatten sich nach Honeckers Behauptung zu Banden zusammengerottet und sich ernste Disziplinverstöße zu schulden kommen lassen] auch in einigen Filmen, Fernsehsendungen, Theaterstücken, literarischen Arbeiten und in Zeitschriften bei uns zu sehen sind. Es häufen sich in letzter Zeit auch in Sendungen des Fernsehfunks, in Filmen und Zeitschriften antihumanistische Darstellungen, Brutalitäten werden geschildert, das menschliche Handeln wird auf Triebhaftigkeit reduziert. Den Erscheinungen der amerikanischen Unmoral und

Dekadenz wird nicht offen entgegengetreten. Das gilt besonders für den Bereich der heiteren Muse und der Unterhaltung, für einzelne literarische Arbeiten und leider auch für viele Sendungen von ›DT 64‹.« (Bericht 1966, 57)

Der Abschnitt in Honeckers Rede, der dieser moralischen Generalabrechnung mit »Dekadenz« und »Unmoral« gewidmet war, trug bezeichnenderweise die Überschrift »Ein sauberer Staat mit unverrückbaren Maßstäben«. Bei näherer Betrachtung zeigt sich jedoch, daß es der SED-Führung gar nicht um den Nachweis moralischer Regelverletzungen in den Medien und in einzelnen Werken ging. Diese Vorwürfe waren vorgeschoben. Der Angriff galt vielmehr den politischen Haltungen und gesellschaftstheoretischen Auffassungen von Künstlern, denen »dem Sozialismus fremde, schädliche Tendenzen und Auffassungen« vorgehalten wurden (ebd.).

Moralische Generalabrechnung Honeckers mit den Künstlern

Während Honecker für den Film konkrete Werke nannte (und die dann als sogenannte ›Regalfilme‹ teilweise ungezeigt in den Archivkellern der Defa verschwanden), fehlen solche Beispiele für das Fernsehen in der Brandrede des künftigen Generalsekretärs. Der Sendeplan des Fernsehens weist für das Jahr 1965 auch kaum Besonderheiten auf, die jene Beschuldigungen hätten rechtfertigen können, sieht man davon ab, daß zwei schon ›klassische‹ Theaterstücke gezeigt wurden, die auf den Bühnen des Landes sonst kaum zu sehen waren: August Strindbergs Einakter »Fräulein Julie« (in der Regie von Fritz Bornemann) und Tennessee Williams' »Orpheus steigt herab« (in der Inszenierung von Hubert Hoelzke). Mit viel bösem Willen und destruktiver Phantasie hätten diese Dramen der bürgerlichen Moderne als ›dekadent‹ verleumdet werden können. Ihnen standen jedoch mehrere Fernsehspiele und -filme gegenüber, die noch lange den Wiederholungsspielplan des Deutschen Fernsehfunks beherrschen sollten: Walter Baumerts »Episoden vom Glück«, Michael Tschesno-Hells »Die Mutter und das Schweigen« und die Fallada-Adaption »Wolf unter Wölfen« von Klaus Jörn und Hans-Joachim Kasprzik.

»Regalfilme« der Defa

Die SED-Führung hatte den Deutschen Fernsehfunk bereits auf der Kulturkonferenz 1960 als ihr »Mittel der Massenagitation und -propaganda« (wie die deutsche Übersetzung jenes Begriffes lautete, mit dem in der Sowjetunion die Massenmedien bezeichnet wurden) vereinnahmt und ihn mit dem Verbot der Filme »Fetzers Flucht« und »Monolog für einen Taxifahrer« zwei Jahre später bereits reglementiert. Der Intendant des Deutschen Fernsehfunks, Heinz Adameck, schrieb anläßlich des 10. Jahrestages der ersten Sendung des DDR-Fernsehens: »Wir werden alles tun, damit der Deutsche Fernsehfunk seiner Rolle als eines der massenwirksamsten Publikationsmittel unseres Arbeiter- und Bauern-Staates gerecht wird. Über Millionen Bildschirme in Deutschland kämpfen wir für das Schönste, den Sozialismus und für den Frieden, und gegen das Abscheulichste, gegen den Bonner Militarismus und gegen den Krieg.« (Adameck 1962, 2)

Fernsehen auf gewünschtem Kurs

Bei einem solchen Aufgabenverständnis verbot sich jede Auseinandersetzung mit den inneren Widersprüchen der DDR-Gesellschaft. Die DDR-Fernsehdramatik, die in den fünfziger Jahren noch ästhetisch produktiv gewesen war, war nun politisch funktionalisiert. Auf der ›Zweiten Bitterfelder Konferenz‹ am 24./25. 4. 64 formulierte Walter Ulbricht noch einmal den Anspruch der SED-Führung an das Fernsehen.

Keine Auseinandersetzung mit den inneren Widersprüchen der DDR

»Das Fernsehen als publizistisches und künstlerisches Instrument hat außerordentlich große Möglichkeiten, die politisch-ökonomische und weltanschauliche Agitation mit künstlerischen Mitteln zu verstärken; es erlaubt aber auch Mischformen, die wir in unserer breiten Kunstpalette nicht missen möchten. Und schließlich befriedigt heute das Fernsehen einen großen Teil der Unterhaltungsbedürfnisse vieler Werktätiger, vor allem auch älterer Menschen. Unseren Kunstwissenschaftlern sei empfohlen, die Spezifik des Fernsehens und seiner künstlerischen Möglichkeiten auszuarbeiten und dadurch zu helfen, das Niveau der künstlerischen Sendungen zu heben. Was für die gesamte Kunst gilt, gilt in spezifischer Abwandlung auch für das Fernsehen, insbesondere was die Klarheit der Genres und Gattungen angeht.« (Ulbricht 1964, S. 137f.)

Propagandistischer Gebrauchswert des Fernsehens für die Partei

Damit war eine klare Erwartungshaltung der SED-Führung gegenüber dem Fernsehen in der DDR formuliert worden, die noch über die Funktionszuweisung auf der Kulturkonferenz 1960 hinausging: Fernsehen und Fernsehkunst wurden zum Instrument der politisch-ökonomischen und weltanschaulichen Agitation der Partei erklärt, die Kunstwissenschaften hatten ihr Wissen bereitzustellen, dessen sich die Parteiagitatoren bedienen sollten. Die dramatischen Großproduktionen der DDR-Fernsehdramatik, zunehmend aber auch alle anderen fernsehdramatischen Sendungen, wurden künftig nach ihrem agitatorisch-propagandistischen Gebrauchswert für die ideologische Massenarbeit der Partei eingeschätzt. Dieses Konzept bestimmte das Fernsehprogramm, ungeachtet aller taktischen Wendungen wie z.B. die Planung einer ›alternativen Programmstruktur‹ 1983, bis zum Spätherbst 1989.

Den aufmüpfigen Filmkünstlern der Defa wurde auf dem 11. Plenum als Beispiel der Fernsehmehrteiler »Dr. Schlüter« als Vorbild hingestellt. Im Fünfteiler, nach einem Szenarium von Karl-Georg Egel (der auch das Buch für den verbotenen Film »Die Spur der Steine« von Frank Beyer geschrieben hatte) von Achim Hübner inszeniert, erkannte die apologetische Kunstwissenschaft der DDR Schlüter als den klassischen ›positiven Helden‹ des ›sozialistischen Realismus‹.

»Dr. Schlüter« als Prototyp der Fernseh-Propagandatechnik

Die Literaturwissenschaftlerin Ingeborg Münz-Koenen beschrieb die dramaturgische Konstruktion des Films als Propagandatechnik, der sich der Film bediente, um seine ›Botschaft‹ zu vermitteln:

»Die Gleichsetzung von Individuellem und Gesellschaftlichem als dramaturgisches Prinzip führte auch zu einer Unterordnung der künstlerischen unter gesellschaftswissenschaftliche Erkenntnisformen. So war die Wirkung des Films ohne ›Umweg‹ auf die Erkenntnis der wesentlichen gesellschaftlichen Zusammenhänge gerichtet. Die Gruppierung der Figuren um bestimmte klassenmäßige Grundpositionen und der Übergang Schlüters von der einen zur anderen zielten auf den groß angelegten historischen Beweis für die Überlegenheit sozialistischer Verhältnisse.« (Münz-Koenen 1974, 182)

Illusionär verklärtes Bild von der Wirklichkeit

Der Film erklärte die soziale Utopie – wie viele spätere Fernsehfilme – zur Realität. Er leugnete die realen Widersprüche der gesellschaftlichen Entwicklung, denunzierte die im Alltag bestätigte Einsicht in die Kompliziertheit sozialer Prozesse als Skeptizismus. Bewußt wurde ein falsches, weil illusionär verklärtes Bild von der Wirklichkeit gezeichnet, das aber von der Staatsführung der DDR in zunehmender Realitätsentfremdung für wahr angesehen wurde. Mit dem 11. Plenum 1965 begann der »Aufbruch in die Illusion« der Honecker-Politik, eine Illusion, die im Herbst 1989 an der Wirklichkeit zerbrach.

Die immer wieder zwanghaft gesuchte »Gleichsetzung von Individuellem und Gesellschaftlichem« führte in der Fernsehdramatik zum weitgehenden Verlust der Dialektik in den Figurenbeziehungen und der Widersprüchlichkeit der Charaktere. In den Fernsehspielen und -filmen, die sich der künstlerischen Darstellung der Gegenwart in der DDR widmeten, breitete sich deshalb Langeweile aus: Die Figuren befanden sich am Ende immer in Übereinstimmung mit den gesellschaftlichen Normen.

Deutlich zeigte sich dies an der prominentesten Fernsehgestalt jener Jahre, der Figur des Meister Falk (dargestellt durch Wolf Kaiser) aus Benito Wogatzkis Stücke-Zyklus »Meine besten Freunde«. Vom Autor war er als ständiger Widersprecher gedacht gewesen, als Vertreter der Volksweisheit, der alle hochtrabenden Pläne von seiner Lebenslogik und Lebenserfahrung her hinterfragt, wie der Dramaturg und spätere Hauptabteilungsleiter der Fernsehkunst, Heinz Nahkle, rückblickend meinte. Die Dialektik dieser Gestalt fiel jenem »Aufbruch in die Illusion« zum Opfer, den das 11. Plenum einleitete. Aus der Kunstfigur wurde eine Realgestalt, aus dem Widersprechen die permanente Agitation. Meister Falk wurde zur »sozialistischen Volksgestalt in ihrer Staatsaktion« stilisiert, zur Personifizierung des politischen Programms für die Fernsehkunst.

Meister Falk in Wogatzkis »Meine besten Freunde«

Sozialistische Volksgestalt und »Aufbruch in die Illusion«

So konnte Walter Ulbricht 1969 mit Befriedigung feststellen: »Millionen Menschen sind ergriffen von der Gestalt des Meister Falk. Für sie ist Meister Falk das Vorbild: das Vorbild des Leiters einer Brigade, das Vorbild des Kommunisten« (Ulbricht 1969, 18).

9.6 Die Bildung des Staatlichen Komitees für Fernsehen

Der Leitgedanke des gesamtdeutschen Auftrags für das Programm wurde Mitte der sechziger Jahre aufgegeben. Im Hintergrund stand eine allgemeine politische Kursänderung der DDR, nun wurde die Schaffung einer eigenen DDR-Nationalität mit einer eigenen DDR-Kultur und -Literatur propagiert. Da ab 1965 auch die allmähliche Machtübernahme Honeckers stattfand, spiegelt sich im Verzicht auf den gesamtdeutschen Wirkungsanspruch des Fernsehens und in der Betonung der Abgrenzung der DDR gegenüber der Bundesrepublik die allgemeine Entwicklung der DDR von der Ulbricht-Ära in die Honecker-Ära.

Verzicht auf gesamtdeutschen Anspruch

Mit der Propagierung der eigenen Nationalität und der eigenen Kultur wurde auch die Ausrichtung der Programmarbeit auf eine Abwehr bundesdeutscher Positionen und Kritik der westdeutschen Verhältnisse reduziert und die ideologische Arbeit auf die prosozialistische Bewußtseinsbildung konzentriert. Ab Mitte der sechziger Jahre suchte der DFF, nicht mehr vorrangig ein bundesdeutsches Publikum zu erreichen, sondern verstand sich als Medium für die Bevölkerung der DDR. Strukturell hatte das jedoch zunächst kaum Konsequenzen für das Programm.

Prosozialistische Bewußtseinsbildung

Der ›Prager Frühling‹ von 1968 ließ die Bedeutung des Fernsehens in einem neuen Licht erscheinen. Das Tschechoslowakische Fernsehen (Československá Televize) mit seiner Zentrale in Prag, hatte unter der Leitung von Jiri Pelikan offen Partei für die Reformkommunisten um Alexander Dubček ergriffen und sich der Bewegung des »demokratischen Sozialismus« uneingeschränkt zur Verfügung gestellt. Das Fernsehen wurde deshalb von der gesellschaftlichen Öffentlichkeit in der Tschechoslowakei begeistert angenommen. Als die Truppen des Warschauer Paktes im August 1968 Prag besetzten, sendete das Fernsehen, dessen Studios und Redaktionen damals aus Platzgründen über das ganze Stadtgebiet von Prag verteilt waren, weiter, und es dauerte einige Zeit, bis das Militär alle Studios gefunden, besetzt und den Sendebetrieb unterbunden hatte.

Prager Frühling

Es war deshalb nicht überraschend, daß das DDR-Fernsehen daraus Konsequenzen zog. Einen Monat nach der Invasion in Prag wurde in der DDR die Leitung des Fernsehens aus dem Staatlichen Rundfunkkomitee

Bildung des staatlichen Komitees für Fernsehen

herausgelöst und in einem selbständigen »Staatlichen Komitee für Fernsehen beim Ministerrat der DDR« neu organisiert. Damit war der direkte Zugriff der Partei auf die Fernsehproduktion garantiert.

Der Ausbau des DFF-Programms

Doch es konnte nicht allein darum gehen, nur die Kontrollen zu verstärken, die politische Indienstnahme des Fernsehens mußte so angelegt sein, daß das Medium auf die vielfältigen Bedürfnisse, die durch den wirtschaftlichen Aufstieg der DDR entstanden und die zudem durch die bundesdeutschen Programme verstärkt wurden, reagieren konnte. Das Fernsehen mußte den *Anschein eines ›normalen‹ Fernsehangebots* erzeugen, das sich scheinbar mit *allen* Problemen, die die Zuschauer interessieren könnten, auseinandersetzte, das aber zugleich zentrale Probleme der DDR – z.B. die Legitimität von Staat und Regierung, die Herrschaft einer Partei, die Rolle der Staatssicherheit, die zentrale Planung der Wirtschaft und die Versorgungsengpässe – gerade *nicht* kontrovers zur Sprache brachte.

Struktur des Programms

Diesen Schein von selbstverständlicher und alltäglicher Normalität erzeugte das Fernsehen schon durch die Struktur des Programms, die sich nicht wesentlich von der des bundesdeutschen Fernsehens unterschied. Vormittags gab es Wiederholungen für die Schichtarbeiter, nach einer Programmlücke von 12.00 Uhr bis 15.45 Uhr nachmittags kamen Sendungen für Kinder, Hausfrauen und Rentner, ab 20.00 Uhr lief das Abendprogramm und zuvor noch eine Nachrichtensendung, deren Beginn um 19.30 Uhr so gelegt war, daß man nicht in direkte Konkurrenz mit »Tagesschau« und »heute« geriet.

DFF: Programmtag vom 8. 7. 1968 (Montag)

09.45 Uhr	Programmhinweise
09.50 Uhr	**Medizin nach Noten**
10.00 Uhr	**Aktuelle Kamera.** Anschließend: **Im Blickpunkt**
10.35 Uhr	**Cyankali.** Schauspiel von Friedrich Wolf
11.55 Uhr	Nach Ansage (bis 12.00 Uhr)
15.45 Uhr	**Medizin nach Noten**
16.00 Uhr	**Du und Dein Heim**
16.30 Uhr	**Vesperpause.** Der Berliner Kinderchor singt (für Kinder ab 8)
17.00 Uhr	Nachrichten
17.05 Uhr	**Das Mädchen mit der Guitarre**
18.30 Uhr	Politische Sendung
18.45 Uhr	Programmhinweise
18.50 Uhr	**Sandmännchen**
19.00 Uhr	**Die Umschau.** Aus Wissenschaft und Technik
19.25 Uhr	**Das Wetter**
19.30 Uhr	**Aktuelle Kamera.** Anschließend: **Im Blickpunkt**
20.30 Uhr	Für den Filmfreund ausgewählt: **Madame de …** Franz. Spielfilm, Regie: Max Ophüls; anschl. Nachrichten
21.40 Uhr	**Der schwarze Kanal**
22.05 Uhr	**Tele-BZ: Meine Wäsche – Deine Wäsche**
22.35 Uhr	**Aktuelle Kamera / Kommentar**

Quelle: Hör Zu 1968

Das Programm gab mit seinem vertikalen und horizontalen Aufbau ein geordnetes Bild von Welt, das sich mit seinem Programmfluß ähnlich den Westprogrammen in den Alltag der Zuschauer eingepaßt hatte. Auch die Schwerpunkte im Abendprogramm wechselten wie bei ARD und ZDF: So z. B. in der Woche vom 10. bis 16. 7. 67: montags war immer nach einem alten deutschen Spielfilm Karl-Eduard von Schnitzler mit seinem »Schwarzen Kanal« zu sehen, dienstags kam ein Fernsehspiel (z. B. »Thetis schweigt«, nach Dokumenten von Helfried Schreiter), mittwochs eine Folge aus einer mehrteiligen dramatischen Produktion (z. B. »Fahndung«, 1. Folge: »Das Phantom«), donnerstags eine Dokumentation (»Das Wunder des Meeres«, 3. Folge), freitags ein Spielfilm (z. B. »Die Lügnerin« aus Jugoslawien), samstags ein Unterhaltungsabend (z. B. »Klock 8, achtern Strom« aus dem Ostseestudio Rostock), sonntags dann eine Unterhaltungssendung (z. B. »Meine besten Freunde«). Im Wochenzyklus des immer Gleichen bestätigte sich die sozialistische Ordnung der Dinge.

Schwerpunkte im Abendprogramm

Nicht nur die Struktur, auch der stetige Ausbau des Programms unterschied sich damit nicht von den westlichen Programmen. Noch gab es auch im DFF-Programm eine Nachmittagslücke im Programm, sie wird jedoch mit der Programmerweiterung in den siebziger Jahren geschlossen. Eine leichte Tendenz ist zu erkennen, das Programm abends etwas früher zu beenden – der Werktag der DDR-Bevölkerung begann etwas früher als der der meisten Bundesbürger.

Stetiger Ausbau des Programms

Die Fernsehromane der späten sechziger Jahre – der ›Volksheld‹ in ›Staatsaktion‹

Hatten in den fünfziger und frühen sechziger Jahren die personenarmen und intimen ›Kammerspiele‹ die ästhetische Grundform der Fernsehspiele bestimmt, so errang in der zweiten Hälfte der sechziger Jahre die DDR-Fernsehdramatik ihre Popularität durch die mehrteiligen Fernsehfilme, die ›Fernsehromane‹.

Fernsehromane

Weit ausholende Entwicklungen wurden hier dargestellt und Lebenswege einzelner Personen erzählt, die über Irrtümer und existenzielle Fehlentscheidungen und Korrekturen zur ›historisch richtigen‹ Position fanden, in vielen Fällen durch eine Entscheidung für die DDR. Die Fernsehromane bildeten die filmische Entsprechung zur sog. »Ankunftsliteratur« in der DDR-Literaturgeschichte. So fand der Fahnenjunker Pagel »seinen Weg« in der Fallada-Verfilmung »Wolf unter Wölfen« (1965) und die Magd Gertrud Habersaat den ihren in Helmut Sakowskis »Wege übers Land« (1968), mit dem der Deutsche Fernsehfunk sein Programm anläßlich des 20. Jahrestags einleitete, das eine Reihe solcher Fernsehromane präsentierte. In ihnen wurde für viele Zuschauer die selbsterlebte Geschichte zum Schaustück, in den Filmfiguren erkannten sie etwas von sich selbst wieder.

»Wolf unter Wölfen«

Auch für agitatorisch ausgerichtete kolportagehafte Haupt- und Staatsaktionen wurde diese Form genutzt. Z. B. bei »Ich – Axel Cäsar Springer« von Karl-Georg Egel u. a. (DFF 1968/70), einem Fünfteiler, der Episoden aus der Biographie des bundesdeutschen Verlegers als Parabel auf die Politik der Bundesrepublik gegenüber der DDR zu deuten suchte. In diesem Film, wie auch in »Krupp & Krause« von Gerhard Bengsch, Horst E. Brandt und Heinz Thiel (DFF 1969), wurden die Darstellungen der Protagonisten, die die Filme zu Repräsentanten politischer Haltungen und sozialer Klassen und Schichten aufwerteten, zur Apotheose des Sozialismus in der DDR. Hier agiere »der sozialistische Volksheld in seiner Staatsak-

»Ich – Axel Cäsar Springer«

»Krupp & Krause«

Der sozialistische Volksheld in Staatsaktion

»Wege übers Land«,
mit Angelica Domröse
und Manfred Krug

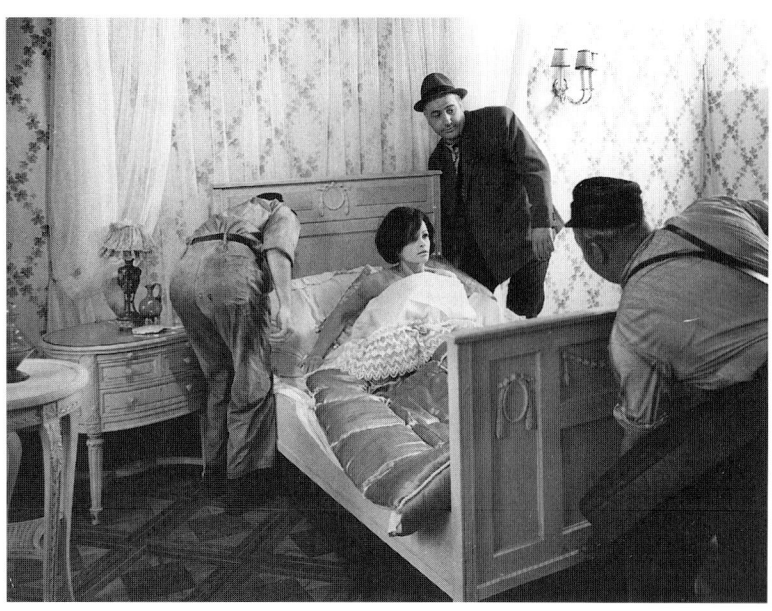

»Titel hab ich noch nicht«,
1964 – mit Fred Düren
und Klaus Piontek

»Wege übers Land«

tion«, dekretierte die Theoretische Konferenz zur Entwicklung der Gegenwartsdramatik im September 1968 (Fernsehdramatik 1969).

Die Fernsehromane waren ebenso wie die Fernsehstücke um Wogatzkis Figur des Meister Falk zwar die politisch wichtigsten, von der Parteiführung mit größter Aufmerksamkeit bedachten Produktionen, daneben gab es jedoch auch künstlerische Innovationen. Poetische Alltagssicht in detailrealistischer Darstellung von Laienschauspielern an Originalschauplätzen entwickelte z. B. Ulrich Thein (in »Titel hab ich noch nicht«, DFF 1964), der später die Struktur des mehrteiligen Fernsehromans aufgriff, jedoch auf das »Umkippen der Geschichtsachse« als dramaturgischen Drehpunkt verzichtete. Auch diese künstlerische Schaffensmethode fand Widerspruch in der Parteiführung. Ulrich Theins Vierteiler »Columbus 64« (1.–5. 10. 66, mit Armin Müller-Stahl in der Hauptrolle), der am authentischen Ort, im Braunkohlenrevier bei Bitterfeld, gedreht worden war und eigentlich die Idee des ›Bitterfelder Weges‹ aufgriff – ein Journalist recherchiert vor Ort, wurde erst nach zwei Jahren und umfangreichen ›Korrekturen‹ gesendet. Die unverfälschte Wirklichkeit an einem der Industriestandorte der DDR hielt den idealistischen Vorstellungen der politischen Führung nicht stand.

Der Begriff ›Fernseh*roman*‹ läßt auf den Literaturzentrismus der Kulturpolitik in der DDR rückschließen. Helmut Sakowski nannte seinen Fünfteiler »Wege übers Land« (1968, Regie: Martin Eckermann) einen »dramatischen Fernsehroman«. Sakowski erzählt die Lebensgeschichte der Magd Gertrud Habersaat, die »ihren« Weg sucht. Gertrud (Ursula Karusseit) will »nach oben«, will Bäuerin werden. Als Geliebte des Gutsbesitzers Lestorff (Armin Müller-Stahl) verwaltet sie dessen Besitz, muß aber erkennen, daß sie nur ausgenutzt worden ist. Mit dem Bauern Kaluweit (Erik S. Klein) übernimmt sie im eroberten Polen einen Bauernhof, den sie mit der deutschen Kriegsniederlage wieder verliert. In der Sowjetischen Besatzungszone wird der Neubäuerin enteignetes Junkerland übertragen und sie erkennt mit Hilfe des Parteiarbeiters Heyer (Manfred Krug), daß ihr Egoismus erst dann zur Tugend wird, wenn nicht sie allein die Nutznießerin ist, sondern ihre Klasse. Sie tritt in die neugegründete Landwirtschaftliche Produktionsgenossenschaft (LPG) ein.

Sakowskis Vorbild war der sowjetische Romanautor Michail Scholochow (»Neuland unterm Pflug« und »Der stille Don«). Wie dieser wollte auch Sakowski der sozialistischen Veränderung auf dem Lande eine große epische Dimension geben. Seine Stücke und Filme endeten fast alle in der Mitte der fünfziger Jahre, vor jenem »sozialistischen Frühling auf dem Lande«, zu dem die SED-Ideologen die Kollektivierung der Landwirtschaft verklärten. Es war dies jene Zeit, die Sakowski selbst auf dem Lande miterlebt hatte.

Die Veränderung auf dem Lande als Fernsehspielthema

In »Daniel Druskat« (1976, Regie: Lothar Bellag, in den Hauptrollen Hilmar Thate und Manfred Krug) legte sich Sakowski, der selbst zum ZK-Mitglied gewählt worden war (eine gebräuchliche Ehrung verdienter Genossen), mit der administrativen Landwirtschaftspolitik der SED an und zog sich damit den Zorn Honeckers zu. Sein letzter DFF-Film »Marie Grubbe« (1989, Regie: Christian Steinke) hatte ein historisches Sujet.

»Daniel Druskat«

Zu einem Schlüsselstück deutscher Geschichte wurde der fünfteilige Fernsehroman »Krupp & Krause« (DFF 1969) von Gerhard Bengsch, in dem der Arbeiter Fred Krause (Günter Simon) als Vertreter seiner Klasse der Krupp-Dynastie als Verkörperung des deutschen Großkapitals gegenübergestellt wird. Die Figuren agieren hier als Allegorien der deutschen Geschichte. Fred Krause übernimmt im fünften Teil (hier wird der Titel programmatisch umgetauscht in »Krause & Krupp«) als Betriebsleiter die ostdeutschen Kruppwerke: Die Arbeiterklasse hatte gesiegt.

»Krupp & Krause«

Die episch breite Darstellung von Geschichte über individuelle Geschichten entsprach den Vorstellungen Walter Ulbrichts, der sich selbst als »Historiker« verstand. Mit Ulbrichts Sturz und Honeckers Machtübernahme 1971 veränderte sich auch die Fernsehdramatik. Als ein Übergang kann der fünfteilige Film »Rottenknechte« (1971) betrachtet werden, der aus der Tradition der ›szenischen Dokumentationen‹ erwachsen ist. Er setzt sich mit den ›schrecklichen Juristen‹ der Nazizeit auseinander, die noch zum Zeitpunkt des Untergangs dieser Macht Todesurteile gegen kriegsmüde deutsche Soldaten aussprachen und in der Bundesrepublik unangefochten blieben. Auch diese Geschichte wurde, dem Genre entsprechend, bis in die DDR-Gegenwart fortgeführt. Der Film liefert einen Beitrag zur damaligen Diskussion um eine eigene ›DDR-Nationalität‹. Mit dem Ende der Ulbricht-Ära endet auch die Zeit der Fernsehromane.

»Rottenknechte«

Die Unterhaltung der »sozialistischen Menschengemeinschaft«

1963 wurde die Unterhaltungssendung »Da lacht der Bär« eingestellt. Das politische Konzept, das dem großen Unterhaltungsabend von Rundfunk und Fernsehen der DDR zugrunde lag, der gesamtdeutsche Dialog nach dem Prinzip »Deutsche an einen Tisch!«, hatte sich mit dem Bau der Mauer überholt.

Großer Unterhaltungsabend

Auf der ›Bitterfelder Konferenz‹ im April 1959 hatte die Unterhaltung ihre kulturpolitische Würdigung erfahren. Sie sollte sich als sozialistische Unterhaltungskunst vom Kunstkommerz der kapitalistischen Gesellschaft abgrenzen. Das DDR-Fernsehen installierte daraufhin (nach zwei Einzelsendungen mit dem wenig originellen Titel »Junge Talente«) am 20. 9. 59 die Reihe »Herzklopfen kostenlos«, die bis 1973 live gesendet wurde und

»Ob das was wird?«

»Da lacht der Bär«, 1963

später unter dem Titel »Heitere Premiere« ihre Fortsetzung fand. Bis dahin verborgen gebliebene Talente unter den Laienkünstlern sollten entdeckt werden.

Interessanter war jedoch die Sendereihe »Ob das was wird?«, die vom 26. 9. 59 an gesendet wurde. Die erste Sendung aus dem Magdeburger ›Kristallpalast‹ war monatelang unter strenger Geheimhaltung vorbereitet worden. Am Sendetag wurden zwei Übertragungswagen in Magdeburg installiert, der eine an einem Platz im Stadtzentrum, der andere am Veranstaltungssaal. Die Dekoration auf der Saalbühne war bewußt nur fragmentarisch ausgeführt. Sie sollte von den Gästen während der Sendung fertiggestellt werden, ebenso ein alter Straßenbahnwaggon, der an der Außenstelle stand und für Stadtrundfahrten hergerichtet werden sollte.

Für die öffentliche Veranstaltung waren keine Karten verkauft worden. Am Tag der Sendung meldete sich anderthalb Stunden vor Beginn der Moderator Horst Lehn aus dem Veranstaltungssaal und forderte die Magdeburger auf, sich sowohl mit künstlerischen Beiträgen als auch mit handwerklichen Leistungen an der Sendung zu beteiligen. Anstelle einer Eintrittskarte war ein Blumentopf mitzubringen, mit dem die unfertige Bühnendekoration vollendet werden sollte.

Das Programm entstand – durch wenige vorbereitete ›Notnummern‹ von professionellen Künstlern gestützt – aus den Beiträgen der Magdeburger. Das damals berühmte private Modehaus Bormann improvisierte eine Modenschau, die spätere Schlagersängerin Petra Böttcher debütierte bei dieser Gelegenheit, und auch das Komikerduo Preil/Herricht hatte an diesem Tage seinen ersten Auftritt. Das Rahmenprogramm der 90-Minuten-Show, die eine Großstadt auf die Beine brachte, bildeten ein Fahrradkorso mit 200 Radfahrern und eine Hundeschau mit 250 Vierbeinern und ihren ›besten Freunden‹.

Die nächsten Folgen der Reihe, die auf geschickte Weise Live-Effekt, Lust an der Improvisation, kulturpolitisches Programm und kommunale Anliegen miteinander verband, kamen aus Rostock, Neubrandenburg und

Kamenz. Den Nutzen hatten die entsprechenden Gemeinden, die auf diese Weise kommunale Projekte realisieren konnten: in Magdeburg den nostalgischen Straßenbahnwagen, in Rostock ein Elefantenhaus für den städtischen Zoo, in Neubrandenburg eine Landbibliothek, für die von den Zuschauern Bücher zur Sendung mitgebracht wurden.

1962 kam eine Musikreihe »Schlager aus Berlin« ins Programm, die im Gegensatz zu den früheren Unterhaltungsreihen eine Filmproduktion mit Reportageanteilen und damit den Versuch darstellte, musikalische Unterhaltung und Fernsehpublizistik zusammenzuführen. Die Moderation hatte der Sportreporter Heinz-Florian Oertel übernommen, der die Zuschauer auf eine flotte aktuelle Reportage einstimmte. Die erste Folge trug als Untertitel eine Textzeile aus einem der damals bekannten Berlin-Schlager: »Wenn in der Schönhauser Allee …«, ein Hinweis auf den Charakter dieser Sendung, die Stadtkolorit mit Musik vermitteln wollte. Aus dieser Reihe wurde zwei Jahre später, 1964, die Reihe »Schlager einer kleinen Stadt«, wiederum moderiert von Heinz-Florian Oertel, der die Besonderheiten dieser sonst vom Fernsehen kaum beachteten Gemeinden vorstellte.

Fernsehunterhaltung in der DDR war bis dahin zumeist ›Saalunterhaltung‹: Das Fernsehen zog mit seiner mobilen Übertragungstechnik zu den Orten des unterhaltsamen Geschehens, in der Regel Kulturhäuser, Theater, Varietés. Aus dem Klubhaus der Leunawerke kam 1962 die Direktübertragung einer Unterhaltungsveranstaltung »Mit Charme geht alles besser«; »Korken, Knüller und Kaskaden« kam im gleichen Jahr aus dem Klubhaus des Chemiekombinats Böhlau. Doch solche Formen industrienaher Unterhaltung blieben begrenzt, einen ›Bitterfelder Weg zur Fernsehunterhaltung‹ gab es nicht. Die Reihe »Schlager einer kleinen Stadt« stellte dennoch eine neue Form der Unterhaltung dar, weil sie aus den festlich geschmückten Sälen hinausging und versuchte, Unterhaltung in direkte Beziehung zum DDR-Alltag zu bringen.

Ähnlich war auch die seit 1962 ausgestrahlte Unterhaltungsreihe »Zwischen Warnow und Werra« konzipiert, die wie »Schlager einer kleinen Stadt« Fernsehfilmreportagen mit Unterhaltungsdarbietungen verband. Sie wurde ab 1963 unter dem Titel »Unterwegs zwischen Warnow und Werra« fortgesetzt, 1966 dann auch unter dem Titel »zwischen Wartburg und Ostseestrand«. Mit dieser Unterhaltung sollte die Verbundenheit mit der DDR und ihren lokalen Besonderheiten hergestellt, sollte ein spezifisches Heimatgefühl entwickelt werden. Andere regionale und lokale Musiksendungen (nach dem Muster »Sommergruß aus Köpenick«, 1963) unterstützten dieses Konzept.

Mit der Orientierung der Politik auf die ›sozialistische Integration‹ der RGW-Staaten bekam die Reihe »Schlager einer kleinen Stadt« bald eine andere Konzeption sowie den neuen Namen »Schlager einer großen Stadt«. Die Reihe brachte nun auch Berichte und Schlager aus den Hauptstädten der ›sozialistischen Bruderländer‹.

Mit dem VI. Parteitag der SED im Januar 1963 wurde das Spektrum der Fernsehunterhaltung mit der Sendung »Mit dem Herzen dabei« erweitert. Diese Reihe wurde am 18. 1. 64, Samstag nachmittags, von Radio DDR I als Rundfunksendung gestartet und am 7. 10. 64 (anläßlich des 15. Jahrestags der DDR-Gründung) in das Sonnabend-Vorabendprogramm des Deutschen Fernsehfunks übernommen. »Mit dem Herzen dabei« griff den propagandistischen Grundgedanken des VI. Parteitags (1963) auf, »die sozialistische Menschengemeinschaft«, die nach Wille und Vorstellung Walter Ulbrichts in der DDR bereits Realität geworden war, unterhaltsam darzustellen.

»Schlager aus Berlin«

»Schlager einer kleinen Stadt«, 1964 – H.-F. Oertel mit Glasbläser in Radeberg

»Mit Charme geht alles besser«

»Unterwegs zwischen Warnow und Werra«

»Mit dem Herzen dabei«

»Mit dem Herzen dabei«, 1966 – mit Walter Ulbricht, Max Fechner und Hans-Georg Ponesky

Hans-Georg Ponesky, Moderator und (mit Wolfgang Strobel) Redakteur der Sendung, wollte in der Sendung verdiente Arbeiter quasi vor der gesamten »sozialistischen Menschengemeinschaft der DDR« öffentlich ehren, indem sie in außergewöhnliche Situationen gebracht wurden. Die Ehrungen setzten bei den Betroffenen starke Nerven voraus. Eine Magdeburger Verkehrspolizistin z. B. wurde an der Kreuzung, wo sie den Verkehr regelte, unversehens von über tausend Autos eingekreist und mit einem Hupkonzert gefeiert und dann von ihrem Vorgesetzten ›vor Ort‹ befördert. Eine andere Volkspolizistin wurde auf der Bühne zur Wachtmeisterin ernannt und vor den Augen des Publikums mit einem polnischen Jungen konfrontiert, den sie 1945 zu sich genommen und seit langem nicht wiedergesehen hatte. Doch auch die ›hohe Politik‹ kam propagandistisch ins Spiel: Walter Ulbricht söhnte sich am 11. 4. 66 (zwanzig Jahre nach dem Vereinigungsparteitag von KPD und SPD zur SED 1946) auf der Bühne des Friedrichstadtpalastes mit dem nach dem 17. Juni 53 in Ungnade gefallenen und mehrere Jahre inhaftierten ersten Justizminister der DDR Max Fechner (ehemals SPD) aus.

Die Geschmacklosigkeiten dieser Sendung und die öffentlichen Seelenmassagen brachten Ponesky seinerzeit den Spitznamen »Seelen-Hitchcock« ein. Dennoch kann »Mit dem Herzen dabei« als die repräsentative Unterhaltungssendung des DDR-Fernsehens in den sechziger Jahren betrachtet werden. Die Sendung überdauerte das 11. Plenum des ZK der SED 1965 und wurde erst eingestellt, als sich die Utopie der »sozialistischen Menschengemeinschaft« und damit die Sendekonzeption von »Mit dem Herzen dabei« für die übergroße Mehrheit der Zuschauer als politischer Schwindel herausgestellt hatten.

Utopie der »sozialistischen Menschengemeinschaft«

»Alte Bekannte«

Neben den großen Unterhaltungsformen wurde auch die Form des Unterhaltungsmagazins entwickelt. »Alte Bekannte« begann sich schon 1966 auf das Fernsehen selbst zu beziehen und Ausschnitte aus Unterhaltungssendungen zu zeigen, ab 1967 wurde es unter dem Titel »Adlershofer Televerschnitt« weitergeführt. Als Unterhaltungsmagazin firmierte die Reihe »Die Augen – links!« (1967), das sich an die Nationale Volksarmee wandte und die Reihe »Zapfenstreich heute später« (ab 1966) ablöste.

Bei der Spielunterhaltung dominierte anfangs eine Orientierung an Gesellschaftsspielen und Rätselsendungen wie den »Knobeleien« (1961) oder dem »A, B oder« (1962), einem »Fernseh-Gesellschaftsspiel«. Quiz oder Gameshows waren als amerikanische Erfindungen verpönt, einen Gewinnanreiz durfte es in einem sozialistischen Spiel auch nicht geben. »Wer bin ich?« war 1963 eine Spielsendung mit Publikumsbeteiligung, bei der Prominente und »Gäste aus der Sowjetunion« eingesetzt wurden, um den internationalen Flair zu garantieren.

Fernseh-Gesellschaftsspiel

9.7 Das Farbfernsehen und ein zweites DFF-Programm

In der Organisationsstruktur des DDR-Fernsehens brachten die endsechziger Jahre eine Reihe von Veränderungen. Die Gründung des Staatlichen Komitees für Fernsehen führte zu einer größeren institutionellen Selbständigkeit bei einer gleichzeitig strikten Kontrolle.

Institutionelle Selbständigkeit und strikte Kontrolle

Das Programmangebot wurde weiter ausgebaut. So stieg bis 1970 der Programmumfang weiter an: Die Statistik weist einen Anstieg der Zahl der Sendestunden um 59 Prozent im Vergleich zum Jahre 1965 aus. Innerhalb der einzelnen Sendearten hat 1970 die dramatische Kunst ihren Anteil um fast 9 Prozent der Gesamtsendezeit erhöht.

Fernsehen der DDR: Programmumfang 1970

Art der Sendung	Sendestunden	
Informationspolitische Sendungen	978	(16,2 %)
Fernsehpublizistik	662	(11,0 %)
Sport	730	(12,1 %)
Bildung	227	(3,8 %)
Fernsehdramatik	1.651	(27,4 %)
Unterhaltung	735	(12,2 %)
Kinderprogramme	383	(6,4 %)
Jugendprogramme	128	(2,1 %)
Sonstiges	534	(8,9 %)
Summe	**6.028**	**(100 %)**
davon in Farbe	392	(6,5 %)

Quelle: Statistisches Jahrbuch der DDR 1970

Das zweite DFF-Programm als Farbprogramm

Die Planung eines zweiten Programms wurde wieder aufgenommen, allerdings nicht als grenzüberschreitendes Programm, wie dies zehn Jahre zuvor vorgesehen war. Wie in der Sowjetunion, wo das Farbfernsehen und ein das gesamte Territorium überspannendes Satellitenprogramm (»Orbita«) 1967 anläßlich des fünfzigsten Jahrestags der »Großen Sozialistischen Oktoberrevolution« eingeführt wurde, war dieses zweite Programm des DDR-Fernsehens nunmehr als Farbfernsehprogramm geplant. Den Verantwortlichen erschien also offensichtlich die Farbe lediglich als Zutat, als ein Luxus, der im Alltagsgebrauch des Mediums, wie er sich im Deutschen Fernsehfunk herausgebildet hatte, durchaus als entbehrlich betrachtet wurde.

Planung des Farbfernsehens

Das zweite (Farb-)Programm sollte zunächst als selbständige Einrichtung

Ein zweites Programm mit eigener Programmstruktur

aufgebaut werden, mit einer eigenen Intendanz und einer zwar abgestimmten, aber doch vom ersten DFF-Programm unabhängigen Programmstruktur sowie eigenen, vornehmlich kulturellen Programmangeboten. Als Verantwortlicher für dieses zweite Programm und als späterer Intendant war der frühere Leiter der Hauptabteilung Dramatische Kunst, Werner Fehlig, vorgesehen. Eine Vorbereitungsgruppe aus Produktionsleitern, Dramaturgen, Regisseuren, Kameraleuten und Szenenbildnern sollte sich mit den internationalen Erfahrungen auf dem Gebiet des Farbfernsehens vertraut machen, wie sie in den nach der französischen Secam-Farbnorm arbeitenden staatlichen Fernsehstudios in Moskau und Paris bereits gesammelt worden waren. Während sich die Adlershofer Fernsehmitarbeiter im Moskauer Fernsehzentrum mit der neuen Technik vertraut machen konnten, kam die Zusammenarbeit mit dem französischen Fernsehen nicht zustande.

Secam-Farbnorm

In der Bundesrepublik strahlten ARD und ZDF bereits seit 1967 ihre Programme nach der PAL-Norm in Farbe aus (vgl. Kap. 8.4). Die DDR-Entscheidung für die französische Secam-Farbnorm (und damit gegen die PAL-Norm) war von der Politik der Abgrenzung zur Bundesrepublik geprägt. Auch spielten wirtschaftspolitische Aspekte eine Rolle, wollte sich die DDR-Regierung ihre Unabhängigkeit von westdeutschen Importen bewahren, weil sie politisch motivierte Verweigerungen oder Verzögerungen von Lieferungen befürchtete. Auch wenn der Kalte Krieg mit dem Mauerbau seinen Höhepunkt überschritten hatte, so war er noch nicht beendet.

Bau eines großen Fernsehturms

Für die Planung der Eröffnung eines zweiten Programmkanals sowie auch für die Einführung des Farbfernsehens in der DDR spielten vor allem Prestigegründe eine Rolle. Darauf verweist auch der Bau eines Fernsehturms im Berliner Stadtzentrum, der sendetechnisch eine unglückliche Entscheidung darstellte, da die dichtbesiedelte Stadtmitte im Schatten dieses Turms liegt und sich damit ungünstige Empfangsbedingungen ergaben. Als Symbol für die politisch wegen des Viermächtestatus Berlins immer noch umstrittene Funktion Berlins als ›Hauptstadt der DDR‹ besetzte der Turm jedoch einen exponierten Standort im Zentrum der Stadt und war mit seinen 365 Metern Höhe nach dem Moskauer Fernsehturm der zweithöchste Fernsehturm der Erde. Die Inbetriebnahme des Berliner Fernsehturms und die Eröffnung des II. Programms erfolgten am 3. 10. 69, am Wochenende vor dem 20. Jahrestag der DDR.

Das Fehlen alternativer Programmkonzeptionen

Konzeptionsloses Kontrastprogramm

Das zweite DFF-Programm, von der ursprünglichen Programmkonzeption als kulturelles Alternativprogramm abgelöst und in seinem Anspruch reduziert, zeigte sich weitgehend konzeptionslos. Bis zum Dezember 1983, als die »alternative Programmstruktur« eingeführt wurde, war es zu keiner überzeugenden Programmkonzeption für das »Kontrastprogramm« auf dem zweiten Gleis gekommen. Es umfaßte 21 Wochenstunden, davon 4 Stunden – auf das Wochenende konzentriert – in Farbe. Im ersten DFF-Programm wurden dagegen 85 Stunden in der Woche gesendet (Müller 1972, 36).

Die Reichweite dieses zweiten Programms war bei Einführung noch begrenzt. 1970 verfügten nur 0,2 Prozent (also 13 000) der Haushalte in der DDR über ein Farbfernsehgerät. Deshalb wurden die Farbsendungen zunächst im ersten DFF-Programm in Schwarz-Weiß ausgestrahlt und später im zweiten in Farbe wiederholt. So gewann das zweite Programm das Image eines ›Wiederholungsprogramms‹.

Seit dem 17. 2. 72 wurde auf Verlangen des Oberkommandos der Sowjetischen Streitkräfte in Deutschland eine Reihe mit originalsprachigen sowjetischen Film- und Fernsehbeiträgen unter dem Etikett »Für Freunde der russischen Sprache« zweimal wöchentlich (donnerstags und sonntags) ausgestrahlt. Diese Reihe lief bis Anfang der achtziger Jahre, als Sendeeinrichtungen der Sowjetarmee in den Garnisonsstädten das erste Programm des Zentralen Sowjetischen Fernsehens übernahmen. Durch diese Sendungen galt das zweite DFF-Programm bei vielen Zuschauern als das »Russenprogramm«. Versuche in den späten siebziger Jahren, im zweiten Programm anspruchsvolle Kultur- und Bildungssendungen zu bringen, stießen auf wenig Zuspruch der Zuschauer, da sich das Fernsehpublikum von diesem Programm bereits dauerhaft abgewandt hatte.

»Für Freunde der russischen Sprache«

10. Im Vorfeld der Kommerzialisierung – Fernsehen in der Bundesrepublik von 1973 bis 1983

Kurskorrekturen beim Begleiten gesellschaftlicher Veränderungen

Die Zeit von 1973 bis 1983 bildet eine Phase von Kurskorrekturen und Anpassungen des Fernsehens an veränderte Anforderungen. Die Bedeutung, die das Fernsehen als zentrales Medium der gesellschaftlichen Kommunikation erlangt hatte, führte dazu, daß konträre Meinungen über seine Funktionen und Aufgaben aufeinanderprallten. Diese Auffassungen wurden in den politischen Machtkämpfen um das Medium funktionalisiert. Sollte das Fernsehen innerhalb der gesellschaftlichen Veränderungsprozesse Partei ergreifen? Sollte es die Zuschauer über Abhängigkeiten und Konflikte aufklären oder nur unterhalten und die Machtverhältnisse nicht selbst zum Thema machen? Sollte es, um Wirkung und Änderung zu erzielen, das Publikum provozieren oder sollte es sich den Publikumsmeinungen anpassen? Konsensfähige Konzepte waren nicht in Sicht.

Daß die Phase bis Anfang 1984, dem Beginn des kommerziellen Fernsehens in der Bundesrepublik, sich eher als eine Zeit krisenhafter Veränderungen darstellt, hängt mit erhöhten Anforderungen zusammen, die von außen an das Medium herantraten. Das Fernsehen selbst konnte ihnen jedoch aufgrund vorgegebener Strukturbedingungen nur begrenzt entsprechen. Die stetige Expansion mit wachsenden Einnahmen war vorbei, es begann eine Zeit der begrenzten, ja knapper werdenden Mittel, des verschärften politischen Drucks von außen, neuer technologischer Herausforderungen und wachsender Zuschaueransprüche. Für einen neuen Zustand medialer ›Normalität‹ mußten die Fernsehanstalten selbst erst nach Lösungen suchen.

Anfang der siebziger Jahre bemühte sich das ZDF darum, veränderten individuellen Verhaltensweisen der Zuschauer im Alltag gerecht zu werden. Mit der Verschiebung seiner Hauptnachrichtensendung »heute« auf 19.00 Uhr und weiteren Änderungen seiner Programmstruktur signalisierte das ZDF den Einstieg in eine neue Phase der Fernsehgeschichte. Die zunehmende Orientierung an Zuschauerbedürfnissen war *einer* der Faktoren einer insgesamt widersprüchlichen Entwicklung des Mediums.

Wachsende Orientierung an Zuschauerbedürfnissen

Am Ende dieser Zeit steht die Einführung kommerzieller Programme, also der grundlegende Umbau des Fernsehsystems der Bundesrepublik. Er war kein Ergebnis, das von den Fernsehanstalten selbst angestrebt wurde. Ganz im Gegenteil suchten sie, verständlicherweise, diese Entwicklung zu verhindern oder doch zumindest zu verzögern. Bezeichnend für diese Entwicklung ist, daß der Einfluß des Fernsehens selbst darauf gering blieb und – wie der ARD-Programmdirektor Dietrich Schwarzkopf 1985 rückblickend feststellte – daß das öffentlich-rechtliche Fernsehen »in einer Frage, die es selbst derart existentiell betrifft, das Meinungsklima nicht bestimmen« konnte (Schwarzkopf 1985, I/11).

In der gesellschaftlichen Polarisierung zwischen dem konservativen und sozialliberalen Lager verkehrten sich eigentümlicherweise die fernsehpolitischen Grundhaltungen: Während die konservativen Kräfte von CDU/CSU und Teile der FDP auf einen Wandel des Fernsehens in Richtung Programmvervielfachung durch Angebote neuer, auf Profiterzielung ausgerichteter Sender drängten, suchte die sonst auf gesellschaftliche Änderungen setzende SPD die Bewahrung des Status quo durch eine weitere Exklusivität öffentlich-rechtlicher Anbieter und den Verzicht auf kommerzielle Programme.

Die siebziger Jahre waren auch eine Zeit der Rücknahme spezifischer, auf Bildung, Kulturanspruch und Medienavantgarde ausgerichteter Angebotsdifferenzierungen im Fernsehen. Die Durchsetzung der neuen Standards ›Unterhaltsamkeit‹, ›Verständlichkeit‹, ›Zuschauerorientierung‹ hatte eine Entdifferenzierung der Angebotsbreite zur Folge. Die Unterhaltung selbst blieb noch öffentlich-rechtlich moderat, ohne kommerzielle Durchdringung, ohne unbedingte Ausrichtung auf Markterfolg und Tabuaufweichungen, wie sie die Phase des Markteintritts kommerzieller Programme kennzeichnet.

Modernisierungsvermittlung durch Unterhaltsamkeit

Der Eindruck, das Fernsehen stagniere in seiner Entwicklung, setzte sich in der publizistischen Öffentlichkeit der siebziger Jahre durch. Dazu trug paradoxerweise gerade die Debatte um Finanzprobleme, politische Einflüsse und vor allem um die neuen Dimensionen des »Satelliten-, Kabel- und Kassettenfernsehens« (ZDF 1971) bei, also nicht zuletzt die Diskussion um den technischen Fortschritt des Mediums. Viele Menschen, die sich von den Modernisierungsprozessen überfordert fühlten, sahen das Fernsehen generell – und damit das öffentlich-rechtliche Fernsehen – als Indiz und Ursache sozialer Probleme an (vgl. Winn 1979, Mander 1979, Eurich 1983, Postman 1985). Den Verfechtern eines kommerziellen Fernsehens erschien das öffentlich-rechtliche Fernsehen dagegen als Blockierung beim Aufbau einer ›schönen, neuen Fernsehwelt‹. Daß der »Urknall« zu einer neuen Mediengesellschaft (Ory/Sura 1987) ausgerechnet im Jahr 1984, dem Jahr, das George Orwell einst für seine Vision eines großen Überwachungsstaates auserkoren hatte, geschah, war für alle Kontrahenten symbolhaft: Den einen erschien es als Bestätigung der Angst vor dem ›Großen Bruder‹-Fernsehen, den anderen als deutlicher Beleg dafür, daß dies eine Wahnvorstellung und der Aufbruch in die Medienzukunft nur positiv zu sehen sei (Schwenger 1983).

10.1 Die polarisierte Gesellschaft

In der Bundesrepublik war die Aufbruchstimmung der endsechziger Jahre spätestens 1972/73 verflogen, als die Ölkrise an die Begrenztheit der Rohstoffreserven erinnerte, der Club of Rome die Grenzen des Wachstums aufzeigte und die Bundesrepublik in eine neue wirtschaftliche Rezession geriet. Der politische Erfolg der sozialliberalen Regierung Brandt/Scheel mit den Ostverträgen war nach der Bundestagswahl 1972 verbraucht, der Fall des Kanzleramtsspions Günter Guillaume kühlte die Bereitschaft zu einem neuen deutsch-deutschen Miteinander ab. Das Konzept des ›Wandels durch Annäherung‹ fand ein frühes Ende. Die innenpolitischen Kontroversen wurden durch den Terrorismus und antiterroristische Maßnahmen verschärft, der ›Radikalenerlaß‹ führte zu einer weiteren Verhärtung. Im Umfeld der gesellschaftlichen Polarisierung verschärften sich auch die politischen Kontroversen um das Fernsehen. Der Rundfunk sah sich in einer »polarisierten Gesellschaft« (Bismarck 1973).

Grenzen des Wachstums und innenpolitische Kontroversen

Ende der sechziger Jahre setzte, so der Kulturhistoriker Jost Hermand, eine »Periode der ökonomischen und ökologischen Dauerkrise« (Hermand

1988, 21) ein. Der »ausgeprägte Strukturwandel« (Ambrosius 1987, 37) war durch starke ökonomische Konzentrationsbewegungen, wachsende Arbeitslosigkeit (sie stieg von 1970 bis 1983 von 0,7 auf 9,1 Prozent) und eine zunehmende staatliche Verschuldung gekennzeichnet. Die Rezessionen von 1974/75 und 1981/82 führten zu Rationalisierungsprozessen, in denen durch die Einführung von Automation und neuen Technologien nicht nur Arbeitskräfte eingespart, sondern sich auch die Struktur der Arbeit langfristig von der »körperlichen Beanspruchung zur nervlichen Anspannung« (Kehl 1987, 308) bei der Steuerung maschineller Produktionsvorgänge verschob. 1972 setzte Daimler-Benz den ersten Industrieroboter in Deutschland ein, 1983 nahm Volkswagen die erste automatische PKW-Montage in Betrieb. Wegen der Ablösung des maschinellen Bleisatzes durch den computerisierten Lichtsatz und den damit verbundenen Strukturveränderungen im Druckgewerbe kam es 1977/78 zu größeren Streiks. Mit der Zunahme der Arbeitsteilung fand ein Sinnverlust der Arbeit (ebd., 317) statt, den auch das Anfang der siebziger Jahre von der SPD-geführten Bundesregierung eingerichtete Projekt »Humanisierung der Arbeitswelt« nicht aufhalten konnte. Flankiert wurde dieser ökonomische Strukturwandel durch eine Verschiebung in den gesellschaftlichen Schichtungen: Der Anteil der Arbeiter sank von 48,6 Prozent 1965 auf 38,4 Prozent im Jahr 1985 und der Anteil der Angestellten und Beamten stieg im gleichen Zeitraum von 31,4 Prozent auf 45,6 Prozent.

Ausstattung der Haushalte mit technischen Geräten

Mit dem Anstieg der individuellen Einkommen verbreitete sich auch die Ausstattung der Haushalte mit technischen Geräten. 1982 besaßen 100 Prozent aller Haushalte Kühlschrank und Waschmaschine, 99 Prozent einen Staubsauger, 90 Prozent ein Telefon, 84 Prozent ein Auto, 79 Prozent einen Farbfernseher, 78 Prozent einen Kassetten-Recorder (Hermand 1988, 34). Die Technisierung der Haushalte war damit zu einem selbstverständlichen Faktum geworden. In dem sich dadurch allmählich verbreiternden Mittelstand setzten im Freizeitverhalten starke Differenzierungsprozesse ein. Gleichzeitig kam es zu einem Wandel der gesellschaftlichen Werte: Der »Drang nach einzelpersönlicher Freiheit, Ungebundenheit und Ehelosigkeit« (ebd., 28) setzte sich durch und fand seinen Ausdruck vor allem in einem konsumorientierten Verhalten. Der Anschein einer »klassenlosen Gesellschaft« (Ludwig Erhard) und einer Auflösung der »klassischen Klassengesellschaft« (Helmut Schmidt) stützte sich auf diese Konsumorientierung.

Trotz des wachsenden Wohlstands einer großen Bevölkerungsmehrheit wuchs aufgrund der bleibend hohen Arbeitslosigkeit die Zahl der Sozialhilfeempfänger. Steigende Lebenshaltungskosten, fortschreitende Umweltzerstörung und eine verstärkte atomare Hochrüstung ließen Unsicherheit und Angst entstehen und führten zu starken innenpolitischen Kontroversen.

Ausbau des Bildungswesens und ›Kultur für alle‹

Durch den forcierten Ausbau des Bildungswesens seit dem Ende der sechziger Jahre stieg der Anteil der Abiturienten von 8,4 Prozent im Jahr 1970 auf 21,7 Prozent im Jahr 1984. Zu den propagierten kulturellen Konzepten dieser Phase gehörten die von den Stadtdezernenten Hilmar Hoffmann (Frankfurt/M.) und Hermann Glaser (Nürnberg) entwickelten Modelle der Demokratisierung der Kultur. Das Konzept ›Kultur für alle‹ zielte auf eine Popularisierung der Kultur und eine Erleichterung des Zugangs zu den tradierten Kunstformen. Damit wurde indirekt an Vorstellungen angeknüpft, die auch für das Medium Fernsehen Gültigkeit besaßen: möglichst viele zu erreichen und ihnen die bis dahin wenigen vorbehaltene

Kultur zugänglich zu machen. Die siebziger Jahre waren auch durch eine neue Hinwendung zu den tradierten Künsten und Medien geprägt. Zahlreiche unabhängige Theatergruppen entstanden, die Museen zogen mit großen Ausstellungen Hunderttausende von Zuschauern an, Stadtteil- und Straßenfeste etablierten sich. Es war die Zeit der Gegenöffentlichkeiten und der alternativen Kultur.

Von einem Absterben der Kultur durch die allgemeine Fernsehausbreitung konnte also nicht die Rede sein. Nur die Kinonutzung blieb weiterhin marginal. Mitte der siebziger Jahre läßt sich auch ein weitgehend ungeplanter Trend bei vielen Menschen feststellen, sich aus den gesellschaftlichen Debatten zurückzuziehen, um sich stärker mit individuellen und privaten Formen des Lebens zu beschäftigen und in der ›Selbstverwirklichung‹ unterschiedliche Lebensstile zu entwickeln.

10.2 Ausbau der Distributionstechniken

Den großen Umbruch des Fernsehens beschworen seit Anfang der siebziger Jahre Politiker und Programmverantwortliche. Eine ZDF-Broschüre mit dem programmatischen Titel »Das Fernsehen in den 70er Jahren« prognostizierte 1973 die technologische Veränderung des Fernsehens durch die »Bild-Ton-Kassette«, durch das Satellitenfernsehen und das Kabelfernsehen und sah dadurch den »Monopolanspruch der Rundfunkanstalten« in Frage gestellt (Fernsehen 1973, 5).

Aufbruchsvisionen für das ›Fernsehen in den 70er Jahren‹

Um auf diese Entwicklung vorbereitet zu sein, hatte die Bundesregierung am 2. 11. 73 die Einsetzung der »Kommission für den Ausbau des technischen Kommunikationssystems« (KtK) beschlossen, die im Frühjahr 1974 ihre Arbeit aufnahm und Ende 1975 ihren Telekommunikations-Bericht vorlegte. Aufgrund des Berichtes beschloß die Bundesregierung Mitte 1976, mit der fernmeldetechnischen Erprobung einzelner Techniken zu beginnen. Umstritten war zunächst eine Technik, die darin bestand, die bei der Ausstrahlung von Fernsehprogrammen vorhandene ›Austastlücke‹ zwischen den Fernsehbildern zur Übertragung von schriftlichen Texten zu benutzen. Zwischen den Zeitungsverlegern, den öffentlich-rechtlichen Anstalten und der Bundespost kam es deshalb rasch zu einem Konflikt, wer diese neue Technik für die Übertragung aktueller Informationen nutzen durfte und entsprechend unterschiedlich war auch die Bezeichnung dafür. Die Zeitungsverleger nannten einen solchen Dienst folgerichtig ›Bildschirmzeitung‹, weil sie diesen Dienst als »Darbietungsform der Presse« (BDZV) verstanden. Die öffentlich-rechlichen Anstalten nannten ihn ›Videotext‹, weil sie darin eine Form des Rundfunks sahen, denn dieser Dienst war nur im Zusammenhang mit Fernsehbildern auszustrahlen. Die Bundespost fand als Kompromiß den Begriff ›Bildschirmtext‹. Auf der Funkausstellung 1977 kam es zur ersten Präsentation der konkurrierenden Konzepte von ›Bildschirmtext‹ der Verleger und ›Videotext‹ der Fernsehanstalten, da die Berliner Landesregierung den Verlegern eine Ausnahmegenehmigung zur Ausstrahlung dieser Form des Rundfunks erteilte (vgl. Buchholz/Kulpok 1979, 45 ff.). Damit war die Auseinandersetzung um das »Lese-Fernsehen« zum »Prolog für die große Kabelschlacht« (Dietrich Ratzke) geworden. Während sich die Fernsehanstalten auch weiterhin auf die Nutzung der Austastlücke beschränkten, versuchten die Verleger ihren »Bildschirmtext« zum »Kabeltext« weiterzuentwickeln. Am 1. 6. 80 starteten ARD und ZDF einen ›Feldversuch‹ mit Videotext. Doch das Zuschauerinteresse blieb

Bildschirmzeitung und Videotext

Videotext: Testseite

Vorbereitung der Einführung des Kabelfernsehens

gering, Ende 1980 besaßen erst 35.000 Zuschauer Videotext-tüchtige Empfangsgeräte.

Mit dem KtK-Bericht kam auch die Vorbereitung des Kabelfernsehens in Gang. Schien zunächst die Benutzung der vorhandenen Gemeinschaftsantennenanlagen (Kabelinseln) einen Einstieg zu bieten, wurde die Frage, wie diese untereinander zu verkabeln oder ob sie über Richtfunkanlagen (z. B. im 12-Gigahertz-Bereich) miteinander zu verbinden waren, zum Problem (Hymmen 1975, 98 ff.). Da die Vertreter kommerzieller Fernsehinteressen den Eindruck gewannen, daß die Kabelpolitik der SPD/FDP-Bundesregierung auf einer strikten Trennung zwischen öffentlich-rechtlichem Fernsehen und kommerziell organisierter Presse bestand und sich die Kommunen für eine Trägerschaft kommunaler Netze interessierten, waren sie an der Schaffung von ›Modellversuchen‹ bzw. ›Pilotprojekten‹ (vgl. Paetzold 1978, 48 ff.) interessiert, um einen Einstieg zu erhalten. Nach einer breiten öffentlichen Debatte beschlossen die Ministerpräsidenten der Länder am 11. 5. 78 die Durchführung von vier Kabelpilotprojekten.

In der gesellschaftlichen Diskussion der neuen Technologien stellte sich ein spezifisches Ablaufmuster heraus, das sich ähnlich in der Folgezeit wiederholte: Wurden anfangs ganz andere Formen der Telekommunikation – vor allem der interaktive Gebrauch (›Rückkanal‹) – diskutiert und schien die Technik die Menschen zu weitreichenden Phantasien anzuregen, schränkten sich im Verlauf der Diskussion die Möglichkeiten immer weiter ein, bis am Ende doch nur eine erweiterte Form des Programmfernsehens übrigblieb.

Das Netz von Rundfunksatelliten, die die Kommunikation zwischen den Fernsehunternehmen herstellten, verdichtete sich in den sechziger und siebziger Jahren. Die internationale Funkverwaltungskonferenz 1971 legte für den Satellitenbetrieb den 12-Giga-Hertz-Bereich fest. Die Direktabstrahlung von Programmen für die Empfänger wurde angestrebt. Bereits 1975/76 begannen in den USA die ersten Versuche (Hymmen 1975, 108 f.). Die Genfer Funkverwaltungskonferenz regelte 1977 auf internationaler Ebene die Satellitenabstrahlung. Zwischen den konträren Positionen – Beachtung der Durchsetzung der absoluten Staatssouveränität (wie sie vor allem die Sowjetunion forderte) und das Prinzip des freien Informationsflusses über die Grenzen hinweg (wie es die westlichen Länder vertraten) – kam es zu einem Kompromiß. Vereinbart wurde ein »Prinzip der grundsätzlich nur nationalen Versorgung« (Scharf 1977, 23), womit die gezielte Ausstrahlung von Programmen für fremde Länder ausgeschlossen war. Ein grenzüberschreitender Empfang (spill over) konnte damit jedoch gerade bei den kleineren Ländern und an den Ländergrenzen nicht verhindert werden. Für das Ost-West-Verhältnis sollten sich daraus in den achtziger Jahren Konsequenzen ergeben, als auch im deutschen Sprachraum direkt abstrahlende Satelliten zu arbeiten begannen. Die Bundesrepublik erhielt in Genf fünf Kanäle.

Antennenanlage für Satellitenempfang

›Elektronische Berichterstattung‹

Neben diesen Innovationen auf der Ebene der Programmdistribution gab es auch innerhalb der Fernsehproduktion wesentliche technische Neuerungen. 1978/79 wurde die tragbare elektronische Kamera einsatzfähig, die eine aktuelle Berichterstattung auf elektronischer (statt bis dahin auf filmischer) Basis ermöglichte. ›Electronic News Gathering‹ (ENG) bzw. ›Elektronische Berichterstattung‹ (EB) beschleunigte die Berichterstattung (Entwicklungs-, Kopier- und Bearbeitungszeiten des Films entfielen). Die neue Technik war zudem im Gebrauch durch die Wiederverwendbarkeit des Trägermaterials preiswerter. Der Kostenersparnis standen zu Beginn jedoch

Studiobetrieb beim ZDF

hohe Einstiegskosten durch den Erwerb der neuen Technologie und eine kompliziertere Handhabung (im Vergleich mit der unproblematischen Wartung von Filmkameras) gegenüber (vgl. Lahann 1979). Die Hoffnung, damit den gesamten Fernsehproduktionsbetrieb (auch die Produktion von nichtaktuellen Programmformen wie der Unterhaltungsshow und dem Fernsehfilm) zu revolutionieren, erfüllte sich jedoch mittelfristig nicht.

In der Technik der Empfangsgeräte fand mit dem Übergang zur modulgestützten Bauweise eine Rationalisierung statt, die für die Zuschauer den Einstieg zu einer Aufrüstung der Empfänger mit zusätzlichen Leistungen ermöglichte. Ende 1979 kam es zu Versuchen, Fernsehsendungen im Mehrkanalton-Verfahren auszustrahlen und zu empfangen, das nicht nur die Stereoübertragung ermöglichte, sondern auch die Ausstrahlung von Filmen im Originalton auf dem einen und in der Synchronfassung auf dem anderen Kanal. Daß sich daraus kein genereller Umbau der Fernsehästhetik ergab, zeigt die Dominanz des Visuellen innerhalb der Fernsehkommunikation.

Rationalisierungen im Empfangsgeräte-Bau

Eher unauffällig setzten sich zwei andere technische Entwicklungen durch: Die Einführung des Videorecorders und die Verbreitung der Fernbedienung. Sie veränderten das Dispositiv des Fernsehens wesentlich. Der Home-Videorecorder lag nach der Entwicklung der Magnetaufzeichnung für den Fernsehbetrieb nahe, ergab sich hier doch für die geräteproduzierende Industrie ein neuer Markt. 1964 hatte die japanische Firma Sony eine erste Consumer-Video-Serie und ab 1967 eine tragbares Gerät produziert. Ab 1968 entstand der erste Standard mit einem Spulenrecorder (Japan Standard 1), 1975 kam es zur Einführung des Videorecorders im Beta-Format (vgl. Zielinski 1986, 201 ff.). Von den anderen Systemen (VCR, Akai, Video 2000 etc.) wurde vor allem das von JVC/Matsushita entwickelte VHS (Video Home System) durch eine kluge Lizenzpolitik so

Einführung des Videorecorders

erfolgreich, daß es in den achtziger Jahren alle anderen Kassettensysteme (einschließlich des Betamaxsystems) vom Markt drängte.

Die Ausstattung der bundesdeutschen Haushalte mit Videorecordern ging jedoch eher langsam voran. 1984 besaßen erst ca. 15 Prozent einen Videorecorder (ebd., 234). Mit den Videorecordern waren die Zuschauer technologisch in den Stand gesetzt, sich von der zeitlichen Planung der Programmanbieter unabhängig zu machen. Die Langsamkeit der Durchsetzung des Videorecorders hing – abgesehen vom anfangs relativ hohen Anschaffungspreis und von den Systemkämpfen auf diesem Markt – auch damit zusammen, daß die Notwendigkeit, Sendungen aufzuzeichnen, die man bei der Ausstrahlung nicht sehen konnte, aufgrund der beschränkten Programmzahl, der Koordinierung der Angebote und des zeitlich begrenzten Umfangs der Programme für Zuschauermehrheiten noch nicht zwingend geworden war. Daß die Videogeräte-Besitzer ihre Anlagen zunächst vor allem nutzten, um sich damit tabuisierte und in gesellschaftliche Nischen abgedrängte Filme (Gewaltdarstellungen, Horrorfilme, Pornographie) anzusehen, die sie über einen Videoverleih bezogen, bestätigt den Zusatzcharakter, den der Videorecorder für die Nutzung des Fernsehens besaß.

Serienmäßige Einführung der Fernbedienung

Eine wesentliche Veränderung der Anordnung von Zuschauer und Fernsehgerät fand mit der Durchsetzung der Fernbedienung statt. Zwar hatte es bereits ab 1954 in den USA eine Fernbedienung gegeben, doch war sie zunächst noch über ein Kabel mit dem Gerät verbunden. Eine Anfang der sechziger Jahre erfundene Ultraschallsteuerung erwies sich als problematisch, weil Hunde und andere Tiere auf den für Menschen nicht hörbaren Ton reagierten. Erst die Entwicklung der Infrarot-Fernbedienung erlaubte einen problemlosen Programmwechsel vom Zuschauerplatz aus. Obwohl die Fernbedienung ab 1975 serienmäßig in die Fernsehempfänger eingebaut wurde, führte sie in der Bundesrepublik in den siebziger Jahren noch zu keiner wesentlichen Veränderung des Zuschauerverhaltens, weil die Zahl der Programme, zwischen denen hin- und hergeschaltet werden konnte, begrenzt war und sich im tradierten Zuschauerverhalten eine Tendenz zur ›Kanaltreue‹ herausgebildet hatte. Erst in der Kombination mit der Vervielfachung der Programme ab Mitte der achtziger Jahre veränderte die Fernbedienung das Zuschauen.

Die Debatte der medientechnologischen Perspektiven

Die medientechnologische Debatte der Jahre 1975 bis 1984 stellt ein Lehrstück über die Einführung neuer Techniken dar. Beispielhaft ist zu verfolgen, wie über einen längeren Zeitraum um die Modernisierung eines Mediums gestritten wurde. Die neuen Technologien wurden argumentativ mit der Einführung kommerzialisierter Programme verknüpft. Nach dem Beschluß der Ministerpräsidenten im Mai 1978, Kabelpilotprojekte einzurichten, debattierte die Gesellschaft deshalb auf zahlreichen Tagungen Sinn und Zweck der Fernseherweiterung. Am Ende setzten sich die wirtschaftlich Mächtigeren durch. Auch wenn die Kabelpilotprojekte mit einer möglichen ›Rückholbarkeit‹ der Projekte, also einem Verzicht auf Verkabelung und Programmvermehrung, beschlossen wurden, war allen Beteiligten klar, daß es bei entsprechenden Investitionen keinen Ausstieg geben würde.

Einrichtung von Kabelpilotprojekten

Die Diskussion war dadurch belastet, daß sich in den Jahren zuvor bei der Terrorismusbekämpfung Bund und Länder elektronische Systeme zur Observierung und Fahndung zugelegt hatten. Damit förderten sie die Angst der Bürger vor einem totalen Überwachungsstaat, für den George Orwells Vision von »1984« die Metapher gab (Medium 4/1979). Orwells Vision, daß alle Bürger vom Fernsehauge des ›Großen Bruders‹ kontrolliert wurden, sahen Kritiker bereits dadurch Realität werden, daß viele Menschen stundenlang vor dem Fernseher saßen. Der permanente Fernsehkonsum schien Familienzerstörung, Entdemokratisierung und Wirklichkeitsentzug nahezulegen. Bundeskanzler Helmut Schmidt forderte von den Bürgern einen »fernsehfreien Tag« und kritisierte negative soziale Auswirkungen des übermäßigen Fernsehkonsums (Schmidt 1978, 9).

Zeitschrift »Medium« Januar 1978

Die apokalyptischen Bilder von Medienmacht und Manipulation des Menschen bezogen ihre Nahrung paradoxerweise aus den optimistischen Szenarien der Medienindustrie, die ein glückliches Medienparadies versprachen: mit BTX, Kabel- und Satellitenfernsehen, mit einer übergroßen Vielfalt der Programme, mit einem Verbund elektronischer Serviceunternehmungen und Telematik. Gerade weil die Medienindustrie und ihre Propagandisten die neue Medienwelt in den buntesten Farben malten, fielen die kritischen Varianten um so düsterer aus.

Schreckensvision war der verkabelte, vom Bildschirm abhängige Mensch, der sich kaum noch bewegte, der alles über interaktive elektronische Dienste erledigte, dessen Kommunikation mit der Außenwelt nur noch via Bildschirm lief.

Alle Vorteile, die die Medienindustrie als Argumente für die ›neuen Medien‹ vorbrachte, wurden als Propagandaargumente enttarnt: Der Schaffung neuer Arbeitsplätze durch die neuen Technologien standen ein größerer Verlust von Arbeitsplätzen und eine Entwertung der Arbeit gegenüber; statt der versprochenen informatorischen Qualitätssteigerung befürchteten viele mehr Unterhaltungsangebote, statt Vielfalt im Anspruchsvollen kulturelle Öde, statt mehr individuelle Freiheit mehr soziale Kontrolle. Die Verdrängung der Wirklichkeit durch eine Welt der Simulationen sahen manche bereits am Werk (Baudrillard 1978), die von »Medien umstellte« Zukunft schien vor allem den Kindern zu drohen und ihnen ein »Leben aus zweiter Hand« zu bescheren (Hengst 1979).

»Allein die Gefahr, daß eine Technologie derartige Zustände ermöglichen könnte, spricht m. E. schon ausreichend gegen sie.« (Eurich 1979, 20)

Jürgen Lodemann beschrieb 1980 auf dem VS-Kongreß in München unter zustimmendem Beifall der anwesenden Autoren die Vision einer neuen Medienwelt mit einem Typus des »Illiteraten, der nicht lesen und entsprechend nicht sprechen und denken mag und kann«, sah »die von Automationen abhängige, vollverkabelte Figur« und einen »Übergang ins elektronisch totgemästete Zeitalter, unseren Absturz in die Zeit der Sprachlosen« kommen (Lodemann 1980 23 f.). Günter Grass sprach z. B. noch 1984 davon, daß das Fernsehen mit den vermehrten Programmen, zum »Ende der Aufklärung entscheidend« beitrage (Grass 1984, 63). Von »Kommunikationsverschmutzung« und »kommerzieller Müll-Ästhetik« (Seeßlen) war die Rede.

»Eines Tages werden wir vermutlich alle in unseren Wohnhöhlen sitzen und auf Bildschirme starren, auf denen rasende Irre ihre Mitmenschen vergewaltigen und abschlachten.« (Georg Seeßlen 1983, 13)

Das Ausmalen der Szenarien und Zukunftsvisionen hatte sich in den frühen achtziger Jahren erschöpft, die Kontrahenten hatten die Argumente für und wider vorgetragen, die Problemlage war benannt. Mit dem Wechsel der Bundesregierung 1982 kam auch einer der vehementesten Befürworter der neuen Technologien, Christian Schwarz-Schilling (CDU), ins Amt des Postministers und betrieb nun forciert die Verkabelung der Republik. Er setzte auf Satellitentechnik und schuf die Voraussetzungen für die Kabelpilotprojekte in Ludwigshafen, München, Dortmund und Berlin.

Szenarien und Zukunftsvisionen

Peter Christian Hall schrieb Ende 1983 in der »Zeit«, daß der Überwachungsstaat Orwells »nicht in Sicht« sei: Die »Schreckensvision« vom

Großen Bruder stimme »mit dem pragmatischen Biedersinn der Bonner Politik« nicht überein, statt dessen sei die Furcht vor der neuen »Großtechnologie ›Informatik‹« realistischer, an der die »Große Familie« der übernationalen Konzerne arbeite (Hall 1983, 48). Doch zu diesem Diskurswechsel brauchte die Gesellschaft Zeit und vor allem Anschauungsmaterial, was denn in Deutschland von den neuen Technologien zu erwarten sei.

10.3 Politische und administrative Veränderungen des Fernsehens

Die Fernsehentwicklung von 1973 bis 1983 stand unter dem starken Druck der politischen Parteien. Während die CDU/CSU die Einrichtung eines kommerziellen Fernsehens befürwortete, hielt die SPD am Prinzip des öffentlich-rechtlichen Fernsehens fest. Die Finanzierung des Fernsehens diente den Parteien als ein politisches Druckmittel gegenüber den Anstalten. Dadurch geriet die Funktion des Fernsehens als eigenständige kritische Instanz der Öffentlichkeit in Gefahr.

Proporzprinzip und politische Disziplinierungsversuche

Vor allem konservative Kritiker nahmen die Verschärfung des politischen Klimas zum Anlaß, gegen das öffentlich-rechtliche Fernsehen zu Felde zu ziehen. Innerhalb des Fernsehens setzte sich die parteipolitische Besetzung der wichtigen Leitungsfunktionen nach dem Proporzprinzip durch, wobei die CDU/CSU im Erreichen ihrer Ziele mehr taktisches Geschick besaß als die SPD. Das ZDF mit seiner CDU-Mehrheit im Verwaltungsrat war seit Beginn der siebziger Jahre umkämpft. Auch in den ARD-Anstalten verschärften sich die Konflikte. Absetzungen von Sendungen häuften sich, es kam zu Kündigungen und Abmahnungen in zahlreichen Anstalten. Ein allgemeines Klima der Einschüchterung entstand.

Einen Vorwand dazu boten die terroristischen Anschläge der RAF. ›Radikalenerlaß‹ bzw. ›Berufsverbot‹, Rasterfahndung, Sympathisantenverfolgung, Verschärfung der Strafgesetze waren die Stichworte einer zunehmend gereizten Öffentlichkeit. Die Ermordung des Generalbundesanwalts Buback und des Industriellen Schleyer und vor allem die Kaperung eines Lufthansa-Jets durch Terroristen und die anschließende GSG 9-Aktion des Bundesgrenzschutzes in Mogadischu im Herbst 1977 schufen eine aufgeheizte Stimmung in der Republik. Vor diesem Hintergrund gerieten kritische Beiträge im Fernsehen in die Schußlinie der Parteien.

›Rotfunk‹-Kampagne gegen den WDR

Die CDU führte vor der NRW-Landtagswahl 1978 eine Kampagne gegen den ›Rotfunk‹ WDR, ein detailliertes Papier der CDU listete die Positionen im WDR auf, die von den Wahlkreisen der CDU mit Beschwerden überzogen werden sollten. Die CDU-Politiker im NDR-Verwaltungsrat protestierten gegen die NDR-Berichterstattung über die Atomanlage Brokdorf und gegen die gewerkschaftsnahe NDR/WDR-Medienverbund-Serie »Der Betriebsrat«. Auch in anderen Anstalten kam es zu politischen Kontroversen mit den Parteien. Die CDU-nahen Wirtschaftsinstitute hatten eine regelmäßige Fernsehbeobachtung aufgebaut und warfen dem Fernsehen vor, ein negatives Bild von den Unternehmern zu zeichnen. Eine Studie des Deutschen Industrie-Instituts listete 1977 penibel alle Fernsehsendungen auf, in denen ein aus der Sicht der Unternehmer ideologisch verzerrtes Bild ihres Berufsstandes gezeigt wurde: So kämen z. B. in den Krimis die Täter häufig aus dem Unternehmermilieu. Günter Rohrbach, Leiter des WDR-Fernsehspiels, entgegnete daraufhin im »Manager-Magazin«, daß eine Überprüfung der letzten fünfzig »Tatort«-Sendungen ergeben habe, daß nur in fünf

Kriminalfilmen der Täter aus dem Unternehmermilieu stamme. Der Sportbund kritisierte die Sportberichterstattung, die Vertriebenenverbände Sendungen über die deutschen Ostgebiete, die Polizeigewerkschaft monierte unliebsame Darstellungen von Polizisten.

Die Konflikte um den Rundfunk zielten jedoch noch stärker auf institutionelle Bedingungen und die personelle Besetzung der wichtigsten Leitungspositionen. Zum Exempel geriet der NDR, der als Dreiländeranstalt für das SPD-regierte Land Hamburg und die beiden CDU-regierten Länder Niedersachsen und Schleswig-Holstein sendete. Schleswig-Holstein kündigte 1978 den Staatsvertrag, weil die CDU ihre Politik im NDR nicht mehr richtig dargestellt sah. Niedersachsens Ministerpräsident Ernst Albrecht schloß sich im Juli 1979 mit einer ›Anschlußkündigung‹ an. Die Auflösung des NDR schien besiegelt. Man verzichtete deshalb sogar auf die Neuwahl eines Intendanten, als der Vertrag des NDR-Intendanten Martin Neuffer 1980 auslief. Das Ende des traditionsreichen NDR, bei dem einst das Fernsehen der Bundesrepublik seinen Ausgang genommen hatte, schien besiegelt zu sein.

Konflikte um den Rundfunk beim NDR

Das Bundesverwaltungsgericht entschied jedoch am 28. 5. 80, daß die Kündigung des Staatsvertrages durch Albrecht nicht rechtmäßig war, weil er die Kündigungsfristen nicht eingehalten hatte. Dies bedeutete, daß Hamburg und Niedersachsen bis 1985 in einer »Zwangsehe« im NDR verblieben. Schleswig-Holstein konnte ausscheiden, doch war diese Lösung für das Land unannehmbar. Die drei Landesregierungen mußten zu einem Kompromiß zusammenfinden. In einem neuen Staatsvertrag vereinbarten die drei Länder die Fortführung des NDR mit einer stärker dezentralisierten Organisation und einen Ausbau der Landesprogramme für die einzelnen Länder.

Für die beabsichtigte Änderung des Rundfunks bot die medientechnologische Entwicklung einen besseren Ansatzpunkt. Mit der Einführung des kommerziellen Fernsehens erhofften sich vor allem CDU/CSU und FDP mehr Einfluß auf das Fernsehen. Der Ministerpräsidenten-Beschluß zur Einrichtung der Kabelpilotprojekte hatte bereits die Grundlagen geschaffen. Die medienpolitische ›Wende‹ in der Bundesrepublik manifestierte sich zu Beginn der achtziger Jahre im Bundesverfassungsgerichtsurteil von 1981, das aufgrund der neuen Rundfunktechnologien einen kommerziellen Rundfunk zuließ. Der Wechsel in der Bundesregierung 1982 führte zu einer Abkehr von der sozialdemokratischen Politik des Verzögerns und zur christlichdemokratischen Beschleunigung der Verkabelung. Damit hatte der Einstieg in das kommerzielle Fernsehen begonnen.

Organisatorische Änderungen innerhalb der Anstalten

Innerhalb der Fernsehanstalten selbst setzten organisatorische Veränderungen bereits zu Beginn der siebziger Jahre ein. Schon 1970 hatte der Leiter der ZDF-Planungsabteilung, Dieter Stolte, »Fernsehen als industrielles Management« neu definiert. Der von Stolte proklamierte Aufbruch in die Zukunft wurde vorrangig betriebswirtschaftlich und organisatorisch konzipiert (Stolte 1970, 160 ff.). Auslöser war die ökonomische Krise des Mediums: Bei stagnierendem Gebührenaufkommen stiegen die Produktionskosten steil in die Höhe, die sich wiederum am Anstieg des allgemeinen Preisindex orientierten.

Fernsehen als industrielles Management

Die ARD prognostizierte für die Zeit von 1974 bis Ende 1977 ein Defizit von 592 Mio. DM. Auch das ZDF errechnete Defizite. Um diese zu

Drei Generationen von Intendanten: Karl Günther von Hase, Karl Holzamer und Dieter Stolte, der das Amt am 15. März 1982 antritt

Schaffung von großen Produktionseinheiten

Innerbetriebliche Neuorganisation des Fernsehens

reduzieren, wurden mehrere Maßnahmen in Angriff genommen: Reduktion der Sendezeit, Streichung von Eigenproduktionen, verstärkter Erwerb von fremdproduzierten Sendungen und neue Wege in der Koproduktion mit anderen Herstellern. Die Verringerung der Sendezeit erwies sich dabei aus Gründen der Konkurrenz als Sparmaßnahme wenig geeignet. 1974/75 ging zwar in beiden Hauptprogrammen der Umfang der Sendezeit zurück, stieg danach jedoch wieder kontinuierlich an. Im Sparprogramm von 1974 beschlossen die ARD-Intendanten weniger Sendungen neu zu produzieren und mehr zu wiederholen, weil dies preiswerter war. Im Sommer 1975 brachten ARD und ZDF besonders viele Wiederholungen, so daß darüber eine öffentliche Debatte entstand: Ein Großteil der Wiederholungen bestand aus Schwarzweiß-Produktionen, die in dem inzwischen überwiegend farbigen Programm als ›veraltet‹ auffielen.

Die ehemaligen ›Produktionswerkstätten‹ der Anstalten hatten sich inzwischen zu großen ›Produktionsbetrieben‹ entwickelt, die »die Dimension mittlerer Industriebetriebe« (Haselmayr 1982, 20) erreicht hatten. Die steigende Zahl der zu produzierenden Einzelsendungen und Sendungsbeiträge sowie die Verkürzung der Produktionszeiten führte zu einem erhöhten Dispositions- und Planungsbedarf. Deshalb faßten der WDR 1972 und der NDR 1974 ihre Produktionsabteilungen in selbständigen Produktionsbetrieben mit eigenen Direktionen zusammen. In kleineren Anstalten (z. B. bei RB seit 1977) wurden Produktion und Technik zusammengelegt. Mit der Forderung nach mehr ›Wirtschaftlichkeit‹ fand auch bei den ›mittleren‹ Anstalten eine Ausrichtung der Fernsehbetriebe auf marktwirtschaftliche Prinzipien statt.

Die innerbetriebliche Neuorganisation führte zu Spannungen zwischen den redaktionellen und technischen Mitarbeitern, weil neue Planungsstrukturen und neue Hierarchien entstanden (Alexander 1973, Heuft 1973, Märthesheimer 1973). Die Trennung von inhaltlicher Konzeption in den Redaktionen und Realisation der Sendungen durch den Produktionsbetrieb löste gewachsene Produktionszusammenhänge auf. Im Sinne der Kommunikationskultur war der Effekt nicht immer positiv, weil er zu einem erhöhten Motivationsschwund der Mitarbeiter führte: »Wer am Fließband arbeitet, dem vergeht das Basteln.« (Alexander 1973, 1)

Zwischen der Programmproduktion, die einem »marktwirtschaftlichen Produktionsbetrieb« (allerdings ohne Gewinnorientierung) vergleichbar sei, und dem Sendebetrieb, für den die Anstalten als »Handelsunternehmen« auftraten, um Sendungen von anderen Produzenten zu erwerben, wurde nun deutlich unterschieden (Huch 1973, 3 f.). Eine nennenswerte marktwirtschaftliche Ausrichtung fand jedoch trotz solcher Unterscheidung nicht statt. Der Programmverkauf beispielsweise brachte nur Bruchteile der eingesetzten Kosten. Das ZDF erwirtschaftete 1974 aus der Rechteverwertung insgesamt 8,9 Mio. DM (1,1 Prozent der Gesamteinnahmen) und steigerte diese Einnahmen bis 1981 nur auf 17,0 Mio DM (1,3 Prozent der Gesamteinnahmen). Bei den ARD-Anstalten waren die Einnahmen noch niedriger. Die Rundfunkanstalten waren deshalb, trotz der betriebswirtschaftlichen Ausrichtung auf ›Wirtschaftlichkeit‹, nicht wirkliche Unternehmer im üblichen privatwirtschaftlichen Sinn. Sie waren durch die ihnen gesetzten Rahmenbedingungen dafür nicht angelegt, sondern durch ihre gesetzlichen Vorgaben »finanziell fast vollständig fremdbestimmt« (vgl. Kabel 1976, 337).

Friedrich-Wilhelm Freiherr von Sell

Die Entwicklung der Fernsehanstalten zu Distributionsbetrieben, wie sie sich jetzt abzeichnete, war durch den Weg des Fernsehens in anderen Ländern vorgegeben. Damit verbunden war der Verzicht auf die tradierte Einheit von Produktion und Distribution, die das deutsche Fernsehen seit den Anfängen bestimmt hatte. Indem sich die Anstalten nicht mehr als integrierte Produktions-Distributions-Einheiten verstanden, konnte sich der Anteil der von Dritten erworbenen (also vor allem auf den internationalen Fernsehmärkten eingekauften) Sendungen stetig erhöhen (Geyer 1973, 121).

Eine weitere Möglichkeit der Bewältigung der ökonomischen Probleme bestand in der verstärkten Zusammenarbeit mit Produzenten außerhalb des Fernsehens, die in die Produktion eigene Mittel einbrachten und dafür die Rechte für diese Produktionen außerhalb des Fernsehens erhielten. Für diese Koproduktion kamen vor allem fiktionale Produktionen in Frage. 1974 schlossen die Anstalten und die Filmwirtschaft ein Film-Fernseh-Abkommen, das eine neue Form der Produktion von Fernsehspielen/Kinospielfilmen in Gang setzte. Die Idee war bestechend: Fernsehen und Kinowirtschaft taten ihre beschränkten Finanzmittel zusammen und produzierten mit den auf diese Weise vermehrten Mitteln Filme, die sowohl im Kino als auch im Fernsehen erfolgreich waren. Bis 1978, dem Ende des ersten Film-Fernseh-Abkommens, investierten die Fernsehanstalten 34 Mio. DM in diese Produktionen, zusätzlich kamen Eigenmittel der Filmproduzenten sowie Mittel der Filmförderung hinzu (Ludin 1978). Die Abkommen wurden immer wieder verlängert, bis 1983 investierten ARD und ZDF bereits 123 Mio. DM in diese Produktionsform (Ungureit 1982).

Neben die Kino-Fernseh-Koproduktion trat die internationale Koproduktion, die zur Kostenersparnis eingesetzt wurde (Prager 1974), sowie der versuchte Ausbau des internationalen Programmvertriebs (Kimmel u. a. 1973), der jedoch – im Vergleich mit dem amerikanischen, britischen oder französischen Fernsehen – ökonomisch wenig erfolgreich war.

Die Veränderung der internen Organisationsstrukturen und ihre Folgen für die Programm-Macher forderten Reaktionen heraus. Vor dem Hintergrund gesellschaftlicher Debatten über Mitbestimmung, Partizipation und

»Eine Rundfunkanstalt ist wirtschaftlich gesehen ein differenzierter Herstellungsapparat, in dem nach Fabrikmethode Handwerksarbeit geleistet werden muß.« (Jaedicke 1974, 13)

Film-Fernseh-Abkommen

Redaktionsstatute und Mitbestimmung

kollektiver Entscheidungsfindung war es bereits Anfang der siebziger Jahre in einigen Anstalten zur Durchsetzung von Redaktionsstatuten gekommen, die die Redakteure gegenüber den Programmverantwortlichen stärken und eine innerbetriebliche Mitbestimmung garantieren sollten. In den nichtredaktionellen Bereichen führte diese Entwicklung zu einem Ausbau gewerkschaftlicher Rechte, insbesondere bei der Arbeitszeitfestlegung. Dieser wirkte sich nach Meinung der Regisseure teilweise nachteilig auf die Produktion aus (Fechner 1979, 87 ff.).

Gegenüber solchen Umorganisationseffekten war die Verfestigung von Personalstrukturen in den Anstalten mit der strikten Proporzaufteilung der leitenden Funktionen vor allem ein Ergebnis des politischen Drucks der Parteien auf das Fernsehen. Auch wirkte die 1972 von Helmut Hammerschmidt initiierte ›Ausgewogenheitsdebatte‹ (vgl. 8.6.) nach, die zur politischen Maßregelung kritischer Beiträge benutzt wurde.

Ab Mitte der siebziger Jahre gliederten einige Anstalten auch die Redaktionen neu. In dem wegen seiner gesellschaftskritischen Sendungen von der CDU heftig attackierten WDR führte eine Umorganisation unter dem WDR-Intendanten Friedrich Freiherr von Sell dazu, daß der Programmbereich Kultur, der eine relative Autonomie besessen hatte, aufgelöst wurde. In der Öffentlichkeit galt dies bereits als ein Signal für den erwarteten Kulturabbau in den Programmen, doch diente die Neugliederung auch dazu, die innerbetriebliche Mitbestimmung zu reduzieren und den Sender damit »besser beherrschbar« (Stern 39/1979) zu machen. Der Verlust an Kreativität und Engagement, den der ARD-Programmdirektor Dietrich Schwarzkopf beklagte (Schwarzkopf 1979), war nicht zuletzt Folge solcher organisatorischer Veränderungen, die zur Verunsicherung der Mitarbeiter geführt hatten. Ende der siebziger, Anfang der achtziger Jahre kam es auch zu einem größeren personellen Revirement in den Führungsetagen der Anstalten. Selbstbewußte Programmverantwortliche, die ihre ersten Fernseherfahrungen teilweise in der Gründungszeit des bundesdeutschen Fernsehens gesammelt hatten, wie z. B. Klaus von Bismarck, Werner Höfer, Werner Hess, Hans Abich, Günter Rohrbach, verließen die ARD aus Altersgründen oder weil sie sich (wie Günter Rohrbach) anderen Aufgaben (Leitung der Bavaria Studios) zuwandten.

Politischer Druck auf die Anstalten

Damit ergab sich Ende der siebziger Jahre folgende Situation: Der politische Druck auf die Anstalten hatte zur Durchsetzung des Proporzes, zur politischen Verfestigung und Reduktion des kritischen Potentials geführt. Die Folge war eine Einschränkung der politischen Öffentlichkeitsfunktion des Fernsehens. Dieselben Politiker, die die öffentlich-rechtlichen Fernsehanstalten unter Druck gesetzt hatten, argumentierten nun für die Einführung kommerzieller Programme. Sie sollten eine politische Meinungsvielfalt herstellen, die gerade im öffentlich-rechtlichen Fernsehen eingeschränkt worden war.

10.4 Veränderungen des Zuschauens

Die Befürchtungen einer gänzlich veränderten Funktion des Fernsehens im gesellschaftlichen und individuellen Leben, wie sie im Diskurs über das Fernsehen vor allem seit der zweiten Hälfte der siebziger Jahre anklangen, schienen vor dem Hintergrund eines (im Vergleich mit den USA) eher begrenzten und gleichbleibenden Fernsehkonsums unbegründet zu sein. Das öffentlich-rechtliche Fernsehen hatte sich zwar zum Leitmedium der gesell-

Fernsehen als Leitmedium

schaftlichen Kommunikation entwickelt, schien aber eher als ein stabilisierender Faktor denn als Motor der radikalen Umwälzung der Lebensverhältnisse zu wirken. Langzeituntersuchungen zur Mediennutzung zeigten, daß der durchschnittliche Fernsehkonsum stagnierte. Nicht das Fernsehen, sondern das Nebenbei-Medium Radio expandierte.

Mediennutzung in Haushalten mit Fernsehgeräten
an einem durchschnittlichen Werktag (Mo–Sa) in Stunden:Minuten

	1964	1970	1974	1980	1985
Fernsehen	1:58	2:10	2:11	2:08	2:04
Radio	1:11	1:11	1:52	2:14	2:35
Tageszeitung	0:34	0:35	0:38	0:38	0:35

Quelle: Berg/Kiefer 1978, 1996

Der Alltagszusammenhang ließ offenbar keine zusätzlichen Steigerungen der Fernsehzeiten zu, die Nutzung des Mediums selbst war zu einer alltäglichen Handlung geworden, die im Ausgleich mit anderen Tätigkeiten stand. Für eine behauptete willenlose Hingabe der Zuschauer an neue Fernsehangebote gab es keinerlei Indizien, der leichte Rückgang in den durchschnittlichen Nutzungszeiten wurde umgekehrt sogar als Tendenz zur »Fernsehmüdigkeit« gedeutet (Heinemann 1975). Die Ausstrahlung zusätzlicher Programme ließ eine Ausdehnung der Fernsehzeiten als nicht wahrscheinlich erscheinen. Marie Luise Kiefer vermutete aufgrund zahlreicher Nutzungsdaten bereits 1978, »daß auch eine Ausweitung des Programmangebots durch neue – vierte, fünfte oder x-te – Programme kaum zu einer zweiten Explosion des Zeitbudgets für die Fernsehnutzung führen wird« (Kiefer 1978, 79). Daß von den durchschnittlich fünf Stunden, die der Alltagsbürger »von der Heimkehr bis zur Bettruhe« zur Verfügung hatte, er nur zwei dem Fernsehen widmete, lag vor allem daran, daß die andere Zeit für »Kinder, Küche und häuslichen Kram« (Spiegel 6/1975, 96) gebraucht wurde.

Grenzen der Fernsehnutzung

Die vereinheitlichende Tendenz des Fernsehens, die über alle gewachsenen Strukturen hinweg das Zuschauerverhalten nach den Programmangeboten ausrichtete, war selbst jedoch wieder an außertelevisuelle Vorgaben gebunden. Der neue kulturelle Kreislauf bestand darin, daß das Fernsehen als Verstärker anderer, zumeist bestehender, kultureller Gewohnheiten auftrat und dadurch, daß es sie verstärkte und zu televisuellen Praktiken werden ließ, eine neue Medienkultur entstehen ließ. Teilhaben an der Filmkultur konnte man als Zuschauer nicht nur durch den Besuch der Kinos, sondern auch, in abgeschwächter Form, durch die Betrachtung von Kinosendungen und Spielfilmen im Fernsehen. Ebenso verhielt es sich mit dem Theater, der Literatur, dem Sport.

Fernsehen als Verstärker kultureller Gewohnheiten

»Der Rundfunk ist an das kalendarische Ritual gebunden. Er trägt durch seine Programme zur Ritualisierung bei. Auch hier kommt es zu Kollisionen, wenn alle gleichzeitig fernsehen wollen. Am deutlichsten wird das zu den Sendezeiten, die mit den neuen weltlichen Ritualen der Spiel- und Sportmeisterschaften zusammenfallen. Jedem, der nicht teilhaben will, wird dabei der ›moral terrorism‹ der Konvention spürbar. Für die anderen ist derselbe Anlaß ein Fest der Identifikation. Aber die Meisterschaftstermine sind nur ein Beispiel, wie sich integrierende Autorität über den Rundfunk durchsetzt. Programm-Macher sind die Ministranten vieler Riten, und wir beugen uns alle, wenn sie zur Unterhaltung, zum Krimi, zur Politik klingeln.« (Pross 1978, 14)

Differenzierung im Fernsehzuschauen

Hinter den gleichbleibenden Nutzungszahlen versteckte sich eine tiefgreifende Differenzierung im Fernsehzuschauen. Die Erkenntnis, daß es Vielseher und Wenigseher gab, daß sich Programmpräferenzen mit einer größeren Angebotsvielfalt herausbildeten, ja, daß Zuschauer nicht nur passiv Empfangende, sondern aus der Fülle des Angebots beständig Auswählende waren, hatte sich bereits Ende der sechziger Jahre bei Fernsehforschern und Fernsehmachern durchgesetzt. Damit schwand bei den Programmverantwortlichen der Glaube an die Beeinflußbarkeit der Zuschauer und die Wirksamkeit pädagogischer Konzepte. Heinz Ungureit, Leiter der ARD-Spielfilmredaktion, wies z.B. bereits 1968 darauf hin, daß gegen alle pädagogischen Absichten starke Beharrungskräfte in den Lebenswelten der Zuschauer existierten.

»Politisch noch so gut und kritisch gemeinte Sendungen, die regelmäßig von 12 bis 15 Millionen gesehen werden, machen diese keineswegs allein dadurch zu Aufgeklärten. Die meisten Zuschauer sehen Bilder und hören Worte, erfassen den Zusammenhang aber kaum und denken nachher nicht anders als vorher.

Das Fernsehen ist eben nicht der große Massenerzieher, für den es viele halten. Mit ›Ohnsorg‹, ›Großer Mann, was nun‹ und ›Bild‹ lassen sich vorhandene Ressentiments, Gefühls- und Denkschablonen festigen, aber mit neuen ästhetischen Formen, mit Aufklärung und Belehrung längst nicht ebenso abbauen. Fast alles wirkt dagegen: die Macht der traditionellen Erziehung, der Familie, der Schule, der Kirchen, des Arbeitsplatzes.« (Ungureit 1968, IV)

Angebots- differenzierungen für die Zuschauer

Die Angebotsdifferenzierungen veränderten das Zuschauen, die Zuschauer hatten sich immer mehr zwischen verschiedenen Angeboten zu entscheiden. Im familiären Zusammenhang führte dies zu Konflikten, die oft nur wieder durch Konventionen und Rituale entschärft werden konnten. Aufschlußreich war ein Versuch, den Helmut Greulich zusammen mit Studenten der FU Berlin unternahm: Zwei Berliner Arbeiterfamilien verzichteten vier Wochen lang auf den Fernsehapparat. Sichtbar wurde dabei, daß sie nun nicht zu den vielbeschworenen Bastel-, Spiel- und Hausmusikabenden kamen, sondern daß ihnen das Fernsehen als innerfamiliäres Bindeglied, als konfliktdämpfende, ablenkende und zugleich Diskussion stimulierende Instanz so sehr fehlte, daß unerwartete Konflikte aufbrachen. In der Auswertung dieses Versuchs wurde deshalb auch von einem »Stabilisierungseffekt« des Mediums gesprochen, der die »sozialen Mißstände und Härten jeden Tag aufs neue« ausglich (Bauer/Baur/Kungel 1976, 70).

Ventilfunktion des Fernsehens

Bereits 1967 hatte der Psychologe Tobias Brocher von einer Ventilfunktion des Fernsehens gesprochen. »In einer Gesellschaft, die sehr viel Unterdrückungszwang ausübt, das heißt um der Allgemeinheit willen sehr viele individuelle Triebverzichte fordert«, sei das Fernsehen eine Instanz, »Entlastungen und Ventile durch eine Identifizierung mit triebfreundlichen, libidinösen und aggressiven Inhalten zu ermöglichen« (Brocher 1967). Diese Vorstellung wurde in den siebziger Jahren aufgegriffen und prägte auch das Selbstverständnis von Fernsehmachern (vgl. Schedlich 1974, 9).

Funktionsdifferenzierung der Fernsehnutzung

Der Mediensoziologe Rolf Lindner wies im gleichen Jahr auf die Funktionsdifferenzierung der Fernsehnutzung hin und daß Fern-Sehen, unabhängig von den jeweiligen Inhalten der Programme, als »individuelles Reproduktionsmittel« benutzt werde. Damit erklärt sich die besonders hohe Verbreitungsdichte der Fernseher in den Arbeiterhaushalten (Lindner 1976, 11). Neben das ritualisierte Fern-Sehen – das Fernsehen also, bei dem man sich regelmäßig mit besonderer Aufmerksamkeit vor dem Fernsehempfänger versammelte, um einer bestimmten Sendung zuzuschauen – war die Fernsehroutine getreten, in die sich Gewöhnung, Abstumpfung und Desin-

Ermittlung der Sehbeteiligung der Zuschauer durch den »teleskomat«

teresse, sowie der Wunsch nach dem Ausfüllen von Leere und die Sehnsucht nach besonderen Ereignissen mischten.

Lindner betonte die »physische und psychische Regeneration« durch das Fernsehen, der das Medium durch seinen optisch-akustischen Charakter entgegenkomme. Weil das Fernsehen durch seinen audiovisuellen Charakter die Sinne umfassend anspreche und absorbiere, gelinge es ihm, auch psychophysisch einen Abstand zum Arbeitsalltag herzustellen. Neben den traditionellen Regenerationsformen wie Dösen, Aus-dem-Fenster-Sehen oder Auf-dem-Sofa-Liegen biete das Fernsehen Unterhaltung, Zerstreuung, Amüsement. Permanente Präsenz und unmittelbare Greifbarkeit erhöhten bei Wegfall irgendwelcher ökonomischer, persönlicher und sozialer Voraussetzungen die Funktionalität des Fernsehens in diesem Sinne. Als Institution der alltäglichen Abwechslung fördere es zugleich den »Privatismus«, also das Zurückziehen ins Private (ebd.).

Regeneration durch das Fernsehen

Parallel zu diesen Regenerationsleistungen wuchs in allen sozialen Schichten der Gesellschaft eine Geringschätzung des Fernsehens. Der Medienwissenschaftler Neumann-Bechstein bezeichnete dies als Verdrängung: Der Widerspruch zwischen einem normativen Anspruch sich selbst gegenüber und dem tatsächlichen Fernsehverhalten erzeuge Schuldgefühle, weil man den Eindruck habe, man schlage die Zeit tot. Fernsehen erscheint vor allem negativ besetzt, weil die Funktionen, die mit dem Fernsehzuschauen verbunden seien, in der gesellschaftlichen Werteskala nicht besonders hoch angesiedelt waren (Neumann-Bechstein 1982, 166).

»Wo das Fernsehgerät bei Beginn des Feierabends ein- und erst beim Abmarsch ins Bett ausgeschaltet wird, hat es eine abendfüllende Funktion bekommen. Die bewegten Bilder laufen zwar auch, wenn niemand zusieht, und der Ton wird auch dann nicht abgedreht, wenn niemand zuhört. Insofern sind die Schirm-Bilder zur bewegten Kulisse geworden. Aber wann immer sich's lohnt (und es lohnt sich eigentlich immer nach landläufiger Ansicht), wird intensiver zugeschaut. Das Fernsehgerät gehört zur

Familie, es regiert den Abend. Die Unterhaltung mit Frau und Kind wird zum Pausenfüller und zum Programm-Ersatz oder wird nebenher erledigt, den Bildschirm fest im Blick.« (Spiegel 6/1975, 102)

Vereinheitlichende Tendenzen durch Fernsehkonsum

Neben den durch Fernsehkonsum vereinheitlichten Lebensgewohnheiten fanden innerhalb des Fernseh-Zuschauens selbst weitgreifende Unterscheidungen statt. Dabei wurden nicht nur Differenzierungen nach Programmsparten festgestellt, sondern auch, daß es zu einem »Nebeneinander verschiedener Interessen in ein und derselben Person« kam (Stolte 1979, 685). Ein Zuschauer war eben nicht allein auf ein Genre (z.B. den Krimi) festgelegt, sondern entfaltete unterschiedliche Programminteressen, die sich auch noch situationsbedingt verändern konnten. Der Differenzierungsprozeß blieb eben nicht bei einfachen Zuschauertypologien stehen, sondern es bildeten sich komplexe Nutzungsstrukturen heraus, die, das lag nahe, mit den Qualifikationsveränderungen in den Arbeitsprozessen korrespondierten (vgl. Neumann-Bechstein 1982, 171 ff.).

Deutlich unterschied sich die Fernsehnutzung auch zwischen den Altersgruppen. Die in den siebziger Jahren heranwachsenden Kinder, nun wirklich eine ›Fernsehgeneration‹, weil sie in der Mehrheit der Haushalte das Medium bereits seit den ersten Kindestagen vorfanden, sahen mit zunehmendem Alter immer mehr fern, für sie war das Fernsehen so etwas wie ein ›Fenster‹ in die Welt der Erwachsenen. Sie gewannen durch das Medium Einsichten in ihnen sonst nicht zugängliche Lebensbereiche, konnten auf Unterhaltungsangebote treffen, die spezifisch auf sie zugeschnitten waren und Lernprogramme, wie z.B. die »Sesamstraße«, finden.

Alterspezifische Nutzungsdifferenzen

Jugendliche und junge Erwachsene bis zum Alter von etwa 30 Jahren wandten sich dagegen zunehmend vom Fernsehen ab, verlebten große Teile ihrer Freizeit außerhalb des Hauses und gingen vermehrt ins Kino, wie eine 1979 veröffentlichte Untersuchung der ZDF-Medienforscher Elisabeth Berg und Bernward Frank ergab. Das Kino war zu einem Medium der Jüngeren geworden, weil sich mit diesem Medium soziale Funktionen der Selbstfindung unter Gleichaltrigen außerhalb der Familie verbanden. Dabei wurden besondere Genres bevorzugt, die Spannung und Nicht-Alltägliches lieferten und die vom Fernsehen auch eher selten angeboten wurden (Berg/Frank 1979, 96).

Die Über-Dreißig-Jährigen saßen dann wieder vermehrt vor dem Fernsehapparat, schätzten die Häuslichkeit oft aus ganz banalen Gründen: Familien wurden gegründet, Kinder mußten betreut werden und die Eltern waren deshalb stärker an die Wohnung gebunden. Im Alter nahm dann die Fernsehnutzung weiter zu. Fernsehen diente jetzt häufig als Ersatz für nachlassende zwischenmenschliche Beziehungen, wobei in der Medienforschung strittig blieb, ob die zwischenmenschlichen Beziehungen geringer wurden, weil die Menschen so viel fernsahen, oder ob sie fernsahen, weil ihre zwischenmenschlichen Kontakte sich verringerten. Daß vor allem Rentner mehr fernsahen, lag im Prinzip auf der Hand, dabei ergaben jedoch Einzeluntersuchungen, daß diese auch Sendungen nutzten, die für ein jüngeres Publikum konzipiert worden waren.

Die Veränderungen der Fernsehnutzung innerhalb der Biografien führte dazu, daß bei den Generationen eine Differenz der medialen Weltkonstitution in den Blick kam: Die buchsozialisierten Älteren warnten immer häufiger vor einer Deformation der fernsehsozialisierten Kinder und Jugendlichen, übersahen dabei jedoch oft, daß die früheren Generationen durch Kino, später auch durch Illustrierte, Comics etc., also ebenfalls durch Bilder, sozialisiert worden waren.

Die Analyse veränderter Qualifikationsanforderungen in den Arbeitsprozessen der siebziger Jahre und die von Marktforschungsinstituten und Unternehmen wie Prognos und Macintosh erhobenen Forderungen nach sozialem Lernen und mehr Mitbestimmung in allen Lebensbereichen (Fortschritt 1982, 179ff.) führte dazu, beim Fernsehen eine »rezipientenorientierte Planung und Realisation« von Programmen zu fordern (Neumann-Bechstein 1982, 176). Dabei hatte schon Anfang der siebziger Jahre der Videorecorder eine stärker rezipientengesteuerte Angebotsgestaltung ermöglicht. Zwar kam es zunächst zu einer Vielzahl von Systementwicklungen, mit der Durchsetzung des Kassettenprinzips fand jedoch schon gegen Ende der siebziger Jahre eine wachsende Ausbreitung des Videorecorders statt. Damit konnten sich die Zuschauer dem zeitlichen Druck entziehen, sich eine Sendung unbedingt zur Zeit ihrer Ausstrahlung ansehen zu müssen. Der Videorecorder verlieh dem Zuschauer neue Freiheiten und gab ihm mehr Entscheidungssouveränität in der Nutzung der Angebote. Im Ensemble der Freizeitgeräte bildete der Videorecorder zunächst eine Ergänzung des Fernsehgeräts, der zusätzliche Kinofilmangebote zur Betrachtung im eigenen Heim bereitstellte. Die Nutzung des Fernsehens wurde davon noch wenig berührt, auch die Einführung der Fernbedienung wirkte sich noch nicht wesentlich auf das Zuschauverhalten aus.

Arbeitsalltag und Fernsehgebrauch

Da sich ein ritualisiertes und routiniertes Zuschauen durchsetzte, Fernsehen als Regenerationsinstrument genutzt wurde und die Möglichkeit zunahm, die Aufmerksamkeit zu verweigern und von den vermittelten Inhalten abzuziehen, zeigte sich, daß es neben der Vermittlung von Inhalten auch andere Formen des Zuschauens gab, die teilweise dadurch zustande kamen, daß der Apparat überhaupt lief. Das Medium stiftete bereits als solches und unabhängig von den konkreten Sendungsinhalten Effekte und Wirkungen bei den Zuschauern.

Ritualisiertes und routiniertes Zuschauen

»Die täglichen zwei Stunden [des Fern-Sehens] besagen doch dies: Zwei Stunden in geschlossenem Raum, bei blauem Licht, im Sitzen und Hocken, in Konzentration auf Bilder, die zur gleichen Zeit Millionen ansehen, abgelöst von eigener unmittelbarer Aktivität, meist in letzter Anspannung vor dem eher stummen, manchmal freilich auch gesprächsbereicherten Aufbruch in die Nachtruhe, Bildfetzen im Kopf, in der Seele Montagen, Collagen, Tempo, wenig Innehalten, viel Abwendung von sich selbst.« (Abich 1978, 5)

10.5 Programmausbau: Umgewichtungen und Neustrukturierungen

Der Eindruck von Stagnation und Krise des Fernsehens war nicht zuletzt aus den in der ersten Hälfte der siebziger Jahre geweckten Erwartungen auf ein ganz anderes Fernsehen entstanden, die sich jedoch nicht erfüllten. Einerseits war ein inhaltlich anderes (emanzipatives) Programm bei der Zuschauermehrheit nicht durchsetzbar, andererseits ließen sich neue (kommerzielle) Programme noch nicht etablieren. Daß das Fernsehen auch als Austragungsort der politischen Auseinandersetzungen um die Macht im Staat benutzt wurde, machte es zusätzlich problematisch.

An den Programmen war eine krisenhafte Situation des Fernsehens nicht auf den ersten Blick zu erkennen. In ihrem Umfang wuchsen sie weiter an. Besonders das ZDF baute seinen Programmumfang weiter aus, ebenso die fünf Dritten Programme, deren durchschnittliche tägliche Sendeleistung von 5,6 Stunden im Jahr 1973 auf 7,6 Stunden im Jahr 1983 stieg. Dabei

Langsamer Ausbau des Programmumfangs

glichen sich die verschiedenen Dritten Programme in ihrem Umfang einander an: HR 3 war 1983 mit täglich durchschnittlich 6,9 Stunden das kleinste, BR 3 mit 8,4 Stunden das größte Programm. Zur Programmausweitung gehörte für die Mehrheit der Bundesbürger auch ab 1981 die bundesweite Ausstrahlung des Vormittagsprogramms von ARD und ZDF, das bis dahin nur in Berlin und in den zur DDR hin grenznahen Gebieten gesendet worden war.

Quantitative Entwicklung der Fernsehprogramme ARD und ZDF 1973 bis 1983

	ARD[1]		ZDF[3]		Dritte Progr. insg.[4]	
	Min/Jahr	tgl. Std.[2]	Min/Jahr	tgl. Std.[2]	Min/Jahr	tgl. Std.[2]
1973	233.058	10,6	222.935	10,2	613.752	28,0
1974	232.661	10,6	221.318	10,1	588.497	26,9
1975	225.000	10,3	222.000	10,1	575.880	26,3
1976	233.400	10,7	230.220	10,5	683.160	31,2
1977	236.460	10,8	229.320	10,5	728.580	33,3
1978	250.980	11,5	238.560	10,9	769.920	35,2
1979	249.660	11,4	246.780	11,3	708.960	32,4
1980	252.480	11,5	251.040	11,5	746.640	34,1
1981	252.120	11,5	255.180	11.6	769.140	35,1
1982	255.780	11,7	258.840	11,8	777.360	35,5
1983	264.780	12,1	260.640	11,9	835.860	38,2

1) ARD-Programm inkl. Regional- und Werbeprogramm des WDR (stellv. für andere Regional- und Werbeprogramme), ARD-Anteil des Vormittagsprogramms
2) im Jahresdurchschnitt
3) inkl. ZDF-Anteil am Vormittagsprogramm
4) Die Dritten Programme sind aufgrund ihrer regionalen Ausstrahlung jeweils nur für Teilpublika empfangbar gewesen. Überschneidungen gab es nur an den Grenzen der Sendegebiete

Quelle: Statistische Jahrbücher, eigene Berechnungen

Koordinierung und Konkurrenz

Helmut Oeller

Der verstärkte Außendruck auf das öffentlich-rechtliche Fernsehen ließen ARD und ZDF zusammenrücken, auch wenn die Verantwortlichen in programmatischen Aufsätzen immer wieder die Differenz betonten. Trotz der markanten Veränderungen des Programmschemas durch das ZDF 1973 kam es zu keiner wesentlichen Steigerung des Konkurrenzverhaltens. ARD und ZDF verstärkten die schon in den sechziger Jahren begonnene Zusammenarbeit in der Koordination und in Teilen der Programmproduktion (Olympiaberichterstattung, etc.). Helmut Oeller verdeutlichte diese Zusammenarbeit am Begriff des Programmkontrastes: »Unser Schlüsselbegriff heißt Kon-trast, nicht Anti-trast. Es geht also nicht um Auseinanderstrebendes, prinzipiell Entgegenwirkendes, es geht vielmehr um das eine wie das andere. Kontrast bedeutet nicht, auf Gleichem zusammenzukommen, sondern Verschiedenes zusammenzufassen« (Oeller 1974, 3). Ein solches Verständnis schloß nicht aus, daß bei der Festlegung der Programmschemata alle zwei Jahre heftig um Vorteile gestritten wurde.

Programmzusammensetzung ARD und ZDF 1974–1982[1] (Prozentanteil am Gesamtprogramm)

	ARD					ZDF				
	1974	1976	1978	1980[3]	1982	1974	1976	1978	1980	1982
Information	36,9	36,2	35,0	41,3	43,1	27,1	27,5	26,0	25,6	23,9
Unterhaltung	16,5	17,6	19,5	15,2	14,9	15,8	14,6	14,9	14,0	13,3
Fernsehsp./Film	18,6	17,2	21,1	31,5	29,6	23,0	23,0	25,6	24,3	20,9
Sport	8,6	10,7	8,1	8,7	8,4	9,3	10,0	8,4	8,7	6,9
Kindersend./Kultur[2]	14,0	13,4	11,8	–	–	15,7	16,3	16,8	19,1	15,6
Programmverb.	4,9	4,5	4,1	3,3	4,0	6,0	5,6	5,5	5,6	5,7
Sonstiges	0,5	0,4	0,4	–	–	3,1	3,0	2,8	2,7	13,9[4]

1) Da die Programmstatistiken der beiden Fernsehsysteme unterschiedliche Kategorien verwenden, wurden hier Sparten zusammengefaßt; deshalb sind die Daten von ARD und ZDF nur begrenzt vergleichbar
2) Beim ZDF sind hier Kultursendungen, ab 1966 Kultursendungen inkl. Kinder- Jugendsendungen erfaßt; die ARD faßt dagegen Kinder- und Jugendsendungen mit dem sonstigen »Familienprogramm« zusammen
3) Ab 1980 werden die Sendungen des Kinder- und Jugendprogramms nicht mehr gesondert ausgeworfen
4) Ab 1982 werden beim ZDF die Vormittagssendungen als gesonderte Programmsparte ausgewiesen

Quelle: Statistische Jahrbücher, eigene Berechnungen

Die Aufteilung der Programme nach ihren Programmsparten blieb weiterhin im wesentlichen konstant, Schwankungen in den Statistiken ergaben sich durch Veränderungen in der Erfassung und Zuordnung von Sendungen.

Die alle zwei Jahre neu beschlossenen Programmschemata wurden oft kontrovers diskutiert, sie bedeuteten jedoch, genau besehen, nur ein moderates Austarieren der Anordnungen, in denen sich die Programme dem Publikum präsentierten. Versuche der Anstalten, die Programme flexibler und variabler in ihren Zusammensetzungen zu gestalten, blockierten teilweise die Aufsichtsgremien aus politischen Gründen. Einen Konfliktfall bildeten die sogenannten ›Schutzzonen‹ für meinungsbildende politische Sendungen, in denen das andere Programm keine publikumsattraktive Unterhaltung anbieten durfte. Die für 1976 verabredete Aufgabe der ›Schutzzonen‹ für die politische Information wurde z.B. vom ZDF-Fernsehrat abgelehnt und dann erst ab 1978 vollzogen. Eine ›Entzerrung‹ von ›Angebotsverdoppelungen‹, so die entsprechende Formulierung, zielte darauf, daß sich populäre Angebote auf beiden Kanälen nicht gegenseitig Konkurrenz machen durften. Beide Programme zusammen sollten auf diese Weise den größtmöglichen Effekt beim Erringen der Zuschauergunst erzielen. Die Schemata glichen »Puzzlespielen«, in denen »die Partner leichtere gegen gewichtigere Steinchen setzten und umwälzende Veränderungen der Grundstruktur nicht mehr möglich« waren (Brunnen 1975, 134). Als eine »befriedete Welt der Koordination« erschienen deshalb die jeweils ausgehandelten Schemata, in der die »Marktanteile gleichmäßig verteilt« (ebd.) waren und Unruhe allenfalls noch durch die von der Koordinierung ausgenommenen Dritten Programme entstehen konnte.

Programmschemata

Die Debatten über die Programmstrukturen nahmen ab Mitte der siebziger Jahre innerhalb der Anstalten zwischen den Abteilungen und Redaktionen zu, weil mit ihnen mehr und mehr die interne Verteilung des begrenzt vorhandenen Programmraums und damit auch der Mittel verbunden war. Richard W. Dill konstatierte deshalb 1975, nach dem Abschluß der ARD-ZDF-Koordination über die neuen inneren Verteilungskämpfe, daß derjenige, der Programm machen möchte, nur noch »im Rahmen einer Struktur,

»Über Programm reden, ist süß, über Struktur reden, ist sauer.« (Hans Abich zit. n. Dill 1975)

die quantitativ nicht mehr expandiert,« die beiden Möglichkeiten habe, aus diesem Rahmen »jemanden hinauszudrängen und sich an dessen Stelle zu setzen« oder die Struktur zu verändern (Dill 1975, 1 f.).

Abschied von programmphilosophischen Gesamtkonzepten

Im ZDF-Jahrbuch 1970 beschrieb Dieter Stolte, zu dieser Zeit Leiter der ZDF-Programmplanung, die neuen Konstellationen für das Programm, indem er feststellte: »Jedes Programmschema ist ein Kompromiß von vielen Anregungen innerhalb einer Anstalt.« Vier neue Kriterien sah er dafür, daß der Programmauftrag neu formuliert werden mußte: Angesichts der sich ankündigenden neuen Technologien sei das »Unverwechselbare, das Medienspezifische des Fernsehens« hervorzuheben; aufgrund der begrenzten ökonomischen Mittel müßten die Anstalten selbst Lösungen finden; wegen des gesellschaftlichen Strukturwandels müßten sich die Anstalten über das, was die Zuschauer wollten, »empirisch gesichertes Material besorgen« und in Kenntnis der Forderungen nach Mitbestimmung hätten nicht nur die Redaktionen, sondern auch die Zuschauer »an der Programmierung mitzuwirken« (ZDF-Jahrbuch 1970).

Programmauftrag und -wirklichkeit

Es ist auffällig, daß noch zu Beginn der siebziger Jahre von verschiedenen Programmverantwortlichen konzeptionelle Überlegungen im Sinne eines ›programmphilosophischen‹ Ansatzes gesucht wurden, daß aber andere, wie z. B. der ARD-Programmdirektor von 1973 bis 1978, Hans Abich, stärker subjektive Erfahrungen, Eindrücke, Beobachtungen mitteilten und auf diese Weise zu Programmauftrag und -wirklichkeit Stellung nahmen. Das mag mit dem persönlichen Naturell der Programmverantwortlichen zu tun haben, es war jedoch auch Ausdruck der neuen Situation, in die sich das Fernsehen gestellt sah. Der Glaube an verbindliche Programmkonzepte, die einen allgemeinen Geltungsanspruch erheben konnten, ging verloren bzw. löste sich in Leerformeln auf. Als der ZDF-Intendant Karl Günther von Hase 1977 als Positionsbestimmung des Fernsehens formulierte, es soll »nicht Vorreiter dieser oder jener gesellschaftlichen oder politischen Richtung sein, sondern eine treuhänderische Funktion für viele ausüben« und im gleichen Atemzug feststellt, daß sich »im bewegten Spiel der verschiedenen Kräfte« ein »Bild des Ganzen« vermittle (Hase 1977, 5), waren dies nur beschönigende Bezeichnungen des Parteienstreits um die Macht im Fernsehen und eine vage Bestätigung des Status quo.

Hans Abich

»Das Medium selbst bestimmt hochgradig die Zuschauernachfrage. Ich wage eine Gleichung mit mehreren fast Unbekannten: das bestehende Programm – *vermindert* um seine Häufungen, *vermehrt* um seine beliebtesten Bestandteile, *vermindert* um seine gewagtesten Experimente, *vermehrt* um die Pointen, die Heiterkeit schaffen, *vermindert* um die Anstrengungen, die das Programm zuweilen bereitet, *leicht korrigiert* durch die Eigenarten all der potentiellen Zuschauer, *verunsichert* durch den Grad Neugier, noch nie Dagewesenes sehen zu wollen – ist ungefähr das Mittel der Programme, die sich das Publikum wünscht, freilich unter dem zusätzlichen Aspekt, daß Teile des Publikums ihre wirklichen Wünsche besser kennen, als das Ergebnis der Unterbewußtseins-Erforschung des Gesamtpublikums erkennen läßt.« (Abich 1975, 245 f.)

Nachdem es 1975 zum Abschluß eines neuen Koordinierungsabkommens zwischen ARD und ZDF gekommen war, konstatierte Norbert Schneider bereits die Inhaltsleere der Debatte der Programmschemata und vermutete, daß man sich in Zukunft nicht mehr der Leerformeln der Rundfunkgesetze bedienen könne: »Der behende Rückgriff auf jenen Programmauftrag, der heute noch in die blank gewetzten Begriffe Information, Unterhaltung und Bildung gefaßt werden kann, wird in zwei Jahren endgültig ein Fehlgriff sein« (Schneider 1975, 3). Auch die folgenden Verhandlungen standen nicht unter ›programmphilosophischen‹ Zielsetzungen.

Die Vielfältigkeit der Anforderungen an das Medium, die Differenzierung seines Gebrauchs, vor allem aber die Praxis des Programmbetriebs von ARD und ZDF mit seinen diversen Sparten, Genres und Sendungen ließen die Formulierung einer verbindlichen Programmatik zweifelhaft werden. ARD und ZDF waren zu großen Programmbetrieben angewachsen. Über 22.000 festangestellte und mehr als 100.000 freie Mitarbeiter arbeiteten für diese Institutionen (Spiegel 35/1975, 52).

Verlust verbindlicher Programmatiken

Zunehmend wurde von den Programmverantwortlichen zu aktuellen, tagespolitischen Debatten Stellung genommen. Vor allem Dieter Stolte äußerte sich in den siebziger Jahren nicht nur in großen Entwürfen, sondern immer häufiger auch zu Tagesproblemen und suchte dabei Grundsatzformulierungen öffentlichkeitswirksam zu streuen. Statt eines Rahmenkonzepts für die Programmproduktion war Legitimationsarbeit für das öffentlich-rechtliche Fernsehen gefragt.

Konzeption durch Fernsehdesign

Konnten programmphilosophische Konzepte nur noch unzureichend das Programm als Einheit begründen, so trat Anfang der siebziger Jahre die Ästhetik an ihre Stelle. Das ZDF legte sich 1973 ein von Otl Aicher entworfenes Design für das gesamte Programm zu und schuf damit zum ersten Mal im bundesdeutschen Fernsehen ein durchgehend stilisiertes Erscheinungsbild, ein nach Industrievorbild so benanntes ›corporate design‹. Die einzelnen Reihen und Sendungen, so weit sie das ZDF selbst produzierte, erhielten dadurch aufeinander abgestimmte Titelsignets, die Ansagen und andere Formen der Programmverbindungen wurden vereinheitlicht, so daß auch die zwischen ihnen eingefügten eingekauften und fremdproduzierten Beiträge in das Gesamtgefüge eingebunden wurden. Der Programmfluß erhielt eine bestimmende Gestalt, die die Wiedererkennbarkeit des Programms sicherte. Die ARD hielt zunächst noch an ihrem pluralen Programmdesign fest, das von den einzelnen ARD-Anstalten für die je eigenen Sendungen unterschiedlich gestaltet wurde. Diese Vielfalt stand auch sichtbar für die föderale Struktur der ARD, führte jedoch auch dazu, daß das Programm »Deutsches Fernsehen« sich als ästhetische Einheit nicht so markant wie das ZDF-Programm präsentieren und damit dem Zuschauer einprägen konnte.

Design als Ersatz programm-philosophischer Konzepte

Mit der Etablierung des Designs als programmgestaltendes Element wurde nicht nur die Wahrnehmung der Angebote ›verflüssigt‹, sondern auch die einstmals kritisierten Brüche, Widerstände, Eigenheiten langfristig eingeebnet. Das Programmdesign mit seinen Programmverbindungen sollte den Übergang von einem Angebot zum nächsten erleichtern, Akzente setzen und damit den ›Konsum‹ der Ware Fernsehprogramm steigern. Das Design gab dem Programm sein längst schon notwendiges einheitliches Aussehen, es bildete die ästhetische Ergänzung zu den Reorganisationsbemühungen der Fernsehanstalten. Mit der viel gerühmten Gestaltung des ZDF-Designs durch Aicher erhielt der Sender zusätzlich ein modernes ›Image‹.

Design als programmgestaltendes Element

Zwischen Zielgruppenorientierung und Integrationsanspruch

Mit dem Vorhaben, »die Einbahnstraße Sender-Empfänger aufzuheben und für den Gegenverkehr durchlässig zu machen« (ZDF-Jahrbuch 1971, 68), suchte Stolte Anschluß an zeittypische Forderungen nach Teilhabe an den Medien (Enzensberger 1970). Der Partizipationsgedanke ließ sich jedoch nur begrenzt durchsetzen. Ebenso bedeutete die von ihm geforderte Abkehr von »der Vorstellung einer ›heilen‹, einer in sich integrierten Familie, deren einzelne Glieder nicht in Konflikt miteinander leben«, keine grundsätzliche Aufgabe des familienbezogenen Programms, wie es das ZDF in den sechziger Jahren entwickelt hatte. Die Forderung eines »stärker zielgruppenorientierten Programms« diente lediglich einer Akzentsetzung.

Zielgruppenorientierung für ein erweitertes Angebot

Mit dem Konzept der Zielgruppenorientierung, wie es nicht nur Dieter Stolte, sondern auch Vertreter der ARD-Anstalten Anfang der siebziger Jahre vertraten, sollte der Differenzierung des Publikums und seiner Interessen Rechnung getragen werden. Der Begriff stammte aus den Dritten Programmen, die sich schon von ihrer Konstruktion her nur an ein bestimmtes, bildungspolitisch eingrenzbares Publikum wandten. Er erfuhr jetzt eine Umdeutung: Einzelne Sendungen bzw. Programmbereiche sollten sich auf spezifische Bevölkerungsgruppen hin ausrichten und ihre Bedürfnisse genauer ansprechen. Damit waren nicht die schon bekannten Programmpräferenzen gemeint, sondern vor allem altersbedingte, pädagogisch zu beeinflussende Interessen. Die Schaffung von Kleinkinder-, Vorschul- und Jugendsendungen gehörte dazu, ebenso Sendungen für ältere Zuschauer. Solche altersspezifischen Sendungen erhielten jetzt durch das Konzept der Zielgruppenorientierung eine neue Bedeutung.

Medienkritik innerhalb des Mediums

Nicht als ein ›von oben‹ verordnetes Programm, sondern als ein Angebot, das den spezifischen Bedürfnissen der Zuschauer entsprach, stellte sich ein solches Zielgruppenangebot dar, mit allen Härten und Widersprüchen, aber eben dichter an der Realität der Zuschauer.

Neben der Ausrichtung auf spezifische und partikuläre Zuschauerinteressen verband sich damit auch die Idee der Partizipation der Zuschauer und das Konzept, diese durch eine Medienkritik innerhalb des Mediums selbst zur Auseinandersetzung mit dem Fernsehen zu befähigen. Sendungen wie »Glashaus – TV intern« ab Oktober 1972 im ARD-Programm (nach »Reflexe«, »Kritik Replik« und »Glashaus« in WDR 3) und »betrifft: Fernsehen« ab März 1974 im ZDF prägten das Bild eines – wenn auch nur in Grenzen – zur Selbstkritik fähigen Fernsehens. Gerade das Schicksal der medienkritischen Sendungen zeigt aber auch, daß dieses Konzept nur begrenzt überlebensfähig war. Nach vielen Krisen, der Entlassung des »Glashaus«-Redakteurs Ludwig Brundies 1976, weil er ›TV-Internes‹ öffentlich dargestellt hatte, wurde »Glashaus« 1979 eingestellt. »betrifft: Fernsehen« hielt sich immerhin bis 1984 (vgl. Bäumer 1997). Damit wurde auch die programmatische Zielgruppenorientierung im Sinne einer Partizipation (auch in Sendereihen wie »baff« und »Schüler machen Fernsehen«) zurückgenommen. Sie galten, wie der WDR-Redakteur Martin Wiebel, der diese Reihen wesentlich mitinitiiert hatte, es später formulierte, als »Indikator für Liberalität und Fähigkeit zu Selbstkritik der Rundfunkhierarchien« und ein solcher Indikator war nicht mehr erwünscht.

Das Konzept der Zielgruppenorientierung galt damit schon in der zweiten Hälfte der siebziger Jahre nur noch eingeschränkt. Die Umorientierung machte damit auch deutlich, daß die Programmkonzepte selbst immer kürzere Geltungsphasen besaßen.

Der Versuch der inhaltlichen Akzentuierung einzelner Sendungen und Reihen auf ein differenziert gesehenes Publikum wurde durch eine allgemeine Anpassung des Programms an das Publikumsverhalten ergänzt. Dazu hatten ARD und ZDF gemeinsam umfangreiche Zeitbudget- und Nutzungsuntersuchungen durchführen lassen. Die Beobachtung, daß die Mehrheit der Zuschauer bereits nach 18.00 Uhr zu Hause und teilweise auch fernsehbereit war, führte zur Vorverlegung der Hauptnachrichtensendung des ZDF von 19.45 Uhr auf 19.00 Uhr. Damit traten die ZDF- und ARD-Hauptprogramme in ihren Profilen deutlicher auseinander, weil sich für das ZDF eine andere Zeitstruktur für das Abendprogramm ergab. Zwar blieb der Umschalttermin um 20.15 Uhr weitgehend erhalten, doch schob sich vor den Schwerpunkt des Abends eine kürzere, 45 Minuten dauernde Sendung zur Einstimmung in den Fernsehabend. Die stärkere Anpassung der Programmstrukturen an die alltäglichen Lebensgewohnheiten blieb jedoch insgesamt begrenzt, weil diese sich in einem gewissen Umfang umgekehrt nach den Strukturen des Angebots richteten. Vor allem die Ausdehnung der Angebote in den Spätabend hinein führte dazu, daß die Zuschauer sich langfristig an eine Verlängerung des Abends gewöhnten.

Dieter Stolte, seit 1975 Programmdirektor des ZDF, betont 1976 wieder die »Integrationsaufgabe« des Fernsehens: »Tragende Überzeugungen und verbindende Erfahrungen« seien »gerade in Zeiten sozial-politischer Kontroverse und parteipolitischer Polarisierung« zu vermitteln (Stolte 1976, 65). Damit verband sich eine Rücknahme von medienkritischen und Bildungssendungen. Die programmatische Herausstellung der »Integrationsfunktion des Rundfunks« (von Hase 1978) ging parallel zur Betonung der Grundversorgung, die durch die öffentlich-rechtlichen Veranstalter gewährleistet werde und die im Gegensatz zu möglichen privatwirtschaftlich organisierten Anbietern gesehen wurde. Von Hase interpretierte diesen Integrationsauftrag des zweiten Fernsehurteils des BVerfG von 1971 dahingehend, daß Fernsehen »keine desintegrierende Wirkung hinterlassen und das Publikum einem Irrgarten aus Nachrichtenpartikeln und Meinungssplittern aussetzen dürfe, in dem Zusammenhänge und Interdependenzen nicht sichtbar werden«. Integration bedeute weiterhin, die »Distanz zwischen den Generationen«, das »aggressive Mißtrauen« zwischen Gruppen und die »Kluft zwischen einzelnen Lebensbereichen« zu überwinden und damit »Solidarität mit dem Schwächeren« zu üben. Und sie bestehe vor allem darin, daß »in einem offenen Fluß von Meinungen auch Äußerungen und Abweichungen toleriert werden« (ebd).

Integrationsaufgabe des Fernsehens bei sozial-politischen Kontroversen

Die Konflikte, die die politisch motivierten Programmeingriffe begleiteten und die zu zahlreichen öffentlichen Debatten führten, leiteten mittelfristig eine politische Entschärfung der Programme ein. Zwar blieb im Grundton eine liberale Haltung bestehen, doch exponierte Formen der Meinungsbildung schwanden. Günter Rohrbach beschrieb diese Entwicklung 1976: Eine »Atmosphäre der Übervorsicht« und »Ängstlichkeit« entstehe in den Redaktionen, weil bei riskanteren Programmvorhaben zu hören sei: »Muß das ausgerechnet jetzt sein?« oder: »In dieser rundfunkpolitischen Situation würden wir uns damit eher schaden als nützen« (Rohrbach 1976). Nach der inhaltlichen Aufladung der Programme Ende der sechziger Jahre folgte nun eine Zurücknahme der programmatischen gesellschaftlichen Vorhaben. Das Konzept einer Integration durch das öffentliche Diskutieren von Konfliktthemen war nicht mehr konsensfähig. Ab 1978 propagierten Programmverantwortliche das Konzept der Integration durch Unterhaltung. Die Fernsehgemeinde wurde als große Familie gesehen, die sich um unterhaltsame Geschichten versammelte oder sich zu den großen Game Shows oder Talk-Runden zusammenfand.

Verlust des Konsenses

Versuchte Neuorientierung der Regionalprogramme

Regionalprogramme

Der Versuch, die unterschiedlichen Regionalprogramme, die im Vorabend-Fenster des ARD-Programms zwischen 18.00 und 20.00 Uhr regional verschieden ausgestrahlt wurden, im Rahmen der Sparmaßnahmen zu vereinheitlichen, scheiterte zunächst, obwohl es dazu wiederholt Anläufe gab. Dabei bildete die Plazierung der regionalen Informationssendungen im Werbeumfeld einen häufigen Kritikpunkt. Auf Kritik stieß auch der parteipolitische Proporz und der Einfluß der Landesregierungen. Der Vorwurf der ›Hofberichterstattung‹ und der durch strikte Ausgewogenheit erzeugten ›Langeweile‹ der Sendungen traf im Prinzip alle Regionalprogramme, wenn auch in unterschiedlicher Schärfe. Die Zuschauer erwarteten, daß sich gerade die Regionalsendungen zum »Sprachrohr« der Bürger machten und dem »Bürgerwillen« Ausdruck verlieh, wie eine Infas-Befragung zur »Hessenschau« 1976 ergab (Morgenstern 1977a).

»Die Plazierung der Regionalsendungen zwischen die Werbeblöcke ist das eigentliche Unheil, das die Regionalprogramme zu regelrechten Programmzwittern macht. Einerseits sollen sie den Informationsgeboten Genüge tun, zum anderen sollen sie werbefreundlich sein, also ›unterhaltsam‹.« (Thomas 1977)

Die bei allen Regionalsendungen bestehende Spannung zwischen den Aufgaben, Verlautbarungsorgan der Politiker oder Artikulationsinstanz von Bürgermeinungen zu sein und ein werbefreundliches Umfeld zu schaffen, wurde durch regionale Besonderheiten verstärkt. Die Sendungen des gemeinsamen Regionalfernsehens von NDR und RB (Leitung: Horst Seifart), »Berichte vom Tage« und das »Nordschau-Magazin« litten darunter, daß sie die Themen von vier Bundesländern zu berücksichtigen hatten, während die »Abendschau« (Leitung: Harald Karas) des SFB geradezu ›intim‹ über das Stadtgebiet West-Berlins berichten konnte. Das Regionalfernsehen des WDR (Leitung: Walter Erasmy) brachte »Hier und heute«, zusätzlich in WDR 3 weitere Regionalsendungen wie »Tele-Gramme«, dann auch ab 1976 die Sendungen »Prisma des Westens«, »Almanach der Woche« und »Landesforum«, die das Regionalmagazin »Hierzulande – Heutzutage« ablösten.

Der Südwestfunk und der SDR strahlten in ihrem regionalen Fenster im Ersten Programm das »Abendjournal« und die »Landesschau« (Leitung: Manfred Buchwald) aus, während sie im gemeinsamen Dritten Programm für die einzelnen Länder unterschiedliche regionale Sendungen (SR für das Saarland, SDR für Baden-Württemberg, SWF für Rheinland-Pfalz) präsentierten. Im Deutschhaus in Mainz unterhielt der SWF deshalb ein umfangreiches Landesstudio, dessen Mannschaft sich einer eher kritischen Berichterstattung gegenüber der rheinland-pfälzischen Landesregierung rühmte (vgl. Morgenstern 1977b). Anders dagegen beim SR-Regionalfernsehen, das ebenfalls ein (kürzeres) »Abendjournal« und einen »Aktuellen Bericht« im Ersten brachte, dem man jedoch eine besonders krasse Hofberichterstattung attestierte (Rahner 1977). Im Gegensatz zu vielen anderen Anstalten hatte das Regionalfernsehen des HR die Nachrichtensendung und das Magazin zur einer einzigen Sendung, der »Hessenschau«, zusammengelegt. Damit wurde die Verzahnung mit der Werbung gemildert, so daß das Modell der »Hessenschau« auch von anderen Regionalprogrammen angestrebt wurde.

Auch der BR (damaliger Leiter des Programmbereichs Bayern Information: Franz Schönhuber) brachte neben der »Abendschau« im regionalen Fenster im Ersten weitere regionale Sendungen auf BR 3, wie z.B. »Bayern heute«, sowie Reihen wie »Jetzt red i«, »Unter unserem Himmel« oder auch

Das baden-württembergische Landeschau-Studio mit Henrik Coy, 1978

»Bayerische Kalendergeschichten«, ein Schülersportmagazin »Auf die Plätze«. Wurde bei vielen anderen Sendern das Regionale als etwas Provinzielles gesehen, so galt es beim BR, folgt man dem Kritiker Thomas Thieringer, »als Maßstab aller Dinge«. Die »besondere Rolle« des Bayerischen sah er vor allem darin, daß »im BR-Regionalprogramm doch eine bewahrende Weltsicht geboten« wurde (Thieringer 1976).

Das eigentliche Problem des Regionalfernsehens, daß die Sendungen nicht wirklich auf Regionen, sondern auf Bundesländer, die oft mehrere Regionen umfaßten, zugeschnitten waren, kam Ende der siebziger Jahre stärker in den Blick. War eine stärkere Regionalisierung durch ein Auseinanderschalten der Programme und durch Aufbau zusätzlicher Landesstudios zunächst als zu teuer abgelehnt worden, so wurde sie in den frühen achtziger Jahren vorangetrieben, weil die Anstalten damit eine zusätzliche Legitimation gegenüber der kommenden kommerziellen Konkurrenz gewannen. Der Konflikt um den NDR beschleunigte diese Entwicklung, hatten doch die CDU-geführten Landesregierungen von Schleswig-Holstein und Niedersachsen den NDR-Staatsvertrag auch mit dem Hinweis auf mangelnde Darstellung ihrer Regionen im NDR begründet. Der NDR-Intendant Martin Neuffer legte deshalb 1979 ein Konzept zur stärkeren Regionalisierung der Programme durch Ausbau der Funkhäuser, Studios und des Korrespondentennetzes in den größeren Städten des NDR-Sendegebiets vor. Der Einsatz der mobilen Technik der ›elektronischen Berichterstattung‹ in den regionalen Informationssendungen sollte hier eine größere Mobilität und das Auseinanderschalten von landesspezifischen Regionalprogrammen eine zusätzliche Differenzierung bringen.

Regionalisierung auf Landesebene

Absetzen kritischer Sendungen

Die krisenhafte, vom politischen Druck auf das Medium geprägte Situation zeigte sich besonders daran, daß ab Mitte der siebziger Jahre zahlreiche Sendungen abgesetzt, verschoben oder neu konzipiert wurden. Eine Momentaufnahme des Jahres 1977: Im WDR wurde z. B. im Juli 1977 in der medienkritischen Reihe »Glashaus – TV intern« eine Sendung des damaligen Redakteurs Ludwig Mezger zum Thema »Was erwarten Arbeiter vom Fernsehen« auf Intervention des Programmdirektors Werner Höfer abgesetzt, nach lautstarken Protesten der Gewerkschaft ein halbes Jahr später doch noch ausgestrahlt. Im gleichen Monat kürzte die »Report«-Sendung ein Statement von Horst Eberhard Richter zum Kommentar der Göttinger und Tübinger Studenten zur Ermordung Bubacks sinnentstellend (es handelt sich hier um den umstrittenen Mescalero-Artikel), so daß sich Richter öffentlich darüber beschwerte. Der SWF sendete wenig später eine von Mischa Gallé produzierte ironisch-kritische Parabel auf den Kulturbetrieb »Strauberg ist da« nicht , der Streit zog sich bis 1978 hin. Volker Schlöndorffs Böll-Verfilmung »Die verlorene Ehre der Katharina Blum«, deren Ausstrahlung schon angekündigt war, wurde abgesetzt und erst ein Jahr später gesendet. Matthias Walden erklärte in einem Kommentar, Heinrich Böll, der Verfasser der Erzählung, die Schlöndorffs Film zugrunde lag, habe den ›Boden‹ für den Terrorismus bereitet. Böll wehrte sich juristisch gegen diesen Vorwurf. Das ZDF setzte den Spielfilm »Warum mußte Staatsanwalt Traini sterben?« ab, der Film behandelte einen realen Mafiamord in Palermo im Jahr 1971. Günter Walraffs Film über »Bild« – er hatte bei der Springer-Zeitung unerkannt gearbeitet und über deren journalistische Praktiken berichtet – wurde im ARD-Programm abgesetzt. Das ZDF nahm den

Politischer Druck auf kritische Sendungen

Der BR-Intendant Vöth beschwerte sich über Hildebrandts Satiresendung »Scheibenwischer« vom 14.1. 1982, weil er Zahlen über den Bau des Rhein-Main-Donau-Kanals öffentlich gemacht hatte.

Film »Der ganz faire Prozeß des Marcel G.«, in dem es um einen Prozeß gegen einen Rocker ging, »kurzfristig« aus dem Programm. Ein Fernsehspiel über den lateinamerikanischen Pater Torres, der zur Kirche der Befreiung gehörte, wurde ebenfalls verschoben und ein Porträt Fritz Teufels abgesetzt. Die Reihe ließe sich fortsetzen. Bei allen Sendungen waren politische Implikationen Auslöser der Absetzung oder Verschiebung.

Wachsende Unterhaltungsorientierung

Politische Entschärfung der Fernsehprogramme

Die politische Entschärfung der Fernsehprogramme und die Ausrichtung auf Unterhaltung prägte die endsiebziger Jahre. Mit dem neuen Programmschema ab 1978 begann das Erste Programm den Abend jeden Tag (bis auf den Donnerstag) mit einer Unterhaltungssendung. Das Programm wurde insgesamt unterhaltender, die ARD reagierte so auf eine vergleichbare Programmgestaltung, die das ZDF bereits 1973 eingeführt hatte. Außerdem ersetzte die ARD die Spätausgabe der »Tagesschau« durch das Nachrichtenmagazin »Tagesthemen«, das werktags jeweils um 22.30 Uhr kam. Information sollte verständlicher präsentiert und der Zuschauerrückgang bei den politischen Sendungen in den vorausgegangenen Jahren gestoppt werden. Eine Homogenisierung des Programms wurde gleichzeitig erreicht; der Aufbau der Tagesprogramme verlor etwas von seinem puzzlehaften Charakter. Auch das ZDF betrieb eine »Vereinheitlichung von Terminen durch weitgehend homogene Programmangebote« (Morgenstern 1977c) und richtete analog zur ARD das Nachrichtenmagazin »heute-journal« um 21.00 Uhr (freitags um 22.00 Uhr) ein.

Phantasie-Diskussion

Die ›Phantasiediskussion‹ auf den Mainzer Tagen der Fernsehkritik 1978, die sich speziell gegen das journalistische Fernsehspiel richtete, setzte Zeichen für die stärkere Unterhaltungsorientierung der Programme. Die programmatischen Forderungen nach mehr Humor (Dieter Stolte) und mehr Phantasie (Hans Abich, Günter Rohrbach, Heinz Ungureit), die sich gegen belehrende und aufklärende Tendenzen richteten, führten deshalb ab 1978/79 zu einer schrittweisen Verstärkung des fiktionalen und unterhaltenden Angebots sowie innerhalb der Fiktion zu einer größeren Orientierung hin zu mehr unterhaltenden Formen. Die Ausstrahlung der US-Miniserie »Holocaust« 1979, die sich unter Wahrung eines brisanten Themas gerade wegen ihrer trivialen Erzählmuster besonderer Zuschauerresonanz erfreute, wies ebenso wie die ab 1982 ausgestrahlte US-Serie »Dallas« in diese Richtung. Vor allem »Holocaust« machte deutlich, daß sich neue Maßstäbe für die Gestaltung von Fernsehangeboten durchzusetzen begannen. Die These vom engen Zusammenhang von Inhalt und Form, die einst dazu geführt hatte, daß bestimmte Themen nur in bestimmten Formen als darstellbar galten, verlor an Bedeutung. Jedes Thema konnte nun in eine populäre Dramaturgie eingepaßt werden.

Diese Unterhaltungsorientierung (in beiden Hauptprogrammen) verstärkte sich mit Beginn der achtziger Jahre, da die Ausstrahlung kommerzieller Programme in der Bundesrepublik absehbar war. Die öffentlich-rechtlichen Anstalten wollten nun durch ihre Programme deutlich machen, daß sie das, was die privatwirtschaftliche Konkurrenz anzubieten versprach, auch anbieten konnten. Sie setzten vor allem amerikanische Kinospielfilme ein und präsentierten neue Showmaster und Fernsehstars.

Wachsende Unterhaltungsorientierung

Die vermehrte Präsentation unterhaltender Sendungen stand im Rahmen einer quantitativen Programmerweiterung. Zusätzliche Sendezeiten kamen am frühen Samstagnachmittag und am Sonntagvormittag sowie am späten Abend hinzu (vgl. Saur 1981). Damit belegten die öffentlich-rechtlichen Sender Zuschauerzeit, die möglicherweise von kommerziellen Anbietern verstärkt genutzt werden würde.

Im journalistischen Bereich tat sich wenig, weil die Diskussionen um Strukturveränderungen auf der Stelle traten und die vielbeschworene größere Flexibilität im aktuellen Bereich sich strukturell nicht durchsetzte. Offene Sendeplätze wie »Der weiße Fleck« (ARD), die sich bewußt für aktuelle Themen freihielten, erwiesen sich gerade wegen der fehlenden Themenangabe in den Programmzeitschriften als schwierig. Das Problem wurde erst Ende der achtziger Jahre mit der Konstruktion der das Programmschema durchbrechenden Sondersendungen und ihrem verstärkten Einsatz gelöst. Sukzessive wurden Bildungsreihen und informative Hintergrundsendungen reduziert. Zum einen beschränkten die Programmplaner den Umfang der Sendeplätze für Bildungsreihen, zum anderen kamen sie auf ungünstigere Zeiten außerhalb der »prime time«.

Nicht alle Programmerweiterungen wurden von den Zuschauern auch begrüßt. Vor allem die Spätabendtermine (Spielfilmtermine am Wochenende) stießen zunächst auf Kritik. Die Programmverantwortlichen begegneten der Kritik mit dem Hinweis auf international ähnliche Programmausweitungen und daß so Auswüchse, wie sie anderswo durch nächtliche »Sex- und Striptease-Shows« existierten, auf dem Bildschirm verhindert würden. Der SDR-Intendant Hans Bausch erklärte dazu 1978: »Was im kommerziellen Fernsehen des Auslands alltägliche Praxis ist, wird es in der Bundesrepublik Deutschland nicht geben, solange das Fernsehen öffentlich-rechtlich organisiert bleibt« (Bausch 1978, I/2). Daß sich dann 1982 in Justus von Boehnckes Kulturmagazin »Arena« eine Sechzigjährige auszog und exhibitionistisch darstellte, blieb ebenso ein Einzelfall wie eine angedeutete Selbstbefriedigung der Popsängerin Nina Hagen in einer Talkshow. Die öffentliche Debatte darüber machte deutlich, daß hier immer noch ein gesellschaftliches Tabu bestand, daß hier aber auch neue publikumsattraktive Angebote zu finden waren, die dann wenige Jahre später von kommerziellen Programmen aufgegriffen wurden.

Die Programmstruktur-Debatten verschärften sich Mitte der achtziger Jahre, weil sich die öffentlich-rechtlichen Systeme günstige Ausgangssituationen für die ab 1984 kommende Konkurrenz mit kommerziellen Veranstaltern sichern wollten. Dazu gehörte die 1984 erneut geführte Diskussion innerhalb der ARD, ob man nicht – dem ZDF folgend – die Hauptnachrichtensendung und damit den Beginn des Abendprogramms auf 19.00 Uhr vorverlegen sollte. Doch die ARD entschied sich dagegen: Ein Aktualitätsverlust wurde befürchtet, weil wichtige Informationen erst nach 19.00 Uhr eingingen. Das ARD-Programm würde sich dann nicht deutlich genug vom ZDF abheben und vor allem hätten die Regionalprogramme neu plaziert werden müssen, wodurch den Landespolitikern, von denen wiederum die ARD-Anstalten abhängig waren, ein Öffentlichkeitsforum genommen worden wäre. Auch wurden Zuschauerverluste bei einer Veränderung des etablierten Termins befürchtet.

Vorgreifende Anpassung an die kommerziellen Anbieter

Auffällig war zu Beginn der achtziger Jahre, daß – nach einer vollzogenen Umorientierung auf Unterhaltung und Fiktion im Sinne einer vorgreifenden Anpassung an die (noch nicht sendenden) kommerziellen Anbieter – sich eine neue Argumentationsweise und ein erneuter Richtungsschwenk in der Programmplanung durchzusetzen begann. Man betonte nun die Programmteile, die erwartungsgemäß die öffentlich-rechtlichen Fernsehsysteme gegenüber der kommerziellen Konkurrenz auszeichnen würden: die Informationsvermittlung und die Kultursendungen. Nachdem sich die öffentlich-rechtlichen Programme von einem Teil der Bildungs- und Kultursendungen befreit hatten, um ihr Profil zu ändern, die verbleibenden neu ausgerichtet und politisch entschärft hatten und insgesamt eine stärkere Unterhaltungsorientierung durchgesetzt hatten, betonten sie nun die Differenz zu den erwarteten kommerziellen Angeboten. Im Informationsbereich erhielt der eher diffuse ARD-Sendeplatz »Der weiße Fleck« den Titel »Brennpunkt« und kam auf einen neuen zuschauergünstigeren Programmplatz. Im Fernsehspiel wollte die ARD mehr investieren, weil, wie ARD-Fernsehspielkoordinator Hans Werner Hübner betonte, »wir bei wachsender Konkurrenz uns der Dinge erinnern müssen, die wir originär haben«.

10.6 Der Umbau der Dritten Programme zu Vollprogrammen

Die Neuorientierung des Fernsehens unter den politischen und ökonomischen Restriktionen seit 1973 führte auch dazu, daß die Dritten Programme in den Blick gerieten. Hier konnten die Landesanstalten frei von Koordinierungsverpflichtungen innerhalb des ARD-Verbundes und mit dem ZDF Programmgestaltung betreiben. Daß sich bis Anfang der siebziger Jahre nur eine Minderheit des Publikums bereit fand, diese Angebote intensiver zu nutzen, war in den Zeiten ökonomischen Wohlergehens und unbestrittener Legitimation von geringer Bedeutung. Ab Mitte der siebziger Jahre gingen die Fernsehanstalten daran, die Nachfrage durch eine Veränderung des Angebots zu steigern. Die Sendezeiten wurden in den Spätabend hinein verlängert sowie die in einigen Dritten Programm praktizierten Sommerpausen aufgegeben und durch besondere »Sommerprogramme« (teilweise gemeinsam wie von WDR, HR, NDR, RB und SFB ab 1977) gefüllt.

Die Dritten Programme 1973 bis 1983 (in Stunden, ohne Schulfernsehen)

	BR insg.	tgl.	HR insg.	tgl.	NDR/RB/SFB insg.	tgl.	WDR insg.	tgl.	SDR/SWF/SR insg.	tgl.
1973	2.168	5,9	1.812	5,0	1.527	4,2	2.743	7,5	1.979	5,4
1974	2.138	5,9	1.683	4,6	1.480	4,1	2.639	7,2	1.867	5,1
1975	2.088	5,7	1.682	4,6	1.583	4,3	2.455	6,7	1.790	4,9
1976	2.342	6,4	2.017	5,5	1.934	5,3	3.062	8,4	2.031	5,6
1977	2.521	6,9	2.167	5,9	2.070	5,7	3.140	8,6	2.195	6,0
1978	2.824	7,7	2.292	6,3	2.064	5,7	3.205	8,8	2.447	6,7
1979	2.661	7,3	2.132	5,8	2.189	6.0	2.552	7,0	2.282	6,3
1980	2.856	7,8	2.213	6,1	2.253	6,2	2.618	7,2	2.504	6,9
1981	2.972	8,1	2.400	6,6	2.425	6,6	2.581	7,1	2.441	6,7
1982	2.919	8,0	2.375	6,5	2.410	6,6	2.637	7,2	2.615	7,2
1983	3.078	8,4	2.506	6,9	2.556	7,0	2.865	7,9	2.926	8,0

Quelle: Statistische Jahrbücher, eigene Berechnungen

Der Umfang der Dritten Programme stieg in der Zeit von 1973 bis 1983 bei N 3 um 2,7 Stunden, bei S 3 um 2,6 Stunden, beim BR 3 um 2,5 Stunden, bei HR 3 um 1,9 Stunden, und bei WDR 3 um 0,4 Stunden. Auch wenn die Entwicklung in den einzelnen Dritten Programmen unterschiedlich ist, zeigte sich durchgehend ein quantitativer Ausbau der Angebote, zu denen dann noch die Sendungen des Schulfernsehens kamen. Die Sendepraxis war bei den einzelnen Schulfernsehprogrammen unterschiedlich, teilweise wurden sie über die Senderkette des Ersten Programms ausgestrahlt. Zwischen den Dritten Programmen bestand ein ausgedehnter Programmaustausch.

Entscheidender als die quantitative Entwicklung waren die inneren Strukturveränderungen. Um ein breiteres Publikum zu gewinnen, reduzierten die ARD-Anstalten ab 1974 die Kursangebote und integrierten mehr allgemeine politische Information und vor allem Unterhaltung in die Dritten Programme. Die Reduktion der Kursangebote schlug sich in der Programmentwicklung bei allen Dritten Programmen durch einen allgemeinen Umfangsrückgang in den Jahren 1974 bzw. 1975 nieder. Die Neuorientierung der Dritten Programme sollte diese konkurrenzfähiger machen und damit die Position der ARD gegenüber dem ZDF, das in der Zuschauergunst aufgeholt hatte, stärken.

Strukturveränderungen bei den Dritten Programmen

Unterhaltungssendungen dienten als ›Lokomotive‹ für andere Sendungen und gingen vorzugsweise unmittelbar nach der »Tagesschau« um 20.15 Uhr auf Sendung. Die bereits im Ersten Programm gezeigten Serien wie »77 Sunset Strip« und »Auf der Flucht« kamen zum Einsatz (im WDR 3) und die zuerst im Ersten präsentierte Reihe »Fernseh-Archiv« mit Wiederholungen herausragender Fernsehfilme wurde fortgesetzt (HR 3). Der SFB startete auf N 3 eine selbstproduzierte Kriminalserie »Direktion City«, andere Dritte Programme setzten vermehrt populäre Spielfilme und Fernsehspiele ein. Ausgebaut wurden auch Sendungen, die sich mit dem Sendegebiet beschäftigten und aus einzelnen Regionen berichteten. Damit orientierten sich die Dritten Programme in ihrer Zusammensetzung mehr und mehr an der Angebotspalette der beiden Hauptprogramme. Sie entwickelten sich zu ›Vollprogrammen‹ und suchten eine eigene dritte ›Programmfarbe‹ zu erzeugen (Roß 1979, 342 ff.). Der Charakter des Bildungsfernsehens wurde auch nach außen hin abgelegt: Das ›Studienprogramm‹ (BR 3) nannte sich ab 1977 ›Bayerisches Fernsehen‹, ein neues Design wurde gewählt, ähnlich auch bei anderen Dritten Programmen.

Unterhaltungssendungen als ›Lokomotive‹

David Janssen »Auf der Flucht«

Das ZDF beobachtete diese Entwicklung argwöhnisch, weil damit (außerhalb der Koordinierungsverhandlungen) eine neue Konkurrenz entstand, auf die es keinen Einfluß hatte. Auch innerhalb der ARD stieß die Programmpolitik der Dritten nicht immer auf Zustimmung. Daß der BR z. B. populäre Spielfilme wie »Der Berg ruft« am Montag ausstrahlte, während im Ersten Programm »Panorama« oder »Monitor« liefen, an Montagen aber, an denen »Report« aus Baden-Baden oder München kam, eher attraktionsarme Dokumentationen (»Beobachtungen bei der Hirschbrunft«) zeigte, führte zu Beschwerden anderer ARD-Intendanten. Vor allem der 1977 vom BR 3 und S 3 beschlossene Verzicht auf die Ausstrahlung der »Tagesschau« und die damit verbundene Vorverlegung des Abendprogramms auf 19.00 Uhr stießen auf Protest. Das ZDF sah darin ein Unterlaufen der Koordinierungsvereinbarungen und zögerte die Unterzeichnung des ab 1978 geltenden Abkommens hinaus.

Reduktion experimenteller Sendungen

Die von allen Dritten Programmen ab 1978 reklamierte Eigenständigkeit bedeutete jedoch keine völlige Abkehr von anspruchsvollen Sendungen, auch wenn dies zunächst so schien. Daß dabei langfristig experimentelle Formen des Fernsehens wie des Films, wie sie der WDR-Programmbereich Kultur unter Hans-Geert Falckenberg pflegte, reduziert wurden, war jedoch zwangsläufig. Der Verzicht auf die Zielsetzung einer ›elektronischen Volkshochschule‹ sollte zunächst die Dritten Programme im Vorfeld der drohenden Kommerzialisierung konkurrenzfähig machen.

Die Veränderung der Dritten Programme führte zu einer allgemeinen Steigerung der Zuschauerzahlen, jedoch gab es dabei starke Schwankungen. Kamen die meisten Sendungen auf Einschaltquoten zwischen ein und fünf Prozent, so erreichten einige auch bis zu 17 Prozent. Spektakulärste Sendung war 1979 der in den Dritten Programmen ausgestrahlte Mehrteiler »Holocaust«, bei dem sich von Folge zu Folge mehr Zuschauer einschalteten, so daß bei der letzten Folge 40 Prozent der Zuschauer zusahen.

10.7 Sparten und Genres unter wachsendem Unterhaltungszwang

Die Entwicklungsphasen der Programmgenres sind in der Regel nicht identisch mit den Phasen der allgemeinen Fernsehgeschichte, weil sich die programmatischen Richtungsvorgaben in den Fernsehanstalten erst mit einer gewissen zeitlichen Verzögerung in der Programmproduktion durchsetzen, die Herausbildung ästhetischer Konventionen und deren innovative Veränderung oft von außertelevisuellen Kontexten abhängen und durch die besondere Werkentwicklung einzelner Autoren und Regisseure bestimmt werden. Das auf der Programmebene von 1977 bis 1981 vielfach zu beobachtende Absetzen und Verschieben von Sendungen zeigt, wie kurzfristig Richtungsänderungen durchgesetzt werden sollten und man dabei mit bestehenden Konzeptionen der Redaktionen und Programm-Macher kollidierte. Doch diese Neuorientierung stand unter öffentlicher Beobachtung und führte zu Konflikten im Verständnis von gesellschaftlicher Kommunikation.

Entwicklung der Programmgenres

Die Entwicklung der Programmgenres war Teil einer bereits längerfristig bestehenden Produktionstradition von ARD und ZDF. Der Versuch zu Beginn der siebziger Jahre, auf diese Tradition durch ein Absetzen erfolgreicher Sendungen zu verzichten, wurde bald abgebrochen. 1979 resümierte der ARD-Programmdirektor Dietrich Schwarzkopf, man solle »Bewährtes

»Schneeglöckchen blühn im September« (Wolfgang Liere und Claus Eberth)

im Programm nicht aus Neuerungssucht unnötig opfern« (Schwarzkopf 1979, 128). Dahinter stand die Erfahrung, daß das Repertoire an Programmgenres, -formen und -inhalten begrenzt war und am Ende der siebziger Jahre der Erfolg bei den Zuschauern (gemessen in Einschaltquoten) wichtiger geworden war als das Bedürfnis, das Profil des Programms durch Innovationen zu akzentuieren. Diese eher unauffällig stattfindende Änderung in der Programmauffassung bedeutete langfristig einen Abschied von der Vorstellung, Fernsehen habe sich über die Schaffung von ›Werken‹ in das Ensemble der Künste einzufügen. Es stellte eine endgültige Hinwendung zu einem neuen Verständnis vom Programm als kontinuierlicher Dienstleistung dar.

Fernsehspiel und Fernsehfilm

Seit Mitte der sechziger Jahre hatte sich das Fernsehspiel – unter dem Schutz des Kunstvorbehalts der Gattung – zunehmend kritisch mit der Gesellschaft auseinandergesetzt. »Wirkliches durchschaubar und begreifbar machen«, »Einsichten eröffnen«, »Teilhaben an der Politisierung der Öffentlichkeit«, so lauteten die Zielsetzungen, wie sie WDR-Fernsehspielchef Günter Rohrbach 1968 beschrieben hatte (Rohrbach 1968, 27). Sie galten noch Anfang der siebziger Jahre und nicht nur für das Fernsehspiel, sondern auch für andere Programmsparten. Im Fernsehspiel bedeuteten sie, daß Lebensbereiche in den Blick gerückt wurden, die sonst nicht Gegenstand von Spielfilmen und Unterhaltung waren: Man zeigte die Arbeitswelt und thematisierte z.B. in den Filmen der ›Berliner Schule des Arbeiterfilms‹ Lohnkämpfe, Streiks, Betriebsstillegungen. Von Christian Ziewer und Klaus Wiese waren »Liebe Mutter, mir geht es gut« (WDR 1973) und »Schneeglöckchen blühn im September« (WDR 1974) zu sehen, von Marianne Lüdcke und Ingo Kratisch kamen »Lohn und Liebe« (WDR 1974) und »Die Wollands« (WDR 1975) ins Programm. Doch damit war diese Reihe auch

Politisierung der Öffentlichkeit

Arbeitswelt

schon fast beendet, weil sich auch im WDR ein Richtungswechsel abzeichnete. Christian Ziewers Film »Der aufrechte Gang« (WDR 1976) knüpfte noch einmal an die Arbeitsweltthematik an, Marianne Lüdcke verschob das Thema ›Arbeitskampf‹ in ihren Film »Tannerhütte« bereits in die endzwanziger Jahre. Das Genre war nicht auf das WDR-Fernsehspiel beschränkt. Der NDR zeigte z. B. Eckhard Garczyks: »Die 7-Tage-Woche des Drahtwebers Rolf Piechotta« und das ZDF brachte Hartmut Griesmayrs »Sechs Arbeiter schreiben einen Film« (1974).

Milieustücke

Indem man das Thema Arbeitswelt um den Aspekt Arbeitskampf entschärfte, entwickelte es sich zum Milieustück und trat damit in Konkurrenz zur Schilderung anderer sozialer Welten. Filme von Helmut Kopetzky, Wolfgang Mühlbauer, Michael Scharang, Bruno Jantoss und Peter Stripp setzten das Thema noch bis etwa 1977 fort, variierten es, indem das Problem ausländischer Arbeiter, die Landarbeit, das Angestelltenleben und die neuen Arbeitsanforderungen erörtert wurden.

Auseinandersetzung mit den Medien als Fernsehspiel-Thema

Andere Fernsehfilme thematisierten die Auseinandersetzung mit den Medien. Von Günter Wallraff und Jürgen Alberts zeigte das ZDF 1974 »Ermittlung gegen Unbekannt« über Undercover-Reportagen, der WDR zeigte 1978 den Film »Die verlorene Ehre der Katharina Blum« nach einer Erzählung von Heinrich Böll, in dem das Zusammenspiel von Presse und Polizei attackiert wird. Eher ins Allgemeine transformiert war die Thematik der gefährlichen Macht der Medien in Dieter Wellershoffs Fernsehspiel »Eskalation« (ZDF 1974).

Kaum ein kontroverses Thema der öffentlichen Diskussion wurde ausgelassen. Das Fernsehspiel versuchte, die Zuschauer aufzurütteln, etwas gegen das Elend von sozialen Randgruppen zu unternehmen. Das Spektrum reichte weit: von Filmen von Jutta Brückner (»Ein ganz und gar verwahrlostes Mädchen«, ZDF 1977) bis zu den eher konventionellen Filmen von Johannes Hendrich wie »Urlaub zur Beerdigung« (SFB 1974) über Strafgefangene oder »Heroin 4« (ZDF 1978) über Drogenabhängige, von Peter Stripps »Im Reservat« über einen alternden Transvestiten (ZDF 1975 – eine schauspielerische Glanzleistung von Wolfgang Kieling) bis zu Erika Runges »Opa Schulz« (SWF 1976) oder Reinhard Hauffs Film »Paule Pauländer« über einen Jungen auf dem Lande (WDR 1976).

Zeitkritische Themenfilme

Die Themen schienen häufig gleich, doch in der Darstellung unterschieden sich die Produktionen: Auf der einen Seite waren es ›Gebrauchsstücke‹, die sich darin erschöpften, möglichst alle wichtigen Aspekte eines Themas anzusprechen und vorzuführen: Produktionen, die am Ende des Jahrzehnts dann etwas abschätzig als ›Themenfilme‹ oder ›journalistische Fernsehspiele‹ bezeichnet wurden. Auf der anderen Seite griffen Autoren und Regisseure zeitkritische Themen auf und gestalteten sie so, daß eine eigene Handschrift sichtbar wurde und die Zuschauer auch durch den subjektiven Blick einen neuen Zugang erfuhren.

Fernsehkomödien

Die – wenn auch im deutschen Fernsehen seltene – Form der Komödie führte ebenfalls zu einer Auseinandersetzung mit der bundesdeutschen Wirklichkeit. Bernhard Sinkels Film »Die Interessen der Bank können nicht die Interessen Lina Braakes sein« (WDR 1976) zeigt eben auch die Tristesse der Altenheime, aber nur um vor dieser Folie die gewieften Betrügereien eines älteren Paares (gespielt von Lina Carstens und Fritz Rasp) hervorzuheben und sich von den sonst üblichen Elendsschilderungen abzugrenzen. Zum Komödienspezialisten entwickelte sich Klaus Lemke, der zunächst mit eher kritischen Filmen (»Brandstifter« 1969, »Rocker« 1972) begonnen hatte, sich dann Themen seiner eigenen Umwelt zuwandte und mit Cleo

»Tadellöser & Wolff« – Frau Kempowski (Edda Seippel) begutachtet eine alte Hautgeschichte ihres Mannes (Karl Lieffen)

Kretschmer und Wolfgang Fierek (»Idole«, ZDF 1976 und »Sweethearts« WDR 1977) ein ideales Komödienpaar gefunden hatte.

Eine eigene Handschrift zeigte auch Bernd Schroeder, der sich den Milieus und Intrigen der Kleinstadt mit »8051 Grinning« (SWF 1972), »Sittengemälde« (ZDF 1973), »Die Stadt im Tal« (WDR 1975) zuwandte. In den gleichen Themenkreis gehören auch die »Alpensaga« von Wilhelm Pevny und Peter Turrini, »Sachrang« von Oliver Storz (BR 1978) und weitere Produktionen. Rainer Erler drehte Filme, die sich stärker in der Welt der neuen Technologien und der internationalen Auseinandersetzungen bewegten. Er produzierte in den siebziger Jahren für das ZDF Fernsehfilmthriller und eine fünfteilige Science-Fiction-Reihe »Das blaue Palais«. Mit Filmen wie »Das Medium« (1974), »Die Halde« (1975), »Unsterblichkeit« (1976), »Operation Ganymed« (1977), »Plutonium« (1978), »Fleisch« (1979) erreichte er eine gewisse Popularität.

Eine Sonderstellung nahm der Autor und Regisseur Eberhard Fechner ein, der mit der Verfilmung von Walter Kempowskis Erinnerungsromanen »Tadellöser & Wolf« (ZDF 1974) und »Ein Kapitel für sich« (ZDF 1978/79) sowie der Verfilmung von Alfred Anderschs »Winterspelt« (SFB/HR 1977) Aufsehen erregte. Fechner entwarf in seinen großen dokumentarischen Arbeiten (»Unter Denkmalschutz«, HR 1974; »Lebensdaten«, SFB 1975; »Die Comedian Harmonists«, NDR 1975/76) ein lebensgeschichtliches Panorama der deutschen Geschichte. Sein Inszenierungsstil war in der bundesdeutschen Fernsehlandschaft singulär. In der Balance zwischen Fiktion und Dokumentation lotete er neue Möglichkeiten aus, ohne noch mit den Mitteln der Täuschung zu arbeiten, wie es das ZDF-Dokumentarspiel der sechziger Jahre und Fernsehfilme wie »Alma Mater« (NDR 1971) getan hatten. Seine Filme kennzeichnet eine durch eine kunstvolle Montage des Materials gewonnene Authentizität und eine hohe Komplexität des filmischen Materials bei größtmöglicher Verständlichkeit. In der Verbindung des scheinbar Unmöglichen zeigte sich seine Meisterschaft, die in seinen Filmen der achtziger Jahre ihren Höhepunkt fand.

Eberhard Fechner

»Ein Kapitel für sich« –
»Dann schießen Sie mich
doch tot« entgegnet die
biedere deutsche Hausfrau Kempowski (Edda
Seippel) dem sowjetischen
Militärtribunal

*Kleines Fernsehspiel als
Institution der Film-
und Fernsehkunst*

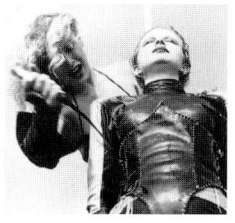

»Madame X –
eine absolute Herrscherin«

Das kleine Fernsehspiel – Labor der Avantgarde

Die filmischen Handschriften prägten sich am deutlichsten in den Filmen der sogenannten ›Autorenfilmer‹ aus, also der Generation jüngerer Filmregisseure, die sich nach dem Oberhausener Manifest 1962 an den internationalen Stilrichtungen des europäischen Films orientiert hatten und die nun für das Fernsehspiel arbeiteten. Für die experimentellen Erprobungen filmischer Erzählweisen entwickelte sich das »Kleine Fernsehspiel« des ZDF zum zentralen Programmplatz. Mit dem 1973 durchgeführten Programmumbau des ZDF kam das »Kleine Fernsehspiel« von seinem seit 1963 angestammten Programmplatz im Vorabendprogramm auf einen Abendtermin um 22.00 Uhr. Die Redaktionsleitung wechselte von Hajo Schedlich zu Eckart Stein. Für das intellektuelle Publikum war dies ein akzeptabler Programmplatz. Er erlaubte, längere Produktionen zu zeigen, so daß sich der Titel »Kleines Fernsehspiel« weniger auf den begrenzten Umfang, sondern mehr auf den begrenzten Produktionsetat der hier gezeigten Filme bezog. Schon 1970 hatte es einen zusätzlichen »Nachtstudio«-Termin gegeben, nun wurde er mit seinen Unterreihen »Kamerafilm« und »Studioproduktion« zum alleinigen Programmplatz.

Das ZDF gab hier zahlreichen Regie-Debütanten Gelegenheit zur Produktion und Präsentation. Die aus dem weiteren Umkreis der Bewegung »Frauen und Film« kommenden Regisseurinnen Helke Sander, Jutta Brückner, Uschi Reich, Monika Funke-Stern, Elfi Mikesch bis hin zu Chantal Akerman und Ulrike Ottinger waren hier mit ihren Filmen zu sehen. Daneben zeigten auch Filmemacher wie Rainer Werner Faßbinder, Alexander Kluge, Peter Lilienthal, Herbert Achternbusch, George Moorse, Helmut Costard, Werner Schroeter und viele andere ihre Arbeiten. Das »Kleine Fernsehspiel« gab dem ZDF-Programm ein ambitioniertes künstlerisches Profil, wie es in dieser Kontinuität im ARD-Programm nicht vorhanden war, sondern nur noch im WDR 3 und anderen Dritten Programmen existierte. Die Besonderheit des »Kleinen Fernsehspiels« lag darin, daß auch Filmemacher aus anderen Ländern beauftragt wurden. Mitte der siebziger

Jahre zeichnete sich z.B. ein Schwerpunkt mit Filmen aus Südamerika ab, Filme von Jorge R. Bodanzky (»Iracema«, »Das Land Miramar«) erregten Aufsehen und lenkten den Blick auf Unterdrückung und Ausbeutung in dieser Region.

Mit der Verschiebung des Programmplatzes des »Kleinen Fernsehspiels« fand eine deutlichere Konturierung des fiktionalen Angebots statt: Das unterhaltende Mainstream-Fernsehspiel, das wenige ästhetische Gestaltungsexperimente aufwies, war für das große Publikum gedacht, während die avantgardistischen Filme für ein Minderheitenpublikum zu später Sendezeit gezeigt wurden. Im ›großen Fernsehspiel‹ galt unangefochten das Prinzip des filmischen Realismus, wie es sich bereits in den sechziger Jahren durchgesetzt hatte, allerdings mit einer gewissen Bandbreite an individuellen Handschriften. Sie durften jedoch den filmischen Realismus nicht grundsätzlich in Frage stellen. Fernsehspielproduktionen, die mit den elektronischen Gestaltungsmitteln spielten, wie z.B. Peter Zadeks »Der Pott« und »Rotmord«, fanden in den siebziger Jahren keine Nachahmungen. Mit den elektronischen Bildverfahren (z.B. Blue-Box-Verfahren) wurde, bis auf die Ausnahme von Eberhard Itzenplitz' Inszenierung von Ulrich Plenzdorfs »Die neuen Leiden des jungen W.« (SWF 1976), nicht mehr gearbeitet. Die Mehrheit der Zuschauer sollte durch formale Experimente nicht verschreckt werden. Das verständliche, leicht nachvollziehbare Unterhaltungserlebnis stand im Vordergrund.

Avantgardistische Filme und neue ästhetische Erfahrungen

Damit begann bereits in den siebziger Jahren das Modell der filmischen Avantgarde seine Funktion zu verlieren, war sie doch damit immer weniger ›Vorreiter‹ einer neuen Ausdrucksweise und eines neuen ›Standards‹. Es zeichnete sich ab, daß aus dem avantgardistischen Bruch mit der Konvention ein eigenes Genre geworden war, das innerhalb des fiktionalen Angebotsspektrums ein spezifisches Segment für ein cineastisches und intellektuelles Publikum darstellte.

Filmisch erzählte Welten

Im Bewußtsein der Öffentlichkeit war das Fernsehspiel der siebziger Jahre mit der ernsten Abhandlung sozialkritischer Themen verbunden, die sich als dominante Form der Fiktion jedoch auf Dauer im Fernsehprogramm als eher problematisch erwiesen. Hatten die Sozialkritik in den sechziger Jahren noch die Zuschauer provoziert, indem sie abweichend von den bildungsbürgerlichen Fernsehinszenierungen moderner Klassiker dem Publikum eine Art Spiegel vorhielten, so verloren sie ihren provokativen Reiz, indem sich die journalistische Sicht der Gegenwart zum Standard der Fernsehspielproduktion entwickelte. Die Idee einer möglichst getreuen Widerspiegelung der Realität führte dazu, daß die vor dem Drehbuchschreiben recherchierten Details in die Geschichte ›hineingepackt‹ wurden. Weil es vielen sozialkritischen Fernsehspielen um eine wirklichkeitsgetreue Sicht der Verhältnisse ging, kam bei ihnen die Gestaltung zu kurz. Damit verloren sie im Angebotsspektrum zentrale Funktionen: durch emotionale Impulse den in den gesellschaftlichen Modernisierungsprozessen ›zu kurz‹ Gekommenen Trost zu spenden sowie durch die dramatische Verdichtung Modelle eines anderen Handelns und Utopien des ›Unmöglichen‹ zu entwickeln und dadurch Veränderungen zu inspirieren. Die Kritik am journalistischen Fernsehspiel und am »Lehr- und Gesinnungsstück« (Meyer 1977), wie sie in der ›Phantasiediskussion‹ auf den Mainzer Tagen der Fernsehkritik 1978 formuliert wurde, führte langfristig zu einem Richtungswechsel.

Sozialkritik und filmisches Erzählen der Welt

Heinz Ungureit, Leiter der ZDF-Hauptabteilung Fernsehspiel und Film

Literaturverfilmungen großer Erzählwerke

Dabei war das Fernsehspiel nie wirklich einheitlich gewesen. Bereits 1973 hatte Dieter Meichsner vom NDR mit der Reihe »Große Erzähler reflektieren die Gesellschaft ihrer Zeit« wieder begonnen, sich mit Literaturverfilmungen großer Erzählwerke vom sozialkritischen Trend des Fernsehspiels abzusetzen. Nach Halldór Laxness' »Fischkonzert« (NDR 1973), Egon Monks Fallada-Verfilmung »Bauern, Bomben, Bonzen« (NDR 1973) und Theodor Fontanes »Stechlin« (NDR 1975) zeigte sich, daß das Publikum an den oft weitgreifend erzählten Filmen Interesse fand. Hinzu kam, daß das ZDF mehrteilige Verfilmungen der Abenteuerliteratur des 19. Jahrhunderts ins Programm brachte. Nachdem bereits in den sechziger Jahren eine französische Fernsehverfilmung von Defoes »Robinson Crusoe« und Stevensons »Schatzinsel« erfolgreich gewesen war, startete das ZDF 1971 mit der Verfilmung von Jack Londons »Der Seewolf« und zeigte dann jährlich ähnliche Verfilmungen, die in fernen Wildnissen und Naturparadiesen spielen und damit die Sehnsüchte der Zuschauer nach fernen Ländern ansprach (»Lockruf des Goldes«, 1975; »Der Kurier des Zaren«, 1976/77; »Die Abenteuer des David Balfour«, 1978; »Matthias Sandorf«, 1979; »Wettlauf nach Bombay«, 1981).

Abenteuerfilme

Nicht zufällig sendete das ZDF seine meist vierteiligen Abenteuerfilme um Weihnachten, wenn sich an den dunklen Winterabenden die Phantasien an sonnigen Pazifikstränden, indischen Wäldern und australischen Landschaften besonders leicht entzündete. Filme wie »Zwei Jahre Ferien« nach Jules Verne (ZDF 1974) befriedigten, wie ein zeitgenössischer Kritiker feststellte, den »ungestillten Erlebnishunger«, der sich »an den vermauerten Horizonten unserer Massengesellschaft angestaut hat« (zit. n. Hickethier 1980, 214).

Das große Interesse, auf das diese Abenteuerfilme beim Publikum stiessen, zeigte auch, daß sie mit ihren Bildern von fernen, meist romantisch verklärten, Ländern auf ein Publikumsbedürfnis eingingen, das in vorangegangenen Phasen der Fernsehgeschichte dokumentarische Genres und Reiseberichte bedient hatten, die aber nun nicht mehr ausreichten. Es bedurfte der zusätzlichen Steigerung durch spannende Handlungen. Indem sich diese Filme tradierter erzählender Formen bedienten, fand auch eine Komplexitätsreduktion statt, weil Mehrheiten der Zuschauer mit derartigen Erzählformen vertraut waren. Es liegt nahe, hier einen Bezug zum Komplexitätszuwachs im Alltag und in der Arbeitswelt der Zuschauer zu sehen.

Erzählwelten des 19. Jahrhunderts

Die Entdeckung der Erzählwelten vornehmlich des 19. Jahrhunderts als Material für fiktionale Fernsehunterhaltung führte beim WDR zur Verfilmung der Kriminalromane von Wilkie Collins (»Die Frau in Weiß«, 1971; »Der rote Schal«, 1973; »Der Monddiamant«, 1974) und beim ZDF zur Verfilmung von Romanen von Eugenie Marlitt (»Das Geheimnis der alten Mamsell«, 1972; »Im Schillinghof«, 1973; »Im Hause des Kommerzienrates«, 1975). Der SDR verfilmte 1973/74 eine Reihe von Romanen der Trivialautorin Hedwig Courths-Mahler: »Die Kriegsbraut« und »Eine ungeliebte Frau« (Tom Toelle), »Die Bettelprinzeß« (Bruno Voges), »Griseldis« (Peter Beauvais), »Der Scheingemahl« (Gert Westphal). Die bei aller Rätselhaftigkeit der Geschichten überschaubaren Welten standen im eigenartigen Widerspruch zu dem sonst Anfang der siebziger Jahre noch dominanten Modernitätsdruck, der Alltag und Lebensweisen bestimmte.

Die Tendenz zu großen filmischen Erzählungen führte auch dazu, daß gegen Ende der siebziger Jahre mehrteilige Produktionen nach literarischen Vorlagen häufiger ins Programm kamen. Das ZDF z. B. kaufte beim französischen, italienischen und englischen Fernsehen mehrteilige Fernsehfilme ein: »Die Alten und die Jungen« nach Pirandello (1979), Claude Chabrols

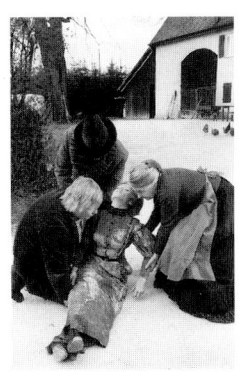

»Die Bettelprinzeß«

»Fantomas« (1980) und Ariane Mnouchkines »Molière« (1980), »Die Kartause von Parma« nach Stendhal (1982) und »Shogun« nach James Clavell (1982), die zu den mehrteiligen deutschsprachigen Produktionen der frühen achtziger Jahre wie Theodor Kotullas »Der Fall Maurizius« nach Jakob Wassermann, Bernhard Sinkels fünfteilige Thomas Mann-Verfilmung »Bekenntnisse des Hochstaplers Felix Krull« (1982) führten. Auch die ARD-Sender bestärkten diesen Trend z. B. mit der elfteiligen Thomas Mann-Verfilmung »Die Buddenbrooks« von Franz Peter Wirth (HR/ORF 1979) und »Theodor Chindler« von Hans W. Geißendörfer (WDR 1979). Die Tendenz zum mehrteiligen Fernsehfilm zeigt, daß das Fernsehspiel sich als eine erzählerische Instanz verstand, die zu immer größeren Erzählpanoramen neigte.

»Sesamstraße« mit Lieselotte Pulver, 1978

Kinderfernsehspiele und Jugendfilme

Eine Hinwendung zu filmisch erzählten Geschichten setzte auch im Kinderfernsehen ab Mitte der siebziger Jahre ein. Parallel zur Einrichtung der »Sesamstraße« in den meisten Dritten Programmen hatten sich zusätzliche Kindersendungen etabliert, die zunächst vor allem die Magazinform benutzten (populärstes Beispiel ist die »Sendung mit der Maus« vom WDR). Nun wandten sich einige Kinderfernsehredaktionen wieder den erzählenden Geschichten zu. Die WDR-Redaktion unter Gert K. Müntefering schuf einen festen Arbeitszusammenhang mit den tschechischen Kinderfilmstudios, nachdem sich die Verfilmung von »Pan Tau« mit 33 Folgen (in vier Staffeln) auch im Programm bewährt hatte. Die Spannweite der Angebote zeigen zwei Serien von 1982: Während der NDR noch eine sozialkritische Serie wie Bernard Fathmanns »Penkewitz Nr. 5« über Heimkinder zeigte, brachte der BR Ellis Kauts und Ulrich Königs Serie »Meister Eder und sein Pumuckel« mit Gustl Bayrhammer und einer gezeichneten Koboldfigur ins Programm.

Kinderfernsehen

Beim ZDF konzipierte man ebenfalls neben den Magazinen durcherzählte Geschichten. Daß beide Richtungen ausgebaut wurden, lag daran, daß es im ZDF verschiedene Redaktionen für das Kinderfernsehen gab. Während die Abteilung ›Bildung und Erziehung‹ unter Ingo Hermann Vorschulmagazine wie »Rappelkiste« und ab 1978 die unterhaltend-didaktisch Reihe »Pusteblume« (ab 1980 »Löwenzahn«) mit Peter Lustig produzierte, setzte der Leiter der Abteilung ›Kinder und Jugend‹ von 1973 bis 1985, Josef Göhlen, auf die auf dem internationalen Serienmarkt eingekauften Serien »Wickie«, »Biene Maja«, »Heidi« und »Pinocchio«. Diese Tendenz, weniger Pädagogik, sondern mehr Unterhaltung für Kinder anzubieten, verstärkte sich ab 1979, als das ZDF begann, sogenannte ›Weihnachtsserien‹ auszustrahlen, die sich an die ganze Familie wandten und Kinder in den Mittelpunkt des Geschehens stellten. Die Drehbuchautoren Peter M. Thouet und Justus Pfaue bearbeiteten das Buch »Timm Thaler« von James Krüss in sechs Folgen (ZDF 1979). Der Erfolg dieser Serie führte zu Fortsetzungen: »Madita« (ZDF 1980) von Astrid Lindgren in zehn Folgen; dann von Justus Pfaue »Silas« (ZDF 1981), »Jack Holborn« (ZDF 1982) und andere. Der Übergang von der Kinderfernsehgeschichte zur Familienunterhaltung wurde damit hergestellt.

Peter Lustig

Bei der ARD wurde eine neue Zusammenarbeit von Kinderredaktion und Fernsehspiel mit Gemeinschaftsproduktionen erprobt, wie z. B. Max von der Grüns »Die Vorstadtkrokodile« (WDR 1977) in der Regie von Wolfgang Becker. Die Geschichte um einen behinderten Jungen, seine Integration

»Die Vorstadtkrokodile«

Tendenz zur Fiktion im Kinderfernsehen

und die Abenteuer einer Kinderbande werden hier spannend erzählt. Sie liefen zunächst auf einem Fernsehspieltermin im Abendprogramm und ein Jahr später in zwei Teilen am Nachmittag auf einem Kindertermin. Die Tendenz zur Fiktion zeigte sich auch in einem Neubeleben des Jugendfilms. Erfolgreichster Regisseur war Hark Bohm, dessen Filme von »Tschetan, der Indianerjunge« (1972) über »Nordsee ist Mordsee« (1975) bis zu »Moritz lieber Moritz« (1977) und »Im Herzen des Hurrican« (1979) im Fernsehen liefen.

Kino-Fernseh-Koproduktionen – Erfolg und Kritik

Film-Fernseh-Abkommen

In der seit Beginn der siebziger Jahre verstärkt einsetzenden ›Filmisierung‹ des Fernsehspiels nahm das 1974 zwischen der Filmwirtschaft und den Fernsehanstalten geschlossene Film-Fernseh-Abkommen eine wichtige Funktion als Katalysator ein, weil es dem Fernsehspiel neue gestalterische Impulse gab. Dieses Abkommen hatte auch weitere Funktionen für das Verhältnis der Medien Kino und Fernsehen, die mediengeschichtlich von Bedeutung sind. Der vermehrten Ausstrahlung von Kinofilmen im Fernsehen war von der Filmwirtschaft die Schuld am Niedergang des Kinos gegeben worden. Auch wenn dies nur die halbe Wahrheit war, weil die deutsche Filmwirtschaft es nicht schaffte, attraktive Filme zu produzieren, sondern Wallace-Verfilmungen, Schulmädchenreports und Klamaukfilme mit deutschen Altstars (Heinz Erhardt, Walter Giller, Peter Alexander, Peter Weck und anderen) in Serie produzierte, gerieten die Fernsehanstalten in Zugzwang, als von ihnen eine Abgabe (vergleichbar der von den Kinothea-

»Die verlorene Ehre der Katharina Blum« mit Angela Winkler

tern verlangten) an die Filmförderungsanstalt für die Ausstrahlung von Spielfilmen gefordert wurde. Die Fernsehanstalten wollten diese Abgabe auf keinen Fall zahlen, weil sie zum einen selbst an die Grenzen ihrer Finanzen gerieten, zum anderen bei einer Kinoabgabe keinen Einfluß darauf hatten, wie das Geld verwendet wurde. Sie favorisierten statt dessen das Koproduktionsmodell.

Schon in den sechziger Jahren hatten die Fernsehanstalten Fernsehspielfilme von Kinoproduzenten herstellen lassen. Nicht immer nur als Auftragsproduzenten, sondern auch in der Form, daß die Kinoproduzenten eigene Mittel einbrachten und dafür die Kinorechte, die für die Fernsehanstalten uninteressant waren, erhielten. Dieses Modell wurde, nicht zuletzt auf Initiative von Günter Rohrbach und Heinz Ungureit, damals noch in der Spielfilmredaktion der ARD, ausgebaut. Mit dem 1974 zwischen Fernsehen und Filmwirtschaft geschlossenen Abkommen fanden auch längst notwendig gewordene Novellierungen des Filmförderungsgesetzes statt. Die mit Mitteln der Fernsehanstalten, der Filmförderungsanstalt und der Produzenten finanzierten Filme liefen zunächst bis zu zwei Jahre lang im Kino, danach kamen sie auf Sendeplätze des Fernsehspiels. »Amphibische Filme« nannte Günter Rohrbach solche Produktionen, weil sie sich in beiden Medien – Kino und Fernsehen – gleichermaßen gut bewegen sollten. »Die genuinen Formen schwinden, die amphibischen haben Konjunktur. Wir, die Fernsehredakteure, haben ein Interesse daran, daß dies so bleibt.« (Rohrbach 1978, 100)

»Amphibische Filme« als neues Konzept

Der Erfolg war groß. Als ersten Film in dieser neuen, vertraglich abgesicherten Form verfilmte Volker Schlöndorff die Erzählung »Die verlorene Ehre der Katharina Blum« von Heinrich Böll, vom WDR hauptsächlich finanziert, aber in der Öffentlichkeit als Kinofilm aufgenommen. Auch andere Produktionen entstanden auf diese Weise. Die neue, auch international gewürdigte Blüte des Neuen deutschen Films, wurde im wesentlichen durch diese Koproduktionspraxis gefördert. Dabei gab es einen merkwürdigen Effekt: Die Filmkritik nahm diese Filme als Produkte einer neu

Der Neue deutsche Film – ermöglicht durch das Fernsehen

erwachten Kinokultur und übersah den Anteil, den das Fernsehen daran hatte. Alexander Kluge, Wim Wenders, Volker Schlöndorff, Werner Herzog, Reinhard Hauff und viele andere – sie wurden berühmt durch ihre Koproduktionen. Kein wichtiger neuerer deutscher Film ist – von wenigen Großproduktionen abgesehen – ohne Fernsehbeteiligung entstanden. Insbesondere deutschen Regisseurinnen wie Margarethe von Trotta, Helke Sander, Helma Sanders-Brahms, Jutta Brückner und Ulrike Ottinger wurde damit die Möglichkeit gegeben, große Filme zu drehen.

Für das Fernsehen hatten die Koproduktionen auch einen positiven ökonomischen Effekt: Das Fernsehspiel konnte durch das Hinzugewinnen von Filmförderungsgeldern seine Kostensteigerungen auffangen. Das Fernsehen gewann damit Fremdmittel, zugleich brachte es – wenn auch erst nach der Kinoausstrahlung und mit einer zeitlichen Verzögerung – attraktive Sendungen ins Programm. Der Nachteil war: Sie galten aufgrund der umfangreicher erscheinenden Filmkritik bei den Zuschauern nicht als Eigenleistungen des Fernsehens, sondern als eingekaufte Spielfilme. Das Fernsehen erschien damit als ein schlichter Nutznießer eines ›Kinowunders‹, dessen Zustandekommen jedoch das Fernsehen erst ermöglicht hatte. Trotz der daraus entstehenden Mißstimmigkeiten – alle vier Jahre kam es im Vorfeld der anstehenden Verlängerung des Abkommens zu einem heftigen publizistischen Schlagabtausch über Nutzen und Schaden der Zusammenarbeit – blieb diese Praxis bis in die Gegenwart erhalten, weil die ökonomischen Vorteile für beide Seiten stark zu Buche schlugen.

Fernsehen Teil der Filmwirtschaft

Dieses Abkommen und die damit verbundene Zusammenarbeit von Filmwirtschaft und Fernsehanstalten machte auf spektakuläre Weise sichtbar, daß die alte Debatte zwischen den Medien Kino und Fernsehen obsolet wurde: Das Fernsehen selbst war längst Teil der Filmwirtschaft geworden, da es die beiden größten bundesdeutschen Filmproduktionsgesellschaften (Bavaria Atelier, Studio Hamburg) sowie weitere kleine Firmen betrieb, über die eigene filmische Produktion in allen Sparten mit den verschiedenen Ebenen der Filmproduktion in geschäftlichen Verbindungen stand und zum Hauptabnehmer von Filmproduktionen jeglicher Art geworden war. Umgekehrt war auch die Filmwirtschaft ein Teil des Fernsehbetriebs geworden, insofern als sie sich in zahlreichen Produktionsbedingungen dem Fernsehen anpaßte oder spezielle Fernsehproduktionsgesellschaften gegründet hatte. Zudem hatte die Einführung des Videorecorders und der nun entstehende Videokassetten-Markt gezeigt, daß der Spielfilm, wie es Heinz Ungureit formulierte, »dem Kino nicht mehr allein gehört« (Ungureit 1976, 96). Die Abspielorte von Filmen vermehrten und differenzierten sich. Kino, Fernsehen und Video verflochten sich zu einem neuen Verbund; von einigen Medientheoretikern wurde diese Entwicklung auch als Indiz einer Verschmelzung der audiovisuellen Medien zu einem neuen Supermedium ›Audiovision‹ genommen (vgl. Zielinski 1989).

Im Sinne der Angebotsdifferenzierungen im audiovisuellen Bereich fand hier also zweierlei statt: Zum einen kam es mit der sich nun durchsetzenden Koproduktionspraxis zu einer Entdifferenzierung, weil die filmische Produktion auf 35 mm nun zu einem neuen Standard wurde und vor allem die ambitionierteren Regisseure zur Koproduktion drängten. Damit wurde langfristig die in den fünfziger und sechziger Jahren viel diskutierte ästhetische Eigenständigkeit des Fernsehspiels wieder reduziert. Der filmische Standard setzte sich – auch in den größeren Fernsehspielen, die nicht als Koproduktion, sondern weiterhin allein als Fernsehproduktion entstanden – durch, der wiederum zunehmend durch das amerikanische Kino bestimmt wurde. Zum anderen entstand – auf der inhaltlich-thematischen Ebene – eine neue Differenzierung der fiktionalen Produktion, weil über die Koproduktionen nun auch die Fernsehspielabteilungen an Planung und Konzeption der Kinospielfilme beteiligt waren und gegenüber der seichten Unterhaltungskost der Softpornos und Klamaukfilme der Filmwirtschaft nun auf inhaltlich anspruchsvolle Geschichten setzten.

Das Wechseln der Produktionen zwischen den verschiedenen Abspielorten führte zusätzlich dazu, daß ästhetische Qualitäten unterschiedlich genutzt werden konnten: Die große, sinnliche Reizwerte ausspielende Projektion im Kino bot sich als Gegensatz zum eher handlungsbezogenen Betrachten der Filme auf dem kleineren Bildschirm, wobei dieser zusätzliche Bequemlichkeiten der Rezeption versprach. Brachte das Kinoabspiel dem Film die große öffentliche Resonanz, so erreichte der Film sein großes Publikum erst im Fernsehen.

»Holocaust«

Mehr Phantasie im Fernsehen, so die Debatte von 1978, bedeutete weniger politische Konfliktstoffe und mehr Geschichten von interessanten Figuren zu erzählen, mehr historische Stücke, mehr Emotionen. Das große Gefühl war wieder erwünscht. Eine solche neue Programmpraxis setzt sich jedoch erfahrungsgemäß erst langsam durch, da keiner der Autoren und Regisseure auf Anhieb wußte, was denn mit ›mehr Phantasie‹ gemeint war und was dies für die Programmproduktion bedeutete. Hilfreich waren deshalb amerikanische Miniserien, wie sie im deutschen Fernsehen schon seit Mitte der siebziger Jahre gelaufen waren. Die amerikanische Geschichtsserie »Roots« zeigte amerikanische Farbige, die ihre Familiengeschichte über die Sklaverei bis zu ihren Vorfahren an der Elfenbeinküste zurückverfolgten. Das bestimmende Fernsehereignis Ende der siebziger Jahre war die Ausstrahlung des amerikanischen Mehrteilers »Holocaust« (1979), der die Ermordung der europäischen Juden durch die Deutschen zeigt. In der Akzentverschiebung der Programme von Aufklärung und gesellschaftlicher Kritik hin zu mehr Unterhaltung und Fiktionalität bildete dieser Film einen Wendepunkt.

»Roots«

Der Mehrteiler war in den USA von der NBC produziert und im Januar 1978 ausgestrahlt worden. Die ARD wollte den Vierteiler zunächst nicht zeigen, auf Initiative des WDR wurde er in den zusammengeschalteten Dritten Programmen ausgestrahlt. Der Erfolg war beträchtlich, gleichwohl umstritten. Dem Mehrteiler wurde Trivialisierung, Emotionalisierung und Verfälschung der Geschichte vorgeworfen. Der WDR-Fernsehdirektor Heinz Werner Hübner betonte jedoch, daß der Film »ein Politikum« sei, und den deutschen Zuschauern zugemutet werden müsse.

Der lange Zeit als nicht darstellbar geltende Holocaust wird hier am Schicksal der fiktiven Familie Weiss abgehandelt, die verschiedenen Familienmitglieder erleben zahlreiche Varianten von Verfolgung und Widerstand. Ihr steht die Familie eines SS-Offiziers gegenüber. Aufgrund des Streits vor der Ausstrahlung der Serie waren die Publikumserwartungen besonders groß. Der Mehrteiler erreichte in den zusammengeschalteten Dritten Programmen vom 21. 1. 79 bis zum 26. 1. 79 mehr als ein Drittel der bundesdeutschen Bevölkerung. Von 31 Prozent beim ersten Teil stieg die Einschaltquote auf 40 Prozent beim letzten Teil. Selbst die jeweils anschließende Diskussionssendung »Anruf erwünscht« erreichte noch eine Beteiligung von 18 Prozent. Über 10.000 Anrufe gingen in diesen Tagen beim WDR ein, noch einmal ca. 10.000 Briefe erreichten den Sender. »Niemand

»Holocaust«

»Holocaust ist sicher kein Lehrstück, ein Lernstück allemal, ungeachtet aller seiner Mängel.«
(Hübner 1979)

»Rote Erde«

»Holocaust«

hatte«, so schrieb der Soziologe Julius H. Schoeps nach der Ausstrahlung, »eine derartige Reaktion auf ›Holocaust‹ erwartet. Daß ein kommerzieller Fernsehfilm für das amerikanische TV-Publikum es geschafft hat, den Gemütszustand der bundesrepublikanischen Bevölkerung aufzuwühlen, ist eine Sensation ersten Ranges« (in: Märthesheimer/Frenzel 1979, 225). Auch die internationale Wirkung kam nun dazu: »Holocaust« wurde zum Beispiel für eine weltweite Vermarktung eines Medien-Produkts.

Für die deutsche Fernsehgeschichte war wichtig, daß hier ein Modellfall geboten wurde, wie das neue Fernsehen der achtziger Jahre aussehen konnte: emotional, mit den klassischen Dramaturgien arbeitend, personalisierend, vereinfachend, zugleich mit großen Themen und im großen Format. Nach »Holocaust« setzten sich zahlreiche weitere Filme mit dem Dritten Reich in neuer Weise auseinander. Deutsche Geschichte in mehrteiligen Produktionen kam vermehrt ins Programm: z.B. von Edgar Reitz der elfteilige Film »Heimat« (SFB/WDR 1982), von Peter Stripp und Klaus Emmerich der Neunteiler »Rote Erde« (WDR 1983) über die Geschichte des Bergbaus im Ruhrgebiet, von Otto Jägersberg und Wolfgang Staudte ebenfalls über Bergarbeiter »Die Pawlaks« (ZDF 1982) und von Leo Lehman und Franz Peter Wirth in acht Teilen die Geschichte eines jüdischen Mädchens während der NS-Zeit »Ein Stück Himmel« (WDR 1982).

Die Entfaltung der Genreunterhaltung durch die Serien

Serialisierung der Fiktion

Parallel zur Produktion von mehrteiligen Fernsehspielen fand gegen Ende der siebziger Jahre eine langsame Serialisierung der Fiktion statt. Schon das Verteilen einer Geschichte auf mehrere Folgen zielte darauf, den größeren Programmraum, den das Fernsehen zur Verfügung hat, zum ausgiebigen Erzählen zu nutzen und die Zuschauer über einen längeren Zeitraum an einen Sender zu binden. Serien waren beim Publikum außerordentlich beliebt. In den Anstalten galt die Serie lange Zeit jedoch als eine triviale Unterhaltungsform, so daß das um seine Anerkennung im Kulturbetrieb ringende Fernsehen bei solchen Formen offiziell Distanz hielt. Man traute sich auch eine entsprechende Produktion, wie sie im amerikanischen Fernsehen üblich war, nicht zu, sondern stellte nur Serien (zumeist für das Vorabendprogramm) in einzelnen überschaubaren Staffeln (von 7, 13 oder 26 Folgen) her. Diese Vorabendserien, im Auftrag der Werbetochtergesellschaften der Landesrundfunkanstalten bzw. des ZDF hergestellt, stellten eine Art Versuchsfeld dar.

»Heimat« – Paul kehrt aus Amerika zurück

Die Durchsetzung der Serienform läßt sich an den Werberahmenprogrammen plastisch ablesen. Das Vorabendprogramm des WDR zeigte 1964 innerhalb einer Woche vier 25-Minuten-Serienfolgen, der Rest der Programmplätze wurde vor allem mit Dokumentationen gefüllt. 1974 zeigte der WDR im gleichen Zeitraum bereits fünf 25- und zwei 50-Minuten-Folgen, die in der Mitte für einen Werbeblock geteilt wurden. 1984 waren es dann neun 25-Minuten-Serienfolgen. Ähnlich verfuhr das ZDF, das sich in der gleichen Zeit von drei 25-Minuten-Serienfolgen (1964) über sechs 25- und eine 50-Minuten-Serienfolge (1974) und auf drei 50- und drei 25-Minuten-Serienfolgen steigerte (ohne Zeichentrickserien).

Gleichzeitig bemühten sich die Anstalten – nach harscher öffentlicher Kritik – um eine Qualitätssteigerung der Vorabendserien, die problemorientierter und wirklichkeitsbezogener konzipiert werden sollten. Gewünscht wurden Serien »mit Widerhaken«, so formulierte es der ZDF-Programmdirektor Gerhard Prager nach einer ›Serienwerkstatt‹ mit Autoren und Redakteuren 1973 (vgl. Hickethier 1975, 136). Daß dahinter auch ökonomische Interessen standen, lag nahe: Wenn mehr Leute zur Vorabendzeit fernsahen, konnte man auch den Preis für die Werbeminuten im Umfeld dieser Serien anheben. Serien wie »Unser Dorf« (SWF), »Lerchenpark« (WDR), »Gemeinderätin Schumann« (HR), »Kinderheim Sasener Chaussee« (NDR), »Der Fall von nebenan« (NDR), »Lokaltermin« (ZDF) oder auch »Sechs unter Millionen« (ZDF) schoben eine stärker an den realen Problemen der Zuschauer anknüpfende Serienproduktion an (ebd.).

Serienwerkstatt

Die Vorbehalte, mehr Serien im Abendprogramm einzusetzen, schwanden mit der zunehmenden Unterhaltungsorientierung des Gesamtprogramms ab Mitte der siebziger Jahre. Die ARD richtete ab 1978 einen neuen Serientermin (Montag 20.15–21.15 Uhr) im Abendprogramm ein, der vor allem mit Eigenproduktionen besetzt werden sollte. Die Aufwertung der Serienform war zunächst ein eher internes Problem innerhalb der Anstalten. Als die ARD – nicht zuletzt aufgrund des Erfolgs der ZDF-Kriminalfilmserie »Der Kommissar« – ebenfalls eine Krimiserie produzierte, legte sie diese mit dem »Tatort« (ab 1970) als Reihe weitgehend selbständiger Fernsehspiele an, die nur durch das Genre, den gemeinsamen Titel und ein Ensemble senderbezogen unterschiedlicher Kommissare zusammengehalten wurden.

Aufwertung der Serienform

Wie unterschiedlich Serien für das Hauptabendprogramm konzipiert werden konnten, hatte der WDR mit seinen Serien »Acht Stunden sind kein Tag« (1972) von Rainer Werner Fassbinder und mit der zunächst nur im WDR 3 gezeigten und später ins Erste übernommenen Serie »Ein Herz und eine Seele« (1974) von Wolfgang Menge gezeigt. Auch hier ging es darum, gegenüber den nun in den Köpfen der Zuschauer bereits fest etablierten Seriengenres neue Varianten zu etablieren und damit durch neue Attraktionen das Zuschauerinteresse auf sich zu ziehen.

Mit »Ein Herz und eine Seele« griff der WDR ein amerikanisches Comedyformat auf. Die englische Serie »Till Death Us Do Part« wurde in den USA durch »All in the Family« adaptiert und von dort für das deutsche

»Ein Herz und eine Seele«

»Ein Herz und eine Seele«, zweite Staffel, 1976

Fernsehen übernommen. Die vulgäre Ausdrucksweise und der oft brachiale Zynismus der Hauptfigur ›Ekel Alfred‹ provozierten viele Zuschauer, besaßen jedoch auch einen hohen Unterhaltungswert. Die Serie stellte auf paradoxe Weise eine zentrale Innovation dar: Sie radikalisierte die Form und erlaubte durch die aggressive und vulgäre Komik eine neue Form der komischen Spannungsabfuhr. Dabei wurde »Ein Herz und eine Seele« nicht als Einstieg in amerikanische Comedy-Unterhaltung verstanden, sondern als Variante der sozialkritischen Serie. Dazu trug wesentlich bei, daß Serienautor Wolfgang Menge seinen Helden massiv deutsche Vorurteile gegen Sozialdemokraten, Frauen, Ausländer etc. äußern ließ, so daß sich Publikumsmehrheiten leicht distanzieren konnten.

Was Anfang der siebziger Jahre zunächst wie ein Bruch mit den Konventionen und den Erzählstoffen wirkte, bildete im Verlauf der siebziger Jahre jedoch nur eine Form der Genredifferenzierung und Diversifizierung innerhalb der fiktionalen Unterhaltung. Die Kritik an den ›falschen‹ Weltbildern der Serien Anfang der siebziger Jahre hatte nicht die Abschaffung der kritisierten Serien zur Folge, sondern führte dazu, daß neben den kritisierten, aber beim Publikum erfolgreichen Serien andere ins Programm kamen, die einen sozialkritischen und alltagsnahen Touch besaßen. Man stieß damit in andere Lebensbereiche (Arzt, Pfarrer, Fußballtrainer, Unternehmen, Gemeinderat usf.) vor, so daß es – oft unter Rückgriff auf durch den Kinofilm bereits etablierte Genres – zu einer milieubezogenen Ausdifferenzierung der Serien-Genres kam.

Milieubezogene Ausdifferenzierung der Serien-Genres

Die soziale Funktion des Kriminalfilms, wie sie sich bereits in den sechziger Jahren mit der Balance zwischen gesellschaftlicher Regelverlet-

»Derrick« – Derrick (Horst Tappert) und Harry Klein (Fritz Wepper) im Einsatz

zung und Normetablierung als eine Funktion der Serienunterhaltung herausgebildet hatte (vgl. Kap. 8.6), bestand auch in den siebziger Jahren weiter: Die stärkere Ausrichtung der Geschichten auf den bundesdeutschen Erfahrungsraum verstärkte diese Funktion noch, da sich viele der gezeigten Verhaltensweisen deutlich auf den Zuscheralltag beziehen ließen. Dabei setzte sich nach und nach eine stärker auf Aktion und Spannung ausgerichtete Darstellung durch. Bei den Kriminalfilmserien erwies sich der »Der Kommissar« durch Besetzung (Erik Ode als Kommissar) und Anlage als zu begrenzt (vor allem der autoritär-patriarchale Stil Odes wurde kritisiert). Im Vergleich mit den Anschlußserien »Derrick« (Buch: Herbert Reinecker, Kommissar: Horst Tappert als Stefan Derrick) ab 1976 und »Der Alte« (von verschiedenen Autoren, Kommissardarsteller: Siegfried Lowitz) zeigte sich der ARD-»Tatort« gerade wegen seiner föderalen Struktur und seiner wechselnden Kommissardarsteller als sehr flexibel, so daß sich diese Serie als Dauerinstitution am besten etablieren konnte.

Auch im Vorabendprogramm war der Bedarf nach Krimi-Unterhaltung als Werbeumfeld ungebrochen. Die Tendenz ging dahin, die allgemeine Serienkritik, die sich an der Flachheit und Standardisierung der Seriengeschichten festmachte, dadurch zu entkräften, daß man auf 50 Minuten-Folgen überging, die eine differenziertere Handlungsführung und Figurendarstellung erlaubten. Die Folgen wurden durch einen Werbeblock unterbrochen. Diese Programmtendenz galt der Kritik als Schritt in Richtung einer Kommerzialisierung des Angebots.

Eigenproduzierte Kriminalfilmserien im Vorabendbereich orientierten sich weiterhin vor allem am Genre des Polizeifilms. Sie stellten in der Regel Teams vor, die unentwegt von Folge zu Folge gegen die Kriminalität in den bundesdeutschen Großstädten kämpften und ihre Fälle lösten. Zur heimlichen Krimihauptstadt wurde München, weil die meisten dieser Serien als Auftragsproduktionen dort hergestellt wurden. Neben »Mordkommission« (ZDF 1973–75) und »Soko 5113« (ZDF 1978 ff.) kamen auch Serien wie »Hamburg Transit« (NDR 1972–74) ins Programm, die bewußt an anderen

Genre des Polizeifilms

Amerikanische und englische Kriminalserien

Peter Falk als »Columbo«, 1975

»Mit Schirm, Charme und Melone«

Science-Fiction-Genre

Westerngenre

Familienserie

Orten spielten. Neben dem Anwalts- und Detektivgenre (»Ein Fall für zwei«, ZDF 1981 ff.) wurden auch eigenwillige Polizisten kreiert wie in »Kottan ermittelt« (ORF/ZDF 1982 ff.). Auch die Gerichtsserie etablierte sich in den deutschen Eigenproduktionen: »Beschlossen und verkündet« (ZDF 1975) mit ›altberliner Gerichtsszenen‹ ergänzte bestehende Reihen wie »Ehen vor Gericht« (ZDF) von Ruprecht Essberger und Heinz Kuntze-Just oder »Das Fernsehgericht tagt« (NDR).

An amerikanischen und englischen Kriminalserien waren vor allem »Paul Temple« von Francis Durbridge (ZDF ab 1972), »Jason King« (ZDF ab 1973), »Cannon« (ARD 1973), »Mannix« (ARD ab 1970), »Der Chef« (ARD ab 1969), »Die Straßen von San Francisco« (ZDF ab 1974), »Starsky und Hutch« (ZDF ab 1978) und »Columbo« (ARD ab 1973) sowie »Einsatz in Manhattan« (ARD ab 1974) zu sehen. Das Nebeneinander von deutschen und – im wesentlichen – amerikanischen Seriengeschichten etablierte unterschiedliche Verhaltenstypen: Gegenüber den oft biederen deutschen Akteuren zeigten die amerikanischen Figuren mehr Aggressivität, Handlungsbereitschaft und Eigenverantwortung, zugleich waren deren Milieus attraktiver und herausfordernder, weil sie – für den deutschen Zuschauer – Fremdartigkeit, touristische Reize und Weltläufigkeit boten. Zusätzlich kam es – auch in anderen Programmsparten wie z. B. der Unterhaltung – zur verstärkten Adaption amerikanischer Genrekonzepte in deutschen Produktionen. Damit fand eine verdeckte Anpassung der deutschen Geschichten an amerikanische Handlungsmuster statt.

Das Abenteuergenre bildete eine Art Zwischenfeld zwischen den historischen Spezialbereichen des Kriminalfilms, Western und Science-Fiction-Filmen und den in der Gegenwart spielenden abenteuerlichen, spannungsbetonten Geschichten, in denen es um den Einsatz von Menschen in extremen Situationen und in größter Not geht. Neben der amerikanischen Serie »Sprung aus den Wolken« (ARD) kamen auch die Eigenproduktionen »Graf Luckner« (WDR 1974–75), »Árpád, der Zigeuner« (ZDF 1973–74), aber auch »Alarm« (WDR 1972–73) und »Ahoi Pacific Lady« (SDR/SWF 1974) und »Auf Achse« (SDR 1977 ff.), »Küstenpiloten« (ZDF 1981–82) und »Strandpiraten« (ZDF 1982) auf den Bildschirm.

Der Einkauf amerikanischer und englischer Serien brachte auch andere Genres in das Programm. Das Science-Fiction-Genre war mit Serien wie »Raumschiff Enterprise« (ZDF 1972 ff.) und seinen Helden Captain Kirk und Mr. Spock auf dem Bildschirm, aber auch »Mondbasis Alpha 1« (ZDF 1977 ff.) war zu sehen. Allzustark war das Interesse an diesem Genre jedoch noch nicht, weil unter dem allgemeinen Realismusanspruch der siebziger Jahre sich die Genreunterhaltung eher in den gegenwarts- und alltagsorientierten Themenbereichen bewegte.

Das Westerngenre war bereits seit den sechziger Jahren fest in den Programmen etabliert. Im Westernmilieu bewegten sich Serien wie »Von Cowboys, Sheriffs und Banditen« (ZDF 1972 ff.), »Die Cowboys« (ZDF 1975 f.), »Rauchende Colts« (ARD 1967–73, ZDF 1977 ff.) oder auch die eigenproduzierte Serie »Stadt ohne Sheriff« (ZDF 1972 f.). Neben dem 1973 zu Ende gehenden Genre-Anführer »Bonanza« (ZDF) kamen »Die Waltons« (ZDF 1975 ff.) und »Die Leute von der Shiloh-Ranch« (ZDF 1979 f.) ins Programm. Als Variante zeigte sich ab 1976 auch erfolgreich die amerikanische Serie »Kung Fu« (ZDF 1975 f.), ohne daß es jedoch nachhaltig zu einer Etablierung eines ›Eastern‹-Genres in der Fernsehunterhaltung gekommen wäre.

Im Genre der Familienserie hatte sich die Farmer- und Landgeschichte

»PS« – Geschichten ums Auto

(»Die Follyfoot-Farm«, ZDF 1973 ff.) herausgebildet, die sich vom Western zur Rancher- und dann zur Farmergeschichte entwickelt hatte, weil sich hier die Ideale der Großfamilie, der Naturverbundenheit, ›handfestere‹ Konfliktlösungen vorführen ließen und eine Genreverknüpfung mit der Tiergeschichte bewerkstelligen ließ. Bei den Tiergeschichten setzten die amerikanische Serien »Daktari« (ZDF 1969 ff.) und »Lassies Abenteuer« (ZDF 1965 ff.) die Tradition der tümelnden und anthropomorphisierten Tierdarstellung weiter fort.

Im Komödiengenre fand sich häufig eine Variation des Familienmusters in den Wohngemeinschaftsgeschichten bzw. den Geschichten ›unvollständiger Familien‹ (Männer leben ohne Frau und Mutter zusammen etc.), die aus den spezifischen Konstellationen immer wieder Anlässe für neue Verwicklungen fanden. Dabei wurde auch vereinzelt an die amerikanische Comedytradition angeknüpft, die mit komischen Konstellationen ›nichtbiologischer‹ Familien operierte: »Männerwirtschaft« (ZDF 1973), »Alexander und die Töchter« (ZDF 1974) oder »Wie erziehe ich meinen Vater?« (ZDF 1979) von Peter M. Thouet. Aus den Fernsehkomödien der sechziger Jahre, wie sie Robert Stromberger bereits mit den »Unverbesserlichen« begonnen hatte, entwickelte der Autor komödiantische mehrteilige ›Abhandlungen‹ von Alltagsproblemen um das Auto: »PS« (NDR 1975–76).

Die Serienkritik führte zu einer Differenzierung der Handlungsorte und Milieubereiche, in denen die Geschichten sich ansiedelten, die dabei häufig jedoch in einem neuen Gewand traditionelle Konfliktmuster und Lösungsstrategien darboten. Die Serie »Drei Partner« von H. G. Thiemt und H. D. Schreeb (ZDF 1973) knüpfte an das schon durch die »Hesselbachs« eingeführte Betriebsmilieu an und nahm ihm nun den Status des Familienbetriebs, zeigte ›modernere‹ Arbeitsverhältnisse und damit vereinzelt auch andere Formen der Auseinandersetzung. »Fußballtrainer Wulff« (SR 1972–73) bot die fiktionale Ergänzung zu den Fußballübertragungen. Das Pfarrer-Genre, nach der Popularität der Kinofilmreihe »Don Camillo und

Komödiengenre

»Unser Walter« – nicht nur Walter auch Sabine braucht Hilfe bei den Schulaufgaben, zum Erstaunen von Frau Zabel

»Familie Mack verändert sich« – mit Margot Trooger als Frau Mack

Peppone« und Heinz Rühmanns Pater-Brown-Filmen längst auch für eine Etablierung im Fernsehen fällig, kam mit »Pfarrer in Kreuzberg« (ZDF 1977) zunächst noch eher sozialkritisch in den Blick. Im Milieu der Arztgeschichte war die amerikanische Serie »Dr. med. Marcus Welby« (ARD) angesiedelt. Auch die Schulgeschichte kam mit Helga Feddersens Serie »Geschichten aus einer Klasse« (ZDF 1975) ins Programm. Doch diese Genres blieben noch Ausnahmen, sie bereiteten das Feld für die achtziger Jahre vor.

Bei den sozialkritischen Serien setzten Produktionen der evangelischen Eikon-Filmproduktion einen neuen Maßstab: »Familie Mack verändert sich«, »Hauptbahnhof München«, »Das Patenkind« (ZDF 1971) und »Unser Walter« (ZDF 1974) von Heiner Michel beschäftigten sich mit Minderheiten und Behinderten. Daß auch solche Themen in der Serienform darstellbar waren, wertete die Serie selbst auf, es zeigte sich dabei zugleich, daß die Serienform generell zu einer fernsehadäquaten Form geworden war, die nicht an bestimmte Genres gebunden war. Konfliktfälle aus dem Alltag griffen dann in eher abgeschwächter, auf Standardisierung drängender Form Serien wie »Gestern gelesen« (WDR 1972–76) auf, die auf fiktiven Zeitungsmeldungen von Konfliktfällen basieren: Resozialisation nach einer Jugendstrafe, Diebstähle etc., ähnlich dann auch die ZDF-Serie »Gesucht wird« (ZDF 1976 ff.).

Fortsetzungsgeschichten

Neben den auf den konkreten Zuscheralltag ausgerichteten Serien kam auch die Fortsetzungsgeschichte ins Programm, die nun von Folge zu Folge weitergeführt wurde und darauf ausgerichtet war, den Zuschauer in besonderer Weise an das Programm zu binden, so daß er keine Folge mehr ausließ. Die englische Serie »Forsyte Saga« (ARD 1973 ff., sonntags 17.25–18.15 Uhr) nach John Galsworthys Roman und das ZDF-Pendant »Das Haus am Eaton Place« (ZDF 1976/77) waren die wichtigsten Beispiele dieser neuen Form der Serienunterhaltung. Diese neue Erzählform, die sich auch zeitlich ausgreifender historischer Geschichten bediente (z. B. in »Ringstraßenpalais«, ORF/ZDF 1981–83) setzte bereits eine Praxis des kontinuierlichen Serienzuschauens voraus, ja man kann in der erfolgreichen

Durchsetzung dieser Form auch den Versuch sehen, das durch die Serienunterhaltung mit abgeschlossenen Folgen vielleicht schon gelangweilte Publikum durch neue Attraktionen in der Erzählform selbst wieder zu faszinieren.

Als besondere Innovation erwies sich der Ankauf der vom amerikanischen Network CBS ab 1978 gezeigten Serie »Dallas«, die auf dem ARD-Serienplatz dienstags, 21.45 Uhr, ab dem 30. 6. 81 ausgestrahlt wurde. Das ZDF zog vom 29. 4. 83 an mit dem »Denver Clan« (im Original: »Dynasty«) nach. Die Besonderheit der beiden Serien bestand darin, daß sie zum einen erzählstrategisch eine neue Seriengeneration darstellten. Diese verbanden das offene, auf Endlosigkeit angelegte Fortsetzungsprinzip, wie es vor allem in den amerikanischen ›daily soaps‹, den täglich nachmittags gesendeten Soap operas, üblich war, mit dem Ausstattungsaufwand der ›prime time serials‹ des Abendprogramms. Die Form des Melodrams und des modernen Western um eine texanische Ölfirma wurden kombiniert, so daß eine Art ›Zopfdramaturgie‹ mit sich überschneidenden und miteinander verflochtenen Handlungssträngen sowohl melodramatischer wie aktionsbetonter Szenen entstand. Zum anderen wurden hier die Wertsetzungen tendenziell vertauscht. Held der Serie ist nicht der strahlende Gute, sondern der intrigante Böse (Larry Hagman als J. R. Ewing in »Dallas«). Atemlos erlebte ein Publikum rund um die Welt einen skrupellosen amerikanischen Kapitalismus mit – und erfuhr damit zugleich eine Einstimmung in die politischen Veränderungen der Reagan-Ära der achtziger Jahre.

»Dallas« als neue Seriengeneration

Die weltweite Popularität von »Dallas« ließ diese auf Endlosigkeit hin konstruierte Serie zu einem »modernen Mythos« (Ang 1986, 9) werden, der sich einerseits stark emotionalisierend und dramatisierend, andererseits in seiner filmischen Ästhetik ohne Abweichungen von Konventionen darbot. Dieser »emotionale Realismus« (Ien Ang) fand dann ab Mitte der achtziger Jahre auch Nachahmungen in der deutschen Serienproduktion (vgl. auch Giesenfeld/Prugger 1974, 375ff.). 1981 zeichnete sich bereits mit der Serie »Das Traumschiff« eine neue Form der deutschen Serienunterhaltung ab, die von der ZDF-Unterhaltungsabteilung produziert wurde. Einerseits wurden hier verschiedene Genres gemischt, andererseits diente das exotische Urlaubsmilieu mit Optimismus und Happy-End als zentrale Klammer.

Das Programm als Kinoersatz: Der Einsatz der Spielfilme

Zielte der Filmeinsatz im Fernsehen in den sechziger Jahren darauf ab, Filmkultur zur vermitteln, so setzte sich ab Mitte der siebziger Jahre eine stärkere Präsentation von »großen Unterhaltungsfilmen« durch (vgl. Schneider 1994, 264). Mit der Programmstrukturveränderung von 1978 begann eine verstärkte Ausstrahlung von Kinospielfilmen am Spätabend (»Mitternachtsfilm« am Freitagabend beim ZDF). Anfang der achtziger Jahre setzte sich auch die aus den USA übernommene Praxis des ›double features‹ durch, also der Präsentation von zwei aufeinander folgenden Spielfilmen. Damit wurde vor allem am Freitag und Sonnabend der Spielfilm »tendenziell zum Dauerprogramm« (ebd., 265).

Kinospielfilme

Nachdem die Plazierung von Kinofilmen auf den späten Abend 1978 noch heftig kritisiert wurde, ergaben Nutzungsuntersuchungen 1982, daß diese Form der TV-Nachtfilme beliebter wurde. Die Zeit vor 22.00 Uhr diente nun mehr der direkten Kommunikation (Kneipenbesuche, Freunde treffen etc.), während »der gewohnte Blick auf den Fernsehschirm auf die Zeit vor und nach Mitternacht ›verschoben‹ wurde« (Siepmann 1982).

Parallel zur Erweiterung der Programmplätze legten sich die öffentlich-rechtlichen Anstalten Programmreserven (insbesondere an Kinospielfilmen) für die bevorstehende Konkurrenz mit den kommerziellen Anbietern zu. Während das ZDF dabei vor allem Filme über den Zwischenhändler Leo Kirch bezog, setzte die ARD auf direkten Programmeinkauf bei den amerikanischen Majors und erwarb 1983 die Option auf 1350 Filme von MGM und United Artists. Dies war nach dem Kauf eines Pakets von 600 Kinospielfilmen durch die ARD Anfang der sechziger Jahre die größte Erwerbung eines Kinofilmpakets.

Kinospielfilme bei ARD und ZDF 1973 bis 1983 (in absoluten Zahlen)

	ARD	ZDF		ARD	ZDF
1973	144	173	1979	225	215
1974	155	172	1980	223	214
1975	167	179	1981	263	277
1976	149	175	1982	262	257
1977	154	178	1983	258	302
1978	221	215			

Quelle: Schneider 1994, 299 ff.

Reihenbildung

Die Reihenbildung (»Der besondere Film«, ZDF, und »Film-Festival«, ARD, u.a.) diente dazu, die steigende Zahl der Kinofilme zu strukturieren und damit die Erwartungen des Publikums zu steuern. Die Reihenbildung, eine Form der Serialisierung von ähnlichen Angeboten, führte auch zu Angebotsschwerpunkten, die sich beispielsweise beim ZDF nach Filmländern (z.B. Georgien 1975, China 1980, Mexiko 1981, Ägypten 1982), nach Genres (Polit-Thriller 1975, phantastischer Film 1981, Herkules-Filme 1984), Themen (»Vor 30 Jahren« 1975) und Regisseuren und Darstellern (Louis de Funès 1975, James Cagney 1977, Charlie Chaplin und Alfred Hitchcock 1979, Harold Lloyd 1980, Andrzej Wajda 1981, François Truffaut 1982) strukturierte.

»Der Film ist ein wichtiges Mittel der kulturellen und gesellschaftlichen Kommunikation. Das Fernsehen darf ihn nicht aus den Augen lassen.« (Klaus Brühne 1977).

Beim Spielfilmeinsatz bildeten die siebziger Jahre eine Übergangszeit. Einerseits hatten die Anstalten mit dem Ausbau des Filmeinsatzes auch die Zahl der künstlerisch anspruchsvollen Reihen erhöht, andererseits verstanden sie sich nicht mehr länger wie in den sechziger Jahren als erste »Hüter und Repräsentanten der Filmkultur« (Schneider 1994, 267). Die entstehenden Programmkinos hatten, allerdings nur in den Großstädten, die Beschäftigung mit der Filmkunst wieder ins Kino zurückgebracht. Das Fernsehen interessierte sich nun zunehmend für die Unterhaltungsqualitäten der Spielfilme, ohne daß jedoch der Anspruch, auch Filmkultur zu vermitteln, ganz aufgegeben worden wäre. Aufgrund des Paketverkaufs von Filmen unterlag das Filmangebot jedoch qualitativen Schwankungen. Neben filmästhetisch wertvollen Filmen zeigte man auch mittelmäßige und schlechte Filme, die in den von den Verleihfirmen und Zwischenhändlern wie Leo Kirch erworbenen Programmpaketen enthalten waren. Irmela Schneider zog daraus das Fazit: »Das Fernsehen verwaltet Filmgeschichte, aber es modelliert sie nach anderen Maßstäben, als Filmhistoriker es gemeinhin tun« (ebd., 272).

Die Folge des verstärkten Einsatzes von Kinospielfilmen und amerikanischen Serien war, daß die aus den fünfziger und sechziger Jahren überkommenen Fernsehstandards der langsamen Einstellungen, der Ausführlichkeit in der Darstellung und der Vorführung von Innenräumen und Innenwelten nun durch kinospezifische Standards vor allem amerikanischer Prägung abgelöst wurden und sich eine Beschleunigung der filmischen Wahrnehmung durchsetzte. Langsamkeit wurde nun zunehmend mit Biederkeit gleichgesetzt. Ende der siebziger Jahre traten z.B. jüngere Filmkritiker auf, die sich vorrangig am amerikanischen Kino orientierten. Der Hollywoodfilm, noch Anfang der siebziger Jahre als Inbegriff der Traumfabrik und der Bewußtseinsindustrie oft Anlaß heftiger Kritik, entwickelte sich nun zum Kultobjekt. Der Neue deutsche Film stieß dagegen am Ende des Jahrzehnts oft auf Verachtung. Die Kritik empfand ihn als schwerfällig, langsam, zu absichtsvoll und setzte die leichte und schnelle Hollywoodinszenierung dagegen. Ein Wechsel fand statt, die fernsehsozialisierte Generation wurde erwachsen. Sie hatte die jahrzehntelang gezeigten Erzählstandards des Fernsehens längst internalisiert und drängte nun auf Beschleunigung.

Filmische Wahrnehmung

Theater im Fernsehen auf dem Weg zum Theaterfilm

Die Filmisierung der Fiktion im Fernsehen führte umgekehrt dazu, daß, wie schon Ende der sechziger Jahre absehbar war, die Theaterinszenierungen im Fernsehen an Attraktion verloren. Unverändert populär waren nur die Volkstheatersendungen (Ohnsorg-Theater, Millowitsch-Theater u.a.), weil sich diese mit ihren Schwänken und Lustspielen den Konventionen der Fernsehunterhaltung angepaßt hatten. Der Theaterkritiker Günther Rühle sah die Ursache für das Nachlassen des Publikumsinteresses am Theater im Fernsehen in einer »realistischen Grenze«, die das Fernsehen dem Theater setzte und die gerade ambitionierte Inszenierungen, die eine »eigenständige nichtrealistische Ästhetik wiedergewinnen« wollten (Rühle 1974), überschritten. Zwar hatte das ZDF 1973 noch den Reihentitel von »... und heute ins Theater« in »Die aktuelle Inszenierung« geändert, das Prinzip flächendeckender bundesdeutscher Theaterrepräsentation jedoch aufgegeben und sich an den exzeptionellen Inszenierungen orientiert, wie sie beim Berliner Theatertreffen zu sehen waren. Doch war damit die Popularität der Theaterinszenierung nicht gesteigert worden. Siegfried Kienzle hatte auch eine Reihe »Theaterwerkstatt« eingerichtet, in der mit Mischformen zwischen Darstellung und Bericht über die Inszenierung und mit Aufführungsvergleichen gearbeitet wurde. Einerseits wollte man durch Live-Übertragungen von Premieren den Ereignischarakter stärken, andererseits durch stärkere Benutzung filmischer Formen das schwindende Zuschauerinteresse wiedergewinnen. Die Durchsetzung der filmischen Wahrnehmung hatte dazu geführt, daß der ›langsamere‹ Erzählrhythmus und die spezifischen künstlerischen Codes des Theaters vielen Zuschauern fremd blieben.

Theaterinszenierungen im Fernsehen

Als Siegfried Kienzle 1979 die Theaterredaktion im ZDF übernahm, suchte er durch eine offensivere Auseinandersetzung mit der Spielplangestaltung und der Fernsehaufbereitung von Theater neue Wege zu gehen. Das Theater sollte mit Hilfe des Fernsehens spezifische Darstellungsweisen entwickeln (vgl. Kienzle 1980). Dies führte langfristig dazu, daß sich ein neues Modell einer Konstellation Theater-Film-Fernsehen ergab. Die Regisseure prominenter Bühnen (Peter Stein, Luc Bondy, Hans Neuenfels u.a.) drehten – häufig mit Unterstützung der Filmförderungsanstalt – als Kino-Fernseh-Koproduktionen Filme nach ihren Stücken, in denen sie eine filmische Übersetzung ihrer Inszenierungen versuchten. Hans Neuenfels »Heinrich Penthesilea von Kleist« (ZDF 1984) und »Die Familie oder Schroffenstein«

Theater-Film-Fernsehen

»Familie Schroffenstein«

»Das Fernsehen dampft Wohnstubengefühle aus, es ist ein bürgerliches Medium. Dies spricht nicht gegen das Fernsehen, es bezeichnet nur seine Eigenart.« (Hensel 1984)

(ZDF 1984) gehörten zu diesen ›Theaterfilmen‹, aber auch Peter Steins »Sommergäste« (ARD 1980) und andere Verfilmungen von Schaubühneninszenierungen.

Diese Entwicklung ist vor dem Hintergrund eines neuen Interesses des Theaters an einer medialen Verwertung seiner Produktionen zu sehen. Mit der Durchsetzung des Videorecorders schien ein neuer Markt für Videomitschnitte von Theateraufführungen und eine neue Einnahmequelle für die Theater zu entstehen, so daß der Deutsche Bühnenverein einen Pool für Videoverwertungen von Theateraufzeichnungen bilden und diese auf dem freien Markt als Kassettenproduktionen vertreiben wollte. Doch diese Idee zerschlug sich, weil das Publikumsinteresse, wie sich am Vertrieb weniger Produktionen zeigte, gering blieb. Die Theaterzuschauer bildeten zu diesem Zeitpunkt zumindest noch ein grundsätzlich anderes Publikum als die Viderecorder-Nutzer (vgl. Theater 1984, Theater-TV 1984).

Unabhängig davon hatte jedoch eine grundsätzliche Debatte über das Verhältnis von Theater und Fernsehen eingesetzt. Für das geringer werdende Zuschauerinteresse wurden Schuldige gesucht. Der FAZ-Theaterkritiker Georg Hensel hieb auf das Fernsehen ein, weil es das falsche Medium für die Theatervermittlung sei und alles auf ein »Stubenformat« reduziere.

Gegen dieses im Grunde traditionelle Argument der Kleinheit des Bildschirms und der Privatheit des Empfangs (die ja auch bei großen Übertragungen wie der Mondlandung, bei Kinospielfilmen und Königskrönungen bestand) hielt der SFB-Programmdirektor Norbert Schneider dagegen und sprach sich für den ›Medienwechsel‹ aus. Hier werde auch »alte Kunst von neuer Kunst, von anderer Kunst abgelöst«, finde eine »gegenseitige Bereicherung« statt. Schneider wollte verhindern, daß mit solchen Argumenten der Unverträglichkeit das Theater im Fernsehen »als wenig attraktiv an den Rand gedrückt« und »das Fernsehen damit schmaler« werden würde (Schneider 1984). Im Grunde ging es beiden Seiten jedoch bereits um anderes: Das Theater wollte sich aus der Verbindung mit dem öffentlich-rechtlichen Fernsehen befreien, um die Hände frei zu haben für einen eigenen Einstieg in die Medienverwertung, während das öffentlich-rechtliche Fernsehen am Theater festhielt, weil es die eigene Legitimation der Erfüllung des Kulturauftrags stützte.

Medienwechsel und ästhetischer Medienverbund

Kulturmagazine und die Ausweitung des Kulturbegriffs

Wie kaum eine andere Programmform zeigte die Entwicklung der Kulturberichterstattung die Veränderungen des Fernsehens in den siebziger Jahren an. Denn in der Art und Weise, wie das Fernsehen über Kultur berichtete, definierte es auch sein Kulturverständnis. Sowohl »Titel, Thesen, Temperamente« (ARD) als auch »Aspekte« (ZDF) waren in den sechziger Jahren dem geltenden Kulturverständnis verpflichtet und hatten deshalb über das aktuelle Kunstgeschehen, also über Literatur, Bildende Kunst, Theater und Musik, berichtet. Die Orientierung an den Künsten wurde Anfang der siebziger Jahren aufgebrochen, weil sich in der gesellschaftlichen Diskussion der Kulturbegriff ausweitete und nun nicht nur Film und Architektur mit einschloß, wie es der Leiter der »Aspekte«-Redaktion, Reinhart Hoffmeister 1973 formulierte, sondern auch das, »was dem Menschen direkt unter die Haut geht«: »sein Wohnen, seine Freizeit, seine Umwelt« (Hoffmeister 1973). »Aspekte« beschäftigte sich deshalb mit Stadtplanung, mit Bürgerinitiativen gegen Umweltzerstörung, mit dem Kulturaustausch zwischen der Bundesrepublik und der Sowjetunion. Die Liveausstrahlung des Magazins führte dazu, daß bei Interviews oft politisch kontroverse Meinungen über den Schirm gingen, so daß Hoffmeister wiederholt wegen Kompetenzüberschreitungen abgemahnt und 1974, als sich der Schriftsteller Gerhard Zwerenz über das Verhalten der Frankfurter Polizei bei Straßenschlachten im Frankfurter Westend geäußert hatte, von seinem Posten suspendiert wurde. Ein massiver öffentlicher Protest führte jedoch zur Rücknahme der Sanktionen, Hoffmeister leitete das Magazin noch bis 1975 (vgl. Schumacher 1994, 148 ff.).

Kulturberichterstattung

»Titel, Thesen, Temperamente«

Nachdem Dieter Schwarzenau 1977 die Leitung von »Aspekte« übernommen hatte, setzte man, bei gleichem thematischen Spektrum, auf populäre Vermittlungsformen und mied die Konfliktdramaturgie, die Hoffmeister gepflegt hatte. Stadtsanierung war wiederholt ein kontrovers abgehandeltes Thema; Fotografie, Video, ja sogar Fernsehspiele (Egon Monks »Geschwister Oppermann«, ZDF 1982) wurden behandelt.

Das ARD-Pendant »Titel, Thesen, Temperamente« (HR) vollzog diese Entwicklung, wenn auch weniger spektakulär als im Fall Hoffmeister, mit, auch wenn hier eine Orientierung an den großen Kunstformen dominant blieb. Da »Titel, Thesen, Temperamente« auf einen Moderator bzw. eine Moderatorin verzichtete, besaß die Sendung auch nicht in dem Maße einen personellen Fokus. Die Ausweitung des Kulturverständnisses erfaßte tendenziell auch den »Kulturweltspiegel« (WDR, Moderation: Hansjürgen Rosenbauer) und den »Kulturreport«.

Das Einschwenken von »Aspekte« auf populäre Vermittlungsformen lag im Gesamttrend der Programmentwicklung, die auf eine Entschärfung der politischen Konflikthaltigkeit und eine ›unterhaltsamere‹ Präsentation abzielte. An der Themenvielfalt wurde jedoch weiterhin festgehalten. Die Themenausweitung entsprach der gesellschaftlich notwendigen Ausdifferenzierung, weil durch den Anstieg des Bildungsniveaus der Bevölkerung (wachsende Abiturienten- und Studentenzahlen) die kulturellen Ansprüche breiter geworden waren und sich die kulturellen Milieus selbst ausdifferenzierten (z.B. im Entstehen freier Theatergruppen, alternativer Medien und Öffentlichkeitsformen usf.). Den Kulturmagazinen kam dabei die Funktion zu, über die Vielfalt der entstandenen kulturellen Öffentlichkeiten zu informieren und diese in den traditionellen Kanon der Künste und Kulturveranstaltungen einzuordnen und für ein breites Publikum zu bewerten. Dies geschah schon allein dadurch, daß bestimmte Gruppen, Künstler, Themen und Probleme behandelt wurden, andere nicht. Auch wenn sich die diversen kulturellen Öffentlichkeiten davon absetzen und gerade in einen Gegensatz zum Fernsehen setzen konnten, so blieb die Thematisierung eines Ereignisses in den Kulturmagazinen des Fernsehens doch ein zentraler Ort gesellschaftlicher Anerkennung.

Magazinvielfalt

Magazinform als ›Programm im Programm‹

Bereits Ende der sechziger Jahre hatte sich das Magazin zu einer zentralen Vermittlungsform des Fernsehens entwickelt, weil es eine Form darstellte, die einerseits formal »die ganze Möglichkeitsfülle des Mediums« anbot (Hall 1979, 305), andererseits aber in kleiner Form eine rasche Realisierung erlaubte. Sie ließ tendenziell jedes Thema und jeden Problembereich zu und erlaubte die fast beliebige Kombination der verschiedensten Themen. Die Kleinteiligkeit der Informationssegmente begünstigte zudem die Rezeption durch die Zuschauer. In einer mediengeschichtlichen Phase der Umorientierung bot die Magazinform deshalb eine ideale Möglichkeit, kurzfristig auf Veränderungen einzugehen und für unterschiedliche Interessen einzelne Magazine zu schaffen. Im Herbst 1973 gab es, nach einer Zählung des Deutschen Rundfunkarchivs »insgesamt etwa 200 formal als Magazinsendungen anzusprechende Reihen« in den Programmen der ARD-Anstalten (Loewy/Klünder 1973, 9f.).

Das Magazin »Markt«

»Bilanz« 1980

Die Vielfalt erlaubte es, auf die strukturellen Veränderungen der Gesellschaft in den verschiedensten Bereichen einzugehen. Vor allem die Fragen der Ökologie und des Umweltschutzes, die in den siebziger Jahren immer stärker in den Vordergrund getreten waren, wurden in verschiedenen Magazinen erörtert, aber auch Aspekte der Ökonomie, des Alltags, der Mediennutzung selbst und vieles mehr. Peter Christian Hall sah darin 1979 eine Tendenz zu einer »künstlichen Spartenspezifikation«, weil es in den thematisch verengten Magazinen weniger um öffentliche Resonanz ginge, sondern um »spezialisierte Bedürfnisbefriedigung« (Hall 1979, 307). Dies entsprach jedoch der allgemeinen Programmentwicklung: Neben die an zentralen Programmorten geführten Diskussionen um die großen Konflikte traten viele kleine Programmorte, an denen die Zuschauer ihre speziellen Probleme erörtert fanden. Der Magazincharakter solcher spezieller Sendungen wie »Teletechnikum« (HR), »Das Reisemagazin« (NDR), »Markt« (WDR), »Aktion Schaukelstuhl« (WDR), »Mosaik« (ZDF), »Das geht Sie an« (ZDF), »Bilanz« (ZDF) begünstigte die Durchsetzung des Service-Gedankens, dem Zuschauer Hilfsdienste zur Bewältigung seiner Probleme anzu-

»Liebe zum Land«

bieten. Diese Spezialisierung, die Hall bereits als Verlust der Funktion gesehen hatte, ein »idealiter [...] herrschafts- und interessenfreies Gespräch« (ebd.) zu führen, war jedoch noch begrenzt durch die im Vergleich zu späteren Differenzierungen kleine Anzahl von Programmen.

Kritischer Dokumentarismus und Anpassungsdruck

Gegen die ›Magazinitis‹ des Fernsehens stand die größere, umfassende Dokumentation, die sich 45 und 60 Minuten lang ausführlich mit einem Thema beschäftigte. Als wollten sie gegen diese Tendenz zum Kleinteiligen und Servicehaften des Fernsehens halten, drehten einige Dokumentarfilmer umfangreiche Filme, die sich oft ausführlich mit den Lebensverhältnissen der Menschen beschäftigten und dabei Dinge sichtbar machten, die sich einem schnellen Dokumentarismus entzogen. Klaus Wildenhahn und Gisela Tuchtenhagens Film über die schwierige Lage der Bauern und Landarbeiter, »Die Liebe zum Land« (NDR 1974) oder der fünfteilige Film über die Verlagerung des VW-Werks von Emden in die USA, »Emden geht nach USA« (NDR 1976) sind dafür Beispiele.

Teilnehmende Beobachtung im Dokumentarfilm

Im Ruhrgebiet entstanden Dokumentationen, die sich, vor dem Hintergrund des Niedergangs des Kohlebergbaus und der Umorientierung der ganzen Region, mit den Lebensverhältnissen der Menschen beschäftigten. Das RuhrFilmZentrum mit Christoph Hübner und Gabriele Voss-Hübner versuchte, durch Filme wie »Lebensgeschichte des Bergarbeiters Alphonse S.« (WDR 1978) mit dem Verfahren der Oral History die Erinnerung an die Geschichte der Region zu bewahren. Es waren jetzt nicht mehr die Journalisten des Fernsehens, die sich dokumentarisch mit den Verhältnissen beschäftigten, sondern oft freie Medienkooperativen wie die Medienwerkstatt Freiburg und die Wendländische Filmkooperative, die sich z.B. mit sozialen Randgruppen oder ökologischen Problemen beschäftigten. Zwangsläufig geriet das Fernsehen mit Filmen wie »Lieber heute aktiv als morgen radioaktiv« (1976) von Nina Gladitz oder »Lieber instandbesetzen

Oral History als dokumentarisches Prinzip

als kaputtbesitzen« (1981) von Gabriele Barthel u.a. (vgl. Zimmermann 1994, 270 ff.) wiederholt in Konflikt mit staatlichen Institutionen. Die Reportagereihe »Vor Ort« (WDR) versuchte ebenfalls, für Bevölkerungsgruppen Partei zu ergreifen und verzichtete oft auf das Einhalten der Ausgewogenheitsformeln. Ludwig Mezger, Redakteur der Reihe, wollte keine Filme »über« Menschen machen, sondern mit den Filmen »aktiv eingreifen«, Prozesse »vorantreiben« und das Fernsehen selbst zum »Faktor der öffentlichen Meinungsbildung« machen (Mezger zit. n. Zimmermann 1994, 273).

»Glashaus – TV intern«

Der Konflikt, der hier entstand und Ende der siebziger Jahre durch die Einstellung von »Vor Ort« (wie auch der medienkritischen Reihe »Glashaus – TV intern« und »Schauplatz«) ›von oben‹ beendet wurde, bestand darin, daß unterschiedliche Auffassungen über die Rolle des Fernsehens aufeinandertrafen. Während Mezger und andere die zentrale Rolle des Fernsehens als Ort der gesellschaftlichen Debatten so begriffen, daß das Fernsehen diese Debatten selbst initiieren mußte, daß es als Institution auch Kontroversen durch deutliche Kritik herausfordern mußte, setzte sich bei den Programmverantwortlichen – nicht zuletzt auf Grund des anhaltenden politischen Drucks von außen – eine abgeschwächte Auffassung durch. Fernsehen hatte danach zwar Ort der gesellschaftlichen Diskussion zu sein, letztlich aber für einen moderaten Ausgleich der Interessen zu sorgen, indem es eine ›Ausgewogenheit‹ zwischen den verschiedenen Meinungen herstellte.

Fernsehen als neutraler Diskussionsplatz

Formal sollte sich das Fernsehen nicht zum Sprachrohr einer Gruppe – und seien es auch die sonst Sprachlosen, Benachteiligten und am Rand der Gesellschaft Lebenden – machen, sondern einen mehr oder weniger neutralen Diskussionsplatz bereitstellen. Daß damit zwangsläufig die gesellschaftlich Mächtigen bevorzugt wurden, weil sie in der Regel über einen großen Apparat verfügten, um sich medienwirksam präsentieren zu können, war in der Zeit ein ständiger Kritikpunkt. Die Disziplinierung der Filmemacher und Redakteure gelang jedoch nicht vollständig, weil sie im Grunde immer auch mit dem Programmverständnis und dem journalistischen Ethos der Autoren und Redakteure kollidierte.

Daß es sich dabei nicht nur um ein punktuelles Problem innerhalb der Genreentwicklung handelte, sondern grundsätzlich eine Differenz zwischen Selbstverständnis und Fremdeinschätzung betraf, ist daran zu erkennen, daß viele Politiker meinten, das Fernsehen habe sich einer kritischen Meinung weitgehend zu enthalten. Richard von Weizsäcker, damals noch CDU-MdB, hatte 1976 auf den Mainzer Tagen der Fernsehkritik einen »Anspruch des Politikers auf Vermittlung seiner politischen Überzeugung durch das Fernsehen« eingeklagt und gemeint, die Journalisten hätten sich zurückzuhalten zugunsten eines »Mehr an Möglichkeiten zur Selbstdarstellung für den Politiker« (zit. n. Hoffmann 1979, 305).

»Vergiftet oder arbeitslos«

Zum größten Konfliktfall entwickelte sich Bernward Wembers Film über die chemische Industrie »Vergiftet oder arbeitslos«, der 1982 im ZDF nur mit einer starken Kürzung (von 97 Minuten auf 60 Minuten) und einer anschließenden Diskussion gezeigt wurde. Unter dem Druck der Chemiekonzerne verhinderte das ZDF dann auch den Vertrieb der Langfassung durch den Atlas-Filmverleih. Wember hatte hier die Frage gestellt, ob alles was machbar auch sinnvoll sei und den Chemieeinsatz in der Landwirtschaft gegen die Umweltzerstörung gesetzt. Diese Position, politisch von den Grünen vertreten, wurde mit einer didaktischen Form eines »Bild-Traktats« (Walter Jens) verbunden, um die Sachverhalte möglichst deutlich zu veranschaulichen.

»Sterns Stunde« – Der Hund

»Wie Wember die einzelnen Stilmittel und -ebenen einsetzt, wie er sie arrangiert zu einem ausgeklügelten System der visuellen didaktischen Unterweisung, wie er den Kreislauf der Natur, der Naturzerstörung und der Abhängigkeit sinnlich plausibel macht, darin vor allem, in dieser Komposition von realen und abstrakten Bildzeichen, von rhetorischen Sprech- und Sprachstilen, von Rede und Gegenrede liegt das Neuartige, das Exemplarische, ja die Suggestivität dieser ›Bildgrammatik‹. Wember hat hier tatsächlich ›etwas aufgebaut‹ – eben bewußt etwas ›Künstliches‹ und ›Gestelltes‹ – mit und in dieser Bild-Ton-Collage, in der nichts beliebig erscheint, nichts Füllmaterial ist, alle Teile vielmehr miteinander korrespondieren.« (Vetter 1982)

Eine Angebotsdifferenzierung im Sinne eines neuen kritischen Blicks auf die Realität bedeutete gegenüber den etablierten Tier-Sendungen wie Bernhard Grzimeks »Ein Platz für Tiere« (HR), Heinz Sielmanns »Expeditionen ins Tierreich« (ZDF) und Jacques Cousteaus Reihe »Geheimnisse des Meeres« (WDR 1973) auch die vom SDR ab 1970 gezeigte Reihe »Sterns Stunde«. Als Autor von ca. 50 Hörfunksendungen und vier Büchern hatte sich Horst Stern bereits einen Namen gemacht. Er verstand seine Sendungen auch nicht als Konkurrenz zu Grzimeks »Ein Platz für Tiere« sondern als eine, wenn auch notwendige, Ergänzung. Gegenüber den dort eher ›tümelnden‹ Darstellungen letzter Tierparadiese ging es ihm um Kritik am menschlichen Umgang mit den Tieren. Seine prägnanten Darstellungen, sein Sarkasmus, aber der oft auch bittere Ton seiner nüchternen Anklagen, ließen ihn zum gefürchteten Kritiker werden. Stern konnte selbst mit einem zweiteiligen Film über Spinnen (1978) in der Programmkonkurrenz gegen zwei Folgen des opulenten Fernsehromans »Lockruf des Goldes« mithalten, den das ZDF zur gleichen Zeit zeigte. »Eine Sendung von Horst Stern nicht gesehen zu haben, ist in jedem Fall ein Versäumnis«, urteilte die zeitgenössische Kritik angesichts dieser Programmkonkurrenz.

Seine Darstellungen waren durch die geballte Form visuell attraktiver Aufnahmen seines Kameramanns Kurt Hirschel (der in den fünfziger Jahren für Hans Hass gearbeitet hatte), die Benutzung von elektronischen Stanzverfahren in der Präsentation, Elektronenmikroskopbildern, Zeitraffungen und einer konzentrierten sprachlichen Darstellung zugleich den Wahrnehmungsansprüchen der siebziger Jahre adäquat. Auch wenn etwa zeitgleich eine allgemeine Kritik am Fernsehdokumentarismus (Bernward Wember 1969) auf die ›Wort-Bild-Schere‹, das Auseinandertreten von Wort und Bild als Schwäche hinwies, so ging diese Kritik an den Wahrnehmungsveränderungen vorbei, die sich in dieser Zeit in der Arbeitswelt und im Alltag etablierten und ein Nebeneinander von unterschiedlichen Beobachtungen und Handlungsweisen begünstigen.

Stern stand in der Tradition des Dokumentarismus der ›Stuttgarter Schule‹, ohne dieser selbst anzugehören. Er verschob das Genre der Tiersendungen von den scheinbar ahistorisch Natur darstellenden Filmen zu gesellschaftsbezogenen, gegenwartsorientierten dokumentarischen Arbeiten. Bereits in »Bemerkungen über das Pferd« (SDR 1970) kratzte er am Mythos des ›mutigen‹ Pferdes und wies nach, daß Pferde bei den Reit- und Springturnieren nur aus Angst über die Hindernisse sprangen. Ihm ging es darum, dem Zuschauer Einsichten in scheinbar vertraute, aber weitgehend unbekannte Lebensweisen der Tiere zu geben, mit denen er es vor allem zu tun hatte. Daß die ›Gesellschaftstiere‹, mit denen sich der Mensch umgibt, ihre eigenen tierischen Verhaltensweisen haben, die durch den Menschen entweder weggezüchtet (wie z. B. beim Hausschwein) oder einfach negiert werden, war ihm ein ständiges Thema. Wiederholt geriet er deshalb auch in Konflikt mit Interessenverbänden und Lobbygruppen. Bei der Sendung über den Tierhandel kam es zu einer Anfrage im Bundestag. Stern legte sich auch mit dem Fernsehtierschützer Grzimek an, weil er zeigte, daß sich dessen Frankfurter Zoo auch am Tierhandel beteiligte und nicht jeder ›Platz für Tiere‹ paradiesisch war.

Gesellschaftsbezogene Tiersendungen

Als sich Stern mit den Tierversuchen der Pharmaindustrie beschäftigte, zog er sich die wütende Kritik der Tierschützer zu, da er auch die Notwendigkeit solcher Versuche sah. Weil er merkte, daß seine Filme gegen Ende der siebziger Jahre politisch kontroverser wurden, gab er die Fernseharbeit auf. In der dann einsetzenden Ausrichtung der Programme auf mehr Unterhaltung hätten es seine konfliktorientierten Sendungen schwerer gehabt.

Politischer Magazinjournalismus

Die allgemeine Tendenz zur Rücknahme dezidierter politischer Stellungnahmen im Programm – vor allem, wenn sie sich kritisch zu den Parteien verhielten und zentrale Konfliktpunkte der polarisierten Gesellschaft ansprachen – wirkte sich auch in den politischen Magazinen aus. Das Bemühen um politische Disziplinierung durch programmstrukturelle Maßnahmen setzte sich fort. Die Aufgabe der ›Schutzzonen‹ in den Koordinierungsverhandlungen 1975/76 in den Programmen – während der eine Kanal politischen Information wie z. B. die Magazinsendungen brachte, durfte der andere nicht attraktive Unterhaltung dagegensetzen – hatte einen Rückgang der Zuschauerzahlen der Magazine zum Anlaß. Daran hatten wiederum einige Dritte Programme mitgewirkt, so z. B. das Bayerische Fernsehen, das gezielt gegen »Panorama« und »Monitor« attraktive Spielfilme setzte (vgl. Langenbucher 1976, 208 f.). Mit dem neuen Programmschema von 1978 wurden die ARD-Magazine von ihrem angestammten Programmplatz am Montag auf den Dienstag zwischen 21.00 und 21.45 Uhr verschoben, zuvor kam ein Unterhaltungsbeitrag.

»Panorama«, »Monitor«

Kontroversen um die Magazine bestanden weiterhin. »Panorama«-Chef Peter Merseburger erregte mit einem Kommentar zur Ermordung des Kam-

»Kennzeichen D« mit Hanns Werner Schwarze (Mitte) und seinen Mitarbeitern Martin Jauer und Harald Jung

mergerichtspräsidenten von Drenkmann durch Terroristen und den Tod des RAF-Mitglieds Holger Meins nach einem Hungerstreik 1974 wieder einmal den Protest der CDU. Aufsehen erregte auch ein Beitrag von Alice Schwarzer über einen Schwangerschaftsabbruch. Merseburgers Nachfolger wurde Gerhard Bott. Während sich die CDU auf »Monitor« und »Panorama« eingeschossen hatte, attackierte die SPD Gerhard Löwenthals »ZDF-Magazin«. Um deren Vorwürfe abzufedern, verwies die ZDF-Spitze wiederholt auf Hans-Werner Schwarzes Magazin »Kennzeichen D« und reklamierte damit Ausgewogenheit. Doch es gab auch um die CDU-nahen Magazine Kontroversen, wenn die Journalisten ihre Aufgabe ernst nahmen und – unabhängig vom Parteibuch – kritisch nachfragten.

Anfang der achtziger Jahre begann sich der eher zum konservativen Lager gerechnete Moderator des SWF-Magazins »Report Baden-Baden«, Franz Alt, zunehmend kritisch zu Fragen der Rüstung und der Friedensbewegung zu äußern. Der Nato-Doppelbeschluß und die Eskalation um die Aufstellung neuer Raketen in Europa hatten ab 1980 zu zahlreichen Kontroversen geführt. Alts kritische Berichterstattung verletzte den Proporz zwischen den beiden ›linken‹ und den beiden ›rechten‹ Magazinen. Der SWF-Intendant Willibald Hilf verhängte deshalb im Oktober 1983 ein Moderationsverbot für Alt. Eine Vielzahl öffentlicher Proteste führte jedoch dazu, daß Alt weiter moderieren durfte.

Die politischen Konflikte, wie sie vor allem von den Parteien selbst und ihren Sympathisanten in den Anstalten forciert wurden, begannen das Öffentlichkeitsmedium Fernsehen zu paralysieren. Die politischen Magazine, die einmal zur politischen Bewußtseinsbildung eingerichtet wurden, befanden sich in einer Art ›Zangengriff‹ der Parteien, die – in Überschätzung des Mediums Fernsehen – wie gebannt auf die Magazine starrten. Im Sinne des Funktionserhalts der Fernsehöffentlichkeit schien es so, daß sich die Magazine, wie es »Kennzeichen D«-Moderator Hanns Werner Schwarze

»Report Baden-Baden«

»Report« mit Franz Alt

1976 bereits ironisch formulierte, »in Form und Inhalt überlebt hatten« (Schwarze 1976, 192) und eine andere Programmform den Notwendigkeiten der Berichterstattung adäquater entsprach.

Visualisierung und Ausbau der Nachrichtengebung

Weil die politische Berichterstattung sich als konfliktträchtig herausgestellt hatte, insbesondere dort, wo einerseits aktuelle Beiträge geliefert, andererseits eine journalistische Meinung notwendig war, mußte derjenige Bereich der politischen Information ausgebaut werden, der weniger kontrovers war. Nachrichtensendungen waren, auch wenn sie Anfang der siebziger Jahre durch eine heftige Debatte umstritten schienen, sehr viel stärker durch starre Regeln, insbesondere durch die Verwendung von Agenturmaterial, die Trennung von Nachricht und Kommentar und den Gebrauch ›offiziöser‹ Präsentationsformen vorbestimmt, so daß es sehr viel weniger zu politischen Konflikten kommen konnte.

Nachrichtensendungen

Nachrichtensendungen als ›pure‹ Vermittlung von Meldungen über Ereignisse und Fakten waren, so schien es nach den heftigen Kontroversen um die politischen Magazine, notwendige Voraussetzung der Informationsvermittlung, aber sie reichten nicht aus. Sollte das Fernsehen Orientierungshilfe der Menschen in der Welt sein, bedurfte es angesichts komplexer werdender Verhältnisse und des Ansturms von immer mehr Informationen über die Welt deutlicher als bis dahin der interpretierenden Einordnung der Meldungen, der Stiftung von Zusammenhängen und der Vermittlung von Hintergründen. Dies wurde traditionellerweise langfristig durch größere Dokumentationen und mittelfristig durch Magazine geleistet. Es entstand jedoch der Wunsch, die täglichen Meldungen möglichst direkt bei ihrem Erscheinen zu erläutern.

Planung eines »Tagesmagazins«

Schon 1966 war von der »Tagesschau«-Redaktion ein »Telejournal« konzipiert worden, 1969 hatten der WDR-Fernsehdirektor Peter Scholl-Latour und sein Hamburger Kollege Dieter Schwarzkopf den Ausbau der Spätausgabe der »Tagesschau« zu einem halbstündigen Nachrichtenmagazin angeregt. 1971 plante der neue WDR-Programmdirektor Werner Höfer die Einrichtung eines »Tagesmagazins«, das, nachdem sich die ARD nicht auf eine solche Einrichtung im Ersten Programm verständigen konnte, im Dritten Programm des WDR dreimal in der Woche um 21.00 Uhr gesendet wurde. In einer halben Stunde wurden etwa fünf Themen erörtert und, unter der Leitung von Rudolf Rohlinger eine »Verbindung von Didaktik und TV-Journalismus« angestrebt (zit. n. Kübler 1979, 257). Weil die ARD auch nach erfolgreicher Etablierung des Magazins die Sendung nicht ins Erste Programm übernahm und auch die anderen Dritten Programme nicht interessiert waren, reduzierte der WDR die redaktionelle Ausstattung. Nach einigen Umbauten 1973 wurde das »Tagesmagazin« 1974 wieder eingestellt. Eine kleinere Version, dreimal die Woche 15 Minuten »Tagesthema« unmittelbar nach der »Tagesschau« auf WDR 3, konnte sich noch bis 1978 halten.

Ab 1976 war, nach dem erfolgreichen Umbau des ZDF-Programms und der Veränderung der »heute«-Sendung 1973, auch bei der ARD die Diskussion wieder in Gang gekommen. Dazu hatte sicherlich beigetragen, daß in der Öffentlichkeit die Nachrichtenvermittlung ab Anfang der siebziger Jahre öffentlich debattiert und Selbstverständnis und Praxis heftiger Kritik unterzogen worden waren. Vor allem der lange gehegte Objektivitätsanspruch geriet aus grundsätzlichen Überlegungen in Zweifel, ebenso der

Aktualitätsanspruch, weil überall Stereotypen entdeckt wurden (vgl. Donner 1971, Lettau 1971). Am Ende der ARD-internen Diskussion stand 1978 die Einrichtung der »Tagesthemen« unter der Leitung des von »Report München« kommenden Journalisten Klaus Stephan. »Tagesthemen« und »Tagesschau« wurden in einer gemeinsamen Chefredaktion »ARD-Aktuell« unter der Leitung von Dieter Gütt zusammengefaßt.

Für die Nachrichtenmagazine wurden feste Sendetermine vereinbart, so daß eine neue Zeitleiste analog zur Hauptnachrichtensendung entstand. Die Zuschauer konnten nun relativ sicher sein, daß die »Tagesthemen« regelmäßg werktags um 22.30 Uhr begannen, das »heute-journal« um 21.45 Uhr. Solch eine Verregelung führte zu einer Verfestigung der Struktur, schuf damit jedoch auch die Voraussetzungen zu einer ritualisierten Nachrichtennutzung.

Die Kritik an den Nachrichtensendungen hatte weitere Folgen. Der Objektivitäts- und Vollständigkeitsanspruch der Sendungen wurde in Frage gestellt, damit gerieten die Präsentationsformen stärker in den Blick. Auch wenn im Selbstverständnis noch lange daran festgehalten wurde, daß die Nachrichten nur Tatsachen vermittelten, ›komplett‹ seien und wertungsfrei (vgl. Abend 1974), so zeigte das Bemühen um sprachliche Vereinfachung, grafische Auflockerung durch Symbole, Bildereinsatz etc., daß sehr wohl die Bedeutung der Präsentation erkannt worden war (vgl. Kübler 1979). Wenn die Fernsehinformation der Orientierung der Menschen dienen sollte, mußte sie diese erreichen, mußte sich den durch das Fernsehen selbst mitgeprägten medialen Wahrnehmungsweisen anpassen und die Nachrichten veranschaulichen sowie möglichst visuell formulieren. Von den durch die Nachrichtenforschung beklagten Defiziten an gesellschaftspolitischer Information und Kritik (vgl. Schatz 1971, 1981) wurden einige zumindest reduziert, auch wenn eine Orientierung auf Politik und Wirtschaft und ein offiziös erscheinender ›Hofberichterstattungsstil‹ erhalten blieb. Daß die Nachrichten einerseits einen naiven Bildrealismus bedienten, nach dem alles, was fotografisch gezeigt wurde, auch wahr zu sein hatte (Knilli 1971), andererseits die Meldungen sprachlich so formulierten, daß viele Zuschauer sie nicht verstanden (Straßner 1975), zeigt, wie umstritten der Informationseffekt selbst blieb (Kübler 1979).

Visualisierung der Präsentationsformen

Personell fand in den siebziger Jahren ein Ausbau der Nachrichtenredaktionen statt, was vor allem auf die Steigerung des zu verarbeitenden Materials zurückzuführen ist. Allein die Zahl der filmisch produzierten Nachrichten stieg bei der »Tagesschau« von 92.500 Nachrichtenfilmen 1976 auf 158.600 im Jahre 1979 (Ludes 1994, 31). Der Einsatz von (mobilen) EB-Kameras führte zu einer neuen Beweglichkeit in der Berichterstattung, zudem verkürzte sich durch die entfallende filmische Bearbeitungszeit die Zeit zwischen Aufnahme und Ausstrahlung. Die Visualisierung der Nachrichten wurde dadurch gesteigert, daß ab 1978 das Blue Screen-Verfahren eingesetzt wurde, um im Hintergrund des Nachrichtensprechers Bilder einzumontieren. Zusätzliche Schrifttafeln, Symbole etc. wurden eingeführt, um die meist immer noch komplexe Nachrichtensprache visuell zu akzentuieren. Gleichwohl blieb der bereits in den sechziger Jahren erhobene Befund bestehen, daß sich nur ca. 20 Prozent der Zuschauer an mehr als ein Drittel der Meldungen unmittelbar im Anschluß an eine Nachrichtensendung erinnerten (Noelle-Neumann 1967, 328). Die ritualisierte Form des Betrachtens von Nachrichten, die zu einem Kontrollsehen geführt hatte (vgl. Kap. 8.2), bei dem der Zuschauer sich nur vergewisserte, daß nichts Wesentliches geschehen war, war auch durch Visualisierungs- und Verständlichkeitsstrategien nicht aufgehoben worden.

Ausbau der Nachrichtenredaktionen

Die deutsche Nationalelf gewann 1974 die Weltmeisterschaft

Sportinformation – Sportunterhaltung

Olympische Spiele im Fernsehen

1972 hatte es mit der Berichterstattung von den Olympischen Spielen in München durch ARD und ZDF in einem Umfang von insgesamt 235 Stunden einen Höhepunkt des Sportfernsehens gegeben. Das Attentat auf die israelischen Sportler überschattete diese Olympiade, die Fernsehberichterstattung reagierte darauf »in angemessener Weise« (Foltin/Hallenberger 1994, 124). Der Eindruck eines großen Sportereignisses blieb erhalten. Der Einsatz von EB-Kameras hatte eine neue Mobilität erzeugt: Die Kameras beobachteten die Spieler auch außerhalb der Wettkämpfe, lieferten ›hautnahe‹ Bilder und stellten bei vielen Sportarten eine größtmögliche Nähe des Zuschauers (durch mitfahrende Kameras, Unterwasseraufnahmen, extreme Sichtwinkel) zum Sportgeschehen her. Beobachtungen scheinbar ungestellter Verhaltensweisen der Zuschauer und Sportler ergänzten die Berichte von den Sportwettkämpfen. Für die zwei Jahre später aus der Bundesrepublik übertragenen Fußballweltmeisterschaft entwickelte der WDR-Redakteur Manfred Sellge mit Hilfe der Magnetaufzeichnung und der Tricktechnik aus bestimmten Bewegungen der Spieler das sogenannte »Fuß-Ball-ett«, bei dem die Spieler synthetisch erzeugte komische Bewegungen machten, tanzten, sich vorwärts und rückwärts bewegten (ebd., 125). Diese Bildepisoden fanden großen Beifall. Die Fernsehtechnik verstärkte damit die Tendenz zur Sportunterhaltung, indem sie mediale Bearbeitungen und Inszenierungen erfand, die das Sportgeschehen zusätzlich verdichteten.

Tendenz zur Unterhaltung

Diese Tendenz zur Unterhaltung wurde dadurch gefördert, daß weniger unterhaltsame Formen reduziert wurden. Die vom ZDF Mitte der sechziger

Jahre eingeführte Reihe »Die Sport-Information«, in der die Zuschauer über Sportprobleme informiert werden sollten, verschwand 1974 wegen rückläufiger Zuschauerzahlen aus dem Programm. Auch der Bundesligaskandal 1972, bei dem es um Absprachen und Bestechungen gegangen war, eigentlich ein Thema der Sportinformation, interessierte die Sportfans wenig. Während das »Aktuelle Sport-Studio« des ZDF darüber wenig berichtete, brachte die ARD-»Sportschau« mehr Informationen, stieß damit jedoch auf Desinteresse bei vielen Zuschauern. Man wollte sich die Unterhaltung nicht nehmen lassen. Die »Sportschau« hatte sich längst zu einer festen Unterhaltungsinstitution am Samstag entwickelt, ihre Moderatoren waren unangefochtene Stars des Fernsehens. Ernst Huberty, der die «Sportschau» seit Beginn geleitet hatte, gab die Sendung 1982 an Heribert Faßbender ab.

»Aktuelles Sport-Studio«

»Sportschau«

Vor allem diese wöchentlich regelmäßig wiederkehrenden Sportsendungen machten in den siebziger Jahren den Sport zu einem Themenbereich des Fernsehens, der sich immer wieder auf unterhaltsame Weise mit der Leistungsfähigkeit des menschlichen Körpers beschäftigte. Zwar wurde wiederholt kritisiert, daß der Breitensport im Fernsehen kaum eine Rolle spielte, doch ist dieses Defizit dann plausibel, wenn man die zentrale Funktion des Fernsehens in der spielerisch-unterhaltenden Erkundung der körperlichen Leistungsgrenzen des Menschen sieht, die mit der Debatte um die Anpassung der Menschen an neue Leistungsanforderungen in der Arbeitswelt korrespondierte. Zudem war der Unterhaltungsgewinn im Spitzensport und vor allem bei den internationalen Wettkämpfen durch keine andere Programmsparte zu überbieten.

Krise der Unterhaltung im Unterhaltungsmedium

Die Entwicklung des Fernsehens stand in den siebziger Jahren im Vorfeld der 1984 kommenden kommerziellen Programme. Sie war durch einen Trend zur Unterhaltung geprägt. In der Programmsparte Unterhaltung selbst blieb die Entwicklung ambivalent. Zu Beginn der siebziger Jahre stand der Versuch, Fernsehunterhaltung grundsätzlich zu erneuern. Mit erfolgreichen Sendungskonzepten wurde gebrochen, weil man der Meinung war, manche Sendungen seien schon durch ihre lange Lebensdauer obsolet. So wurde z.B. die Show »Der goldene Schuß« eingestellt, als die 50. Sendung erreicht war. In einer Zeit, in der sich innerhalb der Gesellschaft vieles zu verändern begann, Altes ›hinterfragt‹ und verworfen wurde, schien das Festhalten an Formen der sechziger Jahre problematisch zu sein. Die Erneuerung wurde in einer sozialkritischen Ausrichtung der Shows gesucht. Dietmar Schönherrs und Vivi Bachs Show »Wünsch Dir was« war das spektakulärste Beispiel einer solchen Innovation. Andere Versuche wie »Das Groschenspiel« (ARD), »Das Elternspiel« (H 3) und »Sparring« (ZDF) erprobten ebenfalls neue Konzepte.

Erneuerung der Unterhaltung

Dabei waren nicht alle neue Unterhaltungssendungen sozialkritisch, zahlreiche ›Neuerungen‹ präsentierten nur das Alte im neuen Gewand. Das ZDF mußte die »Vico-Torriani-Show« und die Serie »Hei-Wi-Tip-Top« absetzen, wobei die Serie später unter neuem Titel am Samstagnachmittag gesendet wurde. Radio Bremen setzte die Unterhaltungsreihe »Stellen Sie sich vor – Schau mit Leuten« ab, ›Flops‹ waren auch die Sendung »Heureka« und die Kitsch-Satire »Mariechen saß weinend im Garten« vom WDR. Unterhaltung ganz neuer Art war schwer zu realisieren.

Die musikalische Unterhaltung mit Truck Branss, Bob Rooyens und vor allem mit Michael Pfleghar setzte auf neue Formen, die sich stärker der

Musikalische Unterhaltung

»Klimbim« mit Horst Jüssen, Ingrid Steeger, Wichart von Roell, Elisabeth Volkmann

technischen und visuellen Möglichkeiten des Mediums bedienten. Bei den Shows von Rooyens mit Ester Ofarim, Vivi Bach und anderen stand das französische Vorbild Jean-Christophe Averty Pate. Michael Pfleghars Sendereihen »Lieben Sie Show?«, dann »Klimbim« (WDR ab 1973) und schließlich Mitte der siebziger Jahre »Die zwei himmlischen Töchter und die Gimmicks« (WDR 1977) mit Ingrid Steeger betrieb eine für ein breites Publikum perfekt gemachte, ins Skurrile und oft Freche reichende Unterhaltung, die fernseh-genuine Kunstformen entwickelte und eine oft sprühende Abfolge von Tanz, Bewegung und optischen Gags bot. Pfleghars Shows gaben sich weltoffen, dynamisch, unbekümmert, sie bildeten – wenn man so will – für die auf Modernisierung drängende Gesellschaft eine angemessene Form, sich zu unterhalten. Ein Bemühen »um den urbanen Witz amerikanischer Provenienz« entdeckte der Fernsehkritiker Michael Schwarze in Pfleghars »Klimbim« und zählte die Nonsense-Show »zum Besten, was in diesem Genre im deutschen Fernsehen bislang produziert worden war« (FAZ v. 22. 5. 78).

Kabarett

Das Kabarett, zunächst im Fernsehen totgeglaubt, da Protest Ende der sechziger Jahre wirkungsvoller auf der Straße formuliert wurde, kam in den siebziger Jahren wieder ins Programm. Während sich die Münchner Lach- und Schießgesellschaft mit neuer Mannschaft neu begründete, war Dieter Hildebrandt mit »Notizen aus der Provinz« im ZDF zu sehen, bis diese Sendung Anfang der achtziger Jahre abgesetzt wurde und Hildebrandt zum SFB wechselte und dort die Reihe »Scheibenwischer« begann. Auch andere Kabarettisten waren wieder regelmäßig im Programm: Die Verhältnisse boten genügend Material für Kritik und Satire. Eigene fernsehspezifische Formen des Humors entwickelte Loriot, der sich mit seinen Sketchen zu einer neuen Fernsehinstitution entwickelte.

Das Publikum nahm, wie Dieter Ertel 1978 resignierend feststellte, die neuen fernsehgemäßen Formen der Unterhaltung, »die man sich einiges hatte kosten lassen, nicht an« (Ertel 1978, 2). Gefragt waren die eher traditionellen Formen. Gerade weil sich in der Gesellschaft so viel zu ändern schien, wurde in der Fernsehunterhaltung nach dem Bewährten und Vertrauten gesucht. Bekannte Show-Master und Stars versammelten das Publikum leichter vor dem Schirm, weil Überraschungen und Innovationen durch das Vertraute ihrer Figur aufgefangen wurden, weil sich bei ihnen »Menschlichkeit« und »menschliche Unvollkommenheit«, wie es Ertel nannte, erleben ließen (ebd.).

Die ›Krise der Unterhaltung‹ von der in den siebziger Jahren wiederholt gesprochen wurde, bestand darin, daß einerseits im Sendungsangebot weiterhin ein ständiger Erneuerungsbedarf bestand – das Medium Fernsehen lebte vom permanenten Wechsel seiner Angebote, von ständig neuen Attraktionen und Überraschungen – andererseits das Reservoir an »Bildschirmpersönlichkeiten« begrenzt war. Beklagt wurde von Programmverantwortlichen die fehlende Hauptstadt mit ihrem metropolitanen Amüsement, das vom Fernsehen genutzt werden konnte (Ertel), der Ausfall einer ›Unterhaltungsszene‹ von Brettl, Varietés, Tingeltangel, Bühnenshows usw. (Peter Gerlach). Das Fernsehen erschien vielen Programmverantwortlichen immer noch als ein Medium, das auf Unterhaltungsformen außerhalb des Fernsehens reagierte, obwohl es längst die zentrale Unterhaltungsöffentlichkeit der Gesellschaft geworden war (vgl. Hickethier 1979).

So blieben die Anstalten vor allem in der Musikunterhaltung bei den alten Größen. Im ZDF präsentierten Peter Alexander, Anneliese Rothenberger, Peter Kraus, Caterina Valente und andere weiterhin die Musikunterhaltung, Rainer Holbe war mit einer Reihe »Starparade« im ZDF-Programm und Michael Heltau mit einem »Liedercircus« zu sehen.

Reaktiviert wurden Unterhaltungsstars wie Hans Joachim Kulenkampff mit »Guten Abend, Nachbarn« und ab 1979 mit einer Neuauflage von »Einer wird gewinnen«, Peter Frankenfeld 1975 mit »Musik ist Trumpf« (ZDF 1975), Joachim Fuchsberger mit »Auf los geht's los« (ARD) und Lou van Burg mit »Varieté, Varieté« (ZDF 1982). Unbeirrt strahlte auch der BR Robert Lembkes ›heiteres‹ Beruferaten »Was bin ich?« weiter aus. Es handelte sich um die, wie es Günter Rohrbach auf einem Marler Forum über Fernsehunterhaltung 1977 formulierte, »Dinosaurier« der Fernsehunterhaltung. Rohrbach beschwor die Angst der Macher: »Was aber tun, wenn die Männer mit den großen Schuhen und dem breiten Charme abtreten, wenn sie aussterben wie die Saurier?« (Rohrbach 1977, 8)

Die Krise der Unterhaltung bestand auch darin, daß man es versäumt hatte, rechtzeitig neue Stars aufzubauen. Verstärkt wurden Showmaster eingesetzt, die vorher nur im Radio oder in Sendungen auftraten, die bis dahin für die ›große Unterhaltung‹ eher randständig gewesen waren: Rudi Carrell, Frank Elstner, Dieter Thomas Heck, Wim Thoelke, der von der Sportberichterstattung kam, schließlich auch Alfred Biolek und Thomas Gottschalk. Um 1979 zeichnete sich ein deutlicher Wechsel ab: Mit dem Tod Peter Frankenfelds wurde die Rekrutierung neuer Entertainer unabweisbar, mit dem Ende der Show »Spiel ohne Grenzen« waren zumindest die verbissenen nationalen Wettkämpfe mit Wasser und Schmierseife vorerst einmal aus dem Programm verbannt.

»Am laufenden Band« mit Rudi Carrell

»Wetten, daß...« mit Frank Elstner, Thomas Gottschalk und Wolfgang Lippert

»Je später der Abend« mit Romy Schneider

Waren die Vertreter einer neuen Unterhaltung, wie es sich Günter Rohrbach wünschte, »weniger perfekt, unmittelbarer, leiser, lockerer und heiterer« (ebd.) als früher? Einige, wie Rudi Carrell mit seinem »Am laufenden Band« und »Rudis Tages-Show«, waren dies sicherlich, wenn sie die Kunst des hintersinnigen Witzes beherrschten und den ironischen Umgang mit sich selbst. Andere, wie Frank Elstner mit »Wetten, daß...?« (ZDF ab 1981) oder Hans Rosenthal mit »Dalli Dalli« (ZDF), Wim Thoelke mit »Drei mal neun« (ZDF) und ab 1974 mit dem »Großen Preis« (ZDF) sowie Günter Schramm mit »Alles oder Nichts« (ARD), waren einfach biederer. Sie hatten auch noch nicht eine solche, durch die Fernsehgeschichte angereicherte Rollenbiografie als Showmaster der Nation, wie sie Kulenkampff und Frankenfeld aufweisen konnten. Alfred Bioleks »Bios Bahnhof« (WDR), die »Rätselbox« vom SDR und die Reihe »Verstehen Sie Spaß?« mit Kurt Felix, die an die »versteckte Kamera« der sechziger Jahre anknüpfte, zeigten, daß es am Ende der siebziger Jahre zu einer neuen Differenzierung der Unterhaltungsangebote gekommen war. Die Erneuerung der Unterhaltung fand also langfristig statt.

Generationswechsel bei den Moderatoren

Letztlich war es ein Generationswechsel, wenn Ilja Richter mit »Disco« (ZDF 1974), Otto Waalckes in seiner »Otto-Show« (1976) oder Frank Zander in der »Plattenküche« des WDR (ab 1977), dann auch »Vorsicht, Musik« (ZDF 1982) und Desirée Nosbusch mit der »Musikbox« (ZDF 1982) erfolgreich waren. Als neuer Moderator im Fernsehen präsentierte sich auch Günter Jauch mit »Rätselflug« bei der ARD und ab 1981 Thomas Gottschalk, der über das Radio und Sendungen wie »Szene 77« und »Telespiele« beim SWF zum ZDF kam (»Thommys Pop-Show« 1982) und als »der Kulenkampff von morgen« (Die Zeit v. 28. 8. 81) gehandelt wurde.

Talkshow

Wichtigste Neuerung in der Unterhaltung war die Einführung eines neuen Programmgenres: die Talkshow. Diskussionssendungen und Interviews mit Prominenten und weniger Prominenten hatte es schon vorher gegeben. Das Neue der Talkshows bestand darin, daß sie, wie Hans-Friedrich Foltin hervorhebt, einen oder mehrere Gastgeber hatten, daß die Gespräche vor einem Studiopublikum geführt wurden, der Geselligkeit dienen sollten und Ehrlichkeit zumindest das angestrebte Ideal war (Foltin 1994, 69 ff.). Die Talkshows »Je später der Abend«, mit Dietmar Schönherr zunächst in WDR 3, dann ab 1974 im ARD-Programm ausgestrahlt, und »III nach neun«, ab Herbst 1974 in N 3 gesendet, hatten Vorbilder im amerikanischen Fernsehen, etwa in der »Dick Cavett Show«, und transformierten die Programmform für ein deutsches Publikum.

Rückblickend werden viele Vorbilder gesehen, doch diese Sendeform entsprach vor allem den Bedürfnissen der polarisierten Gesellschaft. Wo Spielfilme und Fernsehspiele Proteste auslösten, wo Dokumentationen Unmut erregten, war eine Talkshow eine ideale Sendeform: Sie brachte die Menschen – zumindest stellvertretend durch die geladenen Gäste – miteinander ins Gespräch. Das Fernsehen stellte sich als ein Forum dar, auf dem Meinungen aufeinandertreffen konnten. Die Beschränkung in der Anfangszeit auf personenbezogene Themen und das Ausklammern von Sachthemen diente dazu, eine Ebene des Gesprächs zu finden, auf der alle mitsprechen konnten. Kontrovers durfte es zugehen, aber die Form mußte soweit gewahrt werden, daß man miteinander redete. Hatte Schönherr noch sechzig Minuten Zeit für drei Gäste, erhielt »III nach neun« bereits 120 Minuten (manchmal auch mehr) und wurde von drei Moderatoren (Gert von Paczensky, Marianne Koch und Wolfgang Menge) geleitet. »III nach neun« lud nicht nur Politiker, sondern auch Menschen des Alltags ein.

Ort für unterhaltsame Konfrontationen

»Der Talk der offenen Tür, die Unterhaltung mit Gästen vor Publikum zielt offenbar auf das elementare menschliche Verlangen nach Teilhabe, nach Mitreden und Dabeisein. Je schwieriger nämlich, ja aussichtsloser es für die Menschen unterm hochorganisiert arbeitsteiligen Industriekapitalismus wird, am Gesellschaftsdiskurs folgenreich zu partizipieren, desto dringlicher werden Einrichtungen der Ersatzkommunikation, der bloß repräsentativen Standpunktvertretung, der verbalen Stellvertreterschaft (Janke 1976, 5)«.

Die große Popularität der Talkshows, »Je später der Abend« erreichte bei den ersten Sendungen in der ARD über 40 Prozent der Zuschauer, führte bald zu weiteren Talk-Reihen. Der HR präsentierte eine Talkshow mit Hans-Joachim Kulenkampff (»Feuerabend«), Radio Bremen »Unter sechs Augen« mit Gert Paczensky und Peter Merseburger, der SWF »Der heiße Draht« mit Joachim Fuchsberger, der WDR »Auf den ersten Blick« mit Werner Höfer, das ZDF »Zu Gast beim ZDF« mit Walter Schmieding und viele mehr. Viele der Talkshows überdauerten ihre ersten Sendungen nicht, weil sich die Sendungskonzepte als nicht tragfähig erwiesen. Alfred Bioleks »Kölner Treff« (WDR) lief im WDR 3 immerhin von 1976 bis 1982, die NDR-Talkshow zunächst unter dem Titel »Talk nach neun«, kam 1979 ins Programm und läuft noch in den neunziger Jahren. Anfang der achtziger Jahre brachte das ZDF auch die Reihe »5 nach zehn« ins Programm und orientierte sich dabei ebenfalls am Bremer Modell.

Ganz ohne Zweifel bildeten die Talkshows ein wesentliches neues Programmelement und boten Ersatzarenen für das entschärfte Austragen gesellschaftlicher Meinungsverschiedenheiten. Daß die Entwicklung der Programmform Anfang der achtziger Jahre stagnierte, hing nicht nur mit einem Überangebot an solchen ›Plaudersendungen‹ zusammen, sondern auch damit, daß sich die viele gesellschaftlichen Konflikte der Erörterung in Talkshows entzogen.

10.8 Veränderte Fernsehöffentlichkeit Anfang der achtziger Jahre

Von 1973 bis 1983 hatte sich das Fernsehen in der Bundesrepublik unter vielen Konflikten wesentlich verändert. Der Impuls, das Fernsehen als Instrument zur Kritik und Veränderung der Gesellschaft im Sinne von mehr Emanzipation, mehr Gleichheit, mehr politischer Teilhabe einzusetzen, war – nicht zuletzt unter einem starken politischen Druck von außen – einer stärkeren Unterhaltungsorientierung und Entpolitisierung gewichen. Deutlich war damit auch eine Abkehr von einer Verpflichtung auf Realismus und Realitätsorientierung in vielen Programmsparten verbunden. Die Unterhaltungsorientierung setzte auf den Wunsch nach Entspannung und Regeneration durch das Fernsehen, es ging immer stärker um Unterhaltungserlebnisse, um ›schöne Stunden‹ mit dem Medium. Werner Höfer bezweifelte deshalb bereits 1977, daß das »Fernsehen Dabeisein bedeute«, es sei statt dessen »Anlaß für Ergötzung und Entrüstung, für plätschernde Konversation wie für kritische Reflexion« (Höfer 1977).

Unterhaltungsorientierung und Entpolitisierung

Die Krise des Fernsehens bestand gerade darin, daß es einerseits zu einer festen Gewohnheit geworden und aus dem Alltag der Zuschauer nicht mehr wegzudenken war, ja daß es so gewöhnlich »wie fließendes Wasser und elektrischer Strom« schien, aber daß es andererseits, um die gesellschaftliche Kommunikation vorantreiben zu können, immer wieder »Aufsehen erregen« mußte, daß es ständig Neues und Besonderes bieten sollte. Dies war zwangsläufig nur in begrenztem Umfang zu leisten, auch gab es eine innere Abnutzung des Gebotenen.

Partizipation oder optische Berieselung

Angesichts der aufgezeigten Entwicklungen des Mediums in den siebziger Jahren konnte die zu Beginn des Jahrzehnts beabsichtigte Partizipation des Zuschauers an kontroversen Geschehen innerhalb einer politischen Öffentlichkeit mit Hilfe des Fernsehens immer weniger gelingen. Der WDR-Programmdirektor Höfer konstatierte deshalb 1977, daß die »Gewöhnung an das Glatte und Gekonnte des Fernsehens, an das Durch- und Übergedrehte, durch die Gewinde der Routine, die Mühlen des Leerlaufs, an die optische Berieselung, den Kaugummi fürs Auge« groß seien (Höfer 1977). Dennoch, angesichts der Programmentwicklung des anderen deutschen Fernsehens in der DDR war die Programmentwicklung in der Bundesrepublik von einer überwältigenden Vielfalt an Positionen und Meinungen, Widersprüchen und Aufsehen erregenden Ereignissen. Angesichts der nun kommenden kommerziellen Programme war die Rede vom ›Kaugummi fürs Auge‹ und der ›optischen Berieselung‹ bei den öffentlich-rechtlichen Programmen im Jahre 1977 falsch, weil das Eintönige und ›Durchgedrehte‹ erst noch kam.

11. Zwischen neuem Aufbruch und Untergang – Fernsehen in der DDR von 1971 bis 1989

Auch das DDR-Fernsehen stand seit Beginn der siebziger Jahre im Schatten internationaler Entwicklungen: sowohl in der Technologie, die sich seit dieser Zeit mit dem Satellitenfernsehen und am Ende der achtziger Jahre mit dem Beginn der Digitalisierung der Produktionsmittel veränderte, als auch angesichts der internationalen Medienindustrie, die – wenn auch noch durch politische Regulative weitgehend abgeschirmt – das DDR-Fernsehen zu beeinflussen begann. Dies äußerte sich bereits früh in der Notwendigkeit, Filme auf dem internationalen Programm-Markt und nicht nur im Austausch mit den anderen Staaten des sozialistischen Lagers zu erwerben. Auch verstärkte sich der direkte Druck, der durch die Präsenz der technisch weiter ausgebauten Sender der Bundesrepublik auf die DDR ausgeübt wurde.

Im Schatten internationaler Entwicklungen

Die Veränderung des Fernsehens geriet also auch in der DDR notgedrungen auf der Tagesordnung. Der Stand der Modernität der Gesellschaft erwies sich für viele DDR-Bürger nicht zuletzt auch an den Standards der medialen Kommunikation, die ihnen geboten wurden. Danach war die DDR eher als rückständig zu verstehen. Die kommunikative Öffnung der abgeschotteten deutschen Teilrepublik war überfällig und zudem ein Programmpunkt der Entspannungspolitik sowie der Konferenz für Sicherheit und Zusammenarbeit in Europa (KSZE). Der politische Wechsel in der DDR von Ulbricht zu Honecker schien deshalb auch einen Einstieg in die Modernisierung der DDR-Gesellschaft zu signalisieren, ohne daß die Hoffnung auf einen grundsätzlichen Systemwechsel entstand.

Kommunikative Öffnung der deutschen Teilrepublik

11.1 Der VIII. Parteitag der SED und die Programmreform von 1972

Auf dem VIII. Parteitag der SED verkündete Erich Honecker (der auf dem 16. Plenum Anfang Mai 1971 seinen Amtsvorgänger und politischen Ziehvater Walter Ulbricht entmachtet hatte) sein neues Konzept. Er wollte die Wirtschaft als »Mittel zum Zweck« einsetzen, als »Mittel zur immer besseren Befriedigung der wachsenden materiellen und kulturellen Bedürfnisse des werktätigen Volkes« (Honecker 1971). Honeckers Definition der Rolle der Massenmedien in der sozialistischen Gesellschaft schien zunächst an Lenins Programmatik für die Parteipresse anzuknüpfen. Honecker verlangte, »daß die Werktätigen selbst mit Hilfe der Massenmedien ihre fortgeschrittensten Erfahrungen austauschen können. Unsere Massenmedien sind im Gegensatz zu denen des Kapitalismus eine Tribüne des Volkes« (ebd.). Doch daran, daß die ›Werktätigen‹ ihre »fortgeschrittensten« Erfahrungen austauschen sollten, zeigte sich bereits, daß kein wirklich neues Konzept vorgelegt wurde, weil diese »fortgeschrittensten« Erfahrungen gemäß der Parteiauffassung nur bei der Partei selbst als der »Avantgarde der Arbeiterklasse« zu finden waren. Auch war der Begriff der »Tribüne«

Neues Konzept für das DDR-Fernsehen

verräterisch, denn von dieser herab präsentierte sich die politische Führung dem Volk, das ihnen zuzujubeln hatte. Damit war die Rolle des Fernsehens in der Honecker-Ära bestimmt: Es diente, wie die anderen Medien auch, weiterhin der einseitigen Vermittlung von Botschaften von oben nach unten. Die Chance zu einer wirklichen kommunikativen Erneuerung wurde nicht genutzt.

Honeckers Kritik am DDR-Fernsehen

Innerhalb dieses Rahmens ist Honeckers Kritik am DDR-Fernsehen der sechziger Jahre zu sehen, die 1972 und 1983 zu zwei Programmreformen führte. Honeckers Einwände gegen das Fernsehprogramm Anfang der siebziger Jahre waren durchaus berechtigt.

»Unser Fernsehen, das auf gute Leistungen zurückblicken kann, sollte verstärkt bemüht sein, die Programmgestaltung zu verbessern, eine bestimmte Langeweile zu überwinden, den Bedürfnissen nach guter Unterhaltung Rechnung zu tragen, die Fernsehpublizistik schlagkräftiger zu gestalten und den Erwartungen jener Teile der werktätigen Bevölkerung zu entsprechen, deren Arbeitstag sehr zeitig beginnt und die deshalb schon in den frühen Abendstunden Zuschauer wertvoller Fernsehsendungen sein möchten« (ebd.).

Die Diskussion des DDR-Fernsehens läßt sich nicht nur als Begleiterscheinung des Machtwechsels von Ulbricht zu Honecker, sondern auch als Diskussion über die Veränderung des Fernsehens zu einem gesellschaftlichen Begleitmedium der Modernisierung sehen. Die strukturellen Probleme der DDR-Gesellschaft schienen eine andere Form medialer Kommunikation zu benötigen, zu deren Realisierung aber die Partei mit ihren Strukturen nur begrenzt, wenn überhaupt fähig war. Die Funktion der Medien war zu eng mit dem Erhalt der Macht verknüpft. Zudem zeigten die Veränderungen der gesellschaftlichen Kommunikation zur gleichen Zeit in der Bundesrepublik in der Folge der kulturellen Verschiebungen auch, zu welchen Veränderungen eine dynamische Gesellschaft mit einer sich selbst regulierenden gesellschaftlichen Kommunikation in der Lage war: brachte doch die Entspannungspolitik mit dem Einsturz der alten Feindbilder die DDR-Führung in einen ungewohnten Zugzwang. Diese Entwicklung schloß auch soziale Verwerfungen innerhalb der DDR-Gesellschaft nicht aus.

Anpassung an die veränderten Nutzungsgewohnheiten Anfang der siebziger Jahre

Von der Zuschauerforschung des DDR-Fernsehens wurde gemeinsam mit anderen soziologischen Instituten 1971/72 eine Untersuchung vorgenommen mit dem Ziel, das Fernsehprogramm den alltäglichen Lebensgewohnheiten sowie den Bedürfnissen und Wünschen der DDR-Bevölkerung anzupassen. Es ist auffällig, daß sich in ähnlicher Weise auch das ZDF in der Bundesrepublik demoskopischer Ergebnisse bediente, um eine neue Anpassung des Programms an veränderte Rezeptionsgewohnheiten des Publikums vorzunehmen (vgl. Kap. 10.1). Trotz der unterschiedlichen gesellschaftlichen Entwicklungen bestand offenbar auf beiden Seiten die Notwendigkeit, zu diesem Zeitpunkt, als das Fernsehen in der Bundesrepublik und in der DDR die Sättigungsgrenze in der Ausbreitung erreicht hatte, die Strukturen neu zu reflektieren.

Veränderte Rezeptionsgewohnheiten des Publikums

Technische Reichweite des DDR-Fernsehens

Die Untersuchung der technischen Reichweite des DDR-Fernsehens erbrachte folgende Ergebnisse: 4,5 Mio. DDR-Bürger besaßen ein Fernsehgerät mit VHF-Decoder; entsprechend dem statistischen Durchschnittswert der Nutzung eines Fernsehgerätes in der DDR durch 2,5 Personen ergab dies ca. 11 Mio. potentielle Nutzer. 1,8 Mio. DDR-Bürger besaßen ein

Gerät für den Empfang von VHF- und UHF-Frequenzen, das ergab weitere 4,5 Mio. potentielle Zuschauer. 10.000 DDR-Bürger besaßen ein Farbfernsehgerät, das entsprach einer Zuschauerzahl von 25.000 möglichen Zuschauern der Farbprogramme.

Daraus wurde von den Fernsehverantwortlichen geschlossen, daß wegen der »größtmöglichen Massenwirksamkeit« auch künftig die Sendungen, denen die größte Bedeutung beigemessen wurde, im ersten DDR-Programm ausgestrahlt werden sollten. Auch Farbsendungen waren weiterhin zuerst für das erste Programm als Schwarz-Weiß-Sendungen vorgesehen und sollten später bei der Wiederholung im zweiten Programm als Farbsendungen gebracht werden. Das zweite Programm sollte als vollwertiges Programm erscheinen.

Verursacht durch die Arbeitsbedingungen und allgemeinen Lebensumstände, ergab sich auf der Grundlage der Erhebungen, daß 80 Prozent der potentiellen DDR-Fernsehzuschauer wochentags bis 6.00 Uhr aufgestanden waren und bereits vor 22.00 Uhr schlafen gingen. Als differenziertes Ergebnis des Zeitbudgets stellte sich heraus, daß bis 21.00 Uhr ca. 30 Prozent der Fernsehzuschauer, bis 21.30 Uhr 48 Prozent und bis 22.00 Uhr insgesamt 84 Prozent der Fernsehzuschauer schlafen gingen.

Allgemeine Lebensumstände und Fernsehnutzung

Als Hauptsendezeit an den Wochentagen galt deshalb die Zeit zwischen 19.00 Uhr und 21.30 Uhr. In dieser Zeit sollten gemäß einem neuen Programmschema jene Sendebeiträge gebracht werden, denen die größte (politische) Bedeutung beigemessen wurde.

Die Reform des Programms, die daraufhin mit Jahresbeginn 1972 realisiert wurde, brachte jedoch nur wenige strukturelle Veränderungen: Bei den Informationssendungen wurde die »Aktuelle Kamera« auf zwanzig Minuten verkürzt; seit dem 14. 2. 72 wurde eine neue Senderubrik »Zehn vor acht« eröffnet, eine tägliche Folge von Feuilletons zu unterschiedlichen Problemen des politischen und gesellschaftlichen Lebens. Sie entfiel Mitte der siebziger Jahre aus Kostengründen wieder. Seit diesem Zeitpunkt hatte die AK wieder die Sendelänge von 30 Minuten. Sie wurde in beiden Programmen zeitgleich ausgestrahlt. Mehrere Ratgeberreihen kamen ins frühe Abendprogramm, die bis zum Herbst 1989 zu den beliebtesten Sendungen des DDR-Fernsehens zählten. Sie machten deutlich, daß ein gesellschaftlicher Informationsbedarf bestand, der offenbar vom Fernsehen nur unzureichend befriedigt wurde. Jede Angebotsveränderung, die der gesellschaftlichen Orientierung diente und brauchbares Wissen lieferte, wurde von den Zuschauern angenommen. Dennoch blieben sie in ihrer Funktion begrenzt, so daß sich seit den siebziger Jahren neue, inoffizielle Formen der gesellschaftlichen Kommunikation außerhalb der Massenmedien entwickelten und zu neuen Teilöffentlichkeiten führten, die sich verstärkt der mündlichen Kommunikation und abgeschriebener Texte bedienten.

Reform des Programms

Die wichtigsten Veränderungen im Fernsehprogramm, die die Reform von 1972 brachte, betrafen die Programminhalte. Auch die fiktionalen Sendungen wurden einer Erneuerung unterzogen. Im Januar 1972 erklärte der Vorsitzende des Staatlichen Fernsehkomitees, Heinz Adameck, zu den angestrebten Veränderungen im (vor allem künstlerisch-dramatischen) Fernsehprogramm: »Eine größere Vielfalt und bessere Ausgewogenheit der Stoffe und Genres, vor allem die Vergrößerung des Anteils heiterer, abenteuerlicher und spannender Stoffe, ist für unsere Dramaturgen und Autoren eine ganz entscheidende Aufgabe« (Adameck 1972). Das Fernsehen wurde in seiner Rolle als Freizeitmedium bestätigt, seine Unterhaltungsfunktion wurde unterstrichen.

Veränderung der Programminhalte

Modernisierungsversuche des DDR-Fernsehens

Die (oberflächliche) Entpolitisierung der Programminhalte und die Betonung der Unterhaltungsfunktion des Fernsehens wurde andererseits begleitet vom Ausbau der Institution ›Fernsehen der DDR‹ – wie der Deutsche Fernsehfunk sich seit dem Jahre 1972 nannte – zum Machtinstrument der SED. Am 16./17. 11. 72 berief das SED-Zentralkomitee eine Konferenz ein, die die Parteitagsbeschlüsse umsetzen sollte, ihr lag als Vorgabe ein Beschluß des Politbüros des Zentralkomitees der SED vom 7. 11. 72 zugrunde. Politbüromitglied Werner Lamberz, als Sekretär des ZK für Agitation und Propaganda verantwortlich, bezeichnete in seinem Referat die Massenmedien »als Instrumente der politischen Führung durch die Partei, als schnellste und unmittelbarste Verbindung zu den Massen«, die eine »wesentliche Rolle« spielen »bei der Orientierung und Organisierung der Menschen zu bewußtem, tätigem, zielgerichtetem Handeln« (Lamberz 1972, 58).

Logo ab Januar 1972

Politische Anpassungsleistungen

Damit nahm er die Funktion der Medien innerhalb der Modernisierungsbemühungen auf, aber auch die politischen Anpassungsleistungen, die von den Medien aufgrund der veränderten politischen Situation erwartet wurden. Die Medien, und insbesondere das Fernsehen, hatten in einer Zeit der Öffnung gegenüber dem Klassenfeind der Abgrenzung und Festigung des ideologischen Bewußtseins zu dienen. Lamberz wandte sich deshalb auf dieser die Richtung vorgebenden Konferenz gegen die »anscheinend neuartige(n) bürgerliche(n) Theorien über die ›heutigen Dimensionen der Massenkommunikation‹«, die seiner Meinung nach überflüssig waren. Es gehe darum, und damit erneuerte er die alte Aufgabenstellung an die Medien, »die Massenwirksamkeit und politische Schlagkraft der Zeitungen, des Rundfunks und des Fernsehens weiter zu erhöhen« (ebd.).

Im Politbüro-Beschluß waren die Aufgaben der Medien formuliert: »Presse, Rundfunk und Fernsehen der DDR tragen unsere Politik und Ideologie täglich zu Millionen Menschen und wirken maßgeblich auf die Ausprägung sozialistischer Überzeugungen, Denk- und Verhaltensweisen ein (ebd., 84). Dabei schenkte die SED-Führung dem Fernsehen besondere Beachtung:

»Starke Einwirkungen auf das politische und geistig-kulturelle Leben der Gesellschaft gehen vom sozialistischen Fernsehen aus. Das stellt hohe Anforderungen an die Schöpfer der Fernsehprogramme und gebietet, daß sie sich ständig höchsten Qualitätsmaßstäben stellen, dies sowohl hinsichtlich des politischen Journalismus, der Kunst als auch des Unterhaltungswertes. Das sind entscheidende Faktoren für eine den gesellschaftlichen Erwartungen entsprechende Fernseharbeit« (ebd., 85).

Tiefes Mißtrauen gegenüber den in den Medien steckenden Potentialen

Auffallend ist, daß es in der Regel bei solchen Leerformeln blieb und nicht wirklich über eine gesellschaftliche Modernisierung, als die das Erreichen der entwickelten sozialistischen Gesellschaft verstanden werden sollte, und die dabei notwendige Funktion des Fernsehens nachgedacht wurde. Hier hätte man neue Formen des Programms experimentell erproben müssen. Aber offenbar bestand nicht nur eine mangelnde Kreativität innerhalb der konzeptionellen Überlegungen zu den Medien, sondern auch ein tiefes Mißtrauen gegenüber den in den Medien steckenden Potentialen. Es war deshalb folgerichtig, daß die Leitung des Fernsehens im Umfeld der von der Parteiführung vorgegebenen informationspolitischen Konzeptionen bürokratisch reagierte und spezifische ›Kaderanforderungen‹ (politisch-professionelle Anforderungskataloge für Fernsehmitarbeiter) entwickelte. Diese ›Berufsbilder‹ und ›Kaderanforderungen‹ erfuhren 1985 ihre Erneuerung (Hoff 1990a).

11.2 Veränderungen der Programme in den siebziger und achtziger Jahren

Die Betonung der Unterhaltungsfunktion und die oberflächliche Entpolitisierung der Programminhalte bedeuteten freilich keine Lockerung der politischen Vorgaben. Vielmehr sollte die agitatorische und propagandistische Wirksamkeit des Fernsehens der veränderten Politik angepaßt werden. Die DDR-Bürger sollten, wie dies der Leiter der Hauptabteilung Fernsehpublizistik, Heinz Grote, einmal äußerte, »die Gewißheit haben, daß sie gut regiert werden und sich nur um ihre eigenen Belange zu kümmern« brauchten.

›Unpolitische‹ Sendungen und scharfe Agitation

Die Folge war, daß ›unpolitische‹ Sendungen und scharfe Agitation im Programm unvermittelt nebeneinander standen. Ein wirkliches Programmkonzept gab es nicht.

Die Entwicklung der Spartenverteilungen innerhalb der Programme

Wie wenig sich strukturell innerhalb der Programme veränderte, zeigt ein Blick auf die Programmstatistik. Sie räumt für das Jahr 1975 den einzelnen Sendearten folgende Sendestunden ein:

Programmstatistik

Fernsehen der DDR – Programmstatistik

Art der Sendung	Sendestd. 1975		Sendestd. 1980	
Informationssendungen	839	(12,1 %)	937	(12,2 %)
Fernsehpublizistik	1.095	(16,0 %)	1.152	(15,0 %)
Sport	686	(10,0 %)	787	(10,2 %)
Bildung	325	(4,7 %)	710	(9,2 %)
Fernsehdramatik (inkl. Spielfilm)	1.949	(28,4 %)	2.029	(26,3 %)
Unterhaltung	960	(14,0 %)	980	(12,7 %)
Kinderprogramme	404	(5,9 %)	444	(5,8 %)
Jugendprogramme	40	(0,6 %)	75	(1,0 %)
Sonstiges	553	(8,3 %)	590	(7,6 %)
Summe	6.851	(100,0 %)	7.704	(100,0 %)
davon in Farbe	3.821	(55,8 %)	6.572	(85,3 %)

Quelle: Statistisches Jahrbuch der DDR

Verglichen mit der Tabelle für das Jahr 1970 zeigen diese Angaben nur geringe prozentuale Veränderungen im Verhältnis der einzelnen Sendearten untereinander. Die Zunahme in der Rubrik ›Fernsehpublizistik‹ hat ihre Ursache in der Aufnahme von Ratgebersendungen in das Programm. Auffällig ist der geringe Anteil von spezifischen Jugendsendungen. Dieser Mangel wurde in den folgenden Jahren als Ursache dafür gesehen, daß sich besonders junge Leute vom DDR-Fernsehen abwandten.

Auch die Statistik für das Jahr 1980 weist, abgesehen von der Verdoppelung der Sendestunden in der eher peripheren Rubrik ›Bildung‹ kaum prozentuale Veränderungen auf. Die Zunahme der Bildungssendungen resultiert aus dem mit den Stundenplänen der Oberschulen koordinierten Schulfernsehprogramm, das allmorgendlich, außer sonntags, auf den Frequenzen des zweiten DDR-Programms ausgestrahlt wurde.

Kaum Veränderungen in der Programmzusammensetzung

Verglichen mit der Programmentwicklung des Fernsehens in der Bundesrepublik zeigt sich im Fernsehen der DDR eine langsamere Ausweitung der Angebote, nur die Transformation des Schwarzweiß- in ein Farbfernsehen ging vergleichbar schnell vonstatten.

11.3 Entwicklung in den einzelnen Programmsparten

Die Politik Honeckers trug im Gegensatz zu der seines Vorgängers Ulbricht vor allem pragmatische Züge. Die Ulbricht-Ära war eine Zeit der großen Entwürfe, der politischen, wirtschaftlichen, sozialen Utopien gewesen, die eben auch die Modelle der großen Fernseh-Unterhaltungssendungen bestimmten. Das veränderte sich mit der Machtübernahme Honeckers im Frühjahr 1971.

Unterhaltung als Hauptfunktion des Fernsehens

Verordnete ›Heimatliebe‹

Honecker und seine Berater verdrängten die Widersprüche in der sozialistischen Gesellschaft bzw. suchten sie durch populistische Maßnahmen vergessen zu machen. So ist auch die verordnete ›Heimatliebe‹ zu begreifen, die seit Mitte der siebziger, vor allem aber seit Beginn der achtziger Jahre die Unterhaltungsprogramme des DDR-Fernsehens bestimmten. Man wollte durch den Rückgriff auf die Volksmusik ein neues Gefühl der Geborgenheit schaffen, übersah dabei aber, daß dies in einem gewissen Widerspruch zum sonst verkündeten Aufbruch in eine neue Gesellschaft stand.

Da das Fernsehen die Zuschauer in eine formierte neue Gesellschaft führen sollte, ließ sich damit eine multifunktionale Fernsehnutzung im Sinne eines Nebeneinanders unterschiedlicher, ja auch konträrer Funktionen des Programms schwer vereinbaren. Regression in eine traditionale, vorsozialistische Welt war nicht möglich; die Volksmusik mußte deshalb als sozialistisch neu definiert werden, was zwangsläufig zu unvereinbaren Gegensätzen führte. Für die ›Heimat DDR‹ ließen sich nur schwer Gefühle mit Liedern entwickeln, die lange vor diesem Staat entstanden waren.

Folkloristische Unterhaltung mit sozialistischem Touch

Die Unterhaltungssendungen reagierten auf das immer stärker artikulierte kollektive Fernweh der DDR-Bürger, dem sie das alte Sprichwort ›Bleibe im Lande und nähre dich redlich‹ (vom Volkswitz später abgewandelt in: ›Bleibe im Lande und wehre dich täglich!‹) entgegensetzten. »Oberhofer Bauernmarkt«, »Im Krug zum grünen Kranze«, »Auf Schusters Rappen« und schließlich »Alles singt!« sind nur einige Sendungen, in denen in den siebziger Jahren verstärkt folkloristische Unterhaltung geboten wurde. Die meisten dieser Sendungen erwiesen sich nach der politischen ›Wende‹ als durchaus kompatibel mit dem Programmverständnis der öffentlich-rechtlichen Fernsehanstalten der BRD. »Alles singt« beispielsweise, eine Monumentalshow folkloristischen Chorgesanges, erfunden und moderiert von Hans Georg Ponesky, der schon »Mit dem Herzen dabei« kreiert hatte, verließ Ende 1989 die engen Grenzen der untergehenden DDR und hielt Einzug in Bayern, ohne dabei den Gedanken der ›Heimatliebe‹ auch nur in Frage zu stellen.

Unterhaltungsshows in Montagehallen

Zu Beginn der Honecker-Ära hatte es noch Versuche einer an sozialen Utopien festgemachten Unterhaltung gegeben. In der Sendung »Moment bitte!« vom Studio Halle wurden Betriebsbelegschaften für gute Planerfüllung belohnt, indem in ihren Montagehallen Unterhaltungsshows nach den Wünschen der Beschäftigten aufgenommen wurden. Eine solche Sendung galt als Auszeichnung im »sozialistischen Wettbewerb«. Diese Form der Unterhaltung reagierte damit auch auf eine Losung im Umfeld des dreißigsten Jahrestags der DDR: »Ich leiste etwas – Ich leiste mir etwas!«. »Moment bitte!« wurde schon bald wieder eingestellt, denn die schöne Idee erwies sich wegen des notwendigen Produktionsausfalls in den Betrieben, die sich die Show ›leisteten‹, als volkswirtschaftlich nicht vertretbar.

Manfred Wekwerth, Brecht-Assistent und vormaliger Chefregisseur des Berliner Ensembles, unternahm 1972 den Versuch einer Politisierung der Unterhaltung, die er nach dem Vorbild Brechts als das »Vergnügen der Kinder des wissenschaftlichen Zeitalters am Denken« verstanden wissen wollte. Seine Show »Leute machen Lieder – Lieder machen Leute«, eine Geschichte des Gassenhauers vor dem jeweiligen zeitgeschichtlichen Hintergrund als Personality-Show der Schauspielerin Renate Richter (mit Wekwerth verheiratet), am 31.8.72 gesendet, blieb jedoch ein Unikat im Fernsehprogramm.

»Außenseiter – Spitzenreiter«, 1974 – mit Hans-Joachim Wolfram und Agnes Krauss, der ›Mutter der Nation‹

Die filmisch gestaltete Magazinsendung »Außenseiter – Spitzenreiter«, ebenfalls 1972 im Umfeld der Programm-Neuprofilierung in Adlershof aus der Taufe gehoben, brachte einen ironischen Grundton in die ansonsten nicht eben geistvolle ostdeutsche Fernsehunterhaltung. Die Ironie steckte bereits in der Titelgebung, denn »Spitzenreiter« auf allen Gebieten der Wirtschaft, der Technik und des Geisteslebens wurden von den politisch Verantwortlichen in der DDR immer wieder gefordert, »Außenseiter«, Normverletzer und Abweichler also, wurden dagegen mit Mißtrauen betrachtet. Daß der Redakteur und Moderator Hans-Joachim Wolfram die beiden so diametral entgegengesetzten Begriffe mit einem Bindestrich zusammenbrachte und in der Sendung »Rekorde« präsentierte, die von Sonderlingen erbracht wurden, verschaffte der Sendung einerseits die Zuneigung der Zuschauer, andererseits die Kritik der ›Leitungsverantwortlichen‹. »Außenseiter – Spitzenreiter« war jedoch von einer grundsätzlich kritischen Sicht auf die DDR-Gesellschaft weit entfernt. Die Reihe erfüllte die wichtigste Forderung Honeckers an das Fernsehen der siebziger und achtziger Jahre: ›Heimatgefühl‹ für die DDR zu wecken.

»Außenseiter – Spitzenreiter«

Personality-Shows wie die des Bassisten Theo Adam (»Zu Gast bei Theo Adam«) und des Baßbuffo der Berliner Staatsoper Reiner Süß (»Da liegt Musike drin«) waren Präsentationen der ›seriösen‹ bzw. der ›heiteren musikalischen Klassik‹. Der aus Österreich stammende Operettenbuffo und Schlagersänger Lutz Jahoda (»Mit Lutz und Liebe«) präsentierte Schlageroldies und Parodien; die Schlagersängerin Dagmar Frederic erinnerte an musikalische Filmerfolge (»Kinomusik«), und die Brecht-Interpretin und Diseuse Gisela May brachte in der »Pfundgrube« Kleinkunst und Chansons. Dies ist nur eine kleine Auswahl aus einem vielfältigen und vielgestaltigen Unterhaltungsprogramm, wie es sich in den siebziger und achtziger Jahren entwickelte und bis zum Herbst 1989 im Vergleich mit anderen Programmsparten, vor allem der Information und Publizistik, in der DDR viel gesehen wurde.

Musikstars im Fernsehen

So vielgestaltig sich auch die ›kleinen Formen‹ der Fernsehunterhaltung entwickelten, so problematisch blieb die ›große Samstagabend-Show‹, die jedoch schon mit Blick auf die Unterhaltungssendungen von ARD und ZDF unverzichtbar war. Die Hauptabteilung Unterhaltung des DDR-Fernsehens, erinnerte sich früherer Erfolge und griff die Idee der Sendung »Da lacht der Bär« wieder auf, beschränkte ihr Konzept jetzt jedoch auf die DDR im Gegensatz der ursprünglich gesamtdeutschen Anlage. Aus den ›Drei Mikrophonisten‹ wurden die ›drei Dialektiker‹, Repräsentanten der DDR-Bevöl-

›Kleine Formen‹ der Fernsehunterhaltung

»Da lacht der Bär«

»rund«-Sendung aus dem Haus der heiteren Muse, Leipzig 1974

»Showkolade«, 1989 – mit Reinhard Mey als Gast

kerung und ihrer Mundarten: der Sachse Manfred Uhlig, der Berliner Kabarettist Lutz Stückrath und der Mecklenburger Horst Köbbert (die maritime Unterhaltung war schon früher im Rahmen der Ostseewochen gepflegt worden).

Für Satire bot die DDR der siebziger Jahre kein günstiges Klima. Ziel der neuen Unterhaltungswelle war es, das Widerspruchsbewußtsein in der Bevölkerung zu verdrängen und DDR-staatliches Wohlgefühl und Zufriedenheit zu erzeugen. Da mußte Satire immer stören. Die recht zahmen Witze über Versorgungsmängel oder Bürokratie wurden auf höhere Weisung noch weiter entschärft und die ›Dialektiker‹ schließlich ganz aus der Sendung entfernt. Anlaß dazu bot ein recht kritisches Programm des Ostberliner Kabaretts »Die Distel«, aus dem in der Sendung Ausschnitte gezeigt worden waren. Mit dem Wegfall der »Dialektiker« war das ursprüngliche Sendekonzept irreparabel beschädigt. Jede Sendung wurde fortan von einem anderen Moderator präsentiert. So erhielt das ansonsten öde Nummernallerlei durch die Persönlichkeiten der wechselnden Gastgeber bisweilen doch noch individuelle Färbung und ein eigenes Gesicht.

Die neu aufgenommene Sendereihe »Ein Kessel Buntes« verfolgte mehrere politische Ziele. Einmal sollte die Sendung ihren Zuschauern ›DDR-Identität‹ vermitteln. Der Übertragungsort der ersten Folgen, der Berliner Friedrichstadtpalast, schuf dazu noch den Hauptstadt-Bezug, Ausdruck des politischen Zentralismus in der DDR. Außenpolitisch demonstrierte die »Internationale Unterhaltungsshow« mit ihren Stars aus dem ›NSW‹, dem »Nichtsozialistischen Währungsgebiet«, jene Politik der »Weltoffenheit«, auf die sich Honecker, vor allem im Umfeld und dann im Gefolge der KSZE-Beratungen und der Schlußakte von Helsinki, so viel zugute hielt. Hier konnten die DDR-Fernsehkonsumenten auch mal auf dem eigenen Kanal jene Stars erleben, die sie bisher nur aus dem Westfernsehen kannten. »Ein Kessel Buntes« wurde (abgesehen von der Filmplauderei in der »Rumpelkammer« mit dem beliebten Willi Schwabe) zu der Unterhaltungssendung des DDR-Fernsehens mit der längsten Laufzeit.

»Ein Kessel Buntes«, 1972 –
Die 3 Dialektiker
mit der Waschmaschine
(v.l.n.r.: H. Köbbert,
M. Uhlig, L. Stückrath)

Kriminalgeschichten vom »Blaulicht« zum »Polizeiruf 110«

Honeckers Programmschelte verhalf schließlich einem Genre zur Neugeburt im Fernsehprogramm, das im bundesrepublikanischen Fernsehen längst seinen Platz erobert hatte und immer weiter ausgebaut worden war: dem Fernsehkriminalfilm. Im Adlershofer Sendeplan hatte er bis dahin nur eine Nebenrolle inne. Dabei dominierten anfänglich die Klassiker des Bühnenkriminalstücks, sowohl in Direktübertragungen als auch in Eigenproduktionen des DFF. Daneben gab es nur vereinzelt originale Kriminalfernsehspiele wie »Versuchsreihe K 7« (1958, Regie: Hans-Joachim Hildebrandt), einen Agentenfilm von Gerhard Bengsch nach dessen Roman »Institut Bodelsang unter Mordverdacht«. Diese Fernsehspiele bzw. adaptierten Bühnenstücke wiesen noch kaum fernsehspezifische Eigenheiten auf.

Fernsehkriminalfilm

Eigentlicher Entdecker der Form der Krimireihe in der DDR-Fernsehdramatik war der Ostberliner Staranwalt Friedrich-Karl Kaul, der in seinen semidokumentarischen »Pitaval«-Reihen klassische Kriminalfälle aufarbeitete, um an ihrem Beispiel den Klassencharakter bürgerlicher Justiz nachzuweisen. Kauls »Fernsehpitaval«, dessen mehr als fünfzig Folgen der Jurist zusammen mit dem Berliner Schauspieler Walter Jupé schrieb, demonstrierte im Wortsinn an Fall-Studien die Probleme bürgerlicher Rechtsfindung und interpretierte sie als Beispiele für das Wirken der Klassenjustiz. »Der blaue Aktendeckel« (Regie: Wilhelm Gröhl/Percy Dreger) eröffnete am 13. 9. 57 die Reihe.

»Fernsehpitaval«

Kaul kreierte mit dieser Reihe die publizistisch-dramatischen Mischformen im DDR-Fernsehen: Der Fall war authentisch, die Spielhandlung fiktiv; die Wirkungsabsicht war publizistisch, ihre Darbietung erfolgte mit künstlerischen Mitteln. Kaul bediente sich des Moderatorprinzips des frü-

Publizistisch-dramatische Mischformen

hen Fernsehens. Er selbst kommentierte, im Studio am Schreibtisch sitzend, die einzelnen Fälle, führte in die Handlung ein, unterbrach sie für Zwischenkommentare und zog am Ende ein Fazit. Seine Kommentare waren ironisch bis zynisch und suchten das historische Geschehen zu aktualisieren. Anfangs waren die ›Fälle‹ ausschließlich im Studio produzierte Fernsehspiele. Später kam ein geringer Anteil filmisch produzierter Szenen hinzu (bis zu 20 Prozent). Der Charakter des elektronisch produzierten Fernsehspiels blieb jedoch dominant. Es handelte sich im wesentlichen um Gerichtskrimis, das Spektrum war thematisch von »Der Fall Denke« (5. 3. 61; Regie: Wolfgang Luderer), dem Fall eines der berühmtesten Massenmörder der zwanziger Jahre, über die Köpenickiade eines Hochstaplers, der sich in den zwanziger Jahren als Hohenzollernprinz ausgab (»Der Fall Harry Domela«, 1959), bis zum »Auschwitzprozeß« (fünf Teile, 1964) gespannt. Kaul hatte als Nebenkläger am Frankfurter Auschwitzprozeß teilgenommen. Die Sendungen erfolgten sporadisch, seit den späten sechziger Jahren wurden die Abstände zwischen den einzelnen Folgen größer. Die Reihe wurde nach mehr als fünfzig Folgen mit wechselnden Untertiteln (»Weimarer Pitaval«, »Pitaval des Kaiserreiches« usw.) in den späten siebziger Jahren eingestellt.

Die »Pitaval«-Reihe bewegte sich im traditionellen Rahmen der historischen Kriminalfälle, während die kleinen und größeren Verbrechen der Gegenwart, zumal jene, die sich in der DDR ereigneten, im Programm des DDR-Fernsehens nur zögerlich aufgegriffen wurden. Hier leistete der Gerichtsreporter Günter Prodöhl Vorarbeit, der für den Berliner »Nachtexpreß« schrieb, dann für das 1955 gegründete, monatlich erscheinende »Magazin«.

Prodöhl schlug dem Deutschen Fernsehfunk 1959 die Produktion einer ›Sendereihe‹ von »etwa zehn Kriminalfernsehspiele(n) (mit einer Dauer von 50–75 Minuten) unterhaltenden und instruktiven Charakters« vor, »die in Abständen von 4–6 Wochen gesendet werden könnten« (Prodöhl o.J.). Prodöhl und seine Dramaturgin Evelyn Heyden-Kirst wollten »mit dieser Reihe dem speziellen Publikumsinteresse an Kriminalspielen entsprechen«, auf die üblichen Genremittel verzichten und die *Zuschauer mit der Arbeit der Kriminalpolizei bekannt machen*. Es ging ihnen darum,

»1. die besonderen Funktionen unserer Kriminalpolizei in unserer Gesellschaft zu zeigen: Unsere Kriminalisten beschränken sich nicht darauf, den Täter zu ermitteln und der Justiz zu übergeben. Sie arbeiten auf die verschiedenste Weise mit an der weiteren Einschränkung der Kriminalität. Aufklärend und gewissermaßen vorbeugend zu wirken, ist eines ihrer Anliegen. Sie helfen bei der Eingliederung von Gestrauchelten in die Gesellschaft, weil es für sie nicht um den ›Interessanten Verbrecher‹, sondern um den Menschen und die Gesellschaft geht.
2. zu zeigen, welche spezifischen Delikte sich (in der DDR) aus der besonderen Situation im geteilten Deutschland ergeben.
3. die neuen Formen der Rechtsprechung mit in die Spiele einzubeziehen.
4. einen Appell an die Zuschauer zur Verbesserung der Zusammenarbeit zwischen Kriminalpolizei und Bevölkerung bei der Verhinderung und Aufklärung von Verbrechen« zu richten (ebd).

Damit war eine der beliebtesten ostdeutschen Fernsehreihen der späten fünfziger und sechziger Jahre geboren: »Blaulicht«, mit dem Untertitel »Aus der Arbeit unserer Kriminalpolizei«. Daß die Idee von Prodöhl so schnell realisiert wurde, lag auch am Start der »Stahlnetz«-Reihe im ARD-Programm, die, ein Jahr zuvor begonnen, ebenfalls versuchte, den Zuschauern die alltägliche Kleinarbeit der Kriminalpolizei nahezubringen. Allerdings mied »Stahlnetz« direkte Bezüge zur damaligen politischen Situation. Selbst die in Westberlin spielende Folge »Treffpunkt Bahnhof Zoo« von 1960 erwähnt das politische Umfeld der ›Frontstadt‹ nur am Rande.

Anders bei »Blaulicht«: Handlungsort der Reihe war Berlin, in den ersten beiden Jahren bis zum Mauerbau bezogen die Fälle ihre Spannung aus der Situation der offenen Grenze. Wie bei »Stahlnetz« ermittelte auch bei »Blaulicht« ein Kriminalistenteam, dessen Leiter ein Oberleutnant, später Hauptmann Wernicke (Bruno Carstens) war, unterstützt von Leutnant, dann Oberleutnant Thomas (Alexander Papendiek) und Volkspolizei-Meister, schließlich Leutnant Timm (Horst Torka). Autor Prodöhl hatte seine Helden nach der erfolgreichen Lösung des Falls »Butterhexe« (die 8. Folge vom 28. 7. 60), einer Ost-West-Schiebergeschichte, befördert.

Situation der offenen Grenze

Hergestellt wurden die »Blaulicht-Folgen« bis auf wenige Ausnahmen, die reine Filmproduktionen waren, als Live-Sendungen bzw. in einer Mischform bestehend aus elektronisch produzierten Studioaufnahmen und etwa zwanzig Prozent Film. »Diese Produktionsform zwang das Kollektiv zu einer dramaturgisch sehr geschlossenen, rationellen und betont fernsehgemäßen Struktur« (Heyden o. J.).

Die Reaktion auf den Start der neuen Reihe war positiv. Die Presse lobte die Kriminalreihe und die Zuschauer akzeptierten sie. Die politische Führung hatte offensichtlich nichts auszusetzen, sie maß vor allem den politischen Aussagen und der sozialpädagogischen Funktion der Reihe Bedeutung bei. In einer Befragung des ostdeutschen Fernsehens vom Frühherbst 1960 lobten die befragten Zuschauer an der Reihe deren ›erzieherisches‹ Wirken. Allerdings bemängelten 8,9 Prozent der damals 461 Befragten, daß das eigentliche erzieherische Anliegen zu sehr im Vordergrund stünde und interessante kriminalistische Effekte und Spannungen im Hintergrund blieben. Weiterhin kritisierten die Zuschauer, daß die Täter häufig zu früh bekannt seien und dadurch die Spannung verloren ginge (Fernsehfunk 1960).

Sozialpädagogische Funktion der »Blaulicht«-Reihe

Auffällig war die Distanzierung der Kritik von einer ›nur unterhaltenden‹ Funktion des Kriminalfilms und die Suche nach aufklärerischen, ›nützlichen‹ Momenten in diesem Genre. Freilich maß auch die »Stahlnetz«-Reihe im Westen der kriminalistischen Kleinarbeit sowie der Ethik bei der Fahndung große Bedeutung bei und war um eine realistische Darstellung der Polizeiarbeit bemüht. Hier wirkte sich eine gemeinsame deutsche Mentalität aus, die beide deutsche Kriminalreihen miteinander verband. Damit zeigte sich die sozialpsychologische Notwendigkeit der medialen Thematisierung von Normen, Normverletzungen und gesellschaftlichen Sanktionsmechanismen, die auf unterhaltsame Weise soziale Orientierung bot.

Thematisierung von Normen, Normverletzungen und gesellschaftlichen Sanktionsmechanismen

Innerhalb eines Jahres entstanden acht Folgen von »Blaulicht«. Zwischen der 12. und 13. Folge der Reihe trat eine Pause von neun Monaten ein. In diesem Zeitraum, zwischen Februar und November 1961, veränderten sich die politischen Bedingungen für »Blaulicht«. Durch den Mauerbau wurde die West-Ost-Konfrontation als ständiger Auslöser kriminalistischer Geschichten obsolet. Das Produktionsteam Prodöhl/Heyden entwickelte eine neue Konzeption. Die Reihe konzentrierte sich nun auf Verbrechen, die ihre Ursachen in der DDR hatten. Delikte, die »sich von vornherein unserem Zugriff entziehen«, waren nach Auffassung der Dramaturgin Evelyn Heyden z.B. harte Mordfälle, die ein falsches Bild von der DDR ergäben, Fälle, die zur Nachahmung verführen könnten, und solche, die vom Verbrechen, nicht aber von der Polizeiarbeit her interessant waren oder die einen zu großen Aufwand erforderten.

»Indizien, Geständnisse, Beweise«

Am 18. 1. 62 wurde mit »Gewinner im 1. Rang« unter der Regie von Helmut Krätzig die erste Folge der Reihe »Indizien, Geständnisse, Beweise« gesendet, die es freilich weder an Beliebtheit noch an Langlebigkeit mit »Blaulicht« aufnehmen konnte. Bereits nach fünf Folgen wurde sie eingestellt. »Blaulicht« hingegen setzte seinen Siegeslauf bis zu seiner 21. Folge (»Kümmelblättchen«, 1963) ungehindert fort. Danach geriet die Reihe allerdings ins Stolpern. Zunächst kamen halbjährlich, später in noch größeren Abständen einzelne »Blaulicht«-Folgen zur Sendung, bis die Reihe nach 29 Folgen am 27. 10. 68 aus dem Programm genommen wurde. Die Gründe dafür lagen in der innenpolitischen Entwicklung der DDR. Ulbricht prägte auf dem VII. SED-Parteitag 1967 für den Charakter des gesellschaftlichen Zusammenlebens in der DDR den Begriff der ›sozialistischen Menschengemeinschaft‹. Er entzog der Reihe »Blaulicht« mit ihren realitätsbezogenen Kriminalfällen den Boden, weil es in dieser neuen Gesellschaftsform keine Kriminalität mehr geben durfte.

Vermittlung der neuen, sozialistischen Rechtsnorm

Hinzu kam, daß die DDR seit 1964 bestrebt war, sich eine eigene, neue, sozialistische Rechtsnorm zu geben. Dazu gehörte die Ausarbeitung einer neuen Verfassung, die am 6. 4. 68 mit einer Reihe von Änderungsvorschlägen nach einem Volksentscheid beschlossen wurde (dem letzten Volksentscheid in der Geschichte der DDR). In der Folge wurde das Bürgerliche Gesetzbuch ebenso wie das Strafgesetzbuch durch neue Gesetzeswerke ersetzt. Das Fernsehen war in die propagandistische Vorbereitung dieser Reformen einbezogen. So diente die Reihe »Der Staatsanwalt hat das Wort«, die am 21. 10. 65 mit der Folge »Seriöser Erfinder sucht Teilhaber« von Gerhard Stübe und Gerd Kudelka gestartet wurde, ursprünglich dazu, an Fallbeispielen das Wirken der neuen Gesetze deutlich zu machen. Dabei griff man dramaturgisch auf das Modell des »Pitaval« zurück: Ein sachkundiger Studiomoderator analysierte den Fall und begründete Rechtsfindungsprozeß und Strafmaß. Er leitete in den Fall ein, unterbrach notfalls auch die Handlung und zog schließlich das Fazit mit der Urteilsbegründung. Wieder war die Mischung von Elektronik und Film gewählt worden. Ein sozialdidaktisches und -pädagogisches Anliegen, das ja auch »Blaulicht« zu erfüllen gehabt hatte, wurde mit der Reihe verfolgt.

»Der Staatsanwalt hat das Wort«

»Polizeiruf 110«

Auch eine weitere neue Reihe, »Polizeiruf 110«, 1971 gestartet, hatte von Anfang an Erfolg. Sie knüpfte am vertrauten Modell von »Blaulicht« an. Wieder ermittelte ein Kollektiv von Kriminalisten, wieder wurde mit einem der ersten Fälle eine Ost-West-Geschichte behandelt (»Der Tote im Fließ« von Fred Unger und Helmut Krätzig). Doch im Zentrum der neuen Reihe standen Verfehlungen und Verbrechen, die ihre Wurzeln in den gesellschaftlichen Widersprüchen hatten. Damit verfolgte »Polizeiruf 110« das Ziel, die immer wieder aufgeschobene Auseinandersetzung um die inneren Konflikte der sozialistischen Gesellschaft am Beispiel der Verletzung gesellschaftlicher Normen aufzunehmen. In der Reihe drückten sich auch die Hoffnungen auf soziale Reformen in der DDR aus, die sich mit dem Machtwechsel von Ulbricht zu Honecker verbanden und nur allzu bald zerbrachen.

Der Krimi als Refugium der Gegenwartsdramatik

»Polizeiruf 110« war mit der Aufgabe gestartet worden, sein Publikum zu unterhalten. Daß die Reihe schließlich doch zum letzten Refugium der Gegenwartsdramatik im Fernsehen der DDR wurde, ging auf die Verringerung des Spielraums für Fernsehspiele innerhalb des Fernsehens der DDR zurück. Weil sich »Polizeiruf 110« des Vertrauens der ›politischen Führung‹ erfreute, gab es zwar eine Lenkung durch das Ministerium des Inneren, jedoch kaum eine Gängelung. Die Einflußnahme beschränkte sich

»Polizeiruf 110:
Der Fall Lisa Murnau«,
1972 – mit Peter Borgelt
u.a.

in der Regel, vertraut man den Aussagen der Mitarbeiter der Reihe, auf den Einspruch gegen eine Häufung bestimmter Delikte, z. B. Vergewaltigungen, in den achtziger Jahren. Wie bei »Blaulicht« mischten sich in der Reihe die Darstellungen von Kapitalverbrechen mit Bagatell-Kriminalität.

Die parallel als Unterhaltungs- und Krimireihe weitergeführte Reihe »Der Staatsanwalt hat das Wort« übernahm die Aufgabe der Suche nach gesellschaftlichen Konflikten, während es in den Fällen des ›Polizeirufs‹ in erster Linie um die Ermittlungsarbeit der Kriminalpolizei ging. Der Spielraum reichte vom Ermittlungskrimi bis zum Psychokrimi.

Die Reihe wurde ein beliebtes Experimentierfeld für junge Fernsehschaffende (Hans-Werner Honert, Bernd Böhlich, Bodo Fürneisen u.a.). Auch in formaler Hinsicht waren nur wenige Grenzen gesetzt. Experimentierfreudige Regisseure wie Peter Vogel und Rainer Bär fanden hier ebenso ein Betätigungsfeld wie eher traditionelle Künstler, z. B. Wolfgang Hübner, Otto Holub oder Hans-Joachim Hildebrandt, der bereits bei »Blaulicht« mitgearbeitet hatte. Helmut Krätzig, schon als junger Regisseur bei »Blaulicht« tätig, kreierte den komödiantischen Krimi. Manfred Mosblech, der sein Fernsehhandwerk ›von der Pike auf‹ gelernt hatte, fand hier sein Betätigungsfeld. Zu einem seiner größten Publikumserfolge wurde der Film »Der Teufel hat den Schnaps gemacht«, ein Alkoholikerdrama mit Ulrich Thein in der Hauptrolle. Rainer Bärs bisweilen artifizielle Filme sprengten freilich manchmal die Grenzen des Reihenkrimis und wurden als selbständige, höchst originelle Kriminalfilme gesendet (z. B. »Gelb ist nicht nur die Farbe der Sonne«). So überstand die Reihe auch die Wende im Herbst 1989. »Das Duell« arbeitete den Umbruch direkt auf, und in »Unter Brüdern« wurde sogar die Zusammenführung der beiden wichtigsten deutschen Fernsehkrimireihen »Tatort« und »Polizeiruf 110« versucht. Nach 1992 wurde der »Polizeiruf 110« mit verändertem Konzept als ARD-Reihe etabliert.

Experimentierfeld im Genre

Originelle Kriminalfilme

11.4 Die politische Fernsehberichterstattung ab 1975

Anfang der siebziger Jahre eröffnete die Entspannungspolitik dem DDR-Fernsehen neue Möglichkeiten. Der VIII. Parteitag hatte 1971 die DDR als eine »sozialistische deutsche Nation« definiert, während in der Bundesrepublik angeblich die alte »bürgerliche Nation« mit ihren Klassenwidersprüchen fortbestand. Das neue nationale Selbstbewußtsein der DDR erwuchs aus der diplomatischen Anerkennung, die auch den Aktionsraum der Berichterstattung erweiterte.

Die neue außenpolitische und innerdeutsche Berichterstattung

Korrespondentenbüros in den wichtigsten politischen Regionen

Das ›Fernsehen der DDR‹, wie sich der Deutsche Fernsehfunk in Folge der Abgrenzungspolitik der DDR von der Bundesrepublik seit 1972 nannte, etablierte Korrespondentenbüros in den wichtigsten politischen Regionen. Im September 1973 nahm das Korrespondentenbüro des DDR-Fernsehens in Paris seine Arbeit auf. Damit war das DDR-Fernsehen erstmals in einer westlichen europäischen Hauptstadt vertreten. Das Südostasienbüro verlegte seinen Sitz von Singapur nach Neu-Delhi. Die Korrespondenten vor Ort erweiterten den Berichtsraum vor allem für die »Aktuelle Kamera« und das außenpolitische Magazin »Objektiv«.

Berichterstattung über die Probleme der Dritten Welt

Über die Studios in Asien und Afrika etablierte sich eine regelmäßige Berichterstattung über die Probleme der Dritten Welt, ergänzt durch Korrespondenten in Lateinamerika, die am 12. 9. 73 mit einer Sondersendung »Venceremos!« aktuell über den Putsch in Chile berichteten. Anläßlich der Weltfestspiele der Jugend und Studenten 1973 startete das DDR-Fernsehen eine ›Woche der antiimperialistischen Solidarität‹ mit Reportagen und Berichten aus Ländern der Dritten Welt. Eine Reihe »Asien im Aufbruch« gab die DDR-Sicht auf die politischen Prozesse auf diesem Kontinent in Fernsehreportagen wieder und reagierte damit auf die bereits eingeführte Sendereihe »Gesichter Asiens« der ARD. Der Sitz des DDR-Fernsehens in Neu-Delhi war nicht zufällig gewählt. Die DDR stellt sich ebenso wie die Sowjetunion in der Auseinandersetzung zwischen der Volksrepublik China und Indien auf die indische Seite. Die erste Folge von »Asien im Aufbruch« hieß dementsprechend auch »Im Jahre 1 am Ganges«.

Veränderte Medienarbeit zwischen beiden deutschen Staaten

Nach dem Abschluß des Vier-Mächte-Abkommens über Berlin am 3. 9. 71 veränderten sich die Bedingungen für die Medienarbeit zwischen beiden deutschen Staaten. ARD, ZDF und zahlreiche bundesdeutsche Zeitungen richteten in Ost-Berlin Büros ein. Am 1. 10. 74 nahm der ZDF-Korrespondent seine Arbeit auf, zwei Monate später wurde Lothar Loewe als Korrespondent der ARD akkreditiert. Im Dezember 1974 eröffnete im Gegenzug das DDR-Fernsehen sein Korrespondentenbüro in Bonn. Daß der Kalte Krieg unvermindert weitergeführt wurde, zeigte sich nicht zuletzt daran, daß Loewes Akkreditierung schon zwei Jahre später, am 22. 12. 76, von der DDR-Regierung wegen »Diffamierung des Volkes und der Regierung der DDR« wieder rückgängig gemacht wurde. Loewe mußte die DDR verlassen, auch der Ost-Berliner »Spiegel«-Korrespondent wurde ausgewiesen.

Solche rabiaten Aktionen gegen Journalisten widersprachen jedoch dem Geist der Schlußakte der Konferenz für Sicherheit und Zusammenarbeit in Europa (KSZE), die auch von Honecker am 1. 10. 75 unterzeichnet worden war. Geradezu demonstrativ betonte die SED-Führung die Fortdauer des Klassenkampfes und der Systemauseinandersetzung. In einem Magazin-Beitrag für die außenpolitische Reihe »Objektiv« vom 12. 8. 76 mit dem Titel »Ein Jahr nach Helsinki« beispielsweise sollte nachgewiesen werden, daß die Bemühungen um politisch-ideologische Entspannung von den sozialistischen Staaten ausgegangen seien.

Fortdauer der Systemauseinandersetzung

Mitte der siebziger Jahre verschärfte sich die Auseinandersetzung des DDR-Fernsehens mit der Bundesrepublik. Zu dieser medienpolitischen ›Wende‹ kam es aus der Sorge der Ideologieverantwortlichen im SED-ZK, die bewährten Feindbilder im Zuge der Annäherung an den »Klassenfeind« zu verlieren. So wurde 1972 eine journalistische Arbeitsgruppe installiert, die zunächst über die Parteiführungen westlicher kommunistischer Parteien Filmmaterial für die aktuellen Nachrichtensendungen beschaffen und aufbereiten sollte, jedoch bald eine eigene propagandistische Sendereihe »Alltag im Westen« produzierte. Die nach ihrer Leiterin, der Journalistin Dr. Sabine Katins, benannte ›Gruppe Katins‹ war mit bemerkenswerten Sondervollmachten ausgestattet. Über eine schwedische Agentur bezog sie von freien Filmemachern in westeuropäischen Ländern einschließlich der Bundesrepublik, die als Personen nie in Erscheinung traten, ihr Material. Die Gruppe war dem Einblick anderer Redaktionen des DDR-Fernsehens entzogen. Diese ›konspirativen‹ Arbeitsbedingungen trugen zur Legendenbildung um diese eigenartige Redaktion bei, die sie in die Nähe der DDR-Auslandsspionage rückte.

Festhalten an bewährten Feindbildern

›Gruppe Katins‹

Die Sendungen der Reihe »Alltag im Westen« waren in der Regel geschickt montiert und bauten in ihrer Wirkungsabsicht – im Gegensatz zu anderen Sendungen der DDR-Publizistik mit ihren wortreichen Kommentaren zu wenig aussagefähigen Filmbildern – auf die Beweiskraft filmischer Sequenzen. Gegenstand waren Widersprüche der kapitalistischen Entwicklung wie Arbeitslosigkeit und Berufsverbote in der Bundesrepublik, politische Skandale usw. Die Sendungen der Reihe sollten zweimal im Monat mit einer Sendelänge von jeweils dreißig Minuten zur Ausstrahlung kommen. Aufgrund der für das DDR-Fernsehen ungewöhnlichen Gestaltung stießen die Sendungen auf ein stärkeres Interesse.

»Alltag im Westen«

Angeblich sollen sich die Kompetenzen der ›Gruppe Katins‹ mit der Zeit so sehr erweitert haben, daß sie der Fernsehleitung allmählich ein Dorn im Auge wurde und der Komiteevorsitzende Adameck deshalb Ende der siebziger Jahre die Reportageaufträge für die ausländischen Mitarbeiter kündigte. Da Adameck als Partei- und Staatsfunktionär an die Weisungen seiner übergeordneten Leitungen gebunden war und Honecker Ende der siebziger Jahre bemüht war, außenpolitisch ›Weltoffenheit‹ zu demonstrieren, wurden der offenkundigen Propaganda in den Medien Zügel angelegt. Die ›Gruppe Katins‹ wurde 1979 aufgelöst. Nun produzierten die offiziell akkreditierten Mitarbeiter des DDR-Fernsehens unter der Leitung des Kommentators Günter Herlt die Beiträge für die Reihe »Alltag im Westen« selbst.

Die innenpolitische Berichterstattung als Propaganda des eigenen Wohlstands

Diente die außenpolitische Berichterstattung des DDR-Fernsehens in der Honecker-Ära vor allem der Demonstration der »Friedenspolitik des Generalsekretärs«, so zielte die innenpolitische Publizistik, deren Rolle im Programm systematisch ausgebaut wurde, auf die Propaganda des eigenen Wohlstands. Die Verkündung der »Einheit von Wirtschafts- und Sozial-

Propaganda des eigenen Wohlstands

Abgrenzung vom »bürgerlichen Modernismus«

»Aktuelle Kamera«, 1989

»Fernseh-Pressekonferenzen«

X. Weltfestspiele der Jugend und Studenten 1973

Porträtfilm und Reportagefilm

politik« wurde zum wichtigsten Inhalt innenpolitischer Berichterstattung. Die Partei stellte der innenpolitischen Publizistik die Aufgabe, ein Nationalbewußtsein bei den DDR-Bürgern zu wecken und damit die Abgrenzungspolitik gegenüber der Bundesrepublik emotional zu stützen.

Dazu zählt auch die Auseinandersetzung mit den kulturellen Prozessen in der DDR. Auf dem ZK-Plenum der SED am 6./7. 7. 72 war als kulturpolitische Leitlinie die »Weite und Vielfalt« von Literatur und Kunst ausgegeben worden, freilich in Abgrenzung vom »bürgerlichen Modernismus«. Auch darauf reagierte das Fernsehen durch die Einrichtung entsprechender Rubriken.

Der strukturelle Aufbau der »Aktuellen Kamera« spiegelte diese Politik wider. Die allabendliche halbstündige Nachrichtensendung – die Verkürzung auf zwanzig Minuten mit einem zehnminütigen Feuilletonteil »zehn vor acht« im Zuge der Programmreform 1972 wurde wieder aufgehoben – begann in der Regel mit einer innenpolitischen Hauptnachricht, der sich Nachrichten aus der DDR anschlossen. Erst dann erfolgte die außenpolitische Berichterstattung. Den Schluß bildeten wieder Nachrichten aus der DDR, darunter auch kulturpolitische Kurzbeiträge. Der Volksmund reagierte darauf mit dem Witz, daß ein eventueller Untergang Australiens erst nach den Berichten über die Planerfüllung in der DDR-Landwirtschaft seinen Platz in der »AK« finden würde.

Mit der Reihe »Antworten«, in der »Fragen der Fernsehzuschauer von leitenden Partei- und Staatsfunktionären sowie anderen sachkundigen Persönlichkeiten« beantwortet werden sollten, und in den in unregelmäßigen Abständen gesendeten »Fernseh-Pressekonferenzen«, in denen »Persönlichkeiten des gesellschaftlichen Lebens« von DDR-Journalisten befragt wurden, sollten die sozialistische Demokratie in der DDR und die direkte Verantwortlichkeit der Funktionäre gegenüber dem Bürger demonstriert werden. Diesen Sendungen war die Inszenierung der Fragerituale anzusehen.

Außen- wie innenpolitisch waren die X. Weltfestspiele der Jugend und Studenten 1973 in der »Hauptstadt der DDR« von großer propagandistischer Bedeutung. Die Honecker-Führung konnte ›Weltoffenheit‹ demonstrieren und die DDR sich gleichzeitig als das Land mit dem höchsten Lebensstandard im sozialistischen Lager präsentieren. Das DDR-Fernsehen übertrug die perfekt organisierten Veranstaltungen live. Auch andere staatspolitische Spektakel von den Jubiläumsveranstaltungen zur Staatsgründung bis hin zur 750-Jahr-Feier Berlins 1987 wurden vom Fernsehen in aufwendigen Direktübertragungen gewürdigt. Ein letzter Triumphzug war der Fackelzug anläßlich des vierzigsten Jahrestages der DDR-Gründung am Abend des 6. 10. 89, der durch die »Gorbi-Gorbi«-Rufe der demonstrierenden Jugendlichen allerdings schon gegen seine propagandistische Intention gewendet wurde, bis die von Künstlern und Fernsehmitarbeitern erzwungene Liveübertragung der Demonstration auf dem Alexanderplatz am 4. 11. 89 dem Slogan des DDR-Fernsehens »Fernsehen – Dabeisein« einen neuen Sinn gab.

Die tagespolitischen Sendungen wurden durch Porträtfilme über Einzelpersönlichkeiten und durch Reportagefilme ergänzt. Diese Reportagen, teils von der DEFA, teils von eigenen Drehteams des Fernsehens realisiert, griffen durchaus brisante Fragen auf. So behandeln Axel Kaspar und Ellis Lander 1975 in ihrem Film »... und morgen kommen die Polinnen« die komplizierte Integration ausländischer Arbeitskräfte in ostdeutsche Betriebskollektive. »Wer am Mast kratzt...« setzt sich mit der Werftindustrie an der Ostsee auseinander. Die Reportage »Zwischen Wunsch und Wirklichkeit« greift die Familienpolitik der Honecker-Periode auf; in »Hochzeiten an der F 96« wird entlang der wichtigsten Nord-Süd-Fernstraße ein journalistischer Längsschnitt durch die DDR vorgenommen. In »Alex muß zur Fahne« wird gar der Widerwille thematisiert, mit dem ein junger Arbeiter seinen ›Ehrendienst‹ in der Nationalen Volksarmee antritt, hier umschrieben als Probleme »beim Übertritt vom zivilen zum militärischen Alltag«.

»Prisma«, Logo 1986

Auffällig ist, daß die Fernsehjournalisten zwar Widersprüche der gesellschaftlichen Entwicklung aufgriffen, daß sie diese aber immer einer glücklichen Lösung zuführten. Sozialkritik war weiterhin tabu. Darunter hatte auch die traditionelle Reihe »Prisma« zu leiden, die von den Zuschauern immer noch viel gesehen wurde. Ihre ursprüngliche Funktion der Kritik war jedoch mehr und mehr reduziert worden. Schließlich wurde in den achtziger Jahren auch die Live-Moderation abgeschafft und die gesamte Sendung aufgezeichnet. Spontaneität und aktuelles Reagieren waren damit eliminiert.

»Prisma«

Was zu Beginn der siebziger Jahre als eine beachtliche Bereicherung des DDR-Fernsehprogramms galt – Porträts interessanter Menschen, die von ihrer gesellschaftlichen Funktion her sonst nicht im Blickfeld der Öffentlichkeit standen, Reportagen über Ortschaften, Betriebskollektive und Bürgergemeinschaften, wie sie in den Nachrichtensendungen nicht zu Wort kamen – verlor im Laufe der siebziger und besonders seit Mitte der achtziger Jahre seine innovativen Züge. Aus der ›alternativen Publizistik‹ wurde durch die Verschärfung der Medienpolitik unter Honecker und seinem Propaganda-Sekretär Joachim Hermann eine bloße Hofberichterstattung der Parteiführung.

Jeder kritischen Wertung entzogen waren die Sendungen über den militärischen Bereich der DDR-Gesellschaft, über die Nationale Volksarmee (NVA) und die Volksmarine. Diese Filme wurden teils von Mitarbeitern des Fernsehens, teils vom Armeefilmstudio produziert, einem mit bester Technik und einem Stab fester Mitarbeiter ausgestatteten Studio in Berlin-Biesdorf, das direkt der Politischen Hauptverwaltung der NVA unterstand und Filme für die Ausbildung, vor allem jedoch für die militärpolitische Arbeit in der Armee, aber auch für das Fernsehen herstellte. Diese Filme stellten vor allem die ›Selbstverständlichkeit‹ der militärischen Dienstpflicht heraus und suggerierten mit Titeln wie »Kanonen und Gitarren« eine ›Romantik‹ des ›Soldatenberufs‹.

Sendungen über die Nationale Volksarmee

Im Zuge der Programmreform entstand das »Kulturmagazin«, eine Magazinreihe, die über die offiziell anerkannten kulturellen Ereignisse in der DDR in künstlerisch ansprechenden Beiträgen berichtete. Die Reihe, zuerst von Klaus Hilbig geleitet und moderiert, erfuhr eine grundlegende Erneuerung, als in den achtziger Jahren ein Kreis junger Journalisten unter der Leitung von Detlef Schrader die Sendung übernahm und sich auf innovative künstlerische Versuche konzentrierte.

»Kulturmagazin«

Ein »Dramatiker-Studio« stellte Mitte der siebziger Jahre neue bühnendramatische Versuche und ihre Autoren vor. Es war eine von mehreren Sendungen der ›Wortunterhaltung‹, wie in der DDR Talkshows zur Unterscheidung von ihren westlichen Pendants genannt wurden. Die deutsche Genre-Bezeichnung schützte die ostdeutschen Talkshows freilich nicht vor ideologischem Mißtrauen staatstreuer Funktionäre. Als der Lyriker Paul Wiens beispielsweise seine Talkshow »Akzente« moderierte, stellte der damalige Chefredakteur des SED-Zentralorgans »Neues Deutschland«

»Dramatiker-Studio«

Günter Schabowski in einer Redaktionskonferenz die politisch-ideologische Grundfrage: »Talkshow oder Sozialismus!« Die Zuschauer entschieden sich für die ›Talkshow im Sozialismus‹, z. B. für die von Sportreporter Heinz-Florian Oertel moderierte Sendung »Porträt per Telefon«, die für realsozialistische Verhältnisse kühn zu nennen war. In ihr konnten Zuschauer per Telefon Fragen an prominente Talkgäste stellen. Die Sendung wurde live ausgestrahlt – ungewöhnlich, da man sonst Livesendungen mehr und mehr durch die bis ins Detail politisch abgesicherten Aufzeichnungen ersetzte.

Zunehmend engten mit Beginn der achtziger Jahre politisch-ideologische Absicherungsmaßnahmen die Arbeit der Fernsehpublizisten ein. Zwar erweiterte sich der historische Gesichtswinkel, wurden beispielweise auch der militärische und der christliche Widerstand in die publizistische Darstellung des antifaschistischen Kampfes einbezogen, doch Konflikte in der sozialen und politischen Entwicklung in der DDR wurden in der Berichterstattung mehr und mehr ausgespart. Themen wie die Zerstörung der Umwelt oder die niedrige Arbeitsproduktivität in der DDR-Industrie wurden tabuisiert.

Schon 1982 kam es auf dem IV. Kongreß des Verbandes der Film- und Fernsehschaffenden zum Eklat, als der Dokumentarist und »Prisma«-Begründer Gerhard Scheumann in einer Arbeitsgruppentagung seine Auffassung von einer kritischen Publizistik vertrat, die von vielen der Film- und Fernsehschaffenden geteilt wurde. Scheumanns Kritik hatte zwar keine konkreten Folgen für die Film- und Fernseharbeit, aber sie artikulierte doch erstmals die Kritik der Filmemacher und Fernsehmitarbeiter an der Informationspolitik der SED. Sie nahm die Diskussion um die Funktion der Medien in der sozialistischen Gesellschaft vorweg, die wenig später durch Michail Gorbatschows Forderung nach ›Glasnost‹, nach der Durchschaubarkeit gesellschaftlicher Prozesse als Grundlage für gesellschaftliche Erneuerungen, ›Perestroijka‹, neue Nahrung erhielt.

Kritik der Filmemacher am Fernsehen

11.5 Aufbruch und Abbruch des DDR-Fernsehspiels

Die Programmreform von 1972 hatte den Spielplan der Fernsehdramatik entscheidend verändert. Die Reihen- und der Seriendramaturgie begann sich nach mehreren eher sporadischen Versuchen mit dieser Sendeform in den sechziger Jahren und angesichts der offenkundigen Erfolge mit dramatischen Reihen seit 1972 systematisch als eigenständiger dramaturgischer Bereich zu entwickeln: Sie nahm ihren Anfang mit dem Neunteiler »Die lieben Mitmenschen« von Gerd Billing und Wolfgang Luderer (1972–74). Neben dieser entstehenden Seriendramaturgie verließ auch die Fernsehdramatik die eingefahrenen Wege. Mehrteiler (›Fernsehromane‹) traten in den Hintergrund und wurden nur noch als festliche Ereignisse zu staatlichen Feiertagen oder Parteitagen gesendet, wie z. B. der fünfteilige Fernsehfilm »Daniel Druskat«, der im April 1976 im Vorfeld des IX. Parteitages der SED zur Sendung kam, oder wie der anläßlich des 40. Jahrestags der DDR 1989 produzierte Mehrteiler »Die gläserne Fackel«, der in einer Heldenstory über mehr als anderthalb Jahrhunderte die Geschichte der Zeiss-Werke in Jena erzählt.

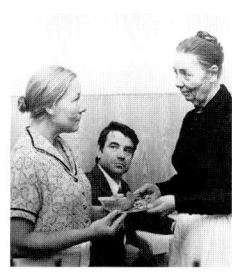

»Daniel Druskat«, 1976 – mit Käthe Richel, Hilmar Thate und Erika Palikowsky

»Die gläserne Fackel«

Das VEB Kombinat Carl Zeiss Jena war ein Vorzeigebetrieb der DDR, mit dessen Beispiel die SED-Führung unter Honecker den hohen Stand der technologischen Entwicklung in der DDR demonstrieren wollte. 1988 war es den Technikern des Zeiss-Kombinats gelungen, einen Ein-Megabyte-Chip herzustellen und dadurch den Technologieboykott der westlichen Industriestaaten zu brechen. Deshalb sollte das Zeiss-Kombinat als repräsentativ für die DDR-Industrie gesetzt werden. Allerdings fügte es die Ironie der Geschichte, daß die Ausstrahlung dieses Films in den Zusammenbruch des politischen Regimes der DDR fiel.

Die Orientierung auf die Unterhaltungsfunktion des Fernseh-Gesamtprogramms führte zur Wiederentdeckung der ›kleinen Form‹. Das intime Fernsehspiel mit der Darstellung des psychologisch ausgeloteten individuellen Schicksals setzte sich in der DDR-Fernsehdramatik durch. Gegenwartsgeschichten wie der zweiteilige Film »Meine Schwester Tilli« des Romanautors Hans Weber (1972, Regie: Richard Engel) oder der Fernsehfilm »Er, sie, es« (1972) des langgedienten Fernsehdramaturgen und -autors Günter Kaltofen stehen für diesen Trend.

Wiederentdeckung der ›kleinen Form‹

Ein neues dramaturgisches Konzept setzte auf die Darstellung individueller Schicksale vor einem besonderen politischen Hintergrund. Schon im Winter 1971 hatten Gerhard Stübe und Klaus Poche als Szenaristen und Frank Beyer als Regisseur dies mit dem Film »Rottenknechte« am historischen Gegenstand demonstriert. Beyer hatte sich damit nach mehreren Jahren Theaterregie als Filmregisseur rehabilitiert, war doch sein Film »Die Spur der Steine« 1966 im Zuge der Nachwirkungen des 11. SED-ZK-Plenums verboten und sein Regisseur ›zur Bewährung‹ an ein Republiktheater geschickt worden. Der Film »Rottenknechte« zeigte am historisch dokumentierten Fall den Widerstand von Kommunisten unter der Führung des späteren NVA-Admirals Waldemar Verner in Dänemark. In die dramatische Handlung wurden Interviews mit Zeitzeugen eingebracht oder Dokumente zitiert, an einigen Stellen ging die Spielhandlung bruchlos in das authentische Filmdokument über. Die Autoren und der Regisseur schufen allerdings einen Film, der sich mit dem Schicksal kriegsmüder junger Marineangehöriger auseinandersetzte und dabei die NS-Justizmorde der letzten Kriegstage an Deserteuren dokumentarisch aufarbeitete.

Darstellung individueller Schicksale

»Rottenknechte«

Der Film »Aufbruch«, nach einem Szenarium von Benito Wogatzki unter der Regie von Egon Günther, betrachtete die Industriethematik, einen der wichtigsten Gegenstände der DDR-Fernsehdramatik in den sechziger Jahren, aus einer neuen Perspektive. Kein ›Meister Falk‹ vermittelt mehr Klassenbewußtsein, sondern ein junger Ingenieur muß von einer jungen Arbeiterin, in die er sich verliebt, lernen, daß zunächst einmal schlichte Alltagsbedürfnisse das Denken und Tun bestimmen. Der Film erscheint heute wie eine Vorstudie zu Günthers späterem Defa-Film »Der Dritte«. Mit dem Vierteiler »Die sieben Affären der Dona Juanita« setzten sich Eberhard Panitz und Frank Beyer mit moralischen Stereotypen bei der Bewertung von Frauen, die sich zu emanzipieren suchen, in der DDR auseinander.

»Aufbruch«

Mit diesem Film und dem nachfolgenden Vierteiler »Eva und Adam« (1973) von Gerhard Bengsch, einer DDR-Paraphrase auf die »Szenen einer Ehe«, fand diese neue Tendenz der Individualisierung auch Eingang in den ›Fernsehroman‹. Benito Wogatzki, literarischer ›Vater‹ der Figur des ›Meister Falk‹, nahm diese inhaltliche Neuorientierung in seinem Dreiteiler »Broddi« (1972) über die Lebens- und Liebesnöte eines jungen Arbeiters auf. Regie führte Ulrich Thein, der seinerseits als Autor und Regisseur in dem Dreiteiler »Jule-Julia-Juliane« die Lebensgeschichte einer jungen Frau vor dem gesellschaftlichen Hintergrund der DDR erzählt hatte.

»Broddi«

Die ersten ›Glasnost‹-Stücke aus der Sowjetunion gelangten, ohne besondere Förderung der Partei, in das DDR-Fernsehprogramm. Der sowjetische Film »Dein Zeitgenosse« (»Tvoj sovremennik«, 1970) von Gabrilovitsch

›Glasnost‹-Stücke aus der Sowjetunion

und Rajsman wurde in der DDR nicht zugelassen. Die Geschichte eines Werkleiters, der nach Moskau fährt, weil er verhindern will, daß sein Werk, ein Millionenprojekt, mit einer veralteten Technologie als Investitionsruine zu Ende gebaut wird, paßte nicht in die politischen Denkschemata der Kultur- und Wirtschaftsfunktionäre der DDR. Der Dramaturg und Stückeschreiber Armin Stolper schuf aus dem Filmszenarium ein Bühnenstück, das in Halle uraufgeführt und vom Fernsehen in einer Eigenproduktion 1972 gesendet wurde.

Kiezdramen

Dem verordneten Trend zur ›Heimatliebe‹ entsprachen die Kiezdramen, die zunehmend im Fernsehprogramm ihren Platz fanden. Filme wie »Florentiner 73« (1972), die eine kleinbürgerliche Idylle propagierten und das harmonische Zusammenleben in einem Wohngebiet bzw. das Zusammenfinden der Menschen als Ausdruck sozialer und sozialistischer Harmonie priesen, wurden vom Publikum begeistert aufgenommen. Gegen diese offene Entpolitisierung des Programms stand andererseits die Politisierung

»Das unsichtbare Visier«

der spannenden Unterhaltung mit der Reihe »Das unsichtbare Visier« (seit dem 23. 12. 73) nach den Szenarien von Hans-Hermann Schauer und Otto Bonhoff unter der Regie von Peter Hagen, in der das Wirken eines DDR-›Kundschafters‹ in der Bundesrepublik gezeigt und politisch verklärt wurde. Der von Armin Müller-Stahl gespielte Stasi-Offizier Detjen wurde zum Helden, zum »Revolutionär unserer Zeit« verklärt, wie eine gängige Definition von Heldentum lautete.

Das angeschlagene Ansehen der Volkspolizei wurde von Rudi Kurz als Autor und Regisseur in der Kurzserie »Der Leutnant vom Schwanenkiez« aufpoliert, die das Wirken eines Abschnittsbevollmächtigten (der ostdeutschen Entsprechung für den bundesdeutschen Kontaktbereichsbeamten) darstellte. Bis dahin verpönte Themen aus der Geschichte des antifaschistischen Kampfes, z.B. in »Rote Bergsteiger« oder in der 13-teiligen Serie »Salut Germain« (1971) nach Szenarien von Harald Hauser, kamen jetzt zu Ehren. Hauser hatte selbst in der französischen Resistance gekämpft und ließ eigene Erlebnisse in die Bücher einfließen. DDR-Filmstar Manfred Krug bekam in der siebenteiligen Serie »Stülpner-Legende« von Hans-Ulrich Wiesner und Gerhard Branstner die Rolle des erzgebirgischen Robin Hood, des Stülpner-Karls, übertragen. Hier wurde der Klassenkampf in die Geschichte projiziert, das proletarisch-revolutionäre Geschichtsbild der DDR wurde mit romantischen und zugleich humoristischen Vignetten geschmückt. Ziel derartiger Serien war es, positive Identifikationsfiguren zu schaffen.

»Zur See«

Den größten Serienerfolg errang das DDR-Fernsehen 1977 mit dem neunteiligen Unternehmen »Zur See« (1977) von Eva Stein und Wolfgang Luderer. Einerseits befriedigte die auf einem Schiff der Deutschen Seereederei angesiedelte Handlung das Fernweh der meisten DDR-Bürger mit ihren beschränkten Reisemöglichkeiten, andererseits hatte es die Autorin Eva Stein verstanden, Probleme der Leitungsarbeit bzw. der Kollektivbildung, wie sie jedem aus seinem eigenen Arbeitsbereich bestens vertraut waren, auf dieses Schiff zu laden, wo sie auf Gedeih und Verderb gelöst werden mußten: Die Dramaturgie der Enge, bedingt durch den Handlungsort, erzwang die sofortige Lösung. Diese Serie mit ihrem einerseits exotischen, andererseits doch realitätsnahen Milieu wurde zu einem der größten Publikumserfolge des DDR-Fernsehens, übertroffen nur durch den Mehrteiler »Aber Vati!« von Hermann Rodigast und Klaus Gendries, eine mit Routine gefertigte Geschichte um einen alleinerziehenden Witwer, dessen Kinder ihm eine Frau und sich eine Mutter suchen.

Bei der Jagd nach den Zuschauern überwand das DDR-Fernsehen sogar seine häufig bemängelte Prüderie und griff in einem interessanten Experiment die erotischen Geschichten aus Giovanni Boccaccios »Decamerone« als Vorlage für eine sechsteilige Folge von kleinen Musicals unter dem Titel »ABC der Liebe« auf, in denen hervorragende Schauspieler und Sänger der Berliner Bühnen, unter ihnen auch Eva-Maria Hagen und Wolf Kaiser, auftraten. Die Libretti dieser erotischen musikalischen Miniaturen stammten von dem Lyriker Heinz Kahlow, die Musik vom Schlager- und Operettenkomponisten Gerd Natschinski.

Erotische Geschichten

Insgesamt präsentierte sich die DDR-Fernsehdramatik bis Mitte der siebziger Jahre mit einem differenzierten und viele Genres berücksichtigenden Spielplan, wie er sich in den rund fünfundzwanzig Jahren Sendebetrieb entwickelt hatte. Originale Fernsehfilme und -spiele wurden ergänzt durch Theaterübernahmen und Literaturadaptionen. Neu hinzu kam die Serienform nicht als Ausnahme, sondern inzwischen als zentrale Sendeform des Fernsehens. Filme und Fernsehspiele der zur Hauptabteilung (später: Bereich) Unterhaltung gehörenden ›Heiteren Dramatik‹ ergänzten das fiktionale Angebot. Dazu gesellten sich noch die beiden Reihen »Polizeiruf 110« und »Der Staatsanwalt hat das Wort«, die wie die Serie zu selbständigen Chefdramaturgien im Bereich der ›Dramatischen Kunst‹ aufgebaut worden waren, ein Zeichen der offiziellen Anerkennung ihres Wirkens.

Differenzierter Spielplan mit vielen Genres

Einen Einschnitt in der Entwicklung der Fernsehdramatik bedeutete die Ausweisung Wolf Biermanns und die damit verbundene Protestaktion von Künstlern gegen die repressive Kulturpolitik der SED. Schauspieler und Regisseure verließen die DDR, Fernsehspiele und Filme, in denen sie beschäftigt gewesen waren, wurden nicht mehr wiederholt. Zum offenen Eklat kam es im Herbst 1978.

Ausweisung Wolf Biermanns

Den Anlaß bot die Fernsehadaption der Novelle »Ursula« des Schweizer Erzählers Gottfried Keller. Die in den Religionskriegen des 16. Jahrhunderts angesiedelte Geschichte wurde von Egon Günther nach einem Szenarium von Helga Schütz in einer Koproduktion des DDR-Fernsehens mit dem Schweizer Fernsehen DRS verfilmt. Günther zog aus der tradierten Geschichte eine durchaus aktuelle Botschaft: Das Volk wird zwischen den Heilslehren unterschiedlicher religiöser Eiferer zermahlen. Er inszenierte einen bunten Bilderbogen der Begebenheiten und sparte auch derb sexuelle Szenen nicht aus. Diese dienten später zu Angriffen auf den Film in der Schweiz, wo er am Reformationstag 1978 im Fernsehen gezeigt wurde, und in der DDR, wo er, wie alle Fernsehsendungen, am Vormittag nach der Erstsendung noch einmal ›für Schichtarbeiter‹ wiederholt wurde. Das bot den Vorwand für ›Zuschauerproteste‹ in den Zeitungen und zum Verbot des Films. Daß es sich um eine inszenierte Aktion ähnlich jener um den Film »Spur der Steine« zwölf Jahre zuvor handelte, belegt der Umstand, daß bereits zur Pressekonferenz des Films an die Redaktionen der Berliner und der Bezirkszeitungen die Weisung ergangen war, den Film nicht zu diskutieren.

»Ursula«

»Ursula«, 1978 – mit Jörg Rechlin und Suzanna Stoll

Noch stärkeren Repressionen war allerdings der Film »Die geschlossene Gesellschaft« von Klaus Poche (Buch) und Frank Beyer (Regie) ausgesetzt, der wenige Wochen nach »Ursula« auf dem Sendeplan stand. Poche hatte in diesem Film ein Thema aufgegriffen, dem er sich schon in den Fernseh-Filmkomödien »Mein lieber Mann und ich« und »Camping – Camping« gewidmet hatte: der Entfremdung in der Ehe. Nun war die Ehe in der DDR von Seiten der politischen Führung als eine förderungswürdige Institution anerkannt und durch viele Gesetzesinitiativen geschützt. Sie in Frage zu

»Die geschlossene Gesellschaft«

»Geschlossene Gesellschaft« – mit Jutta Hoffmann, Sigfrit Steiner und Armin Müller-Stahl

stellen, war also auch angesichts der hohen Scheidungsrate in der DDR ein schlimmes politisches Sakrileg, zumal hier der Fall nicht im Privaten belassen, sondern die Zerrüttung durch die Protagonisten Jutta Hoffmann und Armin Müller-Stahl als gesellschaftliches Problem dargestellt wurde: Die Partner ertragen einander nicht, wenn sie allein sind; sie funktionieren nur innerhalb gesellschaftlicher Zwänge, eben in der »Geschlossenen Gesellschaft«, zu der die DDR ja nach der Grenzschließung von 1961 und im Zuge der Abgrenzungspolitik Honeckers und seiner Administration geworden war.

Boykott des Films »Geschlossene Gesellschaft«

Der Film wurde allerdings nicht wie die Fernsehfilme von 1962 oder die Defa-Filme um das 11. Plenum von 1965 schlicht verboten. Er erlebte seine Premiere vielmehr nach dem Ende des offiziellen Fernsehprogrammes gegen Mitternacht, ohne Ansage, und hatte folglich kaum Zuschauer. Die politische Führung hatte aus früheren Skandalen gelernt und zog den verdeckten Boykott des Films dem offenen Affront vor. Frank Beyer wurde auch nicht ›zur Bewährung‹ an ein Theater geschickt; diesmal erhielt er die Arbeitserlaubnis für die Bundesrepublik Deutschland. Der Film jedoch erlebte seine eigentliche Bildschirmpremiere erst 1991, nach der politischen Wende.

Für den Leiter der Hauptabteilung Dramatische Kunst, Hans Bentzien, war seine Absetzung nach dem Verbot von »Ursula« und »Geschlossene Gesellschaft« ebenfalls ein ›Remake‹: Nach dem 11. Plenum war er bereits von Ulbricht seiner Funktion als Kulturminister der DDR enthoben worden. Er arbeitete danach als Verlagsleiter, und später als Redaktionsleiter für historische Dokumentationen beim DDR-Fernsehen. Allerdings mußte er noch eine dritte Amtsenthebung erleben, als er, der nach dem Amtsrücktritt Heinz Adamecks 1989 zum Generalintendanten des DDR-Fernsehens ernannt worden war, nach dem konservativen Wahlsieg im März 1990 wiederum von seinem Posten entfernt wurde. Bentziens Nachfolger als Leiter der Hauptabteilung Dramatische Kunst wurde 1978 der Journalist und bisherige Chefredakteur der »Aktuellen Kamera«, Erich Selbmann.

11.6 Die Programmreform von 1983 – die »alternative Programmpolitik«

Anfang der achtziger Jahre plante das Fernsehen der DDR erneut Veränderungen der Programmstrukturen und der Programmplanung. Anlaß dazu waren die Vorbereitungen zur Einführung des kommerziellen Fernsehens in der Bundesrepublik. Das Fernsehen der DDR suchte nach Gegenstrategien. Als programmpolitische Formel setzte man auf eine ›alternative Programmstruktur‹, die in der Folgezeit zum Credo des ostdeutschen Fernsehens wurde. Die DDR-Zuschauer sollten die ›Alternative‹ zum Programmangebot des einen ostdeutschen Fernsehkanals in dessen anderem Kanal finden und so davon abgehalten werden, das ihnen genehme Programm in den ›gegnerischen‹ Kanälen zu suchen.

›Alternative Programmstruktur‹

Um dem westdeutschen Programmangebot eine ostdeutsche ›Alternative‹ entgegenzusetzen, mußten die Programmangebote des DDR-Fernsehens sich der westdeutschen Konkurrenz anpassen. Deshalb dominierte fortan der Kinofilm auch die beiden Programme des Fernsehens der DDR. Darunter litt die fernsehdramatische Eigenproduktion. Der Einkauf von Sendelizenzen für Kino-Spielfilme übertraf bald die Bemühungen um künstlerische Eigenproduktionen.

Anpassung an die westdeutsche Konkurrenz

In Konkurrenz mit dem Westfernsehen um die Zuschauerakzeptanz ging es dem Adlershofer Fernsehen fortan nicht mehr darum, die Zuschauer für die eigenen Inhalte zu gewinnen, sondern nur noch darum, Zuschauer bei den eigenen Kanälen zu halten. In den Programmen des DDR-Fernsehens gewannen die Produkte des internationalen Kinos an Gewicht, soweit sie denn erschwinglich oder im Tausch gegen speziell für den Programmaustausch hergestellte Eigenproduktionen zu bekommen waren. Ein großer Teil der Filme des DDR-Fernsehens der achtziger Jahre wurde deshalb ›für den Export‹ produziert und hatte die notwendigen Devisen zu erwirtschaften, die es erlaubten, das Programm wiederum mit ›attraktiven‹ Filmen und Sendungen der Fremdproduktion zu versorgen.

Produktion für den Export

Mit der alternativen Programmplanung drängten die Fernsehverantwortlichen in der DDR auch die Darstellung der Widersprüche aus der sozialen Realität der DDR weiter zurück. Die aktuelle Fernsehreportage, das problemorientierte Gegenwarts-Fernsehspiel, das noch in den sechziger und in den beginnenden siebziger Jahren das Profil der Gattung bestimmte, war nach dem Dezember 1983, als die ›alternative Programmpolitik‹ in das DDR-Fernsehprogramm eingeführt wurde, fast völlig aus den Sendeplänen verschwunden. An einzelnen Beispielen läßt sich sogar nachweisen, daß die Adlershofer Programmgestalter gezielt Kinofilme mit hoher Attraktivität gegen die wenigen, noch verbliebenen Fernsehspiele und -filme aus der eigenen Produktion einsetzten. Die ›Alternative‹ war damit teilweise gegen die eigene Arbeit gerichtet, wenn diese nicht der gewünschten Richtung entsprach, nämlich den »Zuschauern die Gewißheit gab, daß sie gut regiert wurden und sich getrost um die eigenen Angelegenheiten und nicht um die des Staates zu kümmern hatten«, wie es der Kommentator Heinz Grote seinerzeit formuliert hatte.

Kinofilme mit hoher Attraktivität gegen Fernsehspiele

Immerhin konnte das DDR-Fernsehen das Ergebnis konstatieren, daß die

Einschaltquoten des DDR-Fernsehens auf diese Weise um etwa zehn Prozent stiegen, wie unter der Hand verbreitet wurde. Dabei wurde allerdings nicht erwähnt, daß gleichzeitig die Sehbeteiligung für eigenproduzierte Sendungen, vor allem für die Fernsehspiele, um etwa den gleichen Prozentsatz sank.

Orientierung am internationalen Trend der Programmproduktion

Das Fernsehen folgte einem internationalen Trend. Es reduzierte den Anteil der Eigenproduktionen in seinem Programm und wurde zum Distributionsinstrument für Fremdproduktionen. Dabei behauptete das DDR-Fernsehen mit einem Anteil von 68 Prozent Eigenproduktionen in der ›Prime time‹ 1985/86 allerdings immer noch einen führenden Platz unter den osteuropäischen Fernsehprogrammen.

Die Planung für die Medienentwicklung seitens der Abteilung Agitation des ZK der SED sah für den Zeitraum ab 1985 einen Ausbau des Programmumfangs um etwa 400 Stunden jährlich vor. Die einzelnen Sparten waren davon folgendermaßen betroffen:

Fernsehen der DDR 1983–1988
Programmstatistik: Art der Programme

Art der Sendung	Sendestunden					
	1983	1984	1985	1986	1987	1988
Information	918	926	944	933	970	954
Publizistik	922	970	1.104	1.097	1.234	1.251
Sport	665	778	752	755	859	1.158
Bildung	733	728	696	742	756	739
Fernsehdramatik und Film	2.295	2.341	2.319	2.350	2.257	2.465
Unterhaltung	1.101	1.148	1.143	1.169	1.317	1.190
Kindersendungen	559	513	580	576	584	607
Jugendsendungen	72	50	81	66	82	172
Sonstiges	679	708	646	632	648	659
Summe	7.962	8.163	8.265	8.320	8.706	9.194

Quelle: Statistisches Jahrbuch der DDR

Hinsichtlich der Gesamtverteilung der Sendearten und Genres brachten die achtziger Jahre mit der ›alternativen Programmgestaltung‹ keine grundsätzlichen Veränderungen. Die Daten der wichtigsten Programmsparten (Fernsehdramatik einschließlich Kinofilmen, Information, Publizistik und Unterhaltung) blieben in der Relation der einzelnen Sparten zueinander stabil. Mit der Verstärkung der sozial- und politisch-eskapistischen Tendenzen entsprach das Fernsehprogramm der verordneten Verdrängung der sozialen und politischen Konflikte und damit der politischen Entmündigung der Bürger. Das Fernsehen machte sich auf diese Weise als Informationsmittel und damit als Medium der gesellschaftlichen Kommunikation über ›die eigenen Angelegenheiten‹ der Bürger überflüssig. Was als Abwehr des Westeinflusses geplant war, schlug ins Gegenteil um: Da den DDR-Bürgern Informationen über das eigene Land vom DDR-Fernsehen vorenthalten wurden, suchten sie diese in den bundesdeutschen Programmen.

Politische Entmündigung der Bürger

Administrative Zentralisierung

Zentralisierungstendenzen im Fernsehen

Die Zentralisierungstendenzen in Politik und Wirtschaft der DDR schlugen sich auch in der Medienpolitik nieder. Im Juni 1985 fand eine Reform der Leitungsstruktur statt. Das Komitee, bisher als staatliche Verwaltung in unterschiedliche Hauptabteilungen gegliedert, wurde nach dem Vorbild der staatlich geleiteten Kombinate in den unterschiedlichen Wirtschaftsbereichen umgebildet. Einige neue Mitglieder des Komitees hatten ihre Leitungserfahrungen auch in Kombinaten, vor allen in jenen der Spitzentechnologie wie z. B. der Elektronik und der Rechnertechnik wie Carl Zeiss Jena oder Robotron, Dresden, gesammelt. Dem neu zusammengesetzten Komitee, das nach wie vor von Heinz Adameck geleitet wurde, gehörten als Stellvertreter und damit als Verantwortliche für den gesamten Fernsehbetrieb der Programmdirektor sowie der Ökonom an, als Stellvertreter und damit Verantwortliche für ihre jeweiligen Leitungsbereiche (Programmaustausch und Film, »Aktuelle Kamera«, Publizistik, Fernsehdramatik, Unterhaltung und Musik, Kinder/Jugend/Bildung und Sport), dazu der Kaderchef, der Direktor des Fernsehbetriebs und der Leiter der Studiotechnik. Die Organisationsleitung lag beim Persönlichen Referenten des Vorsitzenden, der als Sekretär des Komitees eingesetzt wurde. Als ideologische ›graue Eminenz‹ wurde der Chefkommentator des DDR-Fernsehens, Karl-Eduard von Schnitzler, in das Komitee aufgenommen.

Karl-Eduard von Schnitzler

Das neue Leitungsprinzip mit seiner Teilung der Verantwortlichkeit unter die einzelnen Bereichsleiter hatte eine größere Einmischung der Leitung in alle inhaltlichen Belange des Sendebetriebs zur Folge. Das Komitee beriet über Fernsehreportagen und schließlich sogar über strittige, politisch-ideologisch problematische Szenarien der Fernsehspiele und -filme, die in der Mehrzahl ›zur Überarbeitung‹ in die Dramaturgien zurückgeschickt oder gleich ganz verboten wurden.

Jugendsendungen und das Entstehen von »Elf 99«

Noch Mitte der achtziger Jahre war das geringe Angebot des DDR-Fernsehens an Jugendliche beklagt worden. Längerfristige Planungen sollten die Abwendung der Jugendlichen vom DDR-Fernsehen (und auch vom DDR-Staat) verhindern. Die Jugendsendung »KLIK« war die erste in einer Staffel von Jugendsendereihen, die den »wachsenden Bedürfnissen nach Information, Orientierungshilfe und anregender Unterhaltung« der jugendlichen Zuschauer Rechnung tragen sollte, wie dies ein zum Fernsehen als Chefredakteur abkommandierter Funktionär des Zentralrates der FDJ damals formulierte. »KLIK« fand deshalb Ende der achtziger Jahre durch seine neuartige und frisch wirkende Machart schnell Zugang zu der anvisierten Zielgruppe. Beliebteste Rubrik innerhalb der Sendung war die Sexualberatung durch einen aufgeschlossenen Psychologen. Bei den Führungsgremien von SED und FDJ stieß die Sendung kaum auf Wohlwollen. Einzelne Videos wurden trotz aller Vorsicht ihrer Autoren verboten, einzelne Beiträge nach der Erstsendung für die Wiederholungen herausgeschnitten, Themen im Vorfeld bereits abgelehnt.

Erneuerung durch Planung eines Jugendprogramms

Weitere Sendungen waren das Musikjournal »Dramms« sowie die Diskussionssendung »Hautnah« und das zuerst als aktuelle politische Informationssendung konzipierte, später jedoch zum Wissenschaftsmagazin umfunktionierte »Logo«. Hintergrund für das plötzlich erwachte medienpolitische Interesse an der Jugend war das vom FDJ-Zentralrat verfügte »FDJ-Aufgebot DDR 40«, eine zentrale Kampagne zum 40. Jahrestag der DDR.

Doch das breite Spartenangebot an Jugendsendungen widersprach offenbar dem Hang zum Zentralismus in den Führungsgremien. Zentralisierung erlaubte eine bessere und konzentrierte Kontrolle der Arbeit des Jugendfernsehens. So entstand die Idee zu »Elf 99«, einem Jugendnachmittag, der alle von den vier bisherigen Sendungen wahrgenommenen Interessen vereinigen sollte: Problemdiskussionen und Musik, Wissenschaftsnachrichten und Orientierungshilfen für den Alltag. »Elf 99« sollte in einer Rubrik Informationen bringen, »schnell, aktuell, clever, prägnant, kurz, polemisch, optisch und akustisch elegant«, wie ein Prospekt für die Sendung versprach. Politiker, Künstler, Sportler und Preisträger sollten als Studiogäste geladen werden, ein »Blick in die Geschichte sollte an historische Ereignisse erinnern, es waren Kurzreportagen, Untersuchungen und Porträts vorgesehen, Tips, Rock, Pop, Zuschauerspiele, Serien und Trickfilme sollten das Programm vervollständigen. Für die sonst so raren Devisen, die hier, was die Wichtigkeit des Unternehmens unterstreicht, reichlich spendiert wurden, entstand ein 500 Quadratmeter großes Standardstudio mit vielfältigen Nutzungsmöglichkeiten. Die Sendung wurde in einer Probesendung anläßlich des Pfingsttreffens der FDJ 1989 erstmals erprobt. Für den eigentlichen Start am 1. 9. 89 wurde sie jedoch noch einmal grundsätzlich verändert. So wurde die Idee, die Moderatoren in FDJ-Blusen auftreten zu lassen, fallengelassen. Stattdessen zeigten sie sich im modischen Outfit.

Die eigentlichen Adressaten der Jugendsendung waren jedoch die Greise im Politbüro. Erich Honecker, von einer »Elf 99«-Reporterin befragt, behauptete vor der Kamera, daß er sich die Sendung »immer« ansehe, und der Erste Sekretär des FDJ-Zentralrates, Eberhard Aurich, figurierte in einer der ersten Sendungen gar als ›Kameramann‹. Es ist deshalb zu vermuten, daß »Elf 99« – hätte die DDR unter der SED-Führung weiter bestanden – zu einer systemkonformen Sendeachse geworden wäre, die sich vielleicht durch eine unkonventionelle Präsentation, kaum aber durch inhaltliche Widerborstigkeit gegenüber dem herrschenden System vom restlichen Programm abgehoben hätte.

Das »Flaggschiff Fernsehdramatik« läuft auf Grund

Abwanderung von Schauspielern, Regisseuren, Autoren und Dramaturgen

Nach der Biermann-Ausweisung kam es in den darauf folgenden Jahren zu einer Abwanderung von Schauspielern (Manfred Krug, Angelica Domröse, Hilmar Thate, Monika Woytowicz und anderen), Regisseuren (Celino Bleiweiß, Wolfgang Luderer) und Autoren und Dramaturgen (Klaus Poche, Uwe Römhild). Sie erschwerte die Programmplanung in der zweiten Hälfte der achtziger Jahre, hatte doch das Komitee beschlossen, daß Filme oder Sendungen, in denen diese Künstler mitgewirkt hatten oder an denen sie beteiligt waren, nicht mehr wiederholt werden durften. Seitens des Komitees war eine ›Liste B‹ erarbeitet worden, in der die Namen dieser Geächteten verzeichnet war. ›B‹ stand für ›Biographie‹. Wo es nicht möglich war, diese Filme zu unterdrücken, wurden Programmwerbung und Presse angewiesen, die entsprechenden Künstler nicht zu erwähnen. Fernsehspiele erhielten neue Abspänne, auf denen die Namen der Abwanderer gelöscht worden waren. Im Fall des Mehrteilers »Sachsens Glanz und Preußens Gloria« wurde gar erwogen, einen Teil des Films neu zu drehen, weil die Schauspielerin Monika Woytowicz nach Beendigung der Dreharbeiten die DDR verlassen hatte. Das Unternehmen wurde dann – die Kosten hätten für diesen aufwendigen Kostümfilm Millionen betragen – allerdings fallengelassen.

Arbeit im Bereich Fernsehdramatik erschwert

Auch sonst war die Arbeit im einst hoch geachteten Bereich Fernsehdramatik erschwert. Zwar entstanden noch einige nicht unwichtige Fernsehspiele wie »Wir sind fünf« von Richard Engel, die Geschichte einer

»Einzug ins Paradies« – mit Kurt Böwe

alleinstehenden Frau, die es sich aus Rücksicht auf ihre Familie schwer macht, eine neue Partnerschaft einzugehen. Doch waren die Autoren verpflichtet, die sozialen Qualitäten der realsozialistischen Gesellschaft zur Grundlage ihrer Dramaturgie zu machen und alle Probleme einer ›positiven Lösung‹ zuzuführen.

Die politische Führung war geradezu versessen auf Fernsehspiele, in denen die Vorzüge des realen Sozialismus herausgestellt wurden. Als der Regisseur Achim Hübner den Roman »Einzug ins Paradies« von Hans Weber für einen sechsteiligen Fernsehfilm bearbeitete, den er zusammen mit seinem Bruder Wolfgang inszenierte, wurde dieses Unternehmen zunächst begeistert aufgenommen, spielte doch Webers Buch in einem Berliner Neubaugebiet und beschrieb es das nachbarliche Zusammenwachsen dieser Menschen zu einem ›Kollektiv‹. Deshalb ließ das Fernsehen auch noch 1984 verlautbaren, daß mit »Einzug ins Paradies« *der* repräsentative Film über das Wohnungsbauprogramm der SED entstanden sei.

»Einzug ins Paradies«

Die Begeisterung legte sich beim ersten Betrachten des Films. Der Neubau-Plattenblock in Achim und Wolfgang Hübners Film war, ebenso wie in Webers Roman, durchaus nicht das Paradies, wie es sich die Funktionäre wünschten. Viele Probleme stellten sich auch mit dem Einzug in die Plattenbauten von Berlin-Marzahn als kaum lösbar dar. Webers Grundidee bestand darin, daß durch ein technisches Versäumnis die Abgrenzung der einzelnen Balkone ›vergessen‹ wurde. Durch die offenen Lücken im Beton kommen die Bewohner einer Etage unfreiwillig miteinander in Kontakt und werden mit den Problemen des jeweils anderen konfrontiert. Soziales Interesse am Nächsten und Kommunikation und solidarische Nachbarschaft wird damit gestiftet.

Die Probleme, die in den sechs Filmen dargestellt wurden, kannte jeder DDR-Bürger gut aus dem eigenen Alltag: eheliche Auseinandersetzungen, Partnerprobleme einer alleinerziehenden Mutter mit dem Freund und mit der pubertierenden Tochter, Abkehr vom straffällig gewordenen Sohn, sozialer Ausstieg und Flucht in die Naturschwärmerei, Ausleben der künst-

»Sachsens Glanz und Preußens Gloria: Gräfin Cosel«, 1987 – mit Marzena Trybala und Dietrich Körner

lerischen Kreativität oder parteitreue Auftragserfüllung eines Radioregisseurs als selbstironische Randglosse des Autors bzw. der Regisseure des Films. Hinzu kamen Fragen der Ökologie, der Vertrauensverlust der Kinder gegenüber ihren Eltern; alles Fragen, denen die Parteien und die offiziellen staatlichen und gesellschaftlichen Institutionen der DDR auswichen.

Daß die Hauptgestalt ein Lehrer (gespielt von Kurt Böwe) war, der aus dem reglementierten Schulbetrieb ausgestiegen ist und nach einer gesellschaftlichen Alternative für sein weiteres Leben sucht, verschärfte den Konflikt um diesen Mehrteiler noch, galt doch die Volksbildung, der von Honeckers Frau Margot verwaltete Bereich, als ein politisches Fachgebiet, das sich jeder Kritik, auch in der Kunst, entzog.

So wurde »Einzug ins Paradies« nach der ersten Ansicht 1984 ›auf Eis gelegt‹, also für die Endfertigung nicht freigegeben. Erst rund drei Jahre später, 1987, konnte der Film nach einer Intervention des Schriftstellerverbands vor dessen Verbandskongreß und nach mehreren Vorstößen auch des Verbands der Film- und Fernsehschaffenden mit der Auflage, mehr als fünfzig z. T. sehr kleinliche Veränderungen vorzunehmen, fertiggestellt und gesendet werden. Doch selbst bei der Festlegung des Sendetermins wurde noch gegen den Film gearbeitet, denn er wurde auf einem Serienplatz gesendet. Damit entstanden bei den Zuschauern Erwartungen, denen der Film weder entsprechen wollte noch konnte.

In Fachkreisen zwar heftig diskutiert, blieb ihm der Publikumserfolg in der DDR versagt. Als der Film 1989 als Kaufproduktion im ARD-Programm gesendet wurde, um den Bundesbürgern den DDR-Alltag zu zeigen, arbeiteten die Verhältnisse weiter gegen ihn: Die Fluchtbewegungen der DDR-Bürger im Sommer 1989 über Prag und Ungarn ließen den Filmtitel nur noch ironisch und das erzählerische Vorhaben des Films, das widersprüchliche Ankommen der Figuren im problematischen DDR-Alltag zu schildern, obsolet erscheinen.

Diesem Gegenwartsfilm steht, ebenfalls auf eine literarische Vorlage zurückgehend, der historische Vierteiler »Sachsens Glanz und Preußens Gloria« gegenüber, 1985 gedreht und gesendet. Den aufwendig inszenierten historischen Filmen lagen die Romane »Brühl«, »Gräfin Cosel« und »Aus

»Sachsens Glanz und Preußens Gloria«

dem siebenjährigen Krieg« des polnischen Schriftstellers Józef I. Kraszewski zugrunde. Sie setzten eine Thematik fort, die Ende der siebziger Jahre mit dem fünfteiligen Fernsehfilm »Scharnhorst« begonnen worden war: eine neue Sichtung der preußischen Geschichte und ihre Erschließung im Sinne des marxistisch-leninistischen Geschichtsbilds der DDR.

Einen ersten Anstoß hatten die Preußen-Forschungen der Literaturwissenschaftlerin Ingrid Mittenzwei in den siebziger Jahren gegeben, die das Ziel verfolgte, die ›Polemik‹ zu überwinden, »die die revolutionäre Arbeiterbewegung im 19. und 20. Jahrhundert mit dem reaktionären Preußentum führen mußte« (Mittenzwei 1978). Der preußische Militarismus, auf den sich auch das faschistische Preußen- und Fridericus-Bild gestützt habe, sei aber nur das eine ›Gesicht‹ des janusköpfigen Preußen, dem ein anderes fortschrittliches entgegenstehe. »Scharnhorst«, nach einem Drehbuch von Hans Pfeiffer von Wolf-Dieter Panse 1978 gedreht und gesendet, versucht diesen beiden ›Gesichtern‹ gerecht zu werden. Er zeigt den Zusammenbruch des ›alten‹, fridericianischen Preußen unter dem Ansturm der napoleonischen Truppen. Einen Ausweg bringen die Reformen des Freiherrn von Stein, dessen ›Oktober-Edikt‹ und die Reformen der Streitkräfte unter Scharnhorst und Gneisenau, die dem schwachen Preußenkönig abgepreßt werden, sowie der Waffenbund mit den Russen. Die Autoren blieben historisch konkret, als sie das politische Happy End aussetzten und zeigten, daß die alte Macht nach der Völkerschlacht von Leipzig und dem Wiener Kongreß wieder fest im Sattel sitzt, die Reformen wieder einschränkt und die Reformer sich resigniert zurückziehen.

»Scharnhorst« blieb noch der traditionellen Auffassung von den Befreiungskriegen gegen Napoleon als nationale Erhebung gegen die Fremdherrschaft verhaftet. Die dabei gezeigte Verteidigungsbereitschaft und Waffenbrüderschaft mit Rußland waren dem Verteidigungsministerium der DDR immerhin hohe Auszeichnungen für die Filmschöpfer wert. Ein Film über den Heeresreformer Clausewitz wurde nachgeschoben. Ein aus Anlaß des Neubaus der Berliner Charité gedrehter Filmzyklus stellte auch preußische Militärchirurgen und sogar den Leibarzt der Königin Luise vor.

»Scharnhorst«

Entgegen der traditionellen Dramaturgie des »Scharnhorst«-Films brachten der Regisseur Hans-Joachim Kasprzik (der in den sechziger Jahren mit seinen Literaturverfilmungen zu Hans Fallada Aufsehen erregt hatte) und sein Szenarist, der langjährige Fernsehdramaturg Albrecht Börner, in ihrer »Sachsen«-Tetralogie neue dramaturgische Methoden in die Filmarbeit am historischen Gegenstand ein. Börner und Kasprzik bauten wesentlich stärker auf die dramatischen Figuren, wenngleich die Charaktere teilweise recht grob angelegt waren. Sie entwickelten die politischen Prozesse stärker aus den Hofintrigen als aus weltpolitischen Erwägungen. Der Hauptintrigant Graf Brühl, dargestellt von Ezard Haußmann, wurde als »J.R. am sächsischen Musenhof« charakterisiert. Diese Dramaturgie brachte dem Film auch das Interesse der bundesdeutschen Fernsehanstalten ein, die ihn zur Ausstrahlung erwarben. Auch nach der Wende hat »Sachsens Glanz und Preußens Gloria« mehrere Wiederholungen bei den Sendeanstalten der ARD erlebt.

Neue dramaturgische Methoden im Fernsehspiel

Friedrich II. ist hier allerdings wieder der krückstockschwingende Despot und Militarist, der zwar für einige Zeit Sachsen besetzt, der aber dem musischen Glanz des sächsischen Hofes trotz der Intrigen, über die in Sachsen Politik gemacht wird, nichts anhaben kann. Die Vermittlung der sächsischen Politik über die etwas sentimental gezeigten Liebeshändel sicherte gerade durch die Sentimentalisierung, die einen neuen Zug der

Sentimentalisierung als Konzept

»Bebel und Bismarck« – mit Jürgen Reuter als Bebel

Ältere deutsche Geschichte

Scheu vor einer realistischen fernsehdramatischen Darstellung

Literaturadaptionen

DDR-Fernsehdramaturgie darstellte, dem »Sachsen«-Zyklus eine starke Publikumsresonanz.

Wurde in den erwähnten Fernsehfilmen das friderizianische und postfriderizianische Preußen für die DDR neu entdeckt, weitete sich das historische Interesse schließlich auch auf die preußischen Tugenden jener Offiziere aus, die am Attentat auf Adolf Hitler vom 20. Juli 1944 beteiligt waren. Eberhard Görner und Peter Vogel adaptierten Stefan Hermlins Novelle »Leutnant Yorck von Wartenburg« für das Fernsehen in einem sehr artifiziell angelegten Film mit Starbesetzung (Alexander Lang, Mariam Agischewa, Dietrich Körner u.a.), der, parallel zu den publizistischen Aufarbeitungsversuchen dieses Themas, das Bild des antifaschistischen bürgerlichen und militärischen Widerstands in das bisher kommunistisch dominierte antifaschistische Geschichtsbild einbrachte.

Hans Pfeiffer schrieb das Szenarium zum Zweiteiler »Bebel und Bismarck«, in dem die Kontrahenten der preußisch-deutschen Klassenkämpfe des 19. Jahrhunderts, Bebel (Jürgen Reuter) und Bismarck (Wolfgang Dehler), direkt miteinander konfrontiert wurden. Bismarck widerfuhr dabei seitens des Autors und des Regisseurs Wolf-Dieter Panse historische Gerechtigkeit. Auch die ältere deutsche Geschichte wurde jetzt neu betrachtet. Anläßlich des mit großem Aufwand begangenen Luther-Jahres 1983 entdeckte das DDR-Fernsehen den Reformator neu. War in den fünfziger Jahren Luthers plebejisch-bäuerlicher Widerpart Thomas Müntzer in das Zentrum der Betrachtung gerückt worden, so wurden jetzt die Meriten des Wittenberger Reformators anerkennend herausgestellt. Das sehr dialoglastige Szenarium stammte von Hans Kohlus; die Regie lag in den Händen von Kurt Veth, der in den sechziger Jahren mit Theaterinszenierungen Aufsehen erregt hatte. Der Film war mit bekannten DDR-Schauspielern besetzt, die Hauptrolle spielte Ulrich Thein (der auch schon in einer ursprünglich als Serie konzipierten, dann als Mehrteiler realisierten Filmbiographie den Komponisten Johann Sebastian Bach gegeben hatte), in kleineren Rollen waren Herwart Grosse, Hans-Peter Minetti, Otto Mellies und andere zu sehen. Selbst der früher geächtete Karl May wurde für die DDR wiederentdeckt, allerdings als sächsischer Heimatdichter und nicht als Autor der Indianer- und Abenteuerromane. Vera Loebner drehte über ihn nach einem Szenarium mit leiser Ironie und mit den Schauspielern Rolf Ludwig und Kurt Böwe 1986 den Zweiteiler »Das Buschgespenst«.

So sehr sich einerseits der Blick in die Geschichte erweiterte, sich dabei auch neue poetische Erzählweisen in den Filmen herausbildeten, so sehr wuchs die Scheu der Fernsehverantwortlichen in den politischen Führungsfunktionen vor einer realistischen fernsehdramatischen Darstellung der aktuellen politischen und sozialen Prozesse in der DDR. Heitere Serien wie »Zahn um Zahn« (21 Folgen, bis 1987) oder »Maxe Baumann aus Berlin« stärkten den Mythos um die »Hauptstadt der DDR« und ihr Jubiläum 1987. Orientierungshilfe in den Widersprüchen dieser Zeit, die die Bürger – auch dramatisch-modellhaft vermittelt – von ›ihrem‹ Fernsehen erwarteten, fand jedoch nicht oder nur in sehr eingeschränktem Maße statt.

Diese Programmentwicklung führte dazu, daß sich die Zuschauer mehr und mehr vom Fernsehen der DDR abwandten. Die artifiziellen Literaturadaptionen interessierten in dem von Problemen geplagten Land so wenig wie verschleiernde Reportagen oder nichtssagende Nachrichten der »Aktuellen Kamera«. Die Possen und Schwänke der ›Heiteren Dramatik‹ wurden als Unterhaltung angenommen wie die Millowitsch-Posse oder der Ohnsorg-Schwank im Westprogramm. Das Fernsehen der DDR hatte seine Zuschauer verloren. Die Hauptausgabe der »Aktuellen Kamera« wurde im Herbst 1989 nur noch von weniger als vier Prozent der Zuschauer eingeschaltet. Die Unzufriedenheit in der Bevölkerung teilte sich auch den Fernsehmitarbeitern mit, die nach freieren Arbeitsmöglichkeiten verlangten.

Das Fernsehen der DDR hatte seine Zuschauer verloren

12. Zeiten des Übergangs – Fernsehen in der Bundesrepublik von 1984 bis 1991

Der »medienpolitische Urknall« der Kommerzialisierung

In der Geschichte des deutschen Fernsehens bildet der Jahreswechsel 1983/84 eine tiefgreifende Zäsur, weil am 1. 1. 84 das kommerzielle Fernsehen in Deutschland begann. Nach den vorangegangenen Debatten über den »medienpolitischen Urknall« (Bernhard Vogel) und dem damit von vielen befürchteten Kulturverfall stellte sich der Wechsel in die neue Fernseh-Ära eher langsam und unauffällig ein. Die Zäsur blieb von der Mehrheit der Fernsehzuschauer zunächst unbemerkt. Das kommerzielle Fernsehen war auf vier Kabelpilotprojekte begrenzt, von denen zum Jahresbeginn 1984 erst zwei (Ludwigshafen und München) ihren Programmbetrieb aufnahmen. Viele Menschen konnten also durchaus den Eindruck gewinnen, daß sich nichts geändert hatte. Dennoch bestimmt die Durchsetzung des kommerziellen Fernsehens die Zeit bis zum Jahr 1993, als RTL zum ersten Mal im Jahresdurchschnitt mehr Zuschauer bei sich versammeln konnte als ARD oder ZDF.

Ab 1989 überlagerten die politischen Ereignisse die Mediensituation. 1985 setzte in der Sowjetunion mit ›Glasnost‹ und ›Perestroijka‹ eine Entwicklung ein, die zur Erosion des Ostblocks, dem Ende des SED-Regimes und schließlich 1991 zur deutschen Einheit führten. Das Ende der deutschen Teilung traf auch die Bundesrepublik Deutschland existentiell. Die Jahre 1989/90 stehen deshalb innerhalb der deutschen Fernsehgeschichte für eine wichtige Zäsur. Mit ihnen, so heißt es vielfach, ging die deutsche Nachkriegszeit endgültig zu Ende.

Dieses Kapitel handelt vor allem von der Etablierung des kommerziellen Fernsehens. Die Darstellung einiger Programmsparten geht über das Jahr 1993 hinaus, wenn Entwicklungen erst in späteren Jahren zu einem vorläufigen Abschluß gekommen sind. Die Herstellung der deutschen Einheit im Fernsehen wird im nächsten Kapitel gesondert beschrieben.

12.1 Die Veränderungen des Dispositivs

Vermehrung der Programme

Die Überlagerung von medialen und politischen Entwicklungen führte in den achtziger und neunziger Jahren zu zahlreichen Unübersichtlichkeiten und Verwischungen. Mit dem Jahr 1984 begann eine weitreichende Veränderung des Dispositivs Fernsehen in Deutschland. Sukzessive und mit wachsender Beschleunigung fand eine Vermehrung der Programme und ein Ausbau ihres Umfangs statt. 1986 wurde erstmals ein deutsches Fernsehprogramm rund um die Uhr ausgestrahlt. Damit war das »permanente Programm« (Kuby 1950) erreicht. Als ein Instrument der Weltwahrnehmung, der Orientierung, der Teilhabe und der Regeneration bestimmte sich das Medium neu, die Zuschauer ließen sich in unterschiedlicher Weise darauf ein. Das Grundverständnis wandelte sich von einem Fernsehen, das sich auf einen Kulturauftrag berief, zu einem Fernsehen, das als Marktgeschehen verstanden wurde, bei dem verschiedene Anbieter um Markt-

Fernsehen als Marktgeschehen

positionen kämpfen. Die Orientierung an den Einschaltquoten setzte sich als neues (und oft einziges) Bewertungskriterium durch, ›Marktdurchdringung‹ und ›Marktanteil‹ wurden zu neuen Kategorien im Fernsehen. Während sich einerseits die öffentlich-rechtlichen Anstalten um Bestandssicherung und Kontinuität bemühten, hatten die kommerziellen Anbieter erst einmal um ihre Präsenz und Akzeptanz zu kämpfen. Dabei kam den kommerziellen Fernsehprogrammen zugute, daß sie als etwas Neues auftraten, das Neugier weckte. Demgegenüber wirkte das öffentlich-rechtliche Fernsehen zwangsläufig ungeachtet aller Angebotsqualitäten bekannt und ›alt‹. Doch weil sich Neuigkeitseffekte in der Regel rasch abnutzen, mußten sich die einzelnen Programme immer wieder neu um das Zuschauerinteresse bemühen und traten damit in direkte Konkurrenz zu allen anderen Anbietern. ›Aufmerksamkeit‹ entwickelte sich, in Einschaltquoten gemessen, zum generellen Wert für das Medium. »Das Volk zahlt in Aufmerksamkeit dafür, daß die Anbieter herausfinden, was ihm gefällt« (Franck 1993, 751).

Veränderungen des Medien-Dispositivs

Die Veränderungen des Dispositivs bestanden vor allem darin, daß das Fernsehen nicht mehr als eine Instanz auftrat, die die Informationen über die Welt überschaubar bündelte und in den Programmformen einen beschreibbaren, wenn auch nicht mehr in seiner ganzen Angebotsbreite erlebbaren und nachvollziehbaren Kosmos bot. Durch das Nebeneinander von Programmen, die zudem unterschiedliche Reichweiten hatten und nicht überall zugänglich waren, entstand eine Unübersichtlichkeit des Angebots, die mit der der gesellschaftlichen Verhältnisse korrespondierte. Das ›postmoderne‹ Lebensgefühl der achtziger Jahre mit seinem Prinzip des ›anything goes‹ schien in der neuen bunten Fernsehwelt ihren adäquaten Ausdruck zu finden. Das Unbehagen am Fernsehen, das gegen Ende der achtziger Jahre vor allem beim intellektuellen Publikum entstand, resultierte, wie die Kritikerin Barbara Sichtermann feststellte, gerade daraus, daß es das Angebot nicht mehr übersichtlich strukturiert vorfand, sondern die – immer noch vorhandene – anspruchsvolle Kultur im Fernsehen von mehr und mehr banaler und trivialer Unterhaltung überlagert sah (Sichtermann 1994, 9).

Dispositiv und gesellschaftliche Kontexte

Mit dem Wechsel von der sozialliberalen zur christlichliberalen Bundesregierung wurde 1982 zwar eine »geistig-moralische Wende« (Helmut Kohl) verkündet, doch kam es zu keinen grundlegenden politischen Veränderungen. Die innenpolitischen Konfrontationen, die sich Anfang der achtziger Jahre an der Stationierung der Pershing II-Raketen in der Bundesrepublik entzündet und zu einem Erstarken der Friedensbewegung geführt hatten, blieben bestehen. Brokdorf, Wackersdorf und Gorleben gerieten zu neuen Symbolen des Widerstands gegen die Atomkraftwerke. Gleichzeitig beeinflußten zahlreiche Skandale über Parteispenden, Korruption und politischen Machtmißbrauch (z.B. die Barschel-Affäre 1987) das politische Klima, so daß der Staat und die gesellschaftlichen Institutionen einen starken Vertrauensverlust erfuhren.

Politische Veränderung des Medienrahmens

Die Arbeitslosigkeit, die schon die sozialliberale Regierung nicht hatte beseitigen können, erwies sich nun als Dauerproblem. Sie stieg allein zwischen 1981 und 1985 von 5,5 Prozent auf 9,3 Prozent, über zwei Millionen Menschen waren damit ohne Arbeit, 1997 hatten sich bereits über 4,5 Mio. Menschen als arbeitslos gemeldet. Hinzu kommen weitere Millionen Arbeitslose, die von der Arbeitslosenversicherung nicht oder nicht mehr erfaßt werden und die teilweise von der Sozialhilfe leben. Damit begann

Arbeitslosigkeit wird zum Dauerproblem

langfristig ein Umbau der Gesellschaft, weil die Vollbeschäftigung immer weniger erreichbar schien. Auch das soziale Miteinander veränderte sich. Die Vereinzelung nahm zu, gewachsene soziale Gemeinschaften wie die Familie verloren an Bedeutung. Die Zahl der Alleinlebenden wuchs bis Anfang der neunziger Jahre auf fast ein Drittel der Haushalte.

Veränderung der Wertesysteme

Die gesellschaftlichen Wertesysteme verschoben sich, wobei sich die unterschiedlichen Wertemuster – von der Ausrichtung auf ein Pflichtverständnis über Konzepte der Selbstentfaltung bis zum Konsumhedonismus – in neuer Weise differenzierten. Gleichzeitig reduzierten neue Gefahren, wie die Ausbreitung neuer Krankheiten (AIDS) und die Drogenabhängigkeit (mit einer wachsenden Zahl von Drogentoten) die vorhandenen Bestrebungen auf zusätzliche individuelle Freiräume. Umweltschutz wurde zu einem zentralen gesellschaftlichen Thema, wobei die Katastrophen in Seveso (1983), Bhopal (1984), Tschernobyl (1986) und die Rheinverschmutzung durch den Chemie-Brand bei Sandoz (1987) das gesellschaftliche Bewußtsein über den weltweiten Raubbau an der Umwelt schärften.

Pluralismus im Kulturbereich

Im Kulturbereich setzte sich ein breiter ›Pluralismus‹ der Stile und Konzepte durch, Jürgen Habermas prägte 1985 den Begriff der »neuen Unübersichtlichkeit« (Habermas 1985). Die ›Postmoderne‹ verstand sich, mit einem Wort des Kulturwissenschaftlers Wolfgang Max Faust, als ein »Patchwork an Möglichkeiten«. Der Zerfall der sozialkritischen Positionen und Zielsetzungen, die noch die siebziger Jahre geprägt hatten, ließ eine als richtungslos erscheinende Vielfalt entstehen. Der Eklektizismus, mit dem in die Geschichte zurückgegriffen und Historisches mit Neuem kombiniert wurde, zeigte sich besonders markant in der Architektur. Innerhalb dieser neuen kulturellen Vielfältigkeit erschien die Ausdehnung der Programmoberflächen des Fernsehens durch die neuen Programme nur folgerichtig. Daß sich dabei in oft rabiater Weise Neues und Altes mischten, entsprach dem postmodernen ›anything goes‹.

12.2 Die Veränderungen des medienpolitischen Rahmens

Zulassung kommerzieller Programme

Die Zulassung kommerzieller Programme geschah nicht handstreichartig, sondern in mehreren Einzelschritten. Der grundsätzliche Dissens zwischen der CDU/CSU und der FDP, die für ein kommerzielles Fernsehen eintraten, und der SPD, die am öffentlich-rechtlichen Rundfunk festhielt und gegen die Einführung kommerzieller Programme war, prägte die Entwicklung. Die Entscheidung der Ministerpräsidenten der Länder, Kabelpilotprojekte einzurichten, die Verkabelungspolitik der CDU/CSU/FDP-Regierung und das BVerG-Urteil von 1981 bildeten den Rahmen für die Einführung kommerzieller Programme. Die SPD, die nach dem Ausscheiden aus der Bundesregierung an ihrer Ablehnung des kommerziellen Fernsehens festgehalten hatte, vollzog jedoch 1983/84 eine ›medienpolitische Wende‹ und akzeptierte die Zulassung kommerzieller Anbieter. Für das Kabelpilotprojekt Ludwigshafen wurde auf der Grundlage des Versuchsgesetzes des Landes Rheinland-Pfalz von 1980 die Anstalt für Kabelkommunikation (AKK) gegründet.

Kabelpilotprojekte

Aufgabe der Kabelpilotprojekte sollte sein, den Bedarf an zusätzlichen Fernsehprogrammen, die Auswirkungen einer Vielzahl von Rundfunkprogrammen und zusätzlichen Diensten zu untersuchen. An kommerzielle Programme war ursprünglich nicht gedacht. So belegten im Kabelpilotprojekt

Ludwigshafen zunächst die öffentlich-rechtlichen Anstalten mit den Hauptprogrammen von ZDF und ARD (das ARD-Programm in drei Varianten mit verschiedenen Regionalsendungen), vier Dritten Programmen und drei zusätzlichen Kabel- bzw. Satellitenprogrammen (3sat, ZDF-Musikkanal, SWF-Kabel) die meisten der 22 Kanäle, hinzu kamen 3 nichtkommerzielle private Kanäle (Bürgerservice, Offener Kanal, Mischkanal) und drei französische Sender (TF 1, Antenne 2, FR 3) und nur vier Kanäle waren mit kommerziellen Anbietern (SAT.1, musicbox, Sky Channel und Telezeitung Rheinpfalz) belegt (Engel u. a. 1985, 24). Den kommerziellen Programmen dienten die Pilotprojekte jedoch rasch als ›Übungsplätze‹.

Telezeitung Rheinpfalz

Die Kabelpilotprojekte hatten eine begrenzte Laufzeit: Ludwigshafen (1984–86), München (1985–86), Dortmund (1985–88) und Berlin (1985–90); doch stand bereits vor Ablauf der Projekte in Ludwigshafen und München fest, daß der einmal vollzogene Einstieg in das kommerzielle Fernsehen nicht wieder rückgängig gemacht werden würde. Umstritten war, inwieweit frühere Anforderungen des Bundesverfassungsgerichts auf Staatsferne, öffentliche Aufsicht, Ausgewogenheit und Minderheitenschutz entsprochen wurde. Deshalb urteilte das Bundesverfassungsgericht nach einer Normenkontrollklage der SPD gegen das Rundfunkgesetz des Landes Niedersachsen am 4. 11. 86 und zog damit einen vorläufigen Schlußstrich unter die medienpolitischen Auseinandersetzungen der letzten Jahre. Dieses sogenannte Niedersachsen-Urteil legte als viertes Fernsehurteil des BVerfG fest, daß kommerzielle, ausschließlich durch Werbung finanzierte Programme zulässig waren und die Vielfaltsforderung an ihre Angebote geringer sein konnten als bei der öffentlich-rechtlichen Konkurrenz. Diese wurde als unerläßlich für die »Grundversorgung« der Bevölkerung mit Informationen, Bildung, Kultur- und Minderheitenprogrammen angesehen. Eine ausreichende Kontrolle aller Programme (auch der kommerziellen) durch entsprechende Gremien (in denen die gesellschaftlich wichtigen Gruppen vertreten zu sein hatten) war zu gewährleisten. Diese Gremien entstanden mit den Landesmedienanstalten. Inwieweit sie ihre Kontrolle jedoch ausreichend ausübten, blieb in der öffentlichen Diskussion umstritten.

Viertes Fernsehurteil des BVerfG

Das BVerfG-Urteil von 1986 ermöglichte die Verabschiedung des hinausgezögerten Rundfunkstaatsvertrags der Ministerpräsidenten, der am 3. 4. 87 unterzeichnet wurde. Mit ihm war die Einführung des kommerziellen Fernsehens bundesweit gesetzlich abgeschlossen. Spätestens seit diesem Zeitpunkt wird von einem »Dualen Rundfunksystem« gesprochen, also davon, daß ein Nebeneinander von kommerziellen und öffentlich-rechtlichen Angeboten existiert. Die Annahme bestand, daß beide Teilsysteme sich die Waage halten könnten. Fünf Jahre später, Ende 1992, bestand daran jedoch aufgrund weitreichender struktureller Verschiebungen bereits berechtigter Zweifel.

Landesmedienanstalten und Rundfunkstaatsvertrag

In wachsendem Maße wurde der Ausbau des Fernsehens durch die internationale Medienentwicklung und durch den Versuch einer europäischen Medienpolitik bestimmt, wie sie sich als gemeinsames Handeln der Europäischen Union abzeichnete. Dabei wurde die Internationalisierung des Fernsehens in der Bundesrepublik durch die komplexe rundfunkrechtliche Situation gebremst, weil nicht allein die Bundesregierung oder die Landesregierungen, sondern immer häufiger das Bundesverfassungsgericht mitzuentscheiden hatte. Die Fernsehurteile des BVerfG seit 1981 waren nicht auf eine schrankenlose Öffnung des Rundfunks für kommerzielle Interessenten ausgerichtet, sondern bildeten eher ein »flexibles Bollwerk gegen die Kommerzialisierung des Rundfunks auf dem Wege zur dualen Rundfunkord-

Internationale Medienentwicklung

nung« (Hoffmann-Riem 1994, 20). In den weiteren Rundfunkurteilen (1987 über das baden-württembergische Landesmediengesetz, 1991 über das nordrhein-westfälische Rundfunkkonzept, 1992 über die Finanzierung des öffentlich-rechtlichen Rundfunks durch Werbung und 1994 über die Staatsfreiheit bei der Festsetzung der Rundfunkgebühren) ging es dem Gericht nicht um die Bestimmung des kommerziellen Rundfunks, sondern immer darum, »den Schutzwall um den öffentlich-rechtlichen Rundfunk auszubauen und dessen gefährdete Überlebensfähigkeit zu sichern« (ebd., 26).

12.3 Die neuen technischen Entwicklungen: Fernsehen per Kabel und Satellit

Ausbau der Kabelnetze

Die Verkabelung der Bundesrepublik hatte schon der sozialdemokratische Postminister Kurt Gscheidle Ende der siebziger Jahre geplant, sie jedoch nur zögernd in Angriff genommen, weil die SPD am Beispiel der USA erkannte, daß die Verkabelung der Kommerzialisierung des Rundfunks den Weg bereitete. So unterblieben Kabelversuchsprojekte, wie sie Bremen und Kassel Mitte der siebziger Jahre geplant hatten. Die ablehnende Haltung der SPD/FDP-Bundesregierung führte jedoch nur zu einer Verzögerung der Entwicklung. Nach dem Wechsel in der Bundesregierung betrieb der CDU-Postminister Christian Schwarz-Schilling ab 1983 einen forcierten Ausbau der Kabelnetze, um auf diese Weise die Durchsetzung des kommerziellen Fernsehens zu ermöglichen. Allein 1983/84 wurden über zwei Millionen Kabelanschlüsse gelegt. Der Postminister sah anfangs die Totalverkabelung der Bundesrepublik vor; 75 Prozent der jeweils verkabelten Haushalte sollten sich binnen acht Jahren ans Netz koppeln lassen, 85 Prozent in elf Jahren und sogar 90 Prozent in sechzehn Jahren (Spiegel Nr. 36/1984, 37). 1983 hatten die Verkabelungskosten jedoch statt der vorgesehenen 13,5 Mrd. DM über 21 Mrd. DM erreicht. Der Postminister veranschlagte daraufhin die Verkabelungskosten auf insgesamt 50 Mrd. DM. Zur Finanzierung diente zwar bereits 1983 der ›Kabelgroschen‹, der mit der Rundfunkgebühr erhoben wurde, aber den Hauptteil der Kosten finanzierte die Post durch andere Einnahmen.

Postminister
Christian Schwarz-Schilling

Die Kabelpilotprojekte mußten nun erweisen, ob die Bundesbürger an dem Breitbandnetz interessiert waren. Für das Ludwigshafener Kabelpilotprojekt, das von seiner Verkabelungsdichte her am weitesten fortgeschritten war, verlangten die gesetzlichen Bestimmungen eine Mindestanschlußdichte von 30.000 Anschlüssen. Bis Ende 1984 ließen sich aber nur 5.000 Bundesbürger anschließen. Ein solches Verhalten war nicht ungewöhnlich, da das Publikum noch keine Vorstellung davon besaß, was es zu erwarten hatte und ob dieses Angebot in einer Relation zu den Kosten stand. Die Gebühren waren zwar anfangs niedrig, doch galt ihre Höhe immer nur als vorläufig. Hinzu kamen weitere Probleme. Im Ludwigshafener Versuchsnetz mußte die Bundespost, weil sie die Kapazität ihrer Kabel überschätzt hatte, für die 22 übertragenen Programme einen zweiten Kabelstrang nachlegen. Zugleich aber zeigten sich beim Stand von rund 5.000 Anschlüssen bereits erste »Ermüdungserscheinungen« (Ministerpräsident Bernhard Vogel) der Programmanbieter, da bei einigen wegen der hohen Kosten und den geringen Werbeeinnahmen das Interesse am Fernsehen nachließ. Auch in München startete das Pilotprojekt nicht mit der erforderlichen Menge an Teilnehmern. Hier kamen anfangs nur 500 Teilnehmer insgesamt zusammen.

Diese Zahl stieg bis Ende 1984 auf ganze 2.000 Anschlüsse. Die CSU-Landesregierung legte deshalb – wie auch die Mainzer Staatskanzlei – einen Gesetzentwurf vor, der den Versuchsprogrammen über das Testgebiet hinaus einen schnelleren Zuschauerzuwachs ermöglichen sollte.

Die abwartende Haltung des Publikums konnte den Bundespostminister in seiner Verkabelungspolitik jedoch nicht irritieren. Die gestiegenen Kosten versuchte er auf die Nutzer der Kabelanschlüsse abzuwälzen, was die Akzeptanz des Kabels nicht unbedingt erhöhte. 1984 entspann sich deshalb eine Debatte über die Finanzierung der Kabelanschlüsse, forciert durch einige Gerichtsurteile, die den Kabelanschluß als Verbesserung des Wohnwertes ansahen, die der Mieter hinzunehmen hatte.

Abwartende Haltung des Publikums

Verkabelung der Bundesrepublik Deutschland

	Anschließbare Haushalte		Angeschloss. Haushalte	
	in Mio.	Versorg.[1]	in Mio.	Versorg.[1]
1982	0,800	3,2	0,400	1,6
1983	1,800	7,0	0,800	3,1
1984	2,900	11,2	1,000	3,8
1985	4,710	18,3	1,535	6,0
1986	6,752	26,2	2,312	9,0
1987	8,859	34,4	3,211	12,5
1988	11,687	45,5	4,622	18,0
1989	13,182	51,2	5,850	22,8
1990	15,956	56,6	8,140	28,9
1991	16,983	64,6	9,349	39,3
1992[3]	18,862	56,7	11,280	33,8
1993	20,671	62,9	13,116	39,3
1994	22,391	67,0	14,447	43,3
1995	23,967	64,1	15,491	41,4
1996	24,702	66,0	16,379	43,8

1) Versorgungsgrad in Prozent aller Haushalte
2) Ab 1889 jeweils zum September des Jahres, davor zum Dezember
3) Ab 1992 einschl. neue Bundesländer

Quelle: Media Perspektiven

Aufgrund der nur langsam steigenden Anschlußdichte und der steigenden Kosten der Verkabelung wollte sich die Bundesregierung auf eine »weitreichende« (gegenüber einer ursprünglich »flächendeckenden«) Verkabelung in Ballungsgebieten und größeren Gemeinden beschränken. Vor allem mit den ab 1990 neu hinzukommenden Bundesländern wurde das ursprüngliche Verkabelungsvorhaben illusorisch. Viele Zuschauer stiegen dort auf den Empfang direkt abstrahlender Satelliten um.

Die Satellitentechnik zählte ebenfalls zum Ausbauprogramm der Bundespost, wurden doch die Programme in die einzelnen Kabelsysteme über die sogenannten »Kopfstationen« vom Sender per Antenne, per Richtfunkstrecke oder über einen Satelliten eingespeist. Neben dafür benötigten Fernmelde- und Rundfunksatelliten, die seit den sechziger Jahren als stationäre Satelliten auf Position gingen, brachte man seit Anfang der achtziger Jahre Rundfunksatelliten in den Weltraum, von denen auf Grund einer stärkeren Sendeleistung Fernsehzuschauer mit kleineren Parabolantennen (60 bis 90 cm Durchmesser) Programme direkt empfangen konnten. Die Weltfunkverwaltungskonferenz (WARC) teilte 1977 der Bundesrepublik fünf Kanäle

Satellitentechnik und Medienausbau

für die Direktsendung von Rundfunkprogrammen zu. Die Stationierung des Satelliten ECS-F1 gab 1984 den Startschuß für die neue Verbreitungstechnik. Der seit 1983 entwickelte TV-SAT 1 wurde im November 1987 in seine Umlaufbahn gebracht, war aber nicht funktionsfähig. Neben anderen Satelliten (TV-SAT 2, Kopernikus) entstand mit den kommerziell betriebenen ASTRA-Satelliten der Luxemburgischen Satellitengesellschaft eine ernsthafte Alternative, da deren Satelliten von den Anbietern unter Umgehung der bundesdeutschen Lizenzierungen belegt werden konnten.

Direktempfang von Satellitenprogrammen

Der Direktempfang von Satellitenprogrammen entwickelte sich jedoch zögernd, da nicht alle terrestrisch empfangbaren Programme auch Satellitenkanäle belegten und die Zahl der zusätzlichen Kanäle anfangs beschränkt war. Erst mit der Positionierung mehrerer ASTRA-Satelliten entwickelte sich der Satellitenempfang in den neunziger Jahren vor allem in ländlichen Regionen, in denen die Verkabelung unrentabel war, und in den neuen Bundesländern, zu einer Alternative, da die Post dort mit der Verkabelung der Haushalte der Nachfrage nicht nachkam.

Individueller Fernsehempfang per Satelliten in Deutschland (in Millionen Haushalte)

	Gesamt absolut	West absolut	Ost absolut
1989	0,135	0,125	0,010
1990	0,985	0,690	0,295
1991	1,810	1,310	0,500
1992	2,710	2,000	0,710

Quelle: Media Perspektiven, eigene Berechnungen

Das zurückhaltende Interesse an den Kabelangeboten führte Mitte der achtziger Jahre dazu, daß die kommerziellen Anbieter, insbesondere SAT.1 und RTL plus, auf die Zuteilung terrestrischer Frequenzen drängten. Die Post überprüfte daraufhin die Frequenzbelegung und stellte einige Kanäle, die als Sicherheitsreserve bzw. für besondere Anlässe freigehalten worden waren, kommerziellen Anbietern zur Verfügung.

Damit schuf die Technik eine völlig neue Distributionssituation. Die neuen Verbreitungstechniken erlaubten eine Vervielfachung der Programme. Da sie jedoch nicht flächendeckend in gleicher Weise verbreitet waren, war das Spektrum der angebotenen Programme nicht nur regional und lokal, sondern auch innerhalb einzelner Kommunen unterschiedlich. Das Medium veränderte dadurch seinen Status: War die terrestrische Ausstrahlung im Prinzip ›für alle‹ erreichbar (die Rundfunkanstalten sicherten in den fünfziger und sechziger Jahren durch den Bau zahlreicher Füll- und Umsetzsender diese Ubiquität der Angebote), so entstand jetzt eine ›Melange‹ unterschiedlicher Verbreitungsformen und -dichten. Dies hatte Folgen für das Medienverständnis und die Programmpraxis.

Unterschiedliche Verbreitungsformen

Empfangbare Fernsehprogramme in den einzelnen Bundesländern 1990

Bundesländer	terrestrisch empfangbare Programme			Per Satellit eingespeiste Programme in Kabelanlagen
	ges. Gebiet	nur teilw.	ausl. Pr.	
Baden-Württemberg	2	7	11	14
Bayern	3	9	5	15
Berlin	7	1	–	17
Bremen	6	4	–	12
Hamburg	11	–	–	15
Hessen	3	12	–	15
Niedersachsen	3	11	3	14
Nordrhein-Westfalen	4	12	7	19
Rheinland-Pfalz	4	13	6	13
Saarland	6	2	7	11
Schleswig-Holstein	4	6	2	15

Quelle: DLM-Jahrbuch 1989/90

In anderen Bereichen der Fernsehtechnik deuteten sich ebenfalls grundlegende Veränderungen an. In der Herstellung der Fernsehgeräte ging man, zunächst aus Kostengründen, zunehmend zum Einsatz digitaler Signalverarbeitungsfunktionen über (Koch 1985, 81). Da die Digitalisierung eine höhere Bild- und Tonqualität bot, wurde sie bei Übertragungs- und Produktionstechniken des Fernsehens eingesetzt. Eine Veränderung der Empfangs- und Wiedergabegeräte kündigte sich an, wobei mehrere Optionen in Aussicht standen. Die Vergrößerung des Bildschirms durch eine Erhöhung der Zeilenzahl von 625 Zeilen auf 1250 Zeilen sollte eine ›kinoähnliche‹ Wiedergabe von Filmen ermöglichen. Dieses hochauflösende Fernsehen (High Definition TV) war jedoch wegen des sich international anbahnenden Streits zwischen Japan, den USA und Europa um den Standard heftig umstritten. Da es zu keiner Einigung kam, zögerte sich die Durchsetzung des HDTV-Fernsehens hinaus, so daß selbst Ende der neunziger Jahre trotz zahlreicher Versuche noch keine allgemeine Einführung des HDTV-Fernsehens zu erkennen ist.

Höhere Bild- und Tonqualität

High Definition TV

Fernsehgerät der 90er

Ebenfalls auf eine Verbesserung der Empfangsqualität zielte die Idee eines ›flachen Bildschirms‹ ab, der auf der Basis von Flüssigkristallen, eines Gasplasma-Rasterschirms und eines Elektroluminanzschirms arbeitete (Koch 1985, 83). Die Flüssigkristall-Technik war bereits entwickelt und ermöglichte in zahlreichen Bereichen der Informationsvermittlung den Einsatz von Displays, welche jedoch über eine begrenzte Größe nicht hinauskamen. Die Herstellung großer Flüssigkristallschirme stieß auf technische Schwierigkeiten, so daß sich eine serienreife Produktion bis Ende der neunziger Jahre verzögerte. Versuche mit dem stereoskopischen oder holographischen Fernsehen (ebd., 84) kamen ebenfalls über das Versuchsstadium nicht hinaus. Die meisten dieser Veränderungen der Empfangstechniken zielten darauf, den Illusionseindruck des Fernsehbildes, dessen Nachteile gegenüber einer Kinoprojektion häufig konstatiert wurden, zu vervollkommnen und sich damit der Kinoqualität in der Bildauflösung und Illusionsdichte anzunähern.

Neben der Vergrößerung des Bildes zeichnete sich eine Entwicklung zu miniaturisierten Bildschirmen ab, so daß sich das Spektrum der Fernsehpräsentation differenzierte. Die Vision bestand, den Fernsehempfänger durch die Steigerung der Übertragungskapazität von Satellit und Kabel

Speicher-, Digital- und Miniaturisierungstechniken

sowie durch den Wandel der Speicher-, Digital- und Miniaturisierungstechniken zu einem multifunktionalen Gerät für zusätzliche elektronische Leistungen zu entwickeln. Eine ZDF-Broschüre prognostizierte 1985: »Der Fernsehapparat wird zum multifunktionalen Heimterminal mit Antennen-, Kabel- und Telefonanschluß, mit Verarbeitungs- und Aufbereitungsintelligenz und mit Anschluß für Videorecorder, Bildplatten und Computerspiele« (Koch 1985, 7). Damit schien die Verschmelzung der verschiedenen Medien zu einem einzigen neuen Medium der Audiovision Wirklichkeit zu werden, wie sie der Medienwissenschaftler Siegfried Zielinski 1989 prognostizierte.

Der Fernseher als Heimterminal

Generell zeigte sich jedoch, daß sich zum einen die neuen Techniken nicht in dem erwarteten Sinne alle durchsetzten und daß sie vor allem nicht dazu führten, den Fernsehapparat zu dem einheitlichen Heimterminal werden zu lassen. Statt dessen kam es in den achtziger Jahren zu einer Durchsetzung des Personalcomputers im privaten Bereich, auf den sich dann über die Verbindung mit neu geschaffenen Netzen (Internet, World Wide Web) zahlreiche der neuen Funktionen (Online-Dienste) ausrichteten, während das Fernsehempfangsgerät weiterhin dem Empfang der Fernsehprogramme und einiger weniger Dienste (Videotext) vorbehalten blieb.

12.4 Die institutionelle Entwicklung der Sender

Die institutionelle Situation des bundesdeutschen Fernsehens in den achtziger Jahren ist durch gegenläufige Entwicklungen gekennzeichnet. Die öffentlich-rechtlichen Anstalten konsolidierten ihre Betriebe und bauten ihre Programme aus. Ihr institutioneller Ausbau war in den Jahrzehnten davor abgeschlossen. Die personelle Ausstattung war gefestigt, was ihnen den Vorwurf einer ›Beamtenhaltung‹ eintrug, als sei die Sicherheit von Beschäftigungsverhältnissen etwas Negatives. Bestimmendes Merkmal der Entwicklung des öffentlich-rechtlichen Fernsehens war deshalb *Kontinuität*, die Veränderungen und Anpassungen an die neuen Verhältnisse einschloß.

Öffentlich-rechtliche Anstalten

Kommerzielle Anbieter

Auf der anderen Seite waren die kommerziellen Anbieter zunächst mit dem Aufbau der eigenen Institutionen und ihrer Durchsetzung als Programmanbieter beschäftigt. Unübersichtlichkeit und *Diskontinuität* bestimmten deshalb das Bild ihrer Entwicklung. Waren es anfangs viele kleine Anbieter und heterogene Anbietergemeinschaften, so traten bald zwei Medienkonzerne in den Vordergrund: Kirch und Bertelsmann. Sie stellten mit ihren diversen Einzelfirmen Unternehmen dar, die – darin den öffentlich-rechtlichen Fernsehanstalten vergleichbar – alle Teilbereiche des Fernsehens von der Produktion bis zur Distribution umfaßten.

Kirch und Bertelsmann

Anders als die öffentlich-rechtlichen Anstalten konstituierten sich die neuen Anbieter als privatrechtlich organisierte Firmen, in der Regel ohne öffentliche Bilanzpflicht. Dieser unterwarf sich aus lizenzstrategischen Gründen erstmals Pro Sieben 1996/97 durch die Umwandlung in eine Aktiengesellschaft. Bei den anderen kommerziellen Anbietern blieben innere Strukturen, Kosten und Gewinne Betriebsgeheimnisse. Damit ergab sich eine paradoxe Situation: Einerseits bildete bei den öffentlich-rechtlichen Anstalten, die ihre ökonomischen Strukturen offenlegten, die Wirtschaftlichkeit ein ständiger öffentlicher Kritikpunkt. Andererseits bemühten sich viele Unternehmen des kommerziellen Fernsehens, die viel von Wirtschaftlichkeit redeten, ihre Beteiligungsverhältnisse, Finanzquellen, Gewinn und Verlust im Dunkeln zu lassen und zu verschleiern. Selbst dort, wo eine Auskunftpflicht gegenüber den Aufsicht führenden Landesmedienanstalten bestand, ließen sich diese als Institutionen der Allgemeinheit (z. B. in der anhaltenden Debatte um Pro Sieben) von den Fernsehunternehmen oft mit unzureichenden Informationen abspeisen. Diese eigentümliche Diskrepanz bestimmte wesentlich das Klima, in dem der Diskurs über die Veränderungen des Fernsehens geführt wurde.

Der Gewinn der Fernsehsender wurde zum neuen Erfolgskriterium, so als sei gesellschaftliche Kommunikation, um die es sich beim Fernsehen bis in die achtziger Jahre hinein handelte, dann besonders gelungen, wenn sie den Firmenbesitzern Profite verschaffte. Der Zeitpunkt, an dem die ersten kommerziellen Fernsehunternehmen in die Gewinnzone vorstießen, wurde deshalb bis Anfang der neunziger Jahre oft diskutiert. Bis 1992 gelang dies jedoch nur RTL, Mitte der neunziger Jahre kam Pro Sieben hinzu, alle anderen Programmanbieter machten Verluste. Daran zeigte sich, daß für den Betrieb eines Fernsehsenders, der ein breites Publikum erreichen wollte, ein beträchtlicher Kapitaleinsatz notwendig war. Die Folge war, daß im Prinzip nur kapitalstarke Unternehmen dauerhaft ins Fernsehen einsteigen konnten.

Gewinnorientierung als Erfolgskriterium der Fernsehkommunikation

Gewinn/Verlust kommerzieller Fernsehsender 1994–1996 (in Millionen DM)

Sender/Gründung	Gewinn/Verlust		Netto-Werbe-Umsatz 1996	Änderung zu 1995 in %
	bislang	1996		
RTL, 1984	405	144	2.051	4,6
SAT.1, 1984	−600	0	1.655	1,9
Pro Sieben, 1989	0	233	1.459	7,2
Premiere, 1991	−600	−40	700	40,0
n-tv, 1992	−250	−50	78	20,0
DSF, 1993	−750	−130	100	42,8
Vox, 1993	−700	−40	205	81,4
RTL 2, 1993	−450	−90	404	23,7
Super RTL, 1995	−120	−40	77	285,0
Nickelodeon, 1995	−100	−50	20	–
TM 3, 1995	−100	−50	10	–
Regional-, Musik-, Spartenkanäle	−475			

Quelle: Der Spiegel 31/1997

Die Entstehung kommerzieller Programme in Deutschland in den ersten zehn Jahren, läßt sich grob in drei Phasen einteilen. In der *ersten* Phase von 1983 bis 1987 entstanden neben zahlreichen lokalen und regionalen Anbietern die beiden bundesweit ausgestrahlten Programme RTL plus und SAT.1, die dann als ›Flaggschiffe‹ des Bertelsmann-Konzerns bzw. des Kirch-Konzerns die weitere Entwicklung und die Diskussion über das kommerzielle Programm bestimmten. In der *zweiten* Phase von 1987 bis 1993 wurden einerseits aus den mit eigener Lizenz arbeitenden kleineren Programmen durch Veränderung der Gesellschafterzusammensetzung neue Programme (in der Regel mit anderen Konzepten) geformt und andererseits neue Programme gegründet. Bei Kirch kam unter dem Anspruch, ein Kirch-unabhängiges Programm zu sein, Pro Sieben hinzu, das aus Eureka entstand, sowie das Deutsche Sportfernsehen, das aus Tele 5 hervorging, wobei wiederum Tele 5 aus der musicbox entstanden war. Bei Bertelsmann kamen mit Vox und RTL 2 jeweils Neugründungen hinzu. In der *dritten* Phase ab

Drei Phasen der Durchsetzung kommerzieller Programme

1995 etablierten sich weitere neue Programme (Viva, Onyx, TM 3 u.a.) als Spartenkanäle durch Lizenzierung.

Bei allen diesen Programmen und ihren Anbietern handelt es sich um durch Werbung finanzierte Programme (»Free Television«). Einen Sonderfall stellt das durch Abonnenten finanzierte Programm Premiere (»Pay Television«) dar, dem aufgrund seiner Besitzverhältnisse eine Art Zwischenstellung zwischen dem Bertelsmann- und dem Kirch-Konzern zukommt. *Werbefinanzierte Programme* Das Entstehen einer Vielzahl werbefinanzierter Programme, das zunächst als Ausdruck der Potenz des kommerziellen Fernsehens erschien, galt bereits in der zweiten Hälfte der neunziger Jahre als Hindernis bei der Durchsetzung eines durch Abonnenten finanzierten digitalen Fernsehens. Für große Zuschauergruppen war der zusätzliche Gebrauchswert eines solchen Angebots angesichts der bestehenden ›frei‹ empfangbaren werbefinanzierten Kanäle nicht ersichtlich. Die Kommerzialisierung des Fernsehens hatte sich in ihrem Expansionsdrang damit ›selbst ein Bein gestellt‹. Zudem erwies sich die Mehrzahl der werbefinanzierten Programme als auf längere Sicht hin nicht rentabel.

Sahen die öffentlich-rechtlichen Veranstalter seit jeher ihr Ideal in der Einheit von Produktion und Distribution und verstanden die Ausstrahlung von zusätzlich eingekauften Sendungen als Notbehelf, so verstanden sich die kommerziellen Veranstalter vor allem als Sender, die im Idealfall nichts oder nur wenig selbst produzierten und ihre Kanäle am liebsten mit preiswert eingekaufter ›Programmware‹ füllten. Vor allem amerikanische Serien und Kinofilme erwiesen sich als kostengünstig, weil sie in großen Mengen vorhanden waren, ihre Produktionskosten bereits eingespielt hatten und deshalb wenig kosteten. In den neunziger Jahren vergaben die kommerziellen Anbieter zunehmend bis dahin selbstproduzierte Sendungen an Auftragsfirmen, die oft den Entertainern (Hans Meiser mit seiner Firma creatv, Linda de Mol mit Mols Productions) gehörten (Stolte 1992, 26).

Auseinandertreten von Programmproduktion und -distribution Das Auseinandertreten von Programmproduktion und -distribution war nicht völlig neu, es entsprach einem langfristigen Trend der Fernsehentwicklung und hatte bereits bei den öffentlich-rechtlichen Anstalten in den sechziger Jahren zu Formen der Auftragsproduktion geführt (vgl. Kap. 6.3). Diese Entwicklung, die kleinere Filmproduktionsfirmen begünstigte, wurde jedoch durch die Konzentrationsbewegung in der Film- und Fernsehwirtschaft unterlaufen. Bertelsmann und Kirch sind praktisch auf allen Ebenen von der Produktion bis zur Distribution vertreten. Die Konzentrationsentwicklung führte zu neuen Konflikten, da z.B. Kirch einerseits Sender- und Programmbetreiber war, andererseits als quasimonopolistischer Programmzwischenhändler auf die Programmgestaltung seiner Konkurrenten Einfluß nahm.

In dem Maße, wie die kommerziellen Programme an Reichweite gewannen und sich ihre Werbeeinnahmen steigerten, wuchs zumeist der Aufwand für Eigenproduktionen. Dabei setzte RTL von vornherein stärker auf Eigenproduktion als SAT.1, das stärker eingekaufte Filme und Serien abspielte. Dabei lassen sich in den einzelnen Etappen des Aufbaus von SAT.1 durchaus unterschiedliche Programmstrategien beobachten. So gab es in der Anfangszeit des Senders die Entwicklung eigenständiger Magazinsendungen der Zeitungsverleger, diese wurde jedoch eingestellt und durch das Abspiel von Serien und Spielfilmen aus den Beständen Kirchs ersetzt.

RTL: Aufwand für Eigen-, Auftrags- und Fremdproduktionen 1990–1994
(in Mio. DM)

Jahr	Eigenprod.	Auftragsprod.	gekaufte Fremdprod.
1990	180	20	470
1991	270	60	350
1992	290	300	170
1993	320	540	260
1994[1)]	340	580	200

1) Prognose

Quelle: RTL 1994

Neue Anbieter und Aufbau kommerzieller Programme

Die Einrichtung kommerzieller Programme war mit der Forderung begründet worden, man müsse das ›Monopol‹ der öffentlich-rechtlichen Anstalten brechen und damit eine neue ›Meinungsvielfalt‹ schaffen. Eine Angebotsdifferenzierung wurde damit verlangt, auch wenn hinter der Forderung ökonomische Interessen als Auslöser vermutet werden können. Juristisch trat dem Konzept der ›Binnenpluralität‹, die den öffentlich-rechtlichen Programmen auferlegt ist, das Modell der ›Außenpluralität‹ gegenüber, bei der verschiedene Anbieter durchaus einseitige Programme anbieten, die in ihrer Summe jedoch wiederum alle wesentlichen Informationen bereitstellen sollten. Das außenpluralistische Modell setzte für seine Funktionsfähigkeit jedoch eine »große Anzahl miteinander konkurrierender Vollprogramme« voraus (Hoffmann-Riem 1984, 42), von der in den achtziger Jahren jedoch noch keine Rede sein konnte. Praktische Folge der Forderung nach mehr Medienvielfalt war es deshalb, bei der Zulassung Programme zu begünstigen, die von mehreren Anbietern getragen wurden bzw. viele kleinere Unternehmen als Anbieter zuzulassen.

Viele kleinere Unternehmen als Anbieter

Bei der Zulassung neuer Programmanbieter verfolgten die Landesmedienanstalten unterschiedliche Strategien: Ging es z.B. in Bayern, Baden-Württemberg und Rheinland-Pfalz vor allem darum, lokale und regionale Unternehmen zu bevorzugen, setzten später andere Länder stärker auf die finanzielle Potenz der Bewerber und begünstigten die großen überregionalen Anbieter.

Im Kabelpilotprojekt Ludwigshafen waren deshalb zu Beginn neben anderen der Rheinpfalz-Verlag, die Frankfurter Allgemeine Zeitung, die Programmgesellschaft für Kabel- und Satellitenrundfunk (PKS) und der Ravensburger Otto-Maier-Verlag beteiligt. Bereits im Juli 1984 konnte der AKK-Geschäftsführer Claus Detjen von 65 Programmveranstaltern und elf Programmen sprechen, die im Pilotprojekt vertreten waren. Anfang 1984 kam es zur Belegung der Satellitenkanäle des Fernmeldesatelliten ECS 1, unter anderen erhielten die PKS und die Frankfurter Allgemeine Zeitung einen Kanal, über den sie ihr Programm, das sie bereits im Kabelpilotprojekt Ludwigshafen zeigten, ausstrahlten. Über diese Satellitenbelegung kamen diese Programme auch in das Münchner Kabelpilotprojekt.

Kabelpilotprojekt Ludwigshafen

In Bayern z.B. wurden FIB – Freising im Bild (1982), die ABM – Arbeitsgemeinschaft Behinderte in den Medien (1984), Bayern Journal München (1984), tv münchen (1985), Unser kleines Theater (1985), Tele Regional Passau (1985), das Isar-TV Regional (Altötting) (1986), INTV

Regionalfernsehen Ingolstadt (1986) und viele andere in den Folgejahren zugelassen, die sich mit lokalen und regionalen Programmen unterschiedlichster Art profilierten und später oft die lokalen Fenster der landesweiten ›Vollprogramme‹ RTL, SAT.1 und Pro Sieben füllten (vgl. ALM 1996).

Rundfunkstaatsvertrag von 1987

Aus der Überlegung, eine Vielfalt der Angebote zu fördern, resultierten auch die Konzentrationseinschränkungen im Rundfunkstaatsvertrag von 1987, die diese Pluralität sichern sollten. Programme sollten danach von mehreren Unternehmen betrieben werden, kein Unternehmen durfte an mehr als an einem Vollprogramm und einem Spartenprogramm mit einem Mehrheitsanteil vertreten sein. Der enorme Kapitaleinsatz, der zur Durchsetzung eines bundesweiten Programms notwendig war, führte aber fast zwangsläufig dazu, daß kapitalstarke Konzerne das Geschehen bestimmten. Die medienpolitische Entwicklung bis zur Novellierung des Staatsvertrags 1996 lief deshalb auf eine Lockerung der Konzentrationsbeschränkungen hinaus.

Konkurrenz der Medienkonglomerate

Zwei sich konträr gegenüberstehende Medienkonglomerate bildeten sich heraus, die die Ausgestaltung des kommerziellen Fernsehens beherrschten und vorantrieben: die Kirch-Springer-Gruppe und die Bertelsmann-CLT-Gruppe. Bei beiden Konzerngruppen, die in den Folgejahren im Fernsehbereich stark expandierten, handelte es sich um Firmenkonglomerate, wobei die Bertelsmann-Gruppe vor allem im Printbereich (Buchklubs, Buchverlage, Zeitschriften- und Zeitungsverlage) ihren Schwerpunkt hatte, während Kirch seinen im Filmhandel, der Film- und Fernsehsynchronisation, -produktion und im Videobereich besaß. Kennzeichen der Kirch-Gruppe ist, daß die Struktur der Besitzverhältnisse undurchsichtig blieb und zahlreiche Beteiligungen erst nach und nach aufgedeckt wurden (vgl. Radtke 1994). Gerade daß neben der Geheimniskrämerei um die Besitzverhältnisse, die Vermutungen um zahlreiche unerlaubte Beteiligungen und der Verdacht eines politischen Sendungsbewußtseins Kirchs bestand, führte zu politischen Medienängsten in den späten achtziger und frühen neunziger Jahren. Auch wenn der Bertelsmann-Konzern aufgrund seiner weltweiten Aktivitäten finanziell sehr viel stärker war, wurde bei seinem Fernsehengagement aufgrund seiner offeneren Geschäftspolitik keine Gefährdung der Demokratie angenommen.

Gründung und Aufbau von RTL

CLT/RTL plus

Bereits im Dezember 1983 hatten der Bertelsmann-Konzern und die luxemburgische Compagnie Luxembourgeoise de Télédiffusion (CLT) das Fernsehunternehmen RTL plus gegründet und die Absicht erklärt, ab Januar 1984 von Luxemburg aus ein deutschsprachiges Programm auszustrahlen.

Ufa Film und Fernsehen GmbH

Die Ufa Film und Fernsehen GmbH, eine 100-prozentige Tochter von Bertelsmann, hielt zunächst 40 Prozent der Anteile an dem Fernsehsender (Kopper 1992, 407). Programmdirektor wurde der ehemalige Justitiar des österreichischen Fernsehens Helmut Thoma. Das Programm war zunächst nur im Saarland, Rheinland-Pfalz und Teilen von Nordrhein-Westfalen zu sehen.

Ab Oktober 1984 wurde das Programm auch über den französischen direkt empfangbaren Satelliten TDF 1 innerhalb der gesamten Bundesrepublik ausgestrahlt, ab 28. 8. 85 über den ECS-Satelliten. Als ausländischer Sender hatte RTL jedoch Schwierigkeiten bei der Einspeisung in die Kabelnetze. Ab 1986 beteiligte sich die WAZ-Gruppe, Besitzerin von vier wichtigen Tageszeitungen im Ruhrgebiet, an RTL plus. 1987 kamen die

FAZ, Burda und die Kabelmedia-Programmgesellschaft hinzu und übernahmen kleinere Anteile von der CLT. Damit war RTL plus zu einer mehrheitlich bundesdeutschen Programmgesellschaft geworden. 1987, als mit dem Rundfunkstaatsvertrag sichtbar geworden war, daß die von den Ländern betriebene Rundfunkpolitik sich mehr und mehr zur Standortpolitik entwickelte, verlegte der Sender seinen Hauptsitz nach Köln und den Filmeinkauf, Filmproduktion und Synchronisation nach München. Mit der Zuteilung terrestrischer Frequenzen, zunächst in Kaiserslautern, Koblenz, München und Hamburg, ab 1988 auch in Nordrhein-Westfalen (Aachen, Bochum, Dortmund, Düsseldorf und Wesel) kam dann der Anstieg der Einschaltquoten. Am 1. 12. 92 erschien RTL zum ersten Mal mit einem neuen Logo ohne »plus«, um dadurch eine Gemeinsamkeit mit anderen europäischen RTL-Programmen zu signalisieren.

Helmut Thoma, beim Sendestart von RTL am 2.1.1984

Besaßen die luxemburger Veranstalter vor allem in der Radioproduktion und weniger im Fernsehen Erfahrungen, so war ihre Arbeit dadurch erschwert, daß sie, anders als SAT.1, keinen Zugang zu großen Filmstöcken und Programmarchiven besaßen. Das seit dem 2. 1. 84 ausgestrahlte fünfstündige Programm enthielt Fenster für Lokalsendungen, die anfangs von der Saarbrücker Zeitung und der Rhein-Zeitung, Regionalzeitungen, die zum Bertelsmann-Konzern gehörten, später auch von anderen produziert wurden. Aus der Not entstand ein Fernsehprogramm, das, nach den Worten seines Programmdirektors Helmut Thoma, »nicht nur erfrischend anders, sondern manchmal auch erschreckend anders« war. Mit der Verlegung der Senderzentrale nach Köln begann eine neue Phase der expansiven Programmpolitik, die den Sender bis 1992 zum ›Marktführer‹, also zum Anbieter mit dem größten prozentualen Anteil an der Fernsehnutzung, machte.

»Nicht nur erfrischend anders, sondern manchmal auch erschreckend anders«

Aufbau von SAT.1

Am 28. 2. 84 gründeten 165 Zeitungen die Fernsehgesellschaft Aktuell Presse Fernsehen (APF) mit einem Startkapital von 66 Mio. DM. APF sollte ein aktuelles Informationsprogramm produzieren, während die PKS (Programmgesellschaft für Kabel- und Satellitenrundfunk) für das Unterhaltungsangebot sorgen sollte. Daraus entstand das Fernsehprogramm SAT.1, das am 1. 1. 85 startete. Die täglichen Nachrichtensendungen produzierte APF. 60 Prozent der Beiträge steuerte die PKS bei, von den Verlagen Bauer, Burda, Holtzbrinck und Springer kamen Unterhaltungsmagazine, weitere Unternehmen wie der Otto-Maier-Verlag, die FAZ, die Kabel-Media-Programm-Gesellschaft und die Neue Mediengesellschaft Ulm waren mit anderen Sendungen dabei. Die PKS nutzte den Fundus des Filmhändlers Leo Kirch, der den öffentlich-rechtlichen Sendern Filme und Serien verkaufte; Burda, Springer und andere Zeitungsverlage beteiligten sich mit eingekauften Sendungen.

SAT.1

So gemischt das Programm anfangs aussah, so sehr dominierte schon bald die PKS mit den Programmen, die Leo Kirch aus seinem Filmlager lieferte. Da in der Anfangszeit wenig Geld vorhanden war und die geringe Zuschauerzahl das neue Programm für die Werbung nicht sehr interessant machte, durften die Programmkosten nicht hoch sein. Dies führte dazu, die schon vorhandenen und amortisierten Programme, die bei Leo Kirch lagerten, einzusetzen. Der Anteil alter amerikanischer Kinospielfilme und alter amerikanischer Serien am Programm war deshalb in der Anfangszeit besonders hoch. Dies wiederum machte die neuen Programme für viele Zuschauer nicht sehr attraktiv.

Die Rolle der Kirch-Gruppe

Darüber, wann die kommerziellen Programme rentabel sein würden, gab es unterschiedliche Einschätzungen. Helmut Thoma, Programmdirektor von RTL plus, prognostizierte beispielsweise 1984: »Noch in fünf Jahren werden die Öffentlich-Rechtlichen die Privaten gar nicht spüren«. Einige Verlage hatten jedoch kürzere Anlaufzeiten angenommen. Weil die Werbeeinnahmen nicht im erwarteten Maße flossen, gab es bereits 1986 Veränderungen im Konsortium der SAT.1-Programmanbieter. »Nur spärliche 7,5 Millionen Mark Nettoeinnahmen aus der Werbung zählten die Großverlage 1985 in ihrer Kasse – gegenüber Gesamtaufwendungen von 250 Millionen Mark«, konstatierte Preissner-Polte 1986. Dies bedeutete, daß die Zeitungsverleger mehr Kapital investieren mußten. Dazu waren nicht alle bereit. Bei RTL plus waren die Verluste aufgrund einer geschickteren Geschäftspolitik deutlich geringer. Wegen der hohen Kosten verließ eine Reihe von Zeitungsverlagen deshalb das SAT.1-Konsortium. Auch hatte es interne Führungskonflikte gegeben hatte. Die Frankfurter Allgemeine Zeitung, der Bauer-Verlag, der Burda-Verlag und die Kabel-Media-Programm-Gesellschaft (musicbox) verkauften ihre Anteile an die Mitgesellschafter, FAZ und Kabelmedia-Gesellschaft wanderten sogar zum Konkurrenten RTL plus ab. Stärkste SAT.1-Anteilseigner blieben Kirch und Springer.

Das Auftreten weiterer Anbieter

Eureka TV

Auf der Ebene bundesweiter Programme kam es in den folgenden Jahren zur Gründung weiterer Sendeunternehmen. Im November 1986 gründete der Hauptgesellschafter der Handelskette Allkauf/Selgross, Gerhard Ackermans, zusammen mit anderen Gesellschaftern den Sender Eureka TV, der ab 1. 5. 87 als ›Vollprogramm‹ auf Sendung ging. Er gab sich jedoch bald darauf als »Nachrichten- und Informationssender« (Radtke 1994, 243), also als ein Spartenprogramm, aus, ohne daß dies die Aufsicht führende Landesmedienanstalt von Schleswig-Holstein zum Einschreiten veranlaßt hätte. Da sich das Programm vor allem aus Kaufproduktionen amerikanischen Ursprungs zusammensetzte, die aus finanziellen Gründen teilweise nicht übersetzt wurden, stieß das Programm auf geringe Resonanz.

Pro Sieben

Ackermans verkaufte seinen Sender nach großen Verlusten 1988 an Thomas Kirch, den Sohn des Filmrechtehändlers Leo Kirch, der Georg Kofler als Geschäftsführer einsetzte und den Sender in das Unterhaltungsprogramm Pro 7 (später Pro Sieben) umwandelte (vgl. Gülker/Bleicher 1997a, 113 f.). Um die Besitzverhältnisse kam es in der Folgezeit zu anhaltenden öffentlichen Kontroversen, weil eine direkte (und rundfunkrechtlich nicht zulässige) Beteiligung Leo Kirchs nahe lag, aber die Anteilshalter die Besitzverhältnisse nicht offenlegten (Radtke 1994, 239 ff.). Weil die Lizenzerteilung zwischen den verschiedenen lizenzgebenden Landesmedienanstalten strittig blieb und immer wieder der Entzug der Lizenz drohte, kündigte Kofler 1994 die Umwandlung von Pro Sieben in eine Aktiengesellschaft an, die 1996 vollzogen wurde. Mit dem Eintritt der Rewe-Einzelhandelsgruppe in den Gesellschafterkreis, der Reduktion des Anteils von Thomas Kirch und dem Gang der Pro Sieben-Aktiengesellschaft an die Börse war gleichzeitig der Wechsel von der schleswig-holsteinischen zur berlin-brandenburgischen Landesmedienanstalt als zuständige Aufsichtsbehörde verbunden. Auch wenn diese Bemühungen vor allem dazu dienten, die Zugehörigkeit von Pro Sieben zur Kirch-Gruppe zu kaschieren, war doch, nicht zuletzt aufgrund der öffentlichen Kontroversen zwischen Pro Sieben und RTL, deutlich, daß Pro Sieben zumindest zum Konglomerat der Kirch/Springer-Fernsehunternehmen zu rechnen war.

Pro Sieben legte sich 1992 mit dem Kabelkanal ein weiteres Programm zu, bei dem Pro Sieben und Otto Beisheim (Metro, Kaufhof) mit jeweils 45 Prozent und Georg Kofler mit 10 Prozent die Anteile hielten. Der 1994 in Kabel 1 umbenannte Kabelkanal verstand sich als Spartenkanal für Unterhaltung (Spielfilme, Serien) und diente (wie RTL 2 für RTL) als sogenannter »Spin-off-Kanal«, der auf Sendungen zurückgriff, die beim sogenannten ›Mutterkanal‹ bereits gelaufen waren, und diese noch einmal verwertete. Diese Programmvermehrung und die Bildung von Senderfamilien wurde gerade dort notwendig, wo die Konzernbildung wie bei Kirch auf den Besitz und die Verwertung von Programmrechten gründete und durch umstrittene Geschäftsvorgänge Kapitalknappheit bestand (vgl. dazu Radtke 1994).

Kabel 1 und RTL 2

Beispielhaft waren auch die Programmtransformationen auf dem Wege zum Deutschen Sportfernsehen. Der von Wolfgang Fischer bereits 1983 gegründete Videoclip-Kanal musicbox (an seiner Kabel-Media-Programm-Gesellschaft war der Filmkaufmann Herbert Kloiber beteiligt) wurde zunächst in Kabelpilotprojekten ausgestrahlt, ab 1985 auch über Satellit. Seit 1988 firmierte das Programm unter dem Namen Tele 5, wobei anfangs ebenfalls Musiksendungen und Videoclips dominierten. Mit der Neustrukturierung der Gesellschafterzusammensetzung 1990 (29 Prozent Springer, 26 Prozent Tele München, 24 Prozent CLT, 21 Prozent Rete Italia) wurde versucht, das Programm zu einem »Familien-Vollprogramm« (vgl. Scherer 1997, 153) umzubauen. Dieses Konzept schien sich zunächst zu bewähren, bis CLT wegen eines stärkeren Engagements bei RTL 2 ausstieg und sich Springer und Berlusconis Rete Italia die Anteile teilten. Die Bedenken der Landesmedienanstalten wegen der Dominanz des Springer-Verlags, der maßgeblich an SAT.1 beteiligt ist, führte zu neuen Verschiebungen der Gesellschafteranteile. Kirch stieg mit 24,5 Prozent ein und funktionierte das Programm zu einem Spartenkanal für Sport um. Damit kam es zum erneuten Lizenzstreit mit den Landesmedienanstalten. Bis 1996 änderten sich noch mehrmals die Gesellschafterzusammensetzungen, entscheidend blieb jedoch der dominante Einfluß von Kirch und Springer, die in diesem Kanal einen spezifischen Abspielort für die von ihrer gemeinsamen Sportrechte-Firma ISPR erworbenen Sportsendungen besaßen.

Deutsches Sportfernsehen

Auf der Gegenseite mußte nun Bertelsmann mit Sender-Neugründungen nachziehen, um konkurrenzfähig zu bleiben. Anfang der neunziger Jahre war in Nordrhein-Westfalen die Idee eines informationsorientierten ›Westschienenkanals‹ entstanden, die zur Gründung von Vox führte. Den Sender hielten Bertelsmann, Holtzbrinck, die Verlage der »Süddeutschen Zeitung«, der »Zeit«, des »Spiegels«, und die von dem Filmregisseur Alexander Kluge gegründete Produktionsfirma dctp (Development Company for Television Programmes). Der Sender begann am 25. 1. 93 mit der Programmausstrahlung. Das stark informationsbezogene Programm erreichte jedoch nicht die erwarteten Einschaltquoten, so daß einige Gesellschafter ausstiegen. Bertelsmann wollte das Programm bereits im Frühjahr 1994 einstellen; Kluges dctp organisierte jedoch ein Notprogramm, bis im Juli 1994 der Murdoch-Konzern einstieg und ein stärker unterhaltungsbezogenes Programmkonzept entstand. Auch hier kam es wegen des Programmumbaus zu öffentlichen Auseinandersetzungen mit den Landesmedienanstalten. Dabei spielte sich ein eigentümliches Spiel ein: Während die CDU-geführten Landesmedienanstalten die Expansionspolitik der Kirch-Gruppe stützten, förderten die SPD-nahen Landesmedienanstalten die Fernsehsender der Bertels-

Vox

dctp

mann-Gruppe. Fehlverhalten und Versäumnisse des einen machte jeweils der andere lautstark publik, weil er sich davon Marktvorteile für seine Seite erhoffte.

MTV und n-tv

Neben diesen Sendern kamen noch weitere Spartenkanäle hinzu, die entweder Ableger amerikanischer Programme (wie der 1981 in den USA gegründete und seit 1988 in Deutschland empfangbare englischsprachige Videoclip-Musikkanal MTV) waren oder das Konzept amerikanischer Programme nachahmten, wie z. B. das Nachrichtenprogramm n-tv, das sich am Vorbild CNN orientierte.

Abonnentenfernsehen

Eine Sonderstellung nahm und nimmt das Abonnentenfernsehen ein. Mit seinem Pay-TV-Programm Teleclub hatte Kirch versucht, sich an dem erfolgreichen französischen, von Abonnenten finanzierten Programm Canal Plus orientierend, in Deutschland eine vergleichbares Programm aufzubauen. Da das Angebot an attraktiven Spielfilmen in den öffentlich-rechtlichen und den werbefinanzierten kommerziellen Programmen groß war, konnte sich das Abonnementsfernsehen nicht durchsetzen. Zwischen der Ufa von Bertelsmann und Canal Plus (je 37,5 Prozent der Anteile) und Teleclub von Kirch (25 Prozent) kam es deshalb seit Januar 1990 zu einer Zusammenarbeit im gemeinsam betriebenen Programm Premiere. Am 28. 2. 91 ging Premiere auf Sendung. Zu den ehemals 40.000 Teleclub-Mitgliedern kamen weitere hinzu, so daß das Programm 1996/97 bereits eine Million Abonnenten aufweisen konnte.

Premiere

dctp und Kanal 4 als Fensterproduzenten

Die Zulassung kommerzieller Anbieter seit Mitte der achtziger Jahre führte zu einer explosionsartigen Vermehrung des Fernsehangebots mit der Folge einer wachsenden Nachfrage nach neu produzierten Sendungen. Im Umkreis der Sender entstanden neue Produktionsfirmen, oft direkt oder indirekt mit einzelnen Sendern verbunden. Zum einen entsprach dies der Tendenz der Auslagerung der Programmproduktion aus den Sendebetrieben, zum anderen gab es gerade bei der Lizenzierung der kommerziellen ›Vollprogramme‹ Auflagen für die Produktion regionaler oder kultureller Fenster durch andere Produzenten. So produzierten z. B. mit eigener Lizenz Alexander Kluges dctp für RTL plus, SAT.1 und Vox, die Kölner Produktionsfirma Kanal 4 für RTL plus, SAT.1 und Pro Sieben kulturelle Sendungen. Die Absicherung der Programmproduzenten durch eigene Lizenzen, wie z. B. bei dctp und Kanal 4, erwies sich vor allem im Konfliktfall als hilfreich: Die großen Sender konnten die Fensterproduzenten nicht aus ihrem Programm vertreiben, wollten sie ihre eigene Lizenz nicht gefährden.

Fernsehen als prosperierende Wirtschaftsbranche

Das Fernsehen galt nun als eine prosperierende Wirtschaftsbranche, die branchenfremdes Kapital anzog. Ökonomisch blieben die öffentlich-rechtlichen Anstalten mit ihrer Finanzierung aus Gebühren und den (wenn auch stark abnehmenden) Werbeeinnahmen bis Anfang der neunziger Jahre dominant, doch erzeugten die neuen kommerziellen Anbieter eine ganz neue Dynamik.

12.5 Programmstrukturen und -konzepte

Es lag nahe, daß sich durch die Programmvermehrung und das Hinzukommen neuer Anbieter, die in sehr viel geringerem Maße inhaltlichen Auflagen in der Programmgestaltung unterworfen waren, neue Angebotsstrukturen ergaben. Aber auch die öffentlich-rechtlichen Anstalten reagierten auf die neue Konkurrenz, die nicht mehr einen abgemilderten ›Kontrast‹ bildete, sondern einen verschärften Kampf um den Zuschauer betreibt.

Quantitativer Ausbau öffentlich-rechtlicher und kommerzieller Programme

Die Möglichkeit der Programmverbreitung unabhängig von den terrestrischen Frequenzen führte bei ARD und ZDF zur Einrichtung neuer Programme. Im Kabelpilotprojekt Ludwigshafen, später auch in den anderen Pilotprojekten, richtete das ZDF einen ZDF-Musikkanal ein, als Alternative zur deutschsprachigen musicbox und zum englischsprachigen Programm Music Box. Das Volumen des ZDF-Musikkanals betrug ca. 2.200 Stunden im Jahr, das entsprach einer täglichen Sendezeit von ca. 6 Stunden. Daneben präsentierte das ZDF anfangs auch noch ein Programm ZDF 2, in dem zeitversetzt und als Möglichkeit der alternativen Nutzung das Angebot des ZDF-Hauptprogramms ausgestrahlt wurde. Das erwies sich als wenig praktikabel, weil Spielfilme am späten Abend wegen der Jugendschutzbestimmungen nicht früher gesendet und Live-Veranstaltungen ebenfalls schlecht zeitversetzt gezeigt werden konnten. Ab 1. 4. 84 wurde dieses Programm dann über den ECS 1-Satelliten herangeführt und ab 1. 12. 1984 durch das 3sat-Programm ersetzt. Das 3sat-Programm strahlte das ZDF zusammen mit dem österreichischen Fernsehen ORF und dem Schweizer Fernsehen DRS als ein Kulturprogramm per Satellit aus, das sich jedoch ab Ende der achtziger Jahre bereits als ein Vollprogramm verstand. In das 3sat-Programm wurde 1992 der ZDF-Musikkanal integriert. Der Umfang des Programms stieg von durchschnittlich 6,1 Stunden täglich im Jahre 1985 auf 10,2 Stunden im Jahr 1991.

ZDF-Musikkanal

ZDF 2

3sat

Für die ARD hatte der SWF im Kabelpilotprojekt Ludwigshafen ein spezielles Kultur- und Bildungsprogramm, Der schlaue Kanal (SWF-Kabel), angeboten, der sich aus Kindersendungen, dem Telekolleg und Wiederholungen der verschiedensten Bildungsangebote zusammensetzte. Mit dem Ende des Pilotprojekts 1986 wurde dieses Programm eingestellt. Gegenüber dem 3sat-Programm zog die ARD am 29. 3. 86 mit ihrem Satellitenprogramm Eins Plus (Slogan: »Kultur hat ein Programm«) nach, das zuerst über Intelsat V (später auch Kopernikus) ausgestrahlt wurde. Das Programmvolumen stieg von täglich 4 Stunden im Jahr 1986 auf 11 Stunden im Jahr 1992. Da die Ministerpräsidenten der Länder bereits 1991 eine Kooperation der öffentlich-rechtlichen Satelliten-Kulturprogramme gefordert hatten, trat die ARD zum 1. 12. 93 als gleichberechtigter Mitveranstalter in 3sat ein und stellte die Ausstrahlung von Eins Plus ein.

Der schlaue Kanal

Eins Plus

Auf der Grundlage des am 2. 10. 90 zwischen der Bundesrepublik Deutschland und Frankreich geschlossenen Vertrags entstand 1992 das »Europäische Kulturprogramm arte« als französisch-deutsches Gemeinschaftsunternehmen, die ARD und ZDF gemeinsam mit dem französischen Sender La Sept tragen und das am 30. 5. 1992 mit einem fünfstündigen Programm auf Sendung ging.

arte

Bei den Hauptprogrammen von ARD und ZDF stieg der tägliche Programmumfang von 1984 bis 1992 um insgesamt 3,2 bzw. 3,9 Stunden. Die noch bestehenden Programmlücken zwischen dem Vormittags- und dem Nachmittagsprogramm wurden geschlossen. 1992 etablierten ARD und ZDF ein Morgenprogramm. Damit reagierten sie auf kommerzielle Sender, die ihr Angebot über den Tag ausweiteten und eine lückenlose ›Programmfläche‹ anboten. Musicbox präsentierte ab 1986 und Tele 5 ab 1988 bereits erste deutschsprachige Fernsehprogramme ›rund um die Uhr‹, andere Sender folgten. Im Kampf um Marktanteile zählten auch die Punktgewinne in schwach genutzten Sendezeiten nach Mitternacht. Die öffentlich-rechtlichen Programme zogen hier langsam nach. Als Konkurrenzmittel bauten die

Die Veränderung bei den Hauptprogrammen

Öffentlich-rechtlicher Programmausbau

Landesrundfunkanstalten ihre Dritten Programme aus. Dieser Ausbau erfolgte unterschiedlich, der Gesamtumfang der fünf Dritten Programme der alten Bundesrepublik (N 3, WDF, HR 3, S 3 und BF) stieg von 1984 von täglich 39,7 bis 1991 auf 71,0 Stunden.

Der öffentlich-rechtliche Programmausbau war jedoch im Vergleich zu dem der kommerziellen Anbieter bescheiden. Auch wenn offizielle Programmstatistiken der kommerziellen Anbieter nicht vorliegen, ergibt sich aufgrund von Programmuntersuchungen folgendes Bild:

Günter Struve, Programmdirektor des ARD

Quantitative Entwicklung der Fernseh-Vollprogramme 1984 bis 1992
(in Stunden pro Tag im Jahresdurchschnitt)

	ARD[1]	ZDF[3]	Dritte Pr. insg.[4]	RTL plus	SAT.1	Tele5	Pro 7
1984	12,8	12,7	39,7				
1985	12,9	12,8	41,5	11,2	11,2		
1986	13,3	13,0	40,0	7,1	9,7		
1987	13,3	13,0	45,4	7,8	7,6		
1988	13,8	13,0	49,1	12,0	18,7	24,0	
1989	14,0	14,1	58,8	18,2	18,9	10,5	8,6
1990	15,2	14,8	60,5	20,7	19,3	24,0	23,2
1991	15,4	15,5	71,0	21,4	20,0	24,0	23,5
1992	16,0	16,6	101,0	24,0	22,4	24,0	23,5

1) ARD-Programm inkl. Regional- und Werbeprogramm des WDR (stellv. für andere Regional- und Werbeprogramme), ARD-Anteil des Vormittagsprogramms
2) im Jahresdurchschnitt
3) inkl. ZDF-Anteil am Vormittagsprogramm
4) Die Dritten Programme (ohne das gesondert ausgewiesene Schulfernsehen) wurden aufgrund ihrer regionalen terrestrischen Ausstrahlung allenfalls parallel an den Grenzen der Sendegebiete angeboten. Nicht alle Dritten Programme wurden außerhalb ihres eigentlichen Sendegebietes in Kabelnetze eingespeist. Ab 1992 inkl. der Dritten Programme des MDR und ORB.

Quelle: Statistische Jahrbücher, Media Perspektiven 1997, Krüger 1992, eigene Berechnungen

Die Ausweitung des Fernsehangebots wird bei der Betrachtung eines einzelnen Empfangsgebiets besonders deutlich. In Berlin entwickelte sich das empfangbare Fernsehangebot z. B. folgendermaßen:

Quantitative Entwicklung des Fernsehangebots in Berlin 1986–1992

Zahl der Programme	1986	1988	1990	1992
Öffentlich-rechtliche Programme	5	8	9	11
DDR-Programme	2	2	2	–
Kommerzielle Programme	7	8	15	21
(davon fremdsprachig)	(4)	(5)	(9)	(9)
(davon Lokalanbieter)	(1)	(1)	(3)	(6)
Mischkanäle	1	1	1	1
Offene Kanäle	1	1	1	1
Programme insgesamt	16	20	28	34
Programmangebot insgesamt in Stunden pro Tag	144,6	214,0	409,9	493,0

Quelle: ARD- und ZDF-Jahrbücher, Programmankündigungen, eig. Berechnungen

Internationalisierung des Angebots

Zur Ausweitung des Programmangebots trug die Belegung der Kabelkanäle und Frequenzen mit fremdsprachigen Programmen bei. Zusätzlich kamen weitere, hier nicht erfaßte internationale Programme beim Empfang direkt abstrahlender Satelliten hinzu. Mit dieser Internationalisierung veränderte sich die Angebotsstruktur grundlegend. Deutschland war damit zum Fernsehmarkt für internationale Programme geworden, auf die der Staat als Ordnungsmacht nur noch geringe Einflußmöglichkeiten besaß. Die Ausweitung der Programme bedeutete deshalb nicht nur eine quantitative Vervielfachung des Bestehenden, sondern beinhaltete medienpolitisch einen fundamentalen Wechsel dessen, was als Fernsehen in Deutschland zu gelten hatte.

Internationalisierung des Empfangs

Das öffentlich-rechtliche Fernsehen war – bei allen Unterschieden der beiden Hauptprogramme und der Dritten Programme – von der gemeinsamen Vorstellung geprägt, das Programm als eine gestaltete Gesamtheit des Angebots und damit durch Präsentation, Themenauswahl und Wahl der Darstellungsformen (Gattungen, Genres) als eine Darstellung von Welt zu verstehen. Mit diesem Verständnis hatte sich das Medium in das Selbstverständnis des deutschsprachigen Kulturkreises eingeschrieben.

Nun wurde der Zuschauer direkt mit den Fernsehangeboten anderer Kulturkreise, zunächst des europäischen Kontextes (TV 5, Music Box, La Cinq, Antenne 2), dann auch außereuropäischer Kontexte (MTV u. a.) konfrontiert. Zwar hatte es schon seit langem in den Grenzgebieten einen ›spill over‹ gegeben, nun aber war die Internationalisierung Element des gesamten deutschsprachigen Fernsehraums. Die Reichweite der fremdsprachigen Programme war jedoch fast immer sehr gering. Anders als in kleineren europäischen Ländern, in denen die Kenntnis fremder Sprachen stärker verbreitet ist, begrenzte in Deutschland die Sprachbarriere die breite Rezeption fremdsprachiger Programme. Nur die Musikprogramme, wie z. B. MTV, erfreuten sich größerer Beliebtheit, doch auch hier setzte MTV ab 1997 aufgrund der deutschsprachigen Konkurrenz verstärkt deutschsprachige Sendungen ein.

Neue Programmkonzepte?

In den Programmen der neuen Anbieter mußten sich die Versprechen realisieren, mit denen die Propagandisten der Fernsehkommerzialisierung angetreten waren: mehr Meinungsvielfalt und ein differenzierteres Angebot zu bieten als die öffentlich-rechtlichen Anstalten. Weil die kommerziellen Anbieter jedoch noch nicht über einen vergleichbaren eingespielten Produktionsapparat verfügten, aber mit zeitlich ähnlich umfangreichen Programmangeboten antreten wollten, um überhaupt als Alternative zum vorhandenen Angebot zu erscheinen, war eine zusätzliche Differenzierung des auf umfassende Weltvermittlung angelegten Programmkonzepts, wie es das öffentlich-rechtliche Fernsehen anbot, letztlich nicht zu leisten. Um Kritik vorzubeugen, bemühten sich die Lobbyisten des kommerziellen Fernsehens deshalb darum, den Anspruch auf umfassende Weltvermittlung durch Kampagnen gegen die Bildungsangebote sowie kulturell anspruchsvolle Sendungen zu demontieren. Ziel war es, eine neue Festlegung des Mediums Fernsehen auf Unterhaltung durchzusetzen und diese als vom Publikum längst gewünschte Angebotsdifferenzierung darzustellen.

Differenzierung des auf umfassende Weltvermittlung angelegten Programmkonzepts

Die Vertreter der kommerziellen Programme ließen sich anfangs wenig auf allgemeine Überlegungen zu den Aufgaben des Fernsehens ein, sondern betonten immer wieder ihre alleinige Ausrichtung auf die Zuschauerwünsche: Ein Programmkonzept, das eine Gesamtsicht der Welt implizierte, wurde als Bevormundung des Zuschauers verstanden, das Programm galt vielmehr als Angebotsfläche von Programmware, über deren Verbleib im Angebotsspektrum der Zuschauer als ›Käufer‹ entschied. Aspekte der umfassenden Darstellung oder gar der Kohärenz des Angebotenen waren dem Marktgedanken fremd. Den alleinigen Maßstab bildeten die Einschaltquoten, die als Ausdruck des Zuschauerwillens ausgegeben wurden.

Grundversorgung als Auftrag

Der Begriff der Grundversorgung, den das Bundesverfassungsgericht in seinem vierten Rundfunkurteil von 1986 für die öffentlich-rechtlichen Programme festschrieb, war bereits gegenüber der Vorstellung einer umfassenden Weltdarstellung reduziert, weil er nur noch auf eine ›Basisversorgung‹ abhob. Mit dem Anspruch auf umfassende Weltvermittlung war jedoch die Vorstellung der Integrationsleistung des Fernsehens verbunden: Indem es im Programm mit seinen Ordnungen und Strukturen für Publikumsmehrheiten ein Bild der Welt bot, stiftete es Gemeinsamkeiten in den Vorstellungen. Diese Integrationsleistung wurde Anfang der achtziger Jahre von Programmverantwortlichen des öffentlich-rechtlichen Fernsehens zwar noch gefordert, aber auch bereits relativiert. So betonte Dieter Stolte 1983 zwar die Aufgabe der Integration als Herstellung einer »politisch-kulturellen Identität« der Gesellschaft, sah das Fernsehen aber nur noch als Spiegel vorhandener außermedialer Integrationsvorhaben, »im Medium« sei diese gesuchte Identität selbst nicht herzustellen (Stolte 1983, 93).

Im Spagat: Unterhaltung und Kultur

Mit diesem reduzierten Verständnis des Fernsehens als kulturellem Faktor ließ sich jedoch gut argumentieren. Hatten die öffentlich-rechtlichen Programmveranstalter ihre Hauptprogramme seit Ende der siebziger Jahre stärker auf Unterhaltung ausgerichtet, um den Eintritt der kommerziellen Anbieter ›abzufedern‹, so setzten sie nun ab 1984 auf eine Doppelstrategie. Zum einen wurde der Unterhaltungsanteil gehalten und verstärkt, denn die Programme durften bei den Einschaltquoten keinen zu starken Rückgang erfahren. Zum anderen insistierten die Sender auf die Kulturverpflichtung des Fernsehens, um sich damit deutlich von der kommerziellen Konkurrenz abzugrenzen. Um ihre Argumentation besser abstützen zu können, gaben ARD und ZDF eine Kulturstudie in Auftrag, die einen umfassenden Kulturbegriff propagierte (Frank/Maletzke/Müller-Sachse 1991).

In öffentlichen Verlautbarungen wurden die Intendanten nicht müde, vom »Rundfunk als schützenswertem Kulturgut« (Sell 1985) zu sprechen (Stolte 1983, Schwarzkopf 1985b). Nachdem sich die kommerziellen Programme etabliert hatten, hoben sie die »kulturelle Verpflichtung« weiter hervor (Stolte 1987, Hübner 1987). Der ZDF-Planer Alois Schardt sprach von einer »Kultur als Programmnormalität« (Schardt 1987, 5) und an der Stelle eines »Kulturprogramms« forderte der SWF-Intendant Willibald Hilf eine »Programmkultur«, die die gesamte Kultur reflektiere und sich systemhaft im Gesamtprogramm wiederfinde. Er formulierte diesen Bezug der Programmkultur des Fernsehens zum Kulturbetrieb außerhalb des Fernsehens 1987 folgendermaßen:

»Die öffentlich-rechtlichen Programme fangen die Botschaften dieser facettenreichen und ambivalenten Kulturszenerie wie in einem Parabolspiegel ein. Sie ordnen zu, interpretieren und zeigen die Folgen für das gesellschaftliche Zusammenleben auf. Diese kulturelle Verantwortung läßt sich nur über viele Sparten hinweg, im Gesamtprogramm, wahrnehmen. Das Gesamtprogramm stellt ein System kommunizierender Röhren dar, in dem sich die Pegelstände der Teilsysteme aufeinander einstellen. Verluste im Teilsystem Information und Meinungsbildung werden die anderen Teilsysteme in Mitleidenschaft ziehen. Geht das Qualitätsbewußtsein in der Unterhaltung verloren, dann sind auch die benachbarten Sparten betroffen. Die Programmkultur läßt sich nicht folgenlos aufspalten und im Hinblick auf Reichweitengewinne immer wieder neu zusammensetzen.« (Hilf 1987, 4)

Nur vereinzelt relativierten Vertreter der kommerziellen Programme diese Positionen. Manfred Lahnstein von der Bertelsmann AG wehrte sich z. B. 1987 strikt gegen die »Antithese von Kultur und Kommerz« und setzte dagegen die Zielvorstellung, mit dem Fernsehen »gleichzeitig wirtschaftlich erfolgreich zu sein und kulturell verantwortungsvoll zu handeln« (Lahnstein 1987, 4). Doch Lahnstein blieb selbst eine Ausnahme, in der Regel bezogen kommerzielle Anbieter zu konzeptionellen Fragen des Fernsehens nicht öffentlich Stellung.

Antithese von Kultur und Kommerz

Adaption vorhandener Programmstrukturen durch die kommerziellen Programme

Die Dominanz von Unterhaltungssendungen, fiktionalen Serien und Spielfilmen in den neuen Programmen verdeckte, daß sich die kommerziellen Programme anfangs durchaus noch an den tradierten Programmstruktur-Mustern der öffentlich-rechtlichen Sender orientierten und die von ihnen eingesetzten Sendeformen das tradierte Spektrum nicht grundsätzlich erweiterten. Den Programmablauf durch einen Wechsel von Sendungen unterschiedlichen Inhalts und Gattungszugehörigkeit herzustellen, wurde beibehalten. Die Programmtage zeichneten sich im Abendprogramm durch wechselnde Schwerpunkte aus. Neu war, daß die von den öffentlich-rechtlichen Anstalten schon in den fünfziger Jahren angestrebte, aber nie realisierte strikte Rasterung des Angebots jetzt erstmals durchgesetzt wurde. Das Programm des ersten regulären Sendetages von SAT.1 zeigte diese Adaptionspraxis.

Neue Programmstruktur-Muster

SAT.1-Programm vom 1. 1. 1985

10.30 Uhr	**Begrüßung**
11.20 Uhr	**Der Griff ins All.** Dokumentarfilm
12.35 Uhr	**Scheibe Scheibe**
13.00 Uhr	**Blick**
13.20 Uhr	**Rückspiel.** Zeichentrickfilm
13.30 Uhr	**Solid Gold.** US-Hitparade
14.00 Uhr	**Die Waltons.** US-Serie. Heute: Das Findelkind
15.00 Uhr	**Das alte Dampfroß.** US-Serie. Heute: Das große Rennen
15.30 Uhr	**Musicbox**
16.30 Uhr	**Perrine.** Zeichentrickfilm
17.00 Uhr	**Eröffnungsshow**
18.00 Uhr	**Hoppa Lucy.** Serie
18.30 Uhr	**Blick.** Aktuelles vom Tage / Quiz
18.45 Uhr	**Der Unverbesserliche.** Französische Filmkomödie (1975), R: de Broca
20.30 Uhr	**M – Ein Männermagazin**
21.30 Uhr	**Blick - Aktualitätenschau**
22.15 Uhr	**Vier für ein Ave Maria.** Ital. Western-Spielfilm (1968) (mit Bud Spencer)
24.00 Uhr	**Blick.** Letzte Nachrichten
00.10 Uhr	**Verdi.** Ouvertüre zu ›Macht des Schicksals‹

Quelle: Funkuhr 1/1985

Der »Der Griff ins All« stand als Programmeröffnung symbolisch für das »Satellitenprogramm«, so wie ARD und ZDF ihr Programm jeweils mit Goethes »Vorspiel auf dem Theater« begonnen hatten. Der Programmumfang entsprach den tradierten Vorstellungen des auf die Hauptnutzungszei-

Imitation tradierter Vorstellungen

ten am Nachmittag und Abend begrenzten Programms, wie es europäische Tradition war. Die Sendungen wechselten im Halbstunden- bzw. Stundentakt, die Gattungen wechselten, auch wenn bereits am Nachmittag zwei Serien aufeinander folgten. Die Schwerpunkte des Abendprogramms bestanden aus zwei Spielfilmen. Die Nachrichtensendung »Blick« folgte dem Muster der bei den öffentlich-rechtlichen Programmen entwickelten Plazierung. Sie war jedoch zeitlich etwas vorgezogen, so daß zu den eingespielten Nachrichtenzeiten (z.B. 20.00 Uhr) SAT.1 Spielfilmunterhaltung bot. Dieses Programmschema war an den anderen Wochentagen gleich, wenngleich mit wechselnden Inhalten, nur die »Waltons« wurden jeden Tag gezeigt. Die Prinzipien des Programms waren damit durchaus vertraut: Sie bildeten eine Variation der bekannten Muster der öffentlich-rechtlichen Hauptprogramme.

Das Serienangebot kannte das Fernsehpublikum (zumindest das ältere) bereits weitgehend von ARD und ZDF: Serien wie »Die Waltons«, »Simon Templar«, »Big Valley« waren alle bereits in den sechziger und siebziger Jahren in den öffentlich-rechtlichen Programmen zu sehen gewesen. Neue Vielfalt hieß also vor allem erst einmal Vielfalt des bereits Dagewesenen. »Solid Gold« wurde vom zweiten Tag der Sendeaufnahme ab zu Programmbeginn gezeigt, es handelte sich um eine täglich wiederkehrende amerikanische Reihe mit Pop-Musik, die nicht synchronisiert war (Frenkel 1984). Auch die Spielfilme waren nicht neu. Zusätzlich kam mit »M« ein Unterhaltungsmagazin ins Programm, wobei das M im Titel für »Mädchen, Motoren und Muskeln« stand. Sogar einen Programmausklang gab es mit einer Opern-Ouvertüre.

Programmstripping

Ein Programm, das sich hauptsächlich aus bereits gezeigten Sendungen zusammensetzte, bedeutete keine wirkliche Gefahr für die öffentlich-rechtlichen Programme. Doch nicht alle kommerziellen Anbieter brachten nur alte Bestände. RTL plus verfolgte ein anderes Konzept, da der Sender nicht den gleichen Zugang zu den alten Filmbeständen Kirchs wie SAT.1 besaß. Bereits die Programmeröffnung hob sich von den gewohnten Strukturen ab. Mit einer Inszenierung im Studio, dem Showcharakter und dem Moment der Teilhabe an einem Ereignis, (oder, wie man bald sagen würde, an einem ›event‹) wurde gearbeitet.

RTL plus: Programm vom 2. 1. 1984

17.27 **Kein ganz normales Kind**
17.30 **Startschuß / Geburtstagsparty**
18.25 **Regional 7** (2+1) Rheinzeitung, Saarbrücker Zeitung, Regionalprogramm
18.53 **7 vor 7.** News Show mit Hans Meiser, Geert Müller-Gerbes, B. Schimpf
 danach **Geburtstagsparty II**
20.30 **Borsalino 1.** Spielfilm mit Alain Delon
22.00 **Geburtstagsparty III** mit Horoskop und Betthupferl. Open End

Quelle: RTL Pressestelle

Sukzessive baute RTL plus sein Programm aus. Von 17.00 Uhr reichte das Programm bis Mitternacht; dann wurde das Nachtprogramm erweitert. Als im Herbst 1987 SAT.1 die Ausstrahlung eines Morgenmagazins ankündigte, kam RTL plus dem Konkurrenzsender zuvor und begann bereits am

23. 9. 87 Frühstücksfernsehen von 6.30 bis 8.30 Uhr zu senden. Die Programmlücke von 8.30 bis 17.00 Uhr füllte sich in den Folgejahren. Dabei setzte sich vor allem tagsüber an den Werktagen ein relativ striktes lineares, jeden Tag gleichbleibendes Zeitraster durch, das zusätzlich noch möglichst mit gleichen Serientiteln gefüllt wurde. Da es sich zumeist um amerikanische Serien handelte, entstand ein 30- bzw. 60-Minuten-Raster. Diese vertikale Gliederung wird als Programmstripping bezeichnet, weil sie die Wochen mit gleichbleibenden Angebotsbändern überzieht (Bleicher 1997c, 13).

Gleichbleibende Zeitraster

Programmstripping

RTL plus: Programm vom 18. 7. 1990 (Mittwoch)

06.00 Uhr **Hallo Europa – Guten Morgen Deutschland.** Frühmagazin
09.10 Uhr **Die Springfield Story.** US-Serie (Wh)
10.05 Uhr **Reich und schön.** US-Serie (Wh)
10.35 Uhr **Tele-Boutique**
11.00 Uhr **Auto – Auto.** Magazin (Wh)
11.50 Uhr **Sterntaler.** Spiel (Wh)
12.00 Uhr **Der Preis ist heiß** (Wh)
12.30 Uhr **Klassik am Mittag.** Mit dem großen RTL-Orchester
13.00 Uhr **Reich und schön.** US-Serie 163. Teil
13.25 Uhr **California Clan.** US-Serie. 348. Teil
14.10 Uhr **Die Springfield Story.** US-Serie. 1034. Teil
14.55 Uhr **Full House.** Ein Wiedersehen. US-Familienserie
15.45 Uhr **RTL aktuell.** Bilder des Tages
15.48 Uhr **netto.** Wirtschaft heute
16.00 Uhr **Knight und Daye.** US-Familienserie. 2. Teil
16.30 Uhr **Hulk.** Heimkehr. US-Actionserie (Wh von 1988)
17.10 Uhr **Der Preis ist heiß.** Spielshow mit Harry Wijnvoord
17.45 Uhr **Sterntaler.** Spiel
17.55 Uhr **RTL aktuell.** Bilder des Tages
18.00 Uhr **Quincy.** Der letzte Freundschaftsdienst. US-Krimiserie. Letzter Teil
18.45 Uhr **RTL aktuell.** Bilder des Tages, anschl. Wetter
19.10 Uhr **CHiPs.** Erpressung. US-Krimiserie
20.00 Uhr **Kampf der Titanen.** US-Fantasyfilm (1980), R: Desmond Davis
21.45 Uhr **stern TV** mit Günther Jauch
22.15 Uhr **RTL aktuell.** Bilder des Tages
22.25 Uhr **Agenten sterben einsam.** Engl. Actionfilm (1969), R: Brian G. Hutton
00.55 Uhr **Equalizer.** Der Schutzengel von New York. Stummer Schrei. US-Krimiserie.
01.40 Uhr **Aerobics** (Sendeschluß 1.45 Uhr)

Quelle: Hör Zu Nr.28/1990

Das Programm bestand aus 11 amerikanischen Serien, zwei Kinospielfilmen, zwei Shows und zwei Kurzspielen, zwei Konsummagazinen, einem Nachrichtenmagazin und einem Frühstücksmagazin, vier Nachrichtensendungen, einer Musiksendung und einer Gymnastiksendung. An Tageszeiten mit geringen Zuschauerzahlen wurden Serien und Reihen vom Vortag wiederholt. Das Programm präsentierte (bis auf die Magazine und die Kinospielfilme) jeden Werktag die gleichen Serien, so daß ein hohes Maß an Überschaubarkeit gewährleistet ist. ›Stripping‹ soll garantieren, daß der Zuschauer immer sofort weiß, was ihn in einem Programm erwartet. Der Einkauf amerikanischer Daytime Serials mit hohen Folgenzahlen garantierte zudem einen hohen Bestand an immer gleichen Sendungen. Weil sich nicht nur RTL mit diesem Prinzip erfolgreich behauptete, sondern auch andere Programme, schwenkte 1995/96 SAT.1 auf diese Form der Programmstrukturierung ein. In den neunziger Jahren wurden die Anfangszeiten dann auf die vollen und halben Stunden vereinfacht und damit die ›Slot‹-Programmstruktur des amerikanischen Fernsehens übernommen (vgl. Bleicher 1997c, 32).

Gleichförmigkeit des Angebots

Gegenüber den tradierten Programmstrukturen, in denen die einzelne Sendung mit ihrer singulären Besonderheit mehr Raum erhielt, fördern diese ›gestrippten‹ Strukturen die Gleichförmigkeit des Angebots. »Das Privatfernsehen funktioniert nur in der Masse«, formulierte RTL-Programmdirektor Helmut Thoma 1992 das Programmprinzip (Thoma 1992, 59). Der Eindruck des immer gleichen ›verläßlichen‹ Angebots vor allem an Unterhaltung zielte auch darauf, eine »Ausgeglichenheit« in den Einschaltquoten herzustellen, wie RTL selbst betonte (RTL 1994, 5).

Standardisierung der Programme

Mehr Transparenz war für den Zuschauer Anfang der neunziger Jahre notwendig geworden, weil er sich mit einer erhöhten Zahl an Programmen konfrontiert sah. Die Antwort der Sender war eine weitergehende Standardisierung der Programme und die Vereinfachung der Programmstrukturen. Dahinter stand die Auffassung, daß die Zuschauer offenbar immer Gleiches oder doch Ähnliches angeboten bekommen wollten. Das Konzept, Programm als Mischung von divergierenden Angeboten zu verstehen und das Publikum mit Überraschungen und Unerwartetem zu konfrontieren, spielte nur noch eine geringe Rolle, weil Unerwartetes und Überraschendes weniger leicht zu produzieren war und vor allem keine verläßlichen Quoten garantierte. In der Phase der Ausweitung der Angebote, für die ursprünglich mehr Vielfalt und damit eine größere Differenzierung des Angebots versprochen worden war, machten sich nun Tendenzen der Standardisierung, Schematisierung und Vereinfachung breit.

Hans Meiser

Spartenprogramme – Tendenz zur Homogenität

»Homogenität auf allen Programmplätzen« (Fred Kogel) wurde angestrebt. RTL-Daytime-Planer Lars-Uwe Höltich konstatierte 1994: »Man darf seinem Zielpublikum möglichst keinen Grund zum Umschalten geben« (Höltich 1994, 371). Diese Zielsetzung führte dazu, das Prinzip des Wechsels weitgehend aufzugeben und möglichst homogene Blöcke von Angeboten hintereinander zu schalten: Serien des gleichen Genres legte man auf einen Wochentag, am Nachmittag plazierte RTL drei Talkshows (»Meiser«, »Schäfer«, »Christen«) hintereinander usf. Als sich dieses Prinzip erfolgreich erwies, zog SAT.1 nach, so daß sich eine sechsstündige ›Talk-Schiene‹ ergab: 11.00 Uhr »Kerner« (SAT.1), 12.00 Uhr »Vera am Mittag« (SAT.1), 13.00 Uhr »Sonja« (SAT.1), 14.00 Uhr »Bärbel Schäfer« (RTL), 15.00 Uhr »Ilona Christen« (RTL) und 16.00 Uhr »Hans Meiser« (RTL). Im Abendprogramm wurden einzelne Wochentage einem Genre gewidmet: der Dienstag z.B. dem Krimi, so daß die Zuschauer bei RTL dann zwischen 20.15 Uhr und 0.00 Uhr vier Folgen verschiedener Kriminalfilmserien zu sehen bekamen.

Ilona Christen

Vollprogramme wie RTL oder SAT.1 übernahmen damit Prinzipien der Spartenprogramme, die ihr Zielpublikum mit einem weitgehend homogenen Angebot ansprachen. Das Zuschauen, nun als ›audience flow‹ verstanden, durfte auf keinen Fall gestört werden, selbst wenn die Programmplaner annahmen, daß die Zuschauer tagsüber mehrheitlich nur nebenbei fernsahen. »Der Audience Flow wird auch innerhalb bestimmter zeitlicher Programmblöcke durch thematische Verknüpfungen von unterschiedlichen Sendeformen aufrechterhalten« (Bleicher 1997c, 14).

Die Prinzipien der Blockbildung hatten die Spartenprogramme, die sich auf eine begrenzte Mischung weniger Gattungen konzentrierten und damit spezifische Zuschauerpräferenzen bedienen wollten, bereits erprobt. Neben den Nachrichten- und Sportkanälen waren es zunächst vor allem die Musikkanäle, die mit den von der Musikindustrie hergestellten Videoclips ein vornehmlich jugendliches Zielpublikum ansprachen. War dieses Konzept zunächst in den Kabelpilotprojekten durch Wolfgang Fischers deutschsprachigem Programm musicbox und durch die englischsprachige Music-Box des Londoner Konzerns Thorn EMI repräsentiert, so orientierten diese sich mit ihrem Videoclip-Konzept bereits am amerikanischen Videoclip-Programm MTV, das von London aus an die deutschen Kabelsysteme herangeführt wurde. Bestandteil dieser Art von Musik-Spartenprogramme sind fast durchweg Videoclips, die in verschiedenen großflächigen ›Magazinen‹ gebündelt, das Programm ergeben. Die Programmstruktur eines 24-Stunden-MTV-Tages sah im Juli 1989 z. B. folgendermaßen aus:

Bärbel Schäfer

MTV: Programm am 24. 7. 1989

07.00 Uhr	**Videos** mit Kristiane Backer
12.00 Uhr	**Remote control**
12.30 Uhr	**Week in Rock** mit Pip Dann
13.00 Uhr	**Videos** mit Kristiane Backer
15.00 Uhr	**Yo! Mix** / Videos
17.15 Uhr	**3 from 1 at 5.15** Siouxsie and the Banshees
17.30 Uhr	**Videos** mit Maiken Wexö
18.30 Uhr	**Club MTV** mit Julia Brown
19.00 Uhr	**MTV at the movies** / Filmtips
19.30 Uhr	**Remote control** Spielshow
20.00 Uhr	**Videos** mit Ray Cokes
23.00 Uhr	**MTV at the movies** / Videos
00.00 Uhr	**XPO** mit Maiken Wexö
01.00 Uhr	**Night Videos**

Quelle: Hör Zu Nr. 28 /1989

Dieses Schema wurde, mit kleinen Abweichungen im Abendprogramm, die Woche über durchgehalten. Moderatoren und -innen versuchten, die verschiedenen Videos zu bündeln und kleine Akzente zu setzen, ohne jedoch den Fluß der Video-Clips nachhaltig zu durchbrechen. Die Bausteine der einzelnen Sendungen waren im Prinzip immer gleicher Art: Musikvideos der Pop-Industrie, gemischt mit Werbung. Die Vereinheitlichung des Angebots stellte innerhalb des traditionellen Spektrums an Themen- und Formenvielfalt eine Reduktion auf ein schmales Segment dar, erlaubte jedoch innerhalb dieses Segments neue Differenzierungen in verschiedene Musikstile und Videoclip-Darbietungsformen. Ein solches Spartenprogramm verleugnet seine Herkunft vom Hörfunk und der spezifischen Form des Formatradios nicht. Es präsentiert große Angebotsflächen als Sendeformen (ein- bis fünfstündige Magazine) und setzt darin spezifische Musikfarben. Das Programm selbst wird wie beim Formatradio nach vorgegebenen Rastern und Zyklen vom Computer zusammengestellt, die bei MTV Anfang der neunziger Jahre pro Tag etwa 800 unterscheidbaren Programmpartikel sind bestimmten Sendelängen zugeordnet, mit denen die Sendungen gefüllt werden. »Durch diese Programmlogistik erzielt MTV ein perfekt gestyltes einheitliches Programm-Produkt, mit geringer Störungsanfälligkeit, großer

Clip-Folgen im Programmfluß

Dichte, Kombinationsvielfalt und extrem hoher Programmfließgeschwindigkeit« (Adolph 1997, 170).

Die Spartenbildung setzt bei einigen Programmsparten bereits auf ein völlig anderes Sehverhalten der Zuschauer: bei den Musikkanälen auf ein Nebenbei-Zuschauen, bei dem nur gelegentlich dem Fernsehapparat noch die volle Aufmerksamkeit zugewandt wird, bei den Nachrichten-Kanälen wie z.B. n-tv auf ein punktuelles Einsteigen in das Programm, weil vom Zuschauer nicht erwartet wird, daß er mehrfach nacheinander sich die selben Nachrichten ansieht.

Movie Channel No.1

Spartenkanäle dürfen jedoch, wollen sie erfolgreich ein Publikum an sich binden, nicht zu einfach konstruiert sein. Eines der ersten Spartenprogramme in Deutschland war das Spielfilmprogramm »Movie Channel No.1«, das im Kabelpilotprojekt Ludwigshafen seit dem 1. 12. 1984 ausgestrahlt wurde. Gesellschafter der Movie Channel No.1 GmbH & Cie. waren deutsche Filmproduzenten und -verleihfirmen der sogenannten Altbranche wie Arthur Brauner und der Jugendfilmverleih. Das Programmschema orientierte sich am Kinoprogramm:

Movie Channel No.1 Programmschema

17.00 Uhr **Jugendprogramm**
18.30 Uhr Cinegram / Videoclips
19.00 Uhr **Spielfilm 1**
20.15 Uhr Kino aktuell
20.45 Uhr **Spielfilm 2**
22.15 Uhr Cinegram / Videoclips (gelegentlich)
22.30 Uhr **Spielfilm 3** (gelegentlich)

Quelle: Ohry/Sura 1987, 129

Nach Streitigkeiten mit den Aufsichtsbehörden wegen der Jugendschutzbestimmungen wurde das Programm bereits am 31. 5. 85 wieder eingestellt. In der mangelnden Resonanz auf das Angebot zeigte sich das Problem solcher Programmausweitung. Reine Spartenprogramme im Bereich der Unterhaltung, etwa des Spielfilms, der Serien etc. hatten es schwer, sich durchzusetzen, da die Vollprogramme bereits einen hohen Unterhaltungsanteil durch den Einsatz von Serien, Spielfilmen etc. aufwiesen, und damit das Interesse der Zuschauer an solchen Programmen gering blieb. Auch fehlte bei diesem Anbieter offenkundig eine entsprechende Kapitalausstattung, um eine längerfristige Einführung eines Spielfilm-Spartenprogramms durchzusetzen.

Vox und das »Ereignisfernsehen«

Als ambitionierte Variante der Spartenbildung präsentierte sich Vox, das sich als »Ereignisfernsehen« und als »informationsorientiertes Vollprogramm« definierte. Beflügelt von der starken Nachfrage nach Informationen während des Golfkrieges und des weltweit operierenden Nachrichtenkanals CNN schien ein Nachrichtenprogramm in Deutschland realisierbar. Ein Programmkonzept entstand, das zum einen auf ein durchgehendes Programmstripping setzte, in weiten Teilen wochentags identisch war und nur am Abend die Raster wechselnd füllte.

Vox Programmschema 1993, hier donnerstags (Stand 23. 2. 93)

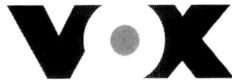

10.00 Uhr	PUNKTVOX
10.09 Uhr	MET. / Filme, Stars und Video
11.00 Uhr	PUNKTVOX
11.09 Uhr	Nachmittalk
12.00 Uhr	PUNKTVOX
12.14 Uhr	vox midi
13.00 Uhr	PUNKTVOX
13.14 Uhr	Dokumentation / Spielfilm
14.00 Uhr	PUNKTVOX
14.14 Uhr	Kinderkram / Spielfilm
15.00 Uhr	PUNKTVOX
15.14 Uhr	Provokation
16.00 Uhr	PUNKTVOX (Flash)
16.14 Uhr	Serie
17.00 Uhr	PUNKTVOX
17.14 Uhr	Nachmittalk
18.00 Uhr	PUNKTVOX
18.14 Uhr	VOX populi
19.00 Uhr	PUNKTVOX
19.15 Uhr	vis à vox
19.30 Uhr	Sport
19.45 Uhr	WELTVOX
20.14 Uhr	vox box – die infoshow, anschließend PUNKTVOX
21.00 Uhr	DIE ZEIT TV Magazin (dctp)
22.00 Uhr	PUNKTVOX
22.09 Uhr	SPORTS TV/SPORTS TV, Autogramm
23.00 Uhr	PUNKTVOX
23.09 Uhr	liebe sünde
00.00 Uhr	PUNKTVOX

Quelle: VOX Programm-Information 15/1993

Ein durchgestaltetes Design verstärkte weiterhin den einheitlichen, etwas starren Charakter des Programmschemas. Von der Modellbildung her war die Linearisierung besonders ausgeprägt. Der Drang, an möglichst jeden Sendungstitel den Namen ›Vox‹ anzubinden, machte die einzelnen Programmpartikel wenig unterscheidbar. Die Nachfrage nach dem Programm blieb weit hinter den Erwartungen zurück, was vor allem daran lag, daß für ein nachrichtenorientiertes Programm (alle Stunde eine Nachrichtensendung) offenbar nicht genügend unterschiedliches Informationsmaterial vorhanden war. Die Gesellschafter hatten nicht genügend Geduld für die Etablierung eines solchen Schemas beim Publikum und begannen bereits gut ein halbes Jahr nach Programmbeginn, im Herbst 1993 das Programm wieder umzubauen. 1994 kam es zu einem grundsätzlichen Kurswechsel durch die Aufnahme von Rupert Murdochs News Corp. als Gesellschafter. Wie bei anderen Programmen zeigte sich, daß sich Programmerwartungen beim Publikum nur langfristig änderten und daß die Erwartungen an ein Programm immer noch sehr stark von den öffentlich-rechtlichen Programmstrukturen mitbestimmt wurden (vgl. Bleicher 1997d).

Linearisierung der Sendungsabfolgen

Konzentrische Programmkonzepte

Im Gegensatz zu diesen neuen, vor allem von den kommerziellen Anbietern eingeführten Programmstrukturen entwickelten die öffentlich-rechtlichen

Kontemplation in den Kulturprogrammen

Programme Alternativen, indem sie – gerade in ihren Kulturprogrammen – Modelle der konzentrischen Anordnung der Programmteile zu einem als organisch erscheinenden Ganzen erprobten. Sie griffen dabei auf eine alte Programmvorstellung (Eckert 1953) zurück, die in den Anfangszeiten des Fernsehens entstanden war, sich aber auf dem damals niedrigen Stand der Programmbeschaffung nicht hatte durchsetzen können: die thematische Anordnung der Sendungen zu einem einheitlich gestalteten Programm. Deutlich kann man an der Entwicklung der Kulturprogramme sehen, wie sich dieses Programmkonzept langsam ausformulierte.

Die ARD fand 1986 für das Satellitenprogramm Eins plus z.B. ein Schema, das sich zunächst an die tradierten öffentlich-rechtlichen Prinzipien des horizontalen und vertikalen Wechsels von Themen und Gattungen bei geringer Formalisierung hielt. Ein konzentrisches Prinzip ist hier noch nicht unmittelbar zu erkennen. Das Schema sah wenige durchgehende Zeitleisten vor:

Eins plus Programmschema 1986

19.00 Uhr   **Nachbar Europa** (Dokumentation, Kultur- und Wissenschaftsberichterstattung, kirchliche Sendungen, Musiksendungen)
20.00 Uhr   **Tagesschau**
20.15 Uhr   **»... und abends zu EINS PLUS«** (überwiegend Spielhandlungen mit kulturellem Anspruch), samstags und sonntags davor Vorabendserien, danach an 5 Tagen Spielfilm, an 2 Tagen Talkshow

Quelle: ARD-Pressedienst 1987, Nr. 37

Schwerpunktbildung in kulturellen Wiederholungsprogrammen

Zu dieser vertikalen Gliederung kam je nach Wochentag eine horizontale Akzentuierung. Danach wurde am Montag ein Kriminalfilm gezeigt, am Dienstag eine Retrospektive eines Autors, Regisseurs oder Schauspielers bzw. einer Schauspielerin, am Mittwoch eine Familienserie, am Donnerstag eine Koproduktion Kino/Fernsehen, am Freitag eine Theateraufführung bzw. eine Opern- oder Konzertaufzeichnung, am Samstag eine Literaturverfilmung und am Sonntag ein Fernsehspiel. Eine solche Ballung fiktionaler Sendungen machte dieses »Wiederholungsprogramm« (Schwarzkopf 1987, IV/2) zu einem vom Fernsehspiel geprägten Angebot. Ab 1990 kamen noch Länderschwerpunkte hinzu. In den Folgejahren wurden eigenständig für Eins Plus produzierte Reihen aufgenommen, um das entstandene Negativ-Image eines Wiederholungsprogramms zu korrigieren, doch bestimmten weiterhin Wiederholungen hauptsächlich eigenproduzierter fiktionaler Sendungen das Programm.

Der ZDF-Musikkanal, seit dem 1. 1. 84 in den Pilotprojekten gesendet, ein vornehmlich aus Wiederholungen zusammengesetztes Programm, orientierte sich ebenfalls am Prinzip des Wechsels der ›Farben‹ von Tag zu Tag, wobei auch hier das Prinzip der thematischen Bündelung mit konzentrisch um eine Hauptsendung angeordneten kleineren Sendungen als Modell diente: von 19.25 Uhr (nach der live übertragenen »heute«-Sendung) bis etwa 22.00 Uhr wurden eine bis drei unterschiedliche Musiksendungen ausgestrahlt. Diese Sendungen waren in der Regel durch ein ähnliches Genre oder durch ein gemeinsames Thema aufeinander bezogen. Dieses Programm wurde am nächsten Tag ab 16.00 Uhr »auflaufend auf die ›heute‹-Sendung um 19 Uhr« (von Holleben 1985, 153) wiederholt. Daneben wurden sogenannte Schwerpunktwochen (1985: »Osteuropa«, »Italien«, »Berlin«) angeboten.

ZDF-Musikkanal Programm vom 2. 7. 1986

16.00 Uhr	**Programmübersicht**
16.10 Uhr	**Eurovisionswettbewerb für junge Musiker 1984**
19.00 Uhr	**heute**
19.25 Uhr	**Glei bei Blaubeura leit a Glötzle Blei ...** Musikalisches auf der Schwäbischen Dichterstraße. Mit Max Strecker u.a.
20.10 Uhr	**Es steht ein Wirtshaus an der Lahn.** Musikalischer Bilderbogen von Dausenau bis Biedenkopf. Mit Hanns Heinz Röll
20.51 Uhr	**Auf Schusters Rappen durchs Altmühltal.** Mit Rudolf Schock u.a.
21.40 Uhr	**Frohe Klänge aus dem Markgräflerland**
22.05 Uhr	**Programmhinweise**

Quelle: Hör Zu 1986, H.26

Auch bei 3sat lassen sich thematische Bündelungen finden. 3sat ging am 1. 1. 84 auf Sendung und besaß eine ähnliche vertikale und horizontale Gliederungen wie das ZDF-Hauptprogramm. Zwar war 3sat als Wiederholungsprogramm konzipiert, da aber die drei Sender ZDF, ORF und SRG Sendungen zulieferten, trat für die Zuschauer der Wiederholungscharakter nicht so dominant in den Vordergrund. Thematische Bündelungen durchbrachen das Schema auf unterschiedliche Weise. Zum einen brachte 3sat unter dem Stichwort »Ereigniskanal« umfassende Live-Berichte von Sportveranstaltungen (1987 z.B. 24 Stunden vom Nürburgring-Rennen) oder 13-Stunden-Sendungen von Theateraufführungen mit Berichten vom Inszenierungsbetrieb (Berlin, Basel, Wien; 1986) und Live-Übertragungen vom Klagenfurter Literaturpreis mit seinen Lesewettbewerben. Zum anderen produzierte die vom »Kleinen Fernsehspiel« des ZDF eingerichtete »Quantum«-Redaktion Thementage wie z.B. 1989 »Rund ums Geld«, 1991 »Alle Wetter« und »Fremde Heimat«. Die thematische Bündelung von Sendungen sollte nicht nur diese Angebote aus dem Programmfluß der wechselnden Verschiedenheiten hervorheben und damit diesen Programmtag zu einem Ereignis machen, sondern ein Angebot komplementär zu den öffentlich-rechtlichen Hauptprogrammen darstellen. »Anders fernsehen« lautete ab 1991 der Programmslogan (Konrad 1991, 192).

3sat

Die Idee der Thementage griff dann das Programmkonzept des deutsch-französischen Kulturprogramms arte auf. Aus dem vereinzelten Ereignis bei 3sat wurde bei arte ein »regelmäßiges Programm« (Eisenhauer in: Arte 1996, 3). Arte sah bis zu drei Themenabende pro Woche vor, die unterschiedliche Dramaturgien aufweisen sollten, abhängig von Gestalt und Dauer der verwendeten Einzelsendungen. »Der thematische Programmzusammenhang schafft eine Art televisionäres Gesamtkunstwerk aus den Bausteinen unterschiedlicher Sendeanstalten« (Bleicher 1995a, 148). Die Programmbesonderheit entwickelte sich zu einem regelmäßig wiederkehrendes Programmprinzip. In dieser besonderen Komposition des Abends, in der die einzelnen Teile inhaltlich aufeinander abgestimmt waren, wurde der kulturelle Anspruch manifest: Gegenüber dem seriellen Fließbandangebot setzte sich der Sender von den Strukturen ab, mit denen die kommerziellen Sender ihre ›Programmware‹ vertrieben.

Themenabende

> **arte: Programm vom 5. 7. 92**
>
> 19.00 Uhr   **Die 8 ½ Nachrichten**
> *Themenabend: Landleben*
> 19.10 Uhr   **Landleben-Magazin.** Heiratswillige Bauern auf Brautschau / Vom Bauern zum Landschaftspfleger / Agrarprodukte aus gentechnischen Labors
> 19.45 Uhr   **Die Stadt und das Land.** Studiogespräch
> 20.20 Uhr   **Das Ende von Utopia.** Dokumentarfilm (Aussteiger gründen in den siebziger Jahren eine Landkommune. Bestandsaufnahme 15 Jahre danach)
> 21.35 Uhr   **The Hill Farm.** Animationsfilm
> 21.55 Uhr   **Erst die Arbeit und dann ...** Deutsche Heimatkomödie. Spielfilm v. Detlev Buck
> 22.40 Uhr   **Septemberweizen.** Dokumentarfilm von Peter Krieg
>
> Quelle: Hör Zu Nr.26/1992

Solche thematischen Anordnungen des Programms zielten darauf, daß sich die einzelnen Sendungen gegenseitig ergänzten und damit das Thema durch die Unterschiedlichkeit der Perspektiven vertieft wurde. Auf diese Weise verlor das Wiederholen von Sendungen den Charakter der Verlegenheitslösung. Denn die Programmarchive der öffentlich-rechtlichen Anstalten waren zu nutzen, viele Zuschauer hatten die Sendungen bei ihrer Erstausstrahlung nicht gesehen, andere wollten Sendungen durchaus noch einmal betrachten. Neben dem fernsehspezifischen Drang zum ständig Neuen und Aktuellen wurde damit das bereits Gezeigte und Bekannte aufgewertet, es bekam durch ein Einpassen in neue Programmumfelder und -kontexte ein neues Gewicht. Diese thematische Bündelung hob sich deutlicher im gesamten Angebot der vielen Programme ab. Daß damit die Aufmerksamkeit der Zuschauer neu gewonnen werden konnte, führte auch bei den beiden Hauptprogrammen zu einzelnen Schwerpunktbildungen, so z.B. 1992 bei der ARD, die sich jedes Jahr im Frühsommer unter dem Titel »Eine Welt für alle« mit Problemen der Dritten Welt beschäftigte.

Thematische Schwerpunktbildungen »Eine Welt für alle«

Die kulturell orientierten öffentlich-rechtlichen Satelliten-Programme führten, sieht man sie im Zusammenhang mit der Einführung neuer Programmstrukturen durch die kommerziellen Anbieter, zu einer »funktionellen Differenzierung« (Krüger 1986, 505) der Angebote.

Straffung der vertikalen und horizontalen Gliederungen bei den öffentlich-rechtlichen Hauptprogrammen

Auf die gegensätzlichen Entwicklungen in der Programmgestaltung – Linearisierung und Schematisierung bei den kommerziellen Anbietern, Bündelung und konzentrische Anordnungen bei den öffentlich-rechtlichen Kulturprogrammen – reagierten die öffentlich-rechtlichen Hauptprogramme mit einer Straffung ihrer eigenen Strukturen. Bei aller Vielfalt, die gewahrt bleiben sollte, wurden unauffällig Vereinfachungen und ›Begradigungen‹ vorgenommen. Dabei ging es weniger um eine formale Schematisierung, sondern darum, die Sendeplätze den tatsächlichen oder vermeintlichen Zeitbudgets der Zuschauer anzupassen.

Vereinfachungen und ›Begradigungen‹

Dazu gehörte die Etablierung von mehr Nachrichtensendungen im Programm (bei der ARD von fünf im Jahr 1985 auf neun im Jahr 1992), die Fixierung des Nachrichtenmagazin »Tagesthemen« auf 22.30 Uhr und damit die Festlegung der Sendeplätze zwischen der Nachrichtensendung um 20.00 Uhr und dem Nachrichtenmagazin. Fernsehfilme über eine Dauer von 90 Minuten hatten kaum noch eine Chance, einen Sendeplatz zu finden, auch nicht die Koproduktionen, die durchweg länger waren (Kammann 1985). Daneben fand eine ›Harmonisierung‹ der Vorabendprogramme in der ARD statt. In den Sendegebieten der einzelnen Landesrundfunkanstalten kamen die Regionalsendungen zu unterschiedlichen Zeiten, dies verhinderte eine bundesweit einheitliche Ausstrahlung von Werberahmenserien und damit eine bundesweite Schaltung von Werbung zwischen 18.00 und 20.00 Uhr.

Die neue Situation der konkurrierenden Programme ließ die Programmkoordination von ARD und ZDF problematisch werden, weil beide innerhalb der allgemeinen Konkurrenzsituation jetzt ebenfalls zueinander nicht mehr im ›Kontrast‹, sondern in Konkurrenz standen. 1987 kam es zu öffentlichen Debatten, nachdem das ZDF wieder einmal die Einbeziehung der Dritten Programme in die Koordinationsverhandlungen gefordert hatte, 1991 zur Aufkündigung der Koordinierung. Grundsätzlich neue Programmstrukturen entstanden dadurch jedoch nicht. Doch 1992 kam es zu einer »faktischen Koordination« (Schwarzkopf 1991, 9) ohne vertragliche Vereinbarung. Die Zusammenarbeit in vielen Programmbereichen, z. B. in dem damals neuen Frühstücksfernsehen, blieb davon unberührt.

Programmkoordination von ARD und ZDF

Offene Kanäle: Das Prinzip der Schlange

Die lange Diskussion um die Einführung neuer Programme in den siebziger und frühen achtziger Jahren hatte dazu geführt, daß – vor dem Hintergrund der allgemeinen Debatte um Partizipation, Gegenöffentlichkeit und Alternativkultur – bei der Einrichtung der Kabelpilotprojekte Bürgerbeteiligung vorgesehen wurde. War dies schon mit einem Rückkanal als Ideal einer neuen Kommunikation via elektronischem Fernsehnetz nicht möglich, so sollten die Bürger doch zumindest die Möglichkeit erhalten, mit einzelnen Sendungen in den Kommunen ihre Mitbürger ansprechen zu können. Das Prinzip des Offenen Kanals sah eine solche Möglichkeit vor: Die Kabelanstalten stellten Studios und Aufnahmeeinheiten bereit, so daß Vereine, Gruppen etc. Sendungen produzieren und senden konnten. Alles wurde ausgestrahlt, so weit es nicht mit den gesetzlichen Bestimmungen in Konflikt geriet. Um nicht einzelne Gruppen zu benachteiligen, hatte keiner einen Anspruch auf einen bestimmten Sendeplatz, sondern die Ausstrahlung erfolgte zumeist in der Reihenfolge des Eingangs. Das Programmprinzip wird als »Prinzip der Schlange« (»first come, first served, non-discriminatory«) bezeichnet (Grundheber 1988, 325).

Junge Bürger befragen Prominente beim Pfalztreffen der SPD, 1991

Da es kein Programmschema gab, wurden die Programme in den Programmzeitschriften nicht gesondert angekündigt. Die Offenen Kanäle fanden deshalb ihr Publikum häufig durch die Nutzung anderer Informationssysteme (Vereinszeitung, etc.). Im Prinzip folgten die Offenen Kanäle gerade nicht dem Programmprinzip des Fernsehens, sondern orientierten sich stärker an der Idee Bertolt Brechts, den Rundfunk zu einem Kommunikationsinstrument zu machen. Gleichwohl waren, wie eine Untersuchung der Sendungen des Offenen Kanals in Ludwigshafen zeigte, die Angebote durchaus von den Formen des Programmfernsehens geprägt; Diskussionen, Reportagen, Übertragungen, Musikdarbietungen, sogar Showsendungen, kleine Spielszenen und Videoexperimente wurden gesendet (ebd.). In den neunziger Jahren setzte sich in einigen Offenen Kanälen durch, feste Programmplätze für bestimmte Produzenten zu vergeben.

Kommunikationsinstrument Fernsehen

12.6 Nischensuche und Ausreizen der Programmformen

Entwicklung neuer Programmideen

Die Profilierung der neuen Programme allein durch Veränderungen der Programmstrukturen blieb jedoch begrenzt. Notwendig waren deshalb Veränderungen der Sendeformen. Die Entwicklung neuer Programmideen setzte dort ein, wo der Zugriff auf vorhandene Lagerbestände bereits gezeigter ›Programmware‹ und der Einsatz finanzieller Mittel begrenzt war. Vor allem für RTL wurde deshalb die Strategie bestimmend, neue Programmformen zu erkunden und zu entwickeln. Unterscheiden lassen sich das Besetzen von Programmnischen, die Differenzierung vorhandener populärer Genres und Gattungen, die Mischung der Präsentationsformen und die Monopolisierung von spektakulären Medienereignissen. Diese Strategien waren nicht sofort 1984/85 im Einsatz, sondern entstanden sich erst nach und nach ab 1987/88. Sie werden hier eher systematisch als historisch in ihren einzelnen Stufungen umrissen.

Die ›erotische Nische‹

Nischensuche bedeutete in der Regel Durchbrechung bestehender Tabugrenzen. Wollte ein kommerzieller Sender Filme und Serien zeigen, die die öffentlich-rechtlichen Anbieter nicht zeigten, weil sie ihnen mit den in Deutschland geltenden Grenzen des Darstellbaren nicht vereinbar schienen, erregte er damit Aufsehen und provozierten Konflikte.

Thematisierung von Sexualität als Programmnische

Um als jung, dynamisch und zukunftsorientiert zu erscheinen, mußten die neuen Programme mit Konventionen und üblichen ›Spielregeln‹ brechen. Die im Fernsehen bis dahin tabuisierte Darstellung von Sexualität bot sich als Konfliktstoff für eine Programmprofilierung an, ließ sich hier doch eine Neugier bestimmter Zuschauerschichten vermuten. RTL plus besetzte diese Programmnische mit der Striptease-Show »Tutti Frutti«, Erotikmagazinen wie »Männermagazin« oder der Erotikserie »Schloß Pompon Rouge« mit Elisabeth Volkmann. Zusätzlich präsentierte der Sender am Samstag spätabends Erotikfilme und ›Softpornos‹ wie »Das erste Mal«, »Hilfe, ich bin eine männliche Jungfrau« oder »Die Nichte der O.« Um das Publikum zusätzlich anzureizen, wurden oft die Titel verschärfend geändert. So erhielt z.B. der französisch-italienische Spielfilm »Im Himmel steht kein Doppelbett« den Titel »Blutjung zur Lust verführt« (21. 7. 89), der mit dem Inhalt nichts zu tun hatte. Die Ausstrahlung solcher Filme und vor allem die Show »Tutti Frutti« trugen dem Sender zwar heftige Kritik ein, profilierten ihn jedoch deutlich gegenüber anderen Programmen.

Solche Programmnischen waren im wesentlichen begrenzt auf die Herausstellung von Sex und Gewalt. Zwar wachten über die Gewaltdarstellung in Spielfilmen die Landesmedienanstalten, doch sahen sie den kommerziellen Anbietern in den ersten Jahren manche Verstöße gegen die Programmgrundsätze nach.

Die Nische ›Action und Gewalt‹

Mehr Gewalt im Fernsehen

Die seit Mitte der achtziger Jahre neu einsetzenden Gewaltdebatten bezogen ihr Anschauungsmaterial vor allem von den kommerziellen Anbietern. »Airwolf« stellte z.B. eine solche Serie dar, die körperliche Gewalt und zahlreiche Waffengänge zur Vorabendzeit zeigte, andere Beispiele fanden sich bei der ungebremsten Ausstrahlung von Kriegs- und Horrorfilmen,

›splatter movies‹ und Thriller, nicht immer nur in den späten Abendstunden.

Der Einsatz von Actionfilmen und -serien mit Gewaltdarstellungen zu Sendezeiten, in denen sie bislang von der öffentlich-rechtlichen Konkurrenz nicht gezeigt wurden, zielt auf eine Erregung öffentlicher Aufmerksamkeit. Dabei wich man Konflikten nicht aus, erhöhten diese doch den Bekanntheitsgrad des Angebots und machten viele Zuschauer überhaupt erst auf die betreffenden Programme aufmerksam.

Die anhaltend kontroverse Diskussion dieser Gewaltdarstellungen führte Anfang der neunziger Jahre dazu, daß die kommerziellen Sender, die sich inzwischen etabliert hatten, es als rufschädigend empfanden, allzu häufig mit Sex und Gewalt in Verbindung gebracht zu werden. Nachdem ab 1990 immer häufiger nach juristischen Gegenmaßnahmen verlangt wurde, richteten sie eine Freiwillige Selbstkontrolle Fernsehen (FSF) ein, bei der die Sender problematische Filme prüfen lassen konnten.

Emotionalisierung und Dramatisierung

Da die Zahl neuer Nischen begrenzt blieb, war die Strategie der Differenzierung vorhandener populärer Sendeformen erfolgreicher. Das öffentlich-rechtliche Fernsehen hatte Standards der Präsentation herausgebildet, die als gesellschaftlich konsensuell galten und in der Regel mittelschichtsorientiert waren. Diese Standards ließen sich durch Variation einiger ihrer Bestandteile leicht verändern. Bei Gesprächssendungen und Talkshows wurde das moderate Miteinander nur selten durchbrochen und dieses Durchbrechen (z. B. bereits in vorkommerziellen Zeiten von Romy Schneider und Burkhard Driest oder von Nina Hagen in »Club 2« des ORF) hatte immer Aufsehen erregt. Solche Aufmerksamkeit ließ sich dauerhafter durch absichtsvoll angelegte konfrontative Diskussionsstrukturen stiften. Die Talkshows aggressiver werden zu lassen, sie zum Ort von Redeschlachten zu machen, erwies sich als ein erfolgreiches Konzept.

Differenzierung populärer Sendeformen

RTL plus entwickelte deshalb nach amerikanischem Vorbild relativ systematisch aggressivere Varianten zu bestehenden Programmformen und zog mit diesem Konzept des »Confrontainment« das Publikumsinteresse auf sich. Im RTL-Magazin »Explosiv« und seiner Variante »Der heiße Stuhl« hatten die Befragten, die fünf Fragenden gegenüberstehen, nur wenig Zeit zur Antwort. Weitere Variationen des Fernseh-Talks bildeten die Einführung der täglichen Late Night Show, bei der sich verschiedene Moderatoren von Thomas Gottschalk (ab 28. 9. 92) bis zu Harald Schmidt erprobten, sowie die endlose Ausbreitung von Intimitäten in Nachmittagsshows, die gleich blockweise auftraten und sich nur durch den individuellen Stil der Moderatoren und Moderatorinnen unterschieden.

Confrontainment

Variiert wurden die Nachrichtensendungen unter dem Schlagwort »Infotainment« durch eine stärker Ausrichtung auf Unterhaltung. Doppelmoderation mit launigem Zuspielen der Themen, musikalische Untermalung, mehr »human interest«-Themen in den Sendungen waren Merkmale dieser Entwicklung. Das Muster dafür gaben in der Regel amerikanische Sendungen und Reihen ab, deren Stil kopiert bzw. deren Sendungskonzept per Lizenz erworben wurde. Mehr Emotionalität kam auch in den Variationsformen des Dokumentarischen zum Einsatz, die sich unter dem Etikett des »Reality TV« etablierten: Unfall- und Katastrophenschilderungen fanden ab 1992/93 als Nachinszenierung (also letztlich als Dokumentarspiel) zunehmend Einsatz in den Programmen. Die Betonung des Sentiments in

Infotainment

der Schilderung der Opfer und ihrer Rettung prägte die Bekenntnis- und Versöhnungs-Shows und etablierte neue Varianten des Emotions-Fernsehens. Neben der Ausrichtung auf Rührung und Sentiment entstand ein breites Spektrum an Nonsens, Klamauk und Komik. Die verstärkte Emotionalisierung zielte damit auf eine Entdifferenzierung im Sinne einer mentalen Vereinheitlichung unterschiedlicher Programmangebote.

Entdifferenzierung und mentale Vereinheitlichung

Monopolisierung spektakulärer Programmereignisse

Sport

Programm-›Ereignisse‹ ließen sich, das war allen Anbietern klar, vor allem in einer Sparte relativ zuverlässig produzieren: im Sport. In dieser massenwirksamen Sparte waren große Teile des Publikums erreichbar: Die Übertragungsrechte von Bundesligaspielen, Fußballweltmeisterschaften, Tennismeisterschaften, Formel-1-Rennen, Boxkämpfen waren deshalb heftig umkämpft. RTL setzte hier über die Ufa, SAT.1 über die Sportrechte-Gesellschaft ISPR darauf, unter hohem Kapitaleinsatz Übertragungslizenzen zu erwerben und sie monopolartig für sich zu sichern. Dies trieb erwartungsgemäß die Preise für spektakuläre Übertragungen in die Höhe, die Übertragungen erzeugten eine erwünschte Aufmerksamkeit des Publikums.

Da diese Sportereignisse nicht beliebig vermehrbar waren, gab es naturgemäß um die Übertragungsrechte heftige, öffentlich geführte Kontroversen, weil sich insbesondere die öffentlich-rechtlichen Sender, die bei der exorbitanten Preisentwicklung nicht mithalten konnten, auf ihre Berichterstattungspflicht beriefen und zumindest Ausschnitte der begehrten Spiele zeigen wollten. Damit sollte die Tendenz, Sportereignisse monopolartig an ein einziges Programm zu binden, ansatzweise unterlaufen werden.

Innovation und Kontinuität

Erprobung neuer Genrevarianten

Die Profilierung der neuen kommerziellen Programme gelang – nach dem von Bertelsmann-Manager Manfred Lahnstein vertretenen Prinzip »Das Neue ist der Feind des Alten« (Lahnstein 1987) – durch neue Angebote. Die Erprobung neuer Genrevarianten, neuer Moderatoren und Sprecher, neuer Präsentationsformen gehört deshalb – wenn auch bei den verschiedenen Programmen in unterschiedlicher Intensität zu beobachten – in die Einführungsphase des kommerziellen Fernsehens. Der Eindruck in der Öffentlichkeit, daß vor allem bei den kommerziellen Anbietern Neues zu sehen war, resultierte jedoch vor allem daraus, daß diese jede Veränderung als eine besondere Leistung groß herausstellten. Viele dieser Innovationen hielten sich jedoch nicht und verschwanden schon bald wieder aus Programmen. Dies wurde jedoch nicht mehr besonders erwähnt. Dadurch bekam die Programmentwicklung selbst den Charakter von Versprechungen: Die Ankündigungen waren oft wichtiger als die Realisation des Vorhabens.

12.7 Veränderungen der Programmgattungen und -genres

Konventionen der Weltdarstellung

Über alle Veränderungen des Fernsehens in den verschiedenen Phasen hinweg erwiesen sich die Programmgattungen und -genres als weitgehend konstante Konstruktionen, zum einen weil in ihnen die Konventionen der Weltdarstellung zur Form geronnen sind, zum anderen weil diese durch eine Medienpraxis außerhalb der Fernsehens (z. B. die des Fernsehfilms im Kinospielfilm, die der Nachrichten in den Zeitungsmeldungen usf.) wiederholt bestätigt werden. Die Einführung des kommerziellen Fernsehens führte deshalb nicht zu grundlegend neuen Formen, »originär Neues« (Hallenberger 1995, 9) war, im emphatischen Sinn, nicht anzutreffen. Nicht einmal die Variationen bestehender Formen traten schlagartig auf, sondern bildeten sich erst im Laufe der Jahre heraus. Allerdings wuchs der Profilierungsdruck der einzelnen Sender und damit verstärkte sich die ständige Suche nach Innovationen innerhalb der einzelnen Gattungen. Der Innovationsschub war in den einzelnen Programmsparten unterschiedlich stark: in der Unterhaltung am stärksten, weil die kommerziellen Sender sich als neue Entertainer anbieten wollten, in den kulturell anspruchsvollen Sendungen am geringsten, weil sich die neuen Anbieter hier am wenigsten Publikumsnachfrage erhofften. Kulturberichterstattung, der Dokumentarfilm, Theater im Fernsehen und nicht zuletzt das Fernsehspiel bzw. der Fernsehfilm blieben weiterhin den öffentlich-rechtlichen Programmen überlassen. Sie bildeten bis Anfang der neunziger Jahre Domänen der öffentlich-rechtlichen Sender.

Die Unterhaltung dagegen, die Serie, der Kinofilm im Fernsehen, sowie der Sport wurden zunehmend zu Domänen der kommerziellen Anbieter. Hier setzten sich am nachhaltigsten Neuerungen durch. Die Einführung der kommerziellen Programme führte zunächst zu einem starken Anstieg der Zahl der Kinofilme im Fernsehen. Der Kinofilm entwickelte sich zur neuen Konstante der Programme, und er kam vor allem aus amerikanischen Beständen. Das Abspielen von Kinospielfilmen nahm auch nach 1992 noch zu, als einige kommerzielle Sender verstärkt zur Eigenproduktion fiktionaler Sendungen übergegangen waren. Nach Erhebungen der Spitzenorganisation der Filmwirtschaft stieg die Zahl der ausgestrahlten Filme in den in der Bundesrepublik lizenzierten Sendern von 3.434 im Jahr 1988 auf 8.203 im Jahr 1995. Die Zuschauer konnten also 1988 im Durchschnitt täglich 9,4 Filme sehen, 1995 bereits 22,5 Filme. Geht man nach der Zahl der Sendetermine, da ja viele Kinofilme am Spätabend oder am nächsten Vormittag im gleichen Programm noch einmal wiederholt wurden, dann stieg die Zahl der Spielfilm-Sendeplätze von 4.219 im Jahr 1988 auf 16.275 im Jahr 1995. Die Zuschauer hatten also 1988 im Durchschnitt täglich 11,6 mal die Gelegenheit, einen Spielfilm im Fernsehen zu sehen, 1995 bereits 44,6 mal.

Abspielen von Kinospielfilmen

Daß damit das Fernsehen mehr und mehr zu einer bloßen Abspielstation der Filmwirtschaft geworden war, wird vor allem daran deutlich, daß umgekehrt die Zahl der Theatersendungen im Fernsehen, die einst als Gegengewicht zum Kino gedacht waren, verschwindend gering war; sie waren nur noch bei den öffentlich-rechtlichen Programmen zu finden. Daß sich mit dieser Zunahme des Filmeinsatzes die filmischen Standards in der Produktion und vor allem in der Wahrnehmung der Zuschauer weiter durchsetzten und verfestigten, liegt auf der Hand. Gleichzeitig waren jedoch die durchschnittlichen Einschaltquoten langfristig rückläufig. Mit Kinofilmen ließ sich ein Programm auf Dauer allein nicht gestalten.

Filmische Standards für die Wahrnehmung

Markante Erzählungen in Fernsehfilm und Fernsehspiel

Fernsehspiel und Fernsehfilm steckten Mitte der achtziger Jahre für Kritiker und viele Programmverantwortliche in der Krise. Gerade weil die kommerziellen Anbieter keinerlei Ambitionen entwickelten, fiktionale Fernsehfilme bzw. Fernsehspiele zu produzieren, galt das Fernsehspiel als Problemfall. Anstatt es als ein Indiz für die besonderen Leistungen des öffentlich-

Veränderungen im Fernsehspiel

Gunther Witte, Leiter des Fernsehspiels des WDR

Ende des Fernsehspiels?

Nachweis des Kulturanspruchs

Mehrteilige Produktionen

rechtlichen Fernsehens zu nehmen, kam Defätismus auf. Dabei verloren die eigenproduzierten Fernsehfilme anfangs durchaus nicht stärker an Zuschauern als andere Programmsparten, nur wurden die Zuschauerverluste hier angesichts der hohen Produktionskosten als gravierend empfunden. Hinzu kam, daß sowohl die Vertreter des kommerziellen Fernsehens, aus durchsichtigen Gründen, als auch viele Kritiker den eigenproduzierten Fernsehfilm als nicht mehr zeitgemäß ansahen. Dabei bezog sich diese Einschätzung, eher ein Vorurteil, nicht auf einzelne Produktionen, sondern auf die Programmgattung insgesamt. Das »klassische Fernsehspiel« werde »der künftigen Medienentwicklung geopfert werden«, befürchtete selbst der zur Bavaria abgewanderte ehemalige WDR-Fernsehspielleiter Günter Rohrbach 1984 (Rohrbach 1984, 59), und die Fernsehkritikerin Brigitte Knott-Wolff ortete 1989 die »Fernsehspielleute und die Dokumentarfilmer tatsächlich (als) die großen Verlierer« (Knott-Wolff 1989, 2) der Kommerzialisierung des Fernsehens.

»Dem deutschen Fernsehspiel geht es in der Tat schwer genug«, konstatierte der WDR-Fernsehspielchef Gunther Witte bereits 1984 (Witte 1984, 70). Zwar hielt ZDF-Fernsehspielabteilungsleiter Heinz Ungureit an der Notwendigkeit eines »aufsässigen Spiel-Fernsehens« fest (Ungureit 1984, 80), doch die Veränderung der ARD-Programmstrukturen 1985, die das Fernsehspiel einengten, ließ Skepsis an den Beteuerungen aufkommen. Viele Kritiker sahen das Ende des Fernsehspiels kommen. Deshalb kam es Anfang 1985 zu einem Plädoyer der ARD-Fernsehspielchefs: Das »Spiel im Hauptabendprogramm muß mehrheitsfähig sein« (ARD 1985, 1). Und Gunther Witte sah es als Ziel an, eine »Doppelstrategie« zu betreiben, »Anspruch und Popularität verbinden zu wollen« (ARD-Pressedienst 1986, Nr.43). Ab 1989/90 steuerten Programmverantwortliche wie der NDR-Programmdirektor Rolf Seelmann-Eggebert und der ARD-Fernsehspielkoordinator Jürgen Kellermeier dem Vorurteil entgegen und beteuerten das Festhalten am Fernsehspiel als einer »unverzichtbaren Form« des öffentlich-rechtlichen Fernsehens. Ihnen war inzwischen deutlich geworden, daß das Fernsehspiel als Nachweis des behaupteten Kulturanspruchs des Fernsehens gebraucht wurde. Nirgends ließ sich leichter die Differenz zur kommerziellen Konkurrenz aufzeigen als in dieser Programmsparte, in der die kommerziellen Anbieter bis 1992 auf jede Eigenproduktion von fiktionalen Fernsehfilmen (als Einzelfilme) verzichteten. Hans Janke – noch in seiner Eigenschaft als Kritiker und nicht als ZDF-Fernsehspielchef – hatte im Rückblick recht, als er 1989 feststellte, daß das Programm der öffentlich-rechtlichen Sender immer besser geworden sei, nur daß dies eben aufgrund einer larmoyanten Kritik falsch eingeschätzt wurde (vgl. Witte 1989, 1).

Die Fernsehspielabteilungen erkannten relativ früh, daß sie innerhalb eines vermehrten Programmangebots, in dem das einzelne ›normale‹ Fernsehspiel von 90 Minuten eher unterging, auch die Fernsehspiele oder Filme gewichtiger machen mußten und dies hieß zunächst erst einmal umfangreicher. Die achtziger Jahre sind deshalb eine Zeit der mehrteiligen Produktionen, in denen große Stoffe verhandelt und oft opulent besetzt und inszeniert wurden. Gunther Witte forderte 1989, daß das Fernsehspiel zum »Programmereignis« werden müsse, wenn das Fernsehen selbst »vom Kulturvermittler zum Ereignisverteiler« werde (Witte 1989, 3).

Geschichte und Geschichten im Fernsehfilm

Gegen die von den kommerziellen Anbietern eingekauften und ausgestrahlten Kinospielfilme setzte das Fernsehspiel auf die Thematisierung der eigenen (deutschen und europäischen) Geschichte und präsentierte sie in aufwendig produzierten mehrteiligen Fernsehfilmen. Damit knüpfte man an die erfolgreiche Praxis von »Rote Erde«, »Geschwister Oppermann« und anderer Filme an. Wolfgang Menge und Horst Königstein präsentierten das Dritte Reich in »Reichshauptstadt privat« (NDR/SFB 1987), rechtzeitig zur 750-Jahr-Feier von Berlin; 1984 hatte sich Wolfgang Menge mit dem fünfteiligen Preußen-Mehrteiler »So lebten sie alle Tage« (WDR 1984) bereits der Geschichte zugewandt. Auch das fünfteilige Spiel »Wanderungen durch die Mark Brandenburg« (NDR/SFB 1986) nach Theodor Fontane von Horst Pillau und Eberhard Itzenplitz präsentierte preußische Vergangenheit. Dramatisch, geheimnisvoll, intrigant hatte sich Geschichte, vor allem die des 19. Jahrhunderts, darzustellen. »Wahnfried« (SWF 1988) von Reinhard Baumgart und Peter Patzak über Richard und Cosima Wagner bildete dafür einen Prototyp. Die Rundfunkgeschichte der zwanziger und dreißiger Jahre kam mit dem Mehrteiler »Radiofieber« von Peter Märthesheimer und Pia Fröhlich (WDR 1989) auf den Bildschirm, die Anfänge des Rundfunks in Hamburg nach 1945 zeigte der Film »Rothenbaumchaussee« von Robert Muller und Dietrich Haugk (WDR/NDR 1991). Geschichte – in der Mediengeschichte fokussiert – ließ sich leicht mit historischen Medienzitaten illustrieren.

Spektakulär war vor allem der elfteilige, als »Chronik« annoncierte Fernsehfilm »Heimat« (SFB/WDR 1984) von Edgar Reitz und Peter Steinbach, der die Lebens- und Alltagsgeschichte von Menschen im Hunsrück zwischen 1919 bis 1982 zeigt. Hier demonstrierte das öffentlich-rechtliche Fernsehen, was die kommerziellen Anbieter an filmischer Kultur nicht bieten konnten: ausführliche, erfahrungsgesättigte Zuwendung zur Alltagsgeschichte, Darstellung des Unspektakulären und Verzicht auf Genreaus-

»Väter und Söhne« – Friedrich Deutz (Dieter Laser) setzt sich während des Ersten Weltkriegs energisch für die Giftgasproduktion ein

»Heimat«

»Die Bertinis«

richtung und überzogene Emotionalisierung. In eine andere Richtung der historischen Selbstvergewisserung weitete Bernhard Sinkel mit seinem vierteiligen Film »Väter und Söhne« (WDR 1986) die Thematisierung von Geschichte aus: Er schildert den Aufstieg und Niedergang einer Industriellenfamilie und liefert am Beispiel der IG Farben ein nuancenreiches und Hintergründe ausleuchtendes Bild deutscher Industriegeschichte. Wie Menschen schuldig wurden, zeigt auch Wolfgang Menges und Frank Beyers Film »Ende der Unschuld« (WDR 1991) über die Erfindung der Uranspaltung durch Otto Hahn und die Möglichkeit einer deutschen Atombombe. Es handelte sich bei diesen Produktionen zumeist um Fernsehfilme des Westdeutschen Rundfunks, der zu dieser Zeit neben dem ZDF über die finanziell bestausgestattete Fernsehspielabteilung verfügte. Für das ZDF verfilmte Egon Monk Ralph Giordanos Roman »Die Bertinis« (ZDF 1988), eine eindringliche Geschichte von ganz alltäglichen Leuten, die unter dem Naziregime überleben wollen und sich nach vielen Schikanen während des Krieges in einem rattenverseuchten Keller verkriechen.

Neues Interesse an Literaturverfilmungen

Weiterhin setzten die öffentlich-rechtlichen Anstalten wie schon in den siebziger Jahren auf ambitionierte Verfilmungen von Literatur. Werke des 19. Jahrhunderts standen im Vordergrund. Theodor Fontanes ersten Roman (1878) »Vor dem Sturm« (NDR 1984) verfilmten Herbert Asmodi und Franz Peter Wirth. Hier ging es ebenso wie in früheren Fontaneverfilmungen um die Darstellung historischer Lebenswelten. Der Redakteur Wolfgang Venohr sah im Festhalten an solchen Geschichten, die etwas mit deutscher, mit europäischer Geschichte zu tun haben, eine wichtige Aufgabe des Fernsehens, weil, wie Venohr mutmaßte, in den kommenden Jahren »ARD und ZDF Tausende von amerikanischen Spielfilmen über uns ausschütten werden« (Venohr 1984, 6).

Bei den Literaturverfilmungen stand die eigene Geschichte im Vordergrund. Egon Günther verfilmte »Heimatmuseum« nach dem Roman von Siegfried Lenz (SFB/WDR/NDR 1988), Bernhard Wicki setzte Alfred Anderschs Roman »Sansibar oder der letzte Grund« (WDR 1987) filmisch um. Zunehmend geriet die Unterhaltungsliteratur in den Blick. Reinhard Hauff drehte nach einem Roman von Johannes Mario Simmel »Mit den Clowns kamen die Tränen« (WDR 1990). Im Hintergrund stand der große Erfolg, den die ARD 1985 mit dem eingekauften amerikanischen Mehrteiler »Dornenvögel« von Carmen Culver und Daryl Duke erreicht hatte. Die »Dornenvögel« führten das Gegenbild einer melodramatischen, spektakulären Geschichte vor, die im Internationalen zu Hause war.

Die vom Bayerischen Rundfunk betriebene Reihe »Literarische Filmerzählung« mit ihren eher unauffälligen Filmen, die oft nur 70 oder 75 Minuten lang waren, setzte sich demgegenüber nicht im Bewußtsein der Zuschauer fest. Deutsche Gegenwartsliteratur wurde in den achtziger Jahren eher selten adaptiert. Die Verfilmung von Martin Walsers «Ein fliehendes Pferd» (WDR 1985) durch Peter Beauvais und die Adaption von sechs Walser-Hörspielen durch Hermann Naber über den Privatdetektiv Tassilo S. Grübel blieben die Ausnahme.

Literarische Filmerzählung

Neben anspruchsvollen Auseinandersetzungen mit deutscher Geschichte gab es ab Mitte der achtziger Jahre vereinzelt den Versuch, Deutsches unterhaltsam und komödiantisch zu erzählen. Das Fernsehspiel griff oft gängige Unterhaltungsgenres auf und verfremdete sie, wie z.B. die Zirkusgeschichte im sechsteiligen Film »Roncalli« (NDR 1986) von Michael Baier und Michael Mackenroth, oder überhöhte sie komödiantisch, wie in Dieter Wedels »Wilder Westen inklusive« (WDR 1988) über Touristen in Amerika und ihre Erlebnisse.

Die Filme von Reitz, Sinkel, Wedel und anderen demonstrierten, wie trotz aufwendiger arbeitsteiliger Filmproduktion der von der Filmkritik zunehmend als verbraucht und unproduktiv kritisierte Autorengedanke, die unverwechselbare Handschrift des Regisseurs, erkennbar blieb. Diese Filme bildeten Gegenbeispiele zu den Koproduktionen, die weiterhin im Rahmen der Film-Fernsehabkommen entstanden, die die Fernsehanstalten und die Filmwirtschaft vereinbarten (1982, 1986, 1990) und in die die Fernsehspielabteilungen wachsende Teile ihrer Etats investierten. Vor allem die europäischen Koproduktionen, von ARD und ZDF zumeist zur Weihnachtszeit gezeigt, mußten sich den Vorwurf mangelnder Eigenständigkeit gefallen lassen und wurden deshalb als »Europudding« geschmäht.

Koproduktionen im Rahmen des Film-Fernseh-Abkommens

Als hervorzuhebendes gelungenes Beispiel der Koproduktion kam 1985 die fünfstündige Fernsehfassung des Films »Das Boot« von Wolfgang Petersen nach dem Roman von Lothar-Günther Buchheim (WDR/SDR 1985) ins Programm. Die Fernsehspielabteilungen hatten hier ein einmaliges Experiment gewagt: Sie stellten zwei unterschiedliche Varianten her: den kürzeren, in der Handlung gerafften Kinospielfilm und eine dreimal so umfangreiche Fernsehfassung, die stärker als die Kinofassung Wert auf psychologische Motivierung und Charakterisierung der einzelnen Figuren legte und viele Details der Kinofassung erst verständlich machte.

»Das Boot«

Eigenständige Inszenierungsstile im Fernsehfilm prägten sich vor allem bei den Koproduktionen mit dem Österreichischen Fernsehen heraus. Von Axel Corti, von dem in den siebziger Jahren schon einige Filme im Fernsehen (z.B. »Der Mann aus dem Innviertel«, ZDF 1973, über Adolf Hitler und »Der junge Freud«, ZDF 1976) zu sehen waren, kam die Emigrantentrilogie »Wohin und zurück« (der Drehbuchautor Georg Stefan Troller hatte autobiografische Motive verarbeitet) mit den Filmen »An uns glaubt Gott nicht mehr« (ZDF 1982), »Santa Fe« (ZDF 1986) und »Welcome in Vienna« (ZDF 1986) auf den Bildschirm. Geschildert wird das Schicksal des Jungen Ferry Tobler, seine Vertreibung aus Wien durch die Nazis, seine

Inszenierungsstile im Fernsehfilm – z.B. Axel Corti

»Das Boot«

»Eine blaßblaue
Frauenschrift« –
Leonidas Tachezy
(Friedrich von Thun) und
Krystina Janda

Flucht über Paris nach Amerika, die Begegnung mit dem ebenfalls vertriebenen Freddy Wolff, der dann in New York seinen Träumen nachhängt und schließlich als amerikanischer Soldat 1945 nach Wien zurückkehrt. Genaue psychologische Darstellung, Prägnanz im Detail sind die Besonderheiten der Inszenierungen von Corti. Eine melancholische Verhaltenheit, eine genaue Schilderung von Milieu und Mentalität machen seine im Gestus eher etwas langsamen Filme zu Meisterwerken der Filmgestaltung. Vor allem in seinem Film »Eine blaßblaue Frauenschrift« (ZDF 1985), nach einer Erzählung von Franz Werfel über den Opportunismus im Wiener Bürgertum kurz vor der Machtübernahme durch die Nazis 1938, werden seine besonderen stilistischen Fähigkeiten sichtbar (vgl. Hickethier 1995b, 1996a).

Zu den bemerkenswerten, die Zeit überdauernden Fernsehproduktionen gehört auch Fritz Lehners Film »Mit meinen heißen Tränen« (ZDF/ORF 1986) über Franz Schubert. Der Film nutzt die filmischen Gestaltungsmöglichkeiten, um eine subtile Studie des Komponisten zu schaffen. Die Filme von Karl Fruchtmann »Ein einfacher Mensch« (1988) über die jüdischen Opfer des Nationalsozialismus und »- trotzdem!« (RB 1989) über den Prozeß gegen Zola im Kontext der Dreyfus-Affäre, gehören zu den Beispielen, die dafür stehen, daß sich im Fernsehfilm individuelle Erzählkonzepte bei hoher Meisterschaft der Darstellung ausprägten. Als letzter Film des zu Unrecht in der Öffentlichkeit fast unbekannt gebliebenen Regisseurs Peter Beauvais war 1988 »Sommer in Lesmona« (RB) zu sehen. In den achtziger Jahren etablierte sich Dieter Wedel zum Regisseur großer Fernsehfilme. Vor allem sein Vierteiler »Der große Bellheim« (ZDF 1993), ein Stück über Intrigen und Machenschaften um einen Kaufhausunternehmer, erregte Aufsehen. Zu den wichtigen Regisseuren der neunziger Jahre zählt Max Färberböck, dessen Fernsehfilm »Einer zahlt immer« (ARD 1993) für das Lebensgefühl der neunziger Jahre steht.

Das Fernsehspiel in seinen verschiedenen Differenzierungen (großes Fernsehspiel, Koproduktion, kleines Fernsehspiel etc.), wie sie sich schon Ende der siebziger Jahre herausgebildet hatten (vgl. Kap. 10.7), wurde in den achtziger Jahren weiter gepflegt. Im »kleinen Fernsehspiel« hatten junge Regisseure und Autoren die Gelegenheit zu einer wenn auch nur schmal finanzierten Debütproduktion. Neben zahlreichen hier gezeigten Filmen sind besonders Jim Jarmuschs »Stranger than paradise« (ZDF 1985), der eine ganz neue, für die achtziger Jahre bezeichnende Gefühlskultur junger Leute darstellt, und »Überall ist es besser wo wir nicht sind« (ZDF 1989) von Michael Klier zu nennen. Während das Fernsehspiel im Hauptabendprogramm sich eher an die tradierten Inszenierungsweisen hielt und diese durch bewährte Regisseure zu gestalterischer Perfektion vervollkommnen ließ, blieb den jungen Regisseuren oft nur der Raum des ›Kleinen Fernsehspiels‹, um ihre Fähigkeiten unter Beweis zu stellen. Nur wenigen jungen Regisseuren wie Gabi Kubach, Ilse Hofmann, Hajo Gies, Peter F. Brinkmann oder Nico Hofmann gelang der Einstieg in die besser finanzierten Fernsehspiele der ›prime time‹.

»Stranger than paradise«

Oliver Hirschbiegel, der mit seinem Science Fiction-Film aus der Welt des ›Datenklaus‹ »Das Go! Projekt« (ZDF 1989) Aufsehen erregte, gelang sogar der Sprung aus dem kleinen ins große Fernsehspiel. 1991 drehte er einen bislang einmaligen Film, der auf zwei Kanälen (ARD und ZDF) zugleich ausgestrahlt wurde. Der Zuschauer konnte mit der Fernbedienung zwischen beiden Kanälen hin und her schalten und dabei die Geschichte aus jeweils verschiedenen Perspektiven erleben. Dieser Mehr-Kanal-Film »Mörderische Entscheidung« (ARD/ZDF 1991) griff damit die inzwischen beobachtete Neigung der Zuschauer zum Switchen zwischen den Programmen auf und wollte sie als Mittel der Dramaturgie im Film produktiv machen. Daß dabei nicht sehr viel mehr als eine der üblichen Parallelmontagen herauskam – nur jetzt in zwei Parallelfilme getrennt – ist dem Film nicht vorzuwerfen, stellte er doch einen ersten Versuch einer solchen Mehr-Kanal-Produktion dar. Leider kam es zu keiner Fortsetzung des Experiments.

»Das Go! Projekt«

Der Mehr-Kanal-Film »Mörderische Entscheidung«

In den siebziger Jahren hatten sich bereits die beim Fernsehspiel angesiedelten dokumentarisch-fiktionalen Mischformen etabliert, die – im Spiel mit den fernseheigenen Formen wie dem Interview, der Diskussionsrunde, der Show, der Dokumentation – eigene Gestaltungsmöglichkeiten entwickelten. Nach herber öffentlicher Kritik an Formen, die eher mit dem Prinzip der Täuschung der Zuschauer arbeiteten, war es in den achtziger Jahren vor allem durch Eberhard Fechner zu einer Erneuerung gekommen. Fechner drängte die Fiktionalisierung des Dokumentarischen zurück und bündelte durch eine subtile Montagetechnik die Äußerungen vieler Einzelner zu einer kollektiven Stimme. Fechners wichtigster Film war 1984 fertig: der dreiteilige Film über den Majdanek-Prozeß »Der Prozeß« (ARD 1984), der jedoch nicht im Hauptprogramm der ARD, sondern nur in den Dritten Programmen zu sehen war. »Der Prozeß«, der zahlreiche Zeugen zu Wort kommen läßt und ein ungeheures Material verarbeitet (der Prozeß dauerte von 1975 bis 1981) stellt eines der wichtigsten Dokumente der Auseinandersetzung des Fernsehens mit den Verbrechen des Nationalsozialismus dar, selbst wenn die ARD-Programmverantwortlichen nicht den Mut hatten, diesen Film zur Hauptsendezeit im Ersten Programm zu zeigen. Neben der Erinnerungsmontage »Im Damenstift« (WDR 1984) kam 1988 noch sein Film über Seeleute »La Paloma« (WDR) ins Programm.

Dokumentarisch-fiktionale Mischformen

Eberhard Fechner

Fechners Filme, die der Kritiker Egon Netenjakob einmal als »ständiges Gespräch«, als »ein Detektivspiel auf der Suche nach den wahren, oft unscheinbaren Motiven«, ein »verdichtetes Fakten-Mosaik« (Netenjakob

»Die Staatskanzlei«
von Heinrich Breloer –
Ministerpräsident
Uwe Barschel
(Roland Schäfer) begrüßt
seinen neuen Medien-
referenten Reiner Pfeiffer
(Hermann Lause)

1989, 135) genannt hat, bilden in ihrer Gesamtheit ein Panorama der deutschen Mentalitäten dieses Jahrhunderts. Daß sie für die späten siebziger und achtziger Jahre als beispielhaft galten, lag nicht zuletzt an der von Fechner entwickelten Form der Verdichtung und Komprimierung des dokumentarischen Materials, wobei diese Verdichtung nicht durch technische Effekte entstand, sondern in der Montage zugleich den Schein ungebrochener ›Natürlichkeit‹ und Ungestelltheit behielt.

An Fechners Umgang mit dem dokumentarischen Material knüpften andere Filmemacher an. Vor allem Horst Königstein und Heinrich Breloer versuchten mit dem Prinzip der Mischung von fiktionalen und dokumentarischen Mitteln zu arbeiten. Horst Königstein drehte zahlreiche Dokumentationen über Musikphänomene (»Elvis – ein amerikanischer Tod«, NDR) sowie Filme über zeitgeschichtliche Probleme wie »Sadam – Einübung in ein Tribunal« (NDR 1991), zusammen mit Cordt Schnibben »Hamburger Gift« (NDR 1992). Zusammen mit Heinrich Breloer produzierte er 1982 den Film »Das Beil von Wandsbek« (NDR 1982). Mit diesem Film machte der Dokumentarfilmer Heinrich Breloer eine neue Methode sichtbar. Anhand des Romans von Arnold Zweig wird die Geschichte des Hamburger Fleischers nachgezeichnet, der zum Henker an den vier von den Nazis zu Tode verurteilten Altonaer Kommunisten wird. Breloer und Königstein rekonstruieren die Geschichte, befragen Zeugen, suchen Gerichtsgebäude auf und sichten historisches Material der Zeit von 1932/33. Die Geschichte des Fleischers wird dann in Spielszenen nachgestellt. Dokumentation und Fiktion bleiben als Darstellungsebenen voneinander getrennt, ergänzen sich aber.

Breloer drehte danach weitere Filme, in denen er sich paradigmatischer Geschichten, Skandale und schließlich Biografien der Bundesrepublik annahm. In seinem zweiteiligen Film »Geschlossene Gesellschaft« (WDR 1987) über seine eigene Schulzeit in einem katholischen Internat in Lüdinghausen befragt er seine ehemaligen Klassenkameraden, zeigt ihnen Fotos und schneidet hinterher die Aussagen zu einem Zeitpanorama, ähnlich wie

Horst Königstein

Heinrich Breloer

»Im Zeichen des Kreuzes« – der Röntgenarzt

es Fechner schon in »Klassenphoto« getan hat, nur daß Breloer hier Szenen inszeniert, die besonders zentrale Episoden darstellen. Dadurch entstand ein eindringliches Dokument der Mentalität der fünfziger Jahre. Mit dem Film »Die Staatskanzlei« (WDR 1989) beschäftigt er sich dann mit der Barschel-Affäre und zeigt dabei mit der nun für ihn typischen Mischung von fiktionalen und dokumentarischen Szenen, wie hier politisch manipuliert wird. Dabei bringt er dokumentarische Aufnahmen der Politiker mit von Schauspielern gespielten Szenen derart in ein Gefüge zueinander, daß das Verhältnis von Realität und Fiktion in eine Art Vibration versetzt wird. Am Ende erkennt man als Zuschauer in den dokumentarisch wiedergegebenen Politikern die wahren Schauspieler dieser Geschichte, erscheint das Geschehen als eine politische Inszenierung und Täuschung. In der gleichen Art schildert er dann den Skandal um den gewerkschaftseigenen Handelskonzern Coop (»Kollege Otto«, WDR/NDR 1991), weitere Produktionen waren u.a. »Wehner« (WDR 1995) und über die Ermordung Schleyers »Das Todesspiel« (WDR 1997). Breloer zeichnet sich durch einen subtilen Fragestil aus, der in Verbindung mit der Montage und Inszenierung zu eindringlichen Darstellungen der Skandalfälle führt. Die Differenz zu Fechner wird bereits darin deutlich, daß Breloer nicht Menschen des Alltags vor die Kamera holt, sondern sich Themen sucht, die den Zustand der Bundesrepublik verdeutlichen.

»Die Staatskanzlei«

Phantasie stiftendes Erzählen von Geschichten im Fernsehspiel war das Ziel der Fernsehspielredaktionen von ARD und ZDF für die achtziger Jahre. Verbanden sich damit oft eher eskapistische Stoffe und Themen, so läßt sich doch feststellen, daß die Auseinandersetzung mit den Problemfällen der bundesdeutschen Gegenwart in den achtziger Jahren nicht ausgespart blieb. Wichtige Fernsehfilme beschäftigten sich immer wieder mit konkreten Konflikten. In der Tradition von Wolfgang Menges »Smog« (WDR) standen Filme, die sich als inszenierte Szenarios mit drohenden Gefahren beschäftigten und deshalb Anstoß erregten und Widerspruch erzeugten. Von Rüdiger Minow und Rainer Boldt zeigte der WDR 1983

Phantasie stiftendes Erzählen

Inszenierte Szenarios

Reihenlogo

Aktuelles Fernsehspiel

Polit-Thriller

»Brandheiß«

eine Produktion über eine drohende Atomkatastrophe in der Lüneburger Heide (»Im Zeichen des Kreuzes«). Erwin Keusch lieferte ein Spiel über eine Chemiekatastrophe (WDR 1984), zeitlich nicht weit von der Sandoz-Katastrophe am Rhein entfernt. Ebenfalls eine Atomkatastrophe zeigt der Film »Die Bombe« von Christian Görlitz (ZDF 1988), in dem ein Techniker (gespielt von Michael Degen) mit einer selbstgebastelten Atombombe Hamburg bedroht.

Mit der Gentechnologie setzt sich »Geboren 1999« (SWF 1992) von Beate Langmaack und Kai Wessel (nach einem Roman von Charlotte Kerner) auseinander, ebenso »Chimären« (SWF 1987) und »Quarantäne« von Fred Breinersdörfer und Nico Hofmann (SWF 1989), wobei der SWF diese Produktionen dadurch aufwertete, daß er im Anschluß einen dokumentarischen Film, in der Regel von Gero von Boehm, zum gleichen Sachverhalt brachte, um dadurch das Thema innerhalb des Programms gewichtiger zu machen und zu vertiefen.

Wiederholt entstand in den achtziger Jahren die Forderung nach dem ›aktuellen Fernsehspiel‹, nach einem, das sich wie in den sechziger und siebziger Jahren in die aktuelle politische Diskussion einmischen sollte. Doch politische Themen waren im Fernsehspiel durchaus präsent, allerdings kam es kaum zu Konflikten, weil ihre Fiktionalität immer deutlich gewahrt blieb. In den Bereich des Polit-Thrillers reichen Filme wie »Gambit« von Peter F. Brinkmann/Matthias Seelig (WDR 1985), mit Heinz Bennent und Stefan Reck, in dem es um politische Erpressung in der Bundesrepublik (1986) geht. »Das Milliardenspiel« von Klaus Pohl (Buch) und Peter Keglevic (Regie) (WDR 1989) schildert den Aufstieg und Fall eines Jungunternehmers (gespielt von Ulrich Tukur), die Mechanismen der Banken und Geschäftemacherei an der Grenze der Legalität. »Der Deal« (ZDF 1991) handelt von Waffenschiebungen, Staatsschutz und Terroristengruppen, wurde jedoch wegen der Ermordung des Treuhandchefs Karsten Rohwedder Anfang 1991 zunächst abgesetzt, dann aber im September 1991 gesendet. Erst mit »Amok« (SWF 1992) von Norbert Ehry, einem Fernsehspiel zum Thema Ausländerhaß, und mit »Die Terroristen« (SWF/SDR 1992) von Philip Gröning kam es wieder zu Konflikten. »Amok« nahm der SWF 1992 aus dem Programm und sendete es nach öffentlichen Debatten erst 1994. Der Film »Terroristen«, in dem es um eine versuchte Entführung des Bundeskanzlers ging, erregte Anstoß bei Helmut Kohl, ging aber dennoch auf Sendung.

Dem Versuch, mit kleineren Fernsehspielen in der Reihe »Brandheiß« des WDR (Redaktion: Martin Wiebel) tagespolitische Themen aufzugreifen und innerhalb eines guten Vierteljahres zu senden, war kein dauerhafter Erfolg beschieden, weil sich viele Themen in so kurzer Zeit nicht zu glaubwürdigen Geschichten verarbeiten ließen.

Die Neigung der Sender, auf bewährte (und dies hieß zumeist ältere) Autoren und Regisseure zurückzugreifen, führte Anfang der neunziger Jahre zu einer Initiative junger Fernsehspielredakteure (u. a. Gebhard Henke), ein ›junges‹ Fernsehspiel zu initiieren. Daraus entstand die ARD-Reihe »Wilde Herzen«, die zunächst Koproduktionen, dann speziell für das Fernsehen hergestellte Fernsehfilme von Sönke Wortmann, Detlev Buck und anderen mit großem Erfolg zeigte, so daß die Reihe eine mehrfache Fortführung fand.

Vom Fernsehfilm zum TV-Movie und zurück

Das öffentlich-rechtliche Fernsehspiel blieb in seiner Themenwahl vielfältig, die sozialen Probleme kleiner Leute, in den siebziger Jahren bevorzugtes Fernsehspielsujet, waren weiterhin vertreten. Neben den großen mehrteiligen Produktionen zeigten ARD und ZDF immer wieder Einzelfilme mit den unterschiedlichsten Themen. Dennoch war absehbar, daß das Fernsehspiel als öffentlich-rechtliche Kunstform im Fernsehen durch die Zunahme der anderen fiktionalen Formen sowohl in den eigenen Programmen als auch bei den kommerziellen Gegnern in Bedrängnis geriet. Und es war vorhersagbar, daß sobald es sich für die kommerziellen Anbieter ›rechnete‹, selbst Fernsehfilme (als Eigenproduktionen) herzustellen, sie dies tun würden.

Soziale Probleme

1993 war der Zeitpunkt gekommen, daß RTL, inzwischen Marktführer und als Unternehmen im Gewinnbereich angekommen, durch attraktive Eigenproduktionen auf den Markt kommen wollte. Die durchschnittlichen Einschaltquoten für amerikanische Spielfilme lagen inzwischen unter denen der deutschen Fernsehfilme. Das Publikum bevorzugte inzwischen im Fernsehfilm – der vielen amerikanischen Geschichten überdrüssig – ähnlich wie in den Serien Geschichten, die erkennbar im Hier und Heute der Bundesrepublik spielten. Um sich vom öffentlich-rechtlichen Fernsehspiel abzugrenzen, nannten die kommerziellen Sender ihre Fernsehfilme nach amerikanischem Vorbild »TV-Movies«. Hatte schon Günter Rohrbach bei seinem Weggang vom WDR zur Bavaria das Ende des Fernsehspiels im »Movie Made for Television« prognostiziert (Rohrbach 1984) und auf die amerikanische Entwicklung verwiesen, so lag das nur im Trend auch der deutschen Fernsehspielentwicklung zur filmischen Produktion (vgl. Kap. 10.7).

Movie Made for Television

In den USA waren Fernsehfilme als ›kleine‹ Filme für große Kinoregisseure interessant, um zwischen ihren aufwendigen Kinogeschichten andere Geschichten als sie das Kino ermöglichte zu inszenieren. Am amerikanischen TV-Movie interessierte die deutschen Programmplaner von RTL die dominante Mischung von Aktualitätsbezogenheit (bevorzugte Themen: Abtreibung, Kindesentführung, Kindesmißbrauch, Vergewaltigung), die melodramatische Grundhaltung und das schnelle Erzähltempo. Die ersten Filme waren eher dürftig und erschienen der Kritik als »Werbeblock-Einwickelstreifen« (Barbara Sichtermann).

TV-Movies – Fernsehfilme mit neuem Etikett

Am 9. 9. 93 startete RTL eine Reihe von TV-Movies mit dem Film »Lauras Schatten«. Der Film erzählte die Liebesgeschichte eines EDV-Spezialisten in Silicon Valley. »Kinoähnliches Fernsehen« (SZ v. 9. 9. 93) sollte entstehen. Mit Produktionen wie »Der Amokläufer von Euskirchen« (1994), nach einem realen Fall des gleichen Jahres, gewann RTL langsam Profil. RTL band diese Produktionen in Reihen zusammen (»Der große TV-Roman«, »Schicksalhafte Begegnungen«), um dadurch mehr Werbung innerhalb der Filme schalten zu können, doch wurde dem Sender diese Praxis untersagt. SAT.1 stieg ebenfalls in die Produktion von TV-Movies mit Filmen wie »Tödliche Besessenheit«, »Tödliche Wahrheit«, »Natalie – Endstation Babystrich«, »Nacht ohne Ausweg« ein, wobei diese Titel bereits die Ausrichtung dieser Filme zeigen. Die TV-Movies setzten auf die Dominanz der Emotion, zielten auf »Menschen mit chronischer Tränendrüsenüberfunktion« (Keller 1995). Erst 1995/96 stieg die Qualität der kommerziellen TV-Movies mit Produktionen wie der Reihe »Alles außer Mord« (Pro Sieben) und »Der Sandmann« (RTL 2).

»Der Amokläufer von Euskirchen« mit Christoph Waltz

Hans Janke,
ZDF-Fernsehspielchef

Qualität und Quote

Mit dieser Entwicklung hatte der fiktionale Fernsehfilm seine Sonderstellung als nur öffentlich-rechtlich produzierte Fernsehkunst verloren. ARD und ZDF zogen nach und präsentierten – quasi im Gegenzug – neben ihren eigenen Fernsehfilmen eingekaufte amerikanische »TV-Movies« in ihren Programmen. Als Untergattung innerhalb der Fernsehfilmentwicklung gewann der TV-Movie jedoch wenig Eigenständigkeit. Es handelte sich bei ihm eher um ein neues ›Format‹, eine spezifische Variante des Fernsehfilms in Machart und emotionaler Ansprache des Publikums. Die mit den TV-Movies veränderten Produktionsformen und Inszenierungsstile wirkten auf die allgemeine Fernsehfilmproduktion zurück.

Die Neuorientierung im Fernsehfilm hatte bereits Ende der achtziger Jahre begonnen. Sie wurde in den Anstalten als eine Abkehr vom Autorenfilmkonzept (das im Fernsehfilm ohnehin nicht sehr häufig vertreten war) und in einer neuen Professionalisierung der Drehbuchautoren und der verstärkt arbeitsteiligen Produktion gesehen. ZDF-Fernsehspielchef Heinz Ungureit plädierte z.B. 1990 auf einem Workshop der Fernsehfilmregisseure für eine strikte Trennung von Buch und Regie und richtete deshalb eine Drehbuchförderung (Script Fund) ein, die von der Europäischen Produktionsgemeinschaft, einem Zusammenschluß von sieben europäischen Fernsehanstalten zur Förderung und Produktion von Euro-Produktionen, getragen wurde (Lilienthal 1990).

Ungureits Nachfolger als ZDF-Fernsehspielchef, Hans Janke, plädierte 1991 für eine stärkere Orientierung am Zuschauer und für ein »erfolgreiches Fernsehspiel«. Er sah mit Beginn der neunziger Jahre das »Ende der Gemütlichkeit« kommen. Der Schonbezirk des Fernsehspiels schien durch ein Vordringen der Serienproduktionen in allen Programmen bedroht, mehr aber noch durch einen stetigen Verlust an Marktanteilen der öffentlich-rechtlichen Programme. Erreichte das Fernsehspiel 1985 noch durchschnittliche Einschaltquoten von 25 Prozent, so konstatierte Janke 1991 bereits 14 bis 20 Prozent bei exzellenten ZDF-Produktionen (Janke 1991, 125). Deutlicher noch als beim ZDF, bei dem Janke mit der Formel »Qualität *und* Quote« den Standard zu halten und auszubauen suchte, ohne auf erreichbare Einschaltquoten zu verzichten, zeichnete sich beim NDR mit dem Leitungswechsel von Dieter Meichsner zu Matthias Esche ein Umbruch ab, hin zu einem eher leichten, auf Unterhaltung ausgerichteten Fernsehspiel. Als prototypisch galt die Produktion »Sterne des Südens« (NDR 1992/93) von Berengar Pfahl, ein mehrteiliges Fernsehspiel, an das sich eine Serie mit dem gleichen Titel anschloß. Diese besetzte innerhalb des Genres der Feriengeschichte die Sparte Clubhotels, wurde aber wegen ihrer schwachen Stories und Mängel der Inszenierung von der Kritik heftig verrissen. Zwar hatte schon der Fernsehproduzent Georg Feil prognostiziert, die »Rettung des Fernsehspiels« sei die Serie (Feil 1989, 1), doch konnte dieses Konzept nur dann erfolgreich sein, wenn diese neuen Serien sich in Machart und Sujet deutlich von den bisherigen Fernsehspielen absetzten und damit eine Differenzierung im fiktionalen Erzählen des Fernsehens boten, ohne daß die Möglichkeit des intensiven und szenisch durchdachten Spiels verloren ging.

Serielle Unterhaltung: von »durcherzählten Geschichten« zu den Daily Soaps

Die vermehrte Produktion von mehrteiligen Fernsehfilmen bildete – mittelfristig gesehen – einen Übergang zu einer stärkeren Hinwendung zur Serie, weil diese durch ihre längere Laufzeit eine noch größere Aufmerksamkeit

»Die Schwarzwaldklinik« – »Das Findelkind«

als ein Mehrteiler auf sich zog, bei vergleichsweise geringeren Produktionskosten. Die Einrichtung eines Montagabendserientermins bei der ARD zielte auf eine solche Stärkung eigenproduzierter Serien im Abendprogramm. Serie galt nun als ein auch anspruchsvoll zu nutzendes Vorhaben. Mit Serien wie »Liebling Kreuzberg« (SFB u. a. ab 1986) nach Drehbüchern von Jurek Becker und mit Manfred Krug sowie »Reporter« (Regie: Klaus Emmerich) mit Renan Demirkan und Walter Kreye wollte sich die ARD gegenüber den vom ZDF überaus erfolgreich plazierten Serien wie »Die Schwarzwaldklinik« (ab 1985) und »Traumschiff« (ab 1982) behaupten.

»Die Schwarzwaldklinik« von Herbert Lichtenfeld bildete einen neuen Serientyp, der mit traditionellen Serienkonzepten brach. War es bis dahin das Ziel der Fernsehmacher gewesen, neue, originelle Serienkonzepte zu erfinden und sich von den bisherigen Serien abzusetzen, so stellte »Schwarzwaldklinik« eine Mischung erfolgreicher Serienmuster dar: Das Arzt-Genre wurde mit Klausjürgen Wussow als Dr. Brinkmann reaktiviert und mit dem Heimatgenre (Schwarzwald, Glottertal) kombiniert. In Nebenrollen traten fast alle bekannten deutschen Fernsehschauspieler auf. Hinzu kamen Elemente des Familiengenres (unvollständige Familie, Vater-Sohn-Konflikt), integriert wurden soziale Probleme, für die dann in der Regel einzelne Patienten standen. »Schwarzwaldklinik«, seit dem 20. 10. 85 im ZDF gesendet, erinnert an Vertrautes und bietet ein Milieu der Geborgenheit in landschaftlicher Idylle. Mit dieser Mischung tradierter Genreelemente stellt die Serie eine Form der Entdifferenzierung dar: Sie propagiert eine Rückkehr zum Einfachen und Guten, nimmt jedoch auch aktuelle Konfliktthemen wie soziale Außenseiter, Arbeitslosigkeit, Beziehungskonflikte etc. auf. Zahlreiche weitere Serien in den folgenden Jahren, wie z. B. »Das Erbe der Guldenburgs« (ZDF 1987), bezogen sich auf diese im Erzählton eher behäbig wirkende Serie, die ihre Protagonisten Klausjürgen Wussow, Sascha Hehn und Gaby Dohm zu Stars machte.

»Die Schwarzwaldklinik«

Im gleichen Jahr etablierte die ARD eine neue Serie, die jede Woche sonntags ausgestrahlt wurde. »Die Lindenstraße« (Start: 8. 12. 85) orientierte sich an der englischen Serie »Coronation Street« und machte den Alltag in

»Lindenstraße«

»Lindenstraße«

einem Wohnhaus zum Thema. Produzent Hans W. Geißendörfer führte mit dieser auf Endlosigkeit angelegten Serie ebenfalls ein neues Prinzip ein: die, wie es der verantwortliche WDR-Fernsehspielchef Gunther Witte nannte, »hierzulande bislang ungenutzte Form der Dauerserie« (Witte 1987, 3). Die Serie wird nach lang angelegten ›story lines‹ konzipiert und von Woche zu Woche produziert, so daß die Zuschauer den Eindruck einer zeitgleich existierenden Serienwelt gewinnen können, in die sie wöchentlich Einblick nehmen können. Einzelne Folgen nahmen auf aktuelle Ereignisse Bezug (bei Wahlen wurden z.B. Bilder von der Berichterstattung des Tages in die Serie hineingeschnitten). Nach anfänglich heftiger Kritik an den Standards der Inszenierung verbesserten sich diese und das Publikum gewöhnte sich an diese Form seriellen Erzählens, so daß die Serie 1997 nach über 600 Folgen immer noch erfolgreich läuft und bereits Anfang der neunziger Jahre einen ›Kultstatus‹ erworben hatte. »Lindenstraße« etablierte in den deutschsprachigen Serien die Perfektionierung des mehrsträngigen Erzählens. Die Erzählphasen verkürzten sich auf zwei bis drei Minuten pro Sequenz und differenzierte Charakterstudien entfielen, wie sich an einem einstündigen Zusammenschnitt »Die Beimers« (ARD 1990), der aus Elementen der Serienfolgen montiert war, deutlich erkennen ließ.

»Dallas«

Mit »Lindenstraße« und »Schwarzwaldklinik« reagierten ARD und ZDF auf den großen Erfolg, den die amerikanischen Serien »Dallas« (CBS 1978 ff., bei ARD ab 30. 6. 81) und »Der Denver-Clan« (»Dynasty«, ABC 1981 ff.; bei ZDF ab 24. 4. 83) in der Bundesrepublik hatten. Die Kombination des melodramatischen Grundprinzips mit der Ausstattung der Prime-Time-Serien und die Reaktivierung des Fortsetzungsprinzips bei gleichzeitiger zumindest partieller Abgeschlossenheit der Folgen ließen diese neue serielle Erzählform erfolgreich werden. Hinzu kam, daß in dieser emotionalisierten Darstellung die Helden nicht durchweg gut sind, sondern J. R. Ewing (gespielt von Larry Hagman) einen überwiegend negativ gezeichneten, zu allen Bosheiten und Intrigen fähigen Helden abgibt. Eine Sonder-

»Liebling Kreuzberg« – Manfred Krug

stellung nahm die amerikanische Serie »Star Trek« ein, deren erste Teilserie »Raumschiff Enterprise« im ZDF-Programm seit 1972 lief, dann aber vor allem bei den kommerziellen Anbietern in den neunziger Jahren an Popularität gewann. Dies lag vor allem daran, daß sich um diese Serien eine Fan-Gemeinde etablierte, die aus der Serienrezeption einen eigenen Kosmos an Weltsicht und Weltverständnis aufbaute (vgl. Hickethier 1997b).

»Dallas« und »Der Denver-Clan« erschienen in den achtziger Jahren wie die Bugwelle einer amerikanischen Serienflut, die ab 1984, mit den neuen kommerziellen Programmen, auf die Zuschauer hereinbrach. Neben zahlreichen Serien, die, oft wegen der in ihnen enthaltenen Gewaltdarstellungen, von ARD und ZDF zuvor nicht gezeigt wurden, wiederholten die kommerziellen Anbieter ältere Serien, die in den Jahrzehnten zuvor bereits die öffentlich-rechtlichen Kanäle gefüllt hatten. Serien wie »Fury«, »Flipper« und »Bonanza« kamen nun wieder auf den Bildschirm. Oft handelte es sich dabei um Synchronfassungen, die die öffentlich-rechtlichen Sender hergestellt hatten und die in dieser Form nach Ablauf der Lizenz an den Rechte-Inhaber, z.B. Kirch, zurückgefallen waren. Durch dieses nun entstehende Nebeneinander von alten und neuen Serien wirkten die kommerziellen Programme stellenweise wie Museen des öffentlich-rechtlichen Fernsehens.

»Star Trek« mit William Shatner

Durch die Anstrengungen der öffentlich-rechtlichen Programme, sich gegen die kommerzielle Konkurrenz zu behaupten und die Serienproduktion auf dem Fernsehspielstandard zu halten, kam es zu besonders gelungenen Produktionen. Neben der in mehreren Staffeln fortgesetzten Serie von Jurek Becker mit dem Kreuzberger, Glibberpudding essenden Rechtsanwalt Liebling: »Liebling Kreuzberg« (SFB ab 17. 2. 86), die durch ihre Dialoge sowie die Originalität und Einfühlsamkeit ihrer Figuren populär wurde, war es Helmut Dietls Serie »Kir Royal – Aus dem Leben eines Klatschreporters« (WDR ab 22. 9. 86), die Furore machte, weil sie durch Ideenreichtum, Ironie der Handlungen, schauspielerische Leistungen (Franz

»Liebling Kreuzberg«

»Kir Royal«

»Tatort« – mit Idil Üner und Günter Lamprecht

Xaver Kroetz, Senta Berger, Dieter Hildebrandt) und eine schnelle und filmisch eloquente Inszenierung bestach. Wolfgang Menge entwickelte in Anlehnung an seine Serienfigur Ekel Alfred (»Ein Herz und eine Seele«, WDR 1973 f) mit »Motzki« (NDR/WDR 1993) den westdeutschen Mekkerkopf Friedhelm Motzki, der nach der deutschen Einigung mit seiner Schwägerin aus dem Osten ständig Debatten über die deutsch-deutschen Verhältnisse führt und dabei seine Vorurteile gegen alles Fremde herausläßt.

»Motzki«

Weitere erfolgreiche Serien der achtziger Jahre waren z.B. beim ZDF die unverwüstliche Familie »Diese Drombuschs« (ab 1983) mit Witta Pohl und Günter Strack, »Engels & Consorten« (NDR 1986), dann vom BR die Serie »Monaco Franze. Der ewige Stenz« von Franz Geiger, Helmut Dietl und Patrick Süskind (BR ab 1983) mit Helmut Fischer als Monaco Franze, im Kriminalfilmbereich »Der Fahnder« (WDR ab 1985), »Großstadtrevier« (NDR ab 1986) und »Die Männer vom K 3« (ARD 1993). Erfolgreich blieben Serien und Reihen wie »Tatort«, »Derrick«, »Der Alte«, »Ein Fall für Zwei«. 1987 einigte sich die ARD auf eine gemeinsam produzierte neue Krimiserie, die mit dem Hauptdarsteller Klaus Löwitsch besetzt und unter dem Titel »Peter Strohm« im selben Jahr auf Sendung ging.

Genreorientierte Produktion

Die wesentlichen Veränderungen im Serienangebot bestanden jedoch vor allem darin, daß sich aus dem Modell der »Schwarzwaldklinik« das neue Serienprinzip der genreorientierten Produktion ähnlicher oder gleicher Serien entwickelte. War es zunächst das Arzt-Genre, das u.a. mit »Praxis Bülowbogen« (SWF/WDR/NDR ab 1987, Günter Pfitzmann als Dr. Brockmann), »Der Landarzt« (ZDF ab 1992), »Ärzte« (ARD ab 1994), »Dr. Stefan Frank« (RTL 1995) und »OP ruft Dr. Bruckner« (RTL) ausgeschrieben wurde, so entstanden nach diesem Prinzip weitere Genres: die Pfarrerserien mit »O Gott, Herr Pfarrer« (SDR 1989), »Pfarrerin Lenau« (SDR 1990) und »Mit Leib und Seele« (ZDF 1992), das Förster-Genre mit

»Forsthaus Falkenau« (ZDF), »Forstinspektor Buchholz« (ARD) und »Wildbach« (ARD) oder die Lehrergeschichte mit »Unser Lehrer Doktor Specht« (ZDF ab 1992) mit Robert Atzorn als Titelfigur. Von den Kommissaren und Privatdetektiven bis hin zur »Gerichtsreporterin« (SR/RB/NDR 1994) wurde nach Berufsgruppen gefahndet, deren Tätigkeit Menschen mit unterschiedlichen Geschichten in immer neuer Variation zusammenführte. An Beruf und der Arbeitswelt waren diese Serien wenig interessiert, sondern nur an den von den Figuren erlebten kuriosen oder schicksalsträchtigen Begebenheiten. Mit der Eigenproduktion von Comedy-Serien hatten die Sender dagegen wenig Glück, erfolgreicher war hier der Ankauf amerikanischer Sitcoms wie z. B. die Serie »Golden Girls«.

»Die Gerichtsreporterin« Anja Kling

In diesen Genres traten ab 1990 die kommerziellen Anbieter als Produzenten eigener Serien auf. 1990 sendete RTL die Serie »Ein Schloß am Wörthersee« (Start: 17. 10. 90). SAT.1 zeigte ab 1992 »Der Bergdoktor«, ab 1993 mit Wolfgang Fierek »Ein Bayer auf Rügen«, mit Uschi Glas »Anna Maria – eine Frau geht ihren Weg«, mit Günter Strack als Kommissar die Serie »Der König«, mit Jürgen Heinrich die Krimiserie »Wolffs Revier« und 1995 »Kommissar Rex«. Die Praxis der »industriell gefertigten Serien«, wie es Serienautor Felix Huby nannte (Huby 1994, 39), orientierte sich erkennbar an der eingeführten genrebezogenen Serie und an der mit ihr verbundenen Praxis der staffelweisen Produktion.

Industriell gefertigte Serien

Zu viel diskutierten Kultserien stiegen jedoch zwei andere Serien auf: zum einen die amerikanische Kriminalserie »Miami Vice« (ARD ab 1986), die durch ihre Zitate aus Kinofilmen eine Aura postmoderner Mediencollage anbot, zum anderen David Lynchs Serie »Twin Peaks« (RTL 1991), die sich in düster-grellen Bildern und mit viel Witz und skurrilen Einfällen mit dem Leben einer amerikanischen Kleinstadt nach dem Tod der jungen Laura Palmer beschäftigt. Verrätselung, Stilmischung, raffinierte Kameraführung und Montage kennzeichnen die Serie.

»Miami Vice« mit Don Johnson und Philip Michael Thomas

Das Auffüllen der Programme mit Serien hatte für deutsche Zuschauer die neue Form der täglichen Ausstrahlung einer Serie zur gleichen Zeit gebracht. Dabei bedienten sich die Sender zunächst des unerschöpflich erscheinenden Fundus amerikanischer Serienproduktion. RTL hatte diese neue Serienpräsentation mit der »Springfield Story« exemplarisch vorexerziert. Die ARD antwortete darauf, indem sie 1986 im Nachmittagsprogramm die brasilianische Telenovela »Die Sklavin Isaura« mit 40 Folgen ausstrahlte, 1987 noch 170 Folgen »Sinha Moca – die Tochter des Sklavenhalters«, 1990 »Das Recht zu lieben« und 1991 »Vale Tudo – Um jeden Preis« zeigte. Ziel war es, so der verantwortliche WDR-Redakteur Gert K. Müntefering, damit »gegen die wohlondulierte, erfahrene und aktionsreiche Welt Hollywoods und gegen europäischen Skeptizismus an(zutreten)« (ARD-Pressedienst 1/90, IV/3). Mit den Telenovelas übte die ARD das Publikum in die tägliche Ausstrahlungspraxis von Serien ein.

Telenovela

Als Anfang der neunziger Jahre das Publikum der Kaufserien durch die überbordende Ausstrahlung amerikanischer Produktionen langsam überdrüssig wurde und die durchschnittlichen Einschaltquoten zurückgingen, die kommerziellen Sender wie RTL und SAT.1 aber mit ihren Programmen höhere Einnahmen erzielten, begannen sie, selbst Serien zu produzieren. Seit dem 11. 5. 92 strahlte RTL die Daily Soap »Gute Zeiten, schlechte Zeiten« aus, die sich von Anlage und Konstruktion an der australischen Serie »Restless Years« orientierte. Sie verzichtet auf das übliche Personal der Familienserie, zeigt die Welt der 15–25jährigen, schildert Lebenswege,

Daily Soap

»Gute Zeiten, schlechte Zeiten«

Mehrsträngig angelegte Geschichten

Fragmentarisches Erzählen

Magazinsendungen im Kinderfernsehen

Schicksale, Beziehungen von ehemaligen Abiturienten, die Schule und Studium abbrechen, sich mit Gelegenheitsjobs durchschlagen und auf der Suche nach dem erfolgreichen und schönen Leben sind. Die traditionelle Daily Soap mit ihren auf Hausfrauen als Zuschauer ausgerichteten Plots wurde hier zu einer Form des Jugendgenres umfunktioniert. Als sich die Serie dann etabliert hatte, saßen täglich 4 bis 5 Millionen Zuschauer vor dem Fernseher und verfolgten das Seriengeschehen. Die öffentlich-rechtlichen Sender zogen mit eigenen Daily Soaps nach, die im gleichen Milieu der Unter-Zwanzigjährigen angesiedelt sind: »Marienhof« (ARD ab 1992), »Verbotene Liebe« (ARD ab 1995) und »Jede Menge Leben« (ZDF 1995). Weitere Soaps waren »Unter uns« (RTL 1994) und, wenig erfolgreich und wieder abgesetzt, »So ist das Leben – Die Wagenfelds« (SAT.1 1995). Mit ihren wöchentlich fünf Folgen entstanden aus diesen Serien im Laufe der Jahre kleine Universen, die eigene Fangemeinden entstehen ließen, weil man in der Regel ein umfangreiches Serienwissen benötigte, um die Beziehungskonflikte mit all ihren Anspielungen und Verweisen verstehen zu können.

Wie die »Lindenstraße« erzählten diese Daily Soaps mehrsträngig angelegte Geschichten, die auf Endlosigkeit hin ausgerichtet und deren Stränge vielfältig miteinander verwoben sind. Mit den überspitzten Handlungen, ihrer geballten Ladung an Intrigen, Eifersucht, Liebe, Haß und Neid erzeugen sie ein Gefühl von Atemlosigkeit. Daß in den Serien Laiendarsteller eher unbeholfen und hölzern spielen, tat ihrem Erfolg keinen Abbruch, sondern suggeriert gleichaltrigen Zuschauern ein Gefühl von Authentizität, weil sie darin eigene Verhaltenskonflikte wiedererkennen. Entscheidend ist, daß gerade im Holprigen der Inszenierung, im modischen Outfit der Figuren und in dem schematisch angelegten Ambiente eine deutliche Distanz zu dem eher ausgeglichenen und damit harmonisch wirkenden Inszenierungsstil der sonstigen Serien besteht. Die kurzen Sequenzen, das Hin und Her zwischen den verschiedenen Handlungssträngen betonen ein eher fragmentarisches Erzählen, zeigen einen Kosmos, der nur aus Brüchen und Überraschungen besteht. Die Welt dieser Soaps ist alles andere als harmonisch und schon gar nicht in sich geschlossen, sondern lebt von der Offenheit des Ausgangs und dem Unerwarteten, dem nur die festgelegte Genremischung Grenzen setzt. Damit bieten die Soaps den Zuschauern neue Verhaltensweisen und Bewältigungsstrategien als modellhaft an – Verhaltensweisen, die offenbar dem Lebensgefühl vieler Jugendlicher in den neunziger Jahren entsprechen.

Serielles Erzählen im Kinderfernsehen

An die besondere Zuschauergruppe der Kinder dachten die kommerziellen Anbieter zunächst nicht, auch wenn sie Zeichentrickserien in ihr Programm aufnahmen. Ein pädagogisches Konzept bestand schon gar nicht. Bei den öffentlich-rechtlichen Programmen hatte sich Ende der siebziger Jahre die Einsicht durchgesetzt, daß Kinder mit gut erzählten Geschichten zu begeistern waren. Daran wurde in den achtziger Jahren festgehalten. Magazinsendungen wie »Die Sendung mit der Maus« (WDR) liefen ebenso weiter wie die Reihe »Pusteblume«, später »Löwenzahn« (ZDF), in der Peter Lustig sich mit Problemen der Umwelt beschäftigte, sich auf die Suche nach der Nacht machte, nach dem Leben im Bach forschte und durch eine Baumbesetzung das Fällen eines Straßenbaums verhinderte. Die Anfang der siebziger Jahre noch heftig umstrittene »Sesamstraße«, inzwischen längst von allen geduldet und mehrfach umgebaut, lief 1988/89 langsam aus,

»Meister Eder und sein Pumuckl« mit Gustl Bayrhammer

allerdings gab es in den Dritten Programmen noch ein Nachspielen der Reihe.

Daneben entstanden zahlreiche Spielserien, die häufig gemeinsam mit osteuropäischen Fernseh- und Filmunternehmen produziert wurden. So zeigte die ARD die vom tschechischen Studio Barandov gedrehten Serien »Luzie, der Schrecken der Straße« (WDR 1980), »Die Märchenbraut« (WDR 1981), »Die Besucher« (BR/WDR 1983), »Die Tintenfische aus dem 2. Stock« (BR/WDR/SWF 1986) und »Hamster im Nachthemd« (WDR 1989). Nach einem erfolgreichen Kinderbuch entstand die Serie »Der kleine Vampir« (NDR 1986 und 1993), dann eine Abenteuerserie von Arend Agthe »Flußfahrt mit Huhn« (HR 1987) oder »Janosch's Traumstunde« (WDR/SWF/NDR 1986). Beim ZDF waren »Neues aus Uhlenbusch«, »Anderland« und »Bettkantengeschichten« erfolgreich.

»Janosch's Traumstunde«

Für die Zehn- bis Vierzehnjährigen entwickelten in der ARD Frauke Klinkers und Meyen Wachholz 1986 ein Magazin, in dem auf die aktuellen Probleme dieser Altersgruppe im Übergang vom Kindsein zum Jugendlichen eingegangen wurde und Sketche, Musikbeiträge und Cartoons sich mit Themen wie ›Tod‹, ›Drogen‹, ›Ausländer‹ und ›Sexualität‹ beschäftigten: »Moskito« stieß auf ein großes Interesse und erhielt zahlreiche Preise.

»Moskito«

Zunehmend kauften die Sender ausländische Produktionen, vor allem Zeichentrickserien, ein. Dazu zählten neben Disney-Cartoons »Tom & Jerry«-Filme. Beim ZDF hatten sich ebenfalls kommerzielle Kinderserien wie die »Schlümpfe«, die »Fraggles« und andere Serien neben den anspruchsvolleren Reihen der Redaktion ›Erziehung und Bildung‹ behauptet. Als eigene Zeichentrickserie zeigte der BR 1988 mit großer Resonanz die mit Realfilm- und Zeichentrickaufnahmen kombinierte Serie »Meister Eder und sein Pumuckl«.

Zeichentrickserien

Ende der achtziger Jahre entdeckten RTL und SAT.1 die Kinder als potentielle Zielgruppe. RTL, das auf ein vornehmlich jugendliches Publikum setzte, sah im Kinderfernsehen eine Möglichkeit, sich zukünftige

Zuschauer heranzuziehen. Am 5. 2. 88 startete es mit dem Kinderprogramm »Li-La-Launebär« und setzte dabei vor allem auf Zeichentrickfilme. Der Sonntagvormittag wurde als eine Nische gesehen, in der sich aber ab Anfang der neunziger Jahre auch andere Sender des »Geschäftsfernsehens« (Müntefering) wie Pro Sieben mit Kinderserien oder Tele 5 mit »Guten Morgen, Bino« tummelten. Zwar versuchte die ARD, mit dem »Disney-Club« dagegenzuhalten, doch gelang ihr das erst 1993 mit dem »Käpt'n Blaubär Club« (ab 2. 10. 93). Selbst wenn sich die öffentlich-rechtlichen Programme gegen die Zunahme der kommerziellen Angebote wehrten, war doch unverkennbar, daß sie in den neunziger Jahren weniger große ambitionierte Erzählvorhaben für Kinder produzierten. Serien wie die deutsch-polnische Koproduktion »Janna« (WDR 1989) blieben Ausnahmen.

Dokumentarfilm, Dokumentation und ein sich veränderndes Realitätsverständnis

Auch der Dokumentarfilm war wie das Fernsehspiel für die kommerziellen Anbieter zunächst kein Gegenstand ihrer Begierde und geriet paradoxerweise deshalb ebenfalls, wie das Fernsehspiel, bei den öffentlich-rechtlichen Anstalten an den Rand der Krise. Der Dokumentarfilm schien als Gattung zu anspruchsvoll und dadurch, daß er sich bei der Recherche und Erforschung eines Themas in der Regel Zeit ließ, galt er als inaktuell und nicht vergleichbar mit den Dokumentations-Specials, die von konkreten Konfliktfällen handelten und als Live-Sendungen nach Bedarf das vorgeplante Programm unterbrachen. Die Welt darzustellen und für die Darstellung eine angemessene Form zu finden, schien in den Zeiten des großen Medienumbruchs immer weniger gefragt. Es ist wohl nur dem internen Einsatz der Dokumentar-Redakteure wie Dieter Ertel (RB) und Ebbo Demant (SWF) zu verdanken, daß die öffentlich-rechtlichen Programme auch in den achtziger Jahren weiterhin Dokumentarfilme sendeten.

Hatte die Dokumentarfilmdebatte auf dem Duisburger Filmfestival 1978 durch die Kontroverse zwischen Klaus Wildenhahn und Klaus Kreimeier über Konzept und Authentizitätsbegriff des beobachtenden Dokumentarismus Aufsehen erregt, so wurde in der Folgezeit deutlich, daß sich divergierende Dokumentarfilm-Konzepte entwickelt hatten. Das Konzept des Partei ergreifenden, ›operativen‹ Dokumentarismus, wie er in den siebziger Jahren propagiert und in einigen Medienwerkstätten erprobt worden war, hatte sich in dem veränderten Programmkontext nicht halten können. Der beobachtende Dokumentarismus in der Tradition des Direct Cinema, wie ihn Klaus Wildenhahn pflegte, blieb aufgrund des Aufwands vereinzelt. Statt dessen setzten sich stärker Konzepte durch, die subjektive Sichtweisen und neue gestalterischen Formen in den Vordergrund rückten. Unter dem Stichwort des Essayfilms setzte sich eine Reihe von Filmemachern, angeregt durch Filme wie »Sans Soleil« von Chris Marker, mit neuen Formen auseinander. Viele von ihnen kamen aus dem theoretischen Umkreis der Zeitschrift »Filmkritik«.

Hartmut Bitomsky und Harun Farocki beschäftigten sich in zahlreichen kleineren Filmen mit Alltagsphänomenen und wollten durch andere Darstellungsweisen neue Aspekte sichtbar machen. Gerade das Ziel, aufgrund eines tiefen Mißtrauens gegenüber den naiv aufgenommenen Bildern Sehgewohnheiten in Frage zu stellen, machte zahlreiche Filme von Farocki über den bloßen Anlaß hinweg wichtig und zu Dokumenten der achtziger Jahre. Filme, die die Reflexionen postmoderner Theoretiker wie Paul Virilio aufnahmen und sich mit der Wahrnehmung auseinandersetzten, waren z. B. »Wie man sieht« (1986) und »Bilderkrieg« (1987). Auch Michael Klier gehört mit seinen Filmen wie z. B. »Der Riese« über die neue Videotechnik und ihr Einsatz als Überwachungsinstrument dazu.

Das Entstehen »bewußt subjektiver und visuell argumentierender« Filme, nicht zuletzt von ehemals eher ›puristisch‹ arbeitenden Dokumentaristen wie Rolf Schübel, Peter Krieg, Peter Heller, Christoph Hübner, Helga Reidemeister und Didi und Pepe Danquardt, sah der Dokumentarfilmhistoriker Peter Zimmermann als kennzeichnend für die achtziger Jahre (Zimmermann 1994, 306). Darin ist der Versuch zu sehen, gegenüber dem sich in dieser Zeit durch den Einsatz der Satellitentechnik beschleunigenden Nachrichtenjournalismus an anderen Sicht- und Darstellungsweisen festzuhalten und sich einem vorschnellen Aktualitätsdruck zu verweigern. Diese sich zunehmend im Grenzbereich zwischen Fiktion und Dokumentation bewegenden Filme kamen in den achtziger Jahren auf Sendeplätzen des »Kleinen Fernsehspiels« ins Programm. Damit stellte man ihre Differenz zu den aktuellen Dokumentationen heraus (vgl. Hattendorf 1994).

Subjektive und visuell argumentierende Filme

Daß der dokumentarische Blick auf die Realität der Welt innerhalb der vermehrten Programmangebote deutlicher akzentuiert werden mußte, um nicht ›unterzugehen‹, führte zu einem Ausbau der Tradition dokumentarischer Reihenbildung. Reihen wie »Unter deutschen Dächern« (seit 1979), »Filmprobe« (seit 1982) und »Kinder der Welt« (seit 1984) von Radio Bremen, die Neuauflage der Reihe »Zeichen der Zeit« vom SDR sowie »Ziele« und »Menschen und Straßen« (1979–1983 im ARD-Programm, danach im Dritten Programm S 3) vom Südwestfunk hielten den Dokumentarfilm im Ersten Programm präsent. Auch das ZDF brachte weiterhin Dokumentarfilme. Vor allem die von Ebbo Demant betreute Reihe »Menschen und Straßen« setzte neue Akzente mit Filmen wie »Die freudlose Straße – Vietnam« (1979) von Thomas Reimers, »Flugplatz Mogadischu« (1981) von Ebbo Demant, »Das Packeis-Syndrom« (1982) von Peter Krieg, »Die Bewältigung« (1988) von Lea Rosh und »Vietnam. Nationalstraße Nr.1« (1990) von Peter Gatter. Seit 1989 gab es im ARD-Programm die Reihe »Der Dokumentarfilm« mit Filmen von Ludwig Mezger, Thomas Honickel, Harun Farocki, Thomas Mitscherlich, Thomas Schadt und anderen.

»Unter deutschen Dächern«

»Menschen und Straßen«

Anders als im Fernsehspiel mit seinen großen, teuren mehrteiligen Projekten, die sich anspruchsvoll um die Deutung ganzer Epochen bemühten, konzentrierte sich der Dokumentarfilm auf die dokumentarische Sicht der Gegenwart und legte stärkeren Wert auf die Darstellung des vernachlässigten Kleinen und Randständigen, weil sich gerade darin, so die Auffassung vieler Dokumentaristen, die Realität genauer fassen ließ.

Veränderungen im Magazinjournalismus

Daneben machte sich ein Zweifel an den journalistischen Bildern breit, der sich auf die Ausweitung der Programmangebote bezog. Ein Zuviel an Bildern wurde beklagt, Günther Gaus sprach auf den Mainzer Tagen der Fernsehkritik 1985 von einer »Erblindung durch Informationsfülle«. Es reichte offenbar nicht mehr aus, Welt einfach nur dokumentarisch zu zeigen. Die Zuschauer konnten über Bilder aus fernen Welten nicht mehr staunen, da sie diese längst bis zum Überdruß vorgeführt bekommen hatten. Sie ließen sich nur noch selten durch Berichte über soziale Mißstände, das Elend von Menschen am Rande der Gesellschaft und die Not in vielen

Bereichen der Welt erschüttern, weil ihnen permanent Betroffenheit abverlangt wurde. Die Filmemacher bevorzugten deshalb zunehmend subjektive Betrachtungsweisen. Ironische Darstellungsweisen setzten sich durch, man schien dieser Welt nur satirisch beikommen zu können und die Fernsehmacher sahen, daß sie die Zuschauer oft nur noch mit einem bösen Lachen auf die Widersprüche der Verhältnisse stoßen konnten.

Gesellschaftliche Bedeutung der politischen Magazine

Nicht zufällig nahm deshalb in den achtziger Jahren die gesellschaftliche Bedeutung der politischen Magazine ab. Zwar gab es immer noch Konflikte um einzelne skandalöse Vorkommnisse, die die Magazine aufdeckten, aber nach der großen Auseinandersetzung um den Moderator und Sendeleiter von »Report Baden-Baden« Franz Alt und seinem politischen Engagement in der Friedensbewegung 1981/82 fand keine größere Kontroverse mehr statt. Es schien, als habe der Eintritt der kommerziellen Anbieter in die Fernsehlandschaft ein Desinteresse der Politiker an der Darstellung der politischen Verhältnisse in den öffentlich-rechtlichen Magazinen erzeugt.

Satire als Kritik unhaltbarer Zustände

Konflikte handelte sich dagegen das WDR-Magazin »Monitor« in den achtziger und neunziger Jahren mit satirischen Darstellungen und offenkundigen ›Fakes‹ ein, die durch die Satire auf unhaltbare Zustände aufmerksam machten. Mit dem Bericht über die Fälschung der Ziehung der Lottozahlen durch den Finanzminister Theo Waigel erregte das Magazin z.B. Anstoß. Wenn sich Dagobert Lindlau 1985 über die Tendenz zur Fiktionalisierung der Dokumentation beklagte, darüber also, daß Realität in der Fernsehdokumentation nun »künstlich aufbereitet« (Lindlau 1985, 168) werden müsse, um die Zuschauer zu erreichen, dann war dies nicht nur die Klage eines altgedienten Fernsehmannes über den veränderten Fernsehbetrieb, sondern Indiz dafür, daß sich die Funktion des Fernsehens für die gesellschaftliche Diskussion veränderte. Nicht mehr die Anklage, nicht mehr die dokumentarische Kritik waren vorrangig gefragt, sondern, weil sich offenbar an den Zuständen wenig ändern ließ, ironische Distanz und eine eher satirische Kritik.

»ZAK«

Die Betonung subjektiver Sichtweisen, die Verwendung neuer, elektronischer Gestaltungsmittel und der experimentierende Einsatz der Montage setzte sich in einigen Magazinen durch. Prägend für die achtziger Jahre wurde das politische Fernsehmagazin »ZAK«, das seit dem 8. 1. 88 wöchentlich auf WDR 3 und seit dem 18. 4. 93 am Sonntagabend im ARD-Programm lief, zunächst im Wechsel mit dem Magazin »Sowieso« vom BR und HR, dann jedoch allein, weil sich »Sowieso« nicht behaupten konnte. »ZAK«, zunächst von Désirée Bethge, ab 1990 von Friedrich Küppersbusch moderiert, brachte 45 Minuten lang »freche Reportagen, intime Interviews, gemeine Satiren, bunte Szenarien« (ARD-Pressedienst 17/93). Was zunächst als Anpassung an die Unterhaltungsorientierung der kommerziellen Konkurrenz erschien, war ein neuer Stil eines durchaus kritischen Fernsehjournalismus, der auf die Konventionen des Seriösen keinen Wert mehr legte. Gerade weil sich »ZAK« satirischer Mittel bediente, konnte es oft schärfer auf Mißstände hinweisen und damit vor allem ein jüngeres Publikum erreichen.

In den achtziger Jahren verwischten sich die Grenzen zwischen den verschiedenen Magazingenres. Die Trennung zwischen Kultur-, Unterhaltungs- und politischen Magazinen wurde unscharf. Neben den bereits länger bestehenden Kulturmagazinen wie »Aspekte« (ZDF) und »Titel, Thesen, Temperamente« (ARD) entstanden weitere Magazine, die durch eigenwillige Formen auffielen. Alexander Kluges Unternehmen dctp produzierte z.B. das Magazin »10 vor 11«, das in einem RTL-Fenster ausgestrahlt

Alexander Kluge

wurde und wird, und »News & Stories«, das bei SAT.1 zu sehen ist. Kluge kultivierte hier Formen des Magazinjournalismus, die mit ihren langen Interviews, den ausführlichen Darstellungen von oft eher als randständig erscheinenden Themen und Sachverhalten nicht nur quer zum umgebenden Programmfeld von RTL und SAT.1 standen, sondern auch innerhalb der öffentlich-rechtlichen Programme als spröde und schwierig empfunden worden wären. Das Spektrum der Angebotsformen differenzierte sich damit. Kluges Magazine, spätabends gesendet, erreichten jedoch kein Massenpublikum und konnten sich nur durch ihren Status als Auflagenprogramme innerhalb der kommerziellen Programme halten.

Politische Magazine wie »Panorama«, »Monitor« und »Report« bei der ARD und »Kennzeichen D« beim ZDF lieferten weiterhin politisches Hintergrundwissen und betrieben Aufklärung und die Aufdeckung von Mißständen der Gesellschaft. Sie stießen jedoch – wie andere Sendungen auch – auf geringere Resonanz als in den Jahrzehnten zuvor. Wirkungen erzielten sie vielfach nur noch, indem sie ein Thema mehrfach behandelten. Klaus Bednarz berichtete, daß »Monitor« Mitte der achtziger Jahre mit der Aufdeckung des Dioxin-Skandals bei der Chemie-Fabrik Boehringer erst mit dem dritten Beitrag zu diesem Thema Behörden und Firma zum Abstellen des Schadens provozierte. Die Wirkung der Magazine reduzierte sich auch dadurch, daß sich die Magazine selbst ausbremsten: Zu »Panorama«- und »Monitor«-Berichten – etwa über den geplanten Bau einer Wiederaufbereitungsanlage im bayerischen Wackersdorf – sendete z. B. »Report München« systematisch Gegenbeiträge.

Zeitschriften und Zeitungen wie »Spiegel«, »Stern«, »Zeit«, »Süddeutsche Zeitung« und »FAZ« produzierten bei RTL, SAT.1 und später VOX Fernsehmagazine, von denen sich vor allem »Spiegel TV« (RTL) und »Spiegel TV Reportage« (SAT.1) unter der Leitung und Moderation von Stefan Aust und »Stern TV« (RTL) mit Günter Jauch langfristig behaupteten und damit in Konkurrenz zu den bestehenden öffentlich-rechtlichen Programmen traten. »Spiegel TV«, das am 26. 11. 88 bei RTL startete, war als Magazin nicht grundsätzlich different zu den öffentlich-rechtlichen Magazinen, auch der Eindruck, es sei in Tonlage und Haltung etwas forscher und schneller als die öffentlich-rechtlichen Magazine, hielt einer genaueren Betrachtung nicht stand. Während »Spiegel TV« mit Stefan Aust einen erfahrenen Journalisten als Leiter und Moderator besaß, der den Standard hoch hielt, hatte Günter Jauch, der noch zahlreiche andere Sendungen vom Sport bis zur Unterhaltung moderierte und in der meisten Zeit bei »Stern TV« (Start: 4. 4. 90 bei RTL) nur einen Moderatorenstatus innehatte.

Klaus Bednarz, Leiter und Moderator von »Monitor«

Die Magazine konkurrierten besonders bei investigativen Themen, sensationelle Berichte waren zunehmend gefragt. Es ist deshalb kein Zufall, daß es Mitte der neunziger Jahre zu einem Skandal kam, als bekannt wurde, daß eine Reihe spektakulärer Berichte, die insbesondere »Stern TV« ausgestrahlt hatte, von einem freien Autor und Filmemacher gefälscht worden waren. Der Konkurrenzdruck zwischen den Magazinen hatte dazu geführt, daß zugunsten der quotentreibenden Sensationen redaktionelle Kontrollen unterblieben. Viele andere Magazine waren erfolglos, weil die verantwortlichen Zeitungsjournalisten oft nicht das Gespür für die Erfordernisse eines Fernsehmagazins besaßen. So urteilte im Januar 1986 der Journalist Cordt Schnibben: »Wer etwa nur einmal das Magazin »Fazetten« (SAT.1), verantwortet von der »Frankfurter Allgemeinen Zeitung« gesehen hat, weiß, wie man mühelos zu einem fernsehfreien Tag kommen könnte. So zuschauermordend ist das öffentlich-rechtliche nie gewesen« (Schnibben 1986, 68).

»Spiegel TV« mit Stefan Aust

Wolf von Lojewski im »heute journal«

rechts: Hanns Joachim Friedrichs präsentiert die »Tagesthemen«

Unterhaltungsorientierte Magazine

Magazine, die die kommerziellen Hauptprogramme selbst entwickelten, wie z. B. »akut« (SAT.1), konnten sich nicht halten.

Zu den politischen Magazinen kamen Ende der siebziger Jahre die Nachrichtenmagazine hinzu. »Tagesthemen« und »heute journal« vertieften täglich die aktuellen Meldungen der Nachrichtensendungen und leuchteten die Hintergründe aus. Hinzu kam in den achtziger Jahren das »Mittagsmagazin« von ARD und ZDF sowie neue unterhaltungsorientierte Magazine wie z. B. »Leo's Magazin« mit Andreas Lukoschik (ab Februar 1988 auf BR 3 und ab 25. 9. 89 im Ersten Programm) und schließlich die Morgenmagazine, die neben unterhaltenden Beiträgen aktuelle Informationen und Reportagen brachten. Das ›Meer‹ des Vielen marginalisierte die politische Kritik.

Nachrichten und Information

»Tagesschau« und »heute«

Die Informationsvermittlung blieb im Dualen Rundfunk ein Schwerpunkt der öffentlich-rechtlichen Programme, weil sie über umfangreiche Nachrichtenredaktionen und ein ausgebautes Netz an Korrespondenten und damit über eine breite Erfahrung verfügten. Hier konnten die neuen kommerziellen Anbieter, die ihre Kosten niedrig halten wollten, nicht mithalten. Hinzu kam, daß sich die öffentlich-rechtlichen Nachrichtensendungen »Tagesschau« und »heute« in ihrer Präsentationsweise durch Kontinuität auszeichneten, was ihnen die Aura des Seriösen und Zuverlässigen gab. Das Erscheinungsbild der »Tagesschau«, oft als bieder und offiziös gescholten, schien vielen Zuschauern inmitten sich ständig verändernder Angebote Kontinuität und Gediegenheit zu vermitteln. Die ARD baute die »Tagesschau« aus, indem sie die Zahl der täglichen Sendungen erhöhte und damit langfristig eine ähnliche (stündliche) Nachrichtenpräsentation wie im Hörfunk erreichte. Diese Entwicklung fand langsam statt, so daß der Eindruck eines Bruches ausblieb. Damit bezog die ARD Stellung gegenüber den Nachrichten-Spartenprogrammen wie CNN und n-tv, die auf ein durchgehendes Nachrichtenangebot setzten. Bei »heute« war diese Entwicklung ähnlich, wenngleich die Ausbreitung der Nachrichtensendungen im Tagesprogramm des ZDF nicht in dem Maße wie bei der ARD stattfand.

Nachrichten-Spartenprogramme

Demgegenüber wechselten die kommerziellen Anbieter wie RTL und SAT.1, die aufgrund ihres Anspruchs, Vollprogramme zu liefern und damit Nachrichtensendungen bringen mußten, häufig Namen und äußere Gestaltung ihrer Sendungen. Lieferte RTL plus 1985 eine tägliche Nachrichtensendung unter dem Titel »7 vor 7« (1986 kam eine Spätausgabe »Die 7-Minuten-Nachrichten« hinzu), so lief die Sendung seit dem 16. 4. 88 unter dem Titel »RTL aktuell« mit zusätzlichen Tagesausgaben. Bei SAT.1 hieß die Nachrichtensendung anfangs »APF blick« und ging am Ende in ein Quiz über. Ab 1986 hieß die Sendung »SAT.1 blick« und kam bereits viermal täglich, die Hauptnachrichtensendung wurde von 18.30 Uhr auf 19.35 Uhr gelegt und ab 1989 wieder um 18.45 Uhr gesendet. Entscheidend waren Veränderungen von Themenauswahl und Präsentation. Gegen das öffentlich-rechtliche Verlesen von Nachrichten setzte man die »News Show«, reduzierte die ›harten‹ politischen Themen und brachte vermehrt Klatschgeschichten. Eine unterhaltsame ›Verpackung‹ sollte das politisch Widerständige abschleifen und leichter konsumierbar machen. Entpolitisierung, Unterhaltungsorientierung und Kommerzialisierung der Nachrichten (durch in die Nachrichtensendungen eingeschaltete Werbespots) waren die Merkmale (vgl. Ludes 1994, 35 ff.). Selbst bei den Lokal- bzw. Ballungsraumsendern wie z. B. Hamburg 1 werden inzwischen Nachrichtensendungen gesponsort. Eine »Ausdünnung der politischen Information zugunsten von Sensationen, alltagsnahen Berichten und Unterhaltung« konstatierte der Kommunikationswissenschaftler Heribert Schatz 1989 bei den kommerziellen Nachrichtensendungen (Schatz 1989b).

»RTL aktuell«

Doch das Publikum hielt eine solche, am Konzept des ›Infotainment‹ orientierte Nachrichtenpräsentation zunächst für wenig seriös, die Reichweite der »Tagesschau« reduzierte sich deshalb von 1987 bis 1991 nur von 18 Prozent auf 16 Prozent, der ZDF-Sendung »heute« von 15 Prozent auf 13 Prozent (ebd.). Die in den kommerziellen Nachrichtensendungen etablierte Unterhaltungsorientierung wurde deshalb Ende der achtziger Jahre teilweise zurückgenommen und die Nachrichtensendungen wieder dem öffentlich-rechtlichen Präsentationsprinzip angenähert. Erst Anfang der neunziger Jahre gewann »RTL aktuell« an Bedeutung, weil das jüngere Publikum, das RTL aufgrund seiner Unterhaltungsangebote bevorzugte, auch die Nachrichtensendungen des Senders wahrzunehmen begann. Ein Versuch der kommerziellen Sender (SAT.1, RTL, Pro 7), die öffentlich-rechtlichen Nachrichtensendungen 1995/96 durch eine gezielte Kampagne bei den Einschaltquoten zu überrunden, scheiterte.

›Infotainment‹

Ein großes Nachrichtenereignis, das indirekt wesentlich zum Ausbau der Nachrichtenschienen in den Programmen beitrug, war der Golfkrieg 1991. Die Berichterstattung im Januar 1991 rund um die Uhr und vor allem das große Interesse der Zuschauer an aktuellen Berichten führte zu einer neuen Bewertung der Informationsmöglichkeiten, die das Fernsehen bot. Der Eindruck, per Satellitennetz rund um den Globus scheinbar direkt bei wichtigen Ereignissen dabei zu sein, schien die Nachrichtenkommunikation grundlegend zu verändern. Daß die politischen Repräsentanten der Welt durch die Berichte des Nachrichtensenders CNN schneller von den Absich-

Der Golfkrieg 1991 im Fernsehen

ten der anderen erfuhren, als diese sich telefonisch mit ihnen in Verbindung setzen konnten, schien ein Indiz für den Einstieg in ein ganz neues Kommunikationszeitalter zu sein. So erzeugten die wiederholten Live-Schaltungen zwischen Washington, Bagdad, Tel Aviv und den Standorten der amerikanischen Streitkräfte auf der arabischen Halbinsel die Suggestion, alles zu erfahren und am Kriegsgeschehen per Television teilzuhaben. Vor allem die Bilder von einer Rakete, die angeblich in Sadams Hauptquartier eindrang und dieses zerstörte, schienen fast unmittelbare Teilhabe zu vermitteln. Daß diese Fernsehbilder alle gelenkt und zensiert waren und die entscheidenden Vorgänge nicht zeigten, daß zahlreiche Bilder (bis hin zum ölverschmutzten Kormoran) letztlich aus dem Archiv kamen, stellte die Mehrheit der faszinierten Fernsehzuschauer erst im nachhinein ernüchtert fest.

Die Nachrichtengebung während des Golfkriegs stellte eine Station in der Kette der Sensationssteigerungen innerhalb der Fernsehberichterstattung und der informationellen Erregungen dar. Sie knüpfte an spektakulären Berichten wie 1988 über die Geiselnahme in Gladbeck an, bei der die Gangster die Geiseln vor laufender Kamera bedrohten und die Reporter ständig dicht bei den Gangstern waren und die Polizei teilweise behinderten. Angesichts der Konkurrenz um Marktanteile schien es kaum noch Tabus zu geben. Das ›Gladbecker Geiseldrama‹ bildete nur eine Station in der Veränderung des Journalismus zu einer an Enthüllungen und exklusiven Medienereignissen interessierten Berichterstattung. Der Barschel-Skandal, die Berichterstattung über das Grubenunglück im hessischen Borken hatten den Boden bereitet, andere Stationen folgten. Die audiovisuellen Medien waren durch ihren Bilderzwang in diese Entwicklung besonders involviert, hatte doch die Kommerzialisierung des Fernsehens den Konkurrenzdruck verschärft (Weischenberg 1997, 75 ff.).

Zwar entstand über die Medienberichterstattung zum Gladbecker Geiseldrama eine kritische Debatte, wie weit das Fernsehen gehen durfte, doch zeigte die Etablierung eines ganzen Genres von sensationsorientierten Berichten über Katastrophen, Unfälle, Rettungsaktionen etc., unter dem Etikett »Reality TV« bzw. »Reality Show«, daß im Drang nach höheren Einschaltquoten manchen kommerziellen Anbietern offenbar fast jedes Mittel recht war. Mit diesem aus den USA kommenden Genre suchten in Deutschland die beiden kommerziellen Hauptkonkurrenten, das Publikum an ihr Programm zu binden. »Reality TV« stellte eine Differenzierung der schon vorhandenen Berichterstattung dar. Gegen die Kritik an dieser neuen Form wandte sich RTL-Chef Helmut Thoma: »Fernsehen besteht immer auch aus Voyeurismus. Man kann zynisch sagen, Reality-TV ist das unsägliche Glück, bei einem Unglück dabeizusein.« (Thoma 1992, 66).

Am 12. 1. 92 begann Tele 5 mit der Reihe »Polizeireport Deutschland«, am 6. 2. 92 startete RTL die Reihe »Notruf«. »Notruf«, moderiert von Hans Meiser, stellte Menschen vor, die »oft unter Einsatz ihres eigenen Lebens das Leben anderer retten« (Pressematerial). Die Reihe hatte die amerikanische Sendung »Rescue 911« zum Vorbild. Mit »Auf Leben und Tod« (RTL 1992, mit Olav Kracht), »Augenzeugen-Video« (RTL 1992), »Retter« (SAT.1 1992) und »K – Verbrechen im Fadenkreuz« (SAT.1 ab 1993) versuchten sich die kommerziellen Hauptanbieter gegenseitig zu überbieten und den Voyeurismus der Zuschauer anzustacheln. »Bitte melde Dich« (SAT.1 ab 1993) und »Spurlos« (RTL 1993) berichteten über Vermißte, und Angehörige appellierten an spurlos Verschwundene, ihnen ein Lebenszeichen zu geben. Emotionale Ansprache der Zuschauer war das Ziel; mit Mitleid, Angstlust und der Teilhabe am Entsetzen wurde unter

»Reality TV« und der Fernsehvoyeurismus

dem Anspruch des Authentischen und unter gezieltem Einsatz inszenatorischer Mittel gearbeitet, die die Darstellungen häufig zu Dokumentarspielen werden ließen. Mit der damit verknüpften Tendenz zur Fiktionalisierung der Information standen diese Sendungen von Anspruch und Machart konträr zu den dokumentarisch-fiktionalen Sendungen, die in der Tradition des Dokumentarfilms bei den öffentlich-rechtlichen Programmen produziert wurden. Für den Kommunikationswissenschaftler Siegfried Weischenberg war diese Entwicklung Teil einer umfassenden »Schreinemakerisierung« der Medien (Weischenberg 1997).

Im Kontext dieser Emotionalisierung und Entpolitisierung steht die Einführung neuer ›Reportagemagazine‹, die – wie »Exclusiv – die Reportage« (RTL), »24 Stunden« (SAT.1) und »Reporter« (Pro 7) – unter dem Etikett des investigativen Journalismus Sex und Affären von Stars, Kriminalität und Gewalt behandelten. Daß dies mit Information nur wenig zu tun hatte, vermerkte die Kritik: »je schmuddeliger, desto erfolgreicher«, konstatierte die Kritikerin Sissi Pitzer (Pitzer 1994).

Reportagemagazine

Gleichwohl veränderte sich langfristig das Bild der Nachrichten im Fernsehen, setzte sich nachdrücklich das Prinzip der Visualisierung, also des Zwangs zur Bebilderung der Meldungen, sowie der Auflockerung der Präsentation durch. Diese Flexibilisierung sieht Peter Ludes als Ausdruck eines langfristigen Entdifferenzierungsprozesses der Wahrnehmung durch die Aufwertung des Augensinns. Er sieht diese Entwicklung im Zusammenhang mit Alltagsveränderungen der Zuschauer, insbesondere einer »Lockerung von beruflichen Zwängen und von Verantwortung« (ebd., S. 45). Zu vermuten ist jedoch eher, daß die wachsende Medienkompetenz der Zuschauer zu einem beschleunigten Erkennen standardisierter Nachrichtenbedeutungen befähigt hat und deshalb Präsentationsrahmen und Vermittlungsformen reduziert werden konnten. Diese Entwicklung ist als Teil einer längerfristigen Funktionsveränderung des Fernsehens insgesamt zu sehen, die im Zusammenhang mit einem veränderten Zuschauerverhalten steht (vgl. Kap. 12.8).

Prinzip der Visualisierung

Auf dem Wege zum Confrontainment: Talkshows und Diskussionssendungen

Die größte Variationsvielfalt entwickelte sich bei den Gesprächssendungen, nicht zuletzt deshalb, weil sie am billigsten zu produzieren waren. Die Herausbildung eigener Formen und Formate bei den kommerziellen Anbietern setzte mit einer gewissen zeitlichen Verzögerung ab 1988/89 ein. 1985 kam der Lokalchef der »Kölner Rundschau« Ulrich Meyer zu RTL, wurde 1987 dort Nachrichtenchef und übernahm unter dem 1989 von Radio Bremen kommenden Chefredakteur Dieter Lesche das Magazin »Explosiv« mit dem Ziel, »eine Nische zwischen all den anderen Fernsehmagazinen zu finden« (zit. n. Leder 1991). Er entwickelte als eine ›Gesprächsvariante‹ die Sendung »Der heiße Stuhl« (ab 5. 1. 89), die nach ersten Erfolgen vierzehntägig ins Programm kam. Fünf Personen dürfen einen Studiogast befragen, Tempo, Aggressivität sind gefragt, zum Argumentieren, Begründen, Ausführen einer Meinung bleibt keine Zeit, es zählt nur die Schlagfertigkeit. Meyer sorgte dafür, daß die Aggressivität der Streitenden nicht nachließ, aber nicht zu Handgreiflichkeiten führte. Nur das »Circensische der politischen Debatte« (Leder) zählt, eingeleitet wird die Sendung mit Schockbildern. 1992 wechselte Meyer zu SAT.1 und machte mit der ähnlich konstruierten Reihe »Ulrich Meyer – Einspruch« bei SAT.1 (1992–94) seiner

»Ulrich Meyer – Einspruch«

»Talk im Turm«
mit Erich Böhme

Confrontainment

Öffentlich-rechtliche Talkshows

alten RTL-Reihe, die inzwischen Olav Kracht weiterführte, Konkurrenz. Schockierte Meyer mit einem solchen Confrontainment zahlreiche Zuschauer, so veränderte sich mit diesen Sendungen der Fernsehjournalismus insgesamt, weil gerade bei der Befragung von Prominenten Selbstdarstellungen schneller abgekürzt und eine Diskussion oft eher auf den Punkt gebracht wurden.

Die Gattung der Talkshows war zu Beginn des Dualen Systems bereits bei den öffentlich-rechtlichen Programmen in vielen Varianten erprobt (vgl. Foltin 1994, 87 ff.). »III nach neun«, »NDR-Talkshow« liefen weiter, hinzu kamen Joachim Fuchsbergers »Heut' Abend« (ab 1980 im BR 3, ab 1983 im ARD-Programm), »Leute« (SFB 1983–1987) oder die ZDF-Sendung »5 nach zehn«. Ab 1986/87 differenzierten sich die öffentlich-rechtlichen Talkshows mit »Live« (ZDF ab 1987), »Veranda« (BR, mit Dagobert Lindlau), »Boulevard Bio« (WDR, mit Alfred Biolek), sowie einer Reihe von Talkshows in den Dritten Programmen: »Nachtclub« (BR ab 1988), »Freitagnacht« (SFB, mit Lea Rosh 1988–1990), »Zeil nach zehn« (HR 1990–1993) und »Drei vor Mitternacht« (WDR 3, ab 1983) und andere. Das Gesprächsklima blieb durchweg freundlich. Schon ein nur leicht beschleunigter Diskussionsstil, wie ihn im »Literarischen Quartett« (ZDF) Marcel Reich-Ranicki, Hellmuth Karasek und Sigrid Löffler pflegten, erregte Aufsehen.

Mit einer im Komischen und im Klamauk gründenden Talkshow setzte bei RTL plus Karl Dall 1987 mit »Dall As« ein, eine »Talkrunde mit Überraschungsgästen«, wie es im Untertitel hieß. Eher unterhaltend war im gleichen Jahr »Bonnfetti«, eine »Talkrunde mit prominenten Gästen« angelegt, die Geert Müller-Gerbes moderierte. Müller-Gerbes startete dann 1988 die Reihe »Die Woche« (RTL). Bei SAT.1 erschien 1986 eine vom Burda-Verlag produzierte »BUNTE Talkshow«, sie gewann jedoch keine Prägnanz. 1989 kam bei SAT.1 »Topics Live« und 1990 »Talk im Turm« mit Erich Böhme ins Programm. Wurde Müller-Gerbes' sprachliche Kompetenz als »nicht sehr weitreichend« (Foltin 1994, 95) beurteilt, so entwickelte sich »Talk im Turm« durch den Moderationsstil Böhmes zu einer Dauereinrichtung. Die Besonderheit der Moderation Böhmes wurde in der Kunst gesehen, »den Disput weniger durch Provokation als durch sanfte Zweifel anzuregen« und eine »Atmosphäre geselligen Erörterns« zu erzeugen (Sichtermann). Es war jedoch eher die Verlangsamung des Diskussionstempos, die zu mehr Ausführlichkeit und zu einer neuen Vertiefung führte.

Verlangsamung des Diskussionstempos

Demgegenüber konnte bei einer weiteren Vermehrung der Talkshows in den Programmen nur durch neue Differenzierungen Profil gewonnen werden. Innovationen schienen vor allem durch Aggressivitätssteigerungen im Diskussionsstil und durch eine andere Themenwahl (Zurschaustellung von Intimitätsproblemen und Sexualthemen) möglich. Axel Thorer erprobte 1989 bei RTL mit »A.T. – die andere Talkshow« eine auf Streit und Konfrontation aufbauende Talkshow. Die Reihe stellte eine Kopie der amerikanischen Show »Morton Downey Jr. Show« dar, die 1989 eingestellt wurde. Thorers Reihe, in der der Moderator »oft die Kontrolle über die heftig-ungeordnete Diskussion, die manchmal ins Chaos führte,« (Foltin 1994, 100) verlor, kam wegen ihrer dann doch als überzogen eingeschätzten Aggressivität über vier Folgen nicht hinaus. 1989 war Ulrich Meyer mit »Explosiv – der heiße Stuhl« bei RTL erfolgreich, weil diese Reihe gegenüber Thorers Show bereits eine »moderatere Variante« (ebd.) darstellte.

Aggressivitätssteigerungen im Diskussionsstil

Anfang der neunziger Jahre entdeckten RTL und SAT.1, daß sich mit der Rede über Pornografie, Intimität und Perversionen Zuschauer gewinnen ließen. »Hans Meiser« (RTL, Start: 1992) debattierte darüber bereits am Nachmittag um 16.00 Uhr auf RTL, Margarethe Schreinemakers dann in »Schreinemakers live« am Abend bei SAT.1. Meisers Sendung war zunächst ganz auf ein Hausfrauenpublikum zugeschnitten, später, vor allem mit dem Hinzukommen ähnlicher Talkshows wie »Ilona Christen« (Start: 1994) und »Bärbel Schäfer« (Start: 1995), erweiterte sich die Zuschauerschaft. Alltagsmenschen jeglicher Couleur konnten nun ihre privatesten Probleme im Fernsehen ausbreiten. Die »Explosion des Intimen« (Schmidt 1994) schien alles verhandel- und thematisierbar zu machen, Hauptsache, es ließ sich sprachlich in einer Kurzsequenz darstellen. »Der Alptraum der Moderatoren sind Menschen mit hemmungslosem Redeschwall oder Verstörte, die die rechten Worte nicht mehr finden. Die tiefe Menschlichkeit des Privatfernsehens zeigt sich daran, daß es uns Wehleidigkeit und stumme Verzweiflung erspart. Nur wer sich im Griff hat, wird Kandidat« (ebd.).

»Schreinemakers live«

»Explosion des Intimen«

Die Blockbildung der drei einstündigen Talkshows am Nachmittag bei RTL charakterisierte die Medienwissenschaftlerin Joan Kristin Bleicher ironisch: »Meiser figuriert als Vater der RTL-Talkfamilie mit Christen als Mutter und Schäfer als ungezogener Tochter« (Bleicher 1997b, 208). Die ARD setzte diesen Reihen die tägliche Talkshow »Fliege« mit dem evangelischen Pfarrer Jürgen Fliege dagegen, SAT.1 brachte eine am Confrontainment orientierte tägliche Talkshow »Kerner«. Schließlich schob SAT.1 seine Talkshows »Kerner«, »Vera am Mittag« und »Sonja« ebenfalls zu einem dreistündigen Block zusammen. Die Shows unterschieden sich durch Moderationsstil, Studiodesign und Zuschauerbeteiligung, wobei diese Nuancen als ›Formatierungen‹ galten.

Als weitere Variante in dieser Sparte etablierten sich Bekenntnis- und Versöhnungsshows wie »Verzeih mir« (RTL, mit Ulla Kock am Brink) und »Ich bekenne« (SAT.1, mit Sibylle Storkebaum), in denen es »nur vorgeblich um Verständnis für Suchtabhängige oder Handlungen unter extremen Bedingungen geht, in Wirklichkeit jedoch um den bereits in der Trivialliteratur und der Sensationspresse häufig strapazierten Einblick in die ›Abgründe des Lasters‹« (Foltin 1994, 101). Fernsehen, hier verstanden als Blick durchs Schlüsselloch, machte den bislang abgeschotteten Intimbereich

Bekenntnisund Versöhnungsshows

»Wo die Peinlichkeit, mit einer Peinlichkeit im Fernsehen zu sein, keine mehr ist, ermattet die Schadenfreude zur bloßen Situationskomik«. (Precht 1997, 30)

der Menschen zum öffentlichen Thema. Es ist kein Zufall, daß mit der Ausbreitung solcher ungenierten Darbietung des Intimen andere Unterhaltungskonzepte – wie z. B. Sendungen mit versteckter Kamera – an Attraktion verloren.

Zu diesen Talk-Variationen gehören die Beziehungsshows, die sich nicht nur bei den kommerziellen Anbietern etablierten. Alle Ebenen vom ersten Flirt bis zur Hochzeit kamen als Themen in Frage. »Herzklopfen« und »Flitterabend« hießen die Reihen bei der ARD, »Traumhochzeit« bei RTL, »Straßenflirt« bei Pro 7. Als Musterszenen für zwischenmenschliche Beziehungen könnte man diese Reihen umschreiben, aber auch als Anleitungen, sich mit intimen Dingen öffentlich zur Schau zur stellen, und als Befriedigung der voyeuristischen Neugier von Zuschauern.

Eine weitere Variation der Diskussionssendungen im Fernsehen stellte die Einführung der Late-Night-Talkshows dar. Das amerikanische Fernsehen mit den Late Night Shows (z. B. mit David Carson und David Letterman) bildete dafür das viel zitierte Vorbild, wobei mit dem ständigen Verweis auf diese Formen deren Einführung im deutschen Fernsehen mit dem Gestus des Modernen, Zeitgemäßen verbunden wurde. Am 28. 9. 92 kam die »Gottschalk« genannte erste Late Show mit Thomas Gottschalk bei RTL auf den deutschen Bildschirm, bald darauf folgten »Koschwitz« und am 5. 12. 95 eine Late Night Show mit Harald Schmidt (SAT.1).

»Gottschalk« mit Thomas Gottschalk

Gerade bei den Informations- und Diskussionssendungen lassen sich die Strategien der kommerziellen Anbieter, ein eigenes Profil zu gewinnen, deutlich ablesen. Indem vorhandene Formate verändert wurden, lenkten die Anbieter durch den damit verbundenen öffentlichen Disput die Aufmerksamkeit auf ihr Programm. Wenn eine Veränderung auf zu großen Widerstand stieß (oder sich medienpolitisch gegenüber den Aufsicht führenden Landesmedienanstalten nicht halten ließ), änderte man die Formate wieder oder setzte sie ganz ab. Vor allem ab 1992, als RTL Marktführer geworden war, schien für die kommerziellen Vollprogramme ein weiterer Zuwachs nur noch dann möglich, wenn neue Zuschauergruppen nicht durch aggressive oder erotikbetonte Sendungen verschreckt wurden. Solche ›marktstrategischen Überlegungen‹ führten ab 1992/93 zur Reduktion der erotischen Sendungen, ab 1993 zur Einstellung der meisten »Reality-TV«-Reihen sowie zum Verzicht auf konfrontationsgeladene Debattensendungen. Sie bedeuteten noch keine grundsätzliche Konvergenz, wie seit Ende der achtziger Jahre immer wieder vermutet wurde und wie einige Medienforscher sie in einigen Programmbereichen entdeckten (vgl. Krüger 1989, Bleicher 1995b), sondern zeigte nur, daß sich die kommerziellen Programme nach den Gegebenheiten der Zuschauerkonventionen richten mußten und diese wiederum nicht beliebig veränderbar waren.

Fernsehsport als Sportverwertung

Sport als »Geschäftsfernsehen«

Wie kaum eine andere Programmsparte bildete der Sport ein heftig umkämpftes Terrain der kommerziellen Anbieter. Diese Sparte entsprach zu auffällig den Idealbedingungen des »Geschäftsfernsehens« (Müntefering): Zumindest was als Wettkampfsport auf eine Entscheidung zwischen Sieg und Niederlage ausgerichtet und damit Spannung erzeugend angelegt war, zog ein Massenpublikum an. Es ließ sich viel Werbung darum plazieren, zudem wurden Sportstars kreiert, die selbst wiederum als Werbeträger dienten. Für die Fernsehsender war die Produktion solcher Sendungen einfach, weil Spielkonstellation, Spannungserzeugung und Erfolg im Prinzip andere, nämlich die Sportverbände und -vereine, zu verantworten hatten und die Sender nur die Rechte zur Übertragung in Lizenz erwarben. Erst als Mitte der neunziger Jahre die Ufa in das Management des Berliner Fußballvereins Hertha BSC einstieg, zeichnete sich eine weitere Kommerzialisierungsstufe des Fernsehfußballs ab.

Die öffentlich-rechtlichen Programme hatten Anfang der achtziger Jahre vermehrt Tennisübertragungen gezeigt, weil neue Stars am Tennishimmel aufgegangen waren: Boris Becker und Steffi Graf. 1985 erwarb SAT.1 bereits erstmals die Übertragungsrechte des Endspiels Becker gegen Wilander, weil ARD und ZDF bei den Verhandlungen nicht schnell genug waren. In den Rechtehandel traten nun Zwischenhändler wie Hans R. Beierlein ein, weil nicht nur die Vereine den Handel mit den Fernsehrechten für ausbaufähig hielten. 1987 verbot das Bundeskartellamt einen Globalvertrag zwischen dem Deutschen Sportbund, ARD und ZDF. 1988 verkaufte der deutsche Fußballbund die Rechte für die Bundesliga-Übertragungen für drei Spielzeiten an die Bertelsmann-Tochter Ufa. Die Ufa zahlte dafür 135 Million DM. Noch 1984 hatten ARD und ZDF für die Übertragungen nur 10 Millionen DM bezahlen müssen (Foltin 1994, 130). RTL richtete daraufhin eine eigene Sportsendung »Anpfiff« (Start: 27. 7. 88) ein.

Sportstars als Fernsehstars

Durch den Sport zog RTL neue Zuschauerschichten an. Bereits im November 1988 sahen bei einer Live-Übertragung des Bundesligaspiels Bayern München gegen den VfB Stuttgart 4,22 Mio. Zuschauer zu, mehr als jemals zuvor bei einem kommerziellen Sender (ebd., 131). 1989 erwarb die Ufa die Tennis-Übertragungsrechte für Wimbledon. Der Sport hatte sich damit als Zugpferd für die kommerziellen Programme bewiesen. Doch dies galt nicht für alle Sportarten. Helmut Thoma grenzte sein Interesse mit der ihm eigenen Formulierungsweise ein: »Es gibt fünf Sportarten: Fußball, Fußball, Fußball, dann Tennis, aber nur wenn Boris Becker und Steffi Graf spielen, und neuerdings einen Sport, der sich Michael Schumacher nennt und mit einem Auto der Formel 1 verbunden ist« (Thoma 1992, 68). Sport im Fernsehen mußte massenattraktiv, starwirksam und als Werbeumfeld verwendbar sein.

Die Übertragungen der Olympiaden und Fußballweltmeisterschaften blieben wegen des hohen organisatorischen und personellen Aufwands weiterhin bei ARD und ZDF. Doch um die anderen Übertragungen ging der Kampf von Jahr zu Jahr verschärft weiter. Nach dem Auslaufen des Ufa-Vertrags verkaufte der DFB die Rechte an die von Kirch und Springer gegründete Sportrechte-Agentur ISPR für fünf Spielzeiten für 700 Mio. DM. SAT.1 brachte 1992 seine Sportsendung »Ran« ins Programm und machte damit der zeitgleich ausgestrahlten ARD-»Sportschau« Konkurrenz (vgl. Foltin 1994, 193). Mit dem Hochtreiben der Übertragungskosten war der Kampf um den Fernsehsport zu einer Auseinandersetzung zwischen den kapitalstarken Medienkonzernen geworden.

Olympiaden und Fußballweltmeisterschaften

Im Bereich der Spartenkanäle war der Sport einer der ersten Programmbereiche, der spartenkanalfähig schien. Mit dem ›Sportkanal‹ (der deutschen Version von Screensport, des britischen Medienkonzerns Smith und des amerikanischen Senders European Sports Network) sowie dem von EBU-Mitgliedern gegründeten ›Eurosport‹ entstanden Ende der achtziger Jahre die ersten Sport-Spartenkanäle, auch das Deutsche Sportfernsehen spezialisierte sich ab 1993 auf diesem Feld.

Sportkanal

Eurosport Deutsches Sportfernsehen

Neben dieser Entwicklung, die auf die populären Sportarten ausgerichtet ist, gab es wiederholt den Versuch, neue Sportarten zu kreieren und andere populär zu machen. 1994 sollte Wrestling zu einem populären Sport gemacht und damit Zuschauer an das Programm gebunden werden, doch RTL 2 scheiterte damit, so daß der Sender diesen Sport 1996 wieder aus seinem Programm nahm. Ebenso blieb die Aktivierung des Boxsports durch RTL – trotz eines Zuschauererfolgs bei den Kämpfen von Henry Maske – mangels weiterer starfähiger Sportler und Übertragungsereignisse begrenzt.

Von der ›ordentlichen‹ zur ›schrillen‹ Unterhaltung

Daß die neue Konkurrenz der kommerziellen Anbieter vorrangig mit den Mitteln der Unterhaltung ausgetragen wurde, erwarteten Mitte der achtziger Jahre Fernsehmacher wie Zuschauer in gleicher Weise. Da ARD und ZDF die Unterhaltung eher etwas stiefmütterlich zu behandeln schienen, steckte offenbar besonders in der Unterhaltung ein großes Potential für die Programmprofilierung.

Gameshow

Erstaunlich war deshalb, daß das kommerzielle Fernsehen nicht viele neue Gameshow-Konzepte anbot. Die Füllung der Programme in den ersten Jahren mit bereits ausgewerteten Kinospielfilmen und Fernsehserien führte dazu, daß erst ab 1987/88 verstärkte Anstrengungen im nichtfiktionalen Unterhaltungsbereich festzustellen sind. Zwar kamen kleinere Spielreihen (bei RTL) und Quizsendungen (bei SAT.1) schon 1985/86 ins Programm, doch erregten sie kaum Aufmerksamkeit. 1986 war »Wer bin ich?« bei RTL auf dem Schirm, ein »Quiz mit Prominenten um Prominente aus Vergangenheit und Gegenwart«, ebenso ein Reisequiz mit Thomas Wilsch »Ein Tag wie kein anderer«. Bei SAT.1 kam »Schätz' mal« mit Christian Neureuther als Moderator ins Programm. Ab 1988 experimentierte RTL mit verschiedenen Gameshows wie »Rolltreppe«, »Spiegelei« und »Match«.

»Der Preis ist heiß«

Erfolg hatte die in Lizenz produzierte Gameshow-Reihe »Der Preis ist heiß« (Start: 2. 5. 89) (vgl. Hallenberger 1994, 60). Bei SAT.1 entwickelte sich vor allem die ab 1988 in Lizenz ausgestrahlte Gameshow-Reihe »Glücksrad« zur Programmattraktion. Es sind Spiele, die das Kommerzielle selbst thematisieren: Das Raten der Preise von Konsumgütern (in »Der Preis ist heiß«), die Zuordnung von Reklamesprüchen zu bestimmten Firmen und Produkten (bei »Slogan«, SAT.1), das Setzen auf Felder eines »Glücksrades« (SAT.1) sind Sendungen, die den einstmals bei den öffentlich-rechtlichen Quiz-Reihen noch vorhandenen volkspädagogischen Gedanken gänzlich abgelegt haben. Jetzt ging es nur noch um elaboriertes Konsumbewußtsein, das Sich-Auskennen auf dem Warenmarkt wurde in den Spielsituationen zu einer gewinnträchtigen Qualifikation. Daß diese Gameshows wiederum mit Werbung versetzt sind, fiel häufig wenig auf: Programmumfeld und Werbung verschmolzen zu einer im Sinne der Werbewirtschaft idealen Einheit.

Gewinnspiele als Teil des Werbeprogramms

Weitere Gameshows waren oft Gewinnspiele als Teil des Werbeprogramms wie das »Ariel-Kartenlotto«, »Zentis-Früchte-Quiz« oder »Dash 3-Glückswirbel«.

Erotik-Show
»Tutti Frutti«

Als besondere Variante der Showunterhaltung entwickelte sich am Ende der achtziger Jahre die Erotik-Show. Vor allem »Tutti Frutti« (RTL ab 21. 1. 90) erlangte Berühmtheit und prägte das Image des Senders nachhaltig. Die Kandidaten dieses Ratespiels hatten bei Nichtwissen ein Kleidungsstücks abzulegen, was ihnen offenbar nicht peinlich war, sondern gelegentlich dazu führte, daß sie sich schon beim ersten Versagen all ihrer Kleidungsstücke entledigten. Weitere Reihen waren »Playboy's Late Night« (bei RTL ab 16. 7. 90) oder die Sendungen, in denen die Kandidaten ihre erotische Ausstrahlungskraft präsentieren konnten wie »Playboy's Love and Sex-Test« (RTL) und »Mann-O-Mann« (SAT.1) mit Peer Augustinski.

Es ist auffällig, wie wenig vielfältig sich die kommerziellen Anbieter, die doch die Unterhaltung als ihre ureigene Kompetenz reklamierten, in dieser Sparte zeigten. Bei den meisten Produktionen handelte es sich um Lizenzen amerikanischer Gameshows, neue und originelle Show-Ideen blieben selten. Unterhaltung war bei den kommerziellen Programmen eher als Gesamtauftrag verstanden, der auf die unterhaltsame Ausrichtung möglichst aller Programmsparten zielte. Dementsprechend blieb offenbar wenig Raum für die Entfaltung origineller Programmideen beim speziellen Unterhaltungsgenre.

Ein anderes, langfristig wirksames Prinzip der Fernsehunterhaltung ging von der RTL-Reihe »Alles nichts oder?!« (Start: 20. 5. 88) aus. Auch hier gab es wie bei anderen Shows Kandidaten und Spielregeln, aber die beiden Showmaster Hella von Sinnen und Hugo Egon Balder nahmen diese nicht sehr ernst. Es ging um Übertreibung, wenn Hella von Sinnen in kuriosen Kostümen auftrat, um Klamauk und Nonsense, immer um eine Spur von Anarchie, wenn die beiden Showmaster am Ende mit Torten beworfen wurden. »Alles nichts oder?!« fand dann seine Fortsetzung in »Weiber von Sinnen« mit Hella von Sinnen (Start: 6. 2. 91 bei RTL), in der sich die Showmasterin nicht nur mit ihren Kostümen, sondern auch mit gewagten Ideen und skurrilen Einfällen hervortat. An die Entfaltung von Klamauk und Nonsense knüpfte dann die Show »RTL Samstag Nacht« (ab 6. 11. 93) an. »Samstag Nacht«, in der selbst wiederum das Fernsehprogramm parodiert wurde, konnte sich langfristig etablieren und entwickelte sich zum Symbol der neuen Fernsehunterhaltung der neunziger Jahre.

»Alles nichts oder?!«

Die öffentlich-rechtlichen Anstalten bauten die nichtfiktionale Unterhaltung in zahlreichen Reihen weiter aus. Sie aktivierten ihre altgedienten erfolgreichen Entertainer, um mit der erwarteten kommerziellen Unterhaltungskonkurrenz mithalten zu können. »Das Phantom der Opas«, spottete in einem Rückblick der Kritiker Manfred Delling (Delling 1990, I/6). Hans Joachim Kulenkampff beispielsweise kam wieder mit »Einer wird gewinnen« ins Erste Programm. Reihen wie »Bananas«, »Die Montagsmaler«, »Alles oder Nichts« sowie »Verstehen Sie Spaß?« mit Kurt und Paola Felix bei der ARD liefen weiter, ebenso beim ZDF »Die Pyramide«, ein Begriffe-Raten mit Dieter Thomas Heck, »Der große Preis« mit Wim Thoelke, »Wetten, daß?« mit Frank Elstner (dann mit Thomas Gottschalk) und »Dalli Dalli« mit Hans Rosenthal. Rudi Carrell war mit »Die verflixte 7«, dann mit »Rudis Tagesshow« und schließlich mit der »Rudi-Carrell-Show« bei der ARD präsent.

Öffentlich-rechtliche Unterhaltung

Bei den Kabarett- und Satiresendungen im öffentlich-rechtlichen Fernsehen bemühte sich vor allem die ARD, nicht nur die Traditionskabaretts und vor allem Dieter Hildebrandt mit dem »Scheibenwischer« (SFB), Gerhart Polt, Werner Schneyder und Hans Dieter Hüsch zu zeigen, sondern ließ junge Kabarettisten auf den Bildschirm. Die Reihe »Nachschlag« entstand, in der einmal wöchentlich gleich nach der »Tagesschau« verschiedene Kabarettisten von Richard Rogler bis Mathias Richling ihre Meinung kundtun konnten.

»Verstehen Sie Spaß?« – Harald Schmidt mit Eros Ramazzotti

In der zweiten Hälfte der achtziger Jahre endeten einige Reihen der großen Unterhaltung wie z.B. »Auf los geht's los« mit Joachim Fuchsberger, die 1986 nach der 60. Folge eingestellt wurde, dann »Dalli Dalli«, 1987 mit wenig Erfolg durch »Tele As« mit Carolin Reiber und Peter Rapp ersetzt. Kulenkampff hörte 1987 mit »Einer wird gewinnen« auf, ebenso verabschiedete sich in der musikalischen Unterhaltung Heinz Schenk mit dem »Blauen Bock«. Bis 1989 fand eine ›Ausmusterung‹ der von der Presse vielfach gescholtenen ›Dinosaurier‹ der Unterhaltung statt, wobei deutlich wurde, daß ihre anhaltende Präsenz auf dem Bildschirm fernsehspezifisch war. Das Publikum wünschte neben der Innovation auch die Kontinuität einmal bewährter Unterhaltungssendungen.

Jüngere Showmaster

Neue Unterhaltungsformate zu erfinden, bedeutete harte Arbeit. Dennoch sammelte eine Reihe von jüngeren Showmastern und Entertainern bei den öffentlich-rechtlichen Sendern Erfahrungen. Thomas Gottschalk war im ZDF Mitte der achtziger Jahre mit »Na sowas« regelmäßig im Programm, Mike Krüger ab 1986 mit »4 gegen Willi« bei der ARD. Der WDR brachte 1986 in das Erste Programm eine Show »Känguru« mit Hape Kerkeling (Regie: Rolf Spinrads) sowie eine Show des schon auf West 3 mit »So isses« erfolgreichen Jürgen Dohrenkamp, der unter seinem Künstlernamen Jürgen von der Lippe nun »Donnerlippchen« präsentierte. »Die Zeit ist reif für frischere und frechere Unterhaltung« meinte er. 1987 war »Wortschätzchen« vom WDR mit Margarethe Schreinemakers im Ersten Programm zu sehen. Die »frechere Unterhaltung« bestand vor allem darin, daß die neuen Showmaster mit den Kandidaten respektloser umgingen, die Zuschauer durften häufiger auf deren Kosten lachen. Daß dies nicht zu empörten Protesten führte, sondern vom Publikum zunehmend goutiert wurde, daß sich immer wieder Kandidaten fanden, die sich – um einmal im Fernsehen zu sein – demütigen und bloßstellen ließen, kennzeichnet diese neue Formen der Unterhaltung. »Bloßstellungsfernsehen« nannte der Medienkritiker Claus Eurich einmal diese neue Form, die die Schadenfreude und Sensationslust der Zuschauer bediente.

Harald Schmidt als Prototyp des neuen Showmasters

Harald Schmidt präsentierte ab 1988 eine Reihe, in der das Fernsehen das Wissen um seine Programme zum Thema machte, sich also selbstreferentiell verhielt: »Maz ab« lebte nicht nur von den Fernseh-Selbstzitaten, sondern vor allem vom neuen Moderationsstil, den Schmidt darbot: »überhaupt nicht zynisch, aber genauso wenig bieder« kennzeichnete ihn die Fernsehkritikerin der Süddeutschen Zeitung Cornelia Bolesch, weil Schmidt »sich selbst, die Rituale des Fernsehens und die Zuschauer so subtil veralbert, daß alle sich eingeschlossen fühlen können, und niemand sich ausgegrenzt« (Bolesch 1990, 8). Gerade diese Haltung machte Schmidt zum Prototyp des Entertainers der neunziger Jahre. 1990 übernahm Schmidt die Spielshow »Pssst...«, im gleichen Jahr eine eigene Show »Schmidteinander!« und 1991 die »respektlose« Unterhaltungsshow »Gala«. 1992 präsentierte Schmidt die Sendereihe »Verstehen Sie Spaß?« (SDR), die er von Kurt und Paola Felix übernommen hatte.

Nonsense, Parodie, Satire, Klamauk

Unmerklich veränderte sich in der zweiten Hälfte der achtziger Jahre der Unterhaltungsbegriff. Die Zeit der großen, charmant geplauderten Quizspiele à la »Einer wird gewinnen« war abgelaufen, stattdessen wurde geulkt und geblödelt. Nonsense, Parodie, Satire und Klamauk bestimmten mehr und mehr die Fernsehunterhaltung. Es schien dann doch programmatisch, daß RTL als eine der ersten Talkshows, die letztlich keine war, »Dall As« mit dem Komiker Karl Dall gesendet hatte. Der Kritiker Peter Stolle beschrieb 1990 diese Sendung und gab mit seiner Beschreibung selbst ein Beispiel für die grundlegende Strukturveränderung der Unterhaltung:

»Sein ›Dall-As‹ ist ein schräges Gruselkabinett, Showbusiness pur, rabiat und vulgär wie das kommerzielle Showgewerbe, in dem ›so viel gelogen wird‹. Mit Dall ist rüder amerikanischer Witz über die deutsche TV-Unterhaltung gekommen. Er ist der Antityp zu den logopädischen Stelzvögeln traditioneller Talkshows. Wer bei Dall Platten verhökern und Kinofilme verkaufsfördernd anpreisen will, wird erst mal schmerzhaft durch die Dallsche Pointen-Presse gemangelt. Jeder grobe Unfug, jeder zotige Impromptu ist dem Schlupflid-Mabuse recht.« (Stolle 1990, 253)

Es waren zunächst die alten und neuen Komiker, die wie Dieter Hallervorden, Hape Kerkeling und andere ihre eigenen Reihen erhielten und durch Gastauftritte in anderen Sendungen (z. B. Karl Dall in »Verstehen Sie Spaß?«) präsent waren. Die Sendungen stellten nicht mehr ein in sich abgeschlossenes Universum dar, sondern bezogen sich aufeinander, vernetzten ihre Sendungen durch Querverweise, stellten das Fernsehen in seiner unterhaltenden Gesamtheit mit seinen vielen Stars und Formen als eine große Lebenseinheit dar, die in sich selbst schon Orientierungen und Werte setzte und nicht mehr nur vorgegebene vermittelte. Wo in der politischen Berichterstattung die Funktion des Fernsehens, eingreifende, urteilende, bewertende Institution der Öffentlichkeit zu sein, zurückgedrängt wurde, behauptete die Unterhaltung – wenn auch auf ironische, sich selbst nicht ernst nehmende Weise –, die neue Basis des Weltverständnisses zu sein. In »Alles nichts oder?!« und dann besonders in der Nachfolgereihe »RTL Samstag Nacht« entwickelte sich diese Vernetzung und innermediale Verweisstruktur zum neuen Prinzip, wobei – und daraus entstand ein Merkmal der RTL-Unterhaltung – Selbstironie und das Spiel mit dem Kommerz zum wesentlichen Bestandteil wurden. Sich selbst nicht ganz so ernst nehmen (wenn denn die Kasse stimmt) – diese Haltung geriet zum augenzwinkernden Maß der Dinge.

»Samstag Nacht«

Vernetzung und innermediale Verweisstruktur

Am Entertainer Harald Schmidt – der zwar nicht zur RTL-Unterhaltung gehörte, sondern, bis er zu SAT.1 ging, für die öffentlich-rechtliche Unterhaltung stand, – ließ sich das neue Unterhaltungsprinzip exemplarisch festmachen. Schmidt erschien als Repräsentant einer selbstreferentiellen Unterhaltungswelt, in der alle Unterhaltungselemente miteinander amalgamiert wurden. Selbstironie und Parodie gingen nun oft in blanken Zynismus über. Reinhard Mohr schrieb 1993 in der »Frankfurter Allgemeinen« über Schmidt anläßlich seiner Reihe »Verstehen Sie Spaß?«, in der es um Provokationen mit Hilfe versteckter Kameras ging:

Selbstreferentielle Unterhaltungswelt

»Harald Schmidt [repräsentiert] die neunziger Jahre: die virtuelle Welt der inkompatiblen Gleichzeitigkeiten, der uneinholbaren, reflexiv gefederten Selbstironie und einer medialen Selbstbezüglichkeit, der es weder vor Karl Moik und Gotthilf Fischer graust noch davor, das ungeplante Mißgeschick einer eigenen blutigen Kopfverletzung ›auf dem öffentlichen Markt‹ (Kohl) genüßlich vorzuführen.
›Reality TV‹ für den Hausgebrauch der eigenen Sendung, ›Notruf‹, ›Bitte melde Dich‹ und ›Verzeih mir‹ auf einmal, das ist jenes hyperreale Gesamtkunstwerk, über das ein ›Opfer‹ der versteckten Kamera in einer menschenleeren Reinigung unwissend, aber ahnungslos mutmaßte: ›Wat läuft denn hier für 'n Film?‹« (Mohr 1993).

Nicht mehr die ›ordentliche‹, ›brave‹, den Konventionen entsprechende und angepaßte Unterhaltung war gefragt, sondern das Schrille, Schräge, Skurrile, sexuell eindeutig Zweideutige. Die Mitternachtsshow aus dem Hamburger Tivoli »Schmidt« (Nord 3 1989–1993) mit dem Namensvetter ›Herr Schmidt‹ (Corny Littmann), Lilo Wanders und Frau Jaschke stellte eine solche Unterhaltung dar, in der diese in immer wechselnden Kostümen alles ironisch nahmen und ›durch den Kakao‹ zogen. Zum Star entwickelte sich Frau Jaschke (Jutta Wübbe), die alles »nach Hamburger Hausfrauenart« (FAZ v. 13. 12. 93) kommentierte.

Schrilles, Schräges, Skurriles in der Unterhaltung

Doch daneben gab es in den öffentlich-rechtlichen Programmen weiterhin ganz andere Unterhaltungssendungen, die sich an ein harmoniebedürftiges Publikum wandten, besonders mit Musiksendungen wie »Melodien, die man nie vergißt« (ZDF 1985 mit Freddy Quinn), dem »Musikantenstadl« und vielen Varianten volkstümlicher Musik, mit »Evergreen«-Sendungen, moderiert von Anneliese Rothenberger, Willy Schneider, Bill

Nebeneinander des Verschiedenen

Ramsey oder anderen altgedienten Entertainern. Dieses Nebeneinander des Verschiedenen war, auch in der Unterhaltung, sowohl in den öffentlich-rechtlichen als auch in den kommerziellen Programmen zu finden. Solche Formen der volkstümlichen und konventionellen Musikunterhaltung fand sich am Ende der achtziger Jahre auch bei den kommerziellen Sendern, hier stärker bei SAT.1 als bei RTL. Es schien weniger eine Differenz zwischen öffentlich-rechtlicher und kommerzieller Unterhaltung zu sein, die sich hier auftat, als eine zwischen den Generationen, zwischen jugendorientierter und einer auf ein älteres Publikum ausgerichteten Unterhaltung.

Von der Integrationsunterhaltung zum unterhaltsamen Flexibilitätstraining

Der Bruch, der sich hier zeigte, machte die Veränderung des Fernsehens zu Beginn der neunziger Jahre deutlich. Und es ist kein Zufall, daß er sich im Bereich der Unterhaltung manifestierte. Die tradierten Formen, beispielhaft im »Großen Preis« mit Wim Thoelke und in »Einer wird gewinnen« mit Hans Joachim Kulenkampff, stellte eine Art integrativer Unterhaltung dar: Sie sollte die Menschen zusammenführen, die Abläufe waren durch Respekt und Höflichkeit geprägt, die Regeln der Shows und des Spiels mußten eingehalten werden und nur ein gelegentliches augenzwinkerndes Übertreten zum Besten der Kandidaten war erlaubt.

Regel und Regeldurchbrechung

Das Nichteinhalten der Regeln gehörte zum neuen Unterhaltungsprinzip, Anstand war nicht gefragt. Die Kandidaten hatten sich gegen Anzüglichkeiten zu behaupten, wurden häufig bloßgestellt, lächerlich gemacht. Jeder hatte dabei schlagfertig zu sein. In anderen Genres hatten sie über ihre Obsessionen zu reden, mußten Beziehungsprobleme bündig beschreiben können, hatten sich als geschickt in zwischenmenschlichen Beziehungen zu erweisen. Mit jedem Klamauk und Nonsense sollte man als Zuschauer mithalten, keine Zumutung durfte den Kandidaten zuviel sein.

»Eine Gesellschaft, die sich trotz Hunger, Elend und Ungerechtigkeit moralisch gut fühlen will, braucht zynische Clowns. Mehr noch als die Sinnproduktion hilft die Unsinnproduktion, das abzuarbeiten, was Wissen und Alltag in der Demokratie anstauen.« (Richard D. Precht 1998)

Die Funktion von Zynismus und Trash für die gesellschaftliche Modernisierung

Was sich als Enttabuisierung und Entpolitisierung beschreiben läßt, war vor allem ein Austausch der unterhaltsam eingeübten neuen Verhaltensweisen. War es nicht im Rahmen der allgemeinen gesellschaftlichen Veränderungen, in denen sich die Bundesrepublik der neunziger Jahre befand, erwünscht, daß die bis dahin abgegrenzten privaten Lebensbereiche nun – zunächst auf unterhaltsame Weise – aufgebrochen wurden? Schien nicht umgekehrt die Kritik an staatlichen Abhörwünschen (»Lauschangriffen«) antiquiert, wenn viele Menschen ihre privatesten Dinge in vielen Bereichen öffentlich darstellten und keine Hemmungen kannten, noch die absonderlichsten Obsessionen zu offenbaren? Entsprach es nicht den Erwartungen der Gesellschaft, daß sich viele Menschen – auf unterhaltsame Weise, versteht sich – demütigen und bloßstellen ließen, weil sich dann mit ihnen angesichts hoher Arbeitslosigkeit in Konfliktfällen im Arbeitsbereich, in Alltag und Politik leichter verfahren ließ? War nicht schließlich die Haltung, sich schnell auf unterschiedliche, unverbundene Dinge einzulassen und Unsinniges auszuhalten, angesichts der sich rasant verändernden Qualifikationsanforderungen in der Realität eher wünschenswert, ja vielleicht angesichts der wachsenden Arbeitslosenzahlen als Vergewisserung willkommen, es sei ohnehin alles sinnlos und absurd?

Nimmt man die neue Fernsehunterhaltung – gerade auch in ihren Überspitzungen – als Spiegel gesellschaftlicher Wertvorstellungen, so zeigt sie, daß kontrollierte Aggressivität und grenzenlose Flexibilität erwünscht sind. Würde als Haltung und Selbstdarstellung spielte keine Rolle mehr. Doch die Fernsehunterhaltung ist nicht durchgängig von den neuen Formen bestimmt. Wer sich diesen neuen Verhaltensanforderungen nicht anpassen kann, den trösten die – in den Programmen immer noch präsenten – gemütlichen und gefühligen Sendungen, in denen die alten Stars auftreten und in denen noch die alten Konventionen gelten.

12.8 Die Veränderung des Zuschauens – Switchen und Zappen

Mit der Vervielfachung des Programmangebots mußte sich das Zuschauerverhalten ändern. Zum einen verringerten sich die Reichweiten der einzelnen Programme. Wenn das Publikum drei Programme zur Auswahl hatte, lag der durchschnittliche Zuschaueranteil höher als wenn es sich auf zehn Programme verteilte. Viele unterschätzten zum einen, daß sich das Zuschauerverhalten nur langsam änderte und einer gewissen Gewöhnung an die neuen Programme bedurfte. Mit dem »Urknall« des kommerziellen Fernsehens gab es nicht, wie von manchen befürchtet, sofort eine breite Zuwendung zu den neuen Programmen. Zum anderen fand dann doch relativ schnell eine Umverteilung der Aufmerksamkeit hin zu den neuen Anbietern statt. Dazu trug die terrestrische Ausstrahlung einiger kommerzieller Programme bei.

Umverteilung der Aufmerksamkeit

Marktanteile der Programme 1987–1995 (Anteil am Fernsehkonsum in %)

	1987	1988	1989	1990	1991	1992	1993	1994	1995
ARD	42,2	38,0	32,7	30,8	27,5	22,0	17,6	16,3	14,6
ZDF	40,9	36,2	31,8	28,8	25,6	22,0	18,8	17,0	14,7
Dritte	10,6	10,9	10,5	9,0	8,8	8,3	8,0	8,9	9,7
SAT.1	1,5	5,3	8,4	9,0	10,6	13,1	15,3	14,9	14,7
RTL	1,3	4,0	9,8	11,5	14,4	16,7	18,8	17,5	17,6
Pro 7[1]	–	–	–	1,3	3,8	6,5	8,5	9,4	9,9
Tele 5/DSF[2]	–	–	–	0,6	1,9	3,0	1,1	–	–
RTL 2[3]	–	–	–	–	–	–	–	3,8	4,6
VOX[3]	–	–	–	–	–	–	–	2,0	2,6
Kabel 1[3]	–	–	–	–	–	–	–	2,0	3,0
Sonstige	3,8	5,2	6,8	9,0	7,5	8,3	11,9	8,2	8,6

1) bis 1989 unter Sonstige
2) bis 1989 und ab 1994 unter Sonstige
3) bis 1994 unter Sonstige

Quelle: Media Perspektiven Basisdaten 1989 ff.

In der Entwicklung zeichnet sich ab, daß sich in der Nutzung vier große Programmanbieter mit ARD und ZDF sowie RTL und SAT.1 herausgebildet haben, daneben noch einige mittlere mit den Dritten Programmen und Pro Sieben sowie einigen kleineren. Die Zuschauer verteilen ihr Interesse auf viele Anbieter, die Vormacht einiger ›Hauptprogramme‹ ist wohl endgültig dahin.

Differenzierung des Zuschauens

Die in den vorangegangenen Jahrzehnten entstandene Differenzierung des Zuschauens setzte sich in den achtziger Jahren fort: Fernsehen als Informationserhalt, als Mittel der Anpassung an gesellschaftliche Veränderungen, als Teilhabe an weltbewegenden Ereignissen, als kulturelle Erbauung, als Unterhaltung und Zerstreuung, als psychische Regeneration; Fernsehen in der Form eines Schaurausches, der gezielten Sichtung, des rituellen Erlebnisses, der Wahrnehmung im Kontext der Alltagsroutine. Das TV-Zuschauen ist durch diesen Prozeß der Differenzierung Teil der individuellen Lebensstile geworden.

Entwicklung der durchschnittlichen Nutzungszeiten

Die durchschnittlichen Nutzungszeiten sind insgesamt gestiegen. Die Vermehrung des Angebots hat langfristig offenbar doch dazu geführt, daß mehr ferngesehen wird. Die durchschnittliche tägliche Sehdauer erwachsener Zuschauer stieg nach einer längeren Phase der Stagnation seit Mitte der siebziger Jahre in den neunziger Jahren von 2:32 Std. (1988) auf 2:40 Std. im Jahr 1991, von dort aus auf 2:48 Std. (1992) und 2:58 Std. (1994) und erreichte im Jahr 1995 die Dauer von 3:06 Std. und stieg weiter auf 3:15 Std. im Jahr 1996 (Media Perspektiven Basisdaten 1989 ff.).

Der erstaunliche Anstieg läßt sich auf das Zusammentreffen mehrerer Faktoren zurückführen. Zum einen wirken sich hier langfristig die Veränderungen der Programme aus, die ständig neue Aufmerksamkeit weckten und offenbar latente Bedürfnisse in breiten Teilen des Publikums ansprachen. Zum anderen wirkten sich die sozialen Verunsicherungen und gesellschaftlichen Verwerfungen aus, die durch die deutsche Einheit entstanden und – besonders nach 1991 in den neuen Bundesländern – einen Bedarf nach neuen Orientierungen erzeugten. In den neuen Bundesländern waren deshalb seit 1992 die Nutzungszeiten deutlich höher als in den alten Bundesländern. Zum dritten ist zu vermuten, daß sich die hohen Arbeitslosenzahlen im steigenden Fernsehkonsum niederschlagen (vgl. Kap. 14.4).

Wenigseher und Vielseher

Die auf alle erwachsenen Fernsehzuschauer bezogene durchschnittliche tägliche Nutzungsdauer sagt jedoch wenig über die tatsächliche Streuung der Nutzungszeiten aus, da es neben Wenigsehern (oft nur wenige Minuten pro Tag) sogenannte Vielseher gab, die täglich fünf Stunden und mehr fernsahen. Bei diesen, so zeigten amerikanische Studien (Gerbner 1978, Vielseher 1981), wurde die Weltsicht offenkundig stark durch die vom Fernsehen gelieferten Anschauungen beeinflußt, selbst wenn der Nachweis einer tatsächlichen Veränderung der Vorstellung von der Welt kaum zu erbringen war.

Neue Auswahlstrategien der Zuschauer

Große Teilen des Publikums sahen Mitte der achtziger Jahre die Notwendigkeit neuer Programme noch nicht. Mit den Berichten über die politischen Ereignisse im Zuge der deutschen Einheit, die Golfkriegsberichterstattung, aber auch der Sport- und Unterhaltungsspektakel, den sensationsorientierten Erotik- und Sexdarstellungen entstand ein Sog zum Fernsehen insgesamt und dann zu den kommerziellen Programmen, die mit dem Anspruch des Neuen auftraten. Der vor allem in den neunziger Jahren erfahrene Umbruch aller Lebensbereiche führte dazu, sich verstärkt nach Orientierungsangeboten umzusehen. Die neuen Programme suggerierten – auch wenn sie viele gleiche und ähnliche Angebote brachten – eine größere Vielfalt und schienen damit die Selbstbestimmung der Zuschauer zu stärken.

»Der Zuschauer ist sein eigener Programmdirektor«

»Der Zuschauer ist sein eigener Programmdirektor« war ein beliebter Slogan der kommerziellen Anbieter – selbst wenn die Zuschauer nur mehr zwischen einem größeren, aber vorsortierten Angebot auswählen konnten. Die neuen Programme boten nur begrenzt Alternativen, wirklich aktiv konnte der Zuschauer im Programmfernsehen auch jetzt noch nicht werden.

Das Publikum wurde mit der Neudefinition des Fernsehens als Marktgeschehen zum ›Käufer‹ der Fernsehnutzungszeit, es ›bezahlt‹ mit Aufmerksamkeit, in Einschaltquoten gemessen, die für die werbetreibende Industrie als Reichweitengröße des Mediums von Interesse ist. Die Einschaltquote entwickelte sich auch innerhalb der öffentlich-rechtlichen Anstalten zum entscheidenden Maßstab. Die Fixierung der Programm-Macher auf die Quote steht im umgekehrten Verhältnis zum Rückgang der durchschnittlichen Einschaltquoten.

Einschaltquoten – die Währung der Aufmerksamkeit

Neben der begeisterten und intensiven Nutzung des vermehrten Angebots gab es in der zweiten Hälfte der achtziger Jahre Beispiele offensiver Distanzierung im Publikum, bis hin zur tendenziellen Verweigerung. Die Massierung immer gleicher oder doch sehr ähnlicher Programme führte zu einem verbreiteten Unmut, der sich – gerade auch bei einem anspruchsvollen Publikum – an der wachsenden Unübersichtlichkeit des Angebots festmachte (vgl. Sichtermann 1992). Ob dahinter eine »Ermüdung« des Fernsehens selbst (nicht der Zuschauer) zu sehen ist, wie Hartmut Winkler meint (Winkler 1992), bleibt abzuwarten.

Immerhin geisterte seit der zweiten Hälfte der siebziger Jahre das Wort von der »Fernsehmüdigkeit« der Zuschauer durch die öffentliche Debatte, verbunden mit der beschwörenden Formel, daß davon jedoch »keine Rede sein« könne (Bry 1977). Der ZDF-Fernsehredakteur Helmut Greulich sprach bereits 1977 von einer ambivalenten Haltung des Fernsehpublikums, das am Ende eines Fernsehabends »zu der Erkenntnis kommt, daß man einmal mehr seine Zeit totgeschlagen hat, daß man eigentlich ›nur mal kurz reinschauen‹ wollte, und daß man selbst kein Programm entwickelt hat, weil schon drei da waren« (Greulich 1977). Dieter Prokop kennzeichnete deshalb die Mediennutzung als ein Syndrom von »Faszination und Langeweile« (Prokop 1979).

Der Telefaneur als Switcher

Die Fernbedienung (remote control), seit 1956 bereits technisch entwickelt und seit 1976 mit der Infrarottechnik im Einsatz, bekam mit der wachsenden Zahl der Programme eine neue Funktion: Die Zuschauer konnten sich nach Bedarf aus jeder Sendung umstandslos herausziehen, konnten sich durch die Programme bewegen, unabhängig von den angebotenen Attraktionen und Ereignissen, von den Intentionen der Macher, den Dramaturgien und raffinierten Plotkonstruktionen. Dabei war das ›Grazing‹, wie die Bereitschaft zum schnellen Programmwechsel zunächst hieß, durchaus kein neues Phänomen; neu war, daß der Einsatz der Fernbedienung ganz neue Effekte erzielte (Stipp 1989, 164f.).

Fernbedienung und punktuelle Aufmerksamkeit

Der Zuschauer wurde mit der Fernbedienung zum »Telefaneur« (Rath 1983, 137), der durch die Fernsehwelten flaniert, suchend nach Ereignissen, nach speziellen Angeboten, aber auch gelangweilt, mit der Lust an der nur punktuellen Zuwendung zu längeren Darstellungen, mit der Lust am Verbinden divergierender Sinneindrücke, die sich im Switchen durch die Programme ergeben: Crossreading, als Sinnsuche in der Montage des Zufälligen, als eine denkbare neue Wahrnehmungsform. Als ein Vehikel sub-

Sinnsuche in der Montage des Zufälligen

jektbestimmter Montage und Stiftung eines eigenen phantasiegeleiteten Programms bezeichnete es Hartmut Winkler (Winkler 1991, 110 ff.).

Zuschauer konnten nun durch die explosionsartig vermehrte Zahl der Programme stärker als bis dahin auswählen, wobei die Angebote verschiedener Programme untereinander austauschbar erschienen. Sie bekamen mehr Unterhaltung und mehr Fiktion angeboten, der Charakter der Repräsentation von Realität änderte sich: Die im Fernsehen vermittelte Welt gewann mehr und mehr den Charakter einer spektakelhaften Inszenierung, sie wurde zur großen Show. Damit wuchs jedoch die Distanz zwischen der Fernsehwelt und der Realität der Zuschauer.

Fernsehen als spektakelhafte Inszenierung

Der Switcher entroutinisierte sein Zuschauen auf radikale Weise, weil er die eingeschliffenen Gewohnheiten, die Bindungen an bestimmte Reihen und Termine unterlief und sich neue ›Augenreize‹ quer zu allen vorgegebenen Strukturen suchte. Entritualisierung bedeutete nicht automatisch verstärkte Aufmerksamkeit und stellte keine Rückkehr zur gesteigerten Konzentration dar, wie sie die Frühzeit des Fernsehens kennzeichnete. Die neuen Entritualisierungen führten dazu, daß die Gewohnheitspublika abbröckelten und die Programm-Macher auf immer weniger Kontinuitäten setzen konnten. Die Zuschauer gewannen eine neue Souveränität gegenüber dem Angebot, die sie jedoch selbstverantwortlich zu nutzen hatten. Alle Reste von ›Kanaltreue‹, die noch bestanden haben mögen, gingen nun endgültig verloren. »Je länger der Abend, desto weniger wahrscheinlich ist es«, konstatierte die Zuschauerforschung 1991, »daß ein (Prozent der) Zuschauer das ganze kunstvoll gebaute Programm sieht!« (Buß 1991, 150). Die neuen Programmnutzungsweisen sind noch im Entstehen begriffen und in einem Prozeß weiterer Differenzierung. Das Switchen selbst konnte rasch zu einer neuen Form des Fernsehrituals werden, in dem das Hin- und Herwandern zum »Fernsehen an sich« erklärt wurde.

Entritualisierungen

Die switchenden Zuschauer, so argumentierte Hartmut Winkler, zerstörten mit dem Switching »die in sich geschlossenen Sinneinheiten, aus denen das Fernsehprogramm sich aufaddiert«. Sie »zerfledderten die Sinneinheiten, die das Fernsehen bietet, in eine Unzahl kürzerer bis sekundenkurzer Sequenzen, die ihrem Kontext entrissen, ihre Bedeutung vollständig verändern; was, so wird man fragen müssen, bleibt von einem Spielfilm übrig, wenn er mit Nachrichten, Sport und Show gemixt wird? Was wird aus dem Plot, der psychischen Motivation der Handelnden, der Argumentation eines Kommentars?« (Winkler 1990, 5)

Zerfledderung der Sinneinheiten

Die Destruktion des »linearen Sinns« der einzelnen Programmeinheiten, die »unterhalb der Lust am Rezeptionserlebnis« wirksamer werdende Unlust, die Suche nach einer neuen Struktur der Überraschung, vor allem die sich öffnende Schere zwischen Lust und Unlust, zwischen Faszination und Langeweile verwies auf die Differenzierung des Zuschauens, die sich mit der Möglichkeit des Switchens erneut steigert. Gegenüber dem auf der Zeitachse sich »diktatorisch« gebenden Bilderfluß zerfiel »die große Zahl der Zuschauer, die einst jedes einzelne Produkt zu erreichen hatte, in eine Vielzahl von Erwartungskonstellationen, Bildungsniveaus und sozialen Kontexten, in Untergruppen also, die auf dem Bildschirm ein jeweils allgemeines Gegenüber finden. Klischees und Standardisierung auf der einen Seite und eine ständige, wenn auch latente Überforderung auf der anderen deuten darauf hin, daß unterhalb der Lust am Rezeptionserlebnis mit einem beträchtlichen Unlustpotential gerechnet werden muß, einem Unlustpotential, das anschwellen oder zurückgehen wird, je nachdem wie weit das objektive Angebot und die aktuelle Subjektivität des Rezipienten von Moment zu Moment differieren« (ebd., 6).

Vielzahl von Erwartungskonstellationen, Bildungsniveaus und sozialen Kontexten

Der Zuschauer, so Winkler, etabliere damit eine »spielerisch-skeptische Haltung«, installiere »für sich eine Art Tagtraummaschine, die es ihm erlaubt, mit der eigenen Subjektivität umzugehen und die eigene Befindlichkeit zu regulieren«. Und er resümiert: »Was nach außen als ein träumerisches, desinteressiertes Gleiten erscheint, ist tatsächlich ein effizienter psychischer Reinigungsvorgang, der den heterogenen Bilderstrom dazu benutzt, die eigenen, inneren Bilder zu mobilisieren« (ebd., 7 f.).

Träumerisches, desinteressiertes Gleiten

Daß diese neue Form des Zuschauens zugleich nicht völlig dem Zufall sich anheimgab, sondern sich hier durchaus unterschiedliche Formen des Switchens herausbildeten, zeigten Uwe Hasebrink und Friedrich Krotz, die telemetrische Zuschauerdaten auswerteten. Ganz unterschiedliche »individuelle Nutzungsstrategien« ergaben sich dabei, »die für das jeweilige Individuum Sinn machen; sie sind die dokumentierten Spuren seiner ›Kommunikation‹ mit dem Medium; die auf seinen Bedeutungszuweisungen und konstruktiven Interpretationsprozessen beruhen« (Hasebrink/Krotz 1994).

Individuelle Nutzungsstrategien

Switching, Zapping und Recording

Die Veränderung des Zuschauens durch das Switchen steht im Kontext der Veränderung des TV-Sehens durch den Videorecorder. 1987 besaßen 24,2 Prozent aller Haushalte einen Videorecorder, über dem zeitversetzt Programm oder Leihkassetten gesehen werden konnten, 1990 waren es 40,7 Prozent und 1996 bereits 61,5 Prozent. Diese seit Beginn der achtziger Jahre sich vermehrt im privaten Bereich etablierende Möglichkeit der Speicherung von Fernsehsendungen hob den Zwang des Hier und Jetzt des Zuschauens beim Programmfernsehen auf. Gespeicherte Sendungen konnten beliebig oft wiederholt und angesehen werden. ›Zeitversetztes Fernsehen‹ prägte sich als Begriff ein und verwies damit auf den wichtigsten Gebrauchsnutzen der neuen Speichergeräte: sich vom Zeitzwang der Programmveranstaltung unabhängig zu machen. Die Zuschauer konnten sich zudem durch Schnellvorlauf und -rücklauf von der vorgegebenen zeitlichen Struktur der aufgezeichneten Sendung befreien und sich in den Sendungen nach eigenem Bedarf und entgegen den Intentionen der Macher bewegen. Sie konnten und können Teile überspringen und sich andere wieder und wieder ansehen, sie können in der Sendung wie in einem Buch ›blättern‹. Der Betrachter kann auch einfach nur anhalten, sich ›Standbilder‹ herausziehen und diese betrachten. Aufgehoben ist damit, durch eine besondere Form der Überführung des Programms in einen anderen Zustand, der Live-Zwang: Was sich als ›live‹ vermittelt darstellt, wird nun zur Konserve, ist damit leichter dem analytischem Blick ausgesetzt, kann lustvoll mehrfach genossen werden. Doch es zeigte sich auch, daß vom Programmfernsehen weiterhin ein Sog des Gerade-jetzt-Gesendeten ausgeht. Viele private Videoaufzeichnungen werden nie angeschaut, weil es interessanter ist, sich ins laufende Programm einzuschalten.

Unabhängigkeit vom Zeitzwang der Programmveranstaltung

Mit dem Videorecorder wurde das Programmangebot zumindest partiell in eine andere Verfügbarkeit gebracht und der Zuschauer unabhängiger von einem vorgegebenen, gesellschaftlich stark reglementierten institutionellen Dispositiv. Zwar blieben wesentliche Momente der Anordnung von Zuschauer und Bilderfluß erhalten, aber die Unabhängigkeit des Zuschauers wuchs. Die individuelle Zugriffsmöglichkeit auf das audiovisuell Erzählte wurde damit dem Bücherlesen vergleichbar. Das Switchen durch die vervielfachte Zahl der Programme war eine Form der Freiheit des Zuschauers in der Zuwendung zu den vorgegebenen Programmen, die

Individuelle Zugriffsmöglichkeit auf das audiovisuell Erzählte

Aufzeichnung der Programme durch den Videorecorder schuf eine weitere Facette neuer Beweglichkeit und Unabhängigkeit von vorgegebenen Zeitstrukturen.

Fernsehen als Restzeitnutzung

Nicht mehr die besonders herausgehobene Fernsehzeit, das geschaffene Ritual des ferngeschauten Ereignisses, sondern die Fernseh-Nutzung von Zeiträumen zwischen anderen Tätigkeiten fielen den analytischen Beobachtern des Zuschauens auf. »Restzeiten« innerhalb des Alltags dienten jetzt vermehrt dem Fernsehen. Das Medium galt, wie es Peter Christian Hall formulierte, entsprechend als »Restzeitmedium« (Hall 1987). In kurzen, vom Zuschauer selbst bestimmten Phasen wendet er sich dem Medium zu, unabhängig von Sendelängen, Programmformen etc., um sich abzulenken, schnelle Informationen aufzunehmen oder sich einfach nur zu entspannen. Als Steigerung routinisierten Medienverhaltens setzt es ein schnelles, durch lange Medienerfahrung akkumuliertes Medienwissen voraus, um an den Angeboten rasch Form, Genre, Erzählweisen zu erkennen und das gewünschte Angebot für die momentane Stimmung zu identifizieren. Die Fernbedienung leistet dabei eine schnelle Orientierung über das gerade aktuelle Angebot, die Zuschauer können sich sofort einklinken in den Strom der Bilder, nach Bedarf einfinden in je verschiedene audiovisuelle Bilderwelten. Das permanente Zur-Verfügung-Stehen erlaubt einen vom individuellen Bedarf gesteuerten Zugriff, der sich allenfalls noch mit anderen Partnern der Familie oder Lebensgemeinschaft über die Auswahl abstimmen muß.

Damit verdichtet und intensiviert das Fernsehen die Lebensweise, indem es sonst »ungenutzte« Zeiten besetzt. »Restzeit«-Nutzung intendiert, daß es letztlich keine Reste mehr gibt, die ungenutzt bleiben. Restzeitnutzung drängt auf eine Nebenbei-Zuwendung zum Medium, darin ähnlich dem Radio, obwohl das Fernsehen noch eine stärkere sinnliche Anspannung erfordert.

Radikale Individualisierung und neue Stiftung von Verhaltensmilieus

Die Tendenz zur immer weiteren Differenzierung des Zuschauens führte nicht zur Beliebigkeit und Zufälligkeit, bei der allenfalls noch eine diffuse Gestimmtheit den Ausschlag gab. Mit dem Differenzierungsschub in den neunziger Jahren kam es auch zu Rückbindungen des Zuschauens in typologisch beschreibbaren Formationen kulturellen Lebens. Der Prozeß des Zuschauens selbst scheint sich dabei neu zu verändern. Gerhard Schulze beschreibt in seiner Darstellung der bundesdeutschen Gesellschaft als »Erlebnisgesellschaft« mehrere »Erlebnismilieus«, die für zahlreiche kulturelle Handlungen prägend sind. In ihnen finden sich quer zu den sozialen Schichtungen Bevölkerungsgruppen, die sich auf unterschiedliche Schemata (Hochkultur-, Spannungs-, Trivialschema) ausrichteten. Für diese Milieus ist die Nutzung bestimmter Fernsehangebote konstitutiv, wobei fünf Milieus unterschieden werden (Schulze 1992, 277 ff.):

Das Unterhaltungsmilieu, in dem sich vor allem jüngere Personen (bis 40 Jahre) »unterer Bildungsgrade« bewegen, bestimmt sich besonders durch eine Orientierung am Sport, an Autos und Motorrädern, Automatenspielen, Video sehen und dem Besuch von Vergnügungsvierteln und ist in der

Fernsehnutzung durch eine Bevorzugung von Science Fiction, Action, amerikanischen Filmen und Zeichentrickfilmen gekennzeichnet. Eine große Distanz besteht zu politischen Diskussionen und zu Theater und Oper im Fernsehen. Das Selbstverwirklichungsmilieu (in dem jüngere Personen »mittlerer und gehobener Bildungsgrade« zu finden sind) weist neben der Teilnahme an Jazzfestivals, Bardentreffen, dem Besuch von Kulturzentren, Tennis, Surfen, Skifahren bezeichnenderweise keine besondere Fernsehnutzung auf, sondern kennt nur Distanzierungen insbesondere zu Talkshows, Natur- und Heimatfilmen im Fernsehen sowie zum Volkstheater im Fernsehen. Das Harmoniemilieu (in dem sich ältere Personen »unterer Bildungsgrade« bewegen) ist das genaue Gegenteil zum Selbstverwirklichungsmilieu und bestimmt sich durch Präferenzen für Lokalsendungen, Volkstheater, Natur- und Heimatfilme im Fernsehen sowie für deutsche Schlager. Das Niveaumilieu (ältere Personen »gehobener Bildungsgrade«), das sich durch Museumsbesuche, klassische und moderne Theateraufführungen, Konzertbesuche, »gehobene« Lektüre auszeichnet, bevorzugt im Fernsehen politische Diskussionen, Wissenschaftssendungen, Dokumentationen der Zeitgeschichte, Oper und Theater im Fernsehen. Das Integrationsmilieu (das Hochkulturschemata und Trivialschemata miteinander verbindet und in allen Personengruppen anzutreffen ist) zeichnet sich durch Teilnahme an kulturellen Veranstaltungen aus, verstärkte Anpassungsleistungen, aber auch Distanzierungen nach unten. Die Fernsehpräferenzen liegen zum einen in einer intellektuellen Orientierung, zum anderen im Harmoniestreben (ebd., 638 ff.).

Selbstverwirklichungsmilieu

Harmoniemilieu

Niveaumilieu

Integrationsmilieu

Bei der Bestimmung der Milieus wird nicht allein das Fernsehen betrachtet, sondern ein komplexes Bild kultureller Felder benannt, in denen das Fernsehen wiederum eine selbstverständliche, gleichwohl unterschiedlich einbezogene kulturelle Handlung darstellt. Die Konstruktion der Milieus erscheint deshalb zum einen aufschlußreich, weil sie quer zu sozialen Schichtungen neue kulturelle Integrationsformen darstellt, die sich in weit zurückreichenden kulturellen Traditionen verankern; zum anderen ist sie jedoch, gerade in der Beschreibung der verschiedenen Wahrnehmungsmuster beim Fernsehen, noch wenig differenziert.

Der desillusionierte Zuschauer

Die Vervielfachung des Angebots in den achtziger und neunziger Jahren brachte für das Fernsehen eine tendenzielle Entwertung der einzelnen Programminhalte. Diese Entwertung lag bereits in der Durchsetzung des Markt-Paradigmas. Dem Markt sind die je einzelnen Inhalte der Kommunikationsprodukte gleichgültig, solange sich die Produkte absetzen lassen. Die Entwertung fand auch durch das veränderte Zuschauen statt. Der Zuschauer switcht durch die Programme, verläßt kühl die Sendung, wenn er anderswo etwas zu sehen erhofft, was ihm mehr liegt. Damit werden tendenziell nicht nur alle Programmplanungen, sondern auch alle Formen der Erzähl- und Darstellungsdramaturgie außer Kraft gesetzt. Ein Fernsehzuschauer, so eine kleine Untersuchung von 1991, switcht an einem Vier-Stunden-Abend oft mehr als hundertmal durch die Kanäle (Hasebrink/Krotz 1993). Im Fernsehen der vielen Programme und der Remote control bezieht der Zapper gerade aus der nicht vollzogenen Vervollständigung auf der dramaturgischen Ebene seinen Genuß des Zuschauens. Er ist nicht mehr unbedingt daran interessiert, einen Film vollständig zu sehen. Die Schemata dieser Geschichten hat er bereits hundertfach gesehen und er ist nur noch an

Entwertung der einzelnen Programminhalte

den Bildern als Reizstimuli interessiert, die er durch das Zappen zu steigern sucht.

Veränderung des Dispositivs

Damit etabliert sich durch die Veränderung des Dispositivs eine andere Wahrnehmung, mit der ein anderes Verständnis von der durch das Medium vermittelten Struktur der Welt entsteht. Es ist weder ein ›bewußtloses‹ Hin- und Herschalten, noch ein wilder, ja anarchischer Fernsehgebrauch, der sich hier etabliert.

Die Zuschauer entziehen sich nach Bedarf den Zumutungen des Dispositivs Fernsehen mit seinen gigantischen Programmausweitungen und verweigern sich ihnen in unterschiedlichen Formen. In den fünfziger Jahren betrug der Umfang des Programms durchschnittlich ca. 3 Stunden, die Zeit des Zuschauens etwa eine Stunde täglich. In den sechziger Jahren wuchs in den nun drei Programmen der Umfang des Programmangebots auf ca. 12 Stunden täglich, die Zeit des Zuschauens auf etwa zwei Stunden. Mitte der neunziger Jahre haben wir in Deutschland ein Programmangebot von ca. 350 Stunden täglich und die Sehzeit beträgt gut drei Stunden. Auf die gigantische Programmvermehrung hat der Zuschauer also nur minimal mit einer Vermehrung seiner Sehzeit reagiert. Der immer wieder geäußerte Unmut über das Angebot läßt auf Tendenzen der Verweigerung schließen.

Der Zuschauer auf der Flucht vor dem Medium

Der Zuschauer scheint, so eine These von Hartmut Winkler, eher auf der Flucht vor dem Medium, und das Fernsehen benötigt immer größere Anstrengungen, um ihm auf der Spur zu bleiben und ihn immer wieder einzufangen. Nur so lassen sich Befunde der Zuschauerforschung erklären, daß beispielsweise von den zahlreichen Live-Sendungen zum Fall der Mauer 30 Prozent der Zuschauer nicht eine einzige gesehen haben (Buß 1991, 145). Der Zuschauerforscher Buß resümierte 1991, daß »sich das Publikum nichts ›vormachen‹, sich nicht irgend etwas aufzwingen läßt, selbst wenn die Angebotsfülle es überrollen müßte« (Buß 1991, 145).

13. Auf dem Wege zur Einheit – Fernsehen in Deutschland von 1989 bis 1991

13.1 Herbst 1989 – eine »Fernsehrevolution«?

Die politische Bewegung, die im Herbst 1989 die historische Wende in der DDR einleitete und die zum Ende der DDR führte, ist bisweilen als »Fernsehrevolution« bezeichnet worden (z.B. Hanke 1990, 1991; Ludes 1991). Doch die Veränderungen, die 1989 zur Öffnung der Mauer und 1990 zum Ende der DDR führten, hatte nicht das Fernsehen ausgelöst, sondern sind von den DDR-Bürgern in Gang gesetzt worden. Das Fernsehen beschleunigte und verstärkte diese Prozesse, indem die Programme der Bundesrepublik schnell und ›flächendeckend‹ über die Öffnung der österreichisch-ungarischen Grenze, die Flucht der DDR-Bürger in die bundesdeutschen Botschaften in Prag, Budapest und Warschau und die Demonstrationen in Leipzig und Berlin berichteten. Das Fernsehen erzeugte damit einen emotionalen Druck und verbreitete das entstehende Klima der Veränderung.

Auch das Fernsehen der DDR trug dazu bei, indem es die entscheidende Pressekonferenz des ZK vom 9. 11. 89 mit der Botschaft des Politbüromitglieds Günter Schabowski übertrug, daß ab sofort die Westgrenze der DDR für die Ausreise offen sei. Diese Nachricht, die von den Nachrichtensendungen der Radio- und Fernsehsender der Bundesrepublik weitergemeldet wurde, führte noch am gleichen Tage dazu, daß sich viele DDR-Bürger selbst von der Wahrheit der Meldung überzeugen wollten. Man traute also dem Medium nicht völlig, auch nicht den westlichen Programmen, sondern wollte die Öffnung der Mauer mit eigenen Augen sehen. Erst durch den dadurch entstehenden Druck von Zehntausenden von DDR-Bürgern vor Ort an den Grenzstellen sowie die hilflose Reaktion der nicht informierten Grenzpolizisten wurde die sofortige Öffnung der Mauer erzwungen, die wiederum zur völligen Veränderung der Verhältnisse führte.

Öffnung der Mauer

Daß diese Entwicklung nicht langfristig geplant, sondern durch viele spontane, sich überstürzende Ereignisse gekennzeichnet ist, wird auch daran deutlich, daß diese Mitteilung der Grenzöffnung vielfach als ein Mißverständnis eingeschätzt wird, weil das Politbüro die Tragweite des Beschlusses nicht erkannt und die Folgen nicht vorhergesehen habe. Auch für westliche Politiker kam die Entwicklung überraschend, ein Szenario für einen solchen Fall lag in keiner Regierungsschublade.

Die Herstellung der deutschen Einheit und die Veränderungen im Bereich des deutschen Fernsehens fanden in einer Zeit statt, die weltweit durch einen ökonomischen und politischen Wandel geprägt war, der sich als Globalisierung im wirtschaftlichen Wettbewerb, im Abbau staatlicher Regulierungen und, damit verbunden, in der Reduktion sozialer Sicherungen ausdrückte. Die deutsche Einheit ließ für die kurze Zeit von etwa zwei bis drei Jahren diese Prozesse aus dem Blickfeld der deutschen Öffentlich-

Abbau staatlicher Regulierungen
Reduktion sozialer Sicherungen

keit geraten. Sie waren jedoch weiterhin wirksam und ereilten die deutsche Gesellschaft dann ab 1993/94 um so nachhaltiger.

Golfkrieg und Mediensuggestion

Wie sich auch das Medium Fernsehen im internationalen Zusammenhang änderte, machte Anfang 1991 der Golfkrieg sichtbar. Den deutschen Zuschauern wurde hier die weltweite Vernetzung des Fernsehens durch Satelliten deutlich, die damit verbundene ungeheure Beschleunigung der Informationsvermittlung, die Suggestion der Teilnahme an politisch und militärisch bedeutenden Ereignissen sowie die dadurch entstehende emotionale Erregung, die weltweit das Publikum ereilte. Der Golfkrieg zeigte aber auch, wie gerade im Schein der unmittelbaren Teilhabe Formen der Lenkung und der Zensur wirksam waren, denn in dieses scheinbar so direkt funktionierende System der Television wurden nur die Bilder eingespeist, die von den Militärs zugelassen worden waren. Obwohl von den Fernsehanstalten in den Sendungen bereits frühzeitig auf diese Zensur hingewiesen wurde, ließ die Suggestion von unmittelbarem Dabeisein nicht nach. Damit war deutlich geworden, daß das Fernsehen hier offenbar eine neue Qualität erreicht hatte.

Von vielen Zuschauern, aber auch von Kritikern, wurde die hier erfahrene ›Macht‹ des Fernsehens im Zusammenhang gesehen mit der Vermittlungsleistung des Mediums beim Umbruch der Verhältnisse in der DDR und in den osteuropäischen Ländern (vgl. Amelunxen/Ujica 1990; Hallenberger/Krzeminski 1994). Das Fernsehen schien nicht nur die Menschen individuell nachhaltig in große Erregung versetzen, sondern auch die gesellschaftlichen Verhältnisse ganzer Staaten grundlegend verändern zu können.

13.2 Vom Staatsfernsehen zum Fernsehen in den neuen Bundesländern

Mit der Herstellung der deutschen Einheit wurde auch die Integration des Fernsehens der DDR in das bundesdeutsche Fernsehsystem vollzogen. So wie die Vereinigung zu einer »erweiterten Bundesrepublik« dadurch erfolgte, daß die inneren Strukturen Westdeutschlands mit nur geringfügigen Änderungen auf Ostdeutschland ausgedehnt wurden (vgl. Kocka 1995, 138), so wurde auch die Ausweitung des westdeutschen Mediensystems auf Ostdeutschland geplant. Sie vollzog sich nicht in allen Stufen zeitgleich mit der deutschen Einigung, weil der Artikel 36 des deutschen Einigungsvertrages eine endgültige Vereinheitlichung des deutschen Fernsehens nicht bereits zum 3. 10. 90, sondern erst zum 31. 12. 91 vorsah.

Neuorganisation des deutschen Fernsehens

Dieser Prozeß einer Neuorganisation des deutschen Fernsehens war mit zahlreichen Hoffnungen verknüpft: Viele glaubten einen neuen, ›dritten‹ Weg gehen zu können, andere glaubten, dabei auch einige veränderungsbedürftige Erscheinungen des bundesdeutschen Fernsehens reformieren zu können. Da es sich bei dieser ›Verschmelzung‹ zweier konträrer Mediensysteme um einen in der deutschen Mediengeschichte bisher einmaligen Vorgang handelte, ist der Blick auf die einzelnen Stufen der Entwicklung von besonderem Interesse.

Zu unterscheiden sind vier Phasen in der Entwicklung des Fernsehens in der DDR bzw. in den ab 1990 gegründeten neuen Bundesländern bis 1991 zu beobachten: Niedergang (bis Oktober 1989), neue Identitätssuche (Oktober 1989 bis März 1990), Suche nach neuen Föderalisierungskonzepten (März bis Juni 1990) und Integration in das bundesdeutsche System (Juli 1990 bis Dezember 1991). Die oft knappen Zeitabschnitte dieser

Phasenbildung zeigen bereits, daß die Entwicklung sehr schnell war und daß mithin die einzelnen Phasen sich in einigen Aspekten auch überschnitten.

Das Ende des Staatsfernsehens

Die erste Phase, die etwa von Sommer 1989 bis zum Oktober 1989 reicht, ist durch den endgültigen Vertrauens- und Glaubwürdigkeitsverlust der zentralistisch geleiteten DDR-Medien bestimmt, die ihre Informationsfunktionen nicht wahrnahmen, sondern vergeblich versuchten, die einsetzende Auflösung der DDR und das Anwachsen der inneren Opposition zu verleugnen. Die Einschaltzahlen des DDR-Fernsehens gingen in dieser Zeit auf den Nullpunkt zurück (Hoff 1990b).

Es ist trotz allem erstaunlich, wie rasch sich dann, nachdem im Sommer 1989 bereits die Krise der DDR sichtbar wurde und sich von Monat zu Monat verschärfte, das Fernsehen auf die beginnende Veränderung einließ. Es hätte ja hier auch einen nachhaltigen Widerstand und ein Festhalten an den alten propagandistischen Aufgaben geben können. Offensichtlich war der Glaube an das unveränderte Fortbestehen der DDR auch bei den Fernsehmitarbeitern nur noch schwach ausgeprägt, hatte die Westkonkurrenz mit ihren Bildern von Flucht, Widerstand und Massenexodus auch ihre Standfestigkeit zermürbt und war zudem durch Glasnost und Perestroika in der UdSSR bereits ein nachhaltiger Zweifel gesät worden. Zudem hatte sich auch die ideologische Basis unter Honeckers Politik des propagierten Wohlergehens in der DDR (vgl. Kap. 11.1) zersetzt.

Demo auf dem Alex am 4. 11. 1989

Hoffnung auf innere Erneuerung

Die zweite Phase setzte bereits im Oktober 1989 mit der allmählichen und zunächst widerwilligen Öffnung der Medien für die aktuellen Probleme ein. Zwar hielten sich die Redaktionen noch mit eigenen Meinungsbekundungen zurück, gaben aber Bürgern des Landes in vereinzelten Statements Gelegenheit zur vorsichtigen und kritischen Meinungsäußerung. Am 4. 11. 89 übertrug das Fernsehen der DDR die Massenkundgebung auf dem Berliner Alexanderplatz bereits direkt. Diese Live-Sendung konnte als ein erster Sieg basisdemokratischer Bewegungen in der DDR betrachtet werden, die in der Zeit bis zu den ersten freien Wahlen am 18. 3. 90 Hoffnungen auf politische und soziale Reformen weckte. Das Meinungsmonopol der SED und ihrer Blockparteien war gebrochen. Es begann eine Auseinandersetzung um die Informations- und Meinungsfreiheit.

Die zentralistische Leitungsstruktur wurde aufgegeben, die Sendeeinrichtungen vom Staat entkoppelt, das Staatliche Fernsehkomitee aufgelöst und die Leitung einem Generalintendanten, Hans Bentzien, übertragen. Bentzien war in der alten Leitungsstruktur aufgestiegen, aber wegen eigenwilliger Haltungen immer wieder zurückgestuft worden (vgl. Kap. 11.5). In dieser zweiten Phase bestand die Hoffnung der Fernsehmacher des DDR-Fernsehens, daß man das Medium von innen heraus verändern und umbauen könnte.

Das DDR-Fernsehen öffnete sich, brachte mehr kritische Sendungen, berichtete über offenen Protest und Widerspruch sowie über soziale Prozesse. Damit gewann es wieder Zuschauer. Die »Aktuelle Kamera« beispielsweise erreichte Einschaltquoten von mehr als 40 Prozent, die Bürger

Hans Bentzien

honorierten damit, daß endlich auch das DDR-Fernsehen ihre eigenen Angelegenheiten verhandelte.

Mit dem Machtverfall des SED-Regimes seit Mitte des Jahres 1989, vor allem aber mit dem durch die Massendemonstrationen erzwungenen Rücktritt Erich Honeckers und der Ablösung des für die Medien zuständigen Politbüromitglieds Joachim Hermann (18. 10. 89), wurden bereits im Fernsehen erste Veränderungen spürbar, die sich im November mit der Öffnung der Mauer und dem nun massiv einsetzenden Verfall des DDR-Staates verstärkten. Zwar war das DDR-Fernsehen, wie der Rundfunkbeauftragte Rudolf Mühlfenzl auf einem Hearing in der Berliner Akademie der Künste am 7. 9. 91 ironisch formulierte, keine »Insel des Widerstandes« gewesen. Aber es versuchte, nach Wegfall der Direktiven und direkten Einflußnahmen durch das SED-Politbüro seiner journalistischen Aufgabe gerecht und zum Vermittler der sozialen Bewegungen und Ereignisse zu werden und trug damit zur schnelleren Durchsetzung des Umbruchs der Gesellschaft mit bei.

West-Ost-Kooperation der deutschen Fernsehsender

Gleichzeitig wurde das DDR-Fernsehen in neuer Weise zum Kooperationspartner für die öffentlich-rechtlichen Fernsehprogramme der Bundesrepublik, die sich durch die Kooperation Technik, Insiderkenntnisse und Erfahrungen vor Ort sicherten, und damit auch zu Konkurrenten im Kampf um die Zuschauer in der DDR wurden (Hesse 1990). Die Bedeutung der ›Westmedien‹ als Informanten über DDR-interne Ereignisse begann abzunehmen.

Viele Programmacher sahen in der neuen Situation eine Chance zur Reform des Programms. Wenn im nachhinein diese Veränderungen als gering erscheinen, vor allem strukturelle Erneuerungen, z. B. die Föderalisierung des zentralen Rundfunks, nur zögernd in Angriff genommen wurden, so spielten dabei nicht zuletzt die unterschiedlichen Zeitvorstellungen über den Veränderungsprozeß und die Herstellung der Einheit eine Rolle. Hatte sich in der DDR jahrzehntelang vieles nur sehr langsam, manches überhaupt nicht bewegt, so war die Vorstellung eines sofortigen Umbruchs in der Rundfunkorganisation vielen nicht vorstellbar, schienen die schon erreichten Veränderungen überschnell (Hickethier 1990c). Viele hielten sicherlich auch den Umbruch nicht für endgültig, sondern für reversibel und verhielten sich deshalb hinhaltend. Es gab zudem innerhalb des DDR-Fernsehens (und auch anderswo in der Gesellschaft) keine fertigen Pläne mit anderen Strukturen in den Schubladen, diese anderen Strukturen sollten ja erst, so ein breiter Konsens, von den DDR-Bürgern selbst entwickelt werden. Sinnbild dieser Vorstellung der gemeinsamen Erarbeitung neuer Konzepte war die Einrichtung einer Kommission, analog zum ›Runden Tisch‹, mit dem Ziel der Neuordnung der DDR-Medien und der Formulierung und Beratung eines Mediengesetzes (vgl. Odermann 1990). Dieser mit Beschluß des Runden Tisches vom 5. 2. 90 gebildete Medienkontrollrat sollte für das Fernsehen eine dem öffentlich-rechtlichen Fernsehen der Bundesrepublik vergleichbare Struktur erarbeiten.

Hinter den Verhandlungen zur Schaffung einer deutsch-deutschen Vertragsgemeinschaft Anfang 1990 bestand auf DDR-Seite auch die Vorstellung einer eigenständigen Erneuerung der DDR auf der Basis der Reformbewegungen. Im Fernsehen war die Absicht erkennbar, sich durch eine Umorganisation eine neue und zugleich eigene Struktur zu schaffen, mit der man in eine spätere deutsche Einheit gehen konnte. Darin sah man die Möglichkeit, die eigene Identität zu formulieren (Spielhagen 1991), auch wenn umstritten war, ob eine eigene kulturelle Identität als DDR-Bürger über-

»Elf99« – mit Victoria Hermann, Jan Carpentier, Ingo Dubinski, Angela Fritzsch und Marcel Obna

haupt existierte. Für diese Selbstfindung waren die Medien wichtig, hatten sie doch zur emotionalen, kognitiven und praktischen Verarbeitung der nun eintretenden »Umwälzung nahezu aller Lebensbedingungen« (ebd., 7) beizutragen. Denn es ging ja nun nicht mehr allein darum, durch das Fernsehen Bilder einer anderen, nicht erreichbaren Welt zu erhalten, sondern die neuen Veränderungen der gesamten Lebenswelt zu begleiten und für ihre Bewältigung Hilfestellung zu leisten.

Der Bedeutungszuwachs des Fernsehens in den Zeiten sozialen Wandels wirkte sich auch auf das DDR-Fernsehen aus. Die neue Beweglichkeit der DDR-Fernsehjournalisten – exemplarisch die spektakulären Aktionen der »Elf99«-Reporter – erweckten den Eindruck, das DDR-Fernsehen sei fähig, sich selbst zu reformieren. Dem stand jedoch ein weit verbreitetes Mißtrauen vor allem der Leitung des Fernsehens gegenüber.

Bedeutungszuwachs des DDR-Fernsehens

Die Fernsehmitarbeiter fühlten sich nun, so der seit vielen Jahren tätige AK-Chefredakteur Klaus Schickhelm gegenüber der »Süddeutschen Zeitung« Mitte Januar 1990, als »die freiesten Journalisten der Welt«. Eine offenere Nachrichtenpolitik, ein anderer Präsentationsstil (Wechsel des Outfits der Moderatoren und des Studiodesigns), Schaffung neuer bzw. Umbau bestehender Sendeformen (»Donnerstags-Gespräch«, »Klartext«, »Prisma«, »AK Zwo«) und die Ausstrahlung bislang verbotener Fernsehfilme (»Geschlossene Gesellschaft«, »Ursula«, »Monolog eines Taxifahrers«) sollten die eigene Wandlungsfähigkeit demonstrieren. Das DDR-Fernsehen trat mit einer um jüngere Mitarbeiter ergänzten Mannschaft vor die Zuschauer (Butzek 1990).

Die Programmveränderungen waren von öffentlichen Diskussionen begleitet, in denen Rückfälle in den alten Stil heftig kritisiert wurden. Es bestand bei vielen der Verdacht, daß das DDR-Fernsehen zu einer grundlegenden Veränderung aus der bestehenden Struktur heraus nicht fähig war. Denn die erste Wendigkeit in der Anpassung an die neuen Verhältnisse konnte auf Dauer das grundsätzliche Dilemma des Fernsehens nicht kaschieren, daß seine Struktur und personelle Organisation wesentlich durch das alte Regime geprägt und bis ins Detail bestimmt worden war und damit die Legitimation des Fernsehens, die neuen Entwicklungen angemessen begleiten und vorantreiben zu können, zwangsläufig brüchig blieb. Eine wirklich unabhängige Institution konnte es auf diese Weise nicht werden. Dieser Status aber war die Voraussetzung, um innerhalb der gesellschaftlichen Diskussion wirksam zu sein.

Neue Konzepte für eine Föderalisierung

Deutsche Fernseheinheit und Föderalisierung des Mediums in den neuen Bundesländern

Die zweite Phase des Übergangs des DDR-Fernsehens in die neue Fernseheinheit endete am 18. 3. 90 mit dem Sieg der CDU und DSU bei den Volkskammerwahlen. In der nun einsetzenden dritten Phase zielte die Politik auf eine Föderalisierung des Rundfunks und des Fernsehens sowie die Etablierung des dualen Rundfunksystems nach bundesdeutschem Vorbild. Szenarien für diesen Prozeß waren in der Zwischenzeit von bundesdeutschen Experten erarbeitet worden und fanden ihren Ausdruck im »Medienüberleitungsgesetz«, das den Volkskammerbeschluß vom Februar 1990 außer Kraft setzte, der ursprünglich bis zur Verabschiedung einer neuen DDR-Verfassung gültig bleiben sollte. Doch die letzte Volkskammer bemühte sich nicht mehr um eine eigene neue Verfassung für Ostdeutschland, sondern betrieb den schnellen Beitritt zur Bundesrepublik. Dies entsprach auch dem Willen der Bevölkerungsmehrheit, wie die Wahl gezeigt hatte.

In der Bundesrepublik hatte man mit dem beschleunigten Zugehen auf die deutsche Einheit die Chance zum direkten Eingriff in die sich verändernde ostdeutsche Medienlandschaft gesehen. Da man von der baldigen Einheit ausging, fühlten sich viele medienpolitisch herausgefordert, eigene Pläne und Konzepte zu lancieren. Die DDR erschien als ein neuer Medien-›Markt‹, die Mehrheit der DDR-Bürger hatte zudem den Willen zur Teilhabe am Marktgeschehen demonstriert.

Jürgen Doetz vom Bundesverband Kabel- und Satellit (BKS), einem Interessenverband des kommerziellen Rundfunks, forderte Mitte Februar in einem ersten Positionspapier, auf der Frequenz von DDR 1 das ARD-Programm und auf der von DDR 2 das ZDF-Programm auszustrahlen und die restlichen Frequenzen privaten Rundfunkveranstaltern zur Verfügung zu stellen (Doetz 1990). Der Deutschlandfunk-Intendant Edmund Gruber verlangte zur gleichen Zeit, noch 1990 in der DDR fünf neue Landesrundfunkanstalten zu errichten (vgl. Kammann 1990a). Diese Forderungen stießen zu diesem Zeitpunkt, kurz vor den ersten freien Wahlen in der DDR, auf heftige Kritik.

Für zusätzliche Verwirrung sorgte in Leipzig der ab 17. 3. 90 erstmals sendende ›Kanal X‹, eine private Fernsehstation, auf dem nicht belegten Kanal 35 im Leipziger Raum, gegründet von einigen jungen TV-Enthusiasten ohne Sendelizenz der Post, aber mit einem 8-Watt-Kleinstsender ausgestattet. Man wollte mit Kanal X »ein Medium lokaler Gegenöffentlichkeit« errichten und »Fakten schaffen«, »bevor der Medienkuchen an die übermächtigen kommerziellen Interessenten verteilt worden sei« (zit. n. Thon 1990a, 20). Dieser Versuch eines »Low-budget-Fernsehens mit High Tech« blieb jedoch innerhalb der noch existierenden DDR ein Einzelfall (Preikschat 1990). Kanal X machte deutlich, daß hier ein Interesse nach mehr und anderen Programmen virulent wurde – zumindest wurde es als ein Indiz dafür verstanden.

Selbstbestimmte Medienkonstitution des alten DDR-Fernsehapparats und die Übernahme des Marktprinzips (durch letztlich neue Anbieter) mußten zwangsläufig in Kollision geraten. Während die privatwirtschaftlich organisierten westlichen Medien in der DDR einen zu erobernden Markt sahen, hielten die öffentlich-rechtlichen Medien in der ersten Zeit noch am Modell einer Kooperation fest, wie sie auch mit Mediensystemen in anderen Ländern bestand. ARD und ZDF betreiben seit dem November 1989 eine publikumswirksame Kooperation mit dem Fernsehen der DDR durch die Ausstrahlung von ARD- und ZDF-Sendungen (z.B. »Presseclub«) aus Berlin-Adlershof mit Unterstützung des DDR-Fernsehens, es kam zur Übernahme von ARD-Sendungen ins DDR-Programm (»Brennpunkt: Die Stimmung kippt um«, 1990). Dennoch wurden auch bei den öffentlich-rechtlichen Anstalten bereits erste Planspiele für eine Organisation des Fernsehens in der DDR nach bundesdeutschem Vorbild betrieben.

Der Streit um die Neuordnung des Fernsehens wurde durch die Unklarheit über die weitere politische Entwicklung und über die Entscheidungskompetenzen überlagert. Die nach den Volkskammerwahlen neu entstandene, CDU-geführte Koalitionsregierung unter Lothar de Maizière beanspruchte mit der Schaffung eines Medienministeriums unter Gottfried Müller (CDU) auch sofort, über die Ausgestaltung der Fernsehorganisation zu bestimmen. Dagegen hielt das DDR-Fernsehen an seiner gewonnenen Eigenständigkeit fest. Fernseh-Intendant Hans Bentzien wollte die Sendeanstalt möglichst so erhalten, wie sie bestand. Im März 1990 nahm das Fernsehen der DDR den bis 1971 bestehenden Namen »Deutscher Fernsehfunk« (DFF) wieder an, ein »Statut der Fernsehanstalt Deutscher Fernsehfunk« wurde entworfen und die Erhaltung des DFF als eigenständige Anstalt in einem neuen, geeinten Deutschland zum Ziel erklärt. Mit dem ZDF vereinbarte der DFF den Eintritt ins 3sat-Konsortium und schloß mit der französischen Gruppe ›Information et Publicité‹ (einem Unternehmen in Verbindung mit CLT und RTL plus) einen Vertrag über die Akquisition von Fernsehwerbung für den DFF, der ihm über eine Einnahmegarantie sofort zusätzliche Mittel sicherte.

DFF-Medienpolitik zu eigenmächtig

Bentzien versuchte, die westdeutschen Rundfunkanstalten gegeneinander auszuspielen, denn bei der anstehenden Neuordnung hatten auch westdeutsche Anstalten um ihr Überleben zu kämpfen. Ungeklärt war z.B. die Situation des Rias und des SFB in einer neuen, einheitlich deutschen Fernsehlandschaft, ebenso die der länderübergreifenden Sender Deutschlandfunk und Deutschlandsender. Die Neuorganisation des DDR-Fernsehens sollte nach Bentziens Auffassung nicht dazu dienen, Strukturprobleme der ARD (Zusammenlegung kleiner Anstalten, Beseitigung der Finanzierungslücken) zu beheben (Bentzien 1990). Statt dessen sollte nach einer Konzeption von Michael Albrecht, aus dem Fernsehen der DDR ein drittes öffentlich-rechtliches Programm Ost 3 (bzw. O 3) entstehen.

Trotz dieser Versuche war klar, daß die Zeit des Machtvakuums, innerhalb dessen der DFF seine Eigenständigkeit behaupten konnte, zu Ende ging. Von zwei Seiten kamen die Gegenaktionen: ARD- und ZDF-Programmverantwortliche und bundesdeutsche Politiker entwickelten nun forciert Neuorganisationsvorschläge für das DDR-Fernsehen. Die Durchsetzung eines föderativen Aufbaus war das Ziel; das Vorhaben, den DFF unverändert zu lassen, schien unannehmbar. Auch in der DDR stießen Bentziens Vorstellungen auf Kritik. Die beabsichtigte ›Selbstreinigung‹ des DFF-Personals erschien vielen DDR-Politikern der SPD und CDU als zweifelhaft, der DFF galt als »unreformierbar« (Mühl-Benninghaus 1990).

Hinzu kamen regionalen Bestrebungen innerhalb der DDR, die Zentrale Berlin zu demontieren, nicht zuletzt auch, um die eigenen Landesinteressen stärker artikulieren zu können (vgl. Kammann 1990b). Die regionalen Bestrebungen verstärkten sich, die in den DFF-Programmen eilends geschaffenen regionalen Fenster erwiesen sich als unzureichend, auch der Vorschlag, fünf Landesrundfunkanstalten (für die fünf neuen Bundesländer) »unter dem Dach des DFF« zu schaffen, wurde zurückgewiesen. Der Plan, den DFF als unabhängige dritte öffentlich-rechtliche Rundfunkanstalt innerhalb eines geeinten Deutschland zu erhalten, erschien als immer weniger realisierbar.

Westdeutsche Planungen für das Fernsehen in den neuen Ländern

Die Diskussion über eine mögliche föderative oder eine zentralistische Struktur des DFF wurde durch die Zielvorstellung der Bundesregierung und der westdeutschen Rundfunkverantwortlichen unterlaufen, das duale Rundfunksystem in der noch bestehenden DDR zu etablieren. Die Bundesregierung stellte durch interne Arbeitsgruppen über die Frequenzvergabe (Bundespostministerium, Telekom-Direktion und DDR-Post) die Weichen. Mitte Mai 1990 legte der Bundesfachausschuß Medienpolitik der CDU (West) mit den »Eckwerten für die Medienordnung in einem vereinigten Deutschland« einen Plan zur Integration vor, als Vertreter der SPD sprach sich Björn Engholm für eine stufenweise Integration aus.

Die neue Unübersichtlichkeit verunsicherte die Programmitarbeiter des DDR-Fernsehens, war doch zugleich immer auch von einem notwendigen Personalabbau die Rede. Die Ausstattung des DFF wie auch des DDR-Hörfunks galt als überdimensioniert und nicht mehr finanzierbar. Mit der Drohung der Kündigung mußten alle Programmitarbeiter leben. Parallel zur anhaltenden Dauer der Umbauphase, den unklaren Kompetenzen, der unentschiedenen Perspektiven wuchs die Verunsicherung; ein Zustand, der sich für die Programmarbeit insgesamt als nicht förderlich erwies.

Viele Entscheidungen wurden von der noch bestehenden DDR-Regierung bewußt nicht getroffen, nachdem die Wiederherstellung einer Länderstruktur feststand. Sie wollte den neu zu gründenden Ländern nicht vorgreifen. Ob man eine Mehrländeranstalt schuf, wie es im DDR-Medienministerium favorisiert wurde, oder ob die Länder ganz andere Vorstellungen entwickeln würden, war völlig offen. Gegen die Mehrländeranstalt sprach vor allem, daß damit der Fortbestand des DFF nahegelegt wurde. Dagegen formierten sich jedoch immer mehr Kräfte. Vorrangig sollte das Fernsehen dem Einflußbereich der PDS entzogen werden und der DFF galt als von PDS-Mitgliedern durchsetzt (Hauch-Fleck 1990).

Ende der Eigenständigkeit

Hans Bentzien wurde Ende Mai 1990 auf Beschluß des Ministerrats als Generalintendant des Deutschen Fernsehfunks abgelöst. Den als Nachfolger vorgeschlagenen Potsdamer Theaterintendanten Gero Hammer lehnte jedoch der Medienkontrollrat ab, so daß der Leiter des ersten DFF-Programms Michael Albrecht Ende Juni zum kommissarischen DFF-Intendanten ernannt wurde. Der Medienkontrollrat billigte zwar am 27. 6. 90 die zweite Fassung eines Vorläufigen Statuts für den DFF, der im wesentlichen eine öffentlich-rechtliche Struktur des »föderalgetragenen, regierungsunabhängigen, staatsfernen« Fernsehens festschrieb. Mit Bentziens Abgang war jedoch die vom DFF lange gehegte Vorstellung vom Tisch, der DFF könne als eine dritte öffentlich-rechtliche Anstalt neben ARD und ZDF in einem geeinten Deutschland weiter existieren. Der DFF-Personalrat favorisierte nun die Vorstellung, aus dem DFF 2-Programm ein Mehrländerprogramm für die zu errichtenden neuen Bundesländer zu machen. Für das DFF 1-Programm bestanden keine eigenen Vorstellungen.

Unter dem Einfluß westlicher Medienvertreter wurde im Medienministerium ein Rundfunküberleitungsgesetz formuliert und der Volkskammer vorgelegt, das alle Ansätze der Selbst-Konstituierung des DFF außer Kraft setzte und schließlich, mit der Verabschiedung Ende September 1990, den DFF und den DDR-Hörfunk zu einer gemeinsamen Einrichtung der künftigen Länder erklärte. Man wollte keine langsamen Übergänge, sondern auch in den Medien den schnellen Anschluß.

Rundfunküberleitungsgesetz

Das Überleitungsgesetz war, wie es der Chefredakteur von »Kirche und Rundfunk« Uwe Kammann in einer Kritik formulierte, ein »Wechselbalg«, weil es das Ziel, föderative Strukturen aufzubauen, durch die Zerschlagung der bestehenden Strukturen und die Schaffung eines – zeitlich bis Juni 1992 befristeten – Staatsfunks erreichen wollte, der durch die vom Ministerpräsidenten ernannten sechs Länderdirektorate und Beiräte gelenkt werden sollte (Kammann 1990c).

Deutlich wurde im Verlauf des Sommers 1990, daß die nur noch befristet amtierende DDR-Regierung eine selbstbestimmte Form der Neukonstituierung des DFF nicht mehr wünschte. Man wartete auf die Herstellung der deutschen Einheit, die im Herbst erfolgen sollte. Daß Konflikte nicht mehr offen formuliert und diskutiert, sondern im Hintergrund politisch entschieden wurden, machte der Coup der Hörfunkleitung sichtbar, die am 7. 9. 90 die Frequenzen des Jugendsenders DT 64, ohne die Mitarbeiter zu informieren, an den RIAS abgegeben hatte, nachdem DT 64 zuvor mit privaten Investoren über eine Sicherung der Existenz verhandelt hatte. Der öffentliche Protest führte zwar zu einer Rücknahme der Entscheidung, doch daß solch ein Vorgehen überhaupt möglich war, verunsicherte die Mitarbeiter weiter.

Michael Albrecht leitete mit seiner Amtsübernahme einen grundlegenden Umbau der Leitungsstruktur des DFF ein und besetzte zahlreiche Redaktionsleitungen neu. Unter anderem wurde der langjährige Chef der »Aktuellen Kamera« Klaus Schickhelm kommissarisch durch Manfred Pohl (seinen bisherigen Stellvertreter) ersetzt. Die Leitung der Abteilung Fernsehdramatik übernahm Thomas Steinke. Auch aktivierte Albrecht die im März 1990 gegründeten Landesstudios (›Landessender‹) und investierte dort in neue Technik und Ausrüstung. Um das absehbare Defizit des DFF (der Staatszuschuß war 1990 von 170 Millionen auf 34 Million Mark gekürzt worden) so gering wie möglich zu halten, wurden Entlassungen geplant. Doch diese Erneuerungen kamen zu spät, politisch war über das Ende des DFF längst andernorts entschieden worden.

»Die TV-Matadore im Osten« haben »ihre Chance zur Revolutionierung des Fernsehens verpaßt.« (Ute Thon in der »tageszeitung« 1990b).

Von der deutschen Einheit zur Fernseheinheit

Die Verabschiedung des Rundfunküberleitungsgesetzes kurz vor dem Beitritt der DDR zum Geltungsgebiet des Grundgesetzes am 3. 10. 90 zielte auf die Auflösung des DFF. Die Kompetenz für den Umbau des Fernsehens ging an die neuen Bundesländer über, die sich darüber zu verständigen hatten, in welcher Weise sie Landesrundfunkanstalten aufbauen wollten: ob jedes Bundesland eine Anstalt aufbaute, wovor vor allem die ARD-Anstalten wegen der unzureichenden Finanzdecke immer wieder warnten, oder ob ein oder zwei Mehrländeranstalten gegründet werden sollten.

Für die Übergangszeit wählten die Landesbeauftragten der neuen Bundesländer den von Bundeskanzler Kohl vorgeschlagenen ehemaligen Fernseh-Chefredakteur des Bayerischen Rundfunks und ehemaligen Präsidenten der bayerischen Landeszentrale für Neue Medien, Rudolf Mühlfenzl, am

*DFF unter
Rudolf Mühlfenzl*

15. 10. 90 zum Rundfunkbeauftragten. Dessen Aufgabe war nach dem Einigungsvertrag die Leitung des ehemaligen Rundfunks der DDR und des DFF bis zum 31. 12. 91. Die »schnelle Entwicklung der dualen Rundfunkstruktur« sah Mühlfenzl, der als konservativer Vertreter des Privatfunks galt, in einer ersten Stellungnahme als seine Hauptaufgabe an (zit. n. DFF-Programmauftrag 1990, 16).

Es war vor allem dieser Vorgang, einen altgedienten CSU-Vertreter in Medienfragen auf Weisung aus Bonn mit der Leitung des DFF zu beauftragen, der viele in den neuen Bundesländern verbitterte. Es war eine symbolische Handlung, die die Übernahme der Ex-DDR durch die Bundesrepublik auf dem Mediensektor geradezu verkörperte. Mühlfenzl ging sofort daran, seinen Auftrag strikt auszuführen: den DFF aufzulösen, die Erbmasse an Programmvermögen, Immobilien und Personal in die neu zu gründenden Landesrundfunkanstalten zu überführen und dabei zugleich das Programm des DFF bis zum Jahresende 1991 zu gewährleisten.

Während in den neuen Bundesländern die ersten Vorschläge zur Bildung von Mehrländerrundfunkanstalten diskutiert wurden, traf Mühlfenzl programmpolitische Entscheidungen, die auf eine rasche Integration des DFF in die bundesdeutsche Fernsehlandschaft und eine Ausbreitung der westdeutschen Programme im ›Beitrittsgebiet‹ zielten. Das ZDF durfte seit dem 2. 12. 90, dem Tag der Bundestagswahl, auf der bislang ungenutzten dritten Senderkette sein Programm in den neuen Bundesländern (vor allem in den bisher nicht erreichten Gebieten um Dresden und in Mecklenburg-Vorpommern) ausstrahlen. Seit dem 15. 12. 90 strahlte die ARD auf der Senderkette des DFF 1-Programms ihr Programm mit regionalen Fenstern in der Zeit von 17.25 bis 19.58 Uhr aus. Auf der Sender-Kette von DFF 2 wurde ein neues Programm gesendet, das die neuen Landessender und der DFF in Adlershof gemeinsam produzierten und das den Titel »DFF-Länderkette« trug. Die noch bestehenden Werbevereinbarungen mit »Information et Publicité« (IP) paßte man den öffentlich-rechtlichen Begrenzungen an, wie sie in den alten Bundesländern galten. Da der DFF nicht Mitglied der ARD war, wurden für die Übernahme von DFF-Sendungen ins ARD-Programm sogenannte Patenschaften eingerichtet, mit denen Sendeanstalten der alten Bundesländer die DFF-Sendungen ›betreuten‹.

Kennzeichen der Ägide Mühlfenzls war ein autoritärer Führungsstil. Dazu zählen der Versuch der Disziplinierung der DFF-Leitung durch einen Erlaß, öffentliche Stellungnahmen von ihm genehmigen zu lassen, der zum Konflikt um den stellvertretenden Rundfunk-Intendanten Jörg Hildebrandt führte. Zudem wurde die Umgehung des im Einigungsvertrag vorgeschriebenen Beirats sowie die massiv vorangetriebene Entlassung von DFF-Mitarbeitern öffentlich kritisiert (Bittorf 1990). Offenbar dienten solche Führungsstrukturen dazu, die Beseitigung des DFF möglichst lautlos und störungsfrei durchzuführen. Sie prägten das Klima der ›Abwicklung‹. Mühlfenzl sah seinen Auftrag allein im Einhalten der zeitlich genau terminierten Auflösung des DFF, nicht etwa in der Überführung in neue Strukturen oder gar in der Entwicklung konzeptioneller Vorstellungen.

Sicherlich war es vor allem Aufgabe der Landespolitiker in den fünf neuen Bundesländern, neue Rundfunkstrukturen zu schaffen. Dennoch hätte Mühlfenzl hier durch Beiträge, Konzepte und Überleitungsvorstellungen von dem Fernsehbestand mehr erhalten und retten können. Anders als der von der Treuhand für die Defa eingesetzte ehemalige NDR-Intendant Peter Schiwy, äußerte sich Mühlfenzl beispielsweise in keiner Weise zum Erhalt der Fernsehproduktionszentren und des Medienstandorts im

Demontage
des SED-Parteiabzeichens
am 23.1. 1990

Umkreis Berlins. Für den Erhalt von Adlershof und Johannisthal warf er sich nicht in die Bresche. Beim DFF, in der ›Einrichtung‹, wie er in seiner Bezeichnung im Einigungsvertrag auch genannt wird, setzte der Rundfunkbeauftragte eine rigide Entlassungspolitik durch. Die 7500 Mitarbeiter Ende 1990 waren Ende März 1991 bereits auf 4700 reduziert, bis September 1991 war die Zahl der Mitarbeiter auf etwa 3500 gesunken. Diesen Mitarbeiterbestand hielt Mühlfenzl für übernehmbar durch die neuen Landesrundfunkanstalten, zugleich sicherte er damit die Programmgewährleistung, zu der der DFF und die Hörfunksender nach dem Einigungsvertrag bis zum 31. 12. 91 verpflichtet waren.

Gründung neuer Landesrundfunkanstalten

In der ersten Hälfte des Jahres 1991 wurde mit der Vorbereitung zur Schaffung neuer Mehrländeranstalten begonnen. Aufgrund der allgemein schlechten finanziellen Lage erschienen mehr als zwei neue Anstalten als unrealistisch. Die Kombinationsmöglichkeiten waren strittig und die Gründung von Landesrundfunkanstalten zog sich bis Ende 1991 hin.

Als erstes bildete sich relativ rasch für die Länder Thüringen, Sachsen-Anhalt und Sachsen eine gemeinsame Rundfunkanstalt heraus, der Mitteldeutsche Rundfunk (MDR). Begünstigt wurde diese Entwicklung dadurch, daß alle drei Landesregierungen christdemokratisch geführt wurden. Bereits Mitte Februar 1991 wurde eine entsprechende Vereinbarung der Staatskanzleien der betreffenden Länder unterzeichnet, im Anschluß daran die Gründung des MDR durch einen Staatsvertrag vorgenommen und die neue Anstalt relativ rasch mit Führungsmannschaften aus den ARD-Etagen der Alt-Bundesländer besetzt. Erster Intendant wurde der ehemalige BR-Hörfunkdirektor Udo Reiter. Nur auf den unteren Ebenen wurden Mitarbeiter aus der ehemaligen DDR eingestellt.

Gründung des MDR

Für die anderen Bundesländer Mecklenburg-Vorpommern, Brandenburg und Berlin gab es zunächst die Idee, eine Drei-Länder-Anstalt unter Einschluß des SFB zu gründen. Diese Idee zerschlug sich relativ rasch, weitere Varianten wurden durchgespielt. Am Ende entschied sich Mecklenburg-Vorpommern, dem NDR beizutreten, Brandenburg gründete mit dem Ostdeutschen Rundfunk (ORB) eine eigene Landesrundfunkanstalt und Berlin behielt weiterhin seinen SFB, allerdings kam hier der gesamte Teil Ost-Berlins als Einzugsgebiet hinzu. Diese Entwicklung hatte den Nachteil, daß der ORB mit einem Einzugsbereich von etwa 2,1 Millionen Bundesbürgern zu den kleinsten ARD-Anstalten zählt. Auch der SFB ist keine sonderlich große Anstalt mit seinen 3,8 Millionen Zuschauern, zudem gehört er nicht zuletzt aufgrund seiner großen Personalstruktur mit zu denjenigen Anstalten, die im ARD-Finanzausgleich von den anderen ARD-Anstalten mit Zuschüssen unterstützt werden müssen, während der ORB sich am Finanzausgleich nicht beteiligte. Als Gründungsbeauftragter für den Brandenburger Sender wurde der ehemalige WDR-Intendant von Sell berufen, erster Intendant für den Ende 1991 gegründeten Ostdeutschen Rundfunk Brandenburg (ORB) wurde der ehemalige WDR-Mitarbeiter Hansjürgen Rosenbauer.

Gründung des ORB

Der Prozeß des Umbaus erfolgte also im wesentlichen nach westdeutschen Spielregeln: Öffentliche Diskussion vieler Modelle und Vorstellungen bis eine gewisse Ermüdung der Kombattanten erkennbar ist, Modifizierung der in der Debatte erkannten zentralen Schwachstellen, Durchsetzung der schließlich in internen Gremien entwickelten Konzepte auf dem Machtwege. Dagegen ist im Prinzip wenig zu einzuwenden, stand dies zumindest nicht im offenen Widerspruch zum mehrheitlich durch die Wahl vom März 1990 geäußerten politischen Willen der Bevölkerung in den neuen Bundesländern.

Die Spielregeln waren sicherlich nicht allen bekannt und nicht jeder durfte mitspielen. Die Entscheidungen fielen in einer selbst für westdeutsche Verhältnisse extrem kurzen Zeit (verglichen beispielsweise mit der Diskussion vor der Einführung des dualen Systems), so daß sich die ostdeutsche Öffentlichkeit zu Recht überfahren fühlte, weil auch die Spielregeln nicht von ihr definiert wurden.

Doch es ging nicht nur um eine Benachteiligung der neuen Länder. Die Form rundfunkpolitischer Entscheidungsfindung durch lange gesellschaftliche Diskussionen wurde innerhalb des deutschen Einigungsprozesses ausgesetzt. Das Spiel der Kräfte in der öffentlichen Debatte war nachhaltig gestört, auf Balance und Konsens legte man immer weniger Wert. Daß dies auch Folgen für den Rest der Bundesrepublik haben würde, war zu erwarten.

Unterschiedliche Informations- und Kommunikationsstrukturen

Doppelte oder eine neue integrierte Öffentlichkeit

Noch 1997 konstatierte der Kommunikationswissenschaftler Otfried Jarren, daß in Ost- und Westdeutschland »zwei vor allem in ökonomischer Hinsicht strukturähnliche Mediensysteme nebeneinander (existieren), die jedoch nur lose miteinander verkoppelt sind«. Es fehle eine »ostdeutsche Öffentlichkeit«, aber es fehlten auch »Foren für gesellschaftliche politische Akteure zum Diskurs über ost- und west- sowie gesamtdeutsche Ziele und Vorstellungen« und er knüpfte damit an Äußerungen von Dieter Stolte und Hansjürgen Rosenbauer an, die 1995 von einer »doppelten Öffentlichkeit« gesprochen hatten (Jarren 1997). In seiner Darstellung der sieben Jahre nach der Herstellung der deutschen Einheit konstatierte Jarren feststellbare Differenzen in den politischen Öffentlichkeiten zwischen Ost und West zum Ergebnis:

»Dem ›Kommunikationsprojekt deutsche Einheit‹ fehlt noch Struktur und Konzentration. Es ist fraglich, ob mit den bisherigen Formen der Prozeß sozial angemessen bewältigt werden kann. Der realistische Blick auf die Medienwirklichkeit führt dabei dazu, dies im Kern als Zukunftsaufgabe des öffentlich-rechtlichen Rundfunks zu betrachten. Ihm wird diese Aufgabe ja auch – und berechtigterweise – im Prozeß der europäischen Integration zugeschrieben und zuerkannt. Wie die europäische Integration wird auch die deutsche Integration neue Formen und neue Organisationen der Vermittlung und Kommunikation verlangen, denn die Aufgaben können allenfalls partiell von den bestehenden Organisationen wahrgenommen werden.« (Ebd.)

Jarren sieht die Integrationsaufgabe vor allem als eine der politischen Öffentlichkeit, die durch öffentlichen Austausch, durch kontroverse Diskussion zu leisten sei. Es ist jedoch angesichts des Funktionswandels der Mediensysteme in den neunziger Jahren zu überlegen, ob nicht die deutsche Integration auf ganz anderen, vor allem emotionalen und mentalen Ebenen zu leisten ist.

13.3 Programme und Programmformen

Die Veränderung der politischen Rahmenbedingungen führte nicht sofort zu ganz neuen Sendeformen im Fernsehen, sondern diese bildeten sich erst nach und nach heraus. Für die Herausforderungen der deutschen Einheit gab es, obwohl sie vorher im Westen immer wieder in den politischen Reden auftauchte und gefordert wurde, ebensowenig einen Plan wie im Osten, so daß auch das DDR-Fernsehen darauf zuerst hilflos und dann auch nur sehr zögernd reagierte. Journalistische Flexibilität war zudem nicht durch die Programmpraxis eingeübt, die Berichterstattung hatte immer nur auf die Vorgaben aus dem Politbüro, oft sogar ganz konkret auf die Sprachregelungen des ZK-Sekretärs für Agitation und Propaganda, Joachim Hermann, zu reagieren. Mit der Veränderung der Leitungsstrukturen begann sich diese Praxis zu verändern. Dabei ging es weniger darum, ganz neue Programmkonzepte zu entwickeln, als direkt auf die politischen Entwicklungen zu reagieren, das Fernsehen zu einem Forum der gesellschaftlichen Auseinandersetzungen zu machen und nach dem Bedarf der Zuschauer an orientierender Informationsvermittlung neue Formen zu entwickeln.

Veränderungen in der Informationsvermittlung durch den DFF

In den Programmbereichen, in denen die politische Gängelung am stärksten wirksam gewesen war, fielen die Veränderungen als erstes auf. Schon die Rücknahme devoter Haltungen gegenüber DDR-Politikern, die ersten nachhakenden Fragen und ein Sich-nicht-mehr-abspeisen-Lassen signalisierten Veränderungen. Am 18. 10. 89 war Erich Honecker zum Rücktritt gezwungen worden, auch Joachim Hermann mußte gehen. Damit endete die politische Zensur des Fernsehprogramms.

Neue Informationsformen

Eingestellt wurde die langjährige Reihe »Der Schwarze Kanal« mit Karl-Eduard von Schnitzler. Bei den Leipziger Montagsdemonstrationen war Schnitzler der einzige Fernsehjournalist, der persönlich angegriffen und zur Demissionierung aufgefordert wurde. Am Montag, den 30. 10. 89, verabschiedete sich Karl-Eduard von Schnitzler mit einem Statement von fünf Minuten von »seinen« Zuschauern.

Das DDR-Fernsehen konnte neue publizistische Formen entwickeln. Sendungen, die den Informationsbedarf deckten, standen dabei im Vordergrund. Die Nachrichtensendungen begannen sich »zunehmend auf die Probleme im Osten zu konzentrieren und fungierten insofern als Ergänzung zu den von ARD und ZDF angebotenen Informationen« (Mühl-Benninghaus 1993, 2). Statt der Wiederholung der Hauptausgabe der »Aktuellen Kamera« im zweiten Programm des DDR-Fernsehens wurde das Nachrichtenmagazin »AK Zwo« gestartet. Dabei hatte diese Reihe noch der nun für Medienarbeit zuständige ZK-Sekretär Günter Schabowski angeregt. Die Parteiführung glaubte offenbar noch, das Fernsehen als Propagandamittel in der Hand behalten zu können. Die »Aktuelle Kamera« stieß in ihrer Form jedoch weiterhin auf Kritik, so daß der DFF sie am 15. Dezember. 90 durch die Nachrichtensendung »Aktuell« ersetzte (Mühl-Benninghaus 1990).

»Schnitzler, laß das Hetzen sein und kauf nicht mehr im Westen ein!« (Slogan bei den Montagsdemonstrationen)

Als erste Live-Diskussion mit Politikern startete die Reihe »Donnerstags-Gespräch«, in der sich Zuschauer per Telefon an der Studiodiskussion beteiligen konnten. Das war für die DDR neu, daß Politiker in einen Dialog mit dem selbstbewußt gewordenen Volk traten. Fast 50.000 Anrufversuche registrierte die Deutsche Post, etwa 4.000 Anrufer kamen im überlasteten Telefonnetz der DDR zum Adlershofer Studio durch. Die Sendung erreichte auf Anhieb eine Zuschauerbeteiligung von 25,7 Prozent, das waren rund

drei Millionen Zuschauer. Nach siebzig Sendungen fiel am 19.12.91 die Schlußklappe für das »Donnerstags-Gespräch«.

Entscheidend war, daß sich die Politiker in dieser Sendung um eine verständliche Darstellung politischer Entscheidungen bemühen mußten und sich nicht auf Leerformeln politischer Rhetorik zurückziehen konnten. Neben den tatsächlich beantworteten Fragen war hier der Eindruck entscheidend, daß auch Politiker oft keine Antwort wußten. Der Entautorisierungseffekt, den das Fernsehen auf diese Weise erzeugt, trug zum neuen politischen Bewußtsein der Zuschauer bei.

Orientierungsleistungen in den gesellschaftlichen Anpassungsprozessen

Unter Leitung von Axel Kaspar stellten die Zuschauer vor allem nach der deutschen Einigung sehr konkrete Fragen. Daran ließ sich ein wachsender Orientierungsbedarf der Zuschauer erkennen. Dem Fernsehen kam mit solchen Sendungen eine Beratungsfunktion zu. Fragen wie »Bezahlt die Krankenkasse die Perücke, die Vitamintabletten und die Pille?«, »Muß ein Tapetenhändler aus seinem Laden, weil das Haus jetzt einem Wessi gehört?«, »Hat dieser ein Anspruch auf den Laden, wenn er selbst ein Tapetenhändler ist?«, »Muß ein Haus zurückgekauft werden, wenn es in DDR-Zeiten verschenkt wurde?« waren z.B. am 31.1.91 zu beantworten.

Am 6.11.89, zwei Tage nach der Großdemonstration auf dem Alexanderplatz in Berlin ging »Klartext« auf Sendung, eine publizistische Reihe zu aktuellen Themen, die dem Bedürfnis nach problemorientierten Reportagen nachkam und eine Einschaltquote von 30,9 Prozent erreichte. Die erste Reportage konfrontierte die Zuschauer mit dem Verfall der Stadt Leipzig: »Ist Leipzig noch zu retten?« »Klartext« schaltete sich in die politischen Diskussionen ein, griff Probleme auf, die den Menschen auf den Nägeln brannten. Die Magazinsendung wechselte mit Reportagen von 45 Minuten Sendedauer. Auch wenn Themenwahl und Darstellung teilweise spektakulär waren (z.B. wenn vor der Kamera mecklenburgische Bauern Ferkel erschlugen, weil sie sie nicht aufziehen konnten), ging es nicht um Sensationen. An konkreten Beispielen sollten die Widersprüche und Schwierigkeiten der gesellschaftlichen Entwicklung in der DDR gezeigt werden. Gerade diese konkrete Fallschilderung war bis dahin im DDR-Fernsehen unbekannt. Die in der DDR seit Jahren geübte Anonymität des Journalisten, der als Person hinter die Institution des Fernsehens zurückzutreten hatte, wurde aufgegeben. Die Journalisten hatten jetzt selbst Stellung zu beziehen. Auch die Reihe »Klartext« wurde mit dem Ende des DFF eingestellt.

Ab November 1989 kamen auch zahlreiche Sondersendungen und Übertragungen in das Programm des DDR-Fernsehens ebenso wie auch in das ARD- und ZDF-Programm. Die politischen Veränderungen führten dazu, daß die vorgegebenen Programmplanungen oft über den Haufen geworfen wurden. Dies wiederum signalisierte den Zuschauern die Besonderheit der Situation, den ›historischen‹ Augenblick, den sie miterlebten.

Fernsehen als demokratisches Forum

Übertragen wurden 1990 nicht nur besondere Konfliktfälle, Demonstrationen, Erklärungen, sondern auch die Sitzungen des ›Runden Tisches‹, in denen Demokratie ›von unten‹ geübt wurde. Diese Sendungen, die politische Umwälzungen deutlich machten, wurden nach den Volkskammerwahlen im März 1990 weniger, auch die Übertragungen der Sitzungen des ›Runden Tisches‹ fanden nicht mehr statt. Ebenso wurden Diskussionssendungen zunächst noch ins Programm genommen, bald wieder entschärft. »Disput«, ein Streitgespräch von Politikern und Journalisten, seit dem 24.4.90 gesendet, verschwand bald wieder aus dem Programm. »Sams-TALK«, eine streitbare Talkshow mit politisch problembewußten Gesprächen und tabuloser Themenwahl, reduzierte sich zu einer der üblichen Smalltalk-Veranstaltungen und erhielt schließlich neben einem zweiten Moderator aus dem Westen als Entwicklungshelfer für den Ost-Moderator den Optimismus stiftenden Titel »Land in Sicht«. Später wurde der Talkshow zwar beim ORB der alte Name zurückgegeben, vom alten Biß war freilich nichts mehr übrig. Die Sendung wurde nach mehreren Umbenennungen (z. B. in »Babelsberg live«) eingestellt.

Das Magazin »Prisma«, das seit November 1989 wieder live gesendet wurde und seine alte Zuschauerresonanz zurückgewonnen hatte, wurde eingestellt. Nach 18 Jahren beendete auch das »Kulturmagazin« seinen Sendebetrieb. Geblieben ist im Programm des ORB lediglich »Zur Person – Porträts in Frage und Antwort« mit Günter Gaus, das noch von Generalintendant Hans Bentzien initiierte gelungene Remake der erfolgreichen bundesdeutschen Interviewreihe aus den aufklärerischen sechziger Jahren.

Der kurzzeitige Freiraum, den der DFF 1990 genoß, hatte nach einem anfänglichen Zögern dazu geführt, daß in das Programm auch freizügigkritische Sendungen aufgenommen wurden, die das Fernsehen zu einem Forum machten, auf dem offen politische Kontroversen ausgetragen wurden. Diese Offenheit war aber nicht immer erwünscht. Nach den Volkskammerwahlen gab es aber für die politische Meinungsfindung ein legitimiertes politisches Forum, so daß das Fernsehen diese zeitweilig übernommene Aufgabe wieder abzugeben hatte. Das Fernsehprogramm sollte nach den Erwartungen der neuen Regierung 1990/91 wieder stärker den Eindruck demokratischer Normalität vermitteln.

Der Jugendsendung »Elf 99« gelang es im Herbst 1989, sich an die Spitze der Bewegung zur Veränderung des DDR-Fernsehens zu setzen. Die Jugendsendung und ihre ›Macher‹ hatten die ›politische Unschuld‹ auf ihrer Seite. Sie hatten bis dahin noch nicht die Gelegenheit gehabt, sich wie die meisten ihrer älteren Kollegen für die DDR-Regierungspolitik prostituieren zu müssen. »Elf 99« war zum rechten Zeitpunkt in das DDR-Fernsehprogramm gekommen, um im Herbst 1989 zum Vorreiter eines kritischen Journalismus in der aufmüpfigen DDR zu werden. Die Jugendsendung änderte ihr Profil, ohne sich vordergründig einer neuen Zielgruppe zuzuwenden. Die Zuschauer strömten vielmehr der Sendung zu. Der lockere Ton der Moderation war geeignet, zunächst einmal den Eindruck von etwas Neuem in dem ansonsten protokollarisch streng reglementierten Hofzeremoniell der Nachrichtengebung des DDR-Fernsehens zu wecken. Für die jungen Redakteure der Sendung war der politische Wandel die Chance, ihren Traum vom Journalismus als der vierten Macht im Staat zu verwirklichen.

Aufmüpfige Jugendsendungen

Die Redaktion lud z. B. den DDR-Gewerkschaftschef Harry Tisch ins Studio und ließ es zu, daß die Anwesenden ihn mit ihren Fragen demontierten. Die jungen Reporter fuhren in das Politbüro-Dorf Wandlitz und zeigten den Zuschauern die nicht sonderlich prunkvollen Häuser der Mächtigen, in denen diese von der Öffentlichkeit isoliert lebten. Sie interviewten ZK-Sekretär Hager bei einem Waldspaziergang, und der gerade entmachtete Funktionär sprach von Wandlitz als einem ›Ghetto‹ – kurz, in »Elf 99« wurde öffentlich ausgesprochen, was bisher nur hinter vorgehaltener Hand gewispert worden war.

Selbstbewußtes Nachfragen

»Elf 99«, die Jugendsendung, die noch mit SED-Kurs gegründet worden war, wurde zum Flaggschiff eines neuen Journalismus in der DDR, frech, disziplinlos, auf Antworten drängend, problembewußt, was bald auch bundesdeutsche Politiker zu spüren bekamen, wie z. B. Bundesfinanzminister Waigel, der ein Interview mit einem Reporter von »Elf 99« fassungslos abbrach, als seine routinierten Antworten nicht einfach hingenommen, sondern kritisch hinterfragt wurden.

Nach dem Ende des DDR-Fernsehens 1990 wurde »Elf 99« von RTL plus übernommen. Der Sender hatte dafür sogar auf ein Regionalfenster für Berlin verzichtet. Die Sendung veränderte dafür wiederum ihr Profil. Der offensive aktuelle Journalismus wurde eingestellt, statt dessen kamen ausschließlich ›Jugendthemen‹ wie Musik und Mode zur Sprache, die Kurzreportagen waren ohne Biß, die Studiogespräche mit ›Prominenten‹ unentschieden. Die jungen Zuschauer wandten sich von der Sendung ab. Für kurze Zeit wurde sie noch unter dem Namen »Saturday« von Vox übernommen, doch auch für diesen Sender ›rechnete‹ sich die Jugendsendung nicht. So wurde sie schließlich ganz eingestellt.

Versäumnisse der Berichterstattung durch ARD und ZDF?

Große Ernüchterung über die Wende

Anfang 1993 kam es zu einer Auseinandersetzung über mögliche Versäumnisse der Berichterstattung durch ARD und ZDF. Nach einer Zeit der Euphorie 1989 und 1990 hatte eine große Ernüchterung über die Wende und die Folgen der deutschen Einheit eingesetzt. Der Fernsehkritiker und Medienwissenschaftler Wolfgang Mühl-Benninghaus beklagte, daß die öffentlich-rechtlichen Anstalten in den Hauptnachrichten und in den politischen Magazinen in ihrer Berichterstattung über den Osten das »Bild einer problematischen Region« gezeichnet hätten, »in die Milliarden Steuergelder flossen und fließen«. Sie hätten nur über »lahmgelegte Betriebe, marode Häuser und nörgelnde Menschen« informiert, »von den Kämpfen der Belegschaften verschiedenster Betriebe um den Erhalt von Arbeitsplätzen wurde ebensowenig berichtet wie vom Niedergang ganzer Wirtschaftszweige oder Regionen« (Mühl-Benninghaus 1993, 3). Man sei auch zu sehr von den westlichen Sichtweisen ausgegangen, habe pauschale Verurteilungen geboten und zu wenig Hintergrundinformationen geliefert. Zudem habe sich das Fernsehen nicht auf das andere »Verstehensniveau« eingestellt, habe zur Legendenbildung beigetragen und überhaupt immer stärker ein Desinteresse an den östlichen Problemen gezeigt. Das Fernsehen habe dadurch den Menschen in den großen Veränderungsprozessen, die ihren Alltag völlig neu strukturiert hatten, keine Orientierungshilfe geboten und sie damit »ihrer Alltagskompetenz beraubt« (ebd., 8).

Verfehlte Informationspolitik?

Der ZDF-Intendant Dieter Stolte wies die Kritik von Mühl-Benninghaus zurück. Gerade die öffentlich-rechtlichen Programme hätten sich in besonderer Weise um die Belange des Ostens gekümmert, ganz im Gegensatz die kommerziellen Anbieter, die dies nicht taten und weitaus höhere Einschaltquoten erreichten als die öffentlich-rechtlichen Programme. Es sei in Ostdeutschland eine verstärkte Nutzung des Fernsehens als Unterhaltungs- und Escape-Angebot festzustellen. Diese habe aber sicherlich mehrere Ursachen, nicht zuletzt die Fortdauer der Einigungsprobleme, der wachsenden sozialen Unsicherheit etc., und diese Ursachen seien auch durch das Fernsehen nicht zu beseitigen (Stolte 1993).

An der Kontroverse, die ihre Ursache letztlich darin hat, daß die öffentlich-rechtlichen Programme ab 1992/93 in den neuen Bundesländern weniger genutzt wurden als in den alten, ist vor allem bemerkenswert, daß die einfache Gleichsetzung von Informationsabgabe durch die Sendeanstalten und das Gefühl bei den Zuschauern, über alles Wichtige informiert zu sein, offenbar nicht mehr stimmte. In der Art und Weise, wie das Fernsehen nach

»Der scharfe Kanal«, 1990

der deutschen Einheit eingeschätzt und genutzt wurde, traten neue Verschiebungen auf (vgl. Kap. 13.4).

Das Ende der DDR-Unterhaltung

In der Zeit zwischen 1989 und 1992 entwickelte der DFF keine neuen Formen der Fernsehunterhaltung, dazu war das allgemeine Interesse zu sehr auf wichtigere politische Neubestimmungen ausgerichtet. Zwar kamen mit »Regenbogen« und »Hätten Sie's gewußt?« einige neue Sendungen ins Programm, aber es waren Formen, die sich stark an den westlichen Unterhaltungssendungen orientierten. Die Fernsehunterhaltung wurde jedoch in ihren Inhalten politischer. »Der scharfe Kanal«, eine Kabarettsendung mit dem Ostberliner Kabarettheater »Die Distel«, kam Silvester 1989 erstmals ins Programm. Mit dieser Sendung war nach Jahren der Verweigerung wieder politische Satire im DDR-Fernsehen zu sehen, denn nach dem Eklat um die ›Drei Dialektiker‹ in der Sendereihe »Da lacht der Bär« in den siebziger Jahren war das Lachen über innenpolitische Probleme aus dem Fernsehen verbannt worden (vgl. Kap. 11.3).

In den zwei Jahren, die dem »Scharfen Kanal« (der Namenspate war unüberhörbar Schnitzlers »Schwarzer Kanal«) im DFF-Programm vergönnt waren, wurden die Pointen bitterer und boshafter. Kabarett hatte wieder eine politische Funktion im Fernsehen und hat sie im Ostdeutschen Rundfunk Brandenburg (ORB) auch behalten, denn der Sender mit Standort in Potsdam-Babelsberg übernahm auch in der Folgezeit die Programme der Berliner Kabarettisten regelmäßig.

In den eingeführten Unterhaltungssendungen kam es zu kleineren Veränderungen. Da nun direkte Kontakte zu westlichen Entertainern keine Probleme mehr darstellten, kam es zu einem Austausch, Schlagerstars aus dem Osten fanden in den Programmen kaum noch Platz, »an ihre Stelle traten die großen Stars aus dem Westen« (Mühl-Benninghaus 1993, 3). Damit begann die Fernsehunterhaltung des DFF aber auch ihre Spezifik einzubüßen.

Abbau der DDR-Fernsehstars

Die Fortführung der tradierten Unterhaltungssendungen im DFF warf jedoch spätestens Ende 1991 mit dem Beginn der Programmtätigkeit von MDR und ORB die Frage auf, ob und wenn ja welche Sendereihen von den neuen Landesrundfunkanstalten übernommen und ob sie von diesen in den Dritten Programmen (MDR 3, ORB 3) oder als Leistungen für das ARD-Programm eingebracht wurden, an dem sich nun auch der MDR und der ORB beteiligten.

Aus der Fernsehunterhaltung des DFF wurde für kurze Zeit »Ein Kessel Buntes« ins ARD-Programm übernommen, an die westlichen Unterhaltungsstandards angeglichen (ständiger Moderator und Anbindung an eine Wohltätigkeitslotterie), doch bald danach eingestellt. Erhalten haben sich im Programm des MDR, wenn auch handzahm gemacht, »Außenseiter – Spitzenreiter« und die Quiz-Show »Schätzen Sie mal« (vgl. Bleicher 1992).

Insgesamt blieb jedoch von den Unterhaltungssendungen des DDR-Fernsehen wenig übrig, selbst so spektakuläre und aufwendige Sendungen wie »Ein Kessel Buntes« mußten sich den Standards der westlichen Sendungen anpassen, und wo sie dies taten, verloren sie ihren spezifischen Charakter, der sie bei den Bürgern der neuen Bundesländer so populär gemacht hatte.

Fernsehfilm und Fernsehspiel

Überraschenderweise erlebte in den Jahren 1990 und 1991 der Fernsehfilm einen ganz ungeahnten Aufschwung (vgl. Hickethier 1993b). Waren Fernsehspiel und Fernsehfilm lange Zeit das ›Flaggschiff‹ des DDR-Fernsehens gewesen, schien es in den achtziger Jahren eher abgewirtschaftet zu haben, so erfreute es sich jetzt neuer Zuwendung. In der künstlerischen Form ließen sich offenbar die Gefühle und Sichtweisen des Neuen ebenso wie Melancholie und Wut über das Untergehende leichter formulieren. Auch schien hier die Hoffnung auf ein Zusammengehen mit dem Fernsehspiel der bundesdeutschen Anstalten stärker ausgeprägt. WDR-Fernsehspielchef Gunther Witte hatte 1991 von der gegenseitigen Befruchtung der verschiedenen Fernsehspieltraditionen und einem »neudeutschen Fernsehspiel« gesprochen (Witte 1991); Heinz Ungureit jedoch von den »anderen Erzähltraditionen« der DDR-Fernsehdramatik, die auch nach der Einheit »nicht einfach zu negieren« seien (Ungureit 1991, 122).

Hoffnung auf neue Formen

Aus der Synthese der verschiedenen Fernsehspieltraditionen hatte sich etwas Gemeinsames nicht ergeben (Witte 1997). Abgesehen von einigen gemeinsamen Unternehmungen – z.B. die »Tatort«-»Polizeiruf«-Gemeinschaftsproduktion »Unter Brüdern« (1990) oder die ZDF/Defa-Koproduktion von Rainer Simons Film »Die Besteigung des Chimborazo« (ZDF 1991) – war die Dynamik der Entwicklung für die dazu eher langsame Fernsehfilmproduktion mit Produktionszeiten von etwa zwei Jahren viel zu schnell als daß sich hier eine eigenständige Entwicklung hätte ergeben können. Heinz Ungureit formulierte es 1991:

»Der Bildschirm hat im Jahr 1990 so viele packende Realdramen gezeigt, daß es die ›Dichter‹ schwer hatten zu folgen. Aber der Schwung der Gefühle angesichts solch phantasievoller Wirklichkeit weicht mehr und mehr dem Alltag der Brüche und Umbrüche, der Dramen eigener Art enthält.« (Ungureit 1991, 122)

Dabei konnte auf unterschiedlichen Traditionen aufgebaut werden. Im Fernsehfilm der DDR hatte das Ost-West-Genre vor allem im Kundschafterfilm und im Kriminalfilm (»Polizeiruf 110«) seinen Platz gefunden, im bundesdeutschen Fernsehspiel war es dagegen durch Komödien vertreten

(Peter Schneiders »Der Mann auf der Mauer«, ZDF 1984; Hartmut Jahns »Transitträume«, ZDF 1986; Herbert Ballmanns »Einmal Kudamm und zurück«, ZDF 1987). Deutsche Einigungsgeschichten im Fernsehfilm wurden nun auf beiden Seiten gedreht. Die Verwechslungskomödie »Schulz und Schulz« (ZDF 10. 12. 89) von Krystian Martinek und Neidthardt Riedel, rechtzeitig zur Öffnung der Mauer fertiggestellt, wurde einfach mit drei weiteren Folgen fortgeschrieben, nicht zuletzt weil sich die deutsch-deutschen Verhältnisse an der Doppelrolle von Götz George exemplarisch vorführen ließen.

Herbert Lichtenfelds zweiteiliger Film »Marx & Coca Cola« (ZDF 1991) zeigt, wie gerade der fiktionale Fernsehfilm die Möglichkeit hat, die politischen Umbrüche mit ihren Folgen in den zwischenmenschlichen Beziehungen darzustellen. Dabei sind es häufig die Beziehungen zwischen Mann und Frau, an denen die Beziehungen zwischen Ost und West gezeigt, mentale Differenzen anschaulich gemacht und unterschiedliche Wertsetzungen in ihren Folgen für das Miteinander demonstriert werden. Dem fiktionalen Fernsehfilm wurde hier – und dies sowohl im Osten als auch im Westen – die Aufgabe zugeschoben, die subjektiven Folgen von Teilung und neuer Einheit zu vermitteln und bei den Zuschauern zu ›bearbeiten‹.

Ost-West-als Thema im Fernsehspiel

Es sind oft symbolisch überhöhte Geschichten, in denen die deutsch-deutschen Auseinandersetzungen gezeigt werden. In Bodo Fürneisens »Scheusal« (MDR 1992) geht es um die verlogenen Verhältnisse in einer Familie, die gleich für die ganze DDR stehen kann; in Gerhard Bengschs Film »Dornberger« (HR 1992) geht es um eine Ehe, die mit dem Ende der DDR auch auseinanderbricht, ebenso ist auch in Klaus Poches und Frank Beyers zweiteiligem Film »Sie und Er« (WDR 1992) die Ehe eine Metapher. Illusionslos wird das Zusammenleben betrachtet, Ernüchterung kennzeichnet den Blick auf die Verhältnisse auch in Richard Engels Film »Letzte Liebe« (DFF-Länderkette 1991), und in Bodo Fürneisens »Der Rest, der bleibt« (SWF/DFF 1991) dient die Ehe als Metapher für die DDR. In Heiner Carows »Begräbnis einer Gräfin« (NDR 1992) wird eine Leiche zwischen Ost und West zum Streitobjekt.

Die Konflikte der ehemaligen DDR-Bürger im Westen (»Ehe auf Zeit«, ZDF 1991), der Westbürger im Osten (»Struppi und Wolff« ZDF 1992, »Ein Bayer auf Rügen«, SAT.1 1992) wurden durch Darstellungen der Veränderungen in den neuen Bundesländern ergänzt. »Stilles Land« (SWF/MDR 1992) von Andreas Dresen, »Verlorene Landschaft« von Andreas Kleinert, »Landschaft mit Dornen« (ORB 1992) von Uwe Saeger und Bernd Böhlich zeigten schon eine melancholische Stimmung über den Untergang der DDR an.

Aber es wurden auch die Ängste und Bedrohungen zum Thema gemacht, wurden die Stasi-Bespitzelungen und die politischen Pressionen dargestellt. In »Geheimakte Lenz« (ZDF 1992) von Krystian Martinek und Neidthardt Riedel wird ebenso wie in André Hennickes Film »Im Sog der Angst« (SFB/WDR 1992) noch das Genre der Agentengeschichte bedient. Es war offenbar schwer, aus den tradierten Konventionen so schnell herauszukommen. Komödiantisch angelegt auch Peter Wekwerths »Das Trio« (MDR 1992), »Taxi nach Rathenow« (ZDF 1992) von Krystian Martinek und Neidthardt Riedel, »Unser Haus« (ZDF 1991) von Detlef Müller, »Tandem« (ZDF 1992) von Bernd Schirmer. Zu den Stasi-Geschichten gehört auch die eher komödiantische Variante von Stephan Meyer: »Der Aurikel-Komplott« (WDR 1987), in der ein Stasi-Romeo eine Westsekretärin verführt. Unerbittlich und anklagend war dagegen Ulrich Plenzdorfs Film »Hüpf,

»Hüpf, Häschen hüpf«,
1991

Häschen, hüpf« (DFF 1991) über die Übergriffe des Staatssicherheitsdienstes und der Volkspolizei im Oktober 1989.

Mit dem Aufbau der neuen Landesrundfunkanstalten reduzierte sich jedoch die Zahl der neu produzierten Fernsehfilme, ORB und MDR konnten nicht mehr so viel Geld in die Fiktionsproduktion stecken wie der DFF. Die tagesbezogene Publizistik, der Aufbau der verschiedenen Hörfunkprogramme sowie eines eigenständigen Dritten Fernsehprogramms setzten andere Schwerpunkte. Die Eigenheiten des DDR-Fernsehfilms, eine dramaturgische Ausgefeiltheit der Handlungen, schauspielerische Differenziertheit und eine gewisse Langsamkeit in der Darstellung fielen den allgemeinen Veränderungen der Standards zum Opfer. Die ab Anfang der neunziger Jahre von kommerziellen Programmanbietern wie RTL, SAT.1 und später Pro Sieben und RTL2 produzierten TV-Movies veränderten das Genre nachhaltig (vgl. Hickethier 1997a).

13.4 Veränderungen in der Rezeption

Mediale Teilhabe an der deutschen Einigung

Auch wenn die Konstitution des Fernsehens in der Zeit der ›Wende‹ umstritten war, hatte sich doch im Prozeß der deutschen Einheit gezeigt, welche gesellschaftlich zentrale Bedeutung es immer noch besaß. Es war der Ort, an dem sich die oft überstürzenden Ereignisse einem breiten Publikum vermittelten, es zeigte diese Ereignisse oft zeitgleich und erweckte durch die Art der Berichterstattung und ihre medialen Bedingungen den Eindruck unbeeinflußter Teilnahme sowie direkter und unmittelbarer Begegnung mit dem Geschehen. Der Aspekt des medialen »Dabeiseins« bei den politischen Veränderungen gewann hier eine neue Qualität und es schien als habe das Fernsehen als gesellschaftliches Integrationsmedium neue Bedeutung gewonnen.

Verlusterfahrungen

Gleichwohl gab es beträchtliche Irritationen. Obwohl das Westfernsehen schon vor 1989 viel genutzt worden war, hatte es ungewollt ein Bild von der Bundesrepublik entstehen lassen, das nicht mit der Realität übereinstimmte. Die DDR-Bürger hatten offensichtlich kritische Berichte über die Bundesrepublik nicht wahrgenommen oder als Propaganda aufgefaßt und verdrängt und ein Wunschbild der anderen Republik entstehen lassen. Nach dem Ende der ersten Vereinigungseuphorie traten nun um so deutlicher die Widersprüche zutage, wurden im radikalen politischen und wirtschaftlichen Umwälzungsprozeß die Risiken der anderen gesellschaftlichen Ordnung sichtbar. Auf den strukturellen Umbau, der vielen ehemaligen DDR-Bürgern auch soziale Opfer abverlangte, waren sie nicht vorbereitet, hatten sie so auch nicht erwartet.

Die »blühenden Landschaften«, die der Bundeskanzler den Ostdeutschen versprach, waren nicht für alle vorgesehen. Allein zwischen 1989 und 1992 gingen in Ostdeutschland 34 Prozent der Arbeitsplätze verloren, ihre Zahl reduzierte sich von 9,3 Mio. auf 6,4 Mio. (Kocka 1995, 142). Nur durch einen massiven Geldtransfer wurde eine breite Verarmung der Bevölkerung verhindert. Eine tiefgreifende Verunsicherung der Bevölkerung konnte damit jedoch nicht verhindert werden. Mehr als die Hälfte der Bevölkerung hat seit 1990 den Beruf oder das Beschäftigungsverhältnis gewechselt, soziale Mobilität wurde zur neuen Lebenserfahrung. Gleichzeitig fand eine »Erfahrungsentwertung« statt: Die in der DDR erlernten Kenntnisse und Praktiken taugten plötzlich nichts mehr, eine »posttotalitäre Melancholie« (Schröder 1997, 3) war das Ergebnis. Daß ab 1992/93 die weltweiten Umstrukturierungsprozesse auch in Deutschland wieder stärker bemerkt wurden, verschärfte die Konflikte noch.

Verunsicherung als neue Erfahrung

Hinzu kam, daß in dieser Zeit eines verstärkten Anpassungsbedarfs an gesellschaftliche Entwicklungen das Fernsehen als zentrales Instrument der Begleitung und Synchronisation sozialen Wandels selbst umstrukturiert wurde. Die Beseitigung des DFF (der »Einrichtung«) und der Aufbau der neuen Landesrundfunkanstalten mit neuen Programmen führte erst einmal dazu, daß vertraute Formen der medialen Kommunikation verschwanden und die neuen gewöhnungsbedürftig waren. Den weiterhin ausgestrahlten öffentlich-rechtlichen Programme ARD und ZDF trat man nun etwas distanzierter gegenüber, hatte sich doch gezeigt, daß ihre Bilder offenbar nicht die ganze Wirklichkeit wiedergaben.

Unzureichende Synchronisation der Individuen mit dem sozialen Wandel

Außerdem waren die neuen Landesrundfunkanstalten in der ersten Zeit im ARD-Programm nur schwach vertreten, ebenso auch die Landesstudios des ZDF im ZDF-Programm, so daß beide Programme noch nicht als die ›eigenen‹, sondern immer noch als die des Westens verstanden wurden. Da schien es dann doch von vornherein einfacher, ganz auf die Medienfluchträume und Traumwelten zu setzen, die die kommerziellen Anbieter mit ihren vor allem amerikanisch geprägten Serienwelten und Kinofilmangeboten offerierten.

Deutlich ergaben sich daraus jedoch auch Konsequenzen für die allgemeine Einschätzung der Funktionen des Mediums. Hörfunk und Fernsehen leisteten – als auf Kontinuität angelegte Institutionen, die Teil unserer Umwelt sind und diese durch zusätzliche Medienumwelten ergänzen – Vermittlungsarbeit zwischen dem Gestern und dem Heute. In ihren Programmformen bewahren sie Traditionen auf, stiften damit auch Vertrautheit, geben durch das Fortbestehen der Formen eine gewisse strukturelle Sicherheit in der Orientierung der Welt.

Ihre Beseitigung mag politischem oder wirtschaftlichem Kalkül entsprechen, doch sind die Folgen nicht kurzfristig zu sehen und stellen sich oft ›hinter dem Rücken‹ der Beteiligten, also in den dispositiven Strukturen der Medien ein. Der wirkliche Verlust, den der Wegfall der vertrauten Programme und ihrer Formen für Menschen bedeutet, die über Jahrzehnte mit ihnen – trotz aller Abwehr und Kritik – gelebt haben, wirkt sich langfristig aus. Wenn noch Ende der neunziger Jahre von den tiefgreifenden Unterschieden zwischen Ost und West die Rede ist, liegt das auch daran, daß die Medien zumindest als langfristige Integrationsinstrumente versagt haben.

Dabei zeigt sich, daß Integration auf zwei Ebenen betrieben werden kann: zum einen dadurch, daß das jeweils Fremde thematisiert wird, ihm dadurch das Fremde genommen wird und die Differenzen gemindert und reduziert werden sowie traumatische Erfahrungen langfristig bearbeitet werden. Integrationsarbeit leisteten die Sendungen, die sich mit Problemen im Osten auseinandersetzten und umgekehrt von den Anpassungsproblemen im Westen berichteten. Integration wurde auch dort betrieben, wo sich Leute erregten und Fernsehfiguren die Nation in verschiedene Lager teilten: Wolfgang Menges Serie »Motzki« (mit Jürgen Holtz als Titelfigur und Jutta Lampe) vom WDR (1992) formulierte die herrschenden Vorurteile und spießte sie zugleich durch ihre starke Überzeichnung auf. Auch die Nachfolgeserie des MDR »Trotzki« (mit Heinz Rennhack u.a., 1993) zielte wie auch andere Serien (z.B. auch die zweite Staffel von »Unser Lehrer Dr. Specht«, ZDF) auf solche Thematisierungsfunktion des Differenten.

Zum anderen kann es zu Integrationseffekten kommen, indem sich die unterschiedlichen sozialen Gruppen und Milieus über ein Drittes gemeinsam verständigen, durch Erlebnisse, Stimulantien, Erregungen Gemeinsamkeiten entdecken und erleben. Gerade das gemeinsam erfahrene Ereignis kann die Unterschiede vergessen machen, sei es z.B. das wochenlange Berichten mit den anschließenden Solidaritätsbezeugungen bei den Überschwemmungen der Oder im Sommer 1997 oder der Akt der Massentrauer beim Tod der britischen Prinzessin Diana nur wenig später.

> »Von deutsch-deutscher Integration wird erst dann zu reden sein, wenn der Westen den 68er NVA-Einmarsch in die Tschechoslowakei ebenso zur deutschen Geschichte adoptiert wie der Osten seit jeher die bundesdeutschen Fußball-Weltmeisterschaftstitel«. (Dieckmann 1991, 4)

Das Sichtbarwerden der Mentalitätsdifferenzen

Zu den Besonderheiten der Fernsehrezeption zwischen 1989 und 1992 gehört es, daß mit dem Ende des alten DDR-Fernsehens bei den Bürgern der neuen Bundesländer die Beliebtheit der DFF-Programme stark anstieg und die vorher führenden Programme von ARD und ZDF überrundete. Als das Programm, das sich der Probleme der neuen Bundesländer besonders annahm, das aus diesen Ländern heraus und nicht über sie gemacht wurde, fand das DFF-Programm wachsenden Zuspruch. Holm Freier, Chefredakteur des DFF, sah die besondere Programmaufgabe des DFF in der »speziellen Lebenshilfe von Ostdeutschen für Ostdeutsche« (Freier 1990), die von den Zuschauern, nachdem der grundsätzliche politische Entscheidungsdruck über die deutsche Einigung genommen war, als besondere Programmleistung anerkannt wurde.

Es lag nahe, darin ein Festhalten an einer offenbar doch vorhandenen, bislang wenig bewußten Identität zu sehen, die viele der neuen Bundesbürger durch die »Landnahme« der Alt-Bundesdeutschen massiv bedroht sahen. Zwar hatte es schon in den achtziger Jahren immer wieder eine Diskussion in Ost und West darüber gegeben, ob es zwei deutsche Identitäten, zwei Literaturen, zwei Kulturen etc. gab, doch war diese Diskussion immer ein wenig akademisch geblieben, weil sich daraus keine konkreten

Probleme ergaben. Nun stellte sich jedoch heraus, daß es zumindest unterschiedliche Mentalitäten gab, die in den Jahrzehnten nach dem Krieg entstanden waren.

Mit dem »Kollaps« der DDR-Medien, so der Ostberliner Publizist Christoph Dieckmann, »verlor das Land die Stimme« (Dieckmann 1991, 4). Im DFF hätten sich, bei aller Kritik an ihm, große Teile der Bevölkerung in den Jahren 1989 und 1990 wiedererkannt und direkt angesprochen gefühlt. Sie empfanden das DFF-Programm als von Leuten gemacht, die den gleichen Hintergrund, die gleiche Herkunft, das gleiche Lebensgefühl und das gleiche Schicksal wie sie, die Zuschauer, selbst hatten. Diesen Eindruck hatte man von den Programmen der neuen Landesrundfunkanstalten noch nicht, da vor allem ihre Führungskräfte (beim MDR stärker als beim ORB, bei dem Christoph Singelnstein und Michael Albrecht auf Direktorenebene arbeiteten) mehrheitlich aus dem Westen kamen. Mit dem Neujahrstag begann für die ehemaligen Bürger der DDR, so sah es auch der NDR-Intendant Jobst Plog, »kein schönes neues Medienzeitalter«, »sondern eine Art Schocktherapie«:

Verlust tradierter medialer Orientierungssysteme

»Dennoch erschraken nun viele nach dem Motto: Obwohl wir hier geblieben sind, obwohl wir nicht ausgereist sind, leben wir de facto im Westen. Wir sind nicht in den Westen gegangen, er ist zu uns gekommen. Je nach Temperament war plötzlich, kurz nach der staatlichen Einheit, von Invasoren die Rede, von Kolonisatoren, die den Äther besetzten, und nach stone-washed Jeans, Soft-Eis und Hasselhoff-CDs nun auch noch fremde Sendungen, fremde Moderatoren, ein fremdes Lebensgefühl ins Land zwischen Schwerin und Stralsund, zwischen Kap Arkona und Kamminke brachten.« (Plog 1993, 5 f.)

Dieser Einschätzung versuchten beide Sender vor allem in ihren Dritten Programmen zu begnen, in dem sie zum einen erfolgreiche Sendereihen des DFF übernahmen (und dabei oft auch veränderten). Die versuchte Abschaffung des »Sandmännchens« wurde, gerade weil es als Programmform relativ unbedeutend war, zum Symbol für die Zerschlagung der vertrauten Programmformen angesehen. Aber auch »Ein Kessel Buntes«, »Showkolade« und andere Sendereihen blieben nur noch kurzfristig im Programm. Eine weitere Strategie bestand in der Wiederholung von Fernsehspielen und Fernsehfilmen, für die eigene Wiederholungsplätze geschaffen wurden. Damit ergab sich die paradoxe Situation, daß diese Fernsehfilme nun als Dokumente einer vergangenen Zeit genommen wurden und ein Publikum fanden, das in ihnen die nun untergehenden mentalen Dispositionen wiederfinden wollte.

Diese mentalen Differenzen, auch als »Mauer im Kopf« diskutiert, wurden zu einem ständigen Thema in der öffentlichen Diskussion. Die Differenz wurde vor allem darin gesehen, daß die DDR-Gesellschaft die kulturellen Umbrüche, wie sie Ende der sechziger Jahre in der Bundesrepublik stattgefunden hatten und zu einer grundlegenden Veränderung von Alltagsstrukturen geführt hatten, nicht mitgemacht hatte. Die daraus entstandenen Differenzen in den Verhaltensweisen, Wertsetzungen, Anschauungen waren durch vielfältige Gewohnheiten im Alltag mitbestimmt und waren zugleich Ausdruck dafür, daß hier ein entwickelter Kapitalismus mit seinen Lebenskulturen auf eine anders strukturierte Gesellschaft traf. Die altbundesdeutsche Mentalität war mit ihren Freisetzungen in bestimmen Lebensgewohnheiten nicht nur ein Relikt der Studentenbewegung, sondern eben auch ein Ergebnis von Modernisierungsprozessen.

»Mauer im Kopf«

Das Frappante an dieser Differenz, die für Ostdeutschland auch durch eine kollektive psychische Erfahrung (Maaz 1990) erklärt wurde, lag jedoch daran, daß es die Medien, insbesondere das Fernsehen, nicht geschafft hatten, diese Differenzen auszugleichen und eine einheitliche Mentalität zu stiften. Damit relativiert sich auch die Bedeutung der Medien, oder doch zumindest ihr kurzfristiges Wirkungspotential.

Langfristige Integrationsaufgaben des Fernsehens

Die nun sichtbar gewordenen Mentalitätsunterschiede begannen sich ab 1993/94 dennoch in einer nicht erwarteten Weise zu nivellieren. Die in dieser Übergangszeit entstandenen Ängste gegenüber den gesellschaftlichen Veränderungen blieben nicht auf Ostdeutschland begrenzt, sondern begannen sich ab Mitte der neunziger Jahre auch im Westen breit zu machen, als sich hier breite Bevölkerungsschichten der Kosten der deutschen Einheit bewußt wurden, die sozialen Lasten anstiegen und auch die Arbeitslosigkeit weiterhin zunahm. Als »Übergangssyndrom« hat der Historiker Christian Meier schon 1990 diese Angstmischung benannt, und sie als eine bezeichnet, »die man vor dem großen Sprung empfindet« (Meier 1990, 89). Doch der »große Sprung« ist bis Ende der neunziger Jahre nicht erfolgt, weil die Konfliktlinien sich ständig neu überlagerten, so daß eine wirklich neue Perspektive nicht entwickelt wurde.

14. Am Ende einer Epoche – Vom analogen zum digitalen Fernsehen in Deutschland Ende der neunziger Jahre

Am Ende des Jahrhunderts mehren sich im kulturellen Diskurs die Stimmen, die die Jahrtausendwende als einen Epochenwechsel begreifen und die Gesellschaft in einem tiefgreifenden Umbruch sehen. Als Indizien gelten dafür allgemeine ökonomische und soziale Veränderungen: Globalisierung und Internationalisierung führen zu starken Verwerfungen in den gesellschaftlichen Ordnungen, die Bedeutung der Arbeit verändert sich, die sozialen Sicherungssysteme werden in Frage gestellt. Gleichzeitig entsteht, zumindest in Deutschland, der Eindruck von Stagnation und Unbeweglichkeit in den politischen Systemen.

Der Endzeitstimmung innerhalb der kulturellen Diskussion dienen die Medien als Paradigma: Das »Ende der Gutenberg-Galaxis« (Bolz 1993) und der Beginn des »Universums der technischen Bilder« (Flusser 1989) markierten, so heißt es, die Epochenzäsur; der Wechsel werde durch Medien bestimmt, Film, Fernsehen, Radio und Computer würden zu einem neuen Medium der »Audiovision« (Zielinski 1989) verschmelzen. Nach den Epochen des oralen, chirographischen und typographischen Denkens trete man jetzt in eine des elektronischen Denkens (Wenzel 1995) ein. Für diese und viele ähnliche Prognosen gilt die Digitalisierung als Kriterium der Epochenschwelle, und sie zeichnen sich alle dadurch aus, daß sie den Medienwechsel selbst zum prägenden historischen Kriterium machen und damit die Paradigmen der politischen und sozialen Geschichte durch die der medienbestimmten Geschichte ersetzen.

Medien als Paradigma

Auch für das Fernsehen wird der Wechsel von der analogen zur digitalen Technik zu dem entscheidenden, alles neu definierenden Kriterium, das eine tiefgreifende Zäsur in der Fernsehgeschichte verheißt. Bei aller gebotenen Skepsis gegenüber solchen Prognosen soll im letzten Abschnitt der Geschichte des deutschen Fernsehens diesen tiefgreifenden Veränderungen nachgegangen werden, wobei versucht wird zu zeigen, daß mehrere Entwicklungen der Fernsehgeschichte zusammentreffen und den Eindruck eines tiefgreifenden Wandels erzeugen. Nicht nur der Wechsel von analogen zu digitalen Techniken führt zu Veränderungen, sondern auch die wachsende Dominanz der privatrechtlichen gegenüber den öffentlich-rechtlichen Programmanbietern. Weiterhin tragen auch Umgewichtungen in den Programmen und Veränderungen in den Erscheinungsformen sowie in den Funktionen des Fernsehens zu diesem Wandel bei: Diese Entwicklungen setzen in der Regel bereits Ende der achtziger Jahre ein und treten in der zweiten Hälfte der neunziger Jahre besonders deutlich hervor (Schatz 1996).

Zäsur in der Fernsehgeschichte

Kennzeichen der Zeit vor der Jahrtausendwende ist die Widersprüchlichkeit der Phänomene, häufig sogar die Beobachtung paradoxer Konstellationen. Dies mag jedoch auch damit zu tun haben, daß sich für die Gegenwart noch keine Deutung wie bei zurückliegenden Phasen der Zeitgeschichte durchgesetzt hat, die dann gegenläufige Tendenzen marginalisiert.

»Fernsehen als ein epochales, anthropologisches Phänomen zu begreifen, bedeutet auch eine nachdrückliche kulturtheoretische Desillusionierung.« (Wolfgang Langenbucher 1986)

14.1 Ökonomischer Druck und der Umbau des Fernsehens

Balance zwischen dem öffentlich-rechtlichen und dem privatrechtlichen Rundfunk

Das Mitte der achtziger Jahre etablierte duale Rundfunksystem ging von einer Balance zwischen dem öffentlich-rechtlichen und dem privatrechtlichen Rundfunk aus. Die Stabilität dieser Balance wurde bereits Anfang der neunziger Jahre in Zweifel gestellt, weil sich die kommerzielle Rundfunkmacht auf immer weniger Konzerne konzentrierte und in der Expansion eine eigene expansive Dynamik entwickelte (vgl. Kap. 12.4). Zwar bestand weiterhin eine Vielzahl der Anbieter, wenn auch unter gewandelten Bedingungen, fort, doch übernahmen Bertelsmann und Kirch die Führung und bestimmten die Entwicklung.

Kooperation von Kirch und Bertelsmann

Aus dem jahrelang betriebenen Gegeneinander von Kirch und Bertelsmann, das zu einem verstärkten Wettbewerb geführt und die Expansion vorangetrieben hatte, entstand ab 1996/97 eine Kooperation, weil die kapitalzehrende Konkurrenz die Konzerne, insbesondere die Kirch-Gruppe, an die Grenzen ihrer finanziellen Leistungsfähigkeit trieb. Kirch hatte immer mehr Programmpakete auf dem internationalen Markt erworben und dabei auf sein neues, Mitte 1996 eingeführtes digitales Programmpaket DF1 gesetzt. Doch blieb das Publikumsinteresse an DF1 gering, da es zwischen den verschiedenen am digitalen Fernsehen interessierten Konkurrenten zu keiner Einigung über einen einheitlichen Decoder (Set-Top-Box) kam und der zusätzliche Nutzen der Programme gegenüber den bereits vorhandenen frei zugänglichen nicht erkennbar war. Am Jahresende 1996 hatte DF1 erst ca. 30.000 Abonnenten gewonnen.

Einstieg ins digitale Fernsehen

Die hohen Startverluste, die bei DF1 entstanden, und die beträchtliche Kreditlast, die die Kirch-Gruppe zum Erwerb zahlreicher Programmpakete aufgenommen hatte, erzeugten einen starken Druck. Kirch ist deshalb zur Einigung mit dem Hauptkonkurrenten Bertelsmann gezwungen, weil Anfang 1997 deutlich wurde, daß der Einstieg ins digitale Fernsehen, das gleichzeitig ein durch Abonnements bezahltes Fernsehen sein sollte, nur über das bereits bestehende Pay-TV-Programm Premiere erfolgen konnte. Premiere gehört jedoch mehrheitlich zum Bertelsmann-Konzern, der kurz zuvor durch die Fusion seiner Tochter Ufa mit CLT sein elektronisches Engagement verstärkt hatte. Die 1997 verkündete (jedoch 1998 von der EU untersagte) Kooperation zwischen Bertelsmann und der Kirch-Gruppe bezeichnete das Ende der Konkurrenzphase und zeigt den Beginn einer durch das Duopol »Bertelkirch« (taz v. 24. 6. 97) bestimmten Phase an.

»Bertelkirch«

Daß die Balance des dualen Systems mehr und mehr aus dem Lot gerät, ist strukturell bedingt. Während die kommerziellen Fernsehunternehmen aufgrund ihrer privatrechtlichen Verfassung immer mehr Kapital und damit ökonomische Macht akkumulieren (trotz anhaltender Verluste einzelner Sender), ist den öffentlich-rechtlichen Fernsehanbietern eine Kapitalakkumulation verwehrt, weil sie weiterhin nach etatistischen Prinzipien arbeiten und damit ökonomisch langfristig immer weiter ins Hintertreffen geraten.

Innere Neustrukturierung der öffentlich-rechtlichen Anstalten

Die öffentlich-rechtlichen Anstalten reagierten auf die Konzentrationsentwicklung im kommerziellen Bereich mit einer inneren Neustrukturierung. Während das ZDF seine Betriebsstruktur straffte und den veränderten Situationen anpaßte, begann bei der ARD der Umbau durch Zusammenlegung kleinerer Anstalten mit der Fusion von SDR und SWF zum Südwestdeutschen Rundfunk (SWR). Damit formt sich innerhalb der ARD eine Gruppe von fünf führenden, die Entscheidung vorantreibenden Anstalten

(WDR, NDR, BR, MDR und dann ab 1998 der SWR) heraus, denen die kleineren fünf Anstalten (HR, SFB, RB, SR und ORB) zu folgen hatten. Hier werden in der Zukunft sicherlich weitere Fusionen zu erwarten sein.

Gewichtsverschiebungen in der Balance des Dualen Systems

Wie sehr sich bereits 1997, nur 13 Jahre nach Beginn des kommerziellen Fernsehens in Deutschland, die Gewichte innerhalb der Balance des dualen Systems verschoben haben, zeigen drei in diesem Jahr besonders strittige Punkte.

1. Mit der Einigung von Kirch und Bertelsmann über die Durchführung des digitalen Fernsehens, insbesondere in der Vereinbarung einer gemeinsamen digitalen Plattform und einem einzigen Digitaldecoder (d-box), der den Zuschauern den Zugang zum digitalen Fernsehen ermöglicht, droht trotz der EU-Einsprüche langfristig eine monopolartige Kontrolle darüber, wer Zutritt zum digitalen Fernsehen erhält. Denn in dem für den technischen Betrieb vorgesehenen Unternehmen Beta-Research sollen neben der Telekom, der Kirch-Gruppe nur noch Ufa-CLT, nicht aber ARD und ZDF vertreten sein. Zwar wurde diese neue Konstellation kartellrechtlich vom Bundeskartellamt, der von den Bundesländern geschaffenen ›Kommission zur Ermittlung der Konzentration im Medienbereich‹ (KEK) und von den EU-Behörden vorerst verhindert, doch änderte dies nichts an der Dominanz der Medienkonzerne. Die Rahmenbedingungen drohen damit die öffentlich-rechtlichen Anbieter in eine Randexistenz zu drängen. Der zu erwartende Ausbau der öffentlich-rechtlichen Programme im digitalen Bereich steht in keinem Verhältnis zu dem der privatrechtlichen, wie der Betrieb von DF1 bereits erkennbar gemacht hat. Die ca. 150 prognostizierten digitalen Programme der nächsten Zukunft (Bissinger 1997) werden vor allem von kommerziellen Anbietern und nur zum geringsten Teil von den öffentlich-rechtlichen Veranstaltern kommen.

Kontrolle des Zugangs zum digitalen Fernsehen

Klaus Radke und Barbara Groth, Programmgeschäftsführer von Phoenix

Der Druck der kommerziellen Anbieter, die neue digitale Plattform vor allem für die eigenen Geschäfte zu nutzen, ist vor allem deshalb so stark, weil bis auf RTL und Pro Sieben alle anderen Programme 1997 immer noch Verluste produzierten. Deshalb wächst der Widerstand der kommerziellen Fernsehunternehmen gegen jede Erweiterung des öffentlich-rechtlichen Angebots und gegen die Einrichtung öffentlich-rechtlicher Spartenkanäle (Kinderkanal, Phoenix, BR-Bildungskanal).

Druck der kommerziellen Anbieter

2. Diese Konfliktlage wurde durch einen medienpolitischen Vorstoß des Verbandes Privater Rundfunk und Telekommunikation (VPRT) verschärft, der in einer »Medienordnung 2000 plus« den öffentlich-rechtlichen Rundfunk deutlich reduzieren und darauf beschränken wollte, nur noch das anzubieten, was vom kommerziellen Rundfunk »nachweislich nicht angeboten werde«. Die öffentlich-rechtlichen Anstalten sollten nach der Vorstellung dieser Interessenvertretung des kommerziellen Fernsehens die Zahl ihrer Programme deutlich einschränken und alle Beteiligungen an privatrechtlichen Medienunternehmen aufgeben. Für die kommerziellen Unternehmen hatten dagegen alle Einschränkungen zu fallen. Der geforderte neoliberalistische Verzicht auf alle sozialen Verantwortungen ist offenkundig, der verschärfte Ton verweist auf die gereizte Situation. Noch 1996 hatte VPRT-Präsident Jürgen Doetz, auf dessen Initiative diese Studie wesentlich zurückgeht, von einem Bestandserhalt der öffentlich-rechtlichen Anstalten gesprochen (Lilienthal 1997). Die kommerziellen Unternehmen wollen sich offenbar den lästigen öffentlich-rechtlichen Rundfunk ganz vom

»Medienordnung 2000 plus«

Halse schaffen, wohl auch deshalb, weil sich das kommerzielle Fernsehen anders nicht durchsetzen läßt.

Übertragungsrechte von Sportereignissen

3. Ein weiterer strittiger Punkt betraf die Übertragungsrechte von Sportereignissen, insbesondere die großen Fußballturniere der Bundesliga und der Fußballweltmeisterschaften. Auch hier hatte der Erwerb der Übertragungsrechte für die Fußballweltmeisterschaften im Jahre 2002 und 2006 sowie der Bundesligaspiele durch die zur Kirch-Gruppe gehörenden Verwertungsrechte-Firma ISPR eine öffentliche Diskussion ausgelöst. SAT.1 zahlt für die Bundesliga-Übertragungen bis zum Jahr 2000 pro Saison 180 Mio. DM, die Kirch-Gruppe muß für die Rechte an den beiden Weltmeisterschaften insgesamt 3,4 Mrd. DM aufbringen. Diese Gelder sind über einen Rechteweiterverkauf allein nicht hereinzuholen, sondern nur über eine möglichst exklusive Ausstrahlung im Pay-TV und im Pay-per-view-Verfahren.

Einstieg ins Pay-TV

Die Sportübertragungen sollen, so das Kalkül der kommerziellen Anbieter, als Zugpferd für die neuen Programme dienen und beim Zuschauer den Einstieg ins sogenannte Pay-TV erzwingen. Kaskadenartig abgestufte Verwertungen von der Live-Übertragung bis zur Ausstrahlung von Mitschnitten unterschiedlichen Umfangs sind geplant. Dagegen regt sich Widerstand, vor allem auch von Politikern wird kritisiert, daß auf diese Weise breite Zuschauerschichten von den Spielen ausgeschlossen werden. Verlangt wird eine freie Zugänglichkeit der Spiele im Fernsehen, doch damit würden sich wahrscheinlich die Einstiegskosten nicht einspielen lassen. Die Kirch-Gruppe beharrt auf ihre Besitztitel an den Übertragungsrechten und will notfalls das Bundesverfassungsgericht anrufen.

Juristische Auseinandersetzungen

Zwangsläufig wird es zu juristischen Auseinandersetzungen kommen, weil umgekehrt auch die öffentlich-rechtlichen Sender am Recht der Kurzberichterstattung festhalten, um die »allgemeine Zugänglichkeit dieser Ereignisse durch das Fernsehen« zu gewährleisten. Strittig war bis 1997 die Frage, ob der DFB überhaupt die TV-Rechte zentral vermarkten darf. Auch stellt sich die Frage, ob diese beabsichtigte Vermarktung des Fußballs nicht gegen den Gemeinnützigkeitsstatus der Vereine verstößt, der ihnen Steuerbefreiungen, kostenlosen Polizeischutz bei Veranstaltungen und die kostengünstige Nutzung der mit öffentlichen Mitteln gebauten Sportstadien erlaubt (Plog 1997, 38 ff.).

Es liegt nahe, daß sich die Medienkonzerne nicht nur als Vermarkter von Sportereignissen verstehen, die andere organisieren, sondern daß sie sich selbst direkt am Sportgeschehen beteiligen: Die Ufa engagierte sich als Sponsor beim notleidenden Fußballclub Hertha BSC und verschaffte diesem durch Kapitaleinlagen und Managementhilfe eine Rückkehr in die Bundesliga und damit eigene Gewinne, ebenso beteiligte sich Kirch am Fußballverein Schalke 04 und will diesem den Bau eines neuen Stadions finanzieren. In dem Maße, wie sich Fußballvereine selbst als »Unterhaltungskonzerne« verstehen, »die *auch* Fußball anbieten« (Schalke 04-Verwaltungsrat- und FDP-Mitglied Jürgen Möllemann), wurden sie auch als mögliche Kooperationspartner interessant. Folglich schloß nicht nur Kirchs Verwertungsfirma ISPR, sondern auch die Ufa eine Reihe von Vermarktungsverträgen mit einzelnen Fußballclubs ab (Der Spiegel 44/1997, 128).

Fußballvereine als Unterhaltungskonzerne

Vermarktung des Sports

Die hart umkämpfte Vermarktung des Sports signalisiert unabhängig von ihren Details die qualitativen Veränderungen, die auf das Fernsehen zukommen sowie den grundlegenden Konflikt zwischen dem Modell des Fernsehens als Kommunikations- und Informationsmedium und dem Modell, Fernsehen als Warenangebot zu verstehen, dessen Preis auf dem Markt zwischen Anbietern und Zuschauern jeweils neu ausgehandelt wird.

Hinter den Beispielen wird sichtbar, daß die Digitalisierung des Fernsehens starken ökonomischen Interessen unterliegt. Es geht um nichts weniger als den Übergang vom dualen Rundfunksystem zu einem trialen System, das neben dem gebührenfinanzierten öffentlich-rechtlichen Fernsehen und dem werbefinanzierten frei zugänglichen privatrechtlichen Fernsehen (Free-TV) auch das ›Bezahlfernsehen‹ (Pay-TV) umfaßt, in dem ganze Programmpakete oder auch nur einzelne Sendungen (pay-per-view) vertrieben werden.

Vom dualen Rundfunksystem zu einem trialen System

Doch dieser Umbau des Fernsehens ist ohne Zweifel für alle Beteiligten riskant: Die kommerziellen Anbieter wissen nicht, ob sich die Milliardeninvestitionen je amortisieren werden und der Zuschauer ins Pay-TV einsteigt, ohne daß die kommerziellen Free-TV-Kanäle, an denen sie auch beteiligt sind und von denen ohnehin erst zwei in der Gewinnzone sind, nicht vollends in den Ruin getrieben werden. Noch ist der besondere Nutzen des Mehrangebots an Programmen für viele Zuschauer nicht erkennbar.

Die öffentlich-rechtlichen Anbieter, die bei der Digitalisierung ebenfalls dabei sein wollen und beträchtliche Summen investieren, laufen Gefahr, mit den Angeboten eigener Spartenkanäle langfristig den Anspruch, die Grundversorgung mit Vollprogrammen zu leisten, zu gefährden und damit ihre Legitimationsbasis zu verlieren.

Und der Zuschauer weiß nicht, ob er mit dem Einstieg in die Welt der 150 neuen Kanäle sein kurzfristiges Vergnügen, zwischen ganz vielen Angeboten wählen zu können, mit der Zerstörung der Öffentlichkeit erkauft, zu der nicht nur die finanzstärkeren Informationseliten, sondern auch finanziell weniger gut ausgestattete Bevölkerungsgruppen Zugang haben. Die Gefährdung des gesellschaftlichen Zusammenhalts könnte zu Schädigungen des Gemeinwesens führen.

Zerstörung der Öffentlichkeit

›Deregulierung‹ und ›Regulierung‹

Die Zulassung der kommerziellen Programmanbieter wurde seit Mitte der achtziger Jahre unter dem Stichwort der ›Deregulierung‹ betrieben. Doch diese ›Deregulierung‹ fand letztlich nicht statt, weil aufgrund der zahlreichen Konflikte im Gegenteil ein erhöhter Regelungsbedarf entstand, der sich zum einen in der wachsenden Zahl der Bundesverfassungsgerichtsurteile über das Fernsehen, zum anderen in einem rasanten Ausbau des Medienrechts und der Medienrechtsdebatte und schließlich in der Einrichtung der Landesmedienanstalten als Aufsichtsorgane ausdrückte, die für die Frequenzvergabe, Konzentrationsüberprüfung und Überwachung der Programme zuständig waren und sind. Zusätzlich werden zunehmend medienpolitische Entscheidungen durch die EU getroffen.

Erhöhter Regelungsbedarf

Unter dem Druck der kommerziellen Marktführer Bertelsmann und Kirch kam es 1996 zu einer Novellierung des Rundfunkstaatsvertrags. Die engen Begrenzungen des Staatsvertrags von 1987, die zu zahlreichen Konflikten zwischen den Medienkonzernen und den Landesmedienanstalten (insbesondere um Pro Sieben und DSF) geführt hatten, fielen. In dem nun geltenden Marktanteilsmodell konnte jeder Anbieter bis zu 30 Prozent Marktanteil erreichen, ohne daß regulierend eingeschritten wurde. Damit erhielten die Konzerne einen größeren Handlungsspielraum, wobei jedoch schon die Kooperation von Bertelsmann und Kirch die Frage aufwarf, ob durch diese Kooperation nicht beide Konzerne eine wirtschaftliche Einheit bildeten, die über die gesetzte 30-Prozent-Grenze hinausging.

Novellierung des Rundfunkstaatsvertrags

Grundsätzlich gewachsen ist deshalb der Einfluß der Medienkonzerne. Gleichwohl bilden die Medien einen gesellschaftlichen Bereich, der ohne staatlich gesetzte Rahmenbedingungen nicht auskommt. Weil sich an der gesellschaftlichen Kommunikation die Konflikte leicht entzünden und deshalb Regulierungen immer notwendig waren, kann dieser Bereich auch modellhaft für den am Ende des Jahrhunderts mit seiner weltweiten Banken- und Finanzkrise entstehenden neuen Regulierungsbedarf stehen.

14.2 Mehrfachvernetzung und Digitalisierung

Veränderung der Distributionsebenen

Mit der Einführung von Kabel und Satellit hatte sich eine langfristige Veränderung der Distributionsebenen ergeben, die als eine Form der Mehrfachvernetzung beschreibbar ist. War in den Anfangszeiten des Fernsehens das Medium durch die Existenz eines einzigen Verteilnetzes (terrestrischer Vertrieb) gekennzeichnet, so kamen in den achtziger und neunziger Jahren mit den immer stärker ausgebauten Kabelsystemen und in der Folge mit den direkt empfangbaren Satelliten neue Systeme hinzu und überlagerten sich. Dabei stellte sich heraus, daß sich die drei verschiedenen Formen des Fernsehens gegenseitig ergänzten.

Fernsehempfang der TV-Haushalte nach Empfangstypen

	TV-Haush. insges.	Terrest. Haush.		Kabel-Haush.		Satelliten-Haush.	
	Mio.	Mio.	%	Mio.	%	Mio.	%
1. 7. 1992	31,10	16,42	52,8	11,71	37,7	2,97	9,5
1. 7. 1993	31,93	11,59	36,3	16,09	50,4	4,25	13,3
1. 7. 1994	32,15	9,03	28,1	17,72	55,1	5,40	16,8
1. 7. 1995	32,45	6,77	20,8	19,43	59,9	6,25	19,3
1. 7. 1996	32,74	6,42	19,6	17,59	53,7	8,73	26,7
1. 6. 1997	32,73	6,03	18,4	17,67	54,0	9,03	27,6

(von 1995 auf 1996 wurden Berechnungsumstellungen vorgenommen)
Quelle: GfK Methodenberichte, eigene Berechnungen

Die bevorstehende Digitalisierung wird alle drei Vertriebssysteme erfassen, weil sie die Plätze in den Kabelnetzen vermehren, in der terrestrischen Verbreitung die Zahl der sendbaren Programme erhöhen wird und weil nach dem Jahr 2000 auch die direkt abstrahlenden Astra-Satelliten A bis D zu erneuern sind und dabei eine Digitalisierung der Programme ermöglicht wird. Allerdings ist der Zeitpunkt der notwendigen Erneuerung strittig.

Digitalisierung der Programmdistribution

Mit der Digitalisierung der Programmdistribution kann die Energieversorgung der Sender um 98 Prozent reduziert werden. Zwar wird es notwendig, für eine Übergangszeit im ›Simulcast‹-Verfahren auch noch einige Jahre mit der alten Technik weiterzusenden, doch streben auch die öffentlich-rechtlichen Anstalten eine schnellere Übergangszeit an, um nicht, wie es Albrecht Ziemer, der Technische Direktor des ZDF, formulierte, für 160 Mio. DM jährlich weiterhin ein analoges terrestrisches Netz betreiben zu müssen, um am Ende noch ca. 10.000 Endgeräte zu versorgen (vgl. Bischoff 1997a, 61).

Mit solchen Überlegungen und Szenarien, an der eine Arbeitsgruppe (›TV 2000‹) aus Vertretern der Telekom, der Fernsehanstalten und -unternehmen sowie Medienrechtlern arbeitet, wird publizistisch für die Digitalisierung Stimmung gemacht. Der Zuschauer soll auf diese Weise darauf eingestimmt werden, sich ebenfalls digital auszustatten. Langfristig führt kein Weg am digitalen Programmempfang vorbei.

Entscheidender als der technische Umbau ist die gesellschaftliche Organisation des digitalen Fernsehens. Denn wenn die Set-Top-Boxen als Zugang zum digitalen Fernsehen das entscheidende Tor zum Medium sein werden, kommt dem Betreiber eine ökonomische und weit über die Ökonomie hinaus wirkende Schlüsselstellung zu.

»Wer die Verfügungsgewalt über die Set-Top-Box und ihre Belegung mit Programmen hat, besitzt im Digitalzeitalter eine Schlüsselstellung des gesamten Medienwesens.« (Peter Christian Hall 1997, 22)

Digitalisierung der Programmproduktion

Während die digitale Distribution der Fernsehprogramme noch in den Anfängen steckt, ist die Digitalisierung der Programmproduktion bereits weit vorangeschritten. Als eine kombinierte Effekt- und Animationsmaschine ermöglicht die Paint Box die Bearbeitung analoger Bilder, so daß nicht nur Retuschen vorgenommen werden, sondern auch in ihrer Bedeutung völlig veränderte Bilder entstehen können. Gegenwärtig wird sie vor allem für die Produktion von Grafiken und Logos eingesetzt, sowie in der Filmproduktion zur Bearbeitung von 35mm-Bildern (z. B. in dem Film »Prosperos Books« von Peter Greenaway oder in »Bis ans Ende der Welt« von Wim Wenders) und zunehmend auch in der allgemeinen Fernsehproduktion. Mit dem ›Virtuellen Studio‹ sowie mit den sogenannten ›Wetterflügen‹ der ARD ist der Einstieg in neue digitale Präsentationsformen gemacht.

Die von vielen befürchtete Möglichkeit der Bildmanipulation und Fälschung durch die digitale Bildbearbeitung relativiert sich jedoch dadurch, daß diese schon in der analogen Bildproduktion besteht, wie der Skandal um die gefälschten Nachrichtenfilme von Michael Born 1996 zeigte. Bildfälschungen sind ein Problem journalistischer Kontrolle und publizistischer Ethik, keines der digitalen Technik. Hatte die »taz« Born als den »vermutlich letzten vordigitalen Handwerker seiner Innung« bezeichnet, so zeigte Siegfried Weischenberg, daß Born in einer Tradition von Nachrichtenfälschern stand (Konrad Kujaus Fälschung der Hitler-Tagebücher nur als Beispiel). Der Fall verdankt sich nicht zuletzt auch dem Prinzip der Beschäftigung von freien Nachrichtenlieferanten, also des ›outsourcing‹ der Fernsehproduktion, das als »›Amerikanisierung‹ unseres Fernsehsystems« verstanden werden kann (Weischenberg 1997, 53).

Virtuelles Studio

Der bei der Digitalität vermutete Referenzverlust der Bilder stellt ein medientheoretisches Scheinproblem dar, da auch bei analogen Bildern nur teilweise ein direktes Verhältnis von Abbildung und Abgebildetem besteht. Wäre es anders, gäbe es schon bei der Konstruktion filmischer Realität keine Referenz mehr, bei der vieles, was zu sehen ist, in der vormedialen Wirklichkeit nicht existiert, von den Zuschauern aber nach der Maßgabe der Plausibilität und Wahrscheinlichkeit als ›realistisch‹ akzeptiert wird. Der Anspruch auf größtmöglichen Informationsgehalt, umfassender Darstellung eines Sachverhalts sowie der Wiedergabe aller wesentlichen Positionen zu einem Ereignis ist unabhängig von solchen medialen Zeichenkonstruktionen ein Problem journalistischer Sorgfalt und damit ein Problem der gesellschaftlichen Organisation der Medien und ihrer Institutionen.

Morphing

Eine weitere Entwicklung in der Produktion der Fernsehbilder stellt das hochauflösende Fernsehen (High Definition Television: HDTV) dar, das zwar bereits in den dreißiger Jahren seine Vorläufer hatte (vgl. Kap. 3.5), in der aktuellen Entwicklung aber auf einen japanischen Vorschlag zurückgeht, Fernsehen nicht mehr mit 625 Zeilen, sondern mit 1125 Zeilen zu

High Definition Television: HDTV

produzieren und statt 25 Bilder 60 Bilder in der Sekunde zu zeigen. Diese Technik, ›HiVision‹ genannt, wurde bereits seit Anfang der neunziger Jahre weltweit erprobt. Gegenüber dem japanischen Verfahren entstand als europäische Alternative das europäische Eureka-Projekt EU 95 mit 1250 Zeilen und 50 Hertz.

Größere Präzision des Bildes und verstärkte Illusionierung des Zuschauers

Die HDTV-Technologie versprach eine stärkere Angleichung des Fernsehens an das Kino, größere Präzision des Bildes, andere Tiefenschärfe, flimmerfreie Bilder und ein dem Breitwandformat des Kinos angenähertes Format. Die Vergrößerung der Bildfläche ist ein weiteres Ziel, doch ist die Bildröhre nicht beliebig vergrößerbar. Die Entwicklung von Flachbildschirmen (Flüssigkristallbildschirme) zieht sich hin. Mit HDTV scheint eine größere Illusionierung des Zuschauers möglich, die Bilder wirken suggestiver, wobei die größere Auflösung auch zu Übergenauigkeit führt, die den Illusionseindruck stört. Mit der Einführung der HDTV-Technik ist ein hoher technischer Aufwand (Umrüstung der Studios) und eine tendenzielle Entwertung aller in den alten Verfahren produzierten Sendungen verbunden, so daß sich die Einführung der neuen Technik verzögert. Mitte der neunziger Jahre schien das Projekt ›HDTV‹ sogar vergessen, doch ist 1997 davon in Verbindung mit digitalen Techniken wieder die Rede.

Grundlegende Veränderung des Fernsehens

Alle Digitalisierungsprozesse im Produktionsbereich täuschen nicht darüber hinweg, daß sie (noch) keine grundlegende Veränderung des Fernsehens in seinen Inhalten, Themen und Angeboten zur Folge haben, sondern gegenwärtig bereits langfristig angelegte Trends der Fernsehkommunikation optimieren. Dazu gehörten auch die ästhetischen Auswirkungen der Digitalisierung, die auf eine Perfektionierung, Glättung, Reinigung der Bilder hinauslaufen und damit eine idealisierte Abbildung als Natur ausgeben. Die Künstlichkeit dessen, was in den Bildern als Realität ausgegeben wird, gehört zu den langfristig wirksamen und in den Folgen noch nicht absehbaren Auswirkungen der Digitalisierung der Produktion. Abgesehen von solchen noch ungewissen ästhetischen Folgen dient die Digitalisierung des Mediums vor allem ökonomischen Zwecken: Reduktion der Produktionskosten und Angebotsvervielfachung durch die digitale Distribution.

Die Hoffnung auf ein interaktives Fernsehen

Verbindung des Fernsehens mit dem Computer

Anfang der neunziger Jahre schien mit der Digitalisierung zunächst die Verbindung des Fernsehens mit dem Computer gemeint zu sein, um die nur in eine Richtung verlaufende televisuelle Informationsvergabe aufzuheben. Damit erhofften sich viele, die in den Kulturdebatten vielfach beklagte Passivität des Zuschauers zu beseitigen. Der alte Traum Brechts, den Rundfunk zu einem Kommunikationsinstrument zu machen, schien endlich, sechzig Jahre nach der Formulierung dieser sogenannten ›Radiotheorie‹, technisch realisierbar zu sein.

Selbstbestimmtes Agieren des Zuschauers

Installierung eines Rückkanals für ein Verkaufsfernsehen

Was zunächst als ein selbstbestimmtes Agieren des Zuschauers in fiktionalen und dokumentarischen Räumen angekündigt wurde, ist jedoch nur im Cyberspace realisierbar: Der Betrachter (›User‹) kann sich virtuell im Bildraum bewegen. Ziel ist auch bei diesen Verfahren die stärkere Illusionierung. Diese Technologien lassen sich zwar in apparativen Anordnungen bereits realisieren, aber nicht im Rahmen des Programmfernsehens. Deshalb reduzierten sich solche Visionen rasch auf die Installierung eines Rückkanals (die schon bei der Einführung des Kabelfernsehen überlegt worden war), von dort aus weiter auf ein Verkaufsfernsehen und schließlich auf eine Optimierung des Programmabrufs durch den Zuschauer.

Interaktives Fernsehen, wie es sich in den Anfängen der Fernsehgeschichte um die Jahrhundertwende Alberto Robida dachte, als er mit Hilfe des selbst gesteuerten Fernsehens die Kämpfe in Indochina sehen wollte, ist auch heute noch nicht realisierbar. So zeigte sich in der zweiten Hälfte der neunziger Jahre, daß von den Utopien und Wunschvorstellungen einer neuen Fernsehzukunft im wesentlichen nur Pay-TV, Tele-Shopping und Tele-Banking und eine Palette von Programmen mit zeitversetzt gesendeten Sendungen übrigbleiben.

Bernd Schiphorst von Bertelsmann New Media prognostizierte 1997: »Ein Schritt in die Zukunft könnte darin liegen, das Medium Online über das Vehikel Fernsehgerät in die Haushalte zu transportieren, so wie es die US-Firma Web-TV demonstriert. Der Fernseher als Multimedia-Endgerät, die Telefonleitung als Rückkanal – das könnte der Weg in einen Online-Massenmarkt sein. Natürlich wird es aber auch weiterhin Menschen geben, die passiv berieselt werden wollen.« (Schiphorst 1997, 112) Daß die Mehrheit der Zuschauer beim Fernsehen vielleicht gar nicht so aktiv sein will, wie viele Anbieter sich im Sinne der Programmverwertung erhoffen, ist die Erkenntnis auch bei vielen Programmachern.

Fernseher als Multimedia-Endgerät

Titelseite des DF1-Programm-Magazins

Fernsehen und Internet

Auch am Ende des 20. Jahrhunderts ist der Fernsehapparat trotz aller entstehenden Vernetzungen nicht zu dem bereits seit Jahrzehnten prognostizierten Heimterminal geworden. Die Funktionsvermischung ging nicht so weit, daß die Endgeräte der Medien Fernsehen und Computer identisch wurden. Zwar gibt es eine Tendenz des Computers, sich als Medium das Fernsehen einzuverleiben und es als Programmangebot zur abrufbaren Nutzung bereitzuhalten, doch stehen diesem Vorhaben noch massive technische Probleme der Datenübertragung entgegen.

Als Informationsmedium *über* das Fernsehen hat sich der Computer bzw. das Netz bereits bewährt, weil Zuschauer über das Internet seit 1995/96 zahlreiche Programm- und Senderinformationen abrufen können. Neben den Vorankündigungen von Sendungen gibt es Angaben zu Programmstrukturen, zur Sendergeschichte, auch gewinnt das Internet eine Archivfunktion für Sendeinhalte, wenn z.B. die »Tagesschau«-Themen im Netz archiviert werden. Weiterhin besteht die Möglichkeit, an Redaktionen per e-Mail zu schreiben oder sich in News-Groups über das Fernsehen auszutauschen. Bei ihren Service-Angeboten entwickeln die Fernsehunternehmen unterschiedliche Strategien. Die ARD stellte bis Ende 1997 das differenzierteste und in der Bedienungsweise nutzerfreundlichste Angebot vor. Das ZDF arbeitete in seinem Online-Angebot mit der Firma Microsoft zusammen, wobei die bei ZDF-online ausgeprägtere Visualität nicht immer der Informationsvermehrung dient. Bei den kommerziellen Sendern blieben Ende 1997 die Online-Angebote deutlich hinter den öffentlich-rechtlichen Angeboten zurück.

Internet als Informationsmedium über das Fernsehen

Noch ist nicht ganz erkennbar, ob sich das Fernsehen des Internets als einer zusätzlichen medialen Informationsquelle über das eigene Medium bedient, oder ob die Koppelung von Fernsehen und Computer nicht eine Vorstufe der Adaption wesentlicher Programmfunktionen durch das Netz ist. Schon gibt es neben der Internet-Literatur und den Internet-Hörspielen auch Internet-Soaps und andere Formen der Internet-Unterhaltung, die bei zu erwartender Verbesserung der Speicher- und Übertragungstechnik durch Bewegtbilder visualisiert werden können. Damit ließen sich durchaus Funktionen des Fernsehens erfüllen. Umgekehrt ist denkbar, daß der Computer

Vorstufe der Adaption wesentlicher Programmfunktionen durch das Netz

eine weitere Abspielstation von audiovisuellen Produkten innerhalb der Palette von Fernseher, Kino, Videorecorder und CD-ROM wird.

14.3 Die Formatierung der Programme

Permanente Variation des Ähnlichen und Gleichen

Die Vervielfachung der Programme hat dazu geführt, daß sich die Prinzipien der Sendungsproduktion verändert haben. Galten in der Zeit weniger Programme Sendungsideen, waren sie einmal realisiert, als verbraucht, so werden Mitte der neunziger Jahren erfolgreiche Ideen häufig mehrfach verwendet, so daß innerhalb der einzelnen Formen und Genres oft mehrere ähnliche Angebote vorhanden sind. Wenn z. B. in SAT.1 und RTL jeden Tag hintereinander sechs Stunden ›getalkt‹ wird, bestehen nur noch geringfügige Differenzen der Sendungsformate. Ähnliche Tendenzen der Vervielfachung lassen sich auch bei den Daily Soaps, Kriminalserien, Comedy-Shows und anderen Formen beobachten. Damit verändert sich das Programmverständnis: Nicht mehr der Wechsel zwischen dem Verschiedenen und immer wieder Neuen wird geboten, sondern eine permanente Variation des Ähnlichen und Gleichen, die durch eine synthetische Konstruktion und Mischung der Bestandteile erzeugt wird.

Digitales Programm- »Bouquet« von DF1

Am deutlichsten ist das neue Programmprinzip in dem digitalen Programm-»Bouquet« von DF1 zu beobachten, das aus den Spielfilm-Programmen Star-Kino, CineAction, Cinecomedy, WesternMovies, FilmPalast, Heimatkanal und Cinedom 1 bis 4 sowie den Serienprogrammen Krimi & Co, Herz & Co, Comedy & Co, zwei Kinderprogrammen und einigen weiteren Unterhaltungsprogrammen besteht. Hier werden die Filme innerhalb eines Rhythmus von etwa 14 Tagen mehrfach zu unterschiedlichen Zeiten gezeigt und das Programm aus denselben Filmen immer wieder neu gemischt, so daß trotz der Vielzahl der Programme der Bedarf an Sendungen begrenzt bleibt. Die Cinedom-Programme zeigen zudem wie ein Kino jeweils en suite einen Film, der dann jeweils stündlich oder alle zwei Stunden neu beginnt. Damit wird das früher einmal am öffentlich-rechtlichen Rundfunk heftig kritisierte Prinzip der Wiederholung nun als neues Programmuster, ja sogar als das »andere Fernsehen« (DF1-Werbung) angepriesen.

Format statt Genre

Vom Programmgenre zum Sendungsformat

Bis in die achtziger Jahre richteten sich die Programmformen an Unterhaltungstraditionen und Genreformen aus, die sich in anderen Medien bereits ausgeprägt hatten. Das Fernsehen fühlte sich in seiner Programmarbeit auf die kulturelle Praxis außerhalb des eigenen Mediums verpflichtet. Seit dem Markteintritt der kommerziellen Anbieter verzichtet das Fernsehen zunehmend auf diese Traditionen und orientiert sich in seinen Maßstäben über die Einschaltquoten immer stärker an fernsehinternen Maßstäben der Programmoptimierung. Der Wechsel vom Begriff des Programmgenres zu dem des Sendungsformats bezeichnet diesen Umbruch.

Der Begriff des Formats entstand im Lizenzhandel, da beim Lizenzerwerb von Sendungsideen und -konzepten auch Inszenierungsstile, Präsentationsformen etc. fest vereinbart wurden, um – wie z. B. bei »Glücksrad« – einen international überall ähnlichen Erscheinungsstil zu gewährleisten. Man erhoffte sich dadurch eine Sicherung des weltweiten Erfolgs einer Sendung. Das Format umfaßt also alle Elemente des Erscheinungsbildes einer Sendung. Die Formatierung des Programms dient der quotenbezogenen Optimierung der Inhalte, ihrer Präsentationsformen und Zuschaueradressierungen.

Einen Kunstanspruch, der auch auf Widerspruch, Subversion und Eigensinn abheben würde, erheben die Fernsehsendungen in der Regel nicht mehr. Ziel sind die Standarisierung der Angebote und die optimale ›Verkaufbarkeit‹ des Programmprodukts in doppelter Hinsicht: zum einen an den Zuschauer, zum anderen an die werbetreibende Wirtschaft, die sich nur dafür interessiert, daß mit der Sendung bestimmte Zuschauer erreicht werden.

Standardisierung der Angebote

Daß bei einzelnen kommerziellen Anbietern für die einzelnen Sendungen inzwischen Effizienzberechnungen stattfinden, Kosten-Nutzen-Relationen hergestellt werden und danach die Programmplanung erfolgt, zeigt die Differenz des neuen Programmdenkens: Wie im Supermarkt hat jede Sendung als Ware ihren Teil zum Gewinn des Unternehmens beizusteuern. Nach dem kommunikativen Nutzen im Sinne einer Gesamtaufgabe, eines Programmauftrags bzw. einer gesellschaftlich notwendigen Kommunikationsleistung scheint niemand mehr zu fragen. Der »elektronische Kiosk« (Georg Kofler) ist eine Metapher für diese neue Form des Programmfernsehens, in der die Programmstruktur zur Oberfläche für eine möglichst optimale Plazierung wird, wobei sich das Optimale daran mißt, ob die anvisierte kaufkräftige Publikumsschicht angesprochen und erreicht wird.

»Elektronischer Kiosk«

Unter diesem Aspekt ist innerhalb der Sendungen das ›Wie‹ stärker als das ›Was‹ von Interesse. Damit ist gemeint, daß bei der Vielzahl gleicher und ähnlicher Inhalte Art und Weise der Präsentation an Bedeutung gewinnen. Die Formatierung bedeutet auch eine Aufhebung der Variationsvielfalt, weil ein erfolgreiches Format vielfach imitiert und kopiert wird. Ein quotenschwaches Format wird entsprechend umgehend aus dem Programm geworfen. Ein rascher Wechsel der ›Programmoden‹ ist die Folge, ebenso ein rapider Verschleiß der Formate, und über die Formatierung auch ein rascher Verbrauch individueller ›Handschriften‹ der Autoren und Regisseure.

Konsum- und Werbeorientierung

Die Formatierung der Programmformen ist Mitte der neunziger Jahre mit einer Ausrichtung auf ein jugendliches Publikum verbunden, die in dieser Form in der Fernsehgeschichte neu ist. Sie hat Veränderungen einzelner Genres zur Folge und führt zur besonderen Betonung der Zeichen der Jugendkultur (vgl. Thomann 1997). Ziel ist die Modellierung des Kaufverhaltens, das Fernsehen wird damit immer stärker zu einem Transformationsriemen des Konsums. Diese Konsumorientierung gewann in den Programmen in dem Maße an Bedeutung (Schmidt/Spieß 1996, 324 ff.), wie sich im Fernsehen das Marktparadigma durchsetzte (vgl. Kap. 12.1).

Konsumorientierung und jugendorientierte Ausrichtung

Für diese jugendorientierte Ausrichtung z. B. der Talkshows stehen Talksendungen wie »Heart Attack« und »Wildfang – der Teenie-Talk« (RTL 2). Bei den Daily Soaps ist der Genrewandel sogar konstitutiv: Von den ursprünglich auf Hausfrauen ausgerichteten Dauermelodramen mutierte das Genre mit »Gute Zeiten, schlechte Zeiten« zu Milieuschilderungen, die vor allem das Gefühls- und Berufsleben junger Menschen thematisieren und dadurch kaufkräftige Jugendliche ansprechen wollen. Auch bei den wöchentlichen Serien sind nach amerikanischem Vorbild (z. B. »21 Jump Street«) jugendorientierte Ausrichtungen wie »SK-Babies« (RTL 1996) und

»Die Kids von Berlin«

»Die Kids von Berlin« (ZDF 1997) zu beobachten, bei denen junge Polizisten noch jüngeren Tätern auf der Spur sind. Ambitionierte Unternehmungen wie z.B. Heinrich Breloers Fernsehfilm »Das Todesspiel« (WDR 1997), über die Ermordung Hanns-Martin Schleyers haben dementsprechend auch bei Sendern wie Pro Sieben keine Chance, weil nach Einschätzung des ProSieben-Fernsehspielchefs die Zuschauerschaft des Senders »junge Hauptdarsteller« oder »zumindest jung denkende« bevorzuge und diese in Breloers Fernsehfilm nicht zu finden seien (Thomann 1997, 71).

Comedy-Fixierung

Zur Jugendorientiertheit gehört auch der Trend zur Comedy-Fixierung in der Unterhaltungsproduktion, die Neigung zum Skurrilen und Schrillen, wie es sich in Klamauk- und Nonsenssendungen wie »Samstag Nacht« (RTL) etabliert hat (vgl. Kap.12.6), in denen gerade der Bruch mit den Konventionen und die Parodie der etablierten Formen zum Programm erhoben wird. Wo eine Ausrichtung allzu vieler Sendungen auf ein jugendliches Publikum andere Zuschauerschichten verschrecken könnte, wird, wie beim ZDF, auf ein ›jugendlicher wirkendes‹ Programmdesign gesetzt. Damit kommt es zu einem Paradoxon, wie der Medienkritiker Jörg Thomann konstatiert:

»Landauf, landab beschwören die Medien Jugendlichkeit als Wert an sich und als besonders erstrebenswerte Art der Weltauffassung; gleichzeitig allerdings handelt es sich bei ›der Jugend‹ um eine Lebensphase, der eine immer kürzere Dauer beschieden zu sein scheint. Wo ein Trend hechelnd auf den nächsten folgt und die Beschleunigung zur prägenden Größe des Alltags wird, wächst die Zahl derer, die sich in trotziger Verzweiflung an ihre Jugend klammern und diese ins Unendliche zu verlängern suchen.« (ebd.)

Gleichwohl hält der Trend an, weil sich die Programme damit auch den Anschein von Modernität und permanenter Innovation geben. Selbst in sich politisch verstehenden Sendungen wie Friedrich Küppersbuschs »Privatfernsehen« (WDR), aus »ZAK« hervorgegangen, dominiert die als ›modern‹ und ›jugendlich‹ geltende Gestaltung durch digitalisierte Reißschwenks, Überlagerungen, Verwischungen. Und in »Schlingensief-Talk 2000« (Kanal 4 auf RTL) erscheint das Verquere nicht nur als fernsehkritisch und anarchisch im Programm, sondern eben auch als ›Ereignis‹, nach dem das Fernsehen heftig begehrt, weil es die Aufmerksamkeit der ermüdenden Zuschauer bindet.

Beschleunigung und Intensivierung

In verschiedenen kommerziellen Programmen lassen sich seit dem Ende der achtziger Jahre Beschleunigungen und Intensivierungen finden. Sie entstehen durch eine zunehmende Parzellierung der Sendungseinheiten durch Werbung. Indem größere Sendungseinheiten durch ›Werbeinseln‹ mit mehreren Werbespots aufgebrochen werden, entstehen kleinteilige Abfolgen im Programmfluß. Um diese Werbespots lagern sich weitere Trailer und andere Programmverbindungen an, so daß die Frequenz des Wechsels zwischen verschiedenen Formen und Darstellungsmodi zugenommen hat (vgl. Hickethier/Bleicher 1997).

Moderator Küppersbusch

Bei den öffentlich-rechtlichen Programmen kam es vor allem bei der ARD zu einer ähnlichen Frequenzerhöhung, weil im Programm mehr Nachrichtensendungen plaziert wurden. Diese Entwicklung wurde durch eine tendenzielle Verkürzung der Sendungslängen unterstützt sowie eine Beschleunigung der Darstellung durch Verkürzung der Einstellungslängen. Diese vor allem im Bereich der Fiktion stattfindenden sendungsinternen Beschleunigungen steigern den Erzähldruck. Sie wurden vor allem durch den amerikanischen Film angeregt und finden eine genrespezifische Ausformung in den langlaufenden Serien mit ihrer mehrsträngigen Erzähldramaturgien und Vielzahl von Sequenzen. Diese Beschleunigungstendenzen (auch innerhalb einzelner Fernsehfilme) sind häufig gekoppelt mit einer Vereinfachung der Erzähl- und Darstellungsstrategien und der Reduktion komplexer, der Avantgarde verpflichteter Erzählvorhaben, so daß insgesamt der Eindruck einer Dynamisierung des Fernsehens entsteht.

»Fernsehen bringt als elektronisches Medium eine Nullzeit hervor.« (Irene Neverla 1992, 75)

Vereinfachung der Erzähl- und Darstellungsstrategien

Dazu tragen auch Programmelemente bei, die deutlich diesen Eindruck direkter Verkoppelung mit den sich rasch verändernden globalen Weltvorgängen suggerierten. Der Spartensender n-tv fing z.B. 1996 an, in sehr kurzen Abständen die wichtigsten Börsennotierungen mitzuteilen und konnte darüber seinen – allerdings kleinen – Marktanteil verdoppeln. Dabei sind diese Meldungen im Grunde nur für die betreffenden Aktieninhaber von Interesse, die sich jedoch zumeist auch über andere Medien informieren können. Für die Mehrheit des Publikums bilden diese Meldungen deshalb eher eine Art Oszillogramm des ökonomischen Pulsschlags der Welt, der signalisieren soll, wie sich die Wirtschaft entwickelt. Den Fernsehnachrichten vergleichbar sind auch die ständig präsentierten Wettermeldungen, die ein ähnliches Angekoppeltsein an die Weltbeobachtungssysteme verheißen. Wie das Wetter gerade ist, könnten die Zuschauer auch durch einen Blick aus dem Fenster oder auf das Thermometer erfahren, doch der Satellitenblick auf sich verändernde Wolkenformationen erzeugt eine Beobachterposition, die über diesen Blick uns Zuschauern scheinbar Macht zuspricht, auch wenn diese real weiterhin nicht gegeben ist.

Angekoppeltsein an die Weltbeobachtungssysteme

Informationsverdichtung und -überlagerung

Damit korrespondieren Veränderungen des Fernsehdesigns, die auf Informationsverdichtung und -überlagerung ausgerichtet sind. Durchlaufende Schriftbilder unter den Nachrichtensendungen mit den jeweiligen Notierungen wichtiger Börsenwerte oder anderer Meldungen sorgen für das Gefühl, direkt mit den Zentren der Kommunikation verbunden zu sein. Auch hat sich bei fast allen Programmen in den neunziger Jahren mehrfach das Gesamtdesign verändert, wird mit dem ›relaunch‹ der Senderlogos, Schriftbilder sowie der Farbgebungen das Erscheinungsbild der Fernsehprogramme stärker der Erscheinungswelt der zeitgenössischen Konsumwelt und der Darstellung von Wirtschaftsunternehmen angepaßt. Der häufige Wechsel des Designs, der oft auch als ›Verpackung‹ der Kommunikationsinhalte verstandenen Gestaltungen, läßt den Marktcharakter des Fernsehens auch im visuellen Erscheinungsbild zutagetreten.

Differenzierung und Entdifferenzierung

Entdifferenzierung innerhalb der einzelnen Programme

Der Prozeß der Differenzierung der Programme führte zwangsläufig zu einer Entdifferenzierung innerhalb der einzelnen Programme selbst. Um gegeneinander ein Profil zu gewinnen, müssen die Programme die von ihnen angebotenen Formen und Inhalte in einen einheitlich erscheinenden Zusammenhang bringen. Da dies mit den eingekauften Fremdproduktionen in der Regel schwierig, wenn nicht unmöglich ist, kommt es einerseits zu Vereinheitlichungen der Programmpräsentation, Blockbildung und anderen Formen der Ballung (Sendungen eines Genres wie z. B. bei Talkshows oder Serien werden hintereinandergeschaltet, Genreabende mit gleichen Serien, wie z. B. Krimis, werden eingesetzt, usf.), andererseits zu einem verstärkten Einsatz des Programmdesigns. Für das eigene Programm werbende Trailer und Sendersignets, die eine corporate identity signalisieren, unterstützen solche Tendenzen der Vereinheitlichung.

Prinzip der inneren Vielfalt

Weil sich die öffentlich-rechtlichen Programme der Tendenz widersetzen, aufgrund weniger, immer gleicher Sendungen leicht erkennbar zu sein und am Prinzip der inneren Vielfalt festhalten, erscheinen sie im Sinne der neuen Programmfigurationen als weniger stromlinienförmig. Paradoxerweise wird das Angebot der Vielfalt nun gerade durch die öffentlich-rechtlichen Programme gewahrt, obwohl doch die kommerziellen Anbieter mit der Forderung der Vielfaltssteigerung sich den Zugang zum Fernsehen erzwungen hatten.

Fokussierung der Angebote durch Fernsehstars

Stärker als die Differenzierung, also die Vielfalt der Angebote, stellt sich vor allem seit der zweiten Hälfte der achtziger Jahre das Bedürfnis nach einer Fokussierung der Angebote durch Fernsehstars heraus. Indem sich die kommerziellen Anbieter die prominenten Unterhaltungsstars (Margarethe Schreinemakers, Harald Schmidt, Thomas Gottschalk u. a.) zu steigenden Höchstpreisen gegenseitig wegkauften, steigerten sie deren Wert. Langfristig minderten sie damit allerdings deren Bindungskraft für die Zuschauer wie die Beispiele Thomas Gottschalk und vor allem Margarethe Schreinemakers zeigen.

Ironie, Persiflage und kritische Selbstreflexion

Ironie, Persiflage und kritische Selbstreflexion setzte sich daneben und oft mit diesen Stars durch, so z. B. wenn der Fernsehsatiriker und »TV-Scharfrichter« Oliver Kalkofe in Premiere über die Fernsehstars und Programm-›Events‹ herzieht.

14.4 Die Veränderungen des Zuschauens und Wahrnehmens

Ob es einen »neuen Fernsehzuschauer« gebe, fragte Uwe Hasebrink 1990, und diese Frage stellt sich Ende der neunziger Jahre immer noch. Die Differenzierung des Zuschauerverhaltens bei gleichzeitig entstehenden Tendenzen zur Entdifferenzierung durch eine neue Milieubildung, wie sie in Kapitel 12.7 beschrieben wurden, gelten auch für die neunziger Jahre.

Neuer Fernsehzuschauer?

Grundlegend ist weiterhin die Integration des Mediums in den Alltag sowie dessen Umstrukturierung und partieller Ausrichtung auf das Medium, auch wenn die Implementierung der audiovisuellen Medien in Flugzeug, Eisenbahn, Auto und U-/S-Bahn sowie in andere institutionelle Öffentlichkeiten voranschreitet (Bischoff 1997b). Fernsehen ist in der Regel kein Gegenstand, der die Mehrheit der Zuschauer in besonderer Weise herausfordert, es ist vor allem ein Unterhaltungs- und Regenerationsmedium, häufig nur ein Instrument der Restzeitnutzung. Zuschauermehrheiten stehen deshalb neuen technologischen Entwicklungen zumeist abwartend gegenüber. Damit Zuschauer Geld investieren, müssen neue Entwicklungen einen erkennbaren Nutzen versprechen, den die bisherigen Angebote nicht bieten. Die Einführung des Pay-TV z. B. erscheint vielen Zuschauern deshalb nicht sonderlich dringend, so daß kommerzielle Programmanbieter durchaus an eine Verlagerung von Programmattraktionen aus den werbefinanzierten Free-TV-Kanälen ins Pay-TV (etwa im Bereich der Sportübertragungen und im Anbieten aktueller Spielfilme) denken. Auf diese Weise soll das Publikum zum Einstieg ins Bezahlfernsehen gezwungen werden. Ob und wie weit das Publikum diesen Weg mitgehen wird, ist jedoch zweifelhaft.

Für den einzelnen ist die Mikroökonomie seiner Wünsche, Emotionen und mentalen Dispositionen entscheidend. Diese auf das Individuum bezogene und unterschiedlich sich ausformende Ökonomie von Wunscherfüllung und Emotionsbefriedigung einerseits und finanziellem Aufwand andererseits ist eingebettet in den jeweiligen Lebensstil, das allgemeine Zeitbudget und den realen ökonomischen Rahmen, der sich gegen Ende der neunziger Jahre durch das tendenzielle Sinken der Realeinkommen breiter Bevölkerungsschichten verschlechtert. Dahinter steht ein kulturell unterschiedlicher Gebrauch des Fernsehens: Die Einbindung der Zuschauer in differierende kulturelle Zusammenhänge führt dazu, Fernsehen unterschiedlich zu nutzen und ihm eine unterschiedliche Bedeutung zu geben.

Mikroökonomie der Wünsche, Emotionen und mentalen Dispositionen

Einbindung der Zuschauer in unterschiedliche kulturelle Zusammenhänge

Mediengeschichte wird nicht nur durch medientechnologische Innovationen, sondern auch durch Beharrungsformen der Mediennutzer bestimmt. Da Menschen in dem, was sie glücklich macht, letztlich nicht auf Maschinen und Technik angewiesen sind, sondern Glück sich vor allem im Zwischenmenschlichen erfüllt, hat es Technik, die als Ersatz auftritt, in der Regel schwer. Gerade wenn Wunschkonstellationen die Mediengeschichte vorantreiben, wie es Hartmut Winkler am Beispiel des Computers beschrieben hat (Winkler 1997, 16), ist umgekehrt auch die Gefahr groß, daß Publikumsmehrheiten mit einzelnen Medien nicht mehr die Erfüllung ihrer Sehnsüchte und Erwartungen befriedigt sehen und sich deshalb von diesen Medien abwenden.

Beharrungsformen der Mediennutzer

Der Blick auf das Zuschauen und dessen Beharrungstendenzen, ja die Beobachtung einer weitgehenden Geringschätzung des Mediums bei gleichzeitiger differenzierter Nutzung, läßt vermuten, daß eine rasche Veränderung unseres Alltags aufgrund neuer Medientechnologien wenig wahrscheinlich ist. Möglich ist auch, daß sich langfristig ein dem Medienausbau entgegengesetztes Verhalten, das auf Selbstbescheidung und partiellen Verzicht hin angelegt ist, durchsetzt (Schenk 1997).

Flexibilisierung des Zuschauens

Flexibilisierung des Zuschauens Restzeitnutzung

Insgesamt ist eine Tendenz der Flexibilisierung des Zuschauens und ein Anstieg der durchschnittlichen Sehdauer zu beobachten. Flexible Restzeitnutzung als Prinzip des TV-Zuschauens, wie es sich in den achtziger Jahren als Form des Zuschauens etabliert hat, bedeutet, daß Fernsehen – gerade weil es inzwischen permanent angeboten wird – zunehmend zwischen und neben anderen Tätigkeiten genutzt wird.

Zwar bestehen weiterhin Formen der intensiven Zuwendung zu einzelen Sendungen, zur Kanaltreue, zum Wiederholungsfernsehen, der Mitnahme- und »Vererbungseffekte« innerhalb des Programmflusses (Hasebrink 1990, 265 ff.), der sich als ›flow of audience‹ darstellt, doch ist ebenso eine wachsende Herausbildung individueller Nutzungsmuster zu beobachten.

Herausbildung individueller Nutzungsmuster

Zum Entstehen unterschiedlicher ›Nutzungsstile‹ tragen technische Hilfsmittel bei, die die Auswahl von Sendungen erleichtern: der Videorecorder mit seiner Möglichkeit des zeitversetzten Fernsehens, die Fernbedienung mit der Möglichkeit des Switchens und Zappens, neue Empfänger, die auf Bildfenstern die Kontrolle darüber erlauben, was in anderen Programmen läuft. Der Zuschauer wird immer mehr zum »Teleflaneur« (Rath 1983, 137), der durch die Fernsehwelten schweift und nach aufregenden Ereignissen sucht, aber sich auch langweilt und der mit wachsender Lust nur noch punktuell das Angebot betrachtet und divergierenden Sinneseindrücken nachgeht, die sich im Switchen durch die Programme ergeben.

Entritualisieren des Zuschauens

Der Switcher aus Passion wechselt an einem Vier-Stunden-Abend oft mehr als hundertmal die Kanäle. Er entritualisiert sein Zuschauen auf radikale Weise, weil er die eingeschliffenen Gewohnheiten, die Bindungen an bestimmte Reihen und Termine unterläuft und sich immer wieder quer dazu neue Augenreize sucht. Die neue Entritualisierung führt dazu, daß die Gewohnheitspublika abbröckeln und Programmacher immer weniger auf Kontinuitäten des Gebrauchs setzen können. Ob daraus neue Rituale entstehen, bleibt abzuwarten.

Die Fernbedienung hat den Zuschauer zwar in einer neuen, nicht wieder rückholbaren Weise freigesetzt, deshalb ist er jedoch noch nicht zu seinem eigenen »Programmdirektor« geworden, wie die kommerziellen Anbieter behaupten. Freisetzung meint hier nur die Möglichkeit, sich jederzeit Inhalten und Präsentationsformen verweigern zu können. Von einer ›Freiheit‹ des Zuschauers dem Fernsehen gegenüber kann deshalb nicht wirklich die Rede sein.

»Ob und wie sich solch diskontinuierliches Fernsehen auf die Wahrnehmung der Inhalte auswirkt, darüber liegen bisher keine gesicherten Ergebnisse vor.« (Wolfgang Neumann-Bechstein 1997, 249)

Der – im Vergleich zu früheren Phasen – ungeheure Medienkonsum sowie der Anstieg der Fernsehnutzung hat auch zu einer merkwürdig ambivalenten Haltung gegenüber den Fernsehangeboten geführt. Die Zuschauer wissen um die Konstruiertheit des Gezeigten und durchschauen alle Inszenierungen – und sehen sie trotzdem. Sie glauben nicht mehr alles, was im Fernsehen behauptet wird, und sehen es sich trotzdem gern an. Lothar Mikos hat das gesteigerte Interesse am Beispiel der Talkshows in den neunziger Jahren auf einen »reflexiven Wandel der Gesellschaft« zurückgeführt. Es werde weniger über den sozialen Wandel gesprochen, sondern der Wandel zeige sich direkt, nämlich darin, daß sich jetzt die Menschen in den Talkshows – und dies mache auch das Interesse der Zuschauer aus – selbst inszenieren. Dies erfolge nicht mehr nach den Kriterien der traditionellen bürgerlichen Öffentlichkeit, sondern jetzt käme in den Talkshows am Nachmittag zur Sprache, was bislang nicht sprachwürdig gewesen wäre, jetzt redeten die, die bislang nicht zu Wort gekommen seien, und dies in einer Art immer schon verwendeter Alltagsinszenierung. Auch wenn diese Entwicklung vielleicht nur möglich wurde, weil solche Rede als Medienprodukt gerade jetzt einen Markt findet, so ist doch darin eine Funktionalität des Fernsehens im gesellschaftlichen Zusammenhang erkennbar: Es bietet psychische Entlastung für sozial benachteiligte Zuschauerschichten.

Medienkultur und Medienmilieus

Hinter der Angebotsvermehrung steht ein qualitativer Umschwung. Kultur umfaßt heute nicht mehr nur ›auch‹ Medien, sondern ist vor allem Medienkultur. Indem immer mehr soziale Beziehungen durch Medien beeinflußt oder gar definiert werden, wird das Sich-Ankoppeln an die Medienangebote zur sozialen Selbstverständlichkeit.

Medienkultur als mediale Verdichtung bedeutet insgesamt einen ungeheuren Zuwachs an massenmedialen Angeboten. In allen Medienbereichen – mit einer einzigen Ausnahme: des Kinos – sind die Angebots- und Nutzungszahlen gestiegen. Zwischen 1950 und 1995 wuchs nach Angaben des Statistischen Jahrbuchs die Zahl der jährlich neu veröffentlichten Buchtitel von 13.000 auf 74.000, die Zahl der Theaterbesuche erhöhte sich von 15 auf 20 Millionen, die Zahl der Radioteilnehmer von 10 auf 36 Millionen und die der Fernsehzuschauer von 0 auf 32 Millionen. Die verkaufte Auflage der Tages- und Wochenzeitungen kletterte von 12 auf 32 Millionen und der Publikumszeitschriften von 33 auf 125 Millionen. Es sind vor allem derartige Expansionstendenzen, die die Medien zu einer prosperierenden Wirtschaftsbranche gemacht haben. Doch ob dieser Ausbau in gleicher Weise voranschreitet oder nicht nach der Jahrtausendwende der große Crash zu erwarten ist, ist völlig offen.

Medienkultur als mediale Verdichtung Ungeheurer Zuwachs an massenmedialen Angeboten

Herausgebildet haben sich Medienensembles, die in Verbindung mit Lebensstilen und ihren Attributen und spezifischen Milieus und Szenen stehen und damit den Charakter von ästhetisch durchgestalteten Umwelten gewonnen haben, wobei diese ästhetisierten Welten durchaus anästhetische Funktionen übernommen haben (Welsch 1990). Man kann hier im Sinne der ›cultural studies‹ von intertextuellen und intermedialen Arrangements reden, in denen in der Regel das Fernsehen eine besondere Rolle als Katalysator einnimmt, als ein soziales Bindemittel für eine kollektive Identitätsbildung sorgt (Wehner 1997, 68). Die Vielfalt der in diesen medialen Umwelten integrierten Medienangebote sorgt dafür, daß der Nutzer und Zuschauer nicht alles akzeptieren muß, sogar den Eindruck der individuellen Wahl und aktiven Bestimmung seiner Nutzung gewinnt, sich aber dennoch innerhalb dieser Angebote bewegt. Es scheint deshalb kein Zufall zu sein, daß gerade aufgrund dieser Vernetzungen und Arrangements systemtheoretische und konstruktivistische Medienmodelle (Luhmann 1996, Schmidt 1996) zur Erklärung entstanden sind.

Medienensembles in Verbindung mit Lebensstilen

Dem gesteigerten Ausbau entsprechen bisher Befunde, daß die Zuschauer bei aller Ausdifferenzierung der Fernsehnutzung und des kulturellen Verhaltens in sehr übersichtliche Milieus eingebunden sind: Milieus, die weitgehend durch den Medienkonsum definiert werden (Schulze 1992). Diese

Milieus, die weitgehend durch den Medienkonsum definiert werden

Milieubindung ist auch als eine Form der Entdifferenzierung, eine neue Vereinheitlichung durch den Medienkonsum, zu verstehen. Dennoch haben diese Milieus einen weniger festen Charakter als es zunächst scheint, da sie von den Individuen nach Bedarf auch gewechselt werden können, wobei das Fernsehen immer wieder die Möglichkeit bietet, sich ›probeweise‹ auf andere Milieus einzulassen. Diese Milieus sind unterschiedlich ›aktiv‹ oder ›passiv‹, unterschiedlich ›sprechend‹ und ›schweigend‹ in ihrer Beteiligung an der medialen Selbstthematisierung und der Exponierung eines Lebensstils.

Gleiche Inhalte haben für unterschiedliche Publika verschiedene Bedeutungen

Die Pluralität des Fernsehgebrauchs wird damit nicht rückgängig gemacht. Sie ist nicht beliebig, weil sie die Bindung an das Medium ja voraussetzt, wenn auch mit zunehmend beliebigen Inhalten, die aber nach individuellen Präfenzen, lang angelegten Dispositionen und Befindlichkeiten sowie jeweils aktuellen Stimmungen und Situationen für die jeweils eigenen Bedürfnisse funktionalisiert werden. Die Pluralität der Zuschauens wird auch in Zukunft dazu führen, daß gleiche Inhalte für unterschiedliche Publika verschiedene Bedeutungen haben und jeweils andere Funktionen erfüllen (vgl. Fiske 1994, Silverstone 1994, Morley 1997).

Innerhalb der Gruppenbildung wurde die verstärkte Orientierung auf ein jugendliches Publikum zum Kennzeichen des Fernsehens der neunziger Jahre. Daß sich RTL mit seiner von Fernsehdirektor Helmut Thoma immer wieder verkündeten Orientierung auf ein Publikum unter 49 Jahre ausrichtet, dabei aber vor allem die Unter-29-Jährigen ins Visier nimmt, und damit zum »Marktführer« wurde, hat auch andere Anbieter zu einer verstärkten Ausrichtung auf ein jugendliches Publikum veranlaßt. Obwohl diese Altersgruppe innerhalb der altersmäßigen Bevölkerungsschichtung, die auf eine langsame ›Vergreisung‹ der Gesellschaft hinausläuft, nur eine Minderheit darstellt, setzen viele Anbieter auf ›Jugendlichkeit‹, weil dies den Interessen der werbetreibenden Wirtschaft entspricht.

Rudolf-Markus Reischl, Chef von RTL-2

Von einer strukturellen »Kommerzialisierung medienvermittelter Kommunikation« sprechen deshalb Siegfried J. Schmidt und Brigitte Spieß, weil Werbung »potentiell in alle Kommunikationsbereiche der Gesellschaft« und damit auch in alle Programmbereiche des Fernsehens eingreife (ebd., 338 f.). Damit käme es zu einer paradoxen Situation, weil die Werbung in den Programmen immer stärker gegeneinander in Konkurrenz um das »immer knapper werdende Gut Aufmerksamkeit« trete und damit den beabsichtigten Konsumanreiz mindere (ebd.). Das Jugendmotiv ist in diese Konsumorientierung der Fernsehkommunikation eingebunden, weil es sich an das im Konsumverhalten noch beeinflußbare junge Publikum wendet. Dem älteren Publikum mit seinem angeblich gefestigten und von der Werbung deshalb unerreichbaren Kaufverhalten verspricht es dagegen Einblick in eine ihnen nur noch wenig bekannte Welt und damit zusätzlichen Kommunikationsanreiz. Nur so ist zu erklären, daß trotz aller Anstrengungen der Produzenten die Mehrheit der Daily-Soap-Zuschauer über 30 Jahre alt ist und damit nicht der anvisierten Zuschauerschicht entspricht.

Fernsehen als Instrument der Subjektstabilisierung

Die Vervielfachung der Programmangebote verdeutlicht latente Funktionen des Fernsehens, die bei den wenigen Programmen der ersten Jahrzehnte in dieser Weise noch nicht erkennbar waren.

Auffallend ist angesichts des Fernsehens der neunziger Jahre, daß sich

Beziehungsberatung mit »Splitterabend« (RTL) Moderator Hugo Egon Balder

breite Publikumsschichten wieder und wieder gleiche Geschichten ansehen. Wie ein Krimi ausgeht, wissen die Zuschauer aus Tausenden gesehener Kriminalfilme und -serien. Die Gewißheit, daß der Kommissar oder der Privatdetektiv am Ende den Täter stellt, findet sich jedesmal wieder bestätigt. Ähnlich erfüllen sich auch andere Genreerwartungen mit stetiger Gleichförmigkeit. Allen Variationen des Genres zum Trotz haben die langlebigsten Krimireihen wie »Derrick« Ende der neunziger Jahre die höchsten Einschaltquoten. Auch das permanente Nachrichtenangebot läßt fragen, was das Publikum in den immer gleich strukturierten Meldungen sucht.

Tausende gesehener Kriminalfilme und -serien

Offensichtlich üben die Fernsehangebote unterhalb ihrer Oberflächenreize und funktionellen Vielfalt eine stabilisierende Funktion aus, indem sie die Welt in überschaubare televisuelle Erzählungen gliedern, diese durch die Genres mit Regelwerken ausstatten, nach denen sie erzählt und verstanden werden. Damit wird Welt insgesamt verständlich – und die reale Unüberschaubarkeit gebannt.

Stabilisierende Funktion

Wo die Naturwissenschaften inzwischen von vielen Realitätskonstruktionen sprechen, wo die Technologien immer ungreifbarer, die Ökonomie immer gewalttätiger und für den einzelner bedrohlicher, die Politik immer weniger handlungsfähig wird und die Biotechnik und Gentechnologie einen Angriff auf die Körper der Subjekte startet, bietet das Fernsehen im Strudel seiner vielfachen Programme immer wieder die gleichen Formen an und versichert in seinen Geschichten, daß alles im Rahmen der hier geschilderten Welten lösbar und beherrschbar ist.

Daß das Kriminalgenre mit seinem Muster der Normverletzung, der Normsicherung und Beseitigung der Störung inzwischen fast alle Formen der Fernsehfiktion durchdrungen hat, ist ein Zeichen dafür, daß es vor allem um die Gewißheiten der scheinbar rationalen Ordnung der Welt, die in der Detektion und in der Eliminierung von Irritationen liegt, geht. An dieser Gewißheit ist das Publikum interessiert, sie soll durch den fortlaufenden Geschichtenfluß immer wieder bestätigt werden.

Normverletzung, Normsicherung und Beseitigung der Störung

In den Nachrichten vergewissern wir uns jeden Tag aufs neue, daß nichts die Welt Gefährdendes geschehen ist, daß wir nicht wirklich beunruhigt sein müssen. Auch hier macht die Einfassung des Geschehens in Meldungen, in sprachliche Formen und audiovisuelle Erzählungen die realen Bedrohungen der Welt beherrschbar und nehmen die Zuschauer per Kontrollsehen an diesen Erzählungen teil (Hickethier 1997c). So kann man hinterher auch das Gesehene wieder vergessen, weil es keine wirklichen Bedrohungen mitgeteilt hat. Beunruhigt uns eine Nachricht wirklich, wenden wir uns ihr zu, schenken ihr Aufmerksamkeit, sei es dem Golfkrieg, dem Oderbruch oder dem Tod der Princess of Wales.

Kontrollsehen

Indem das Fernsehen auf diese Weise einfach erzähl- und darstellbare Welterzählungen herstellt, trägt es zur individuellen wie kollektiven Stabilisierung bei. Darin liegt seine zentrale gesellschaftliche Hauptfunktion, die als Basis für alle anderen Funktionen anzusehen sind, die sich auf den unterschiedlichen Ebenen beschreiben lassen. Darin begründet sich auch die ständige Nachfrage nach den immergleichen Geschichten des Mediums.

Individuelle wie kollektive Stabilisierung

Fernsehen als Befriedungsinstrument

Trotz aller Flexibilisierung des Zuschauens hat das Vielsehen zugenommen. Dies läßt sich allein schon daran sehen, daß die durchschnittliche Sehdauer seit 1985 von etwas mehr als zwei Stunden auf heute mehr als drei Stunden angewachsen ist. Die durchschnittliche Sehdauer der erwachsenen Zuschauer betrug danach 1996 bereits 3 Stunden 15 Minuten und die durchschnittliche Einschaltdauer war auf 5 Stunden und 12 Minuten angestiegen (Darschin/Frank 1997, 175). Offenbar haben größere Zuschauergruppen einen wachsenden Zeitrahmen für den Medienkonsum zur Verfügung.

Langfristige Zunahme des Vielsehens

Man könnte den Anstieg der durchschnittlichen Sehdauer dadurch relativieren, daß man ihm die Angebotsmenge entgegensetzt, die notwendig ist, um diese Nutzungszeiten zu erzielen, nämlich ca. 400 Stunden Programm täglich, also mehr als das Hundertfache des tatsächlich Gesehenen. Doch dies erklärt die verstärkte Zuwendung zum Fernsehen nur zum Teil. Auch ist die damit verbundene These fraglich, daß sich in dieser Diskrepanz zwischen Angebot und durchschnittlicher Nutzung eine Ermüdung des Mediums zeige, weil es den Zuschauer mit einem immer größeren Aufwand wieder einfangen müsse, der auf der Flucht vor dem Fernsehen sei.

Plausibler ist, daß dem Fernsehen auf eine eher versteckte Weise eine ganz neue Funktion zugewachsen ist: die Absorbierung der Arbeitslosigkeit durch die Beschäftigung mit dem Fernseher. Es ist doch erstaunlich, daß bei einer offiziellen Zahl von mehr als viereinhalb Millionen Arbeitslosen (die Zahl der aus der Arbeitslosenversicherung bereits ausgeschiedenen Nichterwerbstätigen ist hierbei nicht erfaßt) in den öffentlichen Räumen nicht permanent größere Menschenansammlungen auftreten – wie bei vergleichbaren Arbeitslosenzahlen in den endzwanziger Jahren.

Absorbierung der Arbeitslosigkeit

Mit seiner Tendenz zur Verhäuslichung des Lebens und der Privatisierung der Probleme hat das Fernsehen eine eminente sozialpsychologische Funktion für die Gesellschaft übernommen. Das Fernsehen stellt ein nicht zu unterschätzendes soziales Befriedungsinstrument dar – auch und gerade, wenn es häufig nur Banales, nur Klamauk und Trash verbreitet. Einerseits vernichtet es für den einzelnen nicht anders zu nutzende Zeit, andererseits suggeriert es – gerade in den tagsüber seit 1995/96 vermehrt gesendeten Talkshows – das Gefühl von Teilhabe am gesellschaftlichen Leben und gibt den Zuschauern Einblicke in die absonderlichsten Lebensverhältnisse und bestätigt ihnen damit die ›Normalität‹ der eigenen.

Fernsehen als soziales Befriedungsinstrument

Die neuere Vielseherforschung geht mit dem Problem der Absorbierung der Arbeitslosigkeit durch das Fernsehen sehr vorsichtig um, offenbar weil sie um die gesellschaftliche Brisanz dieses Problems weiß. So konstatiert Winfried Schulz, daß es für die »extensive Fernsehnutzung« »wichtige Gründe in der sozialen Situation und in der Motivlage der Nutzer gibt« und sieht eine Neigung der Vielseher zum »Nichtstun und Träumen« sowie eine Tendenz zu einer »fatalistisch-pessimistischen Lebensauffassung«. Er resümiert: »Einsamkeit macht Vielseher (und nicht umgekehrt), und gleiches gilt auch für Arbeitslosigkeit und finanzielle Sorgen« (Schulz 1997a, 92 ff.). Daß sich aber auch durch die extensive Fernsehnutzung gerade bei den Vielsehern das »Bild der Politik« nicht verbessert, sondern eher »verdüstert«, wie Schulz an anderer Stelle zeigt (Schulz 1997b), ist jedoch nicht nur eine Folge der das Negative der Entwicklung betonenden Berichterstattung, sondern auch ein Ergebnis der Politik, die zur Beseitigung (oder doch zumindest zur Linderung) der sozialen Mißstände nicht fähig zu sein scheint. Vereinfacht gesagt: Das Fernsehen stiftet auf einer strukturellen Ebene sozialen Frieden, weil es von den Problemen, die die Individuen nicht lösen können, ablenkt.

Das Fernsehen stiftet auf einer strukturellen Ebene sozialen Frieden

14.5 Funktionen des Fernsehens: Stimulation und Sedation

Die gesellschaftlichen Funktionen des Fernsehens stellen sich am Ende des Jahrhunderts nicht einfach nur als Fortsetzung bisheriger Alltagspraxen dar, sondern es scheint, daß sie sich unter der Hand geändert haben, und daß im gesteigerten Konkurrenzkampf der Fernsehsysteme, in der Ökonomisierung der Programmgestaltung, der andauernden medienpublizistischen Debatte über die Medien und nicht zuletzt durch die expansive Ausbreitung des Computers eine neue Funktionsbeschreibung vonnöten ist.

Aufsplitterung der Öffentlichkeit – neue Formen der Integration?

Generell gilt im medienpublizistischen Diskurs, daß dem Fernsehen eine integrative Kraft zugesprochen wird, weil es Themen setzt, Argumentationsweisen einführt, Diskurse stiftet. Die kollektive Wirkung eines Fernsehangebots wird besonders hoch eingeschätzt, wenn es ihm gelingt, große Teile der Gesellschaft zu einem gemeinsamen Erlebnis zusammenzubringen und damit die Gesellschaft auf gemeinsam gesehene Sendungen und damit Themen zu verpflichten. Dementsprechend wird rückblickend die Integrationskraft des Fernsehens in den sechziger Jahren mit zwei bis drei Programmen höher eingeschätzt als in den endneunziger Jahren mit durchschnittlich 35 Programmen, weil das kollektive Erlebnis eines Durbridge-Krimis, bei dem über 90 Prozent der Zuschauer vor dem Bildschirm saßen, 35 Jahre später nicht mehr herstellbar ist. Desintegration der Gesellschaft, so die allgemeine Vermutung, sei die Folge, die Fernsehöffentlichkeit zerfalle in viele Teilöffentlichkeiten, die sich nach Spartenpräferenzen und Zielgruppen ausrichteten.

Gemeinsame Erlebnisse für die Gesellschaft stiften

An dieser gängigen Auffassung ist richtig, daß die Programmvervielfachung und Angebotsausweitung zu einer Parzellierung des Publikums beigetragen haben, ebenso auch zu einer tendenziellen Desintegration dieses Publikums: Mit der Differenzierung der Angebote ging eine Differenzierung

Die Individualisierung der Lebensweisen und Lebensstile erfolgt über die Fernsehnutzung

der Nutzungsweisen und Rezeptionsvorlieben parallel, die aber auch im Zusammenhang einer Differenzierung der Freizeitnutzung und der Lebensverhältnisse allgemein zu sehen ist. Die Konsumangebote und -gewohnheiten haben sich insgesamt verändert, und die Individualisierung der Lebensweisen und Lebensstile hat die Fernsehnutzung nicht ausgeschlossen.

Dennoch ist das Medium auch heute noch zu integrativen Leistungen fähig, nur geht es weniger darum, das Publikum durch eine einzelne Sendung zu binden. Integrationseffekte erzeugen stattdessen Ereignisse, über die in einem längeren Zeitraum berichtet werden kann und die sich durch eine kontinuierliche Berichterstattung als bedeutsam etablieren, so daß sich einerseits die verschiedenen Programme daran beteiligen können, andererseits sich das Publikum auf das Ereignis und seine mediale Transformation entsprechend einstellen kann. Integrationseffekte, die auf diese Weise durch ein vormedial bereits als bedeutsam erkanntes Thema zustande kommen, waren 1997 z.B. das Hochwasser der Oder und die Verhinderung der Überschwemmung weiter Teile des Oderbruchs im Juli und August 1997

Neue Kollektivereignisse und mediale Massenemotionalisierung

sowie der Tod Prinzessin Dianas, der zu einer beispiellosen Massendemonstration in England und zu hohen Einschaltquoten der vielstündigen Übertragung ihrer Beerdigung Anfang September 1997 führte. Ähnliches gilt auch für weltweit übertragene Sportereignisse, so daß von einem Nachlassen medialer Integrationsleistungen nicht gesprochen werden kann. Sie haben sich unter den »Vielkanalbedingungen« nur gewandelt (Jarren/Krotz 1997).

Daß gerade das Beispiel der ›Massentrauer‹ um Prinzessin Diana auch die Bedeutung der televisuellen Komponenten einer medialen Massenemotionalisierung in den Blick rückt (vgl. Bleicher 1997), zeigt, daß mediale Öffentlichkeiten und nichtmediale Erregungen in einem wechselseitigen Bedingungsprozeß stehen. Die vormedialen Ereignisse liefern den ›Rohstoff‹, aus denen die Medien jene stimulierenden und die Emotionen des Publikums erregenden ›Events‹ machen, als die sie dann in das kollektive Gedächtnis eingehen. Dieser ›Rohstoff‹, so zeigen diese und andere Beispiele, benötigt nicht nur herausragende Figuren mit einer Anlage zur Dramatisierung und Emotionalisierung, an denen sich eine Inszenierung ausrichten kann, sondern er braucht auch Elemente des Authentischen: das unerwartet Hereinbrechende, die Wiedererkennbarkeit der äußeren Orte des Geschehens, die Gefährdung des Existentiellen. Doch erst die mediale Aufbereitung macht das Ereignis für das kollektive Gedächtnis interessant.

Neben diesen herausragenden Ereignissen stellt das Fernsehen jedoch einen unaufhörlichen breiten Fluß der Programme dar, in dem wieder und wieder Verhaltensweisen, Konfliktaufbereitungen und -lösungen angeboten werden, ein »Forum« (Newcomb/Hirsch 1986), auf dem die unterschiedlichsten Auffassungen und Verhaltensmodelle häufig in überzeichneter

John de Mol mit seiner Schwester Linda

Form angeboten werden. Durch die Orientierung der Zuschauer auf diese ständige Überprüfung von Verhaltensweisen (nicht die Verpflichtung auf ein bestimmtes Verhalten) findet weniger eine thematische als vielmehr eine strukturelle Integration statt: Das Fernsehen wird zur zentralen Orientierungsinstanz, auf die sich die Gesellschaft weitgehend ausrichtet. Daß es dabei auch über die politische Allgemeinorientierung entscheidet und den

Strukturelle Integration durch das Fernsehen

Maßstab für das durchschnittliche Wissen über Welt darstellt, verstärkt die Bedeutung des Fernsehens für die Gesellschaft.

Der dispositive Charakter des Mediums erfüllt sich, indem es auf diese

Weise an der fortgesetzten Modellierung der Wahrnehmung von Welt und des Verhaltens in der Welt arbeitet, ohne daß wir als Zuschauer dessen Modellierung bewußt wahrnehmen und in unsere Handlungsabsichten einbeziehen können.

Fortgesetzte Modellierung der Wahrnehmung von Welt und des Verhaltens in der Welt

Fernsehen als Stimulationsinstanz

Niklas Luhmann sieht die zentrale Funktion der Medien und besonders des Fernsehens im »Dirigieren der Selbstbeobachtung des Gesellschaftssystems«. Sie besteht für ihn in einer »zirkulären Dauertätigkeit des Erzeugens und Interpretierens von Irritation durch zeitpunktgebundene Information«, weil durch sie »Welt- und Gesellschaftsbeschreibungen« entstehen, »an denen sich die moderne Gesellschaft innerhalb und außerhalb des Systems ihrer Massenmedien orientiert« (Luhmann 1996, 173 f.).

Anders gesagt: Das Fernsehen stellt mit seiner Vielzahl von Programmen ein permanent agierendes Stimulationssystem dar, das wieder und wieder ähnliche oder gleiche Angebote der Weltdarstellung und -interpretation liefert, sei es in der Form der Nachricht, der Dokumentation, der Fiktion, der Unterhaltung oder der Werbung. Dabei ist zu unterscheiden zwischen einer gesellschaftlichen Stimulation durch permanente Thematisierung gesellschaftlicher Probleme und einer individuellen, wobei sich diese nicht auf eine Stimulation subjektiv erfahrbarer Befindlichkeiten reduzieren läßt, sondern auch alle kommunikativen, informativen und kulturellen Anstöße, sich mit der Welt auseinanderzusetzen, einschließt.

Fernsehen als permanent agierendes Stimulationssystem

Irritation wird erzeugt, indem innerhalb der vertrauten Kommunikationsformen, die das Fernsehen anbietet, Variationen der bekannten Erklärungsmuster angeboten werden, die dazu führen, daß sich die Zuschauer immer wieder aufs Neue zu den Angeboten verhalten. In ihrem Ankoppeln an das Angebot des Fernsehens, an den Fluß der Inhalte, gewinnen sie den Eindruck, am Leben der Gesellschaft, das sich ihnen komprimiert in den Programmen darstellt, teilzuhaben. Sie können die in den Angeboten latent oder manifest enthaltenen Aufforderungen der Verhaltensmodifikation annehmen oder abwehren. Daß sie in ihrer Entscheidung darüber letztlich frei sind, daß diese Form der eigenen Selbstvergewisserung über die eigene Position innerhalb der Gesellschaft letztlich ohne Sanktionen bleibt für die eigene alltägliche Praxis, erleichtert den Fernsehkonsum. Denn unabhängig von allen stimulierenden Impulsen gibt das Medium als stabilisierende Einsicht vor, daß die Welt bei aller Konfusion Ordnungen aufweist. Im Grunde knüpft eine solche Sicht an die These David Riesmans vom außengeleiteten Menschen an, die dieser in den fünfziger Jahren entwickelt hatte und in der er eine starke Außenlenkung durch die Massenmedien konstatierte (Riesman 1958, 38 ff.).

Selbstvergewisserung über die eigene Position innerhalb der Gesellschaft

Der Stimulationsbedarf durch die Medien ist bei den Subjekten individuell unterschiedlich, auch haben sich generationsspezifisch, sozialisationsbedingt, bildungsabhängig und in Relation zu Lebenssituationen unterschiedliche Bedarfserwartungen ausgebildet. Darin formen sich wiederum kulturelle Differenzierungskriterien aus.

Stimulationsbedarf durch die Medien

Fernsehen stimuliert die Zuschauer nicht nur auf kognitiver, sondern vor allem auf emotionaler Ebene, und dies nicht nur durch die Unterhaltungs- und Fiktionsangebote, sondern auch durch die anderen Programmsparten. Deshalb von einem »Affektfernsehen« zu sprechen, vereinseitigt jedoch das Funktionspotential des Fernsehens. Für die Stimulation steht dem Medium auf der Angebotsseite eine Vielzahl von Formen zur Verfügung, und die

»Affektfernsehen«

> »Das Fernsehen wird primär als eine wohldefinierte Methode zur genußreichen Gehirnwäsche eingesetzt; es dient der individuellen Hygiene, der Selbstmedikation. Das Nullmedium ist die einzige universelle und massenhaft verbreite Form der Psychotherapie.« (Hans Magnus Enzensberger 1988, 244)

Programmgeschichte hat zahlreiche Nuancen der Komprimierung und Extension von Emotionsdarstellungen, Berichterstattungen etc. hervorgebracht.

Entscheidend bleibt dabei immer auch, was innerhalb der Programme an Bildern und damit an Stimulantien geliefert wird. Wenn z. B. vom Bürgerkrieg in einem Land (z. B. 1997 aus Algerien) monatelang zunächst keine Bilder gezeigt werden, gerät dieser Krieg auch nicht in das Bewußtsein der Fernsehgesellschaft, selbst wenn das Medium sonst weiterhin ständig andere Impulse vermittelt.

Was Niklas Luhmann für die Medien allgemein behauptet, gilt zumindest für das Fernsehen: Es erzeugt damit auch »eine ständig erneuerte Bereitschaft, mit Überraschungen, ja mit Störungen zu rechnen. Insofern ›passen‹ die Massenmedien zu der beschleunigten Eigendynamik anderer Funktionssysteme wie Wirtschaft, Wissenschaft und Politik, die die Gesellschaft ständig mit neuen Problemen konfrontieren« (Luhmann 1996, 47 f.).

Sedation und Stimulation

Fernsehen als Stimulationsinstanz bedeutet jedoch nicht nur Beschleunigung und Reizintensivierung, sondern auch Verlangsamung, Reizreduktion mit der Folge der Sedation. Denn auch Beruhigung und Versöhnung sind Ergebnisse medialer Impulse. Fernsehen liefert gerade durch seine Ausdifferenzierung der verschiedenen Angebotsformen unterschiedliche Stimulationen. Der Sedationseffekt findet sich z. B. in zahlreichen Serienidyllen und Volksmusikabenden, ebenso in Opernübertragungen und anderen kulturellen Ereignissen, die sich durch ihre ›Langsamkeit‹ scheinbar der Dynamik der Reizintensivierung versagen.

Es liegt nahe, die Funktion des Stimulationsfernsehens im Zusammenhang mit der langfristigen Intensivierung des Alltagslebens zu sehen, die durch eine Parallelisierung unterschiedlicher Tätigkeiten, der zunehmenden Verlagerung der administrativen Handlungen der Subjekte in den Alltag und des erhöhten Aufwands der Organisation zwischenmenschlicher Beziehungen entsteht. Komplexität wird von den Individuen vor allem in ihrem Alltag erfahren, auf sie reagiert das Fernsehen, in dem es ›spielerisch‹ die Einübung in neue, ›moderne‹ Strukturen anbietet, bzw. indem es diese kompensiert und durch Vereinfachungen reduziert.

Kompensation der Enttäuschungen

Die These, die im Anschluß an die von Odo Marquardt und anderen geführte Kompensationsdebatte (Kursbuch 91/1988) entwickelt wurde, die Medien, und insbesondere das Fernsehen, dienten der Kompensation der Enttäuschungen der in den gesellschaftlichen Modernisierungsprozessen zu kurz Gekommenen, schließt die andere Funktion der Stimulierung der Teilhabe an den gesellschaftlichen Veränderungsprozessen nicht aus. Die nostalgische Bearbeitung von Kindheitserinnerungen, Harmoniesehnsüchten und Verlusterfahrungen allgemeiner Art durch mediale Angebote gehört gerade, wie in vorangegangenen Kapiteln gezeigt, mit zu den Programmaufgaben.

Irritation und Vibration der gesellschaftlichen Kommunikation

Stimulierung der individuellen wie gesellschaftlichen Selbstvergewisserung

Folgt man der These der Irritation der Gesellschaft durch das Fernsehen und damit der Stimulierung individueller wie gesellschaftlicher Selbstvergewisserung, so hält das Medium in seiner Vielzahl ähnlicher Angebote immer wieder neue Varianten parat. Der Unterhaltungswert liegt im Wechsel von Schema und Variation, von Vertrautheit und Irritation. Über diesen Prozeß ist es möglich, Veränderungen, die die gesellschaftlichen Modernisierungen erzwingen, zu vermitteln und akzeptierbar zu machen.

Im Nebeneinander der verschiedenen Programmflüsse erscheinen deshalb die vielen ähnlichen oder gleichen Sendungen als Ergebnisse einer permanenten Modulation, das Fernsehen selbst als ein großer medialer Apparat, der die Gesellschaft in Schwingungen versetzt, in eine kommunikative Vibration, die parallel zu anderen Erneuerungs- und Innovationsprozessen stattfindet.

Damit hatte auch ein grundsätzlicher Wandel in der Konzeption des Fernsehens als Programmedium stattgefunden. Bis in die neunziger Jahre hinein verstand sich das Fernsehen als eine kulturelle Veranstaltung, in der, orientiert an der kulturellen Tradition, mehr das einzelne Produkt als der Gesamtzusammenhang des Programms oder des Fernsehens insgesamt zählte. Deswegen spielte jahrzehntelang die Fernsehkunst eine besondere Rolle, kam es darauf an, jeweils individuelle, letztlich sich aus kulturellen Traditionen her begründende Sendungen zu schaffen, die dann in einer begrenzten Abfolge präsentiert wurden. Die Verpflichtung auf Bildung und damit auch auf eine Qualität des Herstellens waren diesem Programmprinzip eingeschrieben.

Grundsätzlicher Wandel in der Konzeption des Fernsehens als Programmedium

Mitte der neunziger Jahre deutet sich ein fundamentaler Wechsel an, der den Gesamtzusammenhang der permanent ausgestrahlten Programme höher stellt als das jeweilige Einzelprodukt. Die Dauervibration der Programme, in die sich die Zuschauer zur eigenen Stimulation einklinken können und dabei immer eine ähnliche Gestimmtheit antreffen, wird zum neuen Kennzeichen. Das Ideal eines solchen Programmverständnisses ist es, für die Zuschauer eine für diese möglichst stimmige Umgebung zu bilden. Anschließbarkeit wird dabei zum Kriterium.

›Dauervibration‹ der Programme

Im Modell des Marktfernsehens ist eine, den Regeln der bloßen Reizerzeugung und der eigenen Homogenität gehorchende Programmwelt selbst wiederum Ware, die Markenartikel-Charakter anstrebt. Es liegt auf der Hand, daß ein solches Konzept von Fernsehen kollidieren muß mit dem Fernsehkonzept, das sich einem gesellschaftlichen Auftrag auf Herstellung politischen Bewußtseins, der Vermittlung emanzipativer Lebensvorstellungen und ethischer Grundprinzipien verpflichtet weiß. Und vielleicht ist es richtig, am Ende des Jahrhunderts, das in seiner zweiten Hälfte wesentlich durch das Fernsehen geprägt wurde, daran zu erinnern, daß, mit den Worten Oskar Negts, für das menschliche Leben »alles Wesentliche, womit es die Medien zu tun haben, außerhalb der Medien oder vor den Medien liegt« (zit. n. Wolf 1997, 3), also Erfahrung und Sinneswahrnehmung, Nachbarschaft, Heimat, die lebendigen Verhältnisse insgesamt.

»Nicht Zahl und Umfang der Informationen sind das Problem, sondern die Verarbeitungsfähigkeit und Bewertung für den eigenen Lebenszusammenhang.« (Oskar Negt 1997)

So plausibel eine systemtheoretische Beschreibung des Fernsehens als Medium insgesamt und in seinen gesellschaftlichen Funktionen ist, die die Bedeutung der Inhalte leugnet, so bleibt für den einzelnen Zuschauer die Frage nach Inhalt und Sinn der jeweiligen Angebote entscheidend. Wenn die systemtheoretisch beschreibbaren Vibrationseffekte auch den einzelnen beherrschen, er nur noch an der Stimulation als solcher interessiert ist und Inhalte und Sinn unwichtig werden, entsteht auf der Seite der Produzenten Zynismus über das eigene Tun, auf der Seite der Rezipienten Abstumpfung und Gleichgültigkeit.

Für den einzelnen Zuschauer bleibt die Frage nach Inhalt und Sinn der jeweiligen Angebote entscheidend

Für die Funktionen des Fernsehens in den gesellschaftlichen Modernisierungsprozessen stellt sich am Ende der Geschichte des deutschen Fernsehens die Frage nach der Modernisierung selbst, wenn gesellschaftliche

Gesellschaftliche Modernisierung und Modernisierung der Medien werden eins

Modernisierung und Modernisierung der Medien in eins fallen. Die lange Zeit mit dem Begriff der Modernisierung mitgedachte teleologische Ausrichtung, eine bessere Welt zu erreichen, zerfällt, weil immer deutlicher wird, daß die Optimierungen in einem Bereich (etwa der technisch erreichten Bequemlichkeit im Zugang zur audiovisuellen Kommunikation) durch Verluste und Einschränkungen in anderen Bereichen (etwa der unmittelbaren Erfahrung der Natur und dem immer schnelleren Schwinden der Lebensressourcen) erkauft werden. Modernisierung erscheint deshalb immer mehr als eine Systemoptimierung unter rein gewinnorientierten Maximen, nicht mehr als individuelle Verbesserung der Lebensverhältnisse.

Als einen »Aufbruch ans Ende der Modernisierung« versteht Siegfried J. Schmidt die neunziger Jahre, wobei er die Überführung des Fernsehens in einen solchen Zustand permanenter Irritation und Vibration offenbar als einen mehr oder weniger stabilen Systemzusammenhang sieht, der eine gerichtete, geschichtliche Entwicklung ausschließt (Schmidt/Spieß 1996, 348). Ein solches Verständnis mag jedoch auch mit der eingangs beschriebenen Endzeitstimmung zur Jahrtausendwende zu tun haben.

Globalisierung und Internationalisierung

Der Historiker Wolf Schäfer hat als Kennzeichen der zweiten Hälfte des 20. Jahrhunderts die Globalisierung hervorgehoben und sie als entscheidendes epochenbestimmendes Merkmal bezeichnet:

Globalisierung als entscheidendes epochenbestimmendes Merkmal

»Der zeitgenössische Erfahrungshorizont hat die ganze Welt zum Umkreis. Wir wissen, daß alles, was in der massiv vernetzten Welt der Gegenwart geschieht, gleichzeitig geschieht. [...] Die neue Epoche zeichnet sich dadurch aus, daß sie alle Menschen und Nationen, Regionen und Kulturen in einer Zivilisation verbindet.

Was in den letzten fünfzig Jahren begonnen hat, geht nicht demnächst zu Ende. Im Gegenteil. Was wir gegenwärtig mit etwas mehr Verständnis als zuvor erleben, ist der Anfang eines gemeinsamen Zeitalters für alle Zeitgenossen auf dem dritten Planeten von der Sonne. Zum ersten Mal in der menschlichen Geschichte.« (Schäfer 1996, 56)

Zu dieser Globalisierung und ihrer Erfahrbarkeit hat das Fernsehen als Medium wesentlich beigetragen, nicht in der Weise, daß es sie vorbereitet und durchgesetzt hat, sondern dadurch, daß es diese Tendenz mit all ihren Widersprüchen aufgenommen und ständig bearbeitet hat. Dies geschah nicht allein durch Thematisierung, sondern auch auf struktureller Ebene, indem sich das Fernsehen als Technik internationalisiert, über andere Kulturräume berichtet und Medienproduktionen aus anderen Ländern vermittelt und vor allem im Unterhaltungsbereich eine weitgehend einheitliche, wenn auch noch mit unterschiedlichen Akzenten operierende Unterhaltungsindustrie geschaffen hat. Folgt man der These Schäfers, ist das Fernsehen als Instrument dieser Globalisierung noch längst nicht am Ende.

Fernsehen als Instrument dieser Globalisierung

Doch gibt es in den neunziger Jahren auch die Rede vom Ende des Fernsehens als Leitmedium, weil dieses nun vom Computer als neuem Medium übernommen worden sei. Dies gilt sicherlich für den publizistischen Diskurs über die Medien, in dem häufig einzelne Kampagnen im Computermarkt die Debatte über die neue Mediensituation insgesamt bestimmen. Von den realen Nutzungsdaten her gesehen, von den Funktionen, die das Fernsehen ausfüllt, und von der Art und Weise, wie es die Menschen immer noch in seinen Bann schlagen kann, entbehrt die Rede vom Ende des Leitmediums Fernsehen jedoch jeder Grundlage. Im Gegenteil, das Fernsehen mit seinen sinnlichen Überwältigungsstrategien des Audiovisuellen ist in seiner Verankerung in unseren mentalen Haushalten ungebrochen und verfeinert seine Strategien und Techniken der Illusionierung ständig weiter.

Es ist auch auf absehbare Zeit *das* zentrale Medium für die Gesellschaft, in dem diese ihre Selbstverständigung über ihre politische Verfaßtheit betreibt, es ist auch immer noch das Medium, mit dem eine Vielzahl von Menschen ihre eigene Orientierung in dieser Welt organisiert.

Nicht zuletzt – und dadurch wird die Entwicklung des Fernsehens im nächsten Jahrhundert bestimmt – ist es ein expandierender Wirtschaftsbereich, in dem ökonomische Macht, politisches Kalkül, technische Dynamik und kulturelle Potenz zusammentreffen. Aber wie die deutsche Gesellschaft keine »Deutschland AG« ist (Hennis 1997), ist die gesellschaftliche Kommunikation kein reiner Marktbetrieb, sondern erfüllt zentrale Aufgaben des gesellschaftlichen Zusammenhalts. Sie werden immer noch zu allererst durch das öffentlich-rechtliche Fernsehen erfüllt. Sich dieser Form des Fernsehens zu entledigen, wie seit Mitte der neunziger Jahre lautstark gefordert wird, droht bisher noch stabile Strukturen der TV-Kommunikation aufzuweichen, die gebraucht werden, sollte die Gesellschaft größeren Krisen als sie heute schon existieren, ausgesetzt sein. Das öffentlich-rechtliche System ist nach 1945 auch aus der Erfahrung der Not und als Abwehr medialen Mißbrauchs entstanden. Es hat sich bewährt und wesentlich zur Stabilität der Bundesrepublik Deutschland beigetragen. Es sollte nicht ohne Not aufgegeben werden. Auch eine aggressive Marktwirtschaft, wie sie gegenwärtig entsteht, braucht allgemeine Vermittlungsinstanzen, die unabhängig von Verwertungsabsichten sind.

Eine aggressive Marktwirtschaft braucht allgemeine und unabhängige Vermittlungsinstanzen

So steht am Ende der hier dargestellten Geschichte des Fernsehens kein ungebrochen positiver Blick auf die Zukunft des Fernsehens und damit auf die Zukunft der Gesellschaft und ihrer Medien. Die Perspektiven bleiben ambivalent. Der Glaube der Verbesserung der Sinne und der Steigerung der Welterfahrung mit Hilfe der Medien ist von Skepsis durchsetzt. Die apokalyptischen Warnungen vor der Zerstörung der Kommunikation und Kultur durch die Medien haben sich jedoch auch nicht erfüllt. Aber es könnte ja sein, daß die Gefahren der Medien ganz anderer, struktureller und langfristiger Art sind, und wir, die wir innerhalb dieser medialen Welten ›gefangen‹ sind, diese nur noch nicht erkennen.

Daß das Stimulationsfernsehen, wie es sich am Ende des Jahrhunderts als auffälligste Ausformung des Programmfernsehens darstellt, auch nur eine historische Phase des Mediums bildet, ist gewiß, und es zeichnet sich bereits ab, daß sich mit dem neuen Jahrhundert auch in den Medien eine neue Ernsthaftigkeit, eine Verantwortlichkeit und eine neue Moralität etablieren wird, wenn sich mit dem Ende des Neoliberalismus die Gesellschaft in ihren Bedingungen neu definieren muß. Vieles, was jetzt von den Prognosen über die Zukunft des Fernsehens als unausweichlich erscheint, wird dann als unerfüllbare Vision, als temporäre Erscheinung und Überschätzung der Möglichkeiten erscheinen. Die Geschichte des Fernsehens ist deshalb nicht an ihrem Ende, sondern wird dann neu zu schreiben sein.

15. Anhang

15.1 Literatur

Unveröffentlichte Quellen

Bericht 1945: Bericht über die Versammlung der Kulturschaffenden von Gross-Berlin am 14. 5. 1945 im Busch-Kino, Berlin-Friedrichsfelde, Alt-Friedrichsfelde 3, unter dem Vorsitz des Herrn Generalobersten Bersarin, Kommandant von Berlin, Ms., 2 S.

Bericht des Politbüros an die 11. Tagung des Zentralkomitees der SED. 15.–18. Dezember 1965. Berichterstatter: Genosse Erich Honecker. Berlin 1966.

Boraucke-Heyden, Evelyn o. J.: »Blaulicht«. Bedeutung der Spiele für das DDR-Fernsehen. Unv. Ms., 1 Seite, undatiert. Archiv der AG ›Geschichte der Fernsehkunst‹ des Verbandes der Film- und Fernsehschaffenden der DDR.

Boraucke-Heyden, Evelyn o. J.: Erinnerungen an das Fernsehen 1952–1962. Unveröff. Manuskript.

Diskussionspapier 1957: Diskussionspapier vom 10. 12. 1957 aus den Akten des Politbüros, Institut für Geschichte der Arbeiterbewegung, Zentrales Parteiarchiv (IfGA, ZPA), J IV 2/2J/426.

Fernsehfunk 1960: Deutscher Fernsehfunk - Außenverbindung. Auswertung zum Fragenkomplex Nr. 13. Betr.: Sendereihe »Blaulicht«. Berlin, den 26. 9. 1960. Unv. Ms., 10 Seiten. Archiv der AG ›Geschichte der Fernsehkunst‹ des Verbandes der Film- und Fernsehschaffenden der DDR.

Mahle, Hans 1995: Gespräch Peter Hoff mit Hans Mahle am 24. Januar 1995.

Müncheberg, Hans 1990/91: Zur Geschichte der Fernsehdramatik in der DDR. Allgemeine und persönliche Erfahrungen. Berlin. Manuskript.

Protokoll 1960: Stenographisches Protokoll des Gespräches über Film und Fernsehen im Haus der Deutschen Presse am 2. 6. 1960 in Berlin (Manuskript Archiv Peter Hoff).

Prodöhl, Günther o.J.: Kriminalreihe. Unv. Manuskript, 1 Seite, undatiert. Archiv der AG »Geschichte der Fernsehkunst« des Verbandes der Film- und Fernsehschaffenden der DDR.

Wangenheim, Inge von o. J.: Einige Gedanken zur Tätigkeit und Wirkung unserer Sprecher. Manuskript.

Wedler, Klaus 1993: Entdeckungen in Berliner Archiven. »Störstrahlung gegen das Westfernsehen« (Manuskript Archiv Peter Hoff).

Reihen

Adolf-Grimme-Institut (Hrsg.) 1991 ff.: Jahrbuch Fernsehen, Marl.

ALM (Arbeitsgemeinschaft der Landesmedienanstalten in der Bundesrepublik Deutschland) 1996 (Hrsg.): Jahrbuch der Landesmedienanstalten 1995/96 München (vorher: DLM-Jahrbuch 1989/90 ff.).

ARD (Hrsg.) 1969 ff.: ARD-Jahrbuch, Hamburg.

Bundesverband Deutscher Fernsehproduzenten e.V. (Hrsg.) 1991 ff.: Jahrbuch. München.

Institut für Demoskopie (Hrsg.) 1956 ff.: Jahrbuch für Demoskopie. Allensbach.

ZDF (Hrsg.) 1964 ff.: ZDF-Jahrbuch, Mainz.

ZDF (Hrsg.) 1973: Fernsehen in den 70er Jahren. Mainz (Schriftenreihe des ZDF H.9).

Bücher

Abramson, Albert 1987: The History of Television, 1880 to 1941. Jefferson/London.
Agentur Bilwet 1993: Medienarchiv. Bensheim/Düsseldorf.
Ambesser, Axel von 1988: Nimm einen Namen mit A. Frankfurt/M./Berlin.
Amelunxen, Hubertus von/Ujica, Andrej (Hrsg.) 1990: Television/Revolution. Das Ultimatum des Bildes. Marburg.
Amery, Jean 1961: Geburt der Gegenwart. Olten/Freiburg i. Br.
Anders, Günther 1956: Die Antiquiertheit des Menschen. München.
Andersen, Arne 1997: Der Traum vom guten Leben. Alltags- und Konsumgeschichte vom Wirtschaftswunder bis heute. Frankfurt/M./New York.
Ang, Ien 1986: Das Gefühl Dallas. Zur Produktion des Trivialen. Bielefeld.
ARD/ZDF (Hrsg.) 1997: Was Sie über Rundfunk wissen sollten. Berlin.
Arte (Hrsg.) 1996: 500 Themenabende auf Arte. Straßburg.

Baudrillard, Jean 1978: Kool Killer oder Der Aufstand der Zeichen. Berlin.
Bauer, Wolf/Baur, Elke/Kungel, Bernd (Hrsg.) 1976: Vier Wochen ohne Fernsehen. Berlin.
Bausch, Hans 1980: Rundfunkpolitik nach 1945. 2 Bde. München (Ders. (Hrsg.): Rundfunk in Deutschland. München. Bd. 3 und 4).
Bellac, Paul 1963: Die Vorgeschichte der Eurovision. Bern (Vervielf. Manuskript 23 S.).
Berg, Elisabeth/Frank, Bernward 1979: Film und Fernsehen. Mainz.
Berg, Klaus/Kiefer, Marie Luise (Hrsg.) 1978: Massenkommunikation. Eine Langzeitstudie zu Mediennutzung und Medienbewertung. Mainz.
Berg, Klaus/Kiefer, Marie Luise (Hrsg.) 1996: Massenkommunikation V. Baden-Baden.
Bergmann, Erhard 1969: Schulfernsehen. Zur Entwicklung, Didaktik und Praxis. Frankfurt/M. u. a.
Bessler, Hansjörg 1980: Hörer- und Zuschauerforschung. München (Rundfunk in Deutschland, Bd.5).
Blaney, Martin 1992: Symbiosis or Confrontation? The Relationship between the Film Industry and Television in the Federal Republic of Germany from 1950 to 1985. Berlin.
Bleicher, Joan Kristin 1993: Chronik zur Programmgeschichte des deutschen Fernsehens. Berlin.
Bleicher, Joan Kristin (Hrsg.) 1996: Fernseh-Programme in Deutschland. Konzeptionen, Diskussionen, Kritik. Opladen.
Bleicher, Joan Kristin (Hrsg.) 1997a: Programmprofile kommerzieller Anbieter. Opladen.
Bleicher, Joan Kristin 1997b: Mythos Fernsehen. Fernsehen als narratives Erkenntnissystem. Unveröff. Habilschrift. Hamburg (Manuskript).
Boddy, William 1990: Fifties Television. The Industry and Its Critics. Urbana/Chicago.
Bolwin, Rolf/Seibert, Peter (Hrsg.) 1996: Theater und Fernsehen. Opladen.
Bonus, Holger 1968: Die Ausbreitung des Fernsehens. Meisenhain am Glan.
Bolz, Norbert 1993: Am Ende der Gutenberg-Galaxis. München.
Braake, Suzanne 1988: Die Entwicklung der Programmstrukturen im ARD-Gemeinschaftsprogramm »Erstes Deutsches Fernsehen«. Hintergründe, Wandlungen und Folgen. München (unveröff. Magisterarbeit).
Bredow, Hans 1954: Im Banne der Ätherwellen. Bd. I. Stuttgart (1956: Bd. II).
Broadcasting in Britain. London 1975.
Bronnen, Arnolt 1985: Arnolt Bronnen gibt zu Protokoll. Berlin/Weimar.
Brosius, Hans-Bernd 1995: Alltagsrationalität in der Nachrichtenrezeption. Opladen.
Bruch, Walter 1967: Kleine Geschichte des Fernsehens. Berlin.
Bruch, Walter 1969: Die Fernseh-Story. Stuttgart.
Buchholz, Axel/Kulpok, Alexander 1979: Revolution auf dem Bildschirm. Die neuen Medien Videotext und Bildschirmtext. München.

Buddemeier, Heinz 1970: Panorama, Diorama, Photographie. Entstehung und Wirkung neuer Medien im 19. Jahrhundert. München.
Buß, Michael 1985: Die Vielseher. Fernsehzuschauerforschung in Deutschland. Theorie – Praxis – Ergebnisse. Frankfurt/M.

Castleman, Harry/Podrazik, Walter J. 1982: Watching TV. Four Decades of American Television. New York u.a.
Caughie, John (Hrsg.) 1978: Television: Ideology and Exchange. London.
Clay, Lucius D. 1950: Entscheidung in Deutschland. Frankfurt/M.

Dahlmüller, Götz/Hund, Wulf D./Kommer, Helmut 1973: Kritik des Fernsehens. Darmstadt/Neuwied.
Dehnhardt, Wolfgang u.a. 1996: Europäisches Fernsehen bis 1970. Eine Idee wird zum Laufen gebracht. Siegen (Arbeitshefte Bildschirmmedien Nr. 61).
Deiters, Heinz-Günter 1973: Fenster zur Welt. 50 Jahre Rundfunk in Norddeutschland. Hamburg.
Delling, Manfred 1976: Bonanza & Co. Fernsehen als Unterhaltung und Politik. Eine kritische Bestandsaufnahme. Reinbek.
Dönhoff, Marion Gräfin 1963: Die Bundesrepublik in der Ära Adenauer. Reinbek.
Dorfman, Ariel 1988: Der einsame Reiter und Babar, König der Elefanten. Reinbek (ursprünglich New York 1983).
Dröge, Franz 1972: Wissen ohne Bewußtsein. Frankfurt/M.
Dunnett, Peter J. S. 1990: The World Television Industry. London.
Dusiska, Emil (Hrsg.) 1973: Wörterbuch der sozialistischen Journalistik, Leipzig (Karl-Marx-Universität, Sektion Journalistik).
Dussel, Konrad/Lersch, Edgar/Müller, Jürgen K. 1995: Rundfunk in Stuttgart 1950–1959. Stuttgart.

Eckert, Gerhard 1936: Gestaltung eines literarischen Stoffes in Tonfilm und Hörspiel. Berlin.
Eckert, Gerhard 1941: Der Rundfunk als Führungsmittel. Heidelberg/Berlin/Magdeburg.
Eckert, Gerhard 1953: Die Kunst des Fernsehens. Emsdetten.
Eckert, Gerhard 1958: Monopol oder Wettbewerb im deutschen Fernsehen. München.
Eckert, Gerhard 1965: Das Fernsehen in den Ländern Westeuropas. Gütersloh.
Ellis, John 1982: Visible Fictions. London.
Elsaesser, Thomas 1994: Der Neue deutsche Film. München.
Engel, Markus/Gottinger, Ina/Grosse, Christine/Riefler, Stefan (Hrsg.) 1985: Die Kabelpilotprojekte in der Bundesrepublik Deutschland. München.
Erlinger, Hans-Dieter/Stötzel, Dirk Ulf (Hrsg.) 1991: Geschichte des Kinderfernsehens in der Bundesrepublik Deutschland. Entwicklungsprozesse und Trends. Berlin.
Eurich, Claus 1983: Das verkabelte Leben. Reinbek.

Faulstich, Werner 1982: Ästhetik des Fernsehens. Tübingen.
Faupel, Gunther 1979: Medien im Wettstreit. Film und Fernsehen. Münster.
Fernsehdramatik 1969: Fernsehdramatik im Gespräch. Theoretische Konferenz des Staatlichen Komitees für Fernsehen beim Ministerrat der Deutschen Demokratischen Republik 4. Februar 1969. Berlin.
Fernsehen der DDR Programmdirektion Abteilung Öffentlichkeitsarbeit (Hrsg.) 1976: Fernsehen der DDR. Berlin.
Fiske, John 1987: Television Culture. London.
Fiske, John 1994: Media Matters. Minneapolis/London.
Fiske, John/Hartley, John 1978: Reading Television. London.
Flichy, Patrice 1994: Tele. Geschichte der modernen Kommunikation. Frankfurt/M.
Flora, Peter 1974: Modernisierungsforschung. Zur empirischen Analyse der gesellschaftlichen Entwicklung. Opladen.
Flusser, Vilém 1989: Ins Universum der technischen Bilder. Göttingen, 2. Aufl.
Först, Walter (Hrsg.) 1974: Aus Köln in die Welt. Köln/Berlin.
Foerster, Oskar/Holz, Hans-Joachim 1963: Fernsehen für Kinder und Jugendliche. München.

Foltin, Hans-Friedrich/Würzberg, Gerd 1975: Arbeitswelt im Fernsehen. Versuch einer Programmanalyse. Köln.
Fortschritt 1982: Der Bundesminister für Forschung und Technologie (Hrsg.): Technischer Fortschritt. Auswirkungen auf Wirtschaft und Arbeitsmarkt. Untersuchungen der Prognos AG Basel und Mackintosh Consultants Luton. Düsseldorf/Wien.
Foucault, Michel 1976: Dispositive der Macht. Berlin.
Frank, Bernward/Maletzke, Gerhard/Müller-Sachse, Karl H. 1991: Kultur und Medien. Angebote, Interessen, Verhalten. Baden-Baden (Schriftenreihe Media Perspektiven 11).
Freier, Rolf 1984: Der eingeschränkte Blick und Die Fenster zur Welt. Marburg.
Freyberger, Roland 1971: Licht, Signale, Bilder. Tricks und Techniken des Fernsehens. Düsseldorf.
Füsslin, Georg u.a. 1995: Der Guckkasten. Einblick – Durchblick – Ausblick. Stuttgart.

Gangloff, Tilmann P./Abarbanell, Stephan (Hrsg.) 1994: Liebe, Tod und Lottozahlen. Fernsehen in Deutschland. Was macht es? Wie wirkt es? Was bringt es? Hamburg/Stuttgart.
Genth, Renate/Hoppe, Joseph 1986: Telephon! Der Draht, an dem wir hängen. Berlin.
Glaser, Hermann 1990: Die Kulturgeschichte der Bundesrepublik Deutschland. 3 Bde. Frankfurt/M.
Glatzer, Dieter 1965: Zur Spezifik des Fernsehens. Leipzig (Schriftenreihe zum Fernstudium der Fakultät für Journalistik).
Glatzer, Dieter/Hempel, Manfred/Schmotz, Dieter (Hrsg.) 1977: Die Entwicklung des Fernsehens der DDR. Folge 1. Zeittafel. Berlin.
Gmelin, Otto F. 1967: Philosophie des Fernsehens. Bd. I. Pfullingen (weitere Bände sind nicht erschienen).
Goethals, Gregor T. 1981: The TV Ritual. Worship at the Video Altar. Boston.
Goodwin, Andrew/Whannel, Garry (Hrsg.) 1990: Understanding Television. New York/London.
Grimme, Adolf 1955: Die Sendung der Sendungen des Rundfunks. Frankfurt/M.
Grundsätze 1960: Grundsätze sozialistischer Kulturarbeit im Siebenjahresplan. Entschließung der Kulturkonferenz 1960. In: Kulturkonferenz 1960. Protokoll der vom Zentralkomitee der SED, dem Ministerium für Kultur und dem Deutschen Kulturbund v. 27.–29. April 1960 im VEB Elektrokohle Berlin abgehaltenen Konferenz. Berlin.

Habermas, Jürgen 1985: Der philosophische Diskurs der Moderne. Frankfurt/M.
Hachmeister, Lutz 1987: Theoretische Publizistik. Berlin.
Hackforth, Josef 1975: Sport im Fernsehen. Ein Beitrag zur Sportpublizistik unter besonderer Berücksichtigung des Deutschen Fernsehens (ARD) und des Zweiten Deutschen Fernsehens (ZDF) in der Zeit von 1952–1972. Münster.
Haensel, Carl 1952: Fernsehen – nah gesehen. Technische Fibel, Dramaturgie, organisatorischer Aufbau. Frankfurt/M., Berlin.
Hallenberger, Gerd (Hrsg.) 1995: Neue Sendformen im Fernsehen. Ästhetische, juristische und ökonomische Aspekte. Siegen (Arbeitshefte Bildschirmmedien Nr. 54).
Hallenberger, Gerd/Foltin, Hans-Friedrich 1989: Unterhaltung durch Spiel. Berlin.
Hallenberger, Gerd/Kaps, Joachim (Hrsg.) 1991: Hätten Sie's gewußt? Marburg.
Hallenberger, Gerd/Krzeminski, Michael (Hrsg.) 1994: Osteuropa. Medienlandschaft im Umbruch. Berlin.
Hattendorf, Manfred 1994: Dokumentarfilm und Authentizität. Konstanz.
Hawes, William 1986: American Television Drama. The Experimental Years. Alabama.
Head, Sydney W. 1972: Broadcasting in America. A Survey of Television and Radio. Boston.
Heil, Karolus Heinz 1967: Das Fernsehen in der Sowjetischen Besatzungszone Deutschlands 1953–1963. Bonn.

Heimann, Paul 1963: Massenmedien in der Volksschule. Stuttgart o. J. (1963).
Heimann, Paul/Frister, Erich/Schulz, Wolfgang (Hrsg.) 1965: Fernsehen schulintern. Berlin.
Heinrichs, Herbert 1991: Deutsche Medienpolitik. Nauheim.
Heller, Heinz-B. (Hrsg.) 1994: Reihen und Aspekte des Dokumentarfilms im Fernsehen der Gegenwart. Siegen (Arbeitshefte Bildschirmmedien Nr. 45).
Heller, Heinz-B./Zimmermann, Peter (Hrsg.) 1990: Bilderwelten – Weltbilder. Dokumentarfilm und Fernsehen. Marburg.
Heller, Heinz-B./Zimmermann, Peter (Hrsg.) 1995: Blicke in die Welt. Reportagen und Magazine des nordwestdeutschen Fernsehens in den 50er und 60er Jahren. Konstanz (Close up Bd. 3).
Hempel, Manfred (Red.) 1978: Die Entwicklung des Fernsehens der DDR. Folge 2. Chronologisches Verzeichnis szenisch gestalteter Sendungen. Berlin.
Hengst, Heinz 1981: Kindheit als Fiktion. Frankfurt/M.
Hepp, Andreas/Winter, Rainer (Hrsg.) 1997: Kultur – Medien – Macht. Opladen.
Hermand, Jost 1988: Die Kultur der Bundesrepublik Deutschland 1965–85. München.
Hick, Ulrike 1996: Bilderwelten vor dem Kino. Zur Geschichte der Bildapparate und Medialisierung der Wahrnehmung. Marburg (Unveröff. Habilschrift).
Hickethier, Knut 1980a: Das Fernsehspiel der Bundesrepublik. Themen, Form, Struktur, Theorie und Geschichte 1951–1977. Stuttgart.
Hickethier, Knut (Hrsg.) 1989a: »Nachts ging das Telefon« von Willi Kollo. Ein Stück Fernsehgeschichte. Universität-GH-Siegen. Siegen (Massenmedien und Kommunikation, MuK-Reihe Nr.54).
Hickethier, Knut (Hrsg.) 1990a: Der Zauberspiegel – Das Fenster zur Welt. Untersuchungen zum Fernsehprogramm der fünfziger Jahre. Siegen (Arbeitshefte Bildschirmmedien Nr.14).
Hickethier, Knut 1991a: Die Fernsehserie und das Serielle des Fernsehens. Lüneburg.
Hickethier, Knut (Hrsg.) 1993a: Institution, Technik und Programm. Rahmenaspekte der Programmgeschichte des Fernsehens. München (Geschichte des Fernsehens in der Bundesrepublik Deutschland, Bd.1).
Hickethier, Knut 1993b: Deutsche Verhältnisse. Beiträge zum Fernsehspiel und Fernsehfilm in Ost und West. Siegen (Arbeitshefte Bildschirmmedien Nr.41).
Hickethier, Knut 1994d: Geschichte der Fernsehkritik in Deutschland. Berlin.
Hickethier, Knut/Bleicher, Joan (Hrsg.) 1997: Trailer, Teaser, Appetizer. Zu Ästhetik und Design der Programmverbindungen im Fernsehen. Hamburg.
Hoff, Peter 1996: Das große Buch zum Polizeiruf 110. Berlin.
Honsowitz, Herbert 1975: Fernsehen und Programmzeitschriften. Berlin.
Hymmen, Friedrich Wilhelm 1975: Das Kabel. Fakten und Illusionen. Frankfurt/M.

Infratest 1959: Empfang und Wirkung sowjetzonaler Fernsehsendungen in der Bundesrepublik. München.
Infratest 1961: Empfangsmöglichkeiten und Nutzung des sowjetzonalen ›Deutschen Fernsehfunks‹ in der Bundesrepublik Deutschland. München.

Jarren, Otfried (Hrsg.) 1994: Medienwandel – Gesellschaftswandel? Zehn Jahre dualer Rundfunk in Deutschland. Eine Bilanz. Berlin.
Jarren, Otfried/Krotz, Friedrich (Hrsg.) 1997: Öffentliche Kommunikation unter ›Vielkanalbedingungen‹. Baden-Baden/Hamburg (Symposien des Hans-Bredow-Instituts Bd.18).
Johnson, Uwe 1987: Der 5. Kanal. Frankfurt/M.
Jurovskij, A. 1975: Televidenie – poiski i resenija. Ocerki istorii i teorii sovetskoj televizionnoj shurnalistiki. Moskva 1975.

Kaase, Max/Schulz, Winfried (Hrsg.) 1989: Massenkommunikation. Köln.
Kammann, Uwe (Hrsg.) 1989: Die Schirm-Herren. 12 politische TV-Moderatoren. Köln.
Katz, Anne-Rose (Hrsg.) 1963: Vierzehn Mutmaßungen über das Fernsehen. München.
Keilhacker, Martin und Margarete 1954: Jugend und Spielfilm. Stuttgart o. J. (1954).

Keppler, Angela 1994: Wirklicher als die Wirklichkeit? Das neue Realitätsprinzip der Fernsehunterhaltung. Frankfurt/Main.
Klaassen, Klaas 1997: Die Wiedereinführung des Fernsehens beim Nordwestdeutschen Rundfunk 1948–1955. Zur Beziehung von Fernsehtechnik und Programmgestaltung. Unveröff. Magisterarbeit. Hamburg.
Kleinsteuber, Hans J. 1973: Fernsehen und Geschäft. Hamburg.
Kleinsteuber, Hans J. (Hrsg.) 1997: Information Highway – Exit Hamburg? Hamburg.
Knilli, Friedrich (Hrsg.) 1971: Die Unterhaltung der deutschen Fernsehfamilie. Ideologiekritische Untersuchungen. München.
Koch, Herbert 1985: Neue Empfangstechniken. Mainz (ZDF Schriftenreihe H.31).
Kocka, Jürgen 1995: Vereinigungskrise. Zur Geschichte der Gegenwart. Göttingen.
Köhler, Wolfram (Hrsg.) 1991: Der NDR. Zwischen Programm und Politik. Beiträge zu seiner Geschichte. Hannover.
Kopper, Gerd G. 1992: Medien- und Kommunikationspolitik der Bundesrepublik Deutschland. Ein chronologisches Handbuch 1944 bis 1988. München.
Kraushaar, Wolfgang 1996: Die Protest-Chronik 1949–1959. Eine illustrierte Geschichte von Bewegung, Widerstand und Utopie. 4 Bde. Frankfurt/M.
Kreuzer, Helmut (Hrsg.) 1982: Sachwörterbuch des Fernsehens. Göttingen.
Kreuzer, Helmut/Prümm, Karl (Hrsg.) 1979: Fernsehsendungen und ihre Formen. Stuttgart.
Kreuzer, Helmut/Schumacher, Heidemarie (Hrsg.) 1988: Magazine audiovisuell. Berlin.
Kreuzer, Helmut/Thomsen, Christian W. (Hrsg.) 1993 f.: Geschichte des Fernsehens in der Bundesrepublik Deutschland. 5 Bde. München.
Krüger, Udo Michael 1992: Programmprofile im dualen Fernsehsystem 1985–1990. Baden-Baden.

Lampe, Gerhard/Schumacher Heidemarie 1991: Das Panorama der 60er Jahre. Zur Geschichte des ersten politischen Fernsehmagazins der BRD. Berlin.
Langenbucher, Wolfgang R. (Hrsg.) 1986: Politische Kommunikation. Wien.
Lazell, David 1991: What's on the Box? Looking back to the Early Days of Television. Cheltenham.
Lenin, Wladimir Iljitsch 1955: Werke. Bd. 5. Berlin.
Leonhard, Joachim-Felix (Hrsg.) 1997: Programmgeschichte des Hörfunks in der Weimarer Republik. 2 Bde. München.
Lerg, Winfried B. 1970: Die Entstehung des Rundfunks in Deutschland. Herkunft und Entwicklung eines publizistischen Mittels. Frankfurt/M.
Lersch, Edgar 1990: Rundfunk in Stuttgart 1934–1949. Stuttgart.
Lichty, Lawrence W./Topping, Malachi C. (Hrsg.) 1975: American Broadcasting. A Source Book on the History of Radio and Television. New York.
Liesegang, E. Ed. 1891: Das Phototel. Beiträge zum Problem des electrischen Fernsehens. Düsseldorf.
Loewy, Ernst/Klünder, Achim 1973: Magazinbeiträge im Deutschen Fernsehen. Bd.1: 1960–1965. Frankfurt/M.
Lohmeyer, Henno 1989: Die Macher und die Mächtigen. Fernsehen in Deutschland. München.
Ludes, Peter (Hrsg.) 1990: DDR-Fernsehen intern. Berlin.
Luhmann, Niklas 1996: Die Realität der Massenmedien. Opladen.

Maaz, Hans-Jürgen 1990: Der Gefühlsstau. Ein Psychogramm der DDR. Berlin.
Magnus, Kurt 1955: Der Rundfunk in der Bundesrepublik und West-Berlin. Entwicklung, Organisation, Aufgaben, Leistungen. Frankfurt/M.
Maletzke, Gerhard 1988: Kulturverfall durch Fernsehen? Berlin.
Mander, Jerry 1979: Schafft das Fernsehen ab! Reinbek.
Marshall, Rick 1986: The History of Television. London.
Märthesheimer, Peter/Frenzel, Ivo (Hrsg.) 1979: Im Kreuzfeuer: Der Fernsehfilm Holocaust. Eine Nation ist betroffen. Frankfurt/M.
McArthur, Colin 1978: Television and History. London.

McLuhan, Marshall 1964: Understanding Media, New York, hier: 1970: Die Magischen Kanäle. Frankfurt/M.
Meckel, Miriam 1994: Fernsehen ohne Grenzen? Europas Fernsehen zwischen Integration und Segmentierung. Opladen.
Meier, Christian 1990: Deutsche Einheit als Herausforderung. München.
Merten, Klaus 1994: Konvergenz der deutschen Fernsehprogramme. Eine Langzeituntersuchung 1980–1993. Münster/Hamburg.
Merten, Klaus/Schmidt, Siegfried J./Weischenberg, Siegfried (Hrsg.) 1994: Die Wirklichkeit der Medien. Opladen.
Meyrowitz, Joshua 1987: Die Fernsehgesellschaft. Weinheim.
Michel, Robert o.J.: Verbreitungsraum, Verbreitungszeit und Programmpolitik. Überlegungen zur Fernsehprognose. In: Theorie und Praxis (DFF), Heft 44.
Mikos, Lothar 1993: »Es wird dein Leben!« Familienserien im Fernsehen und im Alltagsleben der Zuschauer. Münster.
Mikos, Lothar 1994: Fernsehen im Erleben der Zuschauer. Vom lustvollen Umgang mit einem populären Medium. Berlin/München.
Möbius, Hanno/Berns, Jörg Jochen (Hrsg.) 1990: Die Mechanik in den Künsten. Marburg.
Monkenbusch, Helmut (Hrsg.) 1994: Fernsehen. Medien, Macht und Märkte. Reinbek.
Mühlbauer, Josef 1959: Fernsehen. Das Wunder und das Ungeheuer. Freiburg i. Br.
Müncheberg, Hans/Hoff, Peter 1984: Experiment Fernsehen. Vom Laborversuch zur sozialistischen Massenkunst. Berlin (Schriftenreihe des Verbandes der Film- und Fernsehschaffenden der DDR ›Podium und Werkstatt‹ Nr. 15/16).
Münster, Clemens 1991: Die Organisation des Gemeinschaftsprogramms »Deutsches Fernsehen« in den fünfziger Jahren. Hrsg. v. Erlinger, Hans-Dieter/Hickethier, Knut. Siegen (MuK 73/74).
Münz-Koenen, Ingeborg 1974: Fernsehdramatik. Experimente – Methoden – Tendenzen. Ihre Entwicklung in den sechziger Jahren. Berlin.

Naeher, Gerhard 1989: Der Medienhändler. Der Fall Leo Kirch. München.
Naeher, Gerhard 1993: Mega-schrill und super-flach. Der unaufhaltsame Aufstieg des Fernsehens in Deutschland. Frankfurt/M./New York.
Negt, Oskar/Kluge, Alexander 1972: Öffentlichkeit und Erfahrung. Zur Organisationsanalyse von bürgerlicher und proletarischer Öffentlichkeit. Frankfurt/M.
Netenjakob, Egon 1976: Anatomie der Fernsehserie. Fernsehmacher untersuchen ihre Produktionsbedingungen. Mainz.
Netenjakob, Egon 1989: Eberhard Fechner. Lebensläufe dieses Jahrhunderts im Film. Berlin.
Neverla, Irene 1992: Fernseh-Zeit. Zuschauer zwischen Zeitkalkül und Zeitvertreib. München.
Newcomb, Horace (Hrsg.) 1994: Television. The Critical View. New York/London.
NWDR 1952: Programm für den Aufbau und die Durchführung des öffentlichen Fernsehens. Hamburg o.J. (Januar 1952, vervielf. Manuskript).
NWDR 1955: Der Fernsehzuschauer 1954/55. Hamburg o.J. (1955, vervielf. Manuskript).
NWRV o.J.: Fernsehspiele und Unterhaltung im NWRV. Juni 1957-Juni 1958. Vervielf. Manuskript (Deutsches Rundfunkachiv Frankfurt/M.).

Oettermann, Stefan 1980: Das Panorama. Die Geschichte eines Massenmediums. Frankfurt/M.
Ohnesorge, Wilhelm/Roemmer, Herman (1952): Funk und Fernsehen. München.
Ory, Stephan/Sura, Rainer (Hrsg.) 1987: Der Urknall im Medienlabor. Das Kabelpilotprojekt Ludwigshafen. Berlin.

Paczensky, Gert von 1980: Über Fernsehen. Luzern.
Paech, Joachim (Hrsg.) 1994: Film, Fernsehen, Video und die Künste. Strategien der Intermedialität. Stuttgart/Weimar.
Paetzold, Ulrich (Hrsg.) 1978: Kabelkommunikation. Organisation und Programme. München.

Patalas, Enno 1967: Stars – Geschichte der Filmidole. Frankfurt/M.
Peiser, Wolfram 1996: Die Fernsehgeneration. Opladen.
Pfeifer, Werner 1986: Die Entstehung des Fernsehens beim NWDR (1945 bis 1954). Hamburg (unveröff. Magisterarbeit).
Picard, Max 1948: Die Welt des Schweigens. Erlenbach-Zürich.
Postman, Neil 1983: Das Verschwinden der Kindheit. Frankfurt/M.
Postman, Neil 1985: Wir amüsieren uns zu Tode. Frankfurt/M.
Pressematerial DFF 1962: Deutscher Fernsehfunk, Presseabteilung (Hrsg.): Fernsehdienst. Informationen des Deutschen Fernsehfunks. Sonderausgabe 10 Jahre DFF, für die 50. Sendewoche vom 9.–15. Dezember 1962.
Prokop, Dieter 1979: Faszination und Langeweile. München.
Prüsse, Nicole 1997: Die Geschichte des ZDF. Teil II. Konsolidierung, Durchsetzung und Modernisierung 1967–1977. Mainz.

Radtke, Michael 1994: Außer Kontrolle. Die Medienmacht des Leo Kirch. Bern/München.
Raumer-Mandel, Alexandra 1990: Medien-Lebensläufe von Hausfrauen. München.
Reiss, Erwin 1979: »Wir senden Frohsinn«. Fernsehen unterm Faschismus. Berlin.
Reiss, Erwin/Zielinski, Siegfried (Hrsg.) 1992: Grenzüberschreitungen. Eine Reise durch die globale Filmlandschaft. Berlin.
Rhein, Eduard 1954: Das Wunder der Wellen. Rundfunk und Fernsehen dargestellt für jedermann. Berlin.
Richter, Hans Werner (Hrsg.) 1962: Bestandsaufnahme. Eine deutsche Bilanz 1962. München/Wien/Basel.
Riedel, Heide 1977: Hörfunk und Fernsehen in der DDR. Köln.
Riedel, Heide 1983: 60 Jahre Radio. Von der Rarität zum Massenmedium. Berlin (2.Aufl. 1987).
Riedel, Heide 1985: Fernsehen – von der Vision zum Programm. Berlin.
Riedel, Heide (Hrsg.) 1993: Mit uns zieht die neue Zeit ... Eine Ausstellung des Deutschen Rundfunk-Museums 25. 8. 93 bis 31. 1. 94. Berlin.
Riedel, Heide 1994: 70 Jahre Funkausstellung. Politik, Wirtschaft, Programm. Berlin.
Riesman, David 1958: Die einsame Masse. Reinbek.
Rindfleisch, Hans 1985: Technik im Rundfunk. Norderstedt.
Rings, Werner 1962: Die 5. Wand – Das Fernsehen. Wien/Düsseldorf.
Roß, Dieter 1967: Die Dritten Fernsehprogramme. Dokumentation und Analyse. Hamburg.
Rowland, Willard D. Jr./Watkins, Bruce (Hrsg.) 1984: Interpreting Television: Current Research Perspectives. Beverly Hills/London/New Delhi.
Rüden, Peter von (Hrsg.) 1975: Das Fernsehspiel. München.
Rühl, Manfred 1980: Journalismus und Gesellschaft. Mainz.
Ruppert, Wolfgang (Hrsg.) 1993: Fahrrad, Auto, Fernsehschrank. Zur Kulturgeschichte der Alltagsdinge. Frankfurt/M.

Saur, Karl-Otto 1981: Die Programmentwicklung im deutschen Fernsehen im Verlauf von zehn Jahren. Quantitative Untersuchung in Stichproben. München (vervielf. Manuskript).
Schäfer, Gerd/Neddelmann, Carl (Hrsg.) 1967: Der CDU-Staat. Analysen zur Verfassungswirklichkeit der Bundesrepublik. München, hier: 1969: Frankfurt/M.
Schanze, Helmut (Hrsg.) 1996: Fernsehgeschichte der Literatur. München.
Schanze, Helmut/Ludes, Peter (Hrsg.) 1997: Qualitative Perspektiven des Medienwandels. Opladen.
Schatz, Heribert (Hrsg.) 1996: Fernsehen als Objekt und Moment des sozialen Wandels: Faktoren und Folgen der aktuellen Veränderungen des Fernsehens. München.
Schatz, Heribert u.a. 1981: Fernsehen und Demokratie. Eine Inhaltsanalyse der Fernsehnachrichtensendungen von ARD und ZDF vom Frühjahr 1977. Opladen.
Schatz, Heribert/Immer, N./Marcinkowski, F. 1989: Strukturen und Inhalte des Rundfunkprogramms der vier Kabelpilotprojekte. Düsseldorf.

Schenk, Herrad 1997: Vom einfachen Leben. Glückssuche zwischen Überfluß und Askese. München.

Scheurer, Hans J. 1987: Die Industrialisierung des Blicks. Zur Kultur- und Mediengeschichte der Fotografie. Köln.

Schildt, Axel 1995: Moderne Zeiten. Freizeit, Massenmedien und »Zeitgeist« in der Bundesrepublik der 50er Jahre. Hamburg.

Schildt, Axel/Sywottek, Arnold (Hrsg.) 1993: Modernisierung im Wiederaufbau. Die westdeutsche Gesellschaft der 50er Jahre. Bonn.

Schivelbusch, Wolfgang 1977: Geschichte der Eisenbahnreise. Zur Industrialisierung von Raum und Zeit im 19. Jahrhundert. München.

Schmelzer, Bruno 1996: Vielfalt und Qualität des Fernsehprogramms in der Bundesrepublik Deutschland. Frankfurt/M.

Schmidbauer, Michael 1987: Die Geschichte des Kinderfernsehens in der Bundesrepublik Deutschland. München u.a.

Schmidt, Siegfried J. 1994: Kognitive Autonomie und soziale Orientierung. Frankfurt/M.

Schmidt, Siegfried J./Spieß, Brigitte 1996: Die Kommerzialisierung der Kommunikation. Frankfurt/M.

Schneider, Irmela (Hrsg.) 1980: Dramaturgie des Fernsehspiels. München.

Schneider, Irmela 1981: Der verwandelte Text. Wege zu einer Theorie der Literaturverfilmung. Tübingen.

Schneider, Irmela 1991: Film, Fernsehen & Co. Heidelberg.

Schneider, Irmela/Thomsen, Christian W. (Hrsg.) 1997: Hybridkultur. Medien, Netze, Künste. Köln.

Schneider, Norbert (Red.) 1972: Der tägliche Sündenfall. Fernsehen und Werbung. Frankfurt/M. (Medium Dokumentation 2).

Schulze, Gerhard 1992: Die Erlebnisgesellschaft. Kultursoziologie der Gegenwart. Frankfurt/M./New York.

Schwenger, Hannes 1983: Im Jahr des Großen Bruders. Orwells deutsche Wirklichkeit. München/Zürich.

Schwitzke, Heinz 1952a: Der Mensch im Spiegel. Bethel.

Segeberg, Harro (Hrsg.) 1996: Die Mobilisierung des Sehens. Zur Vor- und Frühgeschichte des Films in Literatur und Kunst. (Mediengeschichte des Films, Bd.1) München.

Segeberg, Harro 1997: Literatur im technischen Zeitalter. Darmstadt.

Sichtermann, Barbara 1994: Fernsehen. Berlin.

Silverstone, Roger 1994: Television and Everyday Life. London.

Smith, Anthony (Hrsg.) 1974: British Broadcasting. Newton Abbot.

Steinmetz, Rüdiger 1984: Das Studienprogramm des Bayerischen Rundfunks. München.

Steinmetz, Rüdiger 1996: Freies Fernsehen. Das erste privat-kommerzielle Fernsehprogramm in Deutschland. Konstanz.

Steinmetz, Rüdiger/Spitra, Helfried (Hrsg.) 1989: Dokumentarfilm als »Zeichen der Zeit«. Vom Ansehen der Wirklichkeit im Fernsehen. München.

Sternburg, Wilhelm von (Hrsg.) 1995: Tagesthema ARD. Der Streit um das Erste Programm. Frankfurt/M.

Stolte, Dieter 1992: Fernsehen am Wendepunkt. Meinungsforum oder Supermarkt? München.

Stolte, Dieter u.a. 1996: Die Zukunft des Fernsehens. Beiträge zur Ethik der Fernsehkultur. Stuttgart/Berlin/Köln.

Straßner, Erich (Hrsg.) 1975: Nachrichten. Entwicklungen – Analysen – Erfahrungen. München.

Stückrath, Fritz/Schottmayer, Georg 1967: Fernsehen und Großstadtjugend. Braunschweig.

Tracey, Michael 1982: Das unerreichbare Wunschbild. Ein Versuch über Hugh Greene und die Neugründung des Rundfunks in Westdeutschland nach 1945. Köln u.a.

Uricchio, William (Hrsg.) 1991: Die Anfänge des deutschen Fernsehens. Tübingen.

Wehler, Hans Ulrich 1975: Modernisierungstheorie und Geschichte. Göttingen.
Wehmeier, Klaus 1979: Die Geschichte des ZDF. Teil I. Entstehung und Entwicklung 1961–1966. Mainz.
Wehner, Josef 1997: Das Ende der Massenkultur. Visionen und Wirklichkeit der neuen Medien. Frankfurt/New York.
Weischenberg, Siegfried 1997: Neues vom Tage. Die Schreinemakerisierung unserer Medienwelt. Hamburg.
Welsch, Wolfgang 1990: Ästhetisches Denken. Stuttgart.
Wetzel, Michael 1991: Das Ende des Buches oder die Wiederkehr der Schrift: Von den literarischen zu den technischen Medien. Weinheim.
Wichterich, Christa 1979: Unsere Nachbarn heute Abend: Familienserien im Fernsehen. Frankfurt/M.
Wilk, Max 1976: The Golden Age of Television. Notes from the Survivors. New York.
Winker, Klaus 1994: Fernsehen unterm Hakenkreuz. Organisation, Programm, Personal. Köln/Weimar/Wien.
Winkler, Hartmut 1991: Switching – Zapping. Ein Text zum Thema und ein parallellaufendes Unterhaltungsprogramm. Darmstadt.
Winkler, Hartmut 1997: Docuverse. Zur Medientheorie der Computer. München.
Winn, Marie 1979: Die Droge im Wohnzimmer. Reinbek.
Winter, Rainer 1992: Filmsoziologie. München.
Winter, Rainer 1995: Der produktive Zuschauer. Medienaneignung als kultureller und ästhetischer Prozeß. München.
Wunden, Wolfgang (Hrsg.) 1994: Öffentlichkeit und Kommunikationskultur. Hamburg/Stuttgart.

Zehn Jahre 1962: Zehn Jahre Deutscher Fernsehfunk. Berlin.
Zehrer, Hans 1948: Der Mensch in dieser Welt. Hamburg/Stuttgart.
Zielinski, Siegfried (Hrsg.) 1983: Tele-Visionen – Medien-Zeiten. Beiträge zur Diskussion um die Zukunft der Kommunikation. Berlin.
Zielinski, Siegfried 1986: Zur Geschichte des Videorecorders. Berlin.
Zielinski, Siegfried 1989: Audiovisionen. Kino und Fernsehen als Zwischenspiele in der Geschichte. Reinbek.
Zimmermann, Doris-Angela/Zimmermann, Bernhard (1996): Bildschirmwelt. München.
Zoll, Ralf (Hrsg.) 1971: Manipulation der Meinungsbildung. Opladen.

Aufsätze

Abend, Michael 1974: Die Tagesschau. Zielvorstellungen und Produktionsbedingungen. In: Rundfunk und Fernsehen 22.Jg. (1974) H.2, S. 166–187.
Abich, Hans 1975: Bemerkungen zum Fernsehprogrammangebot der ARD. In: Media Perspektiven 1975, H.6, S. 245–255.
Abich, Hans 1978a: Perspektiven im Rückblick. Zur Programmstrukturreform der ARD ab 1978. In: epd/Kirche und Rundfunk 30. Jg. (1978) Nr. 87, S. 3–8.
Abich, Hans 1978b: Plädoyer für die Phantasie. In: epd/Kirche und Rundfunk Teil 1: 30. Jg. (1978) Nr.75, S. 1–5, Teil 2: 30. Jg. (1978) Nr.76, S. 1–5.
Adameck, Heinz 1962: 75 Zeilen Wünsche. In: Funk und Fernsehen der DDR. Heft 50/1962, 2. Dezemberheft, S. 2.
Adameck, Heinz 1972: Welche Pläne hat unser Fernsehen? In: »Neues Deutschland«, Ausgabe B, v. 23. 1. 1972.
Adolph, Jörg 1997: Lost and found in Music-Television. In: Bleicher, Joan Kristin (Hrsg.): Programmprofile kommerzieller Anbieter. Opladen, S. 165-195.
Alexander, Georg 1973: Die im Schatten. In: Funk-Korrespondenz Nr.7 v. 14. 2. 1973, S. 1–2.
Albrecht, Michael 1990: Lieb und teuer. epd-Interview mit DFF-Intendant Michael Albrecht. In: epd/Kirche und Rundfunk 42. Jg. (1990) Nr.76, S. 3–5.
Ambrosius, Gerold 1987: Das Wirtschaftssystem. In: Benz, Wolfgang: Die Geschichte der Bundesrepublik Deutschland, Frankfurt/M. Bd.2, S. 11–81.

Ambrosius, Gerold 1993: Wirtschaftlicher Strukturwandel und Technikentwicklung. In: Schildt, Axel/Sywottek, Arnold (Hrsg.): Modernisierung im Wiederaufbau. Die westdeutsche Gesellschaft der 50er Jahre. Bonn, S. 107–128.

Anonym 1950a: Eine neue Großmacht im Entstehen. In: Fernseh-Informationen 1. Jg. (1950) 1, o.P.

Anonym 1950b: Fernsehen geht ins praktische Entwicklungsstadium in Westdeutschland. In: Fernseh-Informationen 1. Jg. (1950) 3. Dez.-Ausg., o.P.

Backer, Heinrich 1957: Tanz auf dem Bildschirm. In: Fernsehen 5. Jg. (1957) H.6, S. 281–283.

Baudry, Jean-Louis 1970: Ideologische Effekte erzeugt vom Basisapparat. In: Eikon. Internationale Zeitschrift für Photographie und Medienkunst. Wien 1993, H.5, S. 36–43 (zuerst in Cinéthique Nr.6/7, 1970, übersetzt von Gloria Custanze und Siegfried Zielinski).

Baudry, Jean-Louis 1975: Das Dispositiv. Metapsychologische Betrachtungen des Realitätseindrucks. In: Psyche Vol. 48 (1994) Nr.11 (zuerst in Communications 1975, No.23, übersetzt von Max Looser).

Bäumer, Rolf 1997: Glashaus & Co. Medienkritische Sendungen. In: Materialien zur Medienpädagogik Nr.55, 1997, S. 49–56.

Baumert, Walter 1962: Kunerts Flucht in den Schematismus. In: »Neues Deutschland« (Ausgabe B) v. 23. 12. 1962.

Bausch, Hans 1972: Programmangebot und Programmnachfrage. Einige Zahlen zur Entwicklung des Fernsehens in der Bundesrepublik seit 1960. In: Funk-Korrespondenz Nr.32–33 v. 10. 8. 1972, S. 4–9.

Bausch, Hans 1978: Ärger mit den Spätabendprogrammen der ARD? In: Deutsches Fernsehen/ARD. Pressedienst Nr.14/1978, S.I/1–3.

Becker, Hellmut 1963: Fernsehen und Bildung. In: Merkur 17. Jg. (1963) H.3 (Nr. 181), S. 251–264.

Beckmann, Eberhard 1952: Intendant Beckmann über die zukünftige Fernseh-Zusammenarbeit. In: Fernseh-Informationen 3. Jg. (1952) 2.Sept.-Ausg., S. 4–6.

Beckmann, Eberhard 1954: Deutsches Fernsehen 1954. In: Fernsehen 2. Jg. (1954) H.4–5, S. 213–215.

Bedeutung 1955: Die Bedeutung des Wochenendprogramms im Fernsehen. In: Fernseh-Informationen 6. Jg. (1955) H.23/24, S. 576–578.

Bellac, Paul 1958: Die Fernseh-Lawine rollt durch Europa. In: Fernsehen 6. Jg. (1958) H.1, S. 9–12.

Below, Fritz 1950a: Die Technik des Filmabtasters beim Fernsehen. In: Technische Hausmitteilungen des Nordwestdeutschen Rundfunks 2. Jg. (1950) H.9/10, S. 346–349.

Below, Fritz 1950b: Zur Entwicklungsgeschichte des deutschen Fernsehens. In: Technische Hausmitteilungen des Nordwestdeutschen Rundfunks 2. Jg. (1950) Nr. 9/10, S. 342–343.

Bentzien, Hans 1990: »Wer die Zuschauer hat, der wird gebraucht.« Ein epd-Interview mit DFF-Generalintendant Hans Bentzien. In: epd/Kirche und Rundfunk 42. Jg. (1990), Nr.27, S. 8.

Berg, Jan 1989: Die Bühnenschau – ein vergessenes Kapitel der Kinoprogrammgeschichte. In: Hickethier, Knut (Hrsg.): Filmgeschichte schreiben. Berlin, S. 25–41.

Berger, E. M. 1953: Dramaturgie des Fernsehens. Ein Versuch »vom Geiste her«. In: Fernsehstudio 1953, H.1, S. 18–19.

Bessler, Hansjörg 1978: Entwicklungsphasen in Angebot und Nachfrage nach Fernsehprogrammen. In: Rundfunk und Fernsehen 26. Jg. (1978) Nr.1, S. 12–19.

Bischoff, Jürgen 1997a: Aufrüstung im Wohnzimmer. Die Jahre des analogen Fernsehens sind gezählt. In: Die Zeit Nr.41 v. 3. 10. 1997, S. 61.

Bischoff, Jürgen 1997b: Mit Fernsehen durchs Nahetal. In: Die Zeit Nr.31 v. 25. 7. 1997.

Bismarck, Klaus von 1957: Die Bedeutung von Rundfunk und Fernsehen für den Arbeiter. In: Fernseh-Rundschau 1957, H.2, S. 69–78.

Bismarck, Klaus von 1969: Der gesellschaftskritische Auftrag des Fernsehens für das Programm. In: Rundfunk und Fernsehen 17. Jg. (1969) H.4, S. 333–351.

Bismarck, Klaus von 1973: Gedanken zum Selbstverständnis des Rundfunk-Journalisten in einer polarisierten Gesellschaft. Vortrag FU Berlin am 23. 5. 1973 (vervielf. Manuskript).

Bissinger, Manfred 1997: Die Fußball-Diebe. In: Die Woche Nr.46 v. 7. 11. 1997, S. 1.

Bittorf, Wilhelm 1990: »Wehe den Besiegten!« Wie Rudolf Mühlfenzl in der Ex-DDR Funk und Fernsehen übernimmt. In: Der Spiegel 1990, Nr.49, S. 56–65.

Bleicher, Joan Kristin 1992: Übernahme. Zur Integration des ›Deutschen Fernsehfunks‹ in die Programme der öffentlich-rechtlichen Anstalten. In: Bohn, Rainer/Hickethier, Knut/Müller, Eggo (Hrsg.): Mauer-Show. Das Ende der DDR, die deutsche Einheit und die Medien. Berlin, S. 127–138.

Bleicher, Joan Kristin 1993: Institutionsgeschichte des bundesrepublikanischen Fernsehens. In: Hickethier, Knut (Hrsg.): Institution, Technik und Programm. Rahmenaspekte der Programmgeschichte des Fernsehens. München, S. 67–134 (Geschichte des Fernsehens in der Bundesrepublik Deutschland Bd.1).

Bleicher, Joan Kristin 1995a: ARTE – Zu Problemen der Konzeption eines europäischen Kulturkanals. In: Erbring, Lutz (Hrsg.): Kommunikationsraum Europa. Konstanz, S. 141–151 (Schriften der DGPuK Bd.21).

Bleicher, Joan Kristin 1995b: Die Konvergenztheorien in der Praxis (2 Teile). In: epd/Kirche und Rundfunk Nr.15 v. 25. 2. 1995, S. 3–9 und Nr.16/17 v. 4. 3. 1995, S. 5–11.

Bleicher, Joan Kristin 1997c: Programmprofile kommerzieller Anbieter seit 1984. In: Dies. (Hrsg.): Programmprofile kommerzieller Anbieter. Opladen, S. 9–40.

Bleicher, Joan Kristin 1997d: VOX: Der Weg vom informationsorientierten Vollprogramm zum Unterhaltungssender. In: Dies. (Hrsg.): Programmprofile kommerzieller Anbieter. Opladen, S. 135–148.

Bleicher, Joan Kristin 1997e: Diana – Prinzessin der Straße. In: Ästhetik und Kommunikation 28. Jg. (1997) H.99, S. 53–59.

Bolesch, Claudia 1990: »Die Lage, meine Herren Unterhaltungsredakteure, ist gar nicht so ernst ...«. In: Erstes Deutsches Fernsehen/ARD (Pressedienst) 1990, Nr.4, S.I/6–9.

Brandt, Ulrich 1989: Der Freitagabendkrimi der ARD. In: Thomsen, Christian W./Faulstich, Werner (Hrsg.): Seller, Stars und Serien. Heidelberg, S. 116–130.

Braunmühl, H. J. v./Schmidbauer, O. 1957: Fernsehaufzeichnung auf Magnetband nach dem Ampex-Verfahren. In: Rundfunktechnische Mitteilungen 1. Jg. (1957), S. 186–190.

Brocher, Tobias 1967: Die Unterhaltungssendung als Instrument gesellschaftlicher Bewußtseinsbildung. In: Longolius, Christian (Hrsg.): Fernsehen in Deutschland. Mainz, S. 283–295.

Bruch, Wilhelm 1956: Fernsehen bei den XI. Olympischen Spielen. In: Fernsehen 4. Jg. (1956) H.8, S. 441–445.

Bruhn, Wolfgang 1967: Die Illusion des Authentischen. Definition und Dramaturgie des Dokumentarspiels. In: Longolius, Christian (Hrsg.): Fernsehen in Deutschland. Mainz, S. 157–163.

Brunnen, Andrea 1975: Der neue Programmstruktur-Entwurf – streng vertraulich. In: Fernseh-Informationen 26. Jg. (1975) Nr.8, S. 134–135.

Bry 1977: Von Fernsehmüdigkeit kann keine Rede sein. In: Frankfurter Allgemeine Zeitung v. 4. 11. 1977.

Bublitz, Hans Waldemar 1979a: Neue Menschen – Neue Möglichkeiten (Bublitz-Erinnerungen Nr.9). In: Fernseh-Informationen 30. Jg. (1979) Nr.2, S. 41.

Bublitz, Hans Waldemar 1979b: Mit dem Licht kam die Hitze. (Bublitz-Erinnerungen Nr.12). In: Fernseh-Informationen 30. Jg. (1979) Nr.5, S. 115.

Bublitz, Hans Waldemar 1979c: Reporter und Interviewer vor vier Jahrzehnten (II). (Bublitz-Erinnerungen Nr.14). In: Fernseh-Informationen 30. Jg. (1979) Nr.7, S. 164.

Büscher 1935: Anstehen zum Fernsehen. In: Die Sendung 12. Jg. (1935), S. 351.

Buß, Michael 1991: Formen der Programmnutzung: Läßt sich das Publikum verplanen? In: Weiß, Ralph (Hrsg.): Aufgaben und Perspektiven des öffentlich-rechtlichen Fernsehens. Baden-Baden/Hamburg, S. 144–154.

Butzek, Erika 1990: Über die Grenze. Zur Situation des DDR-Fernsehens. In: epd/Kirche und Rundfunk 42. Jg. (1990) Nr.11, S. 8–10.

Canaris, Volker 1973: Theater ist nicht immer live, aber Film und Fernsehen sind immer synthetisch. In: Theater heute 14. Jg. (1973) H.9, S. 24–27.
Canaris, Volker 1976: Theater ist im Fernsehen nur unvollkommen zu vermitteln. In: Theater heute 17. Jg. (1976) H.9, S. 24–26.

Darschin, Wolfgang/Frank, Bernward 1997: Tendenzen im Zuschauerverhalten. In: Media Perspektiven 1997, H.4, S. 174–185.
Deleuze, Gilles 1991: Was ist ein Dispositiv? In: Ewald, François/Waldenfels, Bernhard (Hrsg.): Spiele der Wahrheit. Michel Foucaults Denken. Frankfurt/M., S. 153–162.
Delling, Manfred 1990: Das Phantom der Opas. Zum Wandel deutscher Fernsehunterhaltung. In: Funk-Korrespondenz. Teil I: Nr.44 v. 2. 11. 1990, S. 3–8; Teil II: Nr.45 v. 9. 11. 1990, S. 5–10.
DFF-Programmauftrag 1990: DFF-Programmauftrag gefährdet? Hohe Einschaltquoten für die DFF-Berichterstattung. In: epd/Kirche und Rundfunk 43. Jg. (1991) Nr.17, S. 16–17.
Dieckmann, Christoph 1991: Heimweh nach Ideologie? Zur Relativität von Befindlichkeiten. In: epd/Kirche und Rundfunk 43. Jg. (1991), Nr.45, S. 4.
Diercks, Carsten 1995: Der Beginn der Filmberichterstattung beim Fernsehen. Neue Techniken und Formen. In: Heller, Heinz-B./Zimmermann, Peter (Hrsg.): Blicke in die Welt. Reportagen und Magazine des nordwestdeutschen Fernsehens in den 50er und 60er Jahren. Konstanz, S. 35–64 (Close up Bd. 3).
Dill, Richard W. 1975: »Programm ist süß – Struktur ist sauer«. Überlegungen zur Programmstruktur des Fernsehens. In: epd/Kirche und Rundfunk 27. Jg. (1975), Nr.52, S. 1–2.
Diller, Ansgar 1997: Rundfunkgeschichte. In: ARD/ZDF (Hrsg.): Was Sie über Rundfunk wissen sollten. Berlin. S. 311–368.
Dingeldey, Erika 1972: Warum Krimis spannend sind. In: Frankfurter Allgemeine Zeitung v. 13. 4. 72.
Dirks, Walter 1950: Der restaurative Charakter der Epoche. In: Frankfurter Hefte 5. Jg. (1950), S. 942–954.
Disziplin 1957: Mangelnde Disziplin bei der Durchführung von Fernsehprogrammen. In: Fernseh-Informationen 8. Jg. (1957), Nr.21, S. 460–461.
Doetz, Jürgen 1990: Aussetzen bis zur Klarheit. BKS-Forderungen hinsichtlich eines gesamtdeutschen dualen Rundfunksystems. In: epd/Kirche und Rundfunk 42. Jg. (1990), Nr.12, S. 21.
Donner, Wolf 1971: Die öffentlich-rechtliche Huldigung. Über das tägliche Erscheinungsbild der Politik im Fernsehen. In: Die Zeit v. 18. 6. 71, S. 13.
Dramaturgische Gesellschaft 1962: Diskussion zu Wilhelm Semmelroth: Das Fernsehspiel. Berlin, S. 86–105 (Jahresband).

Eckert, Gerhard 1953: Programmgestaltung des Fernsehens. In: Rufer und Hörer 7. Jg. (1953) H.6, S. 355–360.
Eckert, Gerhard 1955: Ist das Fernsehprogramm eigentlich gut genug? In: Fernseh-Informationen 6. Jg. (1955) H.15, S. 355.
Eckert, Gerhard (G.E.) 1957: Es bleibt noch viel zu tun... In: Fernseh-Informationen 8. Jg. (1957) Nr.1, S. 10–12.
Elsner, Monika/Müller, Thomas 1988: Der angewachsene Fernseher. In: Gumbrecht, Hans Ulrich/Pfeiffer, K. Ludwig (Hrsg.): Materialität der Kommunikation. Frankfurt/M., S. 392–415.
Empfehlungen 1964: Beachtung der Empfehlungen für das Nachmittagsprogramm für Kinder und Jugendliche. Anlage zum Protokoll der 73. Sitzung des Programmbeirats (April 1964).
Engler, Herbert 1940: Formengesetze der Fernseh-Sendung. Eine Untersuchung zur Dramaturgie des Fernsehens. In: Gladenbeck, Friedrich (Hrsg.): Jahrbuch des elektrischen Fernmeldewesens. Jg. 1940, Berlin-Friedenau, S. 358–372.

Enzensberger, Hans Magnus 1970: Baukasten zu einer Theorie der Medien. In: Kursbuch 1970, Nr.20, S. 159–186.

Enzensberger, Hans Magnus 1988: Die willkommene Leere. Das Nullmedium oder Warum alle Klagen über das Fernsehen gegenstandslos sind. In: Der Spiegel 43. Jg. (1988) H.20, S. 234–244.

Ernst, Wolfgang 1953: Der Zuschauer – näher betrachtet! In: Fernsehen 1. Jg. (1953), H.10, S. 562–568; H.11/12, S. 629–633.

Erpenbeck, Fritz (F.E.) 1959: So denken wir darüber. In: Theater der Zeit 14. Jg. (1959) H.3.

Ertel, Dieter 1978: Mutmaßungen über Unterhaltung. In: Pressedienst Deutsches Fernsehen/ARD 1978, H.8, S. 1–5.

Esser, Hartmut 1987: Gastarbeiter. In: Benz, Wolfgang: Die Geschichte der Bundesrepublik Deutschland, Bd. 2. Frankfurt/M., S. 326–361.

Eurich, Claus 1979: Wenn schon Kabelfernsehen, dann ... In: Medium 9. Jg. (1979) H.9, S. 18–20.

Eurich, Claus 1980: Bürger gegen Kabelfernsehen. In: Medium 10. Jg. (1980) H.7, S. 6–9.

Fechner, Eberhard 1979: Das Fernsehspiel – Dichtung und Wahrheit. In: Heygster, Anna-Luise/Schmieding, Walter (Hrsg.): Publikum und Publizisten. Mainz. S. 87–96 (Mainzer Tage der Fernsehkritik).

Feil, Georg 1989: Des Kaisers Bart ist lang, lang ... Die Serie als Rettung des Fernsehspiels. In: Funk-Korrespondenz Nr.27 v. 7. 7. 1989, S. 1–2.

Flottau, Heiko 1972: Radio Bremen ganz auflösen? In: Süddeutsche Zeitung v. 7. 2. 1972.

Foltin, Hans-Friedrich 1994: Die Talk-Show. Geschichte eines schillernden Genres. In: Erlinger, Hans-Dieter/Foltin, Hans-Friedrich (Hrsg.): Unterhaltung, Werbung und Zielgruppenprogramme. München, S. 69–112 (Geschichte des Fernsehens in der Bundesrepublik Deutschland, Bd. 4).

Foltin, Hans-Friedrich/Hallenberger, Gerd 1994: Vom Sport im Fernsehen zum Fernsehsport. Zur Geschichte und aktuellen Situation der Sportsendungen. In: Erlinger, Hans-Dieter/Foltin, Hans-Friedrich (Hrsg.): Unterhaltung, Werbung und Zielgruppenprogramme. München, S. 113–142 (Geschichte des Fernsehens in der Bundesrepublik Deutschland, Bd. 4.).

Franck, Georg 1993: Ökonomie der Aufmerksamkeit. In: Merkur 47. Jg. (1993), H.8 (Nr.534/535), S. 748–761.

Frank, Bernward 1975: Programminteressen-Typologie der Fernsehzuschauer. In: Rundfunk und Fernsehen 23. Jg. (1975) H.1–2, S. 39–56.

Freier, Holm 1990: Lebenshilfe. Das ostdeutsche Fernsehen und die Einheit. In: epd/Kirche und Rundfunk 42. Jg. (1990), Nr.77, S. 3.

Frenkel, Rainer 1984: O'zapft is! Am 1. Januar wird es mit dem privaten Fernsehen ernst: Eine unausgegorene Sache. In: Die Zeit Nr.1 v. 28. 12. 1984, S. 9–10.

Funk-Korrespondenz 1955: Der Sehfunk macht häuslich. In: Funk-Korrespondenz Nr.26 v. 22. 6. 55, S. 1–2.

Gandela, Jürgen 1975: Farbfernsehen, Kommerz, Show, Schulden. In: Medium 5. Jg. (1975) H.8, S. 13.

Gerbner, George 1978: Über die Ängstlichkeit von Vielsehern. In: Fernsehen und Bildung 12. Jg. (1978) H.1/2, S. 48–58.

Gerhardt, Paul 1951/52: Unsere Daseinslage und das Angebot des Fernsehens. In: Rufer und Hörer 6. Jg. (1951/52) H.7, S. 359–371.

Gestaltung 1957: Die künftige Gestaltung des deutschen Fernsehprogramms. Ein neues Programm-Schema ab 1. 4. 1958. In: Fernseh-Informationen 8. Jg. (1957) Nr.32, S. 687.

Geyer, Friedrich Karl 1973: Programme kosten Geld. Produktionsformen, -abläufe und -kosten im Fernsehen. In: ARD-Jahrbuch 1973, S. 105–122.

Giesenfeld, Günter/Prugger, Prisca 1994: Serien im Vorabend- und im Hauptprogramm. In: Schanze, Helmut/Zimmermann, Bernhard (Hrsg.): Das Fernsehen und die Künste. München, S. 349–387 (Geschichte des Fernsehens in der Bundesrepublik Deutschland, Bd. 2).

Goebel, Gerhart 1953: Das Fernsehen in Deutschland bis zum Jahre 1945. In: Archiv für das Post- und Fernmeldewesen, 5. Jg. (1953) Nr.5, S. 259–393.

Goebel, Gerhart 1954: Wer sieht das Fernseh-Programm? In: Fernsehen 2. Jg. (1954) H.1, S. 7–12.

Goebel, Gerhart 1956: Fernsehen bei den XI. Olympischen Spielen. In: Fernsehen 4. Jg. (1956) H.8, S. 432–441.

Goebel, Gerhart 1979: Aus der Geschichte des Fernsehens – Die ersten fünfzig Jahre. In: Bosch Technische Berichte 6. Jg. (1979) H.5/6, S. 211–235.

Gottschalk, Hanns 1955: Kahlschlag im Zauberwald der Literatur. In: Fernsehen 3. Jg. (1955) H.9, S. 459–464.

Gottschalk, Hanns 1956: Grundsätzliche Überlegungen zum Fernsehspiel. In: Rundfunk und Fernsehen 4. Jg. (1956) H.2, S. 122–130.

Grass, Günter 1984: Die zynischen Macher. In: Die Zeit Nr.44 v. 26. 10. 1984, S. 63.

Greulich, Helmut 1977: Erfahrungen mit Publikumswünschen: Zuschauer wollen unterhalten werden. In: Frankfurter Rundschau v. 18. 11. 1977.

Grimme, Adolf 1949: Schematismus, Zeitangst und Entpersönlichung. In: epd/Kirche und Rundfunk v. 11. 4. 1949, S. 2–4.

Grimme, Adolf 1955a: Das Soll des Fernsehens (Ansprache zur Einweihung der Fernsehstudios in Hamburg-Lokstedt am 23. 10. 1953). In: Ders.: Die Sendung der Sendungen des Rundfunks. Frankfurt/M., S. 72–78.

Grimme, Adolf 1955b: Ferne wird Nähe (Ansprache zur Eröffnung des NWDR-Gemeinschaftsprogramms am 1. 1. 1953). In: Ders.: Die Sendung der Sendungen des Rundfunks. Frankfurt/M., S. 63–64.

Grundheber, Horst 1988: Das Experiment der Offenen Kanäle. In: Faul, Erwin (Hrsg.): Die Fernsehprogramme im dualen Rundfunksystem. Berlin/Offenbach, S. 325–377.

Gülker, Carsten/Bleicher, Joan Kristin 1997a: Pro Sieben – Portrait eines Fiction-Senders. In: Bleicher, Joan Kristin (Hrsg.): Programmprofile kommerzieller Anbieter. Opladen, S. 113–128.

Gülker, Carsten/Bleicher, Joan Kristin 1997b: Nomen est omen – Vom Kabelkanal zu Kabel 1. In: Bleicher, Joan Kristin (Hrsg.): Programmprofile kommerzieller Anbieter. Opladen, S. 129–134.

Hädrich, Rolf 1958: Der Trend zum Fernsehfilm. In: Fernsehen 6. Jg. (1958) H.8, S. 355–360.

Haensel, Carl 1953: Television. Das Fernsehen in der Welt. In: Rundfunk-Fernseh-Jahrbuch, Berlin u.a., S. 57-58.

Hage 1956: Bedenkliche Unausgewogenheit der Fernsehprogramme. In: Fernseh-Informationen 7. Jg. (1956) Nr.7, S. 141–144.

Hall, Peter Christian 1979: Zeitkritik als Ressort. Politische Fernsehmagazine im Kreuzfeuer der Interessen. In: Kreuzer, Helmut/Prümm, Karl (Hrsg.): Fernsehsendungen und ihre Formen. Stuttgart.

Hall, Peter Christian 1983: Am Kabel der Welt. Einsam zwischen Daten und Drähten: Der Mensch im Gebrauch der »neuen Medien«. In: Die Zeit Nr.48 v. 25. 11. 83, S. 48.

Hall, Peter Christian 1987: Erlebnisangebot vs. Restzeitverwertung. Kino und Fernsehen als Regelkreise von Öffentlichkeit. In: epd/Kirche und Rundfunk 39. Jg. (1987) Nr.56, S. 3–8.

Hall, Peter Christian 1997: Rundfunk in der Bundesrepublik Deutschland. In: ARD/ZDF (Hrsg.): Was Sie über Rundfunk wissen sollten. Berlin. S. 15–85.

Hallenberger, Gerd 1994: Vom Quiz zur Game Show: Geschichte und Entwicklung der Wettbewerbsspiele des bundesdeutschen Fernsehens. In: Erlinger, Hans-Dieter/Foltin, Hans-Friedrich (Hrsg.): Unterhaltung, Werbung und Zielgruppenprogramme. München, S. 25–67 (Geschichte des Fernsehens in der Bundesrepublik Deutschland, Bd.4).

Hanke, Helmut 1990a: Kommunikation in Aufruhr – Medien im Wandel. In: Rundfunk und Fernsehen 38. Jg. (1990), H.3, S. 319–327.

Hanke, Helmut 1990b: »Umbruch« im Fernsehen der DDR. In: Ästhetik und Kommunikation 19. Jg. (1990), H.73/74, S. 79–86.
Hanke, Helmut 1991: Macht und Ohnmacht des Mediums. Wandel in Funktion und Gebrauch des DDR-Fernsehens. In: Hickethier, Knut/Schneider, Irmela (Hrsg.): Fernsehtheorien. Berlin, S. 150–160.
Hase, Karl-Günther von 1977: Das ZDF heute und morgen. In: epd/Kirche und Rundfunk Nr.67 v. 31. 8. 1977, S. 1–27.
Hase, Karl-Günther von 1978: Die Integrationsfunktion des Rundfunks. In: Funk-Korrespondenz Nr.30 v. 26. 7. 78, S. 1–2.
Hasebrink, Uwe 1990: Neue Fernsehzuschauer? Bestandsaufnahmen des Zuschauerverhaltens zum Ende der achtziger Jahre. In: Rundfunk und Fernsehen 38. Jg. (1990) H.2, S. 264–275; auch in: Hickethier, Knut (Hrsg.) 1992: Fernsehen. Wahrnehmungswelt, Programminstitution und Marktkonkurrenz. Frankfurt/M. u. a., S. 69–86.
Hasebrink, Uwe/Krotz, Friedrich 1994: Individuelle Nutzungsmuster von Fernsehzuschauern. In: Hickethier, Knut (Hrsg.): Aspekte der Fernsehanalyse. Hamburg, S. 219–251.
Hauch-Fleck, Marie-Luise 1990: Auf gesamtdeutscher Welle. Radio und Fernsehen der DDR sollen ihre Eigenständigkeit aufgeben. In: Die Zeit Nr.25 v. 15. 6. 1990, S. 25.
Hauschild, Joachim 1990: Wir fühlen uns wie die freiesten Journalisten der Welt. In: Süddeutsche Zeitung v. 17. 1. 1990.
Haselmayr, Helmuth 1982: Milliardenumsatz. Probleme der Fernsehproduktion. In: ARD-Jahrbuch 1982, S. 14–31.
Heinemann, Frank J. 1975: Von Fernsehmüdigkeit keine Spur ... In: Frankfurter Rundschau Nr.184 v. 12. 8. 1975.
Hellmich, Peter/Michel, Robert 1978: Katalog: Die Filme von Heynowski & Scheumann 1965–1978. Berlin.
Hempel, Manfred 1991: Fernsehleute im Spannungsfeld zwischen Fortschritt und Reaktion – Über das Wirken deutscher Wissenschaftler, Politiker und Künstler auf dem Gebiet des Fernsehens von den historischen Anfängen bis 1945. In: Uricchio, William (Hrsg.): Die Anfänge des deutschen Fernsehens. Tübingen, S. 13–73.
Hennis, Wilhelm 1997: Deutschland ist mehr als ein Standort. In: Die Zeit Nr.50 v. 5. 12. 1997, S. 6–7.
Hensel, Georg 1984: Entzaubert. Grenzen des Fernsehens. In: Frankfurter Allgemeine Zeitung v. 12. 1. 1984.
Hengst, Heinz 1979: Von den Medien umstellt. In: Medium 9. Jg. (1979) H.7, S. 3–8.
Hess, Werner 1954: Für die Unabhängigkeit des Fernsehens. In: Fernsehen 2. Jg. (1954) H.4–5, S. 216–219.
Hess, Werner 1963: Die Funktion des Fernsehens in der heutigen Gesellschaft. In: Film 1./2. Jg. (1963/64) H.5, S. 51–53.
Hesse, Kurt R. 1990: Fernsehen und Revolution. Zum Einfluß der Westmedien auf die politische Wende in der DDR. In: Rundfunk und Fernsehen 38. Jg. (1990), H.3, S. 328–342.
Heuft, Otto 1973: Die Ausnutzung unaufgeklärter Verhältnisse. Zum Verhältnis zwischen Programmbetrieb und Produktionsbetrieb. In: Funk-Korrespondenz Nr.12 v. 21. 3. 1973, S. 1–4.
Hg 1935: Besuch in Berlins Fernsehstuben. In: Die Sendung 1935, S. 546.
Hickethier, Knut 1974: Zur Tradition schulischer Beschäftigung mit den Massenmedien. Ein Abriß der Geschichte deutscher Medienpädagogik. In: Schwarz, Reent (Hrsg.): Manipulation durch Massenmedien – Aufklärung durch Schule? Eine Bestandsaufnahme. Stuttgart, S. 21–52.
Hickethier, Knut 1975: Unterhaltung in Fortsetzungen – Fernsehspielserien im Vorabendprogramm. In: Rüden, Peter von (Hrsg.): Das Fernsehspiel. München, S. 136–168.
Hickethier, Knut 1977: Für eine Programmgeschichte des Fernsehspiels. Überlegungen zu einer systematischen Analyse der Entwicklung des bundesdeutschen Fernsehspiels. In: Kreuzer, Helmut (Hrsg.): Literaturwissenschaft – Medienwissenschaft. Heidelberg (Reihe medium literatur 6), S. 81–102.

Hickethier, Knut 1978: Mehr Phantasie ins Fernsehen? In: Ästhetik und Kommunikation 9. Jg. (1978) H.34, S. 115–119.

Hickethier, Knut 1979a: Fiktion und Fakt. Das Dokumentarspiel und seine Entwicklung bei ZDF und ARD. In: Kreuzer, Helmut/Prümm, Karl (Hrsg.): Fernsehsendungen und ihre Formen. Stuttgart, S. 53–70.

Hickethier, Knut 1979b: Fernsehunterhaltung und Unterhaltungsformen anderer Medien. In: Rüden, Peter von (Hrsg.): Unterhaltungsmedium Fernsehen. München, S. 40–72.

Hickethier, Knut 1980b: Kino und Fernsehen in den Erinnerungen ihrer Zuschauer. In: Ästhetik und Kommunikation 11. Jg. (1980) H.42, S. 53–66.

Hickethier, Knut 1982: Medienbiographien – Bausteine für eine Rezeptionsgeschichte. In: Medien + Erziehung 26. Jg. (1982), H.4, S. 206–215.

Hickethier, Knut 1984: Die ersten Programmstrukturen im deutschen Fernsehen: Von der wohlkomponierten Mitte zum Viertelstundenraster. In: Rundfunk und Fernsehen 32. Jg. (1984) H.4, S. 441–462.

Hickethier, Knut 1985: Klassiker im Fernsehen. Fernsehtheater oder Theaterfernsehen? In: TheaterZeitSchrift 4. Jg. (1985) H.11, S. 102–118.

Hickethier, Knut 1988: Magazine im Programm – das Programm ein Magazin. In: Kreuzer, Helmut/Schumacher, Heidemarie (Hrsg.): Magazine audiovisuell. Berlin, S. 91–110.

Hickethier, Knut 1989b: Vernebelter Anfang. Polemisches zur ›Stunde Null‹ des Fernsehens – beim Durchblättern fernsehhistorischer Erinnerungen. In: TheaterZeitSchrift 8. Jg. (1989) H.28, S. 74–90.

Hickethier, Knut 1989c: Vom Ende des Kinos und vom Anfang des Fernsehens. Das Verhältnis von Film und Fernsehen in den fünfziger Jahren. In: Hoffmann, Hilmar/Schobert, Walter (Hrsg.): Zwischen Gestern und Morgen. Westdeutscher Nachkriegsfilm 1946–1962. Frankfurt/M., S. 282–317 (Katalog des Deutschen Filmmuseums Frankfurt/M.).

Hickethier, Knut 1990b: Die Welt ferngesehen. Dokumentarische Sendungen im frühen Fernsehen. In: Heller, Heinz-B./Zimmermann, Peter (Hrsg.): Bilderwelten – Weltbilder. Marburg, S. 23–48.

Hickethier, Knut 1990c: Die Zeit und das Fernsehen. In: Ästhetik und Kommunikation 19. Jg. (1990), H.73/74, S. 137–144.

Hickethier, Knut 1991b: Das Fernsehspiel im Dritten Reich. In: William Uricchio (Hrsg.): Die Anfänge des deutschen Fernsehens. Tübingen, S. 74–142.

Hickethier, Knut 1991c: Wie anfangen? Probleme des Programmbeginns. In: Kreuzer, Helmut/Schanze, Helmut (Hrsg.): Bausteine II. Neue Beiträge zur Ästhetik, Pragmatik und Geschichte der Bildschirmmedien. Siegen (Arbeitshefte Bildschirmmedien Nr.30).

Hickethier, Knut 1991d: Ilse Obrig und das Klingende Haus der Sonntagskinder. Die Anfänge des deutschen Kinderfernsehens. In: Erlinger, Hans-Dieter/Stötzel, Dirk Ulf (Hrsg.): Geschichte des Kinderfernsehens. Berlin, S. 93–142.

Hickethier, Knut 1991e: Die Zugewinngemeinschaft. Zum Verhältnis von Film und Fernsehen in den sechziger und siebziger Jahren. In: Hoffmann, Hilmar/Schobert, Walter (Hrsg.): Abschied von gestern. Bundesdeutscher Film der sechziger und siebziger Jahre. Frankfurt/M.: Deutsches Filmmuseum Frankfurt/M., S. 190–211.

Hickethier, Knut 1991f: Apparat – Dispositiv – Programm. Skizze einer Programmtheorie am Beispiel des Fernsehens. In: Hickethier, Knut/Zielinski, Siegfried (Hrsg.): Medien/Kultur. Schnittstellen zwischen Medienwissenschaft, Medienpraxis und gesellschaftlicher Kommunikation. Berlin, S. 421–447.

Hickethier, Knut 1994a: Zwischen Einschalten und Ausschalten. Fernsehgeschichte als Geschichte des Zuschauens. In: Faulstich, Werner (Hrsg.): Vom ›Autor‹ zum Nutzer. Handlungsrollen im Fernsehen. München, S. 237–306 (Geschichte des Fernsehens in der Bundesrepublik Deutschland, Bd.5).

Hickethier, Knut 1994b: «Bruderschaft der entzündeten Augen». Eine kleine Geschichte der Fernsehkritik in Deutschland. In: Werner Faulstich (Hrsg.): Vom ›Autor‹ zum Nutzer. Handlungsrollen im Fernsehen. München, S. 119–216 (Geschichte des Fernsehens in der Bundesrepublik Deutschland, Bd.5).

Hickethier, Knut 1994c: Das Fernsehspiel oder Der Kunstanspruch der Erzählmaschine Fernsehen. In: Schanze, Helmut/Zimmermann, Bernhard (Hrsg.): Das Fernsehen und die Künste. München, S. 303–348 (Geschichte des Fernsehens in der Bundesrepublik Deutschland, Bd.2).

Hickethier, Knut 1995a: Dispositiv Fernsehen. Skizze eines Modells. In: montage/av 4. Jg. (1995) H.1, S. 63–83.

Hickethier, Knut 1995b: »Süße Fremdartigkeit« und die »Halbschlächtigkeit des Herzens«. Axel Cortis Film »Eine blaßblaue Frauenschrift« nach der Erzählung von Franz Werfel. In: Aspetsberger, Friedbert/Rußegger, Arno (Hrsg.): Die Ungetrennten und Nichtvereinten. Studien zum Verhältnis von Film und Literatur. Innsbruck/Wien, S. 30–51.

Hickethier, Knut 1996a: Bittere Heimkehr. »Welcome in Vienna« von Axel Corti und Georg Stefan Troller. In: Schlemmer, Gottfried (Hrsg.): Der neue österreichische Film. Wien, S. 206–220.

Hickethier, Knut 1997a: Das Fernsehspiel zwischen TV-Movie und Fernsehdramatik. Zur Situation einer Programmsparte Mitte der neunziger Jahre. In: Peulings, Birgit/Jacobs-Peulings, Rainer Maria (Hrsg.): Das Ende der Euphorie. Das deutsche Fernsehspiel nach der Einigung. Hamburg, S. 11–28.

Hickethier, Knut 1997b: Die Utopie der Serie. Mythen und Weltsicht im ›Star-Trek-Universum‹. In: Hellmann, Kai-Uwe/Klein, Arne (Hrsg.): »Unendliche Weiten ...« Star Trek zwischen Unterhaltung und Utopie. Frankfurt/M., S. 120–138.

Hickethier, Knut/Hoff, Peter 1992: Grenzüberschreitendes Erzählen. Das Fernsehspiel in der DDR und in der Bundesrepublik. In: Reiss, Erwin/Zielinski, Siegfried (Hrsg.): Grenzüberschreitungen. Eine Reise durch die globale Filmlandschaft. Berlin, S. 234–253.

Hilf, Willibald 1987: Den Dingen auf den Grund gehen ... Kulturprogramm und Programmkultur im öffentlich-rechtlichen Rundfunk. In: Funk-Korrespondenz Nr.47 v. 20. 11. 1987, S. 1–4.

Hoepner-Flatow, W. 1939: Fernsehen – wie es wurde. In: Die Sendung 16. Jg. (1939) o.P.

Höfer, Werner 1977: Ist das Fernsehen noch diese meine Rede wert? In: Frankfurter Rundschau v. 23. 7. 1977, S. 14.

Hoff, Peter 1974: Wie sich die Gattungstheorie der sozialistischen Fernsehkunst in der DDR zu entwickeln begann. Die vorwissenschaftliche Phase. In: Filmwissenschaftliche Beiträge, Jahresband 1974, S. 208–248.

Hoff, Peter 1977: Blick zurück – nach vorn. Bemerkungen zur Diskussion über die Notwendigkeit der Fernseh-Geschichtsschreibung. In: Film und Fernsehen 5. Jg. (1977) H.10, S. 2.

Hoff, Peter 1980: Preußen: Yorkscher Marsch und Aufbaulied. Geschichte im Programm des Fernsehens der DDR 1979. In: Film und Fernsehen 8. Jg. (1980) H.2, S. 12–14.

Hoff, Peter 1985: Wettbewerbspartner oder Konkurrent? Zum Verhältnis von Kino, Film und Fernsehen in der Deutschen Demokratischen Republik. In: Rundfunk und Fernsehen 33. Jg. (1985) H.3–4, S. 437–455.

Hoff, Peter 1986: Das Fernsehsystem der DDR. In: Hans-Bredow-Institut (Hrsg.): Internationales Handbuch für Rundfunk und Fernsehen 1986/1987. Baden-Baden, S. B 117–122.

Hoff, Peter 1990a: «Vertrauensmann des Volkes». Das Berufsbild des »sozialistischen Journalisten« und die »Kaderanforderungen« des Fernsehens der DDR – Anmerkungen zum politischen und professionellen Selbstverständnis von ›Medienarbeitern‹ während der Honecker-Zeit. In: Rundfunk und Fernsehen. Forum der Medienwissenschaft und Medienpraxis. 38. Jg. (1990) H.3, S. 385–399.

Hoff, Peter 1990b: ›Continuity and Change‹: Television in the GDR from autumn 1989 to summer 1990. In: Nowell-Smith, Geoffrey/Wollen, Tana (Hrsg.): After the Wall. Broadcasting Germany. London (BFI), S. 11-26.

Hoff, Peter 1990c: German Television (1935-1944) as Subject and Medium of National Socialist Propaganda. In: Pennsylvania State University (Hrsg.): Historical Journal of Film, Radio and Television. Pennsylvania 1990. 10. Jg. (1990) H.2.

Hoff, Peter 1991a: »... das Bild des Führers in alle deutsche Herzen!« Das frühe deutsche Fernsehen als Gegenstand und als Medium der nationalsozialistischen

Propaganda – eine »nicht bestellte Erfindung«. In: Uricchio, William (Hrsg.): Die Anfänge des deutschen Fernsehens. Tübingen, S. 208–234.

Hoff, Peter 1991b: Das 11. Plenum und der Deutsche Fernsehfunk. In: Agde, Günter (Hrsg.): Kahlschlag. Das 11. Plenum des ZK der SED 1965. Studien und Dokumente. Berlin, S. 105–116.

Hoff, Peter 1993a: Sandmanns Televisionen. In: Filmmuseum Potsdam (Hrsg.): Sandmann auf Reisen. Eine Austellung des Filmmuseums Potsdam mit der Unterstützung des ORB und des MDR. Katalog. Berlin, S. 58-61.

Hoff, Peter 1993b: »Die Kader entscheiden alles«. Zu den »Kaderanforderungen« im Fernsehen der DDR. In: Riedel, Heide (Hrsg.): Mit uns zieht die neue Zeit ... 40Jahre DDR-Medien. Eine Ausstellung des Deutschen Rundfunk-Museums 25. 8. 93–31. 1. 94. Katalog. Berlin, S. 241–251.

Hoff, Peter 1993c: Organisation und Programmentwicklung des DDR-Fernsehens. In: Hickethier, Knut (Hrsg.): Institution, Technik und Programm. Rahmenaspekte der Programmgeschichte. München, S. 245–288 (Geschichte des Fernsehens in der Bundesrepublik Deutschland, Bd. 1).

Hoff, Peter 1993d: Die Entwicklung der Beziehung zwischen den Fernsehinstitutionen der Bundesrepublik Deutschland und der Deutschen Demokratischen Republik zwischen 1952 und 1989. In: Hickethier, Knut (Hrsg.): Deutsche Verhältnisse. Beiträge zum Fernsehspiel in Ost und West. Mit Beiträgen von Marcus Bier u.a. Siegen, S. 33–54 (Arbeitshefte Bildschirmmedien Nr.41).

Hoff, Peter 1994: Die Jahre der Unschuld. Zur Vor- und Frühgeschichte des Deutschen Fernsehfunks/Fernsehens der DDR. In: Rundfunk und Fernsehen 42. Jg. (1994) H.4, S. 555–580.

Hoff, Peter 1995: Verordneter Antifaschismus im Fernsehen in der DDR? In: Wer redet da von Entwarnung? Texte und Analysen zum aktuellen Rechtsextremismus. Mit einem Vorwort von Heinrich Graf von Einsiedel. Berlin (edition ost), S. 160–189.

Hoff, Peter 1995: Der Fernsehkrimi in der DDR. In: Brück, Ingrid/Menn, Andrea/Viehoff, Reinhold (Hrsg.): Siegener Periodikum zur internationalen empirischen Literaturwissenschaft (SPIEL) 13. Jg. (1994), H.2, S. 292–306.

Hoff, Peter/Hübner, Achim 1982: Fernsehdramatik am Beginn der achtziger Jahre. In: Schriftenreihe des Präsidiums des Verbandes der Film- und Fernsehschaffenden der DDR. Berlin, H.10/11, S. 219.

Hoff, Peter/Stiehler, Hans-Jörg 1991: Jugendfernsehen in der DDR. Die immerwährende Suche nach dem Zuschauer. In: Schorb, Bernd/Stiehler, Hans-Jörg (Hrsg.): Neue Lebenswelt neue Medienwelt? Jugendliche aus der Ex- und Post-DDR im Transfer zu einer vereinten Medienkultur, Opladen (Schriftenreihe des Instituts Jugend Film Fernsehen, München, Bd.13).

Hoffmann, Rüdiger 1979: Pressionen auf politische Magazine. In: Aufermann, Jörg/Scharf, Wilfried/Schlie, Otto (Hrsg.): Fernsehen und Hörfunk für die Demokratie. Opladen. S. 301–315.

Hoffmann-Riem, Wolfgang 1984: Tendenzen der Kommerzialisierung im Rundfunksystem. In: Rundfunk und Fernsehen 32. Jg. (1984) H.1, S. 32–50.

Hoffmann-Riem, Wolfgang 1994: Stadien des Rundfunk-Richterrechts. In: Jarren, Otfried (Hrsg.): Medienwandel – Gesellschaftswandel? Zehn Jahre dualer Rundfunk in Deutschland. Eine Bilanz. Berlin, S. 17–34.

Hoffmeister, Reinhart 1973: Kulturelle Magazine im ZDF. In: ZDF (Hrsg.): Kulturelle Magazine im ZDF. Mainz, S. 8–9.

Holleben, Wolf von 1985: ZDF-Musikkanal in allen Kabelversuchsprojekten. In: ZDF-Jahrbuch 1985, Mainz, S. 153–156.

Höltich, Lars-Uwe 1994: Die Daytime bei RTL plus – eine Betrachtung unter programmlichen und finanziellen Gesichtspunkten. In: Bosshart, Louis/Hoffmann-Riem, Wolfgang (Hrsg.): Medienlust und Mediennutz. Unterhaltung als öffentliche Kommunikation. München, S. 367–374 (Schriften der DGPuK Bd.20).

Holzamer, Karl 1963a: Fernsehen – Unterhaltungs- oder Nachrichtenmagazin? In: fff-Press. Funk-Fernsehen-Film. Archivdienst 12. Jg. (1963) Nr.50, S. 334–339.

Holzamer, Karl 1963b: Lebenshilfe und zweckfreie Sinnenfreude. (Spiegel-Gespräch). In: Der Spiegel 1963, Nr.8, S. 60–74.

Holzamer, Karl 1964a: Fernsehen – Schaugeschäft oder Bildungsinstitut? In: Rundfunk und Fernsehen 12. Jg. (1964) H.4, S. 261–271.

Holzamer, Karl 1964b: »Und heute ins Theater«. Die Theateraufzeichnungen des Zweiten Deutschen Fernsehens. In: Die Deutsche Bühne 35. Jg. (1964) H.7/8, S. 144–146.

Holzamer, Karl 1965: Lebenshilfe und Bildung – Schlagwort oder Wirklichkeit? In: Bertelsmann Briefe 1965, H.36, S. 1–3.

Honecker, Erich 1971: Bericht des Zentralkomitees an den VIII. Parteitag der Sozialistischen Einheitspartei Deutschlands. In: Neues Deutschland, Ausgabe B, v. 16. 6. 1971.

Hoppe, Josef 1996: Fernsehen als Waffe. Militär und Fernsehen in Deutschland 1935–1950. In: Ich diente nur der Technik. Berlin, S. 55–88.

Huber, Heinz 1961: Hitler, »Das Dritte Reich« und wir. Sechs Millionen sahen eine Sendereihe. In: Magnum Sonderheft: Woher, Wohin. Bilanz der Bundesrepublik. Köln, S. 30–31.

Hübner, Heinz Werner 1987: Information und Kultur. Was das Fernsehen zum Vergnügen und zum Mißvergnügen vieler so sendet. In: Funk-Korrespondenz Nr.38 v. 18. 9. 1987, S.P1-P3.

Huby, Felix 1994: Schöne neue Welt. In: Doetz, Jürgen (Hrsg.): Faszination Fernsehen. Zehn Jahre nach dem medienpolitischen Urknall. Berlin, S. 39.

Huch, Fritz 1973: Wirtschaften im Rundfunk. Vervielf. Manuskript.

Humphreys, Peter 1990: Das Rundfunksystem Großbritanniens. In: Internationales Handbuch für Rundfunk und Fernsehen 1990/91. Hamburg 1990, S. D 83–95.

Jaedicke, Horst 1974: Der guten Ratschläge gibt's viele ... In: Südwestfunk-Informationen 7. Jg. (1974) H.12, S. 13.

Janke, Hans 1976: Gesellschaftsausweis. Über Talk-Shows im Fernsehen der BRD. In: Medium 6. Jg. (1976), H.11, S. 5–8.

Janke, Hans 1991: Was ist ein erfolgreiches Fernsehspiel? In: ZDF-Jahrbuch 1991. Mainz, S. 124–130.

Jarren, Otfried 1997: Getrennte Wahrnehmungswelten. Die Medienstrukturen in Deutschland West und Ost sind noch kein gesamtdeutsches Forum. In: Der Tagesspiegel v. 2. 10. 1997, S. 45.

Jedele, Helmut 1958: Wann ist Dienstag der Woche A? Interview. In: Der Spiegel 12. Jg. (1958), Nr.14, S. 48–56.

Kabel, Rainer 1976: Rundfunkanstalten als wirtschaftliche Unternehmen. In: Kötterheinrich, Manfred u.a. (Hrsg.): Rundfunkpolitische Kontroversen. Frankfurt/M./Köln, S. 332–341.

Kaltofen, Günter 1958: Die Vielfalt der Möglichkeiten. Nochmals zum Thema Fernsehdramaturgie. In: Theater der Zeit 13. Jg. (1958) H.6, S. 29–31.

Kaltofen, Günter 1962: Dramatische Kunst auf dem Bildschirm. In: Ders. (Hrsg.): Das Bild, das deine Sprache spricht. Fernsehspiele. Berlin, S. 8–58.

Kammann, Uwe 1985: Im Zeitkorsett. Der ARD-Programmschema-Entwurf belastet das Fernsehspiel. In: epd/Kirche und Rundfunk Nr.12 v. 13. 2. 1985, S. 3–5.

Kammann, Uwe 1990a: Goldene Zeiten. Wie manche die DDR-Medien verteilen wollen. In: epd/Kirche und Rundfunk 42. Jg. (1990), Nr.12, S. 3.

Kammann, Uwe 1990b: »Neues Deutschland, querbeet. ARD-CDU-DFF-BRDDDR-Medienkunden.« In: epd/Kirche und Rundfunk 42. Jg. (1990), Nr.34/35, S. 3–5.

Kammann, Uwe 1990c: Dialektischer Pragmatismus der treuen Hand. Das DDR-Rundfunk-Überleitungsgesetz – ein Wechselbalg. In: epd/Kirche und Rundfunk 42. Jg. (1990), Nr.53, S. 3.

Kehl, Anton 1987: Die Arbeitswelt. In: Benz, Wolfgang: Die Geschichte der Bundesrepublik Deutschland, Frankfurt/M. Bd.2, S. 294–325.

Keller, Harald 1995: Spielwiese der Stars. TV-Movies – ein gattungsgeschichtlicher Streifzug. In: Jahrbuch Fernsehen 1994/95. Marl, S. 9–17.

Kettelhack, B. H. 1954: Fernsehloge – bester Platz! Wie stellt man seinen Empfänger richtig auf? In: Fernsehen 2. Jg. (1954), Nr.4/5, S. 249–251.

Kiefer, Marie Luise 1978: Massenkommunikation 1964–1970–1974. In: Berg, Klaus/Kiefer, Marie Luise (Hrsg.): Massenkommunikation. Mainz, S. 41–321.

Kienzle, Siegfried 1980: Theater im Fernsehen oder Fernsehtheater? In: Schauspiel im ZDF 1980. Mainz, S. 1–3.
Kimmel, Hans 1969: Programmformen und -strukturen. Referat auf dem ARD/ZDF-Seminar am 6. 3. 1969 Baden-Baden. Vervielf. Manuskript.
Kimmel, Hans u. a. 1973: Eine breite Palette der Aufgaben. In: TV-Courier Nr.8 v. 5. 3. 1973, S. 3–10.
Knilli, Friedrich 1971: Kritik der Augenzeugenideologie. In: Fernsehen und Film 9. Jg. (1971) H.3, S. 13–15.
Knott-Wolff, Brigitte 1989: Papas Fernsehen ist tot. In: Funk-Korrespondenz Nr.36 v. 8. 9. 1989, S. 2–5.
Koch, Thilo 1995: »Die rote Optik«. In: Heller, Heinz-B./Zimmermann, Peter (Hrsg.): Blicke in die Welt. Reportagen und Magazine des nordwestdeutschen Fernsehens in den 50er und 60er Jahren. Konstanz, S. 93–104 (Close up Bd. 3).
Koebner, Thomas 1974: Das Fernsehspiel – Themen und Motive. In: Rüden, Peter von (Hrsg.): Das Fernsehspiel. München, S. 20–65.
Konrad, Walter 1991: 3sat – Das andere Programm. In: ZDF-Jahrbuch 1991. Mainz, S. 187–192.
Krapp, Helmut 1957: Auf der Suche nach einem neuen Stil. In: Fernsehen 5. Jg. (1957), H.10, S. 515–517; H.11, S. 576–578, 6. Jg. (1958) H. 1, S. 45–48; H. 4, S. 221–222.
Krönung 1953: »Ein Märchen unserer Zeit«. In: Fernsehen 1. Jg. (1953) H.6, S. 287–291.
Krüger, Udo Michael 1986: Zwischen Anpassung und funktioneller Differenzierung. In: Media Perspektiven 1986, H.8, S. 485–506.
Krüger, Udo Michael 1987: Qualitätsschere im Fernsehangebot. In: Media Perspektiven 1987, H.9, S. 549–562.
Krüger, Udo Michael 1989: Konvergenz im dualen Fernsehsystem? In: Media Perspektiven 1989, H.12, S. 776–806.
Krüger, Udo Michael 1991: Positionierung öffentlich-rechtlicher und privater Fernsehprogramme im dualen System. In: Media Perspektiven 1991, H.5, S. 303–332.
Kübler, Hans-Dieter 1979: Die Aura des Wahren oder die Wirklichkeit der Fernsehnachrichten. In: Kreuzer, Helmut/Prümm, Karl (Hrsg.): Fernsehsendungen und ihre Formen. Stuttgart, S. 249–289.
Kübler, Hans-Dieter 1982: Medienbiographien. Ein neuer Ansatz der Rezeptionsforschung. In: Medien + Erziehung 26. Jg. (1982) H.4, S. 194–205.
Kuby, Erich 1950: Das pausenlose Programm. In: Frankfurter Hefte 5. Jg. (1950) H.1, S. 51–57.
Kühnert, Hanno 1994: Das Kabel-Komplott. In: Die Zeit v. 10. 2. 1994, S. 49.

Lahann, Gerhard 1979: Elektronische Berichterstattung. Anwendung einer neuen Technik im Fernsehen. In: ARD-Jahrbuch 1979. Hamburg, S. 23–31.
Lahnstein, Manfred 1987: »Neue Medien« zwischen Kommerz und Kultur. In: Funk-Korrespondenz Nr.19 v. 8. 5. 1987, S. 1–4.
Lamberz, Werner 1972: Referat. In: Die Aufgaben der Agitation und Propaganda bei der weiteren Verwirklichung der Beschlüsse des VIII. Parteitages der SED. Konferenz des Zentralkomitees der SED am 16./17. 11. 1972. Berlin.
Lange, Hans Joachim 1964: Fernsehen. Kulturbetrieb oder Lebenshilfe. In: Westdeutscher Rundfunk Jahrbuch VI, Köln, S. 147–154.
Langenbucher, Wolfgang R. 1976: Die dritten Fernsehprogramme – Regionales Alternativprogramm für Minderheiten oder landespolitisches Gegenprogramm. In: Kötterheinrich, Manfred u. a. (Hrsg.): Rundfunkpolitische Kontroversen. Frankfurt/M., S. 206–219.
Langenbucher, Wolfgang R. 1986: Fernsehen als epochales Phänomen. Oder: Vom Nutzen der Kulturkritik für die Erforschung langfristiger Medienentwicklungen. In: Mahle, W. A. (Hrsg.): Langfristige Medienwirkungen. Berlin, S. 69–82.
Leder, Dietrich 1991: Der Bildschirm-Mann der Gegensätze. In: Süddeutsche Zeitung v. 22. 1. 1991.
Leonhard, Joachim-F. 1993: Die Rundfunkarchive der ehemaligen DDR. Sichtung,

Sicherung und Erschließung unter Koordination des Deutschen Rundfunkarchivs, Frankfurt am Main. In: Der Archivar 46. Jg. (1993) H.1, S. 56–62.

Lepsius, Rainer 1977: Soziologische Theoreme über die Sozialstruktur der »Moderne« und der »Modernisierung«. In: Koselleck, Reinhart (Hrsg.): Studien zum Beginn der modernen Welt. Stuttgart, S. 10–29.

Lerg, Winfried B. 1967: Zur Entstehung des Fernsehens in Deutschland. In: Rundfunk und Fernsehen 15. Jg. (1967) H.4, S. 349–375.

Lettau, Reinhard 1971: Nachrichtensendungen im Fernsehen. In: Rundfunk und Fernsehen 22. Jg. (1972) H.2, S. 231–253.

Lilienthal, Volker 1990: Drehbuchentwicklung. ZDF-Initiative und allgemeine Misere. (2 Teile) In: epd/Kirche und Rundfunk 42. Jg. (1990) Nr.56, S. 3–7 und Nr.57, S. 6–8.

Lilienthal, Volker 1997: Konkurrenzausschluß. Was der VPRT bezweckt, wo er schweigt und wo er recht hat. In: epd medien Nr.93 v. 29. 11. 1997, S. 3–6.

Lindlau, Dagobert 1985: Der Realitätsverlust des Fernsehens und seiner Kritiker. In: Hillrichs, Hans Hellmut/Janke, Hans (Hrsg.): Die entfernte Wirklichkeit. Journalistisch-dokumentarische Programme im Fernsehen. Mainz.

Lindner, Rolf 1976: Fernsehen und Alltag der Zuschauer. In: Medium 6. Jg. (1976) H.6, S. 11–13.

Lodemann, Jürgen 1980: Ungekürzte Rede vom »öffentlich-rechtlichen« Programm. In: Medium 10. Jg. (1980), H.4, S. 21–24.

Ludes, Peter 1991: Die Rolle des Fernsehens bei der revolutionären Wende in der DDR. In: Publizistik 36. Jg. (1991), H.2, S. 201–216.

Ludes, Peter 1994: Vom neuen Stichwortgeber zum überforderten Welterklärer und Synchron-Regisseur. Nachrichtensendungen. In: Ludes, Peter/Schumacher, Heidemarie/Zimmermann, Peter (Hrsg.): Informations- und Dokumentarsendungen. München, S. 17–90 (Geschichte des Fernsehens in der Bundesrepublik Deutschland, Bd.3).

Ludin, Malte 1978: Die Amphibien dürfen nicht sterben. In: Medium 8. Jg. (1978) H.11, S. 9–12.

Märthesheimer, Peter 1973: Programmacher ohne Gänsefüßchen? In: Funk-Korrespondenz Nr.8 v. 21. 2. 1973, S. 1–3.

Megaphon 1926: Wozu Unterhaltungsrundfunk. In: Der neue Rundfunk v. 21. 6. 1926.

Meichsner, Dieter 1972: Ich gebe zu, wir manipulieren. In: Die Welt v. 20. 4. 1972.

Merkert, Rainer 1972: Dritte Programme: Den Kinderschuhen noch nicht entwachsen. In: Alst, Theo van (Hrsg.): Millionenspiele – Fernsehbetrieb in Deutschland. München, S. 59–76.

Merkert, Rainald 1982: Kinderprogramme. In: Kreuzer, Helmut (Hrsg.): Sachwörterbuch des Fernsehens. Göttingen, S. 110–115.

Meyer, Andreas 1977: Auf dem Wege zum Staatsfilm? Bausteine zur Situationsanalyse des bundesdeutschen Kinos. In: Medium 7. Jg. (1977) H.10, S. 27–30; H.11, S. 14–19; H.12, S. 15–21.

Miersch, Michael 1997: Ein Platz für Bernhard Grzimek. Wie ein Zoodirektor das Naturbild der Nation prägte und zum Vorreiter der Ökologiebewegung wurde. In: Die Zeit Nr.12 v. 14. 3. 1997, S. 51.

Mittenzwei, Ingrid 1978: Die zwei Gesichter Preußens. In: Forum, Nr.19/1978.

Mohl, Hans 1979: Hobbytips und Lebenshilfe. Ratgebersendungen in den Fernsehprogrammen. In: Kreuzer, Helmut/Prümm, Karl (Hrsg.): Fernsehsendungen und ihre Formen. Stuttgart, S. 365–376.

Mohr, Reinhard 1993: Reinhold Messner der Kleinkunst. »Verstehen Sie Spaß?« mit Harald Schmidt. In: Frankfurter Allgemeine Zeitung v. 10. 5. 1993.

Mohrhof, Siegfried 1967: Gedanken zum Kinder- und Jugendprogramm. In: Longolius, Christian (Hrsg.): Fernsehen in Deutschland I. Mainz, S. 207–216.

Moles, Abraham 1964: Rundfunk und Fernsehen als Mittel kulturellen und gesellschaftlichen Fortschritts. In: Rundfunk und Fernsehen 12. Jg. (1964), H.2/3, S. 145–153.

Monk, Egon 1963: Private Leidenschaften interessieren mich nicht. In: Film 1. Jg. (1963) H.2, S. 56–58.

Morgenstern, Klaus 1977a: Gewünscht: Mehr Lebenshilfe. In: Frankfurter Rundschau v. 21. 1. 1977.

Morgenstern, Klaus 1977b: Jeder Tag hat seine Programmfarbe. In: Frankfurter Rundschau v. 12. 1. 1977.

Morgenstern, Klaus 1977c: Wetterberichte verliest der Moderator. Neue Fernseh-Programmstruktur. In: Frankfurter Rundschau v. 29. 12. 1977.

Morley, David 1997: Where the Global Meets the Local. Aufzeichnungen aus dem Wohnzimmer. In: montage/av 6. Jg. (1997) H.1, S. 5–35.

Mühl-Benninghaus, Wolfgang 1990: »Ab morgen heißen wir ›Aktuell‹.« Ein Nachwort zum Ende der DDR-Nachrichtensendung ›Aktuelle Kamera‹. In: Funk-Korrespondenz 38. Jg. (1990), Nr.51–52, S. 1–3.

Mühl-Benninghaus, Wolfgang 1993: Warum ARD/ZDF im Osten nicht ankommen: Versuch einer Antwort. In: Funk-Korrespondenz 41. Jg. (1993), Nr.4, S. 1–9.

Mühl-Benninghaus, Wolfgang 1997: Rundfunkgeschichte. In: ARD/ZDF (Hrsg.): Was Sie über Rundfunk wissen sollten. Berlin. S. 369–394.

Müller, Heinz 1972: Kleine Chronik des Fernsehens der DDR. Zum 20. Jahrestag des Fernsehens. In: Knietzsch, Horst (Hrsg.): Prisma. Kino- und Fernsehalmanach 3. Berlin.

Müller, Jürgen K. 1995: Die Anfänge des Fernsehens im Süddeutschen Rundfunk. In: Dussel, Konrad/Lersch, Edgar/Müller, Jürgen K.: Rundfunk in Stuttgart 1950–1959. Stuttgart, S. 209–255.

Münch, Matthäus 1953: Fernsehen auf Bundesebene oder regional? In: Fernsehen 1. Jg. (1953) H.10, S. 557–561.

Münster, Clemens 1950: Zur Kulturgeschichte des Augenblicks. In: Frankfurter Hefte 5. Jg. (1950) H.1, S. 41–51.

Murero, Hugo 1957: Mit dem Möbelwagen ins Olympia-Stadion. In: Fernsehen 5. Jg. (1957) H.4–5.

Netenjakob, Egon 1966f.: Weltliteratur für alle. In: Funk-Korrespondenz 1966, Nr.22 v. 26. 5. 66, S. 1–5; Fortsetzungen in: FK 1966, Nr.20; FK 1966, Nr.51/52; FK 1967, Nr.3; FK 1967, Nr.5; FK 1967, Nr.7; FK 1967, Nr.18; FK 1967, Nr.30.

Neuburger, Albert 1931: Fernsehstation »Columbia«. In: Fernsehen 2. Jg. (1931) H.4, S. 274–277.

Neumann-Bechstein, Wolfgang 1982: Freizeittrends und Fernsehnutzung. In: Rundfunk und Fernsehen 30. Jg. (1982) H.2, S. 164–177.

Neumann-Bechstein, Wolfgang 1994: Lebenshilfe durch Fernsehratgeber. Verhaltenssteuerung – Verkaufshilfe – Biographieplanung. In: Erlinger, Hans-Dieter/Foltin, Hans-Friedrich (Hrsg.): Unterhaltung, Werbung, Zielgruppenprogramme. München, S. 243–278 (Geschichte des Fernsehens in der Bundesrepublik Deutschland, Bd.4).

Neumann-Bechstein, Wolfgang 1997: Was wir über Hörer und Zuschauer wissen. In: ARD/ZDF (Hrsg.): Was Sie über Rundfunk wissen sollten. Berlin, S. 231–281.

Newcomb, Horace M./Hirsch, Paul M. 1986: Fernsehen als kulturelles Forum. In: Rundfunk und Fernsehen 34. Jg. (1986) H.2, S. 177–190.

Noelle-Neumann, Elisabeth 1967: Heimtest und Experiment als Methoden der Fernsehwirkungskontrolle. In: Longolius, Christian (Hrsg.): Fernsehen in Deutschland. Mainz, S. 313–332.

Noelte, Rudolf 1966: Fernseh-Spiel? In: Schmitthenner, H. (Hrsg.): Acht Fernsehspiele. München, S. 408–411.

Nowak, Andreas/Schneider, Irmela 1989: Amerikanische Serien im bundesdeutschen Fernsehprogramm. In: Thomsen, Christian W./Faulstich, Werner (Hrsg.): Seller, Stars und Serien. Heidelberg, S. 94–115.

Odermann, Heinz 1990: Der Umbruch und die Mediengesetzgebung der DDR. In: Rundfunk und Fernsehen 38. Jg. (1990), H.3, S. 377–384.

Oeller, Helmut 1962: Theater und Fernsehen. In: Die Deutsche Bühne 33. Jg. (1962) H.5, S. 84–86.

Oeller, Helmut 1967: Das Studienprogramm des Bayerischen Rundfunks. In: Roß, Dieter: Die Dritten Fernsehprogramme. Hamburg, S. 25–32.

Oeller, Helmut 1974: Kontrast – Anmerkungen zu einem Schlüsselbegriff. In: Funk-Korrespondenz Nr.24 v. 12. 6. 1974, S. 1–4.

Paech, Joachim 1971: Jedermannstr. 11. In: Knilli, Friedrich (Hrsg.): Die Unterhaltung der deutschen Fernsehfamilie. München, S. 29–44.

Paech, Joachim 1994: Überlegungen zum Dispositiv als Theorie medialer Topik (Unveröff. Manuskript 24 S.).

Pehlke, Michael 1971: »High Chaparral«. In: Knilli, Friedrich (Hrsg.): Die Unterhaltung der deutschen Fernsehfamilie. München, S. 67–94.

Piecho, Günther 1953: Das Berliner Fernsehen. In: Rundfunk und Fernsehen, 1. Jg. (1953) H.1, S. 54–58.

Pitzer, Sissi 1994: Die Info-Illusion. Die Reportagemagazine der Privaten im Wochentest. In: die tageszeitung v. 14. 6. 1994.

Pleister, Werner 1951: Programm heißt: ins Innere sehen. In: epd/Kirche und Rundfunk Nr.24 v. 19. 11. 51, S. 2–4.

Pleister, Werner 1953: Deutschland wird Fernsehland. In: Rundfunk-Fernseh-Jahrbuch. Berlin u.a., S. 39–42.

Pleister, Werner 1954: Das Fernsehprogramm. In: NWDR-Jahrbuch 1950–53. Hamburg, S. 16–18.

Plog, Jobst 1987: Die Welt entdecken. Auslandsberichterstattung der ARD. In: ARD-Jahrbuch 1987. Hamburg, S. 17–32.

Plog, Jobst 1993: Kein Kolonisatoren-Blick. Ob Medien- oder Gesamtdeutschland: Selters statt Sekt. In: Funk-Korrespondenz 41. Jg. (1993), H.14/15, S. 4–6.

Plog, Jobst 1997: »Multimedia« – Wird es eine neue Klassengesellschaft geben? Der öffentlich-rechtliche Rundfunk und die Zukunft der Medien. In: Kleinsteuber, Hans J. (Hrsg.): Information Highway – Exit Hamburg? Hamburg, S. 33–42.

Poinsignon, Jacques/Hinzmann, Kurt u.a. 1990: Vor 50 Jahren: Deutsch-französisches Fernsehen (4 Teile, Reihe Aufzeichnungen zur Fernsehgeschichte Deutschlands 77/78). In: Fernseh-Informationen 1990, H.20–23, S. 605–606; 638–642; 671–674; 705–706.

Prager, Gerhard 1962: »Halstuch« mit Folgen? Diskussion um eine Kriminalserie. In: epd/Kirche und Fernsehen Nr.9 v. 3. 3. 1962, S. 2–3.

Prager, Gerhard 1964: »Ein Fernsehgerät kommt mir nicht ins Haus!« Vom geistigen und gestrigen Widerstand gegen das Fernsehen. In: epd/Kirche und Fernsehen Nr.33 v. 15. 8. 64, S. 1.

Prager, Gerhard 1967: Die Bedeutung des Fernsehspiels für das Programm. In: Longolius, Christian (Hrsg.): Fernsehen in Deutschland. Mainz, S. 151–155.

Prager, Gerhard 1974: Koproduktion im Fernsehen oder Das Risiko der Vernunft. In: ZDF-Journal 1974, Nr.13, S. 1–3a.

Precht, Richard David 1997: Schiffbruch mit Publikum. In: Die Zeit Nr.30 v. 18. 7. 1997, S. 30.

Precht, Richard David 1998: Der Narr der letzten Stunde. Harald Schmidt zeigt, was noch geht, wenn sonst nichts mehr geht. In: Die Zeit Nr.4 v. 15. 1. 1998, S. 47.

Preikschat, Wolfgang 1990: Wünsche offen. »Kanal X«: Ein Fernsehexperiment in Leipzig. In: epd/Kirche und Rundfunk 42. Jg. (1990), Nr.41, S. 14.

Preissner-Polte, Anne 1986: Gefangen im Kabelghetto. In: Die Zeit Nr.4 v. 17. 1. 1986, S. 22.

Programmfrage 1949: Gegen die Selbstentwertung des Rundfunks. Vorfragen zur Programmfrage. In: epd/Kirche und Rundfunk Nr.18 v. 12. 8. 1949, S. 2–4.

Pross, Harry 1978: Rundfunk für alle – überfällige Aufgabe. In: Frankfurter Rundschau Nr.101 v. 16. 5. 1978, S. 14.

Radkau, Joachim 1993: »Wirtschaftswunder« ohne technologische Innovation? In: Schildt, Axel/Sywottek, Arnold (Hrsg.): Modernisierung im Wiederaufbau. Die westdeutsche Gesellschaft der 50er Jahre. Bonn, S. 129–154.

Rahner, Wolfgang F. 1977: Kritik trifft stets ins Schwarze. In: Frankfurter Rundschau v. 10. 2. 1977.

Rath, Claus Dieter 1983: Fernseh-Realität im Alltag: Metamorphosen der Heimat. In: Pross, Harry/Rath, Claus Dieter (Hrsg.): Rituale der Massenkommunikation. Berlin, S. 133–143.

Reiss, Erwin/Zielinski, Siegfried 1976: Internationaler Medienzusammenhang. Am Beispiel der Entwicklung des Rundfunks in England, Frankreich und Deutschland. In: Haug, Wolfgang Fritz (Hrsg.): Massen/Medien/Politik. Berlin, S. 150–201. (Argument-Sonderband Nr.10)

Rhein, Eduard 1930a: Es ist ein weiter Weg. In: Fernsehen 1. Jg. (1930) H.9.

Rhein, Eduard 1930b: Der erste Fernsehfilm wird gedreht ... In: Fernsehen 1. Jg. (1930) H.4, S. 157–159.

Riek, Heinz 1972: Der zweite Start. Erinnerungen an den Anfang. In: Deutsches Fernsehen/ARD, Pressedienst, Sonderausgabe v. 25. 12. 1972, S. 7.

Riha, Karl 1979: Männer, Kämpfe, Kameras. Zur Dramaturgie von Sportsendungen im Fernsehen. In: Kreuzer, Helmut/Prümm, Karl (Hrsg.): Fernsehsendungen und ihre Formen. Stuttgart, S. 183–193.

Rischbieter, Henning 1962: Klassikertod im Fernsehen? In: Theater heute 1962, H.6, S. 50–51.

Rischbieter, Henning 1971: Die Kamera im Parkett. In: Fernsehen und Film 1971, H.9, S. 18–20.

Rischbieter, Henning 1983: Theater. In: Benz, Wolfgang (Hrsg.): Die Geschichte der Bundesrepublik Deutschland, Bd. 4: Kultur. Frankfurt/M., S. 86–130.

Rohrbach, Günter 1967: Endlich eine Fernsehspiel-Konzeption beim WDR. In: Funk-Korrespondenz 1967, Nr.3 v. 19. 1. 67, S. 7–9.

Rohrbach, Günter 1968: Fernsehspiel als Ersatz für Wirklichkeit. In: Theater heute 9. Jg. (1968) H.9, S. 26–28.

Rohrbach, Günter 1971: Wem nutzt der Kontrast? Plädoyer für eine »homerische Schlacht«. In: epd/Kirche und Fernsehen Nr.30 v. 14. 8. 1971, S. 1–4.

Rohrbach, Günter 1972: Haben Fernsehspiele noch Zukunft? In: Alst, Theo van (Hrsg.): Millionenspiele – Fernsehbetrieb in Deutschland. München, S. 93–98.

Rohrbach, Günter 1976: Arbeitsplatzbeschreibung. Programmbereich: Fernsehspiel und Unterhaltung. In: Brüssau, Werner u.a. (Hrsg.): Fernsehen. Ein Medium sieht sich selbst. Mainz, S. 233–242.

Rohrbach, Günter 1977: Unterhaltung wozu, für wen und wie? In: Pressedienst Deutsches Fernsehen/ARD, 1977, Nr.18, S. 1–9; auch in: Rüden, Peter von (Hrsg.) 1979: Unterhaltungsmedium Fernsehen. München, S. 30–39.

Rohrbach, Günter 1978: Das Subventions-TV. Plädoyer für den amphibischen Film. In: Jahrbuch Film 1977/78. München, S. 95–100.

Rohrbach, Günter 1984: Eine Chance für das Fernsehspiel. In: ARD-Jahrbuch 1984, Hamburg, S. 56–60.

Rosenstein, Doris 1994: Kritik und Vergnügen. Zur Geschichte kabarettistischer Sendeformen. In: Erlinger, Hans-Dieter/Foltin, Hans-Friedrich (Hrsg.): Unterhaltung, Werbung und Zielgruppenprogramme. München, S. 159–185 (Geschichte des Fernsehens in der Bundesrepublik Deutschland, Bd.4).

Rosenstein, Doris/Seibert, Peter/Gompper, Renate 1994: Theatersendungen im Fernsehen der Bundesrepublik Deutschland. In: Schanze, Helmut/Zimmermann, Bernhard (Hrsg.): Das Fernsehen und die Künste. München, S. 159–226 (Geschichte des Fernsehens in der Bundesrepublik Deutschland, Bd.2).

Roß, Dieter 1974: Entstehung und Entwicklung der Dritten Fernsehprogramme. Eine historisch-kritische Bilanz. In: Media Perspektiven 1974, H.4, S. 149–159.

Roß, Dieter 1979: Funktionen der Dritten Fernsehprogramme. In: Aufermann, Jörg/Scharf, Wilfried/Schlie, Otto (Hrsg.): Fernsehen und Hörfunk für die Demokratie. Opladen, S. 334–347.

RTL (Hrsg.) 1994: Trendletter. Sonderausgabe zur Bilanz-Pressekonferenz 1994. Köln.

Rudert, Frithjof 1979: 50 Jahre »Fernseh«, 1929–1979. In: Bosch Technische Berichte 6. Jg. (1979) H.5/6, S. 236–267.

Rudert, Frithjof 1992: Der Ettlinger Kreis und seine Bedeutung. In: Rundfunktechnische Mitteilungen 36. Jg. (1992) H.2, S. 89–92.

Rühle, Günther 1974: Das größte Theater der Welt. In: Frankfurter Allgemeine Zeitung v. 21. 5. 1974, S. 21.

Schäfer, Wolf 1996: Das 20. Jahrhundert hat gerade erst begonnen. Nach welchen

Kriterien kann die Gegenwartsgeschichte periodisiert, kann eine Epoche konstruiert werden? In: Die Zeit v. 25. 10. 1996, S. 56.

Schardt, Alois 1987: Plädoyer für die ›Wochenkultur‹. In: Funk-Korrespondenz Nr.32 v. 7. 8. 1987, S. 4–6.

Scharf, Albert 1977: Rundfunkdienst über Satelliten. In: ARD-Jahrbuch 1977. Hamburg, S. 22–26.

Schatz, Heribert 1971: »Tagesschau« und »heute« – Politisierung des Unpolitischen? In: Zoll, Ralf (Hrsg.): Manipulation der Meinungsbildung. Opladen, S. 109–123.

Schatz, Heribert/Immer, N./Marcinkowski, F. 1989b: Der Vielfalt eine Chance? Empirische Befunde zu einem zentralen Argument für die ›Dualisierung‹ des Rundfunks in der BRD. In: Rundfunk und Fernsehen 37. Jg. (1989) H.1, S. 5–23.

Schedler, Melchior 1971: Wo der Affe noch los ist. Sport als Show. Das ›aktuelle Sportstudio‹ des ZDF. In: Frankfurter Rundschau Nr.287 v. 11. 12. 1971.

Schedlich, Hajo 1974: Idee einer Sendereihe. In: ZDF (Hrsg.): Das kleine Fernsehspiel. Mainz, S. 6–13.

Scherer, Christina 1997: Metamorphosen eines TV-Senders: das Beispiel Tele 5. In: Bleicher, Joan Kristin (Hrsg.): Programmprofile kommerzieller Anbieter. Opladen, S. 149-164.

Scheumann, Gerhard 1993: Heikle Gratwanderung – Die Sendereihe PRISMA. In: Riedel, Heide (Hrsg.): Mit uns zieht die neue Zeit ... Eine Austellung des Deutschen Rundfunk-Museums 25. August 1993 bis 31. Januar 1994, Berlin.

Schildt, Axel 1993: Der Beginn des Fernsehzeitalters: Ein neues Massenmedium setzt sich durch. In: Schildt, Axel/Sywottek, Arnold (Hrsg.): Modernisierung im Wiederaufbau. Die westdeutsche Gesellschaft der 50er Jahre. Bonn, S. 477–512.

Schiphorst, Bernd 1997: Online muß so einfach werden wie fernsehen. In: Kleinsteuber, Hans J. (Hrsg.): Information Highway – Exit Hamburg? Hamburg, S. 111–114.

Schmidt, Helmut 1978: Plädoyer für einen fernsehfreien Tag. Ein Anstoß für mehr Miteinander in unserer Gesellschaft. In: Die Zeit Nr.22 v. 26. 5. 1978, S. 9.

Schmidt, Siegfried J. 1996: (Fernseh)Werbung oder die Kommerzialisierung der Kommunikation. In: Müller-Funk, Wolfgang/Reck, Hans Ulrich (Hrsg.): Inszenierte Imagination. Beiträge zu einer historischen Anthropologie der Medien. Wien/New York, S. 25–34.

Schmidt, Thomas E. 1994: Die Explosion des Intimen. Die Innenwelt der Außenwelt in den Talk-Shows der kommerziellen Fernsehanstalten. In: Frankfurter Rundschau Nr.72 v. 26. 3. 1994, S.ZB 2.

Schmidtchen, Gerhard 1962: Die Evolution der Rundfunkmedien. In: Publizistik 7. Jg. (1962), S. 293–303.

Schneider, Irmela 1994a: Hybridkultur. Eine Spurensuche. In: Thomsen, Christian W. (Hrsg.): Hybridkultur. Siegen, S. 9–24. (Arbeitshefte Bildschirmmedien Nr.46)

Schneider, Irmela 1994b: Ein Weg zur Alltäglichkeit. Spielfilme im Fernsehen. In: Schanze, Helmut/Zimmermann, Bernhard (Hrsg.): Das Fernsehen und die Künste. München, S. 227–301 (Geschichte des Fernsehens in der Bundesrepublik Deutschland, Bd.2).

Schneider, Irmela 1997: Medienwandel und Wandel durch Medien. In: Schanze, Helmut/Ludes, Peter (Hrsg.): Qualitative Perspektiven des Medienwandels. Opladen, S. 95–105.

Schneider, Norbert 1975: Wann soll man senden oder was soll man senden? In: epd/Kirche und Rundfunk Nr.39/40 v. 11. 6. 1975, S. 3.

Schneider, Norbert 1984: Theater im Fernsehen? In: Fernsehspiel der ARD 1984, Nr.2, S. 12–13.

Schnibben, Cordt 1986: Morgen ist wieder kein Tag. Nachrichten privat gemacht – ein Bericht aus der Fernsehwerkstatt SAT 1. In: Die Zeit Nr.5 v. 24. 1. 1986, S. 68.

Schönermark, Ingeborg von 1972: Die »Sportschau« – eine europäische Sendung. In: ARD (Hrsg.): Notizen zum ARD-Programm, München.

Schreiber, Hermann 1969: Ein Sieg der sauberen Amerikaner (Über die Mondlandung). In: Der Spiegel 1969, Nr.31, S. 100–101.

Schreiber, Hermann 1972: «Wünsch dir was anderes ...» Protokoll einer umstrittenen Fernsehshow. In: Der Spiegel 1972, Nr.22, S. 138–142.

Schröder, Richard 1997: Warum sollen wir eine Nation sein? In: Die Zeit Nr.18 v. 25. 4. 1997, S. 3.

Schulz, Winfried 1994: Medienwirklichkeit und Medienwirkung. Aktuelle Entwicklungen der Massenkommunikation und ihre Folgen. In: Hoffmann, Hilmar (Hrsg.): Gestern begann die Zukunft. Entwicklung und gesellschaftliche Bedeutung der Medienvielfalt. Darmstadt, S. 122–144.

Schulz, Winfried 1997a: Vielseher im dualen System. In: Media Perspektiven 1997, H.2, S. 92–102.

Schulz, Winfried 1997b: In der expandierenden Medienöffentlichkeit verdüstert sich das Bild der Politik. Folgen der Informationsnutzung unter Vielkanalbedingungen. In: Jarren, Otfried/Krotz, Friedrich (Hrsg.) 1997: Öffentliche Kommunikation unter ›Vielkanalbedingungen‹. Baden-Baden/Hamburg (Symposien des Hans-Bredow-Instituts Bd.18, hier Manuskript).

Schumacher, Heidemarie 1994: Ästhetik, Funktion und Geschichte der Magazine im Fernsehprogramm der Bundesrepublik Deutschland. In: Ludes, Peter/Schumacher, Heidemarie/Zimmermann, Peter (Hrsg.): Informations- und Dokumentarsendungen. München, S. 101–174 (Geschichte des Fernsehens in der Bundesrepublik Deutschland, Bd. 3).

Schwarze, Hanns Werner 1976: Politische Frauenmagazine – Unausgewogenheit programmiert? In: Kötterheinrich, Manfred/Neveling, Ulrich/Paetzold, Ulrich/Schmidt, Hendrik (Hrsg.): Rundfunkpolitische Kontroversen. Frankfurt/M./Köln, S. 180–193.

Schwarzkopf, Dietrich 1970: Welt im Programm. Die Auslandskorrespondenten der ARD. In: ARD-Jahrbuch 1970, Hamburg, S. 32–36.

Schwarzkopf, Dietrich 1979: Programm: zwischen Zielen und Behinderungen. In: WDR (Hrsg.): ARD – im Gespräch. Köln, S. 119–128.

Schwarzkopf, Dietrich 1985a: Zukunftsperspektiven des öffentlich-rechtlichen Rundfunks. In: Erstes Deutsches Fernsehen/ARD (Pressedienst) 1985, Nr.16, S.I/11–15.

Schwarzkopf, Dietrich 1985b: Zur Position des öffentlich-rechtlichen Rundfunks. In: Erstes Deutsches Fernsehen/ARD (Pressedienst) 1985, Nr.41, S.I/7–10.

Schwarzkopf, Dietrich 1987: Kultur als Kontrast. Eins Plus – Satellitenfernsehen der ARD. In: Erstes Deutsches Fernsehen/ARD 1987, Nr.37, S.IV/1–14.

Schwarzkopf, Dietrich 1991: Neue Mitglieder, verschärfter Wettbewerb, Übergang. Das Erste Deutsche Fernsehen im Jahr 1992. In: Erstes Deutsches Fernsehen/ARD (Pressedienst) Nr.50/1991, S.I/7–10.

Schwengler, Arnold 1956: Kulturmaschinen. In: Fernsehen 4. Jg. (1956) H.9, S. 481–483.

Schwitzke, Heinz (Schwi.) 1950: Hilflos in der rinnenden Zeit. Melancholie des Unendlichen oder liturgische Orientierung im Rundfunk? In: epd/Kirche und Rundfunk 2. Jg. (1950) Nr.1 v. 2. 1. 1950, S. 1–2.

Schwitzke, Heinz 1952b: Das Fernsehen ist da – was nun? Ansätze zu einer dramaturgischen Besinnung. In: epd/Kirche und Rundfunk Nr.26 v. 29. 12. 1952, S. 2–4.

Seeßlen, Georg 1983: Notizen zur Ästhetik von materiellem, filmischen und kritischen Müll. In: Medium 13. Jg. (1983) H.2/3, S. 9–14.

Seibert, Peter 1996: Theater reihenweise. Anmerkungen zur Geschichte von Theater und Fernsehen. In: Bolwin, Rolf/Seibert, Peter (Hrsg.): Theater und Fernsehen. Opladen, S. 53–64.

Sell, Friedrich Wilhelm von 1985: Ist der Rundfunk wirklich ein Kulturgut? In: Frankfurter Rundschau v. 4. 2. 1985.

Sichtermann, Barbara 1992: Weshalb das Fernsehen keinen Spaß mehr macht. In: Die Zeit v. 10. 4. 1992, S. 61.

Siefarth, Günter 1957: »Fliegende Kamera« bestand Bewährungsprobe. In: Fernseh-Informationen 8. Jg. (1957) H.16, S. 341–342.

Siepmann, Ralf 1982: Am Freitag mögen's viele spät. In: Frankfurter Rundschau v. 29. 11. 1982.

Simmerding, Gertrud 1967: Programmüberlegungen zum Thema »Kind und Fernsehen«. In: Fernsehen und Bildung 1967, H.3/4, S. 138–144.

Spiegel 1957: Die Lawine. In: Der Spiegel 11. Jg. (1957) Nr.9, S. 50.

Soeldner, Horst 1957: Eine große Aufgabe für das deutsche Fernsehen. In: Fernseh-Informationen 8. Jg. (1957) Nr.18, S. 395–396.

Spielhagen, Edith 1991: Medial aufgeschlossen, real ausgeschlossen. DDR, Medien und kulturelle Identität. In: epd/Kirche und Rundfunk 43. Jg. (1991), Nr.45, S. 7ff.

Stipp, Horst 1989: Neue Techniken, neue Zuschauer? Zum Einfluß von Fernbedienung und Programmangebot auf das Zuschauerverhalten. In: Media Perspektiven 1989, H.3, S. 164–167.

Stipp, Horst 1991: Die Entwicklung der Massenmedien in den USA 1980 bis 1990. In: Media Perspektiven 1991, H.1, S. 23–37.

Stolle, Peter 1990: Der Zyklop im Weichteil-Paradies. In: Der Spiegel 1990, Nr.15, S. 253–256.

Stolte, Dieter 1970: Auftrag und Management. Das Fernsehen als Produktionsproblem. In: Hufen, Fritz (Hrsg.): Politik und Massenmedien. Mainz, S. 153–171.

Stolte, Dieter 1974: Fernsehen von Morgen – Analysen und Prognosen. In: Aktueller Fernsehdienst 1974, Nr.4, S. 1–3.

Stolte, Dieter 1975: »Wir haben immer noch das beste Fernsehen«. In: Der Stern 1975, Nr.45, S. 52.

Stolte, Dieter 1976: Vom Massen-Programm zum Infra-Programm. Bestandsaufnahme und Ausblick. In: Brüssau, Werner/Stolte, Dieter/Wisser, Richard (Hrsg.): Fernsehen. Ein Medium sieht sich selbst. Mainz, S. 55–68.

Stolte, Dieter 1979: Daten und Thesen zur Nutzung von Fernsehprogrammen. In: Media Perspektiven 1979, H.10. S. 681–687.

Stolte, Dieter 1983: Integration als Identitätsbildung. Zur Aufgabe des Fernsehens in der pluralistischen Gesellschaft. In: Rühl, Manfred/Stuiber, Heinz-Werner (Hrsg.): Kommunikationspolitik in Forschung und Anwendung. Düsseldorf, S. 87–93.

Stolte, Dieter 1987: »Nur über den Einsatz aller programmlichen Ressourcen«. Der kulturelle Auftrag des Rundfunks. In: Funk-Korrespondenz Nr.20 v. 15. 5. 1987, S. 1–4.

Stolte, Dieter 1993: Verlustempfinden? Eine Antwort auf den Beitrag von Wolfgang Mühl-Benninghaus. In: Funk-Korrespondenz 41. Jg. (1993), H.6, S. 1–3.

Svoboda, Martin S. 1983: Vom Standfoto zur »Tagesschau«. In: Reimers, Karl Friedrich u. a. (Hrsg.): Von der Kino-Wochenschau zum Aktuellen Fernsehen. München, S. 123–140.

Sypra, Walter 1954: Betriebserfahrungen im Fernsehstudio Hamburg-Lokstedt bei Direktsendungen. In: Technische Hausmitteilungen des NWDR 6. Jg. (1954) Nr.7/8, S. 161–162.

Sywottek, Arnold 1993: Zwei Wege in die »Konsumgesellschaft«. In: Schildt, Axel/Sywottek, Arnold (Hrsg.): Modernisierung im Wiederaufbau. Die westdeutsche Gesellschaft der 50er Jahre. Bonn, S. 269–274.

Technik 1957: Technik des Programmentwurfs. Vervielf. Manuskript. Vorgelegt auf der ständigen Programmkonferenz am 12./14. 9. 1957 (DRA).

Teichert, Will 1972: Fernsehen als soziales Handeln (I). In: Rundfunk und Fernsehen 20. Jg. (1972) H.4, S. 421–439.

Teichert, Will 1973: Fernsehen als soziales Handeln (II). In: Rundfunk und Fernsehen 21. Jg. (1973) H.4, S. 356–382.

Tetzner, Karl 1952: Richtfunkstrecken für Fernsehprogramme. In: Funktechnik 7. Jg. (1952) Nr.6, S. 144–147.

Theater 1984: Theater auf Halde. In: Deutschen Bühnengenossenschaft 1984, H.8–9 (Themenheft).

Theater-TV 1984: Theater-TV: Ein weltweites Geschäft. In: Die Deutsche Bühne 1984, H.1 (Themenheft).

Thieringer, Thomas 1976: Immer diese bewahrende Weltsicht ... In: Frankfurter Rundschau Nr.272 v. 2. 12. 1976.

Thoma, Helmut 1992: »Wir sind die Säbelabteilung«. Interview mit Helmut Thoma. In: Der Spiegel 1992, Nr.41, S. 59–73.

Thomann, Jörg 1997: Schau keinen über dreißig. Im gnadenlosen Kampf um die Quote frönt das Fernsehen dem Jugendwahn. In: Die Zeit Nr.45 v. 31. 10. 1997, S. 71.

Thomas, Michael Wolf 1977: Bei der Werbung liegt das Unheil. In: Frankfurter Rundschau v. 24. 2. 1977.
Thon, Ute 1990a: Das ganze Ding ist ein Kunstwerk. Leipzig hat einen Piraten-TV-Sender. In: Die Tageszeitung v. 3. 4. 1990, S. 20.
Thon, Ute 1990b: Ein Ende ohne Schrecken. In: Die Tageszeitung v. 14. 12. 1990, S. 10.
Thun, R(udolph) 1930: Bemerkungen zum Fernseh-Programm. In: Fernsehen 1. Jg. (1930) Nr.3, S. 102–106.
Thun, R(udolph) 1932: Die Bedeutung des Programms für einen Erfolg des Fernsehens. In: Fernsehen 3. Jg. (1932) Nr.3, S. 134–136.
Thun, R(udolph) 1935: Tonfilmpatente und Fernsehen. In: Kinematograph 29. Jg. (1935) Nr.49 v. 9. 3. 1935.
Trapmann, Margret 1966: Gemeinsam für Deutschland. Das Zonenvormittagsprogramm von ARD und ZDF. In: Funk-Korrespondenz Nr.32/33 v. 4. 8. 1966, S. 1–4.

Ulbricht, Walter 1964: Über die Entwicklung einer volksverbundenen sozialistischen Nationalkultur. In: Zweite Bitterfelder Konferenz. Protokoll der von der Ideologischen Kommission beim Politbüro des ZK der SED und dem Ministerium für Kultur am 24. und 25. April im Kulturpalast des Elektrochemischen Kombinates Bitterfeld abgehaltenen Konferenz. Berlin, S. 137/138.
Ulbricht Walter 1969: Zu einigen aktuellen Problemen. Schlußwort auf der 10. Tagung des ZK der SED, 28./29. 4. 1969. Berlin.
Ungureit, Heinz 1968: Ein Ärgernis für Millionen. Das Fernsehspiel und die Zuschauergunst, erläutert an Gerd Winklers ›Mike Blaubart‹. In: Frankfurter Rundschau Nr.208 v. 7. 9. 1968, S.IV.
Ungureit, Heinz 1976: Zur Entwicklung des Verhältnisses Film/Fernsehen. In: ZDF-Jahrbuch 1976, Mainz, S. 94–99.
Ungureit, Heinz 1982: Zusammenarbeit Film/Fernsehen: Vereinigung des Unvereinbaren? In: Media Perspektiven 1982, H.8, S. 485–490.
Ungureit, Heinz 1984: Ein aufsässiges Spiel-Fernsehen. In: Dennhardt, Joachim/Hartmann, Daniela (Hrsg.): Schöne neue Fernsehwelt. Köln, S. 76–81.
Ungureit, Heinz 1991: Angst um das Fernsehspiel der Zukunft? In: ZDF-Jahrbuch 1991. Mainz, S. 121–123.
Urban, Renate 1954: Die synthetische Familie. In: Fernsehen 2. Jg. (1954) H.12, S. 653–658.
Uricchio, William 1996: Cinema as Detour? In: Hickethier, Knut/Müller, Eggo/Rother, Rainer (Hrsg.): Der Film in der Geschichte. Berlin, S. 19–25 (Schriften der Gesellschaft für Film- und Fernsehwissenschaft Bd. 6).
Urtel, Rudolph (Urt.) 1938: Fernsehen in den USA. In: Der Telefunkensprecher 13. Jg. (1938) H.66, S. 193-195.

Venohr, Wolfgang 1984: Warum gerade »Vor dem Sturm«. In: Deutsches Fernsehen/ARD 1984, Nr.16, S.I 1–13.
Vetter, Hans 1982: Ausgetüftelt bis ins letzte Detail. In: Frankfurter Rundschau v. 11. 8. 1982.
Vielseher 1981: Themenheft: Der Vielseher – Herausforderung für Fernsehforschung und Gesellschaft. Fernsehen und Bildung 15. Jg. (1981) H.1–3.

Wagenführ, Kurt 1937a: Fernsehen, Aufnahme und Probleme. In: Berliner Tageblatt v. 17. 6. 1937.
Wagenführ, Kurt 1937b: Fernseh-Programme. In: Berliner Tageblatt v. 24. 11. 1937.
Wagenführ, Kurt 1937c: Von der Bühnenregie zur Fernsehstube. In: Berliner Tageblatt v. 6. 7. 1937.
Wagenführ, Kurt 1937d: Fernsehen beim Parteitag. Eine Großtat deutscher Technik. In: Berliner Tageblatt v. 11. 9. 1937.
Wagenführ, Kurt 1942: Wege zum Fernseh-Nachrichtendienst. In: Welt-Rundfunk 1942, H.2, S. 76–83.
Wagenführ, Kurt (Wgf) 1951a: Ein halbes Jahr Programmgestaltung im Versuchssender. In: Fernseh-Informationen 2. Jg. (1951) 1. Juni-Ausg., S. 5–6.

Wagenführ, Kurt 1951b: Das erste Fernsehjahr des NWDR. In: Fernseh-Informationen 2. Jg. (1951) 1./2. Dez.-Ausg., S. 5–6.
Wagenführ, Kurt (Wgf) 1951c: Hamburger Fernsehen im ›November-Nebel‹. In: Fernseh-Informationen 2. Jg. (1951) 1. Nov.-Ausg., o.P.
Wagenführ, Kurt 1951d: Kritische Beobachtungen der USA-Fernseh-Demonstration in Berlin. In: Fernseh-Informationen 2. Jg. (1951) 2. August-Ausg., S. 1–4.
Wagenführ, Kurt 1952a: Kritische Betrachtung des Fernsehprogramms des NWDR. In: Fernseh-Informationen 3. Jg. (1952) 1. Jan.-Ausg., S. 5–7.
Wagenführ, Kurt (Wgf) 1952b: Derby – Sieg des Fernsehens. In: Fernseh-Informationen 3. Jg. (1952) 2. Juni-Ausg., S. 3–4.
Wagenführ, Kurt (Wgf) 1953: Die dramatischen Berliner Ereignisse im Fernsehen! In: Fernseh-Informationen 4. Jg. (1953) Nr.12, S. 1–3.
Wagenführ, Kurt 1954a: Wenn der NWDR zerbricht ... In: Fernsehen 2. Jg. (1954) H.2, S. 65–70.
Wagenführ, Kurt 1954b: Empfehlungen zur Fernseh-Organisation. In: Fernsehen 2. Jg. (1954) H.3, S. 121–134.
Wagenführ, Kurt (Wgf) 1956: Der Durchbruch des deutschen Fernsehens. In: Fernseh-Informationen 7. Jg. (1956) H.25, S. 530–531.
Wagenführ, Kurt 1969: Die große Stunde des Dabeiseins. In: Fernseh-Informationen 1969, H.20/21, S. 468–469.
Wagenführ, Kurt 1986: Aufzeichnungen zur Fernsehgeschichte Nr.29. In: Fernseh-Informationen 1986, Nr.11, S. 338.
Wagenführ, Kurt/Brunnen-Wagenführ, Andrea/Hirsch, R. 1989: Aufzeichnungen zur Fernsehgeschichte Deutschlands (72). In: Fernseh-Informationen 40. Jg. (1989) Nr.22, S. 693–694.
Weitz, Hans Philipp 1930: Fernsehprogramm? In: Fernsehen, 1930, H.11/12.
Wettstreit 1949: Der Wettstreit zwischen Auge und Ohr. In: epd/Kirche und Rundfunk 1. Jg. (1949) Nr.20 v. 10. 10. 1949.
Walser, Martin 1959: Stichworte zu einem Plädoyer. In: Magnum H.23/1959, S. 60.
Warnke, Martin 1979: Zur Situation der Couchecke. In: Habermas, Jürgen (Hrsg.): Stichworte zur ›Geistigen Situation der Zeit‹, Bd.2. Frankfurt/M., S. 673–687.
Wenzel, Horst 1995: Medialität von Literatur als Problem der Literaturwissenschaft. In: Jäger, Ludwig (Hrsg.): Germanistik: Disziplinäre Identität und kulturelle Leistung. Vorträge des deutschen Germanistentages 1994. Weinheim, S. 121–137.
Wildt, Michael 1993: Privater Konsum in Westdeutschland in den 50er Jahren. In: Schildt, Axel/Sywottek, Arnold (Hrsg.): Modernisierung im Wiederaufbau. Die westdeutsche Gesellschaft der 50er Jahre. Bonn, S. 275–289.
Winkler, Hartmut 1990: Eins, zwei, Eins, vier, x. Switching: Die Installation der Tagtraummaschine. In: epd/Kirche und Rundfunk 42. Jg. (1990), Nr.85, S. 5–8.
Winkler, Hartmut 1992: Das Ende der Bilder? Das Leitmedium Fernsehen zeigt deutliche Zeichen der Ermüdung. In: Hickethier, Knut/Schneider, Irmela (Hrsg.): Fernsehtheorien. Berlin, S. 228–237.
Witte, Gunther 1984: Brauchen wir noch ein deutsches Fernsehspiel? In: Dennhardt, Joachim/Hartmann, Daniela (Hrsg.): Schöne neue Fernsehwelt. Köln, S. 70–76.
Witte, Gunther 1985: Verteidigung des Besitzstandes oder Aufbruch zu neuen Ufern? Das Fernsehspiel – Stand und Perspektive. In: Hickethier, Knut (Red.): Brauchen Fernsehspiel und Hörspiel eine neue Dramaturgie? Berlin, S. 13–28 (Schriften der Dramaturgischen Gesellschaft Nr.20).
Witte, Gunther 1987: »Der künstlerische Anspruch darf nicht aufgegeben werden«. Fernsehspiel-Arbeit bis zum Ende des Jahrhunderts. In: Funk-Korrespondenz Nr.26 v. 26. 6. 1987, S. 1–4.
Witte, Gunther 1989: Die Wirklichkeit ist schlechter geworden. Das öffentlich-rechtliche Fernsehen hat seine Qualität gehalten. In: Funk-Korrespondenz Nr.32 v. 11. 8. 1989, S. 1–3.
Witte, Gunther 1991: Man wird sehen. Perspektiven des neu-deutschen Fernsehspiels. In: epd/Kirche und Rundfunk 43. Jg. (1991), H.1, S. 6–9.
Witte, Gunther 1997: Was ist aus dem ›neudeutschen‹ Fernsehspiel geworden? In: Peulings, Birgit/Jacobs-Peulings, Rainer Maria (Hrsg.): Das Ende der Euphorie. Das deutsche Fernsehspiel nach der Einigung. Hamburg, S. 96–102.

Wolf, Fritz 1997: Der gewöhnliche Kapitalismus. Oskar Negt bei den ›Düsseldorfer Gesprächen‹. In: epd medien Nr.99 v. 17. 12. 1997, S. 3–4.

Zimmermann, Peter 1994: Geschichte von Dokumentarfilm und Reportage von der Adenauer-Ära bis zur Gegenwart. In: Ludes, Peter/Schumacher, Heidemarie/Zimmermann, Peter (Hrsg.): Informations- und Dokumentarsendungen. München, S. 213–324 (Geschichte des Fernsehens in der Bundesrepublik Deutschland, Bd.3).

15.2 Namensregister

Abich, Hans 129, 324, 326, 333, 340
Abramson, Albert 5, 8
Achternbusch, Herbert 348
Ackermans, Gerhard 428
Adam, Theo 389
Adameck, Heinz 101, 184f, 286, 293, 301, 385, 397, 404, 407
Adenauer, Konrad 80, 87, 115f, 155
Adorno, Theodor W. 37, 141, 178, 277
Agischewa, Mariam 412
Agthe, Arend 467
Agustoni, Ima 230
Aicher, Otl 335
Akerman, Chantal 348
Alberts, Jürgen 346
Albrecht, Ernst 323
Albrecht, Michael 499, 515
Alex, Joe 45
Alexander, Peter 253, 257, 261, 352, 379
Alt, Franz 268, 373, 470
Altmann, Rüdiger 245f
Altmeier, Peter 115f, 119
Ambesser, Axel von 88
Anders, Günther 37, 93, 141, 178
Andersch, Alfred 347, 452
Andersen, Helmut 224
Andree, Ingrid 245
Ang, Ien 363
Anouilh, Jean 150, 153
Anschütz, Ludwig 153
Anschütz, Ottomar 15
Apitz, Bruno 292
Ardenne, Manfred von 28, 36, 37
Arens, Peter 175
Armstrong, Neil 274
Arnheim, Rudolf 38
Arnold, Karl 68, 150
Arnz, Alexander 125
Asmodi, Herbert 452
Atzorn, Robert 465
Augustin, Ernst 97ff, 106
Aurich, Eberhard 408
Aust, Stefan 471
Averty, Jean-Christophe 215, 257, 378
Axt, Maria 104

Bach, Ernst 150
Bach, Johann Sebastian 412
Bach, Vivi 261, 377f
Bachmann, Ingeborg 231
Backer, Kristiane 439
Backhaus, Helmut M. 144
Baecker, Werner 168, 172
Bai, Willi 39, 46, 51
Baier, Michael 453
Baier-Post, Eva 75, 163f
Bain, Alexander 14
Baird, John Logie 23, 25, 35
Baker, Josephine 145, 176
Balder, Hugo Egon 481, 535
Ballmann, Herbert 511
Balzac, Honoré de 152
Banneitz, Fritz 23, 25, 37
Bär, Rainer 395
Bardt, Paul 231
Barschel, Uwe 415, 456, 474
Barthel, Gabriele 370
Barthelmy, René 57
Bartus, Gisela 295
Bauer, Josef Martin 155
Baumann, Guido 260
Baumert, Walter 295, 301
Baumgart, Reinhard 451
Bäumler, Hans-Jürgen 165
Bausch, Hans 65, 116, 154, 208, 341
Bayrhammer, Gustl 351, 467
Beauvais, Peter 242f, 453f
Becher, Walter 299
Bechtolsheim, Hubert von 242
Becker, Alexandra 158
Becker, Boris 479
Becker, Jurek 461, 463
Becker, Rolf 158
Becker, Wolfgang 351
Beckes, Paul 45
Beckett, Samuel 231, 246
Beckmann, Eberhard 71, 126f, 132,
Bednarz, Klaus 471
Behrendt, Joachim-Ernst 117
Beierlein, Hans R. 479
Beisheim, Otto 429

Bell, Alexander Graham 14
Bellag, Lothar 307
Bengsch, Gerhard 305, 307, 391, 401, 511
Bennent, Heinz 458
Bentzien, Hans 404f, 495, 499f, 507
Berg, Elisabeth 330
Berg, Hans Walter 168
Berger, Ludwig 150
Berger, Senta 464
Bergman, Ingrid 50
Berlusconi, Silvio 429
Berndorff, Hans Rudolf 83
Bersarin, Nikolai E. 96
Bethge, Désirée 470
Beyer, Frank 292, 302, 401, 403f, 452, 511
Bidwell, Shelford 15
Bieber, Karlheinz 255
Biermann, Wolf 408
Billing, Gerd 400
Billinger, Richard 82
Biolek, Alfred 379ff
Bischoff, Emil 82
Bischoff, Friedrich 127
Bismarck, Klaus von 203, 216, 218, 225, 276, 327
Bitomsky, Hartmut 468
Bittorf, Wilhelm 171, 240, 272
Blank, Herbert 68
Blässer, Udo 75
Bleicher, Joan Kristin 7, 477
Bleiweiß, Celino 408
Boccaccio, Giovanni 403
Bodanzky, Jorge R. 349
Boddy, William 5
Boehm, Gero von 458
Boehncke, Justus von 341
Boenisch, Peter 174
Boese, Carl Heinz 39, 47
Bofinger, Alfred 57
Böhlich, Bernd 395, 511
Böhm, Rudolf 295
Bohm, Hark 352
Böhme, Erich 476
Boldt, Rainer 457
Bolesch, Cornelia 482
Böll, Heinrich 339, 346, 353
Bölling, Klaus 168, 267
Bon, Gustave le 65

Bondy, Luc 365
Bonhoff, Otto 402
Boraucke-Heyden, Elly 185
Borgelt, Peter 395
Born, Michael 523
Bornemann, Ernest 117
Bornemann, Fritz 301
Börner, Albrecht 411f
Borsche, Dieter 158
Bott, Gerhard 272, 373
Böttcher, Petra 308
Böwe, Kurt 409f, 412
Brandt, Horst E. 305
Brandt, Willy 198f, 213, 261, 270, 283, 315
Branss, Truck 256, 377
Branstner, Gerhard 402
Brauer, Charles 158
Braun, Ferdinand 15, 27
Braun, Harald 152
Brauner, Arthur 440
Brecht, Berthold 43, 150
Brecht, Bertolt 445
Bredow, Hans 21, 32
Breinersdörfer, Fred 458
Breitag, Ruth 79
Breloer, Heinrich 456f, 528
Bresson, Robert 253
Breuer, Paul 82
Brinkmann, Peter F. 455, 458
Brobeil, Wolfgang 169
Brocher, Tobias 228, 328
Brodmann, Roman 272
Bronk, Otto 15
Bronnen, Arnolt 43, 47, 50
Brown, Julia 439
Bruch, Walter 97, 213
Brückner, Jutta 346, 348, 354
Bruhn, Wolfgang 251
Brundies, Ludwig 326
Brüne, Klaus 253
Brunnen-Wagenführ, Andrea 158
Bublitz, Waldemar 39, 43, 46, 50f, 54, 67, 75, 90
Buchheim, Lothar-Günter 453
Buck, Detlev 444, 458
Buhlan, Bully 77, 125, 255, 258

Burg, Lou van 145, 176, 258, 261, 379
Busch, Wilhelm 77
Buß, Michael 492

Cagney, James 364
Carey, George B. 14
Carow, Heiner 511
Carpentier, Jan 497
Carrell, Rudi 253, 261, 379f, 481
Carson, David 478
Carstens, Bruno 393
Carstens, Lina 346
Casals, Pablo 231
Casdorff, Claus Hinrich 268, 270
Chabrol, Claude 350
Chamier, Mohr von 121
Chaplin, Charlie 364
Christen, Ilona 438
Christiansen, H. 87
Chruschtschow, Nikita 188
Citron, Wolf 239
Clarin, Hans 237
Claron, Lisa 45
Clausewitz, Carl von 411
Clavell, James 351
Clay, Cassius 264
Cokes, Ray 439
Collins, Wilkie 350
Conrad, Joseph 49
Corti, Axel 453f
Costard, Helmut 348
Coulmas, Sybille 83
Courths-Mahler, Hedwig 350
Cousteau, Jacques 371
Coy, Henrik 338
Crosby, Bing 123
Culver, Carmen 453

Daguerre, Louis Jacques Mandé 13
Dall, Karl 476, 482f
Damar, Germaine 146
Dann, Pip 439
Danquardt, Didi 469
Danquardt, Pepe 469
Davies, Rupert 237
De Gaulle, Charles 219
Defoe, Daniel 350
Défossez, Roger 230
Degen, Michael 193, 458
Dehler, Wolfgang 412
Dehn, Kurt 125
Delbrück, Edith 45
Delling, Manfred 481
Delon, Alain 436
Delsan, L. 48
Demant, Ebbo 468f
Demirkan, Renan 461
Detjen, Claus 425
Diana, Princess of Wales 514, 538

Dieckmann, Christoph 515
Dieckmann, Johannes 27, 271
Diedrich, Hans Jürgen 257
Diels, Kurt 57
Diercks, Carsten 169f, 177, 271
Dieterle, William 219
Dietl, Helmut 463f
Dietze, Roderich 42, 52, 67, 72, 85f, 127f
Dill, Richard W. 333
Dirks, Walter 111
Disney, Walt 162
Ditfurth, Hoimar von 229
Doetz, Jürgen 497, 519
Dohm, Gaby 461
Dohrenkamp, Jürgen 482
Domröse, Angelica 306, 408
Donnepp, Bert 117
Dovifat, Emil 53, 68, 72
Dreger, Percy 391
Dressen, Peter 171
Dreßler-Andreß, Horst 33–39
Dreyfus, A. 454
Driest, Burkhard 447
Driscoll, Julie 257
Drost, Frieder 48
Dubček, Alexandr 303
Dubinski, Ingo 497
Duke, Daryl 453
Dumont, Allen B. 23
Durbridge, Francis 158, 219, 237
Düren, Fred 306
Dürrenmatt, Friedrich 153

Eastman, George 13
Eberhard, Fritz 127, 154
Eberth, Claus 345
Ebinger, Blandine 50
Eckard, Max 219
Eckert, Gerhard 53, 80f, 87, 117, 196
Eckhardt, Felix von 117
Eden, Barbara 240
Edison, Thomas Alva 13
Egel, Karl-Georg 302, 305
Eggebrecht, Jürgen 82
Ehlers, Hermann 77
Ehrenreich, Swantje 270f
Ehry, Norbert 458
Eipper, Paul 162
Eisler, Gerhart 187
Elisabeth II. 87, 137
Elling, A. 48
Elster, Else 45
Elstner, Frank 261, 379f
Emmerich, Gunter 390
Emmerich, Klaus 356
Engel, Richard 401, 408, 511
Engelmann, Bernt 271
Engholm, Björn 500

Engler, Herbert 54–56
Enzensberger, Hans Magnus 277
Erani, Erna 45
Erasmy, Walter 338
Erhard, Ludwig 198, 245f, 316
Erhardt, Heinz 352
Erler, Rainer 210, 347
Ernst, Wolfgang 78
Erpenbeck, Fritz 291
Ertel, Dieter 169, 171, 272, 379, 468
Essberger, Ruprecht 158f, 239, 360
Eurich, Claus 482

Faber, Karin von 255
Falckenberg, Hans-Geert 344
Falk, Peter 360
Fallada, Hans 295, 305, 350, 411
Färberböck, Max 454
Farenburg, Hans 54, 67, 72, 77, 86
Farnworth, Philo 23, 41
Farocki, Harun 468f
Faßbender, Heribert 377
Fassbinder, Rainer Werner 241, 254, 348, 357
Fathmann, Bernhard 351
Faust, Wolfgang Max 416
Fechner, Eberhard 347, 455, 457
Fechner, Max 310
Feddersen, Helga 242, 362
Fehlig, Werner 312
Feil, Georg 460
Felgen, Camillo 259
Felix, Kurt 481
Felix, Paola 481f
Ferber, Christian 179
Fest, Joachim 268
Fiedler, Gerlach 231
Fierek, Wolfgang 347, 465
Finck, Werner 241
Fischer, Gotthilf 483
Fischer, Heinrich 144
Fischer, Wolfgang 429
Fliege, Jürgen 477
Foerster, Oskar 233
Foltin, Hans-Friedrich 381
Fontane, Theodor 452
Ford, John 254
Forster, Georg 193
Foucault, Michel 11
Fränzel, Hildegard 46
France, Henri de 212
Frank, Bernward 207, 330
Frankenberg, Richard von 260
Frankenfeld, Peter 77, 89, 125, 143f, 213, 253, 255, 379f
Frankovich, Allan 300

Frederic, Dagmar 389
Freier, Holm 514
Freyberger, Roland 214
Freyer, Paul-Herbert 295
Friedrichs, Hanns Joachim 135, 265, 277, 472
Fritzsch, Angela 497
Fritz, Bruno 125
Froboess, Cornelia 77
Fröhlich, Pia 451
Fruchtmann, Karl 454
Fry, Christopher 150
Fuchs, Erwin 148
Fuchsberger, Joachim 260, 379, 381, 476, 481
Funès, Louis de 364
Funke-Stern, Monika 348
Fürbringer, Ernst Fritz 219
Fürneisen, Bernd 395, 511

Gablentz, Heinrich von der 68, 71
Gallé, Mischa 339
Gallehr, Theo 272
Galsworthy, John 362
Garczyk, Eckard 346
Gatter, Peter 469
Gaus, Günter 268, 270, 469
Gebhardt, Rio 54
Gebühr, Otto 44
Gehri, Alfred 155, 158
Geiger, Franz 464
Geisler, Gerhard 291
Geissendörfer, Hans W. 351, 462
Geissler, Christian 242, 248
Geißler, Michael 4, 48
Gendries, Klaus 402
George, Götz 511
Gerber, Walter 63, 69
Gerhardt, Paul 66
Gerlach, Peter 379
Geschonneck, Erwin 293f
Gies, Hajo 455
Giller, Walter 352
Giordano, Ralph 452
Giraudoux, Jean 150
Gladenbeck, Friedrich 67
Gladitz, Nina 369
Glas, Uschi 465
Glaser, Hermann 316
Glasmeier, Heinrich 39, 47, 56
Glemnitz, Reinhard 238
Gmelin, Otto F. 117
Godard, Jean-Luc 279f
Goebbels, Joseph 36–39, 47, 53
Goebel, Gerhard 15
Goercke, Günther 179
Goes, Albrecht 152
Goetz, Curt 150
Gogol, Nikolai 103, 150
Göhlen, Josef 351

Goldoni, Carlo 150, 219
Gondi, Harry 45
Göring, Hermann 38
Görlitz, Christian 458
Gottschalk, Hanns 121, 127, 153
Gottschalk, Thomas 379f, 447, 478, 481f, 530
Goussantier, Margarethe 299
Graf, Robert 153, 245
Graf, Steffi 479
Grass, Günter 321
Gréco, Juliette 255
Greenaway, Peter 523
Greene, Hugh Carleton 64, 68
Greger, Max 145
Greiner, Günther 39, 43, 54
Greulich, Helmut 171, 328, 487
Griesmayr, Hartmut 346
Grimm, Jakob 9
Grimm, Wilhelm 9
Grimme, Adolf 66, 68, 72, 176
Gröhl, Wilhelm 295, 391
Gröning, Philip 458
Grote, Heinz 404
Groth, Barbara 519
Gruber, Edmund 497
Grüger, Heribert 54
Grün, Max von der 351
Gründgens, Gustaf 248
Grünefeldt, Hans-Otto 128, 143
Grzimek, Bernhard 84, 162, 229f, 371f
Gsovosky, Tatjana 54
Gubisch, Wilhelm 165
Guddat, Rolf 293
Guillaume, Günter 315
Guitry, Sascha 150
Gunsch, Elmar 117
Günther, Eberhard 211
Günther, Egon 401, 403, 452
Günzler, Rainer 263
Gütt, Dieter 267, 375
Gütt, Jürgen 153

Haaf, Wilm ten 127
Haber, Heinz 162, 229f
Habermas, Jürgen 416
Hadamovsky, Eugen 36–39, 47
Hädrich, Rolf 152, 154, 157, 246, 249
Haensel, Carl 61f, 71, 87
Hagemann, Walter 117
Hagen, Eva-Maria 403
Hagen, Nina 341, 447
Hagen, Peter 402
Hagenbeck, Carl 82

Hagman, Larry 240, 362, 462
Hahn, Christian Dietrich 161
Hainisch, Leopold 47f, 54
Hall, Peter Christian 7, 321, 368, 490
Hallervorden, Dieter 483
Hallstein, Walter 188
Hammer, Gero 500
Hammerschmidt, Helmut 269, 272, 326
Hanstein, Huschke von 260
Hardt, Karin 240
Härtling, Peter 271
Hartmann, Hanns 71, 94
Hartmann, Lothar 129
Hase, Karl-Günther von 120, 324, 334, 337
Hasebrink, Uwe 489, 531
Hass, Hans 162, 169, 371
Hassert, Günter 425
Hauff, Reinhard 248, 346, 354, 453
Haugk, Dietrich 451
Hauptmann, Gerhart 150
Hause, Alfred 88
Hauser, Harald 402
Havenstein, Klaus 167
Hawks, Howard 254
Hay, Julius 219
Head, Sydney W. 5
Hechtfischer, Ute 7
Heck, Dieter Thomas 249, 255, 379
Heigert, Hans 268, 278
Heimann, Paul 198
Heinrich, August 125
Heinrich, Jürgen 465
Heinrici, Herbert 84, 91, 164
Heinrici, Ursula 84, 91, 164
Heintje 257
Heiß, Kurt 101
Heller, Peter 469
Hendrich, Johannes 346
Hendrix, Jimi 256f
Henke, Gebhard 458
Hennicke, André 511
Hensch, Friedl 77, 145
Hensel, Georg 366
Herbst, Jo 172
Herking, Ursula 50
Herlt, Günter 397
Hermand, Jost 315
Hermann, Ingo 351
Hermann, Joachim 399, 496, 505
Hermann, Victoria 497
Hermlin, Stefan 412
Herrmann, Gottfried 104f
Hertz, Heinrich 15
Herzog, Werner 354

Hess, Werner 140, 216, 276, 326
Hessling, Hans Joachim 66, 68, 72, 117
Heuß, Theodor 125
Heyden-Kirst, Evelyn 392
Heynicke, Kurt 48
Heynowski, Walter 287, 299
Hick, Ulrike 12
Hilbig, Kalus 399
Hildebrandt, Dieter 249, 257, 340, 378, 464, 481
Hildebrandt, Hans-Joachim 391, 395
Hildebrandt, Jörg 502
Hilf, Willibald 373, 434
Hilpert, Heinz 142, 149
Hilsbecher, Walter 270
Hinkel, Hans 56
Hintz, Werner E. 48
Hinzmann, Kurt 54, 57f, 127
Hirschbiegel, Oliver 455
Hirschel, Kurt 371
Hitchcock, Alfred 254, 364
Hitler, Adolf 26, 36f, 39, 45, 52, 412, 453
Hoelzke, Hubert 301
Höfer, Werner 85, 91, 128, 165, 222, 326, 339, 374, 381f
Hoff, Hannes 175
Hoff, Peter 6
Hoffmann, E. T. A. 193
Hoffmann, Hilmar 316
Hoffmann, Jutta 295, 404
Hoffmeister, Reinhart 271, 367
Hofmann, Ilse 455
Hofmann, Nico 455, 458
Holbe, Rainer 379
Hollmann, Carlheinz 255
Höltich, Lars-Uwe 438
Holtz, Jürgen 514
Holub, Otto 395
Holzamer, Karl 118f, 209, 213, 216, 218, 222, 232, 250, 276, 324
Honecker, Erich 285, 300–303, 307, 383f, 388f, 391, 394, 396ff, 400, 404, 408, 495f, 505
Honecker, Margot 410
Honert, Hans-Werner 395
Honickel, Thomas 469
Höpfner, Otto 125, 145, 260
Horkheimer, Max 178
Horn, Peter A. 54, 58, 67, 145, 155
Horváth, Ödön von 150
Howland, Chris 88, 256
Hubalek, Claus 157

Huber, Heinz 169, 171, 174, 272
Huberty, Ernst 377
Hübner, Achim 295, 302, 409
Hübner, Christoph 369, 469
Hübner, Heinz Werner 355
Hübner, Wolfgang 409
Huby, Felix 465
Hügler, Elmar 171, 272
Hüsch, Hans Dieter 481
Huth, Jochen 50
Hutton, Brian G. 437

Itzenplitz, Eberhard 349, 451

Jacoby, Wilhelm 150
Jäger, Maximilian 195
Jägersberg, Otto 356
Jahn, Hartmut 511
Jahoda, Lutz 389
Janda, Krystina 454
Janke, Hans 450, 460
Jannecke, Fritz 51
Janssen, David 343
Janssen, Lothar 173
Jantoss, Bruno 346
Jarmusch, Jim 455
Jarren, Otfried 504
Jaschke, F. 483
Jaspers, Karl 216
Jauch, Günther 380, 437, 471
Jauer, Martin 373
Jedele, Helmut 121, 127, 129
Jendrich, Günter 228
Jenkins, Charles 23
Jens, Walter 179, 251, 370
John, Gottfried 241
Johnson, Don 465
Johnson, Uwe 179, 287
Joksch, Karl 67
Jörn, Klaus 295, 301
Jung, Harald 373
Jung-Alsen, Kurt 103
Junkers, Herbert 90
Jupé, Walter 190, 391
Jurovskij, Aleksandr 98
Jutzi, Phil 43

Kabel, Heidi 257
Kaesens, Robert 278
Kahlow, Heinz 403
Kai, Johannes 77
Kaiser, Joachim 117, 150
Kaiser, Wolf 303, 403
Kalkofe, Oliver 530
Kaltofen, Günter 195f, 401
Kameson, Egon 172
Kammann, Uwe 501
Kamphoevener, S. v. 278
Karas, Harald 338

Karasek, Hellmuth 476
Karlstadt, Liesl 125, 149, 159
Karolus, August 22 ff, 26
Karusseit, Ursula 306
Kaspar, Axel 398, 506
Kasprzik, Hans-Joachim 294 f, 301, 411
Katins, Sabine 397
Katz, Anne Rose 179
Kaul, Friedrich Karl 190, 283, 391
Kaut, Ellis 351
Kazan, Elia 254
Kegler, Marianne 172
Keglevic, Peter 458
Keil, Günter 77
Keller, Gottfried 403
Kellermeier, Jürgen 450
Kempowski, Walter 347
Kenda, Jadwiga 54
Kennedy, John F. 273
Kerkeling, Hape 482 f
Kerner, Charlotte 458
Keusch, Erwin 458
Khuon, Ernst von 162, 229
Kiefer, Marie Luise 327
Kieling, Wolfgang 175, 244, 346
Kienzle, Siegfried 365
Kilius, Marika 165
Kimmel, Hans 218
Kirch, Leo 120 f, 148, 364, 427 ff, 463
Kirch, Thomas 428
Kirst, Hans Helmut 88
Klaassen, Klaas 7
Klages, Ludwig 65
Klamroth, Ursula 172
Klein, Eric S. 306
Kleiner, Andreas 511
Kleinert, Wolfgang 101 f
Klier, Michael 455, 469
Klinkers, Frauke 467
Kloiber, Herbert 429
Kluge, Alexander 254, 273, 280, 348, 354, 470
Knef, Hildegard 83, 255
Knoth, Werner 84
Knott-Wolff, Brigitte 450
Knuth, Gustav 219, 240
Koch, K. 48
Koch, Marianne 219, 381
Koch, Thilo 172, 188, 267, 283
Köbbert, Horst 390 f
Kock am Brink, Ulla 477
Köfer, Herbert 104
Kofler, Georg 428 f, 527
Kogon, Eugen 172, 268
Kohl, Helmut 415, 458, 483, 501
Kohlus, Hans 195, 412
Kokoschka, Otto 230
Kollo, Willi 48 f, 125

König, Käte Jöken 45
König, Ulrich 351
Königstein, Horst 451, 456
Köpcke, Karl-Heinz 266
Kopetzky, Helmut 346
Koppel, Walter 120 f
Korbschmitt, Hans-Erich 293
Korn, Arthur 22
Körner, Dietrich 412
Kortner, Fritz 175, 210, 231
Koss, Irene 75, 161
Kotulla, Theodor 351
Kracht, Olav 474, 476
Krahl, Hilde 219
Krämer, Willi 262
Kratisch, Ingo 345
Krätzig, Helmut 394 f
Kraus, Peter 379
Krauss, Agnes 389
Kreimeier, Klaus 251, 468
Kretschmer, Cleo 347
Kreuder, Peter 145
Kreuzer, Helmut 6
Kreye, Walter 461
Krieg, Peter 444, 469
Kriegler, Hans 39
Kroetz, Franz Xaver 464
Krogmann, Albert 173
Krollpfeiffer, Gerd 67
Kronzucker, Dieter 267
Krotz, Friedrich 489
Kruckow, August 23
Krug, Manfred 306 f, 402, 408, 461, 463
Krüger, Fred 42
Krüger, Martha 43
Krüger, Mike 482
Krüger, Willy 158
Krüger-Lorenzen, Kurt 42, 50 f, 83, 128
Krumm, Paul Albert 239
Krusche, Dieter 253
Kubach, Gabi 455
Kuby, Erich 134, 173
Kudelka, Gerd 394
Kuhle, Walter 31
Kühn, Heinz 154
Kühn, Rolf 162
Kujau, Konrad 523
Külb, Hans-Georg 295
Kulenkampff, Hans Joachim 125, 128, 143 f, 213, 253, 255, 258 f, 379 ff, 481, 484
Kunert, Günter 295 f
Künneke, Eduard 48
Kuntze-Just, Heinz 360
Küpper, Hannes 54, 67
Küppersbusch, Friedrich 470, 529
Kurella, Alfred 291
Kurz, Rudi 295, 402

Kutschbach, Herbert 67
Kutschera, Franz 104

Ladiges, Heinz 82
Lahnstein, Manfred 435
Lamberz, Werner 386
Lampe, Jutta 514
Lamprecht, Gerhard 463
Lander, Ellis 398
Landgraf, Hugo 51
Lang, Alexander 412
Lang, Michel 159
Lange, Hans Joachim 127, 129, 132, 139 f, 217
Langhoff, Udo 84, 89
Langmaack, Beate 458
Larsen, Ingrid 45
Laser, Dieter 451
Lauenstein, Tilly 240
Laufs, Carl 150
Lauschke, Rüdiger 173
Lause, Hermann 456
Laven, Paul 42, 51
Laxness, Halldór 350
Leacock, Richard 177, 271
Le Blanc, Maurice 14
Leckebusch, Michael 215
Leder, Dietrich 475
Lehar, Franz 89
Lehman, Leo 356
Lehn, Horst 308
Lehner, Fritz 454
Lembke, Robert 143 f, 166, 261, 379
Lemke, Klaus 248, 346
Lenhard, Philipp 15
Lenin, Wladimir Iljitsch 96
Lenz, Siegfried 452
Leonhard, Joachim-Felix 5, 7
Leonhard, Wolfgang 157
Leopold, Georg 292, 295
Lerg, Winfried B. 30
Lesche, Dieter 475
Lessing, Gotthold Ephraim 246
Letterman, David 478
Lévi-Strauss, Claude 222
Lichtenfeld, Herbert 461, 511
Lichty, Lawrence W. 5
Liebeneiner, Wolfgang 219
Lieffen, Karl 347
Liere, Wolfgang 345
Lilienthal, Peter 242, 348
Lincke, Günther 172
Lindfors, Lill 257
Lindgren, Astrid 351
Lindner, Rolf 328 f
Lindlau, Dagobert 470, 476
Lingen, Theo 48, 151
Lippe, Jürgen von der 482
Lloyd, Harold 364
Löbel, Bruni 219
Lodemann, Jürgen 321

Loebner, Vera 412
Loewe, Lothar 267, 396
Loewe, Siegmund 28
Löffler, Sigrid 476
Lojewski, Wolf von 472
Lommer, Horst 242 f
London, Jack 350
Lorentz, Lore 89
Lorenz, Konrad 84
Löwenthal, Gerhard 270, 373
Lubitsch, Ernst 254
Lübke, Heinrich 257
Lüdcke, Marianne 345 f
Luderer, Walter 392, 400, 402, 408
Ludes, Peter 475
Ludwig, Rolf 412
Luft, Friedrich 147, 178
Luhmann, Niklas 540
Lühr, Peter 152
Lukoschik, Andreas 472
Lukschy, Wolfgang 145
Lumière, Louis Jean 13
Lunau, Carl 24
Lüth, Erich 88
Lützeler, Heinrich 231
Lustig, Peter 351, 466
Luxemburg, Rosa 251
Lynch, David 465

Mackenroth, Michael 453
Maddox, R. L. 13
Maegerlein, Heinz 128, 143 f
Maetzig, Kurt 291
Mahle, Hans 97 ff, 101, 185
Mandry, Willy 84
Mann, Thomas 351
Mansfeld, Michael 251
Mänz-Junkers, Hans 43
Marconi, Guglielmo 16 f
Marey, Jules 13
Marizy, Ludwig 125
Marker, Chris 271, 468
Marlitt, Eugenie 350
Marquardt, Odo 540
Martens, Gisela 77
Martens, Harald 77
Märthesheimer, Peter 451
Martin, Berthold 211
Martinek, Krystian 511
Marx, Karl 193, 277
Maske, Henry 480
Matern, Hermann 294
Maulko, Rüdiger 7
May, Gisela 389
May, Karl 234, 412
Mayer, Hans 231
McLuhan, Marshall 142
Medwey, Undine von 145
Mehnert, Klaus 168
Meichsner, Dieter 154, 244 f, 248 f, 251
Meier, Christian 516
Meins, Holger 373

Meiser, Hans 424, 436, 438, 477
Meissner, Otto 255
Melitzky, Heinz von 269
Mellies, Otto 412
Mende, Erich 224
Menge, Wolfgang 158, 206, 245, 250, 357f, 381, 451f, 457, 514
Mengel, Norbert 7
Merker, Paul 98
Merseburger, Peter 245, 268, 372, 381
Meyendorff, Irene von 82
Meyer, Stephan 511
Meyer, Ulrich 475, 477
Meyer-Goldenstädt, Günter 86, 117, 123,
Meyer-Wehlack, Benno 153, 242
Meyn, Robert 153
Meysel, Inge 240f
Mezger, Ludwig 339, 370, 469
Michael, Elmar 211
Michel, Robert 297
Michelangelo 230
Mihály, Dénes von 22–26
Mikesch, Elfi 348
Mildenberger, Karl 264
Millowitsch, Willy 412
Minetti, Hans-Peter 292, 412
Minow, Rüdiger 457
Mira, Brigitte 125
Mitscherlich, Thomas 469
Mittenzwei, Ingrid 411
Mittler, Wolf 51
Mnouchkine, Ariane 351
Mohl, Hans 228
Mohr, Karl 129
Mohr, Reinhard 483
Mohrhof, Siegfried 233
Moik, Karl 483
Mol, Linda de 424, 538
Mol, John de 528
Moles, Abraham 222
Molière, Jean Baptiste 150
Möllemann, Jürgen 520
Möller, Rolf 69
Molnar, Franz 150
Monk, Egon 242f, 244, 248, 250, 350, 452
Monnier, Heinz 43, 48f, 54
Moorse, George 348
Morgenstern, Klaus 117
Morlock, Martin 147, 177, 179
Morse, Samuel 14
Mosblech, Manfred 395
Moss, Harry 56
Mühlbauer, Wolfgang 346
Mühl-Benninghaus, Wolfgang 508

Mühlfenzl, Rudolf 496, 501f
Müller, Detlef 511
Müller, Siegfried 299
Müller-Freienfels, Reinhart 42
Müller-Gerbes, Geert 436, 476
Müller-Marein, Josef 83, 171
Müller-Stahl, Armin 306, 402, 404
Müller-Stahl, Hagen 260
Muller, Robert 451
Mullin, Jack 123
Münch, Richard 257
Müncheberg, Hans 106, 185, 192, 195
Muni, Paul 219
Münster, Clemens 66, 127, 129, 133, 175, 257
Müntefering, Gerd K. 351, 465
Müntzer, Thomas 412
Münz-Koenen, Ingeborg 302
Murdoch, Rupert 441
Murero, Hugo 42, 54, 67, 75, 91, 165f
Muybridge, Eadweard 13

Naber, Hermann 453
Nagel, Wolfgang 195
Nahkle, Heinz 303
Nam, Vu 299
Natschinski, Gerd 403
Nebhut, Ernst 150
Negri, Pola 24
Negt, Oskar 280, 541
Nesper, Eugen 22, 25
Nestel, Werner 66, 68–71, 77
Nestler, Peter 171
Netenjakob, Egon 204, 247, 455
Neuenfels, Hans 365
Neuffer, Martin 323, 339
Neumann, Günter 48, 50, 89, 91, 125
Neumann-Bechstein, Wolfgang 329
Neureuther, Christian 480
Neusch, W. 48
Neuss, Wolfgang 91, 147f, 158, 258
Neven-DuMont, Jürgen 154, 169, 171, 271
Niepce, Joseph 13
Nierentz, Hans Jürgen 47f
Nipkow, Paul 9, 15, 38
Nitter, Erna 77
Nocker, Hilde 128
Noelte, Rudolf 246
Norden, Albert 285
Nosbusch, Désirée 380
Nuschke, Otto 79

Nussek, Julia 91

Obermann, Helmut 272
Obna, Marcel 497
Obrig, Ilse 56, 83, 161
O'Casey, Sean 215
Ode, Erik 237f, 359
Oeller, Helmut 226, 246, 332
Oelschläger, Werner 48f
Oertel, Heinz-Florian 309, 400
Ofarim, Esther 378
Offenbach, Josef 240f
Ohnesorg, Benno 272
Ohnesorge, Wilhelm 36
Olden, John 155, 238
Oliva-Hagen, Hans 197, 294
O'Neill, Eugene 150
Ophüls, Max 304
Orkutt, Imogen 31
Ortega y Gasset, José 65
Orwell, George 321
Osterwald, Hazy 145f
Ottinger, Ulrike 348, 354
Özkan, Erica 7

Paczensky, Gert von 170, 173f, 268, 271, 381
Pagnol, Marcel 150
Paiva, Adriano de 14f
Palikowsky, Erika 400
Pallaert, Guy 257
Panitz, Eberhard 401
Panse, Wolf-Dieter 411f
Papen, Franz von 33
Papendiek, Alexander 393
Paqué, Kurt 90
Patzak, Peter 451
Patzschke, Ursula 36
Paul, Rita 77
Peets, Horst 262
Peitsch, Monika 240f
Pelikan, Jiri 303
Perosino, Carlo Mario 14
Perskyi, Constantin 15
Persson, Ralph 241
Petermann, Ernst 45
Peters, Werner 193
Petersen, Wolfgang 210, 453
Petershagen, Rudolf 197, 294
Pevny, Wilhelm 347
Pfahl, Berengar 460
Pfaue, Justus 351
Pfeiffer, Hans 411f
Pfeiffer, Reiner 456
Pfitzmann, Günter 464
Pfleghar, Michael 145f, 377
Picard, Max 65, 141
Picht, Georg 225
Piecho, Günter 75, 91, 117, 169

Pieck, Wilhelm 183
Pigge, Helmut 121
Pillau, Horst 451
Pindter, Walter 121
Piontek, Klaus 306
Pirandello, Luigi 350
Pitzer, Sissi 475
Pius XII 137
Plato, Heinz von 84, 131
Pleister, Werner 68, 70, 72f, 76f, 80, 87, 126, 175
Plenzdorf, Ulrich 349, 511
Plog, Jobst 515
Poche, Klaus 401, 403, 408, 511
Pohl, Klaus 458
Pohl, Manfred 501
Polt, Gerhard 481
Ponesky, Hans-Georg 310, 388
Ponkie 179
Prager, Gerhard 242, 250, 357
Praunheim, Rosa von 210
Prause, Gerhard 260
Prell, Bally 125
Priestley, John B. 150
Probst, Gerhard 185
Prodöhl, Günter 191, 392f
Prokofjew, Sergej 256
Prokop, Dieter 201, 487
Proske, Rüdiger 165, 169f, 171, 173f, 268, 271
Pross, Harry 226
Prugel, Alfred 48
Prümm, Karl 177
Pulver, Corinne 171
Pulver, Lieselotte 83, 153, 171, 351

Quarrier, Iain 279
Quermann, Heinz 283
Quinn, Freddy 483

Raabe, Dieter 171
Radke, Klaus 519
Radtke, Erika 283
Ramazotti, Eros 481
Ramsey, Bill 483f
Rapp, Peter 481
Raskin, Adolf 47
Raskop, Heinrich 68, 70
Rasp, Fritz 346
Ratzke, Dietrich 317
Rauch, Fred 144
Rausch, Lotte 158
Reck, Stefan 458
Rehbein, Max H. 82, 169f
Reiber, Carolin 481
Reich, Uschi 348
Reichardt, Wolfgang 184
Reiche, Hans-Joachim 168, 266
Reichert, Willy 125

Reich-Ranicki, Marcel 231, 476
Reidemeister, Helga 469
Reimers, Thomas 469
Reinecker, Herbert 237, 359
Reisch, Günter 294
Reischl, Rudolf-Markus 534
Reiter, Udo 503
Reitz, Edgar 273, 356, 451, 453
Renner, Wenzel 294
Rennhack, Heinz 514
Renoir, Jean 254
Reuter, Jürgen 412
Reymann, Paul 77
Rhein, Eduard 27, 31f, 67, 117
Rhotert, Bernd 251
Richel, Käthe 400
Richert, Jochen 43, 54, 125
Richling, Mathias 481
Richter, Gert 152
Richter, Hans Werner 231
Richter, Horst Eberhard 339
Richter, Ilja 380
Richter, Renate 389
Richter, Walter 239
Riedel, Neidthardt 511
Riefenstahl, Leni 37
Riek, Heinz 51, 75, 79
Rieschel, Hanspeter 77, 82, 89, 142
Riha, Karl 263
Ringelmann, Helmut 117, 121
Rischbieter, Henning 150, 226, 231, 246
Robida, Albert 10
Rodenberg, Hans 294
Rodigast, Hermann 402
Rödl, Florian 278
Roering, Joachim 257
Rogler, Richard 481
Rohlinger, Rudolf 269f, 374
Rohrbach, Günter 242, 247f, 252, 322, 326, 337, 340, 345, 353, 379f, 450, 459
Rohwedder, Karsten 458
Rökk, Marika 56
Roland, Jürgen 82f, 85f, 148, 158, 166, 169
Rombach, Otto 49
Römhild, Uwe 408
Rooyens, Bob 215, 278f, 377f
Rosenbauer, Hansjürgen 367, 503f
Rosenthal, Hans 260f, 380, 481
Rosh, Lea 469, 476

Rosing, Boris 28
Roß, Dieter 226, 231
Rossi, Francesco 148
Rothenberger, Anneliese 257, 261, 379, 483
Rouch, Jean 271
Rudert, Frithjof 69
Ruge, Gerd 168, 175, 267, 272
Rühle, Günther 365
Rühmann, Heinz 362
Rumler, Fritz 257
Runge, Erika 248, 273, 346
Rütting, Barbara 175
Sacha, Jean 246
Sackmann, Fred 261
Saeger, Uwe 511
Sais, Tatjana 89
Sakowski, Helmut 295, 305f
Sander, Helke 348, 354
Sanders-Brahms, Helma 354
Saroyan, William 150
Sartre, Jean Paul 246
Sascha, Hehn 461
Saud, Ibn 128
Saura, Carlos 254
Sawatzki, Heinz 72
Schabowski, Günter 400, 493, 505
Schaefer, Hans 231
Schaeffers, Willi 45
Schäfer, Bärbel 439, 477
Schäfer, Roland 456
Schäfer, Wolf 542
Schäffer, Fritz 116
Schalla, Hans 153
Schanze, Helmut 6
Scharang, Michael 346
Schardt, Alois 434
Schauer, Hans-Hermann 402
Schede, Wolfgang M. 89
Schedlich, Hajo 153, 348
Scheel, Walter 270, 315
Scheffers, Fritz 89
Schenk, Heinz 481
Scheu, Just 143, 150
Scheumann, Gerhard 286f, 299, 400
Schickhelm, Klaus 497, 501
Schiemann, Heinrich 230
Schiemann, Helmut 195
Schier-Grabowsky, Peter 271
Schimpf, B. 436
Schiphorst, Bernd 525
Schirmer, Bernd 511
Schirmer, Sven 7
Schiwy, Peter 502
Schlegel, August Wilhelm 150

Schleyer, Hanns-Martin 322, 457, 528
Schlöndorff, Volker 339, 353f
Schmidt, Erich 82
Schmidt, Franz 72
Schmidt, Harald 447, 478, 481ff, 530
Schmidt, Helmut 198, 316, 321
Schmidt, Siegfried J. 534, 542
Schmidt, Wolf 159
Schmidt-Wildy, Ludwig 125
Schmieding, Walter 271, 381
Schnabel, Ernst 68, 82, 226, 231
Schneider, Norbert 334, 367
Schneider, Peter 511
Schneider, Romy 175, 380, 447
Schneider, Willy 483
Schneyder, Werner 481
Schnibben, Cordt 456, 471
Schnitzler, Karl-Eduard von 172, 187f, 283, 407, 505, 509
Schöbel, Rolf 272
Schock, Rudolf 257
Schoeps, Julius H. 356
Scholl-Latour, Peter 267, 272, 374
Schollwer, Edith 125
Scholochow, Michail 307
Scholz, Hans 156
Schönherr, Dietmar 261, 377, 381
Schönhuber, Franz 338
Schrader, Detlef 399
Schramm, Günter 238, 380
Schreeb, H. D. 361
Schreinemakers, Margarethe 477, 482, 530
Schreiter, Helfried 305
Schreyer, Wolfgang 295
Schröder, Gerhard 115
Schröder-Jahn, Jürgen 272
Schroeder, Bernd 347
Schröter, Fritz 22, 57
Schroeter, Werner 348
Schroth, Karl Heinz 88
Schubert, Franz 454
Schubert, Ludwig 169, 272
Schübel, Rolf 469
Schulz, Gerhard 72
Schulz, Johann H. 13
Schulz, Winfried 537
Schulze, Gerhard 490
Schulze-Rohr, Peter 246
Schulz-Reichel, Fritz 77
Schumacher, Heidemarie 269

Schütz, Helga 403
Schwabe, Willi 390
Schwaen, Kurt 295
Schwarze, Hanns Werner 269, 373
Schwarze, Michael 378
Schwarzenau, Dieter 367
Schwarzer, Alice 373
Schwarzkopf, Dietrich 129, 314, 326, 344, 373
Schwarz-Schilling, Christian 321, 418
Schweimer, Wilhelm 56
Schwerin, Rosemarie 83
Schwiegk, Fritz 51
Schwier, Werner 219
Schwitzke, Heinz 66, 134, 151, 196, 252
Schygulla, Hanna 241
Sedlmeyer, Betty 54
Seelig, Matthias 458
Seelmann-Eggebert, Rolf 450
Seifart, Horst 338
Seippel, Edda 347f
Selbmann, Erich 404
Sell, Friedrich Wilhelm Freiherr von 325f, 503
Sellge, Manfred 376
Sellner, Gustav Rudolf 153
Semmelroth, Wilhelm 153, 242
Senlecq, Constantin 14
Sester, Hans 117
Sethe, Paul 173
Shakespeare, William 150
Shaw, George Bernard 150
Shukow, Georgi K. 96
Siedler, Wolf Jobst 223
Siefarth, Günter 123
Sielmann, Heinz 229, 371
Sievers, Kurt 50
Simmel, Johannes Mario 453
Simmerding, Gertrud 233
Simon, Günter 307
Simon, Klaus 273
Simons, Rainer 510
Sindermann, Horst 184
Singelnstein, Christoph 515
Sinkel, Bernhard 346, 351f, 453
Sinnen, Hella von 481
Siodmak, Robert 254
Smith, Anthony 5
Snelsdon, Lord 35
Soeldner, Horst 112
Söhnker, Hans 83, 240
Sommerfeldt, Charlotte 193
Sorge, Werner 84
Späth, Dagmar 75, 85, 143
Spencer, Bud 435
Spieß, Brigitte 534
Spinrads, Rolf 482

Spoerl, Alexander 231
Springer, Axel Cäsar 173, 210f
Stahnke, Günter 295
Stalin, Josef W. 103
Staudte, Wolfgang 356
Steeger, Ingrid 378
Steguweit, H. 48
Steigner, Walter 267
Stein, Eckart 348
Stein, Eva 402
Stein, Peter 365f
Steinbach, Peter 451
Steiner, Sigfrit 404
Steinke, Christian 307
Steinke, Thomas 501
Stemmle, Robert A. 251
Stephan, Klaus 268, 375
Stern, Horst 371f
Sternberger, Dolf 85
Sternheim, Carl 150
Stevenson, Robert L. 50, 350
Stolle, Peter 482
Stolper, Armin 402
Stolte, Dieter 120, 323f, 334–337, 434, 504, 508
Storkebaum, Sibylle 477
Storz, Harry 77, 86
Storz, Oliver 347
Strack, Günter 465
Strauß, Franz Josef 173f, 275
Strindberg, August 153, 301
Stripp, Peter 244, 346, 356
Strobel, Wolfgang 310
Stroheim, Erich von 226
Stromberger, Robert 240, 242, 361
Stroux, Karlheinz 153
Struve, Günter 129, 432
Stübe, Gerhard 394, 401
Stückrath, Lutz 390f
Sturm, Hertha 228
Süskind, Patrick 464
Süß, Reiner 389
Svoboda, Martin S. 84, 86, 113, 131, 168
Sywottek, Arnold 113
Szewczuk, Mirko 73, 89

Talbot, Henry Fox 13
Tappert, Horst 359
Tetzlaff, Kurt 54
Teufel, Fritz 340
Thate, Hilmar 307, 400, 408
Thein, Ulrich 306, 401, 412
Thiel, Heinz 305
Thieme, Bernhard 89, 125, 145
Thiemt, H. G. 361
Thieringer, Thomas 339

Thoelke, Wim 260, 262f, 379, 481, 484
Thoma, Helmut 426ff, 438, 474, 479, 534
Thoma, Ludwig 150
Thomale, Franz 84, 143
Thomann, Jörg 528
Thomas, Philip Michael 465
Thomsen, Christian W. 6
Thorer, Axel 477
Thorsten, Olaf 89
Thouet, Peter M. 351, 361
Thun, Friedrich von 454
Thun, Rudolph 30
Tisch, Harry 506
Tjaden, Walter 72
Toelle, Tom 350
Toeplitz, Jerzy 5
Toller, Ernst 215
Topping, Malachi C. 5
Torka, Horst 393
Torriani, Vico 258
Trebitsch, Gyula 121
Treff, Alice 77
Troller, Georg Stefan 168, 172, 453
Trooger, Margot 362
Trotta, Margarethe von 354
Truffaut, François 364
Tschechow, Anton 103, 150
Tschesno-Hell, Michael 301
Tuchtenhagen, Gisela 369
Tukur, Ulrich 458
Turrini, Peter 347

Übelacker, Horst Rudolf 299
Überall, Klaus 125
Uexküll, Gösta von 173
Uhlig, Manfred 390f
Ulbricht, Walter 97f, 174, 187, 246, 257,297, 300f, 303, 307, 310, 383f, 388, 394
Ullrich, Luise 241
Umgelter, Fritz 128, 155f
Üner, Idil 463
Unger, Fred 394
Ungureit, Heinz 253, 328, 340, 353f, 450, 460, 510
Urban, Renate 158
Urtel, Rudolf 69

Vailati, Bruno 230
Valente, Caterina 145, 176, 379
Valentin, Karl 149
Valérien, Harry 131, 262f
Veit, Ivo 54
Venohr, Wolfgang 452
Venske, Henning 256
Verne, Jules 350

Verner, Waldemar 401
Vertov, Dziga 226
Vesten, Inge 45
Veth, Kurt 412
Victor, Herbert 75, 91
Viehöver, Joseph 242, 255
Viktor, Herbert 169
Virilio, Paul 468
Vita, Helen 145
Vogel, Bernhard 414, 418
Vogel, Peter 395
Vogt, Carl de 45
Volkenborn, Klaus 300
Volkmann, Elisabeth 378, 446
Voss, Cay Dietrich 85
Voss-Hübner, Gabriele 369
Vöth, Reinhold 340
Vries, Christa de 164

Waalkes, Otto 380
Wachholz, Meyen 467
Wagenführ, Kurt 47, 51, 53f, 66ff, 73ff, 86, 91, 93, 117, 162, 178f
Wagner, Cosima 451
Wagner, Richard 451
Wahnrau, Gerhard 54
Waigel, Theo 470
Wajda, Andrzej 364
Walden, Matthias 339
Waldmann, Dieter 244
Walendry, Paula 83
Wallace, Edgar 158
Walraff, Günter 339, 346
Walser, Martin 127, 141, 145, 169, 171,179, 453
Waltz, Christoph 459
Wanders, Lilo 483
Wangenheim, Inge von 195
Weber, Adolf 46, 48
Weber, Hans 401
Weber, Max 1
Weck, Peter 352
Wedel, Dieter 453f
Weigel, Hans 145
Weiller, Lazare 15
Weischenberg, Siegfried 475, 523
Weiser, Grete 56
Weiß, Kurt 185
Weiss, Peter 246
Weitz, Hans Philipp 30
Weizsäcker, Richard von 370
Wekwerth, Manfred 389
Wekwerth, Peter 511
Wellershoff, Dieter 346
Wember, Bernward 370ff
Wenders, Wim 354, 523
Wendlandt, Horst 258
Wendt, Hans 87
Wepper, Fritz 238, 359
Werfel, Franz 454
Werner, Ilse 77, 145
Wessel, Kai 458

Wessel, Kurt 270
Weth, Lore 43, 47
Wexö, Maiken 439
Wiazemsky, Anne 279
Wicki, Bernhard 452
Widmann, Kurt 88
Wiebel, Martin 326, 458
Wieke, Johannes 292
Wieman, Mathias 152
Wiemer, Vring 145
Wiens, Paul 399
Wiese, Klaus 345
Wiesner, Hans-Ulrich 402
Wijnvoord, Harry 437
Wildenhahn, Klaus 174, 271f, 273, 369, 468
Wilder, Billy 294
Wilder, Thornton 150, 152
Wilfert, Otto 173
Wilhelm II 251
Wilhelm, Kurt 124, 145
Wilk, Max 5
Williams, Raymond 2
Williams, Tennessee 150, 301
Wilmenrod, Clemens 84, 91, 164
Wilsch, Thomas 480
Windeck, Agnes 240
Winds, Erich Alexander 195
Winkler, Angela 353
Winkler, Hans Günther 165
Winkler, Hartmut 487f, 492, 531
Winterstein, Eduard von 194
Wirth, Franz-Peter 121, 152f, 246, 351, 356, 452
Witt, Claus Peter 238
Witte, Gunter 450, 462, 510
Wittlinger, Karl 153
Wördemann, Franz 268
Wogatzki, Benito 303, 306
Wolf, Friedrich 304
Wolfberg, Inge 172
Wolfram, Hans-Joachim 389
Wollmann, Otto 46
Wollner, Gerhard 284
Wortmann, Sönke 458
Woytowicz, Monika 408
Wübbe, Jutta 483
Wülfing, Walter 118
Wussow, Klausjürgen 461
Wuttig, Heinz Oskar 240
Wyzniewski, Arno 295

Zacharias, Helmut 77
Zadek, Peter 246, 248, 349
Zahn, Peter von 117, 168f, 268, 171
Zander, Frank 380

Zehrer, Hans 65, 141, 173
Ziegler, Alexander 210
Zielinski, Siegfried 2, 422
Ziemer, Albrecht 520
Ziewer, Christian 345 f

Zilles, Hermann 100, 104 f, 185, 193
Zimmermann, Eduard 240
Zimmermann, Friedrich 139, 154

Zimmermann, Kurt 271
Zimnik, Rainer 161
Zinn, Georg 116
Zola, Emile 219, 454
Zuckmayer, Carl 294

Zülsdorf, Erich 102
Zweig, Arnold 456
Zwerenz, Gerhard 367
Zworykin, Vladimir K. 28, 41

15.3 Register der Sendungen und Reihen

A, B oder 311
A.T. – die andere Talkshow 477
ABC der Liebe 403
Abend Premiere 255
Abendjournal 338
Abendschau 209, 338
Abenteuer des David Balfour, Die 350
Aber Vati! 402
Absage an das Leben zu zweit 272
8 1/2 Nachrichten, Die 444
Acht Stunden sind kein Tag 241, 357
8051 Grinning 347
Adlershofer Televerschnitt 310 f
Adrian, der Tulpendieb 49
Aerobics 437
Affäre Eulenburg 251
Afrika- links und rechts der großen Autostraße 189
Agenten sterben einsam 437
Ahoi Pacific Lady 360
Airwolf 446
AK Zwo 497, 505
Akademie III 231
Akkord 272
Aktenzeichen XY-ungelöst 240
Aktion Schaukelstuhl 368
Aktion Sorgenkind 260
Aktuell 505
Aktuelle Inszenierung, Die 365
Aktuelle Kamera 102, 104, 187 f 286, 304, 385, 396, 398, 405, 407, 412 f, 495, 501, 505
Aktuelle Kurzspiel, Das 293
Aktuelle Magazin, Das 224
Aktuelle Sportstudio, Das 262 ff
Aktueller Bericht 338
Aktueller Bildbericht 45, 48 f, 51,
Aktueller Filmbericht 54, 73, 84 f
Akzente 399
Alarm 360
Alarm in den Bergen 237

Alex muß zur Fahne 399
Alexander und seine Töchter 361
Ali und die Lausejungs 47
All in the Family 357
Alle meine Tiere 240
Alle Wetter 443
Allein über den Atlantik 82
Aller Unfug ist schwer 260
Alles außer Mord 459
Alles dreht sich um Michael 233
Alles Gute, Köhler 244
Alles Nichts oder?! 481, 483
Alles oder Nichts 144, 380, 481
Alles singt! 388
Alltag im Westen 397
Alma Mater 249, 347
Almanach 271
Almanach der Woche 338
Alpensaga 347
Alte Bekannte 310
Alte Dampfroß, Das 435
Alte, Der 359, 464
Alten und die Jungen, Die 350
Altersgenossen 248
Altersheim 244
Am Fuß der blauen Berge 222
Am grünen Strand der Spree 156, 197
Am laufenden Band 261, 380
Amahl und die nächtlichen Besucher 90
Amerika, am 6. Juni 1968 272
Amerikanische Vietnampolitik, Die 267
Amok 458
Amokläufer von Euskirchen, Der 459
Amos Burke 237
An der Reeling... 125
An uns glaubt Gott nicht mehr 453
Andere, Der 158
Andere Mann, Der 49
Anderland 467
Anfrage 243

Anna Maria – eine Frau geht ihren Weg 465
Anno 268
Anpfiff 479
Antike Ephesus, Das 230
Antworten 398
APF Blick 473
April! April! Mit Kleinkunst fällt man leichter rein 88
Arbeitsunfall 272
ARD-Ratgeber 228 f
Arena 341
Ariel-Kartenlotto 480
Árpád, der Zigeuner 360
Asien im Aufbruch 396
Aspekte 271, 367 f, 470
Atlantikflug-Bericht 169
Atomstaub über uns 169
Auf Achse 360
Auf afrikanischen Tierpfaden 289
Auf dem Lande, zur See und aus der Luft 287
Auf dem Weg zum Mond 169
Auf den ersten Blick 381
Auf der Flucht 237, 343
Auf der Suche nach der Welt von morgen 271
Auf der Suche nach Frieden und Sicherheit 170
Auf die Plätze 339
Auf Leben und Tod 474
Auf los geht's los 379, 481
Auf Schusters Rappen 388
Auf Schusters Rappen durchs Altmühltal 443
Aufbruch 401
Aufrechte Gang, Der 346
Augenzeuge, Der 102
Augenzeugen-Video 474
Aurikel-Komplott, Der 511
Aus dem Alltag, für den Alltag 227
Aus dem Erntetagebuch 288
Aus dem Stegreif 82
Aus der Schule geplaudert 289
Aus Forschung und Technik 230
Aus neuen Operetten 54
Auschwitzprozeß 392

Außenseiter – Spitzenreiter 389
Auto – Auto 437
Babelsberg live 507
baff 336
Bananas 481
Bär, Der 103 f
Bärbel Schäfer 438 f, 477
Basar 289
Bauern, Bomben, Bonzen 350
Bayerische Kalendergeschichten 339
Bayern heute 338
Beat-Club 215, 256
Bebel und Bismarck 412
Begegnung, Die 47
Begräbnis einer Gräfin 511
Beil von Wandsbek, Das 456
Bekannte Namen im Examen 260
Bekenntnisse des Hochstaplers Felix Krull 351
Belina, Porträt einer Sängerin... 256
Bemerkungen über das Pferd 371
Benvenuti in Italia 230
Beobachtungen in deutschen Betrieben 272
Bereitschaft – Opfergang – Vermächtnis 55
Bericht aus Bonn 269
Berichte vom Tage 278 f, 338
Berlin Melodie 255
Berliner Chic 164
Berliner Rundblick 91
Bernhard Lichtenberg 251
Berolina Bar 125
Bertinis, Die 452
Besatzungszeit, Die 231
Beschlossen und verkündet 360
Besondere Film, Der 253, 364
Besteigung des Chimborazo, Die 510
Besuch aus der Zone 153, 245
Besucher, Die 467
Betriebsrat, Der 322
betrifft: Fernsehen 336

Bettelprinzeß, Die 350
Bettkantengeschichten 467
Bewältigung, Die 469
Bezaubernde Jeannie 240
Biene Maja 351
Bier unter Palmen 147
Big Valley 236, 436
Bilanz 368
Bild zum Tage 73, 85
Bilder aus der neuen Welt 167
Bilder des Tages 74
Bilderkrieg 469
Bios Bahnhof 380
Bis ans Ende der Welt 523
Bitte in 10 Minuten zu Tisch 84, 164
Bitte melde dich 474, 483
Bitte recht freundlich! 143
Blaue Aktendeckel, Der 391
Blaue Bock, Der 145, 260, 481
Blaue Palais, Das 347
Blaulicht 191, 292, 392–394
Blick 435 f
Blutjung zur Lust verführt 446
Bombe, Die 458
Bon soir, Kathrin! 145
Bonanza 236, 360, 463
Bonfetti 476
Boot, Das 453 f
Borsalino 1 436
Borussen kommen, Die 272
Boulevard Bio 476
Brandheiß 458
Brandstifter 248, 346
Bräute auf Schwanenwerder 50
Brennpunkt 342, 497
Briefe fliegen über den Ozean 45
Broddi 401
Brücke, Die 298
Buch der Deutschen 45
Buddenbrooks, Die 351
BUNTE Talkshow 476
Bürgerkrieg in Rußland 251
Buschgespenst, Das 412
Butterhexe 393

Cabareportage 147
California Clan 437
Camping – Camping 403
Cannon 360
Caterina Valente-Show 146
Chance, Die 254
Charivari 145
Chef, Der 237
Chimären 458
CHiPs 437

Chronik der Woche 167
Circus Boy 148
Club 2 447
Club MTV 439
Columbo 360
Columbus 64 306
Comedian Harmonists, Die 347
Corky und der Zirkus 161
Coronation Street 461
Cowboys, Die 360
Cyankali 304

Da lacht der Bär 106, 183, 284, 307 f, 389, 509
Da liegt Musike drin 389
Daktari 361
Dall-As 476, 482
Dallas 240, 341, 363, 462 f
Dalli, Dalli 261, 380, 481
Dame und der Blinde, Die 195
Daniel Druskat 307, 400
Das aktuelle Kurzspiel 293
Das Bohrloch oder Bayern ist nicht Texas 210, 244
Das geht Sie an 368
Das Glück läuft hinterher 243
Dash 3-Glückswirbel 480
Deal, Der 458
Dein Zeitgenosse 401
Deine Freunde sind mit Dir 106
Den deutschen Kleinstädter 272
Denver Clan (Dynasty) 363, 462 f
Der Berg ruft 344
Der Doktor hat Ihnen was zu sagen 77
Der Hauptfilm hat noch nicht begonnen 149
Der Nächste bitte 288
Der Preis ist heiß 437, 480
Der Rest, der bleibt 511
Der Staatsanwalt hat das Wort 394, 403
Der Stift hat das Wort. Ein kleiner Krach im Setzersaal 47
Der Teufel hat den Schnaps gemacht 395
Der Tod kam wie bestellt 170, 271
Der Tod läuft hinterher 238
Derrick 237, 359, 464, 535
Des Vetters Eckfenster 193
Deutsch für Deutsche 230
Deutsche Bund, Der 245
Deutsche Derby in Hamburg-Horn, Das 165

Deutsche Vergangenheit wird lebendig 46
Deutsche Wochenschau 56 f
Deutschland kreuz und quer 45
Deutschland-Rundflug 1956 165
Dichter und seine Stadt, Der 273
Dick Cavett Show 381
Die Augen – links! 311
Die freudlose Straße – Vietnam 469
Die Gentlemen bitten zur Kasse 238
Die Interessen der Bank können nicht die Interessen Lina Braakes sein 346
Die Revolution entläßt ihre Kinder 157
Die Römer sind unter uns 230
Die Spur führt in den »siebenten Himmel« 295
Die Zeit TV Magazin 441
Die Zone hat das Wort 140
Diese Drombuschs 464
Diesseits und jenseits der Zonengrenze 172
Direktion City 343
Disco 380
Disney-Club 468
Disput 506
Dokumentarfilm, Der 469
Don Camillo und Peppone 361 f
Don Carlos 246
Donnerlippchen 482
Donnerstags-Gespräch 497, 506
Dornberger 511
Dornenvögel, Die 453
Dr. med Marcus Welby 362
Dr. Murkes gesammelte Nachrufe 250
Dr. Murkes gesammeltes Schweigen 249
Dr. Schlüter 295, 302
Dr. Stefan Frank 464
Dramms 407
Drehscheibe 224
Drei mal neun 380
III nach neun 381, 476
Drei Partner 361
Drei vor Mitternacht 476
Dritte, Der 401
Drüben 269
Drüben bei Lehmanns 240
Du und Dein Haushalt 288
Du und Dein Heim 302
Dubrowkrise, Die 245
Duell, Das 395

Dusty-Springfield-Show 215

Echt Kölsch 125
Ehen vor Gericht 360
Ein Abend für junge Leute 140
Ein Bayer auf Rügen 465, 511
Ein Beruf für Dich 288
Ein einfacher Mensch 454
Ein Fall für zwei 360, 464
Ein fliehendes Pferd 453
Ein ganz und gar verwahrlostes Mädchen 346
Ein Heiratsantrag 194
Ein Herz und eine Seele 357 f, 464
Ein Kapitel für sich 347 f
Ein Kessel Buntes 390 f, 515
Ein Platz für Tiere 162, 371 f
Ein Schloß am Wörthersee 465
Ein Schubert-Abend in Alt-Wien 50
Ein Stück Himmel 356
Ein Tag 243
Ein Tag wie kein anderer 480
Ein Traumspiel 153
Ein Wille und kein Weg 171
Eine blaßblaue Frauenschrift 454
Eine kleine große Reise 145
Eine Namensheirat 272
Eine nette Bescherung 77
Eine ungeliebte Frau 350
Eine Welt für alle 444
Einer wird gewinnen 213, 258 f, 379, 481 f
Einer zahlt immer 454
Einführung in die elektronische Datenverarbeitung 232
Einmal Kudamm und zurück 511
Eins plus Eins 279
1:0 für Sie 143
Eins, zwei, drei 294
Einzug ins Paradies 409 f
Elektronik 232
Elf 99 408, 497, 507 f
Elternspiel, Das 377
Elvis – ein amerikanischer Tod 456
Emden geht nach USA 369
Ende der Unschuld 452
Ende von Utopia, Das 444
Endspiel um die Deutsche Fußball-Meisterschaft der Amateure 165
Endspiel um die Deutsche

Fußball-Meisterschaft der Vertragsspieler 165
Engel & Consorten 464
Entscheidung des Tilmann Riemenschneider, Die 195
Episoden vom Glück 301
Equalizer 437
Er oder Sie 89, 142
Er, sie, es 401
Erbe der Guldenburgs, Das 461
Erika im Schwalbennest 47
Ermittlung gegen Unbekannt 346
Erntegeschehen – nah gesehen 288
Eroberung des Meeres, Die 230
Erst die Arbeit und dann... 444
Erste Mal, Das 446
Erste Tag, Der 287
Erziehung zum Ungehorsam 272
Es darf gelacht werden 141, 219
Es ist soweit 158
Es spricht der Bundespräsident 125
Es steht ein Wirtshaus an der Lahn 443
Eskalation 346
Etappenhasen 149
Eurovisionswettbewerb für junge Musiker 1984 443
Eva und Adam 401
Evergreen 483
Ewige Wache. Der 9. November 1935 46
Exklusiv- die Reportage 475
Expeditionen ins Tierreich 371
Explosiv – der heiße Stuhl 447, 475, 477

Fahnder, Der 464
Fahndung 305
Fall Denke, Der 392
Fall Harry Domela, Der 392
Fall Lisa Murnau, Der 395
Fall Mata Hari, Der 251
Fall Maurizius, Der 351
Fall Rohrbach, Der 251
Fall Sieveking, Der 90
Fall Vera Brühne, Der 251
Fall von nebenan, Der 357
Fallende Stern, Der 80
Fallschirmjäger 56
Familie Hesselbach, Die 159
Familie Mack verändert sich 362

Familie oder Schroffenstein, Die 365 f
Fantomas 351
Fazetten 471
FBI 237
Feldzug in Polen 55
Fernseh-Archiv 231, 343
Fernseh-Chronik der XV. Olympischen Spiele 86
Fernseh-Diskussion aus München, Die 278
Fernseh-Diskussion, Die 270
Fernseh-Elternschule 228
Fernsehen aus der Nähe betrachtet 104
Fernsehfilmbericht 84
Fernsehgericht tagt, Das 239, 360
Fernsehkoch, Der 195
Fernsehpitaval 283, 292, 391, 394
Fernsehpressekonferenz 140
Fernseh-Tribunal 283
Fernseh-Zirkus Hagenbeck 148
Fetzers Flucht 295, 301
Feuerrote Spielmobil, Das 234
Feuerzangenbowle 289
Fiete Appelschnut 161
Filmclub 140, 226, 253
Film-Festival, Das 254, 364
Filmforum 254
Filmprobe 469
Filmstudio, Das 172
Firma Hesselbach, Die 159, 240, 361
Fischkonzert 350
Flaschenteufelchen, Das 50
Fliege 477
Fliegen 246
Flipper 233 f, 463
Flitterabend 478
Florentiner 73 402
Flucht aus der Hölle, Die 293
Flugplatz Mogadischu 469
Flußfahrt mit Huhn 467
Follyfoot-Farm, Die 361
Forellenhof 240
Forsthaus Falkenau 465
Forstinspektor Buchholz 465
Forsyte Saga 362
Forum 226
Französisch im Fernsehen 230
Frau in Weiß, Die 350
Frauen an der Spitze 273
Fräulein Julie 301
Fräulein pardon... 125
Freie Fahrt 260
Freitagnacht 476

Fremde Heimat 443
Freunde fürs Leben 148
Freundschaft 298
Fritzchen Spurtefix 191
Frohe Klänge aus dem Markgräflerland 443
Fröhlicher Faschings-Samstag 50
Frühstück um Mitternacht 194
Fünf Minuten mit Adalbert Dickhut 160
5 nach zehn 381, 476
Fünfte Kolonne, Die 237, 245
Funkstreife Isar 12 237
Full House 437
Für den Filmfreund 188
Für die Frau 74, 84
Für Freunde der russischen Sprache 313
Für Haus und Haushalt 227 f
Fury 161, 222 f, 463
Fußballtrainer Wolff 361

Gambit 458
Ganz faire Prozeß des Marcel G., Der 340
Geboren unter schwarzen Himmeln 295
Gedenkminuten 74
Gegenprobe, Die 244
Geheimakte Lenz 511
Geheimauftrag für John Drake 233
Geheimnis der alten Mamsell, Das 350
Geheimnisse des Meeres 371
Geisterstunde 299
Gelb ist nicht nur die Farbe der Sonne 395
Geliebt in Rom 153, 244 f
Gemeinderätin Schumann 357
Geschichte des Joel Brand, Die 244
Geschichten aus einer Klasse 362
Geschlossene Gesellschaft 456
Geschlossene Gesellschaft, Die (DDR) 403 f, 497
Geschwister Oppermann 451
Gesichter Asiens 168, 176, 396
Gestatten, mein Name ist Cox 237
Gestern gelesen 362
Gestohlene Herz, Das 48
Gesucht wird 362
Gesundheitsmagazin Praxis 228 f

Gewissen in Aufruhr 197, 292 ff
Gewürfelte Musik 145
Gewußt? – Gewonnen! 290
Gläserne Fackel, Die 400
Glashaus – TV intern 336, 339, 370
Glei bei Blaubeura leit a Glötzle Blei... 443
Glücklichen Vier, Die 143
Glücklichste auf Erden, Der 194
Glücksrad 480, 526
Golden Girls 465
Goldene Schuß, Der 258, 261, 377
Go! Projekt, Das 455
Gottschalk 478
Graf Luckner 360
Graf Yoster gibt sich die Ehre 237
Griff ins All, Der 435
Griseldis 350
Groschenspiel, Das 377
Große Bellheim, Der 454
Große Chance: Nr. 100.000, Die 124
Große Preis, Der 481
Große Sommerfilm, Der 254
Große Tag der Berta Laube, Der 244
Große TV-Roman, Der 459
Große Wurf, Der 143
Großen Detektive, Die 155
Großer Preis 380
Größte Theater der Welt, Das 138
Grünes Licht für helle Köpfe 260
Grüne Ungeheuer, Das 295
Gruß aus Berlin 125
Gut gefragt ist halb gewonnen 260
Gute Zeiten, schlechte Zeiten 465, 527
Guten Abend! 143
Guter Rat ist billig 172

Haben 219
Haben Sie das gewußt, Frau Miesner? 55
Hafenpolizei 224, 237, 278
Halde, Die 347
Hallo Europa – Guten Morgen Deutschland 437
Hallo Nachbarn 206
Hallo, junge Leute! 289
Halstuch, Das 156 f, 204
Hamburg Transit 359
Hamburger Gift 456

Hamster im Nachthemd 467
Hans Meiser 438, 477
Harburg bis Ostern 271
Hase Cäsar, Der 233
Hätten Sie's gewußt? 143f, 509
Hauptbahnhof München 362
Haus am Eaton Place, Das 362
Hautnah 407
Hawaii Fünf Null 237
Heart Attack 527
Heidi 351
Heiligabend auf St.Pauli 271
Heimat 356, 451
Heimatmuseum 452
Heinrich Penthesilea von Kleist 365
Heiße Draht, Der 381
Heiße Stuhl, Der 447, 475
Hei-Wi-Tip-Top 377
Hell und Schnell 88
Hellseherin aus Bonn 299
Heroen der öffentlichen Meinung 172
Heroin 4 346
Herr Hesselbach 160
Herzklopfen 478
Herzklopfen kostenlos 190, 308
Herzlich Willkommen 255
Hessenschau 338
Hessische Landbote, Der 193f
Heureka 377
Heut' Abend 476
heute 224, 265f, 374, 443, 473
Heute Abend Peter Frankenfeld 143
Heute bei Krügers 292f
Heute gehen wir ins Maxim 145
heute journal 340, 375, 472
Hey-Ba-Be-Ri-Ba 88
Hier und Heute 135, 338
Hierzulande – Heutzutage 232, 338
High Chaparral 236
Hilfe, ich bin eine männliche Jungfrau 446
Hiroshima mon amour 219
Hitparade des ZDF 255
Hochzeit an der F 96 399
Holledauer Volksmusik 145
Hollywoods goldene Jahre 254
Holocaust 156, 341, 344, 355f
Hoppla Lucy 435

Horizonte 271
Hotel Victoria 258
Hüpf, Häschen, hüpf 511f
Ich – Axel Cäsar Springer 305
Ich bekenne 477
Ich bekomme ein Kind 231
Ich bin ein Elefant, Madame 248
Ich fahre Patschold 243
Ich hab mich so gewöhnt an dich 255
Ich hab's ja gleich gesagt 55
Ich möchte mehr sein, als ich bin 50
Ich sehe etwas, was Du nicht siehst 143
Ich wünsch' mir was 233
Idea 215, 257
Ideale Frau, Die 144
Idole 347
Iha, der Esel 48
Ilona Christen 438, 477
Im Blickpunkt 304
Im Damenstift 455
Im Fernseh-Zoo 84
Im Grunewald, im Grunewald 48
Im Hause des Kommerzienrates 350
Im Herzen des Hurrican 352
Im Himmel steht kein Doppelbett 446
Im Jahr 1 des Ganges 396
Im Kreuzfeuer 172, 270
Im Krug zum grünen Kranze 388
Im Reservat 244, 346
Im roten Ochsen 47
Im Schillinghof 350
Im sechsten Stock 155, 158
Im Sog der Angst 511
Im Zeichen des Kreuzes 457f
Immer mit der Ruhe 125
Impuls 289
In der Fremde 271
In diesen Tagen 269
Industrie als Kunstmäzen, Die 86
Institutssommer 271
Internationale Eislauf-Veranstaltung 131
Internationale Frühschoppen, Der 91, 128, 165, 222, 253
Internationale Kurzfilm, Der 254
Interpol 237
Interview mit dem nordvietnamesischen Staats-

oberhaupt Ho Tschi Minh 267
Iracema 349
Ist der Mensch durch Tests meßbar? 230
Ist Leipzig noch zu retten? 506

Jagd, Die 253
Jagd in Trakehnen 46
Janna 468
Janosch's Traumstunde 467
Jason King 360
Je später der Abend 381
Jeanne oder die Lerche 153
Jede Menge Leben 466
Jedermannstr. 11 240
Jetzt red i 338
Journal für Sie 288
Jugend ans Werk 45
Jugend im Landjahr 56
Jugendprozeß 244
Jule-Julia-Juliane 401
Junge Dame mit künstlerischem Einschlag gesucht 47
Junge deutsche Film, Der 254
Junge Freud, Der 453
Junge Talente 308
Jüngste Gerücht, Das 258
Jürgen Goslar erzählt: Unterwegs mit Jörg Preda 224

Känguru 482
Kaiserhof 148
Kaleidoskop 172
Kamerafilm 348
Kampf der Titanen 437
Kampf mit dem Bären 45
Kanonen und Guitarren 399
Kapitel der Wirtschaftsgeschichte 231
Käpt'n Blaubär Club 468
Kartause von Parma, Die 351
Kein Platz für wilde Tiere 162
Kennst Du Europa? 143
Kennzeichen D 269, 373, 471
Kentucky Jones 224
Kerner 438, 477
Kids von Berlin, Die 528
Kinder der Welt 469
Kinderheim Sasener Chaussee 357
Kinderkram 441
Kinderopern 233
Kinderstunde 83
Kinomusik 389
Kir Royal 463
Klartext 497, 506

Klassik am Mittag 437
Klassische Kriminalfilm, Der 154
Kleine ABC, Das 145
Kleine Fernsehspiel, Das 218, 348, 443, 455
Kleine Fische 147
»Kleine Freiheit« – Reise in die Zeit 147
Kleine Leute – große Reise 125
Kleine Stadt ganz groß 143
Kleine Vampir, Der 467
Kleinen Vier, Die 145
Kleiner Mann, was nun 295
Klik 407
Klimbim 378
Klingende Filmmosaik, Das 77
Klock 8, achtern Strom 305
Knecht-Ruprecht-Spiel, Das 48
Knobeleien 311
Kolberg – der letzte Film der Nation' 254
Kollege Otto 457
Kölner Treff 381
Kommissar, Der 237f, 357, 359
Kommissar Freytag 224, 237
Kommissar Maigret 237
Kommissar Rex 465
König, Der 465
Königswalze 46
Konsequenz, Die 210
Kontraste 269
Köpfchen Köpfchen und Profil 290
Korken, Knüller und Kaskaden 309
Koschwitz 478
Kottan ermittelt 360
Krach im Forsthaus 46
Krieg mit vielen Fronten 272
Krieg ohne Front 277
Kriegsbraut, Die 350
Kriminal-Museum, Das 237
Krimi-Quiz 260
Kritik Replik 336
Krupp & Krause 294, 305, 307
Kulturmagazin 399, 507
Kulturweltreport 367
Kulturweltspiegel 367
Kümmelblättchen 394
Künstler stellen sich vor 45
Kung Fu 360
Kunst in der Gotik 131
Kunstgewerbliches Grenzlandschaffen 46

Kurier des Zaren, Der 350
Kurzfilm, Der 254
Küstenpiloten 360
K – Verbrechen im Fadenkreuz 474

La Paloma 455
La Traviata 90
Laboratorium 231
Lachende Mann, Der 299
Land in Sicht 507
Land Miramar, Das 349
Landarzt, Der 464
Landesforum 338
Landesschau 338
Landleben-Magazin 444
Landschaft mit Dornen 511
Lassie 233 f
Lassies Abenteuer 361
Lauras Schatten 459
Lebach-Mord, Der 251
Leben der Graugans, Das 84
Leben wird schöner, Das 50
Lebensdaten 347
Lebensgeschichte des Bergarbeiters Alphonse S. 369
Lektro, Der 161
Leo's Magazin 472
Lerchenpark 357
Lesebühne 231
Letzte Liebe 511
Leute 476
Leute machen Lieder – Lieder machen Leute 389
Leute von der Shiloh-Ranch, Die 360
Leutnant vom Schwanenkiez, Der 402
Leutnant York von Wartenburg 412
Liebe Mutter, mir geht es gut 345
Liebe Sünde 441
Liebe zum Land, Die 369
Lieben Mitmenschen, Die 400
Lieben Sie Show? 378
Lieber heute aktiv als morgen radioaktiv 369
Lieber instandbesetzen als kaputtbesitzen 369 f
Lieber Onkel 278
Liebling Kreuzberg 461, 463
Lieder der HJ 48
Liedercircus 379
Liesbeth List 278
Li-La-Launebär 468
Lindenstraße 462

Literarische Filmerzählung 453
Literarische Illustrierte 226, 231
Literarische Zentren 273
Literarisches Quartett, Das 476
Lockruf des Goldes 350, 371
Löwenzahn 351, 466
Logo 407
Lohn und Liebe 345
Lokaltermin 357
Londoner Tagebuch 168
Lügnerin, Die 305
Lustige Witwe 89
Luzie, der Schrecken der Straße 467

M – ein Männermagazin 435 f
Mach's Beste draus 244
Macht des Schicksals (Ouvertüre) 435
Macht Euch die Erde Untertan... 162
Madame de... 304
Madame X – eine absolute Herrscherin 348
Made in DDR 288
Madita 351
Mädchen mit der Guitarre, Das 304
Magazin 392
Magazin für die Frau 227
Mainz wie es singt und lacht 145
Mainzelmännchen 253
Mann auf der Mauer, Der 511
Mann aus dem Innviertel, Der 453
Mann mit der Kamera, Der 141
Mann mit der Pauke, Der 147
Mann ohne Vergangenheit, Der 299
Männer vom K 3, Die 464
Männermagazin 446
Männerwirtschaft 361
Mannix 237
Mann-O-Mann 480
Märchenbraut, Die 467
Mariechen saß weinend im Garten 377
Marienhof 466
Markt, Der 228, 368
Marx & Coca Cola 511
Match 480
Mathematik 231
Matthias Sandorf 350
Mauern 243
Max und Moritz 77
Maxe Baumann aus Berlin 412

Maxifant und Minifant 234
Maz ab 482
Medium, Das 347
Medizin nach Noten 304
Meet the Press 140
Meientanz 88
Mein lieber Mann und ich 403
Mein unmöglicher Engel 240
Meine besten Freunde 303, 305
Meine drei Söhne 224, 240
Meine Groschen, deine Groschen 227
Meine Schwester Tilli 401
Meine Schwiegersöhne und ich 240
Meister Eder und sein Pumuckl 351, 467
Meister Nadelöhr 191
Meisterwerk, Das 190
Melbourne meldet... 189
Melodien, die man nie vergißt 483
Menschen und Straßen 469
Menschen, Tiere, Sensationen 255
MET. 441
Mexikanische Revolution, Die 251
Miami Vice 465
Mikroprojektion 84, 162
Milliardenspiel, Das 458
Millionenspiel, Das 249 f
Mißwahl, Die 272
Mit Charme geht alles besser 309
Mit dem Herzen dabei 309 f
Mit dem Segelschiff »Pamir« nach Rio de Janeiro 82
Mit den Clowns kamen die Tränen 453
Mit der Reichsbahn durch die deutsche Landschaft 45
Mit Leib und Seele 464
Mit Lutz und Liebe 389
Mit meinen heißen Tränen 454
Mit Musik geht alles besser 88
Mit offenen Augen 290
Mit Schirm, Charme und Melone 213, 237
Mitgebracht aus New York 172
Mitteldeutsches Tagebuch 172
Mitternachtsfilm 363
Moabiter Miniaturen 283

Mörderische Entscheidung 455
Molière 351
Moment bitte! 388 f
Monaco Franze 464
Mondbasis Alpha 1 360
Monddiamant, Der 350
Monitor 253, 268 ff, 277, 344, 372 f, 470, 471
Monolog für einen Taxifahrer 295, 301, 497
Montagsmaler, Die 261, 481
Mord in Frankfurt 244
Morgendämmerung 194
Morgenstunde hat Gold im Munde 31
Moritz lieber Moritz 352
Morton Downey Jr. Show 477
Mosaik 368
Moskito 467
Motzki 464, 514
MTV at the movies 439
Mücke, Die 219
Münchner Abendschau 135, 338
Münchner Lach- und Schießgesellschaft 147
Murmeltiere im Engadin 162
Musicbox 435
Musik ist Trumpf 379
Musik, Musik und nur Musik 145
Musikantenstadl 483
Musikbox 380
Mutter ist die Allerbeste 224, 240
Mutter und das Schweigen, Die 301

Na sowas 482
Nachbar Europa 442
Nachmittalk 441
Nachrede auf Klara Heydebreck 244
Nachrichten 84
Nachruf auf Jürgen Trahnke 245
Nachschlag 481
Nacht an der Autobahn, Die 295
Nacht ohne Ausweg 459
Nachtbus 79 224
Nachtclub 476
Nachtexpreß 392
Nachtigall, Die 47
Nachts ging das Telefon 48 f
Nachtschicht 272
Nachtstudio, Das 254, 348
Nackt unter Wölfen 292
Namenlosen, Die 147
Nanuk, der Eskimo

(Nanook of the North) 80
Natalie – Endstation Babystrich 459
Nathan der Weise 246
NDR-Talkshow 476
Neue Bibliothek, Die 226, 228
Neue Deutsche Wochenschau 85
Neuen Leiden des jungen W., Die 349
Neues aus der Welt des Films 254
Neues aus Uhlenbusch 467
Neueste aus NRW, Das 232
Neuland unterm Pflug 307
Neun steigt für uns der Mond 194
News & Stories 471
Nicht der Homosexuelle ist pervers, sondern die Gesellschaft, in der er lebt 210
Nichte der O., Die 446
Nichts für Männer 84
Nordschau-Magazin 338
Nordsee ist Mordsee 352
Notizen aus der Provinz 378
Notruf 474, 483
Novemberverbrecher 251

Ob das was wird? 308
Oberhofer Bauernmarkt 388
Objektiv: Tatsachen – Hintergründe – Kontraste 287, 397
Oh, Gott, Herr Pfarrer 464
Oh, diese Bells 224
Ohne Rotstift geht es nicht 288
Ohr zur Welt, Das 45
Öl aus Venezuela 194
Opa Schulz 346
Operation am offenen Herzen 287
Operation Ganymed 347
Operettenmagazin 287
OP ruft Dr. Bruckner 464
Otto-Show 380

Packeis-Syndrom, Das 469
Palette der Jugend 289
Pan Tau 233, 351
Panne an den Kragen, Der 231
Panorama 140, 173f, 176, 206, 253, 268ff, 275ff, 286, 344, 372f, 471
Papierstube, Die 278
Pariser Journal 168, 273
Patenkind, Das 362

Patschnaß 289
Paul Temple 360
Paule Pauländer 346
Pawlaks, Die 356
Pazifistisches Tagebuch 170, 176
Penkewitz Nr. 5 351
Perfekte Fischköchin, Die 84
Perrine 435
Perry Mason 237
Perry-Como-Show 222
Perspektive 271
Peter Strohm 464
Pfarrer in Kreuzberg 362
Pfarrerin Lenau 464
Pfennigquiz 144
Pfiffikusse hereingeschaut 191
Pfundgrube 389
Phantastische Film, Der 254
Phantom, Das 305
Pickpocket 253
Piloten im Pyjama 299
Pinocchio 351
Pippi Langstrumpf 233
Pitaval des Kaiserreiches 392
Plattenküche 380
Playboy's Late Night 480
Playboy's Love and Sex-Test 480
Plutonium 347
Polizeibericht meldet, Der 82, 158
Polizeireport Deutschland 474
Polizeiruf 110 394f, 403, 510
Polizeistaatsbesuch, Der 272
Porträt per Telefon 400
Pott, Der 215, 246, 349
Präsident im Exil, Der 299
Praxis Bülowbogen 464
Preis der Freiheit, Der 245
(P)Reise auf Raten 260
Presseclub 497
Preston & Preston 237
Prisma des Westens 209, 232, 338
Prisma 287, 298, 399f, 497, 507
Privatfernsehen 529
Pro und Contra 270
Probe beim Schützenfest 125
Professor Flimmerich 191
Prosperos Books 523
Provokation 441
Prozeß, Der 455
PS 361
PS zum Lachenden Mann 299
Pssst... 482

Punkt, Punkt, Komma, Strich 261
Punktvox 441
Pusteblume 351, 466
Pyramide, Die 481

Quantum 443
Quarantäne 458
Quartett 68 289
Querschnitt 229
Querschnitt aus Tonfilmen 45
Quincy 437
Quiz ohne Titel 143

Radiofieber 451
Rätselbox 380
Rätselflug 380
Ran 479
Rappelkiste 351
Rasthaus, Das 228
Rate mit – reise mit 260
Ratschlag für Kinogänger 254
Rauchende Colts 360
Raumpatrouille Orion 236
Raumschiff Enterprise 360
Rechnen – schnell und richtig 231
Recht zu leben, Das 465
Reflexe 336
Regenbogen 509
Regina berät Dich 288
Regional 7 436
Reich und schön 437
Reichshauptstadt privat 451
Reichstagsbrandprozeß, Der 251
Reisefilm, Der 289
Reise zum Nil 189
Reisemagazin, Das 368
Reisenotizen aus Laos 287
Remote control 439
Rendezvous vom Killesberg 145
Report 268f, 278f, 339, 344, 373, 375, 470f
Reporter (WDR) 461
Reporter (Pro 7) 475
Reporter der Windrose berichten, Die 168
Rescue 911 474
Restless Years 465
Retter 474
Rettung der Tempel am Nil, Die 230
Revolte, Die 248
Rheinsberg 56
Richter und sein Henker, Der 153
Riese, Der 469
Ringstraßenpalais 362
Robinson Crusoe 246, 350
Rocker 346
Rolltreppe 480

Romeo und Julia in Berlin 245
Roncalli 453
Roots 355
Rote Bergsteiger 402
Rote Erde 356, 451
Rote Faden, Der 45
Rote Fahnen sieht man besser 273
Rote Optik, Die 172, 188, 282f
Rote Rosa, Die 251
Rote Schal, Der 350
Rothenbaumchaussee 451
Rotmord 215, 246, 349
Rottenknechte 307, 401
RTL aktuell 437, 473
RTL Samstag Nacht 481, 483, 528
Rudi-Carrell-Show 261, 481
Rudis Tages-Show 380
Rückspiel 435
Rumpelkammer 390
Rund 390
Runde Sport, Die 91
Rund ums Geld 443

Sachrang 347
Sachsens Glanz und Preußens Gloria 408, 410ff
Sadam – Einübung in ein Tribunal 456
Saisonbeginn 148
Salut Germain 402
Samstagnachmittag zu Hause: Ein buntes Allerlei 222
Sandmännchen 278, 304, 515
Sängerwettstreit 125
Sans Soleil 468
Sansibar oder der letzte Grund 452
Santa Fe 453
SAT.1 blick 473
Saturday 508
Scharfe Kanal, Der 509
Scharnhorst 411
Schattenlinie, Die 50
Schätz' mal 480
Schätzen Sie mal 510
Schatzinsel, Die 246, 350
Schaubude, Die 224, 255
Schaufenster Deutschland 255
Schaukelpferd, Das 46
Schauplatz 370
Scheibe Scheibe 435
Scheibenwischer 340, 378, 481
Scheingemahl, Der 350
Scheusal 511
Schicksalhafte Begegnungen 459

Schindlers Liste 156
Schlachtvieh 242
Schlag auf Schlager 145
Schlager aus Berlin 309
Schlager des Monats 255
Schlager einer großen Stadt 309
Schlager einer kleinen Stadt 309
Schlingensief – Talk 2000 529
Schloß Pompon Rouge 446
Schmidt 483
Schmidteinander 482
Schneeglöckchen blühn im September 345
Schnulzenfilm und sein Rezept, Der 160
Schölermanns, Die 90, 158f, 235, 240
Schöne Galathee, Die 219
Schönes Wochenende 243
Schreinemakers live 477
Schritt ins Weltall, Der 162
Schrott 244
Schüler machen Fernsehen 336
Schulz und Schulz 511
Schwarze Kanal, Der 172, 188, 282f, 304, 505, 509
Schwarze Liste, Die 194
Schwarzwaldklinik, Die 461f, 464
Schwimmen. Deutsches Mannschaftsschwimmen 128
Sechs Arbeiter schreiben einen Film 346
Sechs unter Millionen 357
Sechstagerennen 272
Seelenwanderung 153
Seewolf, Der 350
Selbst ist der Mann 288
Seltsamen Methoden des Franz Josef Wanninger, Die 237
Sendung der Lysistrata, Die 175, 210
Sendung mit der Maus, Die 234, 351
Septemberweizen 444
Seriöser Erfinder sucht Teilhaber 394
Sesamstraße, Die 234, 330, 351, 466
Shannon klärt auf 233
Showkolade 390, 515
Sie können sich sehen lassen 145
Sie und Er 511
Sieben Affären der Doña Juanita, Die 401
Sieben auf einen Streich 143
7 treffen sich um 8 290
7 vor 7 436, 473

Siebenjährige Krieg, Der 170, 271
7. Sinn, Der 228f
7-Tage-Woche des Drahtwebers Rolf Piechotta, Die 346
Sieg für Deutschland 45
Silas 351
Simon Templar 436
Sinha Moça, die Tochter des Sklavenhalters 465
Sittengemälde 347
SK-Babies 527
Skilauf, Der 231
Sklavin Isaura, Die 465
Smog 250, 457
So ist das Leben – Die Wagenfelds 466
So lebten sie alle Tage 451
So weit die Füße tragen 155f, 197, 293
Soeben eingetroffen 255
Soko 5113 359
Solid Gold 435
Solo für O. N. C. L. E 237
Sommer in Lesmona 454
Sommergäste 366
Sommergruß aus Köpenick 309
Sonaparanta 287
Sonderbericht von den VI. Internationalen Filmfestspielen in Berlin 165
Sonja 438, 477
Sowieso 470
Sparring 377
Spatz vom Wallrafplatz, Der 233
Spectrum 140, 271
Speisekarte, Die 48
Spiegel TV Reportage 471
Spiegel TV 471
Spiegelei 480
Spiel ohne Grenzen 259
Spieler, Die 103
Spielschule, Die 234
Splitterabend 535
Sport aktuell 289
Sport am Sonntag, Der 54, 167
Sport am Wochenende, Der 131
Sport-Information, Die 262, 377
Sportmeridiane 289
Sports TV 441
Sportschau 224, 253, 262ff, 377
Sportschau der Nordschau, Die 278f
Sport-Spiegel 262
Sport-Spiel-Spannung 167
Sprechstunde, Die 229
Springfield Story, Die 437, 465

Sprung aus den Wolken 224, 233, 360
Spuk in Villa Sonnenschein 193f
Spur der Steine, Die 302, 401, 403
Spuren eines Prominenten 260
Spurlos 474
Staatskanzlei, Die 456f
Stachelschweine, Die 147
Stadt im Tal, Die 347
Stadt ohne Sheriff 360
Stadt und das Land, Die 444
Stahlnetz 158, 237, 392f
Stander Z 46
Starparade 379
Stars und Schlager 125
Starsky und Hutch 360
Station D im Eismeer 56
Stationen einer abenteuerlichen Reise von München nach Kalkutta 224
Stechlin 350
Stein des Schreckens, Der 47
Steine im Weg 295
Steinerne Blume, Die 256
Stelldichein beim deutschen Fernsehen 125
Stellen Sie sich mal vor... und draußen regnets 145
Stellen Sie sich vor – Schau mit Leuten 377
Stern TV 437, 471
Sterne des Südens 460
Sterns Stunde 371f
Sterntaler 437
Stille Don, Der 307
Stille Nacht, Heilige Nacht 77
Stilles Land 511
Stippvisite – Heute Abend 288
Strandpiraten 360
Stranger than paradise 455
Straßen von San Francisco, Die 360
Straßenflirt 478
Strauberg ist da 339
Struppi und Wolf 511
Stück für Stück 153
Studio 140
Studio Frankfurt 270f
Studio III 226, 271
Studio-Film 254
Studioproduktion, Die 348
Stülpner-Legende 402
Sweethearts 347
Szene 77 380

Tadellöser & Wolff 347
Tagebuch des Gefreiten Wilms, Das 156

Tagebuch einer Südamerikareise 189
Tagesmagazin 374
Tagesschau 74, 77, 84f, 91, 116, 125, 128, 131, 135, 140, 167, 205, 210, 224, 253, 265f, 278f, 340, 343f, 374f, 442, 472f, 481
Tagesthema 374
Tagesthemen 340, 375, 444, 472
Taillenweite 68 194
Talk im Turm 476
Talk nach neun 381
Tandem 511
Tannerhütte 346
Tanzmusik 49
Tatort – Taxi nach Leipzig 239
Tatort 237, 322, 357, 359, 395, 464, 510
Tausend Teletips 287
Taxi nach Rathenow 511
Technisches Englisch 232
Tele As 481
Tele-Boutique 437
Tele-BZ 283, 304
Teleclub 226, 228
Tele-Doktor 288
Tele-Gramme 338
Telejournal 374
Tele-Knigge 164
Telekolleg 232
Teleminchen und Telemekel 233
Telespiele 380
Telestudio West 139, 282f
Teletechnikum 278f, 368
Tempel des Satans 295
Tennisschläger und Kanonen 237
Terroristen, Die 458
That was the week that was 257
The Hill Farm 444
The Man with a Flower in his Mouth 35
Theater heute 226, 246
Theaterwerkstatt 365
Theodor Chindler 351
Thetis schweigt 305
Thommys Pop-Show 380
3 from 1 at 5.15 439
Tick-Tack-Quiz 144
Till – der Junge von nebenan 233
Till Death Us Do Part 357
Tim Frazer 219
Timm Thaler 351
Tintenfische aus dem 2. Stock, Die 467
Tips für Autofahrer 228
Titel hab ich noch nicht 306

Titel, Thesen, Temperamente 271, 367, 470
Todesspiel, Das 457, 528
Tödliche Besessenheit 459
Tödliche Wahrheit 459
Toi toi toi »verkehrt« 125
Tom & Jerry 467
Tommy Tulpe 233
Topics Live 476
Torquato Tasso 246
Transitträume 511
Trau, schau, wem 48
Traumhochzeit 478
Traumschiff, Das 363, 461
Treffpunkt Bahnhof Zoo 393
Treffpunkt Berlin 187
Trio, Das 511
Trotzki 514
Tschetan, der Indianerjunge 352
Tutti Frutti 446, 480
21 Jump Street 527
Twenty-One 144
Twin Peaks 465

Über den Gehorsam 244
Überall ist es besser wo wir nicht sind 455
Uli, der Pächter 344
Ulrich Meyer – Einspruch 475
Umschau, Die 304
Unbekannt bis heute 290
... und abends zu Eins Plus 442
... und heute ins Theater 246, 365
Und Ihr Steckenpferd? 260
... und morgen kommen die Polinnen 398
– und trotzdem! 454
... und unter uns die Wolken 169
Unfall, Der 244
Unruhige Nacht 152
Unser blauer Planet 230
Unser Dorf 357
Unser Haus 511
Unser Junge will Kapitän werden 56
Unser Lehrer Dr. Specht 514
Unser Sandmännchen 191
Unser Walter 362
Unsere ersten Gäste im neuen Jahr 83
Unsere kleine Stadt 152
Unsere Welt 273
Unsichtbare Visier, Das 402
Unsterblichkeit 347
Unter Brüdern 395, 510
Unter den Gipfeln der Anden 189
Unter Denkmalschutz 347

Unter deutschen Dächern 469
Unter sechs Augen 381
Unter uns die Erde 169
Unter uns gesagt 270
Unter uns 466
Unter unserem Himmel 338
Unterm Holzhammer 125
Unterwegs zwischen Warnow und Werra 309
Unverbesserliche, Der 435
Unverbesserlichen, Die 240ff, 361
Urlaub zur Beerdigung 346
Ursula 403f, 497

Väter und Söhne 452
Vale Tudo – Um jeden Preis 465
Varieté, Varieté 379
Vater Seidl und sein Sohn 149, 159
Venceremos! 396
Vera am Mittag 438, 477
Veranda 476
Verbotene Liebe 466
Verflixte 7, Die 481
Verfolgung und Ermordung Jean Paul Marats, Die 246
Vergiftet oder arbeitslos? 370
Vergißmeinnicht 213, 260
Verkehrsmagazin 287
Verlorene Ehre der Katharina Blum, Die 339, 346, 353
Verlorene Landschaft 511
Verlorene Schuh, Der 131
Verschenkte Leutnant, Der 195
Verspätung in Marienborn 245
Verstehen Sie Spaß? 380, 481ff
Versuchsreihe K 7 391
Vertrag in Karakat 55
Verwundete spielen für Verwundete 56
Verzeih mir 477, 483
Vesperpause 304
Vico-Torriani-Show 377
Viel Vergnügen! 143
Vier für ein Ave Maria 435
4 gegen Willi 482
Vier Gesellen, Die 50
24 Stunden 475
Vietnam – Nationalstraße Nr. 1 469
Vietnam-Herbst 1968 272
Vis à vox 441
Vom Alex bis zu den Wies'n 50
Vom Marschland zum Friesenstrand 45

Von Cowboys, Sheriffs und Banditen 360
Von der Kreuzotter zur Boa constrictor 84
Von der Kunst des Hellsehens 165
Von der Spree bis an den Rhein 125
Von deutschem Heldentum 46
Von Rhein, Main und Neckar 135
Vor 30 Jahren 364
Vor dem Sturm 452
Vor Ort 370
Vorsicht, Musik 380
Vorspiel auf dem Theater 73, 89
Vorstadtkrokodile, Die 351
Vox Box – die Infoshow 441
Vox midi 441
Vox populi 441

Waffenträger der Nation 46
Wagen 54 bitte melden 237
Wahnfried 451
Wallenstein 246
Walter und Connie 230
Waltons, Die 360, 435
Wanderungen durch die Mark Brandenburg 451
Warten auf Godot 246
Warum ist Frau B. glücklich? 248, 273
Warum mußte Staatsanwalt Traini sterben? 339
Was bin ich? 261, 379, 481
Was erwarten Arbeiter vom Fernsehen 339
Was Familien wissen sollen 288
Was ihr wollt 142, 149
Was ist eigentlich ...? 262
Was ist los in Hamburg? 82
Was machen wir heute abend? 77
Week in Rock 439
Wege übers Land 294, 305f
Wehner 457
Weiber von Sinnen 481
Weihnachtsmarkt, Der 47
Weimarer Pitaval 190, 392
Weiße Fleck, Der 341f
Weiße Macht und schwarze Messe 272
Welcome in Vienna 453
Weltraumfahrt 232
Weltspiegel 253, 267, 269
Weltvox 441

Wenn die Blätter fallen in des Jahres Kreise 131
Wenn wir alle Engel wären 138
Wer am Mast kratzt ... 398
Wer bin ich? 311, 480
Wer fragt, gewinnt 260
Wer gegen wen? 128, 143f
Wer hat Recht? 90
Wer tippt mit? 77
Wer wen nicht wir? 289
Wer will, der kann 89, 143
Werden Sie schöner, bleiben Sie jung 228
Werner Müllers Schlagermagazin 255
West-Östlicher Diwan 104
Wetten, daß ...? 380, 481
Wetter, Das 304
Wetterkarte 77
Wettlauf nach Bombay 350
Wickie 351
Wie die Wilden 195
Wie erziehe ich meinen Vater? 361
Wie man sieht 469
Wie Til Eulenspielgel zu Marburg den Landgrafen malte 48
Wildbach 465
Wilde Herzen 458
Wilder Westen inklusive 453
Wildfang – der Teenie Talk 527
Winterspelt 347
Wir brauchen Gewißheit 128
Wir helfen suchen 131, 163
Wir lernen Russisch 230
Wir senden Frohsinn, wir spenden Freude 56f
Wir sind fünf 408
Wir stellen vor ... 77
Wirtschaftsgeografie 232
Wochenspiegel 131, 167
Wohin die Erde rollt 169
Wohin und zurück 453
Wolf unter Wölfen 295, 301, 305
Wolken sind überall 88
Wollands, Die 345
Wort an ganz Deutschland, Das 224
Wort zum Sonntag, Das 125, 164
Wortschätzchen 482
Wunder des Meeres, Das 305
Wünsch Dir was 261, 377

Wußten Sie schon? 91
Wyatt Earp greift ein 222

XPO 439

Yo! Mix 439

Zahn um Zahn 412
ZAK 470, 529
Zapfenstreich heute später 311
ZDF-Magazin 270

10 Minuten für den Kinogänger 254
10 vor 11 470
Zeichen der Zeit 171, 177, 240, 244, 272, 469
Zeil nach zehn 476
Zeitdienst 49, 51, 54
Zentis-Früchte-Quiz 480
Zeuge, Der 299
Ziele 469
Zimmermanns Jagd 240
Zoom 210

Zu Gast bei Theo Adam 389
Zu Gast beim ZDF 381
Zu Gast in Essen: ein musikalischer Stadtbummel 224
Zuchthaus 244
Zum blauen Bock 125
Zur Person 507
Zur See 402
Zwei auf einem Pferd 143
Zwei himmlischen Töchter und die Gimmicks, Die 378
Zwei Jahre Ferien 350
Zwiebel, Die 147
Zwischen Nylon und Chemnitz 77
Zwischen Warnow und Werra 309
Zwischen Wartburg und Ostseestrand 309
Zwischen Wohlstand und Klassenkampf 272
Zwischen Wunsch und Wirklichkeit 399

15.4 Bildquellen

Nicht in allen Fällen war es möglich, die Rechtsinhaber geschützter Bilder zu ermitteln. Selbstverständlich wird der Verlag berechtigte Ansprüche auch nach Erscheinen des Buches erfüllen.

Archiv Hickethier 243, 351 unten, 357, 457
ARD, München 334
ARTE, Mainz 443
Bayerischer Rundfunk, München 145 oben, 245 (Foto: Sessner), 269 oben, 332 (Foto: Sessner), 467 oben
Beelitz, Ulrike, Bremen 257 unten
DCTP, Düsseldorf 470 (Foto: Mayfried), 471 oben
Deutsches Rundfunkarchiv, Frankfurt am Main/Berlin 97 (Foto: Riewe), 101, 104 oben, 105 oben, 105 unten, 108, 109 (Foto: Kolbe), 183 oben, 187 (Foto: Denger), 190 (Foto: Denger), 191 oben (Foto: Denger), 191 unten (Foto: Denger), 193 (Foto: Winkler), 195 oben, 195 unten (Foto: Denger), 282 (Foto: Vent), 284, 286, 287 (Foto: Vent), 288 (Foto: Zimmermann), 290, 292 (Foto: Zimmermann), 293, 295, 300 (Foto: Wolf), 306 oben (Foto: Denger), 306 unten (Foto: Strobel), 308 oben (Foto: Denger), 308 unten, 309 (Foto: Winkler), 310 (Foto: Nickel), 386, 389 (Foto: Nickel), 390 oben (Foto: Garbe), 390 unten (Foto: Nerlich), 391 (Foto: Denger), 395 (Foto: Nickel), 398, 399, 400 (Foto: Platow), 403, 404 (Foto: Platow), 409 (Foto: Leher), 410 (Foto: Skoluda), 412 (Foto: Denger), 495 unten (Foto: Winkler), 497, 505, 509 (Foto: Krüger), 512 (Foto: Nickel)
Deutsches Rundfunkmuseum, Berlin 9, 15, 23 oben, 23 Mitte, 23 unten, 25 oben, 25 unten, 27, 28 oben, 28 unten, 29, 36, 38, 40, 42, 43, 49, 51, 52 oben, 52 unten (Foto: Springer), 62, 72, 78, 79 oben, 146 unten
Deutsches Sportfernsehen, München 429
Hessischer Rundfunk, Frankfurt am Main 125, 126, 132, 144, 160, 162, 220, 259 oben
Landeszentrale für private Rundfunkveranstalter, Ludwigshafen 445
Norddeutscher Rundfunk, Hamburg 71, 77, 79 unten, 94 unten, 168 oben, 172, 231, 239, 241 (Foto: Holtz), 268 oben, 268 Mitte, 268 unten, 351 oben
Radio Bremen, Bremen 257 oben, 379
RTL, Köln 427, 438 oben, 438 unten, 439, 459, 466, 478, 483
Saarländischer Rundfunk, Saarbrücken 256 oben, 256 unten, 465 oben
Ottfried Schmidt /Süddeutscher Verlag Bilderdienst. München 179
Sender Freies Berlin, Berlin 24, 75 unten, 83, 93, 94 oben, 138, 148 oben, 151, 163, 214, 340, 463 oben, 464
Spiegel, Hamburg 65 (Foto: Kilian), 68 unten (Foto: Schlaudrauf), 121, 116 (Foto: Ehlert), 117 (Foto: Ehlert), 127 oben (Foto: Seeger), 145 unten (Stokinger), 148 unten (Foto: Ehlert), 166 (Foto: Lindinger)
Spiegel TV, Hamburg 471 unten
Süddeutscher Rundfunk, Stuttgart 64, 127 unten (Foto: Hostrud), 145 Mitte (Foto: Jehle), 146 oben, 147 (Foto: Jehle), 154 (Foto: Jehle), 169, 171 oben (Foto: Eberhard), 171 unten, 208 (Foto: Jehle), 338 (Foto: Jehle), 350 (Foto: Jehle), 371 (Foto: Jehle), 454 oben, 481 (Foto: Schröder)
Südwestfunk, Baden-Baden 228, 373 unten
VOX 441
Westdeutscher Rundfunk, Köln 70, 91, 135, 155, 156, 157, 168 unten, 219, 225,

233, 234 oben, 234 unten, 244, 246, 248, 249, 250, 259 unten, 262, 267 oben, 267 Mitte, 267 unten, 269 Mitte, 269 unten, 274, 325, 345, 352, 353, 355, 358, 368 oben, 378, 380, 432, 450, 451, 456, 458, 471 Mitte, 472 rechts
Westdeutscher Rundfunk, Köln (Lindenstraße/Thomas Kost) 462
Westdeutscher Rundfunk, Köln/Bavaria 356
Zweites Deutsches Fernsehen, Mainz 118, 119, 199, 200, 216, 238, 240, 252, 258 (Foto: Meyer-Hanno), 260, 261, 263, 265, 270, 324 (Foto: Meyer-Hanno), 347, 348 oben, 348 unten, 349, 359, 362 oben, 362 unten, 367 oben, 368 unten (Foto: Schäfer), 373 oben, 379, 431, 452, 454 unten, 460, 461, 472 links

Geschichte des deutschen Films
Herausgegeben von Wolfgang Jacobsen,
Anton Kaes, Hans Helmut Prinzler,
in Zusammenarbeit mit der
Stiftung Deutsche Kinemathek, Berlin
1993. 596 Seiten, 300 Abb., gebunden
ISBN 3-476-00883-5

Einhundert Jahre deutscher Film: Die Geschichte der bewegten Bilder, ihrer Regisseure und Schauspieler, reichhaltig illustriert, mit einer umfangreichen Chronik zum Nachschlagen.

»Die Haupttugenden dieser 'Geschichte des deutschen Films': Die Vielfalt der Informations- und Argumentationsebenen, gewährleistet durch eine kluge Gliederung und durch die Vielzahl sachkundiger Autorinnen und Autoren. Die Klarheit und Übersichtlichkeit, zu der eine gut lesbare Sprache ebenso beiträgt wie die sorgfältige Zusammenstellung von Texten und Bildern, darüber hinaus ein Randspalten-Glossarium mit kommentierenden Zitaten von Produzenten und Kritikern ... Die Aktualität des Buches.«

Deutschlandfunk

VERLAG J.B. METZLER